생활속 외래어로 영단어 정복하기 Q-Z

생활속 외래어로 영단어 정복하기 Q-Z

초판 1쇄 발행 2019년 3월 20일

지은이 차승현
펴낸이 이기봉
편집 좋은땅 편집팀
펴낸곳 도서출판 좋은땅
주소 경기도 고양시 덕양구 통일로 140 B동 442호(동산동, 삼송테크노밸리)
전화 02)374-8616~7
팩스 02)374-8614
이메일 so20s@naver.com
홈페이지 www.g-world.co.kr

ISBN 979-11-6435-136-7 (13740)

이 도서의 국립중앙도서관 출판예정도서목록(CIP)은 서지정보유통지원시스템 홈페이지(http://seoji.nl.go.kr)와 국가자료공동목록시스템(http://www.nl.go.kr/kolisnet)에서 이용하실 수 있습니다. (CIP제어번호 : CIP2019009048)

친숙한 외래어와 어원, 연상암기 기법으로 23,000단어 정복

생활속 외래어로 영단어 정복하기

차승현 지음

Q-Z

좋은땅

서 문

오늘날 전 세계적으로 영어 사용자는 대략 20억 명, 즉 세계인구의 약 3분의 1 가량으로 추산되며, 다양한 영역에서 국제공용어로서의 위상을 갖고 있다. 국제교류와 글로벌 경쟁이 치열해진 오늘날 영어의 가치는 더욱 더 높아지고 있다. 이러한 시대적 추세를 반영하여 필자는 영어학습이 딱딱하고 지긋지긋한 것이 아니라 보다 쉽고 즐거운 시간이 되도록 이 책을 편찬하게 되었다.

이 책은 다음과 같은 특징이 있다.

1. 생활 속의 수많은 외래어(Loanword)를 인용하여 쉬운 단어 암기를 도모했다.

이 책은 우리 생활 속에 널려있는 6,000여개의 외래어를 인용하여 파생어와 동족어원 단어를 연계하는 식으로 단어학습 영역을 확장해 나간다. 그렇게 하면 자연스럽고 효율적으로 학습할 수가 있다. 우리 실생활 속에 외래어가 많다는 것은 익히 알고 있었지만 이 책을 쓰면서 정말 많다는 것을 새삼 깨달았다. 외래어가 늘어간다는 것은 우리말이 설자리를 계속 잃어간다는 슬픈 이야기도 되지만 한 편으론 냉혹한 국제사회에서 경쟁력을 잃지 않고 학습하는데 다소나마 도움이 된다는 긍정적 측면도 있다고 생각된다. 우리말도 잘 보존하면서 국제경쟁력을 유지하는 지혜를 터득해야 하지 않을까 싶다. 외래어 연구를 하다 보니 솔직히 뜻도 제대로 모르면서 쓰는 외래어도 너무 많았다. 그래서 이 책은 우리에게 친숙한 외래어를 인용하여 영단어 학습을 쉽게 하면서 정확한 우리말의 의미도 같이 이해할 수 있도록 하였고, 콩글리시(Konglish ⇨ broken English)의 바른 표현도 아울러 습득할 수 있게 하였다.

2. 모든 단어에 어원(Ethymology)을 표기하였다.

어원은 Online Etymology Dictionary와 Wiktionary 그리고 Oxford Dictionaries를 주로 참조하였고, 그 외에도 많은 국내외 전문사전을 참조하였다. 영어는 앵글로·색슨어에서부터 켈트어, 노르드어, 노르만어, 게르만어, 라틴어, 그리스어, 산스크리트어, 아랍어, 히브리어 등 많은 언어들이 섞이다 보니 어원도 한두 가지가 아니다. 그 중 현대어와 가장 의미가 상통하면서도 오래된 어원 위주로 채택하였다.

학문에 왕도(王道)가 없다고 하지만, 영어단어 학습에도 왕도는 있다. 수학공식처럼 영어단어에도 공식이 있는데, 그것은 바로 각각 공통의 의미를 가지고 있는 접두사, 어근(語根), 접미사를 많이 외우는 것이다.

3. 재미있는 단어학습을 위해 풍부한 관련 상식과 삽화를 추가했다.

재미있는 관련 상식과 4,000여개의 삽화를 추가하여 단어암기 뿐만 아니라 상식도 풍부하게 하는 일석이조(一石二鳥) 효과를 도모하였다. 재미있는 책은 학습효과도 배가시킨다는 사실을 이 책이 입증해 줄 것이다. 저자는 과거 검정고시 대비반 학생들을 가르치면서 이 책에서 다루는 방식을 채택하여 학생들의 영어 합격율을 획기적으로 향상시킨 경험이 있다. 피할 수 없다면 즐겁게 공부하는 여건이라도 만들어야 한다. 이 책이 그에 대한 확실한 해답이 될 것임을 자부한다. 주변에 영어단어 때문에 좌절하는 이들이 있다면 이 책을 한번 소개해 볼 것을 권한다.

4. 대입수능, 공무원시험 등의 시험대비가 가능하도록 충분한 단어·숙어가 포함되었다.

세계최대 글로벌 어학교육기업인 EF(Education First)사(社)에 따르면 미국인의 일상대화, 뉴스, 잡지, 직장 내 대화의 90%가 3,000단어만으로 가능하다고 한다. 그래서 우리 교육부에서도 3,000단어를 초·중·고등학생용으로 지정하여 제시하고 있다고 생각한다.(초등 800단어, 중·고등 2,200단어). 그러나 이 책에서는 우리나라 교육의 현실성과 높은 시험수준을 감안하여 **초급**(초등학생용)

1,600단어(적색 표기), **중급**(중 · 고등학생용) 5,000단어(청색 표기), **고급**(대학생용) 2,000단어(갈색 표기), **심화** 14,400단어(흑색 표기)로 확대하였다. 따라서 이 책에 수록한 23,000단어와 5,200개의 숙어, 5,800개의 예문 및 관용구 등은 수험생뿐만 아니라 공무원시험까지도 대비가 가능하도록 고려하였으므로, 학습전문서로서는 충분한 양의 어휘를 탑재했다고 할 수 있다.

5. 등한시하기 쉬운 고유명사(인명 · 지명)도 포함하였다.

흔히 인명(人名)이나 지명(地名)은 등한시하기 쉽다 그러나 고유명사라도 절대 등한시해서는 안된다. 우리가 '프랑스', '파리'나 '베를린', '모스크바', '시베리아', '우크라이나', '롯데', '마돈나'를 우리식대로 발음한다면 외국인은 잘 알아듣지 못한다. 그래서 고유명사도 정확한 스펠링과 발음에 대해 공부해야만 하는 것이다.

우리는 취학 뿐만 아니라 취직 이후에도 오랜 시간을 영어와 불가분의 관계를 유지하며 살아가는 글로벌 무한경쟁시대에 살고 있다. 가급적이면 즐겁게 공부하고, 능률도 높이는 학습을 해야 한다. 이 책에 수록된 단어를 처음부터 모두 암기하려고 시도하지 말라. 자신의 수준에 해당하는(예를 들면 초급은 적색, 중급은 청색, 고급은 갈색 위주의) 단어만 집중 공략하고, 기타 단어들은 정독하는 방식으로 학습을 진행하자. 그렇게 하면 부담 없는 가운데 효과적인 학습이 진행될 것이다. 부디 이 한권의 책이 여러분의 영단어 학습에 큰 보탬이 되고, 나아가 여러분의 미래를 바꾸는 소중한 계기가 되었으면 한다.

끝으로 이 책이 출간될 수 있도록 큰 힘이 되어 준 부모님과 가족에게 고마움을 전하고, 따뜻한 격려와 조언을 아끼지 않으신 친지, 선후배 및 동기생 그리고 좋은땅 출판사 이기봉 대표님과 허남 매니저님, 최선희 팀장님 및 편집팀 여러분께도 지면을 빌어 감사의 마음을 전합니다.

2019년 3월

차 승 현 (ctg0809@naver.com)

책 사용법 필독

브리핑 briefing (요약 보고)

♣ 어원 : brief, brevi, bridg 짧은, 줄인

■ **brief** [bri:f] ⓗ **짧은, 간결한** ⓢ 요약하다 ☜ 라틴어로 '짧은, 낮은, 작은, 얕은'이란 뜻

■ **brief**ing [brí:fiŋ] ⓜ 요약보고, 상황설명 ☜ 짧게 하는(brief) 것(ing<명접>)

□ a**bridg**e [əbrídʒ] ⓢ **요약하다**, 단축하다(=shorten; reduce; cut down; curtail)
☜ 분리하여(a=off) 짧게(bridg) 하다(e) 반 increase; add
비교 bridge 다리, 교각
♠ **abridge a long story 긴 이야기를 짧게 하다**

□ a**bridg**ed [əbrídʒd] ⓗ 요약한 ☜ abridge + ed<형접>

□ a**bridg**able [əbrídʒəbl] ⓗ 단축(축소)할 수 있는 ☜ abridge + able(~할 수 있는)

□ a**bridg**er [əbrídʒər] ⓜ 단축(축소)시키는 요소 ☜ abridge + er(것)

□ a**bridg**(e)ment [əbrídʒmənt] ⓜ 단축; 요약본, 초본 ☜ abridge + ment<명접>

□ una**bridg**ed [ʌ̀nəbrídʒd] ⓗ 생략하지 않은, 완전한, 완비된
☜ 분리하여(a=off) 짧게 하지(bridg) 않(un=not/부정) 은(ed<형접>)

✚ ab**brevi**ate **생략하다**, 단축하다 ab**brevi**ation **생략**, 단축

연상 스포츠음료인 이온(ion)음료를 매일 마시면 이언(eon.영원,영겁)을 산다(?)

※ **ion** [áiən, -ɑn/-ɔn] ⓜ 〖물리〗 **이온** ☜ 고대 그리스어로 '나는 간다'란 뜻
♠ a negative **ion** 음**이온**(=anion).
♠ a positive **ion** 양**이온**(=cation).

□ **aeon, eon** [í:ən, -ɑn] ⓜ 무한히 긴 시대; 영구, 영원, 영겁
☜ 그리스어로 '시간의 긴 공간'이란 뜻
♠ **aeons of** geological history **수백억 년에 걸친** 지질학적 역사

1. 구성

① □ 단어는 사전식 알파벳순으로 배열되며, 연관단어별로 모듈화(묶음화)되었다. 이 책에 수록된 단어는 총 23,000여 단어로, 초급(초등)단어 1,600단어, 중급(중·고등)단어 5,000단어, 고급(대학)단어 2,000단어, 심화단어 14,400단어이다.

② 생활속 외래어 또는 연상암기법을 사용하여 표제바 아래 연관단어를 묶었다.

③ □ : 학습할 단어 - 알파벳 순서대로 나열됨
□ : 학습할 단어 - 알파벳 순서대로 나열되지 않음
■ : □, □ 단어의 학습을 돕기 위해 인용한 참고용 동족(同族)어원 단어
※ : 동족(同族)어원 단어가 아닌 단순 참고용 단어
✚ 표시하의 단어 : 추가된 참고용 동족(同族)어원 단어들

④ 적색(빨간색) 단어는 초급(초등학생 이하), **청색(파란색) 단어**는 중급(중·고등학생), 갈색단어는 고급(대학생 이상), **흑색(검은색) 단어**는 심화단어이다.

⑤ 밑줄친 단어는 표제바에서 언급된 단어이다.(학습단어 수가 적을 경우에는 밑줄이 생략됨) 예) **brief**ing

⑥ 철자는 미국식 단어 사용을 원칙으로 했고, 미국영어와 영국영어의 철자가 다른 경우는 **tire, 《영》 tyre** 처럼 미국식 철자 다음에 영국식 철자를 기술하거나 colo(u)r처럼 영국식 철자를 괄호안에 넣어 표시하였다.

⑦ 단어의 철자는 같으나 어원이 다른 경우에는 독립 단어로 분리하였다.

⑧ 단어의 **볼드체** 부분은 핵심어원 부분이며, 단어 자체의 어원은 단어 뒷부분에 녹색으로 표기하였다.

⑨ 콩글 은 콩글리시(Konglish: 한국에서만 통용되는 Broken English)이며,
연상 은 연상암기법이란 의미이다(※ 문장 내용은 사실에 입각하지 않는다)

⑩ 비교 는 학습단어와의 비교를 위해 포함하였고,
주의 는 발음상 묶음, 동음이의어, 혼동하기 쉬운 단어 등이 있을 때 사용하였다.

⑪ 예문은 핵심 단어에 대한 자연스러운 문장, 관용처럼 쓰이는 숙어, 속담 등

으로 구성하였다.

⑫ 단어에 대한 쉬운 이해를 도모할 수 있도록 약 4,000여개의 관련 삽화를 포함하였다.

⑬ 외래어 표기가 잘못된 경우는 **빠따** < **배트**처럼 **배트**가 바른 표기법임을 명시하였다.

2. 발음

① 미국식과 영국식 발음이 동일할 때는 하나의 발음기호를 사용하고, 발음이 두 가지 이상 사용될 경우는 [íːən, -ɑn]처럼 comma(,)를 써서 두 가지를 모두 표기했다.

② 미국식과 영국식 발음이 다를 경우엔 [æbskάnd/-skɔ́nd] 또는 [díkʃənèri/díkʃənəri, **딕**셔네뤼/**딕**셔너뤼]처럼 slash(/)로 구분하여 표기하였다.

③ 적색인 초급단어는 발음기호에 익숙하지 못한 초등학생 이하의 어린이들을 위해 한글 발음을 표기하였다.(강하게 발음되는 부분은 **볼드체**로 표시)

3. 어형변화

① 명사의 복수형은 (pl.=plural)을 붙여 구분하였고,

② 동사의 시제변화는 해당 단어에 (-/**abode**〔abide**d**〕/**abode**〔abide**d**〕)처럼 (-/과거/과거분사)로 표기하였으며,

③ 형용사의 비교변화형은 (-<-l**er**<-l**est**)처럼 (-/비교급/최상급)으로 표기하였다.

4. 기호 및 약어

① 표제바에서의 [ ]는 단어의 카테고리나 어원의 모태어를 의미한다.
예) [그神] : 그리스 신화, [로神] : 로마신화
[Gk.] : Greek(그리스어), [L.] : Latin(라틴어), [Sp.] : Spain(스페인어), [It.] : Italy(이탈리아어), [Rus.] : Russia(러시아어), [Port.] Portugal(포르투갈어)

② 〖 〗는 단어의 카테고리를 의미한다.
예) 〖정치〗, 〖경제〗, 〖사회〗, 〖과학〗, 〖스포츠〗, 〖종교〗, 〖동물〗, 〖식물〗 등

③ 《 》는 쓰임새나 부가설명시 사용되었다.
예) ABBA **아바** 《스웨덴의 팝 그룹》
예) Batman **배트맨** 《박쥐인간. 영화・만화주인공》

④ 〘 〙는 문법적인 설명을 할 때 사용되었다.
예) 〘형용사로서는 서술적〙

⑤ 해설부에서 볼드체의 [ ]나 바탕체의 〔 〕는 대체의미를 뜻한다.
예) **계획[설계]하다**
예) 근원〔기원〕의

⑥ 주요 기호 및 약어

기호	의미	기호	의미
㉧	명사	[Gk.]	그리스어
㉤	동사	[L.]	라틴어
㉢	대명사	[Sp.]	스페인어
㉻	형용사	[Port.]	포르투갈어
㉥	부사	[It.]	이탈리아어
㉨	전치사	[Rus.]	러시아어
㉨	접속사	<명접>	명사형 접미사
㉠	감탄사	<동접>	동사형 접미사
㉩	조동사	<형접>	형용사형 접미사
반	반의어	<부접>	부사형 접미사
(pl.)	명사의 복수형	《영》	영국
[그神]	그리스신화	《미》	미국
[로神]	로마신화		

발음 기호 일람표

모 음			자 음		
기 호		보 기	기 호		보 기
단 모 음			b	ㅂ	base [beis/베이스]
ɑ	아	box [bɑks/박스]	v	ㅂ	vase [veis/붸이스]
ɑː	아-	car [kɑːr/카-]	d	ㄷ	door [dɔːr/도어]
e	에	pen [pen/펜]	ð	ㄷ	this [ðis/디스]
æ	애	cat [kæt/캩]	θ	ㅆ, ㄸ	thank [θæŋk/쌩크]
ʌ	어	bus [bʌs/버스]	t	ㅌ	take [teik/테익]
ə	어	again [əgén/어**겐**]	f	ㅍ	first [fəːrst/풔얼스트]
əː	어-	purse [pəːrs/퍼-얼스]	p	ㅍ	park [pɑːrk/파-크]
i	이	sing [siŋ/싱]	g	ㄱ	game [geim/게임]
iː	이-	eat [iːt/이-트]	k	ㅋ	keep [kiːp/키잎]
ɔ	오	body [bɔ́di/**보**디]	h	ㅎ	house [haus/하우스]
ɔː	오-	call [kɔːl/코-올]	j	이	year [jiər/jəːr/이어/여-]
u	우	book [buk/북]	s	ㅅ	sound [saund/사운드]
uː	우-	tool [tuːl/투-울]	ʃ	쉬	show [ʃou/쇼우]
			z	ㅈ	zipper [zípər/**지**퍼]
중 모 음			ʒ	지	pleasure [pléʒər/플**레**저]
ai	아이	eye [ai/아이]	ʤ	쥐	jump [dʒʌmp/점프]
au	아우	hour [áuər/**아**우어]	dz	즈	hands [hændz/핸즈]
ei	에이	able [éibəl/**에**이벌]	ts	츠	cats [kæts/캐츠]
εə	에어	air [εər/에어]	tʃ	취	church [tʃəːrtʃ/춰-취]
iə	이어	ear [iər/이어]	l	ㄹ	call [kɔːl/코-올]
ɔi	오이	boy [bɔi/보이]	r	ㄹ	radio [réidiòu/**뤠**이디오우]
ou	오우	coat [kout/코우트]	m	ㅁ	man [mæn/맨]
ɔə, ɔːr	오어	door [dɔːə, dɔːr/도어]	n	ㄴ	noon [nuːn/누-운]
uə	우어	moor [muər/무어]	ŋ	ㅇ	sing [siŋ/싱]
			w	ㅇ	woman [wúmən/**우**먼]

큐앤에이 Q&A (질의응답)

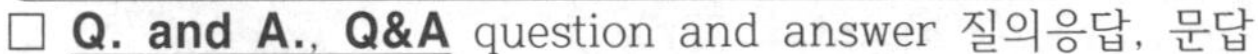

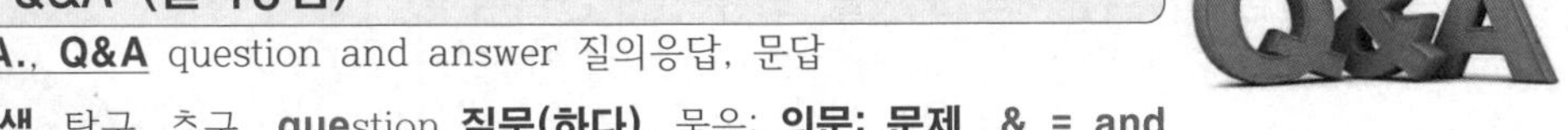

☐ **Q. and A., Q&A** question and answer 질의응답, 문답

✚ **quest 탐색**, 탐구, 추구 **que**stion **질문(하다)**, 물음; **의문; 문제** **& = and ~와, 그리고** **answer 대답하다; 대답, 회답**, 응답

콴타스항공 Qantas Airways Limited (오스트레일리아의 국영항공사)

☐ **Qantas** [kwántæs, kwɔ́n-] ⓜ (오스트레일리아의) **콴타스** 항공 회사
☞ **Q**ueensland **a**nd **N**orthern **T**erritory **A**erial **S**ervices(퀸즈랜드와 북부 노던주 항공서비스)'의 줄임말이며, 'The Flying Kangaroo(하늘을 나는 캥거루)'는 콴타스 항공의 별칭임.

카타르 Qatar (걸프만 연안의 독립국)

☐ **Qatar** [ká:tɑ:r, kətá:r] ⓜ **카타르** 《페르시아 만 연안의 토후국. 수도는 도하(Doha)》
☞ 국명은 2세기에 프톨레마이오스가 만든 지도에 '카타라'라는 이름으로 등장하는데, 이는 '나라, 지역'이란 뜻이다.

한국 오리가 꽥꽥 울자, 영·미권 오리도 쾍쾍(quack) 울었다

☐ **quack** [kwæk] ⓜ **꽥꽥** 《집오리 우는 소리》; (라디오 따위의) 소음; 돌팔이 의사 ⓢ **꽥꽥 울다**; 시끄럽게 지껄이다; 수다떨다 ☞ 의성어
♠ **the quack of the radio 라디오 잡음 소리**

■ **squawk** [skwɔ:k] ⓜ 꽥꽥, 깍깍 《새 따위의 울음소리》; 《구어》 시끄러운 불평 ⓢ (물오리 따위가) 꽥꽥〔깍깍〕 울다 ☞ 의성어

■ **squeak** [skwi:k] ⓢ (쥐 따위가) **찍찍 울다**; (어린애가) 앙앙 울다; 삐걱거리다 ⓜ 찍찍, 끽끽, 앙앙 ☞ 의성어

쿼터 quarter ([농구·요트·미식축구] 경기를 4등분한 것) 예) 1 / 2 / 3 / 4 쿼터
쿼드코어 Quad Core ([컴퓨터] 프로세서가 4 개 탑재된 제품) * core 핵심, 속

♣ **어원 : quar(t), quare, quad 4, 4각형, 4분의 1, 네 개**

☐ **quadr**angle [kwádræ̀ŋgəl/kwɔ́d-] ⓜ 4각형, 4변형《특히 정사각형과 직사각형》; (특히 대학의) 안뜰; (미국의) 육지(陸地) 구획《동서 약 17-24km, 남북 약 27km의 지도상의 한 구획》 ☞ angle(각, 각도)

☐ **quadr**ennial [kwɑdréniəl/kwɔd-] ⓗ 4년간의, 4년마다의
☞ ennial<annual(1년의) **비교** biennial 2년에 한 번의; 2년마다의, biannual 연 2회의, 반년마다의

< Quad Core >

☐ **quadr**uple [kwɑdrú:pəl, kwádru-/kwɔ́drupəl] ⓗ 4배의; 네 겹의; 4부로〔사람으로〕 된; 〖음악〗 4박자의 ⓜ 4배(수), 4배의 양 ⓢ 4배로 하다〔되다〕 ☞ 4(quadr) + u + 배의(ple)
♠ **a size quadruple** of 〔to〕 that of the desk 책상의 **네 배 크기**

☐ **quaran**tine [kwɔ́:rəntì:n, kwár-] ⓜ 격리 《전염병 예방을 위한》, 교통 차단; 검역; 검역소 ⓗ 검역의 ⓢ 검역하다; 격리하다 ☞ 이탈리아어로 '40(quaran + tine<ten)일간'이란 뜻. 흑사병에 걸린 나라의 배들을 40일 동안 항구 밖에서 대기 정박시킨 이탈리아 베니스의 관습에서 유래.

☐ **quar**ry [kwɔ́:ri, kwári] ⓜ **채석장**; (지식의) **원천**; 출처 ⓢ 채석하다; 찾아내다
☞ 라틴어로 '(돌을) 네모<4각으로 하다'란 뜻

☐ **quart** [kwɔ:rt] ⓜ **쿼트** 《액량인 경우는 4분의 1 gallon, 약 1.14l》; 건량(乾量) 《보리·콩 따위에서는 8분의 1 peck, 2 pints》; 1쿼트들이 용기; 1쿼트의 맥주〔술〕
☞ 라틴어로 '4분의 1'이란 뜻

☐ **quart**er [kwɔ́:rtər/**쿼**-러/**쿼**-터] ⓜ **4분의 1; 15분**; 4분기(의 지급); 《미》 (4학기로 나눈) 1학기; 4 **방위**; **지방, 지역** ⓗ 4분의 1의 ⓢ 4(등)분하다 ☞ 중세영어로 '4분의 1'이란 뜻
♠ a mile and **a quarter** 1과 **4분의 1**마일, **three quarters 4분의 3**

♠ a quarter of an hour 15분간

□ **quart**erly [kwɔ́ːrtərli] ㉻㉹ 연1회로(의) ㉮ 연4회 간행물, 계간 잡지 ☜ -ly<형접/부접>

□ **quart**et(te) [kwɔːrtét] ㉮ 〖음악〗 **4중주[중창]**(곡); 4중주(중창)단; 4인조
☜ 프랑스어로 '4가지 악기나 음성으로 구성된 혼성곡'이란 뜻

■ s**quare** [skwɛər/스퀘어] ㉮ **정사각형**; (네모난) **광장**; 《미》 주택구역; **스퀘어** 《100평방피트》 ㉹ **정사각형의; 공명정대한** ㉲ **정사각형으로 하다[만들다]**; 직각을 이루다 ㉻ **직각으로**; 정면으로; **공평하게** ☜ 라틴어로 '밖에(s<ex) 네모를(로)(quare) 만들다'란 뜻

퀘일 quail ([음악] 작은 새 소리를 모방하는 간이악기)

□ **quail** [kweil] ㉮ (pl. **-s**, [집합적] **-**) 〖조류〗 **메추라기**; 《미.속어》 성적매력이 있는 젊은 여자 ㉲ 기가 죽다, 겁내다
☜ 중세영어로 '이동성 엽조(사냥이 가능한 새)'란 뜻
♠ a bevy (covey) of **quail 메추라기** 무리(떼)

어퀘인턴스 acquaintance (친구와 그냥 아는 사람의 중간 정도)

<친구>와 <그냥 아는 사람>의 중간 정도. 친하다고 생각했지만 친구라고 하기엔 애매한 사람을 사회학 용어로 어퀘인턴스(acquaintance)라고 한다.

♣ 어원 : quaint 이상한, 별난

■ ac**quaint** [əkwéint] ㉲ **알리다**, 알려주다, 알게 하다
☜ ~에게(ac<ad=to) 이상한(quaint) 것을 알리다

■ ac**quaint**ance [əkwéintəns] ㉮ **면식**, 안면, 아는 사람, 〖사회〗 **어퀘인턴스** ☜ acquaint + ance<명접>

□ **quaint** [kweint] ㉹ **기묘한**, 기이한, 이상한; 별스러워 흥미를 끄는
☜ 중세영어로 '교활한, 교묘한, 교만한'이란 뜻
♠ **the quaint notion that ~ ~라는 기묘한 생각**

퀘이커교 Quaker (George Fox 가 창시한 개신교의 일파)

♣ 어원 : quak, quav, quiv 떨다, 흔들리다

□ **quak**e [kweik] ㉲ **흔들리다**, 진동하다(=vibrate); 전율하다(=tremble), 떨다(=shudder) ㉮ 흔들림, 동요, 진동; 지진; 전율
☜ 중세영어로 '공포에 떠는 것'이란 뜻
♠ He **is quaking with** fear at the sight.
그는 그 광경을 보고 공포**로 떨고 있다**.

□ **Quak**er [kwéikər] ㉮ (fem. **-ess**) **퀘이커교도** 《17세기 중엽 영국의 George Fox가 창시한 Society of Friends 회원의 별칭》
☜ -er(사람). ★ '주의 말씀에 떠는(quake) 사람들(er)'이란 말에서 붙인 속칭이지만 퀘이커교도 자신들은 이 말을 쓰지 않았다고 함.

< 암스테르담의 퀘이커교도 >

□ **quav**er [kwéivər] ㉲ (목소리가) **떨리다**; 떠는 소리로 말(이야기)하다; 진음(震音)을 내다 ㉮ 떨리는 소리; 진음; 《영》 〖음악〗 8분음표
☜ 중세영어로 '떨다, 흔들리다'는 뜻
♠ **quaver (out) a word 떨리는 소리로 한마디 말하다.**

□ **quiv**er [kwívər] ㉲ **떨(리)다; 흔들리다** ㉮ **떨림**, 떪; 진동 ☜ quaver의 변형
♠ **quiver** with fear 공포**에 떨다**

■ earth**quak**e [ə́ːrθkwèik] ㉮ **지진** ☜ 땅(earth)의 흔들림(quake)

퀄리티 quality (질 · 품질 · 성질), 퀄컴 Qualcomm (미국의 다국적 반도체 및 통신장비 기업. <Quality + Communication>의 합성어)

♣ 어원 : qual 질, 성질, 품질, 자격(권한); 종류

□ **qual**ify [kwɑ́ləfài/kwɔ́l-] ㉲ **~에게 자격을 주다**; 적임으로 하다, 적합하게 하다; **제한[한정]하다** ☜ 자격(qual)을 + i + 만들다(fy)
♠ **a qualifying examination 자격**(검정)**시험**

□ **qual**ification [kwɑ̀ləfəkéiʃən/kwɔ̀l-] ㉮ **자격**, 능력, 권한; **자격 부여**; 조건, **제한**; 수정, 완화; 자격 증명서, 면허장
☜ 자격(qual)을 + i + 만드는(fic) 것(ation)

□ **qual**ified [kwɑ́ləfàid/kwɔ́l-] ㉹ **자격 있는**; 적임의, 적당한; 면허의, 검정을 거친 ☜ -ed<형접>

□ **qual**ity [kwɑ́ləti/콸러리/kwɔ́ləti/퀄러티] ㉮ **질, 품질**; 성질, **특성, 소질**, 자질; **양질**, 우수성; 재능 ㉹ 상류 사회의, 귀족적인; 상질의, 훌륭한 ☜ 중세영어로 '성질, 특질'이란 뜻

Q

♠ Quality matters more **than quantity**. *질이 **양보다** 더 중요하다.*
➔ **양(量)보다** 질(質).

☐ **qual**itative [kwάlətèitiv/kwɔ́lətə-] ⓗ **성질(상)의**, 질적인; 정성(定性)의, 정질(定質)의
☜ ~한 성질(qual)로 가(it) 는(ative<형접>)

※ **communi**cation [kəmjùːnəkéiʃən] **전달, 통신; 교통수단**
☜ 나눔(communi)을 + c + 만들(ate) 기(ion<명접>)

퀀텀 리프 quantum leap [jump] ([물리] 양자 도약)

독일 물리학자 막스 플랑크가 주창한 양자도약은 원자 등 독립적 양을 가진 양자(量子)가 에너지를 흡수해 다른 상태로 변화할 때 서서히 변하는 것이 아니라 일정 수준에서 급속도로 변하는 것을 의미한다. 양자의 변화는 다른 사물과 달리 연속성을 갖지 않고 일정한 조건이 형성되면 급격하게 변한다. 경제용어로는 기업의 혁신적 도약을 의미한다. <출처 : 한경 경제용어사전 / 일부인용>

♣ 어원 : quant 양(量)

☐ **quant**um [kwάntəm/kwɔ́n-] ⓜ (pl. **-ta**) 《L.》 양(量); 할당량, 몫; 『물리』 양자(量子) ⓗ 획기적인, 비약적인 ☜ quant(양) + um<명접>

☐ **quant**ity [kwάntəti/**콴**터디/kwɔ́ntəti/**퀀**터티] ⓜ **양**(量); 분량, 수량, 액; (종종 pl.) 다량, 다수
☜ quant + ity<명접>
♠ **in quantities** 〔quantity〕 **많이, 다량으로**

☐ **quant**itative [kwάntətèitiv/kwɔ́ntə-] ⓗ **양의**, 양적인, 양에 의한 ☜ -ative<형접>

☐ **quant**itatively [kwάntitèitəvli] ⓑ 양적으로, 정량적으로, 음량 면에서는 ☜ -ly<부접>

※ **leap** [liːp/리잎] ⓢ (-/leap**ed**〔leap**t**〕/leap**ed**〔leap**t**〕) **껑충 뛰다**, 뛰다, 도약하다, **뛰어넘다** ⓜ **뜀, 도약** ☜ 중세영어로 '높이 뛰는 행위'란 뜻

연상 3쿼터(quarter)에 접어들자 선수들간 쿼럴(quarrel.다툼)이 심해졌다.

☐ **quart**er [kwɔ́ːrtər/**쿼**-러/**쿼**-터] ⓜ **4분의 1; 15분**; 4분기(의 지급); 《미》 (4학기로 나눈) 1학기; 4 **방위**; **지방, 지역;** (pl.) **숙소**, 거처, 주소; 『군사』 진형, 병사(兵舍) ⓗ 4분의 1의 ⓢ 4(등)분하다; 숙박하다, 숙박시키다 ☜ 중세영어로 '4분의 1'이란 뜻
♠ **a quarter of** a pound **4분의 1**파운드

☐ **quar**rel [kwɔ́ːrəl/**쿼**-럴] ⓜ 싸움, **말다툼; 싸움[말다툼]의 원인**, 불평 ⓢ **싸우다**, 불평하다
☜ 라틴어로 '불평하다'란 뜻 비교 squirrel 다람쥐
♠ **have a quarrel with ~ ~와 말싸움하다.**
♠ **A bad workman quarrels with his tools.**
미숙한 기술자는 그의 연장을 탓한다. 《속담》 명필은 붓 탓을 안 한다.

☐ **quarrel**some [kwɔ́ːrəlsəm, kwάr-] ⓗ 싸우기를〔말다툼을〕 좋아하는; 시비조의 ☜ -some<형접>

☐ **quarry**(채석장), **quart**(쿼트), **quarter**(15분) ➔ **quadrangle**(4각형) **참조**

☐ **quartet · quartette**(4중주, 4중창) ➔ **quadrangle**(4각형) **참조**

쿼츠 quartz (석영: 규소와 산소가 화합한 광물)

☐ **quartz** [kwɔːrts] ⓜ 『광물』 **석영**(石英); smoky quartz
☜ 독일어로 'rock crystal(수정)'이란 뜻
♠ **Quartz** is a mineral in the form of a hard, shiny crystal. **석영**은 단단하고 빛나는 수정형태의 광물이다.

☐ **quartz** clock 수정 (발진식) 시계 《수정 고유의 진동수를 이용한 정확도가 높은 시계》 ☜ quartz + clock(손목시계를 제외한 시계)

☐ **quaver**(떨리다) ➔ **quake**(흔들리다) **참조**

연상 키(key.열쇠)를 키(quay.선창)에서 잃어버렸다.

※ **key** [kiː/키-] ⓜ (pl. **-s**) **열쇠**; (문제 · 사건 등의) 해답; **해결의 열쇠**〔실마리〕(=clue); (컴퓨터 키보드 · 피아노 건반 등의) **키**
☜ 중세영어로 '자물쇠를 여는 도구'란 뜻

☐ **quay** [kiː] ⓜ 선창, 부두, 방파제, 안벽(岸壁)
☜ 고대 북프랑스어로 '모래 제방'이란 뜻
♠ The ship left **the quay**. 배가 **부두**를 떠났다.

Q

퀘벡 Quebec (캐나다 동부의 주)

☐ **Quebec** [kwibék] 명 **퀘벡** 《캐나다 동부의 주; 그 주도(州都)》
☜ 북미 인디언어로 '해협(海峽)'이란 뜻
★ 주민의 4분의 3이 프랑스계로 프랑스 분위기가 만연한 '작은 프랑스'라는 별칭이 있으며, 북미에 남아 있는 유일한 성벽도시이기도 함.
☐ **Quebec**(k)er [kwibékər] 명 퀘벡 주의 주민(=Quebecois) ☜ -er(사람)
☐ **Quebec**ois [kèibəkwάː, -be-] 명 (pl. ‒ [-z]) 프랑스계 퀘벡 사람
☜ 캐나다 프랑스어 Québécois(프랑스계 퀘벡사람)의 영어식 표기.

퀸카 queen card (콩글 외모가 빼어난 여자) ➔ the queen of hearts ❶ [카드] 하트의 퀸 ❷ 미인

☐ **queen** [kwiːn/퀴인] 명 **여왕**, 여제(女帝); 왕비, 왕후(~ consort); (신화·전설의) 여신; 《특히》 미인 경연 대회의 입선자, (사교계 따위의) 여왕, 스타 ☜ 고대영어로 '여자, 여왕'이란 뜻
비교 king 왕
♠ during **Queen Elizabeth**'s reign = during the reign of **Queen Elizabeth 엘리자베스 여왕**의 통치 기간에
♠ **May queen 5월의 여왕** 《5월제의 여왕으로 뽑힌 처녀》
☐ **queen**ly, **queen**like [kwíːnli], [kwíːnlàik] 형 여왕의, 여왕 같은
☜ queen + ly<형접>, queen + like(~같은)
☐ **queen** bee 여왕벌; 여성 지도자, 여두목 ☜ bee(꿀벌)
☐ **queen** consort (국왕의 아내인) 왕비 《여왕과 구별하여》 ☜ consort(배우자)
☐ **queen**-size [kwíːnsàiz] 형 (침대가) 중특대의 《kingsize보다 작은 사이즈》 ☜ size(크기)
※ **card** [kaːrd/카-드] 명 **카드; 판지; 명함; (카드놀이의) 패**
☜ 중세 프랑스어로 '종이 한 장'이란 뜻

연상 그 퀸(queen.여왕)은 다소 퀴어(queer.괴상)한 사람이다.

※ **queen** [kwiːn/퀴인] 명 **여왕**, 여제(女帝); 왕비, 왕후(~ consort); (신화·전설의) 여신; 《특히》 미인 경연 대회의 입선자, (사교계 따위의) 여왕, 스타 ☜ 고대영어로 '여자, 여왕'이란 뜻 비교 king 왕
☐ **queer** [kwiər] 형 **기묘한, 괴상한**; 수상한, 의심쩍은; 언짢은, 편찮은; 가짜의 명 [the ~] 가짜 돈; 괴짜, 기인
☜ 중세 독일어로 '기묘한, 잘못된'이란 뜻
♠ **a queer sort of** fellow ***이상한 부류의*** *녀석* ➔ **이상한** 놈
♠ **queer bird 괴짜**
☐ **queer**ish [kwíəriʃ/kwíər-] 형 조금 이상한(기분나쁜) ☜ -ish<형접>
☐ **queer**-looking [kwíərlùkiŋ] 형 이상한 모습의, 기묘한 몰골의
☜ 기이하게(queer) 보이(look) 는(ing<형접>)
☐ **queer**ness [kwíərnis] 명 기묘함 ☜ queer + ness<명접>

© Smack Jeeves

Q

킬러 killer (살인자)

■ **kill** [kil/킬] 동 **죽이다**, 살해하다 ☜ 중세영어로 '강한 타격'이란 뜻
■ **kill**er [kílər] 명 **죽이는 것[사람]**: 살인자(마), 살인 청부업자, **킬러**; 살인귀 ☜ -er(사람/물건)
☐ **quell** [kwel] 동 (반란 등을) **진압하다**, 평정하다; (공포 등을) **억누르다**, 가라앉히다
☜ 고대영어로 '죽이다'란 뜻. kill과 발음 및 의미 유사
♠ **quell one's hopes 희망을 잃게 하다**

연상 불이 난 벤치(bench.긴 의자)를 소방관이 퀜치(quench.불끄다)했다

※ **bench** [bentʃ/벤취] 명 **벤치, 긴 의자** ☜ 고대영어로 '긴 의자'란 뜻
☐ **quench** [kwentʃ] 동 (불 따위를) **끄다**(=extinguish); (갈증 따위를) 풀다; 소멸시키다; 억누르다 ☜ 고대영어로 '불을 끄다'란 뜻
♠ **quench a fire** with water 물로 **불을 끄다**
☐ **quench**er [kwéntʃər] 명 quench하는 사람(물건); 《구어》 갈증을 푸는 것, 마실 것
☜ quench + er(사람/물건)
☐ **quench**less [kwéntʃlis] 형 끌 수 없는, (억)누를 수 없는 ☜ quench + less(~이 없는)
☐ un**quench**able [ʌnkwéntʃəbl] 형 끌 수 없는; 막을 수 없는, (욕망 따위를) 누를 수 없는, 채울 수 없는 ☜ (불을) 끌(quench) 수 없(un=not/부정) 는(able)

□ unquenched [kwentʃ] ⓗ **꺼지지 않은** ☜ un(=not/부정) + quench + ed<형접>
♠ **unquenched thirst 가셔지지 않는 갈망[갈증]**

앙케이트 < 앙케트 enquete ([F.] 소규모의 여론조사) ➔ questionnaire, survey

♣ **어원 : quest, quisit, quir(e), query, quet 찾다, 구하다; 묻다, 요구하다**

■ enquete [ɑːŋkét; [F.] ɑkɛt] ⓜ **앙케트**《똑같은 질문에 대한 여러 사람의 답변을 얻는 소규모의 설문 조사》
☜ 라틴어로 '안에서(en<in) 찾다(quet) + e'란 뜻

□ query [kwíəri] ⓜ **질문**(=inquiry), 의문; 〖의문구(句) 앞〗 감히 묻노니 《생략: q., qu., qy.》; 물음표《?》; 〖컴퓨터〗 질의, 조회 ⓢ 묻다, 질문하다 ☜ 묻다(quer) + y<명접/동접>
♠ **query about** the matter 그 문제**에 관해서 질문하다**

□ quest [kwest] ⓜ **탐색**(=search), 탐구(=hunt), 추구(=pursuit) ⓢ (사냥개가) 추적하다
☜ 고대 프랑스어로 '~을 찾다, 사냥하다'란 뜻
♠ **in quest of ~ ~을 찾아서**

□ question [kwéstʃən/퀘스천] ⓜ **질문**, 심문, **물음**(⇔ answer); 〖문법〗 의문문; 의심, **의문**; (해결할) **문제** ⓢ **질문하다**, 묻다; 의심하다 ☜ quest + ion<명접>
♠ **question and answer 질의응답**
♠ **May I ask you a question ? 한 가지 질문해도 좋습니까?**
♠ **beyond (all) question 의심할 것도 없이, 물론**
♠ **in question 문제의, 당해의**
the man **in question 문제의** 그 남자
♠ **out of question 틀림없는, 확실한**
♠ **out of the question 문제가 안 되는, 논의의, 전연 불가능한**
♠ **without question 의심할 것도 없이, 무조건, 물론**
Without question, he is a terrorist. **의심할 여지없이** 그는 테러리스트이다.
♠ **To be or not to be, that is the question.**
사느냐 죽느냐, 그것이 문제로다. - Shakespeare 작 Hamlet 중에서-

□ questionable [kwéstʃənəbl] ⓗ **의심스러운**《행동 따위가》; 수상한; 문젯거리의
☜ question + able<형접> 반 **unquestionable 의심할 바 없는**

□ question mark **물음표**(?); 의문점; 미지의 사항, 미지수 ☜ mark(기호, 부호)

□ questionnaire [kwèstʃənɛ́ər] ⓜ 《F.》 질문서, 질문표 《조목별로 쓰인》, 앙케트; 〖통계〗 조사표
☜ question + n + aire<명접>

■ request [rikwést/리퀘스트] ⓜ 요구, **요청, 부탁**, 의뢰; 소망 ⓢ 요구하다, **요청하다**
☜ 다시(re) (간절히) 구하다(quest)

■ require [rikwáiər/리콰이어] ⓢ **요구[요청]하다**, 명하다; **필요로 하다**
☜ 다시(re) (간절히) 구하다(quire)

■ conquest [kάŋkwest/kɔ́ŋ-] ⓜ **정복**; 획득(물), 전리품 ☜ 완전히(con<com) 추구함(quest)

■ inquest [ínkwest] ⓜ (배심원의) 심리, 사문(査問); 검시(檢屍) ☜ 안에서(in) 묻고 찾다(quest)

■ bequest [bikwést] ⓜ 유산, 유물, 유품 ☜ (후대에게) 추구함(quest)이 있는(be) 것

레디 큐 Ready Cue ([방송] 준비, 시작 !)
레디 큐 ready queue ([컴퓨터통신] 실행대기 프로세스들을 모아놓은 큐)

Q

※ ready [rédi/뤠리/뤠디] ⓗ **준비가 된** ☜ 고대영어로 '(말이) 준비된'이란 뜻

※ cue [kjuː] ⓜ 〖연극·영화〗 **큐**《다음 배우 등장 또는 연기의 신호가 됨》, **신호**; (당구 등의) 큐 ☜ 중세영어로 '무대방향', 18세기 영어로 '당구대'란 뜻

□ queue [kju(ː)] ⓜ **땋아 늘인 머리, 변발**(辮髮); 《영》 열, 줄; 〖컴퓨터〗 대기행렬, **큐**《컴퓨터의 처리를 기다리는 일련의 자료, 메시지 등》 ⓢ 땋아 늘인 머리를 하다; 〖컴퓨터〗 대기 행렬에 넣다; 《영》 줄서서 기다리다 ☜ 고대프랑스어, 라틴어로 '꼬리'란 뜻
♠ **stand in a queue 장사진을 이루다**

퀵 서비스 quick service (콩글 신속 배송)
➔ express delivery, courier service

□ quick [kwik/퀵] ⓗ **빠른, 신속한, 민첩한**; 즉석의; **조급한**
☜ 고대영어로 '살아있는'이란 뜻
♠ **Quick at meal, quick at work.**
《속담》 밥을 빨리 먹는 사람은 일솜씨도 빠르다.
♠ **be quick at ~ ~이 빠르다, ~을 잘 하다**
♠ **to the quick 통절히, 골수에 사무치게, 뼈저리게; 참으로, 순수하게**

☐ **quick**-eared [kwíkìərd] ⓗ 귀가 밝은; 빨리 알아듣는 ☜ 빠른(quick) 귀(ear) 의(ed<형접>)
☐ **quick**en [kwíkən] ⓓ **빠르게 하다**, 서두르게 하다; **활기 띠게 하다**, 북돋우다, 자극하다; 되살리다, 소생시키다(revive) ☜ -en<동접>
☐ **quick**-eyed, **quick**-sighted [kwíkɑ̀id], [kwíksɑ̀itid] ⓗ 눈이 빠른, 눈치가 빠른 ☜ 빠른(quick) 눈(eye) 의(ed), 빠른(quick) 시력(sight) 의(ed<형접>)
☐ **quick**ly [kwíkli] ⓟ **빨리**, 급히; 곧 ☜ -ly<부접>
☐ **quick**silver [kwíksìlvər] ⓜ **수은**(=mercury); 활발한 성질; 변덕, 변덕스런 사람 ⓗ 수은의(같은); 변하기 쉬운, 움직임이 빠른 ⓓ 수은을 입히다 ☜ 고대영어로 '살아있는 은(銀)'이란 뜻
☐ **quick**step [kwíkstèp] ⓜ 『군사』 속보 (행진곡); 『댄스』 **퀵스텝** ⓓ 속보로 행진하다; 퀵스텝을 추다 ☜ 빠른(quick) 걸음(step)
☐ **quick**-tempered [kwíktémpərd] ⓗ 성급한 ☜ 급한(quick) 성질(temper) 의(ed<형접>)
☐ **quick** time 『군사』 속보 《1분간에 120보》 ☜ time(시간; 횟수)
☐ **quick**-witted [kwíkwítid] ⓗ 재치가 있는, 머리 회전이 빠른 ☜ 빠른(quick) 재치(wit) + t + 의(ed)
※ **serv**ice [sə́ːrvis/써-뷔스] ⓜ **봉사**, 수고; **서비스**, 접대 ☜ 섬기는(serv) + i + 것(ce)

퀴트 quit ([갬블링] (환전을 위해) 게임을 잠시 중지시키는 것) 콰이어트 Quiet (수전케인의 저서 <내성적인 사람들의 힘>)

<Quiet>는 美 프린스턴대학과 하버드법대를 우등생으로 졸업한 미국의 사회심리학자 Susan Cain 이 2012 년 펴낸 책이다. 사교적이고 외향적 성격의 소유자 보다 내향적 인간의 특별한 재능과 능력이 더 중요하다고 주장한다. 시사주간지 <Time>이 커버스토리로 다루었고 베스트셀러 반열에도 올랐다.

♣ 어원 : qui, whi 평온한, 자유로운; 안식, 휴식 ※ qui와 whi의 발음이 유사한데서

☐ **quiet** [kwáiət/**콰**이어트] ⓗ (-<-t**er**<-t**est**) **조용한, 고요한, 한적한, 평온한** ⓜ **고요**, 안식 ☜ 라틴어로 '평온한, 쉬는'이란 뜻 **비교** quite 완전히, 아주, 꽤
♠ **Be** (Keep) **quiet ! 정숙해 주시오, 조용히!**
☐ **quiet**ly [kwáiətli/**콰**이어틀리] ⓟ **조용히, 고요히**; 수수하게; 은밀히 ☜ quiet + ly<부접>
☐ **quiet**ness, **quiet**ude [kwáiətnis], [kwáiətjùːd] ⓜ **정적**, 고요 ☜ -ness/-ude<명접>
☐ **quit** [kwit] ⓓ (-/quit**ted**(quit)/quit**ted**(quit)) **떠나다, 그만두다, 끊다** ⓗ **면하여**, 토하여 ☜ 라틴어로 '(전쟁이나 빚으로부터) 자유로운'이란 뜻
♠ **I'm going to quit** smoking. **나는** 담배**를 끊을 것이다.**
♠ **I quit match** 『스포츠』 **아이큇 매치** 《선수가 항복(I quit)을 선언해야 끝나는 프로레슬링 경기》 ☜ 나는(I) 시합(match)을 그만둔다(quit)
☐ **quite** [kwait/콰이엍] ⓟ **완전히, 아주**, 전혀; 정말, 확실히; 꽤, 매우, 제법 ☜ 중세영어로 '자유로운, 완전한'이란 뜻
♠ She's **quite** a pretty girl. 그녀는 **정말** 예쁜 소녀다.
♠ **quite a few** (little) **《미》 상당수**(량)**의**

✚ ac**quit** 방면(사면)하다; ~을 해제하다 **while ~하는 동안**, 하지만 a**while 잠시, 잠깐**

연상 ▸ 킬(keel.배의 용골)과 퀼(quill.깃대)은 <막대, 줄기>란 의미가 있다.

※ **keel** [kiːl] ⓜ (배나 비행선의) **용골** ⓓ 전복되다(시키다), 쓰러지다 ☜ 중세영어로 '배의 가장 낮은 곳에 쓰이는 중요한 목재'란 뜻
★ 용골(龍骨)이란 선체의 중심선을 따라 선수(이물)에서 선미(고물)까지 연결된 배의 골격 재료(사람의 등뼈에 해당)를 말한다.
☐ **quill** [kwil] ⓜ **깃대**, 우경(羽莖); (날개깃 · 꼬리 따위의 튼튼한) 큰 깃; 깃촉펜 ☜ 중세영어로 '한 줄기의 갈대 또는 속이 빈 깃털의 줄기'란 뜻
♠ **drive the quill 펜을 놀리다, 글을 쓰다**
☐ **quill** pen 깃펜 ☜ pen(펜, 만년필)

연상 ▸ 빌트인(built-in.붙박이) 벽장 속에 퀼트(quilt.누비이불)가 가득 들어있다

빌트인이란 집이나 사무실 따위에 필요한 각종 기기나 가구 따위를 건물에 내장하는 공법. 즉 각종 주방기기들을 부엌 가구 안에 내장한 뒤 표면을 깔끔하게 마무리하는 공법을 말한다. <출처 : 네이버 국어사전>

※ **build** [bild/빌드] ⓓ (-/**built/built**) **짓다, 세우다** ☜ 중세영어로 '집을 짓다'란 뜻
※ **built** [bilt] ⓗ **조립된** ☜ built의 과거분사 ⇨ 형용사
※ **built**-in [bíltin] ⓗ 붙박이의; (편견 따위가) 뿌리 깊은 ⓜ 붙박이 비품(가구) ☜ ~안에(in) 짓다(built)

☐ **quilt** [kwilt] ⓜ (솜·털·깃털 따위를 둔) **누비이불**; 침대 커버 ⓢ 속을 두어서 누비다; (이불 등을) 덮다 ☜ 라틴어로 '매트리스'란 뜻
♠ **patch a quilt 천 조각을 기워 맞춰 이불을 만들다**

※ **in** [in/인, (약) ən/언] ⓟ 〚장소·위치〛 **~의 속[안]에서, ~에서** ⓟ 〚시점·시간〛 **~동안[중]에, ~에, ~때에** ☜ 고대영어로 '~안에'란 뜻

☐ **quit**(그만두다, 끊다), **quite**(완전히) ➔ **quiet**(조용한) **참조**

☐ **quiver**(떨리다) ➔ **quake**(흔들리다) **참조**

퀴즈 quiz (구두·필기에 의한 간단한 시험)

☐ **quiz** [kwiz] ⓜ (pl. **-zes**) 질문, **간단한 시험[테스트]**; (라디오·TV의) **퀴즈**; (장난(꾼)) ⓢ 간단한 시험을〔테스트를〕 하다; 《주로 영국》 놀리다, 장난하다
☜ 근대영어로 '어떤 문제에 관한 학생의 간단한 시험'이란 뜻
♠ **a true-or-false quiz 오엑스(OX) 퀴즈**

☐ **quiz** program 〔show〕 《미》 (라디오·TV의) 퀴즈 프로
☜ program(프로그램, 차례표), show(보이다; 쇼)

스크린쿼터 screen quota (연간 한국영화 의무상영 일수를 규정한 제도)

♣ **어원 : quot 몫, 가격, 양(量); (몫을) 나누다, 할당하다, 분배하다; 인용하다**

※ **screen** [skriːn] ⓜ **칸막이**; 차폐물; **막; 스크린**; (영화의) 영사막
☜ 고대 프랑스어로 '난로 앞에 치는 내화 철망'이란 뜻

☐ **quota** [kwóutə] ⓜ 몫; 분담액, 할당액 ⓢ 할당하다, 분담시키다
☜ 라틴어로 '일정 정도의 크기'란 뜻

Korean Films
Non-Korean Films

☐ **quote** [kwout] ⓢ (남의 말·문장 따위를) **인용하다**, 따다 쓰다
☜ 중세영어로 '책에 장(章) 번호 또는 상세한 참고자료를 표시하다.'란 뜻
♠ **quote Shakespeare 셰익스피어의 말을 인용하다**

☐ **quotation** [kwoutéiʃən] ⓜ **인용**; 인용구〔어, 문〕; **시세**, 시가; 견적 ☜ -ation<명접>
♠ enclose the word in **quotation marks** 단어를 **인용 부호**로 묶다.
♠ today's **quotation** on 〔for〕 raw silk 오늘의 생사(生絲) **시세**

☐ **quotation marks** **인용부호(" ")** ☜ mark(부호, 기호)

Q

랍비 rabbi (유대교 율법학자)

☐ **rabbi** [rǽbai] ⓜ (pl. **-(e)s**) 유대의 율법학자; 랍비, 선생《존칭》; 유대 교회의 목사 ☜ 히브리어로 '나의 주인, 주인님'이란 뜻

이레이저 eraser (미국 액션 영화. <지우개>란 뜻)

1996년 개봉한 미국 액션 영화. 아놀드 슈왈제네거 주연. 방산업체의 기밀을 알게 된 회사 여직원을 제거하려는 검은 세력과 그녀를 보호하려는 세력간 격돌하게 된다는 이야기.

© Warner Bros.

♣ 어원 : **rab, ras(e), rat, rod 문지르다, 할퀴다, 갉다**

■ e**ras**e [iréis/iréiz] ⓢ **~을 지우다**; 말소(말살·삭제)하다 ☜ 밖으로(e<ex) 문지르다(rese)

■ e**ras**er [iréisər/-zər] ⓜ 지우는 사람; **지우개** ☜ erase + er(사람/물건)

☐ **rab**bit [rǽbit/래빝] ⓜ (pl. **-(s)**) **집토끼**; 그 모피; [일반적] **토끼**; 겁쟁이 ⓢ 토끼사냥을 하다 ☜ 중세 네델란드어로 '토끼'란 뜻 ⇦ 갉는(rab) + b + 것(it) **비교** hare 산토끼

♠ **snare a rabbit 토끼**를 덫으로 잡다

■ **rat** [ræt] ⓜ **쥐** 《mouse(생쥐)보다 몸집이 크고 길이가 긴》, 쥐새끼 같은 놈; 변절[배신]자 ⓢ 쥐를 잡다 ☜ 고대영어로 '쥐', 라틴어로 '갉는 것'이란 뜻

■ **rod**ent [róudənt] ⓗⓜ 갉는; 설치류의 (동물) 《쥐·토끼 따위》 ☜ 갉다(rod) + ent<형접/명접>

연상 베이비즈(babies.아기들)에게 레이비즈(rabies.광견병)는 치명적이다.

♣ 어원 : **rab 미치다; 열광적인, 맹렬한; 광견병**

※ **baby** [béibi/**베**이비] ⓜ **갓난 아이, 젖먹이** ☜ 중세영어로 '갓난 아이'

☐ **rab**ies [réibi:z] ⓜ 〖의학〗 **광견병**, 공수병(恐水病)(=hydrophobia) ☜ 라틴어로 '광기, 격노'라는 뜻

♠ be infected with **rabies 광견병**에 걸리다

☐ **rab**id [rǽbid] ⓗ 맹렬한, 미친 듯한; 열광적인, 광포한; 광견병에 걸린 ☜ rab(미치다) + id<형접>

♠ a **rabid** dog **미친** 개

라쿤 raccoon (미국 너구리)

☐ **raccoon** [rækú:n, rə-] ⓜ (pl. **-(s)**) 〖동물〗 **라쿤**, 미국너구리, 완웅(浣熊); 그 모피 ☜ 미국 버지니아 알곤킨족어로 '손으로 할퀸다'라는 뜻

R

카 레이스 car race (자동차 경주) ➔ motor race/racing, automobile race/racing, car race/racing

♣ 어원 : **race, raci 씨족, 종족, 뿌리, 혈통; (아래로) 흐름**

※ **car** [ka:r/카-] ⓜ **자동차** ☜ 라틴어로 '2개의 바퀴가 달린 켈트족의 전차'란 뜻

☐ **race** [reis/뤠이스] ⓜ **경주**; 경마; 《Sc.》 질주; **인종, 씨족, 민족** ⓢ **경주[경쟁]하다; 질주하다** ☜ 고대 노르드어로 '흐름', 고대 프랑스어로 '씨족'이란 뜻. 씨족이란 '같은 피가 아래로 흐르는 종족'이란 뜻에서 '씨족'과 '경주'는 연관성이 있다.

♠ **boat race 보트 경주** ☜ boat(작은 배)

♠ **horse race** (1회의) **경마** ☜ horse(말)

♠ **run a race with** (against) ~ **~와 경주하다**

♠ **the yellow** (white, black) **race 황**(백, 흑)**인종**

☐ **race**r [réisər] ⓜ 경주자, **레이서**, 경조(競漕)자; 경마말, 경주용 자전거(자동차·비행기·요트) ☜ 경주하는(race) 사람(장비)(er)

☐ **rac**ing [réisiŋ] ⓜ **경주·경마**·경륜·자동차 경주 ⓗ 경주용의, 경주의 ☜ race + ing<명접/형접>

☐ **race**course 경주로 ☜ 경주(race) 코스(course)

□ **race** horse　　경주마 ☜ 경주(race)하는 말(horse)

레이시즘 racism (인종차별주의), 래디컬 페미니즘 radical feminism (쉴라 제프리스의 저서. <급진적 남녀평등주의>란 뜻)

영국 출신 호주 멜버른대학 정치과학 교수 쉴라 제프리스(Sheila Jeffreys)가 남성 중심적 사회 구조에 대해 날카롭게 분석한 책. 래디컬 페미니즘은 1960년대 프랑스와 미국, 영국에서 본격적으로 등장하여 80년대에는 한국 페미니즘의 발판 마련에 가장 큰 영향을 끼친 이론으로 가부장제를 사회 지배의 권력구조로 보고, 남성우월주의가 여성을 억압하고 지배한다는 관점의 여성주의를 말한다. <출처 : 인터넷 교보문고 / 일부인용>

♣ 어원 : rad(ic), rac(i) 뿌리, 혈통, 근본

■ **race**　[reis/뤠이스] ⓜ **경주**; 경마; 《Sc.》 질주; **인종, 씨족, 민족** ⓢ **경주[경쟁]하다; 질주하다** ☜ 고대 노르드어로 '흐름', 고대 프랑스어로 '씨족'이란 뜻. 씨족이란 '같은 피가 아래로 흐르는 종족'이란 뜻에서 '씨족'과 '경주'는 연관성이 있다.

□ **racial**　[réiʃəl] ⓗ **인종(상)의**, 종족의, 민족(간)의 ☜ race + ial<형접>

□ **racism**　[réisizəm] ⓜ **레이시즘**, 민족〔인종〕 차별주의〔정책〕; 인종 차별, 인종적 편견 ☜ race + ism(~주의)

□ **racist**　[réisist] ⓜⓗ **레이시스트**, 민족〔인종〕 차별주의자(의) ☜ -ist(사람)

□ **radical**　[rǽdikəl] ⓗ **근본적인**, 기본적인; 철저한; **급진적인, 과격한**; 〖수학〗 근(根)의; 〖화학〗 기(基)의 ⓜ 급진당원, 과격론자 ☜ 라틴어로 '뿌리, 근본'이란 뜻

♠ a **radical** change 〔reform〕 **근본적** 변화〔개혁〕

□ **radicalism**　[rǽdikəlìzəm] ⓜ 급진주의 ☜ radical + ism(~주의)

□ **radically**　[rǽdikəli] ⓟ 근본적으로, 철저히 ☜ radical + ly<부접>

□ **radish**　[rǽdiʃ] ⓜ 〖채소〗 **무**; 《야구俗》 볼; 《미.속어》 야구 ☜ 라틴어로 '뿌리'라는 뜻

■ **eradicate**　[irǽdəkèit] ⓢ **뿌리째 뽑다**; 근절하다, 박멸하다 ☜ 밖으로(e<ex) 뿌리(radic)를 깨내다(ate)

※ **feminism**　[fémənìzəm] ⓜ 여권주의, 남녀 동권주의; 여권 신장론 ☜ 여성(femin) + i + 주의(sm)

루프랙 Roof Rack ([자동차] 차량의 지붕에 설치된 2개의 선반)

※ **roof**　[ru:f/루웊] ⓜ **지붕**, (터널·동굴 등의) 천장 ⓢ ~에 지붕을 이다 ☜ 고대영어로 '지붕, 천장, 꼭대기'란 뜻

□ **rack**　[ræk] ⓜ (모자 등의) **~걸이, 선반**, 받침대, 시렁; 고문대 ⓢ **괴롭히다,** 고문하다 ☜ 중세 네덜란드어로 '뼈대, 골조'란 뜻

♠ **towel rack 수건걸이**

♠ **rack** one's brains 머리를 **짜내다**

테니스 라켓 tennis racket ([테니스] 공을 받아치는 채)

※ **tennis**　[ténis/**테**니스] ⓜ **테니스** ☜ 고대 프랑스어로 '잡는(ten<take) + n + 것(is)'이란 뜻

□ **racket, racquet** [rǽkit] ⓜ (테니스·배드민턴·탁구용) **라켓**; 소동, 법석 ⓢ 라켓으로 치다 ☜ 고대 프랑스어로 '손바닥'이란 뜻

♠ **swing a racket 라켓을 휘두르다**

□ **racquetball**　[rǽkitbɔ̀:l] ⓜ 《미》 **라켓볼** 《2-4명이 자루가 짧은 라켓과 handball보다 조금 큰 공으로 하는, squash 비슷한 구기》 ☜ racquet + ball(공)

□ **racqueteer**　[rækətíər] ⓜ 《미》 공갈자, 협박자, 부정한 돈벌이를 하는 사람 ☜ -eer(사람)

R

레이다 radar (무선탐지 및 거리측정기), 라디에이터 radiator (방열기)

♣ 어원 : rad(i), radio 빛, 광선, 전파, 무선, 방사(능), 반지름

□ **radar**　[réida:r] ⓜ 〖전자〗 **레이더**, 전파 탐지기; (속도위반 차량 단속용) 속도측정 장치 ☜ **Ra**dio **D**etecting **A**nd **R**anging의 약자

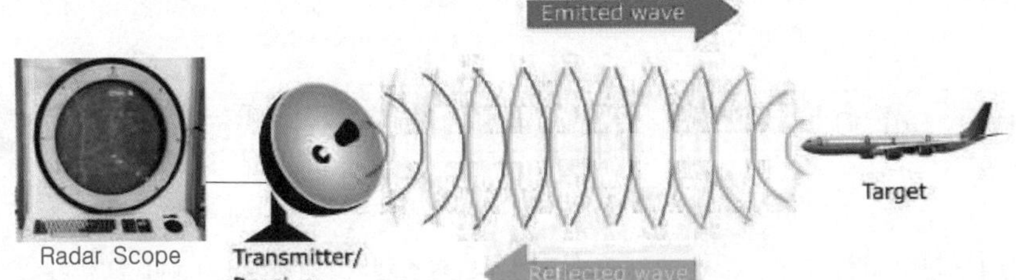

♠ We located the aircraft **by radar**.
우리는 **레이더로** 그 항공기의 위치를 알아냈다.

☐ **radi**al [réidiəl] ⓗ **광선의**, 광선 모양의; 방사상(放射狀)의, 복사상(輻射狀)의; 『수학』 반지름의 ⓜ 방사상의 것 ☜ radi + al<형접/명접>

☐ **radi**al(-ply) tire **레이디얼 타이어** 《타이어 동체부를 구성하는 나일론 등의 층이 주변 방향에 대해 직각을 이룬 것》 ☜ tire(타이어, 고무바퀴)

☐ **radi**ance, -ancy [réidiəns], [-i] ⓜ **발광**(發光), 광휘(光輝); (눈・얼굴의) 빛남 ☜ radi + -ance/-ancy<명접>

☐ **radi**ant [réidiənt] ⓗ **빛나는**, 밝은; 찬란한, 눈부신; 복사의, 방사〔복사〕의〔에 의한〕 ⓜ 『광학』 광점(光點); 광체(光體) ☜ -ant<형접/명접>
♠ **the radiant sun 찬란한 태양**

☐ **radi**ate [réidièit] ⓓ (중심에서) 방사상으로 퍼지다; **빛을 발하다**, 빛나다; 방사하다 ⓗ 방사하는, 방사〔복사〕상의 ☜ -ate<동접>
♠ Light and heat **radiate from** the sun. 빛과 열이 태양**으로부터 방사된다**.

☐ **radi**ation [rèidiéiʃən] ⓜ (빛・열 등의) **방사**, **복사**; 발광(發光), 방열(放熱)(기(器)); 방사선, **복사열**; **방사능** ☜ -ation<명접>

☐ **radi**ator [réidièitər] ⓜ **라디에이터**, 방열기, 난방기, (자동차・비행기의) **냉각 장치**; 『통신』 송신 안테나; 복사〔방사, 발광, 방열〕체; 《Austral.》 전기 난방기 ☜ radiate + or<기기, 장비>

☐ **radical**(근본적인, 급진적인), **radish**(무) ➔ **race**(인종, 민족; 경주) **참조**

라디오 radio (방송 전파를 음성으로 바꿔 주는 기계 장치)

♣ 어원 : rad(i), radio 빛, 광선, 전파, 무선, 방사(능), 반지름

☐ **radio** [réidiòu/**뤠**이디오우] ⓜ (pl. **-s**) **라디오 방송**; 라디오 수신기; **무선전신[전화]** ⓓ 무선으로 연락하다, 무전을 치다; 라디오 방송을 하다 ☜ 라틴어로 '빛나다, 빛을 발하다'란 뜻
♠ **listen to the radio 라디오를 듣다**
♠ **turn** 〔switch〕 **on** 〔off〕 **the radio 라디오를 틀다**(끄다)
♠ **hear ~ on** 〔over〕 **the radio ~을 라디오로 듣다**

☐ **radio**active [rèidiouǽktiv] ⓗ **방사성의, 방사능의** ☜ active(활동성의; 방사능이 있는)

☐ **radio**active rays 방사선 ☜ ray(광선, 빛, 방사선)

☐ **radio**active waste 방사성 폐기물 ☜ waste(낭비; 쓰레기; 낭비하다)

☐ **radio**activity [rèidiouæktívəti] ⓜ 방사능 ☜ 방사(radio) 활성(activity)

☐ **radio**gram [réidiougræ̀m] ⓜ 무선 전보 ☜ 전파(radio)로 보내는 기록/그림(gram)
♠ **photo radiogram 무선전송사진**

☐ **radio**gramophone [rèidiougrǽməfoun] ⓜ 라디오 겸용 전축 ☜ radio(라디오) + gramophone(축음기)

☐ **radio**graph [réidiougræ̀f/-grɑ̀:f] ⓜ 뢴트겐 〔감마선〕 사진, 방사선 사진 ⓓ 뢴트겐 사진을 찍다 ☜ 광선/방사선(radio)을 기록하다(graph)
♠ **radiograph** test **방사선** 투과 검사(放射線透過檢査)

☐ **radio**graphy [rèidiougræ̀fi/-grɑ̀:f] ⓜ 방사선 사진술[촬영법] ☜ -y<명접>

☐ **radio**isotope [rèidiouáisətòup] ⓜ 방사성 동위 원소 ☜ radio(방사) + isotope(아이소토프, 동위원소)

☐ **radi**um [réidiəm] ⓜ 『화학』 **라듐** 《방사성 원소; 기호 Ra; 번호 88》 ☜ radius(방사형) + um<라틴어 명접>

☐ **radi**us [réidiəs] ⓜ (pl. radi**i**, **-es**) (원・구의) **반지름**; 반경; 범위, 구역; 방사상(放射狀)의 것 《바퀴의 살 따위》; 『의학』 요골(橈骨) 《아래팔의 바깥쪽 뼈》 ☜ 전 방향(radi)으로 퍼져 나가는 것(us<라틴어 명접>)
♠ This circle has **a radius of 30 centimeters**.
이 원의 **반지름**은 **30센티미터**이다.

☐ **ra**dome [réidoum] ⓜ **레이돔** 《항공기의 외부 레이더 안테나 보호용 덮개》 ☜ radar + dome(반구형 덮개/천장)

☐ **rad**on [réidɑn/-dɔn] ⓜ 『화학』 **라돈** 《라듐 붕괴로 발생하는 방사성의 비활성 기체 원소; 기호 Rn; 번호 86》 ☜ radium + on<단수형 명접>

래프팅 rafting (고무보트를 타고 계곡의 급류를 헤쳐나가는 레포츠)

☐ **raft** [ræft, rɑ:ft] ⓜ **뗏목**, (고무로 만든) 구명 뗏목; 부잔교(浮棧橋) ⓓ 뗏목으로 엮다〔나르다〕 ☜ 고대 노르드어로 '통나무'라는 뜻
♠ **a rubber raft 고무보트**

☐ **raft**er [rǽftər, rɑ́:ftər] ⓜ 『건축』 **서까래** ⓓ (집에) 서까래를 얹다; (재목을) 서까래로 만들다; 《영.방언》 쟁기로 갈아엎어 밭이랑을

R

만들다 ☜ 통나무(raft)로 만든 것(er)

♠ **from cellar to rafter 집 전체**

☜ 지하실(cellar) 에서부터(from) 서까래(rafter) 까지(to)

☐ **raft**ing [rǽftiŋ] 명 (스포츠로서의) 뗏목 타기, **래프팅** 《고무보트로 계류(溪流) 내려가기》 ☜ -ing<명접>

♠ **Rafting** sounds very interesting. **래프팅**은 아주 재미있을 것 같다.

러그래그 rug rag (깔개 등으로 사용하는 엉성한 조직의 직물)

※ **rug** [rʌg] 명 (바닥의) **깔개**, 융단, 양탄자; 《영》 무릎 덮개(《미》 lap robe); 《미.속어》 남성용 가발 ☜ 중세 스칸디나비아어로 '거친 직물'이란 뜻

☐ **rag** [ræg] 명 **넝마(조각)**, (pl.) 누더기 옷; 조각, 단편; 천한 사람; 《경멸》 삼류 신문(잡지) ☜ 고대 노르드어로 '덥수룩한 주름살'

♠ **(dressed) in rags 누더기를 입고**

☐ **rag**ged [rǽgid] 형 **남루한**, 초라한; 텁수룩한, 울퉁불퉁한; 거친, 귀에 거슬리는; 기진맥진한 ☜ rag + g + ed<형접>

♠ **a ragged fellow 누더기 옷을 입은 사내**

♠ **a ragged beard 텁수룩이 자란 턱수염**

로드 레이지 road rage (보복·난폭운전. <도로위의 분노>란 뜻)

급가속과 급정지, 다른 차량과의 의도적 충돌 유발 등 난폭운전이 로드레이지에 해당한다. 1984년 미국 일간지 <LA Times>가 처음 이 용어를 사용했다. <출처 : 시사상식사전 / 일부인용>

♣ **어원 : rage 분노**

※ **road** [roud/로우드] 명 **길, 도로**; 진로; 방법, 수단 ☜ 고대영어로 '말타고 가기(riding)'란 뜻

☐ **rage** [reidʒ] 명 **격노**, 분노; (일시적) **대유행** 동 **격노하다, 날뛰다** ☜ 고대 프랑스어로 '열광, 격노'라는 뜻

♠ Hunting is quite **the rage**. 사냥이 **대유행**이다.

♠ **in a (black) rage (극도로) 화가 나서**

♠ **fly into a rage 버럭 화를 내다**

☐ **rag**ing [réidʒiŋ] 형 격노한; 거칠어지는, 미친 듯이 날뛰는; 맹렬한 ☜ rage + ing<형접>

■ en**rage** [enréidʒ] 동 **노하게(성나게, 화나게) 하다** ☜ 분노(rage)를 만들다(en<동접>)

■ out**rage** [áutrèidʒ] 명 **불법 행위, 난폭** 동 **범하다, 폭행하다** ☜ 분노(rage)를 밖으로(out) 표출하다

라이징스타 rising star (떠오르는 스타) * star 별, 인기연예인, [군] 장군
툼레이더 Tomb Raider (미국 액션 영화. <무덤 도굴꾼>이란 뜻)

© Paramount Pictures

♣ **어원 : ris(e), rais(e), raid, rid 오르다, 타다**

■ **rise** [raiz/롸이즈] 동 (-/**rose**/**risen**) 일어서다, (해·달) **떠오르다**, (가격이) 상승하다 명 상승, 오름 ☜ 중세영어로 '상향 이동'

■ **ris**ing [ráiziŋ] 형 일어나는, 떠오르는 ☜ -ing<형접>

■ **rid**e [raid/롸이드] 동 (-/**rode**(《고》 **rid**)/**ridden**) (말·탈것 따위에) **타다, 타고 가다** 명 **탐, 태움** ☜ 근대영어로 '말을 타고 여행하다'란 뜻

☐ **raid** [reid] 명 **급습, 습격**; (약탈 목적의) 불의의 침입; 침략군; **불시 단속**; 일제 검거; (R-) **레이드** 《가정용 살충제; 상표명》 동 급습하다; 쳐들어가다 ☜ 고대영어로 '말에 오르기, 승마'란 뜻

♠ **an air raid 공습**

♠ **a police raid 경찰의 단속, a drugs raid 마약 단속**

☐ **raid**er [réidər] 명 급습자; 침입(침략)자; 〖군〗 특공대(원); (시장) 교란자 ☜ raid + er(사람)

✚ **raise** (들어)**올리다**, (문제를) **일으키다; 승급[승진]시키다; 기르다** **rid**er **타는 사람**, 기수 a**rise** (문제가) **생기다, 일어나다** **rouse 깨우다**, 일으키다

레일 rail (철도)

♣ **어원 : rail 곧은 막대, 가로대, 난간; 궤도, 철로**

☐ **rail** [reil/뤠일] 명 (수건걸이 따위의) **가로대**, 가로장; 난간; (pl.) 울타리; **레일**, 궤도, **철도** 동 울타리를 두르다; 철도여행을 하다

R

☜ 라틴어로 '곧은 막대'란 뜻

□ **rail**ing [réiliŋ] 명 (종종 pl.) **난간**; 난간 · 울 따위의 재료; 욕설, 폭언
☜ rail + ing<명접>

□ **rail**road [réilròud/**뤠**일로우드] 명 《미》 **철도, 선로**, 궤도 동 ~에 철도를 놓다; 철도로 수송하다 ☜ road(도로)
♠ **a railroad train 열차**
♠ **construct a railroad 철로를 부설하다**

□ **rail**road crossing, 《영》 railway crossing 철도 건널목 ☜ cross(건너다) + ing<명접>

□ **rail**way [réilwèi/**뤠**일웨이] 명 《영》 **철도**(《미》 railroad); 《미》 시가, 고가, 지하철 궤도
☜ way(길)

가스레인지 gas range (콩글 가스 조리기구) ➔ gas stove

♣ **어원 : range, ray, rai 정렬하다, 차려입다**

※ **gas** [gæs] 명 (pl. **-es**, 《영》 **-ses**) **가스**, 기체 ☜ 그리스어로 '공기'란 뜻

■ **range** [reindʒ/뤠인쥐] 명 (가스, 전기, 전자) **레인지: 줄, 열; 산맥; 범위; 거리; 다양성**
동 **가지런히 하다, 정렬시키다, 한 줄로 늘어서다**
☜ 고대 프랑스어로 '줄, 열, 산맥'이란 뜻

■ ar**range** [əréindʒ/어**뤠**인쥐] 동 **배열하다**, 정돈하다(=put in order);
준비하다(=prepare) ☜ ~을(ar<ad=to) 정렬하다(range)
반 derange 혼란케 하다

■ ar**ray** [əréi] 동 (군대를) 정렬시키다; **배열하다**; 차려입다 명 **정렬**;
군세 ☜ ~을(ar<ad=to) 정렬하다(ray)

□ **rai**ment [réimənt] 명 《고어 · 시어》 의류, 의상
☜ 중세영어 a**rayment**(의류)의 단축 변형어. 차려입다(rai) + ment<명접>
♠ She is dressed in **beautiful raiment**. 그녀는 **아름다운 의상**을 입고 있다.

레인코트 raincoat (비옷, 우의), 레인보우 rainbow (무지개)

□ **rain** [rein/뤠인] 명 **비**; 강우; 우천; 빗물; (pl.) 소나기; 한 차례 내리는 비, 장마
동 **비가 오다** ☜ 고대영어로 '비, 비가 오다'란 뜻
비교 rein 고삐, reign 통치(하다)
♠ **a heavy rain 호우(豪雨), 폭우(暴雨)**
♠ **It never rains but it pours.**
《속담》 왔다 하면 장대비다, 화불단행(禍不單行)
♠ **It rains cats and dogs. 비가 억수같이 쏟아진다.**
♠ **rain or shine 청우(晴雨)에 관계없이, 날이 개든 비가 오든**

□ **rain**bow [réinbòu] 명 **무지개**; 덧 없는 희망
☜ bow(활). 비온 뒤 '활처럼 둥글게' 만들어 지는 것이 무지개임.

□ **rain**cap [réinkæ̀p] 명 우천용 모자 ☜ cap(테 없는 모자)

□ **rain** check 우천교환권 《경기 · 공연 등이 비가 와서 취소될 경우 나중에 쓸 수 있도록 주는 티켓》

□ **rain**coat [réinkòut] 명 **레인코트**, 비옷(=rainsuit) ☜ coat(외투, 코트)

□ **rain**drop [réindrɑ̀p] 명 낙숫물, **빗방울** ☜ drop(방울, 똑똑 떨어짐)

□ **rain**fall [réinfɔ̀ːl] 명 **강우**(降雨); 강우량, 강수량 ☜ fall(떨어지다, 낙하)

□ **rain** forest 열대 우림 ☜ forest(숲, 삼림)

□ **rain**less [réinlis] 형 비가 안 내리는, 건조하기 쉬운 ☜ -less(~이 없는)

□ **rain**proof [réinprùːf] 형 방수의 명 방수 코트 ☜ proof(증명; ~을 막는)

□ **rain** shower 소나기 ☜ shower(소나기, 쏟아짐, 샤워)

□ **rain**storm [réinstɔ̀ːrm] 명 **폭풍우** ☜ storm(폭풍)

□ **rain**tight [réintàit] 형 방수의 ☜ tight(단단히 맨, 빈틈없는, 새지 않는)

□ **rain**y [réini/**뤠**이니] 형 (-<-n**ier**<-n**iest**) **비오는**, 우천의; 비가 많이 내리는; 비올 듯한, 우기(雨氣)(비)를 품은; 비에 젖은 ☜ -y<형접>
♠ **a rainy day 비 오는 날**

라이징스타 rising star (떠오르는 스타) * star 별, 인기연예인, [군] 장군

♣ **어원 : ris(e), rais(e), raid, rid, rous 오르다, 일어나다, 나타나다, 발생하다; 타다**

■ **rise** [raiz/롸이즈] 동 (-/**rose/risen**) 일어서다, (해 · 달) **떠오르다**, (가격이) 상승하다
명 상승, 오름 ☜ 중세영어로 '상향 이동'이란 뜻

■ **ris**ing [ráiziŋ] 형 일어나는, 떠오르는 ☜ -ing<형접>

□ **raise** [reiz/뤠이즈] 동 (들어)**올리다**, (문제를) **일으키다; 승급[승진]시키다; 기르다**
☜ 중세영어로 '들어 올리다'라는 뜻
♠ **raise** a curtain 막을 **올리다**

R

♠ **Raise your hand** if you have any questions.
질문이 있으면 **손을 드세요**.

☐ **rais**ed [reizd] ⓗ **높인**, 부풀린 ☜ raise + ed<형접>

☐ **rais**er [réizər] ⓜ 사육자 ☜ raise + er(사람)

✚ **raid 급습[습격](하다)**; **불시 단속** **rid**er **타는 사람**, 기수 a**rise** (문제가) **생기다, 일어나다** **rouse 깨우다**, 일으키다

레이즌 raisin ([식품] 건포도)

☐ **raisin** [réizən] ⓜ **건포도**; 짙은 청자색(靑紫色); 《미.속어》 흑인; 《미.속어》 노인, 할머니 ☜ 고대 프랑스어로 '포도, 건포도'라는 뜻

♠ **dessert raisin 디저트용 고급 건포도**

랠리 rally (자동차를 이용하여 정해진 구간을 달리는 경기)

세계 최고 권위의 자동차 경주대회는 <다카르랠리>이다. 다카르는 아프리카 서쪽 끝 세네갈의 수도이다. 명성만큼이나 최악의 운전 조건으로 이름이 나 <지옥[죽음]의 랠리>라는 별칭을 갖고 있다. 사막, 계곡, 산길 등 오지의 비포장도로 1만킬로미터 안팎을 3주에 걸쳐 달린다. 1994년까지는 파리를 출발해 다카르에 도착하는 코스를 잡아 "파리-다카르 랠리"로 불렸다. <출처 : 한경 경제용어사전 / 일부인용>

♣ **어원 : rak, ral 모으다**

☐ **ral**ly [rǽli] ⓢ **다시 모으다[모이다]**, 재편성하다 ⓜ 다시 모임; 회복; **대 집회; 랠리, 자동차 경주**
☜ 중세영어로 '(적의 공격을 격퇴 후) 군대의 재편성'이란 뜻
♠ The enemy **is rallying** on the hill.
적(敵)은 언덕 위에 **다시 집결하고 있다**.

☐ **rak**e [reik] ⓜ **갈퀴**; 고무래 ⓢ 갈퀴질하다, 갈퀴로 긁다, **긁다; 샅샅이 캐내다**
☜ 초기 독일어로 '모으다, 쌓다'란 뜻
♠ **rake together** dead leaves 낙엽을 **갈퀴로 긁어모으다**.

램제트 ramjet (비행중 전진압을 이용, 고압 압축된 공기 속에 연료분사 및 점화·연소시켜 고속의 속력을 얻는 제트엔진)

☐ **ram** [ræm] ⓜ (거세하지 않은) **숫양** 《암양은 ewe》; 공성(攻城) 해머; 충각(衝角) 《옛날, 군함의 이물에 붙인 쇠로 된 돌기》; (말뚝 박는) **드롭 해머**, 쇠달구 ⓢ 공성(攻城) 망치로 공격하다; 충각으로 들이받다 ☜ 고대영어로 '숫양; 공성(攻城)망치'란 뜻
♠ Their taxi **was rammed** from behind by a bus.
그들이 탄 택시가 뒤에서 버스에 **들이 받혔다**.

☐ **ram**jet (engine) [rǽmdʒèt(-)] 〖항공〗 **램제트** (엔진) 《분사 추진 기관의 일종》
☜ ram + jet(분사, 분출, 사출)

☐ **ram**mish [rǽmiʃ] ⓗ 숫양(羊) 같은; 냄새 나는, 맛이 좋지 않은; 음탕한
☜ ram + m<단모음+단자음+자음반복> + ish<형접>

라마단 Ramadan ([이슬람교] 약 한 달가량의 금식기간)

☐ **Ramadan** [ræ̀mədɑ́ːn, -dǽn] ⓜ 이슬람력(曆)의 9월 《이 한 달 동안은 해돋이로부터 해지기까지 단식함》; ~의 단식
☜ 아랍어로 '더운 달'이란 뜻

앰뷸런스 ambulance (구급차)

♣ **어원 : ambul, amble 걷다, 가다**

■ **ambul**ance [ǽmbjuləns] ⓜ **구급차** ☜ 가는(ambul) 것(ance<명접>)

☐ r**amble** [rǽmbəl] ⓜ 소요, **산책**; 만담; 꼬부랑길 ⓢ (이리저리) **거닐다**
☜ 중세영어로 '걷다, 가다'란 뜻
♠ **ramble about** in a park 공원을 **어슬렁어슬렁 거닐다**
♠ an hour's **ramble** through the woods. 한 시간 동안의 숲 속 **산책**

☐ r**ambl**er [rǽmblər] ⓜ 소요(산책)하는 사람; 농담하는 사람 ☜ ramble + er(사람)

■ pre**amble** [príːæ̀mbəl, priːǽm-] ⓜ 서문, 머리말 ☜ 미리(pre) 가는(ambul)

지하주차장 램프(ramp.경사로)

R

♣ 어원 : ramp 오르다, 경사지다; 경사진[공격적인] 자세

☐ **ramp** [ræmp] [명] **경사로**, 비탈길; 『紋章(문장)』 (사자가) 앞발을 들고 덤벼들려는 자세; 격노 [동] 경사지다; (사자가) 뒷다리로 일어서다; 위협하는 자세를 취하다 ☜ 고대 프랑스어로 '오르다'란 뜻

☐ **ramp**ant [rǽmpənt] [형] 사나운, 날뛰는; (병·범죄·소문 등이) **만연하는**, 대유행의; 『紋章(문장)』 (사자가) 뒷발로 선
☜ (사자가 뒷발로 비스듬히 서서) 날뛰(ramp) 는(ant<형접>)
♠ a **rampant** rumor **만연한** 소문

퍼레이드 parade (행진)

♣ 어원 : par para, pare, pair 준비하다; 정돈하다; 배열하다

■ **par**ade [pəréid] [명] **열병**(식), 행렬, **퍼레이드**, 행진; **과시** [동] **열지어 행진하다; 과시하다** ☜ 정돈/배열하여(par) 움직이다(ade)

☐ ram**par**t [rǽmpɑːrt, -pərt] [명] **누벽**(壘壁), **성벽**; 방어물, 방어자; 《비유》 수비, 방어 [동] ~에 누벽〔성벽〕을 두르다; 방어하다 ☜ 중세 프랑스어로 '다시 강화하다', 라틴어로 '준비하다'란 뜻. ⇦ 다시(r<re) 사전에(am<ante) 준비하다(par) + t
♠ build a **rampart** **성벽**을 쌓다

✚ pre**pare** **준비하다**, 채비하다 re**pair** **수리하다; 수선, 수리** se**par**ate **분리하다;** 따로따로의

람세스, 라메스 Ramses (고대 이집트왕들의 이름)

☐ **Ramses** [rǽmsiːz] [명] **람세스, 라메스** 《고대 이집트왕들의 이름》

랜치 하우스 ranch house (미국 농장에 많은, 칸막이가 없고 지붕경사가 완만한 단층집)

☐ **ranch** [ræntʃ] [명] **대목(축)장**, 방목장 《일체의 부속 시설을 포함함》; (특정 가축·작물을 기르는) 농장, 사육장; 목장에서 일하는 사람들 [동] 목장을 경영하다; 목장에서 일하다
☜ 스페인어 **ranch**o(오두막집)의 단축형
♠ **run a ranch 목축업을 하다**

☐ **ranch**er [rǽntʃər] [명] ranch 에서 일하는 사람, **목장주, 농장주** ☜ -er(사람)

☐ **ranch**o [rǽntʃou, rɑ́ːn-] [명] (pl. **-s**) 목장〔농장〕 노동자의 오두막집〔합숙소〕, 오두막집
☜ 스페인어로 '오두막집'이란 뜻

※ **house** [haus/하우스] [명] **집**, 가옥, 주택 ☜ 고트어로 '신의 집'이란 뜻

[연상] 상위 랭커(ranker.순위자)들은 경쟁자에 대한 랭커(rancor.적의)가 심하다

※ **rank** [ræŋk/랭크] [명] (pl.) **계급**, 등급; 열, 줄, 횡렬; 사회층, 신분 [동] **나란히 세우다; 분류하다; 자리잡다**
☜ 고대 노르드어로 '일직선의, 똑바로 선'이란 뜻

※ **rank**er [rǽŋkər] [명] rank하는 사람, 정렬하는〔줄세우는〕 사람; 사병; 사병 출신의 (특진) 장교 ☜ rank + er(사람)

☐ **ranco(u)r** [rǽŋkər] [명] 깊은 원한, 적의(敵意); 심한 증오
☜ 고대 프랑스어로 '쓴 맛; 원한'이란 뜻
♠ **have** 〔nurse〕 **rancor against ~ ~에게 원한을 품다**

알엔디 R & D, R. and D. (연구개발)

☐ **R & D, R. and D.** **R**esearch **and** **D**evelopment 연구개발

✚ **research 연구, 조사**, 탐구, 탐색 **& = and ~와, 그리고** de**velop**ment **발달**, 발전; **개발**

램 RAM ([컴퓨터] 임의 접근·추출 기억장치. 휘발성 메모리)

RAM - ROM

■ **RAM** [ræm] **R**andom **A**ccess **M**emory **램**, 임의 접근 및 추출 기억장치 ★ 주기억장치는 전원이 끊어져도 내용이 보존되는 롬(ROM)과 전원이 꺼지면 모든 내용이 지워지는 램(RAM)으로 나뉜다.

☐ **random** [rǽndəm] [형] **닥치는 대로의**, 되는 대로의; 임의의 ☜ 중세영어로 '고속으로'란 뜻
♠ **a random remark** 〔guess〕 **되는 대로 하는 말**〔억측〕
♠ **at random 닥치는 대로, 되는 대로**

R

☐ **random** sampling 『통계』 임의〔무작위〕 추출법 ☜ sample(견본, 표본(추출), 샘플) + ing<명접>
※ **access** [ǽkses] ⓜ **접근**(=approach), **출입** ☜ ~로(ac=to) 가다(cess)
※ **memor**y [méməri/**메**머뤼] ⓜ **기억(력)**; 추억, 추상, 회상; 『컴퓨터』 기억장치〔용량〕, 메모리
☜ 고대 프랑스어로 '정신, 기억, 기록'이란 뜻

가스레인지 gas range (가스 조리기구) ➔ (gas) stove, range

♣ 어원 : rang, ray 줄, 열, 선(=line); 순위, 서열, 신분; 범위
※ **gas** [gæs] ⓜ (pl. **-es**, 《영》 **-ses**) **가스**, 기체 ☜ 그리스어로 '공기'란 뜻
☐ **rang**e [reindʒ/뤠인쥐] ⓜ (가스, 전기, 전자) **레인지: 줄, 열; 산맥; 범위; 거리; 다양성**
ⓢ **가지런히 하다, 정렬시키다, 한 줄로 늘어서다**
☜ 고대 프랑스어로 '줄, 열, 산맥'이란 뜻
♠ Houses **range** along the road. 집들이 길가에 죽 **늘어서 있다**.
♠ **within 〔out of〕 one's range ~의 손이 미치는[미치지 않는]; ~의 범위 안[밖]에**
☐ **rang**er [réindʒər] ⓜ **돌아다니는 사람**; 방랑자; 사냥개; 무장 순찰대원; (R-) 《미》 (제2차 세계대전 중의) 유격대원; 《미》 (R-) **레인저** 《미국의 월면 탐사 위성》
☜ (일정한) 범위(rang)를 담당하는 사람(er) ★ 미국 메이저리그 야구단 중에 텍사스 레인저스(Texas Rangers)가 있는데 텍사스주의 순찰대가 유명한데서 붙여진 이름이라고 한다.
■ long-**range** [lɔ́ːŋgréindʒ] ⓗ 장거리를 가는 ☜ 긴(long) 거리(range)
■ ar**range** [əréindʒ/어**뤠**인쥐] ⓢ **배열하다**, 정돈하다; **준비하다**
☜ ~을(ar<ad=to) 정렬하다(range)

랭킹 ranking (순위)

☐ **rank** [ræŋk/랭크] ⓜ (pl.) **계급**, 등급; 열, 줄, 횡렬; 사회층, 신분
ⓢ **나란히 세우다; 분류하다; 자리잡다**
☜ 고대 노르드어로 '일직선의, 똑바로 선'이란 뜻
♠ people of **all ranks 모든 계층**의 사람들
♠ **rank and file 병졸, 보통사람, 하층민**
☐ **rank**ing [rǽŋkiŋ] ⓜ 등급 매기기; 순위, 서열 ⓗ 상급의, 간부의; 뛰어난, 발군(拔群)의, 일류의; 〖종종 복합어로〗 지위가 ~인 ☜ rank + ing<명접/형접>

랜섬웨어 ransomware (몸값을 요구하는 악성코드)

랜섬웨어는 악성코드의 일종으로, 이 코드에 감염된 컴퓨터는 시스템에 대한 접근이 제한되며 이를 해제하기 위해서는 악성코드 제작자에게 대가로 금품을 제공해야 한다. 그래서 랜섬웨어란 몸값(ransom)과 소프트웨어(software)를 합해서 만든 합성어이다.

© zonealarm.com

☐ **ransom** [rǽnsəm] ⓜ (포로의) **몸값**, 배상금; 『신학』 예수의 속죄, 죄값음; 해방, 되찾기; 공갈, 협박 ⓢ 배상하다, 되찾다; 몸값을 받고 석방하다; 『신학』 속죄하다
☜ 중세영어로 '포로나 죄수의 석방을 위해 지불하는 돈'이란 뜻
♠ hold a person to 〔for〕 **ransom** 아무를 억류하고 **몸값을 요구하다**
※ **ware** [wɛər] ⓜ (pl.) 상품, 제품; [보통 집합적, 합성어] ~제품; 도자기류
☜ 고대영어로 '상품'이란 뜻
※ **software** [sɔ́(ː)ftwὲər/sɑ́ft-] ⓜ **소프트웨어** 《컴퓨터의 프로그램 체계의 총칭》(⇔ hardware); 상품의 부가 가치를 높이기 위한 수단·방법 ☜ soft(부드러운, 윤곽이 또렷하지 않은)

라파엘(로) Raphael (르네상스 3대 거장인 이탈리아의 화가·조각가·건축가)

☐ **Raphael** [rǽfiəl, réi-] ⓜ **라파엘**, 남자 이름; 『성서』 외전(外典)에 기록된 대천사(大天使); 이탈리아 화가; Raffaello Santi(1483-1520). ★ 주요 작품: <갈라테아의 승리>, <어느 추기경의 승리> 등

래퍼 rapper (랩 가수)

☐ **rap** [ræp] ⓜ (문·테이블 따위를) **톡톡 두드림**; 두드리는 소리; 《속어》 비난, 질책; 고소, 고발; 수다, 잡담; **랩 음악** ⓢ 톡톡 두드리다; 랩 음악을 하다
☜ 중세영어로 '빠르고 가볍게 치기'란 뜻
♠ **rap out a tune** on the piano. 피아노를 **두드려 곡을 치다**
☐ **rap**per [rǽpər] ⓜ 두드리는 사람〔것〕; (문의) 노커; 《미.속어》 남에게 누명을 씌우는 죄; 랩 음악인〔연주자〕 ☜ rap + p<자음반복> + er(사람)

■ **tap** [tæp] [동] **가볍게 두드리다**, 똑똑 두드리다 [명] **가볍게 두드림**; 탭 댄스, (탭댄스용 구두 밑창의) 징; 《영》 (수도의) 꼭지 ☜ 고대 프랑스어로 '가볍게 두드리다'란 뜻

연상 그는 비디오 테이프(tape)를 레이프(rape.강탈)한 후 달아났다.

※ **tape** [teip/테잎] [명] (납작한) **끈** 《묶는데 쓰는》, **테이프**; 각종 테이프 《녹음 · 비디오 · 접착 · 절연 · 장식 따위》 [동] 끈으로 묶다
☜ 고대영어로 '묶는데 사용하는 천의 좁은 끈'이란 뜻

□ **rap**e [reip] [명] 《고어 · 시어》 **강탈**, 약탈; 침범; 『법률』 **강간**, 성폭행; (어떤 지역에 대한) 훼손 [동] 《고어 · 시어》 강탈(약탈)하다; 『법률』 성폭행하다 ☜ 라틴어로 '붙잡다'란 뜻
♠ **He was charged with rape.** 그는 **강간 혐의로 기소되었다.**

□ **rap**er [réipər] [명] 강탈자; 강간범 ☜ rape + er(사람)

라피도 RAPIDO (1988-2004년 판매된 삼성물산의 스포츠 의류 브랜드)

RAPIDO는 기본적으로 <빠른>이라는 의미를 가지고 있다. 스페인-이탈리아간 급행열차를 의미하기도 한다.

♣ **어원 : rap, rep(t) (재빨리, 신속히) 낚아채다, 붙잡다**

□ **rap**id [rǽpid] [형] (-<**more** ~(-**er**)<**most** ~(-**est**)) **빠른, 신속한**; 『사진』 고감도의 [명] (보통 pl.) 급류, 여울; 고속 수송(열)차
☜ 라틴어로 '낚아채다'란 뜻. -id<형접/명접>
♠ **a rapid change** in policy **급격한** 정책의 **변화**

□ **Rap**id Deployment Forces 『미군』 신속배치군(RDF)
☜ deployment(전개, 배치), force(힘, 세력; (pl.) 군대)

□ **rap**id-fire [rǽpidfάiər] [형] 속사(速射)의; (질문 등이) 잇단, 연이은 ☜ fire(불; 사격; 쏘다)

□ **rap**id growth 급성장 ☜ growth(성장, 증대, 재배)

□ **rap**idity [rəpídəti] [명] **신속, 급속**; 민첩; 속도 ☜ rapid + ity<명접>

□ **rap**idly [rǽpidli] [부] **빠르게**, 재빨리, 신속히; 순식간에, 곧 ☜ -ly<부접>

□ **rap**id train 쾌속 열차 ☜ train(열차; 훈련하다)

□ **rap**id stream 급류 ☜ stream(시내, 개울, 흐름)

□ **rap**t [ræpt] [형] 정신이 팔린, **넋을 빼앗긴**, 골몰(몰두)한; 그지없이 기쁜, **황홀한**
☜ 라틴어로 '붙잡다, 황홀하여 정신이 붙잡히다'란 뜻
♠ **a rapt audience 완전히 몰입한 청중**

□ **rap**ture [rǽptʃər] [명] **큰 기쁨, 환희**, 황홀, 열중 [동] 열광케(황홀케) 하다
☜ 황홀한/붙잡힌(rap) 것(ture<명접/동접>)
♠ **with rapture 황홀하여**
♠ **fall into rapures over ~ ~에 넋을 잃다**

□ **rap**turous [rǽptʃərəs] [형] 미칠 듯이 기뻐하는, 기뻐 날뛰는 ☜ rapture + ous<형접>

en**rap**ture [enrǽptʃər] [동] 황홀케 하다, 도취시키다 ☜ 황홀하게(rap) 만들(en) 다(ture<동접>)

□ sur**rep**titious [sə̀:rəptíʃəs/sʌ̀r-] [형] 내밀한, 비밀의, 은밀한; 뒤가 구린, 부정한; 간교한
☜ 아래에서(sur) (몰래) 붙잡(rept) 는(itious<형접>)
♠ **a surreptitious glance 훔쳐보기**

□ sur**rep**titiously [sə̀:rəptíʃəsli/sʌ̀r-] [부] 은밀하게; 부정하게 ☜ -ly<부접>

연상 특별히 케어(care.돌보다)해야 할 문제아가 없다는 것은 레어(rare.드문)한 현상이다.

R

※ **care** [kɛər/케어] [명] **걱정**; **주의**, 조심; 돌봄, 보호 [동] 걱정하다, **주의하다, 돌보다**
☜ 고대영어로 '슬픔, 걱정'이란 뜻. 슬픔이나 걱정은 사랑의 발로에서 나오는 것이다.

□ **rare** [rɛər] [형] **드문, 진기한**; 드물게 보는, 유례없는; (공기 따위가) 희박한; 설익은
☜ 라틴어로 '드문드문한'이란 뜻
♠ a **rare** event **드문** 일

□ **rare**ly [rέərli] [부] **드물게, 좀처럼 ~하지 않는**(=seldom); 매우 (잘), 희한하게 ☜ -ly<부접>
♠ It is **rarely** that he sings. 그는 **좀처럼** 노래를 **하지 않는**다.

□ **rare**ness [rέərnis] [명] 희귀; 희박; 진귀 ☜ rare + ness<명접>

□ **rar**ity [rέərəti] [명] 아주 드묾; 진기, 희박; 진품 ☜ rare + ity<명접>

이레이저 eraser (미국 액션 영화. <지우개>란 뜻)

1996년 개봉한 미국 액션 영화. 아놀드 슈왈제네거 주연. 방산업체의 기밀을 알게된 회사 여직원을 제거하려는 검은 세력과 그녀를 보호하려는 세력간 격돌하게 된다는 이야기.

♣ **어원 : ras(c), rash, rasp, rad, raz 문지르다, 문질러 지우다, 갉다, 할퀴다**

■ e**ras**e [iréis/iréiz] [동] **~을 지우다**; 말소(말살 · 삭제)하다
☜ e + 문질러서(ras) 지우다(e)

■ eraser [iréisər/-zər] ㊔ 지우는 사람; **칠판지우개**, 고무지우개
☜ e + 문질러서(ras) 지우는 사람(er)

□ **rasc**al [rǽskəl/rɑ́ːs-] ㊔ **악당**, 깡패; 《우스개》 장난꾸러기, 녀석; 《고어》 천한 자, 하층민 ㊕ 불량배의, 파렴치한, 철면피의, 천한; 《고어》 하층민의 ☜ 중세 프랑스어로 '부랑자들' ⇦ 라틴어로 '비비다, 문지르다'라는 뜻. -al<명접/형접>
♠ Come here, you little **rascal**!
이리 와, 이 귀여운 **악동 녀석**!
♠ That **rascal** has stolen my camera!
저 **악당**이 내 카메라를 훔쳐갔어!

SCHWARZENEGGER
ERASER
© Warner Bros.

□ **rasc**ality [ræskǽləti/rɑːs-] ㊔ 나쁜 짓, 악행; 악당의 소행; 악당 근성
☜ -ity<명접>

□ **rasc**ally [rǽskəli] ㊕ 무뢰한의; 악당 같은; 교활한; 천한; 비참한, 가련한; (장소가) 더러운 ㊖ 악당 같게, 교활하게, 천하게 ☜ rascal + ly<형접/부접>

□ **rash** [ræʃ] ㊔ 〖의학〗 **발진**(發疹), 뾰루지; 《비유》 돌연한 다발(多發), 빈발 ㊕ **분별없는, 경솔한**; 성급한 ☜ 라틴어로 '문지르다'란 뜻
♠ come out in a **rash 뾰루지**가 나다
♠ a **rash** act **경솔한** 행위

□ **rash**ly [rǽʃli] ㊖ 분별없게, 무모〔경솔〕하게(도) ☜ -ly<부접>

□ **rasp** [ræsp, rɑːsp] ㊔ 거친 소리; (거친 표면을 다듬는 데 쓰는) 줄 ㊗ 거칠게〔거슬리게〕 말하다 ☜ 중세영어로 '문지르다'란 뜻

□ **rasp**berry [rǽzbèri, -bəri, rɑ́ːz-] ㊔ **래즈베리, 산딸기**; 혀를 입술 사이로 진동시키며 내는 야유소리; **조소**, 혹평 ☜ 표면이 거친(rasp) 딸기(berry)
♠ **get** 〔give, blow, hand〕 **the raspberry 조소받다**〔하다〕

□ **rat** [ræt] ㊔ **쥐** 《mouse(생쥐)보다 몸집이 크고 길이가 긴》, 쥐새끼 같은 놈; 변절자, 배신자 ㊗ 쥐를 잡다 ☜ 고대영어로 '쥐'란 뜻
♠ You old **rat** ! 이 **쥐새끼** 같은 놈, Oh **rats** ! 저런, 설마

□ **rat** poison 쥐약 ☜ poison(독약)

□ **rat**trap [rǽttræ̀p] ㊔ 쥐덫; 난국 ☜ rat + trap(올가미, 덫)

□ **rat**-a-tat, **rat**-a-tat-tat [rǽtətǽt], [rǽtətæ̀ttǽt] ㊔ 〔의성어〕 둥둥, 쾅쾅 《문, 북 따위를 두드리는 소리》; 《미.속어》 기관총 ☜ 의성어

□ **raz**or [réizər] ㊔ **면도칼**; 전기면도기 ㊗ ~을 면도질하다 ☜ 문질러(raz) 지우는 기기(or)
♠ a safety **razor** 안전 **면도기**

□ **raz**oredge [réizərèdʒ] ㊔ **면도날**; 날카로운 날; 뾰족한 산등; **위기**, 아슬아슬한 고비
☜ razor + edge(모서리, 칼날)

□ **raz**or-sharp [réizərʃàːrp] ㊕ 매우 날카로운; 매우 엄격한 ☜ sharp(날카로운, 격심한)

■ musk**rat** [mʌ́skræ̀t] ㊔ (pl. **-, -s**) **사향뒤쥐, 머스크랫**; 그 모피 ☜ 사향노루(musk) 쥐(rat)

레디 액션 Ready, Action ! (준비, 시작 !)

♣ **어원 : read, rath 준비가 된, 이미; 빠른**

■ **read**y [rédi/**뤠**리/**뤠**디] ㊕ (-<-d**ier**<-d**iest**) **준비가 된**; (언제든지 ~할) 채비를 갖춘; 각오가 되어 있는
☜ 고대영어로 '(말(馬)이) 준비가 된'이란 뜻

□ **rath**er [rǽðər/**뢔**더, rɑ́ːð-] ㊖ **오히려**, 차라리; 약간, 다소
☜ 고대영어로 '더(er<비교급>) 빠른(rath)'이란 뜻
♠ **would** 〔**had**〕 **rather** (**A**) **than** (**B**)
B 하기 보다는 차라리 A 하는 편이 좋다
I **would** stay home **rather than** go out.
나는 나가기**보다는 차라리** 집에 있고 싶다.

Ready... Set... ACTION!

※ **action** [ǽkʃən/**액**션] ㊔ **활동, 행동, 동작; 연기**; 작용, 기능 ☜ 행하는(act) 것(ion<명접>)

비트레이트 bitrate (초당 처리해야 하는 bit 단위의 데이터 크기)
씨레이션 C-ration ([미군] 전투식량), 레티오 · 레이쇼 ratio (비율)

그리스어 logos(이성) ➔ 라틴어 ratio ➔ 프랑스어 raison ➔ 영어 reason으로 변천했다.

♣ **어원 : rat(e), reas 비율, 몫, 배급량; 이성, 합리, 논리; 판단**

※ bit [bit/빝] ㊔ **작은 조각, 조금;** 〖컴퓨터〗 정보전달의 최소 단위 (2진법의 0과 1)
☜ '물어 뗀 것'이란 뜻

□ **rate** [reit/뤠잍] ㊔ 율(率), **비율**; 가격, 시세; **요금**, 사용료; **속도**, 진도; 정도; (함선 · 선원의) **등급**, 종류 ㊗ **평가하다[되다], 어림잡다** ☜ 라틴어로 '헤아린 부분'이란 뜻
♠ the **rate** of discount 할인**율**,

R

♠ the birth 〔death〕 **rate** 출생〔사망〕률
♠ **at any rate 좌우간, 하여튼**(=at all events)
♠ **at the 〔a〕 rate of ~ ~의 율로, ~의 속력으로**

☐ **rat**ify [rǽtəfài] ⓢ **비준[재가]하다**; 실증〔확증〕하다
☜ 합리(rat)를 + i + 만들다(fy)
♠ The treaty **was ratified** by all the member states.
그 조약은 모든 회원국들의 **비준을 받았다.**

☐ **rat**ification [rӕtəfikéiʃən] ⓜ 비준, 재가(裁可)
☜ 합리(rat)를 + i + 만들(fic) 기(ation<명접>)

☐ **rat**io [réiʃou, -ʃiòu] ⓜ (pl. **-s**) 〖수학〗 **비**(比), **비율**
☜ 라틴어로 '계산, 판단, 이성'란 뜻
♠ They're in the **ratio** of 3:2. 그것들은 3대 2의 **비율**이다
《three to two라고 읽음》

< 미군전투식량 C-ration >

☐ **rat**ion [rǽʃən, réi-] ⓜ 정액(定額), **정량; 배급(량)**, 할당(량); (pl.) **식량**, 양식
☜ 비율에(rat) 맞는 것(ion)
♠ C 〔D, K〕 ration 〖미군〗 C 〔D, K〕형 레이션〔배식〕, **씨레이션**, C형 전투식량

☐ **rat**ional [rǽʃənl] ⓗ **이성의**, 합리적인; **이성주의의** ⓜ 유리수 ☜ -al<형접/명접>
♠ Man is a **rational** being. 인간은 **이성적인** 존재이다.

☐ **rat**ionalism [rǽʃənlìzm] ⓜ 합리주의 ☜ rational + ism(~주의)
☐ **rat**ionalize [rǽʃənlàiz] ⓢ 합리화하다 ☜ rational + ize<동접>
☐ **rat**ionally [rǽʃənli] ⓑ 합리적으로, 이성적으로 ☜ rational + ly<부접>

✚ under**rate** **낮게[과소] 평가하다**; 얕보다, 경시하다 ir**rat**ional **불합리한**; 이성〔분별〕이 없는 **reas**on **이성; 도리, 이유**, 사려 **reas**onable **분별 있는, 사리를 아는, 도리에 맞는, 과하지 않는**

래틀 rattle ([음악] 흔들어서 소리를 내는 체명악기)

흔들어서 소리를 내는 체명악기. 장난감으로도 사용된다. 자루가 붙은 용기 속에 나무 열매나 작은 돌, 조가비 등의 작고 딱딱한 것을 넣은 것이 많다. 그 밖에 용기를 사용하지 않고, 나무 열매, 조개 껍질, 동물의 이빨이나 뼈 등을 끈에 꿰어서 춤출 때 손이나 발 등에 다는 것도 있다. 예로부터 세계적으로 널리 분포되어 있다. <출처 : 파퓰러음악용어사전 & 클래식음악용어사전>

☐ **rattle** [rǽtl] ⓢ **덜걱덜걱[우르르] 소리나다[내다], 덜컥덜컥 움직이다**; (차가) 덜거덕거리며 달리다 ⓜ 덜커덕거리는 소리; **래틀**《흔들어 소리내는 악기》, 장난감 딸랑이; 수다
☜ 중세영어로 '(어린애의 장난감으로서) 빠르고 연속적으로 나는 짧고 날카로운 소리'
♠ The window **rattled**. 창문이 **덜걱거렸다**

☐ **rattle**brain, -hèad [rǽtlbrèin], [-hèd] ⓜ 입만 살고 머리는 빈 사람, 경박한 사람
☜ brain(뇌, 두뇌, 지식인), head(머리)

☐ **rattle**snake [rǽtlsnèik] ⓜ **방울뱀**; 배반자, 신용 못할 사람
☜ 석석거리는(rattle) 소리를 내는 뱀(snake)

나이라버리 Nairobbery (범죄가 급증한 케냐 수도 나이로비의 오명)

나이로비(Nairobi)와 강도질(robbery)의 합성어. 나이로비와 나이라버리는 음율적으로도 거의 일치한다.

♣ **어원 : rob, rav 빼앗다, 강탈하다, 약탈하다**

※ **Nairobi** [nairóubi] ⓜ **나이로비**《동아프리카의 케냐(Kenya)의 수도》
☜ 마사이어로 '맛있는〔차가운〕 물'이란 뜻

■ **rob** [rɑb/rɔb] ⓢ ~에서 훔치다, **강탈[약탈]하다**, 빼앗다, 유린하다
☜ 고대 프랑스어로 '강탈하다, 훔치다'란 뜻

■ **rob**ber [rɑ́bər/rɔ́bər] ⓜ **도둑, 강도**; 약탈자 ☜ rob + b + er(사람)

■ **rob**bery [rɑ́bəri/rɔ́b-] ⓜ **강도(질)**, 약탈; 〖법〗 강도 죄
☜ rob + b + ery<명접>

☐ **rav**age [rǽvidʒ] ⓜ **파괴**, 황폐; 파괴의 맹위; (pl.) 손해, 참해(慘害); 파괴된 자취 ⓢ 약탈〔파괴〕하다; 황폐하게 하다 ☜ 프랑스어로 '강탈하다'란 뜻
♠ the **ravages** of war 전쟁의 **참화**
♠ a country **ravaged** by civil war 내전으로 **피폐해진** 나라

☐ **rav**en [rǽvən] ⓢ **강탈하다**, 노략질하다; 먹이를 찾아다니다 ☜ 강탈(rav) 하다(en<동접>)
♠ go **ravening** about **노략질하고** 다니다
[réivən] ⓜ 〖조류〗 **갈가마귀**《불길한 징조로 여겨짐》 ⓗ 새까만
☜ rav + en<명접/형접>
♠ **Bring up a raven, and it will peck out your eyes.**
《스페인속담》 갈가마귀를 길러라, 그러면 너의 눈을 쪼을 것이다.

☐ **rav**enous [rǽvənəs] ⓗ 게걸스럽게 먹는, 탐욕스러운 ☜ -ous<형접>
☐ **rav**ish [rǽviʃ] ⓢ 강탈하다; 황홀하게 하다; 성폭행하다, 강간하다 ☜ 강탈(rav) 하다(ish<동접>)
☐ **rav**ishing [rǽviʃiŋ] ⓗ 황홀케 하는, 매혹적인 ☜ -ing<형접>
☐ **rav**ishment [rǽviʃmənt] ⓜ 황홀하게 함; 강탈 ☜ -ment<명접>
☐ **rav**ine [rəvíːn] ⓜ **협곡**, 좁은 골짜기, 산골짜기
☜ 고대 프랑스어로 '맹렬한 물줄기, 강도질'이란 뜻
♠ a deep **ravine** 깊은 **협곡**

레이브 파티 rave party (빠르고 현란한 음악에 맞춰 함께 춤을 추면서 벌이는 파티) * party 파티; 정당, 당파; 일행

♣ **어원 : rav, rev 꿈꾸다, 돌아다니다**
☐ **rav**e [reiv] ⓢ **헛소리를 하다**; (미친 사람같이) 소리치다, 고함치다; 열심히 이야기하다; 격찬하다; 절규하다 ⓗ 격찬하는; 열광적인 ⓜ 광란; 격찬
☜ 중세영어로 '소리침', 프랑스어로 '꿈꾸다'라는 뜻
♠ **Don't rave at (against) me. 나한테 악 쓰지[고함 지르지] 마.**
♠ They **raved** about their trip. 그들은 여행에 대해 **열심히 이야기하였다**.
☐ **rav**ing [réiviŋ] ⓗ 헛소리를 하는; 미쳐 날뛰는, 광란의; 《구어》 대단한, 굉장한 ⓟ 대단히 ⓜ (보통 pl.) 헛소리; 노호(怒號) ☜ rave + ing<명접>
☐ **rev**erie, **rev**ery [révəri] ⓜ 공상, 환상; 몽상; 백일몽; 『음악』 환상곡
☜ 중세 프랑스어로 '꿈꾸는/돌아다니는(rev) 것(ery<명접>)'란 뜻.
♠ be lost in **(a) reverie** = fall into **(a) reverie 공상**에 잠기다.

로데이터 raw data ([컴퓨터] 가공되지 않은 원래의 자료)

☐ **raw** [rɔː] ⓗ **생[날]것의**; 설익은; **가공하지 않은**, 원료 그대로의, 다듬지 않은; **경험이 없는**, 미숙한; **쓰라린**, 쑤시는 ⓜ [the ~] 생것, 날것; 생살, 찰과상
☜ 고대영어로 '익히지 않은, 날것의'란 뜻
♠ eat oysters **raw** 굴을 **날것으로** 먹다.
☐ **raw data** 『컴퓨터』 **원 데이터** 《처리나 집계(集計)가 행해지기 전의 데이터》 ☜ data(자료, 데이터)
☐ **raw**ish [rɔ́ːiʃ] ⓗ 날것의, 미숙한 ☜ 미숙(raw) 한(ish<형접>)
☐ **raw**boned [rɔ́ːbòund] ⓗ 뼈가 앙상한, 말라빠진 ☜ 미성숙한(raw) 뼈(bone) 의(ed<형접>)

엑스레이 X-ray (엑스선), 레이온, 레용 rayon (인조 견사)

■ X **ray** **엑스선**, 뢴트겐선(=Röntgen rays); 엑스선 사진 ☜ X + **광선(ray)**. 1895년 독일의 뢴트겐이 발견할 당시에는 알 수 없는 선이라는 뜻에서 X선이라고 불렀다. ★ 엑스선 : 빠른 전자를 물체에 충돌시킬 때 투과력이 강한 복사선(전자기파)이 방출되는 것

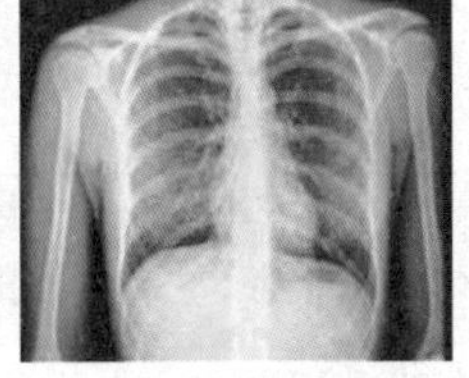
< X-ray >

☐ **ray** [rei/뤠이] ⓜ **광선**, 빛; 방사선; 가오리 ⓢ 빛을 발하다
☜ 라틴어로 '수레바퀴의 살', 고대 프랑스어로 '태양광선'이란 뜻
♠ a death **ray** 살인 **광선**
☐ **ray**on [réiɑn/-ɔn] ⓜ 인조견사, **레이온** ⓗ 레이온(제)의 ☜ 프랑스어로 '광선'이란 뜻
★ 레이온은 섬유소에서 얻어지는 천연 고분자를 주원료로 하여 제조한 것
♠ Clothing made of **rayon** is light and cool.
레이온으로 만들어진 옷은 가볍고 시원하다.

☐ **razor**(면도칼), **razor-edge**(면도날) ➔ **rascal**(악당) **참조**

스트레칭 stretching (신체의 근육 · 건 · 인대 등을 늘여주는 준비운동)

♣ **어원 : reach, retch, rec 뻗다, 뻗히다, 도달하다**
■ st**retch** [stretʃ/스트레취] ⓢ **잡아늘이다, 뻗(치)다, 늘이다, 늘어나다** ⓜ **뻗침**, 신축성; 긴장; **단숨** ☜ 중세영어로 '광활한 땅, 뻗침'
☐ **reach** [riːtʃ/뤼-취] ⓢ **도착[도달]하다; 손을 뻗다** ⓜ 손을 뻗음; (팔이) **미치는 범위** ☜ 고대영어로 '손을 뻗다, 내밀다'란 뜻

♠ **reach** the top of a hill 산꼭대기에 **도달하다**.
♠ **reach for ~ ~을 잡으려고 손[발]을 뻗치다**
♠ **within (beyond, out of) (the) reach of ~**
~의 손[힘]이 미치는 [미치지 않는] **곳에**
The thing shouldn't be there **within reach of** children.
그 물건은 아이들의 **손이 닿는 곳에** 있으면 안 된다.

R

액션영화 an action film [movie] (활극영화) * film 필름, 영화 movie 영화

♣ 어원 : act 행위, 법령, 막(幕)

■ **act** [ækt/액트] [동] **행하다**; 연기하다 [명] **행위**; 법령
☜ 활동적으로 움직이다, 움직이게 하다

■ **act**ion [ǽkʃən/**액**션] [명] **활동, 행동, 동작; 연기**; 작용, 기능
☜ -ion<명접>

□ re**act** [riːǽkt] [동] **반응하다**, 반작용을 일으키다
☜ 뒤로<도로(re) 행하다(act)

□ re**act**ion [riːǽkʃən] [명] **반응, 반작용, 반동**; 반항, 반발 ☜ -tion<명접>
♠ action and **reaction** 작용과 **반작용**

□ re**act**ionary [riːǽkʃənèri/-ʃənəri] [형] **반동의**; 반동적인, 보수적인; 역행하는; 『화학』 반응의 [명] 반동(보수)주의자 ☜ -ary<형접/명접>

□ re**act**ive [riːǽktiv] [형] 반응의, 반동적인 ☜ react + ive<형접>

□ re**act**or [riːǽktər] [명] **반응을 나타내는 사람[물건]**; 『화학』 반응기(器); **원자로**
☜ react + or(사람/물건)

✚ en**act** (법률을) **제정하다** ex**act** **정확한;** (복종 등을) 강요하다 inter**act** 상호 작용하다

리더스 다이제스트 Reader's digest (미국의 월간잡지. <독자의 요약문>)

♣ 어원 : read 읽다

□ **read** [riːd/뤼-드] [동] (-/**read**[red]/**read**[red]) **읽다, 낭독하다, 음독하다, 읽어서 들려주다**; 읽어서 알다, 깨닫다
☜ 고대영어로 '읽다, 설명하다'란 뜻 [비교] reed [식물] 갈대
♠ **read** a story 소설을 **읽다**
♠ **read between the lines 글[말] 속의 숨은 뜻을 읽다**
♠ **read over ~ ~을 대충 (다) 읽다**

□ **read**able [ríːdəbl] [형] 읽어서 재미나는, 읽기 쉬운 ☜ read + able<형접>

□ **read**er [ríːdər/**뤼**-더] [명] **독자; 독서가**; 독본; 『컴퓨터』 읽개, 판독기
☜ read + er(사람/기계)

□ **read**ing [ríːdiŋ/**뤼**-딩] [명] **독서**; 낭독; 학식, 지식; 낭독회; 읽을거리
☜ read + ing<명접>

□ **read**ing room 독서실, 도서열람실 ☜ room(방)

□ re**read** [riːríːd] [동] (-/re**read**/re**read**) 다시 읽다, 재독(再讀)하다 ☜ 다시(re) 읽다(read)

※ **digest** [didʒést, dai-] [동] **소화하다, 간추리다** [dáidʒest] [명] 개요, 요약
☜ 분리해서(di=off) 옮기다(gest)

레이건 Reagan (부국강병(富國强兵)의 <레이건 독트린>으로 구 소련을 무너뜨린 영화배우 출신의 미국 대통령)

□ **Reagan** [réigən] [명] **레이건** 《Ronald Wilson ~, 미국의 제40대 대통령; 1911-2004》

유스티니아누스 법전 Justinaian Code (유스티니아누스 황제 법전)

♣ 어원 : jur(e), jury, juris, just 법; 바른, 옳은, 공평한; 맹세하다

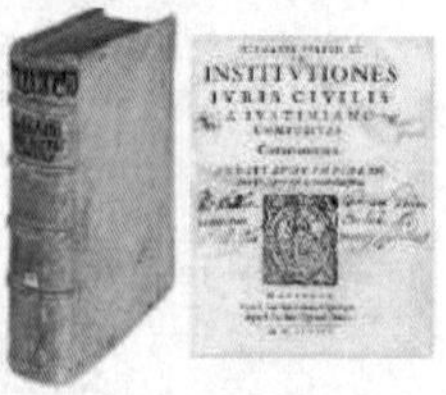

■ **Just**inian Code **유스티니아누스** 법전 《동로마 제국의 황제 유스티니아누스가 명하여 만들어진 법전》 ★ 유스티니아누스 황제(Justinaian; 483-565)는 동로마 제국의 황제로 콘스탄티노플(지금의 이스탄불)에 소피아 성당을 지었고 『로마법 대전』을 편찬했다.

■ **just** [dʒʌst/저스트] [형] **올바른**, 공정한 [부] **정확히, 틀림없이, 바로, 꼭, 이제 막, 겨우, 오직** ☜ 라틴어로 '정직한'이란 뜻

■ ad**just** [ədʒʌ́st] [동] **맞추다**, 조정(조절)하다
☜ 정확한(just) 방향으로(ad=to) [반] disturb 교란하다

□ read**just** [riːədʒʌ́st] [동] 새로이(다시) 조정(정리)하다 ☜ 다시(re) 조정하다(adjust)
♠ **readjust a focus 초점을 맞추다**

□ read**just**ment [riədʒə'stmənt] [명] 재조정 ☜ 재조정(readjust) 하기(ment<명접>)

✚ in**jur**e **상처[손해]를 입히다**, 다치게 하다 in**jur**y (사고 등에 의한) **상해, 부상** **just**ify **정당화하다** **just**ice **정의, 공명정대; 재판** **just**ification **정당화** malad**just**ment 조절(조정) 불량; 부적응

레디 액션 Ready, Action ! (준비, 시작 !)

♣ 어원 : read 준비가 된, 이미

☐ **ready** [rédi/뤠리/뤠디] ⓗ (-<-dier<-diest) **준비가 된**; (언제든지 ~할) 채비를 갖춘; 각오가 되어 있는 ☜ 고대영어로 '말(馬)이 준비가 된'이란 뜻
♠ Dinner is **ready**. 식사 **준비가 되**었습니다.
♠ **be ready for ~ ~의 준비[각오]가 되어 있다**
♠ **be ready to ~ 막 ~하려고 하다**(=be about to); **기꺼이 ~하다**(=be willing to); **~할 준비가 되어 있다**
♠ **get 〔make〕 ready for ~ ~의 준비를 하다; ~의 각오를 하다**

☐ **ready**-made [rédiméid] ⓗ (옷 따위가) **기성품의**(⇔ made-to-order, custom-made); 기성품을 파는; 꼭 알맞은; 진부한; 개성이 없는 ⓜ 기성품 ☜ 이미(ready) 만들어진(made)
♠ **ready-made** clothes **기성**복

☐ **ready** money 맞돈, 현금 ☜ 준비된(ready) 돈(money)

☐ **ready**money [rédimʌ́ni] ⓗ 현금의, 맞돈의 ☜ 준비된(ready) 돈(money)의

☐ **ready**-witted [rédiwítid] ⓗ 재치가 넘치는 ☜ 이미(ready) 충분한 재치(wit) + t<자음반복> + 가 있는(ed<형접>)

☐ **read**ily [rédəli] ⓟ 즉시; **쉽게**; 이의 없이, 기꺼이, 쾌히 ☜ 준비가 되어(read) + i<자음+y→i> + 있어(ly<부접>)

☐ **read**iness [rédinis] ⓜ **준비**, 채비; 용이; 신속; 자진해서 함; 『군사』 즉응력 ☜ read + i<자음+y→i> + ness<명접>

※ **action** [ǽkʃən/**액**션] ⓜ **활동, 행동, 동작; 연기**; 작용, 기능 ☜ 행하는(act) 것(ion)

리얼리즘 realism (현실주의), 리얼리티 reality (현실성)

♣ 어원 : real 실재의, 진짜의

☐ **real** [rí:əl/**뤼**-얼, ríəl] ⓗ 진짜의; **현실의, 실재하는**; 객관적인; 부동산의, 물적인; 실질적인, 사실상의 ⓟ 《미.구어》 정말로, 매우, 아주 ⓜ (the ~) 현실, 실물, 실체 ☜ 라틴어로 '실재하는 사물의'란 뜻
♠ **the real thing 진짜; 극상품; 본고장 물건**

☐ **real** estate **부동산**, 물적 재산 ☜ estate(토지, 재산)

☐ **real**ist [rí:əlist] ⓜ 실재론자, 사실주의자, 현실주의자 ☜ real + ist(사람)

☐ **real**istic [rì:əlístik] ⓗ **현실주의의; 사실주의의**; 실재론(자)의 ☜ real + istic<형접>

☐ **real**ism [rí:əlìzəm] ⓜ **현실주의**; 『문예·미술』 사실주의, **리얼리즘**; 『철학』 실재론; 『교육』 실학주의; 『법률』 실체주의 ☜ real + ism(~주의)

☐ **real**ity [ri:ǽləti] ⓜ **진실(성)**, 본성; 사실, **현실, 리얼리티**; 실재, 실체 ☜ real + ity<명접>
♠ **in reality 실은**(=in fact)**, 실제는, 사실상**

☐ **real**ization [rì:əlizéiʃən/-lai-] ⓜ **사실로 깨달음**, 실감; 실현, 현실화; 실물 같은 그림; 현금화 ☜ 진짜로(real) 만들(iza<ize) 기(tion)

☐ **real**ize [rí:əlàiz/**뤼**-얼라이즈] ⓢ **실현하다**, 현실화하다; **실감하다, 이해하다**; (재산·이익을) 얻다, 벌다 ☜ 진짜로(real) 만들다(-ize)

☐ **real**ly [rí:əli/**뤼**-얼리] ⓟ **정말, 실로**, 실은, 실제로; 참으로, 확실히 ☜ real + ly<부접>

☐ **real** time 『전산』 실시간 ☜ time(시간, 시대, ~회)

■ un**real** [ənrí:əl] ⓗ **실재하지 않는**, 가공의, 비현실적인; 진실이 아닌 ☜ un(=not/부정) + real

로케이션 location (스튜디오를 벗어난 야외촬영) * <로케>라고도 함

♣ 어원 : loc 장소(=place)

■ **loc**ation [loukéiʃən] ⓜ **장소**, 위치; 『영화』 **로케이션** ☜ 장소(loc)를 만들(ate) 기(ion)

■ **loc**ate [lóukeit/**로**우케이트] ⓢ **위치를 정하다, 위치하다** ☜ 장소(loc)를 만들다(ate)

☐ real**loc**ate [ri:ǽləkèit] ⓢ 재할당〔재배정〕하다, 재분배하다 ☜ re(다시) + allocate
♠ Please **reallocate** the space. 공간을 **재할당**해 주세요.

☐ real**loc**ation [ri:æ̀ləkéiʃən] ⓜ 재할당, 재분배, 재배정 ☜ 재(re) 할당(allocation)

■ al**loc**ate [ǽləkèit] ⓢ **할당하다, 배치하다** ☜ ~에(al<ad) 위치하게 하다(locate)

■ dis**loc**ate [dísloukèit] ⓢ 뒤틀리게 하다, 혼란시키다 ☜ dis(=not/부정) + locate

로얄 패밀리 royal family (왕족, 왕실) * family 가족(의), 가정(의)

♣ 어원 : roy, reg, realm 왕, 여왕, 왕실, 왕족; 왕의, 왕립의

■ **roy**al [rɔ́iəl/**로**이얼] ⓗ **왕[여왕]의**; 왕족의, 황족의; **당당한** ☜ 왕(roy) 의(al)

■ **reg**al [rí:gəl] ⓗ 국왕의, **제왕의**; 국왕다운; 장엄한, 당당한 ☜ 라틴어로 '왕(reg) 의(al)'란 뜻
□ **realm** [relm] ⓜ《문어》**왕국**, 국토; (종종 pl.) **범위, 영역**; (학문의) 부문; 〖생물〗~계(界); (동식물) 권(圈), 대(帶) ☜ 고대 프랑스어로 '왕국'이란 뜻. 왕국은 특정의 영역임.
♠ the **realm** of nature 자연**계**
♠ the **realm** of God 〖기독교〗 신의 **나라**

애니메이션 animation (만화영화)

© Walt Disney Studios

♣ 어원 : anim 생명, 호흡, 영혼, 마음
■ **anim**ate [ǽnəmèit] ⓢ **살리다**, ~에 생명을 불어넣다; [ǽnəmit] ⓗ 산, 살아있는; 활기〔원기〕있는 ☜ 생명(anim)을 불어넣다(ate)
■ **anim**ation [æ̀nəméiʃən] ⓜ **생기**, 활기; **만화영화**, **애니메이션** ☜ -ation<명접>
■ **anim**al [ǽnəməl/**애**너멀] ⓜ **동물, 짐승** ⓗ **동물의, 동물적인** ☜ -al<형접>
□ re**anim**ate [inæ̀nəméit] ⓢ 소생〔부활〕시키다; 고무하다, ~에 활기〔원기〕를 회복시키다 ☜ 다시(re) 생명(anim)을 만들다(ate)<동접>
♠ **reanimate one's personality ~의 개성이 되살아나다**
□ re**anim**ation [inæ̀nəméiʃən] ⓜ 소생, 격려 ☜ -ation<명접>

연상 낫으로 풀 잎(leaf.잎)을 립(reap.베다)하다.

♣ 어원 : reap, rip 익은, 익어서 거둬들이는; (풀·곡물을) 베다
※ **leaf** [li:f/리잎] ⓜ (pl. lea**ves**) **잎**, 나뭇잎, 풀잎; (책종이의) **한 장**《2페이지》 ☜ 고대영어로 '식물의 잎, 종이 한 장'이란 뜻
□ **reap** [ri:p] ⓢ (농작물을) **베다, 베어들이다**, 거둬들이다; 수확하다; 획득하다 ☜ 고대영어로 '곡물을 자르다; 익은'이란 뜻
♠ **reap a harvest 농작물을 거둬들이다[수확하다]**
♠ **reap as** 〔what〕 **one has sown = reap the fruits of one's actions 《속담》 뿌린 대로 거두다, 인과응보(因果應報)**
□ **reap**er [rí:pər] ⓜ **베어[거둬]들이는 사람**; (자동) 수확기; (the R-) 죽음의 신(神), 저승사자, **그림리퍼**(the Grim Reaper) ☜ -er(사람)
■ **ripe** [raip] ⓗ (과일·곡물이) **익은**, 여문; (술 따위가) 숙성한, 먹게 된; 원숙한, 숙달된 ☜ 고대영어로 '수확할 준비가 된'이란 뜻
♠ **ripe fruit 익은 과일**
♠ **Soon ripe, soon rotten. 《속담》 빨리 익은 것은 빨리 썩는다, 대기만성(大器晩成)**

애퍼리션 Apparition (미국 스릴러 영화. <환영, 유령>이란 뜻)

2012 년 개봉한 미국 스릴러 영화. 심령현상 실험중 불러낸 초자연적인 존재를 가두지 못하면서 시달리게 되는 공포 스릴러 영화. 애술리 그린(Ashley Greene), 톰 펠튼(Tom Felton) 주연

© Warner Bros.

♣ 어원 : par, pear, pare 보이다, 나타나다

■ ap**par**ition [æ̀pəríʃən] ⓜ 환영, **유령** ☜ 라틴어로 '보이는 것, 나타난 것'
■ ap**pear** [əpíər/어**피**어] ⓢ **나타나다**, 출현하다 ☜ ~쪽으로(ap<ad=to) 나타나다(pear)
□ reap**pear** [rì:əpíər] ⓢ 다시 나타나다, **재현[재발]하다** ☜ 다시(re) appear(나타나다)
♠ He did not **reappear** until morning. 그는 아침까지 **다시 나타나**지 않았다.
■ disap**pear** [dìsəpíər] ⓢ **사라지다**, 소멸하다 ☜ dis(not) + appear(나타나다)
■ trans**par**ent [trænspέərənt] ⓗ **투명한** ☜ (유리 등을) 통하여(trans) 나타(par) 난(ent)

리어카 rear car (콩글 손으로 끄는 2 륜 수레) ➔ hand cart, barrow

사람이 직접 끌거나 자전거 뒤어 매달아 끌기 때문에 수레가 뒤에 있다는 뜻으로 <뒤에 있는 차>가 된 일본에서 만들어진 외래어. 옳은 표현은 hand cart, hand truck 또는 barrow 이다. 자동차의 백미러(back mirror)도 옳은 표현은 rearview mirror 이다.

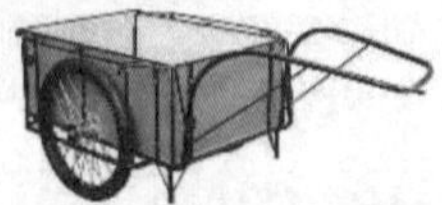

□ **rear** [riər] ⓜ **뒤**, 배면, 배후; 〖군사〗 후위, 후방; 《영.구어》 (남자용) 변소; 《구어》 궁둥이 ⓗ 후방의 ⓟ 후방에〔에서〕 ⓢ《구어》 변소에 가다; **기르다**; (건물을) 세우다 ☜ 고대 프랑스어로 '뒤, 뒤에'란 뜻

♠ He followed them in the **rear**. 그는 그들 **뒤**를 따라갔다.

□ **rear**view mirror (자동차의) 백미러 ☜ view(전망, 시력; 보다), mirror(거울)

□ **rear**ward [ríərwərd] ⓗ 후방에의, 배후로 ⓜ 후방 ☜ rear + ward(~쪽의)

□ **rear**wards [ríərwərdz] ⓟ 후방으로 ☜ rear + wards(~쪽으로)

※ <u>**car**</u> [kɑːr/카-] ⓜ **자동차** ☜ 라틴어로 '2개의 바퀴가 달린 켈트족의 전차'란 뜻

아마겟돈 Armageddon (선(善)과 악(惡)의 결전장)

❶ [성경] 세계종말에 있을 사탄과 하나님의 마지막 전쟁의 장소 ❷ [영화] 1998년 개봉된 마이클 베이 감독의 SF(공상과학) 재난 액션 영화. 지구와 운석과의 충돌을 소재로 하였다. 브루스 윌리스, 빌리 밥손튼 등이 주연했다.

© Buena Vista Pictures

♣ 어원 : arm 팔, 무기, 무장시키다

■ <u>**Arm**ageddon</u> [ɑ̀ːrməgédən] ⓜ 『성서』 **아마겟돈** 《세계의 종말에 있을 선과 악의 결전장》 ☜ 히브리어로 '메기도산(Mount of Megiddo)이란 뜻. 팔레스타인 중부에 위치한 이스라엘의 중요한 전투 지역

■ **arm** [aːrm/암-] ⓜ **팔**; (pl.) **무기**(=weapon), **병기** ⓢ 무장하다, 무장시키다 ☜ 팔(arm)이 곧 무기였으므로

■ **arm**ament [ɑ́ːrməmənt] ⓜ 무기, 병기; **군대**, 군사력, **군비** ☜ 무장(arm) + a + 시키는 것(ment<명접>)

□ re**arm** [riɑ́ːrm/**암**-] ⓢ 재무장하다, 재무장시키다 ☜ 다시(re) 무장하다(arm)

♠ The president urged the employees for **mental rearmament**.
사장은 임직원에게 **정신 재무장**을 촉구했다

□ re**arm**ament [riɑ́ːrməmənt] ⓜ 재무장, 재군비 ☜ re + armament(무기, 군대, 군비)

■ dis**arm**ament [disɑ́ːrməmənt, diz-] ⓜ **군비축소**, 무장해제 ☜ dis(=against/반대, not/부정) + 군비(armament)

■ **arm**y [ɑ́ːrmi/**아**-미] ⓜ **군대, 육군** ☜ 무기(arm)를 가진 곳(y<명접>)

비교 navy 해군, air force 공군, marine cops 해병대

가스레인지 gas range (콩글 가스 조리기구) ➔ gas stove

♣ 어원 : range 정열하다, 배열하다

※ <u>**gas**</u> [gæs] ⓜ (pl. **-es**, 《영》 **-ses**) **가스**, 기체 ☜ 그리스어로 '공기'란 뜻

■ <u>**range**</u> [reindʒ/뤠인쥐] ⓜ (가스, 전기, 전자) **레인지: 줄, 열; 산맥; 범위; 거리; 다양성** ⓢ **가지런히 하다**, **정렬시키다**, **한 줄로 늘어서다** ☜ 고대 프랑스어로 '줄, 열, 산맥'이란 뜻

■ ar**range** [əréindʒ/어**뤠**인쥐] ⓢ **배열하다**, 정돈하다; **준비하다** ☜ ~을(ar<ad=to) 정렬하다(range)

□ rear**range** [rìːəréindʒ] ⓢ **재정리[재배열, 재배치]하다** ☜ 다시(re) + arrange

♠ We've **rearranged** the furniture in the bedroom.
우리는 침실 가구를 **재배치했다**.

□ rear**range**ment [rìːəréindʒmənt] ⓜ 재정리, 재배치, 재배열 ☜ -ment<명접>

■ disar**range** [disəréindʒ] ⓢ 어지럽히다, 혼란시키다 ☜ dis(=not/부정) + arrange

■ misar**range** [mìsəréindʒ] ⓢ ~의 배열을(배치를) 잘못하다, 틀린 장소에 두다 ☜ 잘못(mis) 배열하다(arrange)

씨레이션 C-ration ([미군] 전투식량), 레티오 · 레이쇼 ratio (비율)

그리스어 logos(이성) ➔ 라틴어 ratio ➔ 프랑스어 raison ➔ 영어 reason으로 변천했다.

♣ 어원 : rat, reas 이성, 합리, 논리; 비율, 몫, 배급량; 판단

■ <u>**rat**io</u> [réiʃou, -ʃiòu] ⓜ (pl. **-s**) 『수학』 **비**(比), **비율** ☜ 라틴어로 '계산, 셈'이란 뜻

■ **rat**ion [rǽʃən, réi-] ⓜ 정액(定額), **정량; 배급(량)**, 할당(량); (pl.) **식량**, 양식 ☜ 비율에(rat) 맞는 것(ion<명접>)

■ <u>C (D, K) ration</u> 『미군』 C (D, K)형 레이션(배식), **씨레이션**, C형 전투식량

□ **reas**on [ríːzn/**뤼**-즌] ⓜ **이성**, 사고(력); **도리, 이유**, 사려 ⓢ 판단하다 ☜ 이성적인(reas) 것(on)

♠ That is the **reason** (why) I failed.
그것이 내가 실패한 **이유**이다.

♠ **reason out 논리적으로 생각해 내다**

♠ **by reason of ~ ~의 이유로, ~ 때문에**(=because of)

♠ **It stands to reason that ~ ~은 사리에 맞다, 당연하다**

< 미군전투식량 C-ration >

□ **reas**onable [ríːzənəbəl] ⓗ **분별 있는, 사리를 아는, 도리에 맞는, 온당한, 과하지 않는**

R

☜ reason + able<형접>
□ **reas**onably [rí:zənəbli] ⓟ **합리적으로, 사리에 맞게**, 정당하게, 걸맞게; 상당히, 꽤
☜ reason + ly<부접>
□ **reas**oning [rí:zniŋ] ⓜ 추론, **추리**; 이론; 논법, 추리력; [집합적] 논거, 증명 ⓗ 추리의; 이성이 있는 ☜ reason + ing<명접/형접>

✚ **rat**ional **이성의**, 합리적인; **이성주의의** ir**rat**ional **불합리한**; 이성〔분별〕이 없는

콘서트 concert (음악회)

♣ **어원 : sert, cert 결합하다(=join)**
■ con**cert** [kάnsə(:)rt/kɔ́n-] ⓜ **음악회, 연주회**
☜ (공연자와 청중이) 함께(con<com) 결합하다(cert)
■ as**sert** [əsə́:rt] ⓢ **단언하다, 주장하다** ☜ ~쪽으로(as<ad) 강하게 결합하다(sert)
□ reas**sert** [rì:əsə́:rt] ⓢ 거듭 주장〔단언, 언명〕하다 ☜ 다시(re) 주장하다(assert)
♠ **reassert** his 〔her〕 innocence 그의 〔그녀의〕 결백을 **거듭 주장하다**
□ reas**sert**ion [rì:əsə́:rʃən] ⓜ 재주장, 재언명 ☜ -ion<명접>

슈얼리 썬크림 surely suncream (피부관리 기능성 화장품)

♣ **어원 : sur(e) 확실한, 안전한, 틀림없는; 확신하다, 보증하다**
■ **sure** [ʃuər/슈어] ⓗ **확신하는, 틀림없는** ⓟ **확실히**
☜ 중세영어로 '공격으로부터 안전한'이란 뜻
■ **sure**ly [ʃúərli/**슈**얼리] ⓟ **확실히, 꼭** ☜ sure + ly<부접>
■ as**sure** [əʃúər/어**슈**어] ⓢ **~에게 보증[보장]하다, 안심시키다**
☜ 에게(as<ad=to) 확신시키다(sure)
□ reas**sure** [rì:əʃúər] ⓢ **재보증하다**, 재보험에 부치다; 안심시키다; ~에게 장담하다; 기운을 돋우다
☜ 다시(re) ~에게(as<ad=to) 확신시키다(sure)
♠ **reassure about** 〔of〕 ~ **~대해 안심시키다**.
※ **suncream** [sʌ́nkrì:m] ⓜ **썬크림** (자외선 방지 피부보호크림) ☜ 태양(sun) 크림(cream)

✚ in**sure** **보증하다, 보험에 들다** en**sure** **~을 책임지다, 보장하다**, 안전하게 하다

빠따 < 배트 bat (야구 배트)

♣ **어원 : bat, beat 치다**
■ **bat** [bæt/밷] ⓜ **야구배트** ⓢ **(배트로) 치다** ☜ 중세영어로 '치다, 때리다'란 뜻
■ a**bat**e [əbéit] ⓢ **감소시키다** ☜ ~에 대하여(a<ad=to) 치다(bat) + e
■ de**bat**e [dibéit] ⓜ **토론**, 논쟁 ⓢ **논쟁[토론]하다** ☜ 아래로(de=down) 치다
□ re**bat**e [rí:beit, ribéit] ⓜ 환불, **리베이트**; 할인(=discount) ☜ 다시(re) 치다
♠ You are allowed a **rebate** of $20. 당신은 20 달러를 **환불**받게 됩니다.

✚ **bat**tle **전투**, 투쟁, **배틀** com**bat** **전투; 싸우다** **beat** **치다, 두드리다**, 이기다; (심장이) 뛰다

R

벨로나 Bellona ([로神] 전쟁의 여신)

♣ **bell 전투(=bellum); 싸우다**
■ **Bell**ona [bəlóunə] ⓜ 『로.신화』 **벨로나** 《전쟁의 여신》; 키가 큰 미인
□ re**bel** [rébəl] ⓜ **반역자** ☜ 뒤에서(re=back) 싸우는(bel) 사람
♠ Armed **rebels** advanced towards the capital.
무장 **반군들**이 수도를 향해 진격했다.
□ re**bel** forces 반란군 ☜ force(힘, 세력, 군사력)
□ re**bell**ion [ribéljən] ⓜ **모반, 반란**, 폭동 ☜ rebel + l + ion<명접>
□ re**bell**ious [ribéljəs] ⓗ **반역하는**, 반항적인; 다루기 힘든; (병 따위의) 고치기 어려운 ☜ rebel + l<단모음+단자음+자음반복> + ious<형접>
■ **bell**igerent [bəlídʒərənt] ⓗ 교전 중인; 교전국의; **호전적인** ⓜ 교전국; 전투원
☜ 전쟁(bell) 하기(ig)를 + 더(er) + 좋아하는(사람)(ent<형접/명접>)

Jean Cosyn 作 <Bellona>

해피 버스데이 투 유 Happy birthday to you ! (당신의 생일을 축하합니다)

※ **happy** [hǽpi/**해**삐] ⓗ (-<-pi**er**<-pi**est**) **행복한** ☜ 고대영어로 '행복한'이란 뜻.
■ **birth** [bə:rθ/버-쓰] ⓜ **출생, 탄생** ☜ 고대 노르드어로 '출생'이란 뜻
■ **birth**day [bə́:rθdèi/**버**-쓰데이] ⓜ **생일** ☜ day(날)

□ re**birth** [ribə́ːrθ] ⓜ 재생, 갱생, 부활 ☜ 다시(re) 출생(birth)
♠ the **rebirth** of Japanese militarism 일본군국주의의 **부활**

리바운드 rebound ([농구] 리바운드)

♣ 어원 : bound, bund 튀어 오르다

□ re**bound** [ribáund] ⓜ 되튐, 반동, 회복, 『농구·하키』 **리바운드** ⓢ 되튀다, 회복하다, 만회하다 ☜ 다시(re) 튀어 오름(bound)
♠ A ball **rebounds** from a wall. 공이 벽에 맞아 **되튀다**.

■ a**bound** [əbáund] ⓢ **풍부하다**(=be plentiful) ⓗ 풍부한, 많은 ☜ 위로(ab=on) (계속) 튀어 오르는(bound)

■ a**bund**ant [əbʌ́ndənt] ⓗ **풍부한, 많은** ☜ 위로(ab=on) (계속) 튀어 오르(bund) 는(ant)

부페 < 뷔페 buffet (뷔페 식당)

■ **buff**et [bəféi/버**풰**이, buféi/bʌ́fit] ⓜ **뷔페**가 있는 간이식당, (역·열차·극장안의) 식당, **뷔페** ☜ 프랑스어로 '긴 의자, 식기 찬장'이란 뜻
[bʌ́fit] ⓜ (손바닥·주먹으로 하는) 타격(=blow) ⓢ 치다 ☜ 고대 프랑스어로 '타격, (철썩) 때리기'란 뜻

□ re**buff** [ribʌ́f] ⓜ 거절; 저지, 좌절 ⓢ 거절하다; 저지하다 ☜ 중세 프랑스어로 '저지하다, 급히 멈추게 하다'란 뜻
♠ meet with a polite but decided **rebuff** 정중하면서도 단호하게 **거절**당하다.

빌딩 building (건축물)

■ **build**ing [bíldiŋ/**빌**딩] ⓜ **건축(물), 빌딩** ☜ 세우(build) 기(ing<명접>)

■ **build** [bild/빌드] ⓢ (-/**built**/**built**) **짓다, 세우다** ☜ 중세영어로 '집을 짓다'란 뜻

□ re**build** [rìːbíld] ⓢ (-/re**built**/re**built**) 재건하다, 다시 세우다 ☜ 다시(re) 세우다(build)
♠ **rebuild** 〔reconstruct〕 apartments 아파트를 **재건축하다**

연상 2012년 많은 사람들이 <운동을 멀리하느니 바람을 펴라>는 리복(Reebok.스포츠용품 브랜드)의 광고를 리뷰크(rebuke.비난하다)했다.

※ **Reebok** [ríːbɑ́k], 《영》 [-bɔ́k] ⓜ **리복** 《2006년 아디다스(Adidas)가 인수한 스포츠 용품 브랜드》 ☜ 아프리카에 서식하는 작은 영양류 리복(rhebok)에서 유래했다는 설. 리복은 영양류 중에서 가장 빠르다고 한다.

□ re**buke** [ribjúːk] ⓢ **비난하다**, 꾸짖다, 견책〔징계〕하다; 억제〔저지〕하다 ⓜ 비난, 힐책 ☜ 다시(re) 나무를 베다(buke<busk<bush)
♠ **rebuke** a person for his carelessness 아무의 부주의를 **나무라다**.

연상 썩은 스트로베리(strawberry.딸기)를 베리(bury.파묻다)하다

■ straw**berry** [strɔ́ːbèri/-bəri] ⓜ **딸기** ☜ straw(밀짚) + berry(딸기류)

■ **bury** [béri/**베**뤼] ⓢ **파묻다, 매장하다, 묻다** ☜ 고대영어로 '언덕을 오르다, 숨기다, 무덤에 묻다'란 뜻

□ re**bury** [ribéri] 재매장하다, 개장(改葬)하다 ☜ 다시(re) 매장(bury)하다
♠ The victims were **reburied** in other places.
그 피해자들은 다른 곳에 **다시 묻혔다**.

✚ **bur**row (여우·토끼 따위의) **굴**; 숨는 곳, 피난〔은신〕처 **bur**ial **매장, 매장식**

리콜 recall (회사측이 행하는 자사제품에 대한 결함보상, 소환수리)

■ **call** [kɔːl/콜] ⓢ (큰소리로) **부르다, 불러내다; 깨우다**(=awake); **~에게 전화하다; 방문하다** ⓜ **부르는 소리;** (상대방을) **불러내기, 통화; 초청; 짧은 방문** ☜ 중세영어로 '큰 외침'이란 뜻

□ re**call** [rikɔ́ːl/뤼**코**올] ⓢ **생각나게 하다, 상기하다, 도로 부르다** ⓜ **되부름, 소환** ☜ re(다시) + call(불러내다)
♠ **have total recall 전부 다 기억하다**
♠ **recall to mind 생각[기억]해 내다**(=recall to memory)

R

칸타타 cantata ([It.] 대규모 다악장 성악곡)

♣ 어원 : cant, chan(t) 노래; 노래하다, 부르다

■ **cant**ata [kəntɑ́:tə] 명 《It.》 『음악』 **칸타타**, 교성곡(交聲曲) 《독창 · 합창에 기악 반주가 있는 일관된 내용의 서정적 성악곡》 ☜ 이탈리아어로 '(이야기를) 노래로 부르는 것'이란 뜻

■ en**chant** [entʃǽnt, -tʃɑ́:nt] 동 **요술을 걸다; 흐리다**; 황홀케 하다 ☜ 노래(chant)를 만들다(en)

□ re**cant** [rikǽnt] 동 (신앙 · 주장 등을) 바꾸다, 취소하다, 철회하다, 부인하다 ☜ 다시(re=again) 부르다(cant)

♠ **recant a religion 신앙을 버리다, 종교를 바꾸다.**

컨셉 concept (개념), 캡춰 capture (갈무리), 캡션, 리셉션, 리시버.

♣ 어원 : cap, capt, cept, ceipt, ceive, cip 잡다, 받아들이다, 이해하다

■ con**cept** [kɑ́nsept/kɔ́n-] 명 『철학』 **개념**, 생각; 구상(構想), 발상 ☜ 함께(con<com) 생각을 잡다(cept)

■ **cap**tion [kǽpʃən] 명 (기사의) 표제, 제목, (삽화의) 설명문; 『영화』 자막 ☜ 잡(capt) 기(ion)

concept car

■ **capt**ure [kǽptʃər] 명 **포획** 동 **사로잡다** ☜ -ure<명접/동접>

□ re**capt**ure [rikǽptʃər] 명 **탈환**, 회복; 되찾은 것〔사람〕 동 되찾다, **탈환하다** ☜ 다시(re) 잡다(capt) + ure<명접/동접>

♠ **recapture** 〔retake〕 the capital (city) 수도를 **탈환하다**

□ re**ceipt** [risí:t] 명 수령(受領), **영수(증)**, 받음; (보통 pl.) 수령액 동 《미》 영수증을 끊다 ☜ 다시(re) 받다(ceipt)

□ re**ceive** [risí:v/뤼**씨**-브] 동 **받다**, 수령하다; 접수하다, (제안을) 수리하다, 응하다 ☜ 다시(re) 받다(ceive)

♠ I **received** 〔got〕 a letter from him. 나는 그에게서 편지를 **받았다**

□ re**ceiv**er [risí:vər] 명 **받는 사람**, 수령인; 수납계원; 접대자; 수신기, **리시버** ☜ 다시(re) 받는(ceiv) 사람/기기(er)

□ re**cept**acle [riséptəkəl] 명 그릇, 저장소; 『전기』 콘센트; 소켓 ☜ 라틴어로 '다시(re) 받아서(cept) 저장할 수 있는 장소(acle)'란 뜻

□ re**cept**ion [risépʃən] 명 **받음**, 수령; **응접**, 접대; **환영회, 리셉션**; 접수처; 수신 ☜ -ion<명접>

□ re**cept**ion room 응접실, 접견실; (병원 등의) 대합실; 《영》 거실 ☜ room(방)

□ re**cept**ive [riséptiv] 형 **잘 받아들이는**, 감수성이 예민한, 이해력이 빠른 ☜ -ive<형접>

□ re**cip**ient [risípiənt] 형 받는; 감수성이 있는 명 수납자, 수취인 ☜ 라틴어로 '받다(recip=receive) + ient<형접/명접>'

✚ inter**cept** **도중에서 빼앗다**, 가로채다, 차단하다 ac**cept** **받아들이다**, 수납하다

악세서리 accessory (콩글 ▶ 보석류, 장신구) ➔ jewelry

♣ 어원 : cess, cease, cede, ceed 가다, 오다

■ ac**cess** [ǽkses] 명 **접근, 출입** ☜ ~로(ac<ad=to) 가다(cess)

■ ac**cess**ory, -ary [æksésəri] 명 (보통 pl.) 부속물; 부속품, **액세서리** ☜ -ory(따라가는 것)

□ re**cede** [risí:d] 동 **물러나다**, 퇴각하다; 철회하다 ☜ 뒤로(re) 가다(cede)

♠ **recede** conquered territory 점령지에서 **물러나다**, 점령지를 **반환하다**

♠ **recede** from an agreement 계약을 **철회하다**

□ re**cess** [rí:ses, risés] 명 쉼, 휴식; (의회의) **휴회** ☜ 가는(cess) 것을 취소하다(re)

□ re**cess**ion [riséʃən] 명 퇴거, **후퇴** ☜ -ion<명접>

□ retro**cede** [rètrəsí:d] 동 (영토 따위를) 돌려주다, 반환하다; 되돌아가다, 물러가다 ☜ 되돌아(retro) 가다(cede)

□ retro**cess**ion [rètrəséʃən] 명 후퇴, 퇴각; (영토 등의) 반환 ☜ -ion<명접>

□ se**cede** [sisí:d] 동 (교회 · 정당 등에서) 탈퇴〔탈당 · 분리〕하다 ☜ 따로 떨어져(se=apart) 나가다(cede)

□ se**cess**ion [siséʃən] 명 탈퇴, 분리; (종종 S-) 『미.역사』 (남북 전쟁의 발단이 된) 남부 11주의 탈퇴 ☜ 따로 떨어져(se=apart) 나가는(cede) 것(ion)

□ se**cess**ionist [siséʃənist] 명형 분리론자(의); (종종 S-) 『미.역사』 (남북 전쟁 때의) 탈퇴론자(의) ☜ -ist(사람)

✚ ex**ceed** **넘다, 초과하다** ne**cess**ary **필요한** pro**ceed** **나아가다, 전진하다** pre**cede** **~에 앞서다**

홀로세 Holocene ([지질] 충적세 · 현세. 1만년전부터 현재까지의 지질시대)

♣ 어원 : cen, cene, cent 새로운, 신(新), 최근의

R

■ Holo**cene** [hάləsìːn, hóu-] [명][형] (the ~) 〖지질〗 **홀로**세, 충적세(沖積世)(의)
☜ 그리스어로 '전체(holo)가 새로운(cene)'이란 뜻

□ re**cent** [ríːsənt/**뤼**-선트] [형] 근래의, **최근의**(=late), 새로운; (R-) 〖지질〗 현세의
☜ 다시(re) 새로운(cent)
♠ in **recent** years **근**년(에는)

□ re**cent**ly [ríːsəntli/**뤼**-선틀리] [부] **최근, 요즈음**; 바로 얼마전 ☜ -ly<부접>
♠ He has **recently** been to London. 그는 **최근에** 런던에 갔다 왔다.

□ Plio**cene** [pláiəsìːn] [형] 〖지질〗 **플라이오**세(世)의. [명] (the ~) **플라이오**세, 선신세(鮮新世)
☜ 그리스어로 '더(plio) 새로운(cene)'이란 뜻

□ Mio**cene** [máiəsìːn] [명][형] 〖지질〗 **마이오**세(世)(의), 중신세(中新世)(의)
☜ 그리스어로 '덜(mio) 새로운(cene)'이란 뜻

□ **reception**(받음, 환영회), **receptive**(잘 받아들이는) ➔ **receive**(받다) **참조**

□ **receptacle**(그릇, 저장소; 전기 콘센트) ➔ **receive**(받다) **참조**

□ **recess**(휴회), **recession**(후퇴) ➔ **recede**(물러나다) **참조**

배터리 차징 battery charging (전지 충전)

♣ **어원 : charg, carg 짐, (마차에) 짐을 싣다**

※ <u>**bat**tery</u> [bǽtəri] [명] **한 벌의 기구[장치]**; 〖전기〗 축전지, **배터리**; 구타
☜ bat(치다) + t<단모음+단자음+자음반복> + ery<명접>

■ <u>**charg**e</u> [tʃɑːrdʒ/촤-쥐] [동] **충전하다**; 장전하다; **청구하다**, 채우다, (책임을) 지우다 [명] **대가**, 요금; 책임; 비난, 고소; 부담; 돌격, 진군나팔〔북〕 ☜ 라틴어로 '마차에 짐을 싣다'란 뜻

□ re**charg**e [riːtʃάːrdʒ] [동] 재충전〔재장전〕하다; 재고발하다; 재습격하다
[명] 재충전, 재장전, 역습 ☜ 다시(re) 싣다(charge)
♠ **recharge the traffic card 교통 카드를 충전하다**

□ super**charg**e [sjúːpərtʃὰːrdʒ] [동] (엔진 따위에) 과급(過給)하다, (에너지 등을) 지나치게 들이다
[명] 과급 ☜ 초과하여(super) 싣다(charge)
♠ increases the density of **the supercharged** 과압 밀도를 높이다

□ sur**charg**e [sə́ːrtʃὰːrdʒ] [명] 과적, 폭리, 과도한 부담 [동] 과적하다
☜ 초과하여(sur=over) 싣다(charge)

✚ dis**charg**e (배에서) **짐을 내리다**; 면제하다 over**charg**e 지나치게 비싼 값을 부르다, 짐을 많이 싣다

레시피 recipe (조리법), 스크립트 script (방송대본)

♣ **어원 : scrib(e), script, cipe 쓰다(=write)**

■ **script** [skript] [명] 정본, 손으로 쓴 것, **스크립트**, 방송대본
☜ 라틴어로 '쓰여진 것'이란 뜻

□ re**cipe** [résəpìː] [명] **조리법, 레시피**, 제조법 ☜ 라틴어로 '(약을) 받아라(=receive)'란 의미로 prescription(처방전)에서 유래. 미리(pre) 써준(script) 것(ion)
♠ Give me the **recipe** for this cake. 이 케이크 **만드는 법**을 가르쳐 주세요.

✚ **Scrip**ture **성서** pre**scribe 규정하다, 지시하다**; (약을) **처방하다** de**scribe 기술[설명]하다**
manu**script 원고, 필사본** sub**scribe 서명하다, 구독하다, 기부하다**

프로포즈 propose (청혼하다)

♣ **어원 : pro- 앞에, 앞으로, 미리**

■ <u>**pro**pose</u> [prəpóuz] [동] **신청하다**; 제안하다, 제의하다; 청혼하다
☜ 앞에(pro) (결혼하고 싶은 마음을) 내놓다(pose)

□ reci**pro**cal [risíprəkəl] [형] **상호간의**(=mutual), 호혜적인; 보복의, 보답의; 상반하는 ☜ 뒤(re) 의(ci<형접>) + 앞(pro) 의(cal<형접>)
♠ **reciprocal** action **상호** 작용

□ reci**pro**cally [risíprəkəli] [부] 서로서로 ☜ -ly<부접>

□ reci**pro**cate [risíprəkèit] [동] 주고받다, 교환하다; 답례하다; 보복하다; 대응하다 ☜ -ate<동접>

□ reci**pro**cating engine 왕복기관 ☜ engine(엔진, 기관)

익사이팅 스포츠 exciting sports (짜릿한 스포츠), 리사이틀 recital (연주회)

R

번지점프 등 스포츠 중에서 다소 위험할 수도 있지만 짜릿하고 즐거우면서도 스트레스를 확 풀어주는 익스트림 스포츠(extreme sports)를 익사이팅 스포츠(exciting sports)라고도 한다.

♣ 어원 : cite 소집하다, 불러내다, 호출하다

■ ex**cite** [iksáit/익**싸**이트] [동] **흥분시키다**, 자극하다(=stimulate); (감정 등을) 일으키다 ☜ ex(밖으로) 불러내다

■ ex**cit**ing [iksáitiŋ] [형] **흥분시키는**, 자극적인 ☜ -ing<형접>

■ **cite** [sait] [동] **인용하다**(=quote), **인증하다**; 소환하다 ☜ 라틴어로 '불러내다'란 뜻

□ re**cite** [risáit] [동] **읊다**, 암송하다; 낭독(낭송)하다; 열거하다 ☜ 다시(re) 불러일으키다(cite)

♠ He **recited** the poem to her. 그는 그녀에게 시를 **읊어 주었다.**

□ re**cit**al [risáitl] [명] **암송**, 낭독, 음송; **리사이틀**, 독주(회), 독창(회) ☜ recite + al<명접>

□ re**cit**ation [rèsətéiʃən] [명] **상술**(詳述), 암송(문); 《미》 교실 과업 시간 ☜ recite + ation<명접>

□ re**cit**ative [rèsətətíːv] [명] 『음악』 서창(敍唱: 말하듯이 노래하는 것), **레치타티보**([It.] Recitativo) ☜ recite + ative<형접>

□ re**cit**er [risáitər] [명] 암송자 ☜ recite + er(사람)

■ in**cite** [insáit] [동] **자극(격려)하다**; 부추기다, 선동하다 ☜ in(안으로) 불러내다(cite)

※ **sport** [spɔːrt/스포-트] [명] (또는 pl.) **스포츠**, 운동, 경기; (pl.) 운동회, 경기회 ☜ 중세영어로 '유쾌한 오락'이란 뜻

레클리스 Reckless (한국전쟁에 참여하여 무공훈장 등 5개의 훈장을 받은 미군 말. <앞뒤를 가리지 않는>이란 뜻)

< 미국 캘리포니아 Camp Pendleton 해병 항공기지에 있는 레클리스 동상 >

□ **reck** [rek] [동] 《시어·문어》 『부정문·의문문』 주의(개의)하다 ☜ 고대영어로 '돌보다, 주의하다'란 뜻

♠ He **recked** not of the danger. 그는 위험을 **개의치** 않았다.

□ **reck**less [réklis] [형] **앞뒤를 가리지 않는**, 분별없는, 무모한; 개의치 않는 ☜ 주의함(reck)dl 없는(less)

데드 레코닝 dead reckoning ([항공기·잠수함] 추측항법)

※ **dead** [ded/데드] [형] **죽은**, 생명이 없는; (식물이) 말라 죽은 [명] (the ~) [집합적] 사자(死者) ☜ 고대영어로 '죽은, 마비된, 활기 없는'

□ **reckon** [rékən] [동] **세다, 계산하다; 간주하다**, 평가하다; (~속에) 셈하다; 합계가 ~가 되다 ☜ 고대 독일어로 '계산하다'란 뜻

♠ **reckon** something up ~ ~을 모두 **합하다(합산하다)**

□ **reckon**ing [rékəniŋ] [명] **계산**, 셈; 계산서; 『항해』 배 위치의 추산(산정) ☜ reckon + ing<명접>

클레임(claim)을 걸다 (불만을 제기하다)

♣ 어원 : claim 외치다, 소리 지르다(=cry)

■ **claim** [kleim/클레임] [동] **요구하다. 청구하다** ☜ 고대 프랑스어로 '소리 지르다, 선언하다'란 뜻

□ re**claim** [rikléim] [동] 되찾다; **교정[개선]하다**; 항의하다 [명] 교정, 교화 ☜ 다시(re) 외치다(claim)

♠ **Reclaim** them in the name of god. 신의 이름으로 그들을 **교화시켜라**.

□ re**clam**ation [rèkləméiʃən] [명] 교정; 간척, 개간; (동물의) 길들임; (미개인의) 교화 ☜ reclaim + ation<명접>

✚ ac**claim** 갈채(하다), 환호(하다), 칭찬하다 de**claim** 변론하다 dis**claim** (권리 등을) 포기하다, 기권하다 ex**claim** **외치다** pro**claim** 포고하다, **선언하다**, 공표하다

클라이맥스 climax (최고조)

♣ 어원 : cli, cline 기울다, 경사지다, 구부러지다

■ **cli**max [kláimæks] [명] (사건·극 따위의) **최고조**, 절정; 『수사학』 점층법 ☜ 그리스어로 '사다리; 최고(max)로 기울인(cli)'이란 뜻

■ **cli**mate [kláimit] [명] **기후**, 풍토; 환경, 분위기, 기풍; 풍조 ☜ 그리스어 klima로 '지구의 태양에 대한 경사(clim)가 만드는(ate) 것'이란 뜻

□ re**cline** [rikláin] [동] **기대게 하다**, 의지하다, (몸을) 눕히다; **기대다**(=lean), 눕다 ☜ 뒤로(re) 기울다

♠ **recline** against a wall 벽에 **기대다**

R

✚ de**cline** (아래로) **기울다**, 내리막이 되다; (해가) 져가다 in**cline** (마음이) **내키게 하다**, **기울(이)다**

노트 note (메모, 기록)

♣ **어원 : no, gno, gn 알다(=know)**

■ **no**te [nout] ⓜ 비망록, **메모**; 기록; **어음; 주목**
☜ (나중에) 알 수 있도록 쓴 것

■ i**gno**re [ignɔ́ːr] ⓢ **무시하다**; 〖법률〗 기각하다
☜ I(=not/전체 부정) + 알 수 있도록(gno) 하다(re)

□ reco**gn**ize [rékəgnàiz/**렉**커그나이즈] ⓢ **인정하다, 알아주다**
☜ 다시(re) 완전히(co<com) 알고(gn) 있다(ize)
♠ He **recognized** that he had been beaten. 그는 졌다는 것을 **인정하였다**.

□ reco**gn**ition [rèkəgníʃən] ⓜ 인지, **인식; 승인**, 허가; 발언의 허가; (공로 따위의) 인정, 표창; 알아봄, 면식 ☜ -ition<명접>
♠ **in recognition of ~ ~을 인정하여, ~의 공에 의하여**

□ reco**gn**izable [rékəgnàizəbəl] ⓗ **인식**〔인지, 승인〕**할 수 있는**; 알아볼 수 있는
☜ recognize + able(~할 수 있는)

□ reco**gn**izance [rikάgnəzəns/-kɔ́g-] ⓜ 승인, 서약 ☜ recognize + ance<명접>

□ recon**na**issance [rikάnəzəns, -səns/-kɔ́n-] ⓜ **정찰**, 수색; 정찰대 ☜ 프랑스어로 '살펴서 (인지하는) 행위'라는 뜻인데 영어로 하면recognition에 해당한다.
※ **R**F-4 〖공군〗 정찰기 **R**econnaissance **F**ighter
♠ make **an aerial reconnaissance 항공 정찰**을 하다

✚ de**no**te **나타내다**, 표시하다 **no**tice **통지; 주의**, 주목; **예고**, 경고; **고시**, 게시; **알아채다; 주의하다** **no**tion 관념, 개념; **생각**

코일 coil (도선(導線)을 고리모양으로 감은 것)

♣ **어원 : coil 모으다**

■ **coil** [kɔil] ⓜ **사리**, 고리; 〖전기〗 **코일** ⓢ 사리를 틀다, **똘똘 감다**
☜ (라틴어) '모으다' 뜻

□ re**coil** [rikɔ́il, ríːkɔ̀il] ⓜ (용수철 따위의) 되튐; (총포의) 반동 ⓢ **되튀다**; **후퇴하다** ☜ 다시(re) 모으다
♠ This rifle has a powerful **recoil**. 이 총은 **반동**이 크다
♠ She **recoiled** at the sight of the snake. 그녀는 뱀을 보자 뒤로 **물러섰다**

컬렉션 collection (물품을 수집해 모은 것)

< 우표 수집 >

♣ **어원 : lect 고르다, 뽑다, 모으다**

■ col**lect** [kəlékt/컬**렉**트] ⓢ **모으다,** 수집하다; **모이다**
☜ 함께<한 곳으로(col<com) 골라내다(lect)

■ col**lect**ion [kəlékʃən] ⓜ **수집**, 채집 ☜ collect + ion<명접>

□ re-col**lect** [rèkəlékt] ⓢ 다시 모으다; (마음 등을) 진정시키다 ☜ 다시(re) 모으다(collect)

□ recol**lect** [rèkəlékt] ⓢ **생각해 내다**, 회상하다; 생각나다, 기억나다 ☜ 다시(re) 모으다(collect)
♠ I **recollect** having heard the melody. 나는 그 선율을 들어본 **기억이 있다**
《to have heard처럼 부정사는 쓸 수 없음》

□ recol**lect**ion [rèkəlékʃən] ⓜ (또는 a ~) **회상**, 상기, 회고; **기억(력)** ☜ recollect + ion<명접>

✚ e**lect 선거하다**, 뽑다, 선임하다 se**lect 선택하다**, 고르다, 선발하다, 발췌하다, 뽑다

코만도 Commando (특수부대의 원조격인 영국의 특공대)

© 20th Century Fox

특수부대의 원조격인 영국 육군의 특수부대 코만도는 2차대전 때 수세에 몰린 영국군이 독일군에 맞서기 위해 창설된 소규모 게릴라부대이다. 명칭은 남아프리카 보어전쟁에서 탁월한 능력을 보였던 보어군의 소규모 게릴라부대 Commando를 따서 지었다. 영어 command와 철자가 비슷하지만 사실 전혀 별개의 단어다.

♣ **어원 : mand, mend 명령하다, (권한을) 위임하다**

※ com**mand**o [kəmǽndou, -mάːn-] ⓜ (pl. **-(e)s**) 게릴라 부대(원); (특히 남아프리카 보어인(Boers)의) 의용군; (영국의) 특공대(원)
☜ 남아프리카 네덜란드어로 '사령관 직속의 부대'란 뜻.

■ com**mand** [kəmǽnd/커**맨**드/kəmάːnd/커**만**-드] ⓢ **명(령)하다, 지배[지휘]하다, ~의 값어치가 있다** ⓜ **명령, 지배력**

R

☜ 완전히(com) 권한을 위임하다(mand). 즉 명령하다

■ com**mend** [kəménd] ⓢ **칭찬하다, 추천하다**; 위탁하다
☜ 완전히(com) 위임하다(mend)

□ recom**mend** [rèkəménd] ⓢ **추천[천거]하다; 권하다**, 권고하다, 충고하다
☜ 다시(re) + commend
♠ **recommend** him as a cook 그를 조리사로 **추천하다**

□ recom**mend**able [rèkəméndəbl] ⓗ 추천할 수 있는, 권할 만한 ☜ -able(~할 수 있는, ~할 만한)

□ recom**mend**ation [rèkəmendéiʃən] ⓜ **추천**; 추천〔소개〕장; 권고, 충고, 건의 ☜ -ation<명접>

펜던트 pendant (늘어뜨린 장식), 서스펜스 suspense (계속된 긴장감)

♣ **어원 : pend, pense 매달다, 무게를 달다; 걸리다**

■ **pend**ant [péndənt] ⓜ **펜던트, 늘어뜨린 장식** 《목걸이 · 귀고리 따위》
☜ 매단(pend) 것(ant)

■ sus**pense** [səspéns] ⓜ **서스펜스, 계속된 긴장감**; 미결; 모호함
☜ 아래로(sus) 매달다(pense)

□ recom**pense** [rékəmpèns] ⓜ 보수; 보답(=reward); 보상, 배상 ⓢ **보답하다**, 보상하다 ☜ 역으로<다시(re) 모든<함께(com) 무게를 달아(pense) 주다
♠ **recompense** ~ for his trouble 수고에 대하여 ~에게 **보답하다**
♠ **recompense** good with evil 선을 악으로 **갚다**.

✚ ap**pend**ix **부속물**, 부가물; **부록** de**pend** **의지하다; ~에 달려 있다** sus**pend** (매)달다, **보류[중지]하다**

리콜 recall (회사측이 행하는 자사제품에 대한 결함보상, 소환수리)

♣ **어원 : call, cil, cit 부르다, 불러내다, 불러들이다, 요청하다**

■ **call** [kɔːl/코올] ⓢ **소리쳐 부르다**; 상기시키다; **~에게 전화를 걸다; 방문하다** ⓜ **부르는 소리**; (상대방을) **불러내기, 통화; 초청; 짧은 방문** ☜ 중세영어로 '큰 외침'이란 뜻

■ re**call** [rikɔ́ːl] ⓢ **생각해 내다**, 상기하다 ☜ 다시(re) 부르다(call)

■ coun**cil** [káunsəl/**카**운설] ⓜ **회의**; 협회; **위원회**, 심의회, 평의회
☜ 함께(coun<com) 불러내다(cil)

□ re**concil**e [rékənsàil] ⓢ **화해시키다**; (싸움 · 논쟁 따위를) 조정하다; 조화시키다, 일치시키다
☜ 다시(re) 모임(concil<council)을 갖다(e)
♠ **reconcile (A) to 〔with〕 (B) A를 B와 화해시키다**.

□ re**concil**iation [rèkənsìliéiʃən] ⓜ **조정; 화해**; 복종, 단념; 조화, 일치 ☜ -ation<명접>
♠ a **reconciliation** with the enemy 적과의 **화해**

■ re**cit**e [risáit] ⓢ **암송하다** ☜ 다시(re) 부르다(cit) + e

■ re**cit**al [risáitl] ⓜ **암송**, 낭독, 음송; **리사이틀**, 독주(회), 독창(회) ☜ -al<명접>

□ **reconnaissance**(정찰) ➔ **recognize**(인지하다) **참조**

스타 star (별), 휴스턴 애스트로스 Houston Astros (미국 휴스턴시(市)의 프로야구단 이름. <휴스턴 별>이란 뜻)

☜ 미항공우주국(NASA)이 휴스턴에 위치함.

♣ **어원 : star, astro, aster, sider, sidu 별**

■ **star** [staːr/스따/스타-] ⓜ **별**, 인기연예인 ☜ 고대영어로 '별'이란 뜻

■ **astro**naut [ǽstrənɔ̀ːt] ⓜ **우주 비행사** ☜ 별(astro)로 가는 사람(naut)

■ con**sider** [kənsídər/컨**씨**더] ⓢ **~라고 생각하다, 숙고[고려]하다**
☜ 함께(con<com) 별(sider)을 관찰하다

□ recon**sider** [rìkənsídər] ⓢ 다시 생각하다, **재고하다**; 재심의에 부치다
☜ 다시(re) 생각하다(consider)
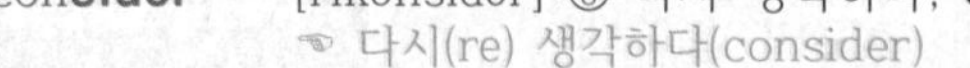
♠ **reconsider** one's decision 〔position〕 결정〔입장〕을 **재고하다**

□ recon**sider**ation [rìkənsidəréiʃən] ⓜ 재고, 재심의, 재심 ☜ -ation<명접>

✚ **astro**nomy **천문학** **astro**logy **점성학[술]** dis**aster** **천재**(天災); **재앙**, 재난

인프라 infrastructure (기반시설)

♣ **어원 : struct-, stru- 세우다, 건축하다(=build)**

■ **struct**ure [strʌ́ktʃər] ⓜ **건물; 구조**; 조직, 체계; 사회 구조
☜ 세운(struct) + 것(ure)

■ infra**struct**ure [ínfrəstrʌktʃər] ⓜ 하부 조직〔구조〕, 기반; 기초 구조, 토대

☜ 아래에(infra) 세운(struct)

■ con**struct** [kənstrʌ́kt] ⓢ **조립하다**; 세우다, 건조(축조 · **건설**)하다
☜ 함께(con<com) 세우다(struct)

■ con**struct**ion [kənstrʌ́kʃən] ⓜ 건설, **건조, 구조**, 건축, 구성 ☜ -ion<명접>

□ recon**struct** [rìːkənstrʌ́kt] ⓢ **재건하다**, 재구성하다; 개조(개축)하다; 부흥하다; (마음에) 재현하다
☜ (다시)re + construct
♠ **reconstruct** Korea 한국을 **재건하다**

□ recon**struct**ion [rìːkənstrʌ́kʃən] ⓜ **재건**, 개축; 개조; 부흥; (the R-) 〖미.역사〗 재건, 재편입 《남북전쟁 후, 남부 각 주(州)를 합중국으로 재통합》 ☜ -ion<명접>
♠ the **reconstruction** of the city 그 도시의 **재건**

□ **reconversion**(재개종, 복당) ➔ **conversion**(변환, 전환) **참조**

레코드 record (축음기의 음반; 기록 · 등록)

♣ **어원 : cord, core, cour 심장, 가슴, 마음**

□ re**cord** [rékərd/**뤠**커드] ⓜ **기록**, 등록; 음반, **레코드** [rikɔ́ːrd/뤼**코**-드]
ⓢ **기록하다**, 녹음하다 ☜ 다시(re) 마음(cord)속에 간직하다
♠ **beat** (break, cut) **the record**
기록을 깨다; 전례를 깨뜨리다.
♠ **on record 기록되어; 등록되어, 널리 알려진**

□ re**cord** breaker 기록을 깬 사람 ☜ 기록(record)을 깬(break) 사람(er)

□ re**cord**-breaking 기록을 깨뜨리는 ☜ 기록(record)을 깨(break) 는(ing<형접>)

□ re**cord**er [rikɔ́ːrdər] ⓜ **기록자**, 등록자; 기록기; 녹음(녹화)기, **리코더** ☜ -er(사람)

□ re**cord** holder 기록 보유자 ☜ 기록(record)을 보유한(hold) 사람(er)

□ re**cord**ing [rikɔ́ːrdiŋ] ⓗ 기록하는; 기록용의 ⓜ **녹음**, 녹화, 녹음(녹화)된 것
☜ -ing<형접/명접>

□ re**cord** player **레코드 플레이어**, 전축 ☜ record(기록; 음반)

■ **off** the record **오프 더 레코드** 《기자단에 참고 · 정보에 그치고 보도되지 않는다는 전제로 하는 기자회견》 ☜ (공식적인) 기록(the record)으로부터 거리가 먼(off)

■ **off**-the-record [ɔ́ːfðərékərd] ⓗⓑ 비공개의(로); 기록에 남기지 않는(않고); 비공식의(으로)
☜ 기록(the record)에서 먼(off)

✚ **cord**ial **충심으로부터의**, 따뜻한 ac**cord**ion **아코디언**, 손풍금 ac**cord** **일치하다**, 조화하다

카운트 다운 countdown (초(秒) 읽기), 카운터, 디스카운트...

♣ **어원 : count 세다, 계산하다// count 이야기하다**

■ **count** [kaunt/카운트] ⓢ **세다, 계산하다** ⓜ **계산**, 셈, 집계
☜ 고대 프랑스어로 '함께(co<com) 세다(unt)'란 뜻

■ **count**down [káuntdàun] ⓜ (로켓 발사 때 등의) **초(秒)읽기**
☜ down(아래로, 거꾸로)

□ re-**count** [rìːkáunt] ⓢ 다시 세다 ☜ 다시(re) 세다(count)
♠ **re-count** the votes 투표수를 **다시 세다**

□ re**count** [rikáunt] ⓢ 자세히 얘기하다; 차례대로 얘기하다; 하나하나 열거하다
☜ 다시(re) 관련시켜 이야기하다(count)
♠ They **recounted** what happened to them.
그들은 자신들에게 무슨 일이 있었는지를 **이야기 했다.**

✚ **count**er **계산인; 계산대**, 카운터 ac**count** **계산**, 셈; **계정**; **계산서**, 청구서 dis**count** **할인**(액); 할인율; **할인하다** mis**count** 잘못 세다; 오산, 계산 착오 un**count**able 무수한, **셀 수 없는**

코스 course (경로, 진로)

♣ **어원 : course, cur 달리다**

■ **course** [kɔːrs/코-스] ⓜ **진로**, 경로; (배 · 비행기의) **코스**, **침로**; 골프코스; **진행, 방침**
☜ 고대 프랑스어로 '강물의 흐름, 달리기, 진로'란 뜻

□ re**course** [ríkɔːrs, rikɔ́ːrs] ⓜ **의지**, 의뢰; 의지하는 것(사람) ☜ 다시(re) 달리다(course)
♠ **have recourse to ~ ~에 의지하다; ~을 수단으로 사용하다**
♠ without **recourse** to outside help 외부의 원조에 **의존**하지 않고, 자력으로

✚ dis**course** **강연**, 설교 inter**course** **교제**, 교섭, 교류 **cur**rent 통용하고 있는; 현행의

R

커버 cover (덮개)

♣ 어원 : cover 완전히 가리다, 덮다

■ **cover** [kʌ́vər/커붜] ⓢ (뚜껑을) **덮다**, 씌우다, 싸다 ⓜ **덮개**, 커버
☜ 완전히(co<com) 덮다(over)

□ re**cover** [rikʌ́vər] ⓢ **되찾다**; 회복하다 ☜ 다시(re) 덮다(cover)
♠ **recover** a stolen watch 도둑맞은 시계를 **되찾다**
♠ **recover from** (of) ~ **~에서 회복하다**

□ re**cover**able [rikʌ́vərəbəl] ⓗ 회복할[되찾을] 수 있는 ☜ -able<형접>

□ re**cover**y [rikʌ́vəri] ⓜ **되찾기, 회복**, 복구; 간척; 권리 회복 ☜ -y<명접>

✚ **cover**age **적용 범위** **cover**ing **덮음**; 지붕; 피복; 엄호 **cover**let **침대보**; 덮개; 이불 dis**cover** **발견하다**; ~을 알다, 깨닫다 un**cover** **뚜껑[덮개]를 벗기다, 폭로하다**

레크레이션 recreation (삶의 재충전을 위한 여가활동)

♣ 어원 : cre 낳다, 자라다, 만들다 // creat(e) 창조하다

■ **create** [kriːéit/크뤼-**에**잍] ⓢ **창조하다**; 창시(창작)하다; (사태를) 야기하다 ☜ 라틴어로 '만들다'라는 뜻

■ **creat**ion [kriːéiʃən] ⓜ **창조**; (the C-) 천지 창조; 창작, 창조물
☜ 창조한(creat) 것(ion<명접>)

□ re**create** [rékrièit] ⓢ **휴양하다**, 기분전환을 하다, 즐기다
☜ 다시(re) (기운을) 만들(cre) 다(ate<동접>)
♠ **recreate oneself with ~ ~을 하며 기분전환하다[즐기다]**
I often **recreate myself with** gardening.
나는 보통 정원을 손질**하며 기분 전환을 한다**.

□ re-**create** [rìːkriéit] ⓢ ~을 개조하다; 다시 만들다; ~을 재생하다 ☜ 다시(re) 만들다(create)

□ re**creat**ion [rèkriéiʃən/뤠크뤼**에**이션] ⓜ **휴양**, 기분전환, 오락, **레크리에이션**
☜ 다시(re) (기운을) 만들(creat) 기(ion<명접>)

□ re**creat**ive [rékrièitiv] ⓗ 보양이 되는, 기분 전환의, 원기를 돋우는 ☜ -ive<형접>

□ re**creat**ional [rèkriéiʃənəl] ⓗ **휴양의**, 오락의 ☜ -al<형접>

□ **recriminate**(맞고소하다), **recrimination**(맞고소) ➔ **crime**(죄, 범죄) **참조**

크레셴도 crescendo ([음악] 점점 세게), 리크루트, 콘크리트...

♣ 어원 : cresc, creas, cret, cru, cro 커지다, 기르다

■ **cresc**endo [kriʃéndou] ⓟ 《It.》 【음악】 점점 세게, **크레셴도** 《생략: cres(c).; 기호 〈 》
☜ 이탈리아어로 '점점 세게'란 뜻

□ re**cru**it [rikrúːt] ⓜ **신병**, 보충병, 신입사원 ⓢ (신입사원 · 회원 · 신병 등을) 모집하다
☜ 다시<새로(re) 자라다(cru) + it
♠ **recruit** new members 신입 회원을 **모집하다**

■ con**cret**e [kánkriːt, káŋ-, kankríːt/kɔ́ŋ-] ⓗ **구체적인; 굳어진** ⓜ **콘크리트**
☜ 함께(con<com) 자라다(cret) + e

✚ **cresc**ent **초승달** in**creas**e **증가하다,** 늘(리)다; **증가** de**creas**e **감소(하다)**, 줄(이)다; 축소

트라이앵글 triangle (트라이앵글 악기)

■ **angle** [ǽŋgl/**앵**글] ⓜ **각도**, 각(角); 모서리; 낚시 도구 ⓢ 각도를 잡다; 낚시하다 ☜ 라틴어로 '각도, 모서리'란 뜻
※ triangle 3각형 quadrangle, rectangle 4각형 pentagon 5각형 sexangle 6각형 heptagon 7각형 octangle 8각형

■ tri**angle** [tráiæ̀ŋgəl] ⓜ **삼각형**, 【악기】 **트라이앵글** ☜ 삼(tri) 각형(angle)

□ rect**angle** [réktæ̀ŋgəl] ⓜ **직사각형** ☜ 곧은/직(rect) 각형(angle)

□ rect**angul**ar [rektǽŋgjələr] ⓗ **직사각형의**, 직각의 ☜ 곧은/직(rect) 각형(angle) 의(ar<형접>)
♠ The **rectangular** room is longer north to south.
그 **직사각형의** 방은 남북으로 더 길다

✚ **angul**ar **각이 있는**, 모난, 각도의; 무뚝뚝한; 몹시 여윈 **angle**r **낚시꾼**(=fisherman)

다이렉트, 디렉트 direct (직행으로, 똑바로)

♣ 어원 : rect(i) 똑바른, 직접적으로; 올바른; 지도하다, 지배하다

■ <u>di**rect**</u> [dirékt/디**렉**트/dairékt/다이**렉**트] ⓢ **지도[지시]하다**; 관리(감독)하다 ⓗ 곧은, **직행의**; 직접의 ⓑ 똑바로, 직행으로; 직접적으로
☜ 아래(di=down)사람들을 지도하다(rect)

□ **rect**ify [réktəfài] ⓢ 개정(수정)하다; 교정하다, 고치다; 조정하다
☜ 똑바르게(rect) + i + 만들다(fy)
♠ We need to **rectify** that situation. 우리는 그 상황을 **바로잡을** 필요가 있다.

□ **rect**ification [rèktəfikéiʃən] ⓜ 개정, 교정; 수정, 조정
☜ 똑바르게(rect) + i + 만드는(fic) 것(ation<명접>)

□ **rect**itude [réktətjùːd] ⓜ 공정, 정직, 정의 ☜ 마음이 똑바른(rect) + i + 것(tude<명접>
♠ He is a man of unfailing **rectitude.** 그는 한결같이 **정직한** 남자야.

□ **rect**or [réktər] ⓜ (fem. -t**ress**) 『종교』 **교구목사**; 교장, 학장, 총장; 『가톨릭』 수도원장
☜ 지도하는(rect) 사람(or)
♠ The **rector** died two days later. 그 **목사**는 이틀 뒤 죽었다.

□ **rect**ory [réktəri] ⓜ **교구 목사의 주택** ☜ rect + ory<명접>

✚ di**rect**ion **방향; 지시** cor**rect** **옳은, 정확한** indi**rect** **간접적인** e**rect** **똑바로 선;** 똑바로 세우다

컨셉 concept (개념), 캡춰 capture (갈무리), 인터셉트 intercept (차단하다)

♣ **어원 : cap, capt, cept, cip, cup 잡다, 받아들이다, 이해하다**

■ <u>con**cept**</u> [kάnsept/kɔ́n-] ⓜ 『철학』 **개념**, 생각; 구상(構想), 발상 ☜ 함께(con<com) 생각을 잡다(cept)

■ <u>**capt**ure</u> [kǽptʃər] ⓜ **포획** ⓢ **사로잡다** ☜ -ure<명접/동접>

■ <u>inter**cept**</u> [ìntərsépt] ⓢ **도중에서 빼앗다**, 가로채다, 차단하다
☜ ~사이에서(inter) 잡다(cept)

□ re**cup**erate [rikjúːpərèit] ⓢ (건강 따위를) 회복하다; (손실 따위를) 만회하다.
☜ 다시(re) 잡(cup) + er + 다(ate)
♠ **recuperate** one's strength 기력을 **회복하다**

□ re**cup**eration [rikjùːpəréiʃən] ⓜ 회복, 만회 ☜ -ation<명접>

커리큘럼 curriculum (교과과정)

♣ **어원 : cur 달리다, 흐르다**

■ <u>**cur**riculum</u> [kəríkjələm] ⓜ (pl. **-s,** curricul**a**) **커리큘럼, 교육[교과]과정**
☜ 라틴어 currere(말달리는 코스)에서 유래

■ **cur**rent [kɔ́ːrənt/**커**-런트, kʌ́r-] ⓗ 지금의, 현재의; **현행의, 통용되는** ⓜ **흐름, 유통; 경향; 전류** ☜ 고대 프랑스어로 '달리(cur) + r<자음반복> + 는(ent<형접>)'이란 뜻

□ re**cur** [rikɔ́ːr] ⓢ **되돌아가다,** 재발하다, 호소하다, 회상하다 ☜ 뒤로(re) 달려가다(cur)
♠ **recur** to the matter 다시 그 문제로 **되돌아가다**.

□ re**cur**rence [rikɔ́ːrəns, -kʌ́r-] ⓜ 재기, 재현, 재발; 회상, 추억; 의지
☜ recur + r<단모음+단자음+자음반복> + ence<명접>

□ re**cur**rent [rikɔ́ːrənt, -kʌ́r-] ⓗ 재발(재현)하는; 정기적으로 되풀이되는, 순환하는
☜ recur + r<단모음+단자음+자음반복> + ent<형접>

✚ **cur**rency **통화; 유통** con**cur** **동시에 일어나다**; 동의하다 in**cur** **초래하다; ~에 빠지다**
oc**cur** **일어나다, 발생하다, 머리에 떠오르다**

사이클 cycle (자전거), 리사이클링 recycling (자원의 재활용)

♣ **어원 : cycl(e), cyclo, cyl 원, 바퀴, 순환, 주기; 구르다, 순환하다**

■ <u>**cycle**</u> [sáikl] ⓜ **순환(기)**, 한 바퀴, **주기; 자전거** ⓢ **순환하다, 자전거를 타다** ☜ 그리스어로 '원, 바퀴'란 뜻

■ **cyl**inder [sílindər] ⓜ **원통**; 『수학』 원기둥; 『기계』 **실린더**
☜ 라틴어로 '원통' 이란 뜻.

■ bi**cycle** [báisikəl/**바**이시끌, -sàikəl] ⓜ 이륜차, **자전거**
☜ 2개의(bi) 바퀴(cycle)

□ re**cycle** [riːsáikəl] ⓢ ~을 재생 이용하다 ☜ 다시(re) 순환하다(cycle)
♠ It is important to **recycle** to protect the Earth.
지구를 보호하기 위해 **재활용하는** 것은 중요하다.

□ <u>re**cycl**ing</u> [risáikəliŋ] ⓜ 재(생) 이용, 재활용, **리사이클링** ☜ recycle + ing<명접>

레드카드 red card (퇴장명령카드. <빨강색 카드>란 뜻) * card 카드, 판지

□ <u>**red**</u> [red/뤠드] ⓗ **빨간, 붉은**, 적색의; (부끄러움으로) 빨개진

㉮ **빨강**, 빨간색, 적색; [종종 R~] 공산당원〔주의자〕
☜ 고대영어로 '빨간'이란 뜻
♠ The sun rises **red**. 태양이 **붉게** 떠오르다.

□ **red**breast [rédbrèst] ㉮ 〖조류〗 울새(=robin)
☜ 빨간(red) 가슴(breast)의 (새)

□ **red**cap [rédkæp] ㉮ 《미》 정거장 구내 짐꾼(=《영》 station porter); 《영.속어》 헌병 ☜ 빨간(red) 모자(cap). 빨간모자를 쓰고 일하는 데서 유래.

□ **Red** Cross [the ~] **적십자사**; 십자군(표지) ☜ cross(십자형, 십자가, 교차로)

□ **red**den [rédn] ㉯ **붉게 하다**〔되다〕, 얼굴을 붉히게 하다〔붉어지다〕
☜ 붉게(red) + d<단모음+단자음+자음반복> + 하다(en)

□ **red**dish [rédiʃ] ㉱ **불그스레한**, 불그레한 갈색을 띤 ☜ red + d + ish<형접>)
♠ He has a **reddish** 〔ruddy〕 face. 그는 안색이 **불그스름한** 편이다

□ **red**-haired [rédhɛ́ərd] ㉱ 빨간 머리의 ☜ 빨간(red) 머리(hair) 의(ed<형접>)

□ **red**-hot [rédhɑ́t, -hɔ́t] ㉱ **새빨갛게 달아오른**; 열렬한; 몹시 흥분한; 열광적인; 극도의; (뉴스 등이) 최신의; 《미.속어》 선정적인 ㉮ 흥분한 사람, 과격한 급진주의자
☜ red + hot(뜨거운)

□ **red** light (교통신호등) **적신호**; 위험신호; 홍등(紅燈) ☜ light(빛, 등)

□ **Red** Sea [the ~] 홍해 《아프리카 대륙과 아라비아 반도 사이에 있는 좁고 긴 바다》 ☜ sea(바다)

□ **red** tape 복잡한 관청의 수속, 관료적 형식주의 ☜ 빨간(red) 테이프(tape).
★ 레드테이프란 원래 관청에서 공문서를 매는 데 쓰는 붉은 끈에서 유래된 말로, 관청식의 번거로운 형식주의를 지칭한다

컨셉 concept (개념)

♣ 어원 : cept, empt, eem 취하다, 잡다(=take)

■ con**cept** [kɑ́nsept/kɔ́n-] ㉮ 〖철학〗 **개념**, 생각; 구상(構想), 발상 ☜ 완전히(con<com) 취하기(cept)

■ ex**empt** [igzémpt] ㉯ **면제하다** ㉱ **면제된** ㉮ 면제자
☜ 밖으로<예외로(ex) 취하다(empt)

■ ex**empt**ion [igzémpʃən] ㉮ (의무 등의) **면제** ☜ exempt + ion<명접>

□ red**eem** [ridíːm] ㉯ **되사다, 되찾다**; 구제하다; 만회하다; 상환〔회수〕하다; 메우다, 벌충하다; (의무를) 이행하다 ☜ 라틴어로 '다시(red<re) 취하다(eem)'
♠ **redeem** one's honor 〔rights〕 명예〔권리〕를 **회복하다**

□ red**eem**able [ridíːməbl] ㉱ 되살 수 있는, 구제할 수 있는 ☜ -able<형접>

□ red**eem**er [ridíːmər] ㉮ 되사는 사람; (the R-) 구세주 그리스도 ☜ -er(사람)

□ red**eem**ing [ridíːmiŋ] ㉱ 벌충하는, 명예 회복의, 결점을 보완하는 ☜ -ing<형접>

□ red**empt**ion [ridémpʃən] ㉮ **되찾음**, 되삼; 죄인을 구제함; 상환, 회수; 속죄
☜ 도로<다시(red<re) 취하(empt) 기(ion<명접>)
♠ **redemption** at maturity 만기**상환**

□ red**empt**ive, red**empt**ory [ridémptiv], [ridémptəri] ㉱ 되사는, 속죄의 ☜ -ive<형접>

✚ ex**cept** **~을 제외하고**, ~외에는; **~을 빼다, 제외하다** inter**cept** **도중에서 빼앗다**〔붙잡다〕, 요격하다

R

디스트리뷰터 distributor ([기계] 배전기)

♣ 어원 : tribute 주다(=give)

■ dis**tribute** [distríbjuːt] ㉯ **분배[배포 · 배급 · 배당] 하다** ☜ 따로따로(dis) 주다(tribute)

■ dis**tribut**or, -er [distríbjətər] ㉮ **분배[배포 · 배급 · 배달]자**; 영화배급업자; 〖전기〗 배전기 《내연 기관용》
☜ 따로따로(dis) 주는(tribut) 사람[기계](or)

□ redis**tribute** [rìːdistríbjuːt] ㉯ 다시 분배〔배급, 배포〕하다, 재분배하다
☜ 다시(re) 분배하다(distribute)
♠ **redistribute (the) land 토지를 재분배하다**

□ redis**tribut**ion [rìːdistrəbjúːʃən] ㉮ 재분배 ☜ -ion<명접>

□ **redolent**(향기로운), **redolence**(향기) ➔ **odor**(냄새, 향기) **참조**

따블 < 더블 double (두 배)

♣ 어원 : dou-, du- 2, 둘

■ **double** [dʌ́bəl/더벌] [명] **두 배** [형] **두 배[곱]의**, 갑절의, 2중의 ☜ 2/둘(dou) 의(ble<형접>)
□ re**double** [riːdʌ́bəl] [동] **배가**(倍加)**하다**〔되다〕, 강화하다〔되다〕; 세게 하다; 늘(리)다
☜ 다시(re) 두 배(double)가 되다
♠ **redouble** one's efforts 노력을 **배가(倍加)하다**
■ **doubt** [daut/다웉] [명] **의심** [동] **의심하다** ☜ 2가지(dou) 중에서 고르다(bt)
■ mis**doubt** [misdɑ́ut] [동] 의심하다; 수상쩍게 여기다 [명] 의심; 우려
☜ 가짜로(mis) 의심하다(doubt)

드레스 dress (여성복)

♣ 어원 : dress 가지런히 하다, 준비하다; 옷을 입다
■ **dress** [dres/드뤠스] [동] **옷을 입다[입히다]**; 정장하다 [명] **의복, 옷**; 여성복, **드레스** ☜ 라틴어로 '옷을 입다, 똑바로 세우다'란 뜻.
□ re**dress** [ríːdres, ridrés] [명] 배상, 구제(책); **시정**, 교정(矯正)
[ridrés] [동] **바로 잡다**, 시정하다; 배상하다
☜ 다시(re) 가지런히 하다(dress)
♠ **redress** the balance 〔scales〕 *균형을 **바로잡다*** ➔ 평등〔공평〕하게 하다, 불균형을 **시정하다**

✚ over**dress** 옷을 많이 껴입다; 지나치게 옷치장을 하다 un**dress** ~의 옷을 벗기다; 옷을 벗다
under**dress** 간소한 복장을 하(게 하)다; 속옷; 내복

프로듀서[피디] producer (영화감독, 연출가) ➔ 《미》 director

♣ 어원 : duce 이끌다
■ pro**duce** [prədjúːs/프러**듀**-스/프러**쥬**-스] [동] **생산[제작]하다**
☜ 앞<진보<발전<완성(pro)으로 이끌다(duce)
■ **producer** [prədjúːsər] [명] **생산[제작]자**, 영화감독 ☜ produce + er(사람)
□ re**duce** [ridjúːs] [동] **줄이다**; 축소하다 ☜ 뒤<축소(re)로 이끌다(duce)
♠ **reduce** the number 수를 **감하다**
♠ **reduce to ~ ~되게 하다, ~로 되돌아가게 하다, ~에 빠뜨리다**
□ re**duc**ible [ridjúːsəbl] [형] 줄일 수 있는 ☜ -ible(~할 수 있는)
□ re**duc**tion [ridʌ́kʃən] [명] **축소, 감소**, 절감; 할인; 정복, 진압, 함락; 영락, 쇠미; 환원, 변형
☜ reduce + tion<명접>
♠ price **reductions** = **reductions** in prices 값을 **내림**
□ re**duc**tive [ridʌ́ktiv] [형] 감소하는, 환원〔복원〕하는 ☜ -tive<형접>

✚ ad**duce** (이유, 증거 따위를) 제시하다, 예증으로서 들다 intro**duce** 받아들이다; **소개하다**

리바운드 rebound ([농구] 리바운드)

♣ 어원 : bound, und 튀어 오르다, 넘쳐흐르다
■ **rebound** [ribáund] [명] 되튐, 반동, 회복, 〖농구·하키〗 **리바운드** [동] 되튀다, 회복하다, 만회하다 ☜ 다시(re) 튀어 오르다(bound)
■ ab**und**ant [əbʌ́ndənt] [형] **풍부한**, 많은 ☜ 위로(ab=on) 넘치(und) 는(ant<형접>)
□ red**und**ant [ridʌ́ndənt] [형] 여분의, 과다한; 불필요한, 쓸모없는; 정리해고 당한
☜ 재차(red) (물이) 넘치(und) 는(ant<형접>)
♠ be made **redundant** from your job 직장에서 정리 **해고당하**다
♠ This picture has too much **redundant** detail.
이 그림에는 **불필요한** 세부 묘사가 너무 많다.
□ red**und**antly [ridʌ́ndəntli] [부] 장황하게; 가외로 ☜ -ly<부접>
□ red**und**ancy, -ance [ridʌ́ndənsi], [-dəns] [명] 과잉, 여분; 군더더기 말, 장황함 ☜ -ancy/-ance<명접>

R

리드오르간 reed organ (풍금) * organ [악기] 오르간; (생물의) 기관, 장기

□ **reed** [riːd] [명] **갈대**(밭); (pl.) (지붕의) 갈대 이엉; 갈대 피리; 목적(牧笛); 전원시; 《시》 화살; 〖음악〗 **(악기의) 혀**; (the ~s) (관현 악단의) 리드 악기(부) [동] (지붕을) 갈대로 이다 ☜ 고대영어로 '갈대', 중세영어로 '갈대피리'란 뜻. [비교] read 읽다, 읽어 주다
♠ a **reed** shaken with the wind
바람에 흔들리는 **갈대**; 줏대 없는 사람
□ **reed**y [ríːdi] [형] (-<-d**ier**<-d**iest**) 갈대가 많은; 《시》 갈대로 만든; 갈대 모양의, 호리호리한, 몹시 약한; 높고 날카로운, (목소리가)

피리 소리와 비슷한 ☜ reed + y<형접>

썬루프 sunroof (승용차 지붕의 작은 문)

바깥의 빛이나 공기가 차안으로 들어오도록 조절할 수 있는 승용차 지붕에 설치된 작은 문

※ **sun** [sʌn/썬] 명 (the ~) **태양, 해** ☜ 고대영어로 '태양'이란 뜻

■ **roof** [ruːf, ruf] 명 (pl. **-s**) **지붕** ☜ 고대영어로 '지붕, 천장'이란 뜻

□ **reef** [riːf] 명 **암초**, 사주(砂洲), 모래톱; 장애; 광맥
☜ 고대 노르드어로 '물속의 능선, 지붕'이란 뜻
♠ The vessel struck a **reef**. 배가 **암초**에 좌초했다.

□ **reef**y [ríːfi] 형 암초가 많은, 모래톱이 많은 ☜ -y<형접>

릴(reel.얼레) 낚시: 낚싯대에 장치한 릴 손잡이를 돌려 줄을 풀었다 감았다 하면서 하는 낚시

□ **reel** [riːl] 명 **릴, 얼레**; 물레, 자새, 실패; (낚싯대의) 감개, 릴; (기계의) 회전부 동 얼레에 (실을) 감다; (물고기·낚싯줄 따위를) 릴로 끌어올리다 ☜ 고대영어로 '실을 감다'란 뜻
♠ **reel** a fish in (up) **릴을 감아** 물고기를 **끌어올리다.**

■ news**reel** [njúːzriːl] 명 (단편의) 뉴스 영화
☜ 현대영어로 '뉴스(news) (필름) 얼레(reel)'

컬렉션 collection (물품을 수집해 모은 것)

< 우표 수집 >

♣ 어원 : **lect 고르다, 뽑다, 모으다**

■ col**lect** [kəlékt/컬**렉**트] 동 **모으다,** 수집하다; **모이다**
☜ 함께<한 곳으로(col<com) 골라내다(lect)

■ col**lect**ion [kəlékʃən] 명 **수집**, 채집 ☜ collect + ion<명접>

□ re**elect** [rìːilékt] 동 **재선하다; 개선하다** ☜ 다시(re) + elect
♠ She was **reelected** to parliament. 그녀는 의회 의원으로 **재선되었다.**
♠ **reelect** the board members 임원을 **개선하다**

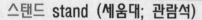

□ re**elect**ion [rìilékʃən] 명 **재선, 개선** ☜ reelect + ion<명접>

✚ e**lect** **선거하다**, 뽑다, 선임하다 e**lect**ion **선거**; 선정; 선임 e**lect**or **선거인, 유권자** se**lect** **선택하다**, 고르다, 선발하다, 발췌하다, 뽑다

엔터키 Enter key (키보드에 있는 실행명령키) * key 열쇠, 키, 해결의 실마리

♣ 어원 : **enter 안으로 들어가다**

■ **enter** [éntər/**엔**터] 동 **~에 들어가다, 입학**(취업)**하다**
☜ 라틴어 intrare(=to go into/안으로 가다)에서 유래

■ **entr**y [éntri] 명 들어감, **입장; 등록**, 기입; **참가자, 엔트리**
☜ 들어가(entr) 기(y)

□ re**enter** [riːéntər] 동 **다시 들어가다**, 다시 가입(등록)하다; 재기입하다
☜ 다시(re) + enter
♠ The spacecraft **reentered** the atmosphere.
우주선은 대기권에 **재돌입했다.**

R

스탠드 stand (세움대; 관람석)

♣ 어원 : **stand, stant, st 서다, 세우다**

■ **stand** [stænd/스땐드/스탄드] 동 (-/**stood**/**stood**) **서다, 서 있다**
☜ 라틴어로 '서있는(sta) 것/곳(nd)'이란 뜻

■ e**st**ablish [istǽbliʃ/이스**태**블리쉬] 동 **설립**(창립)**하다**; 수립(확립)하다
☜ 위로(e<ex=up) 견고하게 세우(stable) 다(ish)

□ ree**st**ablish [rìːistǽbliʃ] 동 **재건하다**, 부흥하다; 회복(복구)하다; 복직하다
☜ 다시(re) + establish
♠ **reestablish** a relationship 관계를 **재정립하다**

✚ con**st**ant **불변의**, 일정한; 《문어》 **충실한** di**st**ance **거리**, 간격 in**st**ance **실례**, **보기**, 사례, 예증

이그잼 Exam (영국 스릴러 영화. <시험>이란 뜻)

2010년 개봉한 영국의 스릴러 영화. 스튜어트 하젤딘 감독, 루크 메이블리 주연. 밀폐된 취업시험장에서 진행되는 치열한 두뇌게임. 시험관이 종이에 쓰면 안되고, 말을 걸면 안되며, 방을 나가면 안된다고 말하며, "질문있나요?"하고 나간다. 시험의 정답은 바로 "No(질문없다)"이다. <출처 : 네이버영화>

© Independant

♣ **어원 : am, amp, ag 취하다(=take), 행하다(=do)**

■ ex**am** [igzǽm] 명 《구어》 시험 ☜ **exam**ination의 줄임말

■ ex**am**ine [igzǽmin/이그**재**민] 동 **검사[조사 · 심사]하다; 시험하다; 진찰하다** ☜ 밖으로(e<ex) 취하다(am) + ine

□ reex**am**ine [rìːigzǽmin] 동 재시험(재검토)하다; 재심문하다 ☜ re(다시) + examine
♠ **reexamine** (reconsider, reassess) a plan 계획을 **재검토하다**

포커페이스 Poker Face (속마음을 드러내지 않는 무표정 얼굴)
페이스북 facebook (미국의 대표적인 인맥형성을 위한 사회관계망 어플)

♣ **어원 : face, fac 얼굴, 표면**

< 2008 빌보드 1위곡 >

※ **poker** [póukər] 명 **포커** 《카드놀이의 일종》
☜ 주머니(poke<pocket)속에 숨긴 것(er)

■ **face** [feis/**페**이스] 명 **얼굴; 표면** 동 **~에[을] 면하다; 향하다**
☜ 라틴어로 '형태, 표면, 외양'이란 뜻

■ **face**book [féisbuk/**페**이스북] 명 **페이스북** 《인맥형성을 위한 소셜 네트워크 웹사이트》 ☜ '얼굴사진첩' 이란 뜻

□ re**face** [riːféis] 동 표면을 새롭게 하다, 새로 겉칠을 하다; 개장하다; (옷에) 새로 단을 달다 ☜ 다시(re) 표면을 반반하게 하다(face)
♠ **reface the outer wall 외벽을 새로 칠하다**

■ sur**face** [səːrfis/**써**어퓌스] 명 **표면, 수면; 외관** ☜ 위(sur)에 보이는 얼굴(face)

픽션 fiction (허구, 소설), 논픽션 nonfiction (사실적 산문문학)

FICTION and NON-FICTION

♣ **어원 : fect, fic(t), fac(t) 만들다(=make)**

■ **fic**tion [fíkʃən] 명 [집합적] **소설**; 꾸민 이야기, 가공의 이야기
☜ (사실이 아닌) 만들어 낸(fic) 것(ion<명접>)

■ non**fic**tion [nànfíkʃən] 명 **논픽션**, 소설이 아닌 산문문학 《전기 역사 탐험 기록 등》 ☜ non(=not/부정) + fiction(허구, 소설)

□ re**fect** [rifékt] 동 (음식물로) 기력을 북돋우다; 휴양하다; 기분전환하다
☜ 다시(re) (기운 나게) 만들다(fect)

□ re**fect**ion [rifékʃən] 명 휴양; (음식 등에 의한) 원기 회복; (간단한) 식사, 간식 ☜ -ion<명접>

□ re**fect**ory [riféktəri] 명 큰 식당(=dining hall), (특히 수도원의) 식당; 휴게실 ☜ -ory(장소)
♠ Come to **the refectory** later. 나중에 **구내식당**으로 오세요.

■ **fact** [fækt/팩트] 명 **사실**, 실제(의 일), 진실 ☜ 실제로 벌어진/만들어진(fact) 일

카페리 car ferry (여행객과 자동차를 함께 싣고 운항하는 여객선)

♣ **어원 : fer 옮기다, 나르다, 운반하다(=carry)**

※ **car** [kɑːr/카-] 명 **자동차** ☜ 라틴어로 '2개의 바퀴가 달린 켈트족의 전차'란 뜻

■ **fer**ry [féri] 명 **나루터**, 도선장; **나룻배**(=ferryboat), 연락선
☜ 나르는(fer) 곳(것)(ry<명접>)

□ re**fer** [rifəːr] 동 (이유 · 원인 등을) **~에 돌리다**, ~에 기인하다; (~을 ··에게) **알아보도록 하다, 조회하다; 언급하다, ~에 관하여 설명하다; 관련되다; 문의하다** ☜ (특정한 사안을) 다시(re) 가져오다(fer)
♠ **refer** the evils to the war 악폐를 전쟁의 탓**으로 돌리다**
♠ **refer to ~ ~에 언급하다, ~을 가리켜 말하다; ~을 참조하다; ~에 돌리다**
refer to the Bible 성서**를 참조하다**

□ re**fer**ee [rèfəríː] 명 (문제해결을) 위임받은 사람; 중재인, 조정관; 신원 조회처, **심판원, 레퍼리**; 논문 교열자 동 중재(심판)하다
☜ 17세기 영어로 '특허신청서를 조사하는 사람'이란 뜻

□ re**fer**ence [réfərəns] 명 **참조**(문), 인용; **언급; 관련**; 조회, **문의; 신용[신원] 조회처**, 신원 보증인; 위탁, 위임 형 참고(용)의 동 참조문으로 인용하다 ☜ -ence<명접>
♠ **make reference** to a guidebook 안내서를 **참고하다**.
♠ **with** (**without**) **reference to ~ ~에 관하여** [관계없이]

□ re**fer**ence book 참고서 ☜ book(책, 도서)

□ re**fer**endum [rèfəréndəm] 명 (pl. -dum**s**, -rend**a**)국민투표, 주민투표, 선거
☜ 라틴어로 '다시(re) 가져온(fer) 것(endum)'이란 뜻

R

□ re**fer**ential　[rèfərénʃəl] ⓗ 관련한; 참조의, 참고용의; 지시하는
☜ 다시(re) 가져옴(fer)을 만드(en) 는(tial<형접>)

✚ con**fer** **수여하다**; **의논[협의]하다**　con**fer**ence 회담, **협의**, 의논; **회의**, 협의회

기름을 풀(full.가득)로 채우다

♣ **어원 : full 가득찬 // fill, ple, pli 채우다**

■ **full**　[ful/풀] ⓗ **가득한**; 가득 채워진, 충만한 ☜ 고대영어로 '가득한'이란 뜻

■ **fill**　[fil/필] ⓢ **채우다, ~으로 충만하다** ☜ 고대영어로 '가득 채우다'란 뜻

□ re**fill**　[riːfíl] ⓢ 다시 채우다, (재)충전하다; 보충하다　ⓜ 보충물, 다시 채운 것
☜ 다시(re) 채우다(fill)
♠ Would you like a **refill**? **한 잔 더** 하시겠어요?

피날레 finale (악곡의 최종 악장 · 연극의 최종막)

♣ **어원 : fin(e) 끝, 한계; 끝내다, 한계를 정하다**

■ **fin**ale　[finάːli, -nǽli] ⓜ 《It.》 **피날레**, 〖음악〗 **끝[종]악장**, 〖연극〗 **최후의 막**, 대단원 ☜ 이탈리아어로 '끝(fin) 내기(ale)'란 뜻.

□ re**fine**　[rifáin] ⓢ **정련[제련]하다; 세련되게 하다, 품위 있게[우아하게]하다;** 순수해지다, 맑아지다; 세련되다
☜ 다시(re) 좋게 하다(fine). fine의 '끝'은 '완성'을 의미하며, 완성은 곧 '좋게 끝난다'는 의미가 있다.
♠ **refine** one's language 말씨를 **품위 있게 하다**.

□ re**fin**ed　[rifáind] ⓗ **정련[정제]된; 세련된**, 품위있는, 우아한; **미묘한**, 정교한; 엄정한
☜ -ed<형접>

□ re**fine**ment　[rifáinmənt] ⓜ **정련, 정제**, 순화; **세련**, 고상, 우아, **섬세한 고안**; 정밀, 정교; 극치
☜ -ment<명접>

□ re**fin**ery　[rifáinəri] ⓜ **정련[정제]소**; 정련 장치(기구) ☜ -ery(장소, 장치)

✚ **fin**al **마지막의, 최종의;** 결승전　**fin**ish **끝내다; 종결, 끝**　un**fin**ished **미완성의**　in**fin**ite **무한한**

인플레이션 inflation (통화팽창), 디플레이션 deflation (통화수축)

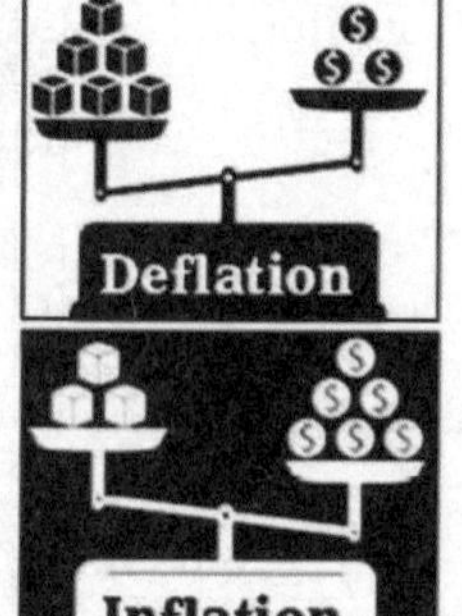

인플레이션이란 통화량의 증가로 화폐가치가 하락하고, 모든 상품의 물가가 전반적으로 꾸준히 오르는 경제 현상을 말하며, 디플레이션이란 그 반대현상을 말한다.

♣ **어원 : flat(e) 공기를 넣다**

■ in**flate**　[infléit] ⓢ (공기 · 가스 따위로) 부풀리다
☜ 안으로(in) 공기를 넣다(flate)

■ **infl**ation　[infléiʃən] ⓜ **부풀림**; 부풂, 팽창; 〖경제〗 **통화팽창**, **인플레(이션)** ☜ inflate + ion<명접>

■ de**flate**　[difléit] ⓢ ~의 공기(가스)를 빼다; 〖경제〗 통화를 수축시키다
☜ 반대로(de=against, not) 공기를 넣다(flate)

■ **defl**ation　[difléiʃən] ⓜ 공기(가스)빼기, 〖경제〗 통화수축, **디플레이션**
☜ -ion<명접>

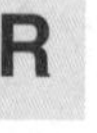

□ re**flate**　[rifléit] ⓢ (수축된 통화를) 다시 팽창시키다 ☜ 다시(re) 공기를 넣다(flate)
♠ He is trying to **reflate** a bubble. 그는 거품을 **다시 부풀리**려고 하고 있다.

□ re**fla**tion　[rifléiʃən] ⓜ 〖경제〗 통화 재팽창, **리플레이션** ☜ reflate + ion<명접>

플렉시블 조인트 flexible joint (탄력성이 있는 이음매) * joint 이음매, 관절; 잇대다 리플렉터 reflector (❶ [카메라 · 촬영] 반사경 ❷ [자동차] 후부반사경)

♣ **어원 : flect, flex 굽히다, 구부리다**

■ **flex**ible　[fléksəbəl] ⓗ **구부리기[휘기] 쉬운, 유연한; 유순한; 융통성 있는** ☜ 구부리기(flex) 쉬운(ible)

□ re**flect**　[riflékt] ⓢ **반사[반영]하다**; 반성하다
☜ 다시<반대로(re=back)> 구부리다(flect)
♠ The demand **is reflected** in the supply.
수요는 공급에 **반영된다**.
♠ **reflect on ~ ~을 숙고하다; 영향을 미치다; 회고하다**

< flexible joint >

□ re**flect**ion, 《영》 re**flex**ion [riflékʃən] ⓜ **반사; 반영**, 투영; (거울의) 영상, **반성, 숙고** ☜ ion<명접>
♠ see one's **reflection** in a mirror 거울에 **비친 모습**을 보다.

□ re**flect**ive　[rifléktiv] ⓗ **반사하는; 반영하는**; (동작이) 반사적인; 〖문법〗 재귀(再歸)의

☜ -ive<형접>

□ reflector [rifléktər] (명) **반사경**, 반사판 ☜ 다시<반대로(re=back)) 구부린(flect) 것(or)

□ reflex [ríːfleks] (형) 『생리』 **반사작용의, 반사적인** (명) 『생리』 반사작용
[rifléks] (동) 반전시키다; 되접다 ☜ 뒤로(re) 젖히기(flex)

□ reflex camera **리플렉스**형 카메라 ☜ camera(사진기)

□ reflexive [rifléksiv] (형) 『문법』 재귀의 (명) 재귀동사 ☜ reflex + ive<형접/명접>

■ inflection [inflékʃən] (명) **굴곡, 굴절** ☜ 안으로(in) 구부린(flect) 것(ion<명접>)

플로차트 flowchart (순서도, 흐름도), 플루 flu (유행성감기)

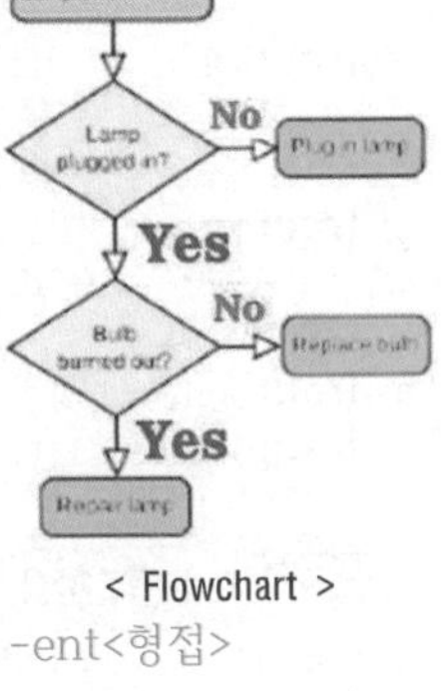

< Flowchart >

♣ 어원 : flow, flu(ct), floo, flux 흐르다, 흐름

■ flow [flou/플로우] (동) **흐르다**, 흘리다 (명) **흐름**
☜ 고대영어로 '흐르다'란 뜻.

■ flowchart [flóutʃὰːrt] (명) 작업 공정도(=flow sheet); 『컴퓨터』 흐름도, 순서도 ☜ 흐름(flow) 도표(chart)

■ fluent [flúːənt] (형) **유창한** ☜ 물 흐르듯(flu) 한(ent<형접>)

■ influenza, flu [ìnfluénzə], [fluː] (명) **인플루엔자, 유행성 감기, 독감**
☜ 몸 안으로(in) 흘러들어간(flu) 것(enza<명접>)

□ refluence, -ency [réfluəns, reflúː-], [-si] (명) 역류 (작용); 퇴조(退潮)
☜ 뒤로(re=back) 흐르는(flu) 것(ence/ency<명접>)

□ refluent [réfluənt] (형) (조류・피가) 역류하는, 빠지는, 삐는, 썰물인 ☜ -ent<형접>
♠ **the refluenct tide 썰물**

비포 앤 애프터 before and after ([수술・다이어트] 전후의 모습)

before after

♣ 어원 : for(e), former 앞으로, 밖으로, 미래로; ~향하여

■ fore [fɔːr] (형) **앞의, 전방의**; (시간적으로) 전(前)의 (부) 앞에, 전방에
☜ 고대영어로 '~전에, ~앞에, 앞으로 향하는'이란 뜻

■ before [bifɔ́ːr/비**포**-/bəfɔ́ːr/버**포**-] (부) **~하기 전에**; ~앞에, ~보다 먼저
☜ 앞(fore)에 있다(be)

■ forest [fɔ́(ː)rist/**포**리스트, fάr-] (명) **숲, 산림**, 삼림; 임야
☜ 라틴어로 '앞쪽<바깥쪽(fore)의 (나무로 덮인) 지역(st)'이란 뜻

□ reforest [riːfɔ́(ː)rist] (동) 《미》 (벌채・화재로 훼손된 곳에) 다시 식림(植林)하다, 재조림하다
☜ 다시(re) 조림하다(forest)
♠ **reforest** a desolated area 황무지를 **다시 삼림으로 녹화하다.**

□ reforestation [rìːfɔrəstéiʃən] (명) 재식림, 재조림 ☜ 다시(re) 조림하(forest) 기(ation)

※ after [ǽftər/**앺**터/άːftər/**앞**-터] (부) **뒤에, 후에**(=behind); ~의 다음에(=next to); ~을 찾아 (추구하여), ~을 뒤쫓아 ☜ 고대영어로 '훨씬 뒤에'란 뜻

✚ deforest 산림을 벌채하다, 수목을 베어내다 afforest 조림(식수)하다

유니폼 uniform (제복)

♣ 어원 : form 모양, 형태; 모양을 만들다

■ form [fɔːrm/포옴] (명) **꼴**, 모양, **형상**, 외형, 윤곽 (동) 모양을 만들다
☜ 라틴어로 '모양, 형상'이란 뜻

■ uniform [júːnəfɔ̀ːrm/**유**너포옴] (형) **동일한**, 같은 (명) **제복**, 군복, 유니폼
☜ 하나의(uni) 형태(form)

□ reform [rifɔ́ːrm] (동) **개정[개혁・개선]하다**, 개량하다 (명) 개혁, 개정, 개량 ☜ 다시(re) 모양을 만들다(form)
♠ **reform** a system 제도를 **개혁하다**.

□ reformation [rèfərméiʃən] (명) 개혁, 개정, **개선**, 유신; 개심; 교정(矯正); (the R-) 『역사』 (16세기의) 종교개혁 ☜ reform + ation<명접>

□ reformative [rifɔ́ːrmətiv] (형) 개량의; 교정(矯正)의 ☜ reform + ative<형접>

□ reformatory [rifɔ́ːrmətɔ̀ːri/-tər] (형) 혁신적인, 감화의 (명) 소년원 ☜ reform + atory(~의/장소)

□ reformer [rifɔ́ːrmər] (명) **개혁[개량]가**; (R-) 종교개혁가; 『영.역사』 선거법 개정론자 ☜ -er(사람)

✚ formation **형성**; 구성, 편성; 『군사』 **대형**, 진형, 편대 transform (외형을) **변형시키다**, 바꾸다

앤티프래절 antifragile (<스트레스에 더 강해지는 특성>을 뜻하는 신조어)

R

'충격을 받으면 깨지기 쉬운'이라는 뜻의 fragile에 '반대'라는 의미의 접두어 anti를 붙여 만든 신조어. <블랙스완>의 작가, 나심 탈레브가 2012년 내놓은 책의 제목이다. 탈레브는 그리스 신화의 머리가 여럿달린 뱀 히드라의 머리 하나를 자르면 그 자리에 머리 두 개가 나오면서 더 강해지는 것처럼 기업이 어려운 상황에 처했을 때 살아남는게 아니라 더욱 강해져야 한다는 논리를 담고 있다. <출처 : 시사상식사전>

♣ 어원 : frag, frac 깨지다, 깨다

■ **frag**ile [frǽdʒəl/-dʒail] ⓗ **부서지기[깨지기] 쉬운; 무른, 허약한**
☜ 깨지기(frag) 쉬운(ile)

■ **frac**tion [frǽkʃən] ⓜ **파편**, 단편; 『수학』 **분수**
☜ 부서진(frac) 것(tion<명접>)

□ re**frac**tion [rifrǽkʃən] ⓜ 굴절(작용), 굴사(屈射); 눈의 굴절력(측정); 『천문』 대기차(大氣差) ☜ 다시(re) 깨(frac) 기(tion)
♠ **refraction** of light 빛의 **굴절 현상**

□ re**frac**tory [rifrǽktəri] ⓗ 말을 안 듣는, 다루기 어려운, 고집센; 난치의, 고질의; 면역성의; 내화성의
☜ (자꾸) 다시(re) 깨(frac) 는(tory<형접>)

□ re**frac**torily [rifrǽktərili] ⓑ 고집 세게, 완강히, 반항적으로 ☜ -ly<부접>

□ re**frac**toriness [rifrǽktərinis] ⓜ 난치(難治), 고질; 고집이 셈, 반항성 ☜ -ness<명접>

리프레인 refrain ([음악] 악곡의 주제부분인 반복구, 후렴)

□ re**frain** [rifréin] ⓢ **그만두다, 삼가다**, 참다; 《고어》 억제하다 ⓜ **후렴**, (시가의) 반복(구)
☜ 라틴어로 '말의 고삐(frain)를 뒤로(re) (당기다)'란 뜻. ⇦ '앞으로 진행하지 못하게 하다'란 의미.
♠ **refrain oneself 자제하다**
♠ **refrain one's words** 말을 **삼가다**
♠ **refrain from ~ ~을 그만두다, ~을 삼가다[참다]**

쥬시 후레쉬 껌 Juicy Fresh Gum (롯데제과의 껌 브랜드) * gum 고무; 씹는 껌

※ **juic**y [dʒúːsi] ⓗ (-<-ci**er**<-ci**est**) **즙이 많은**, 수분이 많은
☜ 즙(juice)이 많은(y)

■ **fresh** [freʃ/프뤠쉬] ⓗ 새로운, **신선한**, 싱싱한
☜ 고대영어로 '소금기가 없는'

□ re**fresh** [rifréʃ] ⓢ (심신을) **상쾌하게 하다**, 기운나게 하다; (기억 등을) **새롭게 하다**
☜ 다시(re) 새롭게 하다(fresh)
♠ **refresh** the mind 마음을 **유쾌하게 하다**

□ re**fresh**ing [rifréʃiŋ] ⓗ **상쾌한**, 후련한, 마음이 시원한; 참신한; 새롭고 재미있는 ☜ -ing<형접>

□ re**fresh**ment [rifréʃmənt] ⓜ **원기회복**, 기분을 상쾌하게 함; 기운을 돋우는 것 《수면·음식 등》; (보통 pl.) **가벼운 음식물**, 다과 ☜ refresh + ment<명접>

a**fresh** [əfréʃ] ⓑ **새로이** ☜ 정말(a/강조) 신선하게(fresh)

프로즌 frozen (미국 애니메이션 영화. 『겨울왕국』의 원제. <얼어붙은>이란 뜻)

2013년 개봉한 미국의 애니메이션 모험 영화. 모든 것을 얼려버릴 수 있는 특별한 능력이 있는 엘사는 통제할 수 없는 자신의 힘이 두려워 왕국을 떠나고, 얼어버린 왕국의 저주를 풀기 위해 동생 안나는 언니를 찾아 떠나는데... 이디나 멘젤이 부른 주제곡 Let it go는 전세계적으로 큰 인기를 끌었으며 빌보드 싱글차트 13주 연속 1위를 했다. 2014년 아카데미 장편애니메이션상, 주제가상, 골든글로브 애니메이션상 수상

♣ 어원 : freez, froz, frig(h) 추운, 차가운; 무서운; 냉담한

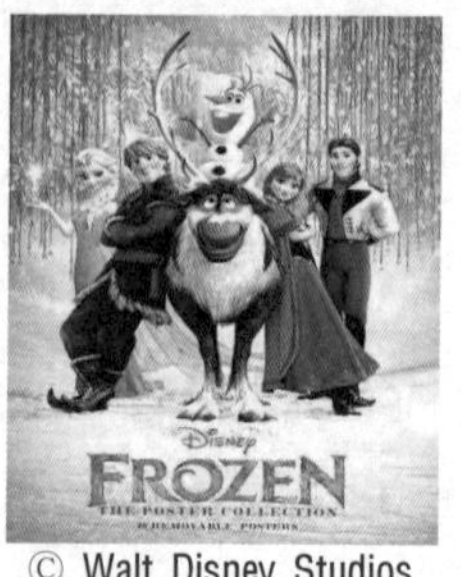

© Walt Disney Studios

■ **freez**e [friːz] ⓢ (-/**froze**/**frozen**) **얼음이 얼다**, (물이) **얼다**, **얼게 하다; 간담을 서늘하게 하다** ☜ 고대영어로 '얼음으로 변하다'

■ **froz**en [fróuzən] ⓢ freeze의 과거분사 ⓗ **언, 몹시 찬**, 냉랭한
☜ 차갑게(froz) 하는(en)

■ **frig**(e) [frig/fridʒ] ⓜ 《영.구어》 냉장고 ☜ re**frig**erator의 준말

□ re**frig**erate [rifrídʒərèit] ⓢ 냉각하다; 서늘하게(차게) 하다; 냉장(냉동)하다
☜ 계속(re) 차갑게(frig) + er + 만들다(ate)

□ re**frig**erator [rifrídʒərèitər] ⓜ **냉장고**; 냉장 장치 ☜ refrigerate + -or(장비)
♠ Put the leftovers in the **refrigerator** (fridge).
남은 음식들을 **냉장고**에 넣어라

□ re**frig**eration [rifridʒəréiʃən] ⓜ 냉장, 냉동; 냉각 ☜ -tion<명접>

✚ **frig**id **몹시 추운**, 혹한의; 냉담한, 냉랭한 **frigh**t **공포**, 경악

레퓨지아 refugia (빙하기때 동식물이 멸종되지 않고 살아남은 지역)

♣ 어원 : fug 달아나다, 도망가다, 피하다, 벗어나다, 떠나다

□ re**fug**e [réfjuːdʒ] 명 **피난(처)**, 보호; 피난소, 은신처; (등산자의) 대피막; 《영》 (도로의) 안전지대; 위안자, 위안물; 핑계, 구실 ☜ 뒤로(re) 달아나(fug) 다(e)
♠ the last **refuge** 마지막 **수단〔피난처〕**
♠ a house of **refuge 빈민 수용소**, 양육원
♠ **take refuge at** 〔in〕 ~ **~로 피난하다**

□ re**fug**ee [rèfjudʒíː] 명 피난자, 난민; **망명자**, 도피자 ☜ -ee(사람<수동형 접미사>)

□ re**fug**ia [rifjúːdʒiə] 명 refugium의 복수

□ re**fug**ium [rifjúːdʒiəm] 명 (pl. -fugi**a** [-dʒiə]) 〖생태〗 **레퓨지아** 《빙하기와 같은 대륙 전체의 기후 변화기에 비교적 기후 변화가 적어 다른 곳에서는 멸종된 것이 살아 있는 지역》 ☜ 라틴어로 '뒤로(re) 달아난(fug) 것(um<단수 접미사>)

퓨전요리 fusion cuisine (여러 음식을 섞어 새로 발전시킨 요리)

♣ 어원 : fus(e), found, fund, fut 붓다, 섞다; 녹다

■ **fuse** [fjuːz] 명 **신관**(信管), 도화선; 〖전기〗 **퓨즈** 동 **녹다, 녹이다** ☜ 근세영어로 '열로 녹이다'

■ **fus**ion [fjúːʒən] 명 **용해**〔융해〕물; 합동, 연합, 합병; 〖물리〗 핵융합; 〖음악〗 **퓨전** 《재즈에 록 등이 섞인 음악》 ☜ 섞는(fus) 것(sion<명접>)

□ re**fuse** [rifjúːz/뤼**퓨**-즈] 동 **거절[거부]하다**, 물리치다 명 **폐물**, 쓰레기 ☜ 뒤로(re) 붓다(fuse)
♠ **refuse** orders 명령을 **거부하다**
♠ **refuse** disposal **쓰레기** 처리

□ re**fus**al [rifjúːzəl] 명 **거절**; 거부; 사퇴; 취사선택권, 우선권 ☜ refuse + al<명접>

□ re**fund** [ríːfʌnd] 명 **변제**(辨濟); 환불(금), 변상 [rifʌ́nd, ríːfʌnd] 동 **돈을 갚다**, (돈 따위를) 환불하다 ☜ 도로<다시(re) 붓다(fund)
♠ receive a tax **refund** 세금을 **환급**받다

□ re**fut**e [rifjúːt] 동 논박하다, 반박하다 ☜ 역으로<반대로(re) 붓다(fut) + e

□ re**fut**ation [rèfjutéiʃən] 명 논박, 반증 ☜ refute + ation<명접>

□ irre**fut**able [iréfjutəbəl, ìrifjúːt-] 형 반박〔논박〕할 수 없는 ☜ ir(=not/부정) + refutable(반박할 수 있는)

□ irre**fut**ably [iréfjutəbli, ìrifjúːt-] 부 반박의 여지가 없이, 두말할 것 없이 ☜ -ly<부접>

※ **cuisine** [kwizíːn] 명 요리 솜씨, 요리(법) ☜ 라틴어로 '요리하다'란 뜻

✚ con**fuse 혼동하다, 어리둥절하게 하다**, 잘못 알다 con**found 혼동하다, 당황케[난처하게] 하다**

바겐세일 bargain sale (소매상이 하는 할인·특가 판매)

■ bar**gain** [báːrgən] 명 **매매; (싸게) 산 물건**, 특가품 동 흥정〔계약〕하다 ☜ 고대 불어로 '싸게 얻다'란 뜻

■ **gain** [gein/게인] 동 **얻다, 획득하다; 도달하다; 이익을 얻다** 명 **이익, 증진** ☜ 고대 영어로 '사냥'이란 뜻

□ re**gain** [rigéin] 동 **되찾다**, 회복하다; ~에 귀착하다, ~에 되돌아가다 명 회복; 탈환; 복귀 ☜ 다시(re) 얻다(gain)
♠ **regain** one's freedom 〔health〕 자유를〔건강을〕 **되찾다**.

※ **sale** [seil/쎄일] 명 **판매, 매매; 염가판매, 특매; 매출액** ☜ 고대영어로 '판매, 파는 행위'란 뜻

로얄 패밀리 royal family (왕족, 왕실)

< 영국 엘리자베스 2세 여왕 왕실 사진 >
© express.co.uk

♣ 어원 : roy, reg, realm 왕, 여왕, 왕실, 왕족; 왕의, 왕립의

■ **roy**al [rɔ́iəl/**로**이얼] 형 **왕[여왕]의**; 왕족의, 황족의; **당당한** ☜ 왕(roy) 의(al)

□ **reg**al [ríːgəl] 형 국왕의, **제왕의**; 국왕다운; 장엄한, 당당한 ☜ 라틴어로 '왕(reg) 의(al)'란 뜻
♠ the **regal** power **왕**권

□ **reg**ality [rigǽləti] 명 왕위; (pl.) 왕권 ☜ regal + ity<명접>

■ **realm** [relm] 명 《문어》 **왕국**, 국토; (종종 pl.) **범위, 영역**; (학문의) 부문; 〖생물〗 ~계(界); (동식물) 권(圈), 대(帶) ☜ 고대 프랑스어로 '왕국'이란 뜻. 왕국은 특정의 영역임.

※ **family** [fǽməli/**빽**멀리] 명 (pl. -**lies**) [집합적] **가족**, 가정, 식구들; (한 가정의) **아이들** 형 **가족의** ☜ 라틴어로 '가정의 하인/구성원'이란 뜻

R

보디가드 bodyguard (경호원)

© Warner Bros.

♣ 어원 : guard-, gard- 주시하다, 지켜보다, 감시하다, 망보다; 주의, 관심

■ **body<u>guard</u>** [bádigà:rd] [명] 경호원 ☜ 몸(body)을 지키다(guard)

■ **guard** [gɑ:rd/가-드] [명] **경계; 경호인, 호위병** [동] **지키다, 경계하다,** 망보다 ☜ 고대 프랑스어로 '지켜보다, 지키다'란 뜻

□ re**gard** [rigά:rd/뤼**가**-드] [동] **~으로 여기다, 주의[주목]하다** [명] **관심, 배려; 관계** ☜ 다시(re) 주시하다(gard)
- ♠ **regard (A) as (B) A를 B로 간주하다**(=look upon (A) as (B)), **~이라고 생각하다**
  I **regard** him **as** a friend. 나는 그를 친구**라고 생각한다**.
- ♠ **give one's (best) regards (to~) (~에게) 안부를 전하다**
  Please **give my (best) regards to** your parents. 네 부모님**께 안부 전해라.**
- ♠ **in 〔with〕 regard to ~ ~에 대하여, ~에 관하여**(=regarding)
- ♠ **regardless of ~ ~에 관계없이, ~에도 불구하고**

□ re**gard**ful [rigά:rdfəl] [형] 주의 깊은; 경의를 표하는 ☜ -ful(~이 가득한)

□ re**gard**ing [rigά:rdiŋ] [전] **~에 관하여(는)**, ~의 점에서는(=with regard to) ☜ -ing<형접>

□ re**gard**less [rigά:rdlis] [형] **무관심한; 부주의한**; 괘념치 않는 [부] 그럼에도 불구하고, 여하튼 ☜ regard + less(~이 없는)

■ disre**gard** [dìsrigά:rd] [동] **무시[경시]하다** ☜ dis(=not/부정) + regard(주목하다)

✚ **guard**ian **보호자; 감시인** **guard**rail (도로의) **가드레일**; 난간; 보조 레일

레가타 Regatta (조정, 보트, 요트 경주 등을 통틀어 일컫는 용어)

□ **regatta** [rigǽtə] [명] **레가타, 보트경주** ☜ 이탈리아어로 '경쟁'이란 뜻. 원래는 '곤돌라 경기'를 지칭했다고 함.

엔진 engine (발동기), 제네레이터 generator (발전기)

♣ 어원 : gen(e), gener, gine, gnan 만들다, 태어나다, 발생하다; 출생, 유전

■ <u>en**gine**</u> [éndʒin/**엔**진] [명] **엔진, 발동기**, 기관 ☜ 발생(gine)을 만들다(en)

■ **gener**ate [dʒénərèit] [동] **낳다, 발생시키다** ☜ 만들(gener) 다(ate<동접>)

■ <u>**gener**ator</u> [dʒénərèitər] [명] **발전기, 제네레이터**, 발생시키는 사람〔물건〕 ☜ generate + or(사람/물건)

< 자동차 엔진 >

■ **gener**ation [dʒènəréiʃən] [명] **세대**, 한 세대의 사람들; **발생**; 생산, 산출 ☜ generate + ion<명접>

□ re**gener**ate [ridʒénərèit] [동] **갱생[재생]시키다**; 개심시키다; 재건하다, 갱생〔재생〕하다
[ridʒénərit] [형] 쇄신된, 갱생한 ☜ 다시(re) 만들(gener) 다(ate<동접>)
- ♠ **regenerate** the blood 혈액을 **재생하다**.

□ re**gener**ation [ridʒènəréiʃən] [명] 갱생; 개심; 영적 신생; 쇄신; 재생 ☜ regenerate + ion<명접>

✚ **gene**sis 발생, **기원**; (the G-) 〖성서〗 창세기, **제네시스** pre**gnan**t **임신한**

R

앙시앙 레짐 ancien regime (구(舊)체제)

1789년 프랑스혁명 때 타도의 대상이 되었던 절대왕정체제, 즉 구체제를 일컫는 말

♣ 어원 : reg 통치, 정부, 제왕, 왕국, 통제, 제도, 조직; 통치[관리·감독]하다; 올바른

※ **ancient** [éinʃənt] [형] **옛날의**, 오래된, 구식의 ☜ 전에(ance) + i + 있던(ent)

□ **reg**ent [rí:dʒənt] [명] [종종 R~] **섭정**; 《미》 (대학의) 평의원; 《미》 학생감; 《고어》 통치자
[형] 〖명사 뒤에 써서〗 섭정의 지위에 있는; 《고어》 통치하는 ☜ 통치/관리하다(reg) + ent(~사람/~의)
- ♠ the Prince **Regent 섭정** 왕자(王子)

□ **reg**icide [rédʒəsàid] [명] 국왕 시해, 대역(大逆); 대역자; (the R-s) 시해자들 《❶ 〖영.역사〗 찰스(Charles) 1세를 사형에 처한 재판관들. ❷ 〖프.역사〗 루이(Louis) 16세를 처형한 국민공회원들》 ☜ 왕(reg)을 죽이기(cide)

□ <u>**reg**ime</u> [reiʒí:m, ri-] [명] **제도, 정체**(政體); **정권** ☜ 통치하는(reg) 제도(ime)
- ♠ a dictatorial **regime** 독재 **정권**

□ **reg**iment [rédʒəmənt] [명] 〖군사〗 **연대** 《생략: regt., R.》; (종종 pl.) 다수, 큰 무리; 《고어》 지배, 통치 [rédʒəmènt] [동] 연대로 편성〔편입〕하다; 조직화하다, 통제하다

☜ regime + ent<명접/동접>

□ **reg**imental　[rèdʒəméntl] ⓗ 연대[소속]의　ⓜ (pl.) 군복 ☜ -al<형접/명접>
□ **reg**imentation　[rèdʒəmentéiʃən, -mən-] ⓜ 연대 편성 ☜ -ation<명접>
□ **Reg**ina　[ridʒáinə] ⓜ **리자이나**《여자 이름》;《L.》(칭호시엔 R-) 여왕《생략: R.; 보기: E.R. =Elizabeth Regina》 ☜ 통치하는(reg) 여자(ina)
□ **reg**ion　[ríːdʒən/**뤼**-전] ⓜ **지방, 지역**, 지구, 지대; 행정구, 관구 ☜ 통치하는(reg) 지역(ion)
　비교 rain 비, rein 고삐
　♠ a tropical **region** 열대 **지방**
□ **reg**ional　[ríːdʒənəl] ⓗ **지역(전체)의**; 지대의; 『의학』 국부의 ☜ -al<형접>
□ **reig**n　[rein] ⓜ **통치, 지배**; 통치〔지배〕권　ⓢ **지배하다**, 통치하다 ☜ 통치하다(reig) + n
■ sove**reig**n　[sάvərin, sʌ́v-] ⓜ **주권자, 군주**(=monarch), 국왕, 지배자　ⓗ **주권이 있는** ☜ 초월하여(sove=super) 통치하다(reig) + n

리더스 다이제스트 Reader's digest (미국의 월간잡지. <독자의 요약문>) 레지스터 register (자동등록기), 다방 레지 lady (×) ➔ register

리더스 다이제스트는 1922년 미국의 D.윌리스가 창간한 후 미국 최대의 잡지로 성장하였다. 세계의 중요한 잡지나 단행본 속에서 일반적인 흥미가 있는 것을 골라서 요약·소개한다. 1978년에는 한국에서도 한글판이 발행되었다가 2009년 이후 발행이 중단되었다. <출처 : 두산백과>

♣ 어원 : gest, gist 옮기다
■ di**gest**　[didʒést, dai-] ⓢ **소화하다, 간추리다**　[dáidʒest] ⓜ 개요, 요약 ☜ 분리해서(di=off) 옮기다(gest)
□ re**gist**er　[rédʒəstər] ⓜ **등록[등기]부; 자동기록기**　ⓢ **기재[기명]하다** ☜ 계속(re) 옮기는(gist) 기계(er)
　♠ **register** a birth 〔marriage, death〕 출생〔혼인, 사망〕 **신고를 하다**
□ re**gist**ered　[rédʒistərd] ⓗ **등록한, 등기를 필한**; 기명의; (우편물이) **등기의** ☜ register + ed<형접>
□ re**gist**ration　[rèdʒəstréiʃən] ⓜ **기재, 등기**, 등록; 기명; 등록〔기재〕사항; 등록자 수 ☜ register + ation<명접>
□ re**gist**ration number 〔plate·book〕 자동차 등록번호 〔번호판, 《영》 등록증〕 ☜ number(수)
□ re**gist**rar　[rédʒəstrὰːr, ˌ---] ⓜ 기록원, 호적계원 ☜ registr + ar(사람)
□ re**gist**ry　[rédʒəstri] ⓜ 기입, 등기, 등록; 등록〔등기〕부; 등기〔등록〕소 ☜ registr + y<명접>

✚ con**gest** **혼잡하게 하다**, 혼잡해지다　in**gest** (음식·약 등을) 섭취하다　sug**gest** **암시하다; 제안하다**

업그레이드 upgrade (품질·성능의 향상)

♣ 어원 : gress, grad, gree 가다(=go), 걷다(=walk)
■ **grad**e　[greid/그뤠이드] ⓜ **등급; 성적**　ⓢ **등급을 매기다** ☜ 라틴어로 '걸음, 계단'이란 뜻
■ up**grad**e　[ʌ́pgrèid] ⓜ《미》 오르막; 증가, 향상, 상승; 『컴퓨터』 **업그레이드** ☜ 위로(up) 나아가다(grade)
□ re**gress**　[ríːgres] ⓜ 후퇴, 역행, 퇴보　ⓢ 역행〔퇴보〕하다 ☜ 뒤로(re=back) 가다(gress)
　♠ The democracy seems to be **regressing**. 민주주의가 **퇴보하고 있는** 것 같다
□ re**gress**ion　[rigréʃən] ⓜ 복귀; 역행; 퇴보, 퇴화 ☜ regress + ion<명접>

✚ ag**gress** 공격하다　pro**gress** **전진**, 진행; **진보**, 발달; **전진하다, 진척하다**

그래비티 gravity (중력)

© Warner Bros.

♣ 어원 : grav(e), griev, grief, gray, gret, grey 무거운, 슬픈
■ **grav**ity　[grǽvəti] ⓜ **중력**, 중량 ☜ 무거운(grav) 것(ity)
■ **grave**　[greiv/그뤠이브] ⓜ **무덤**　ⓗ **중대한, 장중한** ☜ 라틴어로 '무거운'
■ **griev**e　[griːv] ⓢ **슬프게 하다, 몹시 슬퍼하다** ☜ 무겁게(griev) 하다(e)
■ **grief**　[griːf] ⓜ **큰 슬픔, 비탄** ☜ 라틴어로 '무겁게 하다, 슬프게 하다'
□ re**gret**　[rigrét] ⓜ **유감, 후회**; 애도, 슬픔, 낙담　ⓢ 뉘우치다, **후회하다** ☜ 뒤로(re) 울다(gret)
　★ 프랑스 국민가수, 샹송의 여왕 에디트 피아프가 부른 마지막 대히트곡, <Non, Je Ne **Regrette** Rien(아뇨, 난 후회하지 않아요)>는 마치 그녀가 비극적인 삶을 살다 간 것을 후회하지 않는다고 말하는 것 같다.
　♠ I have no **regrets** 〔feel no regret〕 about what I've done. 나는 내가 한 일을 **후회하지** 않는다.

□ re**gret**ful [rigrétfəl] ⓗ 뉘우치는, 애석한 ☜ regret + ful(~로 가득한)
□ re**gret**fully [rigrétfəli] ⓟ 유감스럽게 ☜ regretful + ly<부접>
□ re**gret**table [rigrétəbl] ⓗ **유감스런**, 안된; 후회되는, 서운한; 가엾은 ☜ regret + t + able<형접>
♠ It was most **regrettable** that he said that.
그가 그런 말을 하다니 참으로 **유감이다.**

걸그룹 girl band [group] (여자 아이돌 가수단) * band 그룹, 떼, 악단, 밴드

♣ **어원 : gro 커지다**
※ **girl** [gəːrl/거얼] ⓜ **계집아이, 소녀**, 미혼여성
☜ 고대영어로 '어린이' 라는 뜻
■ **group** [gruːp/그루웊] ⓜ **떼; 그룹, 집단**, 단체 ⓢ **불러 모으다**
☜ 불어로 '덩어리'란 뜻
□ re**group** [rigrúːp] ⓢ 재분류하다, 다시 무리를 짓다; 재편제하다
☜ 다시(re) 불러 모으다(group)
♠ The party needs to **regroup**.
그 정당은 조직을 **재정비할** 필요가 있다.

< 영국의 대표적인 걸그룹 Spice Girls >

레귤레이터 regulator (속도·온도·압력 등의 조절장치)

♣ **어원 : reg, rig 곧은, 바른; 직선의, 정해진, 경직된; 규칙**
□ **reg**ular [régjələr/뤠결러] ⓗ **규칙적인, 정례[정기]적인; 정식의, 정규의**
☜ 정해진(reg) 것(ul) 의(ar<형접>)
♠ a **regular** meeting **정기**모임
□ **reg**ularly [régjələrli] ⓟ **규칙적으로, 정기적으로** ☜ regular + ly<부접>
□ **reg**ularity [règjəlǽrəti] ⓜ 규칙적임, 질서 ☜ regular + ity<명접>
□ **reg**ularize [régjulərὰiz] ⓢ 질서 있게 하다 ☜ regular + ize<동접>
□ **reg**ulate [régjəlèit] ⓢ **규제하다; 조절[조정]하다** ☜ 정하는(reg) 것(ul)을 만들다(ate<동접>)
□ **reg**ulation [règjəléiʃən] ⓜ **단속**, 규제; **조절**; **규칙**, 규정 ☜ -ion<명접>
♠ traffic **regulations** 교통 **규칙**
□ **reg**ulative [régjəlèitiv, -lə-] ⓗ 단속〔규정〕하는 ☜ -ive<형접>
□ **reg**ulator [régjəlèitər] ⓜ 규정자, 조정자; 단속자, 정리자; 〖기계〗 조정기, 조절기
☜ regulate + or(사람/기계)
■ ir**reg**ular [irégjələr] ⓗ **불규칙한**; 불법의, 규율이 없는, 비정규의
☜ 불(不)(ir<in=not/부정) 규칙적인(regular)
■ **rig**id [rídʒid] ⓗ 굳은, **단단한, 딱딱한, 엄격한** ☜ 경직된(rig) 것의(id<형접>)

에이블 뉴스 Able News (한국의 장애인 뉴스전문 인터넷 매체)
리허빌리테이션 rehabilitation ([의학] 재활요법; 사회복귀)

에이블 뉴스는 한국의 장애인 뉴스전문 인터넷 독립언론매체로 '장애인도 할 수 있다'는 의미이다.

♣ **어원 : able, abil 할 수 있는 // abilit(y) 능력**
■ **able** [éibəl/에이벌] ⓗ (-<-l**er**<-l**est**) **할 수 있는**, 가능한 ☜ 라틴어로 '다루기 쉬운'이란 뜻
□ reh**abilit**ate [rìːhəbílətèit] ⓢ 원상태로 복구〔회복〕하다, 복원하다; 복직〔복위〕시키다
☜ 다시(re) + h + 할 수 있는 능력(ability)을 만들다(ate<동접>)
♠ **rehabilitate** oneself 명예를〔신용을〕 **회복하다**.
□ reh**abilit**ation [rìːhəbìlətéiʃən] ⓜ **사회 복귀, 리허빌리테이션**; 명예〔신용〕 회복; 부흥; 복직, 복권
☜ -ation<명접>

Able news 에이블뉴스

✚ un**able** **할 수 없는**, 불가능한 **abil**ity **능력**, 재능 cap**abil**ity 할 수 있음, **가능성; 능력**, 역량, 재능; 자격 dis**able** **무력하게 하다**, 불구로 만들다 en**able** **~을 할 수 있게 하다**, ~에게 힘〔능력·권한〕을 주다 in**abil**ity **무능(력)**

리허설 rehearsal (예행연습)

♣ **어원 : hears (땅을) 갈다, 써래질하다; (정신적으로) 괴롭히다, 괴로워하다**
□ re**hears**e [rihə́ːrs] ⓢ **연습하다**, 시연하다; 예행연습을 하다; 열거하다; 복창〔암송〕하다
☜ 다시(re) 써래질(hears) 하다(e)
□ re**hears**al [rihə́ːrsəl/뤼**허**-설] ⓜ 연습, 대본(臺本)읽기, 시연(試演), (극·음악 따위의) **리허설**; (의식 따위의) 예행 연습 ☜ rehearse + al<명접>

♠ put a play into rehearsal **예행연습을 하다**

☐ **reign**(통치, 지배; 지배하다) ➔ **region**(지방, 지역) **참조**

☐ **reimburse**(빚을 갚다), **reimbursement**(상환) ➔ **purse**(돈지갑) **참조**

연상 레인(rain.비)이 거세지자 말이 레인(rein.고삐)을 뿌리치고 도망쳤다

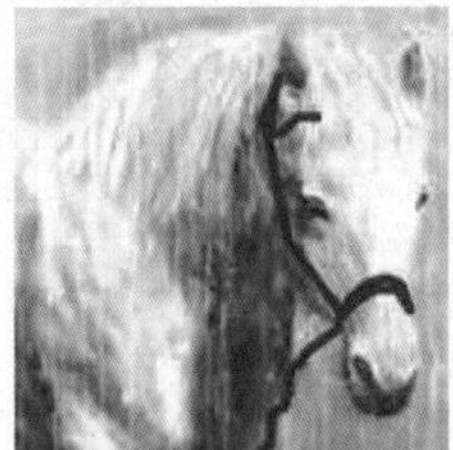

※ **rain** [rein/뤠인] 명 **비**; 강우; 우천; 빗물; (pl.) 소나기; 한 차례 내리는 비, 장마 동 **비가 오다** ☜ 고대영어로 '비, 비가 오다'란 뜻

☐ **rein** [rein] 명 (종종 pl.) **고삐**; 통제 수단; 구속(력) 동 (말에) 고삐를 매다; 멈추게 하다 ☜ (말을) 뒤로(re) 당기다(in<tain)
비교 rain 비, reign 통치(하다)
♠ Pull on the **reins**. **고삐**를 당겨라

카니발 carnival (축제), 카네이션 carnation (카네이션 꽃)

♣ 어원 : carn, car, cor 살, 고기, 육체, 시체

■ **carn**ival [kɑ́ːrnəvəl] 명 **카니발, 사육제**(謝肉祭) 《가톨릭교국에서 사순절(Lent) 직전 3일~1주일 간에 걸친 축제》, 축제, 제전
☜ 고기(carn)를 + i + 먹으며(vor=devour) 벌이는 것(al<형접>)

■ **carn**ation [kɑːrnéiʃən] 명 〖식물〗 **카네이션**; 연분홍 ☜ 라틴어로 '살(색)'

☐ rein**carn**ation [rìinkarnéiʃən] 명 다시 육체를 부여함; 화신(化身), 재생, **환생**
☜ 근대영어로 '다시(re) 안에(in) 살(carn)을 붙이<만들(ate) 기(ion<명접>)
♠ Do you believe in **reincarnation**? 당신은 **환생**을 믿습니까?

런닝머신 running machine (실내 달리기 운동기구) * machine 기계(장치)

♣ 어원 : run, rein 달리다, 뛰다, 작동하다, 운영하다

■ **run** [rʌn/뤈] 동 (-/ran/run) **달리다; 흐르다**; 계속하다; 움직이다; 도망치다; (~상태로) 되다 ☜ 고대영어로 '물의 흐름', 중세영어로 '한 차례의 뛰기'란 뜻

☐ **rein**deer [réindìər] 명 (pl. **-s**, [집합적] **-**) 〖동물〗 **순록**(馴鹿)
☜ 고대 노르드어로 '달리는(rein<run) 동물(deer/사슴)'이란 뜻
♠ herds of **reindeer 순록**의 무리

포르테 forte ([It.] [음악] 강하게)

♣ 어원 : fort, forc(e) 강화하다, 강요하다, 힘을 북돋아주다

■ **fort**e [fɔ́ːrti, -tei] 형 《It.》 〖음악〗 **포르테**의, 강음의 부 강하게, 세게 《생략: f.》 명 장점, 특기 ☜ 이탈리아어로 '강한'이란 뜻

■ **force** [fɔːrs/뽀-스] 명 **힘**, 세력, 에너지; **폭력**(=violence), **무력; 설득력** 동 **억지로 ~을 시키다** ☜ 고대 프랑스어로 '힘'이란 뜻

☐ rein**force** [rìːinfɔ́ːrs] 동 **보강하다, 강화하다, 증강하다**
☜ 다시(re) 내부적으로(in) 강화하다(force)
♠ **reinforce** one's argument with facts 사실을 들어 주장을 **강화하다**

☐ rein**force**ment [rìːinfɔ́ːrsmənt] 명 보강, 강화, 증원; (종종 pl.) 증원부대(함대), 지원병; 보강재, 보급품 ☜ reinforce + ment<명접>

R

✚ **fort** 성채, 보루, **요새** com**fort 위로**, 위안, **위로가 되는 것[사람]; 위안하다**, 편하게 하다
ef**fort 노력**, 수고, 진력(盡力) en**force 실시[시행]하다**, 집행하다; 강요(강제)하다

테라스 terrace (실내와 연결된 넓은 실외 베란다)
테라코타 terracotta (점토를 구운 것)

< Terrace >

♣ 어원 : terra, terre(s), terri 흙, 땅, 대지

■ **terra**ce [térəs] 명 계단 모양의 뜰; **대지**(臺地); (집에 붙여 달아낸) **테라스**, 넓은 베란다; (지붕 있는) 작은 발코니
☜ 고대 프랑스어로 '쌓아올린 땅'이란 뜻

■ **terra**-cotta [térəkɑ́tə/-kɔ́tə] 명 **테라코타** 《점토의 질그릇》; 테라코타 건축재; 테라코타 인형
☜ terra(흙) + cotta(구운)

☐ rein**ter** [rìːintə́ːr] 동 (-rr-) 고쳐 묻다, 개장(改葬)하다 ☜ 다시(re) 땅(ter<terra) 속에(in) 두다
♠ His grandfather's body **was reinterred** elsewhere.

그의 할아버지 시신은 다른 곳으로 **이장(移葬)되었다**.

✚ **terra**in 지대, 지역; 『군사』 지형; 지세 **Terra**n **테란**, 지구인 《SF(공상과학) 용어》 **terri**tory (영해를 포함한) **영토**, 영지; 속령, 보호〔자치〕령; 지방, 지역

브렉시트 Brexit (영국의 유럽연합 탈퇴)

영국(Britain)과 출구(Exit)의 합성어로 영국의 유럽연합(EU) 탈퇴를 뜻하는 말이다. 이는 글로벌 경제위기로 EU 재정악화가 심화되자 영국의 EU 분담금 부담이 커졌고, 난민 등 이민자 유입이 크게 증가하자 EU 탈퇴움직임이 가속화되었다. 2016년 6월 23일 브렉시트 찬반투표에서 영국민 51.9%가 찬성하여 브렉시트가 결정되었으며, 2019년 3월 말 EU를 떠나게 된다.

♣ **어원 : it 가다(=go)**

※ **Britain** [brítən] ⓜ **영국** 《잉글랜드+웨일스+스코틀랜드. Great Britain이라고도 함》 ★ 브리타니아(Britannia)는 영국 브리튼섬에 대한 고대 로마시대의 호칭

■ ex**it** [égzit, éksit] ⓜ **출구; 퇴장, 퇴진** ⓢ **나가다**
☜ 밖으로(ex) 가다(it)

□ re**it**erate [riːítərèit] ⓢ (명령 · 탄원 등을) **되풀이하다**, 반복하다
☜ 다시(re) 가기(it)를 반복하(er) 다(ate<동접>)
♠ **reiterate** the command 명령을 **복창하다**.

□ re**it**eration [riːìtəréiʃən] ⓜ 반복; 되풀이하는 말; 『인쇄』 뒷면쇄 ☜ reiterate + ion<명접>

□ re**it**erative [riːítərèitiv, -tərə-] ⓗ 반복하는 ⓜ 『문법』 중복어 ☜ -tive<형접/명접>

프로젝트 project (사업계획안(案)), 제트기(機) jet airplane

< F-15 Jet Airplane >

♣ **어원 : ject, jet 던지다**

■ pro**ject** [prədʒékt/프뤄**젝**트] ⓜ **계획(안)** ⓢ **계획[설계]하다**
☜ 앞으로/미래로(pro) 내던지다(ject)

□ re**ject** [ridʒékt] ⓢ **거부하다**, 물리치다 ☜ 뒤로(re) 던지다(ject)
♠ I decided to **reject** his offer. 나는 그의 제안을 **거절하**기로 결정했다.

□ re**ject**ion [ridʒékʃən] ⓜ **거절**, 기각; 부결; 구토; 폐기〔배설〕물; 『생리』 거부 (반응)
☜ reject + ion<명접>

※ re**ject**amenta [ridʒèktəméntə] ⓜ [L.] (pl.) 폐기물, 폐물, 쓰레기; 배설물; 해안에 밀려온 해초
☜ 라틴어로 '뒤로(re) 던져진(jecta) 것(menta)'이란 뜻.

■ **jet** [dʒet] ⓜ **분출**, 사출; **제트기**, 제트엔진 ⓗ 분출하는; 제트기(엔진)의
☜ 프랑스어로 '던지다'라는 뜻

✚ e**ject** 몰아내다; (비행기에서) 긴급 탈출하다 in**ject** **주사하다**, 주입하다

엔조이 enjoy (즐기다), 조이스틱 joy stick (조종간)

♣ **어원 : joy, joi 기쁨, 즐거움; 유쾌, 쾌활**

■ **joy** [dʒɔi/조이] ⓜ **기쁨, 즐거움** ☜ 중세영어로 '기쁜 감정'이란 뜻

■ en**joy** [endʒɔ́i/엔조이] ⓢ **즐기다** ☜ 즐거움(joy)을 만들다(en)

■ **joy** stick 조종간, 조종〔조작〕장치, 제어장치 ☜ 즐거움(joy)을 주는 막대(stick)

□ re**joi**ce [ridʒɔ́is] ⓢ **기뻐하다**, 좋아하다, 축하하다 ☜ 정말(re/강조) 기뻐(joi) 하다(ce<동접>)
♠ **rejoice** at the news 그 소식에 **기뻐하다**
♠ **rejoice in ~ ~을 누리고 있다, 부여받고 있다**
rejoice in good health 건강**을 누리고 있다**

□ re**joi**cing [ridʒɔ́isiŋ] ⓜ **기쁨**, 환희; (pl.) 환호, 환락, 축하 ☜ rejoice + ing<명접>

조인트 joint (기계 · 기재 따위의 접합·결합; 합동)
조인트스타즈 E-8 Joint STARS (미공군의 지상작전 관제기)

< E-8 Joint STARS >

♣ **어원 : join(t) 잇다, 붙이다, 합치다; 이음매, 붙인 것, 합친 것, 마디**

■ **join** [dʒɔin/조인] ⓢ **결합하다, 합치다; 참가하다** ⓜ 이음매
☜ 중세영어로 '결합하다'란 뜻

■ **joint** [dʒɔint] ⓜ **이음매**, 접합 부분; 『기계』 **조인트; 관절**, 마디 ⓢ 잇대다 ⓗ 공동의, 합동〔연합〕의 ☜ 결합한(join) 것(t)

□ re**join** [riːdʒɔ́in] ⓢ **재(再)접합하다**; ~에 복귀하다; 재회하다 ☜ 다시(re) 붙이다(join)
♠ **rejoin** her husband 남편과 **재결합하다.**

□ re**join**der [ridʒɔ́indər] ⓜ (버릇없는) 대답, 답변; 대꾸
☜ (질문에) 다시(re) 잇는/답변하는(join) + d + 것(er)

☐ **rejuvenate**(도로 젊어지게 하다), **rejuvenation**(회춘) ➔ **junior**(연소자) **참조**

타임랩스 time lapse (영상빨리돌리기, 미속촬영)

< Time Lapse >

♣ **어원 : lapse 지나가다, 돌아가다, 미끄러지다, 무너지다**

※ **time** [taim/타임] [명] (관사 없이) **시간, 때;** 시일, 세월; ~회, ~번
☜ 초기인도유럽어로 '나눈 것'이란 뜻

■ **lapse** [læps] [명] **착오, 실수**; (시간의) **경과**, 추이 [동] (나쁜 길로) 빠지다 ☜ 라틴어로 '미끄러져 떨어지다'란 뜻

☐ re**lapse** [rilǽps] [명] 거슬러 되돌아감; 타락; 『의학』 재발 [동] 뒤로 되돌아가다, 타락하다; 재발하다 ☜ 다시(re) 미끄러 떨어지다(lapse)
♠ have a **relapse** 병이 **재발하다**.

✚ e**lapse** (때가) 경과하다; (시간의) 경과 pro**lapse** 『의학』 (자궁 · 직장의) 탈출, 탈수(脫垂); (자궁 · 직장이) 탈수(脫垂)하다, 빠져 처지다

레이어 layer (그래픽편집 프로그램에서 여러개의 그림을 겹쳐놓은 층) 릴레이 relay (❶ 중간에 교대하는 릴레이 경주 ❷ 중계기)

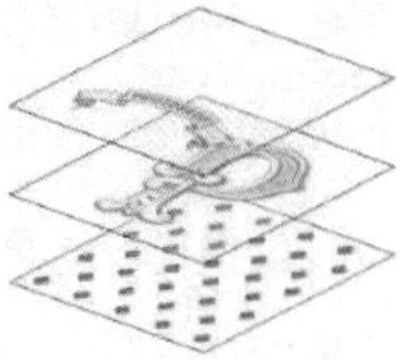
< Layer >

♣ **어원 : lay 두다, 놓다; 연결하다, 관계를 맺다**

■ **lay** [lei/레이] [동] (-/**laid**/**laid**) **놓다, 눕히다**; (알을) **낳다; 쌓다; 넘어뜨리다, 때려눕히다**; **제시[제출]하다**
☜ 고대영어로 '두다, 내려놓다'란 뜻

■ **lay**er [léiər] [명] **놓는[쌓는, 까는] 사람; 층** ☜ 놓는(lay) 사람[것](er)

☐ re**lay** [ríːlei] [명] **교대자; 릴레이 경주, 계주**; 『컴퓨터』 중계기 [동] 교대시키다; 중계하다 ☜ 라틴어로 '뒤에(re) 남기다(lay)', 즉 '뒤와 연결하다'란 뜻

☐ re**la**y broadcast 중계방송 ☜ broadcast(방송, 방송하다)

☐ re**la**y station 『통신』 중계국 ☜ station(기차역; 장소; 부서)

☐ re**la**te [riléit] [동] **관계[관련]시키다**; 관련시켜서 설명하다, **이야기하다**, 말하다; ~와 관련이 있다, 관계를 가지다 ☜ relay + ate<동접>

☐ re**la**ted [riléitid] [형] **관계가 있는**; 동류의; 동족[친척 · 혈연 · 인척]의 ☜ relate + ed<형접>
♠ **be related to ~ ~와 관계가 있다, ~와 친척이다**

☐ re**la**tion [riléiʃən/릴**레**이션] [명] **관계**, 관련; 친족; 이해관계; (이성과의) 성적 관계
☜ relate + ion<명접>
♠ the **relation** between cause and effect 인과 **관계**
♠ **have relation to ~ ~와 관계가 있다**.
♠ **in [with] relation to ~ ~에 관하여, ~에 관련하여**(=in respect to)

☐ re**la**tionship [riléiʃənʃìp] [명] **관계**; 친족 관계, 연고 관계; 『생물』 유연(類緣) 관계
☜ relation + ship(지위, 특성)

☐ re**la**tive [rélətiv] [형] **비교상의, 상대적인**; 상호의; 상관적인; 비례하는 [명] **친척**, 친족, 인척
☜ relate + ive<형접/명접>
♠ Supply is **relative** to demand. 공급은 수요에 **비례한다**.

☐ re**la**tive pronoun 『문법』 관계대명사 ☜ pronoun(대명사)

☐ re**la**tively [rélətivli] [부] **비교적, 상대적으로**; ~에 비교하여, ~에 비례(比例)하여 ☜ -ly<부접>

☐ re**la**tivity [rèlətívəti] [명] **관계성, 상대성**(이론), 상호 부조 ☜ relative + ity<명접>

R

릴렉스 relax (긴장을 풀다)

♣ **어원 : laz, lax 게을리 하다, 늦추다**

☐ re**lax** [rilǽks] [동] **늦추다**, 완화하다; **편하게 하다; 느슨해지다** ☜ 뒤로(re) 늦추다(lax)
♠ **relax one's attention 마음을 놓다, 방심하다.**

☐ re**lax**ation [rìːlækséiʃən] [명] 풀림, **이완**(弛緩); (의무 · 부담 따위의) **경감**, 완화; 쇠약; 휴양; 오락
☜ relax + ation<명접>
♠ the **relaxation** of international tension 국제적 긴장 **완화**

이러닝 e-learning (전자매체, 특히 인터넷을 기반으로 한 원격교육)

※ **electr**onic [ilèktrɑ́nik/-trɔ́n-] [형] **전자(학)의**, 전자공학의, **일렉트론**의
☜ 전자(electr) + on + 의(ic)

■ **learn**ing [lə́ːrniŋ/**러**-닝] [명] **배움; 학문**, 학식(學識), 지식; 박식; (터득한) 기능
☜ -ing<능동형 명접>

■ **learn** [lə:rn/런-] [동] (-/learn**ed**(learn**t**)/learn**ed**(learn**t**)) **배우다, 익히다**, 공부하다; (들어서) **알다, 듣다**
☜ 고대영어로 '지식을 얻다'란 뜻
□ re**learn** [ri:lə́:rn] [동] 다시(고쳐) 배우다 ☜ 다시(re) 배우다(learn)
♠ **relearning** method 『교육』 **재학습**법(再學習法)

리스 lease (어떤 물건을 사용료를 받고 타인에게 빌려주는 일)

♣ **어원 : lease 느슨하게 하다, 느슨해지다; 풀어주다; 빌리다, 빌려주다**
■ **lease** [li:s] [명] (토지 · 건물 따위의) **차용 계약**, 임대차 계약, **리스**; 임차권 [동] 빌리다, **임대[임차]하다** ☜ 라틴어로 '토지를 넓히다, 풀어놓다'란 뜻
■ **lease**hold [lí:s-] [형] 임차한, 조차(租借)의 [명] 차지(借地)(권); 정기 임차권
☜ 빌려(lease) 붙들고 있는(hold)
□ re**lease** [rilí:s] [동] **놓다, 풀어놓다**; (폭탄을) 투하하다; 석방하다; 면제하다; 개봉하다 [명] 해방, 석방, 면제; 발사, (폭탄의) 투하; 석방; 면제; 개봉 ☜ 뒤에(re) 풀어놓다(lease)
♠ **release** one's hold 잡았던 손을 **놓다**

레전드 legend (전설)

© 20th Century Fox

♣ **어원 : leg 보내다; 말하다; 선택하다, 모으다**
■ **leg**end [lédʒənd] [명] **전설**, 설화 ☜ 보내서(leg) 전한 것(end<ent)
□ re**leg**ate [réləgèit] [동] 퇴거를 명하다, 추방하다; 좌천시키다
☜ 뒤로(re) 보내(leg) 다(ate)
♠ **relegate ~ to an inferior position**
~를 하위직으로 좌천시키다
□ re**leg**ation [rèləgéiʃən] [명] 퇴거, 추방, 좌천 ☜ relegate + ion<명접>
■ de**leg**ate [déligit, -gèit] [명] **대표자**, 대리(인) [동] 대표로 파견하다
☜ 멀리(de=away) 보내(leg) 다(ate)

렌토 lento ([It.] [음악] 느리게 (연주하라))

♣ **어원 : lent 느린, 부드러운**
■ **lent**o [léntou] [부][형] 《It.》『음악』 느린; 느리게, **렌토**로(의); (pl. ~s) **렌토**의 악장(악구)
☜ 이탈리아어로 '느리게'이란 뜻
■ **lent**ando [lentɑ́:ndou] [부][형] 《It.》『음악』 차차 느리게(느린), **렌탄도**로(의)
☜ lento + ando<형접>
□ re**lent** [rilént] [동] **상냥스러워지다**, 누그러지다; 측은하게 생각하다
☜ 완전히(re/강조) 느린/부드러운(lent)
♠ She would not **relent** toward him. 그녀는 그를 **용서하려**들지 않았다.
□ re**lent**ingly [riléntiŋli] [부] 부드럽게, 가엽게 여겨 ☜ relent + ing<형접> + ly<부접>
□ re**lent**less [riléntlis] [형] 가차없는, **냉혹한**, 잔인한; 혹독한 ☜ 부드러움(relent)이 없는(less)
♠ a **relentless** enemy **잔인한** 적

엘리베이터 elevator (승강기), 레버 lever (지레)

< Lever >

♣ **어원 : lev, lay, liev, lief 가볍게 하다(=light), 들어 올리다**
■ e**lev**ator [éləvèitər/**엘**러붸이러/**엘**러붸이터] [명] **엘리베이터, 승강기**
☜ 밖으로<위로(e<ex=on) 들어 올리(lev) 는(at) 기계(or)
■ **lev**er [lévər, lí:vər] [명] **지레, 레버** ☜ 가볍게(lev) 해주는 기계(er)
□ re**lev**ant [réləvənt] [형] **관련된**, 적절한, 타당한 ☜ 다시(re) 들어 올리(lev) 는(ant)
♠ obey the **relevant** regulations **관련** 법규를 준수하다
□ re**lief** [rilí:f/륄**리**-프] [명] **경감**, 제거; **구원** ☜ 다시(re) 가볍게(lief) 함
♠ a **relief** fund **구제** 기금
□ re**liev**e [rilí:v] [동] **경감하다**; 구제하다 ☜ 다시(re) 가볍게(liev) 하다(e)
□ irre**lev**ant [iréləvənt] [형] 부적절한; 무관계한 ☜ ir(=not/부정) + relevant(적절한)
□ irre**lev**ance, -vancy [iréləvəns], [-si] [명] 부적절; 무관계 ☜ -ance/ancy<명접>

✚ al**lay** **진정시키다**, (고통, 슬픔을) 완화하다 al**lev**iate 경감하다, 완화시키다

노블레스 오블리주 noblesse oblige (고위직의 도덕적 의무)

프랑스어로 '고귀한 신분(귀족)'을 뜻하는 noblesse와 '책임이 있다'는 oblige가 합해진 것. 높은 사회적 신분에 상응하는 도덕적 의무를 말한다.

♣ 어원 : lig, li, leag, ly 묶다, 연결하다

※ **noblesse** [noublés] ⓜ 귀족, 귀족계급 ☜ 알(know) 만한(able) 위치에 있는 신분(sse)
■ oblige [əbláidʒ/어블라이쥐] ⓢ **~에게 의무를 지우다** ☜ ~에(ob<ab=to) 묶어두려(lig) 한다(e)
□ reliable [riláiəbəl] ⓗ **의지가 되는**, 믿음직한 ☜ rely<y→i> + able(할 수 있는)
□ reliably [riláiəbli] ⓑ 믿음직스럽게 ☜ rely<y→i> + ably(할 수 있게)
□ reliability [rilàiəbíləti] ⓜ 확실성, 신빙성 ☜ rely<y→i> + ability(능력, 성향)
□ reliance [riláiəns] ⓜ **믿음**, 의지, 신뢰 ☜ -ance<명접>
□ reliant [riláiənt] ⓗ 신뢰하고 있는, 의지하고 있는 ☜ -ant<형접>
□ religion [rilídʒən/릴리전] ⓜ **종교** ☜ (믿음으로) 다시(re) 묶여져(lig) 있는 것(ion)
♠ the freedom of **religion** **종교**의 자유
□ religious [rilídʒəs/릴리저스] ⓗ **종교적인**, 신앙심이 깊은 ☜ -ious<형접>
□ religiously [rilídʒəsli] ⓑ 경건하게 ☜ - ly<부접>
□ rely [rilái] ⓢ (-/rel**ied**/rel**ied**) **의지하다**, 신뢰하다 ☜ 다시(re) 묶이다(ly)
♠ I **rely on** you to be there! 나는 네가 거기에 와줄 것으로 **믿는다**.

✚ ally **동맹[연합·제휴]하게 하다** league **연맹, 리그(전)** liable ~할 책임(의무)이 있는; **~하기 쉬운** liaison **연락**, 접촉, 연락원

리빙더레인 leaving the lane ([스포츠] 트랙경기의 주자가 자기 레인을 벗어나 달리는 것. 실격사유에 해당) * lane 좁은 길, 차선, (볼링의) 레인

♣ 어원 : leav, left, lic, linqu, lish 떠나다, 남기다

■ **leave** [li:v/리-브] ⓢ (-/**left**/**left**) **떠나다**; 그만두다; (뒤에) **남기다**; 버리다; **~한 상태로 놓아두다**; 맡기다; 가버리다, 사라지다 ⓜ **허가** ☜ 네덜란드 북부의 고대 프리슬란트어로 '떠나다'란 뜻
■ **leavings** [lí:viŋz] ⓜ (pl.) (음식물의) 남긴 것, 지스러기, 찌꺼기 ☜ 남겨진[버려진](leave) 것(ing) 들(s)
□ relic [rélik] ⓜ (pl.) 유적, **유물**; 잔재, 유풍(遺風); 성골(聖骨), 유골, 성물(聖物); 유품 ☜ 라틴어로 '뒤에(re) 남기다(lic<leikw=leave)'
♠ **relics** of antiquity 고대의 **유물**
□ relinquish [rilíŋkwiʃ] ⓢ 포기(양도)하다; **그만두다**; 버리다, 단념하다, 철회하다; (고국 따위를) 떠나다 ☜ 라틴어로 '뒤에(re) 남기(linqu=leave) 다(ish<동접>)'란 뜻
♠ **relinquish** hope (a habit, a belief) 희망(습관, 신앙)을 **버리다**
□ relinquishment [rilíŋkwiʃmənt] ⓜ 포기, 양도 ☜ relinquish + ment<명접>
□ relish [réliʃ] ⓜ **맛, 풍미**(=flavor), 향기; 흥미, 의욕; 양념, 조미료; 기미, 기색; 소량 ⓢ **맛보다, 상미(賞味)하다** ☜ 라틴어로 '뒤에(re) 남겨진(lish) 것'이란 뜻
♠ a **relish** of garlic 마늘의 **맛**, have no **relish** **맛**이 없다.

다운로드 download (파일 내려받기), 업로드 upload (파일 올리기), 업무 로드(load.부하)가 심하다

♣ 어원 : load, lad 짐; 짐을 싣다, 짐을 지우다

■ **load** [loud/로우드] ⓜ **적하 화물**, 무거운 짐, 부담; 근심, 걱정 ⓢ 짐을 싣다; 탄알을 장전하다 ☜ 중세영어로 '짐을 두다, 무게를 더하다'란 뜻
■ **download** [dáunlòud] ⓜ 『컴퓨터』 **다운로드** 《상위 컴퓨터(서버)에서 하위(단말) 컴퓨터로 데이터 내려받기》 ⓢ 『컴퓨터』 다운로드하다 ☜ 짐(load)을 아래로(down) 내리다
■ **upload** [ʌ́plòud] ⓜ 『컴퓨터』 **업로드** 《하위 컴퓨터에서 상위 컴퓨터(서버)로 데이터 전송》 ⓢ 업로드하다 ☜ 위로(up) 짐을 싣다(load)
□ reload [rilóud] ⓢ **(~에) 짐을 되싣다**; (~에) 다시 탄약을 재다 ⓜ 재장전 ☜ 다시(re) 짐을 싣다(load)
♠ Fire the first gun and **reload**. 첫 번째 총을 쏘고 **다시 장전하라**.

✚ overload **짐을 너무 많이 싣다**, 너무 부담을 주다; 과적재, 과부하 unload (배·차 따위에서) **짐을 부리다**(내리다); (근심 등을) 덜다

도어록 door lock (출입문 자물쇠), 락커 룸 < 라커 룸 locker room

R

♣ 어원 : lock, luc 잠그다

※ door [dɔːr/도어] [명] **문**, 출입문, (출)입구 ☜ 고대영어로 '큰 문'

■ lock [lɑk/락/lɔk/로크] [명] **자물쇠** [동] 자물쇠를 채우다, 잠그다
☜ 고대영어로 '가두다'란 뜻

< Locker Room >

■ **lock**er room (특히 체육관·클럽의) **라커룸** 《옷 따위를 넣음》
☜ 자물쇠가 달린 장(locker)이 있는 방(room)

□ re**luc**tance, -tancy [rilʌ́ktəns], [-i] [명] 마음이 내키지 않음, **마지못해 함**, (하기) **싫음**; 〖전기〗 자기(磁氣) 저항
☜ ~에 대해(re=against) (마음을) 잠그(luc) + t + 기(ance<명접>)
♠ **with reluctance 싫어하면서, 마지못해서**

□ re**luc**tant [rilʌ́ktənt] [형] **마음 내키지 않는**, 꺼리는, 마지못해서 하는; 《고어》 다루기 어려운, 저항〔반항〕하는 ☜ -ant<형접>

□ re**luc**tantly [rilʌ́təntli] [부] 마지못해, 싫어하면서 ☜ reluctant + ly<부접>

□ **rely**(의지하다) ➔ **reliable**(의지가 되는, 믿음직한) **참조**

파마 pama (×) ([콩글] 오래 지속되는 곱슬형 헤어스타일) ➔ permanent wave

♣ 어원 : man, main 마무르다, 남다

■ per**man**ent [pə́ːrmənənt] [형] **(반)영구적인, 영속하는**; 불변의, 내구성의; 상설의 [명] **파마**(~ wave, perm)
☜ 라틴어로 '완전히(per) 머무르(man) 는(ent)' 이란 뜻

□ re**main** [riméin/뤼**메**인] [동] **남다**, 잔존하다; 머무르다, 체류하다
☜ 뒤에(re) 남다(main)
♠ **remain** on〔in〕 one's memory 기억에 **남다**

□ re**main**der [riméindər] [명] **나머지**, 잔여; 잔류자〔물〕, 그 밖의 사람〔물건〕; (pl.) 유적; 〖수학·컴퓨터〗 나머지 ☜ 뒤에(re) 남은(main) 것(der)

□ re**m**nan**t** [rémnənt] [명] (the ~) **나머지**, 잔여; 찌꺼기(=scrap), 우수리; 자투리; 잔존물, 유물, 자취, 유풍 [형] 나머지(물건)의 ☜ remain의 변형. 프랑스어 remanant로 '남다'란 뜻
♠ a **remnant** of her former beauty 그녀의 옛 미모의 **자취**

코만도 commando (영국의 특공대원)

© 20th Century Fox

♣ 어원 : mand, mend 명령하다, (권한을) 위임하다

■ com**mand**o [kəmǽndou, -mɑ́ːn-] [명] (pl. **-(e)s**) 게릴라 부대(원); (특히 남아프리카 보어인(Boers)의) 의용군; (영국의) 특공대(원)
☜ 남아프리카 네델란드어로 '사령관 직속의 부대'란 뜻.

■ com**mand** [kəmǽnd/커**맨**드/kəmɑ́ːnd/커**만**-드] [동] **명(령)하다,** 지배[지휘]하다, ~의 값어치가 있다 [명] **명령**, 지휘, 통솔; 지배력
[비교] commend 추천하다
☜ 완전히(com) 권한을 위임하다(mand). 즉 명령하다

□ re**mand** [rimǽnd, -mɑ́ːnd] [동] 돌려보내다, 송환[반송]하다; 재구류하다 [명] 송환, 귀환, 반송; 재구류
☜ 다시/뒤로/되돌려(re) 보내라고 명령하다(mand)

R

마크 mark (표시), 마커 marker, 북 마크 bookmark

♣ 어원 : mark 표시(하다), 신호(하다); 경계, 주목(하다)

■ **mark** [mɑːrk/마-크] [명] **표식**, 흔적; **기호, 마크; 표적, 과녁; 점수; 감화; 징후** [동] **채점하다; ~에 표시[기호]를 붙이다; ~의 한계를 정하다; 특색을 이루다, 특징짓다; ~에 주의를 기울이다** ☜ 고대영어로 '경계표지, 부호'

□ re**mark** [rimɑ́ːrk/뤼**마**-크] [동] **감지하다**, 주목〔주의〕하다; 인지하다; (의견을) **말하다** [명] **의견, 비평**, 주의, 주목; 관찰 ☜ 완전히(re/강조) 주목하다(mark)
♠ **worthy of remark 주목할 만한**
♠ **make a remark (on) (~에 관하여) 한 마디 하다**

□ re**mark**able [rimɑ́ːrkəbəl] [형] **주목할 만한**, 현저한, 남다른, 훌륭한, 놀랄 만한 ☜ -able<형접>

□ re**mark**ably [rimɑ́ːrkəbli] [부] **현저하게**, 두드러지게, 매우, 대단히 ☜ -ly<부접>

✚ bench**mark** 기준(점), 척도; 표준가격 de**marc**ation 경계 설정; **경계(선)**

레마르크 Remarque (독일 태생의 반전(反戰) 미국 소설가)

□ **Remarque** [rimɑ́ːrk] [명] **레마르크** 《Erich Maria ~, 독일태생의 미국 소설가; 1898-1970》

★ 대표작 : 『서부전선 이상없다』, 『개선문』, 『사랑할 때와 죽을 때』 등

렘브란트 Rembrandt (유럽 미술사에서 가장 위대한 네덜란드 화가)

□ **Rembrandt** [rémbrænt] 명 **렘브란트** 《~ (Harmenszoon) van Rijn. 네덜란드의 화가; 1606-69》
★ 대표작 : <튈프 교수의 해부학 강의>, <돌다리가 있는 풍경>, <야경>, <세 개의 십자가>, <밧세바> 등

메디컬 드라마 medical drama (의학적 내용이 주된 드라마) * drama 극, 연극

♣ 어원 : medi 의술, 의학, 치료; 고치다, 시중들다

© bisonbeat.net

■ **medi**cal [médikəl] 형 **의학의**, 의술(의료)의; 의약의; 내과의
☜ 라틴어로 '의사의'란 뜻

□ re**med**y [rémədi] 명 **치료**, 의료; 치료약; 구제책, 교정(矯正)법; 배상, 변상 동 고치다, **치료**(교정)**하다**; 보수하다
☜ 완전히(re/강조) 고치다(med) + y<명접/동접>
♠ to **remedy** a problem 문제를 **바로잡다**

□ re**med**ial [rimíːdiəl] 형 치료상의, 구제의 ☜ -ial<형접>

메모 memo (나중에 기억하기 위해 기록하는 것)

♣ 어원 : mem, memo, memor 기억하다. 기념하다

■ **memo** [mémou] 명 (pl. memo**s**) 《구어》 비망록, **메모**
☜ **memo**randum의 줄임말

■ **memor**andum [mèmərǽndəm] 명 (pl. **-s**, memorand**a**) **비망록**, 메모
☜ 라틴어로 '기억해야 할 것'이란 뜻

□ re**mem**ber [rimémbər/뤼**멤**버] 동 **기억하다, 생각해 내다;** 안부를 전하다
☜ 다시(re) 기억해내다(mem) + ber
♠ I **remember** him as a bright boy.
나는 그가 영리한 소년이었던 것으로 **기억한다**
♠ **Remember** me to your brother. 당신 형님께 **안부 전해** 주시오.

□ re**mem**brance [rimémbrəns] 명 **기억**(력); 회상; 기념, 추도; 기념품(비), 유품 ☜ -ance<명접>

✚ **memor**ial **기념의**; 추도의; 기억의; **기념물, 기념비[관]** **memor**y **기억(력)**; 추억, 추상, 회상; 『컴퓨터』 기억장치(용량), **메모리** com**memor**ate **기념하다**, 축하하다

마인드 컨트롤 mind control (콩글 자신을 통제하는 능력) ➔ self-control) 멘붕 mental breakdown (콩글 멘탈붕괴, 정신적 충격) ➔ panic, chaos, meltdown; oh my god, damn

한국에서는 mind control 이라고 하면 <자신의 마음을 다스릴 수 있는 능력>을 말하는데 이는 옳은 표현이 아니다. 이를 정확히 표현하자면 self-control이라고 해야 한다. 영미권에서는 mind control이라고 하면 통상 타인의 마음을 통제하는 능력, 즉 <세뇌, 최면>정도로 일컬어진다.

♣ 어원 : min(d), ment 마음, 정신; 마음에 새기다

■ **mind** [maind/마인드] 명 **마음, 정신** 《물질·육체에 대하여》; **마음[지성]의 소유자; 의견** 동 **주의[유의]하다, 염두에 두다**
☜ 고대영어로 '기억, 사고'라는 뜻

■ open-**mind**ed [óupənmáindid] 형 편견이 없는, 허심탄회한; 너그러운
☜ 열린(open) 마음(mind) 의(ed<수동형 형접>)

□ re**mind** [rimáind] 동 **생각나게 하다**, 상기시키다
☜ 다시(re) 마음에 두다(mind)
♠ **remind (A) of (B) A 에게 B 를 생각나게 하다[연상시키다]**
She **reminds** me of my mother. 그녀는 나로 하여금 어머니가 **생각나게 한다**.

< Panic >

□ re**mind**er [rimáindər] 명 **생각나게 하는 사람[것]**; 상기시키는 조언(주의), 암시; 『상업』 독촉장
☜ 다시(re) 마음에(mind) 둔 것(er)

□ re**mind**ful [rimáindful] 형 생각나게 하는 ☜ remind + ful<형접>

□ re**mini**sce [rèmənís] 동 추억에 잠기다; 추억을 말하다(쓰다)
☜ 다시(re) 마음(min)에 새기(isc) 다(e)
♠ **reminisce about** one's childhood 어린 시절**의 추억에 잠기다**

□ re**mini**scence [rèmənísəns] 명 **회상**, 추억; 기억(상기)력; 생각나게 하는 것(일); 옛 생각; (pl.) 회고담, 회상록 ☜ 다시(re) 마음(min)에 새기(isc) 기(ence<명접>)

□ re**mini**scent [rèmənísənt] 형 **추억[회고]의**; 추억에 잠기는; **상기시키는** 명 추억을 얘기하는 사람;

R

회상록 작자 ☜ 다시(re) 마음(min)에 새기(isc) 는(ent<형접>)
♠ **be reminiscent of ~ ~을 생각나게 하다, ~을 닮은 점이 있다**

■ **ment**al [méntl] ⓗ **마음의**, 정신의; 지적인, **지능의; 정신병의**
☜ 라틴어로 '정신(ment) 의(al)'라는 뜻

※ **control** [kəntróul/컨트**로**울] ⓜ **지배**(력); 관리, 통제 ⓢ **지배**(통제 · 감독)**하다**
☜ 중세영어로 '점검, 확인, 통제'란 뜻

※ **break**down [bréikdàun] ⓜ **고장, 파손**; (자료 등의) 분석 ☜ 깨져(break) 아래로(down) 무너짐

미사일 missile (추진기를 달고 순항하는 유도탄)

< Missile >

♣ **어원 : miss, mise, mit 보내다**

■ **miss**ile [mísəl/-sail] ⓜ **미사일**, **유도탄**
☜ 라틴어로 '던질(miss) 수 있는 것(ile)'이란 뜻

□ re**mise** [rimáiz] ⓢ (권리 · 재산 따위를) 양도[포기]하다 ⓜ 양도, 양여
☜ 뒤로(re=back) 보내다(mise)
♠ **remise** one's property 재산을 **포기하다**

□ re**miss** [rimís] ⓗ 태만한, 부주의한(=careless); 굼뜬, 무기력한
☜ (일을) 뒤로(re) 미루다/보내다(mit)
♠ Jane is rather **remiss** in her work. 제인은 자기 일에 **태만**한 편이다.

□ re**miss**ly [rimísli] ⓑ 태만하게, 성의 없게 ☜ -ly<부접>

✚ dis**miss** **떠나게 하다**, 해산시키다; **해고[면직]하다** **miss**ion (사절의) **임무**, 직무; **사절(단); 전도**, 포교; 임무를 맡기다, 파견하다 trans**mit** (화물 등을) **보내다**, **발송[전송]하다**; 전파하다

커미션 commission (수수료)

commission은 흥정을 붙여주거나 남의 물건을 위탁판매해 주고받는 정당한 돈인데도 한국에서는 종종 직위를 이용해 받아 챙기는 '검은 돈'으로 인식되어지곤 한다.

♣ **어원 : miss, mit 허락, 위임, 용서**

■ com**mit** [kəmít] ⓢ **위탁하다**, 위원회에 회부하다; (죄 · 과실 등을) 범하다
☜ 완전히(com/강조) 위임하다(mit)

■ com**miss**ion [kəmíʃən/커**미**션] ⓜ **커미션, 수수료**; 위임(장), 위원회 ⓢ 위임하다
☜ commit + sion<명접>

□ re**mit** [rimít] ⓢ (죄를) 사하다, **용서하다**; **송금하다** ☜ 다시(re) 허가하다(mit)
♠ Payment will be **remitted** to you in full.
지불금은 당신에게로 전액 **송금될** 겁니다.

□ re**mit**tance [rimítəns] ⓜ 송금; 송금액; 송금 수단
☜ remit + t<단모음+단자음+자음반복> + ance<명접>

□ re**mit**ter [rimítər] ⓜ 송금자; 화물 발송인 ☜ remit + t<자음반복> + er(사람; 주체)

□ re**mit**tee [rimitíː] ⓜ 송금 수령인 ☜ remit + t + ee(사람; 객체)

✚ ad**mit** **허락하다, 인정하다; 들이다, 넣다; 수용하다** com**mit**tee **위원회** dis**miss** **내쫓다**, 퇴거시키다, **해고하다**, 면직하다 per**mit** **허락하다, 허가하다**

□ **remnant**(나머지, 잔여물, 찌꺼기) ➔ **remain**(남다) **참조**

R

모델 model (❶ 상품선전의 수단 ❷ 예술작품의 보조적 활동자)

♣ **어원 : mod 방법, 양식, 척도, 형태; 중간, 조절, 겸손**

■ **mod**el [mάdl/**마**를/mɔ́dl/**모**들] ⓜ **모형, 모델; 모범** ⓗ 모형(모범)의 ⓢ **모형을 만들다** ☜ 라틴어로 '근소한 차이, 표준'이란 뜻

■ **mod**e [moud] ⓜ **방법**, 양식, 형식, **모드** ☜ 라틴어로 '방법'이란 뜻

□ re**mod**el [rìmάdəl] ⓢ 형(型)을 고치다, **개조(개작)하다**, 개축하다; (행실 등을) 고치다 ☜ 다시(re) 모형을 만들다(model)
♠ The building **was remodeled** into a department store.
그 건물은 백화점으로 **개조되었다**.

□ re**mod**eling [rìmάdəliŋ] ⓜ 재형성, **리모델링** ☜ remodel + ing<명접>

✚ **mod**erate **겸손한** 신중한; **정숙한; 적당한** **mod**est **겸손한; 정숙한; 적당한** **mod**ify **수정[변경]하다; 수식[한정]하다**

데모 demo < demonstration (시위)

♣ **어원 : monster, monstr 경고, 보여줌; 괴물**

■ de**monstr**ate [démənstrèit] (동) **논증[증명, 입증]하다**, (시범을) 보여주다
☜ 완전히(de/강조) 보여(monstr) 주다(ate<동접>)
♠ **demonstrate** one's mobility 기동력을 **발휘하다**

■ de**monstr**ation [dèmənstréiʃən] (명) 증명; **논증**; 증거; 시범, 실연; **데모**, 시위운동 ☜ -ation<명접>

□ re**monstr**ate [rimάnstreit, rémənstrèit/rimɔ́nstreit] (동) 이의를 말하다, 항의(질책)하다; **충고하다**, 간언하다(=expostulate) ☜ ~에 대항하여(re=against) 경고(monstr) 하다(ate)
♠ **remonstrate** with a boy about (against, on, upon) his rude behavior 소년의 난폭한 행동에 대하여 **충고하다**.

□ re**monstr**ation [rìːmanstréiʃən, rèmən-] (명) 항의, 충고, 간언 -ation<명접>

□ re**monstr**ance [rimάnstrəns/-mɔ́n-] (명) 충고, 항의 ☜ -ance<명접>

서브프라임 모기지 론 subprime mortgage loan (비우량 주택담보 대출)

미국의 주택담보대출은 prime>Alt-A>subprime으로 구분되는데 신용도가 가장 낮은 서브프라임은 대출금리가 높다. 2000년대 초반 미국 부동산가격 급등으로 서브프라임 대출도 급증했는데 2000년대 중반 집값이 급락하자 FRB(미국 연방준비제도이사회)는 금리를 대폭 올렸고, 이자부담이 커진 저소득층은 원리금을 갚을 수 없게 되면서 2007년 서브프라임 모기지 론 사태가 발생하여 세계는 글로벌 금융위기를 맞았다.

♣ **어원 : mors, mort, morb, mori, murd 깨물다, 죽이다; 죽음, 고행**

※ **subprime** [sʌbpráim] (형) 2급품의; 금리가 prime rate이하의《융자 등》
☜ prime(제1의, 주요한)보다 아래의(sub)

■ **mort**gage [mɔ́ːrgidʒ] (명)【법률】(양도) **저당**(권); **담보** (동) 저당잡히다
☜ (권한을 넘겨주어) 죽은(mort) + g + 것(age)

□ re**morse** [rimɔ́ːrs] (명) **후회**, 양심의 가책;《폐어》연민, 자비
☜ 라틴어로 '돌이켜<뒤로(re) 물다(morse)'란 뜻
♠ feel **remorse** for one's crime 죄를 짓고 **양심의 가책**을 느끼다.
♠ the **remorse** of conscience 양심의 **가책**

© afyxeqigysy.prv.pl

□ re**morse**ful [rimɔ́ːrsfəl] (형) 몹시 후회하고 있는, 양심의 가책을 받는 ☜ -ful(~이 가득한)

□ re**morse**less [rimɔ́ːrslis] (형) 무자비한, 냉혹(잔인)한; 뉘우치지 않는 ☜ -less(~이 없는)

※ **loan** [loun] (명) **대부**(금) ☜ 중세 노르드어로 '추후 반환을 약속받고 제공한 것'이란 뜻

✚ **mort**al **죽을 운명의; 치명적인**; 인간의 **mors**el (음식・캔디 따위의) **한 입**(모금); 한 조각, **소량**, 조금 **murd**er **살인**; 모살(謀殺); 살인사건; 비밀, 나쁜 일; ~를 살해하다, 살인하다

리모콘 remocon(×) ➜ remote (control)(○) (원격 조작)

♣ **어원 : mot, mov, mob 움직이다; 이동하다, 옮기다; 운동, 이동**

■ **mot**ion [móuʃən/**모**우션] (명) **운동**, 활동; (기계 따위의) 운전; **동작**, 거동, 몸 (동) **몸짓으로 알리다** ☜ 움직이(mot) 기(ion<명접>)

□ re**mot**e [rimóut] (형) (-<-**ter**<-**test**) **먼**, 먼 곳의
☜ 라틴어로 '뒤로/멀리(re) 움직이다(mot) + e'란 뜻
♠ a village **remote** from the town 읍에서 **멀리 떨어진** 마을

□ re**mot**ely [rimóutli] (부) 멀리(떨어져);【종종 부정문에서】조금, 미미하게 ☜ remote + ly<부접>

□ re**mot**ion [rimóuʃən] (명) 멀리 떨어져 있음; 제거, 해임, 이동 ☜ 멀리(re=away) 이동함(motion)

□ re**mov**al [rimúːvəl] (명) **이동**, 이전; 제거; 철수; 해임, 면직 ☜ remove + al<명접>

□ re**mov**able [rimúːvəbəl] (형) 옮길 수 있는, 제거할 수 있는 ☜ -able(~할 수 있는)

□ re**mov**e [rimúːv/뤼**무**-브] (동) 옮기다, 움직이다, **이전[이동]하다**; 치우다, 제거하다 (명) 이동, 철수 ☜ 라틴어로 '뒤로/멀리(re/away) 옮기다(mov) + e'라는 뜻
♠ **remove** oneself from the room 방을 **떠나다**

□ re**mov**ed [rimúːvd] (형) **떨어진**, 사이를 둔; 연분(인연)이 먼; ~촌(寸)의; 제거된; 죽은
☜ remove + ed<형접>

※ **control** [kəntróul/컨츠**로**울] (명) **지배**(력); 관리; **억제**, 통제 ☜ 양치기가 양피 두루마리에 양의 숫자를 기록하여 대조하다. **cont**rast(대조) + **rol**l(두루마리)의 합성어.

마운드 mound (야구장의 투수판)

♣ **어원 : mound, mount 오르다, 산**

■ **mound** [maund] (명) **토루**(土壘); 둑, 제방; **흙무더기; 작은 언덕**, 작은 산
☜ 고대영어로 '손, 방어, 보호'란 뜻

■ **mount** [maunt/마운트] (동) (산・계단 따위를) **오르다**(=ascend), (말 따위에) **타다**, 태우다 ☜ 라틴어로 '산'이란 뜻

□ re**mount** [riːmáunt] (동) 다시 타다; 다시 오르다; 다시 설치하다, 갈아 끼우다 (명) 새 말, 교대용 말 ☜ 다시(re) 오르다(mount)
♠ **remount** a horse **말을 다시 타다**

☐ **remunerate**(보수를 주다, 보상하다) ➔ **munition**(군수품) **참조**

르네상스 Renaissance (14-16세기 유럽에서 일어난 문예부흥)

♣ 어원 : nat, nasc, nais 태어나다

☐ Re**nais**sance [rènəsɑ́:ns, -zɑ́:ns, rinéisəns] ⓜ **문예 부흥, 르네상스**; 르네상스 미술(문예, 건축) 양식; (r-) (문예·종교 등의) 부흥, 부활 ⓗ 문예부흥(시대)의; 르네상스 양식의
☜ 고대 프랑스어로 '다시(re) 태어(nais) + s + 남(ance<명접>)'이란 뜻
♠ **Renaissance** is the dawn of modern civilization.
르네상스는 근대 문명의 여명이다.

■ **nat**ive [néitiv/**네**이리브/**네**이티브] ⓗ **출생(지)의**; 원주민(토착민)의; **그 지방 고유의; 타고난** ☜ 태어(nat) 난(ive)

■ **nat**ure [néitʃər/**네**이춰] ⓜ (대)**자연**, 천지만물, 자연계; **본성**, 본바탕
☜ 타고난(nat) 성질(ure<명접>)

■ **nat**ion [néiʃən/**네**이션] ⓜ [집합적] **국민**; **국가**(=state) ☜ 태어난(nat) 곳(ion<명접>)

네임펜 name pen (콩글 중간글씨용 유성펜) ➔ permanent marker 닉네임 nickname (별명)

■ **name** [neim/네임] ⓜ **이름**, 성명; (물건의) 명칭 ⓢ **명명하다**, 이름 붙이다; **지정하다** ☜ 고대영어로 '이름, 평판'이란 뜻

☐ re**name** [rinéim] ⓢ ~에게 새로 이름을 붙이다; 개명하다 ⓜ 【컴퓨터】 새 (파일) 이름 ☜ 다시(re) 이름을 붙이다(name)
♠ Leningrad was **renamed** St Petersburg.
레닌그라드는 상트 페테르부르크로 **개명되었다**.

✚ brand **name** 상표명; 유명 상품 nick**name** **별명**, 애칭; name의 약칭; 별명을 붙이다; 별명(애칭)으로 부르다 sur**name** **성**(姓); 별명; 성을 붙이다

연상 렌터카(rent-a-car)가 사고 나서 차체가 렌드(rend.찢어지다)했다.

※ **rent**-a-car [réntəkɑ̀:r] ⓜ **렌터카**, 임대차 ☜ 임대한(rent) 차(a car)

☐ **rend** [rend] ⓢ (-/**rent**/**rent**) **째다, 찢다**, 비틀어 뜯다; ~을 잘게 부수다; ~을 나누다, 분열(분리)시키다; 떼어 놓다; 강탈하다
☜ 고대영어로 '째다, 찢다'란 뜻
♠ The country was **rent** in two. 국토는 둘로 **갈라졌다**.

판도라의 상자 Pandora's box ([그神] 제우스가 판도라에게 보낸 상자)

제우스가 판도라에게 보낸 상자. 제우스가 절대 열지 말라는 상자의 뚜껑을 판도라가 열자 안에서 온갖 해독과 재앙이 나와 세상에 퍼지고 상자 속에는 오직 '희망'만이 남았다고 한다. 원래는 판도라의 항아리이지만 번역을 잘못해서 '판도라의 상자'라고 알려지게 되었다. 뜻밖의 재앙의 근원을 말하기도 한다.

♣ 어원 : dor, da(r), der, do, di 주다(=give)

■ Pan**dor**a [pændɔ́:rə] ⓜ 【그.신화】 **판도라** 《Prometheus가 불을 훔쳤기 때문에 인류를 벌하기 위해 Zeus가 지상에 보낸 최초의 여자》
☜ (여러 신들이) 모든(pan) 선물을 준(dor) 여자(a)'란 뜻

☐ ren**der** [réndər/**렌**더] ⓢ **~상태로 만들다, ~이 되게 하다; 주다, 보답하다; ~을 표현하다** ☜ 라틴어로 '돌려주다'란 뜻.
⇦ 도로<다시(re) + n + 주다(der=give)
♠ **render** a person helpless 아무를 어쩔 수 없**는 상태로 몰다**.
♠ **render** evil for good 선을 악으로 **보답하다**.

☐ ren**der**ing [réndəriŋ] ⓜ 번역(문); 표현, 묘사; 연출; 연주; 반환(물); 인도(품) ☜ -ing<명접>
★ 컴퓨터 그래픽에서 렌더링(rendering)이란 그림자·색상·농도의 변화 등과 같은 3차원 질감을 넣음으로써 사실감을 추가하는 과정을 말한다.

☐ ren**di**tion [rendíʃən] ⓜ 번역; 해석; 연출, 연주 ☜ -tion<명접>

■ **da**ta [déitə, dɑ́:tə, dǽtə] ⓜ (pl.) 자료, **데이터**; (관찰·실험에 의해 얻어진) 지식, 정보
☜ 라틴어로 '주어진 것'이란 뜻

※ **box** [baks/박스/bɔks/복스] ⓜ **상자; (따귀를) 손바닥[주먹]으로 침**
☜ 고대영어로 '장방형의 나무 용기'란 뜻

랑데부 rendezvous (만나는 장소)

□ **rendez**vous [rάndivùː/rɔ́n-] 명 (pl. **-** [-z]) **회합**(의 약속), 회동, **랑데부**; 회합 장소; 집결지 ☜ 중세 프랑스어로 '무리가 모이는 장소'라는 뜻. "여러분(vous=you)의 모습을 보여라(rendez=present)"
주의 단수일 경우 s는 묵음
♠ have a **rendezvous** with ~ ~와 **만나**기로 하다.

< 우주선끼리의 랑데부 >

네거티브 마케팅 negative marketing (경쟁사의 이미지나 제품을 깎아내리면서 자사의 이미지를 부각시키는 광고. <부정적인 광고>)

♣ 어원 : neg 부정; 부인하다

■ **neg**ative [négətiv] 형 **부정[부인]의**; 거부의; **소극적인** 명 부정, 거부 동 거부(거절)하다
☜ 부정(neg) 적인(ative<형접>)

■ **neg**ative campaign **네거티브 캠페인**, 상대 후보 공격이 중점인 선거운동 ☜ campaign(유세, 선거운동)

□ re**neg**ade [rénigèid] 명 배교자; 배반자; 반역자 형 배반의, 변절한 동 배반하다
☜ 완전히(re/강조) 부정하는(neg) 사람(ade)

※ **market**ing [mάːrkitiŋ] 명 (시장에서의) **매매**; 〖경제〗 **마케팅** 《제조에서 판매까지의 과정》
☜ market + ing<명접>

뉴스 news (새로운 소식들)

♣ 어원 : new 새로운

■ **new** [njuː/뉴-] 형 **새로운**; 신식의; 근세[근대]의 부 새로이, 다시
☜ 고대영어로 '새로운, 신선한, 최근의'라는 뜻

■ **new**s [njuːs/뉴-스, njuːz] 명 [보통 단수취급] **뉴스**(프로), 보도; (신문의) 기사(記事)
☜ 새로운(new) 것들(s)

□ re**new** [rinjúː] 동 **새롭게 하다**, 갱생하다, 부활(재흥)하다; 되찾다, 회복하다; 새로워지다
☜ 다시(re) 새로운(new)
♠ **renew** a visa 비자를 **갱신하다**

□ re**new**al [rinjúːəl] 명 **새롭게 하기**; 부활, 회복; 재생, 소생; 재개; 고쳐하기; 재개발
☜ renew+ al<명접>

르누아르 Renoir (프랑스 인상파의 대표적 화가)

□ **Renoir** [rénwaːr] 명 **르누아르** 《Pierre Auguste ~, 프랑스의 인상파 화가. 1841-1919》

아나운서 announcer (방송원)

♣ 어원 : nounce, nunci 말하다, 알리다

■ an**nounce** [ənáuns/어나운스] 동 알리다, **발표하다**, 고지하다
☜ ~에게(an<ad=to) 말하다(nounce)

■ an**nounce**r [ənáunsər] 명 **아나운서**, 방송원; 고지자, **발표자** ☜ -er(사람)

□ re**nounce** [rináuns] 동 (권리를) **포기[단념]하다; 부인하다**
☜ 뒤로(re=back) 물러나겠다고 말하다(nounce)
♠ **renounce** war 전쟁을 **포기하다**

□ re**nounce**ment [rináunsmənt] 명 포기; 단념; 부인, 거절; 절교 ☜ -ment<명접>

□ re**nunci**ation [rinʌ̀nsiéiʃən, -ʃi-] 명 포기, 폐기; 기권; 부인, 거절; 단념, 체념
☜ 뒤로(re=back) 물러나겠다고 말하는(nunci) 것(ation<명접>)

□ re**nunci**atory [rinʌ́nsiətɔ̀ːri, -ʃi-/-təri] 형 포기의; 기권의; 부인(否認)의; 자제의
☜ 뒤로(re=back) 물러나겠다고 말하(nunci) 는(atory<형접>)

✚ de**nounce** **공공연히 비난하다**, 매도하다 pro**nounce** **발음하다**; 선언하다, 선고하다

□ **renovate**(쇄신하다), **renovation**(쇄신) ➔ **innovate**(쇄신[혁신]하다) **참조**

네임펜 name pen (콩글 중간글씨용 유성펜) ➔ permanent marker, 아카데미상 후보에 노미네이트(nominate.지명추천)되다

♣ 어원 : name, nomi(n), noun 이름

■ **name** [neim/네임] 명 **이름, 성명** 동 이름을 붙이다
☜ 고대영어로 '이름, 평판'이란 뜻

■ **noun** [naun] 명형 〖문법〗 **명사**(의) ☜ 라틴어로 '이름'이란 뜻

■ pro**noun** [próunàun] 명 〖문법〗 **대명사** 《생략: pron.》
☜ 대신하는(pro) 명사(noun)

R

☐ re**nown** [rináun] ⓜ **명성**, 고명(高名)
☞ 고대 프랑스어로 '유명해지다'란 뜻. 재차(re) 이름을 부르다(nown<noun).
♠ of high (great) **renown** 매우 **유명한**
☐ re**nown**ed [rináund] ⓗ 유명한, 명성이 있는 ☞ renown + ed<형접>

✚ **nomin**ate **지명하다**; 지명 추천하다; 임명하다 de**nomin**ation **명칭**, 이름, 명의(名義); **명명**(命名)

렌트카 rent car (콩글 임대 차량) ➔ rental car, rent-a-car

☐ **rent** [rent] ⓜ **지대**, 소작료; **집세**, 방세; 임대(임차)료; 사용료; (토지 등의) 수익; 임차지; 셋집; 『경제』 초과 이윤 ⓢ **임차[임대]하다**, 빌리다; 빌려주다, 세놓다
☞ 고대 프랑스어로 '지불해야 할 돈'이란 뜻
♠ **rent** (hire) a video 비디오를 **대여하다**
☐ **rent**-a-car [réntəkàːr] ⓜ **렌터카**, 임대차량; 렌터카(업) ☞ 임대한(rent) 차(a car)
☐ **rent**-free [réntfríː] ⓗ 사용료를 물지 않는 ⓑ 사용료 없이 ☞ 임대료(rent)가 해방된(free)
☐ **rent**al [réntl] ⓜ **임대[임차]료**; 지대(집세, 사용료)의 총액(수입); 《미》 임대차물 ⓗ 임대의
☞ rent + al<명접/형접>

☐ **renunciation**(포기, 폐기) ➔ **renounce**(포기[단념, 부인]하다) **참조**

☐ **reopen**(다시 열다) ➔ **open**(자만) **참조**

☐ **reorder**(다시 질서를 잡다, 추가 주문하다) ➔ **order**(명령, 주문, 순서) **참조**

☐ **reorganize**(재편성하다), **reorganization**(재편성) ➔ **organ**(오르간, 기관) **참조**

퍼레이드 parade (행진)

♣ 어원 : **par, para, pare, pair 준비하다; 정돈하다; 배열하다**
■ **par**ade [pəréid] ⓜ **열병**(식), 행렬, **퍼레이드**, 행진; **과시** ⓢ **열지어 행진하다; 과시하다** ☞ 준비/정돈/배열하여(par) 움직임(ade)
☐ re**pair** [ripɛ́ər] ⓢ **수리**(수선, 회복)**하다, 보상[배상]하다** ⓜ **수선, 수리**; 회복, 보상 ☞ 다시(re) 준비하다(pair)
♠ **repair** a house 집을 **개축하다**
☐ re**pair**able [ripɛ́ərəbl] ⓗ 배상할 수 있는, 수선할 수 있는 ☞ -able<형접>
☐ re**pair**man [ripɛ́ərmæ̀n, -mən] ⓜ (pl. **-men**) (기계의) 수리공, 수선인
☞ repair + man(남자, 사람)
☐ re**par**able [répərəbl] ⓗ 수리[보상]할 수 있는, 정정 가능한 ☞ repare + able(할 수 있는)
☐ re**par**ation [rèpəréiʃən] ⓜ 보상, **배상**; (pl.) 배상금, 배상물(物) ☞ repair + ation<명접>
♠ **make reparation for ~ ~을 보상하다.**
☐ re**par**ative, -tory [ripǽrətiv], [ripǽrətɔ̀ːri/-təri] ⓗ 배상의, 수선의 ☞ repair + ative<형접>
☐ dis**repair** [dìsripɛ́ər] ⓜ (수리・손질 부족에 의한) 파손(상태), 황폐
☞ dis(=not/부정) + repair(수선, 수리)
♠ **fall into disrepair 파손되다, 황폐하다**

✚ pre**pare** **준비하다**, 채비하다 se**par**ate **떼어 놓다**, 분리하다, **가르다, 격리시키다;** 따로따로의

R

시험에 패스(pass.합격)하다, 패스포트 passport (여권), 패스워드 password

♣ 어원 : **pass, pace, ped 발; 도보, 보행; 지나가다**
■ **pass** [pæs/패스/pɑːs/파-스] ⓢ **지나가다, 통과하다, 건너다; 합격하다; 보내다, 넘겨주다; 승인하다; 사라지다** ⓜ **통행**, 통과; **패스**; 여권; (산)**길, 고개** ☞ 라틴어로 '걸음, 보행'이란 뜻
■ **pass**port [pǽspɔ̀ːrt] ⓜ 여권; 통행 허가증 ☞ 항구(port)를 통과하다(pass)
■ **pass**word [pǽswə̀rd] ⓜ **패스워드**, 암호(말), 군호; 『컴퓨터』 암호
☞ 통과(pass)에 필요한 낱말/단어(word)
☐ re**pass** [riːpǽs/-pάːs] ⓢ 다시 지나가(게 하)다; (의안 따위를) 다시 제출하여 통과시키다 ☞ 다시(re) 지나가다(pass)

< Passport >

연상 패스트푸드(fast-food.간이 즉석 음식)는 리패스트(repast.식사)로 대용 가능하다

※ **fast** [fæst/패스트/fɑːst/파-스트] ⓗ **빠른**, 급속한; **단단한** ⓑ **빨리**; 단단히, 굳게
☞ 고대영어로 '빠른; 견고한, 강한'이란 뜻
※ **fast**-food [fǽstfúːd/fάːst-] ⓗ 《미》 (햄버거・샌드위치・치킨 등의) 간이(즉석)음식의

☜ 빨리(fast) 조리하는 음식(food)

☐ re**past** [ripǽst/ripɑ́:st] ⓜ 식사; (한 번의) 식사량
☜ 라틴어로 '(가축이) 반복적으로(re) 풀을 뜯어먹다(past)'란 뜻
♠ a light 〔slight〕 **repast** 가벼운 **식사**

패트리어트 Patriot (Missile) (미국제 지대공미사일. <애국자>란 뜻)

♣ **어원 : patri, papa, father 아버지**

■ **patri**ot [péitriət, -ɑ̀t/pǽtriət] ⓜ **애국자**, 우국지사
☜ 아버지(patri)의 나라 사람(ot)

☐ re**patri**ate [ri:péitrièit/-pǽt-] ⓢ 본국에 송환하다, 본국에 돌아가다
[ri:péitriit/-pǽt-] ⓜ 본국으로의 송환자
☜ 다시(re) 아버지(patri)의 나라로 보내다(ate<동접>)
♠ **repatriate** prisoners of war 포로를 본국으로 **송환하다**

☐ re**patri**ation [ri:pèitriéiʃən] ⓜ 송환; 귀국, 복원 ☜ -ation<명접>

■ **father** [fɑ́:ðər/**퐈**-더] ⓜ **아버지**, 부친; 선조, 조상 **비교** mother 어머니
☜ 고대영어로 '아이를 낳는 자, 가장 가까운 남자 조상'이란 뜻

※ **missile** [mísəl/-sail] ⓜ **미사일**, **유도탄** ☜ 라틴어로 '던질(miss) 수 있는 것(ile)'이란 뜻

더치페이 Dutch pay (비용의 각자 부담), 페이 pay (봉급, 급료)

※ **Dutch** [dʌtʃ/더취] ⓗ **네덜란드의** ⓜ **네덜란드 말[사람]** ☜ 본래 '독일의'란 뜻이었으나 17세기부터 '네델란드의'란 뜻으로 바뀜 ★ 네델란드인들은 Holland라고 칭함. 공식적으로는 the Kingdom of the Netherlands라고 칭한다. Dutch에는 경멸적인 뜻이 내포되어 있어 자국인들은 쓰지 않는다.

■ **pay** [pei/페이] ⓢ (-/**paid**/**paid**) (돈을) **지불하다, 치르다**, (빚을) 갚다; (존경・경의를) **표하다**; (일 등이) **수지가 맞다; 벌을 받다** ⓜ **지불; 급료**, 봉급
☜ 라틴어로 '(지불하여) 평화롭게 하다'란 뜻

☐ re**pay** [ripéi] ⓢ (-/re**paid**/re**paid**) (아무에게 돈을) **갚다; 보답하다**, 은혜를 갚다; 보복하다 ☜ 다시(re) 지불하다(pay)
♠ **repay** a debt 빚을 **갚다**

☐ re**pay**able [ripéiəbl] ⓗ 돌려줄〔반제할〕 수 있는; 돌려줘야〔반제해야〕 할 ☜ -able(~할 수 있는)

☐ re**pay**ment [ripéimənt] ⓜ 반제; 보장; 보은; 앙갚음 ☜ -ment<명접>

프로펠러 propeller (회전날개, 추진기)

♣ **어원 : peal, pel 밀다, 몰고 가다(=drive), 몰아가다, 몰아내다**

■ pro**pel** [prəpél] ⓢ **추진하다**, 몰아대다 ☜ 앞으로(pro) 몰고 가다(pel)

■ pro**pel**ler [prəpélər] ⓜ **프로펠러**, 추진기
☜ propel + l<단모음+단자음+자음반복> + er(장비)

☐ re**peal** [ripí:l] ⓢ **무효로 하다**, 폐지하다, 철회하다 ⓜ 폐지, 철회
☜ 뒤로(re) 몰아내다(peal) **비교** refill 보충하다; 보충물
♠ **repeal** legislation 법률을 **무효로 하다**

☐ re**pel** [ripél] ⓢ **쫓아버리다**, 격퇴하다; 혐오감을 주다 ☜ 뒤로(re) 몰아내다(pel)
♠ **repel** an invader 침략자를 **물리치다**

☐ re**pel**lent, -lant [ripélənt] ⓗ (물 따위를) 튀기는; 불쾌감을 주는, 싫은
☜ 뒤로(re) 몰아대(pel) + l<단모음+단자음+자음반복> + 는(ent<형접>)

☐ re**pel**lence, -ency [ripéləns], [-si] ⓜ 반발(성), 반격(성) ☜ -ence/-ency<명접>

✚ ap**peal** **호소[간청]하다**; 흥미를 끌다; **호소**, 간청; 매력 com**pel** **강요하다** dis**pel** 없애다, **쫓아버리다** ex**pel** **쫓아내다**, 추방하다

R

리피터 repeater ([통신] 중계기)

♣ **어원 : peat, pet 말하다, 행하다**

☐ re**peat** [ripí:t/뤼**피**-트] ⓢ **되풀이하다,** 반복하다; 복창하다 ⓜ 되풀이; 반복되는 것; 『음악』 반복
☜ 고대 프랑스어로 '다시(re) 말하다/행하다(peat)'란 뜻
♠ **History repeats itself. 《속담》 역사는 되풀이한다.**

☐ re**peat**ed [ripí:tid] ⓗ 되풀이된, 종종 있는 ☜ repeat + ed<형접>

☐ re**peat**edly [ripí:tidli] ⓟ **되풀이하여**, 몇 번이고, 재삼재사, 두고두고
☜ repeated + ly<부접>

☐ re**peat**er [ripí:tər] ⓜ 되풀이하는 사람〔것〕; 암송자; 연발총; 『통신』 중계기, **리피터**; 재수생

☜ repeat + er(사람/장비)

□ repetition [rèpətíʃən] 명 **되풀이**, 반복; 재현; 복창; 암송(문·시구); 사본, 복사, 모사 ☜ repeat + itition<명접>

□ repetitious [rèpətíʃəs] 형 자꾸 되풀이하는, 중복하는, 반복성의 ☜ repeat +ititious<형접>

□ **repel**(쫓아버리다), **repellent**(불쾌감을 주는) ➔ **repeal**(무효로 하다) **참조**

페널티 킥 penalty kick (페널티 킥)

♣ 어원 : **pen, pun 죄, 형벌; 벌주다, 벌받다**

■ **pen**alty [pénəlti] 명 **형벌, 처벌; 벌금** ☜ 형벌의 + ty<명접>

■ **pen**alty area 〖축구〗 **페널티 에어리어**, 벌칙구역 《이 안에서의 수비측의 반칙은 상대에게 패널티킥을 줌》 ☜ area(구역, 지역)

■ **pen**alty kick 〖럭비 · 축구〗 **페널티 킥** ☜ kick(차기, 차다)

□ re**pen**t [ripént] 동 **후회하다**, 유감으로 생각하다, 회개(참회)하다 ☜ 라틴어로 '다시 유감스럽게 여기다'란 뜻. 다시(re) 죄를 지어 벌 받다(pen) + t

♠ **repent** (of) one's sins 죄를 **뉘우치다**

□ re**pen**tance [ripéntəns] 명 **후회**; 회한, 회개 ☜ repent + ance<명접>

□ re**pen**tant [ripéntənt] 형 후회하는 ☜ repent + ant<형접>

punish [pʌ́niʃ] 동 **벌하다**; 응징하다 ☜ 벌(pun) 하다(ish<동접>)

레퍼토리 repertory ([음악] 연주곡목)

□ **repertory** [répərtɔ̀ːri/-təri] 명 연예(상연) 목록, 연주 곡목(=repertoire); (지식 · 정보 따위의) 축적; 보고; 창고, 저장소 ☜ 라틴어로 '(재고)목록'이란 뜻. ⇦ 완전히(re/강조) 만들어내는(per) 것/곳(tory)

♠ play a wide **repertoire** of songs 다양한 **레퍼토리**를 연주하다

□ **repetition**(되풀이) ➔ **repeat**(되풀이하다) **참조**

플라자 Plaza (광장), 플랫폼 platform (승강장)

< Seoul Plaza>

♣ 어원 : **pla(c), pla(i)n, plat 편편한, 평평한; 명백한**

■ **pla**za [plɑ́ːzə, plǽzə] 명 《Sp.》 대광장; 《미》 쇼핑센터 ☜ 편편한(pla) 장소(za)

■ **plat**form [plǽtfɔ̀ːrm] 명 (역의) **플랫폼**, 승강장 ☜ 편편한(plat) 장소(form)

■ **pla**ce [pleis/플레이스] 명 **장소; 입장, 지위; 자리, 좌석** 동 **두다**, 놓다, 배치하다 ☜ 편편한(plac) 장소(e)

□ re**pla**ce [ripléis] 동 **제자리에 놓다**, 되돌리다; ~에 대신하다; 복직(복위)시키다 ☜ 다시(re) + place

♠ **replace** a book on the shelf 책을 책장에 **도로 꽂다**

♠ **replace (A) by (with) (B) A를 B로 바꾸다[교체하다]**

□ re**pla**ceable [ripléisəbl] 형 바꾸어 놓을 수 있는 ☜ -able(~할 수 있는)

□ irre**pla**ceable [ìripléisəbəl] 형 바꿔 놓을(대체할) 수 없는; 둘도 없는 ☜ ir(=not/부정) replaceable(바꾸어 놓을 수 있는)

□ re**pla**cement [ripléismənt] 명 **제자리에 되돌림**, 교체, 대치; 복직; 후계자, 교체자(물); 〖군사〗 보충병 ☜ replace + ment<명접>

R

□ **replant**(다시 심다, 이식하다) ➔ **plant**(식물; 공장; 심다) **참조**

미션 컴프리션 mission completion (임무완수)

♣ 어원 : **ple(n), pli, ply 채우다(=fill)**

※ **mission** [míʃən] 명 임무, 직무; **사절(단); 전도**, 포교 ☜ 보낸(miss) 것(ion<명접>)

■ com**ple**tion [kəmplíːʃən] 명 **성취, 완성**; 수행, 실행 ☜ complete + ion<명접> ⇦ 완전히(com) 채우(ple) 기(tion<명접>)

■ **plen**ty [plénti/플**렌**티] 명형 **풍부**(한), **다량**(의), 충분(한) ☜ 채우는(plen) 것(ty)

□ re**plen**ish [ripléniʃ] 동 다시 채우다; (연료를) 계속 공급하다; 새로 보충(보급)하다 ☜ 다시(re) 채우(plen) 다(ish<동접>)

♠ Allow me to **replenish** your glass. 당신 잔을 다시 채워 드리겠습니다.

□ re**plen**ishment [ripléniʃmənt] 명 보충, 보급 ☜ -ment<명접>

□ re**ple**te [riplíːt] 형 가득 찬, 충만한, 충분한; 포만한, 포식한 ☜ 다시(re) 채우(ple) 는(te<형접>)

□ re**ple**tion [riplíːʃən] 명 충만; 만원; 포식, 포만(飽滿); 〖의학〗 다혈증 ☜ 다시(re) 채우(ple) 기(tion<명접>)

✚ accom**pli**sh **이루다, 성취하다** re**ply** **대답하다** sup**ply** **공급하다, 지원하다**

디스플레이 display (표시장치), 리플 repl(y) (콩글 댓글) ➔ comment
애플리케이션 [앱] application [app] (스마트폰 응용프로그램)

스마트폰(smart phone) 등에 다운(down) 받아 사용할 수 있는 응용프로그램. 원어로는 어플리케이션(application)이나 줄여서 앱(app)이라고 부른다.

♣ **어원 : ply, pli, plic 붙들다; 채우다; (두개로) 접다, 포개다; 구부리다**

■ dis**pla**y [displéi/디스플**레**이] ⓢ **표시하다**; 전시하다 ⓜ **전시**(회), 표시
☜ 펼치다. 즉, 접지(pla) 않다(dis=not) + y

■ ap**ply** [əplái/어플**라**이] ⓢ **~을 적용하다, 신청하다**
☜ ~에(ap<ad) 붙들다(ply)

■ ap**pli**cation [æ̀plikéiʃən] ⓜ **적용, 신청(서)** ☜ ~에(ap<ad=to) 붙드는(plic) 것(ation<명접>)

□ re**plic**a [réplikə] ⓜ 『미술』 (원작자의 손으로 된) 복사 《그림 · 상(像) 따위의》, **레플리카**; 모사(模寫), 복제 ☜ 다시(re) 포개는(plic) 것(a)
★ 레플리카란 미술이나 공예 등에서 원작자가 자신의 작품을 동일한 재료나 방법, 기술을 이용하여 똑같은 모양과 크기로 만든 1점 이상의 정확한 사본을 말하며, 원작자의 엄격한 감독 하에 타인이 제작하는 경우도 있다.
♠ a **replica** of the Eiffel tower 에펠탑 **모형**

□ re**plic**able [réplikəbəl] ⓗ 반복〔복사 · 추가 시험〕 가능한; 『유전학』 복제 가능한
☜ 다시(re) 포갬(plic)이 가능한(able)

□ re**plic**ate [réplәkèit] ⓢ 복제〔복사〕하다; 복제되다 ☜ replic + ate<동접>

□ re**plic**ation [rèpləkéiʃən] ⓜ 응답; 반향; 복제, 복사, 모사, 사본 ☜ -ation<명접>

□ re**ply** [riplái/뤼플**라**이] ⓢ **대답하다**; 응답〔응수〕하다; 응전하다 ☜ 반대로(re) 구부리다(ply)
♠ **reply** to a question 질문에 **답하다**

■ **du**plicate [djúːpləkit] ⓗ 이중의, **중복의** ⓜ **복제**, 사본 ☜ 2개로(du) 접다(plic) + ate<형접/명접>

레포트 < 리포트 report (콩글 교수에게 제출하는 보고서) ➔ (term) paper

♣ **어원 : port 나르다, 운반하다**

■ **port** [pɔːrt/포-트] ⓜ **항구(도시)**, 무역항 ☜ (물건을) 운반하는 곳

□ re**port** [ripɔ́ːrt/뤼**포**-트] ⓜ (연구 · 조사의) **보고(서), 리포트** ⓢ (연구 · 조사 등을) 보고하다; (들은 것을) 전하다, 말하다, 이야기하다; 보도하다 ☜ 라틴어로 '뒤로(re) 나르다(port)'란 뜻
♠ **report** a spy 간첩을 **신고하다**
♠ **report** on the condition of ~
~의 상황에 관한 **보고서를 제출하다**.

□ re**port**age [rèpɔːrtάːʒ, ripɔ́ːrtidʒ] ⓜ 《F.》 **르포르타주**, 보고 문학〔문체〕; 현지 보고 ☜ report + age<명접>

□ re**port**edly [rèpɔːrtidli, ripɔ́ːrt-] ⓑ 소문에 의하면, 들리는 바에 의하면
☜ report + ed<형접> + ly<부접>

□ re**port**er [ripɔ́ːrtər] ⓜ **보고[신고]자**; 보도기자, 통신원, **리포터**; 의사(議事)〔판결〕 기록원
☜ report + er(사람)

✚ air**port** **공항** ex**port** **수출하다; 수출(품)** im**port** **수입하다; 수입(품)** **port**able 들고 다닐 수 있는; **휴대용의, 포터블; 휴대용 기구** **port**al **정문; 포털사이트** **port**er **운반인**; 짐꾼, **포터**; **문지기**

R

포즈(pose.자세)를 취하다, 프로포즈 propose (청혼하다)

♣ **어원 : pos(e), pos(i)t 놓다, 두다; 배치하다; 자리, 위치**

■ **pose** [pouz] ⓜ **자세, 포즈**; 마음가짐; 겉치레 ⓢ **자세[포즈]를 취하다** ☜ 고대 프랑스어로 '두다, 놓다, 위치시키다'란 뜻

■ pro**pose** [prəpóuz] ⓢ **신청하다**; 제안〔제의〕하다; 청혼하다
☜ 앞에(pro) (결혼하고 싶은 마음을) 내놓다(pose)

□ re**pose** [ripóuz] ⓜ **휴식**, 휴양; 수면; 평안; (색채 등의) 조화 ⓢ **눕히다; 쉬다**; 쉬게 하다 ☜ 다시(re) (제자리에) 두다(pose)
♠ **take 〔make〕 repose 휴식하다**

□ re**pose**ful [ripóuzfəl] ⓗ 평온한, 침착한 ☜ refose + ful<형접>

✚ **posi**tion **위치, 장소**; 처지, 입장; 지위 ex**pos**e (햇볕에) **쐬다, 드러내다; 폭로하다; 진열**〔노출〕**하다**

엘시 LC listening comprehension (듣기) * listening 청취
알시 RC reading comprehension (독해) * reading 읽기, 독서

토익(TOEIC)은 국제공용어로서의 영어숙달 정도를 평가하는 미국 ETS사의 영어시험 또는 상표명이다. 듣기(LC)와 독해(RC)가 각각 100문항씩이며, 총 990점 만점, Test of English for International Communication의 약자

♣ **어원 : prehend, prehens 잡다, 붙잡다**

■ com**prehend** [kɑ̀mprihénd/kɔ̀mpr-] (동) (완전히) **이해하다** ☜ 완전히(com) 잡다(prehend)

■ com**prehen**sion [kɑ̀mprihénʃən/kɔ̀m-] (명) **이해** ☜ 완전히(com) 잡은(prehens) 것(ion<명접>)

□ re**prehend** [rèprihénd] (동) 비난하다; 꾸짖다 ☜ 뒤에서(re=back) 붙잡다(prehend)
♠ **Reprehend** not the imperfection of others. 남의 결점을 **비난하지** 마라.

□ re**prehens**ible [rèprihénsəbəl] (형) 비난할 만한, 괘씸한 ☜ -ible(~할 만한, ~할 수 있는)

□ re**prehens**ive [rèprihénsiv] (형) 비난하는, 질책하는, 비난조의 ☜ -ive<형접>

□ re**prehens**ion [rèprihénʃən] (명) 비난, 질책 ☜ -ion<명접>

✚ ap**prehend** 이해하다, **깨닫다; 체포하다** misap**prehend** 오해하다

프리젠테이션 presentation (시청각 설명회)

♣ **어원 : es, esse 존재하다**

■ pr**es**ent [prézənt/프**뤠**전트] (형) (사람이) **있는**, 존재하는, **출석한; 현재의** (명) **현재; 선물** [prizént/프리**젠**트] (동) **선물하다**, **증정하다**, 바치다, 주다; **제출하다**, 내놓다; **소개하다**
☜ (눈)앞에(pre) 존재(es<esse) 하는(ent), or 앞으로(pre) 내밀다<주다(sent)

■ pr**es**entation [prèzəntéiʃən] (명) **증여**, 수여, 증정; 수여식; (공식적인) 선물(=gift); 소개, 피로(披露); 배알, 알현; 제출; 표시; 진술; 표현, 발표 ☜ (눈)앞에(pre) 존재(es<esse) 하는(ent) 것(ation<명접>) or 앞으로(pre) 주(sent) 기(ation<명접>)

□ repr**es**ent [rèprizént/뤠프뤼**젠**트] (동) **나타내다**, 의미하다; **대리[대표]하다; 표현하다**, 묘사하다; 기술하다 ☜ 확실히(re/강조) (눈)앞에(pre) 존재(es<esse) 하는(ent<형접>)
♠ X **represents** the unknown. X는 미지의 것을 **나타낸다**

□ repr**es**entation [rèprizentéiʃən] (명) **표시**, 표현, 묘사; 초상(화); **설명**, 진술; **연출** ☜ -ation<명접>

□ repr**es**entative [rèprizéntətiv/뤠프뤼**젠**터티브] (형) **대표하는**; 대리의; **표시하는**, 표현하는, 묘사하는; 상징하는 (명) **대표자, 대리인**; 재외(在外) 사절; 후계자, 상속자; **국회의원**
☜ 확실히(re/강조) 존재(present) 하는(사람)(ative<형접/명접>)
♠ **be representative of ~ ~을 상징하다, 나타내다, 대표하다**

컴프레서 compressor (압축기), 프레스센터 press center (언론회관)

♣ **어원 : press 누르다; 압축, 억압, 인쇄**

■ **press** [pres/프뤠스] (동) **누르다**; **강조하다**; **압박하다**; 돌진하다; **서두르다** (명) **누름**; **인쇄기**; **출판물** ☜ 중세영어로 '누르다'란 뜻

■ **press**ure [préʃər] (명) **누르기**; 압력; 압축, 압착
☜ 누르(press) 기(ure<명접>)

■ com**press**or [kəmprésər] (명) **압축기**; **컴프레서**
☜ 완전히(com/강조) 누르는(press) 기계(or)

□ re**press** [riprés] (동) **억누르다**; 저지[제지]하다; 진압하다 ☜ 다시<계속(re) 누르다(press)
♠ **repress** [put down] a coup 쿠데타를 **진압하다**

□ re**press**ible [riprésəbl] (형) 억제[제압]할 수 있는 ☜ repress + ible(~할 수 있는)

□ re**press**ion [ripréʃən] (명) 진압, 억제, 제지 ☜ repress + ion<명접>

□ re**press**ive [riprésiv] (형) 진압하는, 억누르는, 억압적인 ☜ repress + ive<형접>

■ irre**press**ible [ìriprésəbəl] (형)(명) 억누를[억제할] 수 없는(사람) ☜ ir(=not/부정) + repressible

※ **center**, 《영》 **centre** [séntər/**쎈**터] (명) **중심**(지); **핵심**; **중앙** ☜ 라틴어로 '원의 중심'이란 뜻

✚ de**press** **풀이 죽게 하다, 우울하게 하다** im**press** **~에게 감명을 주다, ~을 감동시키다**
op**press** **압박하다**, 억압하다, 학대하다 sup**press** **억압하다**; (반란 등을) 가라앉히다, **진압하다**

서프라이즈 surprise (놀람, 경악)

♣ **어원 : pris(e), pren 잡다(=take), 쥐다**

■ sur**prise** [sərpráiz/서프**롸**이즈] (동) (깜짝) **놀라게 하다** (명) **놀람, 경악**
☜ 위에서(sur) 갑자기 잡다(prise)

© MBC TV

□ re**pris**al [ripráizəl] (명) 앙갚음, 보복《특히 국가간의》; 『역사』 보복적

강탈; (보통 pl.) 배상금 ☜ 뒤에서(re=back) 잡아당(pris) 김(al<명접>)
♠ **a measure of reprisal 보복수단**

□ re**prise** [ripráiz] ⓜ (보통 pl.) 『법률』 연간 소요 경비; 반복; 재개; 보복 ⓢ 반복하다, 재연하다 ☜ 다시/뒤에서(re) 잡아당기다(prise)

✚ **pris**on **교도소**, 감옥; 구치소; 금고, 감금, 유폐 im**pris**on **투옥하다**, 수감하다, 감금하다; 구속하다

어프로치샷 approach shot (골프홀 가까이로 공을 침) * shot 발사, 치기, 스냅사진

♣ **어원 : proach, prov, prob, proxim 가까이**

■ ap**proach** [əpróutʃ/어프**로**우취] ⓢ 다가가다, **접근하다** ⓜ **접근**(법)
☜ ~로(ap<ad=to) 가까이(proach) 가다

□ re**proach** [ripróutʃ] ⓢ **비난하다**; 나무라다, 꾸짖다 ⓜ **비난**, 질책
☜ 반대로(re=against) 가까이 하다(proach)
♠ **reproach** ~ for being idle 〔with ~ idleness〕 ~의 나태함을 **꾸짖다**

□ re**proach**able [ripróutʃəbl] ⓗ 비난할 만한, 나무라야 할 ☜ reproach + able<형접>

□ re**proach**ful [ripróutʃfəl] ⓗ 나무라는 듯한, 비난하는 ☜ -ful<형접>

□ re**proach**fully [ripróutʃfəl] ⓑ 나무라는 듯이 ☜ ly<부접>

✚ irre**proach**able 비난할 수 없는, 결점이 없는 ap**proxim**ate **접근시키다**; 대략의, 비슷한

□ reprobate(비난하다; 타락한 사람) ➔ reprove(꾸짖다) 참조

프로듀서[피디] producer (영화감독, 연출가) ➔ 《미》 director

♣ **어원 : duc(e) 이끌다**

■ pro**duce** [prədjúːs/프러**듀**-스/프러**쥬**-스] ⓢ **생산[제작]하다**
☜ 앞<진보<발전<완성(pro)으로 이끌다(duce)

■ pro**duc**er [prədjúːsər] ⓜ **생산[제작]자**, 영화감독 ☜ produce + er(사람)

□ repro**duce** [rìːprədjúːs] ⓢ **재생하다**; 재현하다; **복사하다**, 모사하다; **생식하다**, 번식하다 ☜ 다시(re) 앞으로(pro) (결과물을) 이끌다(duce)
♠ The lizard **reproduces** its torn tail. 도마뱀은 끊어진 꼬리를 **재생한다**.

□ repro**duc**tion [rìːprədʌ́kʃən] ⓜ **재생**, 재현; 재생산; 복제(물), 복사, 모조; 생식; 『심리』 재생 작용 ☜ -tion<명접>

□ repro**duc**tive [rìːprədʌ́ktiv] ⓗ 생식의, 재생의 ☜ -tive<형접>

✚ intro**duce** 받아들이다; **소개하다** re**duce** **줄이다**; 축소하다

프로브 probe (자동차 배기가스 검사기에 딸린 탐침봉)

배기가스 중에 함유된 일산화탄소, 탄화수소 검사기에 딸린 튜브 모양의 탐침봉. 측정할 때에는 검사기에 호스를 연결한 다음 배기관 끝부분에 삽입하여 측정한다. <출처 : 자동차용어사전 / 일부인용>

♣ **어원 : prob, prov(e), proof 증명하다, 시험하다; 좋은**

■ **prob**e [proub] ⓜ 『의학』 소식자(消息子), 탐침(探針) 《좁은 관에 삽입하여 질환 따위를 살피는 기구》; 탐침봉 ☜ 시험〔증명〕하는(prob) 것(e)

□ re**prob**ate [réprəbèit] ⓢ 비난하다 ⓜ 신의 버림을 받은 사람, 타락한 사람 ⓗ 신의 버림을 받은, 타락한 ☜ re(=not/부정) + 가치를 증명(prob) 하다(ate<동접>)
♠ She is really a **reprobate**. 그녀는 정말 **타락한 사람**이다.

□ re**prob**ation [rèprəbéiʃən] ⓜ 비난, 질책; 배척, 반대 ☜ -ation<명접>

□ re**proof** [riprúːf] ⓜ (pl. **-s**) 비난, **질책**; 꾸지람(=rebuke) ☜ reprove + of<명접>

□ re**prov**al [riprúːvəl] ⓜ 비난, 질책 ☜ reprove + al<명접>

□ re**prove** [riprúːv] ⓢ **꾸짖다**, 비난하다; 훈계하다 ☜ 뒤로<나쁘게(re) 증명하다(prove)
♠ **reprove** (A) to (A)'s face A의 면전에서 A를 **꾸짖다**.

□ re-**prove** [riprúːv] ⓢ 다시 증명[입증]하다 ☜ 다시(re) 증명하다(prove)

□ re**prov**ingly [riprúːviŋli] ⓑ 비난하여 ☜ reprove + ing<형접> + ly<부접>

✚ **prob**able **개연적인**, 있음직한, 사실 같은 **prove 증명하다, 입증**(立證)**하다** ap**prove 승인하다, 찬성하다** disap**prove 불승인하다**, 비난하다, 찬성하지 않다 im**prove 개량하다, 개선하다**

렙틸리언 reptilian (파충류 외계인)

랩틸리언은 파충류형 외계인인데 평상시엔 인간의 모습을 하고 있다고 한다. 렙틸리언을 보았다는 목격담은 주로 아메리카 대륙에서 많이 접수되고 있다. 2018년 8월 국제 인터넷 해커집단 어나니머스는 각국의 기밀문서를 해킹한 결과 현재 랩틸리언에 의해 지구가 지배되고 있다고 주장했다.

© perdurabo10.net

♣ **어원 : rept 기다(=crawl)**

☐ **rept**ile [réptil, -tail] ⓜ **파충류 동물**; 양서류 동물; 《비유》 비열한 인간, 엉큼한 사람 ⓗ 기어다니는; 파충류의; 《비유》 비열한, 경멸할 ☜ 라틴어로 '기는(rept) 것(ile)'이란 뜻
♠ The snake is a (kind of) **reptile**. 뱀은 **파충류**의 일종이다.

☐ **Rept**ilia [reptíliə] ⓜ (pl.) 파충류 《분류명》 ☜ rept + il<형접> + ia<복수형 명접>

☐ **rept**ilian [reptíliən] ⓗ 파충류의; 파충류 비슷한; 《비유》 비열한 ⓜ 파충류의 동물 ☜ -an<형접/명접>

퍼블릭 골프장 public golf course (비회원제 대중 골프장) * 통상 6~9홀의 대중 골프장

♣ **어원 : pub, publ 대중(의), 공개(의), 공적인 (것); 성숙한, 시민의**

■ **publ**ic [pʌ́blik/퍼블릭] ⓗ **공공의, 공중의**, 일반 국민의; **공립의**, 공설의; 공적인, 공무의; **공공연한** ⓜ [the ~; 집합적] **공중**, 대중; 국민; 《영.속어》 선술집(=pub), 주막 ☜ 라틴어로 '사람들과 관련된'이란 뜻

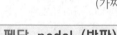

퍼블릭 코스 Public Course

© Jisan CC Public Course

☐ re**publ**ic [ripʌ́blik] ⓜ **공화국**; 공화정체 ☜ 라틴어로 '공적인(public) 일(re<res)'이란 뜻.
♠ **Republic** of Korea 대한민국(R.O.K., ROK)

☐ re**publ**ican [ripʌ́blikən] ⓗ 공화 정체의; **공화국의**; 공화주의의; (R-) 《미》 공화당의 ⓜ 공화주의자; (R-) 《미》 공화당원 ☜ -an(사람)

☐ re**publ**icanism [ripʌ́blikənizm] ⓜ 공화주의, 공화 정책 ☜ -ism(~주의)

■ **publ**ish [pʌ́bliʃ/퍼블리쉬] ⓢ **발표[공표]하다**; (법률 등을) 공포하다; **출판하다**, 발행하다; (가짜돈 등을) 사용하다 ☜ 라틴어로 '공개하다'란 뜻. -ish<동접>

페달 pedal (발판)

♣ **어원 : ped, pud 발; 도보, 보행; 걷다, 지나가다**

■ **ped**al [pédl] ⓜ **페달, 발판** ⓢ 페달을 밟다 ☜ 발(ped) 의(al<형접>)

■ **ped**dler, 《영》 **ped**lar [pédlər] ⓜ **행상인**; 마약 판매인; (소문 등을) 퍼뜨리는 사람; 《미.속어》 역마다 정차하는 완행 열차 ☜ 발(ped)로 + d + l + 걸어다니는 사람(er, ar)

☐ re**pud**iate [ripjúːdièit] ⓢ 거부하다, 부인하다; 인연을 끊다; 이혼하다 ☜ 발(pud)을 멀리(re=away) + i + 하다(ate)
♠ **repudiate a suggestion 제안을 거부하다**

☐ re**pud**iation [ripjùːdiéiʃən] ⓜ 거부, 거절, 부인; (자식과의) 절연; 이혼 ☜ -ation<명접>

빵구 < 펑크 punk (콩글 구멍난 타이어) ➔ punctured [flat] tire
펀치 punch (❶ 구멍뚫는 기계 ❷ [복싱] 타격, 펀치)

R

♣ **어원 : pun, pugn, pung, punct (바늘 따위로) 찌르다, 쑤시다, 꽂다; 반(점)**

■ **punct**ure [pʌ́ŋktʃər] ⓜ (바늘 따위로) **찌르기**; (찔러서 낸) 구멍; **펑크** 《타이어 따위의》 ⓢ (바늘 따위로) 찌르다; (타이어를) 펑크 내다; 펑크 나다 ☜ punct + ure<명접/동접>

■ **pun**ch [pʌntʃ] ⓜ **펀치**, 천공기; **주먹질, 펀치**; 《구어》 힘, 세력 ⓢ ~에 구멍을 뚫다, 주먹으로 치다 ☜ 고대 프랑스어로 '창'이란 뜻. 찌르는(pun) 것(ch)

☐ re**pugn**ant [ripʌ́gnənt] ⓗ 불유쾌한, 매우 싫은; 반항하는, 반대의; 모순된 ☜ 뒤에서(re=back) 찌르(pugn) 는(ant<형접>)
♠ **a repugnant smell 불쾌한 냄새**

☐ re**pugn**ance, -ancy [ripʌ́gnəns, -nənsi] ⓜ 혐오, 증오, 반감, 모순 ☜ -ance/-ancy<명접>

프로펠러 propeller (회전날개, 추진기)

♣ **어원 : pel, pul(s) 밀다, 누르다, 몰고 가다, 몰아대다**

■ pro**pel** [prəpél] ⓢ **추진하다**, 몰아대다 ☜ 앞으로(pro) 밀다(pel)

■ propeller [prəpélər] ⓜ **프로펠러**, 추진기; 추진시키는 사람
☜ 앞으로(pro) 미는(pel) + l<단모음+단자음+자음반복> + 것(er)

■ **pulse** [pʌls] ⓜ **맥박**, 고동; (광선・음향 따위의) **파동**, 진동; 『전기』 **펄스**
☜ 라틴어로 '밀다'라는 뜻

□ re**pulse** [ripʌ́ls] ⓢ **격퇴하다**; 논박하다; 거절하다; 퇴박 놓다 ⓜ 격퇴; 거절
☜ 뒤로(re=back) 밀(puls) 다(e)
♠ **repulse** an assailant 공격자를 **격퇴하다**

□ re**puls**ion [ripʌ́lʃən] ⓜ 혐오, 거절 ☜ repulse + ion<명접>

□ re**puls**ive [ripʌ́lsiv] ⓗ 물리치는, 싫은 ☜ repulse + ive<형접>

□ re**vuls**ion [rivʌ́lʃən] ⓜ 혐오, 반감 ☜ 뒤에서(re) 세게 잡아당기(vuls) 기(ion<명접>)

■ com**puls**ion [kəmpʌ́lʃən] ⓜ 강요, **강제**; 『심리학』 강박 충동
☜ 완전히(com) 미는(puls) 것(ion<명접>)

컴퓨터 computer (전자회로를 이용, 다양한 데이터를 처리하는 기기)

♣ 어원 : put(e) 계산하다, 생각하다

■ com**pute** [kəmpjúːt] ⓢ **계산**〔산정(算定)〕**하다**, 평가하다; 어림잡다
☜ 함께(com) 계산하다(pute)

■ com**put**er, -tor [kəmpjúːtər] ⓜ **컴퓨터**; **전자계산기**; 계산하는 사람
☜ 함께(com) 계산하는(put) 사람(er)

□ re**pute** [ripjúːt] ⓜ **평판**; 명성; 신용 ⓢ ~라고 여기다, 간주하다
☜ 다시(re) 생각하다(pute)
♠ I **repute** her (as) an honest girl. 나는 그녀를 정직한 소녀**라고 생각하고 있다**.

□ re**put**ed [ripjúːtid] ⓗ 평판이 좋은, 유명한; ~이란 평판이 있는 ☜ repute + ed<형접>

□ re**put**edly [ripjúːtidli] ⓟ 소문으로는, 평판으로는 ☜ -ly<부접>

□ re**put**able [répjətəbəl] ⓗ **평판이 좋은**, 영명(令名) 높은; 훌륭한 ☜ repute + able<형접>

□ re**put**ation [rèpjətéiʃən] ⓜ **평판, 명성** ☜ repute + ation<명접>

✚ dis**pute** **논쟁하다**; 논의하다 im**pute** (불명예 따위를) ~**에게 돌리다**, ~의 탓으로 하다

앙케트 enquete ([F.] 소규모의 여론조사) ➔ questionnaire, survey

♣ 어원 : quest, quisit, quir(e), query, quet 찾다, 구하다; 묻다, 요구하다

■ en**quet**e [ɑːŋkét; [F.] ɑkɛt] ⓜ **앙케트** 《똑같은 질문에 대한 여러 사람의 답변을 얻는 소규모의 설문 조사》
☜ 라틴어로 '안에서(en<in) 찾다(quet) + e

■ **quest** [kwest] ⓜ **탐색**(=search), 탐구(=hunt), 추구(=pursuit) ⓢ (사냥개가) 추적하다 ☜ 고대 프랑스어로 '~을 찾다, 사냥하다'란 뜻

□ re**quest** [rikwést/뤼퀘스트] ⓜ 요구, **요청, 부탁**, 의뢰; 소망 ⓢ 요구하다, **요청하다** ☜ 다시(re) (간절히) 구하다(quest)
♠ **request** a permission to go out 외출 허가를 **신청하다**.

□ re**quire** [rikwáiər/뤼**콰**이어] ⓢ **요구[요청]하다**, 명하다; **필요로 하다**
☜ 다시(re) (간절히) 구하다(quire)

□ re**quire**d [rikwáiərd] ⓗ 필수의, 필요한 ☜ require + ed<형접>
♠ **required course (학교에서) 필수 과목**

□ re**quire**ment [rikwáiərmənt] ⓜ **요구**, 필요; 필요물, 요구물; 필요 조건, 자격 ☜ -ment<명접>

□ re**quis**ite [rékwəzit] ⓗ **필요한**, 필수의 ⓜ 필요물, **필수품**, 필요 조건, 요소
☜ 다시(re) (간절히) 구하다(quis) + ite<형접/명접>
♠ the skills **requisite** for a job 직무에 **필요한** 기능

□ re**quis**ition [rèkwəzíʃən] ⓜ 청구; 명령; 수요(需要); 징발, 징용 ⓢ 징발하다
☜ requisite + ion<명접/동접>

✚ **quest**ion **질문**, **물음**; **의문**; (해결할) **문제; 질문하다**, 묻다 **quest**ion mark **물음표** (?) con**quest** **정복**; 전리품 **query** **질문**, 의문; 질의, 조회; 묻다, 질문하다 se**que**ster 격리하다, 은퇴시키다

□ **requite**(갚다, 보답하다, 보상하다) ➔ **unrequited**(보답이 없는) **참조**

□ **reread**(다시 읽다) ➔ **read**(읽다) **참조**

스킨 로션 skin lotion ([화장품] 피부에 바르는 로션), 스킨십 skinship (×) (콩글 피부접촉) ➔ touch, physical affection, body contact)

♣ 어원 : ski, sci(ss) 자르다(=cut), 쪼개다(=split)

■ **skin** [skin] ⓜ **피부** ☜ 고대 노르드어로 '동물가죽' ⇦ '잘라낸(ski) 것(n)'이란 뜻

R

★ 얼굴 세안 후 피부결 정돈과 수분 공급를 위해 피부에 바르는 화장수를 우리는 스킨(skin)이라 하는데 이는 콩글리시이며, 바른 표현은 toner이다.

■ **ski** [skiː/스끼이] 명 (pl. **-, -s**) **스키**; 수상 스키 동 **스키를 타다**
☜ 고대 노르드어로 '나무 막대, 긴 눈신' ⇦ '쪼갠 나무'란 뜻

□ re**sci**nd [risínd] 동 폐지하다; 무효로 하다, 취소하다 **주의** c는 묵음
☜ 잘라서(sci=cut) 뒤로(re=back) 버리다(nd)

□ re**sciss**ion [risíʒən] 명 폐지, 취소, 무효로 함, 철폐; (계약 등의) 해제
☜ 잘라서(sciss=cut) 뒤로(re=back) 버린 것(ion<명접>)

□ re**sciss**ible [risísəbl] 형 폐지할 수 있는 ☜ ible(~할 수 있는)

■ **sciss**ors [sízərz] 명 《복수취급》 **가위**
☜ 라틴어로 '자르는(sciss) 도구(or) + 들(s<복수>)'이란 뜻

※ **lotion** [lóuʃən] 명 바르는 물약; **세척제**; 화장수, **로션**; 《속어》 술
☜ 고대 프랑스어로 '피부에 바르는 액상 제제(製劑)'란 뜻

< Skin Lotion >

에스코트 escort (호위, 호송)

■ **es**cort [éskɔːrt] 명 **호송대**(자), 호위자(들); 호위 부대; 호위, 호송 [iskɔ́ːrt, es-] 동 호위(호송)하다
☜ 밖에(es<ex) 바로 세우다(cort)

□ r**es**cue [réskjuː] 동 **구조[구출]하다**, 구하다 명 구조, **구출**, 구제
☜ 완전히(re/강조) 밖으로(es<ex) (어려운 처지를) 털어버리다(cue<cutere)
♠ request for **rescue 구조**를 요청하다
♠ Search and **R**escue 탐색 및 구조(작전)(**SAR**)

□ r**es**cuer [réskjuːər] 명 구조자, 구원자 ☜ rescue + er(사람)

알엔디 R & D, R. and D. (연구개발. <Research and Development>의 줄임말)

□ **research** [risə́ːrtʃ, ríːsəːrtʃ] 명 (보통 pl.) (학술) **연구, 조사**, 탐구, 탐색 동 연구하다, 조사하다
☜ 중세영어로 '면밀히(re/강조) 살피는(search) 행동'이란 뜻
♠ **research** into a matter thoroughly
문제를 철저하게 **조사하다**.
♠ **R**esearch and **D**evelopment 연구 개발(**R & D, R. and D.**)

□ **research**er [risə́ːrtʃər] 명 연구(조사)원 ☜ -er(사람)

섹션 TV section TV (MBC 주간 연예정보 프로그램), 섹터 sector (분야, 영역), 섹스 sex (성(性))

♣ 어원 : sec(t), sex 자르다; 나누다; 따로 떼어내다

■ **sect** [sekt] 명 **분파**, 종파; 당파; 학파
☜ 고대 프랑스어로 '종교적인 공동체, 종파'라는 뜻

■ **sect**ion [sékʃən/**쎅**션] 명 **부분**; 절단, 분할; 단면도; (문장의) **절** 동 구분하다 ☜ 자른(sect) 것(ion<명접>)

■ **sect**or [séktər] 명 **부문**, 분야, 영역; 부채꼴 ☜ sect + or<명접>

□ re**sect** [risékt] 동 『의학』 절제하다, 떼어내다, 잘라내다 ☜ 분리해서(re=off) 자르다(sect)
♠ I just **resected** his injured bowel. 나는 방금 그의 손상된 내장을 절제했다.

R

□ re**sect**ion [risékʃən] 명 『의학』 절제(술) ☜ -ion<명접>

✚ bi**sect** 양분하다, 갈라지다 in**sect 곤충, 벌레** inter**sect 가로지르다**, 교차하다 dis**sect 해부[절개(切開)]하다**, 분석하다 **sex 성**(性), 성별; 성행위; 성적인; 암수를 감별하다

샘플 sample (견본, 표본)

♣ 어원 : sam, sem, sim(ul/il) 같은, 비슷한; (같은 것이) 함께하는

■ **same** [seim/쎄임] 형 **같은, 동일한** ☜ 고대영어/노르드어로 '~과 같은'이란 뜻

■ **sam**ple [sǽmpəl/sάːm-] 명 **견본, 샘플**, 표본; 실례(實例) 형 견본의 동 견본을 만들다; 견본이 되다 ☜ example(보기/실례/견본)의 두음소실

□ re**sem**ble [rizémbəl] 동 **닮다**, ~와 공통점이 있다
☜ 고대 프랑스어로 '완전히(re/강조) 같(sem) 은(ble)'이란 뜻
♠ The brothers **resemble** each other. 형제가 서로 **닮다**.

□ re**sem**blance [rizémbləns] 명 **유사(성), 닮음**; 닮은 정도; 닮은 얼굴, 초상화 ☜ -ance<명접>

✚ **simil**ar **유사한, 비슷한** **simul**ate **가장하다**, ~인 체하다, 흉내 내다 **simul**ator **시뮬레이터**,

모의조종장치: 흉내 내는 사람 as**sem**bly **집회, 회합**

센스 sense (분별력), 넌센스 nonsense (터무니없는 생각), 넌센스 퀴즈...

♣ **어원 : sens(e), sent 느끼다(=feel)**

■ **sense** [sens/쎈스] ㊔ (시각・청각・촉각 따위의) **감각**; **의식, 분별**; **의미** ㊕ **느끼다**
☜ 라틴어로 '느끼다, 지각하다'란 뜻

■ **non**sense [nάnsens/nɔ́nsəns] ㊔ **무의미한 말**; 터무니없는 생각, **난센스**; 허튼말(짓); 시시한 일 ㊖ 무의미한, 엉터리없는 ☜ 감각/의미(sens)가 없는(non) 것(e)

□ re**sent** [rizént] ㊕ 골내다, **분개하다**; 원망하다
☜ 고대 프랑스어로 '계속(re) (분한) 생각이 들다(sent)'란 뜻
♠ He **resented** being called a fool. 그는 바보라는 소리에 **분개했다.**

□ re**sent**ful [rizéntfəl] ㊖ 분개한, 성을 잘 내는 ☜ resent + ful<형접>

□ re**sent**ment [rizéntmənt] ㊔ 노함, **분개**; 원한 ☜ resent + ment<명접>

✚ as**sent** **동의[찬성]하다; 동의** con**sent** **동의[승낙]하다; 동의** dis**sent** **의견을 달리하다, 이의를 말하다;** 불찬성, 이의 **sent**ence **문장**; **판결; 선고하다** **sent**iment (고상한) **감정**, 정서, 정감

서비스 service (콩글 ▶ 무료 봉사) ➔ no charge, free of charge

♣ **어원 : cervi, serve 봉사하다, 지키다, 보존하다, 계속하다**

■ **serv**e [səːrv/써-브] ㊕ **섬기다**, 시중들다, 봉사하다
☜ 중세영어로 '~에게 습관적으로 복종하다'란 뜻

■ **servi**ce [sə́ːrvis/**써**-뷔스] ㊔ (종종 pl.) **봉사**, 공헌; (기차 등의) **편**(便); (관청 등의) **부문**; **복무**, 병역; **고용**; **예배** ㊕ 편리하게 하다; 수리하다; (도움을) 제공하다
☜ 라틴어로 '노예(slavery)의 상태'란 뜻. 봉사하는(serv) 것(ice)

□ re**serve** [rizə́ːrv/뤼**저**어브] ㊕ **비축하다**; **예약해 두다** ☜ 뒤에(re) 별도로 보존하다(serve)
♠ Did you **reserve** your hotel room, yet? 당신의 호텔 방은 **예약하**셨나요?
♠ **without reserve** (reservation) **거리낌 없이, 무조건, 쾌히**
accept a proposal **without reserve** 제안을 무조건 받아들이다.
♠ **R**eserve **O**fficers' **T**raining **C**orps 《미》 학생군사훈련단 **(ROTC)**

□ re**serv**ation [rèzərvéiʃən] ㊔ **보류**; **예약** ☜ 뒤에(re) 별도로 보존하는(serv) +a + 것(tion<명접>)
♠ **make a reservation 예약하다**

□ re**serv**ed [rizə́ːrvd] ㊖ **보류된**, 따로 치워둔; 예약의; 예비의; 지정된; 제한된 ☜ -ed<수동형 형접>
♠ a **reserved** seat **예약**(지정, 전세)석, **Reserved 예약**필, **예약**석

□ re**serv**edly [rizə́ːrvidli] ㊗ 사양(겸손)하여 ☜ reserved + ly<부접>

□ re**serv**ed army 예비군 ☜ army(군대, 육군)

□ re**serv**ist [rizə́ːrvist] ㊔ 예비병 ☜ reserve + ist(사람)

□ re**serv**oir [rézərvwὰːr, -vw̃ɔ̀ːr] ㊔ **저수지**, 저장소; 급수조(탱크), (램프의) 기름통, (만년필의) 잉크통; 가스(공기)통; 저장, 축적 ㊕ 저장하다, 축적하다 ☜ reserve + oir(용기, 통)

✚ con**serve** **보존하다**; 보호하다 ob**serve** **관찰하다**; **진술하다**; **준수하다** pre**serve** **보존[저장]하다**

□ reshape(고쳐 만들다) ➔ shape(모양, 모습; 형성하다) 참조

레지던트 resident (수련중인 의사. <[L.] 뒤에 앉아있는 사람>이란 뜻)

인턴(intern) 과정을 수료한 뒤 전문의(醫)가 되기 위해 수련 중인 의사

© 20th Television

♣ **어원 : sid, sit, sed, sess 앉다, 남다**

■ **sit** [sit/씻] ㊕ **앉다**, 앉아있다
☜ 고대영어로 '자리를 점유하다, 앉다'란 뜻

□ re**sid**e [rizáid] ㊕ **살다, 거주하다**
☜ 라틴어로 '앉아 쉬다'란 뜻. 뒤에(re) 앉다(sid) + e
♠ I **reside** here in Seoul. 나는 이곳 서울에서 **살고 있다**.

□ re**sid**ence [rézidəns] ㊔ **주거, 주택**; 거주, 주재; 재학; (권력 등의) 소재(지) ☜ -ence<명접>
♠ **have** (keep) **one's residence 거주하다**.

□ re**sid**ent [rézidənt] ㊔ **레지던트**, 수련의(修鍊醫); **거주자** ㊖ 거주하는
☜ 뒤에(re) 앉아 있(sid) 는(사람)(ent)

□ re**sid**ential [rèzidénʃəl] ㊖ **주거의**, 주택에 알맞은; 거주에 관한; 학내 거주의 ☜ -ial<형접>

□ re**sid**ue [rézidjùː] ㊔ 나머지; 잔여, 잉여 ☜ 라틴어로 '뒤에(re) 남아있는(sid) 것'(ue)'이란 뜻

□ re**sid**ual [rizídʒuəl] ㊖ 나머지의; 찌꺼기의; (살충제 따위가) 잔류성의; 『의학』 후유증의 ㊔ 잔여; 찌꺼기; 『수학』 나머지; 오차 ☜ 뒤에(re) 남은<앉은(sid) 것(의)(ual)

□ re**sid**uary [rizídʒuèri/-əri] ㊖ 나머지의, 찌꺼기의 ☜ -ary<형접>

R

✚ pre**sid**e **의장이 되다**, 사회를 보다 pre**sid**ent **의장, 총재, 회장, 총장**; (종종 P-) **대통령** as**sess** 평가하다, 사정하다 **sess**ion **회기, 기간; 학기**

사인 sign (서명하다), 시그널 signal (신호)

♣ **어원 : sign 표시; 표시하다**

■ **sign** [sain/싸인] ⓜ **기호, 표시**, 신호, 부호 ⓢ **서명[사인]하다**
☜ 고대 프랑스어로 '표시, 기호'란 뜻

■ **sign**al [sígnəl] ⓜ **신호** ⓗ 신호의 ☜ 표시(sign) 의(al<형접>)

□ re**sign** [rizáin] ⓢ **사임하다** ☜ 뒤로(re=back) 물러남을 표시하다(sign)
♠ He **resigned** as president. 그는 사장직을 **사임했다**.
♠ **resign oneself to ~ ~에 몸을 내맡기다; ~을 감수하다**

□ re**sign**ed [rizáind] ⓗ 단념한; 퇴직한 ☜ resign + ed<형접>

□ re**sign**edly [rizáindli] ⓟ 단념하여 ☜ resigned + ly<부접>

□ re**sign**ation [rèzignéiʃən] ⓜ **사직**, 사임; 사표; 포기, 단념; 체념, 감수☜ -ation<명접>

✚ **sign**ature **서명** as**sign** **할당[배당]하다** de**sign**ate **가리키다**, 지시하다

레진 > 레신 resin (식물이 분비하는 고형물. 천연수지와 합성수지가 있으며, 주로 모형제작 · 충치보강 등에 널리 쓰임)

□ **resin** [rézin] ⓜ (나무의) 진, **수지**(樹脂), 송진; 수지 제품 ⓢ ~에 수지를 바르다 ☜ 고대 프랑스어로 '수액(樹液), 수지(樹脂)'란 뜻
♠ The plastic cover is made by synthetic **resin**.
비닐 덮개는 **합성수지**로 만들어졌다.

■ **rosin** [rázən, rɔ́(:)zn] ⓜ **로진** 《송진에서 테레빈유를 증류시키고 남은 수지(樹脂); 현악기의 활이 미끄러짐을 방지함》; ⓢ 로진으로 문지르다, 로진을 바르다
☜ 고대 프랑스어로 '수액(樹液), 수지(樹脂)'란 뜻

어시스트 assist ([축구] 득점자에게 유효한 패스를 보낸 선수) 레지스탕스 resistance (2 차대전시 독일에 대한 프랑스의 지하 저항운동)

[스포츠] 어시스트란 점수를 얻거나 상대를 아웃시키기 위해 같은 팀 선수를 돕는 행동

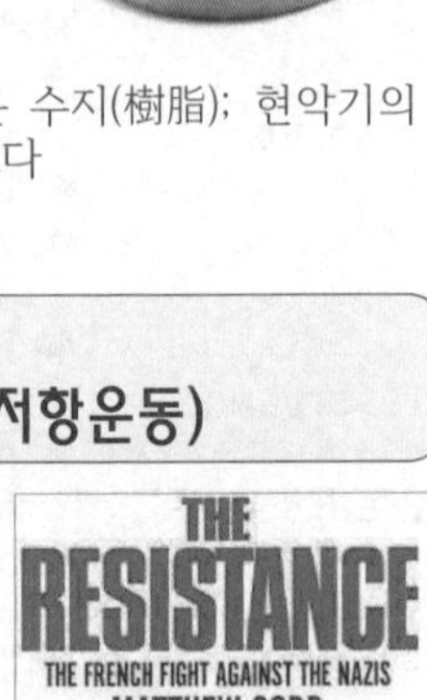

♣ **어원 : sist 서있다(=stand)**

■ as**sist** [əsíst] ⓢ **돕다**, 거들다, **조력하다**
☜ ~쪽에(as<ad=to) 서서(sist) 거들다

□ re**sist** [rizíst] ⓢ **저항하다, 격퇴하다**
☜ ~에 대항하여(re=against) 서있다(sist)
♠ **resist** the enemy 적을 **격퇴하다**

□ re**sist**ance [rizístəns] ⓜ **저항, 레지스탕스** ☜ resist + ance<명접>

□ re**sist**ant, -ent [rizístənt] ⓗ 저항[방해]하는; 견디는, 내성(耐性)이 있는
☜ -ant<형접>

✚ con**sist** **구성하다** in**sist** **주장하다, 우기다** per**sist** **고집하다** sub**sist** 존재하다, 생존하다

솔루션 solution (해결책, 해법)

♣ **어원 : solu(t), solv(e) 풀다, 느슨하게 하다; 녹다, 녹이다, 용해하다**

■ **solve** [sɑlv/sɔlv] ⓢ (문제를) **풀다, 해결하다** ☜ 라틴어로 '풀어버리다, 맞추다'란 뜻

■ **solu**tion [səlúːʃən] ⓜ **용해**; 분해; (문제 등의) **해결, 해법**(解法); 해제 ☜ 푸는(solut) 것(ion)

□ re**solut**e [rézəlùːt] ⓗ **굳게 결심한**, 결연한; 굳은, 단호한, 어기찬
☜ 반대로(re) 느슨하게 하(solut) 는(e)
♠ He was **resolute** in carrying out his plan.
그는 계획을 실현할 **결의가 확고하**였다.

□ re**solut**ely [rézəlùːtli] ⓟ **단호히**, 결연히 ☜ resolute + ly<부접>

□ re**solut**ion [rèzəlúːʃən] ⓜ **결심**, 결의(안/문); 과단; **해결**, 해답; 분해, 분석 ☜ -ion<명접>

□ re**solve** [rizálv/-zɔ́lv] ⓢ **분해하다**, (문제를) 풀다, 해결하다 ☜ 완전히/다시(re) 녹이다(solve)
♠ Water may be **resolved** into oxygen and hydrogen.
물은 산소와 수소로 **분해할** 수도 있다.

□ re**solv**ed [rizálvd] ⓗ **결심한**, 단호한; 깊이 생각한 ☜ resolve + ed<형접>

✚ ab**solut**e **절대적인** ab**solve** **용서하다**, 사면(해제 · 면제)하다 dis**solve** **녹이다**, 용해하다, 분해하

다 insoluble **녹지 않는**; 풀 수 없는, 설명(해결)할 수 없는

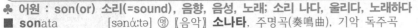

소나타 sonata (❶ 기악 독주곡, ❷ 현대자동차 브랜드. 이탈리아어로 <울려 퍼지다>란 뜻)

♣ **어원 : son(or) 소리(=sound), 음향, 음성, 노래; 소리 나다, 울리다, 노래하다**

■ **sonata** [sənάːtə] [명] 『음악』 **소나타**, 주명곡(奏鳴曲), 기악 독주곡
☜ 이탈리아어로 '울려 퍼지다'란 뜻

■ **sonar** [sóunɑːr] [명] **소나**, 수중 음파탐지기, 잠수함 탐지기
☜ **so**und **na**vigation **r**anging의 약어

■ **sonnet** [sάnət/sɔ́n-] [명] 14행시, **소네트**; 단시(短詩)
☜ 중세 프랑스어로 '작은 노래'란 뜻. 노래(son) + n<자음반복> + et(작은)

□ re**son**ant [rézənənt] [형] 공명하는; 반향하는, 울리는 [명] 『음성』 공명음
☜ 뒤로(re=back) 소리(son)가 나는(ant<형접>)
♠ His voice is **loud and resonant**. 그는 목소리는 **쩌렁쩌렁하다.**

□ re**son**ance [rézənəns] [명] 공명(共鳴); 반향; 『전기』 (파장의) 동조(同調), 공진(共振)
☜ -ance<명접>

리조트 resort (휴양 및 휴식을 취하면서 각종 스포츠나 여가 활동을 즐기는 체류형 휴양 시설)

□ **resort** [rizɔ́ːrt] [명] **행락지**, 번화가; 자주 다님, 사람들의 출입; 의지, 의뢰 [동] 자주 드나들다; **의지하다** ☜ 고대 프랑스어로 '사람들이 휴양하러 가는 곳'이란 뜻. ⇦ 다시(re) 가다(sort=go)
♠ **a summer** (winter) **resort 피서지**(피한지),
♠ **a place of great resort 번화한 곳**
♠ **resort to ~ (수단)에 호소하다; ~에 자주 가다**
♠ **without resort to ~ ~에 의존하지 않고**

소나타 sonata (기악 독주곡. <[It.] 울려퍼지다>란 뜻에서)

♣ **어원 : son, sound 소리, 음향, 음성; 울리다, 소리가 나다**

■ **sonata** [sənάːtə] [명] 『음악』 **소나타**, 주명곡(奏鳴曲), 기악 독주곡
☜ 이탈리아어로 '울려 퍼지다'란 뜻

■ **sound** [saund/싸운드] [명] **소리**, 음, 음향, 음성 [동] **소리가 나다; ~하게 들리다; 소리내다; 두드려 조사하다** ☜ 고대 프랑스어로 '음성, 소리'라는 뜻

□ re**sound** [rizáund] [동] (소리가) **울리다, 울려 퍼지다**; (사건 · 명성 따위가) 떨치다, 평판이 자자하다; 반향하다; 칭찬하다 ☜ 라틴어로 '다시(re) 소리가 나다(sound)'란 뜻
♠ Laughter **resounded** through the house. 웃음소리가 집 안에 **울려 퍼졌다.**

□ re**sound**ing [rizáundiŋ] [형] 반향하는, 울리는; 널리 알려진; 철저한 ☜ resound + ing<형접>

윈드서핑 wind surfing (판(board) 위에 세워진 돛에 바람을 받으며 파도를 타는 해양 스포츠), 웹 서핑 web surfing (인터넷 검색)

♣ **어원 : sur(g), sour 파도; 오르다, 일어나다**

※ **wind** [wind/윈드, 《시어》 waind/와인드] [명] **바람** [동] **감다, 돌리다; 굽이치다** ☜ 고대영어로 '움직이는 공기'란 뜻

■ **surf** [səːrf] [명] (해안에) **밀려드는 파도**, 밀려 와서 부서지는 파도 [동] 서핑을(파도타기를) 하다; 『컴퓨터』 검색하다
☜ 중세인도어로 '몰아치는 소리'란 뜻

■ **surg**e [səːrdʒ] [동] **파도처럼 밀려오다** [명] **큰 파도; 격동**
☜ 라틴어로 '일어나다, 떠오르다'란 뜻

■ **sour**ce [sɔːrs] [명] **원천, 근원, 출처**, 근거 ☜ (최초로) 일어난(sour) 곳(ce)

□ re**sour**ce [ríːsɔːrs, -zɔːrs] [명] (보통 pl.) **자원; 수단; 지략**, 기지 ☜ 다시(re) 일어난(sour) 것(ce)
♠ mineral (human) **resources** 광물(인적) **자원**

□ re**sour**ceful [risɔ́ːrsfəl, -zɔ́ːrs-] [형] 자산(자원)이 있는; 지략이 있는 ☜ -ful(~이 가득한)

□ re**sour**celess [riːsɔ́ːrslis] [형] 수완(방책)이 없는; 자력(자원)이 없는 ☜ -less(~이 없는)

✚ in**surg**ent 모반하는, 폭동을 일으킨; 폭도, 반란자 in**sur**rection 반란, **폭동**, 봉기

R

스펙터클 spectacle (볼거리가 풍부한), 스펙트럼 spectrum, 프로스펙스 prospecs (한국의 대표적인 스포츠화 브랜드)

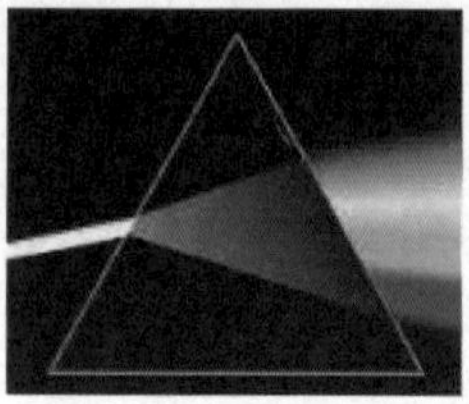

♣ **어원 : spect, spic, spit 보다(look), 살펴보다, 조사하다**

■ **spect**acle [spéktəkəl] [명] **광경**, 볼만한 것, 장관(壯觀); (pl.) **안경**
☜ 볼 만한(spect(a)) 것(cle<명접>)

■ **spect**rum [spéktrəm] [명] (pl. -tr**a**, **-s**) 『광학』 **스펙트럼**, 분광
☜ 눈에 보이는(spect) + r + 것(um<명접>)

■ pro**spect** [prάspekt/prɔ́s-] [명] 조망(眺望), **전망**; 경치; **예상**, 기대
☜ 앞을<미래를(pro) 보다(spect)

□ re**spect** [rispékt/뤼스**펙**트] [명] **존경**, 존중, 경의 [동] **존경하다**; 존중하다 ☜ 다시(re) 보다(spect)
♠ Children should **show respect for** their teachers.
아이들은 선생님**께 경의를 표해야** 한다.
♠ **have respect for ~ ~을 존경하다**
♠ **have respect to ~ ~와 관계가 있다**
♠ **in respect of ~ ~에 관하여**(=with respect to)
♠ **in all** (many) **respects 모든[많은] 점에서**
♠ **in no respect 어느 점에서도 ~않다. 결코 ~않다**
♠ **in this respect 이 점에서**(=in this regard)
She was quite explicit **in this respect**.
그녀는 **이 점에 대해서** 조금도 숨김이 없었다.
♠ **pay** (show) one's **respects to ~ ~에게 경의를 표하다, 문안드리다, 조문하다**
pay respect to one's ancestors. 조상들**께 제사를 드리다**.
♠ **with respect to ~ ~에 관하여, ~에 대하여**
♠ **without respect to ~ ~을 무시하고, ~을 고려하지 않고**

□ re**spect**able [rispéktəbəl] [형] **존경할 만한**, 훌륭한; 흉하지 않은; 상당한 [명] (보통 pl.) 존경할 만한(훌륭한) 사람 ☜ -able(~할 만한)

□ re**spect**ably [rispéktivli] [부] 훌륭하게; 상당히 ☜ respect + ably<부접>

□ re**spect**ability [rispèktəbíləti] [명] 훌륭함; 체면 ☜ -ability<명접>

□ re**spect**ful [rispéktfəl] [형] **경의를 표하는**, 공손한, 예의 바른, 정중한; 존경하는, 존중하는
☜ -ful<형접>

□ re**spect**fully [rispéktfəli] [부] **공손히**, 정중하게 ☜ respect + ful<형접> + ly<부접>

□ re**spect**ive [rispéktiv] [형] **각각의**, 각기의, 각자의 《보통 복수명사를 수반함》
☜ '다시(re) 유심히 살펴보는(spect)' 것은 '하나하나 살펴본다'는 의미로 '각각'이라는 뜻이 됨.

□ re**spect**ively [rispéktivli] [부] **각각**, 각기, 따로따로 ☜ respect + ive<형접> + ly<부접>

□ re**spite** [réspit] 휴식, 일시적 중단; 연기, 유예 ☜ 뒤를(re) 보다(spit) + e
♠ give **respite 한숨 돌릴 여유**를 주다.
♠ a **respite** for payment 지불 **유예**
♠ **take a respite 휴식하다**

✚ disre**spect** 실례, 무례; 경시(경멸)하다, 디스하다 e**xpect 기대[예기, 예상]하다**; 기다리다; ~할 작정이다 in**spect 조사하다**, 검사하다; **시찰하다** retro**spect** 회고, 회상, 회구(懷舊) con**spic**uous 눈에 띄는, **확실히 보이는** su**spic**ious **의심스러운**, **수상쩍은**

스프라이트 sprite (코카콜라사의 세계 1등 사이다 음료. <요정>이란 뜻), 인스피레이션 inspiration (영감(靈感))

스프라이트(sprite)는 코카콜라(Coca-Cola; Coke)사(社)의 세계 1등 사이다(soda pop) 브랜드이다. 참고로 cider 라는 영어는 '소다음료'가 아닌 '사과주'를 의미한다.

♣ **어원 : spir(e), xpir(e), spri 숨쉬다**

■ **spri**te [sprait] [명] 요정 《자연물의 정령(精靈), 불가사의한 마력을 지닌 님프》 ☜ 숨을 쉬고 있는(죽지 않은) 정령

■ in**spire** [inspáiər] [동] **고무시키다, 격려하다** ☜ 안으로(in) 숨을 불어넣다(spire)

■ in**spir**ation [ìnspəréiʃən] [명] **인스피레이션, 영감**(靈感) ☜ -tion<명접>

□ re**spire** [rispáiər] [동] 호흡하다, 한숨돌리다 ☜ 다시(re) 숨을 쉬다(spire)

□ re**spir**ation [rèspəréiʃən] [명] **호흡**; 한 번 숨쉼; 『동물·식물』 호흡 작용
☜ 다시(re) 숨 쉬(spir) 기(ation<명접>)
♠ artificial **respiration** 인공 **호흡**

□ re**spir**ator [réspərèitər] [명] 마스크 《천으로 된》; 방독면(防毒面), 가스 마스크; 인공호흡 장치
☜ respire + ator(사물)

□ re**spir**atory [résperətɔ̀ːri, rispáiərə-/rispáiərətəri] [형] 호흡(작용)의

☜ 다시(re) 숨 쉬(spir) 는(atory<형접>)

✚ a**spire** **열망하다, 갈망하다** con**spire** **공모하다, 꾀하다** e**xpire** **만료되다**; 숨을 내쉬다
spirit **정신, 마음** su**spire** 한숨 쉬다

☐ **respite**(휴식, 일시적 중단) ➔ **respect**(존경; 존경하다) **참조**

☐ **resplendent**(눈부신), **resplendence**(찬란) ➔ **splendid**(화려한, 멋진) **참조**

스폰서 sponsor (후원자)

♣ **어원 : spond, spons (대)답하다, 약속하다, 서약[보증]하다, 마음이 일치하다**

■ **spons**or [spάnsər/spɔ́n-] 명 **보증인**(=surety), **후원자, 스폰서**
동 **후원하다** ☜ 약속하는(spons) 사람(or)

☐ re**spond** [rispάnd/-spɔ́nd] 동 **응답[대답]하다** ☜ 도로(re) 답하다(spond)
♠ **respond to ~ ~에 (대)답하다; (자극 따위)에 반응을 나타내다, 감응하다**
respond to speech of welcome 환영사**에 답하다**

☐ re**spond**ence [rispάndəns/-spɔ́nd-] 명 응답, 대답 ☜ respond + ence<명접>

☐ re**spond**ent [rispάndənt/-spɔ́nd-] 형 응답하는, 감응하는, 일치하는 명 답변자 ☜ -ent<형접/명접>

☐ re**sponse** [rispάns/-spɔ́ns] 명 **응답**, 대답; 반응 ☜ 도로(re) 답하(spons) 기(e)
♠ **A**utomatic **R**esponse **S**ystem 자동응답서비스(약어 **ARS**)
♠ **in response to ~ ~에 응하여, ~에 답하여**

☐ re**spons**ive [rispάnsiv/-spɔ́n-] 형 **바로 대답하는**, 응하는; 감응〔감동〕하기 쉬운 ☜ -ive<형접>

☐ re**spons**ibility [rispὰnsəbíləti/-spɔ̀n-] 명 **책임**, 의무 ☜ response + ibility<ability(능력, 성향)

☐ re**spons**ible [rispάnsəbəl/-spɔ́n-] 형 **책임 있는, 신뢰할 수 있는** ☜ response + ible<형접>
♠ **be responsible for ~ ~에 대한 책임이 있다, ~의 원인이 되다**

■ irre**spons**ible [ìrispάnsəbəl/-spɔ́n-] 형 **책임이 없는; 무책임한**
☜ 무(無)(ir<in=not/부정) 책임한(sponsible)

헤드레스트 headrest (자동차 좌석의 머리받침대)

♣ **어원 : rest 멈추다, 쉬다; 휴식, 침착, 평온**

※ **head** [hed/헤드] 명 **머리**《목 위의 부분, 또는 머리털이 나있는 부분》
☜ 고대영어로 '몸의 꼭대기'라는 뜻

☐ **rest** [rest/레스트] 명 **휴식** 동 **쉬다, 휴양하다, 쉬게 하다**
☜ 고대영어로 '휴식, 침대, 정신적 평화'란 뜻
♠ **take a** short **rest** 잠시 **쉬다**
♠ **rest on**〔upon〕 **~ ~에 의존하다**(=depend on), **~에 의거하다**
All our hopes now **rest on** you. 우리의 모든 희망이 이제 너에게 **달려 있다**.
♠ **rest with ~ ~에 달려있다, ~에 의거하다**
♠ **at rest 휴식하여, 정지하여, 영면하여, 해결하여**
♠ **rest and relaxation, R&R 휴양, 충분한 휴식, 장기간의 휴가**

☐ **rest**ful [réstfəl] 형 휴식을 주는, 편안한, **평온한** ☜ 평온(rest)이 가득한(ful)

☐ **rest**ing [réstiŋ] 형 휴식〔휴지〕하고 있는, 『식물』 휴면중인 ☜ -ing(~하고 있는)

☐ **rest**ing place 휴식처; 무덤; (계단의) 층계참(層階站: 층계의 중간에 있는 좀 넓은 곳)
☜ 쉬는(resting) 장소(place)

☐ **rest**less [réstlis] 형 **침착하지 못한**, 들떠 있는; 불안한; 잠 못 이루는; 끊임없는
☜ 평온(rest)이 없는(less)

☐ **rest**lessly [réstlisli] 부 침착하지 못하게, 들떠서 ☜ -ly<부접>

☐ **rest**lessness [réstlisnis] 명 불안, 침착하지 못함 ☜ -ness<명접>

☐ **rest** room (공공 시설의) 화장실(《영》 toilet; 《일반》 lavatory), 화장실, 변소; 휴게실
☜ room(방, 실(室))

■ ar**rest** [ərést] 동 **체포하다** 명 **체포** ☜ ~을(ar<ad=to) 멈추게 하다(rest)

■ un**rest** [ənrést] 명 (특히 사회적인) 불안, 불온; 걱정 ☜ 평온하지(rest) 않음(un=not)

스탠드 stand (세움대; 관람석)

♣ **어원 : stand, stant, st, stitut 서다, 세우다**

■ **stand** [stænd/스땐드/스탄드] 동 (-/**stood**/**stood**) **서다, 서 있다**
☜ 라틴어로 '서있는(sta) 것/곳(nd)'이란 뜻

■ in**stitute** [ínstətjùːt] 동 **세우다, 설립하다**; 실시하다 명 **기관, 연구소; 대학** ☜ 안에(in) 세우다(stitute)

☐ re**st** [rest/뤠스트] 명 [the ~] **나머지**, 잔여, 여분; 『은행』 적립금,

준비금; 차감 잔고 ⓢ 여전히 ~이다, ~인 채로 이다〔있다〕
☜ 라틴어로 '뒤에(re) 서있다(st)'란 뜻
♠ The **rest** of the pizza is in the fridge. 피자의 **나머지**는 냉장고에 있다.

□ re**stitut**ion [rèstətjúːʃən] ⓜ (정당한 소유자에의) 반환, 되돌림, 상환; 배상
☜ 다시(re) 세우(stitut) 기(ion<명접>)
♠ **make restitution 반환 [배상, 상환] 하다**

✚ circum**st**ance **상황, 환경; 주위의 사정** con**st**ant **불변의**, 일정한; 《문어》 **충실한** di**st**ance **거리**, 간격 in**st**ance **실례**(=example), **보기**, 사례, 예증

레스토랑 restaurant (서양식 음식점)

♣ **어원 : restaur, restor(e) 되찾다**

□ **restaur**ant [réstərənt, -rɑ̀ːnt/-rɔ̀nt, -rɔːŋ] ⓜ 《F.》 **요리점**, 음식점, **레스토랑**; (호텔·극장 등의) 식당 ☜ 프랑스어로 '건강을 되찾게 하는(restaur<restore) 곳(ant)'이란 뜻
♠ an Italian **restaurant** 이탈리아 (스타일) **레스토랑**

□ **restor**e [ristɔ́ːr] ⓢ **되돌려주다**; 반환〔반송〕하다; **복직시키다; 복구[재건]하다**; 복원하다, 수선〔수복〕하다; 회복시키다; (건강·지위 등을) 되찾게 하다
☜ 라틴어로 '되찾다'란 뜻. 즉, 다시(re) 세우다(store)

□ **restor**er [ristɔ́ːrər] ⓜ 원상 복귀시키는 사람〔것〕 ☜ restore + er(사람)

□ **restor**ation [rèstəréiʃən] ⓜ **회복**, 복원; 복구, **복직**, 부활, 부흥; (건강의) 회복; **반환**
☜ restore + ation<명접>

□ **restor**ative [ristɔ́ːrətiv] ⓗ 원기를 회복시키는; (신체 부위를) 복원하는 ⓜ 원기 회복제, 강장제
☜ restore + ative<형접/명접>

□ **restitution**(반환, 배상, 보상) ➔ **rest**(나머지) **참조**

컨테이너 container (화물 수송용 컨테이너)

♣ **어원 : tain, stain, strain 잡다, 잡아당기다, 묶다, 유지하다**

■ con**tain** [kəntéin/컨**테**인] ⓢ **담고 있다, 포함하다**; (감정을) **억누르다**
☜ 모두(con<com) 유지하다(tain)

■ con**tain**er [kəntéinər] ⓜ **그릇, 용기; 컨테이너** 《화물 수송용 큰 금속 상자》 ☜ contain + er(기기)

□ re**strain** [ristréin] ⓢ **제지[방해]하다**, 억제하다 ☜ 뒤로(re) 묶다(strain)
♠ **restrain** somebody's liberty 자유를 **속박하다**

□ re**strain**ed [ristréind] ⓗ **삼가는**, 자제하는; (생각이) 온당한; 구속〔억제〕된 ☜ -ed<형접>

□ re**strain**edly [ristréinidli] ⓑ 자제하여; 냉정히, 차분히 ☜ -ly<부접>

□ re**strain**t [ristréint] ⓜ 금지, **억제**(력); 속박, 구속; 출항〔입항〕 금지; 자제, 근신 ☜ -t<명접>

✚ de**tain ~을 못가게 붙들다**; 기다리게 하다 ab**stain 절제하다**, 끊다, 삼가다 **strain 잡아당기다**, 꽉 죄다; **긴장시키다** con**strain** 강제하다, 강요하다, **억지로 ~시키다**

스트레스 stress (심리적 압박감)

♣ **어원 : stress 압력 ➔ strict 팽팽하게 당기다; 묶어두다**

■ **stress** [stres] ⓜ **압박**, 강제; (정신적) **압박감, 스트레스**; 『음성』 **강세**; (중요성의) **강조**, 역설 ☜ di**stress**(비탄, 고통, 피로)의 두음소실

■ **strict** [strikt] ⓗ **엄격한, 엄밀한** ☜ 라틴어로 '세게 당기다'란 뜻

■ con**strict** [kənstríkt] ⓢ **압축하다; 죄다**; 수축시키다 ☜ 함께(con<com) 당기다(strict)

■ di**strict** [dístrikt/**디**스트릭트] ⓜ **지역; 지구** ☜ 따로따로(di) 묶어둔 것(strict)

□ re**strict** [ristríkt] ⓢ **제한하다**, 한정하다 ☜ 뒤로(re) 잡아당기다(strict)
♠ **restrict** traffic strictly 통행을 엄격히 **제한하다**.

□ re**strict**ed [ristríktid] ⓗ **제한된**, 한정된; 《미》 기밀의 ☜ -ed<수동형 형접>

□ re**strict**ion [ristríkʃən] ⓜ **제한**, 한정; 구속; 사양 ☜ -ion<명접>

□ re**strict**ive [ristríktiv] ⓗ **제한하는**, 구속하는, 한정하는; 『문법』 한정적인 ☜ -ive<형접>

컨설턴트 consultant (자문, 고문)

♣ **어원 : suit, xult, sault, sail, sal 뛰다, 튀다**

■ con**sult** [kənsʌ́lt] ⓢ **의견[충고]를 구하다, 상담하다**
☜ 함께(con<com) 뛰다(sult)

■ con**sult**ant [kənsʌ́ltənt] ⓜ 의논 상대; (회사 따위의) **컨설턴트**, 고문
☜ 함께(con<com) 뛰는(sult) 사람(ant)

□ re**sult** [rizʌ́lt/리**절**트] ㊔ **결과**, 결말, 성과, 성적 ㊕ **결과로서 생기다**
☜ 라틴어로 '다시(re) (앞으로) 튀어나오다(sult)'란 뜻
♠ the **results** of an election 선거 **결과**
♠ **result from ~ ~에서 생기다, ~에 기인하다**(=come from)
♠ **result in ~ ~으로 끝나다**(=end in), **~으로 귀착하다, ~의 결과를 가져오다**
♠ **as a result of ~ ~의 결과로서**
The island was formed **as a result of** a volcanic eruption.
그 섬은 화산 폭발**의 결과로** 형성되었다.

□ re**sult**ant [rizʌ́ltənt] ㊖ **결과로서 생기는**; 합성된 ㊔ 결과; 『물리』 합성력; 합성운동; 협력, 협동; 『수학』 종결식 ☜ -ant<형접/명접>

✚ ex**ult** **기뻐 날뛰다** as**sault** **강습, 습격** in**sult** **무례, 모욕; 모욕을 주다**

블랙 컨슈머 black consumer (악성 소비자), 레주메 resume ([미] 이력서)

블랙 컨슈머(black consumer)란 기업 등을 상대로 부당한 이익을 취하려고 제품을 구매한 후 악성민원을 고의적, 상습적으로 제기하는 소비자를 말한다.

♣ **어원 : sum(e), sump 취하다**

※ **black** [blæk/블랙] ㊖ **검은, 암흑의, 흑인의** ㊔ **검은색, 암흑**
☜ 고대영어로 '완전히 어두운'이란 뜻

■ con**sume**r [kənsúːmər] ㊔ **소비자**, 수요자
☜ 완전히(con<com) 취하는(sume) 사람(er)

□ re**sum**able [prizúːməbl] ㊖ 되찾을〔재개할, 회복할〕 수 있는
☜ 다시(re) 취할(sume) 수 있는(able)

□ re**sume** [rizúːm/-zjúːm] ㊕ **다시 시작하다, 회복하다** ㊔ **요약, 개요**
☜ 다시(re) 취하다(sume)
♠ **resume** a story 얘기를 **다시 계속하다**

□ ré**sumé**, re**sume**, re**sumé** [rèzuméi] ㊔ 《프》 적요, 요약; 《미》 이력서, **레주메**(《영》 Curriculum vita, Personal history) ☜ 중세 프랑스어로 '요약하다'란 뜻

□ re**sump**tion [rizʌ́mpʃən] ㊔ **되찾음**, 회수, 회복; **재개**, 속행; 요약
☜ 다시(re) 취하(sump) 기(tion<명접>)

□ re**sump**tive [rizʌ́mptiv] ㊖ 되찾는, 회복하는; 요약하는, 개설의 ☜ -tive<형접>

✚ as**sume** **~라고 여기다, ~인 체하다** con**sume** **소비[소모]하다** pre**sume** **가정하다, 추정하다**

다이렉트, 디렉트 direct (직행으로, 똑바로)

♣ **어원 : rect(i) 똑바른, 직접적으로; 올바른**

■ di**rect** [dirékt/디**렉**트/dairékt/다이**렉**트] ㊕ **지도[지시]하다**; 관리〔감독〕하다 ㊖ 곧은, **직행의**; 직접의 ㊗ 똑바로, 직행으로; 직접적으로
☜ 아래(di=down)로 바르게(rect) 가리키다

■ di**rect**ion [dirékʃən/디**렉**션/dairékʃən/다이**렉**션] ㊔ **방향**, 방위; 명령, **지시**; 감독, 지도, 관리
☜ direct + ion<명접>

□ resur**rect** [rèzərékt] ㊕ 소생〔부활〕시키다; (시체를) 파내다, 도굴하다; 소생〔부활〕하다
☜ 라틴어로 '다시(re) 밑<지하에서(sur<sub) 일어서다<부활하다(rect)'란 뜻
♠ Christ was **resurrected** three days later. 그리스도는 3일 후에 **부활하였다**.

□ resur**rect**ion [rèzərékʃən] ㊔ 소생; (the R-) **예수의 부활**; (the R-) (최후의 심판일에 있어서의) 전(全)인류의 부활; 재기, 부활; 부흥, 재현(再現), 재유행 ☜ resurrect + ion<명접>

✚ insur**rect**ion 반란, **폭동**, 봉기 indi**rect** **간접적인**, 2차적인; 우회하는 cor**rect** **옳은, 정확한;** 바로잡다, 정정하다 e**rect** **똑바로 선**, 직립(直立)의; 똑바로 세우다

디테일(detail.상세)하게 설명하다

♣ **어원 : tail 자르다(=cut)**

■ de**tail** [díːteil, ditéil] ㊔ **세부, 상세** ㊕ **상세히 설명하다** ☜ 분리하여(de) 잘게 썰다(tail)

■ cur**tail** [kəːrtéil] ㊕ **줄이다**; 단축〔생략·삭감〕하다 ☜ 자르고(cur) 자르다(tail)

□ re**tail** [ríːteil] ㊔㊖ **소매**(小賣)(의) ㊕ 소매로 팔다 ☜ 다시(re) (작은 조각으로) 자르다(tail)
♠ a **retail** store 〔shop〕 **소매**점

□ re**tail**er ㊔ [ríːteilər] **소매인** ☜ 다시(re) (작은 조각으로) 자르는(tail) 사람(er)
[ritéilər] **말전주꾼** 《말을 전하는 사람; 이간질하는 사람》(=talebearer)
☜ 근세영어로 '계속(re) 소문(tail<tale)을 만드는 사람(er)'이란 뜻
♠ She is working as a **retailer**. 그녀는 **소매업자**로 일하고 있다.

R

♠ He is notorious as a **retailer**. 그는 **말전주꾼**으로 알려져 있다.

■ **tail**or [téilər] ⓜ (fem. **-ess**) 재봉사, (주로 남성복의) **재단사** ☜ 자르는(tail) 사람(or)

컨테이너 container (화물수송용 큰 금속상자)

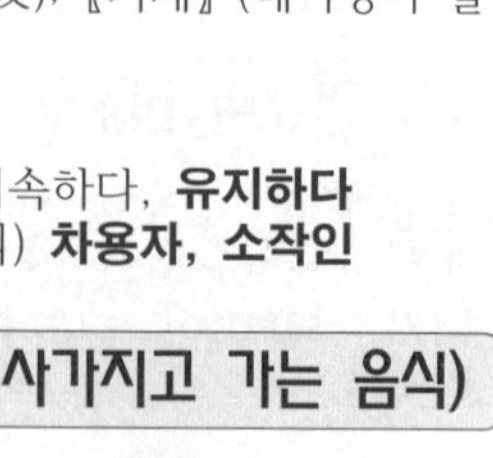

♣ **어원 : tain, tin, ten 확보하다, 유지하다, 보유하다**

■ con**tain**er [kəntéinər] ⓜ **그릇, 용기; 컨테이너**
☜ 함께(con<com) 보유하는(tain) 장비(er)

□ re**tain** [ritéin] ⓢ **보류하다; 계속 유지하다**; 존속시키다
☜ 뒤에(re) 유지하다(tain)
♠ **retain** classical beauty 고전미를 **지니다**

□ re**tain**er [ritéinər] ⓜ (가족을 오래 섬긴) 가신, 신하, 종복; 친우(親友); 『기계』 (베어링이 들어 있는) 축받이통, **리테이너** ☜ -er(사람/장비)

□ re**tain**ment [ritéinmənt] ⓜ 유지, 보유, 존속; 고용 ☜ -ment<명접>

✚ con**tin**ue **계속하다** enter**tain** **대접[환대]하다**; 즐겁게 하다 main**tain** 지속하다, **유지하다** ob**tain** **얻다, 획득하다** sus**tain** **유지[계속]하다** **ten**ant (토지·가옥 등의) **차용자, 소작인**

기브 앤 테이크 give-and-take (주고받기), 테이크아웃 takeout (사가지고 가는 음식)

♣ **어원 : take 잡다, 취하다**

※ **give** [giv/기브] ⓢ (-/**gave**/**given**) **주다**
☜ 고대영어로 '하늘이 주다'란 뜻

※ **and** [ənd/언드, nd, ən, n; (강) ænd/앤드] ⓙ **~와, 그리고**
☜ 고대영어로 '그래서, 그 다음'이란 뜻

■ **take** [teik/테이크] ⓢ (-/**took**/**taken**) **받다, 잡다, 취하다, 가지고[데리고] 가다**; 필요로 하다 ⓜ 잡힌 것, **포획량**
☜ 고대 노르드어로 '취하다'란 뜻

< give-and-take >

■ **take**out [téikàut] ⓜ 지출; 《미》 사 가지고 가는 음식 (《영》 takeaway)
☜ 밖으로(out) 취하다(take)

□ re**take** [riːtéik] ⓢ (-<re**took**<re**taken**) 다시 잡다; 되찾다, 탈환하다; (영화 따위를) 다시 찍다 [ríːtèik] ⓜ 『영화』 재촬영(한 장면〔사진〕) ☜ 다시(re) 잡다(take)

✚ in**take** (공기 따위의) **흡입구** mis**take** **잘못**, 틀림; 오해하다 under**take** **떠맡다**, **착수하다**

탈리오법칙 lex talionis ([L.] <눈에는 눈, 이에는 이>의 동해(同害)보복법)

탈리오법칙(lex talionis)이란 라틴어로 '피해자가 받은 피해 정도와 동일한 손해를 가해자[범죄자]에게 내리는 보복 법칙'이다. 흔히 '눈에는 눈, 이에는 이'라는 말로 표현되는데, 우리말로는 동해보복법(同害報復法) 혹은 반좌법(反坐法)이라고 한다. 이 법칙의 가장 대표적인 사례는 세계에서 가장 오래된 성문법인 고대 바빌로니아의 함무라비법전이다. <출처 : 시사상식사전 / 일부인용>

< 함무라비 법전 >

♣ **어원 : tali(o) 이와 같은, 본래의 방식으로 갚은**

※ **lex** [leks] ⓜ (pl. le**ges** [líːdʒiːz]) 《L.》 법, 법률
☜ 라틴어로 '법'이란 뜻

■ lex **talio**nis [léks tæliόunis] [L.] (당한 것과 같은 방법에 의한) 복수법
☜ 갚는(talio) 것(nis)

R

□ re**tali**ate [ritǽlièit] ⓢ 보복하다, 앙갚음하다; 대꾸하다, 응수하다
☜ 다시(re) 본래방식으로 갚(tali) 다(ate<동접>)
♠ **retaliate** for an injury 상해에 대해 **같은 수단으로 보복하다**

□ re**tali**ation [ritæliéiʃən] ⓜ 보복, 앙갚음 ☜ retaliate + ion<명접>

리타더 retarder ([대형차량] 브레이크 외 속력감소장치)

□ re**tard** [ritάːrd] ⓢ **속력을 늦추다**; 지체시키다; (성장·발달을) 방해하다, 저지하다 ⓜ 지체, 지연; 방해, 저지; 《미.속어》 정신박약자 ☜ 라틴어로 '뒤로(re) 늦추다(tard)'란 뜻
♠ **retard** growth 성장을 **저하시키다**.

□ re**tard**ed [ritάːrdid] ⓗ 발달이 늦은; (지능 등이) 뒤진 ☜ -ed<형접>

□ re**tard**er [ritάːrdər] ⓜ 지연시키는 사람〔물건〕; 『화학』 억제제, (시멘트의) 응결 지연제 ☜ retard + er(사람/물건)

□ re**tard**ation [ritaːrdéiʃən] ⓜ 지연; 방해(물); 저지 ☜ retard + ation<명접>

스토리텔링 story telling (알리고자 하는 바를 재미있고 생생한 이야기로 설득력 있게 전달하는 행위)

※ **story** [stɔ́:ri/스**또**-뤼] ⓜ (pl. -**ries**) **이야기** ☜ hi**story**의 두음소실에서(옛날 이야기)

■ **tell** [tel/텔] ⓢ (-/**told**/**told**) **말하다, 이야기하다** ☜ 고대 노르드어로 '말하다'란 뜻
♠ He **told** us his adventures. = He **told** his adventures to us.
그는 우리에게 그의 모험담을 **이야기해 주었다**

■ **tell**er [télər] ⓜ **말하는 사람**, 금전출납계원 ☜ 말하는(tell) 사람(er)
♠ **A**utomated **T**eller **M**achine 자동예금〔현금〕 입출금장치(**ATM**)

■ **tell**ing [téliŋ] ⓗ 효력이 있는; 반응이 있는; 현저한 ⓜ 이야기하기; 세기 ☜ 말하(tell) 기(ing<명접>)

□ re**tell** [ri:tél] ⓢ (-/re**told**/re**told**) 다른 형식으로〔형태를 바꾸어〕 말하다, **다시 말하다**; 다시 세다; 되풀이하다 ☜ 다시(re) 말하다(tell)
♠ I want to **retell** their story. 나는 그들의 이야기를 **다시 들려주**고 싶다

텐트 tent (천막)

♣ **어원 : tent, tend, tens, tain 팽팽하게 뻗히다, 펼치다, 늘리다, 넓히다, 붙잡다**

■ **tent** [tent/텐트] ⓜ **텐트, 천막** ☜ 초기 인도유럽어로 '펼치다'란 뜻

■ **tens**ion [ténʃən] ⓜ **긴장(상태)**, 절박 ☜ -ion<명접>

□ re**tent**ion [riténʃən] ⓜ 보유, 보존; 유지; 기억(력); 유치, 감금, 억류; 《Sc.》 압류 ☜ 계속(re) 펼치고/잡고(tent) 있는 것(ion<명접>)
♠ **retention level (군사) 보유수준**

□ re**tent**ive [riténtiv] ⓗ 보유하는, 보유력이 있는; 기억이 좋은 ☜ -ive<형접>

□ reticent(과묵한), reticence(과묵) ➔ tacit(무언의) 참조

타이어 tire (자동차 등의 바퀴에 끼워져 있는 고무재질)

♣ **어원 : tire- 손상되다, 피곤해지다; 끌어내다**

■ **tire, 《영》 tyre** [taiər] ⓜ **타이어** ☜ 중세영어로 '옷을 입히다'란 뜻. at**tire**의 두음소실
ⓜ 피로 ⓢ **피로[피곤]하게 하다**, 피로해지다 ☜ 고대영어로 '실패하다, 중지하다'

■ **tire**d [taiərd/타이어드] ⓗ **피곤한**, 지친; 싫증난 ☜ 피곤하게(tire) 된(ed<형접>)

■ en**tire** [entáiər/엔**타**이어] ⓗ **전체의**; 완전한 ☜ 손상되지 않은. en<in(=not) + tire(손상된)

□ re**tire** [ritáiər] ⓢ **물러가다, 퇴직**[은퇴]**하다** ☜ (손상되어) 뒤로(re) 끌어내다(tire)
♠ **retire** dishonorably 불명예스럽게 **은퇴하다**

□ re**tire**d [ritáiərd] ⓗ **은퇴한**, 퇴직한; 『군』 퇴역의, 휴직의; 외딴, 한적한 ☜ -ed<형접>
♠ a **retired** allowance 〔pay〕 **퇴직** 연금

□ re**tire**ment [ritáiərmənt] ⓜ 퇴거; **은퇴**, 은거; 퇴직, 퇴역; 은거처, 외진 곳 ☜ -ment<명접>

□ re**tir**ing [ritáiəriŋ] ⓗ **은퇴하는**, 퇴직의; 사교성 없는, 수줍은 ☜ retire + ing<형접>

토큐 < 토크 torque (물체를 회전시키는 힘; 비틀림 모멘트)

물체를 회전시키는 힘. 예를 들어 자동차가 최대토크 38.8kgf,m 1,750~3,000rpm일 경우 1분당 1,750~3,000번 엔진이 회전할 때 38.8kg의 회전력이 발휘되는 것을 말한다. 비틀림 모멘트라고 한다. <출처 : 한경 경제용어사전 / 일부인용>

♣ **어원 : torq(ue), tor(t) 비틀다**

■ **torque** [tɔ:rk] ⓜ 『기계·물리』 **토크**, 회전시키는〔비트는〕 힘 ☜ 라틴어로 '비틀다'란 뜻

■ **tort**ure [tɔ́:rtʃər] ⓜ **고문; 심한 고통**; 고뇌 ⓢ 고문하다, 괴롭히다 ☜ 비틀(tort) 기(ure<명접>)

□ re**tor**sion [ritɔ́:rʃən] ⓜ (관세정책에 의한) 보복 ☜ retort + sion<명접>

□ re**tort** [ritɔ́:rt] ⓢ **보복하다; 말대꾸하다** ⓜ 말대꾸, 반박 ☜ 뒤로(re) 비틀다(tort)
♠ **make a retort 말대꾸하다**
♠ **retort** an insult 모욕을 **앙갚음하다**

□ re**tort**ed [ritɔ́:rtid] ⓗ 뒤로 구부러진 ☜ -ed<수동형 형접>

□ re**tort**ion [ritɔ́:rʃən] ⓜ 비틀기; (높은 관세에 의한) 보복 ☜ retort + ion<명접>

✚ con**tort** **잡아 비틀다**, 왜곡(곡해)하다 dis**tort** (얼굴을) **찡그리다; 비틀다** ex**tort** 강탈〔강요〕하다

트랙터 tractor (견인력을 이용해서 각종 작업을 하는 특수 차량)

♣ **어원 : tract 끌다**

■ **tract**or [trǽktər] ⓜ **트랙터**, 견인(자동)차 ☜ 끄는(tract) 기계(or)

R

☐ re**tract** [ritrǽkt] ⓢ **철회하다**, 취소하다; (혀 등을) 쏙 들어가게 하다 ☜ 뒤로(re) 끌어당기다(tract)
♠ **retract** one's opinion 의견을 **철회하다**.
☐ re**tract**ion [ritrǽkʃən] ⓜ 철회, 취소; 오므림; 수축력 ☜ -ion<명접>

✚ abs**tract** **추상적인**; **추상**; **추상[요약]하다** at**tract** (주의·흥미 등을) **끌다, 유인하다** con**tract** **계약**, 약정; 계약서 dis**tract** (주의를) **딴 데로 돌리다** ex**tract** **뽑아내다**, 빼어내다 sub**tract** **빼다, 감하다**

추리닝 training (콩글▶ 운동복, 연습복) ➔ sweat suit, tracksuit, jogging suit

♣ **어원 : tra 끌다, 당기다, 늘리다, 펼치다**
■ **tra**in [trein/츠뤠인] ⓜ **열차**, 기차; (사람·차 등의) **긴 열**(列) ⓢ **훈련하다, 가르치다; 연습[트레이닝]하다** ☜ 라틴어로 '당기다(tra) + in<명접>', 중세영어로 '연이어 계속되는 것'이란 뜻
♠ **train for a contest 경기 연습을 하다**
♠ **K**orea **T**rain e**X**press 한국고속철도(**KTX**) ☜ express(급행 열차)
■ **tra**iner [tréinər] ⓜ **훈련자**, 코치, 조련사, **트레이너**; 연습용 기구 ☜ -er(사람/기구)
■ **tra**ining [tréiniŋ] ⓜ **훈련, 트레이닝**, 단련, 교련, 연습; 양성 ☜ -ing<명접>
☐ re**tra**in [riːtréin] ⓢ **재교육[재훈련]하다**(받다) ☜ 다시(re) 훈련하다(train)
■ **tra**it [treit] ⓜ 특색, **특성**, 특징 ☜ 라틴어로 '당겨 뽑아낸(tra) 것(it<명접>)'이란 뜻

헤어 트리트먼트 hair treatment (머리손질법)

머리카락에 영양과 수분을 주는 머리손질법. 상한 모발을 정상의 상태로 회복하거나 모발의 아름다움을 유지하는 효과가 있다. <출처 : 네이버 국어사전 / 일부인용>

♣ **어원 : treat 취급하다, 다루다; 끌다, 끌어내다**
※ **hair** [hɛər/헤어] ⓜ **털, 머리털** ☜ 고대영어로 '머리카락'이란 뜻
■ **treat** [triːt/트뤼-트] ⓢ **다루다, 대우[대접]하다; 간주하다** ⓜ **한턱내기**, 대접 ☜ 라틴어로 '다루다'란 뜻
■ **treat**ment [tríːtmənt] ⓜ **처리, 대우; 치료(법)** ☜ 취급하(treat) 기(ment)
☐ re**treat** [ritríːt] ⓜ **퇴각**, 퇴거; **은퇴**, 은둔; 은신처, 피난처 ⓢ **물러서다**, 후퇴하다, 퇴각하다 ☜ 뒤로(re) 끌어내다(treat)
♠ a summer **retreat** 피서지
☐ re-**treat** [ritríːt] ⓢ 재처리하다 ☜ 다시(re) 다루다(treat)
■ en**treat** [entríːt] ⓢ **간청[탄원]하다** ☜ ~을 만들다(en) + 취급(treat)

☐ **retrench**(절약하다), **retrenchment**(경비 절약) ➔ **trench**(참호) **참조**

☐ **retribution**(보답, 징벌, 보복) ➔ **contribute**(기부하다, 기증하다) **참조**

리트리버 retriever (총으로 쏜 사냥감을 물어오도록 훈련된 사냥개)

☐ re**triev**e [ritríːv] ⓢ **만회**(회수, 회복)**하다**; 갱생(부활)시키다; (사냥개가 잡은 짐승을) 찾아가지고 오다 ⓜ 회수, 회복, 만회 ☜ 중세 프랑스어로 '다시(re) 찾(triev) 다(e)'란 뜻
♠ **retrieve** one's honor 명예를 **회복하다**

☐ re**triev**er [ritríːvər] ⓜ retrieve하는 사람(물건); 잡은 짐승을 찾아가지고 오는 사냥개; **리트리버** 《사냥개의 일종》 ☜ retrieve + er(주체)
☐ re**triev**al [ritríːvəl] ⓜ 회복, 되찾음 ☜ retrieve + al<명접>
☐ re**triev**able [ritríːvəbl] ⓗ 되찾을 수 있는, 회복할 수 있는 ☜ -able(~할 수 있는)
☐ irre**triev**able [ìritríːvəbəl] ⓗ 돌이킬 수 없는, 회복(만회)할 수 없는 ☜ ir(=not/부정) + retrievable(되찾을 수 있는)

☐ **retroact**(소급적용하다), **retroactive**(반동하는) ➔ **act**(행하다; 행위) **참조**

☐ **retrocede**(퇴거, 후퇴), **retrocession**(후퇴; 반환) ➔ **recede**(물러나다) **참조**

업그레이드 upgrade (품질·성능의 향상)

♣ **어원 : grad, gree 계단, 단계; (나아)가다**
■ **grad**e [greid/그뤠이드] ⓜ **등급; 성적** ⓢ **등급을 매기다** ☜ 라틴어로 '걸음, 계단'이란 뜻
■ **grad**ation [greidéiʃən] ⓜ (색체의) **단계적 변화, 그라데이션**, 농담법,

등급 매김 ☜ 계단(grad) 만들(at) 기(ion<명접>)

■ upgrade [əpgreid] 명 《미》 오르막; 증가, 향상, 상승; 『컴퓨터』 **업그레이드**
☜ 위로(up) 나아가다(grade)

□ retrograde [rétrəgrèid] 형 후퇴[퇴화]하는; 역추진의 동 후퇴[역행・퇴화]하다
☜ 뒤로 되돌아(retro) 가다(grade)
♠ The closure of the factory is **a retrograde step**.
그 공장 폐쇄는 **시대에 역행하는 조치**이다.

□ retrogradation [rètrougreidéiʃən/-grə-] 명 후퇴, 퇴보, 쇠퇴
☜ 뒤로 되돌아(retro) 가는(grad) 것(ation<명접>)

□ retrogress [rétrəgrès] 동 뒤로 되돌아가다, 후퇴하다; 퇴보(퇴화)하다; 쇠퇴하다
☜ 뒤로 되돌아(retro) 가다(gress)
♠ The car slowly **retrogressed** down the hill.
그 자동차는 서서히 **후진해서** 언덕을 내려오고 있었다

□ retrogression [rètrəgréʃən] 명 역행, 후퇴, 퇴보 ☜ -ion<명접>

□ retrogressive [rètrəgrésiv] 형 역행하는, 후퇴하는, 퇴화하는 ☜ -ive<형접>

✚ degrade **지위를 낮추다**, 퇴보하다 degree **정도**; 등급 postgraduate 대학 졸업 후의, 대학원의; 대학원생 retrograde 후퇴하는, 퇴화하는; 후퇴(역행)하다 undergraduate **대학 재학생**

스펙터클 spectacle (볼거리가 많은 영화, 볼만한 이벤트)

♣ 어원 : spec, spect(r) 보다(see), 보이다

■ spectacle [spéktəkəl] 명 **광경**, 미관, 장관; (호화로운) 구경거리, 쇼; **스펙터클** 영화; (pl.) 안경
☜ 라틴어로 '보는(spect) + a + 것(cle)'이란 뜻

■ spectrum [spéktrəm] 명 (pl. -tr**a**, **-s**) 『광학』 **스펙트럼**, 분광; (눈의) 잔상(殘像); (변동이 있는 것의) 범위, 연속체 ☜ 라틴어로 '눈에 보이는(spectr) 것(um)'이란 뜻

□ retrospect [rétrəspèkt] 명 회고, 회상, 회구(懷舊) 동 회고(회상)하다
☜ 뒤를(retro) 보다(spect) 반 prospect 조망, 전망; 예상; 답사하다
♠ **retrospect** and prospect **회고**와 전망

□ retrospection [rètrəspékʃən] 명 회상 ☜ retrospect + ion<명접>

□ retrospective [rètrəspéktiv] 형 회고의, 회구(懷舊)의 ☜ -ive<형접>

□ **retrovert**(뒤로 구부리다), **retroverted**(뒤로 휜) ➔ **revert**(되돌아가다) **참조**

턴 turn (방향 바꾸기, 회전)

♣ 어원 : turn 휘다, 구부러지다, 돌리다, 회전하다; 변하다

■ turn [təːrn/터언] 동 **돌(리)다, 회전하다[시키다], 뒤집다, 방향을 바꾸다; 전복하다; ~로 향하다; 변(화)하다[시키다]**; 틀다, 켜다; 돌아가다 명 **회전, 선회; 모퉁이**; (정세의) **변화; 순번**; (타고난) **성질** ☜ 고대영어로 '돌다, 회전하다'란 뜻

■ kick turn 『스키』 **킥턴** 《정지했다가 행하는 180°의 방향 전환법》; 『스케이트보드』 **킥턴** 《전륜(前輪)을 치켜 올리고 방향을 바꾸기》 ☜ turn(방향을 바꾸다<회전하다)

■ overturn [òuvərtəːrn] 동 **뒤집다**, 전복시키다, 타도하다; 뒤집히다, 전복되다, 넘어지다
명 **전복, 타도** ☜ (아래에서) 위로(over) 돌리다(turn)

□ return [ritəːrn/뤼**터**언] 동 **되돌아가다; 돌려주다[보내다]** 명 **귀환**, 귀국; **반환**; 회답
☜ 라틴어로 뒤로(re) 휘다(turn)'란 뜻
♠ I **returned** the book to him. 나는 그 책을 그에게 **돌려주었다**
♠ **by return (of mail) 받는 즉시로, 지급으로**
♠ **in return (for) (~의) 보답으로, 답례로, 그 대신**
I gave her a book **in return for** her present.
나는 그녀의 선물**에 대한 보답으로** 책을 선사했다.

□ returnable [ritəːrnəbl] 형 되돌릴 수 있는; 대답할 수 있는; 반환(보고)해야 할
☜ return + able(~할 수 있는)

□ return card 왕복 엽서 ☜ card(카드, 엽서; 판지)

□ return ticket 왕복표(《미》 round-trip ticket) ☜ ticket(표, 딱지)

유니폼 uniform (제복), 유니온 잭 Union Jack (영국 국기) 유니콘 unicorn (이마에 뿔이 하나인 말 비슷한 전설의 동물)

♣ 어원 : uni- 하나의, 단독의, 획일적인

■ unicorn [júːnəkɔ̀ːrn] 명 **유니콘**, 일각수(一角獸) 《말 비슷하며 이마에 뿔이 하나 있는 전설적인 동물》 ☜ 라틴어로 '뿔(corn)이 하나(uni)'

■ uniform [júːnəfɔ̀ːrm/**유**-너포옴] 형 **한결같은**, 동일한, 동형의 명 **제복**,

R

군복, 관복 ☜ 하나(uni)의 형태(form)

■ **uni**on [júːnjən/**유**-년] ㉮ **결합**(=combination), 연합, 합동, 병합, 융합; 일치, 단결, 화합 ☜ 라틴어로 '진주 한 개'나 '양파 한 개'를 뜻함.

■ **uni**te [juːnáit/유-**나**이트] ㉯ **결합하다**, 합하다; 합병하다 ☜ 하나로(uni) 하다(te)

□ re**uni**fy [riːjúːnəfài] ㉯ 다시 통일[통합]시키다 ☜ 다시(re) 하나를(uni) 만들다(fy)

□ re**uni**fication [riːjúːnəfikéiʃən] ㉮ 재통일, **재통합** ☜ 다시(re) 하나로(uni) 만들(fic) 기(ation)
♠ achieve peaceful **reunification** 평화**통일**을 이룩하다

□ re**uni**on [riːjúːnjən] ㉮ **재결합**, 재합동, 화해; 재회; (종종 réunion) 친목회 ☜ 다시/재(re) 결합(union)

□ re**uni**te [rìːjunáit] ㉯ **재결합**[재합동]**하다**[시키다], 화해[재회]하다[시키다] ☜ 다시(re) 하나로(uni) 만들다(ate<동접>)

※ **jack** [dʒæk] ㉮ (J-) **사나이; 남자**, 놈; 노동자; 잭《무거운 것을 들어올리는 장치》; 『항해』 (국적을 나타내는) 선수기(船首旗) ㉯ 들어 올리다 ☜ 라틴어로 Jacob(야곱), 영어로 John

유저 user (사용자), 유틸리티 프로그램 utility program ([컴퓨터] 실용프로그램)

♣ 어원 : us(e), ut 사용하다

■ **use** [juːs/유-스] ㉯ **사용하다; 쓰다** ㉮ **사용** ☜ 라틴어로 '사용하다'란 뜻

■ **use**r [júːzər] ㉮ **유저, 사용자** ☜ 사용하는(use) 사람(er)

■ **use**d [juːst/유-스트, 《to의 앞》 juːst] ㉰ **익숙한** ㉯ **늘 ~하곤 했다**, ~하는 버릇[습관]이 있었다 ☜ use + ed<형접>

□ re**use** [riːjúːz] ㉯ 다시 이용하다, 재생하다 [riːjúːs, ríːjùːs] ㉮ 재사용 ☜ 다시(re) 사용하다(use)
♠ Please **reuse** your envelopes. 봉투는 **재사용해 주세요**.

■ **ut**ility [juːtíləti] ㉮ **유용(성)**, 유익, 실용품; 공익사업 ☜ 사용(ut) 하는 것(ility)

※ **pro**gram, 《영》 -gramme [próugræm/프**로**우그램, -grəm] ㉮ **프로그램, 진행 순서**, 차례표; 계획(표), 예정(표); 『컴퓨터』 프로그램 ㉯ 프로그램을 짜다 ☜ 그리스어로 '앞에서(pro) (공개적으로) 쓰다(gram)'란 뜻

✚ ab**use** **남용[오용, 악용]하다**; **남용**; 학대; 악폐, 폐해 dis**use** **쓰이지 않음**; 폐지, 불사용; **폐지하다** mis**use** **오용(하다)**, 남용(하다); 학대

로이터 Reuter (영국의 국제통신사)

□ **Reuter** [rɔ́itər] ㉮ **로이터** 《Paul Julius, Baron de ~, 독일 태생인 영국의 통신 사업가; 국제적 통신사인 로이터 통신사의 창설자. 1816-99》; **로이터** 《영국의 국제통신사》

네임 밸류 name value (콩글 이름값, 명성) ➔ social reputation

♣ 어원 : val(u), vail 가치, 의미, 가격; 강한

※ **name** [neim/네임] ㉮ **이름, 성명** ㉯ 이름을 붙이다 ☜ 고대영어로 '이름'이란 뜻

■ **valu**e [vǽljuː]/**밸**유-] ㉮ **가치, 유용성** ☜ 고대 프랑스어로 '가치, 값'이란 뜻

■ a**vail** [əvéil] ㉯ **유용하다** ㉮ **효용** ☜ 쪽에(a<ad=to) 있는 가치(vail)

□ re**valu**ate [riːvǽljueit] ㉯ 재평가하다; (평가) 가치를 변경하다, 《특히》 절상하다 ☜ 가치(val)를 다시(re) 부여하다(ate<동접>)
♠ The yuan **was revaluated** last year. 위안화가 지난 해 **평가 절상되었다**.

R

□ re**valu**ation [riːvǽljueiʃən] ㉮ 재평가; (통화가치의) 개정, 《특히》 평가절상 ☜ -ation<명접>

베일(Veil.장막)에 싸인 사건

■ **veil** [veil] ㉮ **베일**, 면사포; 덮개, 씌우개, 장막, 휘장 ㉯ 베일을 씌우다, 베일로 가리다 ☜ 라틴어로 '덮개'란 뜻

□ re**veal** [rivíːl/뤼**비**일] ㉯ **드러내다**; 알리다, 누설하다; 폭로하다, 들추어 내다 ㉮ 시현, 계시; 폭로 ☜ 베일을 벗다. 베일(veal<veil)을 멀리하다(re=away)
♠ **reveal** a secret to him 그에게 비밀을 **누설하다**

□ re**vel**ation [rèvəléiʃən] ㉮ **폭로**; (비밀의) 누설, 발각; 폭로된 것; 『신학』 **계시**(啓示), (the R-) (신약성서의) 요한 계시록 ☜ reveal + ation<명접>

벨로나 Bellona ([로神] 전쟁의 여신)

♣ **bell, vel 전투(=bellum); 싸우다**

■ **Bell**ona [bəlóunə] ⓜ 〚로.신화〛 **벨로나** 《전쟁의 여신》; 키가 큰 미인 ☜ 라틴어로 '전쟁(bell)의 여신(ona=goddess)'이란 뜻.

■ re**bel** [rébəl] ⓜ **반역자** ☜ 뒤에서(re=back) 싸우는(bel) 사람

■ re**bell**ion [ribéljən] ⓜ **모반, 반란**, 폭동 ☜ rebel + l<단모음+단자음+자음반복> + ion<명접>

□ re**vel** [révəl] ⓢ **주연을 베풀다**, 마시고 흥청거리다; **한껏 즐기다**, 매우 기뻐하다 ⓜ (종종 pl.) 술잔치; 부산한 잔치, 흥청망청 떠들기, 환락 ☜ 고대 프랑스어로 '문란하게 하다, 난리법석을 떨다'란 뜻

♠ **revel** one's time away 흥청대며 시간을 보내다**[즐기다]**

Jean Cosyn 作 Bellona

□ re**vel**(l)er [révlər] ⓜ 주연을 베푸는 사람, 술마시고 떠드는 사람; 난봉꾼 ☜ revel + er(사람)

□ re**vel**ry [révəlri] ⓜ 술마시고(흥청망청) 떠들기, 환락 ☜ -ry<명접>

■ **bell**igerent [bəlídʒərənt] ⓗ 교전 중인; 교전국의; **호전적인** ⓜ 교전국; 전투원 ☜ 전쟁(bell) 하기(ig)를 더(er) 좋아하는(사람)(ent<형접/명접>)

어벤저 avenger (복수자), 리벤저 revenger (복수자)

♣ 어원 : **venge 복수하다**

■ a**venge** [əvéndʒ] ⓢ **~의 복수를 하다** ☜ ~에게(a<ad=to) 복수하다(venge)

■ a**venge**r [əvéndʒər] ⓜ 복수자 ☜ -er(사람)

□ re**venge** [rivéndʒ] ⓜ **복수** ⓢ **복수하다** ☜ (당한만큼) 도로(re) 복수하다(venge)

♠ **revenge** one's brother (one's brother's death) (죽은) 형의 **원수를 갚다**

□ re**venge**r [rivéndʒər] ⓜ **복수자** ☜ 도로(re) 복수하는(venge) 사람(er)

□ re**venge**ful [rivéndʒfəl] ⓗ 복수심에 불타는 ☜ revenge + ful<형접>

■ **venge**ance [véndʒəns] ⓜ **복수** ☜ 복수하(venge) 기(ance<명접>)

© Walt Disney Studios

이벤트 event (콩글 판촉행사) ➔ promotional event 어드벤처, 컨벤션..

♣ 어원 : **ven(t) 오다, 가다; 모이다**

■ e**ven**t [ivént/이**벤**트] ⓜ (중요한) **사건, 행사** ☜ 밖으로(e<ex) 나오는(ven) 것(t)

■ **ven**ue [vénjuː] ⓜ 〚법률〛 범행지(地); 재판지 《공판을 위해 배심원이 소집되는 장소》; 행위(사건)의 현장; 《구》 (경기ㆍ회의 등의) 개최(지정)지, **베뉴** ☜ 라틴어로 '오는(가는)(ven) 곳(ue)'이란 뜻

□ re**ven**ue [révənjùː] ⓜ **세입**; 수익; **수입**; (pl.) 총수입, 재원; (흔히 the ~) 국세청, 세무서 ☜ 라틴어로 '다시(re) 들어오는(ven) 것(ue)'

< 미국 배우 톰 크루즈의 영화 프로모션 © 연합 >

♠ Our company's **revenue** is growing down. 우리 회사의 **수입**은 감소하고 있다.

✚ ad**ven**ture **모험**, 희한한 사건 a**ven**ue **대로**, 가로수길, **애비뉴** con**ven**tion **집회, 총회**; 협약; 관습 inter**vene** **사이에 들다**, 끼다, 방해하다

연상 리비아(Libya) 사람들은 알라신을 리비어(revere.숭배)하다

♣ 어원 : **ver 놀라움[존경심, 경외심, 경이로움]을 느끼다**

※ **Libya** [líbiə] ⓜ **리비아** 《이집트 서쪽의 아프리카 북부 지방의 옛 명칭. 북아프리카의 공화국; 수도 트리폴리(Tripoli)》 ☜ 이집트어로 '베르베르 부족'이란 뜻

□ re**ver**e [rivíər] ⓢ 존경하다, **숭배하다** ☜ 라틴어로 '완전히(re/강조) 두려움을 느끼다(ver) + e'란 뜻

□ re**ver**ence [révərəns] ⓜ **숭배, 존경**; 경의; 공손한 태도; 경례; 위덕(威德), 위엄; (보통 your (his) R-) 신부(목사)님 ⓢ 존경하다, 숭배하다 ☜ revere + ence<명접>

♠ **feel reverence for ~ ~에게 존경심을 갖다, ~을 존경하다.**

□ re**ver**end [révərənd] ⓗ 귀하신, 존경할 만한, **거룩한**; (the R-) ~님 《성직자에 대한 경칭; 생략: Rev.》; 성직의, 목사(신부)의 ⓜ (the ~) 《구어》 성직자, 목사, 신부 ☜ revere + end<형접>

□ re**ver**ent [révərənt] ⓗ 경건한, 공손한 ☜ revere + ent<형접>

□ re**ver**ential [rèvərénʃəl] ⓗ 경건한, 존경을 표시하는, 공손한 ☜ reverent + ial<형접>

□ irre**ver**ence [irévərəns] ⓜ 불경, 불손한 언행 ☜ ir(=not/부정) + reverence

□ irre**ver**ent [irévərənt] ⓗ 불경한, 불손한; 비례(非禮)의 ☜ ir(=not/부정) + reverent

□ irre**ver**ently [irévərəntli] ⓑ 불경하게, 불손하게 ☜ -ly<부접>

R

☐ **revery**(공상, 환상) ➔ **rave**(헛소리하다) **참조**

버전 version (상품의 개발 단계 및 순서를 번호로 표시한 것), 컨버터 converter (TV채널 변환기), 인버터 inverter (교류변환기)

V.1

< Version >

♣ **어원 : vers(e), vert 돌리다, 뒤집다, 바꾸다(=turn)**

■ **version** [vəːrʒən, -ʃən] ⓜ **번역**(서); (성서의) **역**(譯); **~판**(版)
☜ 돌리는(vers) 것(ion<명접>)

■ con**vert**er [kənvəːrtər] ⓜ 주파수 변환기, TV 채널 변환기, **컨버터**
☜ 완전히(con<com) 바꾸는(vert) 기계(er)

☐ re**verse** [rivəːrs] ⓢ **거꾸로 하다**, 반대로 하다 ☜ 뒤로(re) 돌리다(verse)
비교 revers (여성복의) 접어 젖힌 깃·소매
♠ Their positions are now **reversed**. 그들의 입장이 이제는 **바뀌었다**.

☐ re**vers**ed [rivəːrst] ⓗ 거꾸로 한, 뒤집은; 취소된, 파기된; 왼쪽으로 감긴
☜ 뒤로(re) 돌(verse) 린(ed<형접>)

☐ re**vers**ely [rivəːrsli] ⓑ 거꾸로 ☜ reverse + ly<부접>

☐ re**vers**al [rivəːrsəl] ⓜ 전도, 반전; 취소 ☜ reverse + al<명접>

☐ re**vers**ible [rivəːrsəbəl] ⓗ 전환할 수 있는, 거꾸로 할 수 있는 ☜ reverse + ible(~할 수 있는)

☐ re**vers**ion [rivəːrʒən, -ʃən] ⓜ 역전, 전환, 반전; 되돌아가기, 복귀; 『생물』 격세유전, 돌연변이
☜ 뒤로(re) 돌린(vers) 것(ion<명접>)

☐ re**vert** [rivəːrt] ⓢ **되돌아가다**; 『법률』 복귀(귀속)하다; 회상하다; (발길을) 돌리다
☜ 뒤로(re) 돌리다(vert)
♠ Let us **revert** to the subject. 주제로 **되돌아가기**로 하겠습니다.

☐ re**vers**ion [rivəːrʒən, -ʃən] ⓜ 역전, 전환; 되돌아가기, 복귀 ☜ reverse + ion<명접>

☐ retro**vert** [rétrəvəːrt] ⓢ [주로 수동태] 뒤로 구부리다, (특히 자궁을) 후굴시키다
☜ 뒤쪽으로(retro) 돌리다(vert)

☐ retro**vert**ed [rétrəvəːrtid] ⓗ 뒤로 휜, (자궁이) 후굴(後屈)한(=reverted) ☜ -ed<형접>

☐ irre**vers**ibility [irivəːrsəbíləti] ⓜ 취소불가능, 불가역성, 불가소성, 불개변성
☜ ir(=not/부정) + 전환(vers)할 수 있는 것(ibility)

✚ ad**vers**ary 반대하는; **적**(敵), 반대자 a**vers**e **싫어하여, 반대하여** con**vert** **전환하다, 바꾸다** di**vert** (주의를) **돌리다**, 전환하다 in**vert** **거꾸로 하다**, 뒤집다 in**vert**er, -or 『전기』 **인버터**, (직류를 교류로의) 변환장치(기) tra**vers**e **가로지르다, 횡단하다; 방해하다** uni**vers**e **우주**

인터뷰 interview (면담, 면접)

♣ **어원 : view, vis 보다**

■ **view** [vjuː/뷰-] ⓜ **봄, 바라봄; 보는 힘**, 시력; **시계**, 시야; **경치, 조망**, 풍경; **견해**, 생각 ☜ 라틴어로 '보다'란 뜻
♠ a room with a nice **view** **전망**이 좋은 방

■ inter**view** [íntərvjùː] ⓜ **회견**; 회담, 대담; **인터뷰, 면접** ⓢ 인터뷰(면담)하다 ☜ 서로(inter) 보다(view)

☐ re**view** [rivjúː] ⓜ **재조사**, 재검토, **재음미**, 재고(再考); 관찰, 개관(概觀); 『법률』 재심리 ⓢ **정밀하게 살피다**; 《미》 **복습하다**
☜ 고대 프랑스어로 '다시(re) 보다(view)'란 뜻
♠ **review** exercises **복습하는** 연습 문제
♠ military **review** 『군사』 열병식, 군대 **검열**

☐ re**view**al [rivjúːəl] ⓜ 재조사; 검열; 교열; 《미》 복습; 비평, 평론 ☜ review + al<명접>

☐ re**view**er [rivjúːər] ⓜ 비평가, 평론가, 검열자 ☜ review + er(사람)

☐ re**vise** [riváiz] ⓢ **개정[수정,정정]하다; 교정[교열]하다**; 《영》 복습하다 ⓜ 수정, 정정, 교정 ☜ 라틴어로 '다시(re) 보다(vise)'란 뜻
♠ **revised** and enlarged **개정** 증보의

☐ re**vis**ion [rivíʒən] ⓜ **개정**(판), 교정(판), 교열, 수정; (the R-) 개역 성서; 《영》 복습
☜ -ion<명접>

✚ pre**view** 시사회/시연(試演)(을 보다(보이다)); 예고편; 사전검토 rear**view** mirror (자동차의) 백미러

바일 Vile (미국 공포 영화. <혐오스런>이란 뜻)

R

2011년 개봉한 미국 공포 영화. 에릭 E. 백, 에이프릴 멧슨 주연. 한 의학자가 신약개발에 필요한, 인간이 공포와 고통을 느낄 때 나오는 호르몬을 채취하기 위해 사람들을 납치하여 서로 고문하도록 하는 프로젝트를 가동한다... 인간성이 결여된 과학은 폭력의 근원임을 리얼하게 그린 영화. 한국에서는 바일-게임 오브 더 페인(Vile-Game of the pain)이란 제목으로 출시되었다.

© Inception Media Group

■ **vile** [vail] ⓗ **몹시 나쁜; 비열한**, 타락한; 비참한; 지독한
☜ 라틴어로 '가치 없는'이란 뜻

□ re**vile** [riváil] ⓢ **욕하다**, 욕설을 퍼붓다
☜ 고대 프랑스어로 '완전히(re) 가치 없게 만들다(vile)'란 뜻
♠ He **was reviled** by his friends. 그는 친구들에게 **욕을 먹었다**.

□ re**vile**ment [riváilmənt] ⓜ 욕, 비방, 욕설 ☜ -ment<명접>

비전 vision (통찰력), 비자 visa, 비주얼 visual, 비디오 video

♣ 어원 : **vis, vid, vit 보다**

■ **vis**ion [víʒən] ⓜ **시력; 통찰력; 상상력; 환상** ☜ 보는(vis) 것(ion<명접>)

■ **vis**a [víːzə] ⓜ (여권 따위의) 사증(査證), **비자** ☜ 보이는(vis) 것(a)

■ **vis**it [vízit/**비**지트] ⓢ **방문하다** ☜ 보러(vis) 가다(it)

□ re**visit** [rivízit] ⓜⓢ 재방문(하다), 다시 찾아가다; 되돌아오다 ☜ 다시(re) 방문하다(visit)
♠ **revisit** LA after three years' absence 3년만에 LA를 **재방문하다**.

✚ **vis**ual **시각의**, 시각적인 **vid**eo **비디오**, 영상(부문); 비디오 리코더 in**vit**e **초청하다, 초대하다**

서바이벌 게임 survival game ([레포츠] 안전한 전투장비를 착용하고 행하는 모의 전쟁놀이. <생존 게임>이란 뜻)

© yes24.com

♣ 어원 : **viv, vit(a) 살다; 생기있는**

■ sur**viv**e [sərváiv] ⓢ **생존하다[살아남다]**, (남보다) 오래 살다, 잔존하다
☜ 라틴어로 '넘어서(sur) 살다(vive)'란 뜻

■ sur**viv**al [sərváivəl] ⓜ **살아남음, 생존**, 잔존; 생존자, 잔존물; 유물, 유풍 ☜ -al<명접>

■ **viv**id [vívid] ⓗ **생생한**, 생기(활기)에 찬, 활발한, **발랄한**, 원기 왕성한; 선명한, **밝은**
☜ 라틴어로 '살아(viv) 있는(id)'이란 뜻

□ re**viv**e [riváiv] ⓢ **소생(하게) 하다**; 회복시키다; 기운나게 하다 ☜ 라틴어로 '다시(re) 살다'

□ re**viv**al [riváivəl] ⓜ **소생, 재생**, 부활; 회복, **부흥**; (the R-) 문예 부흥(=Renaissance); 『기독교』 신앙 부흥(운동); (연극·영화의) **리바이벌**, 재상연, 재상영 ☜ -al<명접>
♠ the economic **revival** of Korea 한국의 경제**부흥**

■ con**viv**e [kάnvaiv/kɔ́n-] ⓜ 식사(연회)를 같이 하는 사람들(동아리들)
☜ 함께/더불어(con<com) 살아가는(viv) 자들(e)

※ **game** [geim/게임] ⓜ 놀이, 유희, 오락, 장난; **경기, 시합**, 승부 ☜ 고대영어로 '경기, 재미'

보컬 vocal (가창; 노래하는 가수, 성악가)

♣ 어원 : **voc, voke, voi 부르다(=call), 목소리**

■ **voc**al [vóukəl] ⓜ **보컬** 《성악·노래를 부르는 가수나 성악가》
ⓗ **음성의** ☜ 목소리(voc) 의(al)

■ **voi**ce [vɔis/보이스] ⓜ **목소리**, 음성 ☜ 부르는(voi) 것(ce)

□ re**voc**able [révəkəbəl] ⓗ 폐지(취소)할 수 있는
☜ 뒤로(re) 부를(voc) 수 있는(able)

□ re**voc**ation [rèvəkéiʃən] ⓜ 폐지, 취소, 철회 ☜ -ation<명접>

□ re**voc**atory [révəkətɔ̀ːri/-təri] ⓗ 폐지(취소, 철회)의 ☜ -atory<형접>

□ re**voke** [rivóuk] ⓢ 철회(폐지, 취소)하다, 무효로 하다, 해약하다
☜ 라틴어로 '뒤로(re=back) 부르다(voke=call)'란 뜻
♠ **revoke** a license 면허를 **취소하다**

■ e**voke** [ivóuk] ⓢ (기억을) **불러일으키다** ☜ 밖으로(e<ex) 불러내다(voke)

■ pro**voke** [prəvóuk] ⓢ (감정을) **자극하다** ☜ 앞으로(pro) 부르다(voke)

리볼버 권총 revolver (탄창이 회전하며 발사되는 연발권총)

♣ 어원 : **volv(e), volu, volt 돌다, 회전하다; 변하다**

□ re**volu**tion [rèvəlúːʃən/뤠벌**루**-션] ⓜ **혁명**; 대변혁
☜ 다시(re) 돌리는(volu) 것(tion)

R

- □ re**volu**tionary [rèvəlú:ʃənèri/-nəri] ⓗ **혁명의**; 혁명적인, 대변혁의; (R-) 미국 독립전쟁 (시대)의; 선회의, 회전의 ☜ -ary<형접>
- □ re**volu**tionist [revəljú:ʃənist] ⓜ 혁명가 ☜ -ist(사람)
- □ re**volu**tionize [rèvəlú:-ʃənàiz] ⓢ 혁명을 일으키다, 혁명을 고취하다 ☜ -ize<동접>
- □ re**volve** [rivɑ́lv/-vɔ́lv] ⓢ **회전하다**, 선회(旋回)하다 ☜ 계속(re) 회전하다(volve)
  ♠ The earth **revolves** on its axis. 지구는 지축을 중심으로 **자전한다.**
- □ re**volv**er [rivɑ́lvər] ⓜ (회전식) **연발 권총** ☜ 계속(re) 회전하는(volv) 것(er)
- □ re**volv**ing [rivɑ́lviŋ/-vɔ́lv-] ⓗ (주기적으로) 돌아오는, 순환하는; 회전〔윤전〕식의 ☜ 계속(re) 회전하(volv) 는(ing<형접>)
- □ re**volt** [rivóult] ⓜ **반란**, 반역; 폭동; 반항(심), 반항적인 태도; 혐오감, 불쾌, 반감 ⓢ **반란[폭동]을 일으키다**, 반항하다, 배반하다 ☜ 반대로(re) 돌다(volt)
  ♠ stir the people to **revolt** 사람들을 선동하여 **반란을 일으키**게 하다.
- □ re**volt**ed [rivóultid] ⓗ 반역한 ☜ revolt + ed<형접>
- □ re**volt**ing [rivóultiŋ] ⓗ 반역하는, 싫은 ☜ revolt + ing<형접>

✚ e**volve** **전개하다**, 진화〔발전〕시키다 in**volve** **포함하다, 수반하다**; 말려들게 하다

□ **revulsion**(혐오, 반감) ➔ **repulsion**(혐오, 거절) **참조**

보디가드 bodyguard (경호원)

© Warner Bros.

♣ 어원 : **guard, gard 주시하다, 지켜보다, 감시하다, 망보다**
- ※ **body** [bɑ́di/**바**리/bɔ́di/**보**디] ⓜ **몸; 본문** ⓑ mind 마음, soul 정신 ☜ 고대영어로 '통'의 뜻
- ■ **guard** [gɑ:rd/가-드] ⓜ **경계; 경호인, 호위병** ⓢ **지키다, 경계하다**, 망보다 ☜ 고대 프랑스어로 '지켜보다, 지키다'란 뜻
- ■ re**gard** [rigɑ́:rd/뤼**가**-드] ⓢ **~으로 여기다, 주의[주목]하다** ⓜ **관심, 배려; 관계** ☜ 다시(re) 주시하다(gard)
- ■ disre**gard** [dìsrigɑ́:rd] ⓢ **무시[경시]하다** ☜ dis(=not/부정) + regard(주목하다)
- □ re**ward** [riwɔ́:rd] ⓜ **보수, 보상**; 현상금; 사례금; 보답, 응보 ⓢ **보답하다**; 보상하다 ☜ regard의 변형. 고대 프랑스어로 '완전히(re) 지키다(ward=watch)'
  ♠ **give a reward for ~ ~에 대하여 포상을 주다**.
  ♠ **No reward without toil. 《격언》 고생 끝에 낙(樂).**
- ■ unre**ward**ed [ʌ̀nriwɔ́:rdid] ⓗ 보수〔보답〕없는, 무보수의 ☜ un(=not/부정) + reward + ed<형접>

□ **rewind**(되감다, 다시 감다) ➔ **wind**(바람; 굽이 치다, 휘감다) **참조**

타이프라이터 typewriter (타자기), 카피라이터 copywriter (광고문안 작성자)

♣ 어원 : **writ(e) 기록하다, 그리다, 긁다, 쓰다**
- ■ **write** [rait/롸이트] ⓢ (-/**wrote**〔《고어》 writ〕/**written**〔《고어》 writ〕 **글씨[편지]를 쓰다**; **저술하다** ☜ 고대영어로 '긁다'란 뜻
- ■ **writ**er [ráitər/**롸**이더/**롸**이터] ⓜ **저자**, 필자; **작가**, 문필가; **필기자** ☜ -er(사람)
- ■ type**writ**er [táipràitər] ⓜ **타이프라이터, 타자기** ☜ 문자(type)를 쓰는(writ) 기계(er)
- ■ copy**writ**er [kɑ́piràitər] ⓜ **광고문안 작성자, 카피라이터** ☜ 광고문안(copy) 쓰는(writ) 사람(er)
- □ re**write** [ri:ráit] ⓢ (-/re**wrote**/re**written**) 고쳐 쓰다; **다시 쓰다**; 《미》 (취재 기사를) 기사용으로 고쳐 쓰다 ⓜ 《미》 고쳐 쓴 기사; 완성된 신문 원고 ☜ 다시(re) 쓰다(write)
  ♠ an attempt to **rewrite** history 역사를 **다시 쓰려는** 시도
- ■ script**writ**er [skríptràitər] ⓜ (영화 · 방송의) 각본가, 각색자, **스크립트라이터** ☜ 대본(script)을 쓰는(writ) 사람

앙시앙 레짐 ancien regime ([F.] 구(舊)체제)
크리스투스 렉스 에스트 Christus rex est ([L.] 그리스도는 왕이시다)

앙시앙 레짐은 1789년 프랑스혁명 때 타도의 대상이 되었던 절대왕정체제, 즉 구체제를 일컫는 말

♣ 어원 : **reg, rex 통치, 정부, 제왕, 왕국, 통제, 제도, 조직; 통치[관리/감독]하다; 올바른**
- ※ **an**cient [éinʃənt] ⓗ **옛날의**, 오래된, 구식의 ☜ 전에(ance) + i + 있던(ent)
- ■ **reg**ime [reiʒí:m, ri-] ⓜ **제도, 정체**(政體); **정권** ☜ 통치하는(reg) 제도(ime)
- □ **Rex** [reks] ⓜ (pl. **reges** [rí:dʒi:z]) 《L.》 국왕; **렉스** 《남자 이름》 ☜ 라틴어로 '왕'이란 뜻
- ■ **Reg**ina [ridʒáinə] ⓜ **리자이나** 《여자 이름》; 《L.》 (칭호시엔 R-) 여왕 《생략: R.; 보기: E.R. =Elizabeth Regina》 ☜ 통치하는(reg) 여자(ina)

R

✚ **reg**ion **지방, 지역** **reig**n **통치(하다), 지배(하다)**; 통치〔지배〕권 sove**reig**n **주권자, 군주,** 국왕, 지배자; **주권이 있는**

랩소디 rhapsody (서사적 · 영웅적 · 민족적 성격의 환상곡풍의 광시곡)

♣ **어원 : ody, edy 노래, 시(詩)**

☐ rhaps**ody** [rǽpsədi] ⓜ (옛 그리스의) 서사시, 음송 서사시의 한 절; 열광적인 말〔문장, 시가〕, 광상문〔시(詩)〕; 『음악』 광시곡(狂詩曲), **랩소디**
☜ 그리스어로 '시/노래(ody)를 이어 붙이다(rhaps)'란 뜻
♠ **go into rhapsodies over ~ ~을 열광적으로 말하다[쓰다]; ~을 과장하여 말하다**

■ trag**edy** [trǽdʒədi] ⓜ **비극**(적인 사건) ☜ 그리스어로 '숫염소(trag)의 노래(edy)'

레토릭 rhetoric (사상 · 감정을 효과적 · 미적으로 표현한 수사학)

☐ **rhetor**ic [rétərik] ⓜ **수사학**; 웅변술; 화려한 문체, **미사여구**; 과장; 설득력
☜ 그리스어로 '이야기하다; 웅변술'이란 뜻
♠ the **rhetoric** of political slogans 정치 슬로건의 **미사여구**

☐ **rhetor**ical [ritɔ́(:)rikəl, -tάr-] ⓗ 수사학의; 수사학상의; 화려한; 웅변적인 ☜ -al<형접>

☐ **rhetor**ician [rètəríʃən] ⓜ 수사학자, 웅변가 ☜ -ian(사람)

류머티즘 rheumatism ([병리] 근육 · 관절과 관련된 여러 질환)

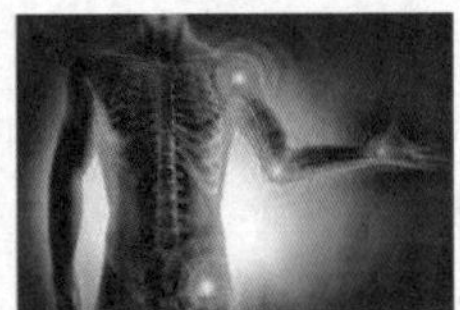

☐ **rheuma**tism [rú:mətìzəm] ⓜ 『의학』 **류머티즘** ☜ 그리스어 'rheuma(몸에서 배출된 분비물)'에서 유래하며, 병독(病毒)이 흘러서 관절이나 근육을 아프게 한다고 생각한 데서 연유.

☐ **rheuma**tic [rumǽtik] ⓗ 류머티즘의 ⓜ 류머티즘 환자 ☜ -tic<형접>

라인강 Rhine (독일에 있는 중부 유럽 최대의 강. 총 길이 1,320km)

☐ **Rhine** [rain] ⓜ (the ~) **라인강**(江) ☜ 중세 독일어로 '흐르는(run) 것'이란 뜻
★ 독일어 철자는 Rhein
♠ **the Miracle on the Rhine 라인강의 기적** 《제2차 세계 대전 이후 독일의 경제 부흥을 지칭하는 용어》

노즐 nozzle (끝이 가늘게 된 호스)

♣ **어원 : nos, noz, nas, rhino(s) 코(=nose), 끝, 주둥이**

■ **nos**e [nouz/노우즈] ⓜ **코**; 후각 ⓢ 냄새맡다 ☜ 고대영어로 '코'란 뜻

■ **nas**al [néizəl] ⓗ **코의**; 콧소리의; 『음성』 비음의 ⓜ **콧소리**, 비음
☜ 코(nas) 의(al<형접>)

■ **noz**zle [nάzəl/nɔ́zəl] ⓜ (끝이 가늘게 된) 대통〔파이프 · 호스〕 주둥이, **노즐**; 《속어》 코 ☜ 중세영어로 '(끝이 튀어나온) 작은 관'이란 뜻

☐ **rhino**ceros [rainάsərəs/-nɔ́s-] ⓜ (pl. **-es**, [집합적] **-**) 『동물』 **코뿔소**, 무소 ☜ 그리스어로 '(동물의) 코(rhino<rhinos) 뿔(ceros<keratos)'이란 뜻
♠ He had been gored by a **rhinoceros**. 그는 코뿔소에게 받혔었다.
☜ gore(들이받다)

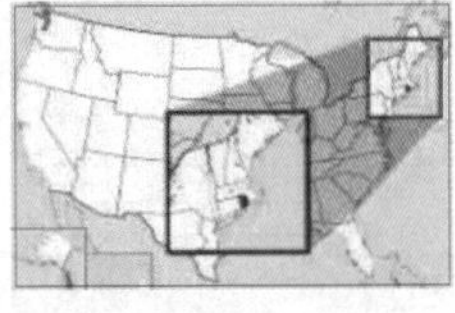

R

로드아일랜드 Rhode Island (미국 북동부에 있는 가장 작은 주)

☐ **Rhodes** [roudz] ⓜ **로도스** 섬(=Rhódos) 《그리스 에게해의 섬》; **로즈** 《Cecil John ~, 영국의 식민지 정치가; 1853-1902》.

☐ **Rhode Island** [ròudáilənd] ⓜ **로드아일랜드** 《미국 북동부의 주; 생략: R.I.》
☜ 그리스의 '로도스'섬과 닮았다는데서 1524년 이탈리아 탐험가 조반니 다 베라자노가 명명함.

로즈가든 Rose Garden (미국 백악관의 정원. <장미 정원>이란 뜻)

♣ **어원 : rose, rhodo(n) 장미**

■ **rose** [rouz/로우즈] ⓜ 『식물』 **장미**(꽃); 장밋빛; 장미향; 가장 인기있는 여인 ☜ 고대영어로 '장미'란 뜻

■ **Rose** Garden [the ~] **로즈가든**, 백악관(White House)의 정원

☜ 장미(rose) 정원(garden)

☐ **rhodo**dendron [ròudədéndrən] 명 『식물』 철쭉속(屬)의 식물 《만병초 따위》
☜ 그리스어로 '장미(rhodo<rhodon=rose) 나무(dendron=tree)'란 뜻
♠ Put it by the **rhododendron**. **로도덴드론** 옆에 둬!

리듬 rhythm (율동)

♣ **어원 : rhy, rheo, rheu, rhi(no) 흐르다**

☐ **rhy**thm [ríðəm] 명 **율동, 리듬**, 주기적 반복〔순환〕; 『음악』 리듬, 음률; 운율; (그림·문장 등의) 율동적인 흐름, 격조(格調) ☜ 그리스어로 '흐름'이란 뜻
♠ the **rhythm** of a heartbeat 심장 고동의 **리듬**

☐ **rhy**thm and blues 『음악』 **리듬 앤드 블루스** 《1940년대 말 1950년대 초 블루스나 스윙 등의 댄스풍 재즈가 섞여서 탄생한 미국의 흑인음악》 ☜ blues(블루스; 우울)

☐ **rhy**thmic(al) [ríðmik(əl)] 형 **율동적인, 리드미컬한**; 주기적인; 규칙적으로 순환하는 ☜ -ic<형접>

☐ **rhy**thmic sportive gymnastics 『스포츠』 **리듬** 체조 ☜ sportive(운동경기의), gymnastics(체조, 체육)

☐ **rhy**thmically [ríðmikəli] 부 **율동적으로**, 리드미컬하게 ☜ -ly<부접>

☐ **rhy**me, rime [raim] 명 『운율학』 **운, 라임**, 각운(脚韻); 동운어(同韻語); 운문; [집합적으로도 씀] 압운시 동 시를 짓다, 운을 달다 ☜ 그리스어로 '흐름의 측정', '줄, 열'이란 뜻
♠ "Mouse" is a **rhyme** for "house." mouse는 house와 **운이 맞는다**.

썬루프 sunroof (승용차 지붕의 작은 문)

바깥의 빛이나 공기가 차안으로 들어오도록 조절할 수 있는 승용차 지붕에 설치된 작은 문

♣ **어원 : roof, rib 지붕, 덮개**

※ **sun** [sʌn/썬] 명 (the ~) **태양, 해** ☜ 고대영어로 '태양'이란 뜻

■ **roof** [ruːf, ruf] 명 (pl. **-s**) **지붕** ☜ 고대영어로 '지붕, 천장'이란 뜻

☐ **rib** [rib] 명 『의학』 **늑골**, 갈빗대; **갈비**; 『건축』 지붕의 서까래; (양산의) 뼈대, 살; (논·밭의) 이랑; 《미.속어》 로스트 비프(roast beef) 동 ~에 늑골을 붙이다
☜ 고대 독일어로 '지붕(roof)을 덮다, 덮개(cover)를 덮다'란 뜻
♠ break 〔fracture〕 a **rib** **갈비뼈**가 부러지다

리본 ribbon (장식띠)

♣ **어원 : bon(d), band 묶다**

☐ rib**bon** [ríbən] 명 **리본**, 장식띠; 끈〔띠〕 모양의 물건, 오라기, 가늘고 긴 조각 동 ~에 리본을 달다
☜ 고대 프랑스어로 '리본', 가는(rib) 조각을 묶다(bon<band)
♠ a present tied with **yellow ribbon** **노란색 리본**〔끈〕으로 묶은 선물

☐ ri**band** [ríbənd] 명 **리본** ☜ 리본(ribbon)의 고어

카레라이스 curry rice (콩글 카레 가루를 넣은 서양식 밥 종류) ➔ curried rice, curry and rice, curry with rice

※ **curry**, **currie** [kə́ːri, kʌ́ri] 명 **카레**(가루); 카레 요리 동 카레로 맛을 내다〔요리하다〕 ☜ 남인도 타밀(Tamil)어로 '소스'란 뜻
♠ **curry and rice** **카레라이스**(=curried rice)

☐ **rice** [rais/롸이스] 명 **쌀**; 밥; 벼 ☜ 라틴어/그리스어로 '쌀'이란 뜻
♠ a **rice** crop **벼**농사
♠ boil 〔cook〕 **rice** **밥**을 짓다.

☐ **rice**-field [ráisfiːld] 명 논 ☜ field(밭, 들, 벌판)

리치몬드 Richmond (영국 런던에서 가장 부유한 동네. <풍요로운 언덕>) * -mond 산, 언덕

♣ **어원 : rich 부유한, 풍부한**

☐ **rich** [ritʃ/뤼취] 형 **부유한, 풍부한** ☜ 고대영어로 '부유한'이란 뜻
♠ **He is rich that has few wants. 《격언》 족함을 아는 자가 부자이다.**
♠ **be rich in** 〔with〕 ~ **~이 풍부하다, ~이 많다**
be rich in resources 자원이 **풍부하다**

☐ **rich**es [rítʃiz] 명 (pl.) **부**(富), **재산, 재물** ☜ 부유한(rich) 것들(es)

☐ **rich**ly [rítʃli] 부 **풍부하게, 부유하게** ☜ 부유(rich) 하게(ly<부접>)

☐ **rich**ness [rítʃnis] 명 **부유; 풍부** ☜ 부유한(rich) 것(ness<명접>)

R

■ en**rich** [enrítʃ] ⓓ **풍성[부유]하게 하다** ☜ 만들다(en) 부유하게(rich)
■ Costa **Rica** [kɑ́stəríːkə, kɔ́ːs-/kɔ́s-] ⓜ **코스타리카** 《중앙아메리카의 공화국; 수도 산호세(San José)》 ☜ 스페인어로 '풍요로운 해안'(= rich coast)이란 뜻.

리히터 규모 Richter scale (지진의 진도 척도: 1-10까지 있음)

□ **Richter** scale **리히터 스케일** 《지진의 진도 척도》
☜ 미국의 지진학자 Charles Francis Richter 이름에서

연상 리더(leader.지도자)는 장애물을 즉각 리드(rid.제거)하라고 지시했다.

< 장애물 개척 전차 >
© Hundae Rotem

※ **lead**er [líːdər/**리**-더] ⓜ **선도자, 지도자, 리더**
☜ 중세영어로 '이끄는(lead) 사람(er)'이란 뜻
□ **rid** [rid] ⓓ (-/**rid**(rid**ded**)/**rid**(rid**ded**)) **면하다, 자유롭게 하다; 제거하다** ☜ 고대영어로 '(땅을) 개척하다'란 뜻
♠ **rid ~ of fears ~의 공포심을 제거해 주다.**
♠ **get rid of ~ ~을 제거하다, 치우다, 면하다, 벗어나다**
□ **rid**dance [rídəns] ⓜ 면함; (장애물 · 귀찮은 것을) 제거함, 쫓아버림
☜ rid + d<단모음+단자음+자음반복> + ance<명접>

리들 Riddle (미국 스릴러 영화. <수수께끼>란 뜻)

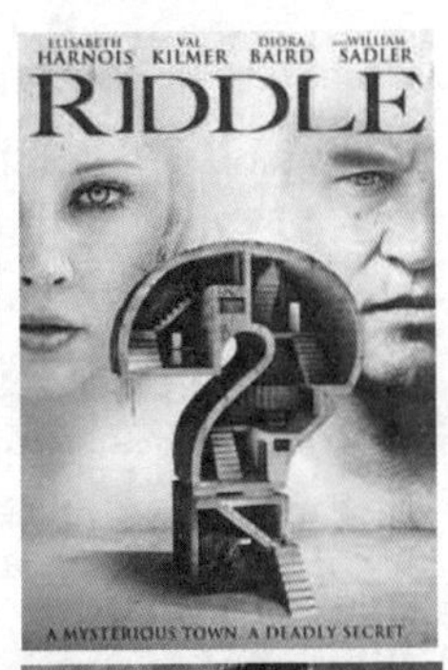

2013년 개봉한 미국의 스릴러, 미스테리 영화. 엘리자베스 하노이스, 발 킬머 주연. 흔적도 없이 사라진 몸이 아픈 남동생을 찾기 위해 비밀로 가득한 마을 '리들'에 찾아온 누나와 동생을 찾을수록 밝혀지는 잔혹한 진실에 관한 영화. 의문의 마을에서 펼쳐지는 거대한 반전을 그린 미스터리 스릴러.

□ **riddle** [rídl] ⓜ **수수께끼**, 알아맞히기; 난(難)문제; 수수께끼 같은 사람(물건) ⓓ 수수께끼를 내다(풀다) ☜ 고대영어로 '수수께끼'란 뜻
♠ ask (propound, set) a **riddle 수수께끼**를 내다
♠ solve (read, guess) a **riddle 수수께끼**를 풀다

툼레이더 Tomb Raider (미국 액션 영화. <무덤 도굴꾼>이란 뜻)

2001년 개봉한 개봉한 미·영·독·일 합작 액션·모험 영화. 안젤리나 졸리, 존 보이트 주연. 고고학자였던 아버지가 실종된 몇 년 후, 그의 딸은 아버지가 숨겨놓은 유물 중에 시간과 우주를 여는 열쇠가 있음을 알게 된다. 그리고 이를 이용해 우주를 정복하려는 비밀 조직에 대항하기 위해 그녀는 그들보다 먼저 미스터리를 풀고 우주를 구해야만 하는데... <출처 : 네이버영화 / 일부인용>

© Paramount Pictures

♣ **어원 : rid, raid (말 등을) 타다**
※ **tomb** [tuːm] ⓜ **무덤**, 뫼, 묘(墓); 묘표(墓標), 묘비; (the ~) 죽음
☜ 고대 프랑스어로 '무덤, 묘비, 기념비'란 뜻
■ **raid** [reid] ⓜ **급습, 습격**; 침략군; 불시 단속; 일제 검거; (R-) **레이드** 《가정용 살충제; 상표명》 ⓓ 급습하다; 쳐들어가다
☜ 고대영어로 '말 타기, 승마'란 뜻
■ **raid**er [réidər] ⓜ 급습자; 침입(침략)자; 『군』 특공대(원); (시장) 교란자 ☜ -er(사람)
□ **rid**e [raid/롸이드] ⓓ (-/**rode**(《古》 rid)/**ridden**) (말 · 탈것 따위에) **타다, 타고 가다** ⓜ **탐, 태움** ☜ 근대영어로 '말을 타고 여행하다'란 뜻
♠ **ride on** horseback (a bicycle) 말을(자전거를) **타다**
□ **rid**er [ráidər] ⓜ **타는 사람**, 기수 ☜ ride + er(사람)
□ **rid**den [rídn/**뤼**든] ⓜ **지배된**; 고통받는, 압제받는, 시달린
☜ ride의 과거분사. rid + d<단모음+단자음+자음반복> + en<형접>
□ **rid**ing [ráidiŋ] ⓜ **승마**; 승차; 승마 도로 ⓗ 승마용의; 기수(騎手)가 부리는
☜ ride + ing<형접>
□ **rid**ing breeches 승마용 바지 ☜ breech(포미(砲尾), 총개머리; 짧은 바지를 입히다), breeches(승마용 바지; 《구어》 (반)바지)

블루리지 Blue Ridge (❶ 미국 남동부에 남북으로 펼쳐진 산맥, ❷ 미국 해군 7함대 [서태평양함대] 지휘함)

< 미 해군의 블루리지함 >

※ **bl**ue [bluː/블루] ⓗⓜ **파란(색)**
☜ 고대 프랑스어로 '창백한', 중세영어로 '하늘색'이란 뜻
□ **ridge** [ridʒ] ⓜ 산마루, **산등성이**; 산맥, 능선; (밭 · 직물의) 두둑,

R

이랑 ⓗ 용마루를 올리다; 이랑을 짓다, 이랑이 되다
☜ 고대영어로 '사람이나 짐승의 등'이란 뜻
♠ walking along the **ridge 산등성이**를 따라 걷는
♠ the north-east **ridge** of Mount Everest 에베레스트 산의 북동쪽 **산마루**

일루전 illusion ([체조] 몸을 회전시켜 한 바퀴 도는 기술)

© jtbc.joins.com

체조에서 몸을 회전시켜 한 바퀴를 도는 기술. 한쪽 다리로 몸을 지탱하면서 옆으로 돈다. 2013년 7월 5일 전 국가대표 리듬체조 선수 신수지가 잠실야구장에서 독특한 모션으로 시구하여 국내외 시청자들을 놀라게 했는데 이때 사용된 기술이 백일루전(back illusion)이다.

♣ **어원 : lud(e), lus, rid(e), ris 비웃다, 놀리다, 연기하다; 연주**

■ il**lus**ion [ilúːʒən] ⓜ 환영(幻影), **환각**
☜ (머리)속에서(il<in) 놀리(lus) 기(ion)

■ de**lude** [dilúːd] ⓢ 미혹〔현혹〕시키다, **속이다** ☜ 완전히(de/강조) 놀리다(lude)

■ de**ride** [diráid] ⓢ **조소[조롱]하다**, 비웃다 ☜ 완전히(de/강조) 놀리다(ride)

□ **rid**icule [rídikjùːl] ⓜ **비웃음**, 조소, 조롱 ⓢ **비웃다**, 조소〔조롱〕하다, 놀리다
☜ 작게(cule<cle) + 비웃다(rid) + i
♠ lay oneself open to **ridicule** 남의 **웃음거리**가 될 만한 짓을 하다.

□ **rid**iculous [ridíkjələs] ⓗ **우스운, 어리석은**; 엉뚱한 ☜ rid + i + cul<cle + ous<형접>

✚ disil**lus**ion **~의 환영[환상, 미몽]을 깨우치다** **ris**ible 웃을 수 있는; 잘 웃는; 웃음의; 웃기는, 우스운

□ riding(승마) ➔ ride(타다, 타고가다) 참조

라이플 rifle (소총(小銃))

□ **rifle** [ráifəl] ⓜ **라이플총**, 선조총(旋條銃); 소총; (총신 안의) 강선(腔線) ⓢ 강선을 넣다 ☜ 고대 프랑스어로 '할퀸 자국, 홈'
♠ a **rifle** ground 〔range〕 **소총** 사격장

□ **rifle**man [ráifəlmən] ⓜ (pl. **-men**) 저격병

□ **rifle** corps 소총부대 ☜ corps [kɔːr] (집단, ~단, 부대)

□ **rifle** ground [range] 소총 사격장 ☜ ground(땅, 운동장; ~장)

연상 스키장 리프트(lift.승강기)에서 리프트(rift.갈라진 틈)가 발견되었다

※ **lift** [lift/리프트] ⓢ **들어 올리다, 올리다; 향상시키다; 올라가다** ⓜ **올림, 들어 올림; 차에 태워줌; 승강기**; 공중수송
☜ 고대 노르드어로 '하늘'이란 뜻

□ **rift** [rift] ⓜ 째진 틈, 갈라진 틈 ⓢ 찢(기)다; 가르다; 갈라지다
☜ 고대 아이슬랜드어로 '깨뜨림, 파괴'라는 뜻
♠ The **rift** within the party deepened.
그 당 내부의 **균열**은 깊어져 갔다.

리깅 rigging (배에 각종 장비를 설비·장치하는 것)

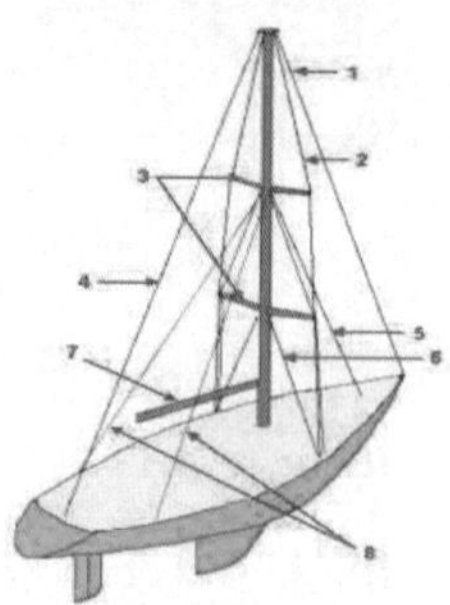

© Wikipedia

R

□ **rig** [rig] ⓜ (배의) 의장(艤裝), 치장; (색다른) 의복, 옷차림; 장비, 장치 ⓢ (배에) **돛·삭구[밧줄] 등을 갖추다**, 의장하다(=equip); 『항공』 (기체를) 조립하다; 장착하다
☜ 19세기 영어로 '배 위에 독특하게 배열된 돛, 돛대 등'을 지칭
※ 의장(艤裝): 선박에 필요한 선구·기계를 장비해 출항을 준비하는 일
♠ The ship is **rigged** with new sails. 배에는 새 돛이 **달려 있다**

□ **rig**ging [ríɡiŋ] ⓜ 『항해』 삭구 《배의 돛대·활대·돛 따위를 다루기 위한 밧줄·쇠사슬·활차 등의 총칭》; 의장(艤裝); (무대장치의) 설비〔도구〕; 《구어》 몸차림, 복장, 의류
☜ rig + g<단모음+단자음+자음반복> + ing<형접>

라이트 필더 right fielder ([야구] 우익수 ⇔ 레프트 필더 (좌익수))

♣ **어원 : right 옳은, 오른; 오른쪽, 권리, 공정성**

□ **right** [rait/롸이트] ⓗ **옳은**, 바른, **정당한**; 적당〔적절〕한; 틀림없는 ⓑ **바르게**; 적당히; **오른쪽[편]에** ⓜ **바름**, 공정, 정당성; **권리**; 정확; **오른쪽[편]** ⓢ 바로잡다
☜ 고대영어로 '곧은, 바른, 오른쪽'이란 뜻

♠ **right** conduct **정당한** 행위

♠ **right** hand **오른**손

♠ **right away 《미 · 구어》 곧, 즉시**(=at once)
I want it sent **right away**. 즉시 그걸 보내 주길 바래요.

♠ **right now 지금 바로[당장]**

♠ **right or wrong 좋건 나쁘건, 옳든 그르든, 불가불**
My 〔Our〕 country, **right or wrong**!
옳건 그르건 내 조국은 내 조국이다!

♠ **be in the right 올바른, 사리에 맞는, 옳은**

♠ **the right man in the right place 적재적소, 적임자**

♠ **(the) right side up 겉[정면]을 위로 하고**

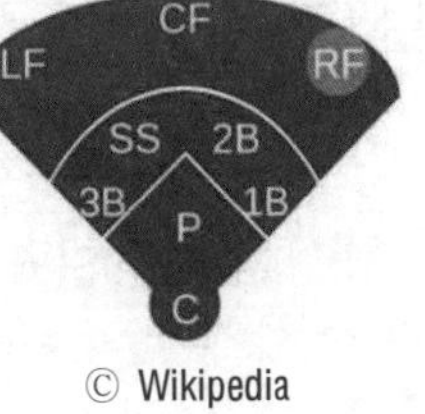

© Wikipedia

☐ **right** angle 직각 ☜ angle(각, 각도)

☐ **right**eous [ráitʃəs] ⓗ **올바른**; 공정한, 정의의; 합법의; 정당한, 당연한 ☜ right + eous<형접>

☐ **right**eousness [ráitʃəsnis] ⓜ 정의, 공정 ☜ righteous + ness<명접>

☐ **right**ful [ráitfəl] ⓗ **올바른**, 정의에 근거를 둔; 정당한; 당연한; 합법의 ☜ -ful(~이 가득한)

☐ **right**fully [ráitfəli] ⓑ 합법적으로 ☜ rightful + ly<부접>

☐ **right** hand 오른손 ☜ hand(손)

☐ **right**-hand [ráithǽnd] ⓗ **오른손의**, 우측의; 오른손잡이의; 심복의 ☜ hand(손, 손이 있는 쪽의)

☐ **right**ly [ráitli] ⓑ **올바르게**, 정당하게; 공정하게; 《구어》 **정확히; 마땅히** ☜ -ly<부접>

☐ **right**ness [ráitnis] ⓜ 정직, 공정, 적절 ☜ right + ness<명접>

☐ **right**ist [ráitist] ⓗⓜ 우익의 (사람) ☜ right + ist(사람)

☐ **right**(-)of(-)way [ráitəbwéi] ⓜ (우선) 통행권 ☜ 길(way) 의(of) 권한(right)

☐ **right**-minded [ráitmàindid] ⓗ 정직한 ☜ 옳은(right) 마음(mind) 의(ed)

☐ **right**(-)wing [ráitwiŋ] ⓜⓗ 우파(의) ☜ 오른쪽(right) 날개(wing)

※ **field**er [fíːldər] ⓜ 〖크리켓〗 야수; 〖야구〗 **외야수** ☜ 들판(field)에 있는 사람(er)

✚ out**right 철저히**; 공공연히; 곧, 당장; 노골적인; 철저한 up**right 직립한, 똑바로 선**, 수직의; 정직한; 수직〔직립〕 상태; 똑바로, 직립하여; 직립시키다, 수직으로 하다

앙시앙 레짐 ancien regime (프랑스혁명 때의 구(舊)체제)
레귤레이터 regulator (속도 · 온도 · 압력 등의 조절장치)

< Regulator >

♣ **어원 : reg, rig, reig, roy 곧은, 바른; 직선의, 정해진, 경직된; 규칙; 통치하다**

※ **ancient** [éinʃənt] ⓗ **옛날의**, 오래된, 구식의 ☜ 전에(ance) + i + 있던(ent)

■ **reg**ime [reiʒíːm, ri-] ⓜ **제도, 정체**(政體); **정권**
☜ 통치하는(reg) 제도(ime)

■ **reg**ular [régjələr/**뤠**결러] ⓗ **규칙적인, 정례[정기]적인; 정식의, 정규의**
☜ 정해진(reg) 것(ul) 의(ar)

■ **reg**ulator [régjəlèitər] ⓜ 규정자, 조정자; 단속자, 정리자; 〖기계〗 조정기, 조절기
☜ 규정하는/조정하는(regulate) 사람/기계(or)

■ ir**reg**ular [irégjələr] ⓗ **불규칙한**; 불법의, 규율이 없는, 비정규의
☜ 불(不)(ir<in=not) 규칙적인(regular)

☐ **rig**id [rídʒid] ⓗ **단단한, 딱딱한, 엄격한, 융통성이 없는** ☜ 경직된(rig) 것의(id)
♠ **rigid** attitudes **융통성 없는** 태도

☐ **rig**idly [rídʒidli] ⓑ 단단히; 엄격히 ☜ rigid + ly<부접>

☐ **rig**idity [ridʒídəti] ⓜ 단단함, 강직 ☜ rigid + ity<명접>

☐ **rig**o(u)r [rígər] ⓜ **엄함, 엄격**; 엄숙; 정밀; 경직 ☜ 경직된(rig) 것(our<명접>)

☐ **rig**orous [rígərəs] ⓗ **엄한**; 가혹한; **엄격한**; 혹독한; 엄밀한, 정밀한 ☜ rigor + ous<형접>

R

리그베다 Rig-Veda (인도 최고의 성전(聖典); 4베다 중의 하나)

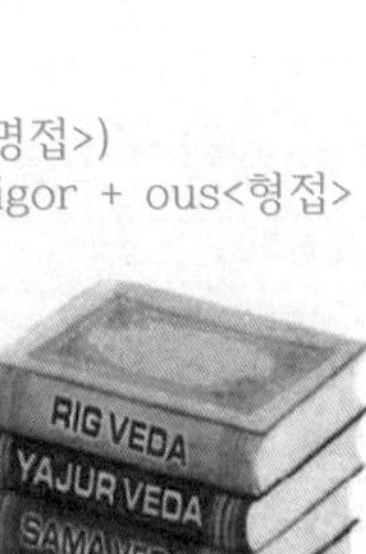

☐ **Rig Veda** [rigvéidə, -víːdə] ⓜ 《Sans.》 (the ~) **리그베다** 《인도 최고(最古)의 성전(聖典)》; 찬송 ☜ 산스크리트어로 '밝은/찬양하는(rig) 지식(veda)'이란 뜻

※ **Veda** [véidə, víːdə] ⓜ (pl. **-, -s**) 《Sans.》 (the ~(s)) **베다**(吠陀) 《옛 인도의 성전(聖典)》 ☜ 산스크리트어로 '지식(veda)'이란 뜻

림팩 RIMPAC (환태평양 다국적 해군 연합훈련)

☐ **rim** [rim] ⓜ (둥근 물체의) **가장자리, 테두리**; (수레바퀴 따위의) 테, 외륜(外輪); 〖항해〗 수면, 해면 ⓢ 테를 붙이다, 둘러 싸다
☜ 고대영어로 '테두리, 해안선'이란 뜻
♠ the **rim** of an eyeglass 안경**테**

☐ **rim** brake　**림브레이크** 《바퀴 테두리에 작용하는》 ☜ brake(브레이크, 제동기)
☐ **RIMPAC**　[rímpæk] **Rim** of the **Pac**ific Exercise 환태평양 다국적 해군 연합훈련 ☜ pacific(평화로운, 태평양의), exercise(연습, 훈련)

미사일 missile (유도탄), 미션 mission (임무)

♣ **어원 : miss, mit 허락, 위임, 용서; 보내다, 허락하다**
■ **miss**ile　[mísəl/-sail] ⓜ **미사일**, **유도탄** ☜ 라틴어로 '던질(miss) 수 있는 것(ile)'이란 뜻
■ **miss**ion　[míʃən] ⓜ (사절의) **임무**, 직무; **사절(단)**; **전도**, 포교 ⓢ 임무를 맡기다, 파견하다 ☜ 라틴어로 '보내(miss) 기(ion<명접>)'란 뜻
☐ re**mit**　[rimít] ⓢ 보내다, 송금하다; 용서하다, 면제하다; 연기하다 ☜ 뒤로(re=back) 보내다(mit)
♠ **Remit the money** to me at once. 제게 지급으로 **송금해 주십시오**.
☐ re**miss**ible　[rimísəbəl] ⓗ 용서할 수 있는, 면제할 수 있는 ☜ -ible(~할 수 있는)
☐ re**miss**ion　[rimíʃən] ⓜ 용서, 사면; 완화; 면제, 경감 ☜ -ion<명접>
☐ re**mit**tance　[rimítəns] ⓜ 송금(액); 송금 수단 ☜ remit + t<자음반복> + ance<명접>

연상 그 선수는 라운드(round)마다 관중이 던진 라인드(rind.과일 껍질)를 밟고 넘어졌다.

※ **round**　[raund/롸운드] ⓗ **둥근** ⓜ **둥근 것**, 순회; (경기의) 각 회 ⓢ **둥글게 하다** ☜ 라틴어로 '바퀴 같은, 둥근'이란 뜻
☐ **rind**　[raind] ⓜ **껍질** 《과실·야채·수목 따위의》, 외피(外皮), 껍데기 ⓢ 껍질을 벗기다 ☜ 고대영어로 '과일이나 야채의 껍질'이란 뜻
♠ **scrape the rind 껍질을 벗기다.**

링 ring ([권투·레슬링] 로프(rope)로 주변을 에워싼 경기장)

☐ **ring**　[riŋ/링] ⓜ **고리; 반지**, 귀고리; 〖권투·레슬링〗 **링**; **울림, 울리는 소리** ⓢ (-/**rang**(**rung**)/**rung**) 에워싸다; (방울·종 등이) **울리다** ☜ 고대영어로 '둥근 띠'
♠ a wedding **ring** 결혼**반지**
☐ **ring**ed　[riŋd] ⓗ 고리 모양의; 반지를 낀, 결혼한 ☜ ring + ed<형접>
☐ **ring**ing　[ríŋiŋ] ⓗ 울리는, 울려퍼지는 ⓜ 울림, 공명 ☜ -ing<형접/명접>
☐ **ring**leader　[ríŋlìdər] ⓜ 주모자, 장본인 ☜ ring(원<조직) + leader(선도자, 지도자, 리더)
■ ear**ring**　[íərìŋ] ⓜ (종종 pl.) **이어링**, **귀고리**, 귀걸이 ☜ 귀(ear) 고리(ring)

링겔 < 링거 ringer (콩글 영양제 수액 투약장치) ➔ IV(아이뷔), drip(드립)

☐ **Ringer**　[ríŋər] Sydney ~, **시드니 링거** 《링거액을 발명한 영국의 임상의. 생리학, 약리학자; 1835-1910》
※ **IV**　[áiví:] ⓜ (pl. **IVs, IV's**) 전해질(電解質)·약제·영양제의 방울식 투약 장치 ☜ intra venous(정맥주사)의 약어. 정맥(venous)으로 들어가는(intra)
※ **drip**　[drip] ⓢ (-/dripp**ed**(**dript**)/dripp**ed**(**dript**)) (액체가) 듣다, **뚝뚝 떨어지다** ⓜ **뚝뚝 떨어짐, 듣기; 듣는 방울** ☜ 고대영어로 '물방울이 떨어지다'란 뜻

아이스링크 Ice rink (실내 스케이트장, 빙상경기장)

※ **ice**　[ais/아이스] ⓜ **얼음, 빙판** ⓢ **얼리다** ☜ 고대영어로 '얼음, 얼음조각'이란 뜻
☐ **rink**　[riŋk] ⓜ **(실내) 스케이트장**, 스케이트링크; 롤러스케이트장; 아이스하키장 ⓢ (스케이트장에서) 스케이트를 타다 ☜ 고대 프랑스어로 '줄, 열'이란 뜻
♠ There is an **ice rink** inside the park. 공원 안에 **아이스링크**가 있다.

샴프(shampoo.머리 씻기)와 린스(rinse.헹굼)

※ **shampoo**　[ʃæmpú:] ⓢ **씻다**, (머리를) **감다**; 《고어》 마사지하다 ⓜ (pl. ~s) 세발(제), **샴푸** ☜ 인도어로 '근육을 주무르다, 마사지하다'란 뜻
☐ **rinse**　[rins] ⓜ 헹구기, 가시기; 씻어내기; **린스** 《머리 헹구는 유성제(油性劑)》 ⓢ **헹구다**, 가시다; 씻어내다 ☜ 고대 프랑스어로 '씻어 깨끗이 하다'란 뜻
주의 린스(rinse)는 주로 '헹구다'라는 의미로 사용되고, 샴푸 후에 사용하는 물질은 주로 (hair) conditioner로 표현한다.

♠ **Rinse** the soapy water away. 비눗물을 **씻어내라**

리우 데 자네이루 Rio de Janeiro (브라질 도시. 세계3대 미항 중 하나)

☐ **Rio** de Janeiro [ríːoudeiʒənέərou, -dədʒəníərou] **리우 데 자네이루** 《브라질 공화국의 옛 수도; 약어: Rio》 ☜ 포르투갈어로 '1월(Janeiro=January) 의(de=of) 강(rio=river)'이란 뜻
☐ **Rio** Grande [ríːougrǽndi] (the ~) **리오 그란데** 《미국과 멕시코 국경을 이루는 강》
☜ 스페인어로 '큰(Grande/great) 강(rio/river)'이란 뜻

라이어트걸 Riot Girl ([신조] 여성해방운동에 참여하고 있는 여성)

남성 중심의[지배적인] 사회에서 남녀평등을 주장하며 페미니스트 운동에 참여하는 모든 여성을 가리키는 용어. 걸 파워(Girl Power)가 지극히 개인적이고 또 구태여 남성과 여성을 구별해 별도의 타개 대상으로 삼지 않는 것과는 달리, 라이어트 걸은 남성 중심의 사회를 타파해 남녀평등의 사회를 구현하려는 뚜렷한 목적을 가지고 있다는 점에서 확연히 구분된다. <출처 : 두반색과 / 일부인용>

< Riot Girl Festival >

☐ **riot** [ráiət] ⓜ **폭동**, 소동; 술 마시고 떠듦, 야단법석; (감정・상상 등의) 분방(奔放), 분출 ⓢ **폭동을 일으키다,** 떠들다
☜ 라틴어로 '포효하다, 소리 지르다'란 뜻
♠ put down **a riot** by force 무력으로 **소란**을 진압하다.
☐ **riot**er [ráiətər] ⓜ 폭동자, 폭도, 방탕자 ☜ riot + er(사람)
☐ **riot** gun (gear, shield) 폭동진압용 단총 (장비, 방패)
☜ gun(총), gear(전동장치, 용구), shield(방패)
☐ **riot**ous [ráiətəs] ⓗ 폭동의; 폭동에 가담한; 떠들썩한; 분방한; 《구어》 매우 유쾌한 ☜ -ous<형접>
※ **girl** [gəːrl/걸-] ⓜ **계집아이, 소녀** ☜ 중세영어로 '어린이'라는 뜻

리핑 ripping (CD・DVD 내용을 컴퓨터 HDD로 복사하는 작업)
리플 ripple (잔물결 모양인 요철이 있는 면 또는 레이온 직물)

♣ 어원 : rip 잘게 쪼개다, 찢다; 훔치다
☐ **rip** [rip] ⓢ **쪼개다, 째다**, 찢다; 벗겨내다; 폭로하다; 빼앗다, **훔치다**
☜ 중세영어로 '잘게 찢다'란 뜻
♠ **rip** open the envelope 편지봉투를 **뜯다**.
♠ **rip up 쭉 찢다; (비밀을) 파헤치다, 폭로하다**
rip up a letter 편지를 **찢다**
☐ **rip**-off [rípɔ̀ːf, -àf/ɔ̀f] ⓜ 도둑질; 착취, 횡령; 《속어》 엄청난 이익이 나는 기업 ⓢ 도둑질하다 ☜ 훔쳐(rip) 사라지다(off)
☐ **rip**per [rípər] ⓜ 찢는 사람(도구), **리퍼**; 《영.속어》 매우 멋있는 사람(것); 《미.방언》 쌍썰매
☜ rip + p<단모음+단자음+자음반복> + er(사람/장비)
☐ **rip**ple [rípəl] ⓜ **잔물결**, 파문. (머리털 따위의) 곱슬곱슬함, 웨이브; 소곤거림 ⓢ 잔물결(파문)이 일다 ☜ 잘게 찢는(rip) + p<단모음+단자음+자음반복> + 것(le)
♠ The lake **rippled** gently. 호수는 조용히 **잔물결**이 일고 있었다.
☐ **rip**plet [ríplit] ⓜ 잔물결 ☜ ripple + et(작은)

연상 낫으로 풀 잎(leaf.잎)을 립(reap.베다)하다.

© reenindustrypros.com

♣ 어원 : reap, rip 익은, 익어서 거둬들이는; (풀・곡물을) 베다
※ **leaf** [liːf/리잎] ⓜ (pl. lea**ves**) **잎**, 나뭇잎, 풀잎; (책종이의) **한 장** 《2페이지》 ☜ 고대영어로 '식물의 잎, 종이 한 장'이란 뜻
■ **reap** [riːp] ⓢ (농작물을) **베다, 베어들이다**, 거둬들이다; 수확하다; 획득하다 ☜ 고대영어로 '곡물을 자르다; 익은'이란 뜻
☐ **ripe** [raip] ⓗ (과일・곡물이) **익은**, 여문; (술 따위가) 숙성한, 먹게 된; 원숙한, 숙달된 ☜ 고대영어로 '수확할 준비가 된'이란 뜻
♠ **ripe** fruit **익은** 과일
♠ **Soon ripe, soon rotten.**
《속담》 빨리 익은 것은 빨리 썩는다, 대기만성(大器晩成)
☐ **rip**en [ráipən] ⓢ **익다**; 원숙하다; 곪다; 익게 하다, 원숙하게 하다 ☜ ripe + en<동접>
☐ **ripe**ness [ráipnis] ⓜ 성숙 ☜ 익은(ripe) 것(ness<명접>)

☐ **ripple**(잔물결), **ripplet**(잔물결) ➔ **rip**(째다) **참조**

라이징 스타 rising star (떠오르는 스타)

R

♣ 어원 : ris, rais(e), rous 오르다, 일어나다, 발생하다

☐ **rise** [raiz/롸이즈] ⓢ (-/**rose**/**risen**) 일어서다, (해·달) **떠오르다**, (가격) 상승하다 ⓜ 상승, 오름 ☜ 중세영어로 '상향 이동'이란 뜻
♠ The sun **rises** in the east. 해는 동쪽에서 **뜬다**.
♠ **give rise to ~ ~을 생기게 하다, ~을 일으키다**

☐ **rise**r [ráizər] ⓜ 일어나는 사람 ☜ 일어나는(rise) 사람(er)

☐ **rise**n [rízən] ⓗ **오른, 일어난**, 부활한 ☜ 일어(rise) 선(en)

☐ **ris**ing [ráiziŋ] ⓗ 일어나는, 떠오르는 ☜ rise + ing<형접>

※ **star** [stɑːr/스따/스타-] ⓜ **별**, 인기연예인 ☜ 고대영어로 '별'이란 뜻

✚ up**ris**ing 기립: 반란, 폭동 a**rise** (문제가) **생기다, 일어나다** sun**rise** **일출** **raise** **올리다**, (문제를) 일으키다

리스크 매니지먼트 risk management ([경영] 위험 관리)

☐ **risk** [risk] ⓜ **위험**; 모험; 위험성(도); 보험금(액); 피보험자 ⓢ **위태롭게 하다**, 모험하다 ☜ 이탈리아어로 '위험 속으로 뛰어들다'란 뜻.
♠ **risk** one's life (fortune) 목숨(재산)을 **걸다**.
♠ **at all risks 어떤 위험을 무릅쓰고라도**(=at all costs)
♠ **at the risk of ~ ~을 걸고, ~을 무릅쓰고라도**(=at risk to)
He rescued the old aged **at the risk of** his own life.
그는 자신의 목숨을 **걸고** 그 노인을 구했다.
♠ **run the risk of ~ ~의 위험을 무릅쓰다**

☐ **risk**y [ríski] ⓗ (-<-k**ier**<-k**iest**) **위험한**; 모험적인; 외설스러운 ☜ -y<형접>

※ **man**agement [mǽnidʒmənt] ⓜ **경영**, 관리, 취급 ☜ 손(man)으로 다루(age) 기(ment<명접>)

연상 밤에 그는 라이트(light)를 켜고 라이트(rite.의식)를 행했다.

※ **light** [lait/라이트] ⓜ **빛**, 불꽃 ⓗ **가벼운, 밝은** ⓢ **불을 붙이다,** 불이 켜지다 ☜ 고대영어로 '무겁지 않은'이란 뜻

☐ **rite** [rait] ⓜ 의례, **의식**; 교회의 의식, 전례(典禮); 관례 ☜ 라틴어로 '종교의식'이란 뜻
♠ the burial (funeral) **rites** 장례**식**

☐ **rit**ual [rítʃuəl] ⓗ (교회 따위의) **의식의**, 제식의; 관습의, 관례의 ⓜ **종교적인 의식**, 예배식; 제식; 의식서; 식전; 의식적 행사(관습) ☜ rite + u + al<형접/명접>

라이벌 rival (경쟁자)

♣ 어원 : riv(er) 물가, 강

☐ **riv**al [ráivəl] ⓜ **경쟁자** ☜ 강가(riv=river)에서 물 긷는 사람(al)들끼리 경쟁한데서 유래
♠ **have no rival in ~ ~에서 적수가 없다**.

☐ **riv**alry [ráivəlri] ⓜ (pl. -r**ies**) **경쟁** ☜ -ry<명접>

☐ **river** [rívər/**뤼**붜] ⓜ **강** ☜ 고대 프랑스어로 '강, 강가, 강둑'이란 뜻
♠ He is fishing **by the river**. 그는 **강가에서** 낚시하고 있다.
★ 보통 영국에선 the river (River) Thames, 미국에서는 the Mississippi River로 표기

☐ **river**bed [rívərbèd] ⓜ 하상(河床), 하천의 바닥 ☜ 강(river) 바닥(bed)

☐ **river**head [rívərhèd] ⓜ 수원(水源) ☜ 강(river) 머리(head)

☐ **river**side [rívərsàid] ⓜ 강가, **강변** ⓗ 강가의, 강변의 ☜ 강(river) 가(side)

☐ **Rivier**a [rìviέərə] ⓜ (the ~) **리비에라** 《프랑스의 Nice에서 이탈리아의 La Spezia에 이르는 지중해안의 유명한 관광지. 유럽의 대표적인 휴양지》; 해안 피한지(명승지) ☜ 이탈리아어로 '해안'이란 뜻

☐ **riv**ulet [rívjəlit] ⓜ **개울**, 시내 ☜ 라틴어로 '작은 강'이란 뜻. 강(riv) + u + 작은(let)

■ ar**rive** [əráiv/어**롸**이브] ⓢ **도착하다** ☜ (배가) 물가(rive) 에(ar<ad=to) 닿다

리벳 rivet (대갈못)

☐ **rivet** [rívit] ⓜ **리벳, 대갈못**; (pl.) 《미.속어》 돈 ⓢ **리벳[대갈못]을 박다**; 고정시키다 ☜ 고대 프랑스어로 '못; 고정하다'란 뜻
♠ **rivet** a metal plate on a roof 지붕에 금속판을 **리벳으로 고정시키다**.

실크로드 Silk Road (고대 중국 ⇔ 서역간 교통로. <비단길>이란 뜻)

고대 중국과 서역간 무역을 통해 정치, 경제, 문화를 이어 준 교통로. 19C 말 독일 리히트호펜 저서에 등장

♣ **어원 : road 길, 도로**

■ Silk **Road** 〔Route〕 (the ~) 『역사』 비단길, **실크로드** 《고대 중동과 중국간의 통상로》 ☜ silk(비단). 당시 동방에서 서방으로 간 대표적 상품이 중국산 비단이었던 데서 유래

□ **road** [roud/로우드] 명 **길, 도로**; 진로; 방법, 수단 ☜ 고대영어로 '말타고 가기(riding)'
비교 rode (ride<타다>의 과거)
♠ He lives just along 〔up/down〕 the **road**. 그는 바로 이 **도로** 변 〔위쪽에/아래쪽〕에 산다.
♠ **on the (high) road to ~ ~의 도중[중간]에 있는**

□ **road** show (극단 따위의) **순회 흥행**; 《미》 (신작(新作) 영화의) 독점 개봉 흥행, **로드쇼** ☜ show(구경거리, 쇼, 흥행)

□ **road**-show [róudʃòu] 동 《미》 (영화를) 독점 상영하다; 로드쇼를 하다

□ **road**side [róudsàid] 명 **길가**, 노변 형 연도〔길가〕의 ☜ side(옆, 측면)

□ **road**way [róudwèi] 명 도로; **차도**, 노선; (철도의) 선로; (교량의) 차도 부분 ☜ way(길; 방법)

■ off-**road** [ɔ́(ː)fròud] 형 일반〔포장〕 도로를 벗어난 (곳을 주행하는) 《드라이브》; 일반〔포장〕 도로 밖에서 하게 만든, **오프로드**용의 《차량》 ☜ 벗어난(off) 길(road)

■ rail**road** [réilròud/**뤠**일로우드] 명 《미》 **철도, 선로**, 궤도 동 ~에 철도를 놓다; 철도로 수송하다 ☜ rail(철도, 궤도)

로밍 roaming (서로 다른 통신 사업자의 서비스 지역 안에서도 통신사끼리 협력을 통한 통신이 가능하게 연결해 주는 서비스)

© omnitele.com

□ **roam** [roum] 동 (정처없이) **걸어 다니다**, **방랑[배회]하다** 명 돌아다님, 배회, 방랑 ☜ 고대영어로 '주변을 돌아다니는 행위'란 뜻
♠ **roam** about the forest 숲속을 **돌아다니다**.
♠ live a **roaming** life **방랑** 생활을 하다

□ **roam**ing [róumiŋ] 명 『통신』 **로밍** 《계약하지 않은 통신회사의 통신 서비스도 받을 수 있는 것》 ☜ roam + ing<명접>

연상 사자왕이 노(怒)하여 로(roar.으르렁거리다)했다

□ **roar** [rɔːr/로어/로-] 동 (사자 등이) **으르렁거리다**, 포효하다; **고함치다** 명 **으르렁 거리는 소리**, 포효, 노호; **외치는 소리** ☜ 고대영어로 '울부짖다'란 뜻
비교 growl (개 등이) 으르렁거리다; 으르렁거리는 소리.
★ 한국 댄스팝 보이그룹 엑소(EXO)의 노래 중에 growl(으르렁)이 있다.
♠ the **roars** of a lion 사자의 **포효**

□ **roar**ing [rɔ́ːriŋ] 형 **포효**(노호)**하는**; 법석떠는; 마시며 떠들어대는; 《구어》 번창한, 활기찬 명 으르렁거림, 포효〔노호〕 소리; 고함; 시끄러움 ☜ roar + ing<형접/명접>

■ up**roar** [ʌ́prɔ̀ːr] 명 **소란**, 소동; 소음 ☜ 위로 터지는(up) 외치는 소리(roar)

로스트 비프 roast beef (쇠고기를 오븐에서 구운 영국식 요리)

□ **roast** [roust] 동 (고기를 오븐에) **굽다**; (콩·커피 열매 따위를) 볶다; 구워지다, 볶아지다 형 구운 명 불고기; (불고기용) 고기, 불에 굽기 ☜ 고대 프랑스어로 '굽다, 데우다'
♠ **roast** a chicken 닭고기를 **굽다**

□ **roast**ing [róustiŋ] 형 굽기에 알맞은; 몹시 더운 명 굽기, 볶음; 몹시 비난함 ☜ roast + ing<형접/명접>

※ **beef** [biːf] 명 **쇠고기** ☜ 고대 프랑스어로 '소'란 뜻

R

나이라버리 Nairobbery (범죄가 급증한 케냐 수도 나이로비의 오명)

나이로비(Nairobi)와 강도질(robbery)의 합성어. 나이로비와 나이라버리는 음율적으로도 거의 일치한다.

♣ **어원 : rob, rav 빼앗다, 강탈하다, 약탈하다**

※ **Nairobi** [nairóubi] 명 **나이로비** 《동아프리카의 케냐(Kenya)의 수도》 ☜ 마사이어로 '맛있는〔차가운〕 물'이란 뜻

□ **rob** [rab/rɔb] 동 훔치다, **강탈[약탈]하다**, 빼앗다 ☜ 고대 프랑스어로 '강탈하다, 훔치다'란 뜻
♠ **rob (A) of (B) A 에게서 B 를 빼앗다**
rob a person **of** his money 〔name〕 아무에게서 돈을 **빼앗다**〔명예를 잃게 하다〕

☐ **rob**ber [rɑ́bər/rɔ́bər] [명] **도둑, 강도**; 약탈자 ☜ rob + b<자음반복> + er(사람)
☐ **rob**bery [rɑ́bəri/rɔ́b-] [명] **강도(질)**, 약탈; 『법률』 강도 죄 ☜ -ery<명접>

✚ **rav**age **파괴(하다)**, 황폐(하게 하다); (pl.) 손해; 파괴된 자취 **rav**en **강탈하다**, 노략질하다; 먹이를 찾아다니다; **갈가마귀** 《불길한 징조로 여겨짐》; 새까만

워드로브 wardrobe (옷장; 의상실)

♣ 어원 : robe 옷
■ ward**robe** [wɔ́ːrdròub] [명] **옷[양복]장**; = wardrobe trunk; 옷 넣는 벽장; (특히 극장의) 의상실, [집합적] (갖고 있는) 의류, 무대 의상
☜ 고대 프랑스어로 '옷장'. ⇦ 옷(robe)을 지키다(ward=guard)
♠ have a large **wardrobe** **옷**을 많이 갖고 있다.
☐ **robe** [roub] [명] **길고 헐거운 겉옷**; 긴 원피스의 여자 옷; 긴 아동복; (종종 pl.) 관복, 예복; 법복; (pl.) [일반적] 의복, 옷, 의상 [동] ~을 입다〔입히다〕
☜ 고대 프랑스어로 '길고 헐렁한 겉옷'이란 뜻
♠ judges' **robes** 재판관의 **법복**

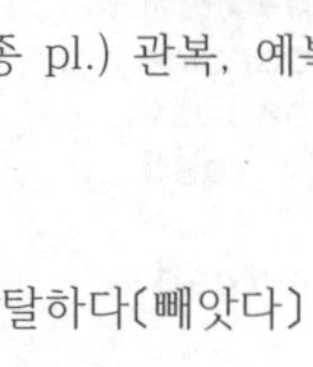

✚ en**robe** 옷을 입히다 dis**robe** ~의 옷〔제복〕을 벗기다〔벗다〕; ~의 지위〔권위〕를 박탈하다〔빼앗다〕

루비 ruby (홍옥), 로빈후드 Robin Hood (중세 영국의 전설적인 의적)

< Ruby >

♣ 어원 : rob, rub, red 장미(rose)처럼 붉은, 강한
■ **rub**y [rúːbi] [명] **루비**; 홍옥(紅玉); (손목 시계의) 보석; 루비 빛깔, 진홍색; 붉은 포도주 [형] 루비(빛)의, 진홍색의
☜ 라틴어로 '붉은 색(rub) + y<형접/명접>'이란 뜻
■ **rub**ric [rúːbrik] [명] 붉게 인쇄한 것; (법령 등의) 제목, 항목 《원래는 붉은 글씨로 썼음》 [형] 붉은 색의, 붉게 인쇄한
☜ 라틴어로 '붉은 색(rub) + r + 의(ic<형접>)'란 뜻
☐ **Rob**in Hood [rɑ́binhùd/rɔ́b-] **로빈후드** 《중세 영국 전설에 나오는 의적(義賊)》; 가난한 사람을 위해 행동하는 사람 ※ Maid Marian 로빈후드의 애인
☜ Robin(son)은 가슴이 붉은 새인 robin에서 유래
☐ **rob**in [rɑ́bin/rɔ́b-] [명] **유럽 울새;** ☜ **robin** redbreast의 줄임말. 몸은 갈색에 가슴 부분은 빨간색이며 몸집이 작다.
《미》 개똥지빠귀의 일종 ☜ 몸은 회색에 가슴 부분은 빨간색이며 몸집이 크다.
♠ Outside a **robin** piped. 밖에서는 **로빈새** 한 마리가 소리 높여 지저귀고 있었다.
☐ **rob**ust [roubʌ́st, róubʌst] [형] (-<-t**er**<-t**est**) 튼튼한, **강건한**; (일이) 힘든; 확고한; 감칠맛이 있는 ☜ 라틴어로 '오크(oak)나무처럼 강한'이란 뜻. 오크나무의 심재(心材:나무줄기의 중심부)가 붉고 강한데서 유래
♠ **robust** economic growth **탄탄한** 경제 성장

로빈슨 크루소 Robinson Crusoe (다니얼 디포의 소설 · 그 주인공)

☐ **Robinson Crisoe** [rɑ́binsənkrúːsou/rɔ́b-] [명] **로빈슨 크루소** 《영국 소설가 Daniel Defoe 作의 표류기; 그 주인공》; 혼자 살아가는 사람 [동] 《미.속어》 홀로 감연히 큰 일을 이루(려고 하)다; 외딴 섬에 홀로 남게 하다
☜ 로빈슨 크루소가 24년간 외딴 섬에서 홀로 지낸 데서

R

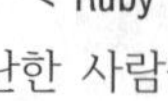

로봇 robot (인조인간, 기계인간)

☐ **robot** [róubət, -bɑt/róubɔt] [명] **로봇**, 인조〔기계〕 인간; 자동 장치; 기계적으로 일하는 사람 ☜ 체코어로 '강요된 노동자'란 뜻
★ 1920년 체코슬로바키아의 작가 K.차페크의 희곡 《로섬의 인조인간 : Rossum's Universal Robots》에 처음 등장한 용어. 인간과 능력은 동일하지만 정서나 영혼이 없고 지능과 반항정신이 발달하여 결국 인간을 멸망시키는 이야기이다.
☐ **robot**esque [ròubɑtésk/-bɔt-] [형] 로봇과 같은 (형식의) ☜ robot + esque(~양식의, 형식의)
☐ **robot**ic [roubɑ́tik/-bɔ́t-] [형] 로봇을 이용하는, 로봇식의 ☜ -ic<형접>
☐ **robot**ics [roubɑ́tiks] [명] (pl.) [단수취급] 로봇 공학(工學) ☜ -ics(학, 학문)
☐ **robot**ize [róubɑtàiz] [동] (인간을) 로봇화하다; 자동화하다 ☜ -ize<동접>

☐ **robust**(강건한) ➔ **robin**(유럽 울새) **참조**

로키산맥 Rocky Mountains (캐나다 · 미국 서부에 있는 대산맥)

☐ **rock** [rɑk/락/rɔk/로크] 명 **바위**, 암석, 암반, 암벽; 견고; 난관 형 돌같은, 암석의 동 돌로 치다
☜ 중세영어로 '돌; 광물질 덩어리'란 뜻
♠ go **rock** climbing **암벽** 등반을 하다

☐ **rock**-climbing [rάk-klaimiŋ, rɔk-] 명 암벽 등반 ☜ climb(오르다, 등반하다)

☐ **rock** drill 착암기(鑿巖機) 《바위를 뚫는 기계》
☜ drill(송곳; 연습; 구멍을 뚫다)

☐ **rock** oil 석유(石油)(=petroleum) ☜ oil(기름, 석유, 유화)

☐ **rock**y [rάki/rɔ́ki] 형 (-<-k**ier**<-k**iest**) **바위가 많은**, 바위로 된; **바위 같은,** 튼튼한; 부동의, 태연한; 완고한, 냉혹한, 무정한 ☜ 돌(rock)이 많은(y)

☐ **Rock**y Mountains (the ~) **로키 산맥** 《북미 서부의 남북으로 펼쳐진 대산맥. 총 길이 4,500km. 최고봉 4,399m》 ☜ 바위(rock)가 많은(y) 산(mountain) 들(s<복수>)

☐ **Rock**ies [rάkiz, rɔ́k-] 명 (pl.) (the ~) = Rocky Mountains
☜ 바위가 많은(rocky) 것들(es). rocky<y→i> + es<복수>

로큰롤 > 락앤롤 rock'n'roll = rock and roll (격렬한 재즈곡)

☐ **rock** [rɑk/락, rɔk] 동 **흔들다**, 흔들리다; 진동하다, 흔들어 움직이다 명 흔들림, 록 음악
☜ 19세기초 영어로 '앞뒤로 흔드는 행위'란 뜻
♠ The house **was rocked by** an earthquake. 그 집은 지진**으로 흔들렸다.**

☐ **rock**er [rάkər] 명 (요람 등을) 흔드는 사람; 흔들리는 것, 흔들의자(=rocking chair); 《구어》 **록가수** ☜ -er(사람/도구)

☐ **rock**ing chair 흔들의자 ☜ chair(의자)

☐ **rock and roll** **로큰롤**(= rock'n'roll) ☜ '흔들(rock) 고(and) 구르다(roll)'란 의미

☐ **rock**'n'roll, **rock**-'n'roll [rάkənróul/rɔ́k-] 명 **로큰롤** 《블루스와 민요조를 가미한 박자가 격렬한 재즈곡; 그 춤》; 《미.속어》 로큰롤 팬 형 로큰롤의 동 로큰롤을 추다〔연주하다〕
☜ '흔들(rock) 고(and) 구르다(roll)'란 의미 ★ 원래 '블루스/재즈=흑인 음악', '컨트리=백인 음악'이란 인식이 있었지만, 이 두 음악을 합친 로큰롤이 1950년대 등장하면서 흑인 음악과 백인 음악의 경계가 자연스럽게 허물어지게 됨. 로큰롤의 아버지는 '앨런 프리드'이며, 로큰롤의 황제는 '엘비스 프레슬리'임.

로켓 rocket (엔진없이 부스터(추진체)에 의해 날아가는 비행체)

☐ **rocket** [rάkit/**롸**킽/rɔ́ket/**로**케트] 명 **로켓**(무기); 봉화 동 로켓을 발사하다 ☜ 이탈리아어로 '(실을 감는) 실패'라는 뜻
♠ launch a **rocket** **로켓**을 발사하다.

☐ **rocket** bomb 〔gun〕 로켓 폭탄 〔로켓포〕 ☜ bomb(폭탄), gun(총, 대포)

피스톤 로드 piston rod (엔진 실린더 내의 피스톤에 달린 막대)

※ **piston** [pístən] 명 〖기계〗 **피스톤**; 〖음악〗 (금관 악기의) 판(瓣); 《미.속어》 트롬본 ☜ 라틴어로 '연타(계속 때리다)'라는 뜻

☐ **rod** [rɑd/rɔd] 명 장대, (가늘고 긴) **막대**; 낚싯대; 요술 지팡이; 작은 가지; 지팡이, 회초리; (the ~) 회초리로 때리기, 매질, 징계
☜ 고대영어로 '막대기'란 뜻
♠ **a fishing rod 낚싯대**, **an iron 〔wooden〕 rod 쇠**〔나무〕**막대**
♠ **Spare the rod, and spoil the child. 《속담》 매를 아끼면 자식을 망친다.**

piston rod

© Wikipedia

이레이저 eraser (미국 액션 영화. <지우개>란 뜻)

1996년 개봉한 미국 액션 영화. 아놀드 슈왈제네거 주연. 방산업체의 기밀을 알게 된 회사 여직원을 제거하려는 검은 세력과 그녀를 보호하려는 세력간 격돌하게 된다는 이야기.

♣ **어원 : ras(e), rod, rab, rat 문지르다, 할퀴다, 갉다**

■ e**ras**e [iréis/iréiz] 동 **~을 지우다**; 말소〔말살 · 삭제〕하다
☜ 밖으로(e<ex) 문지르다(rese)

■ e**ras**er [iréisər/-zər] 명 지우는 사람; **지우개** ☜ -er(사람/물건)

☐ **rod**ent [róudənt] 형명 갉는; 설치류의 (동물) 《쥐 · 토끼 따위》
☜ 갉다(rod) + ent<형접/명접>
♠ The squirrel is **a type of rodent**. 다람쥐는 **설치류**이다.

© Warner Bros.

R

□ **rod**enticide [roudéntəsàid] (명) 쥐약 ☜ 설치류(rodent)를 + i + 죽이는(cide) 것
■ **rab**bit [rǽbit/**래**빝] (명) (pl. **-(s)**) **집토끼**; 그 모피; [일반적] **토끼**; 겁쟁이 (동) 토끼 사냥을 하다 ☜ 중세 네덜란드어로 '토끼'란 뜻 **비교** hare 산토끼
■ **rat** [ræt] (명) **쥐** 《mouse(생쥐)보다 몸집이 크고 길이가 긴》, 쥐새끼 같은 놈; 변절[배신]자 (동) 쥐를 잡다 ☜ 고대영어로 '쥐', 라틴어로 '갉는 것'이란 뜻

로데오 rodeo (길들지 않은 말 · 소를 타고 굴복시키거나 버티는 북아메리카 카우보이의 경기)

□ **rodeo** [róudiòu, roudéiou] (명) (pl. **-s**) 《미》 (낙인을 찍기 위해) 목우(牧牛)를 한데 모으기; 그 장소; **로데오** 《카우보이의 말타기 따위의 공개 경기대회. 오토바이 등의 곡예 쇼》
☜ 스페인어로 '시장에 있는 소 우리; (가축들을 돌보는) 순시'

로댕 Rodin (<현대 조각의 아버지>로 불리는 프랑스의 조각가)

□ **Rodin** [roudǽn, -dɑ́:n] (명) **로댕** 《Auguste ~, 프랑스의 조각가; 1840-1917》
★ **대표작 : <생각하는 사람>, <지옥의 문>, <칼레의 시민>, <발자크> 등**

뢴트겐 Roentgen (뢴트겐선(線)을 발견한 독일의 물리학자)

□ **Roentgen** [réntgən, -dʒən, rʌ́nt-] (명) **뢴트겐** 《Wilhelm Konrad ~, 뢴트겐선을 발견한 독일의 물리학자; 1845-1923》; (r-) 방사선 세기의 단위 《기호 R》 (형) (r-) 뢴트겐의, 엑스선의

로저 roger ([통신] <송신 내용을 모두 알아들었음>이란 뜻)

□ **roger** [rɑ́dʒər/rɔ́dʒər] (감) (or R-) 〖통신〗 알았다; 《구어》 좋다, 알겠다(=all right, O.K.)
☜ received(받았다)라는 단어의 두문자 **r**을 통신용어로 roger라고 부른데서.
■ re**ceive** [risí:v/뤼**씨**-브] (동) **받다**, 수령하다; 접수하다, (제안을) 수리하다, 응하다
☜ 다시(re) 받다(ceive)
■ re**ceiv**er [risí:vər] (명) **받는 사람**, 수령인; 수납계원; 접대자; 수신기, **리시버** ☜ -er(사람/장비)

연상 국회의장은 프롤로그(prologue.서언)에서 바로 프러로그(prorogue.정회하다)라고 선언했다.

♣ **어원 : rog(u) 요구하다(=ask)**
※ **prolog(ue)** [próulɑg/-lɔg] (명) **머리말, 서언**; 〖음악〗 전주곡
☜ 앞에서(pro) 하는 말(log)
■ pro**rogu**e [prouróug] (동) **정회하다**[되다] ☜ 요구(rogue)에 응하여(pro) 중지하다
□ **rogu**e [roug] (명) **악한, 불량배**, 깡패; 개구쟁이, 장난꾸러기; 거지, 부랑자 (동) 속이다 (형) 무리에서 떠나 횡포한 ☜ 중세영어로 '부랑자', 라틴어로 '요구하다'란 뜻
♠ **play the rogue 사기치다.**
□ **rogu**ery [róugəri] (명) 못된 짓, 부정; 장난, 짓궂음 ☜ -ery<명접>
□ **rogu**ish [róugiʃ] (형) **악한의**, 건달의; 장난치는, 짓궂은 ☜ -ish<형접>

✚ ar**rog**ant **거만한, 오만한** inter**rog**ate 질문[심문]하다 pre**rog**ative **특권, 특전**

코리아 Korea (대한민국)

□ **ROK** **R**epublic **o**f **K**orea 대한민국

✚ **republic 공화국**; 공화정체 **of ~의**; **~으로 만든 Korea 한국, 대한민국**

롤모델 role model (역할 모델: 본보기가 되는 대상이나 모범)

□ **role** model 역할 모델, (특정 역할에서) 본보기가〔모범이〕 되는 사람
☜ model(모델, 모형, 모범; ~의 모형을 만들다)
□ **role**, rôle [roul] (명) 《F.》 (배우의) **배역; 역할**, 임무 **비교** roll 구르다, 굴리다
☜ 프랑스어로 '배우의 대사를 적은 두루마리'라는 뜻
♠ play an important **role** in ~ ~에서 중요한 **역할**을 담당하다.
□ **role**-play [róulplèi] (동) (실생활에서) ~의 역할을 하다; 행동으로 나타내다
☜ play(놀다, 연주〔연기〕하다)

롤러스케이트 roller skate (바퀴달린 스케이트화)

♣ **어원 : roll 바퀴; 구르다, 감다**

☐ **roll** [roul/로울] [동] **구르다**, 굴러가다; (땅이) **기복하다**; (천둥·북 등이) **쿵쿵 울리다**, (북 등을) **치다** [명] 두루마리; 문서
☜ 라틴어로 '바퀴'란 뜻 [비교] role 역할, 배역
♠ **A rolling stone gathers no moss.**
《속담》 구르는 돌에는 이끼가 끼지 않는다.

☐ **roll**back [róulbæ̀k] [명] 역전, 되돌림; (물가·임금의 이전 수준으로의) 인하; (인원의) 삭감; 격퇴, 반격; (특히 옛 소련에 대한 미국의) **롤백** 전술 《아이젠하워 대통령의 대소 강경정책》 ☜ 뒤로(back) 구르다(roll)

☐ **roll**er blade **롤러블레이드** 《롤러가 한 줄로 된 롤러 스케이트》(=in-line skate)

☐ **roll** call 출석을 부름, 점호 ☜ call(부르다, 전화하다)

☐ **roll**-call [róulkɔ̀ːl] [동] **(~의) 출석을 부르다**, 출결(出缺)을 조사하다

☐ **roll**er [róulər] [명] **롤러, 굴림대**; 땅 고르는 기계; 〖인쇄〗 잉크롤러; 두루마리 붕대; 굴리는 사람, 회전 기계 조작자 ☜ -er(사람/기계)

☐ **roll**er coaster (유원지 등의) **롤러 코스터**(《영》 switchback) ☜ coaster(비탈용 썰매, 연안 항해자)

☐ **roll**er skate (보통 pl.) **롤러 스케이트**화 ☜ skate(스케이트, 스케이트화)

☐ **roll**ing [róuliŋ] [형] **구르는**; 회전하는; (눈알이) 두리번거리는; (파도가) 굽이치는 [명] **구르기, 굴림**; 회전 ☜ -ing<형접/명접>

✚ en**rol(l)** **등록하다**, (이름을) **명부에 올리다** sc**roll** 두루마리(책); 〖컴퓨터〗 **스크롤** 《컴퓨터 화면을 위아래 또는 좌우로 이동시키는 것》 un**roll** (말아둔 것을) **풀다**, (말린 것이) **펴지다** **ROFL**(**r**olling **o**n the **f**loor **l**aughing의 약어. 너무 우스워 마루바닥에 데굴데굴 구르다)의 줄임말 《이메일 등에서 사용》

롤스로이스 Rolls-Royce (영국의 고급자동차 및 항공기 엔진 제조사)

☐ **Rolls- Royce** [róulzrɔ́is] [명] **롤스로이스** 《영국에서 생산되는 고급 승용차; 상표명》
☜ 1906년 자동차 레이서인 C.S.롤스와 수공(手工)으로 자동차를 만들던 F.H.로이스의 사업 합병에 의하여 설립된 데서

롤리폴리 roly-poly (댄스팝 걸그룹 티아라(T-ara)의 노래. <오뚝이>란 뜻)

☐ **roly-poly** [róulipóuli] [명] 잼·과일 등을 넣은 꽈배기 푸딩; (오뚝이처럼) 키 작고 뚱뚱한 사람〔동물〕; 《미》 오뚝이(장난감) [형] 토실토실 살찐 ☜ 아마도 형태가 다른 roll(구르다)의 중복으로 추정

시디롬 CD-ROM (콤팩트디스크에 데이터나 정보를 기록해 둔 읽기 전용의 기억 매체 - 직경 120mm의 CD)

※ **CD** **C**ompact **D**isc (휴대가능한) 소형의 원반
✚ **compact 꽉 찬**, **치밀한**; **소형의**; **계약** **disc, disk** 평원반; **디스크, 레코드**

☐ **ROM** **R**ead **O**nly **M**emory 읽기만 가능한 저장매체

✚ **read 읽다, 낭독하다** **only 유일한, 단지 ~뿐인** **memor**y **기억(력)**; 기억장치〔용량〕, **메모리**

R

로마 Roma, Rome (❶ 고대 로마제국의 수도 ❷ 이탈리아의 수도)

☐ **Rom**a [róumə] [명] **로마** ☜ Rome의 이탈리아 명칭

☐ **Rom**an [róumən.**로**우먼] [형] **로마의**; (고대) **로마(사람)의** [명] (pl. -s) **(고대) 로마 사람** ☜ Roma + an(~의/~사람)
♠ **the Roman alphabet 로마자, 라틴 문자**

☐ **Rom**an Curia [~ kjúəriə] [the ~] 로마 교황청 ☜ curia(고대 로마의 민회(民會); 로마 교황청)

☐ **Rom**an Empire [the ~] 로마제국 《B.C. 27년에 Augustus Ceasar가 건설, A.D. 395년에 동서로 분열》
☜ empire(제국, 통치권, 절대 지배권)

☐ **Rom**anesque [ròumənésk] [형] **로마네스크** 양식의 《중세 초기 유럽에서 유행한 건축상·예술상의 양식》; 로망스어의; 전기적(傳奇的)인 [명] 로마네스크 양식; 로망스어
☜ Roman + esque(~양식의)

☐ **Rom**anize [róumənàiz] [동] 로마화하다 ☜ Roman + ize<동접>

☐ **Rom**anization [ròumənizéiʃən] [명] 로마화, 로마자로 쓰기 ☜ Romanize + ation<명접>

☐ **Rom**an numerals 로마 숫자 《I=1, II=2, V=5, X=10, L=50, C=100, D=500, M=1,000 따위》
☜ numeral(수의, 숫자) **비교** Arabic numerals 아라비아 숫자

☐ **rom**ance [roumǽns, róumæns] ⓜ **로맨스, 소설같은[모험적인] 사건; 연애사건**; 공상〔모험〕 소설; 『음악』 **서정적인 기악곡** ⓗ (R-) 로망스어의, 라틴계 언어의
☜ 중세 십자군시대에 매너 좋고 젊고 잘생긴 이야기꾼, '트로바도르(trovador)'가 남편을 전장터에 떠나보낸 귀부인들에게 들려주던 기사도 이야기를 '로마어(Roman)로 된 것/작품(ance)'이라고 해서 romance라고 불렀는데 이것이 점차 남녀간의 사랑과 낭만을 의미하는 단어로 발전했다.

☐ **rom**antic [roumǽntik] ⓗ 공상〔모험, 연애〕 소설적인, **로맨틱한**; 정사적인; 가공의, 허구의
☜ roman + tic<형접>
♠ **a romantic tale 〔scene〕 로맨틱한 이야기**〔장면〕

☐ **rom**anticism [roumǽntəsìzəm] ⓜ 로맨틱함, 공상적인 경향; (R-) **로맨티시즘**, 낭만주의
☜ romantic + ism(~주의) **비교** classicism 클래시시즘, 고전주의

☐ **Rom**e [roum/로움] ⓜ **로마** 《이탈리아의 수도》; (고대의) 로마 제국〔시〕; 고대 로마
☜ 『건국신화』 쌍둥이 형제인 레무스와 로물루스는 팔라티노 언덕에서 늑대의 젖을 먹고 자랐다. 훗날 서로 세력 다툼을 벌이다가 동생인 **로물루스**(Romulus)가 형인 레무스를 죽이고 팔라티노 언덕에 마을을 세웠는데 자신의 이름을 따서 **로마**(Roma)로 명명했다고 함.
♠ **All roads lead to Rome. 《속담》 모든 길은 로마로 통한다. 목적 달성의 방법은 여러 가지가 있다.**
♠ **Do in Rome as the Romans do. 《속담》 로마에서는 로마인이 하는대로 해라.**
♠ **Rome was not built in a day. 《속담》 로마는 하루 아침에 이루어진 것이 아니다. 큰일은 일조일석에 되지 않는다.**

☐ **Rom**ulus [rámjələs/rɔ́m-] ⓜ 『로마신화』 **로물루스** 《로마의 건설자로 초대 왕; 그 쌍둥이 형제, Remus와 함께 늑대에게 양육되었다 함》

로미오 Romeo (셰익스피어작 <로미오와 줄리엣>의 남자 주인공)

☐ **Romeo** [róumiòu] ⓜ **로미오** 《Shakespeare작의 Romeo and Juliet의 남주인공》
♠ **Romeo** and Juliet families were enemies.
로미오와 줄리엣의 가족은 원수 사이였다.

※ **Juliet** [dʒúːljət, dʒùːliét] ⓜ **줄리엣** 《여자 이름; Shakespeare작의 Romeo and Juliet의 여주인공》

Romeo&Juliet
© Paramount Pictures

롬퍼스 rompers (위아래가 붙은 아이들의 놀이옷)

☐ **romp** [ramp/rɔmp] ⓜ 떠들며 뛰어놀기, 활발한 장난; 장난꾸러기, 《특히》 말괄량이; 힘 안 들이는 빠른 걸음걸이; 쾌주, 낙승 ⓢ (아이 등이) **뛰놀다**; (경주에서) 쾌주하다; (선거 따위에서) 낙승하다 ☜ 18세기 영어로 '활발한 장난'이란 뜻.
♠ Don't let the children **romp** about in the house.
집 안에서 아이들이 **뛰놀지** 못하게 해라

☐ **romp**ers [rámpərz] ⓜ (pl.) **롬퍼스** 《위아래가 붙은 아이들의 놀이옷; 여자용 체육복》 ☜ 놀다(romp) + 의류(-ers)

R

론도 rondo ([It.] 서양음악에서 순환부분을 가진 악곡형식)

☐ **rondo** [rándou/rɔ́n-] ⓜ (pl. **-s**) 《It.》 『음악』 **론도**, 회선곡(回旋曲) 《주제부 A 사이에 삽입부(挿入部) B,C를 끼고 되풀이되는 형식》 ☜ 고대 프랑스어로 '작은 회전'이란 뜻

☐ **rondeau** [rándou/rɔ́n-] ⓜ (pl. -dea**us**, -dea**ux**) **론도**체(의 시) 《10행〔13행〕 시; 두 개의 운(韻)을 가지며 시의 첫말 또는 구가 두 번 후렴(refrain)으로 쓰임》; 『음악』 = rondo ☜ 고대 프랑스어로 '짧은 시'라는 뜻

썬루프 sunroof (승용차 지붕의 작은 문), 루프랙 roof rack (승용차 지붕 위 짐받이)

바깥의 빛이나 공기가 차안으로 들어오도록 조절할 수 있는 승용차 지붕에 설치된 작은 문

※ **sun** [sʌn/썬] ⓜ (the ~) **태양, 해** ☜ 고대영어로 '태양'이란 뜻

☐ **roof** [ruːf, ruf] ⓜ (pl. **-s**) **지붕**, 정상, 꼭대기, 천장 ☜ 고대영어로 '지붕, 천장'이란 뜻
♠ the **roof** of the world 세계의 **지붕** 《Pamir 고원(高原)을 지칭하는 말》

☐ **roof**ing [rúːfiŋ] ⓜ 지붕 이는 재료 ☜ roof + ing<명접>

□ **roof**less [rúːflis] (형) 지붕이 없는; 집없는 《떠돌이 등》 ☜ -less(~이 없는)
□ **roof** rack **루프랙** 《자동차의 지붕 위 짐받이》 ☜ rack(선반)
■ a**loof** [əlúːf] (부) **멀리 떨어져**, 멀리서
☜ 지붕(loof=roof) 으로 부터(a<ad=from) 멀리 떨어져
※ **rack** [ræk] (명) (모자 등의) **~걸이, 선반**, 받침대, 시렁; 고문대
(동) **괴롭히다,** 고문하다
☜ 중세 네덜란드어로 '뼈대, 골조'라는 뜻

룸메이트 roommate (방을 함께 쓰는 친구), 원룸 one-room (콩글▶ 침실·거실·주방·식당이 하나로 된 방) ➔ a studio (apartment), bedsit

□ **room** [ruːm/루움, rum] (명) **방** 《생략: rm.》; (pl.) 하숙방, 셋방; **장소** (동) 방을 함께 차지하다, 동거하다 ☜ 고대영어로 '공간(space)'란 뜻
♠ a furnished **room** 가구가 비치된 **방**
♠ **make room for ~ ~을 위하여 자리를 양보하다**
□ **room**iness [rúːminəs] (명) 널찍함 ☜ roomy + ness<명접>
□ **room**mate [rúːmèit] (명) (기숙사·하숙 따위의) **동숙인**(同宿人), 한 방 사람 ☜ 방(room) 친구(mate)
□ **room** service **룸서비스**, (호텔 등의) 객실 번호 ☜ service(봉사, 접대, 시중)
□ **room**y [rú(ː)mi] (형) (-<-m**ier**<-m**iest**) 널찍한 ☜ room + y<형접>

✚ bed**room 침실** class**room 교실** living **room** 거실 rest **room** (공공시설의) 화장실(《영》 toilet; 《일반》 lavatory) waiting **room** (역·병원 등의) 대합실

루즈벨트 Roosevelt (미국의 제26대 및 제32대 대통령)

□ **Roosevelt** [róuzəvèlt, róuzvəlt] (명) **루스벨트** 《Theodore ~, 미국의 제26대 대통령; 1858-1919/ Franklin Delano ~, 미국의 제32대 대통령; 1882-1945》

연상▶ 부스터(booster.로켓추진장치)를 단 루스터(rooster.수탉)가 하늘로 솟았다.

※ **boost**er [buːstə(r)] (명) 원조자, 후원자; **부스터** 《로켓 따위의 보조추진장치》 ☜ 밀어 올리다(boost) + er(사람/장비)
□ **roost** [ruːst] (명) (새가) 앉는 나무, **홰; 보금자리**; 닭장; (사람의) 휴식처; 침소; 임시 숙소
(동) (홰에) 앉다, 잠자리에 들다; 숙박하다 ☜ 고대영어로 '닭의 횃대'란 뜻
♠ **Curses come home to roost. 저주는 보금자리로 돌아온다. 《속담》 누워서 침뱉기**
□ **roost**er [rúːstər] (명) 《미》 수탉(=cock); 《구어》 젠체하는〔시건방진〕 사람 ☜ -er(사람/주체)

핑거루트 fingerroot (인도네시아산(産) 손가락 모양의 생강과(科) 뿌리식물. 다이어트·피부미용 용도로 주로 활용)

※ **finger** [fíŋgər/핑거ㄹ] (명) **손가락** ☜ 고대영어로 '손가락'이란 뜻. 초기인도유럽어족까지 올라가면 five와 연관 있음.
□ **root** [ruːt/루트, rut] (명) **뿌리**; (문제의) **근원** ☜ 고대영어로 '식물의 뿌리'란 뜻
♠ tree **roots** 나무의 **뿌리**
♠ **be rooted in ~ ~에 원인이 있다, ~에서 유래하다; (습관 등이) ~에 뿌리박혀 있다**
It **is rooted in** your idleness. 그것은 네 게으름이 원인이다.
□ **root**ed [ruːtid, rut-] (형) (식물이) **뿌리 내린**; 뿌리가 있는; 《비유》 뿌리 깊은 ☜ -ed<형접>
□ **root**less [rúːtlis] (형) 뿌리가 없는; 불안정한; 사회적 바탕이 없는 ☜ -less(~이 없는)
■ up**root** [əprúːt] (동) **뿌리째 뽑다**(=root up); 《비유》 (악습을) 근절〔절멸〕시키다; (정든 땅·집 따위에서) 몰아내다 ☜ 뿌리(root)를 위로(up) 뽑다

로프 rope (밧줄)

□ **rope** [roup/로우프] (명) **새끼, (밧)줄,** 끈, **로프; 한 엮음** (동) **밧줄로 묶다** ☜ 고대영어로 '밧줄, 끈'이란 뜻
♠ I tied the box with **rope**. 나는 **밧줄**로 상자를 묶었다.
♠ **Name not a rope in his house that hanged himself. 《속담》 목매단 집에서 새끼줄 이야기는 하지 마라, 자격지심을 건드릴 말은 마라.**
□ **rope** ladder 줄 사닥다리 ☜ ladder(사다리)
□ **rope**way [róupwèi] (명) 삭도(索道), 공중 케이블 ☜ 로프(rope)가 설치된 길(way)

R

■ Manila **rope** **마닐라 로프** 《강하고, 물이나 습기에 견디며, 가볍고 부유력이 크다》 ☜ 필리핀 마닐라삼으로 만든 로프란 뜻

로즈가든 Rose Garden (미국 백악관의 정원. <장미 정원>이란 뜻)

♣ **어원 : ros(e) 장미, 장밋빛의, 분홍빛의, 빨간**

□ **rose** [rouz/로우즈] ⓜ 【식물】 **장미**(꽃); 장밋빛; 장미향; 가장 인기 있는 여인 ☜ 고대영어로 '장미'란 뜻
♠ **(There is) no rose without a thorn.**
《속담》 가시 없는 장미는 없다. 완전한 행복이란 없다.

□ **rosé** [rouzéi] ⓜ **로제(와인)** 《엷은 장밋빛 포도주》 ☜ 프랑스어로 '분홍빛의'란 뜻

□ **rose**ate [róuziit, -èit] ⓗ 장밋빛의, 행복한 ☜ rose + ate<형접>

□ **rose**bud [róuzbəd] ⓜ **장미꽃 봉오리**; 《영》 묘령의 예쁜 소녀; 사교계에 처음 나가는 소녀 ☜ rose + bud(싹, 꽃봉오리)

□ **rose**-colo(u)red [róuzkʌlərd] ⓗ 장밋빛의; 즐거운 ☜ 장미(rose) 색/빛(colo(u)r) 의(ed<형접>)

□ **Rose** Garden [the ~] **로즈가든**, 백악관(White House)의 정원 ☜ garden(뜰, 정원)

□ **ros**ette [rouzét] ⓜ 장미꽃 장식; 장미 매듭 ☜ 장미(ros) 모양의 작은 것(ette)

□ **ros**ily [róuzili] ⓗ (-<-**sier**<-**siest**) 장밋빛으로, 밝게, 유망하게 ☜ rosy + ly<부접>

□ **ros**iness [róuzinis] ⓜ 장밋빛 ☜ rosy + ness<명접>

□ **ros**y [róuzi] ⓗ (-<-**sier**<-**siest**) **장밋빛의**; 불그레한, 홍안의; 《미.속어》 술 취한, 술먹어 벌게진; 장미가 많은; 장미로 만든; **낙관적인** ☜ rose + y<형접>

로시난테 Rosinante ([소설] 돈키호테가 탄 늙고 야윈 말)

□ **Rosinante**, Roc- [ràzənǽnti], [rás-] ⓜ **로시난테** 《Don Quixote의 노마(老馬)의 이름》; (r-) 폐마(廢馬), 쓸모없는 말, 야윈 말

※ **Don Quixote** [dàn kihóuti, dan kwíksət/dɔn kwíksət] ⓜ **돈키호테** 《스페인작가 세르반테스가 쓴 풍자소설. 그 주인공》; 현실을 무시한 이상가 ☜ 스페인어로 '키호테 님'이란 뜻. don은 스페인에서 남자이름 앞에 붙이는 경칭

로스트럼 rostrum (광장이나 공회당 등의 연단)

라틴어로 '병선(兵船)의 뱃부리'라는 뜻으로 원래는 고대 군함에서 적군의 배를 깨기 위해 뱃머리에 새 부리형으로 돌출시킨 부분을 가리킨다. 기원전 338년 로마의 원형 경기장 안의 연단을 전리품인 뱃부리로 장식한 것에서 유래하였으나, 뜻이 바뀌어 광장이나 공회당 등의 연단을 말하게 되었다. <출처 : 세계미술용어사전 / 일부인용>

< 미국 국회의사당의 rostrum >

□ **rostrum** [rástrəm/rɔ́s-] ⓜ (pl. -tr**a**, **-s**) 연단, 강단; 연설; [집합적] 연설가 ☜ 라틴어로 '병선(兵船)의 뱃부리'란 뜻. 물어뜯는(ros<rodos) 것(trum)
♠ take the **rostrum** (platform, podium) **강단**에 서다

방카로타 bankarotta ([It.] 파산. <부서진 벤치>라는 뜻)
로튼 토마토 Rotten Tomato (미국의 영화 평론 사이트. <썩은 토마토>란 뜻)

❶ 중세 이탈리아의 환전소를 방카(banka)라 하는데, 이들이 고객을 속였을 경우 행정관이 이 방카를 부쉈다(rotta)는 데서 유래하였다. ❷ 1998년 설립한 미국의 영화 평론 사이트. 사이트 이름의 뜻은 '썩은 토마토'. 옛날에 공연을 보던 관객들이 연기력이 나쁜 배우에게 토마토를 던졌던 것에서 비롯되었다. 국내에선 애칭으로 '썩토'(썩은 토마토의 줄임말)라고도 한다.

♣ **어원 : rupt 부수다, 깨다 // rot 썩은, 부서진**

■ bank**rupt** [bǽŋkrʌpt] ⓜ **파산자, 지불불능자** ⓗ **파산한** ☜ 환전상의 책상(bank)이 파괴된(rupt)

■ e**rupt** [irʌ́pt] ⓢ 분출하다, 폭발하다; (피부가) 발진하다 ☜ 밖으로(e<ex) 깨고(rupt) 나오다

□ **rot** [rɑt/rɔt] ⓜ **썩음**, 부패, 부식; 부패물 ⓢ **썩(이)다**, 부패하다; 타락하다; 쇠약해지다 ☜ 고대영어로 '부패하다'란 뜻
♠ A fallen tree soon **rots**. 넘어진 나무는 곧 **썩는다**.

□ **rot**ten [rátn/rɔ́tn] ⓗ **썩은**, 부패한; 냄새 고약한, 더러운 ☜ rot + t<단모음+단자음+자음반복> + en<형접>

□ **rot**tenness [rátnnis, rɔ́tn-] ⓜ 부패, 타락 ☜ rotten + ness<명접>

※ **tomato** [təméitou/-mɑ́ː-] ⓜ (pl. ~es) **토마토**; 토마토색; 《미.속어》 (매력적인) 여자, 소녀; 매춘부 ☜ 멕시코 원주민인 아즈텍어로 '부풀어 오르는 과일'이란 뜻

로터 rotor (회전 날개), 로터리 rotary (회전 교차로)

♣ 어원 : rot, rout 바퀴, 회전, 순환, 원, 고리, 둥근; 돌다, 회전하다

☐ **rot**or [róutər] [명] 〖전기〗 (발전기의) 회전자; 〖기계〗 (증기 터빈의) 축차(軸車); 〖항공〗 (헬리콥터의) 회전익, **로터**; 〖기상〗 회전 기류 ☜ 도는(rot) 것(or)

☐ **rot**ary [róutəri] [형] **회전하는**; 회전식의 [명] 윤전기; **로터리**, 회전 교차로(=traffic circle, traffic roundabout); [R~] 로터리 클럽
☜ 라틴어로 '수레바퀴'라는 뜻. 회전(rot) 하는(것)(-ary<형접/명접>)
♠ take the **rotary 로터리**를 돌다

☐ **Rot**ary Club [the ~] **로터리 클럽** 《Rotary International의 각지의 지부, 원래 1905년 미국에서 시작》 ☜ club(사교모임, 곤봉)
★ 사회봉사와 세계 평화를 표방하는 실업가 및 전문직업인들의 단체이며, 돌아가면서 회원이 일하는 곳에서 모임을 가짐으로써 로터리 클럽이라는 이름이 생겼다.

☐ **rot**ate [róuteit] [동] **회전[순환,교대]하다**(시키다); 〖농업〗 돌려짓기(윤작)하다 ☜ -ate<동접>
♠ **Rotate** the monitor for easier viewing. 보기 쉽도록 모니터를 **회전시켜라**.

☐ **rot**ation [routéiʃən] [명] **회전**; (지구의) 자전; 교대; 순환; 〖농업〗 돌려짓기, 윤작 ☜ -ion<명접>
♠ the daily **rotation** of the earth on its axis
지축을 중심으로 한 지구의 일일 **자전**

<미국의 각 군 ROTC >

알오티시 ROTC (대학의 학생군사훈련단: 재학중 군사훈련 이수)

☐ **ROTC, R.O.T.C.** **R**eserve **O**fficers' **T**raining **C**orps 《미》 학생군사훈련단

✚ **reserve 비축하다**; **예약해 두다** **officer 장교**, 사관; (고위) 공무원, 관리; 경관 **train 열차**, 기차; **훈련하다, 가르치다; 연습[트레이닝]하다** **corps** 〖군사〗 **군단**, 병단; (특수 임무를 띤) ~단(團); 부대

☐ **rotten**(썩은), **rottenness**(부패, 타락) ➔ **rot**(썩음; 썩다) **참조**

루블 rouble (러시아의 통화단위)

☐ **rouble** [rúːbəl] [명] **루블** 《러시아의 화폐 단위; 기호 R, Rub; =100 kopecks》 ☜ 러시아어로 '은(銀) 조각'이란 뜻
★ 2019년 1월초 현재 1루블 = 약 16.5원

루즈 rouge (입술에 바르는 화장용 연지) ➔ lipstick

☐ **rouge** [ruːʒ] [명] (화장용) **입술연지, 루즈**; 〖화학〗 산화 제2철, 철단(鐵丹) 《금속연마용》 [형] 《고어》 붉은 [동] (입술) 연지를 바르다; 붉게 하다; 붉어지다
☜ 프랑스어로 '붉은(red)'이란 뜻
♠ That lady does not wear **rouge**. 저 여자는 **연지**를 바르지 않는다.

■ Moulin **Rouge** **물랑루즈** 《프랑스 파리 몽마르트르에 있는 유명한 댄스홀. 1889년 음악홀로 개업》
☜ 프랑스어로 '빨간 풍차'라는 뜻

러프 rough ([골프] 페어웨이 보다 풀이 더 많이 자란 곳. <거친>)

☐ **rough** [rʌf/러프] [형] **거친, 헝클어진, 가동[세공]하지 않은; 난폭한, 대강의** [부] 거칠게 [명] 거친 것 ☜ 고대영어로 '거친, 조악한'
♠ The surface of this table is **rough**.
이 탁자는 표면은 **거칠다**.
♠ **take the rough and (the) smooth**
인생의 쓴맛 단맛을 보다

☐ **rough**ly [rʌ́fli] [부] 거칠게, 난폭하게; 대충; 귀에 거슬리게; 부조화하게 ☜ rough + ly<부접>

☐ **rough**en [rʌ́fən] [동] 거칠게(껄껄하게, 울퉁불퉁하게)하다(되다) ☜ 거칠게(rough) 하다(en)

☐ **rough**-hew [rʌ́fhjúː] [동] (-/-hewed/-hewn(hewed)) 대충 깎다(다듬다); 건목 치다
☜ 거칠게(rough) 자르다(hew)

☐ **rough**-hewn [rʌ́fhjuːn] [형] 대충 깎은; 교양 없는, 투박한; 미완성의 ☜ 거칠게(rough) 자른(hewn)

■ **tough** [tʌf] [형] **튼튼한, 강인한; 곤란한**, 힘든
☜ 고대영어로 '(질감이) 강하고 질긴'이란 뜻. rough의 변형

룰렛 roulette (회전하는 원반 위에 공 등을 굴리는 도박)

☐ **roulette** [ruːlét] [명] 《F.》 **룰렛** 《회전하는 원반 위에 공을 굴리는 노름》; 그 기구; 점선기 《우표 등 점선을 뚫는 톱니바퀴식 연장》

☜ 프랑스어로 '(돌아가는) 작은(ette) 바퀴(roul/wheel)'라는 뜻.

■ Russian **roulette 러시안 룰렛** 《총알이 한 개만 든 탄창을 돌려서 자기 머리를 향해 방아쇠를 당기는 목숨을 건 승부, 격발이 될 확률은 6분의 1이다》; 자살 행위 ☜ 러시아(Russia) 의(an)
★ 영화 <디어헌터>에 등장하는 러시안룰렛 장면은 아주 유명하며, 한국의 댄스팝 걸그룹 '스피카'나 '레드벨벳'이 발표한 노래 제목이기도 하다.

라운드 round (❶ [골프] 18홀을 한 바퀴 도는 것 ❷ [권투] 각 회)
라운드 티 round-T (콩글 목이 둥근 T셔츠) ➔ crew neck T-shirt

□ **round** [raund/**롸**운드] ⓗ (-<-d**er**<-d**est**) **둥근**, 원형의 ⓜ 둥근 것; **원**(圓), 고리, **구**(球), 원통형의 것; 돌기; 한 경기〔시합〕《『골프』 18홀을 한 바퀴 도는 것; 『권투』 각 회》 ⓓ **둥글게 하다[되다]** ⓑ **돌고**, **~의 둘레[주변]에**, **~을 돌아서**; ~쯤, ~정도
☜ 라틴어로 '바퀴 같은, 둥근'이란 뜻
♠ sit in a **round (빙) 둘러**앉다
♠ **make a round of visits 여기저기 방문하다, 순회 방문하다**
♠ **make (go) one's rounds (of) (~을) 순회하다**

□ **round**about [ráundəbàut] ⓗ **에움길의**; 완곡한《말 따위》; 로터리의 ⓜ 에움길; 완곡한 말투; 《미》 왕복여행; 《영》 회전목마; 로터리, 원형 교차로 ☜ round + about(~에 대하여, ~주변〔둘레〕에)

□ **round**ish [ráundiʃ] ⓗ 둥그스름한, 약간 둥근 ☜ round + ish<형접>

□ **round**ing [ráundiŋ] ⓗ 둥글어지는; 에워싸는; 회전하는 ⓜ 둥글게 함, 둥글어진 것 ☜ round + ing<형접/명접>

□ **round**ly [ráundli] ⓑ 완전히; 노골적으로; 엄하게, 가차없이 ☜ -ly<부접>

□ **round**-shouldered [ráundʃóuldərd] ⓗ 등이 구부러진, 새우등의
☜ 둥근(round) 어깨(shoulder) 의(ed<형접>)

< Round-T >

□ **round** table 둥근 테이블, 원탁; 토론회 ☜ 둥근(round) 탁자(table)

□ **round** trip 일주 여행; 《미》 왕복여행 ☜ 한 바퀴 도는(round) 여행(trip)

□ **round**-trip [ráundtrip] ⓗ **일주 여행의**; 《미》 **왕복여행의**

□ **round**up [ráundʌ̀p] ⓜ (가축을) 몰아 모으기; 《미.구어》 몰아냄, 검거; (뉴스의) 총괄적 보고
☜ 완전히(up/강조) 둥글게(round) 에워싸다

라이징스타 rising star (떠오르는 스타) * star 별, 인기연예인; (군) 장성

♣ **어원 : ris, rais(e), rous 오르다, 일어나다, 발생하다**

■ **rise** [raiz/롸이즈] ⓓ (-/**rose**/**risen**) 일어서다, (해·달) **떠오르다**, (가격) 상승하다 ⓜ 상승, 오름 ☜ 중세영어로 '상향 이동'이란 뜻

■ **ris**ing [ráiziŋ] ⓗ 일어나는, 떠오르는 ☜ rise + ing<형접>

■ a**rise** [əráiz] ⓓ (-/a**rose**/a**risen**)(문제가) **생기다, 일어나다**
☜ 밖에서(a=out) 생기다(rise)

■ **raise** [reiz/뤠이즈] ⓓ **올리다**, (문제를) 일으키다
☜ 중세영어로 '들어 올리다'라는 뜻

□ **rouse** [rauz] ⓓ **깨우다**, 일으키다 ☜ 중세영어로 '일으키다'라는 뜻
♠ **rouse up** one's child 아이를 **깨우다**

□ **rous**ing [ráuziŋ] ⓗ 깨우치는, 분기시키는, 격려하는, 감동시키는; 활발한 ☜ rouse + ing<형접>

✚ a**rouse** 깨우다, 자극하다 sun**rise** 해돋이, **일출**

장 자끄 루소 Rousseau (프랑스의 계몽사상가 · 문학가)

□ **Rousseau** [ruːsóu] ⓜ **루소** 《Jean Jacques ~, 프랑스의 철학자·저술가; 1712-78》
★ "자연으로 돌아가라"며 인간 본성의 회복을 주장함. 주요저서; 『신 엘로이즈』, 『고백록』, 『에밀』 등

방카로타 bankarotta ([It.] 파산. <부서진 벤치>라는 뜻)

중세 이탈리아의 환전소를 방카(banka)라 하는데, 이들이 고객을 속였을 경우 행정관이 이 방카를 부쉈다(rotta)는 데서 유래하였다.

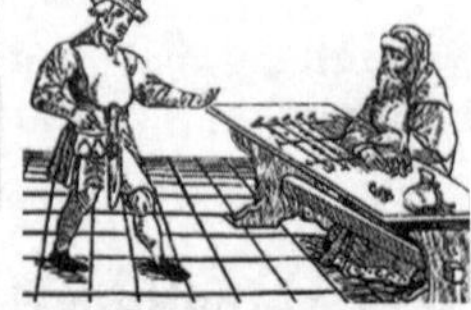

< 중세의 banka(환전소) >

♣ **어원 : rupt, rout 부수다, 깨다**

■ bank**rupt** [bǽŋkrʌpt, -rəpt] ⓜ **파산자, 지급불능자** ⓗ **파산한**
☜ 환전상의 책상(bank)이 파괴된(rupt)

■ ab**rupt** [əbrʌ́pt] ⓗ 느닷없는, 갑작스러운, **뜻밖의** ☜ (갑자기) 떨어져(ab=off) 깨진(rupt)

■ cor**rupt** [kərʌ́pt] ⓗ **타락한, 부패한**, 부정한 ☜ 완전히(cor<com) 부숴진(rupt)
■ inter**rupt** [ìntərʌ́pt] ⓢ **가로막다**, 저지하다, **중단시키다** ☜ 사이에 들어가(inter) 깨다(rupt)
□ **rout** [raut] ⓜ 참패, 패주 ⓢ 참패시키다, 패주시키다
☜ 라틴어로 '부서진/분열된(rout) 집단'이란 뜻
♠ **(A) routed (B) 5 to 1. A가 B를 5대 1로 완패시켰다.**

실크로드 Silk Road (고대 중국과 서역간 교통로. <비단길>이란 뜻)

고대 중국과 서역간 무역을 통해 정치, 경제, 문화를 이어 준 교통로. 19C말 독일 리히트호펜 저서에 등장

♣ **어원 : road, rout 길, 도로**

■ Silk **Road** 〔Route〕 (the ~) 〖역사〗 비단길, **실크로드** 《고대 중동과 중국간의 통상로》 ☜ silk(비단). 당시 동방에서 서방으로 간 대표적 상품이 중국산 비단이었던 데에서 유래

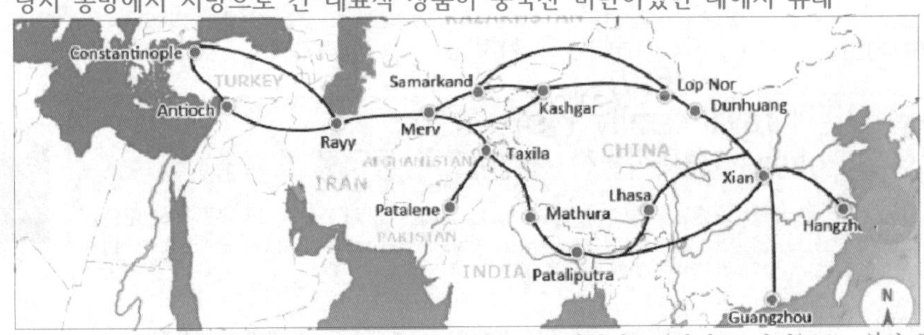

■ **road** [roud/로우드] ⓜ **길, 도로**; 진로; 방법, 수단 ☜ 고대영어로 '말타고 가기(riding)'란 뜻
□ **rout**e [ruːt/루-트, raut] ⓜ **길**; (일정한) 노정, **루트, 경로**; 수단, 방법, 길; 배달구역; 《고어》 〖군사〗 행군 명령 ⓢ 루트를 정하다 ☜ 고대 프랑스어로 '길'이란 뜻
♠ an air **route** 항공**로**
□ **Rout**er [ráutər] 〖컴퓨터〗 **라우터** 《근거리통신망(LAN)과 원거리통신망(WAN) 등을 상호 연결하는 네트워크(Network) 장비》 ☜ 일정한 경로로 (신호를) 전송하는(rout) 장비(er)
□ **rout**ine [ruːtíːn] ⓜ **정해진 일**, 일상적인 과정〔일〕; 기계적인 습관〔조작〕; 상투적인 말; 틀에 박힌 연기(演技) ⓗ 일상의; 판에 박힌 ☜ 프랑스어로 '길'이란 뜻. route + ine<명접>
♠ daily **routine** 일**과**
□ **rout**inize [ruːtíːnaiz] ⓢ 관례화하다, 판에 박힌 일을 하도록 길들이다 ☜ -ize<동접>
□ en **route** [aːn rúːt] ⓟ 도중에(=on the way) ☜ 프랑스어로 'on (the) route'란 뜻

랜드로버 Land Rover (영국에 본사를 둔 자동차 제조사·차량 브랜드)

럭셔리 SUV를 전문으로 제조/판매하는 영국에 본사를 둔 자동차 제조회사. '지프의 귀족', '오프로드의 롤스로이스'라고 불리는 레인지로버, 디스커버리, 프리랜더, 디펜더 등 랜드로버차량 계열을 생산한다. 경영손실이 커지자 2000년 장기부채를 떠안는 조건으로 미국 포드자동차에 매각했으나, 포드자동차도 적자가 심해지자 2008년 랜드로버를 인도의 타타자동차에 매각하였다. <출처 : 두산백과 / 일부인용>

※ **land** [lænd/랜드] ⓜ **뭍, 육지; 땅, 토지; 나라, 국토** ⓢ **상륙[착륙]시키다**
☜ 고대영어로 '땅, 흙'이란 뜻
□ **rove** [rouv] ⓢ **헤매다**, 배회〔유랑〕하다, 떠돌다; 표류하다 ⓜ 배회, 방랑, 유랑, 표류
☜ 고대 노르드어로 '배회하다'란 뜻
♠ **rove** over the fields 들판을 **배회하다**.
□ **rov**er [róuvər] ⓜ 배회자; **유랑자**; 《고어》 해적; 해적선; (R-) 《영》 (음악회 등의) 입석 손님; 《영》 〖럭비〗 **로버** 《중간에 위치하여 공격과 방어를 겸함》 ☜ rove + er(사람)

콘로 cornrow (힙합머리, 레게머리. <옥수수알의 줄>이란 뜻), 퍼로 furrow ([골프] 벙커 내의 모래 정비 후에 생기는 줄무늬)

< Cornrow >

■ corn**row** [kɔ́ːrnròu] ⓜ (pl.) **콘로** 《머리칼을 가늘고 단단하게 세 가닥으로 땋아 붙인 흑인의 머리형》 ⓢ 콘로로 하다
☜ corn(곡류, 옥수수) + row(줄, 열)
■ fur**row** [fə́ːrou/fʌ́rou] ⓜ **밭고랑**, 도랑; (얼굴의) **깊은 주름살** ⓢ 갈다, 경작하다; 주름지게 하다 ☜ 갈라진(fur<furc<fork) 줄(row) ★ 골프에서 퍼로(furrow)란 모래 갈퀴로 벙커의 모래를 정비한 뒤 생기는 모래 표면의 줄무늬를 말한다.
□ **row** [rou/로우] ⓜ **열**, (좌석의) **줄**, 횡렬 ☜ 고대영어로 '줄, 열'이란 뜻
비교 column 종렬; 기둥; 칼럼
♠ in the front 〔third〕 **row** 앞**줄**〔제3**렬**〕에

R

♠ **in a row 한 줄로, 연달아**

로잉머신 rowing machine (런닝머신처럼 노젓는 형태의 운동기구)

- ☐ **row** [rou/로우] ⓢ (노로 배를) **젓다** ⓜ **노젓기** ☜ 고대영어로 '노젓다'란 뜻
  [rau/라우] ⓜ 소란, 소동, **법석**, 말다툼
  ♠ **row** a boat 배를 **젓다**
  ♠ Hold your **row** ! *너의 **소란스러움을** 붙들어라* ➔ 조용히 해!
- ☐ **row**boat [róubòut] ⓜ 노젓는 배 ☜ row + boat(보트, 작은 배)
- ☐ **row**er [róuər] ⓜ 노젓는 사람, 노잡이 ☜ row + er(사람)
- ☐ **row**ing [róuiŋ] ⓜ **로잉** 《shell에 의한 보트레이스》 ☜ row + ing<형접>
- ■ **oar** [ɔːr/오-] ⓜ **노, 오어**; 노 젓는 사람; 젓는 배, 보트 ⓢ 노를 젓다 ☜ 라틴어로 '노', 그리스어로 '노젓는 사람'이란 뜻
- ※ **machine** [məʃíːn/머**쉬**인] ⓜ **기계**(장치) ☜ 그리스어로 '장치'란 뜻

로열 패밀리 royal family (왕족, 왕실)
로헨스 Rohens (현대자동차 제네시스의 중국형 모델명)

< 영국 엘리자베스 2세 여왕 왕실 사진 >
© express.co.uk

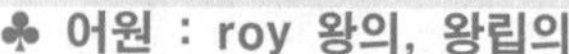

현대자동차의 한국형 모델인 제네시스(Genesis 기원・창시・시작)의 중국형 모델은 로헨스(Rohens)로 명명되었는데, 이는 왕족(Royal)과 높이다(enhance)를 조합한 말로 '최고를 추구하는 고객을 위한 차'라는 뜻이라고 한다.

♣ **어원 : roy 왕의, 왕립의**

- ☐ **roy**al [rɔ́iəl/**로**이얼] ⓗ **왕[여왕]의**; 왕족(황족)의; **당당한**; 《영》 왕립의 ☜ 왕(roy) 의(al)
  ♠ have a **royal** time **매우 즐거운** 때를 보내다.
  ♠ **a royal road to ~ ~에의 왕도(王道), ~에의 지름길**
  There is no royal road to learning.
  《속담》 학문에는 왕도[지름길]이 없다.
- ☐ **Roy**al Navy [the ~] 영국 해군 《약어; R.N.》 ☜ navy(해군)
- ☐ **roy**alist [rɔ́iəlist] ⓜ 군주(제) 지지자, 왕당파의 사람 ☜ royal + ist(사람)
- ☐ **roy**ally [rɔ́iəli] ⓟ 왕으로서; 당당히 ☜ royal + ly<부접>
- ☐ **roy**alty [rɔ́iəlti] ⓜ 왕권, **왕위**; 로열티, **지적재산권 사용료** ☜ 왕의(royal) 것(ty)
- ※ **family** [fǽməli/**빼**멀리] ⓜ (pl. **-lies**) [집합적] **가족**, 가정, 식구들; (한 가정의) **아이들** ⓗ **가족의** ☜ 라틴어로 '가정의 하인/구성원'이란 뜻

알피엠 RPM ([엔진] 분당 회전율)

- ☐ **RPM** **R**evolutions **P**er **M**inute (엔진의) 분당회전율

✚ **revolution 혁명**; 대변혁 **per ~에 의하여, ~에 대하여, ~마다**
minute (시간의) **분**; 잠시; **순간**

러버 rubber ([탁구] 탁구라켓 위에 붙이는 고무패드)

- ☐ **rub** [rʌb] ⓢ **문지르다, 비비다; 스치다**, 마찰하다 ⓜ 문지르기, 마찰 ☜ 덴마크어로 '문지르다'는 뜻
  ♠ **rub** one's hands together 두 손을 **비비다**
  ♠ **rub out 문질러 지우다; (담배 따위를) 비벼 끄다; 완전히 파괴하다; 《미.속어》 (아무를) 죽이다, 없애다**
- ☐ **rub**ber [rʌ́bər] ⓜ **고무**, 고무 제품; 고무(칠판) 지우개 ⓗ 고무의 ☜ rub + b<단모음+단자음+자음반복> + er(물건)
- ☐ **rub**bery [rʌ́bəri] ⓗ 고무 같은, 탄력(성) 있는(=elastic); 질긴(=tough) ☜ rubber + y<형접>

연상 루비(ruby) 보기를 러비시(rubbish.쓰레기) 같이 하라.

- ■ **rub**y [rúːbi] ⓜ **루비**; 홍옥(紅玉); (손목 시계의) 보석; 루비 빛깔, 진홍색; 붉은 포도주 ⓗ 루비(빛)의, 진홍색의 ☜ 라틴어로 '붉은 색(rub) + y<형접/명접>)'이란 뜻
- ☐ **rub**bish [rʌ́biʃ] ⓜ **쓰레기**, 폐물, 잡동사니; 하찮은 것, 부질없는 생각, 어리석은 짓; 졸작 ⓢ 얕보다, 경멸하다; 비난하다 ☜ 앵글로 프랑스어로 '깨지다(rub) + b + ish<명접/동접>'
  ♠ a pile of **rubbish 쓰레기(잡동사니)** 더미
- ☐ **rub**ble [rʌ́bəl] ⓜ **파편**; 잡석(雜石), 깨진 기와(벽돌) 조각

☜ 깨진(rub) + b<단모음+단자음+자음반복> + 작은 것(le)

루비콘강 Rubicon River (이탈리아 중북부의 강), 루비 ruby (홍옥)

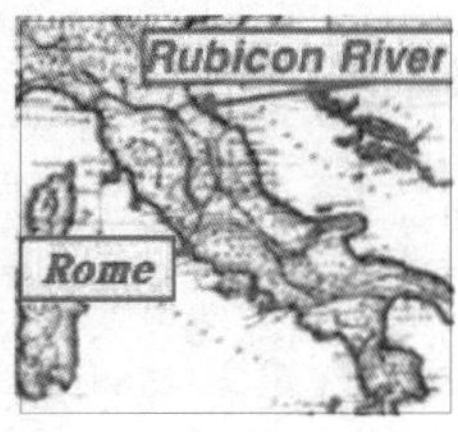

이탈리아 중북부에서 아드리아해로 흐르는 작은 강. 로마 공화정 말기, 원로원이 갈리아에 있던 카이사르에게 군대를 해산하고 로마로 돌아오라는 명령을 내리자, 카이사르가 원로원에 대항하여 내란을 일으켜 로마로 진격하기 위해 "주사위는 던져졌다"고 외치고 루비콘강을 건넜다. 이후 "루비콘 강을 건넜다"는 말은 "돌이킬 수 없는 정도로 진행된 일을 그대로 밀고 나갈 수밖에 없는 상황"의 뜻으로 쓰이게 되었다.

♣ 어원 : rub(i), rud 붉은

☐ **Rubi**con [rúːbikὰn/-kən] 명 (the ~) **루비콘** 강(江) 《이탈리아 북부의 강; Julius Caesar가 '주사위는 던져졌다'라고 말하고 건넜던 강》 ☜ 라틴어로 '붉은 강'이란 뜻

☐ **rub**y [rúːbi] 명 **루비**; 홍옥(紅玉); (손목 시계의) 보석; 루비 빛깔, 진홍색; 붉은 포도주 형 루비(빛)의, 진홍색의 ☜ 라틴어로 '붉은 색(rub) + y<형접/명접>)'이란 뜻
♠ **above rubies 매우 귀중한**

☐ **rub**ric [rúːbrik] 명 붉게 인쇄한 것; (법령 등의) 제목, 항목 《원래는 붉은 글씨로 썼음》 형 붉은 색의, 붉게 인쇄한 ☜ 라틴어로 '붉은 색(rub) + r + 의(ic<형접>)'란 뜻

☐ **rud**dy [rʌ́di] 형 (-<-**dier**<-**diest**) **붉은, 불그스름한**; 혈색이 좋은, 건강한; 《영.속어》 싫은, 괘씸한, 지긋지긋한 《bloody의 완곡어》 부 매우, 몹시 동 붉게 하다, 붉어지다 ☜ rud + d<자음반복> + y<형접/동접>
♠ a **ruddy** sky **붉게 물든** 하늘, 놀
♠ a **ruddy** complexion **혈색 좋은** 얼굴

룩색 rucksack (물건을 넣어 등에 지는 등산용 배낭의 하나)

☐ ruck**sack** [rʌ́ksæ̀k, rúk-] 명 《G.》 배낭, **룩색** ☜ 알프스 방언으로 '등(ruck/back)의 자루(sack)'란 뜻
♠ carry a **rucksack** on one's back **룩색**을 걸머지다

※ **sack** [sæk/색] 명 **마대, 자루, 부대** 《보통 거친 천의》; (식품 따위를 넣는) 종이 봉지, 비닐봉지; (the ~) 《속어》 침낭, 잠자리 동 자루에 넣다; 《구어》 해고하다 ☜ 고대영어로 '큰 천 가방'

러더 rudder ([항공 · 항해] 항공기나 배의 방향타)

< 배와 항공기의 Rudder >

☐ **rud**der [rʌ́dər] 명 (배의) **키**; 〖항공〗 **방향타** ☜ 고대 독일어로 '조종하는(rud) + d + 것(er); 노'라는 것
♠ put the **rudder** to port 좌현으로 **키**(뱃머리)를 돌리다

☐ **ruddy**(붉은, 불그스름한) ➔ **ruby**(루비, 홍옥) **참조**

연상 누드(nude.나체)의 여자가 루드(rude.무례한)하게 굴었다.

※ n**ude** [njuːd] 형 **발가벗은, 나체의** ☜ 라틴어로 '옷을 걸치지 않은'이란 뜻

☐ **rude** [ruːd] 형 **버릇없는**, 무례한(=impolite), 실례의; 교양이 없는, 야만의 ☜ 라틴어로 '날 것'이란 뜻. <기본이 안 된>
♠ Why are you so **rude** to your mother? 넌 네 엄마께 왜 그렇게 **버릇없이** 구니?

☐ **rude**ly [rúːdli] 부 **버릇없이**, 무례하게; 조잡하게; 불쑥, 거칠게, 격렬하게 ☜ rude + ly<부접>

☐ **rude**ness [rúːdnis] 명 **조잡, 난폭** ☜ rude + ness<명접>

☐ **rudi**ment [rúːdəmənt] 명 (pl.) **기본**, 기초 (원리); 초보; (보통 pl.) (발전의) 조짐, 싹수 ☜ 라틴어로 '배우지 못한(rudi) 것(ment) ⇨ 초보; 조기 훈련 ⇨ 기초'란 뜻
♠ master the **rudiments** of grammar 문법의 **기초**를 마스터하다

☐ **rudi**mentary [rùːdəméntəri], **rudi**mental [-tl] 형 초보의, 기본의; 미발달의 ☜ rudiment + ary/al<형접>

연상 한자(漢字)의 눈물 루(淚)는 루(rue.슬퍼하다)하고 있다는 뜻이다.

♣ 어원 : rue, ruth 연민, 동정, 슬픔

☐ **rue** [ruː] 명 《고어》 비탄; 후회, 회오; 동정, 연민 동 **슬퍼하다**, 한탄하다; **후회하다** ☜ 고대영어로 '슬퍼하다'란 뜻
♠ **rue** one's carelessness 부주의를 **후회하다**

☐ **rue**ful [rúːfəl] 형 슬픈 듯한; 가엾은, 비참한; 후회하는 ☜ -ful<형접>

☐ **ruth** [ruːθ] 명 《고어》 동정, 연민; 회한, 슬픔 ☜ 고대 노르드어로 '연민, 슬픔'이란 뜻

☐ **ruth**less [rúːθlis] 형 무정한, 무자비한, 인정머리 없는(=pitiless); 잔인한 ☜ -less(~이 없는)

R

♠ a **ruthless** tyrant **무자비한** 폭군

연상 괴도(怪盜) 루팡(Lupin)은 루피안(ruffian.악한)인가?

아르센 루팡은 20세기 초에 프랑스 소설가 모리스 르블랑이 발표한 추리소설이다. 루팡은 신사이면서 강도, 사기꾼, 모험가이며, 변장의 달인이다. 귀족이나 자본가의 저택 등을 덮쳐 보석이나 미술품, 값비싼 가구 등을 훔쳐 간다. 반면 선량한 사람을 돕는 의적(義賊)의 성격도 가지고 있어서 괴롭힘을 당하는 부인이나 아이에게는 믿음직한 보호자가 된다. <출처 : 위키백과 / 일부인용>

♣ 어원 : **ruff, rough, rugh 거친, 난폭한**

※ **Lupin** [luːpǽŋ] ⓟ **루팡** 《Arsène ~, 프랑스 모리스 르블랑(M. Leblanc)의 탐정 소설의 주인공》
비교 Sherlock Holmes 셜록홈즈 《영국 코난도일의 작중인물인 명탐정》

□ **ruff**ian [rʌ́fiən, -fjən] ⓜ **악당, 악한**, 불량배, 폭력배, 무법자 ⓗ 흉포한, 잔인한, 무법의
☜ 중세 프랑스어로 '악당'이란 뜻
♠ He is a dangerous **ruffian**. 그는 위험한 **악당**이다.

■ **rough** [rʌf/러프] ⓗ **거친**, 난폭한; 대강의; 『골프』 **러프** 《페어웨이(fairway) 양옆에 있는 기다란 잔디가 나있는 정비되지 않은 지역》 ☜ 중세영어로 '깨진 땅'이란 뜻.

러플 ruffle ([패션] 천 끝부분을 레이스 등으로 덧대 겹쳐 박는 것)
프릴 frill ([패션] 잔주름을 잡은 가늘고 긴 장식천)

< Short Sleeve Ruffle Hem T-Shirt >

프릴(frill)은 잔주름을 잡은 긴 장식천으로 주로 주름을 잡은 쪽은 의복에 꿰메어 달고 다른 쪽은 자유롭게 둔다. 의복의 단, 옷깃 언저리, 소맷부리, 기타에 장식 또는 선두르기천으로 사용한다. 러플(ruffle) 보다 너비가 좁은 것을 말한다. <출처 : 두산백과 / 일부인용>

■ **frill** [fril] ⓜ **가장자리 주름 장식**, 주름잡이 장식 ⓢ 주름을 잡다
☜ 중세영어로 '주름'이란 뜻

□ **ruffle** [rʌ́fəl] ⓢ **구기다**; 주름지게 하다; (머리털 따위를) 헝클다; (수면에) 물결을 일으키다 ⓜ 주름장식 ☜ 북부 독일어 방언으로 '주름(살)'이란 뜻
♠ He **ruffled** my hair affectionately.
그가 사랑스럽다는 듯이 내 머리카락을 **헝클어뜨렸다**.
♠ **put in a ruffle 동요[당황]하게 하다** ☜ 주름 속에 두다

□ **ruffle**d [rʌ́fld] ⓗ 주름(장식)이 있는 ☜ 주름(ruffle) 진(ed<형접>)

■ **fringe** [frindʒ] ⓜ **술** 《숄・테이블보・치마 끝에 장식으로 다는 여러가닥의 실》; **술 장식**
☜ 중세영어로 '끝부분 장식'이란 뜻

러그래그 rug rag (깔개 등으로 사용하는 엉성한 조직의 직물)

□ **rug** [rʌg] ⓜ (바닥의) **깔개**, 융단, 양탄자; 《영》 무릎 덮개(《미》 lap robe); 《미.속어》 남성용 가발
☜ 중세 스칸디나비아어로 '거친 직물'이란 뜻
♠ spread a **rug** on the floor 마루에 **깔개**를 깔다

□ **rug**ged [rʌ́gid] ⓗ (-<**more ~(-der)**<**most ~(-dest)**) **울퉁불퉁한**; 주름진; 거칠고 억센; 흉한; 모난, 엄한; 엄격한; 소박한
☜ 고대 노르드어로 '털이 무성한 실타래'란 뜻
♠ a **rugged** path **울퉁불퉁한** 길

R

■ **rag** [ræg] ⓜ **넝마(조각)**, (pl.) 누더기 옷; 조각, 단편; 천한 사람; 《경멸》 삼류 신문〔잡지〕
☜ 고대 노르드어로 '덥수룩한 주름살'이란 뜻

럭비 rugby football (타원형 공을 손발을 사용해 득점하는 경기)

□ **Rugby** [rʌ́gbi] ⓜ (종종 r~) **럭비**; **럭비** 《잉글랜드 중부의 도시》
☜ 럭비가 탄생한 영국 워릭셔(Warwickshire)주의 럭비시(市)에서 유래.

※ **foot**ball [fútbɔ̀ːl/**풋**보올] ⓜ **축구** ☜ 발(foot)로 하는 공(ball) 놀이

연상 적을 유인한 뒤 완전히 루인(ruin.파멸시키다)하다

< 을지문덕의 살수대첩 >

□ **ruin** [rúːin/**루**-인] ⓜ **파멸**; 파산, 몰락; (여자의) 타락; (pl.) 폐허, 유적 ⓢ 파괴하다; **파멸〔황폐〕시키다**
☜ 라틴어로 '격렬하게 떨어지다'란 뜻
♠ plan a person's **ruin** 아무의 **파멸**을 획책하다
♠ the **ruins** of Rome 로마의 **유적**
♠ **in ruins 폐허로 되어**

□ **ruin**ed　[rú:ind] ⓗ 멸망한, 파멸된; 타락한; 몰락(파산)한; 시든, 해를 입은 ☜ -ed<형접>
□ **ruin**er　[rú:inər] ⓜ 파멸시키는 사람(것) ☜ ruin + er(사람, 주체)

경기의 룰(rule.규칙)을 숙지하고 잘 지켜야 한다.

□ **rul**e　[ru:l/루울] ⓜ **규칙**, 규정; 법칙; **지배**, 통치 ⓓ **지배하다**, 통치하다
☜ 라틴어로 '곧은 막대'란 뜻
♠ **follow** (obey, observe) **the rules 규칙을 따르다** (지키다・준수하다)
♠ **rule out** (off) **~ ~을 (의결에 의해) 제외하다, 전혀 인정치 않다**
♠ **as a rule 일반적으로, 대개**
As a rule, westerners are outgoing. 서양인들은 **대개** 사교적이다
□ **rul**er　[rú:lər] ⓜ **통치자**, 주권자, 지배자; **자**, 괘선을 긋는 사람(기구) ☜ -er(사람/기구)
♠ **rulers** and ruled **지배자**와 피지배자
□ **rul**ing　[rú:liŋ] ⓗ **지배하는, 통치하는**; 우세한, 유력한; (시세 등이) 평균인 ⓜ 지배; 관할; 줄긋기 ☜ rule + ing<형접/명접>

럼 rum (일명 <해적의 술>로 불리는 서인도제도의 술)

□ **rum**　[rʌm] ⓜ **럼주**(酒) 《사탕수수・당밀(糖蜜)로 만듦》; 《미》 [일반적] 술 ⓗ 기묘한; 위험한
☜ 중세영어로 '좋은, 훌륭한, 가치있는'이란 뜻

루마니아 Rumania (로마제국의 후손임을 자처하는 유럽 남동부의 공화국)

□ **Ruma**nia　[ru:méiniə, -njə] ⓜ **루마니아** 《유럽 남동부의 공화국; 수도는 부쿠레슈티(Bucharest)》
☜ 라틴어로 '로마(Ruma<Roma) 사람들(an)의 나라(ia)'란 뜻
□ **Rouma**nia　[ru(:)méiniə, -njə] ⓜ = Rumania
■ **Rom**a　[róumə] ⓜ **로마** ☜ Rome의 이탈리아 명칭
■ **Rom**e　[roum/로움] ⓜ **로마** 《이탈리아의 수도》; (고대의) 로마 제국; 고대 로마
☜ 『건국신화』 쌍둥이 형제인 레무스와 로물루스는 팔라티노 언덕에서 늑대의 젖을 먹고 자랐다. 훗날 서로 세력 다툼을 벌이다가 동생인 **로물루스**(Romulus)가 형인 레무스를 죽이고 팔라티노 언덕에 마을을 세웠는데 자신의 이름을 따서 **로마**(Roma)로 명명했다고 함.

럼블피쉬 Rumble Fish (❶ 영국의 팝그룹 ❷ 한국 여성 솔로가수 ❸ S. E. Hinton의 소설 및 영국 액션 영화. <팔딱거리는 물고기>란 뜻)

□ **rumble**　[rʌ́mbəl] ⓜ (천둥・수레 따위의) 우르르, 덜커덕덜커덕; 울리는 소리 ⓓ **우르르 울리다**, 덜커덕덜커덕 소리가 나다 ☜ 중세영어로 '깊고 무겁고 연속적인 소리를 내다'
♠ the **rumble** of passing trucks 지나가는 트럭의 **부르릉거리는 소리**
※ **fish**　[fiʃ/퓌쉬] ⓜ (pl. **-es**) **물고기**, 어류, 생선 ⓓ **낚시질하다** ☜ 고대영어로 '물고기'

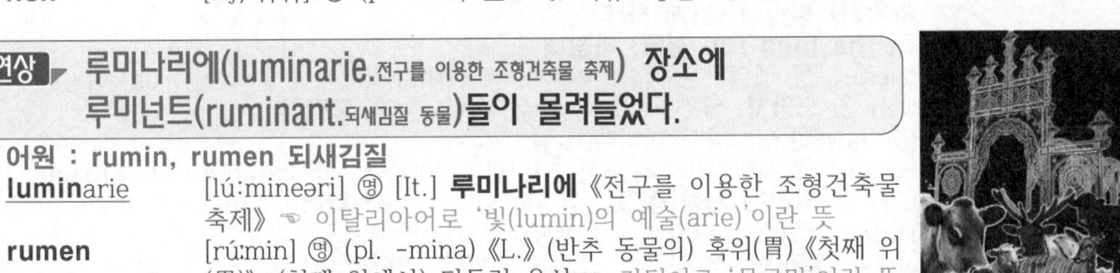

연상 ▸ 루미나리에(luminarie.전구를 이용한 조형건축물 축제) 장소에 루미넌트(ruminant.되새김질 동물)들이 몰려들었다.

♣ **어원 : rumin, rumen 되새김질**
※ **lumin**arie　[lú:mineəri] ⓜ [It.] **루미나리에** 《전구를 이용한 조형건축물 축제》 ☜ 이탈리아어로 '빛(lumin)의 예술(arie)'이란 뜻
□ **rumen**　[rú:min] ⓜ (pl. -mina) 《L.》 (반추 동물의) 혹위(胃) 《첫째 위(胃)》; (첫째 위에서) 되돌린 음식 ☜ 라틴어로 '목구멍'이란 뜻
□ **rumin**ant　[rú:mənənt] ⓗ 되새기는, 반추하는; 반추류의; 생각(묵상)에 잠긴 ⓜ 반추 동물 ☜ 라틴어로 '되새김질하는(rumin) 동물(ant)'이란 뜻
♠ A cow is a **ruminant**. 소는 **반추[되새김질하는] 동물**이다.
□ **rumin**ate　[rú:mənèit] ⓓ 되새기다, 반추하다; 곰곰이 생각하다, 생각에 잠기다
☜ 라틴어로 '되새김질(rumin) 하다(ate), 곰곰이 생각하다'란 뜻
□ **rumin**ation　[rù:mənéiʃən] ⓜ 반추; 생각에 잠김, 묵상 ☜ -ation<명접>

루머 rumor (소문)

□ **rumo(u)r**　[rú:mər] ⓜ **소문**, 풍문, 세평, 풍설 ⓓ **소문내다**
☜ 고대 프랑스어로 '널리 퍼진 소음이나 기록'
♠ **Rumor has it that (s) + (v) s가 v할 것이라[~하다]는 소문이야**

R

Rumor has it that he is ill. 그가 아프다**는 소문이야**.

럼프 스테이크 Rump Steak (소 궁둥이에서 추출한 질긴 부위)

© Wikipedia

☐ **rump** [rʌmp] ⓜ (새 · 짐승 따위의) 둔부, **궁둥이**; (사람의) 엉덩이; 남은 것, 잔당, 잔류파 ☜ 중세영어로 '동물의 후반신(뒷몸)'

♠ a pound of **rump** 1파운드의 **엉덩잇살**

※ **steak** [steik] ⓜ **스테이크**, (스테이크용) 고기 ☜ 중세영어로 '굽기 위해 자른 두꺼운 고기 조각'이란 뜻

홈런 home run ([야구] 타자가 홈까지 제재없이 달릴 수 있도록 친 안타)

※ **home** [houm/호움] ⓜ **자기의 집, 가정; 고향** ⓗ **가정의, 본국의** ⓟ **자기집에[으로, 에서]** ☜ 고대영어로 '사는 곳'이란 뜻

☐ **run** [rʌn/뤈] ⓢ (-/**ran/run**) (사람 · 말이) **달리다**, 뛰다; 달리게 하다; **도망치다**; (피 · 물 등이) **흐르다; 계속되다**; ~상태로 되다; 움직이다, **경영하다; ~라고 씌어 있다**; 운전하다; 통하다 ⓜ **뛰기**, 달리기, **경주**; (물 등의) **유출**, 흐름 ☜ 고대영어로 '물의 흐름'

♠ I **ran** two miles. 나는 2마일을 **뛰었다**.

♠ **run across 뛰어 건너다, 우연히 만나다**

♠ **run after ~ ~을 뒤쫓다**

♠ **run against ~ ~에 충돌하다, ~와 뜻밖에 마주치다**(=run across)

♠ **run around 뛰어 돌아다니다**

♠ **run away 도망치다, 달아나다**

The robber **ran away** empty-handed. 강도는 빈손으로 **달아났다**

♠ **run down 뛰어 내려가다; 흘러 떨어지다; (기계가) 맞다; 뒤쫓아 가서 잡다**

♠ **run for ~ ~에 입후보하다**

♠ **run high (시세가) 오르다; 바다가 거칠어지다**

♠ **run into ~ ~에 뛰어들다; (강이) ~로 흘러들다; ~에 달하다; ~와 일체가 되다; ~와 충돌하다**

A taxi **ran into** a bus. 택시가 버스**와 충돌했다**.

♠ **run off 달아나다; 흐르다; 줄줄 쓰다[읽다]; 탈선하다**

♠ **run on 계속 달리다; 계속하다**

♠ **run out (of) 내달리다, 흘러 나오다**(=flow out); **완전히 소모되다**

He **ran out of** the house shouting "Fire!"
그는 "불이야!"하고 외치며 집을 **뛰쳐나왔다**

We **ran out of** fuel. 기름이 다 **떨어졌다**.

♠ **run over (차가) ~을 치다; 대충 훑어보다; 넘치다**

A boy was **run over** and killed. 한 아이가 **차에 치여** 죽었다.

♠ **run short (of) (~가) 부족해지다**

♠ **run through ~ ~을 통독하다; ~을 다 써 버리다; ~을 꿰뚫다**

♠ **run up 뛰어 올라가다; 무럭무럭 성장하다; (물가가) 등귀하(게 하)다; (비용 · 빚 따위가) 별안간 늘(게 하)다**

♠ **in the long run 결국, 마침내**

☐ **run**about [rʌ́nəbàut] ⓜ 배회하는 사람, 부랑자 ☜ 주위(about)에서 움직이는(run) 사람

☐ **run**away [-əwèi] ⓜ **도망자**, 탈주자; 도망, 탈주 ⓗ 도주한, **도망친** ☜ 멀리(away) 달아나다<달리다(run)

R

☐ **run**-down [rʌ́ndάun] ⓗ 지친, 건강을 해친, 쇠약한; 황폐한 ☜ 아래로(down) 달리다(run)

☐ **run**ner [rʌ́nər] ⓜ **달리는 사람[동물]**; 경주자(말); 『야구』 **러너**, 주자(走者); 밀수입자(선) ☜ run + n<단모음+단자음+자음반복> + er(사람/동물)

☐ **run**ning [rʌ́niŋ] ⓗ **달리는**; 경주(용)의; **흐르는**; 운행의; **연속적인** ⓜ 달리기, **러닝;** 경주; 유출; 운전; 경영 ☜ run + n + ing<형접/명접>

주의 우리말의 러닝셔츠(running shirt)는 콩글리시이며, 미국에서는 undershirt, athletic shirt, 영국에서는 vest라고 한다. 여성용은 특히 tank top(탱크탑)이라고 한다. 또한 러닝머신(running machine)도 틀린 표현은 아니나 영어권에서는 트레드밀(treadmill)이 더 보편적으로 쓰인다.

☐ **run**ning mate 『경마』 (보조를 조종하기 위해) 같이 뛰게 하는 한 마구간의 말; 《미》 (선거에서) 부(副)~ 후보, 《특히》 부통령 후보자, **러닝메이트; 동반자** ☜ mate(친구, 상대)

☐ **run**ny [rʌ́ni] ⓗ (-<-n**ier**<-n**iest**) 흐르는 경향이 있는; (코 · 눈이) 점액을 잘 분비하는 ☜ run + n<단모음+단자음+자음반복> + y<형접>

☐ **run**time [rʌ́ntàim] ⓜ 『컴퓨터』 실행시간 《프로그램이 실행되는 시간》 ☜ run + time(시간)

☐ **run**way [rʌ́nwèi] ⓜ 주로(走路), 『항공』 **활주로** ☜ run + way(길)

■ out**run** [àutrʌ́n] ⓢ (-/out**ran**/out**run**) ~보다 빨리(멀리) 달리다, **달려서 이기다**

☜ 벗어나서<초과하여(out) 달리다(run)

■ over**run** [óuvərǽn] ⓢ (-/over**ran**/over**run**) **~에 퍼지다**; 들끓다; **우거지다**
☜ ~너머로(over) 퍼지다(run)

룬 rune (고대 북유럽 민족이 사용한 문자)

□ **rune** [ruːn] ⓜ (보통 pl.) **룬 문자** 《옛날 북유럽 민족이 쓴》; 룬 문자의 시; 신비로운 기호 ☜ 고대영어로 '비밀, 신비'란 뜻

□ **run**ic [rúːnik] ⓗ 룬 문자(=rune)의; 고대 북유럽 사람의; 고대 북유럽(식)의; 신비적인 ☜ rune + ic<형접>
♠ **runic** alphabet **룬** 문자

© merriam-webster

루피 rupee (인도 지역의 화폐. 1루피는 한화 10~16원 정도)

□ **rupee** [ruːpíː] ⓜ **루피** 《인도・파키스탄・스리랑카의 화폐 단위; 기호 R, Re》; 루피 화폐 ☜ 산스크리트어 '루피아(은(銀))'에서 유래

방카로타 bankarotta ([It.] 파산. <부서진 벤치>라는 뜻)

중세 이탈리아의 환전소를 방카(banka)라 하는데, 이들이 고객을 속였을 경우 행정관이 이 방카를 부쉈다(rotta)는 데서 유래하였다.

< 중세의 banka(환전소) >

♣ 어원 : **rupt 부수다, 깨다**

■ bank**rupt** [bǽŋkrʌpt] ⓜ **파산자, 지불불능자** ⓗ **파산한**
☜ 환전상의 책상(bank)이 파괴된(rupt)

□ **rupt**ure [rʌ́ptʃər] ⓜ 파열, 파괴; 결렬; 불화 ⓢ 터뜨리다, 찢다, 째다, 파열시키다 ; (관계 등을) 끊다 ☜ 부서지는(rupt) 동작/상태(ure)
♠ **come to a rupture 결렬되다**

원룸 one-room (콩글 침실・거실・주방・식당이 하나로 된 방) ➔ studio

♣ 어원 : **room, rur, rus 공간**

■ **room** [ruːm/루움, rum] ⓜ **방** 《생략: rm.》; (pl.) 하숙방, 셋방; **장소** ⓢ 방을 함께 차지하다, 동거하다 ☜ 고대영어로 '공간(space)'이란 뜻

□ **rur**al [rúərəl] ⓗ **시골의**, 지방의, 시골풍의, 전원(田園)의; 농업〔농사〕의
☜ 라틴어로 '열린 땅/공간/시골(rur) + al<형접>'이란 뜻
♠ a **rural** community **농**촌
♠ live a **rural** life **전원**생활을 하다

□ **rur**ban [rə́ːrbən] ⓗ 전원도시의〔에 사는〕; 교외에 있는〔사는〕
☜ **rur**al(시골의) + ur**ban**(도시의)

□ **rus**tic [rʌ́stik] ⓗ **시골**(풍)**의**, 전원생활의; 소박한 ⓜ 시골뜨기, 촌놈; 농부
☜ 라틴어로 '열린 땅/공간/시골(rus) + tic<형접/명접>'이란 뜻
♠ He smells of the **rustic**. 그는 **시골뜨기** 티가 난다.

□ **rus**ticity [rʌstísəti] ⓜ 시골풍; 조야(粗野) ☜ rustic + ity<명접>

러시아워 rush hour (출퇴근시의 혼잡한 시간)

R

□ **rush** [rʌʃ/러쉬] ⓢ **돌진하다, 맥진**〔쇄도〕**하다, 서두르다; 돌진시키다**, 서두르게 하다 ⓜ **돌진; 분주한 활동**; 혼잡, 쇄도 ⓗ 쇄도하는, 바쁜
☜ 고대 프랑스어로 '쫓아버리다'란 뜻
♠ **rush** for a seat 자리를 잡**으려고 뛰어가다**

□ **rush** hour [종종 the ~s] (출퇴근시의) 혼잡한 시간, **러시아워** ☜ hour(시간, 시각)

□ **russet**(황갈색의) ➔ **rust**(금속의 녹; 녹슬다) **참조**

러시아 Russia (극동에서 동부 유럽까지, 면적 세계 1위의 나라)

□ **Russia** [rʌ́ʃə] ⓜ **러시아**(연방) 《러시아 연방 공화국. 수도 모스크바(Moscow)》; 러시아제국 ☜ 북유럽 바이킹의 일부가 동쪽으로 진출하여 스스로를 Rus(배의 노(櫓))라고 불렀다는 설(說). 그래서 Russia는 '노를 젓는(Rus) + s + 사람들의 땅(ia)'이란 뜻.

□ **Russia**n [rʌ́ʃən] ⓗ 러시아(사람・말)의 ⓜ 러시아 사람〔말〕
☜ Russia + an(<형접>/사람)

□ **Russia**n Revolution [the ~] 러시아 혁명 《1917년 3월과 동년 11월의 혁명》 ☜ revolution(혁명)

□ **Russia**n roulette **러시안 룰렛** 《총알이 한 개만 든 탄창을 돌려서 자기 머리를 향해 방아쇠를 당기는 목숨을 건 승부》; 자살 행위 ☜ roulette(회전하는 원반 위에 공을 굴리는 노름)
★ 한국 걸그룹 레드벨벳의 노래 중에 '러시안 룰렛'이란 노래가 있다.

러스트벨트 Rust Belt (미국 북동부 5대호 주변의 쇠락한 제조업 공장지대. <녹슨 지대>란 뜻. 트럼프대통령 지지도가 높은 지역)

© Wikipedia

♣ **어원 : rus(t), rub 붉은**

□ **rust** [rʌst] [명] (금속의) **녹**; 적갈색(도료); 나쁜 버릇 [동] **녹슬다**, 부식하다; 못쓰게 되다 ☜ 라틴어로 '붉은(rus) 것(t)'이란 뜻.
♠ **(It is) better wear out than rust out.**
《속담》 묵혀 없애느니 써서 없애는 편이 낫다.

□ **rust**iness [rʌ́stinis] [명] 녹슴 ☜ rusty(녹슨) + ness<명접>

□ **rust**less [rʌ́stlis] [형] 녹슬지 않은(않는); 녹이 없는 ☜ -less(~이 없는)

□ **rust**y [rʌ́sti] [형] (-<-**tier**<-**tiest**) **녹슨**; 녹에서 생긴; 『식물』 녹병에 걸린; 녹빛의 ☜ -y<형접>

□ **rus**set [rʌ́sət] [명][형] 황갈색(의), 적갈색(고동색)(의) ☜ 라틴어로 '붉은(res) + s + 것(et)'

■ **rub**y [rú:bi] [명] **루비**; 홍옥(紅玉); (손목 시계의) 보석; 루비 빛깔, 진홍색; 붉은 포도주 [형] 루비(빛)의, 진홍색의 ☜ 라틴어로 '붉은 색(rub) + y<형접/명접>)'이란 뜻

□ **rustic**(시골의) ➔ **rural**(시골의) **참조**

[연상] 레슬링(wrestling)장 안에서 러슬링(rustling.바스락) 소리가 나다.

※ **wrestle** [résəl] [동] **맞붙어 싸우다**, 레슬링(씨름)하다 [명] 씨름, 맞붙어 싸움 ☜ 비틀어(wre) 공격하다(stle)

※ **wrestl**ing [résliŋ] [명] **레슬링**; 씨름 ☜ wrestle + ing<명접>

□ **rustle** [rʌ́səl] [동] (나뭇잎이나 비단 등이) **바스락거리다**; 옷 스치는 소리를 내며 걷다; 《미.구어》 활발히 움직이다, (정력적으로) 활동하다(일하다); 가축을 훔치다
☜ 중세영어로 '부르럽고 빠른 소리가 나다'란 뜻
♠ The reeds **rustled** in the wind. 갈대가 바람에 **와스스했다**

□ **rustl**ing [rʌ́sliŋ] [형] **바스락바스락 소리나는**, 옷 스치는 소리가 나는; 《미.구어》 활동적인 [명] 바삭바삭 나는 소리; 《미.구어》 가축 도둑질 ☜ rustle + ing<형접/명접>

실크로드 Silk Road (고대 중국과 서역간 교통로. <비단길>이란 뜻)

♣ **어원 : road, rout, rut 길, 도로**

■ Silk **Road** (Route) (the ~) 『역사』 비단길, **실크로드** 《고대 중동과 중국간의 통상로》 ☜ silk(비단). 당시 동방에서 서방으로 간 대표적 상품이 중국산 비단이었던 데에서 유래

■ **road** [roud/로우드] [명] **길, 도로**; 진로; 방법, 수단 ☜ 고대영어로 '말 타고 가기(riding)'

■ **rout**e [ru:t/루-트, raut] [명] **길**; (일정한) 노정, **루트, 경로**; 수단, 방법, 길; 배달구역; 《고어》 『군사』 행군 명령 [동] 루트를 정하다 ☜ 고대 프랑스어로 '길'이란 뜻

□ **rut** [rʌt] [명] 바퀴 자국; 홈; 《비유》 상습, 관례, 상례(常例) [동] 바퀴 자국을 내다; 홈을 내다 ☜ 중세영어/중세 프랑스어로 '길'이란 뜻. 바퀴자국이 난 곳이 곧 길이란 의미.

□ **ruth**(동정, 연민, 슬픔), **ruthless**(무자비한) ➔ **rue**(슬퍼하다) **참조**

R

르완다 Rwanda (1994년 종족간 대학살이 자행된 아프리카 중동부의 공화국)

□ **Rwanda** [ruά:ndə] [명] **르완다** 《아프리카 중부의 공화국; 수도는 키갈리(Kigali)》
☜ 르완다어로 ''점점 더 커진다'는 뜻. 르완다는 언덕이 많아 주로 '천개의 언덕이 있는 땅' 이라고 불림. ★ 르완다 집단학살(Genocide in Rwanda)이란 1994년 르완다 내전 중에 벌어진 후투족에 의한 집단학살을 말하는데 약 80~100만명이 살해되었다고 한다.

라이위스키 Rye Whisky (51% 이상의 호밀을 원료로 만든 증류주)

□ **rye** [rai] [명] **호밀**; 라이위스키(Rye Whiskey); 호밀 흑빵 [형] 호밀로 만든 ☜ 고대영어로 '호밀'이란 뜻
♠ Wheat, barley, and **rye** are all cereals.
밀, 보리, **호밀** 등을 곡물이라고 한다.

□ **rye** bread (호밀로 만든) 흑빵 ☜ bread(빵)

※ **whisk(e)y** [hwíski] [명] (pl. **-keys, -kies**) **위스키**; 위스키 한 잔 [형] 위스키의(로 만든) ☜ 스코틀랜드 게일(Gael)어로 '생명의 물'이란 뜻

달러 > 딸라 dollar (미국 등 여러나라의 화폐단위 : $)

□ **$, dollar(s)** [dάlər(s)/dɔ́lər(s)] **달러** 《미국, 뉴질랜드, 도미니카 연방, 싱가포르, 오스트레일리아, 자메이카, 캐나다, 홍콩 등의 화폐 단위. 1달러는 1센트의 100배이다.》
☜ 라틴어 solidus(고대 로마의 금화의 일종)의 머리글자 'S'를 장식화한 것
♠ a ten-**dollar** bill 10 **달러**짜리 지폐

■ **dollar** [dάlər/**달**러/dɔ́lər/**돌**라] ⓜ **달러** 《미국·캐나다 등지의 화폐단위; 100센트; 기호 $, $》 ☜ 독일어로 '골짜기에서 만들어진 것'이란 뜻. ★ 16c. 독일어 daler<taler<thaler는 Joachims**taler**의 줄임말. 오늘날 체코의 서부지역 보헤미아에 있는 작은 마을인 Joachims**tal** 인근 광산에서 채굴된 은으로 주조된 동전. 독일어 tal은 영어의 dale(골짜기)와 어원이 같다. 한마디로 daler<taler<thaler는 '골짜기(dale)에서 만들어진 것(er)'이란 뜻이다.

블랙사바스 Black Sabbath (영국의 헤비메탈 록 그룹)

※ **black** [blæk/블랙] ⓐ **검은, 암흑의, 흑인의** ⓜ **검은색, 암흑**
☜ 고대영어로 '완전히 어두운'이란 뜻

□ **Sabbath** [sǽbəθ] ⓜ (보통 the ~) **안식일** 《유대교에서는 토요일, 기독교는 일요일》; (s-) 안식, 평화; 휴식 기간 ⓐ 안식일의
☜ 히브리어로 '휴식'이란 뜻
♠ break 〔keep, observe〕 the **Sabbath**
안식일을 지키지 않다 〔지키다〕

사브르 saber, sabre ([펜싱] 사브르검(劍), 그 검으로 하는 경기)

펜싱(fencing)은 검(劍)을 가지고 상대하는 두 경기자가 '찌르기' 또는 '베기' 등의 동작으로 승패를 겨루는 스포츠이다. 사용하는 검에 따라 플뢰레, 에페, 사브르의 3종류로 남녀 개인전과 단체전이 있다. 각각 다른 규칙에 따라 시합을 하는데, 공식용어는 모두 프랑스어이다. <출처 : 두산백과 / 일부인용>

□ **saber**, 《영》 **sabre** [séibər] ⓜ **사브르**, 기병도(刀); 기병, (pl.) 기병대; (the ~) 무단정치; 『미.항공』 F-86형 제트 전투기, **세이버** ⓢ ~을 사브르로 베다
☜ 슬라브계 헝가리인들이 사용했던 검의 이름. '자르는 도구'라는 뜻
♠ **rattle** one's **saber 무력으로 위협하다, 화난 체하다**

세이블 sable ([동물] 족제비과의 검은담비)

□ **sable** [séibəl] ⓜ 『동물』 **검은담비**; 검은담비의 모피; (pl.) 검은담비 가죽옷〔목도리〕; (pl.) 《시어》 상복 ⓐ 검은담비 가죽의; 《시어》 검은, 흑색의; 암흑의; 무서운 ☜ 중세 페르시아어로 '모피가 있는 들쥐류'란 뜻.
♠ **his sable Excellency** 〔Majesty〕 **악마 대왕, 염라대왕**

S

사보타지 sabotage (쟁의중인 노동자에 의한 기계파괴·생산방해)

국내에서 '사보타지'라고 하면 '태업'이란 뜻으로 쓰이며, '기물 파괴'라는 뜻은 없는데, 영어의 sabotage는 '태업'이란 뜻이 없고 쟁의중인 노동자에 의한 '기계파괴'나 '생산방해' 활동을 의미한다. '태업'의 뜻으로는 미국에선 slowdown, 영국에서는 go-slow를 쓴다.

□ **sabotage** [sǽbətὰːʒ, -tidʒ] ⓜ 《F.》 **사보타지** 《쟁의 중의 노동자에 의한 공장 설비·기계 따위의 파괴, 생산 방해나 피점령국측의 공작원·지하 운동가에 의한 파괴〔방해〕 활동》; [일반적] 파괴〔방해〕 행위 ⓢ 고의로 방해〔파괴〕하다
☜ 프랑스어로 '시끄럽게 걷다'라는 뜻

색 sack (물건을 넣어 어깨에 메고 다닐 수 있게 만든 작은 배낭)

□ **sack** [sæk/쌕] ⓜ **마대, 자루, 부대** 《보통 거친 천의》; (식품 따위를 넣는) 종이 봉지, 비닐 봉지; (the ~) 《속어》 침낭, 잠자리 ⓢ 자루에 넣다; 《구어》 해고하다

☜ 고대영어로 '큰 천 가방'이란 뜻
♠ The **sack** is full of gold and money.
그 **자루**에는 금과 돈이 가득하다.

☐ **sack**ful [sǽkfùl] ⓜ (pl. **-s,** sack**s**ful) 한 자루 가득한 양, 한 부대
☜ -ful(~이 가득한)

☐ **sack**ing [sǽkiŋ] ⓜ 자루 만드는 삼베 ☜ sack + ing<명접>

☐ **sack**cloth [sǽkiŋklɔ̀(:)θ, -klɑ̀θ] ⓜ 자루 만드는 올이 굵은 삼베, 즈크
☜ cloth(천, 헝겊)

☐ **sack** coat 신사복 상의 ☜ coat(코트, 외투)

■ ruck**sack** [rʌ́ksæk, rúk-] ⓜ 《G.》 배낭, **룩색**
☜ 알프스 방언으로 '등(ruck=back)의 자루(sack)'란 뜻

샌프란시스코 San Francisco (미국 캘리포니아주 서부에 있는 도시)

♣ 어원 : **san, saint, sacr, sanct 신성(한), 성스러운**

■ San Francisco [sǽnfrənsískou/-fræn-] **샌프란시스코** 《미국 California주의 항구 도시》 ☜ 1776년 스페인 선교단이 이곳에 전도(傳道) 기지를 건설하였는데, 1847년 13세기 이탈리아 성(聖)(Saint) 프란시스코(Francisco) 수도회 창립자 이름을 따서 명명하였다.

■ **saint** [seint/쎄인트] ⓜ (fem. **~ess**) **성인** 《죽은 후 교회에 의해 시성(諡聖)이 된 사람》; [일반적] 성도; (S-) **성**(聖)~ 《인명·교회명·지명 따위 앞에서는 **보통 St.** [seint]로 씀》 ⓢ 성인으로 숭배하다 ☜ 라틴어로 '신성한'이란 뜻
♠ **St.** Helena **세인트**헬레나; 유형지
♠ **Young saints, old sinners** [devils]. **《속담》 젊은 때의 신앙심은 믿을 수 없다.**

☐ **sacr**ament [sǽkrəmənt] ⓜ 〖종교〗 성례(聖禮); [the S-] 성찬(聖餐); 신비
☜ 라틴어로 '신성한(sacra) 것(ment)'이란 뜻 ★ 새크라멘토(Sacramento)는 미국 캘리포니아주의 주도이며, 인근에 있는 강(江) 이름이기도 하다.

☐ **sacr**ed [séikrid] ⓗ **신성한**(=holy); 신에게 바쳐진, 신을 모신; 종교적인, 성전(聖典)의; 신성 불가침의; 신성시되는 ☜ 신성(sacr) 한(ed<형접>)
♠ a **sacred** building (edifice) **신**전(神殿) ☜ 신성한 건물

☐ **sacr**edly [séikridli] ⓟ 신성하게 ☜ sacred + ly<부접>

☐ **sacr**edness [séikridnis] ⓜ 신성, 신성 불가침 ☜ sacred + ness<명접>

☐ **sacr**ifice [sǽkrəfàis/**쌔**크뤄**퐈**이스] ⓜ **희생, 산 제물**, 제물; 희생적인 행위, 헌신; 〖종교〗 예수의 십자가에 못박힘; 성찬 ⓢ **희생하다**, 제물로 바치다
☜ 신성하게(sacr) + i + 만들다(fic) + e
♠ **sacrifice** a sheep 양을 **제물로 바치다**

☐ **sacr**ificial [sæ̀krəfíʃəl] ⓗ 희생의, 희생적인, 산 제물의 ☜ -ial<형접>

■ **sanct**ify [sǽŋktəfài] ⓢ **신성하게 하다**, 신에게 바치다; 숭배하다; 죄를 씻다; (종교적 입장에서) 정당화하다 ☜ 신성하게(sanct) + i + 만들다(fy)

더 새디스트 씽 The saddest thing (미국 가수 멜라니 사프카의 70-80년대 최고 히트곡. <가장 슬픈 것>이란 뜻) * thing 것, 물건, 사물; 소지품; 일

☐ **sad** [sæd/쌔드] ⓗ (-<-dd**er**<-dd**est**) **슬픈**, 슬픔에 잠긴(=sorrowful), 슬픈 듯한; 《구어》 괘씸한, 지독한; 열등한
☜ 고대영어로 '만족한, 지겨운'
★ saddest는 sad의 최상급(가장 슬픈)
♠ feel **sad** **슬프**다, **슬퍼**하다
♠ **sad to say 불행하게도, 슬프게도**

☐ **sad**den [sǽdn] ⓢ **슬프게 하다**; 칙칙한 색으로 하다; 슬퍼지다
☜ sad + d<단모음+단자음+자음반복> + en<동접>

☐ **sad**ly [sǽdli] ⓟ **슬프게, 애처롭게**, 비참하게 ⓗ 《영.방언》 기분이 언짢은 ☜ sad + ly<부접>

☐ **sad**ness [sǽdnis] ⓜ **슬픔**, 비애; 슬픈 모양(안색) ☜ sad + ness<명접>

S

사다트 Sadat (중동평화의 길을 열고 암살된 이집트 대통령)

☐ **Sadat** [sədɑ́:t, -dǽt] ⓜ **사다트** 《(Mohammed) Anwar el-~, 이집트의 2대 대통령; 노벨 평화상 수상; 1918-81》

새들 saddle (자전거 안장), 레지던트 resident (수련중인 의사)

♣ 어원 : **sad, sid, sit, sed, sess 앉다**

☐ **sad**dle [sǽdl] ⓜ **안장**; (자전거 따위의) 안장, **새들**; (말 등의 안장을 놓는) 등 부분; (양의)

등심 고기 ⓢ ~에 안장을 놓다〔얹다〕
☜ 고대영어로 '타는 사람의 앉는 자리'란 뜻
♠ **saddle (up)** a horse 말에 **안장을 얹다**

© 20th Television

☐ **sadd**ler [sǽdlər] ⓜ 마구 제조자 ☜ saddle + er(사람)
☐ **sadd**lebag [sǽdəlbæ̀g] ⓜ 안장에 다는 주머니 ☜ saddle + bag(가방)
☐ **sadd**le horse 타는 말, 승용마 ☜ horse(말)
■ re**sid**ent [rézidənt] ⓜ **레지던트**(수련의); **거주자** ⓗ 거주하는
☜ 뒤에(re) 앉아있는(sid) 사람(ent<형접>)

✚ pre**sid**ent **의장, 총재, 회장, 총장**; (종종 P-) **대통령** **sit** **앉다**, 앉아있다 **sed**entary **앉아있는** **sess**ion **회기, 기간; 학기**

사디즘 > 새디즘 sadism (가학성(加虐性) 변태 성욕)

☐ **sad**ism [sǽdizəm, séid-] ⓜ **사디즘**, 가학성(加虐性) 변태 성욕; [일반적] 병적인 잔혹성
☜ 이 변태성을 소설에서 다룬 프랑스 소설가 Marquis Sade의 이름에서
비교 masochism **마조히즘** 《피학대 음란증》
☐ **sad**ist [séidist, sǽd-] ⓜⓗ 가학성 변태 성욕자(의) ☜ sade + ist(사람)
☐ **sad**istic [sədístik, sei-] ⓗ 사디스트적인 ☜ sade + ist + ic<형접>

☐ **sadly**(슬프게), **sadness**(슬픔) ➔ **sad**(슬픈) **참조**

사파리 safari (수렵과 탐험을 위한 자동차 원정여행)

© bellalamag.com

☐ **safari** [səfɑ́:ri] ⓜ (사냥·탐험 등의) 원정 여행, **사파리**; (동아프리카의) 수렵대(隊), 탐험대; 《미》(유세 따위를 위한 정부 요인의) 호화판 여행 ⓢ 사파리를 하다 ☜ 아랍어로 '여행'이란 뜻
☐ **safari** jacket **사파리 재킷** 《주머니 네 개와 허리벨트가 특징인 면(綿) 개버딘 제 재킷》 ☜ jacket(웃옷)
☐ **safari** rally **사파리 랠리** 《아프리카 장거리 자동차경주》 ☜ rally(집결, 집회, 장거리 자동차 경주)

세이프 Safe ([야구] 주자 및 타자가 안전하게 누(壘)를 차지한 것)

☐ **safe** [seif/쎄이프] ⓗ **안전한**; 『야구』 세이프의 ⓜ 금고 ☜ 라틴어로 '상처가 없는'의 뜻
♠ I want you to be **safe**. 나는 네가 **안전하게** 지내길 바래.
♠ The **safe** is proof against fire. 이 **금고**는 불에도 견딘다.
☐ **safe**cracker [séifkrækər] ⓜ 금고털이(=safebreaker) ☜ 깨뜨리는/금가게 하는(crack) 사람(er)
☐ **safe**guard [séifgɑ̀:rd] ⓜ 보호, 호위; 『경제』 긴급수입제한조치 《자국산업 보호를 위한》 ⓢ **보호하다** ☜ 안전(safe)을 지키는(guar) 것(d)
☐ **safe**keeping [séifkì:piŋ] ⓜ 보관, 보호, 호위 ☜ 안전하게(safe) 지키(keep) 기(ing<명접>)
☐ **safe**ly [séifli] ⓟ **안전하게**, 무사히 ☜ -ly<부접>
☐ **safe**ty [séifti/**쎄**잎티/쎄이프티] ⓜ **안전**, 무사, 무해; 안전장치, 안전판; 『야구』 안타
☜ safe + ty<명접>
♠ **There is safety in numbers. 《속담》 수가 많은 편이 안전하다.**
☐ **safe**ty belt (자동차 등의) 안전벨트; 구명대 ☜ belt(띠, 지대, 줄무늬)
■ un**safe** [ʌnséif] ⓗ 안전하지 않은, 불안한, **위험한**; 믿을 수 없는 ☜ un(=not) + safe
■ **save** [seiv/쎄이브] ⓢ (위험 따위에서) **구하다; 모아두다, 저축하다, 저금하다** ⓜ 『야구』 **세이브** ☜ 라틴어로 '안전한', 고대 프랑스어로 '안전하게 지키다, 방어하다'란 뜻

S

사프란 saffron (향신료로 쓰이는 알뿌리 식물; 가장 비싼 향신료)

☐ **saffron** [sǽfrən] ⓜ 『식물』 **사프란**; 그 꽃의 암술머리《과자 따위의 착색 향미료》; 사프란색, 샛노랑 ⓗ 사프란색의
☜ 고대 프랑스어로 '사프란'이란 뜻
♠ **Saffron** is a very interesting plant. **사프론**은 아주 흥미로운 식물이다.

사가 saga (중세 북유럽에서 발달한 산문문학)

☐ **saga** [sɑ́:gə] ⓜ (영웅·왕후(王侯) 등을 다룬) 북유럽의 전설, **사가**; 무용담, 모험담; 계도(系圖)〔대하〕 소설 ☜ 고대 노르드어로 '이야기'란 뜻

호모사피엔스 Homo sapiens (4~5만년전 살았던 현생인류)

♣ **어원 : sap, sag 현명한(=wise)**

■ Homo **sap**iens 〖인류〗 **호모 사피엔스** 《4~5만년 전 지구상에 널리 분포한 현생 인류》 ☜ 라틴어로 '현명한(sapiens) 사람(homo/human)'이란 뜻

< Homo sapiens vs Neandertal >
© xlsemanal.com

□ **sag**acious [səgéiʃəs] ⓗ **현명한**; 영리한; 슬기로운; 기민한
☜ 현명한(sag) + ac + ious<형접>
♠ He is a **sagacious** person. 그는 **현명한** 사람이다.

□ **sag**acity [səgǽsəti] ⓜ **현명**, 총명, 명민 ☜ sag + ac + ity<명접>

□ **sag**e [seidʒ] ⓗ **슬기로운**, 현명한; 사려 깊은, 경험이 많은; 《우스개》 현인인체하는, 점잔빼는《얼굴 따위》 ⓜ 현인, 철인; 박식한 (체하는) 사람 ☜ 현명한(sag) + e
♠ the seven **sages** (of ancient Greece) (고대 그리스의) 7**현인**
《Bias, Chilo, Cleobulus, Periander, Pittacus, Solon, Thales》

사하라 Sahara (아프리카의 1/3을 차지하는 아프리카 북부의 사막)

□ **Sahara** [səhǽrə, səhɑ́ːrə, səhέərə] ⓜ (the ~) **사하라** 사막; [일반적] 황야, 불모의 땅
☜ 아랍어로 '황갈색의 사막; 황무지, 불모지'라는 뜻

사이공 Saigon (1976년까지 남(南)베트남의 수도였던 現 호치민시)

□ **Saigon** [saigɑ́n/-gɔ́n] ⓜ **사이공** 《옛 베트남의 수도, 호치민(Ho Chi Minh)시로 개칭됨》
☜ 사이공 강(江)의 이름에서 유래.

■ Miss **Saigon** **미스 사이공** 《미군 병사와 베트남 여인의 사랑을 그린 영국의 뮤지컬》
☜ Miss(미혼 여성의 이름 앞에 붙이는 경칭)

세일러복(服) > 세라복 sailor suit (해군 수병 복장(을 본떠 만든 웃옷))

□ **sail** [seil/쎄일] ⓜ **돛**; 돛단배, 범선; 항해 ⓢ **항해[범주(帆柱)]하다**; 출범하다 ☜ 고대영어로 '잘라낸 한 조각의 천'이란 뜻
비교 sale 판매, 세일
♠ **sail** (at) ten knots 10노트로 **항해하다**

□ **sail**boat [séilbòut] 범선 ☜ sail + boat(보트, 작은 배)

□ **sail**cloth [séilklɔ̀(ː)θ, klɑ̀θ] 범포, 돛 만드는 천 ☜ sail + cloth(천, 헝겊)

□ **sail**er [séilər] 범선, 돛단배 ☜ 항해하는(sail) 주체/장비(er)

□ **sail**ing [séiliŋ] ⓜ **범주**(帆走)(법); 항해(술); 요트 경기; 출항, 출범; 항행력, 속력 ⓗ 항해의; 출범의 ☜ sail + ing<명접/형접>

□ **sail**ing ship, **sail**ing vessel (대형) 범선 ☜ ship(배, 함선), vessel(용기, 배)

□ **sail**or [séilər/쎄일러] ⓜ 뱃사람, **선원**, 해원; 수병; 해군 군인 ☜ sail + or(사람)

■ para**sail** [pǽrəsèil] ⓜ **파라세일** 《낙하산 비행놀이용 낙하산; 모터보트 등으로 끎》 ⓢ 파라세일 비행을 하다 ☜ 낙하산(para)형 돛(sail)

※ **suit** [suːt/쑤-트] ⓜ (복장의) **한 벌, 슈트; 소송**; 〖카드〗 **짝패 한 벌** ⓢ **~의 마음에 들다**; (옷 등이) **잘 어울리다**; 적합하다 ☜ 고대 프랑스어로 '뒤따르다, 좇다'란 뜻

샌프란시스코 San Francisco (미국 캘리포니아주 서부에 있는 도시)

♣ **어원 : san, saint, sacr, sanct 신성(한), 성스러운**

■ **San** Francisco [sæ̀nfrənsískou/-fræn-] **샌프란시스코** 《미국 California주의 항구 도시》 ☜ 1776년 스페인 선교단이 이곳에 전도(傳道) 기지를 건설하였는데, 1847년 13세기 이탈리아 성(聖)(Saint) 프란시스코(Francisco) 수도회 창립자 이름을 따서 명명하였다.

S

□ **saint** [seint/쎄인트] ⓜ (fem. **-ess**) **성인** 《죽은 후 교회에 의해 시성(諡聖)이 된 사람》; [일반적] 성도; (S-) **성**(聖)~ 《인명 · 교회명 · 지명 따위 앞에서는 **보통 St.** [seint]로 씀》 ⓢ 성인으로 숭배하다 ☜ 라틴어로 '신성한'이란 뜻
♠ **Young saints, old sinners** [devils].
《속담》 젊은 때의 신앙심은 믿을 수 없다.

□ **saint**ly [séintli] ⓗ 성자다운, 덕이 높은 ☜ saint + ly<형접>

□ **St.** Helena [sèintəlíːnə, sèinthəlíːnə] **세인트헬레나** 《아프리카 서해안의 영국령 섬, 나폴레옹의 유형지》; 유형지 ☜ 로마황제 콘스탄티누스 대제의 어머니 Helena의 이름에서. Helena란 라틴어로 '밝은 사람'이란 뜻

□ **St.** Louis [sèint lúːəs] **세인트루이스** 《미국 미주리(Missouri)주 동부 미시시피(Mississippi) 강가의 도시》 ☜ 프랑스 왕인 루이(Louis) 9세의 이름에서

□ **St.** Moritz [sèint məríts] **생모리츠** 《스위스 남동부의 소도시로 겨울 스포츠 중심지》
☜16세기 신성로마의 작센대공이었던 Moritz의 이름에서.

□ **St.** Sophia [sèint soufáiə, sóufiə] **성(聖)소피아** 《터키 이스탄불에 있는 기독교 ➔ 이슬람교 사원》 ☜ AD 250년경 동정순교한 이탈리아 페르모의 성녀 소피아의 이름에서.

sophia란 그리스어로 '지혜'란 뜻 ★ AD 360년 건축된 성 소피아 성당은 현존하는 최고의 비잔틴 건축물이다. 1453년 오스만 투르크 가 정복하여 1931년 까지 이슬람 사원으로 사용되었다. 현재는 미술관이다.

☐ **Saint** Valentine's Day **성(聖)발렌타인** 축일 《2월14일; 이날 (특히 여성이 남성) 애인에게 선물이나 사랑의 편지를 보내는 관습이 있음》 ☜ 3세기 로마의 기독교 순교자인 Valentine (Valentinus)은 병사들의 결혼을 금지한 황제의 명령을 거역한 채 비밀스럽게 연인들의 결혼식을 진행해 준 주교였다는 설에서.

✚ **sacr**ed **신성한**(=holy); 성전(聖典)의 **sacr**ifice **희생, 산 제물**, 제물; 헌신; **희생하다**, 제물로 바치다

시커 seeker ([군사] (미사일의) 표적 탐색장치)

♣ 어원 : seek, sak 찾다

■ **seek** [siːk/씨익] 동 (-/**sought**/**sought**) **찾다; 추구[노력]하다; 수색[탐색]하다** ☜ 고대영어로 '찾다, 추구하다, 갈망하다'란 뜻

■ **seek**er [síːkər] 명 수색[탐구, 추구(追求), 구도(求道)]자; (미사일의) 목표물 탐색장치, **시커** ☜ 찾는(seek) 사람/장치(er)

☐ **sake** [seik/쎄익] 명 **(~을) 위함**, 이익; 목적; 원인, 이유 ☜ 찾는(sak) 것(e)
♠ **for the sake of ~ ~을 위해, ~을 위하여**(=for sake's sake)
♠ **for God's sake 제발, 아무쪼록, 부디**(=for Heaven's sake, for pity's sake)

샐러드 salad (생채 요리)

☐ **salad** [sǽləd] 명 **생채 요리, 샐러드**; 샐러드용 생야채; 상추, 날로 먹는 채소 ☜ 라틴어로 '소금에 절인'이란 뜻.
♠ She ordered some spaghetti and a **salad**. 그녀는 스파게티와 **샐러드**를 주문했다.

☐ **salad** dressing **샐러드 드레싱**, 샐러드용 소스 ☜ dressing(샐러드·고기·생선 따위에 치는 소스·마요네즈류; 『의료』 붕대 등 상처치료용 의약재료)

샐러리맨 salary man (콩글 봉급생활자) ➔ a salaried employee [worker], business person

♣ 어원 : sal, sol 소금

☐ **sal**ary [sǽləri/쌜러리] 명 **봉급**, 급료 동 ~에게 봉급을 주다 ☜ 라틴어로 '고대 로마에서 병사들의 급료로 <소금>을 사기 위한 돈'이란 뜻. ★ 노동자의 임금은 wages
♠ a monthly **salary** 월**급**, a yearly **salary** 연**봉**

☐ **sal**aried [sǽlərid] 형 봉급을 받는; 유급의 ☜ salary<y→i> + ed<형접>

■ **sal**t [sɔːlt/쏠-트] 명 **소금**, 식염; 『화학』 염(塩), 염류 동 **소금을 치다** ☜ 고대영어로 '소금'이란 뜻

※ **man** [mæn/맨] 명 (pl. **men**) **남자**, 사내; **사람, 인간**, 인류; (pl.) **병사** 동 **인원[병력]을 배치하다** ☜ 고대영어로 '인간, 사람'이란 뜻

바겐세일 bargain sale (염가판매)

※ **bargain** [bάːrgən] 명 **거래, 매매** ☜ 벌거벗은(bar<bare) (것처럼 마진 없이) 얻다(gain)

☐ **sale** [seil/쎄일] 명 **판매, 염가매출** ☜ 고대영어로 '판매, 파는 행위'
비교 sail 항해하다; 돛
♠ (a) cash **sale** 현금**판매** ☜ cash(현금)
♠ a closing down **sale** 점포정리 대**매출** ☜ closing(폐쇄, 종결), down(아래로; 완전히)
♠ **for sale 판매용, 팔려고 내 놓은**
These articles are [are not] **for sale**. 이 물품은 **판매용**(비매용)이다.
♠ **on sale 할인판매 중인, 판매 중인**

☐ **sal**able [séiləbəl] 형 팔기에 적합한, (잘) 팔리는 ☜ sale + able<형접>

☐ **sale**s [seilz] 형 판매의 ☜ 판매(sale) 의(s)

☐ **sale**sclerk [séilzklə̀ːrk] 명 점원, 판매원 (《영》 shop assistant) ☜ sales + clerk(사무원, 점원)

☐ **sale**s department 판매부 ☜ sales + department(~부, ~학과)

☐ **salesman** [séilzmən] 명 (pl. **-men**) **판매원, 세일즈맨**; 점원 ☜ sales + man(사람)

☐ **sale**smanship [séilzmənʃìp] 명 **판매 기술**(수완) ☜ -ship(상태, 기술)

☐ **sale**sgirl [séilzgəːrl] 명 《미》 여점원 ☜ girl(소녀, 젊은 여자)

☐ **sale**(s)room [séilzruːm, -rum] 명 판매장, 경매장 ☜ room(방, ~실(室))

☐ **sale**swoman [séilzwùmən] 명 (pl. **-women**) 여점원, 《미》 부인 외교원 ☜ woman(여자, 성인 여성)

☐ **sale**s promotion 판매 촉진 활동 ☜ promotion(승진, 증진, 촉진)

☐ **salient**(현저한, 두드러진) ➔ **sally**(출격, 돌격) **참조**

☐ **saline**(소금의; 염류) ➔ **salt**(소금) **참조**

설라이버 테스트 saliva test ([경마] 경주 직후 불법 약물의 투약 여부를 판정하기 위한 경주마의 침 검사)

☐ **saliv**a [səláivə] ⓜ **침**, 타액(唾液) ☜ 라틴어로 '침'이란 뜻
♠ The tongue mixes **saliva** and food.
허는 **침**과 음식물을 섞는 일도 합니다.

☐ **saliv**ate [sǽləvèit] ⓢ (수은제를 써서) 침이 다량으로 나오게 하다, 침을 내다; 침을 흘리다
☜ 침(saliv)을 만들다(ate)

※ **test** [test/테스트] ⓜ **테스트, 시험**, 검사, 실험; 고사 ⓢ **시험하다**
☜ 라틴어로 '질그릇 단지'란 뜻. 금속 시험에 이 질그릇 단지를 사용한 데서 유래.

옐로카드 yellow card (경고 카드. <노란색 카드>란 뜻)

■ **yellow** [jélou/**옐**로우] ⓜ **노랑**, 황색 ⓗ **노란**, 황색의 ☜ 고대영어로 '노란(색)'이란 뜻

☐ **sal**low [sǽlou] ⓗ (-<-**er**<-**est**) **누르스름한**, 창백한, 혈색이 나쁜
ⓜ 흙빛, 누르스름한 색깔 ⓢ 누르스름하게[창백하게] 하다 〔되다〕 ☜ 회색의/더러운(sal) + yellow
♠ His face is **sallow**. 그의 얼굴이 **누렇게** 떴다

☐ **sal**lowness [sǽlounis] ⓜ 혈색이 나쁨, 흙빛 ☜ sallow + ness<명접>
비교 shallowness 얕음, 천박

※ **card** [kaːrd/카-드] ⓜ **카드; 판지; 명함; (카드놀이의) 패**
☜ 중세 프랑스어로 '종이 한 장'이란 뜻

컨설턴트 consultant (자문, 고문)

♣ 어원 : sal, sail, (s)il, (s)ult 뛰다, 뛰어넘다, 튀어나오다, 달리다, 내몰다

■ con**sult** [kənsʌ́lt] ⓢ **의견[충고]를 구하다, 상담하다** ☜ 함께(con<com) 뛰다(sult)

■ con**sult**ant [kənsʌ́ltənt] ⓜ 의논상대, (회사의) 컨설턴트, 고문, 자문 ☜ consult + ant(사람)

☐ **sal**ient [séiliənt, -ljənt] ⓗ 현저한, 두드러진; 돌출한 ☜ 뛰어넘(sal) + i + 는(ent)

☐ **sal**ly [sǽli] ⓜ **출격**, 돌격; 《구어》 외출, 소풍, 여행 ⓢ 출격하다; 씩씩하게 나아가다
☜ 라틴어로 '튀어 나오다'란 뜻
♠ **make a sally 뛰어나가다, 출격하다**

☐ **sal**mon [sǽmən] ⓜ (pl. **-s**, [집합적] **-**) 『어류』 **연어**; 연어 살빛; 연어고기 ⓗ 연어 살빛의
☜ 라틴어로 '뛰어오르는(sal) 것(mon)'이란 뜻. 연어는 산란기가 다가오면 자신이 태어난 강으로 거슬러 올라간다.
♠ **canned salmon 연어 통조림**

✚ exile **추방, 망명; 추방하다** as**sail** **(맹렬히) 공격하다, 기습하다** ex**ult** **기뻐 날뛰다**

살모넬라균(菌) salmonella (식중독의 병원균)

☐ **salmonella** [sæ̀lmənélə] ⓜ (pl. **-llae** [-néliː, -nélai], **-(s)**) **살모넬라균** 《장티푸스·식중독 등의 병원균》 ☜ 발견자인 미국의 수의사 Daniel E. Salmon(1850-1914) 이름을 따서 명명.

S

룸살롱 room salon (콩글 술집마담이 있는 술집) ➔ hostess bar

※ **room** [ruːm/룸, rum] ⓜ **방** 《생략: rm.》 ☜ 고대영어로 '공간'이란 뜻

☐ **salon** [səlάn/-lɔ́n] ⓜ 《F.》 (대저택의) **객실**, 응접실; (대저택의 객실에서 갖는) 명사들의 모임, 상류 부인의 초대회; 상류 사회; 미술 전람회장; (the S-) **살롱** 《매년 개최되는 파리의 현대 미술 전람회》; (양장점·미용실 따위의) ~점〔실〕 ☜ 프랑스어로 '응접실'
♠ **a beauty salon 미용실**

☐ **saloon** [səlúːn] ⓜ (호텔 따위의) **큰 홀**(hall); (여객선의) 담화실; (일반이 출입하는) ~장(場); 《미》 술집, 바《지금은 보통 bar를 씀》; 《영》 (술집의) 특별실; (여객기의) 객실
☜ salon의 영어식 형태
♠ a dancing **saloon** 댄스 **홀**
♠ a billiard **saloon** 당구**장**

☐ **saloon** car 《영》 세단형 승용차; 특별 열차, 전망차 ☜ car(자동차)

살사 salsa (라틴 재즈와 록을 섞은 맘보 비슷한 댄스곡)

☐ **salsa** [sɔ́ːlsə] ⓜ **살사** 《쿠바 기원의 맘보 비슷한 춤곡》; 스페인풍〔이탈리아풍〕의 소스 ☜ 라틴어로 '양념'이라는 뜻

☐ **sauce** [sɔːs] ⓜ **소스**, 맛난이; 《비유》 양념, 자극, 재미 ⓢ ~에 소스를 치다, 맛을 내다 ☜ 라틴어로 '소금에 절인 음식'이란 뜻

♠ **Hunger is the best sauce. 《속담》 시장이 반찬**

♠ **Sweet meat will have sour sauce.**
《속담》 음지(陰地)가 있으면 양지(陽地)가 있다

♠ **What's sauce for the goose is sauce for the gander.**
《속담》 갑(甲)에 적용되는 것은 을(乙)에도 적용된다.

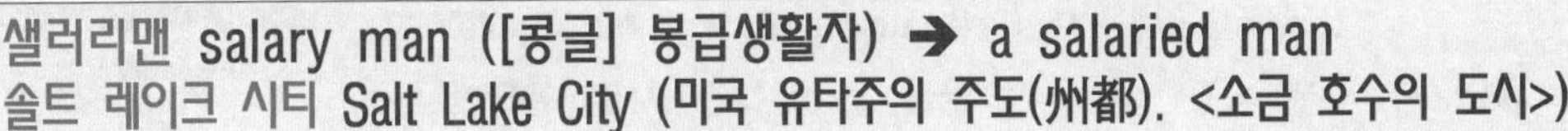

샐러리맨 salary man ([콩글] 봉급생활자) ➔ a salaried man
솔트 레이크 시티 Salt Lake City (미국 유타주의 주도(州都). <소금 호수의 도시>)

♣ **어원 : sal, sol 소금**

■ **sal**ary [sǽləri/쌜러리] ⓜ **봉급**, 급료 ⓢ ~에게 봉급을 주다 ☜ 라틴어로 '고대 로마에서 병사들의 급료로 <소금>을 사기 위한 돈'이란 뜻 ★ 노동자의 임금은 wages

☐ **sal**t [sɔːlt/쏠-트] ⓜ **소금**, 식염; 〖화학〗 염(塩), 염류 ⓢ **소금을 치다** ☜ 고대영어로 '소금'이란 뜻

♠ Season with **salt** and pepper. **소금**과 후추로 양념을 하라 ☜ season(간을 맞추다)

☐ **salt** and pepper 소금과 후추; 《속어》 불순한 마리화나 ☜ 소금(salt) 과(and) 후추(pepper)

☐ **salt**-and-pepper ⓗ = pepper-and-salt, 《미.속어》 흑인과 백인이 뒤섞인

☐ **salt**ish [sɔ́ːltiʃ] ⓗ 소금기가 있는, 짭짤한 ☜ -ish<형접>

☐ **Salt** Lake City **솔트레이크 시티** 《미국 유타(Utah)주의 주도; 몰몬(Mormon)교 본부 소재지》 ☜ 유타 주 북쪽에 있는 서반구 최대의 소금 호수인 그레이트 솔트 호수(Great Salt Lake)의 이름에서 유래한 도시

☐ **salt**less [sɔ́ːltlis] ⓗ 소금기 없는, 맛없는; 재미없는, 시시한 ☜ -less(~이 없는)

☐ **salt**y [sɔ́ːlti] ⓗ (-<-t**ier**<-t**iest**) **짠**, 소금기 있는, 바다냄새 나는; (선원이) 노련한; 신랄한, 재치 있는 ☜ salt + y<형접>

☐ **sal**ine [séiliːn, -lain] ⓗ **소금의**; 염분이 있는; 짠 ⓜ 염호(鹽湖), 염류 ☜ salt + ine(물질, 요소)

♠ a **saline** lake **염호**(鹽湖) ☜ lake(호수)

※ **man** [mæn/맨] ⓜ (pl. **men**) **남자**, 사내; **사람, 인간**, 인류; (pl.) **병사** ⓢ **인원[병력]을 배치하다** ☜ 고대영어로 '인간, 사람'이란 뜻

예루살렘 Jerusalem (유대교 · 기독교 · 이슬람교의 성지)

♣ **어원 : sal, sol 안전, 평안, 평화**

■ Jeru**sal**em [dʒirúːsələm, -zə-] ⓜ **예루살렘** 《Palestine의 옛 수도; 현재 신시가는 이스라엘의 수도》 ☜ 히브리어로 '평화의 도시'란 뜻

■ **sal**aam [səlɑ́ːm] ⓜ (이슬람 교도 사이의) 인사, **살람**; 이마에 손을 대고 하는 절; 경례, 인사 ⓢ 이마에 손을 대고 절하다, 경례하다 ☜ 아랍어로 '평안'이란 뜻

■ **shal**om [ʃəlɔːm] ⓖ **샬롬** 《히브리어로 만날 때나 헤어질 때 하는 인사》 ☜ 히브리어로 '평화'란 뜻

☐ **sal**ute [səlúːt] ⓢ **인사하다, 경례하다**; 경의를 표하다, 예포를 쏘다 ⓜ **인사, 경례** ☜ 라틴어로 '(상대방의) 평안/건강을 기원하다'란 뜻

♠ **salute** the flag with a hand 국기에 대하여 거수**경례를 하다**

☐ **sal**utation [sæ̀ljətéiʃən] ⓜ **인사** 《모자를 벗고 머리를 숙이는》; 인사말《Dear Sir 따위》; 《드물게》 경례, 목례 ☜ -ation<명접>

★ '인사'는 greeting을 주로 쓰고, '경례'는 salute를 쓴다.

세이프 Safe ([야구] 주자 및 타자가 안전하게 누(壘)를 차지한 것)

♣ **어원 : saf, sav, salv 안전한, 구하는; 안전하게 하다, 구조하다**

■ **safe** [seif/쎄이프] ⓗ **안전한**; 〖야구〗 세이프의 ⓜ 금고 ☜ 라틴어로 '상처가 없는'의 뜻

■ **save** [seiv/쎄이브] ⓢ (위험 따위에서) **구하다; 모아두다, 저축하다, 저금하다** ⓜ 〖야구〗 **세이브** ☜ 라틴어로 '안전한', 고대 프랑스어로 '안전하게 지키다, 방어하다'란 뜻

☐ **salv**e [sæ(ː)v, sɑːv/sælv] ⓜ 연고, 고약; 《비유》 위안 ⓢ (고통 따위를) 가라앉히다; 위로하다; 구조하다 ☜ 라틴어로 '구하다'란 뜻

☐ **Salv**ador [sǽlvədɔ̀ːr] ⓜ El Salvador 《중미의 엘살바도르 공화국》; **살바도르** 《브라질 동부의

S

도시; 별칭 São ~》 ☜ 라틴어로 '구원자'란 뜻. 구조하는(salv) + ad + 사람(or)

☐ **salv**age [sǽlvidʒ] ⓜ **해난 구조**, 난파선 화물 구조; (침몰선의) 인양(작업); (화재시의) 인명 구조 ⓢ (해난·화재 따위로부터) 구조하다 ☜ salve + age<명접>
♠ the **salvage** of the wrecked tanker 조난당한 유조선 **구조**

☐ **salv**ation [sælvéiʃən] ⓜ 구조, **구제**; 구조물, 구제자, 구조 수단; 〖신학〗 (죄로부터의) 구원, 구세(주) ☜ salve + ation<명접>

샘 SAM ([군사] 지대공·함대공 미사일)

< HAWK SAM >

☐ **SAM** [sæm, èsèiém] **S**urface to **A**ir **M**issile 지대공(地對空) 미사일
☜ 표면(surface)에서 공중(air)으로(to) 쏘는 미사일
★ 지대지 미사일은 SSM, 공대지 미사일은 AGM(Air-to-Ground Missile), 공대공 미사일은 AIM(Air Interceptor Missile)이다.

✚ **surface 표면**, 겉, 외부, 외관 **air 공기; 공중** **missile 미사일**, **유도탄**

사마리아 Samaria (옛 팔레스타인의 북부 지방)

☐ **Samaria** [səmέəriə] ⓜ **사마리아** 《옛 Palestine의 북부 지방; 그 수도》
☜ B.C. 9세기에 북방 이스라엘 왕국을 건설한 오므리왕(King Omri)에게 땅을 판 소유주의 이름에서

사마르칸트 Samarkand (우즈베키스탄 중동부에 있는 오아시스 도시)

☐ **Samarkand** [sæ̀mərkǽnd] ⓜ **사마르칸트** 《우즈베키스탄 공화국의 오래된 도시》
☜ '사람들이 모이는 곳'이란 뜻 ★ 사마르칸트는 중앙에시아에서 가장 오래된 도시이며, 비단길의 중간에 있는 교역중심도시였다. 이곳엔 징기스칸의 후손이자 대제국을 건설한 백전불패의 용장 <티무르>의 무덤이 있다.

사모아 Samoa (남서태평양의 작은 군도. 입헌군주국)

☐ **Samoa** [səmóuə] ⓜ **사모아** 《남서 태평양의 군도; American Samoa와 Western Samoa로 나뉨》 ☜ '모아(moa) 새가 있는 곳'이란 뜻

샘플 sample (견본, 표본)

♣ **어원 : sam, sem, sim(ul/il) 같은, 비슷한; (같은 것이) 함께하는**

☐ **sam**ple [sǽmpəl/sάːm-] ⓜ **견본, 샘플**, 표본; 실례(實例) ⓗ 견본의 ⓢ 견본을 만들다; 견본이 되다 ☜ example(보기/실례/견본)의 두음 소실
♠ **buy by sample 견본을 보고 사다**

☐ **sam**pling [sǽmpliŋ] ⓜ **견본[표본] 추출**; 추출 견본; 시식(시음)품; 〖전기〗 **샘플링**
☜ sample + ing<명접>

☐ **sam**e [seim/쎄임] ⓗ **같은, 동일한** ☜ 고대 영어/노르드어로 '~과 같은'이란 뜻
♠ **all (just) the same 전혀 같은; 그래도 역시, 그럼에도 불구하고**
♠ **the same (A) as (that) (B) B와 같은 (종류의) A**
It is the **same** story **that** I heard yesterday.
그것은 내가 어제 들은 **것과 같은** 이야기이다
♠ **the same as ~ ~와 같은**

S

☐ **sam**eless [seimlis] ⓜ 동일함; 단조로움 ☜ same + ness<명접>

✚ as**sem**bly **집회, 회합** re**sem**ble **닮다**, ~와 공통점이 있다 **simil**ar **유사한, 비슷한** **simul**ate **가장하다**, ~인 체하다, 흉내 내다

삼손 Samson ([성서] 애인 델릴라에게 속아 적에게 인도된 장사(壯士))

구약성서에 나오는 이스라엘의 마지막 판관이자 전설적 영웅. BC 11세기경 괴력을 지니고 태어났다. 20년간 이스라엘을 지배하였으나 외적 불레셋 여자인 델릴라의 꾐에 빠져 괴력의 원천인 긴 머리를 잘리고 불레셋인에게 인도되어 두 눈마저 뽑혔다. 삼손은 최후의 순간 이교도 신전의 두 기둥을 무너뜨림으로써 많은 불레셋인을 죽이고 자신도 장렬하게 죽었다. <출처 : 두산백과 / 요약인용>

☐ **Samson** [sǽmsən] ⓜ 〖성서〗 **삼손** 《힘이 장사인 헤브라이의 사사(士師)》; 힘센 사람

☐ **samson**ite [sǽmsənàit] ⓜ 〖광물〗 **샘소나이트**; 미국제 여행용 가방 《상표

명》 ☜ samson + ite(제품)
※ **Delilah** [diláilə] ⓜ 〖성서〗 **델릴라** 《Samson을 배신한 여자》; **딜라일라** 《여자이름》

☐ **sanatorium**(요양소, 새너토리엄) ➔ **sanitary**(공중위생의) **참조**

샌프란시스코 San Francisco (미국 캘리포니아주의 항구 도시)

♣ **어원 : san, saint, sacr, sanct 신성(한), 성스러운**

■ **saint** [seint/쎄인트] ⓜ (fem. **-ess**) **성인** 《죽은 후 교회에 의해 시성(諡聖)이 된 사람》; [일반적] 성도; (S-) **성**(聖)~ 《인명·교회명·지명 따위 앞에서는 **보통 St.** [seint]로 씀》 ⓢ 성인으로 숭배하다 ☜ 라틴어로 '신성한'이란 뜻

☐ **San** Francisco [sæ̀nfrənsískou/-fræn-] **샌프란시스코** 《미국 California주의 항구 도시》 ☜ 1776년 스페인 선교단이 이곳에 전도(傳道) 기지를 건설하였는데, 1847년 13세기 이탈리아 성(聖)(Saint) 프란시스코(Francisco) 수도회 창립자 이름을 따서 명명하였다.

☐ **sanct**ify [sǽŋktəfài] ⓢ **신성하게 하다**, 신에게 바치다; 숭배하다; 죄를 씻다; (종교적 입장에서) 정당화하다, 시인하다 ☜ 신성하게(sanct) + i + 만들다(fy)
♠ At one time, marriages were **sanctified**. 한 때 결혼은 **신성시되었다**.
♠ **sanctify** 〔justify〕 one's means 수단을 **정당화하다**

☐ **sanct**ification [sæ̀ŋktəfikéiʃən] ⓜ 성화(聖化); 축성(祝聖); 정화(淨化)
☜ 신성하게(sanct) + i + 만들(fic) 기(ation<명접>)

☐ **sanct**ion [sǽŋkʃən] ⓜ **재가**(裁可), 인가; [일반적] 허용, 찬성; **제재**; 처벌; (사회적) 구속력 ⓢ 재가〔인가〕하다; 시인〔확인〕하다 ☜ 신성한(sanct) 것(ion)

☐ **sanct**ity [sǽŋktəti] ⓜ **신성**, 존엄; **거룩함**; 청정; 신성한 것; (pl.) 신성한 의무〔감정〕
☜ -ity<명접>

☐ **sanct**uary [sǽŋktʃuèri/-əri] ⓜ **신성한 장소**, 성당, 신전; 성역; 은신처, 피난처; (교회 등의) 죄인 비호(권) ☜ sanct + u + ary<명접>

■ **sacr**ifice [sǽkrəfàis/**쌔**크뤄**퐈**이스] ⓜ **희생, 산 제물**, 제물; 희생적인 행위, 헌신; 〖종교〗 예수의 십자가에 못박힘; 성찬 ⓢ **희생하다**, 제물로 바치다
☜ 신성하게(sacr) + i + 만들다(fic) + e

샌드백 sandbag (콩글 권투에서 타격연습을 위해 매달아놓은 모래주머니) ➔ punch(ing) bag

☐ **sand** [sænd/쌘드] ⓜ **모래**; (pl.) **모래땅**; 모래톱, 사주 ⓢ 모래를 뿌리다 ☜ 고대영어로 '모래'란 뜻
♠ The children are playing in the **sand**. 아이들이 **모래밭**에서 놀고 있다.

☐ **sand**bag [sǽndbæ̀g] ⓜ 모래 부대, 사낭(砂囊), **샌드백** ⓢ 모래 부대로 (틀어) 막다; 모래주머니로 때려 눕히다 ☜ 모래(sand) 가방/자루(bag)

☐ **sand**bank [sǽndbæ̀nk] ⓜ 모래 언덕, 모래톱 ☜ sand + bank(제방, 둑; 은행)

☐ **sand**glass [sǽndglæ̀s, -glɑ̀:s] ⓜ 모래 시계 ☜ 모래(sand) 계측기(glass) ★ 모래시계를 sand-clock으로 표현하는 것은 잘못된 표현이며, sandglass나 hourglass로 표현해야 옳다.

☐ **sand**man [sǽndmæ̀n] ⓜ (pl. -mèn) (어린이 눈에 모래를 뿌려 잠들게 한다는) 잠귀신
☜ sand + man(남자, 사람)

☐ **sand**paper [sǽndpèipər] ⓜ **사포**(砂布), **샌드페이퍼** ⓢ 사포로 닦다 ☜ 모래(sand) 종이(paper)

☐ **sand**stone [sǽndstòun] ⓜ 〖지질〗 **사암**(砂岩) ☜ 모래(sand) 바위(stone)

☐ **sand**y [sǽndi] ⓗ (-<-d**ier**<-d**iest**) **모래의**; 모래땅의; 모래투성이의 ☜ sand + y<형접>

샌들 sandal (고대 그리스·로마인들이 신던 가죽신)

☐ **sandal** [sǽndl] ⓜ (여성·어린이용) **샌들**, (고대 그리스·로마 사람의) 짚신 모양의 신발 ☜ 라틴어/그리스어로 '슬리퍼, 샌들'이란 뜻

샌드위치 sandwich (얇은 두 쪽의 빵 사이에 육류나 달걀·채소 등을 끼워서 먹는 간편한 대용식 빵)

☐ **sandwich** [sǽndwitʃ/sǽnwidʒ, -witʃ] ⓜ **샌드위치**; 샌드위치 모양의 것 ⓢ 샌드위치 속에 끼우다 ☜ 18세기 카드도박에 빠진 영국의 샌드위치 백작이 시간을 아끼기 위해 이를 고안한 데서 유래.

☐ **sandwich** man **샌드위치맨** 《앞뒤에 두 장의 광고판을 달고 다니는》; 샌드위치를 만드는〔파는〕 사람
☜ man(남자, 사람)

☐ **sane**(제정신의) ➔ **sanitary**(공중위생의) **참조**

연상 ▸ **펭귄(penguin.날지못하는 바다새)은 항상 생권(sanguine.쾌활한)한 모습이다.**

※ **penguin** [péŋgwin, péṇ-] ⓜ 〖조류〗 **펭귄**; (지상) 활주 연습기; 《속어》 (공군의) 지상 근무원 ☜ 영국 웨일스(Welsh)어로 '흰 머리'란 뜻

☐ **sangu**ine [sǽŋgwin] ⓗ **쾌활한**. 낙관적〔낙천적〕인; (안색의) 혈색이 좋은; 다혈질의; 피처럼 붉은, 혈홍색의 ⓜ 붉은 분필〔크레용〕(그림) ☜ 라틴어로 '피(sangu) 의(ine)'란 뜻
♠ He has a **sanguine** attitude to life.
그는 인생에 대하여 **낙천적으로** 생각하고 있다

☐ **sangu**ineous [sæŋgwíniəs] ⓗ 피의; 붉은 핏빛의; 다혈질의; 낙천적인; 유혈의, 살벌한 ☜ -ous<형접>

☐ **sangu**inary [sǽŋgwənèri/-nəri] ⓗ 피비린내 나는; 잔인한, 살벌한; 말씨가 더러운 ☜ -ary<형접>

인세인 insane (한국 가수 에일리(Ailee)의 노래. <미친>이란 뜻) 새너토리엄 Sanatorium (요양원)

© MBC TV <음악중심>

♣ 어원 : san(e) 건강(한), 병을 고치는

■ in**sane** [inséin] ⓗ (-<-n**er**<-n**est**) **미친**, 광기의; **제정신이 아닌** ☜ 건강하지(sane) 못한(in=not/부정)

☐ **sane** [sein] ⓗ **제정신의**; 온건한, 건전한 ☜ 라틴어로 '건강한'이란 뜻
♠ No **sane** man would do such a thing. **분별 있는** 사람이라면 그런 일은 않는다.

☐ **san**atorium [sæ̀nətɔ́ːriəm] ⓜ (pl. **-s**, -ri**a**) **새너토리엄**, (특히 결핵환자의) **요양소**(=sanitarium); 보양〔요양〕지; (학교의) 양호실 ☜ 라틴어로 '병을 고치는(sanat) 것(orium)'이란 뜻
♠ take the cure in a **sanatorium 요양소**에서 치료하다.

☐ **san**itarium [sæ̀nətέəriəm] ⓜ (pl. **-s**, -ri**a**) 《미》 = sanatorium

☐ **san**itary [sǽnətèri/-təri] ⓗ (공중) **위생의**, 보건상의; 위생적인, 깨끗한; 균 없는 ⓜ (pl. -tar**ies**) 공중변소 ☜ 건강하러(san) 가다(it) + ary<형접/명접>

☐ **san**itarian, **san**itarist [sæ̀nətέəriən], [sǽnətərist] ⓗ (공중) 위생의 ⓜ 위생학자; 위생 개선가 ☜ -ian/-ist(~의/~사람)

☐ **san**itation [sæ̀nitéiʃən] ⓜ **공중 위생**; 위생 시설(의 개선); 《특히》 하수구 설비; 하수〔오수, 오물〕 처리 ☜ -ation<명접>

☐ **san**ity [sǽnəti] ⓜ **제정신**, 정신이 멀쩡함; 건전함, 온건함; (육체적) 건강 ☜ sane + ity<명접>

■ in**san**ity [insǽnəti] ⓜ **광기, 미친 짓** ☜ insane + ity<명접>

산스크리트 Sanskrit (고대 인도의 표준문장어, 범어(梵語))

संस्कृतम्

☐ **Sanskrit, -scrit** [sǽnskrit] ⓜ **산스크리트**, 범어(梵語) 《생략: Skr., Skrt., Skt.》 ⓗ 산스크리트(범어)의 ☜ 산스크리트어로 '함께(san) 만들다(skrit)'란 뜻

산타클로스 Santa Claus (어린이들의 수호 성인인 성 니콜라스의 별칭)

A.D. 270년경 소아시아 지방 리키아(오늘날 터키의 남서해안 지역)에서 출생한 그리스의 성(聖) 니콜라스 대주교의 이름에서 유래. 그는 아이들에게 자선을 베푸는 것을 무척 좋아했다고 한다. 1863년 미국의 한 만화가가 산타를 뚱뚱하게 묘사하고, 엉뚱하게도 산타의 고향을 북극으로 만들었으며, 1931년 코카콜라 광고 모델로 빨간색 옷과 수염으로 상징되는 산타가 등장한 것이 성탄절의 마스코트가 된 계기가 됐다.

© veiling.catawiki.nl

☐ **Santa Claus** [sǽntəklɔ̀ːz] **산타클로스** 《아이들의 수호 성도(聖徒) Saint Nicholas의 별칭》; 《미.속어》 남성 자선가〔독지가〕, 매우 관대한 사람 ☜ 세인트(聖) 니콜라스 대주교의 이름에서 유래

☐ **Santa Fe** [sǽntəféi] **샌타페이** 《미국 New Mexico주의 주도》 ☜ 스페인어로 '거룩한 믿음'이란 뜻

☐ **Santa Monica** [-mάnikə/-mɔ́n-] **샌타모니카** 《California주 Los Angeles의 해변 휴양지》 ☜ 스페인어로 성 아우구스티누스의 어머니인 '성 모니카(Monica)'란 뜻

☐ **São Paulo** [sάnpáuluː] **상파울로** 《Brazil 남부의 대도시》 ☜ 포르투갈어로 '성 베드로(Pedro)'라는 뜻

사포닌 saponin (인삼에 많이 들어있다고 알려진 식물 당류 물질)

♣ 어원 : sap(on) 비누(soap); (미끈한) 즙(汁), 액(液)

☐ **sapon**in [sǽpənin] ⓜ 〖화학〗 **사포닌** 《각종 식물에서 얻을 수 있는 배당체(配糖體)로 비누처럼 거품이 생김》 ☜ 라틴어로 '비누같이 미끈한(sapon) 물질(in)'

S

□ **sap** [sæp] ⓜ **수액**(樹液), (식물의) 액즙; 《비유》 활력, 원기, 생기 ⓢ 수액을 짜내다
☜ 고대영어로 '즙'이란 뜻
♠ the **sap** of life **활력, 정력**, the **sap** of youth **혈기**

□ **sap**ling [sǽpliŋ] ⓜ **묘목, 어린 나무**; 《비유》 젊은이, 청년; 그레이하운드의 새끼 《한 살 이하》
☜ sap(수액) + ling(어린)
♠ A **sapling** is a young tree. **묘목**은 어린 나무다.

호모사피엔스 Homo sapiens (4~5만년전 살았던 현생인류)

□ **sapience, -ency** [séipiəns(i)] ⓗ (화석인(化石人)에 대하여) 현(現)인류의
☜ 라틴어로 '지혜'라는 뜻

■ Homo **sapiens** 『인류』 **호모 사피엔스** 《4~5만년 전 지구상에 널리 분포한 현생인류》 ☜ 라틴어로 '현명한 사람'이란 뜻

사파이어 sapphire (동남아시아에서 주로 산출되는 청옥(靑玉))

□ **sapphire** [sǽfaiər] ⓜ **사파이어, 청옥**(靑玉); 사파이어 빛; 《미.속어》 매력 없는〔남자가 가까이하지 않는〕 흑인 여자 ⓗ 사파이어 빛의 ☜ 그리스어로 '푸른 돌'이란 뜻
★ 에메랄드는 봄, 루비는 여름, 사파이어는 가을, 다이아몬드는 겨울을 상징한다.
♠ She has a very large **sapphire**. 그녀는 매우 큰 **사파이어**를 가지고 있다.

사포 Sappho (기원전 600년경 그리스의 여류 서정시인)

□ **Sappho** [sǽfou] ⓜ **사포** 《그리스의 여류 시인; 기원전 600년경의》 ★ **대표작: <아프로디테 송가(Aphrodite 頌歌)>, <질투>, <연인들의 투신 바위> 등**

※ **lesbian** [lézbiən] ⓗ (여성간의) 동성애의 ⓜ 동성애하는 여자, **레즈비언**
☜ 그리스의 'Lesbos섬의 여자들'이란 뜻인데, 이는 기원전 6세기 이 섬에 살던 고대 그리스의 여류 서정시인 사포(Sappho)가 제자들과 동성애를 했다는 전설에서 유래한 것이다.

사라센 Saracen (십자군 시대 유럽인이 이슬람교도를 지칭한 말)

□ **Saracen** [sǽrəsən] ⓜ **사라센** 사람 《시리아·아라비아의 사막에 사는 유목민》; (특히 십자군 시대의) 이슬람교도; (넓은 뜻으로) 아랍인 ☜ 고대영어로 '아랍'이란 뜻. 원래 히브리어로 Sar는 왕자, Sarah는 '공주'를 뜻하며(이스라엘 민족의 시조 아브라함의 아내도 Sarah임), Saracen은 '그가 지배하는'이란 뜻.

사르디니아 Sardinia (이탈리아 서쪽에 있는 지중해 제2의 섬)

고대 이탈리아 서쪽의 Sardinia 섬에서는 스스로 살아갈 능력이 없는 노인들에게 독성식물을 먹인 다음 절벽에서 떨어뜨려 죽이는 의식을 치렀다고 한다. 그 독성식물을 먹으면 야릇한 미소를 지었다고 하는데 그 미소가 바로 sadonic grin(냉소적 미소)이다.

♣ **어원 : sar(c) 살(flesh); 냉소**

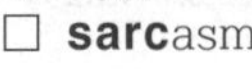

□ **sarc**asm [sɑ́ːrkæzəm/살케즘] ⓜ 빈정거림, 비꼼, 풍자; 비꼬는 말; 빈정거리는 말재주 ☜ 그리스어로 '살을 찢다'는 뜻. 이는 '살을 찢는 듯한 빈정댐'의 의미

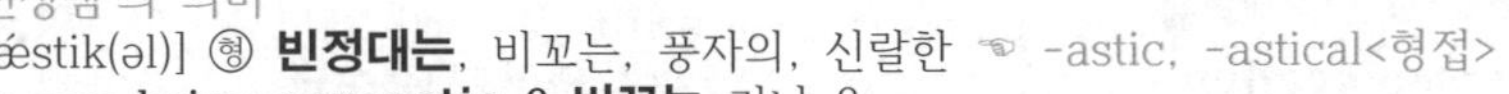

□ **sarc**astic(al) [sɑːrkǽstik(əl)] ⓗ **빈정대는**, 비꼬는, 풍자의, 신랄한 ☜ -astic, -astical<형접>
♠ Are you being **sarcastic** ? **비꼬는** 거냐 ?

□ **Sar**dinian [sɑːrdíniən, -njən] ⓜⓗ **사르디니아** 섬〔사람, 말〕(의)
☜ 사르디니아(Sardinia) 사람(an) ★ **이탈리아어로는 사르데냐(Sardegna)이다.**

□ **sar**dine [sɑːrdíːn] ⓜ 『어류』 **정어리** ⓢ 꽉꽉 채우다 ☜ Sardinia 인근에서 잡히던 고기

□ **sar**donic [sɑːrdɑ́nik/-dɔ́n-] ⓗ 냉소적인, 냉소하는, 빈정대는 ☜ 사르디니아(Sardinia) 적인(ic)
♠ **sardonic** grin **냉소적** 미소

사리 sari, saree (인도 여성의 전통 의상)

□ **sari, saree** [sɑ́ːri(ː)] ⓜ (pl. **-s**) (인도 여성이 두르는) **사리**
☜ 산스크리트어로 '여자 옷'이란 뜻

사르트르 Sartre (프랑스의 실존주의 작가·철학가)

S

프랑스의 현대 철학자, 실존주의 사상가. 그는 사물은 그 자체로 존재하므로 '즉자(卽自) 존재'라고 하고, 인간은 자신을 객관적으로 바라볼 수 있는 존재이므로 '대자(對自) 존재'라고 하면서 인간은 '즉자 존재'로만 머물러서는 안된다고 강조했다. 그래서 그는 2차 세계 대전 이후 앙가주망(사회참여)의 중요성을 깨닫고 자유를 억압하는 것들에 대항한 '행동하는 지성인'이었다. 1964년 노벨문학상 수상을 거부하였다.

☐ **Sartre** [sɑ́:rtrə] 명 **사르트르** 《Jean Paul ~, 프랑스의 실존주의 작가; 1905-80》

새시 > 사시 sash (창틀)

☐ **sash** [sæʃ] 명 (pl. **-, -es**) (내리닫이 창의) **창틀, 새시; 장식띠** 《군 장교 등의 정장에 두르는》; (어깨에서 내려뜨리는) 현장(懸章); (여성 · 어린이용) 허리띠 동 ~에 새시를 달다 ☜ 중세영어로 '천의 끈', '창틀'이란 뜻

♠ tie (untie) a **sash** **띠**를 매다 (풀다)

에스에이티 SAT (미국의 대학 수학능력시험)

☐ **SAT** **S**cholastic **A**ptitude **T**est (미국의) 대학 진학 적성 시험

✚ **schola**stic **학교(대학)의**; 학자의; (종종 S-) 스콜라 철학(의), 스콜라 철학자 **apt**itude 경향, 소질, 적성 **test 시험(하다), 검사(하다)**

사탄 Satan (악마, 마왕)

☐ **Satan** [séitən] 명 **사탄**, 악마, 마왕(the Devil) ☜ 히브리어로 '적'이란 뜻

♠ **Satan rebuking sin 죄를 비난하는 악마. 자신의 나쁜 짓은 모른 체하는 사람**

☐ **satan**ic(al) [seitǽnik(əl), sə-] 형 (때로 S-) 악마의, 마왕의; 악마 같은 ☜ satan + ic(al)<형접>

☐ **satan**ism [séitənìzm] 명 악마주의, 악마 숭배 ☜ satan + ism(~주의)

색 sack (물건을 넣어 어깨에 메고 다닐 수 있게 만든 작은 배낭)

♣ 어원 : **sack, satch 가방(bag)**

■ **sack** [sæk/쌕] 명 **마대, 자루, 부대** 《보통 거친 천의》; (식품 따위를 넣는) 종이 봉지, 비닐봉지; (the ~) 《속어》 침낭, 잠자리 동 자루에 넣다; 《구어》 해고하다 ☜ 고대영어로 '큰 천 가방'

■ ruck**sack** [rʌ́ksæ̀k, rúk-] 명 《독》 배낭, **룩색** ☜ 알프스 방언으로 '등(ruck=back)의 자루(sack)'란 뜻

☐ **satch**el [sǽtʃəl] 명 작은 가방, **학생 가방** ☜ 작은(el) 가방(satch)

♠ My **satchel** is not heavy. **책가방**이 무겁지 않다

샛콤 Satcom (위성통신센터)

SATCOM
Home Land
Fiber Network
Forward Operation Base
© ResearchGate.net

☐ **satcom** [sǽtkɑ̀m, -kɔ̀m] **sat**ellite **com**munications 위성통신(추적)센터

☐ **satel**lite [sǽtəlàit] 명 『천문』 **위성**; 인공위성; 위성국; 위성도시; 종자(從者); 붙어다니는 사람 형 (인공) 위성의 ☜ 라틴어로 '경호원, 수행자'라는 뜻. ⇦ 충분히(satel) 가다(lite)

♠ The moon is a **satellite** of earth. 달은 지구의 **위성**이다.

※ **communication** [kəmjù:nəkéiʃən] 명 **전달, 통신**; **교통수단** ☜ 나눔을(communi) + c + 만들(ate) + 기(ion<명접>)

■ **COMSAT, Comsat** [kɑ́msæt/kɔ́m-] 명 **콤샛** 《미국의 통신위성 회사》; (c-) **콤샛,** 통신위성. ☜ **Com**munications **Sat**ellite의 약어

S

☐ **satiate**(포만한, 충분히 만족시키다) ➔ **satisfy**(만족시키다) **참조**

새틴 satin (수자직(孤子織)으로 짠 광택이 있는 직물)

☐ **satin** [sǽtən] 명 (비단 · 나일론 등의) **수자**(繻子), 공단, **새틴**; 《영.속어》 진(gin) 《술의 일종》 형 견수자로(공단으로) 만든; 매끄러운, **광택이 있는**

☜ 중국 푸젠성의 자동(刺桐)이라는 산 이름에서 유래. 서양에는 아랍어로 '올리브'라는 뜻의 자이툰(Zaytun)이란 명칭으로 전해졌다. ★ 미국과 이라크의 전쟁 종결로 인해 피해를 입은 이라크를 돕기 위해서 이라크 아르빌에 파병된 우리나라의 부대이름이 자이툰(Zaytun/올리브)부대이다

♠ The paint has a **satin** finish. 그 페인트는 칠해 놓으면 **광택이 곱**다.

□ **sateen, -tine** [sætíːn] ⓜ 면수자(綿繻子), 모(毛)수자 ☜ 근대영어로 '새틴과 비슷한 광택있는 천'이란 뜻. satin(수자)과 velveteen(면비로도)의 합성어.

씨에스 CS = Customer Satisfaction ([마케팅] 고객만족)

♣ 어원 : sat(i), satis 충분하다, 만족하다

※ **customer** [kʌ́stəmər] ⓜ (가게의) **손님, 고객**; 단골
☜ 습관적으로(custom) 자주 가는 사람(er)

□ **sat**iate [séiʃièit] ⓢ 물리게 하다, 충분히 만족시키다 [séiʃiit] ⓗ 물린; 배부른
☜ 충분히(sati) 만들다(ate<동접>)
♠ He **is satiated with** pleasures. 그는 쾌락**에 물려있다**.

□ **sat**iated [séiʃièitid] ⓗ 충분히 만족한, 물린; 배부른 ☜ -satiate + ed<형접>

□ **sat**iety [sətáiəti] ⓜ 물림, 포만, 포식, 만끽 ☜ 충분한(sati) 것(ety)

□ **sat**ire [sǽtaiər] ⓜ **풍자**; 풍자 문학, 풍자시(문); 빈정거림, 신랄한 비꼼
☜ 라틴어로 '충분한 요리'(를 물리도록 먹은)'이란 뜻
♠ a **satire on** modern civilization 현대문명**에 대한 풍자**

□ **sat**iric(al) [sətírik(əl)] ⓗ 풍자적인, 비꼬기 좋아하는 ☜ satire + ic(al)<형접>

□ **sat**irically [sətírikəli] ⓑ 풍자적으로 ☜ satirical + ly<부접>

□ **sat**irist [sǽtərist] ⓜ 풍자가, 풍자 작가 ☜ satire + ist(사람)

□ **sat**irize [sǽtəràiz] ⓢ 풍자하다 ☜ satire + ize<동접>

□ **satis**faction [sæ̀tisfǽkʃən] ⓜ **만족**(감) ☜ 충분하게(satis) 만드는(fac) 것(tion<명접>)

□ **satis**factorily [sæ̀tisfǽktərəli] ⓑ **만족하게**, 풍족하게, 충분히 ☜ satisfactory + ly<부접>

□ **satis**factory [sæ̀tisfǽktəri] ⓗ **만족스러운**, 충분한; 『신학』 충분히 속죄가 되는
☜ 충분하게(satis) 만드는(fac) 것(t) 의(ory<형접>)
반 un**satis**factory **불만족스런**, 불충분한

□ **satis**fy [sǽtisfài/쌔티스퐈이] ⓢ **만족시키다**; 충족시키다 ☜ 충분하게(satis) 만들다(fy)
반 dis**satis**fy **불만을 느끼게 하다**
♠ Nothing **satisfies** him. He's always complaining.
아무것도 그를 **만족시킬** 수 없다. 그는 항상 불평을 한다.
♠ **be satisfied with ~ ~에 만족하다**
She **was satisfied with** the result. 그녀는 그 결과**에 만족해했다**.

□ **satis**fied [sǽtisfàid] ⓗ **만족한**, 흡족한; 확실한; 납득한 ☜ -ed<형접>

□ **satis**fying [sǽtisfàiiŋ] ⓗ **만족을 주는**, 충분한; 납득할 수 있는, 확실한 ☜ satisfy + ing<형접>

□ **sat**urate [sǽtʃərèit] ⓢ **흠뻑 적시다**; 가득 채우다; 과잉공급하다; 충만시키다; ~에 몰두하다
☜ 라틴어로 '충분히 채우다'란 뜻
♠ **saturate** a handkerchief with water 손수건에 물을 **적시다**

□ **sat**urated [sǽtʃərèitid] ⓗ 스며든, 흠뻑 젖은; 포화상태가 된 ☜ saturate + ed<형접>

□ **sat**uration [sætʃəréiʃən] ⓜ 침투, 침윤(浸潤); 『화학』 포화 (상태) ☜ saturate + ion<명접>

새러데이 나잇 피버 Saturday Night Fever (미국 영화. <토요일 밤의 열기>)

1978년 개봉한 미국의 드라마, 뮤지컬, 멜로/로맨스 영화. 존 트라볼타, 카렌 린 고니 주연. 춤에 빠진 남녀 주인공이 디스코 경연대회에 출전하여 일등을 하게 된다는 이야기. 사운드트랙은 형제그룹 가수 비지스(Bee Gees)가 불러 1978년 빌보드 앨범 차트 1위를 기록했다. 1970~1980년대 디스코 열풍을 몰고 온 영화로 존 트라볼타의 춤이 무척 유명하다.

♣ 어원 : satur 씨를 뿌리다

□ **Satur**n [sǽtərn] ⓜ 『천문』 [관사 없이] **토성**; 『연금술』 납; **새턴** 《미국의 인공위성·우주선 발사용 로켓》; 『로마신화』 농업의 신
☜ 라틴어로 '씨를 뿌리다'란 뜻

□ **Satur**day [sǽtərdèi/쌔터데이] ⓜ **토요일** 《생략: Sat.》
☜ 『로마신화』 농업의 신(Saturn)의 날(day) ★ 요일은 신들의 이름을 따서 지었다. 일요일(Sunday)은 태양(sun)을 숭배하는 날, 월요일(Monday)은 달(moon)을 숭배하는 날, 화요일(Tuesday)은 전쟁의 신 티우(Tiu)의 날, 수요일(Wednesday)은 폭풍의 신 우딘(Woden)의 날, 목요일(Thursday)은 천둥의 신 토르(Thor)의 날, 금요일(Friday)은 사랑의 신 프라이아(Friya)의 날, 토요일(Saturday)은 농업의 신 새턴(Saturn)의 날이다.
♠ Today is **Saturday**. 오늘은 **토요일**이다.

© Paramount Pictures

※ **night** [nait/나이트] ⓜ **밤** ⓗ 밤의 ☜ 고대영어로 '밤, 어둠'이란 뜻

※ **fev**er [fíːvər] ⓜ **열**, 발열; 열병, 흥분, 열광 ☜ 열(fev)의 지속(er)

S

소스 sauce (맛이나 빛깔을 내기 위하여 식품에 넣는 액체) ➔ dressing

♣ 어원 : sauc, saus, sal 소금

□ **sauce** [sɔːs] ㉮ **소스**, 맛난이 ☜ 라틴어로 '소금에 절인 음식'이란 뜻
♠ **Hunger is the best sauce. 《속담》 시장이 반찬**
♠ **Sweet meat will have sour sauce. 《속담》 음지가 있으면 양지가 있다.**
♠ **What's sauce for the goose is sauce for the gander. 《속담》 갑에 적용되는 것은 을에도 적용된다.**

□ **sauce**pan [sɔ́ːspæ̀n] ㉮ (자루·뚜껑이 달린) **소스 냄비**, 스튜 냄비 ☜ pan(납작한 냄비)

□ **sauc**er [sɔ́ːsər] ㉮ **받침접시**; (화분의) 받침 ☜ 고대 프랑스어로 '소스 그릇'

□ **sauc**ily [sɔ́ːsili] ㉯ 건방지게 ☜ saucy + ly<부접>

□ **sauc**iness [sɔ́ːsinis] ㉮ 건방짐 ☜ saucy + ness<명접>

□ **sauc**y [sɔ́ːsi] ㉰ (-<-c**ier**<-c**iest**) 건방진, **뻔뻔스런**; 쾌활한; 멋진; 외설적인 ☜ -y<형접>. 소금(sauce)으로 간을 맞추듯 16c에는 말이나 흥을 돋우는 것도 sauce라고 했고, 19c에는 급기야 말이나 행동이 지나침을 이르는 말로 변하게 되었다.

□ **saus**age [sɔ́ːsidʒ/sɔ́s-] ㉮ **소시지**, 순대 ☜ 라틴어로 '소금에 절인 음식'이란 뜻

■ **sal**t [sɔːlt/쏠-트] ㉮ **소금**, 식염; 『화학』 염(塩), 염류 ㉱ **소금을 치다** ☜ 고대영어로 '소금'이란 뜻

사우디 (아라비아) Saudi Arabia (가장 보수적인 이슬람 국가, 중앙아라비아의 왕국)

□ **Saudi** [sáudi, sɔ́ː-] ㉮ (pl. **-s**) **사우디 아라비아**의 주민(사람) ㉰ 사우디 아라비아(사람)의 ☜ 아랍어로 '행운, 행복'이란 뜻

□ **Saudi Arabia** [sáudi-, sɑːúːdi-, sɔ́ːdi-] **사우디아라비아** 《수도 Riyadh, 종교의 중심은 Mecca》 ☜ Arab은 아랍어로 '사막의 주민'이란 뜻이며, Arabia는 '사막인의 나라'란 뜻이다.

사울 Saul ([성서] 블레셋과의 전투에서 전사한 이스라엘의 초대 왕)

□ **Saul** [sɔːl/솔] ㉮ 『성서』 **사울** 《이스라엘의 초대 왕》; 『성서』 **사울** 《사도 Paul의 원래 이름》; 남자이름

□ **sausage**(소시지) ➔ **sauce**(소스) **참조**

사바나 savanna(h) (열대지방 등의 나무없는 대초원)

□ **sav**anna(h) [səvǽnə] ㉮ (열대·아열대 지방의) **대초원, 사바나**, (특히 미국 남동부의) 나무없는 평원, 초원 ☜ 스페인어로 '나무없는 평지'란 뜻

□ **sav**age [sǽvidʒ] ㉰ **야만적인**, 미개한; 사나운; 황량한 ㉮ **야만인**, 미개인 ㉱ 물어뜯다 ☜ 라틴어로 '숲의, 야생의'란 뜻. -age<접미사>
♠ **savage** tribes **야만**족

□ **sav**ageness, **sav**agery [sǽvidʒnis], [sǽvidʒri] ㉮ 야만, 만행, 잔인 ☜ -ness<명접>/-ry<명접>

□ **sav**agely [sǽvidʒli] ㉯ 야만스럽게, 미개하게 ☜ -ly<부접>

세이프 Safe ([야구] 주자 및 타자가 안전하게 누(壘)를 차지한 것)

■ **safe** [seif/쎄이프] ㉰ **안전한**; 『야구』 세이프의 ㉮ 금고 ☜ 라틴어로 '상처가 없는'의 뜻

■ un**safe** [ʌnséif] ㉰ 안전하지 않은, 불안한, **위험한**; 믿을 수 없는 ☜ un(=not/부정) + safe

□ **save** [seiv/쎄이브] ㉱ (위험 따위에서) **구하다; 모아두다, 저축하다, 저금하다** ㉮ 『야구』 **세이브** 《구원투수가 스코어가 앞선 자기팀을 끝까지 선방하기》 ㉲ **~을 제외하고는** ☜ 라틴어로 '안전한', 고대 프랑스어로 '안전하게 지키다, 방어하다'란 뜻
♠ **save** a person's life 아무의 생명을 **구하다**
♠ the last **save one** ***하나를 제외한*** *마지막* ➔ 꼴찌에서 둘째
♠ **save for ~ ~이외에는, ~을 제외하고**
♠ **save (A) from (B) B에서 A를 구하다, A가 B로부터 벗어나게 하다**
He **save**d her **from** drowning 그는 물에 빠진 그녀를 **구해냈다.**

□ **sav**er [séivər] ㉮ 구조자, 절약가 ☜ save + er(사람)

□ **sav**ing [séiviŋ] ㉰ **절약하는**, 알뜰한, 검소한; 구조(구제)하는; 제외하는 ㉮ **절약**, 검약; (pl.) **저금**, 저축(액) ☜ save + ing<형접/명접>
♠ **From saving comes having. 《격언》 절약은 부(富)의 근본**
♠ **Saving is getting. 《격언》 절약이 곧 돈 버는 것이다.**

□ **sav**ing account 《미》 보통예금(구좌); 《영》 저축예금(구좌) ☜ account(계산, 계정, 예금계좌)

□ **sav**ior, **sav**iour [séivjər] ㉮ **구조자**; (the S-) 구세주, 구주(救主) 《예수》 ☜ 구하는(save) 사람(or)

S

세이버 savo(u)r ([와인 · 커피] 혀와 입 속에서 느껴지는 향)

□ savo(u)r [séivər] ⓜ **맛, 풍미**; 《고어 · 시어》 향기; (a ~) 기미, 다소, 약간; 흥미, 재미, 자극; 《고어》 명성, 평판 ⓢ 맛을 내다; 맛보다 ☜ 라틴어로 '맛'이란 뜻
♠ **savor** the taste and flavor of wine
포도주의 맛과 향을 **음미하다**

□ **savo(u)ry** [séivəri] ⓗ (-<-r**ier**<-r**iest**) 풍미 있는, 맛 좋은, 평판 좋은; 요리 따위가) 짭짤한 ⓜ 싸한 맛이 나는 요리
☜ savor + y<형접/명접>

■ **flavor, -vour** [fléivər] ⓜ (독특한) **맛, 풍미**, 향미; 조미료, 양념 ⓢ 맛을 내다 ☜ 고대불어로 '냄새'

체인소 chain saw ([기계] 휴대용 동력(動力) 사슬톱)

■ chain **saw** (휴대용) 동력(動力) 사슬톱 ☜ (쇠)사슬(chain)로 된 톱(saw)

■ chain**saw** [tʃéinsɔ̀ː] ⓢ 동력 사슬톱으로 자르다; 《속어》 (계획 등을) 망치다.

□ **saw** [sɔː] ⓜ **톱**; 톱니 모양의 것 ⓢ **톱질하다, 톱으로 자르다[켜다]**; (톱질하듯) 앞뒤로 움직이다; see(보다)의 과거 ☜ 고대영어로 '자르는 도구'란 뜻
♠ **saw** a branch **off** 가지를 **톱으로 자르다**.

□ **saw**dust [sɔ́ːdə̀st] ⓜ 톱밥 ☜ saw + dust(먼지, 가루)

□ **saw**mill [sɔ́ːmìl] ⓜ **제재소**; 제재(製材)용 톱 ☜ mill(물방앗간, 제분소; 풍차)

□ **saw**yer [sɔ́ːjər] ⓜ 톱장이 ☜ saw + y + er(사람)

앵글로 색슨 Anglo-Saxon (5세기에 독일 북서부에서 영국으로 건너온 게르만인의 한 파. <Angle 족 + Saxon 족>)

※ **Angle** [ǽŋgl] ⓜ **앵글**족 사람; (the ~s) 앵글족(族) 《5세기 영국에 이주한 튜튼족의 한 부족》 ☜ 오늘날 독일의 슐레스비히홀슈타인 주에 있는 '앙겔른' 지역을 근원지로 하는 민족. 게르만어로 '낚시'라는 뜻인데 이는 앙겔른 지형이 낚시처럼 굽었다고 한데서 유래함. angle(각도; 낚시)

□ **Saxon** [sǽksən] ⓜ **색슨 사람[족]**; 앵글로색슨 사람, **영국사람**, 잉글랜드 사람; (독일) 작센 사람 ⓗ 색슨 사람〔말〕의; 작센(사람)의; 영국의 ☜ 오늘날 독일의 Saxony 지역을 근거지로 하는 민족. 게르만어로 '검, 칼'이란 뜻

섹소폰 saxophone ([악기] 클라리넷 종류의 취주 악기)

□ **sax**ophone [sǽksəfòun] ⓜ **색소폰** 《대형 목관 악기》
☜ 벨기에의 아돌프 색스(Sax)가 발명한데서. phone(소리)

에세이 essay (수필: 형식의 제약을 받지 않고 자유롭게 쓴 글)

■ es**say** [ései] ⓜ **에세이, 수필**, (문예상의) 소론(小論), 시론(詩論); 평론
☜ 라틴어로 '밖으로(es<ex) 말하다/움직이게 하다(say)'란 뜻

□ **say** [sei/쎄이] ⓢ (-/**said**/**said**) **말하다**, 이야기하다; ~라고 쓰여져 있다; 낭독하다
☜ 고대영어로 '말하다'란 뜻
♠ **say** a word 한마디 **말하다**
♠ **say good-bye (to~) (~에게) 작별 인사를 하다**
♠ **say hello to ~ ~에게 안부를 전하다, ~에게 인사하다**
♠ **The less said about it the better. 《속담》 말은 적을수록 좋다.**
♠ **say to oneself 마음속으로 생각하다, 혼잣말을 하다**
♠ **to say nothing of ~ ~은 말할 것도 없고, ~은 고사하고**
He can speak French, **to say nothing of** English.
그는 영어**는 말할 것도 없고** 프랑스어도 말할 수 있다.
♠ **to say the least (of it) 크게 줄잡아[축소해] 말해도**

□ **say**ing [séiiŋ] ⓜ **말하기**, 말, 진술; **속담**, 격언 ☜ say + ing<명접>
♠ **as the saying goes** 〔is, has it〕 **속담에도 있듯이; 흔히들 말하듯이**
♠ **sayings and doings 언행**

■ gain**say** [gèinséi] ⓢ (-/gain**said**/gain**said**) **부정[부인]하다**, 반박〔반대〕하다; 논쟁하다 ⓜ **부정**; 반박, 반대 ☜ 고대영어로 '~에 대항하여(gain=against) 말하다(say)'란 뜻
♠ **gainsay** a fact 사실을 **반박하다**.

S

스캐버드 scabbard (검집, 칼집)

☐ **scab**bard [skǽbərd] ⓜ (칼·검 등의) **집**; 《미》 권총집 ⓢ 칼집에 꽂다; 칼집을 씌우다 ☜ 초기 독일어로 '검(scab/sword)을 보호하는 것(bard/protector)
♠ He drew the sword from its **scabbard**.
그가 **칼집**에서 칼을 뽑았다.
☐ **scab**bard fish 〖어류〗 갈치 ☜ 칼집(scabbard)모양의 물고기(fish)

연상 ▸ 스카프(scarf)를 스카폴드(scaffold.단두대)에 매어 놓았다.

※ **scarf** [skɑːrf] ⓜ (pl. **-s,** scar**ves**) **스카프**, 목도리; 넥타이 ⓢ 스카프를 두르다 ☜ 고대 프랑스어로 '목에 매단 순례자의 지갑'
☐ **scaf**fold [skǽfəld, -fould] ⓜ (공사장 따위의) 비계; (the ~) **단두대**, 교수대; 《비유》 사형; 〖해부〗 골격, 뼈대; (야외의) 조립 무대, 관객석 ⓢ ~에 비계를〔발판을〕 만들다
☜ 중세 라틴어로 '매다는 발판(fold<fala)'이란 뜻
♠ **send** 〔bring〕 **(A) to the scaffold A를 교수형(絞首刑)에 처하다.**
☐ **scaf**folding [skǽfəldiŋ] ⓜ (건축장의) 비계(飛階), 발판 ☜ scaffold + ing<명접>

칼로리 calorie (열량 단위)

♣ **어원 : cal 열(熱), 냉(冷)**
■ **cal**orie, -ry [kǽləri] ⓜ 〖이학·화학〗 **칼로리** 《열량 단위》 ☜ 열(cal)을 지향하다(orie=orient)
■ **cal**lous [kǽləs] ⓗ (피부가) **굳어진**, 못이 박힌; 냉담한 ☜ 냉랭(cal) + l + 한(ous<형접>)
■ **cal**m [kɑːm/카암] ⓗ **고요한**, 평온한 ⓢ 가라앉히다 ☜ cal(냉) + m
☐ s**cal**d [skɔːld] ⓢ **데게 하다** ⓜ (끓는 물·김에 의한) 뎀, 화상
☜ 밖의(s<es<ex) 열(cal) **비교** ▸ scold [skould] 꾸짖다, 잔소리하다
♠ He **scalded** himself with boiling water. 그는 끓는 물에 **데었다**.

에스컬레이터 escalator (자동식 계단), 스케일링 scaling (치석제거)

♣ **어원 : scal 사다리, 계단, 단계, 비늘; 기어오르다, 올라가다, 비늘을 벗기다**
■ e**scal**ator [éskəlèitər] ⓜ **에스컬레이터**, 자동식 계단
☜ 위로(e<ex=up) 오르(scal) 다(ate) + 기계(or)
■ e**scal**ate [éskəlèit] ⓢ **단계적으로 확대**〔증대·강화·**상승**〕**시키다**
☜ 위로(e<ex=up) 오르(scal) 다(ate)
☐ **scal**e [skeil] ⓜ **저울눈[접시]**; 척도; **비례**; **규모; 등급** ☜ 단계(scal)적인 것(e)
비늘, (피부병의) 딱지 ☜ 비늘은 마치 계단모양으로 형성되어 있으므로.
ⓢ 무게를 달다; 기어오르다; 비늘을 벗기다
♠ a thermometer with a Celsius **scale** 섭씨 **눈금**의 온도계
♠ the **scale** of a fish 물고기의 **비늘**
♠ **on a large** 〔small〕 **scale 대**〔소〕**규모로**
The movie was made **on a large scale**. 그 영화는 **대규모로** 제작되었다.
☐ **scal**ing [skéiliŋ] ⓜ 〖물리〗 **스케일링**, 비례 축소(화); 〖컴퓨터〗 크기 조정; 〖치과〗 **치석 제거**
☜ '비례 축소'의 의미와 '비늘을 벗긴다'는 의미가 있음.
☐ **scal**y [skéili] ⓗ (-<-l**ier**<-l**iest**) **비늘이 있는**; 비늘 모양의; 비늘처럼 벗겨지는; 《속어》 천한, 더러운, 인색한 ☜ -y<형접>

S

스캘핑 scalping ([주식] 초단기 주식매매로 적게 벌고 많이 파는 기법)

'스캘핑(scalping)'이란 원래 '가죽 벗기기'라는 의미로, 북미 인디언들이 적의 시체에서 머리가죽만 벗겨내 전리품으로 챙겼던 행위를 뜻한다. 선물시장에서 말하는 스캘핑이란 하루에 수십 번 또는 수백 번씩 트레이딩을 하며 '머리가죽처럼 얇은' 단기 시세차익을 챙기고 빠져 나오는 방식을 통해 박리(薄利)를 취하는 초단타 매매 기법을 뜻하는 말이다. <출처 : 두산백과 / 일부인용>

☐ **scalp** [skælp] ⓜ **머릿 가죽, 두피**; (머리털이 붙은) 머릿가죽; 전리품(=trophy), 무용(武勇)의 징표 ⓢ 혹평하다 ☜ 인도유럽조어(고대어)로 '자른(scal) 것(p)'이란 뜻
♠ get 〔receive〕 a **scalp** massage **두피** 마사지를 받다
☐ **scalp**ing [skǽlpin] ⓜ 가죽 벗기기, **스캘핑** 《주물 쇳덩이의 표면을 깎는 일》; (광석 따위의) 세정(洗淨) ☜ scalp + ing<명접>

☐ **scaly**(비늘이 있는, 비늘모양의) ➔ **scale**(저울눈; 비례, 규모; 비늘) **참조**

캠프 파이어 campfire (야영의 모닥불), 캠페인, 캠퍼스...

♣ 어원 : camp(us) 평야, 들판

■ **camp** [kæmp/캠프] ⓜ 『군사』 **야영지**, **야영천막**; **진영**; (산·해안 따위의) **캠프장** ⓢ 천막을 치다
☜ 라틴어로 '열린 들판'이란 뜻

■ **camp**fire [kǽmpfàiər] ⓜ **야영의 모닥불**, **캠프파이어** ☜ camp + fire(불)

■ **camp**aign [kæmpéin/캠페인] ⓜ (일련의) **군사 행동**; (사회적) **운동**; **캠페인**, **유세**
☜ 중세영어로 '들판에서의 군사작전'이란 뜻

■ **campus** [kǽmpəs] ⓜ (대학의) **교정**, **캠퍼스**, **구내**; 대학, 학원; 대학 생활
☜ 라틴어로 '평평한 땅, 들판'이란 뜻

□ s**camp**er [skǽmpər] ⓢ **재빨리 달리다**〔뛰어 들어가다〕; 뛰어 돌아다니다; 급히 여행하다; 급히 내리읽다 ⓜ 뛰어다님; 질주; 급한 여행; 급하게 읽기 ☜ 고대 프랑스어로 '(전쟁터에서) 도망치다, 철수하다'란 뜻. 들판(camp) 밖으로(s<ex) er<동접>
♠ **scamper** off in all directions 사방으로 **도망치다**

스캐너 scanner (빛을 주사하여 디지털로 복사하는 장비)

□ **scan** [skæn] ⓢ 정밀 검사하다; 대충 훑어보다; 영상을 주사하다; **시의 운율을 맞추다** ⓜ 정밀검사, 음미; 대충 훑어보기; 『통신』 주사(走査); 시의 운율 맞추기 ☜ 고대 라틴어로 '오르다'란 뜻
♠ **scan** a picture 사진을 **스캔하다**
♠ This line doesn't **scan**. 이 (시)행은 **운율이** 안 **맞는다**.

□ **scan**ner [skǽnər] ⓜ 정밀히 조사하는 사람〔것〕; 『통신』 주사(走査) 공중선; 『컴퓨터』 **스캐너**
☜ scan + n<단모음+단자음+자음반복> + er(장비)

□ **scan**sion [skǽnʃən] ⓜ 율독(律讀) 《운율을 붙여 낭독함》; 『통신』 주사(走査) ☜ -sion<명접>

스캔들 scandal (불명예스러운 평판이나 소문)

□ **scandal** [skǽndl] ⓜ **추문**, **스캔들**; **불명예**, 치욕, 수치; **악**평, 험담
☜ 그리스어로 '장애물, 덫'이란 뜻
♠ Watergate **scandal** 워터게이트 **사건**

□ **scandal**ous [skǽndələs] ⓗ 소문이 나쁜; 명예롭지 못한, **수치스러운**; 괘씸한; 중상적인, 욕을 하는 ☜ scandal + ous<형접>

□ **scandal**ously [skǽndələsli] ⓑ 창피하게 ☜ -ly<부접>

□ **scandal**ize, -ise [skǽndəlàiz] ⓢ 분개시키다, 어이없게 하다 ☜ scandal + ize/-ise<동접>

□ **scandal**monger [skǽndlmʌ̀ŋgər] ⓜ 험담꾼, 남의 추문을 퍼뜨리는 사람
☜ scandal + monger(상인; 소문을 퍼뜨리는 사람)

스칸디나비아 Scandinavia (유럽의 최북단에 있는 반도)

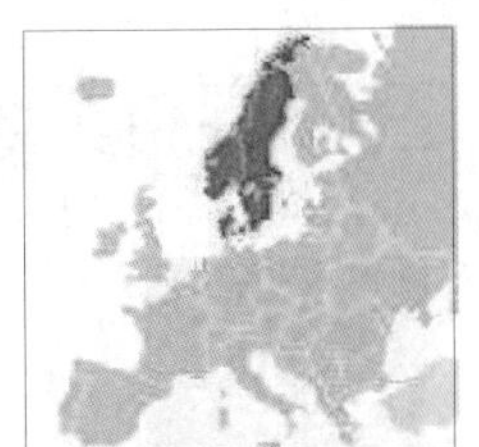

□ **Scandi**navia [skæ̀ndənéiviə] ⓜ **스칸디나비아** (반도) 《스웨덴과 노르웨이》; 북유럽 (국가들) ☜ 고대 독일어로 '위험한〔물의〕 섬'이란 뜻

□ **Scandi**navian [skæ̀ndənéiviən] ⓗ **스칸디나비아**의; 북유럽의; 스칸디나비아 사람〔어〕의 ⓜ 스칸디나비아 사람; 스칸디나비아어
☜ Scandinavia + an(~의/~사람/~말)

스캔티즈 scanties (여성용 짧은 팬티)

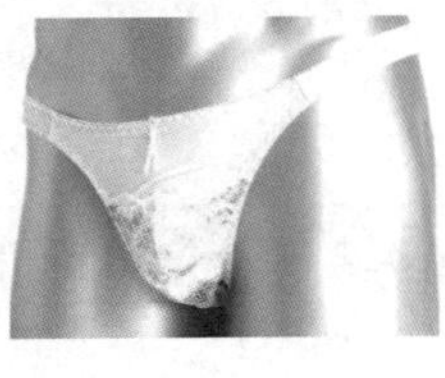

□ **scant** [skænt] ⓗ 불충분한, **부족한**, 모자라는; 가까스로의; 인색한 ⓢ 줄이다; 몹시 아끼다 ⓑ 《방언》 가까스로(=scarcely); 《방언》 아까워서 ☜ 고대 노르드어로 '짧은, 작은, 간단한'이란 뜻
♠ be **scant** of breath 〔money〕 숨을 **헐떡이다** 〔돈에 **궁하다**〕

□ **scant**ies [skǽntiz] (pl.) (여성용) 짧은 팬티
☜ 부족한(scant) 것<y→ie> 들(s: 가랑이가 2개 이므로)

□ **scant**y [skǽnti] ⓗ (-<-**tier**<-**tiest**) **부족한**, 불충분한; 빈약한; 인색한 ☜ -y<형접>

□ **scant**ily [skǽntili] ⓑ 모자라게 ☜ scanty<y→i> + ly<부접>

□ **scant**iness [skǽntinis] ⓜ 모자람, 불충분 ☜ scanty<y→i> + ness<명접>

스코어 score (경기·시합의 득점, 점수)
스카페이스 scarface (미국의 범죄·액션 영화. <얼굴에 난 흉터>란 뜻)

♣ 어원 : scar, score 새기다; 새김, 벤 자리, 눈금, 흉터

■ **score** [skɔːr/스꼬어] [명] **스코어, 득점, 점수; 이유**, 근거; (pl.) 20 [동] 기록하다, **장부에 기입하다**
☜ 고대영어로 '새기다, 새긴 눈금'이란 뜻

☐ **scar** [skɑːr] [명] 상처 자국, **흉터**; (마음의) 상처; 흔적 [동] ~에 상처를 남기다, 흉터가 남다 ☜ 고대 그리스어로 '불에 덴 자국'이란 뜻
♠ a face **scarred** with sorrow 슬픈 **상처가 남아 있는** 얼굴

☐ **scar**-faced [skάːrfèist] [형] 얼굴에 흉터가 있는
☜ 흉터가 있는(scar) 얼굴(face) 의(ed<수동형 형접>)

© Universal Pictures

스카라무슈 Scaramouch(e) (고대 이탈리아 희극에서 익살부리는 광대. <허세부리는 겁쟁이>란 뜻)

♣ 어원 : **scar 허세부리다, 겁을 먹게 하다; 부족하게 하다**

☐ **Scar**amouch(e) [skǽrəmùːʃ, -màutʃ] [명] (옛 이탈리아 희극의) 얼뜨기 어릿광대역(役), **스카라무슈**; (s-) 공연히 우쭐대는 겁쟁이; 망나니
☜ 이탈리아어로 '(허세부리는) 실랑이'란 뜻

☐ **scar**ce [skɛərs] [형] 〖서술적〗 (음식물·돈·생활필수품이) **부족한**, 적은, **결핍한**; 드문, 희귀한 ☜ 라틴어로 '밖으로(s<ex) 인색한/부족한(car) + ce. 부족하면 허세를 부리게 된다.
♠ Money is **scarce**. 돈이 **부족하**다.

☐ **scar**cely [skέərsli/스께어슬리] [부] **간신히**, 가까스로, 겨우; **거의 ~아니다** (=hardly); 설마 ~하는 일은 없다, 단연 ~아니다
☜ 부족(scarce) 하여(ly<부접>)
♠ I can **scarcely** see. **거의 안** 보인**다**.
♠ **scarcely ~ when** 〔before〕 **~하자마자**(=no sooner ~than)**, ~하자 곧** (=immediately after)

☐ **scar**city [skέərsəti] [명] **부족**; **결핍**; 기근, 식량 부족; 드문 일 ☜ scarce + ity<명접>

☐ **scar**e [skɛər] [동] **위협하다, 놀라게[겁나게] 하다**; 겁주어〔위협해〕 ~하게 하다; 겁내다, 놀라다 ☜ 중세영어로 '겁, 두려움'이란 뜻
♠ I'm **scared**. 몹시 **겁이 났다**.

☐ **scar**ecrow [skǽrkròu] [명] **허수아비**; 《구어》 초라한 사람, 여윈 사람; 엄포, 헛 위세
☜ (새들을 쫓기 위해 밭에 만들어 둔) 겁을 주는(scare) 까마귀(crow)란 뜻

☐ **scar**ed [skɛərd] [형] 무서워하는, **겁먹은, 깜짝 놀란** ☜ 겁먹(scar) 은(ed<수동형 형접>)

스카프 scarf (장식과 실용을 겸한 여성용 목도리)

☐ **scarf** [skɑːrf] [명] (pl. **-s,** scar**ves**) **스카프**, 목도리; 넥타이 [동] 스카프를 두르다
☜ 고대 프랑스어로 '목에 매단 순례자의 지갑'이란 뜻

스칼렛 scarlet (진홍색)

☐ **scar**let [skάːrlit] [명] 주홍, **진홍색**; 진홍색 옷《대주교·영국 고등 법원 판사·육군 장교 따위의》; 진홍색 대례복; 《비유》 (성범죄를 상징하는) 주홍색 [형] 주홍의, 다〔진〕홍색의; 음란한 ☜ 중세 라틴어로 '진홍색 천'이란 뜻. 진홍색(sacr)의 작은 것(let)

♠ She went **scarlet** with embarrassment.
그녀는 당혹해서 **얼굴이 빨개**졌다.

☐ **Scar**let Letter [the ~] 주홍글씨 《미국의 작가 N.호손의 장편소설. 17세기 청교도인의 간통사건을 다룬 작품》 ★ 간통한 자의 가슴에 붙였던 adultery(간통)의 머릿글자 A를 의미.
☜ letter(글자, 문자, 편지).

[연상] 스쿠터(scooter.소형모터사이클) 뒤에서 모래가 스캐터(scatter.흩뿌리다)해지다.

※ **scoot**er [skúːtər] [명] **스쿠터** 《어린이가 한쪽 발을 올려놓고 다른 발로 땅을 차며 달리는》; **모터 스쿠터**; 《미》 (활주) 범선《빙상·수상용》 [동] ~로 달리다〔나아가다〕 ☜ 내달리는(scoot) 기계(er)

☐ **scat**ter [skǽtər/스깨터] [동] **흩뿌리다, 쫓아버리다; 뿔뿔이 흩어지다** [명] 흩뜨림; 소수, 소량 ☜ 고대 그리스어로 '퍼지다'란 뜻
♠ The police **scattered** the crowd. 경찰이 군중을 **해산시켰다**.

☐ **scat**tered [skǽtərd] [형] 뿔뿔이 된, 흐트러진, 드문드문한, 산만한 ☜ -ed<수동형 형접>

☐ **scat**tering [skǽtəriŋ] [형] 뿔뿔이 흩어진, 산발적인, 분산의 [명] 흩뿌리기; 〖물리〗 산란; 소량, 소수 ☜ scatter + ing<형접/명접>

☐ **scat**terbrain [skǽtərbrèin] 침착하지 못한 사람, 경솔한 사람 ☜ scatter + brain(뇌, 두뇌)

연상 그 어벤저(avenger.복수자)는 스캐빈저(scavenger.넝마주이)가 되었다.

※ **avenge** [əvéndʒ] 동 **~의 복수를 하다**
☜ ~에게(a<ad=to) 복수하다(venge)

※ **avenger** [əvéndʒər] 명 복수자 ☜ avenge + er(사람)

□ sc**avenge** [skǽvəndʒ] 동 (거리를) 청소하다; (재활용 가능한 것을) 폐기물 중에서 가려내 모으다〔수집하다〕
☜ 고대영어로 '살피다, 조사〔검사〕하다'란 뜻
♠ Crows **scavenge carrion.** 까마귀들은 **썩은 고기를 먹는다**.

□ sc**avenger** [skǽvəndʒər] 명 썩은 고기를 먹는 동물; 넝마주이; 《주로 영》 거리 청소원; 〖화학〗 **스캐빈저** 《용액 중의 방사성 핵종(核種)을 침전시키기 위한 담체(擔體)》 동 거리를 청소하다 ☜ scavenge + er(사람)

시나리오 scenario (영화 촬영을 목적으로 창작된 대본) 베드씬 bed scene ([영화] 남녀의 정사장면) = bedroom scene, sex scene

□ **scen**ario [sinέəriòu, -nάːr-] 명 (pl. **-s**) 《It.》 〖연극〗 극본; 〖영화〗 **시나리오**, 영화 각본; 촬영 대본; 행동 계획, 계획안 ☜ 이탈리아어로 '장면'이란 뜻

□ **scen**e [siːn/씬-] 명 (영화·TV 등의) **장면**; 배경; **경치**, 풍경; **무대**; (극의) **장**(場)
☜ 그리스어로 '무대'란 뜻 **비교** seen (see<보다>의 과거분사)
♠ a delightful rural **scene** 기분 좋은 시골 **풍경**

□ **scen**e stealer **씬스틸러** 《뛰어난 연기력으로 주연보다 주목받는 조연배우》
☜ 장면(scene)을 훔치는(steal) 사람(er)

□ **scen**ery [síːnəri] 명 [집합적] (연극의) **무대 장면, 배경**, (무대의) 장치; **풍경**, 경치
☜ scene + ry<명접>

□ **scen**ic [síːnik, sén-] 형 **경치의**; 무대의, 연극〔그림〕 같은 명 풍경화, 풍경 사진
☜ scene + ic<형접/명접>

센스 sense (분별력), 넌센스 nonsense (터무니없는 생각)

♣ 어원 : sens(e), sent 느끼다(=feel)

■ **sense** [sens/쎈스] 명 (시각·청각·촉각 따위의) **감각**; **의식, 분별**; **의미** 동 **느끼다**
☜ 라틴어로 '느끼다, 지각하다'란 뜻

■ **non**sense [nάnsens/nɔ́nsəns] 명 **무의미한 말**; 터무니없는 생각, **난센스**; 허튼말〔짓〕; 시시한 일 형 무의미한, 엉터리없는 ☜ 감각/의미(sens)가 없는(non) 것(e)

□ **scent** [sent] 명 **냄새**; 향기, 향내; 《영》 향수 동 냄새로 찾아내다
☜ 라틴어로 '느끼다, 지각하다'란 뜻
♠ smell the **scent 향기**를 맡다

✚ **sent**ence **문장**; **판결; 선고하다** **sent**iment (고상한) **감정**, 정서, 정감 as**sent 동의[찬성]하다; 동의**, 찬성 dis**sent 의견을 달리하다, 이의를 말하다;** 불찬성, 이의

셉터 scepter (왕이 손에 쥐는 왕권의 심벌. 왕홀(王笏))

□ **scept**er, 《영》 -tre [séptər] 명 (제왕의) 홀(笏), **셉터**; (the ~) 왕권, 왕위; 주권 동 ~에게 홀을 주다; 왕위에 오르게 하다; 왕권〔주권〕을 주다
☜ 라틴어로 '왕의 지휘봉/지팡이'란 뜻
♠ lay down the **scepter 왕위**를 물러나다.

□ **scept**erd, 《영》 -tred [séptərd] 형 왕위에 오른 ☜ scepter + ed<형접>

스케줄 schedule (예정표, 계획표)

♣ 어원 : sched, schem 형태, 윤곽, 개요, 메모, 계획

□ **sched**ule [skédʒu(ː)l/ʃédjuːl] 명 《미》 **시간표, 예정(표), 스케줄** 동 **~을 예정하다** ☜ 라틴어로 '파피루스 종이', 고대 프랑스어로 '종이 한 장, 기록〔메모〕한(sched) 것(ule)'이란 뜻.
♠ I **am scheduled to** leave here tomorrow. 나는 내일 여기를 떠날 **예정이다**.
♠ **on schedule 예정대로, 정기적으로**

□ **schem**a [skíːmə] 명 (pl. **-ta**) 개요; 도해; 〖문법·수사학〗 비유, 형용
☜ 고대 그리스어로 '모양, 형태'란 뜻

□ **schem**e [skiːm] 명 **계획**, 기획, 설계 동 계획하다, 입안하다 ☜ 그리스어로 '형태'란 뜻

S

스쿨버스 school bus (통학 버스)

♣ 어원 : school, schol 학교

☐ **school** [sku:l/스꾸울] 명 **학교**; [종종 the ~; 집합적] **전교 학생**; [집합적] **유파; 학부** 형 학교의 동 교육(훈육)하다 ☜ 고대영어로 '교육하는 곳'이란 뜻
♠ enter a **school** 입**학**하다, leave **school** 졸**업**(퇴**학**)하다

☐ **school** age 학령, 의무교육 연한 ☜ age(나이; 시기; 노인)

☐ **school**book [skú:lbùk] 명 교과서 ☜ 학교(school)에서 사용되는 책(book)

☐ **school**boy [skú:lbɔ̀i/스**꾸**울보이] 명 **남학생** ☜ school + boy(소년)

☐ **school bus** 통학버스, **스쿨버스** ☜ school + bus(버스)

☐ **school** days 학생시절, 학창시절 ☜ days(시기, 시대; 낮에는)

☐ **school** fellow 학우, 동창생 ☜ fellow(친구, 동업자; 녀석)

☐ **school**girl [skú:lgə̀:rl/스**꾸**울거얼] 명 **여학생** 《초등학교·중학교의》 ☜ school + girl(소녀)

☐ **school** hour 수업시간 ☜ hour(시간, 시각)

☐ **school**house [skú:lhàus] 명 (특히 초등학교의) **교사**(校舍:학교건물); 《영》 (학교 부속의) 교원 사택 ☜ school + house(집)

☐ **school**ing [skú:liŋ] 명 **학교교육**; (통신교육의) 교실수업; 학비, 교육비 ☜ 교육하(school) 기(ing<명접>)

☐ **school**master [skú:lmæ̀stər, -mɑ̀:s-] 명 **남자 교사**; 교장; 지도자(관) 동 교사로서 가르치다 ☜ master(주인, 장(長); 교사)

☐ **school**mate [skú:lmèit] 명 **교우**, 학우 ☜ school + mate(상대, 동료)

☐ **school**mistress [skú:lmistris] 명 여선생, 여교장 ☜ mistress(여주인, 주부)

☐ **school**room [skú:lrù:m] 명 (학교) **교실**; (때로 가정의 아이들) 공부방 ☜ school + room(방)

☐ **school**teacher [skú:ltì:tʃər] 명 **교사**, 학교 선생 《초·중·고등학교의》 ☜ school + teacher(교사, 선생)

☐ **school**time [skú:ltàim] 명 수업 시간, 학생 시절 ☜ time(시간, 시대; ~회)

☐ **school**work [skú:lwə̀:rk] 명 **학업** (성적); (학교의) **숙제** ☜ work(일, 공부)

☐ **schol**ar [skɑ́lər/skɔ́l-] 명 **학자** 《주로 인문계 학자; 이과계 학자는 scientist를 흔히 씀》; 《구어》 학식이 있는 사람 ☜ 라틴어로 '학교(schol)에 다니는 사람(ar)'
♠ a **scholar** and a gentleman **훌륭한 교육을 받은** 교양 있는 사람

☐ **schol**arly [skɑ́lərli] 형 **학자다운, 학구적인; 학문적인; 학술적인** ☜ scholar + ly<형접>

☐ **schol**arship [skɑ́lərʃìp/skɔ́l-] 명 (특히 인문학의) **학문**; [종종 명칭과 함께 S~] **장학금** ☜ scholar + ship<명접>
♠ Accuracy is a hallmark of good **scholarship**.
정확성은 훌륭한 **학문**의 특징이다.
♠ receive (win) a **scholarship 장학금**을 받다(획득하다)

☐ **schol**astic [skəlǽstik] 형 **학교**(교육)**의**; (종종 S-) 스콜라철학자의 명 (보통 S-) 스콜라 철학자 ☜ -schol + astic<형접/명접>

스쿠너 schooner (2개 이상의 돛대를 가진 종범(縱帆)식 범선)

☐ **schooner** [skú:nər] 명 『항해』 **스쿠너** 《두 개 이상의 마스트를 가진 세로 돛 범선》; 기다란 맥주잔 ☜ 네덜란드어로 '범선'이란 뜻
♠ **schooner**-rigged **스쿠너**식 돛을 장비한

쇼펜하우어 Schopenhauer (독일의 염세주의 철학자)

☐ **Schopenhauer** [ʃóupənhàuər] 명 **쇼펜하우어** 《Arthur ~, 독일 철학자; 1788-1860》

S

슈베르트 Schubert (<가곡의 왕>으로 불리는 오스트리아 작곡가)

☐ **Schubert** [ʃú:bərt] 명 **슈베르트** 《Franz ~, 오스트리아의 작곡가; 1797-1828》
★ 대표곡 : <아름다운 물방앗간의 처녀>, <겨울나그네>, <죽음과 소녀> 등

슈바이처 Schweitzer (아프리카에서 평생 의료봉사한 독일계 의사)

☐ **Schweitzer** [ʃváitsər] 명 **슈바이처** 《Albert ~, Alsace 태생의 철학자·의사·오르간 연주가; 노벨 평화상 수상(1952); 1875-1965》

사이언스지(誌) Science (세계 최고 권위의 미국 과학전문 주간지)

♣ 어원 : sci 알다, 알아내다, 의식하다; 지식

☐ **sci**ence [sáiəns/**싸**이언스] 명 **과학**; 《특히》 자연 과학

☜ 라틴어로 '알아내는(sci) 것(ence<명접>)'이란 뜻
♠ natural **science** 자연**과학** ☜ natural(자연의, 천연의)
♠ social **science** 사회**과학** ☜ social(사회의)
♠ political **science** 정치**학** ☜ political(정치의)

□ **sci**entific [sàiəntífik] 형 **과학적인**; 과학의
☜ 알아낸(sci) 것(ent) 의(ific<형접>)

□ **sci**entifically [sàiəntífikəli] 부 과학적으로 ☜ -al<형접> + ly<부접>

□ **sci**entist [sáiəntist] 명 (자연) **과학자**, 과학연구자
☜ 알아(sci) 낸(ent) 사람(ist)

□ pre**sci**ence [préʃiəns, príː-] 명 예지, 선견(=foresight), 통찰
☜ 미리(pre) 아는(sci) 것(ence<명접>)
♠ He has often shown **remarkable prescience**.
그는 종종 **놀라운 예지력[통찰력]**을 보였다.

□ pre**sci**ent [préʃənt/présiənt] 형 미리 아는, 선견지명이 있는 ☜ -ent<형접>

스키피오 Scipio (카르타고 한니발장군의 코끼리부대를 물리친 로마의 장군)

고대 로마의 장군·정치가. 기원전 216년 카르타고 장군 한니발이 코끼리부대를 이끌고 알프스산맥을 넘어 로마로 진군하여 칸나에에서 로마군을 대학살했을 때 살아남은 스키피오는 기원전 202년 제2차 포에니 전쟁에 참전하여 스페인에서 카르타고군(軍)을 격파했으며, 이후 아프리카 카르타고로 진격하여 자마(Zama)에서 한니발과 코끼리부대를 무찌르고 제2차 포에니 전쟁을 종결시켰다.

□ **Scipio** [sípiòu, skíp-] 명 (~ the Major 〔Elder〕) 대(大)**스키피오** 《Hannibal을 격파한 로마 장군; 237-183 B.C.》, (~ the Minor 〔Younger〕) 소(小)**스키피오** 《Carthage를 멸한 로마 장군; 185?-129 B.C.》

스킨 로션 skin lotion ([화장품] 피부에 바르는 로션), 스킨십 skinship (×) (콩글 피부접촉) ➔ touch, physical affection, body contact)

♣ **어원 : ski, sci(ss), cis(e) 자르다(=cut), 쪼개다(=split)**

■ **ski**n [skin] 명 **피부** ☜ 고대 노르드어로 '동물가죽' ⇦ '잘라낸(ski) 것(n)'이란 뜻 ★ 얼굴 세안 후 피부결 정돈과 수분 공급를 위해 피부에 바르는 화장수를 우리는 스킨(skin)이라 하는데 이는 콩글리시이며, 바른 표현은 toner이다.

■ **ski** [skiː/스끼이] 명 (pl. **-, -s**) **스키**; 수상 스키 동 **스키를 타다**
☜ 고대 노르드어로 '나무 막대, 긴 눈신' ⇦ '쪼갠 나무'란 뜻

■ re**sciss**ion [risíʒən] 명 폐지, 취소, 무효로 함, 철폐; (계약 등의) 해제
☜ 잘라서(sciss=cut) 뒤로(re=back) 버린 것(ion<명접>)

< Skin Lotion >

□ **sciss**ors [sízərz] 명 〖복수취급〗 **가위**
☜ 라틴어로 '자르는(sciss) 도구(or) + 들(s<복수>)'라는 뜻
★ '가위 하나'는 a pair of scissors, '가위 2자루'는 two pair(s) of scissors라고 함.
♠ cut with **scissors 가위질**하다

□ **sciss**ors kick 『수영』 가위 차기, 『축구』 **시저스킥** 《한쪽 발을 먼저 올리고 점프하면서 이어 다른 쪽 발을 올려 공을 머리 뒤로 차기》 ☜ kick(차다)

연상 남자가 여자같이 스카프(scarf)를 매었다고 다들 스코프(scoff.비웃다)하더라.

※ **scarf** [skɑːrf] 명 (pl. **-s,** scar**ves**) **스카프**, 목도리; 넥타이 동 스카프를 두르다
☜ 고대 프랑스어로 '목에 매단 순례자의 지갑'이란 뜻

□ **scoff** [skɔːf, skɑf] 명 비웃음, 냉소, 조롱 동 **비웃다**, 조소하다, 조롱하다
☜ 고대 노르드어로 '비웃음, 조소'란 뜻
♠ the **scoff** of the world 세상의 **웃음거리**

□ **scoff**er [skάfər] 명 조소하는 사람, 비웃는 사람 ☜ scoff + er(사람)

연상 엄마는 내가 콜드(cold)크림을 다 썼다고 스콜드(scold.꾸짖다)했다.

※ **cold** [kould/코울드] 형 **추운, 찬**; **냉정한, 냉담한**, (마음이) 찬
☜ 고대영어로 '찬, 추운'

※ **cold cream** **콜드크림** 《냉기(冷氣)가 있는 마사지 화장크림》
☜ cream(크림; 우유크림; 화장크림)

□ **scold** [skould] 동 **꾸짖다**, 잔소리하다 명 잔소리꾼
☜ 고대 노르드어로 '시인'이란 뜻
♠ His mother **scolded** him for being naughty.

그의 어머니는 그가 버릇없다고 **꾸짖었다**.

☐ **scold**ing [skóuldiŋ] ⓗ 잔소리가 심한, 앙앙거리는 ⓜ 꾸짖음, 질책 ☜ scold + ing<형접/명접>

아이스크림 스쿠프 Ice Cream Scoop (아이스크림을 공 모양으로 떠내는 기구. <아이스크림 국자>란 뜻)

※ **ice** [ais/아이스] ⓜ **얼음**; 빙판 ☜ 고대영어로 '얼음'이란 뜻

※ **cream** [kriːm/크뤼임] ⓜ **크림**, 유지(乳脂); 크림 과자〔요리〕; 화장용〔약용〕 크림 ☜ 고대 프랑스어로 '성스러운 기름'이란 뜻

☐ **scoop** [skuːp] ⓜ **국자**; 치즈 주걱; 석탄 부삽; (신문기사의) **특종** ⓢ **푸다**, 뜨다 ☜ 중세 네델란드어로 '두레박'이란 뜻

♠ She **scooped** ice cream into their bowls.
그녀가 그들의 그릇에 아이스크림을 **떠 담아 주었다**.

♠ The paper had a **scoop** on the scandal.
신문은 이번 스캔들을 **특종**으로 보도했다.

♠ **scoop up 퍼 올리다; 그러모으다**

텔레스코프 telescope (망원경), 페리스코프 periscope (잠망경)

♣ 어원 : **scope 보는 기계**

☐ **scope** [skoup] ⓜ 《구어》 보는〔관찰하는, 관측하는〕 기계; **범위** ☜ 고대 그리스어로 '나는 본다'란 뜻

♠ an investigation **of wide scope 광범위한** 조사

■ tele**scope** [téləskòup] ⓜ **망원경**; 원통상(狀) 확대 광학기계 ⓗ 끼워 넣는(식의) ⓢ (망원경의 통처럼) 끼워 넣다; 끼워 넣어지다 ☜ 멀리(tele) 보는 기계(scope)

♠ a binocular **telescope 쌍안경**

♠ a sighting **telescope** (총포의) 조준 **망원경**

■ peri**scope** [pérəskòup] ⓜ (잠수함의) 잠망경, **페리스코프** ☜ 주위(peri)를 보는 기계(scope)

✚ Cinema**Scope** 〖영화〗 **시네마스코프** 《와이드스크린에 영사하여 입체감・현실감을 줌; 상표명》 **micro**scope **현미경** ophthalmo**scope** 〖의학〗 검안경 《안구내 관찰용》 oscillo**scope** 〖전기〗 **오실로스코프**, 역전류 검출관 spectro**scope** 〖광학〗 분광기(分光器) stetho**scope** 〖의학〗 청진기

코르크 cork (코르크 마개)

■ **cork** [kɔːrk] ⓜ **코르크** ☜ 중세영어로 '오크나무(oak) 껍질'이란 뜻

■ **cork**screw [kɔ́ːrkskrùː] ⓜ 타래송곳 《마개뽑이・목공용》 ☜ screw(나사)

☐ s**cor**ch [skɔːrtʃ] ⓢ (검게) **태우다, 눋게하다, 그슬리다**; 타다, 그을다 ⓜ 검게 탐; 말라죽음 ☜ 라틴어로 '밖을(s<ex) 코르크(corch<cork)로 칠하다'란 뜻

♠ I **scorched** my dress when I was ironing it.
나는 다림질을 하다가 드레스를 **눋게 했다〔태웠다〕**.

스코어 score (경기・시합의 득점, 점수)

☐ **score** [skɔːr/스꼬어] ⓜ **스코어, 득점, 점수; 이유**, 근거; (pl.) 20 ⓢ 기록하다, **장부에 기입하다** ☜ 고대영어로 '새기다, 새긴 눈금'이란 뜻

♠ make a **score 득점**하다

♠ win by a **score** of 4 to 2 4:2의 **스코어**로 이기다.

♠ more than a **score** of cities **20개** 이상의 도시

☐ **score**book [skɔ́ːrbùk] ⓜ 득점표 ☜ score + book(책, 장부)

☐ **score**board [skɔ́ːrbɔ̀ːrd] ⓜ **스코어보드, 득점 게시판** ☜ score + board(판, 판자)

☐ **score**less [skɔ́ːrlis] ⓗ 무득점의 ☜ score + less(~이 없는)

유니콘 Unicorn (머리에 뿔이 하나 달린 전설의 말모습 동물)

♣ 어원 : **corn, cone, horn 뿔, 원뿔**

■ uni**corn** [júːnikɔːrn] ⓜ 일각수(一角獸) 《말 비슷하며 이마에 뿔이 하나 있는 전설적인 동물》 ☜ 하나의(uni) 뿔(corn)을 가진

■ **cone** [koun] ⓜ **원뿔체**, 원뿔꼴; 〖수학〗 원뿔; 뾰족한 봉우리; 화산추(=volcanic ~) ☜ 라틴어/그리스어로 '원뿔'이란 뜻.

☐ s**corn** [skɔːrn] ⓜ **경멸**, 비웃음, 냉소 ⓢ **경멸하다**, 모욕하다

☜ 고대 프랑스어로 '불명예'란 뜻. 뿔(corn<horn)이 없는(s<ex=without)
♠ **scorn** the beggar 그 거지를 **경멸하다**.

☐ s**corn**ful [skɔ́ːrnfəl] ⓗ **경멸하는**, 비웃는 ☜ scorn + ful(~이 가득한)
☐ s**corn**fully [skɔ́ːrnfəli] ⓑ **경멸적으로**, 깔보아 ☜ scorn + ly<부접>
■ **horn** [hɔːrn/호-온] ⓜ **뿔**, 촉각, **뿔나팔(경적)** ⓓ 뿔이 나게 하다 ☜ 뿔이 곤두서 있는

스콜피언스 scorpions (독일의 하드 록 밴드. <전갈들>이란 뜻)

1971년 독일 함부르크에서 결성된 5인조 남성 하드 록 밴드. 초기에는 프로그레시브 록에 가까운 하드 록을 했으나 1979년 작품 Lovedrive를 기점으로 팝 메탈 성향의 음악을 하고 있다. 80년대를 대표하는 헤비 록 그룹인 스콜피언스는 2015년 새 정규앨범 '리턴 투 포에버(Return to Forever)'로 화려하게 컴백했다. <출처 : 위키백과 / 일부인용>

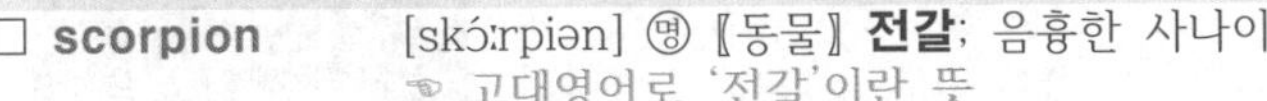

☐ **scorpion** [skɔ́ːrpiən] ⓜ 〖동물〗 **전갈**; 음흉한 사나이
☜ 고대영어로 '전갈'이란 뜻
♠ A **scorpion** stung the palm of his hand. **전갈**이 그의 손바닥을 쏘았다.

스코틀랜드 Scotland (영국 그레이트브리튼 섬의 북쪽 지방)
스카치 테이프 Scotch tape (미국 3M사의 투명한 접착용 테이프 브랜드)

♣ 어원 : **Scot 스코트족(族)** 《6C 아일랜드에서 스코틀랜드로 이주한 게일족(Gaels)의 일파》

☐ **Scot**land [skɑ́tlənd/skɔ́t-] ⓜ **스코틀랜드**
☜ 고대영어로 '스코트족(Scot)의 나라(land)'란 뜻

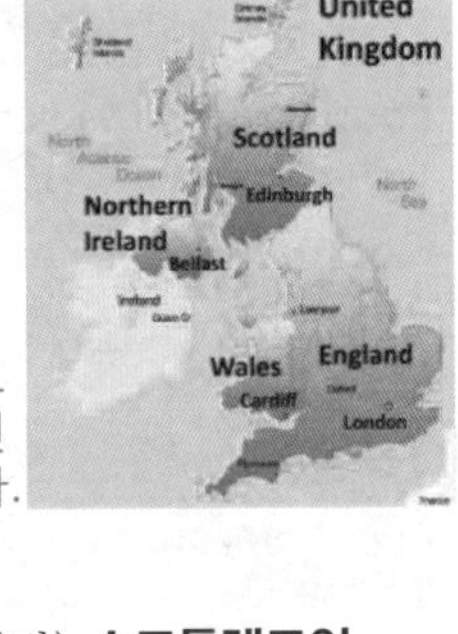

☐ **Scot** [skɑt/skɔt] ⓜ **스코틀랜드 사람**(=Scotsman); (pl.) **스코트족**
☐ **Scot**ch [skɑtʃ/skɔtʃ] ⓗ **스코틀랜드의**, 스코틀랜드 사람〔말〕의; 《구어》 인색한 ⓜ (the ~) [집합적] 스코틀랜드 사람〔말〕; 《구어》 **스카치위스키** ☜ Scottish의 단축 변형어
★ 스코틀랜드 사람들 자신은 Scots 또는 Scottish를 씀.
★ 스코틀랜드인들이 물건에 눈금을 새겨가며 사용할 정도로 인색하다는 의미인데, 미국의 3M사에서는 이를 '스코틀랜드인다운 실용성'으로 강조하여 브랜화한 것이 Scotch tape이다.
☐ **Scot**chman [skɑtʃmən, skɔtʃ-] ⓜ (pl. **-men**) 스코틀랜드 사람
☜ Scotch + man(사람, 남자)
☐ **Scot**tish [skɑ́tiʃ/skɔ́tiʃ] ⓗ **스코틀랜드(말·사람)의** ⓜ (the ~) (집합적) **스코틀랜드인**
☜ Scot + t<자음반복> + ish<형접>

연상 스카우트(scout.정찰병)가 스카운드럴(scoundrel.악당)을 찾아냈다.

☐ **scout** [skaut] ⓜ 〖군사〗 **정찰(병)**, 척후(병), 정찰기〔선, 함〕; **스카우트 단원;** (경기·예능 등의) 신인찾기〔빼내기〕, **스카우트** ⓓ 정찰〔수색〕하다; 스카우트하다
☜ 중세영어로 '정보를 찾아다니다', 고대 프랑스어로 '(조용히) 듣다'란 뜻
♠ the Boy **Scouts 보이스카우트**, 소년단 《단원은 미국은 8-14 세, 영국은 8-20 세》
☜ 1908 년 영국의 Baden-Powell 이 창설
♠ the Girl **Scouts 걸스카우트**, 소녀단 《단원은 7-17 세》
☐ **scout**master [skáutmæstər] ⓜ (소년단의) 단장; 정찰 대장
☜ scout + master(주인, 영주, 장(長); 거장)
☐ **scour** [skauər] ⓓ 바쁘게 찾아다니다, 찾아 헤매다
☜ 고대 노르드어로 '돌진하다, 마구 새다'란 뜻
☐ **scoundrel** [skáundrəl] ⓜ **악당**, 깡패, 불한당
☜ 라틴어로 '밖에(s<ex) 모두(coun<con<com) 버리는<두는(dre=put) + 놈(l)'이란 뜻
♠ Patriotism is the last refuge of a **scoundrel**.
애국심은 **악당**의 마지막 피난처다

Scoundrel
Scout

매니큐어 manicure (콩글 손톱에 바르는 화장품) ➔ nail polish

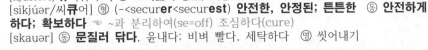

♣ 어원 : **cure, cur(i) 돌보다, 챙기다, 관심을 기울이다, 치료하다, 조심하다**

■ **cure** [kjuər] ⓜ **치료(법)** ⓓ **치료하다** ☜ 라틴어로 '돌보다'라는 뜻
■ mani**cure** [mǽnəkjùər] ⓜ **미조술**(美爪術), **매니큐어** ☜ 손을(mani) 돌보다(cure)
■ **cur**ious [kjúəriəs/**큐**어뤼어스] ⓗ **호기심이 강한, 이상한, 묘한** ☜ 관심이(curi) 많은(ous<형접>)
■ se**cure** [sikjúər/씨**큐**어] ⓗ (-<secur**er**<secur**est**) **안전한, 안정된; 튼튼한** ⓓ **안전하게 하다; 확보하다** ☜ ~과 분리하여(se=off) 조심하다(cure)
☐ s**cour** [skauər] ⓓ **문질러 닦다**, 윤내다; 비벼 빨다, 세탁하다 ⓜ 씻어내기

☜ 라틴어로 '(더러운 것을) 치우다'라는 뜻. 밖으로(s<ex) 챙기다(cour<cure)
♠ **scour** rust off a knife 칼의 녹을 **벗기다**

■ **care** [kɛər/케어] ⓜ **걱정**; **주의**, 조심 ⓢ 걱정하다, **주의하다, 돌보다**
☜ 고대영어로 '관심을 갖다'란 뜻

© PHD Productions

스커지 scourge (미국 · 캐나다의 공상과학 영화. <천벌>이란 뜻)

2008년 제작된 미국/캐나다 합작의 공포, 미스터리, SF(공상과학) 영화. 러셀 페리어, 로빈 르독스 주연. 고대 인간의 몸에 기생하던 괴생명체가 현세에서 부활하여 사람들의 몸을 옮겨 다니며 식탐으로 인해 사람들이 죽게 만든다. 연인 '제시'와 '스캇'이 전직 경찰이었던 '제시'의 삼촌과 함께 이 '스커지' 제거에 성공하게 된다는 내용.

□ **scourge** [skəːrdʒ] ⓜ **천벌**; 두통거리, **고난**; 채찍, 매 ⓢ 몹시 괴롭히다; 징계하다; 채찍질하다
☜ 라틴어로 '밖으로(s<ex) 펼친 가죽 띠(courge)'라는 뜻
♠ the **scourge** of Heaven 천**벌**

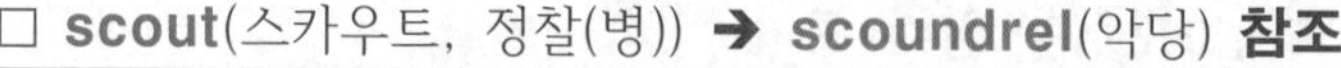

□ **scout**(스카우트, 정찰(병)) ➔ **scoundrel**(악당) **참조**

연상 ▸ 스컬(scull.조정경기) 선수가 스카울(scowl.얼굴을 찌푸리다)했다.

※ **scull, skull** [skʌl] ⓜ **스컬** 《한 사람이 양 손에 한 자루씩 가지고 젓는 노》; 조정경기; 스컬배 ⓢ 스컬로 젓다
☜ 중세영어로 '작고 가벼운 숟가락 모양의 노'란 뜻

□ **scowl** [skaul] ⓜ 찌푸린 얼굴(날씨), 오만상; 성난 얼굴 ⓢ **얼굴을 찌푸리다,** 노려보다 ☜ 중세영어로 '노려보다'란 뜻
♠ The prisoner **scowled at** the jailer. 죄수는 간수**를 노려보았다.**

□ **scrabble**(할퀴다; 할퀌) ➔ **scrap**(작은 조각; 오려낸 것; 쓰레기로 버리다) **참조**

스크램블드 에그 scrambled eggs (휘저어 볶은 달걀), 스크럼..

♣ 어원 : **scram, scrum, scrim 할퀴다, 다투다, 뒤섞다, 잡아당기다**

□ **scram**ble [skrǽmbəl] ⓜ 기어오름; 『공군』 (전투기의) 긴급 발진, **비상 출격, 스크램블** ⓢ **기어오르다; 다투다, 서로 빼앗다**; 긴급 출격시키다; 뒤섞다 ☜ 잡아당기/휘젓(scram) 기(ble<명접>)
♠ **scramble** for a seat 자리를 잡으려고 **서로 다투다**

□ **scram**bled egg **스크램블드 에그** 《휘저어 볶은 달걀》; 『군장교』 (소령 이상의 정모 차양에 붙어 있는) 화려한 금빛 자수; 고급장교들 ☜ 뒤섞(scram) 인(ed<수동형 형접>) 달걀(egg)

■ **scrum**, **scrum**mage [skrʌm], [skrʌ́midʒ] ⓜ 『럭비』 **스크럼** ⓢ 스크럼을 짜다
☜ scrimmage의 변형. scrum + m<단모음+단자음+자음반복> + age<접미사>

■ **scrim**mage [skrímidʒ] ⓜ 격투, 난투; 작은 충돌; 『럭비』 **스크리미지**, 스크럼 ⓢ 난투하다, 스크럼 짜다 ☜ 근대영어로 '다투다, 논쟁하다'란 뜻. scrim + m + age<접미사>

스크랩 scrap (신문 등의 오려낸 것) = clipping, cutting
스크래치 scratch (긁힌 상처)

♣ 어원 : **scrab, scrap, scrub, scrat scraw, scree, strug 할퀴다, 문지르다, 다투다**

□ **scrab**ble [skrǽbəl] ⓢ (손톱으로) 할퀴다; 휘젓다; 휘갈겨 쓰다 ⓜ 할퀌; 휘갈겨 씀, 낙서
☜ 네델란드어로 '할퀴다'라는 뜻. scrab + b + le<접미사>
♠ She **scrabbled** around in her bag for her keys.
그녀는 가방을 이리저리 **뒤적이며** 열쇠를 **찾았다**.

□ **scrap** [skræp] ⓜ **작은 조각**; 토막, 파편; **먹다 남은 음식**; (pl.) (신문 등의) **오려낸 것** ⓢ **쓰레기로 버리다**; 파기하다
☜ 고대 노르드어로 '문지르다, 할퀴다; 하찮은 것'이란 뜻
♠ **scraps** of information **단편**적인 정보들,
♠ Give the **scraps** to the dog. **남은 음식**은 개에게 주어라.

< scrap >

□ **scrap**book [skrǽpbùk] ⓜ **스크랩북** ☜ scrap + book(책)

□ **scrap**e [skreip] ⓢ **문지르다**; 반반하게 하다; **스쳐 상처를 내다; 긁어 모으다** ⓜ 문지름, 긁음 ☜ 고대 노르드어로 '문지르다, 지우다'란 뜻. scrap + e
♠ **scrape** paint off 페인트를 **긁어 벗기다**

□ **scrap**er [skréipər] 긁는(깎는) 도구(사람), 구두쇠; 신발의 흙털개 ☜ scrape + er(사람)

□ **scrap**ing [skréipiŋ] 문지름, 깎음, 긁음; (pl.) (깎아낸) 부스러기 ☜ scrape + ing<명접>

□ **scrat**ch [skrætʃ] ⓢ **할퀴다, 긁다; 휘갈겨 쓰다** ⓜ 할퀌, 긁음; 할퀸 상처(자국), **스크래치**;

긁는 소리 ☜ 중세영어로 '긁다'라는 뜻
♠ **be** much **scratched with** thorns 가시**에** 마구 **긁히다**

☐ **scrat**chy [skrǽtʃi] 형 함부로 갈겨 쓴, (펜이) 거치적거리는 ☜ scratch + y<형접>

☐ **scraw**l [skrɔːl] 동 **휘갈겨 쓰다**; (벽 등에) 낙서하다 ☜ 중세영어로 '기어가다'란 뜻
♠ **scrawl** a letter 편지를 **갈겨쓰다**

☐ **scream** [skriːm] 동 **날카로운 비명을 지르다** 명 절규, 비명, 쇳소리 ☜ 할퀴는 소리를 모방한 의성어
♠ The baby **scream** its head off. 아기는 있는 힘껏 **소리를 질렀다.**

☐ **scree**ch [skriːtʃ] 명 **날카로운 소리; 비명; 쇳소리** 동 비명을 지르다; 날카로운 소리로 외치다 ☜ 날카로운 쇳소리를 모방한 의성어
♠ The taxi **screeched** to a stop. 택시가 끼익하고 **멈췄다.**

■ **strug**gle [strʌ́gəl/스트뤄글] 동 **발버둥치다**, 몸부림치다; **분투[고투]하다** 명 **발버둥질; 노력**; 악전고투 ☜ 다두다(strug) + g<단모음+단자음+자음반복> + le<동접/명접>

스크린 screen (영사막, 가림막), 스크린 골프 screen golf

< 스크린 골프 연습장 >

☐ **screen** [skriːn] 명 **칸막이**; (영화 · 슬라이드의) **스크린**; [the ~] 영화; 적격심사 동 **가리다, 거르다** ☜ 중세영어로 '커튼, 체'라는 뜻

스크류 < 스크루 screw (배의 나사형 금속 추진 날개)

☐ **screw** [skruː] 명 **나사**(못), 볼트; (배의) **스크루**, 추진기 동 **나사로 죄다; (비)틀다** ☜ 고대 프랑스어로 '나사못'이란 뜻

☐ **screw**driver [skrúdràivər] 명 나사돌리개, 드라이버 ☜ driver(드라이버)

레시피 recipe (조리법), 스크립트 script (방송대본)

♣ 어원 : **scrib(e), script, cipe 쓰다(=write), 기입하다**

■ re**cipe** [résəpiː] 명 **조리법, 레시피**, 제조법 ☜ 라틴어로 '(약을) 받아라(=receive)'란 의미로 prescription(처방전)에서 유래.
⇦ 미리(pre) 써준(script) 것(ion)

☐ **scribe** [skraib] 명 필기사, 사자생(寫字生); 서기; 『성서』 유대인 율법학자 ☜ 라틴어로 '유대인 율법을 가르치는 사람'이란 뜻

☐ **scrib**ble [skríbəl] 명 갈겨쓰기, **난필**(亂筆), 악필 동 **갈겨쓰다**; 낙서하다 ☜ 라틴어로 'scrib(쓰다) + b<단모음+단자음+자음반복> + le(작게)'란 뜻
♠ **No scribble. 낙서 엄금**

☐ **script** [skript] 명 정본, 손으로 쓴 것, **스크립트**, 방송대본 ☜ 라틴어로 '쓰여진 것'이란 뜻
♠ That line isn't **in the original script**. 저 대사는 **원래 대본에는** 없는 것이다.

☐ **script**ure [skríptʃər] 명 (the S~) **성서** ☜ (하나님의 계시를) 받아 쓴(script) 것(ure)

☐ **script**writer [skríptràitər] 명 (영화 · 방송의) 각본가, 각색자, **스크립트라이터** ☜ 대본(script)을 쓰는(writ) 사람

✚ a**scribe** ~의 탓으로 돌리다 pre**scribe 규정하다, 지시하다**; (약을) **처방하다** pre**script**ion **명령, 규정**; 『의약』 **처방전** de**scribe 기술하다, 설명하다**, 묘사하다 manu**script 원고, 필사본** post**script** (편지의) 추신(P.S.) sub**scribe 기부하다, 서명하다, 구독하다**

롤러스케이트 roller skate (롤러스케이트화(鞾)) * skate 스케이트 (구두)
롤러코스터 roller coaster (유원지의 청룡열차) * coaster 비탈용 썰매, 코스터

S

♣ 어원 : **roll (종이를) 감다; 감긴 종이; 작은 바퀴**

■ **roll** [roul/로울] 동 (공 · 바퀴 따위가) **구르다, 굴러가다**; (땅이) **기복하다**; (북 등을) **치다, 울리다** ☜ 고대 프랑스어로 '구르다, 둥근 바퀴'란 뜻

■ **roll**er [róulər] 명 **롤러**, 굴림대; 땅 고르는 기계; 압연기 ☜ 구르는(roll) 기계(er)

■ en**rol(l)** [enróul] 동 **등록하다**, (이름을) **명부에 올리다** ☜ 종이 위에 쓰다. 감긴 종이(roll)를 만들다(en)

■ un**roll** [ənróul] 동 (말아둔 것을) **풀다**, (말린 것이) **펴지다** ☜ un(=against/반대, not/부정) + roll(감다)

☐ sc**roll** [skroul] 명 두루마리(책); 『컴퓨터』 **스크롤** 《컴퓨터 화면을 위 아래 또는 좌우로 이동시키는 것》 ☜ 고대 프랑스어로 '두루마리 양피지'란 뜻.
♠ **Scroll down** to the bottom of the document.
문서 맨 아래 부분까지 **스크롤해 내려가라.**

< Roller Coaster >

스크랩 scrap (신문 등의 오려낸 것) = clipping, cutting

♣ 어원 : scrab, scrub, scrup, sculp 할퀴다, 찌르다, 새기다; 할퀸 자국

■ **scrap** [skræp] ⓜ **작은 조각**; 토막, 파편; **먹다 남은 음식**; (pl.) (신문 등의) **오려낸 것** ⓢ **쓰레기로 버리다**; 파기하다 ☜ 고대 노르드어로 '문지르다, 할퀴다; 하찮은 것'

□ **scrub** [skrʌb] ⓢ 비벼 빨다(씻다); **북북 문지르다[씻다, 빨다]** ⓢ 북북 문질러 닦기 ☜ 중세영어로 '강하게 문지르다'란 뜻

♠ **scrub** the floor clean 마루를 **문질러 씻어서** 깨끗이 하다.

□ **scrup**le [skrúːpəl] ⓜ **망설임, 양심의 가책** ⓢ 《보통 부정문》 꺼리다, 주저하다 ☜ 라틴어로 '뾰족한 잔돌', 즉 '(뾰족한 잔돌로 찌르는 듯한) 양심의 가책'이란 뜻.

♠ She is totally without **scruple**. 그녀는 **양심**이라고는 전혀 없다.

♠ **make (have) no scruple of ~ ~을 망설이지 않다**

□ **scrup**ulous [skrúːpjələs] ⓗ 빈틈없는, 면밀한, **꼼꼼한; 양심적인**, 견실한, 신중한 ☜ -ulous<형접>

□ **scru**tiny [skrúːtəni] ⓜ **정밀한 조사[검사]**; 《영》 투표 (재)검사 ☜ -y<명접>

□ **scru**tinize [skrúːtənàiz] ⓢ **자세히 조사하다**, 음미하다; 유심히 바라보다 ☜ 할퀸 자국(scru)을 잡고(tin<tain) 유심히 보다(ize<동접>)

□ **sculp**ture [skʌ́lptʃər] ⓜ **조각**(술), 조소(彫塑); 조각 작품 ⓢ 조각하다 ☜ 라틴어로 '새기는(sculp) 것(ture)'이란 뜻

♠ **sculpture** a statue in (out of) stone 석상을 **조각하다.**

□ **sculp**tural [skʌ́lptʃərəl] ⓗ 조각의 ☜ sculpture + al<형접>

□ **sculp**tor [skʌ́lptər] ⓜ (fem. -**tress**) **조각가** ☜ -or(사람)

■ un**scrup**ulous [ənskru'pjələs] ⓗ **사악한**, 부도덕한, 파렴치한, 악랄한; 무절조한 ☜ un(=not) + scrup + ulous<형접>

< scrap >

스쿠버 다이빙 scuba diving (수중호흡장치를 달고 잠수하는 스포츠)

□ **scuba** [skúːbə] ⓜ **스쿠버** 《잠수용 수중 호흡기》 ☜ **S**elf-**C**ontained **U**nderwater **B**reathing **A**pparatus (자급식 수중 호흡기)의 약어.

□ **scuba** dive **스쿠버 다이빙**을 하다 ☜ dive(잠수하다)

□ **scuba** diver **스쿠버 다이버** ☜ dive + er(사람)

□ **scuba** diving **스쿠버 다이빙** ☜ dive + ing<명접> **비교** skin diving 스킨다이빙

스커드 미사일 Scud missile (구소련에 의해 개발된 탄도 미사일)

□ **scud** [skʌd] ⓢ **질주하다**; 스치고 지나가다 ⓜ 휙 달리는(나는) 일; 조각구름, 비구름; (S~) 스커드 미사일 《지대지 미사일; A, B, C형이 있음》 ☜ 고대 노르드어로 '던지다, 쏘다'

♠ clouds **scud** across the sky
구름이 하늘을 **빠르게 흘러가다**.

※ **miss**ile [mísəl/-sail] ⓜ **미사일**, **유도탄** ☜ 라틴어로 '던질(miss) 수 있는 것(ile)'이란 뜻

연상 허리케인(hurricane)이 오니 허리업(hurry up.서두르다) 해라.

※ **hurricane** [hə́ːrəkèin, hʌ́ri-/hʌ́rikən] ⓜ **폭풍, 태풍, 허리케인** 《초속 32.7m 이상》 ☜ 마야신화에 나오는 우라칸(huracan)이라는 '태풍의 신'에서 유래

■ **hurry** [hə́ːri/**허**-뤼, hʌ́ri] ⓜ **서두름**; 《부정·의문문》 **서두를 필요** ⓢ **서두르다, 재촉하다** ☜ 중세영어로 '돌진하다, 재촉하다'란 뜻

■ **hurry-scurry** [hə́ːriskə́ːri, -skʌ́ri]**, -skurry** ⓑ 허둥지둥 ⓗ 허겁지겁하는 ⓜ 허겁지겁함; 혼란, 법석 ⓢ 허둥지둥 서두르다(달리다) ☜ scurry는 hurry의 음율적 중복형

□ **scurry** [skə́ːri, skʌ́ri] ⓢ (종종 걸음으로) **달리다**, 급히 가다 ⓜ (pl. -rr**ies**) 종종걸음; 질주 ☜ hurry-**scurry**의 줄임말

♠ Rats **scurry** across the floor. 쥐들이 바닥을 가로질러 **총총 돌아다닌다.**

연상 스커트(skirt)를 입은 여자가 스커틀(scuttle.배의 작은 창)을 통해 내다보다

※ **skirt** [skəːrt/스꺼-트] ⓜ **스커트, 치마** ☜ 고대 노르드어로 '치마'

□ **scuttle** [skʌ́tl] ⓜ (실내용) 석탄 그릇(통); **(배의) 작은 창**, 현창(舷窓); 천장의 창(天窓), (천장·벽 따위의) 채광창 ⓢ (배에) 구멍을 내다; 급히 가다, 황급히 달리다; 허둥지둥 도망가다 ☜ 고대영어로 '큰 접시'란 뜻

♠ coal **scuttle** (난로 옆에 두는) 석탄**통**

♠ side **scuttle** (배의) 현측 **원형창**(舷側圓形窓)

♠ **scuttle** a ship 배에 **구멍을 뚫어 침몰시키다**.

S

♠ **scuttle out** into the darkness **허둥지둥** 어둠 속으로 **사라지다**.

사이드 scythe (긴 손잡이 달린 서양의 큰 낫)

☐ **scythe** [saið] ⓜ (자루가 긴) **큰 낫**; 〖로마역사〗 전차낫 《옛날, 전차의 굴대에 달아 적을 쓰러뜨린》 ⓢ 큰 낫으로 베다
☜ 고대영어로 '낫' 비교 sickle 낫, 작은 낫; 낫질하다
♠ **scythe** grass **낫으로** 풀을 **베다**

스키타이 Scythia (흑해 북부의 옛 지방)

☐ **scythia** [síðiə, síθ-] ⓜ **스키타이** 《옛날 흑해 · 카스피해 북방에 있던 나라》
☜ 인도유럽어로 '양치기'란 뜻 ★ **스키타이는 오늘날 우크라이나 지역이다.**

조나단 리빙스턴 시걸 Jonathan Livingston Seagul <갈매기의 꿈>

미국 소설가 리처드 바크의 우화소설. 직역하면 <갈매기 조나단 리빙스턴>이지만 우리나라에서는 <갈매기의 꿈>으로 번역되었다. 단지 먹이를 구하기 위해 하늘을 나는 보통 갈매기와는 달리 조나단 리빙스턴은 비행 그 자체를 사랑하는 갈매기이다. 그의 행동은 사회의 오랜 관습에 저항하는 것으로 다른 갈매기들로부터 따돌림을 받고 추방까지 당하게 되지만, 진정한 자유와 자아실현의 꿈을 이룬다.

☐ **sea** [siː/씨-] ⓜ **바다**, 대양, 대해, 해양 ☜ 고대영어로 '바다, 호수'
비교 see 보다, 보이다; 이해하다, 알다
♠ sail on the **sea** **해상**을 항해하다.
♠ **go to sea** **선원이 되다; (배가) 출항하다**

☐ **sea** bathing 해수욕 ☜ bath(목욕, 목욕하다) + ing<명접>
☐ **sea**bed [síːbèd] ⓜ **해저** ☜ sea + bed(침대, 바닥)
☐ **sea** bird **바닷새** ☜ bird(새)
☐ **sea**board [síːbɔ̀ːrd] ⓜ 해안(지방) ☜ board(판자; 위원회; 뱃전, 향한 쪽)
☐ **sea**borne [síːbɔ̀ːrn] ⓗ 해상 수송의; 표류하는 ☜ 바다(sea)로 나르는 (borne: bear(나르다)의 과거분사 → 형용사)
☐ **sea** breeze 바닷바람 ☜ sea + breeze(산들바람, 미풍)
☐ **sea**coast [síːkòust] ⓜ 연안, **해안** ☜ sea + coast(연안, 해안)
☐ **sea**faring [síːfɛəriŋ] ⓗ 선원을 직업으로 하는 ☜ 바다(sea)에서 살아가(fare) 는(ing<형접>)
☐ **sea** fog 해무(海霧) ☜ fog(안개)
☐ **sea**food [síːfùːd] ⓜ **해산물** 《생선 · 조개류》 ☜ food(식품)
☐ **sea**going [síːgòuiŋ] ⓗ 대양(大洋) 항해의 ☜ 바다(sea)로 가(go) 는(ing<형접>)
☐ **sea gull** **갈매기**; 《미.속어》 항구의 매춘부 ☜ 바다(sea) 갈매기(gull)

씨레인 sea lane (해상교통로), 씨파워 sea power (제해권: 해상 장악권)
거제 씨월드 Sea World (거제에 있는 국내 최대의 돌고래 체험파크)

☐ **sea lane** **씨레인**, (대양상의) 항로, 해상 교통로, 통상 항로 ☜ lane(좁은 길, 항로)
☐ **sea** level 해면(海面) ☜ level((동일한) 수준, 수평, 높이, 표준)
☐ **sea**line [síːlain] ⓜ 수평선 ☜ sea + line(줄, 선)
☐ **sea**man [síːmən] ⓜ (pl. **-men**) **선원**, 뱃사람; 항해자; 〖해군〗 수병 ☜ sea + man(남자, 사람)
☐ **sea** mile 해리(海里), 해상 마일 (nautical mile) ☜ mile(거리의 단위, 마일)
★ 1법정(육상)마일은 1,609m, 1해상마일은 1,852m임. 바다와 하늘에서는 해상마일을 사용함.
☐ **sea**plane [síːplèin] ⓜ 수상(水上) 비행기 ☜ sea + plane(비행기; 평평한)
☐ **sea**port [síːpɔ̀ːrt] ⓜ **항구**; 항구 도시 ☜ 바다로(sea) 나르다/항구(port)
☐ **sea power** 해군력(=naval strength), 제해권; 해군국 ☜ power(힘, 권력)
☐ **sea**scape [síːskèip] ⓜ 바다풍경(화) ☜ sea + -scape(<경치 결합사>)
☐ **sea**shore [síːʃɔ́ːr] ⓜ **해변**, 바닷가, 해안 ☜ sea + shore(해안)
☐ **sea**sick [síːsìk] ⓗ 뱃멀미가 난, 뱃멀미의 ☜ sea + sick(아픈)
☐ **sea**sickness [síːsìknis] ⓜ 뱃멀미 ☜ -ness<명접>
☐ **sea**side [síːsàid] ⓜⓗ **해변(의)**, 바닷가(의) ☜ sea + side(옆, 측면)
☐ **sea**ward [síːwərd] ⓜ [the ~] 바다쪽 ⓗ **바다를 향한** ⓑ 바다쪽으로 ☜ sea + -ward(~쪽의, ~쪽으로)
☐ **sea**wards [síːwərdz] ⓑ 바다쪽으로 ☜ sea + -wards(~쪽으로)
☐ **sea**water [síːwɔ̀tər] ⓜ 해수, 바닷물 ☜ sea + water(물)
☐ **sea**way [síːwèi] ⓜ **해로**, 항행; 거친 바다 ☜ sea + way(길, 도로)
☐ **sea**weed [síːwìːd] ⓜ 〖식물〗 **해초**, 바닷말 ☜ sea + weed(잡초, 해초)

☐ **sea**worthy [síːwɔ̀ːrðì] ⓗ (배 따위) **항해에 적합한**, 항해에 견디는
☜ sea + worth(가치, 값어치) + y<형접>
☐ **sea**worthiness [síːwɔ̀ːrðinis] ⓜ **내항성** ☜ seaworthy<y→i> + ness<명접>
■ over**seas** [óuvərsíː(z)] ⓗ **해외(로부터)의**, 외국의; 해외로 가는 ⓟ **해외로**(에,에서)
☜ 바다(sea) 너머(over)
※ **world** [wəːrld/워얼드] ⓜ **세계** ⓗ **세계의** ☜ 고대영어로 '세계, 남자의 시대'란 뜻

크리스마스 씰 Christmas Seal (결핵퇴치기금 모금을 위해 크리스마스마다 발행 · 판매되는 장식용 우표) * 실제 우표는 아님

※ **Christmas** [krísməs/크**뤼**스머스] ⓜ **크리스마스, 성탄절**(~ Day) 《12월 25일; 생략: X mas》 ☜ 그리스도(Christ)의 미사(mass)
☐ **seal** [siːl] ⓜ **인장, 도장; 봉인**(지); 옥새(玉璽); 문장(紋章); **씰**, 장식 우표 ⓢ **날인하다**, **조인하다; 도장을 찍다; 봉인을 하다, 밀폐하다** ☜ 라틴어로 '작은 인장'이란 뜻.
♠ impress one's **seal** on the wax **인장**을 봉랍 위에 찍다
☐ **seal**er [síːlər] ⓜ 날인자; 도량형 검사관 ☜ seal + er(사람)
☐ **seal**ing wax 봉랍(封蠟; 봉하여 붙이는 데 쓰는 수지질의 혼합물)
☜ 봉인(seal) 하는(ing) 밀랍/왁스(wax)

© Wikipedia

실스킨 sealskin (바다표범 가죽. 또는 그것으로 만든 여자용 외투)

☐ **seal** [siːl] ⓜ (pl. **-s**, -) 【동물】 **바다표범**, 물개 ⓢ 바다표범(물개) 사냥을 하다 ☜ 고대영어로 '바다표범'이란 뜻
♠ There's a **seal show** at 2 p.m. 오후 2시에 물개쇼가 있다.
※ **skin** [skin] ⓜ **피부** ☜ 고대 노르드어로 '동물의 가죽'이란 뜻

연상 그 팀(team)은 심(seam.봉합선) 꿰매기에서 우승하였다.

※ **team** [tiːm/티임] ⓜ 【경기】 **조, 팀**; 작업조; 한패 ⓗ 팀으로 행하는 ⓢ 팀이 되다, 팀을 짜다 ☜ 고대영어로 '함께 멍에가 씌워진 같은 짐수레를 끄는 동물들의 무리'란 뜻
☐ **seam** [siːm] ⓜ (천 따위의) **솔기, 봉합선**, 접합선; 꿰맨 자리; 주름 ⓢ 꿰매다, 이어붙이다 ☜ 고대영어로 '이음매, 봉합선'이란 뜻
♠ **seam** two pieces of cloth together 두 천을 **꿰매어 잇다**.
☐ **seam**less [síːmlis] ⓗ 솔기(이음매) 없는 ☜ seam + less(~이 없는)
☐ **seam** presser 솔기 누르는 다리미 ☜ 누르는(press) 기기(er)
☐ **seam**stress [síːmstris] ⓜ 여자 재봉사, 침모 ☜ seam + stress(-ster의 여성형; 압박, 스트레스)
☐ **seam**y [síːmi] ⓗ 솔기 있는, 이면의 ☜ seam + y<형접>

☐ **seaman**(선원), **seaport**(항구) ➔ **sea**(바다) **참조**

서치라이트 searchlight (탐조등) * light 빛; 밝은; 가벼운; 불을 붙이다[밝히다]

☐ **search** [səːrtʃ/써-취] ⓢ **찾다**, 탐색하다, 수색하다 ⓜ **수색**, 탐색; 조사
☜ 고대 프랑스어로 '찾다', 라틴어로 '이리저리 돌아다니다'란 뜻
♠ They **searched** the woods for the missing child.
그들은 실종된 아이를 찾아 숲을 **수색했다**.
♠ **search for** (after) ~ **~을 찾다, 찾아 구하다**
search for a lost child 미아**를 찾다**.
♠ **in search of** ~ **~을 찾아서, ~을 구하여**
in search of lost time 잃어버린 시간**을 찾아서**
☐ **search**ing [sə́ːrtʃiŋ] ⓗ 수색하는; **엄중한**, 엄격한 ⓜ 수색, 음미 ☜ search + ing<형접/명접>
☐ **search**light [sə́ːrtʃlàit] ⓜ 탐조등; 그 불빛 ☜ 찾는(search) 불빛(light)
■ re**search** [risə́ːrtʃ, ríːsəːrtʃ] ⓜ (보통 pl.) (학술) **연구, 조사**, 탐구, 탐색 ⓢ 연구하다, 조사하다
☜ 중세영어로 '면밀히(re/강조) 살피는(search) 행동'이란 뜻

S

☐ **seashore**(해변), **seasick**(뱃멀미가 난), **seaside**(해안) ➔ **sea**(바다) **참조**

시즌 season (계절, 행사가 행해지는 시기), 포스트시즌 Postseason ([프로야구] 당해 우승팀을 가리기 위해 치르는 경기)

■ post-**season** [póustsíːzn] 형 〖야구〗 공식전(公式戰) 이후 시즌의 ☜ 뒤/후(post) (시합) 시기(season)의

□ **season** [síːzn/**씨**-즌] 명 **계절**; (보통 the ~) 시절, **철**, 때; (보통 the ~) **한창때**, 한물, 제철; (행사 따위가 행해지는) 활동기, 시즌, 시기 동 (음식에) **맛을 내다** ☜ 라틴어로 '씨를 뿌리다, 뿌리는 시기'
♠ the four **seasons** 사**계절**
♠ **season** a dish too highly 요리에 지나치게 **맛을 내다**
♠ **out of season 철 지난, 한물 간, 시기를 놓치어; 금렵기에**

□ **season**able [síːzənəbl] 형 계절에 알맞은, 시기를 얻은 ☜ season + able<형접>
□ **season**al [síːzənəl] 형 **계절의**; 계절에 의한; 주기적인 ☜ -al<형접>
□ **season**ing [síːzəniŋ] 명 조미, 가감(加減); 건조 ☜ season + ing<명접>
□ **season** ticket 정기 (승차)권 ☜ ticket(표, ~권(券))
■ off-**season** [ɔ́ːfsíːzən, ɑ́f/ɔ́f-] 형부 **한산기의[에]**, 철 지난 (때에) 명 한산기, 시즌 오프, 계절 외 ☜ 시즌(season)을 벗어난(off)

카시트 car seat (❶ 자동차의 좌석 ❷ 자동차의 유아용 보조 의자)

※ **car** [kɑːr/카-] 명 **자동차** ☜ 라틴어로 '2개의 바퀴가 달린 켈트족의 전차'란 뜻
□ **seat** [siːt/씨이트] 명 **자리, 좌석** 동 **착석시키다** ☜ 고대 노르드어로 '자리, 위치'라는 뜻
♠ Please **seat on the chair. 의자에 앉아** 주세요.
♠ **take a (one's) seat 착석하다, 자리에 앉다.**
□ **seat** belt **안전벨트**(=safety belt), 안전띠 ☜ belt(띠, 벨트, 지대)
□ **seat**mate [síːtmèit] 명 《미》 (탈 것 따위의) **동석자**, (교실의) 짝 ☜ seat + mate(상대, 동료)

시애틀 Seattle (미국 북서부 캐나다 접경에 있는 항구도시)

□ **Seattle** [siːǽtl] 명 **시애틀** 《미국 북서부 워싱턴주의 항구 도시》 ☜ 원주민 족장의 이름에서 유래 ★ 시애틀은 치안도 좋고 아름다운 도시로 2017년 미국 내 살기 좋은 대도시 2위에 선정되기도 했다. 1위는 버지니아주 버지니아비치
♠ **Sleepless in Seattle** 〖미.영화〗 **시애틀의 잠못 이루는 밤** 《서로 전혀 알지 못하는 남녀가 운명적인 만남을 갖게 되는 로맨틱한 영화(1993)》

□ **seaward**(바다를 향한), **seaway**(해로), **seaweed**(해초) ➔ **sea**(바다) **참조**

□ **secede**(탈퇴·분리하다), **secession**(탈퇴, 분리) ➔ **recede**(물러나다) **참조**

클로즈업 close-up (근접 촬영)

♣ 어원 : **close, clude, cluse 문을 닫다**

■ **clos**e [klouz/클로우즈] 동 (눈을) 감다, (문·가게 따위를) **닫다, 닫히다**; 덮다; **차단하다; 끝내다** 형 **가까운**(=near), 절친한; **정밀한**; **닫힌** 부 **~과 접하여, 밀접하여, 바로 곁에** ☜ 라틴어로 '덮다, 닫다'란 뜻
■ **clos**e-up [klóusʌ̀p] 명 〖영화·사진〗 대사(大寫), 근접 촬영, **클로즈업**; (일의) 실상 ☜ 더 크게(up/강조) 밀착시키다(close)
□ se**clude** [siklúːd] 동 (사람을) **~에서 떼어놓다**, 격리(은퇴)하다 ☜ 분리하여(se) 닫다(clude)
♠ **seclude oneself from ~ ~으로부터 은퇴하다.**
□ se**clude**d [siklúːdid] 형 외딴, 은둔한 ☜ seclude + ed<형접>
□ se**clus**ion [siklúːʒən] 명 **격리**; 은퇴, **은둔**(隱遁); 한거(閑居) ☜ -ion<명접>
♠ a policy of **seclusion 쇄국** 정책
□ se**clus**ive [siklúːsiv] 형 들어박혀 있기를 좋아하는, 은둔적인 ☜ -ive<형접>

✚ con**clude 끝내다**, **결론을 내리다**, 종결하다 ex**clude 못 들어오게 하다**, 배척하다 in**clude 포함하다**, 포함시키다, 넣다

세컨드 second (첩(妾)의 속된 표현) ➔ concubine, mistress
세컨드 베이스 second base ([야구] 2루), 세컨드 레이디 second lady (부통령 부인)

♣ 어원 : **seco, sequ, secu 뒤따르다(=follow)**

□ **seco**nd [sékənd/**쎄**컨드] 형 **제2의** 《생략: 2d, 2nd》, 두 번째의; 2등의, 2류의 부 **제2로** 명 **제2** ☜ 라틴어로 '뒤따르다'란 뜻
명 (시간의) **초**(秒) ☜ 1시간의 첫 번째 분류는 분(分; minute), 두 번째 분류는 초(秒; second)

♠ **the second day of the month 초이틀** ☜ 달의 두 번째 날
♠ **Wait a second** (minute) **잠깐만 기다려!** ☜ 1초(1분)만 기다려!
♠ **be second to none 누구에게도[무엇에도] 뒤지지 않는, 최량(最良)의**
♠ **in a few second 곧, 이내**

☐ **sec**ondary [sékəndèri/-dəri] ⓗ **제2(위)의**, 2차의, 2류의 ⓜ 제2차적인 것; 대리자 ☜ second + ary<형접/명접>
☐ **second** base 『야구』 2루; 2루의 위치 ☜ base(기초, 야구의 루(壘))
☐ **sec**ond class 제2등급, 2류, 2등 ☜ class(종류, 등급, 학급)
☐ **sec**onder [sékəndər] ⓜ 찬성자, 지지자 ☜ second + er(사람)
☐ **sec**ond-best [sékəndbést] ⓗ 둘째로 좋은 ☜ second + best(최고의)
☐ **sec**ond-class [sékəndklǽs, klɑ́ːs] ⓗⓟ 2등의(으로) ☜ second + class(등급, 학급)
☐ **sec**ond floor [the ~] 《미》 2층, 《영》 3층 ☜ floor(마루, 건물의 층)
★ 3층 이상 건물의 2층은 second floor, 2층 건물의 2층은 upstairs, 헛간이나 마굿간의 2층은 loft
☐ **sec**ond hand (시계의) 초침; 간접의 수단 ☜ hand(손, 시계바늘)
☐ **sec**ond-hand [sékəndhǽnd] ⓗ **간접적인; 중고(품)의**, 고물의 ⓟ 간접으로; 중고품으로, 고물로 ☜ second + hand(손, 시계바늘)
☐ **sec**ond helping (식사 때) 두 그릇째 ☜ help(돕다; 음식물을 담다) + ing<명접>
☐ **second** lady [the ~, 종종 the S~ L~] 《미》 **세컨드 레이디** 《부통령 부인》 ☜ lady(숙녀, 부인)
☐ **sec**ondly [sékəndli] ⓟ 제2로, **둘째로**, 다음으로 ☜ second + ly<부접>
☐ **sec**ond-rate [sékəndréit] ⓗ 제2류의 ☜ second + rate(율, 비율; 등급, 종류)
☐ **sec**ond sight 선견, 투시력 ☜ sight(시각, 시력, 봄)
☐ **Sec**ond World War [the ~] = World War II 제2차 세계대전 ☜ world(세계), war(전쟁)

✚ **seq**uence **연속, 속발; 결과** con**seq**uence **결과; 중대성**

시크릿 secret (한국의 댄스팝 걸그룹. <비밀>이란 뜻)
시크릿 가든 secret garden (국제 혼성 듀엣 연주 그룹. <비밀정원>이란 뜻)

시크릿 가든은 아일랜드 출신 피오뉼라 쉐리(여; 바이올린)와 노르웨이 출신 롤프 러블랜드(남; 피아노)의 두 연주자로 이루어진 혼성 듀엣 그룹. 1995년 유로비전 송 콘테스트에서 "Nocturne"이라는 곡으로 우승하여 국제적으로 유명해진 그룹이며, 유로비전 송 콘테스트 사상 최초로 악기 연주곡으로 우승을 한 그룹이기도하다.

♣ **어원 : se, sec(t) 따로 떼어내다, 나누다, 분할(분비)하다**

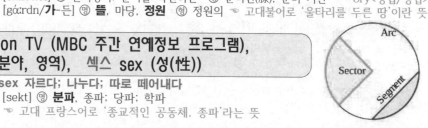

☐ **se**cret [síːkrit/**씨**-크맅] ⓗ **비밀의**; 『군사』 극비의; 은밀한 ⓜ **비밀**; [종종 pl.] (자연계의) **불가사의**; [보통 the ~] **비결** ☜ 라틴어로 '따로 떼내어(se) (숨긴) 고기(cret)'란 뜻 ★ 비밀번호는 secret number가 아니라 PIN, 즉 Personal Identification Number 라고 한다.
♠ **keep** (break) **a secret 비밀을 지키다** (누설하다)
♠ **in secret 비밀로, 남 몰래**

Secret Garden

© secretgarden.no

☐ **se**crecy [síːkrəsi] ⓜ **비밀**(성); 비밀 엄수; 비밀주의; 입이 무거움 ☜ secret + cy<명접>
☐ **se**cretary [sékrətèri/-tri] ⓜ **비서**(관), **서기**(관); 간사 ☜ 라틴어로 '비밀(secret)이 맡겨진 사람(ary)'이란 뜻
☐ **se**cretarial [sèkrətέəriəl] ⓗ 비서(서기)의; 장관의 ☜ secretary + al<형접>
☐ **se**cretariat(e) [sèkrətέəriət] ⓜ 사무국, 서기국; 비서직, 비서실, 비서과 ☜ -ate(직능)
☐ **se**crete [sikríːt] ⓓ **비밀로 하다**, 은닉하다; 숨기다; **분비하다** ☜ secretion의 역성(逆成)어
♠ **secrete** smuggled goods in a cave 밀수품을 굴 속에 **숨기다**.
♠ **secrete** hormone(s) 호르몬을 **분비하다**
☐ **se**cretion [sikríːʃən] ⓜ 숨김, 은닉; ☜ 라틴어로 '비밀(secret)로 하기(ion)'란 뜻 『생리』 분비 (작용); 분비물, 분비액 ☜ 나눈/분비한(secrete) 것(ion)
☐ **se**cretive [sikríːtiv, síːkrə-] ⓗ **숨기는**; 비밀주의의, 잠자코 있는; **분비(성)의** ☜ -ive<형접>
☐ **se**cretly [síːkritli] ⓟ **비밀로**, 몰래 ☜ -ly<부접>
☐ **se**cretory [sikríːtəri] ⓗ 분비성의; 분비를 촉진하는 ⓜ 분비선(腺), 분비 기관 ☜ -ory<형접/명접>
※ **garden** [gɑ́ːrdn/**가**-든] ⓜ **뜰**, 마당, **정원** ⓗ 정원의 ☜ 고대불어로 '울타리를 두른 땅'이란 뜻

섹션 TV section TV (MBC 주간 연예정보 프로그램), 섹터 sector (분야, 영역), 섹스 sex (성(性))

Arc
Sector
Segment

♣ **어원 : sec(t), sex 자르다; 나누다; 따로 떼어내다**

☐ **sect** [sekt] ⓜ **분파**, 종파; 당파; 학파 ☜ 고대 프랑스어로 '종교적인 공동체, 종파'라는 뜻

S

☐ **sect**arian [sektέəriən] ㉬ 종파의; 당파심이 강한; 편협한, (시야가) 좁은
☜ 잘라낸(sect) 종(種)/군(群)(aria) 의(an)
☐ **sect**ary [séktəri] ㉡ 열렬한 신도 ☜ (한 종파로) 나눈/떼어낸(sect) 사람(ary)
☐ **sect**ion [sékʃən/**쎅**션] ㉡ **부분**; 절단, 분할; 단면도; (문장의) **절** ㉢ 구분하다
☜ 자른(sect) 것(ion<명접>)
♠ Caesarean **section** (operation) 제왕 **절개** ☜ 고대 로마의 황제 시저(카이사르)가 '제왕절개(수술)'로 태어났다는 설에서 유래
☐ **sect**ional [sékʃənəl] ㉬ 단면의; 지방적인, 파벌적인; 조립식의 ☜ section + al<형접>
☐ **sect**ionalism [sékʃənəlizm] ㉡ 지역적 편파심, 파벌주의 ☜ -ism(~주의)
☐ **sect**or [séktər] ㉡ **부문**, 분야, 영역; 부채꼴 ☜ sect + or<명접>
☐ **sec**ular [sékjələr] ㉬ 현세의, **세속의**; 비종교적인 ☜ (종교에서) 떼 낸(sec) 것(ul) 의(ar<형접>)
♠ **secular** music **세속적인** 음악

✚ bi**sect** 양분하다, 갈라지다 in**sect** **곤충, 벌레** inter**sect** **가로지르다**, 교차하다 dis**sect** **해부[절개(切開)]하다**, 분석하다 **sex** **성**(性), 성별; 성행위; 성적인; 암수를 감별하다

시크릿 가든 secret garden (국제 혼성 듀엣 연주 그룹. <비밀정원>)

♣ **어원 : se, sec(t) 따로 떼어내다, 나누다, 분할(분비)하다**
■ **se**cret [síːkrit/**씨**-크릳] ㉬ **비밀의**; 〖군사〗 극비의; 은밀한 ㉡ **비밀**; [종종 pl.] (자연계의) **불가사의**; [보통 the ~] **비결** ☜ 라틴어로 '따로 떼내어(se) (숨긴) 고기(cret)'란 뜻
☐ **se**cure [sikjúər/씨**큐**어] ㉬ (-<-cur**er**<-cur**est**) **안전한; 안정된; 튼튼한** ㉢ **안전하게 하다; 확보하다** ☜ 근심(cure)을 떼어내다(se)
♠ a **secure** hideout **안전한** 은신처
☐ **se**curely [sikjúərli] ㉣ 안전하게; 확실히, 단단히 ☜ -ly<부접>
☐ **se**curity [sikjúəriti] ㉡ **안전; 안심; 보증** ㉬ 안전의, 안전을 위한, 안전보장의
☜ secure + ity<명접/형접>
※ **garden** [gάːrdn/**가**-든] ㉡ **뜰**, 마당, **정원** ㉬ 정원의 ☜ 고대불어로 '울타리를 두른 땅'

세단 sedan (지붕이 있는 일반적인 승용차 형식)

♣ **어원 : sed, sit 앉다**
☐ **sed**an [sidǽn] ㉡ 《미》 **세단**형 자동차(《영》 saloon)
☜ 라틴어로 '의자'란 뜻. 앉는(sed) 것(an)
★ 승용차는 보통 세단(4도어)·쿠페(2도어)·왜건(트렁크까지 지붕 연장)·컨버터블(오픈카)·해치백(객실과 트렁크 미구분)·밴(봉고형)·픽업트럭(적재함 지붕 없음)·지프·SUV 등으로 구분됨.
☐ **sed**entary [sédəntèri/-təri] ㉬ **앉은 채 있는**; 앉아 일하는 ㉡ 앉아서 일하는 사람
☜ 앉아(sed) 있는(ent) 사람(ary<명접/형접>)
♠ **sedentary** work **앉아 하는** 일
☐ **sed**iment [sédəmənt] ㉡ 앙금, **침전물**; 〖지질〗 퇴적물 ㉢ 침전하다(시키다)
☜ 앉는(sed) + i + 것(ment<명접>)
♠ The **sediment** of wine settles. 술의 **앙금**은 침전한다.
☐ **sed**imental, -tary [sèdəméntl], [-təri] ㉬ 앙금의, 침전물의; 침전(퇴적)으로 생긴 ☜ -al/ary<형접>

시크릿 가든 secret garden (국제 혼성 듀엣 연주 그룹. <비밀정원>)

♣ **어원 : se, sec(t) 따로 떼어내다, 나누다, 분할(분비)하다**
■ **se**cret [síːkrit/**씨**-크릳] ㉬ **비밀의**; 〖군사〗 극비의; 은밀한 ㉡ **비밀**; [종종 pl.] (자연계의) **불가사의**; [보통 the ~] **비결** ☜ 라틴어로 '따로 떼내어(se) (숨긴) 고기(cret)'란 뜻
■ **se**curity [sikjúəriti] ㉡ **안전; 안심; 보증** ㉬ 안전의, 안전을 위한, 안전보장의
☜ secure + ity<명접/형접>
☐ **se**dition [sidíʃən] ㉡ 난동, 선동, 치안 방해(죄), 폭동 교사죄; 《고어》 소란, 폭동
☜ 이탈해서(se) + d + 나가게(it) 함(ion<명접>)
♠ **arrest on the charge of sedition. 선동죄로 검거하다**
☐ **se**ditionary [sidíʃənèri/-nəri] ㉬ 선동적인 ㉡ 난동 선동(교사)자, 치안 방해자
☜ -ary(<형접>/사람)
☐ **se**ditionist [sidíʃənist] ㉡ 선동가 ☜ -ist(사람)
☐ **se**ditious [sidíʃəs] ㉬ 선동적인, 치안 방해적인 ☜ 이탈해서(se) + d + 나가(it) 는(ous<형접>)
☐ **se**duce [sidjúːs] ㉢ **부추기다**, 속이다, 꾀다, 유혹하다
☜ 따로 떼어내어(se) (나쁜 길로) 이끌다(duce)
♠ **seduce** a person into error 아무를 **속여** 실수하게 하다.
☐ **se**ducement [sidjúːsmənt] ㉡ 유혹하는(부추기는) 것, 유혹; 매력 ☜ -ment<명접>

S

☐ **se**duction [sidʌ́kʃən] ⓜ 유혹; 유괴 ☜ seduce + tion<명접>
☐ **se**ductive [sidʌ́ktiv] ⓗ 유혹하는, 매혹적인 ☜ seduce + tive<형접>
※ **garden** [gɑ́:rdn/**가**-든] ⓜ **뜰**, 마당, **정원** ⓗ 정원의 ☜ 고대불어로 '울타리를 두른 땅'

시소 seesaw (걸터 앉아서 하는 널뛰기형 놀이(기구))

♣ **어원 : see (눈으로) 보다, (눈에) 보이다, (눈으로 확인해서) 알게 되다, (눈으로) 찾다**

☐ **see** [si:/씨이] ⓢ **(-/saw/seen) 보다, 보이다; 살펴보다; 알다, 이해하다; 구경[관광]하다; 만나다; 배웅하다; 생각하다** 비교 sea 바다
☜ 고대영어로 '보다, 이해하다, 방문하다'란 뜻
♠ **see** a play 연극을 **보다**
♠ **I see. 알았어. 이해했어**(=understand)
♠ **see ~ off ~를 전송하다**
♠ **see a doctor 진찰을 받다**
♠ **see about ~ ~을 생각하다; 조치하다**
♠ **see into ~ ~을 조사하다, 간파하다**
♠ **see through ~ ~을 꿰뚫어 보다, 간파하다**
You cannot see through a person's mind. 사람의 마음은 꿰뚫어 볼 수 없다. 《속담》 열 길 물속은 알아도 한 길 사람 속은 모른다.
♠ **see to (it that ~) 꼭[반드시] ~하도록 주선[배려]하다**
See to it that he do the job properly. 그가 일을 제대로 하도록 **신경써 주**세요.
♠ **you see (어때) 그렇지, 알겠지**

☐ **see**ing (that) [sí:iŋ] ⓜ **보기**, 보는 일; 시력, 시각 ⓗ 시각이 있는 ⓙ ~이므로, ~한 것을 보면
☜ see(보다) + ing<명접/형접>
♠ **Seeing is believing. 보는 것이 믿는 것이다. 《속담》 백문이 불여일견(百聞而不如一見).**

☐ **see**saw [sí:sɔ̀:] ⓜ **시소**(놀이); 《비유》 동요, 변동, 상하〔전후〕동(動) ⓗ 시소 같은, 아래위〔앞뒤〕로 움직이는 ⓢ 시소를 타다, 널뛰다 ☜ 근대영어로 나무를 사이에 두고 두 사람이 톱으로 일을 하는, 리듬에 따라 움직이는 톱질꾼 운동을 모방한 것으로 추정. '보인다(see)-보였다(saw)'라는 뜻

시커 seeker (목표물 탐지장치), 시스루 see-through (속이 비치는 옷)

♣ **어원 : see (눈으로) 보다, (눈에) 보이다, (눈으로 확인해서) 알게 되다, (눈으로) 찾다**

☐ **see**k [si:k/씨익] ⓢ (-/**sought/sought**) **찾다; 추구[탐구]하다, 노력하다; 수색[탐색]하다** ☜ 고대영어로 '(눈으로) 찾다'란 뜻
♠ **seek** truth 진리를 **추구하다**
♠ **seek for** 〔after〕 **~ ~을 구하다, 찾다**(=look for)
She **seeks for** 〔**after**〕 peace 그녀는 평화**를 추구하다**.

☐ **see**ker [sí:kər] ⓜ 수색〔탐구, 추구(追求), 구도(求道)〕자; (미사일의) **목표물 탐색 장치, 시커** ☜ 찾는(seek) 사람/장치(er)

< 전투기에 장착된 미사일의 시커 >

☐ **see**m [si:m/씨임] ⓢ **~으로[처럼] 보이다[생각되다]**
☜ 중세영어로 '겉으로는 ~인 것처럼 보이다'란 뜻
♠ **seem to ~ ~인 것 같다**
He **seems to** be a kind man. 그는 친절한 사람**인 것 같다**

☐ **see**ming [sí:miŋ] ⓗ **겉으로의, 외관상의**; 허울만의 ⓜ 외관; 겉보기 ☜ seem + ing<형접/명접>
☐ **see**mingly [sí:miŋli] ⓑ 보기엔, 외관상; **겉으로는,** 표면적으로는 ☜ seeming + ly<부접>
☐ **see**mly [sí:mli] ⓗ 적당한, 알맞은; 품위있는 ☜ seem + ly<형접>
☐ **see**n [si:n/씨인] ⓗ **보이는**; 《고어》 정통하고 있는 ☜ see의 과거분사 ➔ 형용사
■ un**see**n [ənsí:n] ⓗ **(눈에) 안 보이는** ⓜ (the ~) 보이지 않는 것
☜ un(=not/부정) + seen(보이는)
☐ **see**r [sí:ər] ⓜ **보는 사람** [síər] 천리안 《사람》; 앞일을 내다보는 사람; 선각자, 예언자, 손금쟁이 ☜ see + er(사람)
☐ **see**-through, **see**-thru [sí:θrù:] ⓗ (천·직물 따위가) 비치는 ⓜ 투명; 비치는 옷, **시스루**
☜ ~을 통하여〔꿰뚫어〕(through) 보다(see)
■ be**see**ch [bisí:tʃ] ⓢ (-/be**sought**/be**sought**) **간청[탄원]하다**
☜ 고대영어로 '사방에서(be) 간절히 찾다(seech=seek)'란 뜻

시드 seed (토너먼트경기에서 강자를 대진표상 적절히 배정하는 것)

S

토너먼트 방식의 경기에서 우수한 선수끼리 처음부터 맞붙지 않도록 강자를 특정한 대전 위치에 배정하는 것. 이와 같이 배정되는 경기자는 시디드 플레이어(seeded player)라고 한다. '시드'는 '씨앗'이란 뜻의 영어로, 씨앗을 뿌린다는 의미에서 유래된 말이다. <출처 : 체육학대사전 / 일부인용>

♣ **어원 : se, seed, sow, satur 씨, 종자; 씨를 뿌리다**

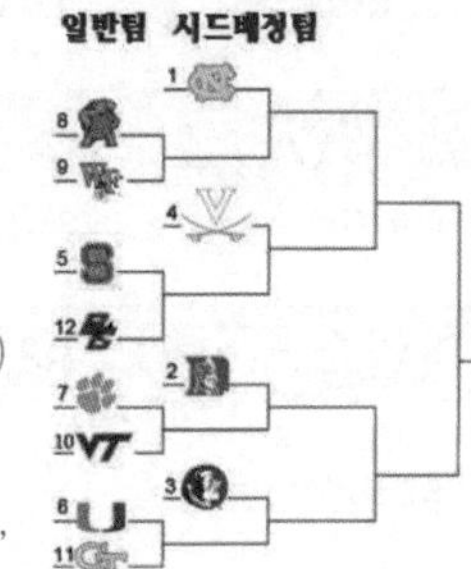

□ **seed** [siːd/씨-드] ⓜ (pl. **-s, -**) **씨**(앗), 종자, 열매; 자손 ⓗ 씨의 ⓓ 씨를 뿌리다 ☜ 고대영어로 '곡물의 씨앗, 종자'란 뜻
♠ grow a plant from **seed 씨**를 뿌려 식물을 키우다.

□ **seed**bed [síːdbèd] ⓜ 묘상(苗床), 모판 ☜ seed + bed(침대, 모판; 바닥)

□ **seed**er [síːdər] ⓜ 씨 뿌리는 사람(기계) ☜ seer + er(사람/기계)

□ **seed**ling [síːdliŋ] ⓜ **묘목**(苗木), 씨에서 자란 나무 ☜ 작은(ling) 종자(seed)

□ **seed** money 종잣돈, **시드머니** 《부실기업을 정리할 때 인수자에게 덧붙여 해주는 신규대출》 ☜ 종자(seed) 돈(money)

□ **seed**y [síːdi] ⓗ (-<-d**ier**<-d**iest**) 씨가 많은; 열매를 맺은; 초라한, 인색한; 《구어》 기분이 언짢은 ☜ seed + y<형접>

✚ **se**ason **계절**; 시절, **철**; **한창때, 시즌;** (음식에) **맛을 내다** **sow** (씨를) **뿌리다** **Satur**n **토성**; **새턴** 《미국의 인공위성・우주선 발사용 로켓》; 〖로마신화〗 농업의 신

연상 땅과 물에서 함께 사용가능한 지프(jeep)차를 시프(seep)라고 한다.

※ **jeep** [dʒiːp] ⓜ 《미》 **지프**; (J-) 그 상표명
☜ G.P.(General-Purpose), 즉 다목적용이라는 뜻에서 유래

□ **seep** [siːp] ⓜ 《미》 수륙 양용 지프차 ☜ sea + jeep의 합성어
ⓓ 스며 나오다, 새다; 서서히 확산하다; (생각 따위가) 침투하다
☜ 고대영어로 '스며 나오다'란 뜻.
♠ The water is **seeping** under the floor. 물이 바닥으로 **스며들고 있다.**

■ **weep** [wiːp] ⓓ (-/**wept/wept**) **눈물을 흘리다, 울다**, 비탄(슬퍼)하다
☜ 고대영어로 '눈물을 흘리다, 울다'란 뜻

연상 시드(seed.토너먼트경기에서 강자를 대진표상 적절히 배정하는 것)가 엉망이어서 선수들의 분노가 시드(seethe.끓어오르다)하다.

© OSEN

※ **seed** [siːd/씨-드] ⓜ (pl. **-s, -**) **씨**(앗), 종자, 열매; 자손 ⓗ 씨의 ⓓ 씨를 뿌리다 ☜ 고대영어로 '곡물의 씨앗, 종자'란 뜻

□ **seethe** [siːð] ⓓ (-/seethe**d**(《고어》 **sod**)/seethe**d**(《고어》 **sodden**)) **끓어오르다**; (분노가) 치밀다; (사람들로) 들끓다; (파도 따위가) 소용돌이치다 ☜ 고대영어로 '끓다'란 뜻
♠ **seethe** with anger 화가 **치밀다**

□ **seeth**ing [síːðiŋ] ⓗ 끓어오르는, 비등하는; 들끓는; 동요하는; 혹독한 ☜ seethe + ing<형접>

섹션 TV section TV (MBC 주간 연예정보 프로그램), 섹터 sector (분야, 영역), 섹스 sex (성(性))

SECTOR

♣ **어원 : sec(t), sex, seg 자르다; 나누다; 따로 떼어내다**

■ **sect** [sekt] ⓜ **분파**, 종파; 당파; 학파
☜ 고대 프랑스어로 '종교적인 공동체, 종파'라는 뜻

■ **sect**ion [sékʃən/**쎅**션] ⓜ **부분**; 절단, 분할; 단면도; (문장의) **절**
ⓓ 구분하다 ☜ 자른(sect) 것(ion)

■ **sect**or [séktər] ⓜ **부문**, 분야, 영역; 부채꼴 ⓓ 부채꼴로 분할하다
☜ sect + or<접미사>

□ **seg**ment [ségmənt] ⓜ **구획**, 단편, 조각; 부분, **세그먼트** ⓓ 분할하다, 가르다 ☜ 나누다(seg) + ment<명접/동접>
♠ a **segment** of a tangerine 귤 **한 조각**

□ **seg**mental [segméntl] ⓗ 단편의, 조각의, **부분의**, 부분으로 나뉜; 〖언어〗 분절(分節)의
☜ segment + al<형접>

□ **se**gregate [ségrigèit] ⓓ 격리(분리, 차별)하다 ☜ 무리에서(greg) 떼어(se) 내다(ate)
♠ a culture in which women are **segregated** from men
여자들이 남자들과 **차별받는** 문화

□ **se**gregated [ségrigèitid] ⓗ 분리(격리)된; 인종 차별의(을 하는); 특수 인종(그룹)에 한정된
☜ segregate + ed<형접>

□ **se**gregation [sègrigéiʃən] ⓜ 분리; 인종 차별 ☜ segregate + ion<명접>

□ **se**gregationist [sègrigéiʃənist] ⓜ (이민족 등의) 격리론자, 인종차별(분리)주의자 ☜ -ist(사람)

☐ **se**gregative [ségrəgèitiv] ⓗ 사교를 싫어하는; 인종차별의 ☜ -ive<형접>
■ **sex** [seks] ⓜ (남녀의) **성**(性), 성별; 성행위 ⓗ 성적인 ⓢ 암수를 감별하다
☜ (남녀를) 나누다(sex)
■ in**sect** [ínsekt] ⓜ **곤충, 벌레** ☜ (마디마디가) 안으로(in) 잘린(sect) 것

센 강(江) > 세느강 Seine (프랑스 파리 시내를 관통하는 강)

☐ **Seine** [sein] ⓜ (the ~) **센** 강《파리의 강》 ☜ 켈트어로 '부드럽게 흐르는 강'이란 뜻

사이즈모그래프 seismograph (지진계)

♣ 어원 : seism 진동, 지진(=shake, earthquake)
☐ **seism**ograph [sáizməgræ̀f, -grɑ̀ːf] ⓜ 지진계, 진동계(震動計)
☜ 지진(seism)을 + o + 기록(graph)하는 기계
♠ A **seismograph** is a machine that records the ground vibrations during a quake.
지진계는 지진이 일어나는 동안 땅의 진동을 기록하는 기계예요.

Seismograph
© 123rf.com

☐ **seism**ographic [sàizməgrǽfik] ⓗ 지진계의, 진동계의 ☜ graph + ic<형접>
☐ **seism**ology [saizmɑ́lədʒi/-mɔ́l-] ⓜ 지진학 ☜ seism + o + logy(~학(學))
☐ **seism**ological [saizmɑ́lədʒikəl/-mɔ́l-] ⓗ 지진학의 ☜ seismology + ical<형접>
☐ **seism**ologist [saizmɑ́lədʒist/-mɔ́l-] ⓜ 지진학자 ☜ -logist(학자)
☐ **seism**ometer [saizmɑ́mitər/-mɔ́m-] ⓜ 지진계 ☜ 지진(seism) + o + 계기(meter)

연상 로마황제 시저(Caesar)가 반역자를 시저(seizure.체포)하라고 명령했다

※ **Caesar** [síːzər] ⓜ **시저**, 카이사르《Julius ~, 로마의 장군·정치가·역사가; 100-44 B.C.》; 로마 황제
☐ **seiz**able [síːzəbl] ⓗ 잡을 수 있는; 압류할 수 있는
☜ 붙잡을(seize) 수 있는(able)
☐ **seiz**e [siːz/씨-즈] ⓢ **(붙)잡다**, 붙들다, 꽉 (움켜)쥐다(=grasp)
☜ 고대 프랑스어로 '강제로 취하다'란 뜻
♠ **seize** a rope 밧줄을 꽉 **붙잡다**
♠ **seize on** [upon] ~ **~을 엄습[점령]하다, ~을 붙들다**
seize on a chance 기회를 **포착하다**
☐ **seiz**ed [siːzd] ⓗ ~을 소유[점유]한 ☜ seize + ed<형접>
☐ **seiz**ure [síːʒər] ⓜ 붙잡기, 체포; 압류, 몰수; 강탈; 점령; 점유; 발작, 《특허》 졸도 ☜ seize + ure<명접>

© Alamy Stock Photo

연상 세계최고의 베스트셀러 작가 시드니 셸던(Sheldon)도 작가 초기에는 매우 셀덤(seldom.드물게)하게 인정받았다.

※ Sidney **Sheldon** [sídni ʃéldən] ⓜ **시드니 셸덴**《미국의 현대작가. 세계최고의 베스트셀러 작가; 1917-2007》 ★ **대표작 : 『깊은 밤의 저편』, 『천사의 분노』, 『머니트리』, 『악마의 유혹』, 『비오는 날의 살인』** 등
★ 그의 소설은 전 세계 181개국 51개 언어로 번역되어 2억 8천만부가 판매되었으며, 『깊은 밤의 저편』은 뉴욕타임스 집계 베스트셀러 목록에 연속 52주 오르는 대기록을 세웠다.
☐ **seldom** [séldəm/**셀**덤] ⓟ **드물게, 좀처럼 ~않는**(=rarely) ☜ 초기 독일어로 '이상한, 드문'
♠ He **seldom** changed his opinion. 그는 **좀처럼** 그의 의견을 바꾸**지 않았다**.

컬렉션 collection (물품을 수집해 모은 것)

♣ 어원 : lect 고르다, 뽑다, 모으다
■ col**lect** [kəlékt/컬**렉**트] ⓢ **모으다,** 수집하다; **모이다**
☜ 함께/모두(col<com) 골라내다(lect)
■ col**lect**ion [kəlékʃən] ⓜ **수집**, 채집 ☜ collect + ion<명접>
■ e**lect** [ilékt] ⓢ (투표 따위로) **선거하다**, 뽑다, 선임하다 ☜ 밖으로(e<ex) 뽑아내다(lect)
☐ se**lect** [silékt/씰**렉**트] ⓢ **선택하다, 고르다**, 선발하다 ⓗ **고른** ⓜ (pl.) 정선품
☜ 따로(se) 뽑아내다(lect)
♠ They **selected** John as leader of their group.
그들은 존을 그룹의 리더로 **뽑았다**
☐ se**lect**ion [silékʃən] ⓜ **선발**, 선택, 정선, 선정; 발췌 ☜ -ion<명접>

< 우표 수집 >

☐ selective [siléktiv] ⓗ **선택의, 선택하는**; 선택의; 선택적인 ☜ -ive<형접>
☐ selectively [siléktivli] ⓟ **선택적으로** ☜ selective + ly<부접>
☐ selector [siléktər] ⓜ 선택자; 선별기 ☜ select + or(사람)
☐ predilection [prìːdəlékʃən, prèd-] ⓜ 선입관적 애호, 편애(偏愛)
☜ 미리(pre) 두 번씩(di=two) 고른(lect) 것(ion<명접>)

셀레네 Selene ([그神] 달의 여신)

☐ **Selene** [silíːniː, sə-] ⓜ 〖그.신화〗 **셀레네** 《달의 여신; 로마 신화의 Luna에 해당》
★ 미국의 영화배우이자 가수인 '셀레나 고메즈'의 'Selena'도 '달의 여신, 고요한'이란 뜻

셀카 selca (콩글 스스로 촬영한 사진. self + camera) ➔ Selfie

♣ **어원 : self- 자기, 자신, 나, 자아, 자동, 스스로**
☐ **self** [self/셀프] ⓜ (pl. sel**ves**) **자기**, 저, 자신, 〖철학〗 자아, 나; (이기심으로서의) 자기 ☜ 고대영어로 '개인, 자기 자신의 사람'
♠ **Self do, self have. 《속담》 자업자득.**
☐ **-self** [self] 《연결형으로 복합(재귀)대명사를 만듦》 ~자신 (myself, himself, herself, itself 등)
☐ **self**-abandonment [sélfəbǽndənmənt] ⓜ 자포자기(自暴自棄)
☜ abandon(포기하다) + ment<명접>
☐ **self**-abhorrence [sélfæbhɔ́ːrəns, -hɑ́r-/-hɔ́r-] ⓜ 자기혐오(自己嫌惡)
☜ abhor(혐오하다) + r + ence<명접>
☐ **self**-assertive [sélfəsə́ːrtiv] ⓗ 주제넘은 ☜ assertive(단정(독단)적인)
☐ **self**-assertion [sélfəsə́ːrʃən] ⓜ 자기주장 ☜ assertion(단언, 주장)
☐ **self**-centered [sélfséntərd] ⓗ 자기중심의 ☜ 중심(center)에 있는(ed)
☐ **self**-command [sélfkəmǽnd, -mɑ́ːnd] ⓜ 극기, 자제 ☜ command(명령하다)
☐ **self**-complacence, -cy [sélfkəmpléisəns], [-i] ⓜ 자기도취 ☜ complacence(자득, 안심, 자기만족)
☐ **self**-complacent [sélfkəmpléisənt] ⓗ 자기만족의, 자기도취의 ☜ complacent(만족한)
☐ **self**-conceit [sélfkənsíːt] ⓜ 자부심 ☜ conceit(자부심, 자만)
☐ **self**-conceited [sélfkənsíːtid] ⓗ 자부심(자만심)이 강한 ☜ -ed<형접>
☐ **self**-confidence [sélfkɑ́nfidəns/-kɔ́n-] ⓜ 자신 ☜ confidence(신용, 신뢰)
☐ **self**-confident [sélfkɑ́nfidənt/-kɔ́n-] ⓗ 자신이 있는 ☜ confident(확신하는)
☐ **self**-conscious [sélfkɑ́nʃəs/-kɔ́n-] ⓜ 자의식적인; 사람 앞을 꺼리는
☜ conscious(의식하고 있는, 자각하고 있는)
☐ **self**ie [sélfi] ⓜ **셀카**, 셀프카메라 ☜ 스스로(self) 찍은 것(ie<명접>)
※ **cam**era [kǽmərə] ⓜ **카메라**, 사진기 ☜ 최초의 사진기는 매우 큰 상자였는데 이를 '작은 방'이라고 부른 데서 유래

셀프세차장 a DIY car wash = self-service car wash

♣ **어원 : self- 자기, 자신, 나, 자아, 자동, 스스로**
■ **DIY, D.I.Y.** do-it-yourself 스스로, 직접
☜ 당신스스로(yourself) 그것(it)을 행하라(do)
※ **car** [kɑːr/카-] ⓜ **자동차**
☜ 라틴어로 '2개의 바퀴가 달린 켈트족의 전차'란 뜻
※ **wash** [wɑʃ/워쉬, wɔ(ː)ʃ] ⓢ **씻다; 세수하다; 빨래하다, 세탁하다**
☜ 고대영어로 '씻는 행위'란 뜻
■ **self** [self/셀프] ⓜ (pl. sel**ves**) **자기**, 저, 자신, 〖철학〗 자아, 나; (이기심으로서의) 자기
☜ 고대영어로 '개인, 자기 자신의 사람'이란 뜻
☐ **self**-contained [sélfkəntéind] ⓗ 말이 적은, 자제하는 ☜ contained(내포하는)
☐ **self**-contempt [sélfkəntémpt] ⓜ 자기 경멸 ☜ contempt(경멸, 모욕)
☐ **self**-contradiction [sélfkɑ̀ntrədíkʃən/-kɔ̀n-] ⓜ 자가 당착 ☜ contradiction(부인, 부정, 반박)
☐ **self**-control [sélfkəntróul] ⓜ 자제(심) ☜ control(통제, 지배, 관리)
☐ **self**-culture [sélfkʌ́ltʃər] ⓜ 자기 수양 ☜ culture(문화, 수양, 훈육)
☐ **self**-defense, 《영》 -fence [sélfdiféns] ⓜ **자위**(自衛), **자기 방어**; 정당방위 ☜ defense(방위, 방어)
♠ **Self-Defense** Forces (일본의) **자위**대 《생략: SDF》
☐ **self**-denial [sélfdináiəl] ⓜ 극기, 금욕, 자제 ☜ denial(부정, 부인, 거부)
☐ **self**-dependence [sélfdipéndəns] ⓜ 자기 신뢰(의존), 자립 ☜ dependence(의존)
☐ **self**-determination [sélfditə̀ːrmənéiʃən] ⓜ 자결(自決), 스스로 결심 ☜ determination(결심, 결의, 결단)
☐ **self**-discipline [sélfdísəplin] ⓜ 자기 훈련 ☜ discipline(훈련, 훈육, 규율)
☐ **self**-distrust [sélfdistrʌ́st] ⓜ 자기 불신, 자기 결여 ☜ distrust(불신, 의혹)
☐ **self**-education [sélfèdʒukéiʃən] ⓜ 독학(獨學) ☜ education(교육)

☐ **self**-educated [sélfèdʒukéitid] ⓗ 독학의 ☜ educated(교육받은, 교양 있는)
☐ **self**-esteem [sélfistíːm] ⓜ 자존 ☜ esteem(존경, 존중, 경의)
☐ **self**-evident [sèlfévidənt] ⓗ **자명한** ☜ evident(분명한, 명백한)
☐ **self**-governing [sèlfgʌ́vərniŋ] ⓗ 자치의 ☜ governing(통치하는)
☐ **self**-government [sélfgʌ́vərnmənt] ⓜ **자치**; 자주 관리; 자제, 극기 ☜ government정부, 통치, 관리)

셀프서비스 self service (자급식 판매방법, 손수하기)

♣ **어원 : self- 자기, 자신, 나, 자아, 자동, 스스로**
■ **self** [self/쎌프] ⓜ (pl. sel**ves**) **자기**, 저, 자신, 『철학』 자아, 나; (이기심으로서의) 자기 ☜ 고대영어로 '개인, 자기 자신의 사람'
☐ <u>**self**-service</u> [sélfsə́ːrvis] ⓜⓗ (식당·매점 따위의) **셀프서비스**(의) 《손님이 손수 갖다 먹는 식의》, 자급식(自給式)(의) ☜ service(봉사, 시중)

< 셀프 주유 >

☐ **self**-help [sélfhélp] ⓜ 자립, **자조**(自助) ☜ help(도움, 원조; 돕다)
♠ **Self-help is the best help. 《속담》 자조가 최상의 도움이다.**
☐ **self**-importance [sélfimpɔ́ːrtəns] ⓜ 자존 ☜ importance(중요성)
☐ **self**-important [sélfimpɔ́ːrtənt] ⓗ 자존의, 잘난 체하는 ☜ important(중요한, 젠체하는)
☐ **self**-improvement [sélfimprúːvmənt] ⓜ 자기 개선(수양) ☜ improvement(개량, 개선)
☐ **self**-indulgence [sélfindʌ́ldʒəns] ⓜ 방종, 제 멋대로 함 ☜ indulgence(방종, 탐닉)
☐ **self**-inflicted [sélfinflíktid] ⓗ (상처 따위를) 스스로 가한 ☜ 가하(inflict) 는(ed<형접>)
☐ **self**-interest [sélfíntərist] ⓜ 이기심, **이기주의**; 사리사욕; 사리 추구 ☜ interest(관심사; 이익, 이해관계)
☐ **self**ish [sélfiʃ] ⓗ **이기적인**, 이기주의의, 자기 본위의 ☜ -ish<형접>
■ un**self**ish [ʌnsélfiʃ] ⓗ **이기적이 아닌**, 욕심(사심)이 없는 ☜ un(=not) + selfish
☐ **self**ishly [sélfiʃli] ⓟ 이기적으로, 자기 본위로 ☜ selfish + ly<부접>
☐ **self**ishness [sélfiʃnis] ⓜ 이기주의 ☜ selfish + ness<명접>
☐ **self**-knowledge [sélfnɑ́lidʒ/nɔ́l-] ⓜ 자각, 자기를 앎 ☜ knowledge(지식)
☐ **self**less [sélflis] ⓗ 무사 무욕한 ☜ 자기 자신(self)이 없는(less)
☐ **self**-made [sélfmeid] ⓗ 자력으로 이룬, 출세한 ☜ made(만든)
☐ **self**-murder [sélfmə́ːrdər] ⓜ 자살(自殺) ☜ murder(살인, 살해하다)
☐ **self**-possessed [sélfpəzést] ⓗ 냉정한 ☜ 소유하다, 자제하다(possess) + ed<형접>
☐ **self**-possession [sélfpəzéʃən] ⓜ 냉정 ☜ possession(소유, 자제)
☐ **self**-regard [sélfrigɑ́ːrd] ⓜ 자애(自愛) ☜ regard(주목, 관심, 존중)

셀프타이머 self-timer (카메라의 자동셔터)

♣ **어원 : self- 자기, 자신, 나, 자아, 자동, 스스로**
☐ **self**-reliance [sélfriláiəns] ⓜ 독립 독행, 자립 ☜ reliance(의지(依支))
☐ **self**-reliant [sélfriláiənt] ⓗ 독립 독행의 ☜ reliant(의지하는)
☐ **self**-respect [sélfrispékt] ⓜ **자존(심)**, 자중(自重) ☜ respect(존경, 경의, 인사)
☐ **self**-respecting [sélfrispéktiŋ] ⓗ 자존심이 있는 ☜ respecting(존경하는)
☐ **self**-restrain [sélfristréin] ⓜ 자제 ☜ restrain(제지하다, 구속하다)
☐ **self**-sacrifice [sélfsǽkrəfàis] ⓜ **자기 희생**, 헌신(적 행위) ☜ sacrifice(희생, 제물, 헌신)
☐ **self**-sacrificing [sélfsǽkrəfàisiŋ] ⓗ 헌신적인 ☜ 희생하다(sacrifice) + ing<형접>
☐ **self**same [sélfsèim] ⓗ **꼭 같은**, 동일한 ☜ same(같은, 동일한)의 강조형
☐ **self**-satisfaction [sélfsætisfǽkʃən] ⓜ **자기만족**, 자부 ☜ satisfaction(만족감)
☐ **self**-satisfied [sélfsǽtisfàid] ⓗ 자기만족의 ☜ 만족시키다(satisfy) + ed<형접>
☐ **self**-seeking [sélfsiːkiŋ] ⓗ 이기주의의 ☜ 찾다(seek) + ing<형접>
S
☐ **self**-service [sélfsə́ːrvis] ⓜⓗ (식당·매점 따위의) **셀프서비스**(의) 《손님이 손수 갖다 먹는 식의》, 자급식(自給式)(의) ☜ service(봉사, 시중)
☐ **self**-sufficient [sélfsəfíʃənt] ⓗ 자급자족의 ☜ sufficient(충분한)
☐ **self**-support [sélfsəpɔ́ːrt] ⓜ 자영, 자활, 자급 ☜ support(지지, 지지하다)
☐ **self**-supporting [sélfsəpɔ́ːrtiŋ] ⓗ 자활하는 ☜ 지지하다(support) + ing<형접>
☐ **self**-sustaining [sélfsəstéiniŋ] ⓗ 자급의, 자영하는 ☜ 떠받치다(sustain) + ing<형접>
☐ **self**-taught [sélftɔːt] ⓗ 독학의 ☜ taught(teach 가르치다)의 과거분사
☐ <u>**self**-timer</u> [sèlftáimər] ⓜ (카메라의) 자동 셔터, **셀프타이머** ☜ timer(타이머, 타임 스위치; 스톱워치)
☐ **self**-torture [sélftɔ́ːrtʃər] ⓜ 고행(苦行) ☜ torture(고문, 고뇌)
☐ **self**-will [sélfwil] ⓜ 제멋, 고집 ☜ will(의지)
☐ **self**-willed [sélfwild] ⓗ 제멋대로의, 고집 센 ☜ 의지(will)를 가진(ed)

베스트셀러 best seller (가장 많이 팔린 책·물건)

※ **best** [best/베스트] ⓗ **가장 좋은, 최선의** worst 가장 나쁜, 최악의
☜ 고대영어로 '가장 품질이 좋은, 첫 번째의'란 뜻
비교 good/well < better < best

☐ **sell** [sel/셀] (-/**sold/sold**) ⓢ **팔다, 판매하다** ☜ 고대영어로 '주다'란 뜻
♠ I **sold** him my car. = I **sold** my car to him. 나는 그에게 내 차를 **팔았다**.
♠ **be sold out 다 팔리다, 매진되다**

☐ **sell**er [sélər] ⓜ 파는 사람, **판매인**; 잘 팔리는 상품 ☜ -er(사람)

☐ **sell**ing [séliŋ] ⓗ **판매하는**(의); 판매에 종사하는; (잘) **팔리는**; 수요가 많은 ☜ -ing<형접>

☐ **sell**out [sélàut] ⓜ 매진; 《구어》 (흥행물 따위의) 초만원; 배신 ☜ ~을 넘어서(out) 팔리다(sell)

샘플 sample (견본, 표본)

< 화장품 샘플 >

♣ **어원 : sam, sem, sim(ul/il) 같은, 비슷한; (같은 것이) 함께하는**

■ **sam**e [seim/쎄임] ⓗ **같은, 동일한**
☜ 고대 영어/노르드어로 '~과 같은'이란 뜻

■ **sam**ple [sǽmpəl/sɑ́ːm-] ⓜ **견본, 샘플**, 표본; 실례(實例) ⓗ 견본의
ⓢ 견본을 만들다; 견본이 되다 ☜ example(보기/실례/견본)의 두음소실

☐ **sem**blance [sémbləns] ⓜ **유사**, 닮음; 외관, 외형; 모양, 모습 ☜ 같(sem) 은(ble) 것(ance<명접>)
♠ formal **semblance** 외형적인 **유사함**

✚ as**sem**bly **집회, 회합** re**sem**ble **닮다** **simil**ar **유사한, 비슷한** **simul**ate **가장하다**, 흉내 내다

☐ **semester**(한 학기) ➔ **semipro**(반직업적 선수) **참조**

세미파이널 semifinal (준(準)결승)

♣ **어원 : semi-, sem- 반(半)~, 준(準)~, 절반, 얼마간~, 좀~; ~에 두 번**

☐ **semi**annual [sèmiǽnjuəl] ⓗ 반년마다의, 연 2회의, 반기의; 반년 계속의; 반년생의 《식물》
☜ 반(semi) 년(ann) 마다의(ual)

☐ **semi**annually [sèmiǽnjuəli] ⓟ 반년마다, 연 2회로 ☜ -ly<부접>

☐ **semi**colon [sémikòulən] ⓜ **세미콜론** 《;》 ☜ 반(semi) 구두점, 콜론(colon)
★ period《.》보다 약하고, comma《,》보다는 강한 구두점.
♠ place 〔put in〕 a **semicolon 세미콜론**을 넣다 〔쓰다〕.

☐ **semi**circle [sémisə̀ːrkl] ⓜ 반원(형) ☜ 반(semi) 원(circle)

☐ **semi**conductor [sèmikəndʌ́ktər] ⓜ 〖물리〗 반도체; 반도체를 이용한 장치 《트랜지스터·IC 등》
☜ 반(semi) 지도〔인도〕하는(conduct) 것(or). **반도체란 전기가 잘 통하는 도체와 통하지 않는 절연체의 중간적인 성질을 나타내는 물질이다**

☐ **semi**conscious [sèmikɑ́nʃəs/-kɔ́n-] ⓗ 반(半)의식이 있는, 의식이 완전치 않은
☜ 절반(semi) 정도만 모두(con) 알고(sci) 있는(ous<형접>)

☐ **semi**consciously [sèmikɑ́nʃəsli/-kɔ́n-] ⓟ 반(半)의식적으로 ☜ -ly<부접>

☐ **semi**consciousness [sèmikɑ́nʃəsnis] ⓜ 반(半)의식적임, 절반은 의식이 있음 ☜ -ness<명접>

☐ **semi**final [sèmifáinl] ⓜⓗ 〖경기〗 준(準)결승(의), 〖권투〗 (메인 이벤트 직전의) **세미파이널**(의)
☜ 반(semi) 최종(fine) 의(al<형접>)

☐ **semi**mountainous [sèmimáuntinəs] ⓗ 반(半)산악지대의
☜ 반(semi) 산악지대(mountain) 의(ous<형접>)

세미나 seminar (전문인 등이 특정한 주제에 관하여 여는 토론회)

SEMINAR

☐ **semin**ar [sémənɑ̀ːr] ⓜ (대학의) **세미나** 《교수의 지도에 의한 학생 공동 연구 그룹》; (대학의) 연구과, 대학원 과정; 연구실; [일반적] 연구 집회; 《미》 전문가 회의 ☜ 라틴어로 '사육장, 식물원'이란 뜻. '양성소'란 의미로 발전. 기르는(semin) 것(ar)
♠ conduct 〔hold〕 a **seminar 세미나**를 개최하다

☐ **semin**ary [sémənèri/-nəri] ⓜ **학교**, 학원; 양성소; **신학교**; 《비유》 (죄악 따위의) 온상
☜ 기르는(semin) 곳(ary)

세미프로 semipro (반(半)직업적 선수)

♣ **어원 : semi-, sem- 반(半)~, 준(準)~, 절반, 얼마간~, 좀~; ~에 두 번**

☐ **semi**permanent [sèmipə́ːrmənənt] ⓗ 일부 영구적인; 반영구적인 ☜ 반(semi) 영구적인(permanent)

☐ **semi**precious [sèmipréʃəs] ⓗ 약간 귀중한; 준(準)보석의 ☜ 반(semi) 귀중한(precious)

☐ **semi**pro [sémipròu] 《구어》 = semiprofessional ⓜⓗ (pl. **-s**) **세미프로**〔반직업적〕 선수(의)
☜ 반(semi) 직업선수(profession) 의(al<형접>)

S

□ **semi**solid [sèmisάlid/-sɔ́l-] ⓜⓗ 반고체(의) ☜ 반(semi) 고체(solid)
□ **se**mester [siméstər] ⓜ (1년 2학기제 대학의) **한 학기**, 반(半)학년
☜ 라틴어로 '반(sem) 년(ester)'이란 뜻
♠ the spring 〔fall〕 **semester** 봄 〔가을〕 **학기**

시니어 senior (연장자) ⇔ 주니어 junior (연하자)
세뇨리타 sen(h)orita ([스페인 · 포르투갈] 미혼여성에 대한 경칭)

♣ **어원 : sen 늙은, 원로, 연장자, 선배, 상사**
■ **sen**ior [síːnjər] ⓗ **손위의**, 연상의; 선임의, 선배의, 상급자인 ⓜ **연장자**, 상급자
☜ 라틴어로 '나이가 든'이란 뜻
♠ He is three years **senior** to me. = He is **senior** to me by three years.
그는 나보다 세 살 **위**다.
■ **sen**iority [siːnjɔ́ːriti, -njάr-] ⓜ 손위, 연상(年上), 상급, 선임 ☜ senior + ity<명접>
□ **sen**ate [sénət/**쎄**닡] ⓜ (S-) (미국 · 캐나다 · 프랑스 · 호주 등의) **상원**; 입법부, 의회; 이사회; 원로원 ☜ 라틴어로 '원로원'이란 뜻. '연장자(sen)의 신분(ate)'
♠ a **Senate** hearing **상원** 청문회
□ **sen**ator [sénətər] ⓜ (S-) 《미》 **상원 의원**; (대학의) 평의원, 이사; 원로원 의원 ☜ -ator(사람)
□ **sen**atorial [sènətɔ́ːriəl] ⓗ 원로원(의원)의, 상원(의원)의 ☜ 상원의원(senator) 의(ial)

에이올 AWOL (무단이탈), 센드메일 sendmail (유닉스의 메일서버)

미국 남북전쟁(1861~1865) 기간 중 무단이탈을 한 병사는 AWOL(Absent Without Leave) 무단이탈이라고 쓴 표찰을 목에 걸고 다녀야 했다. 망신을 주는 것으로 징계를 한 것이다. 오늘날 회사에서 슬그머니 사라지는 경우에도 종종 쓰인다.

© Universal Pictures

♣ **어원: send, sent, sen 보내다**
■ **AWOL, awol** [éiɔ̀ːl, èidʌ̀bljuòuél] ⓜⓗ 『군사』 무단 이탈〔외출〕한 (병사); 무단결석〔외출〕한 (자) ☜ Absent Without Leave (허가 없는 불참)의 약어
■ ab**sent** [ǽbsənt/**앱**선트] ⓗ **부재의**, **결석한** 반 present 출석한
[æbsént/앱**쎈**트] ⓢ 비우다, **결석**〔결근〕**하다**
☜ 멀리(ab=away) 보내다(sent)
□ **send** [send/쎈드] ⓢ (-/**sent**/**sent**) **보내다; 부치다; 가게하다**; (술 · 접시 등을) **돌리다**; (빛 · 연기 등을) **발하다**
☜ 고대영어로 '가게 하다'란 뜻
♠ **send** a person a book = **send** a book to a person 아무에게 책을 **보내다**
♠ **send away ~ ~을 내쫓다, ~을 멀리 보내다**
♠ **send for ~ ~을 데리러[부르러] 보내다**
Send for a doctor, quickly! 의사를 **불러요**, 빨리!
♠ **send forth 발하다, 보내다, 내다**(=give out)
Flowers **send forth** fragrance. 꽃은 향기를 **발한다**.
♠ **send off 보내다, 전송하다, 쫓아내다**
♠ **send out ~ ~을 보내다, ~을 파견하다; (나무가 순 따위를) 내다; (빛 · 향기 따위를) 발하다)**
□ **send**er [séndər] ⓜ **발송인**, 출하자; 『전기』 송신기, 발신인 ☜ send + er(사람)
□ **send**-off [séndɔ̀ːf, -àf/ɔ̀f] ⓜ 송별 ☜ 멀리(off) 보내다(send)

세네카 Seneca (고대 로마의 스토아파 철학자 · 정치가)

□ **Seneca** [sénikə] ⓜ **세네카** 《Lucius Annaeus ~, 로마의 정치가 · 철학자 · 비극 작가; 4 B.C.? -A.D. 65》 ★ 말년에 네로 황제의 스승이 되었지만, 황제암살 음모사건에 연루되어 유형에 처해짐.

세네갈 Senegal (서(西)아프리카에서 군사쿠데타가 없었던 유일한 공화국)

□ **Senegal** [sènigɔ́ːl] ⓜ **세네갈** 《1960년 프랑스에서 독립. 아프리카 서부에 있는 공화국; 수도 다카르(Dakar)》 ☜ 세네갈은 세네갈강(江)에서 유래했는데 이 세네갈강은 베르베르어로 '나의 배(舟)'라는 뜻

시니어 senior (연장자) ⇔ 주니어 junior (연하자)
세뇨리타 sen(h)orita ([스페인 · 포르투갈] 미혼여성에 대한 경칭)

♣ 어원 : sen 늙은, 원로, 연장자, 선배, 상사

☐ **sen**hor [sinjɔ́ːr] 명 (pl. **-s**, **-es**) 《포》 **세뇨르**, ~씨, ~님, 나리 《경칭으로 성(姓) 앞이나 단독으로 씀; 생략: Sr.》; 포르투갈〔브라질〕 신사

☐ **sen**hora [sinjɔ́ːrə] 명 《포》 **세뇨라**, ~부인 《경칭》; 마나님, 귀부인 《생략: Sra.》

☐ **sen**horita [sènjəríːtə] 명 《포》 **세뇨리타**, ~양(孃)《경칭》; 영애, 아가씨 《생략: Srta.》

☐ **sen**ior [síːnjər] 형 **손위의**, 연상의; 선임의, 선배의, 상급자인 명 **연장자**, 상급자
☜ 라틴어로 '나이가 든'이란 뜻
♠ He is three years **senior** to me. = He is **senior** to me by three years.
그는 나보다 세 살 **위**다.

☐ **sen**iority [siːnjɔ́ːriti, -njάr-] 명 손위, 연상(年上), 상급, 선임 ☜ senior + ity<명접>

☐ **sen**or, **señ**or [senjɔ́ːr] 명 (pl. -ñores) 《스페》 **세뇨르, ~님, ~씨**; 나리 《경칭; 생략: Sr.》; 스페인 신사

☐ **sen**ora, **señ**ora [senjɔ́ːrə] 명 《스페》 **세뇨라**, ~부인, ~마나님 《경칭; 생략: Sra.》; 스페인 숙녀, 귀부인

☐ **sen**orita, **señ**ora [sèinjɔríːtə, sìː-] 명 《스페》 **세뇨리타**, ~양(孃) 《경칭; 생략: Srta.》; 영애, 스페인 아가씨

넌센스 nonsense (터무니없는 생각), 센스 sense (분별력)

♣ 어원 : sens(e), sent 느끼다(feel); 감각, 느낌

NONSENSE QUIZ

■ non**sens**e [nάnsens/nɔ́nsəns] 명 **무의미한 말**; 터무니없는 생각, **난센스**; 허튼말〔짓〕; 시시한 일 형 무의미한, 엉터리없는
☜ 감각/의미(sens)가 없는(non) 것(e)

☐ **sens**ation [senséiʃən] 명 **감각**, 지각(知覺); 마음, 기분; 감동, 흥분; **센세이션**, 대사건 ☜ sense + ation<명접>
♠ feel a delightful **sensation** 즐거운 **기분**이 들다.

☐ **sens**ational [senséiʃənəl] 형 **선풍적 인기의**, 선정적인; **지각의**; 『철학』 감각론의 ☜ -al<형접>

☐ **sens**e [sens/쎈스] 명 (시각·청각·촉각 따위의) **감각**; **의식, 분별**; **의미** 동 **느끼다**
☜ 라틴어로 '느끼다, 지각하다'란 뜻
♠ **the sense of touch** 〔vision, hearing, taste, smell〕
촉각 〔시각, 청각, 미각, 후각〕
♠ **in a sense 어떤 의미로는**
♠ **in all senses 모든 의미[점]에서**

☐ **sens**eless [sénslis] 형 **무감각의**(한); 어리석은, 분별〔상식〕 없는; 무의미한 ☜ -less(~이 없는)

☐ **sens**e organ 감각 기관 ☜ organ(『악기』 오르간; 『생물』 장기, 기관)

☐ **sens**ibility [sènsəbíləti] 명 **감각**(력), 지각(知覺); 감도; 신경과민; (종종 pl.) **감수성**
☜ sense + ibility(=ability/능력)

☐ **sens**ible [sénsəbəl] 형 **분별[양식] 있는**, 현명한; **느낄 수 있는** ☜ sense + ible(~할 수 있는)

in**sens**ible [insénsəbəl] 형 **무감각한; 의식이 없는** ☜ in(=not/부정) + sensible(느낄 수 있는)

☐ **sens**ibly [sénsəbli] 형 느낄 수 있을 만큼; 현명하게; 분별 있게 ☜ sense + ibly(~할 수 있게)

☐ **sens**itive [sénsətiv] 형 **민감한; 느끼기 쉬운**; 감수성이 강한; 신경과민의 ☜ sense + itive<형접>

☐ **sens**itivity [sènsətívəti] 명 감성(感性), 감도, **민감도** ☜ sensitive + ity<명접>

☐ **sens**or [sénsər, -sɔːr] 명 『전자공학』 (빛·열·소리 등의) **감지기**, 감지 장치, **센서**
☜ sense + or(기계)

☐ **sens**ory [sénsəri] 형 지각〔감각〕(상)의; 지각 기관의, 감각 중추의 명 감각 기관
☜ sense + ory<형접/명접>
♠ a **sensory** temperature **체감** 온도

☐ **sens**ual [sénʃuəl] 형 **관능적인, 관능주의의**; 호색(好色)의, 육욕의; 육감적인
☜ sense + ual<형접>

☐ **sens**uous [sénʃuəs] 형 감각적인; 오감에 의한; 미감에 호소하는, 심미적인
☜ sense + uous<형접>

S

☐ **sent**(send의 과거·과거분사) ➔ **send**(보내다) **참조**

센스 sense (분별력), 센텐스 sentence (문장), 센티멘탈 sentimental (감성적인)

♣ 어원 : sens(e), sent 느끼다(=feel); 감각, 느낌

■ **sens**e [sens/쎈스] 명 (시각·청각·촉각 따위의) **감각**; **의식, 분별**; **의미** 동 **느끼다**
☜ 라틴어로 '느끼다, 지각하다'란 뜻

☐ **sent**ence [séntəns/쎈턴스] 명 『문법』 **문장**; **판결** 동 **선고하다**
☜ 느낌(sent)을 적은 것(ence<명접>)
♠ modify a **sentence 문장**을 꾸미다
♠ **be sentenced** to death 사형 **선고를 받다**.

☐ **sent**entious [senténʃəs] 형 금언〔격언〕적인; 교훈적인 ☜ 느낌(sent)이 존재(ent) 하는(ious<형접>)

☐ **sent**iment [séntəmənt] 명 (고상한) **감정**, 정서, 정감 ☜ 느끼는(sent) 것(ment<명접>)

☐ **sent**imental [sèntəméntl] 형 **감정[감상, 감성]적인** ☜ -al<형접>
☐ **sent**imentalism [sèntəméntəlìzm] 명 감상주의 ☜ -ism(~주의)
☐ **sent**imentality [sèntəmentǽləti] 명 감상성 ☜ -ity<명접>
☐ **sent**inel [séntənl] 명 《문어》 **보초; 파수병** 동 망보다; ~에 보초를 세우다(두다)
☜ 라틴어로 '감각으로 지각(sent)하는(in) 사람(el)'이란 뜻
♠ stand **sentinel 보초**를 서다, **망**을 보다
☐ **sent**ry [séntri] 명 『군사』 **보초**, 초병; (보초의) 감시, 파수 ☜ -ry<명접>

✚ as**sent 동의[찬성]하다; 동의**, 찬성 con**sent 동의[승낙]하다; 동의**, 승낙 dis**sent 의견을 달리하다, 이의를 말하다;** 불찬성, 이의 re**sent** 골내다, **분개하다**; 원망하다

서울 Seoul (대한민국의 수도)

☐ **Seoul** [sóul/쏘울] 명 **서울** ☜ 신라의 수도인 경주가 서라벌(徐羅伐)로 불려진 데서 비롯하였는데, 서라벌=수도(首都)라는 뜻이다. 서라벌<서벌<서울로 변화되었는데, 이를 좀 더 구체화시키면 '높은(신령스런) 고을'이란 뜻이라고 한다.

퍼레이드 parade (행진)

♣ 어원 : **par, para, pare, pair 준비하다; 정돈하다; 배열하다**
■ **par**ade [pəréid] 명 **열병**(식), 행렬, **퍼레이드**, 행진; **과시** 동 **열지어 행진하다; 과시하다** ☜ 정돈/배열하여(par) 움직임(ade)
☐ se**par**ate [sépərèit/쎄퍼뤠잍] 동 **떼어 놓다**, 분리하다, **가르다, 격리시키다** 형 따로따로의 ☜ 따로 떼어(se) 준비하(par) 다(ate<동접>)
♠ **separate** trash 쓰레기 분리수거를 하다
♠ **separate (A) from (B) A를 B와 떼어 놓다[구분하다]**
separate good **from** evil 선악을 **분별하다**
☐ se**par**ately [sépəritli, -pərtli] 부 갈라져; **따로따로**, 단독으로 ☜ -ly<부접>
☐ se**par**ation [sèpəréiʃən] 명 **분리, 독립**, 떨어짐, 이탈; 이별; (부부) **별거** ☜ -ation<명접>
☐ se**par**ator [sépərèitər] 명 분리하는 사람, 분리기 ☜ -or(사람)
☐ se**par**able [sépərəbəl] 형 뗄 수 있는, 분리할 수 있는 ☜ -able(~할 수 있는)
■ inse**par**able [insépərəbəl] 형 **분리할 수 없는**; 불가분의; 떨어질 수 없는
☜ in(=not/부정) + separable
■ pre**pare** [pripέər/프뤼페어] 동 **준비하다**, 채비하다 ☜ 미리(pre) 준비하다(pare)
■ re**pair** [ripέər] 동 **수리**(수선, 수복)**하다** 명 **수선, 수리** ☜ 다시(re) 준비하다(pair)

☐ **sequester**(격리하다, 은퇴시키다) ➔ **require**(요구하다, 명하다) **참조**

세포이 sepoy (영국의 인도 지배 시기 현지에서 채용된 인도인 용병)

☐ **sepoy** [síːpɔi] 명 **세포이** 《영국 지배 시기 인도에서 채용된 현지 용병》
☜ 페르시아어로 '기병'이란 뜻
☐ **Sepoy** Mutiny (Rebellion) [the ~] 세포이 반란(1857-59)
☜ mutiny(폭동, 반란), rebellion(폭동, 반란)
★ 새로 지급된 총포에 소와 돼지의 기름이 칠해져 있었는데 이는 세포이들에게 자신의 종교를 부정하는 일로 받아들여져 항쟁이 촉발되었으나 1년만에 영국 정부군에 의해 진압되었다.

세븐일레븐 7-Eleven (7시-밤11시까지 영업하는 일본의 편의점 체인)

♣ 어원 : **seven, sept(em) 7, 일곱**
■ **seven** [sévən/쎄븐] 명 **일곱, 7** 형 일곱의, 일곱 개(사람)의
☜ 고대영어로 '7'이란 뜻
☐ **Septem**ber [septémbər/쎕템버] 명 **9월** 《약어: Sep., Sept.》
☜ 라틴어로 '7월'이란 뜻.
☜ 최초 **7월**이었으나, 추후 7월(July: Julius Caesar의 달)·8월(August: Augustus의 달)이 새롭게 추가되면서 9월로 밀려남.
♠ Let's meet on **Sept. 9. 9월** 9일에 만납시다
※ **eleven** [ilévən/일레번] 명 **11, 열 한 개**(살) 형 11의, 11개(명)의
☜ 고대독일어로 '10을 넘어 하나가 남은'이란 뜻

S

홀리 세플커 Holy sepulcher (예수살렘에 있는 예수의 무덤, 성묘(聖墓))

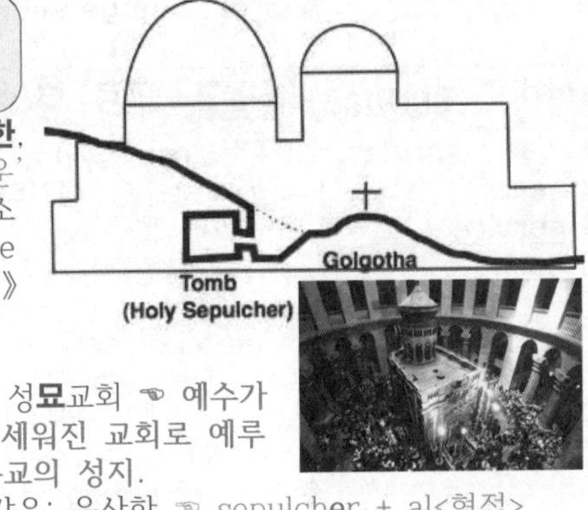

※ **holy** [hóuli/**호**울리] ⓗ (-<-**lier**<-**liest**) **신성한**, 성스러운; 경건한 ☜ 고대영어로 '성스러운'

□ **sepulcher**, 《영》 **-chre** [sépəlkər] ⓜ 묘, **무덤**; 매장소 《바위를 뚫거나, 돌·벽돌로 구축한 것》; (the (Holy) S-) 성묘《예수의 무덤》 ⓓ 《고어》 무덤에 넣다〔묻다〕, 매장하다 ☜ 라틴어로 '무덤'이란 뜻.
♠ the church of the Holy **Sepulcher** 성**묘**교회 ☜ 예수가 십자가에 못 박혀 죽은 뒤 안장된 묘지에 세워진 교회로 예루살렘 북서쪽 골고다 언덕 위에 위치. 기독교의 성지.

□ **sepulchr**al [səpʌ́lkrəl] ⓗ 무덤의; 매장(식)의; 무덤 같은; 음산한 ☜ sepulcher + al<형접>

시퀀스 sequence (사건·행동 등의 연쇄적인 순서·절차)

♣ 어원 : **sequ, secu, qu 뒤따르다, 행하다**

□ **sequ**el [síːkwəl] ⓜ 계속, 속편, 후편; 귀추, 추이 ☜ 뒤따르는(sequ) 것(el<명접>)

□ **sequ**ela [sikwíːlə] ⓜ (pl. -la**e**) (보통 pl.) 『의학』 후유증; 결과 ☜ -a(증상)

□ **sequ**ence [síːkwəns] ⓜ **연속, 속발**; **결과** ☜ 뒤따르는(sequ) 것(ence<명접>)
♠ Arrange the names in alphabetical **sequence**. 이름을 알파벳**순**으로 배열하시오.

□ **sequ**ent [síːkwənt] ⓗ 연속하는, 잇따라 일어나는; 다음의; 결과로서 생기는 ☜ sequ + ent<형접>

□ **sequ**ential [sikwénʃəl] ⓗ 연속되는, 일련의 ☜ sequent + ial<형접>

□ **sequ**ester [sikwéstər] ⓓ **격리하다, 은퇴하다**; 기권하다 ☜ 따라다니며(sequ) + e + 옆에 서있는(st) 것(er)
♠ **sequester** oneself from society 세상을 **등지다**, **은퇴하다**.

✚ sub**sequ**ent **그 후의; 다음의** con**secu**tion 연속; 논리적 관련, 조리(條理)

세라핌 seraph(im) ([가톨릭] 최고의 지위에 속하는 천사, 치천사)

□ **seraph** [sérəf] ⓜ (pl. **-s**, -aph**im**) **천사**(=angel); 치품 천사(熾品天使) 《세 쌍의 날개를 가진》 ☜ 히브리어로 '불에 타는 것'이란 뜻

□ **seraph**ic [siræ̀fik] ⓗ 치품 천사의; 천사와 같은, 청순한; 거룩한 ☜ seraph + ic<형접>
♠ a smile almost **seraphic** in its beauty 거의 **천사**의 미(美)를 갖춘 미소

세르비아 Serbia (유럽 남동부 발칸반도에 위치한 공화국)

□ **Serbia** [sə́ːrbiə] ⓜ **세르비아** 《옛 유고슬라비아의 한 공화국; 1992년 몬테네그로와 신(新)유고(세르비아-몬테네그로로 개명)를 이룸. 수도는 베오그라드(Beograd/Belgrade)》 ☜ '세르브(Serb)족의 나라(ia)'란 뜻.

세레나데 serenade (소야곡(小夜曲): 밤에 어울리는 조용하고 서정적인 악곡)

♣ 어원 : **seren 청명한, 화창한, 평화로운**

□ **seren**ade [sèrənéid] ⓜ **세레나데**, 소야곡 《남자가 밤에 연인의 창밑에서 부르는 노래〔연주〕》 ⓓ (~에게) 세레나데를 들려주다 ☜ 이탈리아어로 '청명한, 밤의(seren) 음악<것(ade)'이란 뜻

□ **seren**e [siríːn] ⓗ (-<-**ner**<-**nest**) **고요한**, 잔잔한; 화창한; 침착한 ⓜ 《고어·시어》 평온한 바다〔호수〕; 맑게 갠 하늘 ⓓ 《고어·시어》 평온하게 하다 ☜ 라틴어로 '평온한'이란 뜻 ⓑ furious 광포한
♠ remain **serene 침착함[냉정]**을 유지하다

□ **seren**ity [sirénəti] ⓜ 청명, **화창함**; 평온; 침착 ☜ -ity<명접>

□ **serf**(농노) ➔ **sergeant**(부사관) **참조**

서지 serge (능직의 모직물)

□ **serge** [səːrdʒ] ⓜ **서지**, 세루 《피륙》 ☜ 라틴어로 '비단 옷'이란 뜻
비교 surge **서지** 《『전기』 특정 시간만 급격히 가해지는 과전압》

♠ a blue **serge** suit 청색 **서지** 정장

서비스 service ([콩글] 무료 봉사) ➔ no charge, free of charge

♣ **어원 : serv(e), serf, serge 섬기다, 봉사하다; 노예**

■ **serv**e [səːrv/써-브] [동] **섬기다**, 시중들다, 봉사하다 ☜ 라틴어로 '섬기다'란 뜻

■ **serv**ice [sə́ːrvis/**써**-뷔스] [명] (종종 pl.) **봉사, 서비스**, 수고, 공헌, 이바지 ☜ 라틴어로 '섬김'이란 뜻

□ **serf** [səːrf] [명] 농노(農奴)《토지와 함께 매매된 봉건 시대의 최하위 계급의 농민》; 《비유》 노예 (같은 사람) ☜ 라틴어로 '노예'란 뜻

♠ The term "**serf**" is derived from the Latin word "servus", meaning servant or slave. '**농노**'라는 단어는 하인이나 노예를 뜻하는 라틴어 'servus'에서 유래되었다.

□ **serge**ant [sáːrdʒənt] [명] 〖군사〗 **부사관**《중·상사》, 병장 《생략: Serg., Sergt., Sgt.》; 〖경찰〗 경사(警査) ☜ 봉사하는(serge) 사람(ant)

♠ He was promoted to **sergeant**. 그는 **병장**으로 진급했다.

시리얼 넘버 serial number (일련 번호), 시리즈 series (연속물)

♣ **어원 : seri 줄, 열; 연속적인, 일련의**

□ **seri**al [síəriəl] [형] **연속[일련]의** [명] (신문·잡지 또는 영화의) **연속물**, 연재물 ☜ series + al<명접>

♠ **in serial order 번호순으로, 순차적으로**

□ **seri**ally [síəriəli] [부] 연속적으로 ☜ serial + ly<부접>

□ **seri**es [síəriːz/**씨**어뤼-즈] [명] **연속(극), 시리즈(물)**, 연재물 ☜ 라틴어로 '줄, 열, 사슬'이란 뜻

※ **number**, **No.**, **N°**, **no.** [nʌ́mbər/**넘**버] [명] **수**(數), 숫자; (pl. Nos., N°s, nos.) 〘숫자 앞에 붙여〙 **제 ~번, 제 ~호, ~번지** 《따위》 ☜ 라틴어로 '수'란 뜻

[연상] 시리즈(series.연속극)물은 통상 시리어스(serious.진지한)한 것이 많다.

♣ **어원 : seri 무게; 무겁게 하다, 무게를 재다, 들어 올리다**

※ **seri**es [síəriːz/**씨**어뤼-즈] [명] **연속(극), 시리즈(물)**, 연재물 ☜ 라틴어로 '줄, 열, 사슬'이란 뜻

□ **seri**ous [síəriəs/**씨**어뤼어스] [형] (표정·태도 따위가) **진지한**, 엄숙한; **중대한,** 심각한 ☜ 무겁게(seri) 하는(ous<형접>)

♠ Are you **serious** ? 너 **진심**이니 ?

□ **seri**ously [síəriəsli] [부] **진지하게, 진정으로** ☜ -ly<부접>

□ **seri**ousness [síəriəsnis] [명] **진지함**, 중대〔심각〕함; 정색 ☜ -ness<명접>

[연상] 시몬(Simon) 너는 좋으냐, 지루한 서먼(sermon.훈계) 소리가...

※ **Simon** [sáimən] [명] **사이먼** 《남자 이름》; 〖성서〗 **시몬** 《예수의 열 두 사도 중의 한 사람》 ★ "시몬 너는 좋으냐, 낙엽 밟는 발자국 소리가"라는 구절은 19c 말~20c 초 프랑스 시인 구르몽(Gourmont)의 <낙엽>이란 시에 등장하는 시(詩) 구절이다.

□ **sermon** [sə́ːrmən] [명] **설교**; 교훈, 훈계; 잔소리, 장광설 ☜ 라틴어로 '이야기'란 뜻

♠ preach a **sermon 설교**하다 ☜ preach(전도하다, 설교하다)

세르팡 serpent ([음악] 뱀 모양의 관악기. <뱀>이란 뜻)

□ **serpent** [sə́ːrpənt] [명] (크고 독 있는) **뱀**; 교활한 사람; 악마; 〖음악〗 (옛날의) 뱀 모양의 나팔 ☜ 라틴어로 '뱀, 기어가는 것'이란 뜻

♠ He stepped gingerly around the **serpent**. 그는 **뱀** 주위를 조심조심 걸었다.

□ **serpent**ine [sə́ːrpəntàin, -tìːn] [형] 뱀의; 뱀 같은; 음흉한, 교활한 [명] 〖광물〗 사문(蛇紋)석; 뱀춤 ☜ 뱀(serpent) 같은 것(의)(ine<형접/명접>)

♠ the **Serpentine** Lake **서펜타인** 호수 《영국 런던 하이드파크에 있는 S자 모양의 인공호수》

서비스 service ([콩글] 무료 봉사) ➔ no charge, free of charge
애프터서비스 after service ([콩글] 사후 봉사) ➔ after-sales service, repair service(수리 서비스), warranty(보증 서비스)

♣ **어원 : serv(e), serge 섬기다, 봉사하다; 노예**

☐ **serv**e [sə:rv/써-브] ⓢ **섬기다**, 시중들다, 봉사하다 ☜ 라틴어로 '섬기다'란 뜻
♠ **serve** one's master (God) 주인(신)을 **섬기다**
♠ **serve ~ right ~에게 마땅한 대우를 하다**
♠ **serve as ~ ~의 역할을 하다, ~의 대용이 되다**

☐ **serv**ice [sə́:rvis/**써**-뷔스] ⓜ (종종 pl.) **봉사, 서비스**, 수고, 공헌, 이바지
☜ 라틴어로 '섬김'이란 뜻 ★ 우리말에 공짜로 제공한다는 말을 서비스(service)라고 하는데 이것은 콩글리시이다. 바른 표현은 It's on the house/ It's free of charge. (무료로 드리는 겁니다, 공짜입니다)이다. 또한 서비스센터는 service (A/S) center가 아닌 repair shop이다.

☐ **serv**ant [sə́:rvənt/**써**-뷘트] ⓜ 고용인, **하인**; 부하, 종복; 《미》 노예 ☜ 봉사하는(serv) 사람(ant)

☐ **serv**iceable [sə́:rvisəbl] ⓗ **쓸모있는**, 편리한; 튼튼한, 실용적인; 《고어》 남을 돕기 좋아하는, 친절한 ☜ service + able(~할 수 있는<형접>)

☐ **serv**ice area 가시청 구역, 유효 범위; (차도변의) **서비스 에어리어** 《주유소 · 식당 · 화장실 등이 있는》 ☜ area(지역, 범위, 구역)

☐ **serv**ice court 『정구』 서브를 넣는 장소 ☜ court(뜰, 경기장 코트)

☐ **serv**iceman [sə́:rvismæ̀n] ⓜ (pl. -men) (현역) 군인; 수리공; 주유소 종업원 ☜ man(남자, 사람)

☐ **serv**ice station 주유소 ☜ station(정거장, 역, ~소(所), ~서(署))

☐ **serv**ing [sə́:rviŋ] ⓜ 음식을 차림, 음식 시중, 접대, **서빙** ☜ -ing<명접>

☐ **serv**ile [sə́:rvil, -vail] ⓗ **노예의**; 노예근성의, 비굴한; 굴욕적인, 추종적인 ☜ -ile<형접>
♠ **be servile** to public opinion 여론을 **추종하다**.

☐ **serv**ility [sə:rvíləti] ⓜ 노예 상태, 노예 근성, 굴종 ☜ serve + ility<명접>

☐ **serv**itude [sə́:rvətjù:d] ⓜ 노예 상태, **예속**; 노역, 징역, 강제 노동; 『법률』 용역권(用役權) ☜ -tude<명접>

※ **after** [ǽftər/**앺**터/ɑ́:ftər/**앞**-터] ⓑ **뒤에, 후에**(=behind); ~의 다음에(=next to); ~을 찾아 (추구하여), ~을 뒤쫓아 ☜ 고대영어로 '훨씬 뒤에'란 뜻

✚ de**serve** ~할 만하다, **~할 가치가 있다** sub**serve** 돕다, 보조하다 **serge**ant **부사관**, 병장; 경사

세서미 스트리트 sesame street (미국의 최장수 어린이 TV 프로. <참깨 거리>)

1952년 텍사스주 달라스시 인근 파리카운티에서 로이 앤더슨과 제임스 앤더슨 형제가 참깨농장과 유통회사를 차렸는데, 형제는 당시 파리카운티 교외에 종업원 자녀를 위한 유아원과 유치원 등 교육시설에 투자하고 '참깨거리(Sesame Street)'라는 이름을 붙였다. 그후 1969년 미국의 공영방송 PBS가 <sesame street>란 방송을 시작한 이래, 현재까지 지속되고 있는 미국 방송 역사상 가장 오래 방송된 취학 전 아동교육 프로그램이 되었다.

☐ **sesame** [sésəmi] ⓜ **참깨**(씨) ☜ 참깨 씨앗이나 열매
♠ sesame oil 참기름
♠ open sesame 문여는 주문, (난국) 해결의 열쇠 ☜ 『아라비안 나이트』 중의 <알리바바와 40인의 도적>의 이야기에서 도적이 동굴문을 열 때 사용하는 주문 "열려라 참깨!"에서

※ **street** [stri:t/스뜨뤼-트/스트뤼-트] ⓜ **가**(街), **거리** 《생략: St.》
☜ 고대영어로 '도로', 라틴어로 '포장도로'란 뜻

레지던트 resident (수련중인 의사), 싯 다운 Sit down! (앉아라!)

© 20th Television

♣ 어원 : **sit, sid, sed, sad, sess 앉다**

■ re**sid**ent [rézidənt] ⓜ **레지던트**(수련의); **거주자** ⓗ 거주하는
☜ 뒤에(re) 앉아있는(sid) 사람(ent)

■ pre**sid**ent [prézidənt/프**뤠**지던트] ⓜ **의장, 총재, 회장, 총장**; (P-) **대통령**
☜ 앞에(pre) 앉아있는(sid) 사람(ent)

☐ **sess**ion [séʃən] ⓜ **회기, 기간; 학기** ☜ (한동안) 앉아있는(sess) 것(ion<명접>)
♠ a photo (training) **session** 사진 촬영 **시간** (훈련 **기간**)
♠ The court is now **in session**. 그 법정은 지금 **개정된 상태**이다

✚ **sed**entary **앉아있는** **sad**dle **안장**; 새들 **sit 앉다**, 앉아있다

세트 set (한 조), 세팅 setting (설치), 세트메뉴 set menu (콩글 여러 요리가 한 벌을 구성하는 메뉴) ➔ [F.] prix fixe (menu)(프릭 픽스), combo

♣ 어원 : **set 놓다, 앉다, 배치[설치]하다, ~상태로 두다**

☐ **set** [set/쎝] ⓢ (-/**set**/**set**) **두다, 놓다**, 자리 잡아 앉히다 ⓜ 한 벌, **한 조, 세트**; 일몰
☜ 고대영어로 '앉게 하다, 두다'란 뜻
♠ **set about ~ ~을 시작하다, ~에 착수하다**(=set to work)
I **set about** planning the trip. 나는 여행 계획 수립에 **착수했다**.

< 세트 메뉴 >

♠ **set apart 떼다; 따로 떼어 두다**
♠ **set aside 곁에 제쳐 두다; 그만두다; 저축하다; 무시하다**
♠ **set down 아래에 놓다; (승객을) 내리다; 적어 두다, ~의 탓으로 돌리다**
♠ **set forth 말하다, 보이다, 진열하다; 발표하다, 제시하다; 출발하다**
The President **set forth** his views. 대통령이 자신의 의견을 **제시했다.**
♠ **set free 해방하다, 놓아주다, 방면하다**
♠ **set in 시작하다, ~이 되다; 정해지다, ~을 배경으로 하다**
The movie **is set in** New York. 그 영화는 뉴욕을 **배경으로 설정되었다.**
♠ **set off 출발하다; 돋보이게 하다, 폭발시키다, (불꽃 따위를) 쏴 올리다**
We **set off** again at a more sedate pace. 우리는 더 느린 속도로 다시 **출발했다.**
♠ **set out 출발하다; 착수하다; 꾸미다**
♠ **set the table 식탁을 차리다**
♠ **set up 설립하다, 세우다; 시작하다, 설치하다**

☐ **set**back [sétbæ̀k] ⓜ 퇴보 ☜ 뒤에(back) 두다(set)
☐ **set**down [sétdàun] ⓜ 꾸짖음 ☜ 아래(down) 두고(set) 말하다
☐ **set**off [sétɔ̀ːf, -àf/ɔ̀f] ⓜ 돋보이게 하는 것; 장식 ☜ (돋보이게) 따로(off) 두다(set)
☐ **set**out [sétàut] ⓜ 출발; 준비 ☜ 밖에(out) 두어(set) 준비시키다
☐ **set** point 【정구】 그 세트와 승패를 결정하는 득점 ☜ point(점, 점수)
☐ **set**ter [sétər] ⓜ **식자공; 세터** 《사냥개의 일종》 ☜ set + t<자음반복> + er(사람)
☐ **set**ting [sétiŋ] ⓜ **놓기, 설치**; (해·달의) 지기; (머리의) 세트
☜ set + t<단모음+단자음+자음반복> + ing<명접>

미래 에셋 Mirae Asset (한국의 금융그룹), 세트 set (한 조(組))

미래에셋은 1997년 설립된 한국의 금융그룹으로 산하에 증권, 보험, 자산운용, 캐피탈 등의 금융계열사가 있다.

♣ **어원 : set 놓다, 앉다, 배치[설치]하다, ~상태로 두다**
■ as**set** [ǽset] ⓜ **재산, 자산** ☜ ~에게(as<ad=to) 속한<놓여있는(set) 것
■ **set** [set/쎝] ⓢ (-/**set**/**set**) **두다, 놓다**, 자리 잡아 앉히다 ⓜ 한 벌, **한 조, 세트**; 일몰
☜ 고대영어로 '앉게 하다, 두다'란 뜻
☐ **set**tle [sétl/**쎄**를/**쎄**틀] ⓢ **놓다, 정주시키다, 터전을 잡다; 진정시키다; 해결하다; 결정하다**
☜ set + t<단모음+단자음+자음반복> + le<동접>
♠ **settle down 앉다; 정주하다; 안정하다**
I'll **settle down** in this town. 나는 이 마을에 **정착하려고 한다**
♠ **settle in 자리 잡다, ~에 거주하다**
☐ **set**tled [sétld] ⓗ **정해진, 고정된**; 정주한; 안정된; 청산된 ☜ settle + ed<수동형 형접>
☐ **set**tlement [sétlmənt/**쎄**를먼트/**쎄**틀먼트] ⓜ **정착; 생활안정; 이민** ☜ -ment<명접>
☐ **set**tler [sétlər] ⓜ 이민, 개척자; (새 천지로의) **이주민; 식민자** ☜ settle + er(사람)
☐ **set**up [sétʌ̀p] ⓜ **자세; 체격**; 조직의 편제, 구성; (기계 등의) 조립; (실험 등의) 장치, 설비; 【영화】 (카메라·마이크·배우 따위의) 배치, 위치 ☜ 곧추세워(up) 앉히다(set)

✚ be**set** 포위하다, 에워싸다 on**set** 개시, 시작, 착수 off**set** 차감 계산을 하다, 옵셋 인쇄로 하다 out**set** **착수**; 시작, 최초 pre**set** 미리 설치[조절]하다; 미리 설치〔세트〕된 up**set** **뒤집어엎다,** 전복시키다; **당황하게 하다; 전복**; 뒤집힌

세븐일레븐 7-Eleven (7시-밤11시까지 영업하는 일본의 편의점 체인)
세븐업 Seven-Up, 7-Up (미국의 청량음료 브랜드명)

♣ **어원 : seven, sept(em) 7, 일곱**
☐ **seven** [sévən/**쎄**븐] ⓜ **일곱, 7** ⓗ 일곱의, 일곱 개〔사람〕의
☜ 고대영어로 '7'이란 뜻
♠ for **seven** days **7일** 동안
☐ **Seven**-Up, 7-Up [sévnʌ̀p] ⓜ **세븐업** 《미국의 청량음료; 그 상표명》 ☜ 음료에 함유된 7가지 성분과 탄산방울이 위로 올라오는(up) 모습에서 착안했다는 설
☐ **seven**th [sévənθ/**쎄**븐쓰] ⓗ (보통 the ~) **제7의**, 일곱(번)째의; 7분의 1의 ⓜ **제7**, 일곱 번째; 7분의 1 ☜ seven + th(~번 째)
☐ **seven**teen [sévəntíːn/**쎄**븐**티**인] ⓗ 열일곱의, **17의** ⓜ 열일곱〔개, 사람〕, 17
☜ 7(seven) + 10(teen)
☐ **seven**teenth [sévəntíːnθ] ⓗ **제17의**, 열일곱(번)째의; 17분의 1의 ⓜ **제17**; 17분의 1
☜ seventeen + th(~번 째)
☐ **seven**ty [sévənti/**쎄**븐티] ⓗ **70의** ⓜ **70**, 일흔; 일흔 살 ☜ seven + ty(10의 배수)
☐ **seven**tieth [sévəntiiθ] ⓗ (보통 the ~) **제70의**, 일흔 번째의; 70분의 1의 ⓜ **제70**, 일흔째; 70분의 1 ☜ seventy + th(~번 째)

■ **Septem**ber [septémbər/셉**템**버] ⓜ **9월** 《약어: Sep., Sept.》 ☜ 라틴어로 '7월'이란 뜻. 최초 **7월**이었으나, 추후 7월(July: Julius Caesar의 달)·8월(August: Augustus의 달)이 새롭게 추가되면서 9월로 밀려남.

※ **eleven** [ilévən/일**레**븐] ⓜ **11, 열 한 개**〔살〕 ⓗ 11의, 11개〔명〕의 ☜ 고대독일어로 '10을 넘어 하나가 남은'이란 뜻

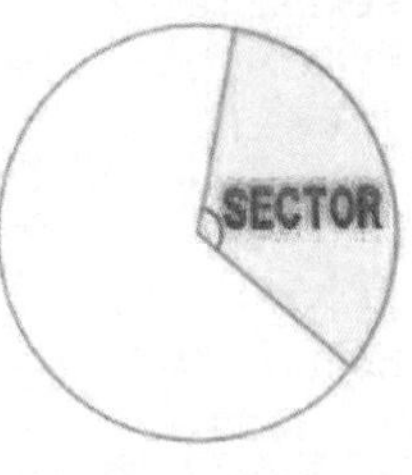

섹션 TV section TV (MBC 주간 연예정보 프로그램), 섹터 sector (분야, 영역), 섹스 sex (성(性))

♣ **어원 : sec(t), sev, sex 자르다; 나누다; 따로 떼어내다**

■ **sect**ion [sékʃən/**섹**션] ⓜ **부분**; 절단, 분할; 단면도; (문장의) **절** ⓢ 구분하다 ☜ -ion<명접>

■ **sect**or [séktər] ⓜ **부문**, 분야, 영역; 부채꼴 ⓢ 부채꼴로 분할하다 ☜ sect + or<접미사>

□ **sev**er [sévər] ⓢ 절단하다, **자르다**; 떼다, 가르다; ~의 사이를 떼다, 이간시키다 ☜ 고대 프랑스어로 '따로 떼어내(sev) 다(er<동접>)
♠ **sever** a rope 로프를 **끊다**

□ **sev**eral [sévərəl/**쎄**붜뤌] ⓗ **몇몇의**, 몇 개의; 각각의; 개별적인 ⓓ [복수 취급] 수개, 수명 ☜ sever + al<형접/명접>
♠ **Several men, several minds. 《속담》 각인 각색**

□ **sev**erally [sévərəli] ⓑ 각개〔각자〕에 ☜ several + ly<부접>

□ **sev**ere [sivíər, sə-] ⓗ (-<-r**er**<-r**est**) **엄한**, 호된, 모진; **엄격한**, 용서 없는, (태풍·병 등이) 심한 ☜ 라틴어로 '(단칼에) 자르듯이(sev) 엄한'이란 뜻
♠ a **severe** winter (날씨가) **혹독한** 겨울

□ **sev**erely [sivíərli, sə-] ⓑ **심하게, 엄하게**; 격심하게; 엄격하게; 간소하게 ☜-ly<부접>

□ **sev**erance [sévərəns] ⓜ 분리; 절단; 단절 ☜ severe + ance<명접>

□ **sev**erity [sivérəti, sə-] ⓜ **엄격**, 가혹; 격렬함; 통렬함; 고통; 간소 ☜ severe + ity<명접>

■ **sex** [seks] ⓜ **성**(性), 성별; 성행위 ⓗ 성적인 ⓢ 암수를 감별하다 ☜ 남녀를 나누다(sex)

■ in**sect** [ínsekt] ⓜ **곤충, 벌레** ☜ (마디마디가) 안으로(in) 잘린(sect) 것

미싱 mishine (日) (콩글 재봉틀) ➔ 소잉 머신 sewing machine

□ **sew** [sou] ⓢ (-/sew**ed**/sew**ed**〔sew**n**〕) **바느질하다, 꿰매다, 깁다** ☜ 고대영어로 '바느질하다, 수선하다'란 뜻
비교 sow 씨를 뿌리다
♠ **sew** pieces of cloth together 헝겊 조각을 **꿰매어 붙이다**

□ **sew**er [sóuər] ⓜ **바느질하는 사람** ☜ sew + er(사람)
비교 sewer [sjú:ər] **하수구(下水溝), 하수도**

□ **sew**ing [sóuiŋ] ⓜ **재봉**(裁縫); 바느질; [집합적] 바느질감 ⓗ 재봉(용)의 ☜ sew + ing<명접/형접>

□ **sew**ing machine 미싱, 재봉틀 ☜ machine(기계, 기계장치; 기계의)

아쿠아리움 aquarium (수족관)

♣ **어원 : aqua, ewer 물**

■ **aqua**rium [əkwέəriəm] ⓜ (pl. **-s, aquaria**) 수족관 ☜ 라틴어로 '물(aqua)과 관련된(ri) 것(um<명접>)

□ s**ewer** [sjú:ər/**슈**-어] ⓜ **하수구**(下水溝), 하수도; 〖해부〗 배설 구멍 ⓢ 하수도 설비를 하다 ☜ 라틴어로 '밖으로(s<ex) 물(ewer<aqua))을 흘려보내다'란 뜻
♠ clear 〔unblock, unclog〕 the **sewer 하수구**를 뚫다

□ s**ewer**age [sjú:əridʒ] ⓜ 하수도; 하수 처리, 하수 시설〔공사〕; 하수, 오수(=sewage) ☜ sewer + age<명접>

□ s**ew**age [sú:idʒ] ⓜ 시궁창, 하수 오물, 오수(汚水) ☜ sewer + age<명접>

S

섹스 sex (❶ 성(性), 남녀의 성별 ❷ 성행위)

♣ **어원 : sex, sec(t) 자르다; 나누다; 따로 떼어내다**

□ **sex** [seks] ⓜ **성**(性), 성별; 성행위 ⓗ 성적인 ⓢ 암수를 감별하다 ☜ 남녀를 나누다(sex)
♠ the equality of the **sexes 남녀**평등

□ **sex** shop **포르노 샵**〔가게〕 《포르노 잡지·사진·성기구·최음제 등을 파는 곳》 ☜ shop(가게, 상점)

□ **sex** symbol **섹스 심벌**, 성적 매력으로 유명한 사람 ☜ symbol(상징, 기호)

□ **sex**ual [sékʃuəl] ⓗ **성(性)의; 성적인**; 『생물』 유성(有性)의, 자웅의 ☜ sex + ual<형접>
□ **sex**ual harassment (특히 여성을) 성적으로 괴롭히기 ☜ harassment(괴롭힘)
□ **sex**uality [sèkʃuǽləti] ⓜ **성별**, 유성; 성적임; 성행위(성욕), 성적 관심 ☜ sexual + ity<명접>
□ **sex**ual relations 성관계, 성교 ☜ relation(관계, 친척)
□ **sex**y [séksi] ⓗ (-<-x**ier**<-x**iest**) 성적 매력이 있는, 섹시한; 성적인, 도발적인
☜ sex + y<형접> ★ 우리는 sexy를 '(남성·여성으로서) 매력적인'이란 의미로 사용하는 경우가 대부분인데, 미국인들은 '성적으로 흥분되게 하는', '야한'이란 의미로 생각하기에 미묘한 차이가 있다. '매력적인' 이란 의미로 사용하려면 attractive를 써야 한다.

✚ **sect**ion **부분**; 절단; (문장의) **절** **sect**or **부문**, 분야, 영역; 부채꼴 in**sect** **곤충, 벌레**

연상 ▸ 섹스(sex.성(性))와 섹스턴(sexton.교회 관리인)은 아무 관련이 없다

※ **sex** [seks] ⓜ **성**(性), 성별; 성행위 ⓗ 성적인 ⓢ 암수를 감별하다
☜ 남녀를 나누다(sex)
□ **sexton** [sékstən] ⓜ 교회의 머슴(관리인), 교회지기(=sacrist)
☜ 중세 라틴어로 '신성한(sext=sacred) 사람(on)'이란 뜻

< Sexton >

쉐비쉬크 shabby-chic (낡은 가구와 색바랜 섬유 등을 트렌드에 맞게 수선하여 고상하고 우아한 멋을 내는 미국 인테리어 브랜드)

□ **shabby** [ʃǽbi] ⓗ (-<-b**ier**<-b**iest**) **초라한**; 닳아 해진, 비열한, 인색한
☜ 중세영어로 '질낮은 사람(shab) + b + 의(y)'란 뜻
♠ She wore **shabby** old jeans.
그녀는 다 **해진** 청바지를 입고 있었다.
□ **shab**bily [ʃǽbili] ⓟ 초라하게 ☜ shabby + ly<부접>
□ **shab**biness [ʃǽbinis] ⓜ 초라함 ☜ shabby + ness<명접>
※ **chic** [ʃi(ː)k] ⓗ (옷 등이) 멋진, 스마트한 ⓜ 기품, 우아; (독특한) 스타일 ☜ 19세기 프랑스어로 '멋지고 스마트함'이란 뜻

RACHEL ASHWELL
SHABBY CHIC INTERIORS

© amazon.com

연상 ▸ 버클(buckle.혁대 죔쇠)과 샤클(shackle.쇠고랑)은 사촌지간이다

※ **buckle** [bʌ́kəl] ⓜ 죔쇠, 혁대 고리, **버클** ⓢ 죔쇠로 죄다
☜ 고대 프랑스어로 '방패 중앙에 있는 돌기; 금속 고리'란 뜻
□ **shackle** [ʃǽkəl] ⓜ (보통 pl.) 쇠고랑, 수갑, 족쇄; (보통 pl.) 《비유적》 구속, 속박; (연결용) U 자형 고리 ⓢ 수갑을 채우다, 족쇄를 채우다 ☜ 고대영어로 '족쇄', 중세 네델란드어로 '사슬 고리'란 뜻.
♠ The hostage **had been shackled** to a pillar.
그 인질은 기둥에 **쇠고랑이 채워져 있었다.**
□ un**shackle** [ənʃǽ'kəl] ⓢ 쇠고랑을 벗겨주다, 속박에서 풀다; 석방하다, 자유의 몸이 되게 하다
☜ un(=against/반대) + shackle(채우다)

아이섀도 eye shadow (입체감을 내기 위해 눈두덩에 칠하는 화장품) 섀도잉 shadowing (외국어학습시 청취와 동시에 따라하는 것. <그림자처럼 이뤄짐>)

♣ 어원 : shad 그늘, 그림자
※ **eye** [ai/아이] ⓜ **눈; 시력** ☜ 고대영어로 '눈'이란 뜻
□ **shad**ow [ʃǽdou/섀도우] ⓜ **그림자**, 투영(投影); 그늘 ⓢ **그늘지게 하다, 어둡게 하다** ☜ 중세영어로 '그림자에 의해 생긴 어두운 지역'
♠ the **shadow** of death 죽음의 **그림자**
□ **shad**owy [ʃǽdoui] ⓗ (-<-w**ier**<-w**iest**) **그늘이 많은**, 어두운; **그림자 같은** ☜ 그림자(shadow) 같은(y<형접>)
□ **shad**e [ʃeid/쉐이드] ⓜ **그늘**, 응달, 그늘진 곳 ⓢ **그늘지게 하다**, 어둡게 하다
☜ 고대영어로 '부분적인 어둠'이란 뜻
□ **shad**y [ʃéidi] ⓗ (-<-d**ier**<-d**iest**) **그늘이 많은**, 그늘진; **떳떳하지 못한**
☜ 그늘(shade)이 많은(y<형접>)
□ **shad**ing [ʃéidiŋ] ⓜ 그늘지움; 음영(陰影), (색의) 농담(濃淡), 명암(明暗) ☜ shade + ing<명접>
■ over**shad**ow [òuvərʃǽdou] ⓢ **그늘지게 하다**, 가리다, 어둡게 하다
☜ ~위로(over) 그늘지게 하다(shadow)

< Eye Shadow >

S

메인 샤프트 main shaft ([자동차] 주축(主軸))

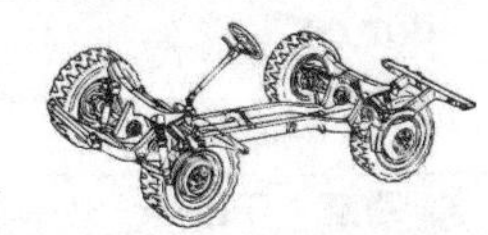

※ **main** [mein/메인] ⓗ **주요한**, 주된(=principal); (제일) 중요한
ⓜ (수도 · 가스 등의) 본관 ☜ 고대영어로 '힘'이란 뜻

☐ **shaft** [ʃæft, ʃɑːft] ⓜ **창, 자루; 한 줄기의 광선**; 『기계』 **샤프트**, 굴대(=axle), 축(軸) ☜ 고대영어로 '길고 가느다란 장대'란 뜻
♠ a **shaft** bearing **축** 베어링

쉐기 독 The Shaggy Dog (미국 코미디 가족 영화. <털북숭이 개>란 뜻)

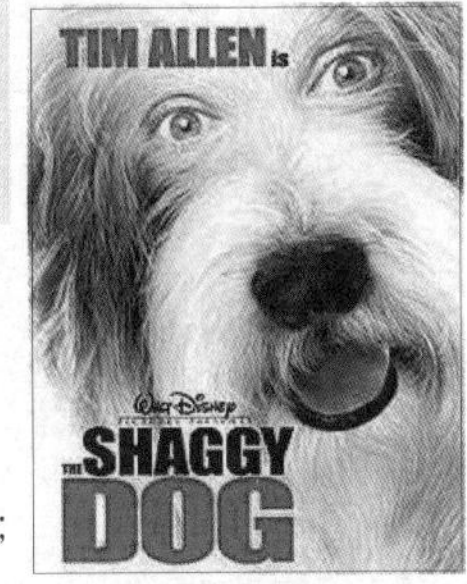

© Walt Disney Studios

2006년 제작된 미국의 코미디 가족 영화. 팀 알렌, 크리스틴 데이비스 주연. 워커홀릭 가장 데이브가 애완견 콜리에게 물린 후 강아지로 변신하면서 생기는 좌충우돌 모험을 그린 가족 코미디 영화. 이 영화는 1959년에 제작된 <the hound of florence>라는 영화와 속편격인 1979년의 <the shaggy D.A>라는 영화를 섞어서 리메이크한 작품이다.

☐ **shag** [ʃæg] ⓜ **거친 털; 보풀** ☜ 고대영어로 '거칠게 깎은 머리털이나 양모'란 뜻.

☐ **shag**gy [ʃǽgi] ⓗ (-<-g**ier**<-g**iest**) **털북숭이의, 털이 텁수룩한**; 거친털의, 털(숱)이 많은 ☜ 고대영어로 '털이 많은'이란 뜻
♠ a **shaggy** puppy **털이 복슬복슬한** 강아지

☐ **shag**gy-dog story (지껄이는 사람은 신명이 나나) 듣는 이에겐 지루한 이야기; 말하는 동물이 나오는 우스운 이야기 ☜ story(이야기)

※ **dog** [dɔ(ː)g/도(-)그, dɑg] ⓜ **개** ☜ 고대영어로 '개'라는 뜻

밀크쉐이크 milk shake (우유 · 달걀 · 설탕 등을 섞어서 만든 음료)

♣ **어원 : shak, shud 흔들다**

※ **milk** [milk/밀크] ⓜ **젖**; 모유, 우유 ⓢ **젖을 짜다**
☜ 고대영어로 '우유'라는 뜻

☐ **shak**e [ʃeik/쉐이크] ⓢ (-/**shook**/**shaken**) **흔들다**, 뒤흔들다
☜ 중세영어로 '흔드는 행위, 불규칙적인 진동'이란 뜻
♠ **Shake** the bottle well before use. 사용하기 전에 병을 잘 **흔들어라**.
♠ **shake hands (with ~) (~와) 악수하다**
♠ **shake up ~ ~을 흔들어 섞다; 흔들다**

☐ **shak**er [ʃéikər] ⓜ 흔드는 사람(물건) ☜ 흔드는(shake) 사람(er)

☐ **shak**e-hands [ʃéikhæ̀ndz] ⓜ (pl.) [단수취급] 악수(=handshake) ☜ hand(손) + s<복수>

☐ **shak**y [ʃéiki] ⓗ (-<-k**ier**<-k**iest**) **흔들리는**, 비틀거리는; 떨리는; 불확실한
☜ 흔드(shake) 는(-y<형접>)

■ **shud**der [ʃʌ́dər] ⓢ **떨다**, 전율하다, 몸서리치다 ⓜ **떨림**, 전율; (the ~s) 《구어》 몸서리
☜ 초기 독일어로 '흔들다'라는 뜻. shud(=shake) + d<자음반복> + er<명접/동접>

셰익스피어 Shakespeare (영국이 낳은 세계 최고의 극작가)

☐ **Shakespeare** [ʃéikspiər] ⓜ **셰익스피어** 《William ~, 영국의 시인 · 극작가; 1564-1616》.
★ Shakespere, Shakspeare, Shakspere라고도 씀.
★ 셰익스피어의 4대 비극 : 『햄릿』, 『오셀로』, 『리어왕』, 『멕베스』

☐ **Shakespeare**an, -ian [ʃeikspíəriən] ⓗ **셰익스피어(풍)의** ⓜ 셰익스피어 학자 ☜ -an(~의/~사람)

쉘위댄스 Shall We Dance (미국 로맨스 영화. <춤추실까요?>)

© Miramax Films

2004년 개봉한 미국의 코미디, 멜로/로맨스 영화. 리차드 기어, 제니퍼 로페즈 주연. 1996년 일본에서 먼저 제작되어 선풍을 일으킨 뒤 미국에서 리메이크된 작품. 무기력하고 매너리즘에 빠른 한 중년남성이 댄스강습을 통해 활기를 되찾게 되는 내용. 사교댄스를 음성에서 양성적 문화로 바꿔놓은 영화. 제목은 1956년 율 브린너와 데보라 카 주연의 뮤지컬 영화 <왕과 나>에 나오는 노래 제목에서 따온 것이다.

☐ **shall** [ʃæl/쉘, 약 ʃəl] ⓩⓢ 〔과거 should; shall not의 줄임말/shan't, should not의 줄임말 shouldn't〕 [단순미래] **~일[할] 것이다**; ~하게(이) 되다(된다) [의지] **~할까요, ~하지 않으시겠습니까; 반드시 ~하다** ☜ 고대영어로 '해야만 한다'는 뜻
♠ I hope I **shall see** you again. 저는 당신을 다시 **뵙기를** 원합니다.

☐ **shalt** [ʃælt; 보통은 약 ʃəlt] ⓩⓢ 《고어 · 방언》 shall의 2인칭 단수 · 직설법 현재 《주어가 thou 일 때 씀》
♠ Thou **shalt** love thy neighbor as thyself. 《성서》 네 이웃을 네 몸같이 사랑**하라**.

S

☜ thou《고어》그대는, thyself《고어》그대 자신

※ **we** [wiː/위-, (강) wi/위] ㈹ **우리는[가]** ☜ 고대영어로 '나 그리고 다른 사람들'이란 뜻

※ **dance** [dæns/댄스/dɑːns/단-스] ㉢ **춤추다** ㉢ **댄스, 춤**, 무용; 댄스곡 ☜ 중세영어로 '춤추다'란 뜻

쉘로우 프라잉 shallow frying (기름을 얇게 부어 조리하는 방법)

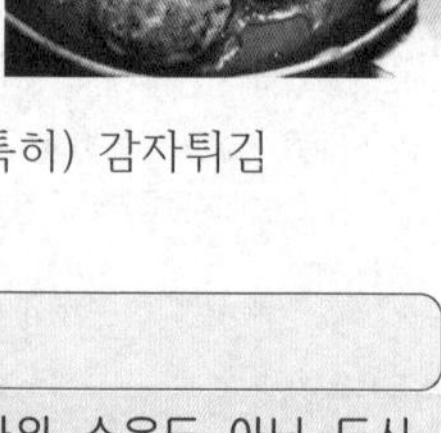

□ **shallow** [ʃǽlou] ㉢ (-<-**er**<-**est**) **얕은**(⇔ deep); 《비유》 천박한, 피상적인 ㉢ (종종 pl.) [단·복수취급] 얕은 곳, 여울 ㉢ 얕게 하다, 얕아지다 ☜ 중세영어로 '깊지 않은'

♠ **a shallow** stream **얕은** 시냇물

♠ **a shallow** mind (person) **천박한** 생각(사람)

※ **fry** [frai/프롸이] ㉢ (기름으로) **튀기다** ㉢ **튀김**(요리), **프라이**, (특히) 감자튀김 ☜ 라틴어로 '굽거나 튀기다'란 뜻

예루살렘 Jerusalem (유대교·기독교·이슬람교의 성지)

이스라엘과 팔레스타인의 분쟁지역으로 이스라엘이 점령하고 있지만 국제법상 어느나라의 소유도 아닌 도시. 서(西)예루살렘은 이스라엘의 정치·문화의 중심지이며, 동(東)예루살렘에는 사적이 많다. 특히 통곡의 벽(유대교), 성묘교회(기독교.예수의 무덤), 오마르사원(이슬람교) 등이 유명하다.

■ **Jerusalem** [dʒirúːsələm, -zə-] ㉢ **예루살렘** 《Palestine의 옛 수도; 현재 신시가는 이스라엘의 수도》 ☜ 히브리어로 '평화의 도시'란 뜻

□ **shalom** [ʃəlɔ́ːm] ㉢ **샬롬** 《히브리어로 만날 때나 헤어질 때 하는 인사》 ☜ 히브리어로 '평화'란 뜻

샤머니즘 shamanism (초자연적인 존재와 직접 소통하는 원시종교)

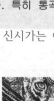

© amazon.co.uk

□ **shaman** [ʃɑ́ːmən, ʃǽm-, ʃéi-] ㉢ (pl. **-s**) **샤먼**; 방술사(方術師), 마술사, 무당 ☜ 중세영어로 '우랄-알타이 사람들의 제사장'이란 뜻

□ **shaman**ism [ʃɑ́ːmənìzm] ㉢ **샤머니즘** 《샤먼을 중심한 원시 종교의 하나》 ☜ shaman + ism(~주의, 사상)

드러내길 꺼려하는 샤이(shy.부끄러워하는) 보수층도 많다.

♣ 어원 : **sha, she, shy 여성, 암컷; 소심한, 수줍은, 부끄러운**

□ **shy** [ʃai] ㉢ (-<-y**er**(-**ier**)<-y**est**(-**iest**)) 소심한, 부끄럼타는, **수줍은; 조심성있는** ㉢ (말이 소리 등에 놀라) **뒷걸음질 치다** ☜ 고대영어로 '소심한, 쉽게 놀라는'이란 뜻

□ **she** [ʃiː/쉬-, (보통 약) ʃi] ㈹ (pl. they) **그녀는[가]** 《3인칭 여성 단수 주격의 인칭대명사; 소유격·목적격은 her; 소유대명사는 hers》 ☜ 고대영어의 hē는 '그(he)'로, hēo, hīo는 '그녀(she)'로 발전.

□ **shame** [ʃeim/쉐임] ㉢ **부끄러움, 치욕** ㉢ **부끄럽게 하다**, ~에게 창피를 주다 ☜ 고대영어로 '부끄러움, 죄책감'이란 뜻

♠ **Shame on you. 부끄러운 줄 알아라.**

♠ **for shame 수치스러워서, 창피해서**

♠ **to one's shame 창피스런 일이지만, 부끄럽지만**

□ **shame**faced [ʃéimfèist] ㉢ 수줍어하는, 얌전한 ☜ 부끄러워하는(shame) 얼굴(face) 의(ed<형접>)

□ **shame**ful [ʃéimfəl] ㉢ 부끄러운 ☜ 부끄러움(shame)이 가득한(ful)

□ **shame**fully [ʃéimfəli] ㉢ 수치스럽게; 괘씸하게 ☜ shameful + ly<부접>

□ **shame**less [ʃéimlis] ㉢ 수치를 모르는 ☜ 부끄러움(shame)이 없는(less)

□ **sham** [ʃæm] ㉢ **가짜**, 허위, 시늉 ㉢ **가짜의**, 겉치레의 ㉢ ~인 체하다 ☜ shame의 방언

♠ This whole thing was a **sham**. 이건 전부 다 **엉터리**였어.

■ a**shame**d [əʃéimd] ㉢ **부끄러워, 수줍어** ☜ 완전히(a/강조) 부끄러(shame) 운(ed)

샴프(shampoo.머리 씻기)와 린스(rinse.헹굼)

□ **shampoo** [ʃæmpúː] ㉢ **씻다**, (머리를) **감다**; 《고어》 마사지하다 ㉢ (pl. **-s**) 세발(제), **샴푸** ☜ 인도어로 '근육을 주무르다, 마사지하다'란 뜻

※ **rinse** [rins] ㉢ 헹구기, 가시기; 씻어내기; **린스** 《머리 헹구는 유성제(油性劑)》 ㉢ **헹구다**, 가시다; 씻어내다 ☜ 고대 프랑스어로 '씻어 깨끗이 하다'란 뜻

샴록 shamrock (아일랜드의 국화. <작은 클로버>란 뜻)

S

□ **shamrock** [ʃǽmrɑk/-rɔk] ⓜ 『식물』 토끼풀, 클로버 《아일랜드의 국장(國章)》; 《미.속어》 아일랜드계 사람
☜ 아일랜드어로 '작은 클로버'란 뜻
♠ The **shamrock** is the national emblem of the Irish.
클로버는 아일랜드 국민의 상징이다.

상하이 Shanghai (국제화 · 현대화가 이루어진 중국 최대 경제도시)

□ **Shanghai** [ʃæ̀ŋhái] ⓜ **상하이**(上海), 상해; 다리가 긴 닭의 일종
☜ 남송(南宋) 때 '상해진(上海鎭; 위쪽 바다의 진영)'이 처음 설치된 데서 유래

생그릴라 > 샹그릴라 Shangri-La, Shangri-la (지상 낙원)

<홍콩의 샹그릴라호텔 >

□ **Shangri-La, Shangri-la** [ʃǽŋgrilɑ́ː] ⓜ **생그릴라**, 지상 낙원; 이름 모를 곳; 은신처 ☜ James Hilton의 소설 <Lost Horizon(잃어버린 지평선)> 속에 나오는 가공 이상향에서 유래

생크 shank ([골프] 클럽 머리의 기울어진 부분으로 공을 치는 것)

골프에서, 공이 클럽 헤드(head)와 샤프트(shaft)의 접합 부분에 맞아 엉뚱하게 날아가는 것을 말한다. 소켓(socket) 또는 생킹(shanking)이라고도 한다. <출처 : 두산백과>

□ **shank** [ʃæŋk] ⓜ 정강이; 정강이뼈; (양 · 소 따위의) 정강이살
☜ 고대영어로 '다리, 정강이'란 뜻
♠ Place beef **shanks** on top of vegetables.
야채위에 쇠고기 **정강이살**을 올리세요.

연상 산타(Santa Claus)가 샌티(shanty.오두막집)에서 하룻밤 묵고 가다.

□ **shanty** [ʃǽnti] ⓜ (초라한) 오두막, 판잣집; (선)술집
☜ 19c 캐나다 프랑스어로 '벌목꾼 본부'란 뜻
♠ The homeless living in modern day **shanty towns.**
현대판 **판자촌**에 살고 있는 노숙자들.

샥스핀 shark's fin (상어지느러미 말린 것. 중국 3대 진미 중 하나)

♣ **어원 : sh- 날카로운, 예리한; 자르다**

□ **sh**ape [ʃeip/쉐잎] ⓜ **모양**, 형상, 외형, **모습** ⓢ **형성하다, ~의 모양을 이루다; 구체화하다** ☜ 고대영어로 '(날카로운 것으로) 깎아 만든 것'이란 뜻
♠ an angel in human **shape** 인간의 **모습**을 한 천사
♠ **in the shape of ~ ~의 모양으로**

■ re**sh**ape [riːʃéip] ⓢ 고쳐 만들다; 새(딴) 모양으로 고쳐 만들다; 새 방면을 개척하다
☜ 다시(re) 모양을 이루다(shape)

□ **sh**apeless [ʃéiplis] ⓗ **무형의**, 형태가(모양이) 없는; 볼품없는, 엉성한; 혼란된
☜ shape + less(~이 없는)

□ **sh**apely [ʃéipli] ⓗ 맵시 있는, 모양 좋은, 볼품 있는 ☜ shape + ly<부접>
♠ She's got **a shapely figure**. 그녀는 **좋은 몸매**를 가졌다.

□ **sh**are [ʃɛər/쉐어] ⓜ **몫**; 배당몫, 일부분; **주**(株), **주식** ⓢ **분배하다, 함께 나누다**
☜ 고대영어로 '(날카로운 것으로) 잘라낸 것'이란 뜻
♠ a fair **share** 정당한(당연한) **몫**
♠ **share in ~ ~에 참여하다, ~을 함께 하다, ~의 몫을 받다**
♠ **share (A) with (B) B와 A를 나누다, B와 A를 같이하다**
I **share** a room **with** Tom. 나는 톰**과** 방을 **같이 쓴다.**
♠ **go shares (비용 등을) 분담하다**

□ **sh**areholder [ʃɛ́ərhòuldər] ⓜ 출자자, 주주(株主)(=stockholder)
☜ 주식(share)을 보유한(hold) 사람(er)

□ **shark** [ʃɑːrk] ⓜ 『어류』 **상어**; 욕심쟁이, 사기꾼 ⓢ 상어잡이를 하다; 착취하다, 사기 치다
☜ 독일어의 '악당'이라는 단어에서 유래
♠ a man-eating **shark** 식인 **상어**

□ **shark**skin [ʃɑ́ːrkskìn] ⓜ 상어 가죽; **샤크스킨** 《상어 가죽 같은 양털 · 화학 섬유 직물》
☜ shark + skin(피부, 껍질)

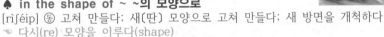

■ loan **shark** 고리대금업자 ☜ 돈을 빌려주는(loan) 상어(shark)
※ **fin** [fin] 명 **지느러미**; (잠수용) 물갈퀴; (항공기) 수직안정판; (잠수함) 수평타
☜ 라틴어로 '날개'란 뜻

샤프펜슬 sharp pencil (콩글 가는 심을 밀어 내어 쓰는 연필) ➜ <미> mechanical pencil. <영> propelling pencil

♣ **어원 : sh- 날카로운, 예리한; 자르다**

☐ **sh**arp [ʃɑːrp/샤앞] 형 **날카로운**, 예리한; (비탈 등이) **가파른; 자극적인; 거친;** (행동이) **활발한** 부 **날카롭게; 갑자기** 명 날카로운 것; 『음악』 **샤프** 《반음 올림기호, #》 동 《미.음악》 음의 높이를 올리다 ☜ 고대영어로 '날카로운 날을 가진'이란 뜻
♠ a **sharp** knife **날카로운** 칼, **sharp** teeth **날카로운** 이빨

☐ **sh**arpen [ʃάːrpən] 동 **날카롭게[예리하게] 하다**; 뾰족하게 하다; 날카로워지다
☜ 날카롭게(sharp) 만들다(en<동접>)

☐ **sh**arpener [ʃάːrpənər] 명 (날카롭게) 가는〔깎는〕 사람〔기구〕
☜ 날카롭게(sharp) 만드는(en) 사람/기구(er)

☐ **sh**arply [ʃάːrpli] 부 **날카롭게**; 심하게; 민첩하게; 빈틈없이 ☜ -ly<부접>

☐ **sh**arpness [ʃάːrpnəs] 명 예리, 현명, 날카로움; 격렬함 ☜ -ness<명접>

☐ **sh**arper [ʃάːrpər] 명 날을 가는 기구, 사기꾼, 노름꾼 ☜ sharp + er(사람)

☐ **sh**arp-sighted [ʃάːrpsáitid] 형 눈이 날카로운, 눈치 빠른, 빈틈없는
☜ 날카롭게(sharp) 보(sight) 는(ed<형접>)

※ **pencil** [pénsəl/**펜**설] 명 **연필** 동 연필로 쓰다 ☜ 고대 프랑스어로 '예술가의 화필'이란 뜻

섀터콘 shatter cone (분화 · 운석 충돌로 인한 원뿔꼴 암석편)

♣ **어원 : sh- 날카로운, 예리한; 자르다**

☐ **shatter** [ʃǽtər] 동 **산산이 부수다**, 분쇄하다, 파괴하다 명 (pl.) **파편**, 부서진 조각 ☜ 중세영어로 '흩뿌리다', 근대영어로 '(날카로운) 파편'이란 뜻.
♠ **shatter** the window pane 창유리**를 깨다**.

☐ **shatter** cone **섀터콘**, 『지질』 (정점에서 방사상으로 줄이 있는) 충격〔분쇄〕 원뿔(암(岩)) 《분화나 운석 낙하의 충격에 의한》 ☜ cone(원뿔꼴)

☐ **shatter**ed [ʃǽtərd] 형 산산이 부서진; 손상된; 《구어》 마음에 충격을 받은 ☜ -ed<형접>

☐ **sh**ave [ʃeiv] 동 (-/shave**d**/shave**d**〔shave**n**〕) (수염 등을) **깎다, 면도하다** 명 **면도**
☜ 고대영어로 '(날카로운 것으로) 털을 깎다'란 뜻
♠ He **shaved off** his beard. 그는 턱수염을 **밀어버렸다**.

☐ **sh**aver [ʃéivər] 명 깎는〔면도하는〕 사람; 면도 기구; 전기 면도기 ☜ shave + er(사람/기구)

☐ **sh**aving [ʃéiviŋ] 명 깎음, **면도**; 깎아냄, 대패질; (pl.) 깎아낸 부스러기, 대팻밥
☜ shave + ing<명접>

☐ **sh**ear [ʃiər] 동 (-/shear**ed**〔《방언 · 고어》 shore〕/shear**ed**〔shorn〕) (큰 가위로) **베다**, 자르다, 가위질하다; **박탈[탈취]하다** 명 **큰 가위**
☜ 고대영어로 '(날카로운 도구로) 자르다'라는 뜻
♠ **shear** (wool from) sheep 양(털)을 **깎다**

☐ **sh**ed [ʃed] 동 (피 · 땀 · 눈물을) **흘리다**; (잎 · 씨 따위를) **떨어뜨리다**; (뿔 · 껍질 · 깃털 따위를) **갈다**; (옷을) **벗다** ☜ 고대영어로 '(날카로운 것으로) 잘라 나누다'란 뜻
♠ **shed** tears 〔sweat〕 눈물을 〔땀을〕 **흘리다**
♠ **shed** blood 피를 **흘리다**, 사람을 죽이다 (비교 bloodshed)

☐ **sh**eer [ʃiər] 형 (천 · 피륙이) **얇은; 섞이지 않은**, 순수한; (낭떠러지 등이) **깎아지른 듯한**, 가파른; **완전한**, 진짜 ~ ☜ 고대영어로 (날카로운 것으로) 얇게 잘라낸'이란 뜻
♠ **sheer** whisky **물타지 않은** 위스키

숄 shawl (장식과 방한 · 방진용으로 사용되는 여성용 어깨걸이)

☐ **shawl** [ʃɔːl] 명 **숄**, 어깨 걸치개; 《영.군사속어》 큰 외투 동 숄을 걸치다, 숄로 싸다 ☜ 숄이 제작된 인도의 마을 이름(Shaliat)에서 유래.
♠ She wears her **shawl** when it's cold outside.
그녀는 밖이 추울 때 **숄**을 두른다.

드러내길 꺼려하는 샤이(shy.부끄러워하는) 보수층도 많다.

♣ **어원 : sha, she, shy 여성, 암컷; 소심한, 수줍은**

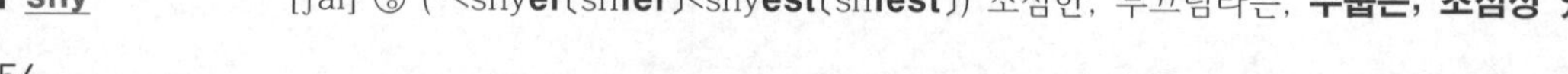

■ **shy** [ʃai] 형 (-<shy**er**〔sh**ier**〕<shy**est**〔sh**iest**〕) 소심한, 부끄럼타는, **수줍은; 조심성 있**

는 ⓢ (말이 소리 등에 놀라) **뒷걸음질 치다** ☜ 고대영어로 '소심한, 쉽게 놀라는'

☐ **she** [ʃiː/쉬-, (보통 약) ʃi] ⓓ (pl. **they**) **그녀는[가]** 《3인칭 여성 단수 주격의 인칭대명사; 소유격·목적격은 her; 소유대명사는 hers》
☜ 고대영어의 hē는 '그(he)'로, hēo, hīo는 '그녀(she)'로 발전
♠ **She** is a teacher. **그녀**는 교사이다.

☐ **she'd** [ʃiːd] she had (would)의 단축어

☐ **she-goat** [ʃíːgóut] ⓜ 암염소 ☜ 암컷(she) 염소(goat) **비교** he-goat 숫염소

☐ **she'll** [ʃil; (강) ʃiːl] she will (shall)의 단축어

☐ **she's** [ʃiz; (강) ʃiːz] she is (has)의 단축어

■ **shame** [ʃeim/쉐임] ⓜ **부끄러움, 치욕** ⓢ **부끄럽게 하다**, ~에게 창피를 주다
☜ 고대영어로 '죄책감이나 치욕감'이란 뜻.

연상 신부의 꽃다발인 부케(bouquet)는 원래 꽃다발이 아닌 풍요·다산·번영을 기원하는 쉬프(sheaf.곡물 다발)에서 출발했다.

※ **bouquet** [boukéi, buː-] [F.] ⓜ **부케**, 꽃다발 ☜ 프랑스어로 '작은 숲'

☐ **sheaf** [ʃiːf] ⓜ (pl. shea**ves**) (곡식·종이 등의) 단, 묶음, 한 다발
ⓢ 단으로 묶다 ☜ 고대영어로 '곡식의 한 다발'이란 뜻
♠ a **sheaf of** rye 호밀 **한 다발**
♠ a **sheaf of** papers **한 묶음**의 서류

☐ **shear**(베다) ➔ **shave**(면도하다, 면도) **참조**

쉬스 나이프 sheath knife (칼집이 있는 나이프)

♣ 어원 : sh-, sc- 날카로운, 예리한; 자르다 // scab 검(劍)

☐ **sheath** [ʃiːθ] ⓜ (pl. **-s**) **칼집**; (연장의) 집, 덮개 ⓢ 칼집에 꽂다
☜ 고대 독일어로 '칼집'이란 뜻
♠ **sheath** a sword 칼을 **칼집에 넣다**

☐ **sheathe** [ʃiːð] ⓢ 칼집에 넣다(꽂다); 칼집을 달다; 덮다, 싸다 ☜ -e<동접>

■ **scabbard** [skǽbərd] ⓜ (칼·검 등의) **집**; 《미》 권총집 ⓢ 칼집에 꽂다; 칼집을 씌우다
☜ 초기 독일어로 '검(scab=sword)을 보호하는 것(bard=protector)

※ **knife** [naif/나이프] ⓜ (pl. kni**ves**) **나이프, 칼; 부엌칼**(kitchen ~); 수술용 칼 ⓢ 칼로 베다; 단도로 찌르다 ☜ 고대영어로 '짧은 날과 손잡이가 달린 베는 도구'란 뜻

시바의 여왕 the Queen of Sheba (솔로몬왕에게 가르침을 청한 여왕)

B.C. 10세기경 지금의 예멘 지방에 있었다고 전하는 시바(Sheba)라는 나라의 전설적인 여왕. 솔로몬 왕의 소문을 듣고 어려운 문제로 그를 시험해 보려고 황금·보석·향료를 준비하여 이스라엘의 솔로몬 왕을 찾아갔으나 솔로몬은 그녀의 물음에 거침없이 대답하였기 때문에 그녀는 솔로몬의 지혜에 깊이 감동하고 돌아왔다. <출처 : 인명사전 / 일부인용>

© pinterest.com

※ **queen** [kwiːn/퀴인] ⓜ **여왕**, 여제(女帝); 왕비, 왕후(~ consort); (신화·전설의) 여신; 《특히》 미인 경연 대회의 입선자, (사교계 따위의) 여왕, 스타 ☜ 고대영어로 '여자, 여왕'이란 뜻
비교 king 왕

☐ **Sheba** [ʃíːbə] ⓜ 【성서】 **시바** 《아라비아 남부의 옛 왕국》; 《미.구어》 매력이 넘치는 미인

아이섀도 eye shadow (입체감을 내기 위해 눈두덩에 칠하는 화장품)

♣ 어원 : shad, shed 그늘, 그림자

※ **eye** [ai/아이] ⓜ **눈; 시력** ☜ 고대영어로 '눈'이란 뜻

■ **shadow** [ʃǽdou/섀도우] ⓜ **그림자**, 투영(投影); 그늘 ⓢ **그늘지게 하다, 어둡게 하다** ☜ 중세영어로 '그림자에 의해 생긴 어두운 지역'

■ **shade** [ʃeid/쉐이드] ⓜ **그늘**, 응달, 그늘진 곳 ⓢ **그늘지게 하다**, 어둡게 하다
☜ 고대영어로 '부분적인 어둠'이란 뜻

☐ **shed** [ʃed] ⓜ **헛간**, 오두막, 광; 가축 우리, 작업장; 차고, 격납고; (세관의) 창고
☜ shade(그늘)의 방언으로 추정. 중세영어로 '(그늘이 있는) 오두막'이란 뜻
♠ a bicycle **shed** 자전거 **보관소**

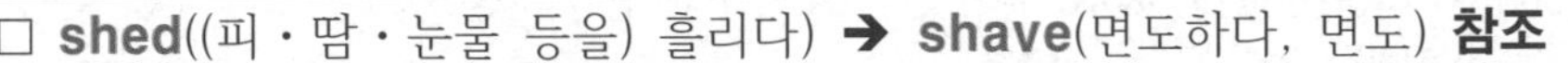

☐ **shed**((피·땀·눈물 등을) 흘리다) ➔ **shave**(면도하다, 면도) **참조**

S

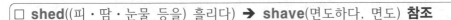

☐ **she'd**(she had 〔would〕의 줄임말) ➔ **she**(그녀는, 그녀가) **참조**

샤이니 SHINee (한국의 댄스팝 보이그룹. <빛을 받는 사람>이란 뜻)

♣ **어원 : shin, shim, sheen 빛나다, 반짝거리다**

■ **shin**e [ʃain/샤인] ⓢ (-/**shone**/**shone**) **빛나다, 반짝이다; 빛나게[반짝이게]하다** ⓜ **빛**
☜ 고대영어로 '빛을 발하다'라는 뜻

■ **shin**ing [ʃáiniŋ] ⓗ **빛나는**, 번쩍이는; 화려한; 뛰어난, 반짝 띄는 ☜ shine + ing<형접>

■ **shin**y [ʃáini] ⓗ (-<-n**ier**<-n**iest**) **빛나는; 해가 비치는**, 청명한 ☜ shine + y<형접>

☐ **sheen** [ʃiːn] ⓜ 번쩍임, 광채; 광택, 윤; 눈부신 의상 ☜ 고대영어로 '아름다운, 밝은'이란 뜻
♠ hair with a healthy **sheen** 건강하게 **윤기**가 흐르는 머리카락

☐ **sheen**y [ʃíːni] ⓗ (-<-n**ier**<-n**iest**) 광택 있는, 윤나는; 빛나는 ☜ -y<형접>

☐ **shim**mer [ʃímər] ⓢ **희미하게 반짝이다**, 가물거리다 ⓜ 반짝이는 빛, 미광(微光); 흔들림
☜ 고대영어로 '반짝이다, 빛나다'란 뜻

셰퍼트 < 셰퍼드 German shepherd (매우 영리한 독일의 국견) * German 독일의

☐ **shep**herd [ʃépərd] ⓜ (fem. **-ess**) **양치기**, 목양견《양떼를 지키는 개》; 목사, 교사 ⓢ **(양을) 치다**, 지키다, 돌보다
☜ 양(sheep) 떼(herb)를 지키다

☐ **sheep** [ʃiːp/쉬잎] ⓜ (pl. **-**) **양**(羊), 면양; 양 가죽, 양피(羊皮); [집합적] 신자 ☜ 고대영어로 '양'이란 뜻
♠ a flock of **sheep** 한 떼의 **양**

☐ **sheep**ish [ʃíːpiʃ] ⓗ 마음이 약한, 수줍어하는, 겁 많은 ☜ -ish<형접>

☐ **sheep** dog 양을 지키는 개 ☜ dog(개)

☐ **sheep**skin [ʃípskìn] ⓜ 양가죽, 양가죽; 양가죽제(製)의 의류; 양피지(문서) ☜ skin(피부, 껍질)

black **sheep** 집안의 말썽꾸러기 또는 골칫거리 ☜ black(검은)

☐ **sheer**(얇은, 깎아지른 듯한) ➔ **shave**(면도하다, 면도) **참조**

시트 sheet (요 위에 까는 얇은 천)

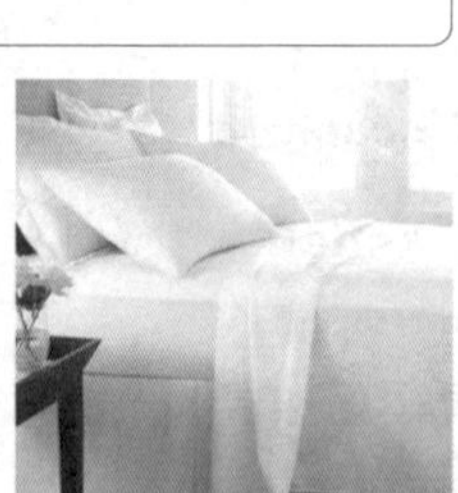

☐ **sheet** [ʃiːt/쉬-트] ⓜ **시트**, (침구 따위의) 커버, 홑이불; **~장[매]**; 한 장의 종이 ⓢ 시트로 싸다 ☜ 고대영어로 '천, 덮개'란 뜻
♠ She covered the **sheets** with a blanket.
시트 위에 담요를 씌웠다
♠ two **sheets** of paper 종이 두 **장**
♠ **a sheet of ~ 한 장의 ~**

☐ **sheet** glass 판(板) 유리 ☜ glass(유리, 유리컵, 렌즈)

윈드실드 windshield ([자동차] 앞 유리. <바람을 막다>란 뜻)

♣ **어원 : sh-, sc- 날카로운, 예리한; 자르다**

※ **wind** [wind/윈드, 《시어》 waind] ⓜ **바람**; 강풍; (공기의) 강한 흐름〔움직임〕 ☜ 고대영어로 '움직이는 공기'란 뜻

■ wind**sh**ield [wíndʃiːld] ⓜ 《미》 (자동차의) 바람막이〔전면〕 유리(《영》 windscreen)
☜ 바람(wind) 방패(shield)

☐ **sh**ield [ʃiːld] ⓜ **방패; 보호물**〔자〕, 방어물; 보호, 보장 ⓢ **보호하다**; 방패로 막다
☜ 고대영어로 '방어〔보호〕하다'란 뜻 ⇦ (날카로운 것으로) 쪼갠 나무판
♠ **shield** (A) from danger A을 위험으로부터 **보호하다**

☐ **sh**elf [ʃelf] ⓜ (pl. shel**ves**) **선반**, 시렁; (선반 모양의) 턱진 장소; (벼랑의) 바위 턱
☜ 고대영어로 '(날카로운 도구로) 쪼갠 나무 조각 ➔ 선반, 마루'
♠ a book **shelf** 책**꽂이**

☐ **sh**ell [ʃel/쉘] ⓜ (달걀·조개 따위의) **껍**질, 조가비; **포탄**, 유탄 ⓢ 껍질이 벗겨지다
☜ 고대영어로 '(날카로운 도구로) 잘라낸 것'이란 뜻
♠ an egg **shell** 달걀 **껍질**

☐ **sh**ellfish [ʃélfiʃ] ⓜ **조개**; 갑각류(甲殼類)《새우·게 따위》 ☜ shell + fish(물고기)

☐ **sh**elly [ʃéli] ⓗ (-<-**ier**<-**iest**) 조가비〔껍질〕가 많은, 조가비 같은 ☜ shell + y<형접>

☐ **sh**ellproof [ʃélprùːf] ⓗ 방탄의 ☜ 포탄(shell)을 막는(proof)

☐ **sh**elter [ʃéltər/**쉘**터] ⓜ **피난처**, 은신처; 대합실; 『군사』 **대피호, 방공호** ⓢ **보호[비호, 피신]하다** ☜ shelt<shield + er(곳)

☐ **sh**elve [ʃelv] ⓢ **시렁[선반]에 얹다**; 보류하다; 해고하다; 선반을 달다
☜ 선반(shelv<shelf)에 두다(e<동접>)

S

□ **shepherd**(양치기) ➔ **sheep**(양) **참조**

셰프 chef (주방장, 요리사)

♣ 어원 : chef, chief, chiev(e), sherif 머리, 우두머리, 정상

■ **chef** [ʃef] 명 《F=chief》 요리사, 주방장, 쿡(=cook)
☜ 고대 프랑스어로 '지도자, 통치자'란 뜻

■ **chief** [tʃiːf/취잎] 형 **최고의, 주요한** 명 (pl. ~s) **장**(長), 우두머리
☜ 라틴어로 '머리, 지도자'란 뜻

■ a**chieve** [ətʃíːv] 동 **이루다**, 달성하다 ☜ ~로(a<ad=to) + 정상(chiev<chief)

□ **sherif**f [ʃérif] 명 《미》 **군**(郡) **보안관** 《민선되며 county의 치안을 맡아 봄》; 《영》 **주**(州) **장관 [지사]** ☜ 고대영어로 '주(sher<shire)에서 국왕의 권한을 대표하는 자(riff)'란 뜻
♠ play the **sheriff** in a Western 서부극에 **보안관**으로 출연하다

셜록 홈즈 Sherlock Holmes (코난도일 作 탐정소설의 주인공 탐정)

□ **Sherlock Holmes** [ʃəːrlɑk houmz/-lɔ] 명 **셜록 홈스** 《영국의 소설가 코난 도일(Conan Doyle)의 작품 중의 명탐정》

세르파 Sherpa (히말라야 등산대의 짐운반과 길안내하는 티벳족)

□ **Sherpa** [ʃέərpə, ʃəːr-] 명 (pl. **-, -s**) **셰르파** 《티베트의 한 종족; 등산인의 포터로 많이 활약》
☜ 티베트어로 '동쪽 사람'이란 뜻

□ **she's**(she is [has]의 줄임말) ➔ **she**(그녀는, 그녀가) **참조**

우리말의 쉿!은 영어로 쉬!(shh.조용히)이다

SILENT PLEASE!

□ **shh** [ʃː] 감 조용히, 쉿 ☜ 의성어
♠ **Shh!**, Be quiet! **쉿!**, 조용히 해!

□ **sh** [ʃː] 감 쉬! 《조용히 하라는 소리》 ☜ 의성어
♠ **Sh!** Keep your voice down! **쉿!** 목소리 낮춰!

시아파 Shia(h) (이란·이라크에 주로 분포한 무슬림 소수파)

□ **Shi'a, Shia, Shiah** [ʃíːə] 명 《아랍》 **시아파**(派) 《이슬람교의 2대 분파의 하나》; 시아파교도
☜ 아랍어로 '분파'란 뜻. 수니파에 비해 신정(神政)일치 성격이 강함.
비교 Sunni **수니파**(派) 《오늘날 전 세계 무슬림 인구의 약 90%를 차지하는 무슬림 다수파》 ☜ 아랍어로 '관례, 법적 관행'이란 뜻. 시아파에 비해 원리주의 성격이 강하다.

□ **shield**(방패) ➔ **shelter**(피난처) **참조**

시프트키 shift key (컴퓨터 키보드에서 어떤 키의 의미를 변환하기 위해 사용되는 키. <변환 키>라는 뜻)

□ **shift** [ʃift] 동 **~을 이동시키다; 방향을 바꾸다; 바뀌다; 이리저리 변통해서 해보다** 명 **교체**; 변화, 교대; **수단**, 방법
☜ 고대영어로 '정돈하다'란 뜻
♠ **make (a) shift 그럭저럭 해 보다, 임시 변통하다**

□ **shift key** **시프트 키** 《대문자를 칠 때 누르는 컴퓨터 키보드 키》 ☜ key(열쇠; 해결의 실마리)

□ **shift**less [ʃíftlis] 형 속수무책의, 주변 없는, 무능한 ☜ shift + less(~이 없는)

□ **shift**y [ʃífti] 형 (-<-**ier**<-**iest**) 변하기 쉬운, 속이기 잘하는 ☜ shift + y<형접>

실링 shilling (영국의 구 화폐 단위. 1 실링은 12 펜스)

□ **shilling** [ʃíliŋ] 명 **실링** 《영국의 구 화폐 단위; 1/20 pound = 12 pence에 상당; 생략; s.; 1971년 폐지됨》; 1실링의 백동전 ☜ 고대영어로 '작은(ing) 방패(shill<shield)'란 뜻. 모양이 방패를 닮은 데서.

샤이니 SHINee (한국의 댄스팝 보이그룹 가수. <빛을 받는 사람>이란 뜻)

♣ 어원 : shin, shim, sheen 빛나다, 반짝거리다

□ **shim**mer [ʃímər] 동 **희미하게 반짝이다**, 가물거리다 명 반짝이는 빛, 미광(微光); 흔들림

☜ 고대영어로 '반짝이다, 빛나다'란 뜻

☐ **shine** [ʃain/샤인] 동 (-/**shone**/**shone**) **빛나다, 반짝이다; 빛나게[반짝이게]하다** 명 **빛**
☜ 고대영어로 '빛을 발하다'라는 뜻
♠ The moon **shines** bright(ly). 달이 환하게 **비친다**

☐ **shin**ing [ʃáiniŋ] 형 **빛나는**, 번쩍이는; 화려한; 뛰어난, 반짝 띄는 ☜ shine + ing<형접>

☐ **shin**y [ʃáini] 형 (-<-n**ier**<-n**iest**) **빛나는; 해가 비치는**, 청명한 ☜ shine + y<형접>

■ **sheen** [ʃiːn] 명 번쩍임, 광채; 광택, 윤; 눈부신 의상 ☜ 고대영어로 '아름다운, 밝은'이란 뜻

샤프펜(슬) sharp pen(cil) (콩글 가느다란 샤프 연필심을 넣어 사용하는 기계식 연필) ➔ mechanical pencil, automatic pencil, propelling pencil)

♣ **어원 : sh- 날카로운, 예리한; 자르다**

■ **sh**arp [ʃɑːrp/샤앞] 형 **날카로운**, 예리한; (비탈 등이) **가파른; 자극적인; 거친**; (행동이) **활발한** 부 **날카롭게; 갑자기** 명 날카로운 것; 『음악』 **샤프** 《반음 올림기호, #》 동 《미.음악》 음의 높이를 올리다 ☜ 고대영어로 '날카로운 날을 가진'이란 뜻

■ **sh**ape [ʃeip/쉐잎] 명 **모양**, 형상, 외형, **모습** 동 **형성하다, ~의 모양을 이루다; 구체화하다** ☜ 고대영어로 '(날카로운 것으로) 깎아 만든 것'이란 뜻

☐ **sh**in [ʃin] 명 **정강이**; 정강이뼈 동 기어오르다; 정강이를 차다〔까다〕
☜ 고대영어로 '정강이'이란 뜻 ⇦ '얇은 조각' ⇦ '자르다(sh) + in<명접>'
♠ have one's **shin** scraped **정강이**가 까지다
♠ **shin up** a tree 나무**에 기어오르다**

☐ **sh**ingle [ʃíŋgəl] 명 **지붕널**, 지붕 이는 판자; (여성 머리의) **싱글커트** 《밑을 짧게 치는 단발》 동 지붕널로 이다 ☜ 고대영어로 '(날카로운 것으로) 잘린(sh + ing) 것(le)'이란 뜻
♠ **shingle** a roof **널빤지로** 지붕을 **이다**

☐ **sh**ip [ʃip/쉽] 명 **배**, 함(선) 동 배에 싣다〔타다〕, 수송하다
☜ 고대영어로 '배'란 뜻 ⇦ '(날카로운 것으로) 깎아 만든 것'이란 뜻
♠ **L**anding **S**hip for **T**ank 상륙함(LST) ☜ 탱크가 (적지에) 상륙하도록 해주는 군함

☐ **sh**ipboard [ʃípbɔ̀ːrd] 명 갑판 ☜ ship + board(판자, 판지; 위원회)

☐ **sh**ipbuilding [ʃípbìldiŋ] 명 **조선술, 조선업** ☜ 배(ship) 만들(build) 기(ing)

☐ **sh**ipmate [ʃípmèit] 명 동료 선원 ☜ ship + mate(상대, 동료)

☐ **sh**ipment [ʃípmənt] 명 배에 싣기, **선적**; 선적량〔화물〕 ☜ -ment<명접>

☐ **sh**ipping [ʃípiŋ] 명 선적(船積), **적하**(積荷); **해운(업)** ☜ -ing<명접>

☐ **sh**ipshape [ʃípʃèip] 형 정돈된 부 정연하게 ☜ shape(모양; 정리된 형태)

☐ **sh**ipwreck [ʃíprèk] 명 **난선**(難船), **난파**; 배의 조난 사고; 난파〔조난〕선; 《비유》 파멸; 실패 동 난파시키다〔하다〕, 파멸하다〔시키다〕 ☜ ship + wreck(난파)
♠ a **shipwrecked** vessel **난파한** 배

☐ **sh**ipwright [ʃípràit] 명 조선공 ☜ ship + wright(건조자, 제작자)

☐ **sh**ipyard [ʃípjàːrd] 명 **조선소** ☜ ship + yard(안마당, 제조소)

스커트 skirt (치마), 셔츠 shirt (칼라가 달린 서양풍 상의) 와이셔츠 Y-shirt (콩글 흰색 셔츠) ➔ white shirt, a dress shirt

♣ **어원 : sh- 날카로운, 예리한; 자르다**

■ **sk**irt [skəːrt/스꺼-트] 명 **스커트, 치마**
☜ 고대영어로 '짧게 잘린 의복', 고대 노르드어로 '치마'란 뜻

☐ **sh**irt [ʃəːrt/셔-트] 명 **와이셔츠, 셔츠**; 칼라 · 커프스가 달린 셔츠 블라우스; 내복
☜ 고대영어로 '(날카로운 것에 의해) 짧게 잘린 의복'이란 뜻
♠ **Near is my shirt, but nearer is my skin. 셔츠보다는 내 피부가 더 가깝다. 《속담》 제 몸보다 소중한 것은 없다.**

S

☐ **sh**ore [ʃɔːr/쇼어] 명 **물가, 바닷가, 해안**(지방), 해변; (바다 · 호수 · 강의) 기슭; **지주** 동 상륙시키다; 떠받치다 ☜ 고대영어로 '(날카로운 것에 의해) 깎인 땅〔것〕'이란 뜻
♠ a rocky 〔sandy〕 **shore** 바위 〔모래〕 **해변**

☐ **sh**oreline [ʃɔ́rlàin] 명 해안선 ☜ shore + line(줄, 선)

☐ **sh**oreward [ʃɔ́ːrwərd] 부 해안 쪽으로 형 해안 쪽의 ☜ shore + ward(쪽으로/쪽의)

■ sea**sh**ore [síːʃɔ́ːr] 명 **해변**, 바닷가, 해안 ☜ 바다(sea) + 해안(shore)

쉿 shit (영어의 대표적인 욕설. <똥>이란 뜻)

☐ **shit** [ʃit] 동 (-/shit**ted**〔**shat**〕/shit**ted**〔**shat**〕) 똥누다 명 똥(=dung) 감 제기랄, 빌어먹을(=Bull shit !) ☜ 고대영어로 '설사, 설사약'이란 뜻

♠ He is a piece of **shit** ! 그 자식 완전히 나쁜 **XX**〔**똥**〕야.

쉬버링 shivering (추운 곳에서는 자연스럽게 몸이 떨리는 증상)

☐ **shiver** [ʃívər] 동 〔후들후들〕 **떨다; 떨리게 하다** 명 몸서리; **떨림**
☜ 중세영어로 '흔들다'라는 뜻
♠ **shiver** with cold 추위로 **덜덜 떨다**.

☐ **shiver**ing [ʃívəriŋ] 명 떨림, 전율 형 떨리는, 전율할 ☜ -ing<형접>

☐ **shiver**y [ʃívəri] 형 떠는; 섬뜩〔오싹〕하는 ☜ -y<형접>

연상 어깨에 걸친 숄(shawl)을 쇼울(shoal.여울)에서 잃어버렸다.

※ **shawl** [ʃɔːl] 명 **숄**, 어깨 걸치개; 《영.군사속어》 큰 외투 동 숄을 걸치다, 숄로 싸다 ☜ 숄이 제작된 인도의 마을 이름(Shaliat)에서

☐ **shoal** [ʃoul] 명 **여울** 《강 · 바다의 바닥이 얕고 물살이 빠른 곳》; 모래톱; (pl.) 숨은 위험〔장애〕, 함정 동 얕아지다, 여울이 되다
☜ 고대영어로 '얕은'이란 뜻
♠ get **ashore** on a shoal 여울의 **얕은 곳**에 좌초되다.
☜ ashore(물가에, 해변에, 육상에)

☐ **shoal**y [ʃouli] 형 얕은 곳〔여울〕이 많은; 숨은 위험이〔장애가〕 많은, 함정이 많은 ☜ -y<형접>

■ **shallow** [ʃǽlou] 형 (-<-**er**<-**est**) **얕은**(⇔ deep); 《비유》 천박한, 피상적인 명 (종종 pl.) [단 · 복수취급] 얕은 곳, 여울 동 얕게 하다, 얕아지다 ☜ 중세영어로 '깊지 않은'

쇼크 shock (정신적인 충격; 전기 충격), 쇼킹(shocking)한, 쇼바 shober (×) ➔ shock absorber (자동차 등의 완충장치)

☐ **shock** [ʃɑk/샤크/ʃɔk/쇼크] 명 **충격**; (격심한) 진동; 〖전기〗 충격(=electric shock); 《비유》 (정신적인) 충격, **쇼크**, 타격; 충격적 사건 동 **충격을 주다** ☜ 중세 프랑스어로 '세찬 공격, 맹공'
♠ **I am shocked to** hear of his death.
나는 그의 죽음을 듣고 **충격을 받았다**

< Electric Shock >

☐ **shock** absorber (자동차 · 비행기 따위의) 완충기, 완충 장치
☜ 흡수하다/완화시키다(absorb) + 장치(er)

☐ **shock**-absorbing [ʃɑ́kəbsɔ̀ːrbiŋ, ʃɔk-] 형 완충적인 ☜ -ing<형접>

☐ **shock**ed [ʃɑkt, ʃɔkt] 형 충격을 받은, 어안이 벙벙한; 감전한 ☜ shock + ed<수동형 형접>

☐ **shock**ing [ʃɑ́kiŋ/ʃɔ́k-] 형 **충격적인**, 쇼킹한; 고약한, 괘씸한; 지독한 부 지독히
☜ shock + ing<능동형 형접>

☐ **shock** wave 〖물리〗 충격파; (사건 등이 주는) 충격, 파문 ☜ wave(파도, 물결, 파문)

어글리 슈즈 ugly shoes (독특하고 못생겨서 더 예쁜 신발), 슈빌 shoebill (아프리카산 대형 황새. <구두같은 부리>라는 뜻)

< Ugly Shoes >

☐ **shoe** [ʃuː/슈-] 명 **신, 구두**; 《영》 단화(《미》 low shoes); 편자; (브레이크의) 접촉부 동 (-/**shod**〔**shoed**〕/**shod**〔**shodden**〕) 구두를 신기다; (말)에 편자를 박다 ☜ 고대영어로 '신발'이란 뜻
♠ **a pair of shoes 구두 한 켤레**
♠ **Over shoes, over boots. 《속담》 기왕에 내친 일이면 끝까지**
♠ **Who is worse shod than the shoe's wife?**
누가 구두의 아내보다 더 나쁜 신발을 신었나 ? ➔ **《속담》 대장간에 식칼이 논다. 꼭 있어야 할 곳에 없다.**
♠ **Only the wearer knows where the shoes pinches.**
신발 착용자만이 신발이 꽉 끼어 아픈 곳을 안다. ➔
《속담》 진짜 괴로움은 당사자만이 안다.

☐ shoe**bill** [ʃúːbìl] 명 **슈빌** 《(아프리카산) 황새와 비슷하고 부리가 큰 새》
☜ 구두(shoe) 같은 부리(bill)

☐ **shoe**black [ʃúːblæ̀k] 명 《영》 구두닦이
☜ 구두(shoe)를 닦아 광을 내다(black)

☐ **shoe**horn [ʃúːhɔ̀ːrn] 명 구두 주걱 ☜ shoe + horn(뿔, 뿔로 만든 제품)

☐ **shoe**lace [ʃúːlèis] 명 구두 끈(=shoestring) ☜ shoe + lace(끈)

☐ **shoe**maker [ʃúːmèikər] 명 **구두 만드는[고치는] 사람**, 제화공; 《속어》 엉터리 ☜ 신발(shoe)을 만드는(make) 사람(er)

< Shoebill >

■ over**shoe** [óuvərʃùː] 명 (보통 pl.) **오버슈즈**, 방수용(방한용) 덧신 ☜ 위에(over) (신는) 신발(shoe)

□ **shone**(shine의 과거, 과거분사) ➔ **shine**(빛나다) **참조**

□ **shook**(shake의 과거) ➔ **shake**(흔들다) **참조**

슛! 골인 shoot ! goal-in ➔ He shoots! And it's a goal!

□ **shoot** [ʃuːt/슡-] 동 (-/**shot**/**shot**) (총·화살을) **쏘다**, 발사하다; **힘차게 움직이다[달리다]** 명 **사격; 새로나온 가지** ☜ 고대영어로 '던지다, 때리다'란 뜻
♠ **shoot** an arrow into the air 공중을 향해 활을 **쏘다**
□ **shoot**er [ʃúːtər] 명 사수, 포수; 사냥꾼; 연발총; 권총; 슛을 잘하는 사람 ☜ shoot + er(사람)
□ **shoot**ing [ʃúːtiŋ] 명 **사격**, 발사; 총사냥; 『영화』 **촬영** ☜ -ing<명접>
■ dunk **shot** (**shoot**) **덩크샷** 《농구에서, 공에서 손을 떼지 아니한 채 점프하여 링 위에서 내리꽂듯이 하는 샷》 ☜ dunk(담그다, 덩크슛하다)
■ **shot** [ʃɑt/ʃɔt] 명 발포, **발사, 탄환**; 총성; 『사진·영상』 촬영, 스냅(사진), 한 화면, **샷** ☜ shoot의 단축형. 고대영어로 '쏘기'란 뜻
※ **goal** [goul] 명 **골, 결승점**(선); **득점**; 골문, 골대; 목적지, **목표** ☜ 중세영어로 '경계'란 뜻

커피숍 coffee shop (커피를 편하게 마실 수 있도록 꾸며진 가게)

※ **coffee** [kʌ́ːfi/**커**-피, kɔ́fi, kɑ́fi] 명 **커피** 《나무·열매·음료》; 커피색, 다갈색; 한 잔의 커피 ☜ 중세영어로 '아라비아와 에티오피아가 원산지인 나무의 씨앗을 볶아 만든 음료'
■ coffee **shop** 다방; (호텔 등의 간단한 식당을 겸한) 다실; 커피콩 파는 가게
□ **shop** [ʃɑp/샾/ʃɔp/숖] 명 《영》 **가게**, 소매점(《미》 store); 전문점 ☜ 고대 독일어로 '벽이 없는 건물, 외양간'이란 뜻
♠ open (close) a **shop 가게**를 열다 (닫다)
□ **shop**boy [ʃɑ́pbɔ̀i/ʃɔp-] 명 어린 점원 ☜ shop + boy
□ **shop**girl [ʃɑ́pgə̀ːrl/ʃɔp-] 명 여판매원, 여점원 ☜ shop + girl
□ **shop**keeper [ʃɑ́pkìːpər/ʃɔ́p-] 명 《영》 **가게 주인**; 소매 상인(《미》 storekeeper); [일반적] 상인 ☜ 가게(shop)를 지키는(keep) 사람(er)
□ **shop**lifter [ʃɑ́plìftər/ʃɔp-] 명 (가게에서) 물건을 훔치는 사람; 들치기 ☜ shop + lift(들어올리다, 훔치다) + er(사람)
□ **shop**lifting [ʃɑ́plìftiŋ/ʃɔp-] 명 (가게에서) 물건을 훔치는 일 ☜ -ing<명접>
□ **shop**man [ʃɑ́pmən/ʃɔp-] 명 (pl. **-men**) 점원, 판매원, 《주로 영》 가게 주인, 소매 상인 ☜ shop + man(남자, 사람)
□ **shop**per [ʃɑ́pər/ʃɔp-] 명 물건 사는 사람 ☜ shop + p<자음반복> + er(사람)
□ **shop**ping [ʃɑ́piŋ/**샤**핑/ʃɔ́piŋ/**쇼**핑] 명 **쇼핑, 물건사기**, 장보기 ☜ shop + p<단모음+단자음+자음반복> + ing<명접> ★ **가게의 유리창을 통해 물건을 살펴보는 '아이쇼핑'(eye shopping)은 콩글리시이다. 영어로 window shopping이라고 해야 올바른 표현이다.**
□ **shop**ping mall **쇼핑몰** 《보행자 전용 상점가》 ☜ mall(산책로, 쇼핑센터)
■ beauty **shop** **뷰티샵,** 미장원 ☜ beauty(미(美), 미인)
■ gift **shop** **기프트샵**, 선물가게 ☜ gift(선물)

□ **shore**(해안) ➔ **shirt**(셔츠) **참조**

S

쇼트트랙 short track ([스케이트] 짧은 트랙경기)

© isu.org

♣ **어원 : sh- 날카로운, 예리한; 자르다**
□ **sh**ort [ʃɔːrt/쇼-트] 형 **짧은**(⇔ long); 간결한, 간단한; **키가 작은; 불충분한** 부 **갑자기** 명 짧음, 간단, 간결; 부족 ☜ 고대영어로 '(날카로운 것에 의해) 짧게 잘린'이란 뜻
♠ The coat **is short** on me. 그 코트는 내게 **짧다**
♠ **be short of ~ ~이 부족하다, ~이 모자라다, ~에 미치지 않다**
I **am short of** cash. 나는 현금**이 부족하다**.
♠ **in short 요컨대(=in a word), 간단히 말하면**
In short, he is a man of great ability. **요컨대,** 그는 대단한 수완가이다.
♠ **little short of ~ ~에 가까운, 거의 ~한**
□ **sh**ortage [ʃɔ́rtidʒ] 명 **부족**(不足), 결핍; 부족액, 부족량; 결함, 결점 ☜ short + age<상태 명접>
□ **sh**ortcoming [ʃɔ́ːrtkʌ̀miŋ] 명 (pl.) **결점**, 단점, 모자라는 점; 결핍, 부족; 흉작 ☜ short + come + ing<명접>
□ **sh**ortcut [ʃɔ́ːrtkʌ̀t] 명 지름길; 손쉬운 방법 형 지름길의; 손쉬운, 간단한 ☜ short + cut(자르다)

□ **sh**orten [ʃɔ́ːrtn] ⓢ **짧게 하다**, 줄이다; 빼앗다; 짧아지다 ☜ -en<동접>

□ **sh**ortening [ʃɔ́ːrtəniŋ] ⓜ 짧게 함, **단축; 쇼트닝** 《케이크 등을 만들 때 쓰이는 지방》; 【언어】 생략(어) ☜ shorten + ing<명접>

□ **sh**orthand [ʃɔ́ːrthæ̀nd] ⓜⓗ **속기**(의) ⓢ 속기하다 ☜ short + hand(손; 넘겨주다)

□ **sh**ort-handed [ʃɔ́ːrthǽndid] ⓗ **손이 모자라는** ☜ 짧은/부족한(short) 손(hand) 의(ed<형접>)

□ **sh**ortish [ʃɔ́ːrtiʃ] ⓗ 약간〔좀〕 짧은; 좀 간단한; 키가 좀 작은 ☜ -ish<형접>

□ **sh**ortly [ʃɔ́ːrtli] ⓑ **곧, 이내**, 머지않아; **간단히; 쌀쌀맞게** ☜ -ly<부접>

□ **sh**ort-lived [ʃɔ́ːrtlívd, ʃɔ́ːrtláivd] ⓗ 단명의, 덧없는 ☜ 짧게(short) 살다(live) + ed<형접>

□ **sh**ortness [ʃɔ́ːrtnis] ⓜ **짧음**; 가까움, 낮음; 부족; 무뚝뚝함; 부서지기 쉬움 ☜ -ness<명접>

□ **sh**ort-short [ʃɔ́ːrt-ʃɔ́ːrt] ⓜ **초단편 소설**(= short short story) ☜ story(이야기, 동화)

□ **sh**ortsighted [ʃɔ́ːrtsάitid] ⓗ **근시안의**; 근시적인; 선견지명이 없는 ☜ short + sight(보다) + ed<형접>

□ **sh**ortstop [ʃɔ́ːrtstàp/stɔ̀p] ⓜ 【야구】 유격수 ☜ ❶ (외야수가 던진 공을) 중간에서 짧게(short) 멈춘(stop) 다음 신속히 목표지점으로 던지는 사람이란 설(說). ❷ 1897년 미국 마이너리그 챔피언십 경기 때 부족한 유격수로 인근 고교 야구선수 헨리 스탑(Henry Stop)을 기용했는데 키 작은 그가 역할을 훌륭히 해낸 데서 유래했다는 설(說).

□ **sh**ort-tempered [ʃɔ́ːrtémpərd] ⓗ **성급한** ☜ 짧은(short) 성격(temper) 의(ed)

□ **sh**ort-term [ʃɔ́ːrtə̀ːrm] ⓗ **단기의**, 단기 만기의 ☜ 짧은(short) 기간(term)

□ **sh**ort wave 단파(短波) ☜ 짧은(short) 파도(wave)

□ **sh**ort-winded [ʃɔ́ːrtwíndid] ⓗ 숨이 찬 ☜ 짧은(short) 바람/숨(wind) 의(ed<형접>)

□ **sh**orty, **sh**ortie [ʃɔ́ːrti] ⓜ 《구어·경멸》 키 작은 사내, 땅딸보; 짧은 옷 ☜ short + y/-ie<명접>

※ **track** [træk/트랙] ⓜ **지나간 자국**, 흔적; 바퀴 자국; (밟아서 생긴) **작은 길; 트랙**경기; 철도 선로, 궤도; (영화필름의) 녹음대, 사운드**트랙** ⓢ **추적하다**; 자국〔흠〕을 따라가다 ☜ 고대 프랑스어로 '말의 발자국'

덩크슛 < 덩크샷 dunk shot ([농구] 바스켓 위에서 꽂아 넣는 샷)
원샷 one shot (콩글 건배) ➔ bottoms up <바닥이 위로 가게>

※ **dunk** [dʌŋk] ⓢ (빵 따위를 음료에) 적시다, (액체에) 담그다(=dip); (농구에서 공을) 덩크샷하다 ☜ 고대 독일어로 '잠기다, 담그다'라는 뜻

□ **shot** [ʃɑt/ʃɔt] ⓜ 발포, **발사, 탄환**; 총성; 【사진·영상】 촬영, 스냅(사진), 한 화면, **샷** ☜ shoot의 단축형. 고대영어로 '쏘기'란 뜻

♠ He fired several **shots** from his pistol.
그가 권총을 몇 **발** 쏘았다.

□ **shot**gun [ʃɑ́ːtgʌn] ⓜ 산탄총, 엽총 ⓗ 강제적인, 무턱대고 하는 ⓢ 엽총으로 쏘다 ☜ shot + gun(총)

□ **shot** put, **shot**-putting 【경기】 투포환(投砲丸) ☜ 던져(shot) + ~로 나아가게 하는(put) + t<자음반복> + 것(ing<명접>)

< Dunk Shot >

■ approach **shot** 【골프】 **어프로치샷**, 홀가까이 공을 침 ☜ approach(접근)

■ dead **shot** 명사수 ☜ 완전한(dead) 발사(shot)

■ **shoot** [ʃuːt/슈-] ⓢ (-/**shot**/**shot**) (총·화살을) **쏘다**, 발사하다; **힘차게 움직이다[달리다]** ⓜ **사격; 새로 나온 가지** ☜ 고대영어로 '던지다, 때리다'란 뜻

쉘위댄스 Shall We Dance (미국 로맨스 영화. <춤추실까요?>)

2004년 개봉한 미국의 코미디, 멜로/로맨스 영화. 리차드 기어, 제니퍼 로페즈 주연. 1996년 일본에서 먼저 제작되어 선풍을 일으킨 뒤 미국에서 리메이크된 작품. 무기력하고 매너리즘에 빠른 한 중년남성이 댄스강습을 통해 활기를 되찾게 되는 내용. 사교댄스를 음성에서 양성적 문화로 바꿔놓은 영화. 제목은 1956년 율 브린너와 데보라 카 주연의 뮤지컬 영화 <왕과 나>에 나오는 노래 제목에서 따온 것이다.

© Miramax Films

■ **shall** [ʃæl/쉘, (약) ʃəl] ⓩⓢ 〔과거 should; shall not의 줄임말 shan't, should not의 줄임말 shouldn't〕 〔단순미래〕 **~일[할] 것이다**; ~하게(이) 되다(된다) 〔의지〕 **~할까요, ~하지 않으시겠습니까; 반드시 ~하다** ☜ 고대영어로 '해야만 한다'는 뜻

□ **should** [ʃud/슈드, (약) ʃəd] ⓩⓢ shall의 과거, (should not = shouldn't), 〔직설법 단순미래〕 **~일 것이다**; 〔직설법 의지미래〕 **~하겠다**; 〔가정법 의무·당연〕 **~하여야 한다**; 〔가정법 유감·놀람〕 **~하다니**; 〔조건문 귀결절〕 **~일 것이다** ☜ shall의 과거

♠ He said that he **should** (would) get there before dark.
그는 어두워지기 전에 거기에 도착**할 것이라**고 말했다.

♠ He said he **should** never forget it.
그는 그것을 결코 잊지 않**겠노라고** 말했다.

S

♠ You **should**n't speak so loud. 그렇게 큰 소리로 말**해선** 안**된다**.
♠ It is strange that you **should** not know it.
네가 그것을 모른**다니** 이상한 일이다.
♠ If you were to quarrel with him, I **should** feel very sorry. **만일** 네가 그와 다투는 일이 있게 된다면 나는 매우 섭섭하게 여**길 것이다**.

※ **we** [wi:/위-, (강) wi/위] ㊐ **우리는[가]** ☜ 고대영어로 '나 그리고 다른 사람들'이란 뜻
※ **dance** [dæns/댄스/dɑ:ns/단-스] ㊍ **춤추다** ㊔ **댄스, 춤**, 무용; 댄스곡
☜ 중세영어로 '춤추다'란 뜻

숄더백 shoulder bag (멜빵 달린 핸드백)

☐ **shoulder** [ʃóuldər/**쇼**울더] ㊔ **어깨**; 어깨 관절 ㊍ **짊어지다**, 메다
☜ 고대영어로 '어깨'라는 뜻
♠ bear a burden on one's **shoulders**
어깨위에 무거운 짐(부담)을 지다
♠ **shoulder to shoulder 어깨를 나란히 하여, 밀집하여; 협력하여**
☐ **shoulder** strap (바지의) 멜빵, (스커트・이브닝 드레스 등의) 어깨끈; 『군』 견장 ☜ strap(가죽 끈)
※ **bag** [bæg/백] ㊔ **가방**, 자루 ☜ 고대 노르드어로 '꾸러미, 보따리'란 뜻

샤우팅 shouting (크게 외치는 소리)

☐ **shout** [ʃaut/샤우트] ㊍ **큰소리를 내다, 외치다**, 소리(고함)치다
㊔ **외침, 환호[갈채]**(소리) ☜ 중세영어로 '큰 소리로 외치다'
♠ Stop **shouting** and listen! **소리** 좀 그만 **지르**고 들어 봐!
☐ **shout**ing [ʃáutiŋ] ㊔ 외침, 고함소리, 환호 ☜ shout + ing<명접>

셔블 로더 shovel loader (불도저와 비슷한 굴착・운반용 건설기계)

♣ 어원 : **shov, shuf, scuf 밀다, 잡아 끌다; 섞다**
☐ **shov**el [ʃʌ́vəl] ㊔ **삽, 셔블** ㊍ 삽으로 푸다(파다)
☜ 고대영어로 '삽'이란 뜻
♠ **shovel up** coal 석탄을 **삽으로 퍼내다**
☐ **shov**e [ʃʌv] ㊍ **밀(치)다**, 떠밀다, 처넣다 ㊔ 한 번 떼밀기, 밀치기; 지지, 지원 ☜ 고대영어로 '난폭하게 밀다'란 뜻
♠ He **shoved** the dog down the stairs. 그가 그 개를 계단 아래로 **떠밀었다**.
☐ **shuf**fle [ʃʌ́fəl] ㊍ (발을) **질질 끌다**, 뒤섞다; 이리저리 움직이다
☜ shuf + f<자음반복> + le<동접>
♠ **shuffle** along (a street) **발을 끌**며 (길을) 걷다.
■ **scuf**fle [skʌ́fəl] ㊔ 드잡이(맞붙어 싸움), 난투 ㊍ 맞붙어 싸우다
☜ scuf + f<자음반복> + le<명접/동접>
※ **load**er [lóudər] ㊔ 짐을 싣는 사람; 『기계』 **로더**, 적재기(積載機); 장전기(裝塡器); 장전자(者) ☜ 짐을 싣는(load) 사람(기계)(er)

쇼-윈도 show window (진열 상품을 들여다볼 수 있는 유리창)

S

☐ **show** [ʃou/쇼우] ㊍ (-/show**ed**/show**n**(《드물게》 show**ed**)) **보이다**; 보여주다; **나타내다; 출품하다** ㊔ **보임; 흥행, 쇼**(=variety show), 구경 ☜ 고대영어로 '보다'란 뜻
♠ **show** one's passport 여권을 **제시하다**
♠ **show ~ the way ~에게 길을 알려주다, 방법을 가르치다**
♠ **show in** (into) **(손님을) 안내하다**
♠ **show off ~ ~을 뽐내어 보이다, 과시하다; 돋보이게 보이다, 잘 뵈다**
♠ **show up ~ ~을 폭로하다; 눈에 띄다; 나타나다**
show up on time 정시에 **모습을 드러내다**
☐ **show** bill (서커스 따위의) 광고 삐라 ☜ bill(계산서, 명세서; 전단, 벽보; 어음)
☐ **show**case [ʃóukèis] ㊔ 진열장 ☜ case(상자, 용기)
☐ **show**down [ʃóudàun] ㊔ (분쟁 때위의) 최종적 해결(결말); 내막의 공개, 폭로
☜ 쇼(show)가 완료되어(down)
☐ **show**manship [ʃóumənʃìp] ㊔ **쇼맨십**, 흥행술; 흥행적 수완(재능)
☜ showman(쇼 흥행사) + -ship(능력)
☐ **show**room [ʃóurù(ː)m] ㊔ 진열실 ☜ show + room(방, ~실(室))
☐ **show window** **쇼윈도**, 진열창 ☜ window(창문)

☐ **show**y [ʃóui] ⓗ (-<-w**ier**<-w**iest**) **화려한**, 눈부신; 눈에 띄는; 허세부리는; 야한 ☜ show + y<형접>

※ **window** [wíndou/**윈**도우] ⓜ **창문**; 창유리; 창틀; (가게 앞의) 진열창; (은행 따위의) 창구, 매표구 ☜ 고대 노르드어로 '바람(wind)의 눈(ow=eye)'이란 뜻.

샤워 shower (샤워기를 이용하여 몸을 씻는 행위)

☐ **shower** [ʃáuər] ⓜ **소나기**; 쏟아져 내림, 많음, (탄알·눈물·편지 따위가) 빗발치듯 함; **샤워**(하기); 《미》 (신부에게) 선물하는 파티 ⓢ 소나기가 오다; 빗발치듯 쏟아지다 ☜ 고대영어로 '짧은 강우'

♠ Tears **showered** down her cheeks.
눈물이 **비오듯** 그녀의 뺨에 **흘렀다**.

☐ **shower** bath 샤워; 샤워기; 샤워실; 흠뻑 젖음 ☜ bath(목욕, 욕실)

☐ **shower**y [ʃáuəri] ⓗ 소나기(가 올 것) 같은; 소나기가 잦은 ☜ -y<형접>

쇼트트랙 short track ([스케이트] 짧은 트랙경기)

© isu.org

♣ **어원 : sh- 날카로운, 예리한; 자르다**

■ **sh**ort [ʃɔːrt/쇼-트] ⓗ **짧은**(⇔ long); 간결한, 간단한; **키가 작은; 불충분한** ⓟ **갑자기** ⓜ 짧음, 간단, 간결; 부족 ☜ 고대영어로 '(날카로운 것에 의해) 짧게 잘린'이란 뜻

☐ **sh**red [ʃred] ⓢ (-/shred(shred**ed**)/shred(shred**ed**)) 조각조각으로 찢다 ⓜ **조각**, 파편; 약간, 소량 ☜ 고대영어로 '(날카로운 것에 의해) 짧게 잘린 것'이란 뜻

♠ There is not **a shred of** doubt. **일체의** 의심도 없다

☐ **sh**rew [ʃruː] ⓜ **잔소리가 심한 여자**, 으르렁대는 여자 ☜ 고대영어로 '(날카로운 이빨로) 물어뜯는 짐승'이란 뜻

☐ **sh**rewd [ʃruːd] ⓗ **예민한, 날카로운**, 영리한, 통찰력이 있는; **빈틈없는;** 영리해 보이는 ☜ shrew + ed<형접>

♠ He's **shrewd** in business (matters). 그는 장사에 관해서는 **빈틈이 없다**.

☐ **sh**rewdly [ʃrúːdli] ⓟ 기민하게 ☜ shrewd + ly<부접>

☐ **sh**rewdness [ʃrúːdnis] ⓜ 영리함, 민첩 ☜ shrewd + ness<명접>

☐ **sh**riek [ʃriːk] ⓜ **비명,** 부르짖음; **날카로운 소리**, 쇳소리 ⓢ **비명을 지르다** ☜ 고대 노르드어로 '날카로운 소리'란 뜻

♠ give (utter) a **shriek** of pain 아파서 **비명**을 지르다.

☐ **sh**rill [ʃril] ⓗ (소리가) **날카로운**; 강렬한 ⓟ 날카로운 소리로 ⓜ 날카로운 소리 ⓢ 날카로운 소리를 내다 ☜ 고대 독일어로 '날카로운 소리'

♠ **shrill (out)** an order **날카로운 목소리로** 명령을 **내리다**

☐ **sh**roud [ʃraud] ⓜ **수의**(壽衣); 덮개, 가리개, 장막(=veil) ⓢ 수의를 입히다, 싸다, 가리다 ☜ 고대영어로 '의복'이란 뜻 ⇦ 초기 독일어로 '자르다'란 뜻에서

♠ The mortician bathed and **shrouded** the body.
장의사는 시신을 씻기고 **수의**를 입혔다.
☜ mortician(장의사), bathe(씻다, 씻기다)

☐ **sh**rub [ʃrʌb] ⓜ 키 작은 나무, **관목**(灌木) ☜ 고대영어로 '(날카로운 것으로) 베어 낸 작은 나뭇가지'란 뜻.

♠ a **shrub** zone **관목** 지대

■ **scree**ch [skriːtʃ] ⓜ **날카로운 소리, 쇳소리; 비명** ⓢ 비명을 지르다; 날카로운 소리로 외치다 ☜ 날카로운 쇳소리를 모방한 의성어

※ **track** [træk/트랙] ⓜ **지나간 자국**, 흔적; 바퀴 자국; (밟아서 생긴) **작은 길; 트랙**경기; 철도 선로, 궤도; (영화필름의) 녹음대, 사운드**트랙** ⓢ **추적하다**; 자국(흠)을 따라가다 ☜ 고대 프랑스어로 '말의 발자국'

S

슈라인 오디토리엄 Shrine Auditorium (미국의 아카데미 영화상, 그래미상, 에미상 시상식이 자주 열리는 LA의 유서깊은 연주회장)

☐ **shrine** [ʃrain] ⓜ 성체용기(聖體容器), 성골함(聖骨函); (성인들의 유물·유골을 모신) **성당**, **사당**(祠堂), 묘(廟); 《비유》 **전당**, 성지(聖地), 영역(靈域) ⓢ 사당에 모시다 ☜ 라틴어로 '상자'란 뜻

♠ a **shrine** of art 예술의 **전당**

♠ Jongmyo **Shrine** 종**묘** 《조선 왕조의 **사당**》

※ **auditorium** [ɔ̀ːditɔ́ːriəm] ⓜ (pl. **-s,** auditori**a**) 청중석, 방청석; 강당 ☜ 듣는(audi) + t + 곳(orium)

드링크 drink (술 · 음료수 따위의 마실 것)

■ **drink** [driŋk/드링크] ⓢ (-/**drank**/**drunk**(《시어》drunken)) **마시다** ⓜ **마실 것, 음료** ☜ 고대영어로 '마시다, 삼키다'라는 뜻.
⇦ 초기 독일어로 '뒤로 당겨 부피가 줄어들다'란 뜻에서

□ **shrink** [ʃriŋk] ⓢ (-/**shrank**(**shrunk**)/**shrunk**(**shrunken**)) (천 등이) **오그라들다**, (수량·가치 등이) **줄다** ⓜ 뒷걸음질, 움츠러들기, 위축 ☜ 고대영어로 '축소하다'라는 뜻.
⇦ 초기 독일어로 '뒤로 당겨 부피가 줄어들다'란 뜻
♠ Wool **shrinks** when washed. 양모는 빨면 **줄어든다**
♠ **shrink from 주춤하다, (꺼려서) ~하지 않다**

□ **shrink**age [ʃríŋkidʒ] ⓜ 수축; 가격 하락 ☜ shrink + age<명접>

□ **shrink**ing [ʃríŋkiŋ] ⓗ 꽁무니 빼는, 싫어하는 ☜ shrink + ing<형접>

□ **shrimp** [ʃrimp] ⓜ (pl. **-s**, [집합적] **-**) **작은 새우**; 《구어·경멸》 왜소한 사람, 난쟁이, 꼬마, 하찮은 놈 ⓢ 작은 새우를 잡다 ⓗ 『요리』 작은 새우가 든 ☜ 고대영어로 '오그라들다'
♠ grilled **shrimp** (그릴에) 구운 **새우**, fry **shrimp** **새우**를 튀기다

□ **shrivel** [ʃríːvəl] ⓢ **주름(살)지다**, 오그라들다; 못쓰게 되다 ☜ 스웨덴어로 '주름지게 하다'란 뜻
♠ It is cold enough to **shrivel** one up. 몸이 **오그라들** 정도로 춥다

□ **shrug** [ʃrʌg] ⓢ (어깨를) **으쓱하다** 《보통 동시에 두 손바닥을 보임》 ⓜ 어깨를 으쓱하기 ☜ 덴마크어로 '웅크리다'란 뜻
♠ **shrug** over a desk 책상 위에 **웅크리다**

□ **shroud**(수의, 수의를 입히다), **shrub**(관목) ➔ **shrill**(날카로운) **참조**

밀크쉐이크 milk shake (우유 · 달걀 · 설탕 등을 섞어서 만든 음료)

♣ **어원 : shak, shud 흔들다**

※ **milk** [milk/밀크] ⓜ **젖**; 모유, 우유 ⓢ **젖을 짜다** ☜ 고대영어로 '우유'라는 뜻

■ **shak**e [ʃeik/쉐이크] ⓢ (-/**shook**/**shaken**) **흔들다**, 뒤흔들다 ☜ 중세영어로 '흔드는 행위, 불규칙적인 진동'이란 뜻

□ **shud**der [ʃʌ́dər] ⓢ **떨다**, 전율하다, 몸서리치다 ⓜ **떨림**, 전율; (the ~s) 《구어》 몸서리 ☜ 초기 독일어로 '흔들다'라는 뜻. shud(shake) + d + er<명접/동접>
♠ **shudder** with fear 공포로 **떨다**

□ **shuffle**(질질 끌다) ➔ **shovel**(삽, 셔블) **참조**

연상 선(sun.태양)크림을 발라 자외선(UV)을 가급적 션(shun.피하다)해라.

※ **sun** [sʌn/썬] ⓜ (the ~) **태양, 해** ☜ 고대영어로 '태양'이란 뜻

□ **shun** [ʃʌn] ⓢ **피하다**, 비키다 ☜ 고대영어로 '피하다'란 뜻
♠ **shun** society 사람 접촉을 **피하다**, 세상을 **멀리하다**

셔터 shutter (❶ 덧문 ❷ [사진기] 빛의 노출을 조절하는 장치)

□ **shut** [ʃʌt/셧] ⓢ (-/**shut**/**shut**) **닫다**(⇔ open), 잠그다; 잠기다; (점포·공장 따위를) 일시 폐쇄하다, 폐점(휴업)하다 ⓗ 닫은 ☜ 고대영어로 '문에 빗장을 지르다'란 뜻
♠ **shut** the gate 문을 **닫다**
♠ **shut off (가스·수도·라디오 등을) 끄다, 잠그다; 차단하다**
shut off the gas 가스를 **잠그다**
♠ **shut out 못 들어오게 막다, 들이지 않다; (적을) 영패시키다**
♠ **shut up 감금하다, 가두다; 입다물(게 하)다**

□ **shut**down [ʃə́tdàun] ⓜ 『컴퓨터』 **셧다운**; (공장 따위의) 일시 휴업, 조업 중지; 폐점(閉店), 폐쇄 ☜ 밑으로(down) 닫다(shut)

□ **shut**out [ʃʌ́tàut] ⓜ 내쫓음; 공장 폐쇄; 『야구』 완봉 ☜ 밖으로(out) 닫다(shut)

□ **shut**ter [ʃʌ́tər] ⓜ **덧문**, 겉문; (사진기의) **셔터**; 닫는 사람(물건) ⓢ 문을 달다; 덧문을 닫다 ☜ shut + t<자음반복> + er(사람/장비)

셔틀버스 shuttle bus (근거리 정기 왕복 운행 버스)

♣ **어원 : shut, shoot, shot 던지다, 쏘다**

□ **shut**tle [ʃʌ́tl] ⓜ (베틀의) 북; (근거리) **정기 왕복편**; 『항공』 우주 왕복선(space ~) ⓢ (정기) 왕복편으로 수송하다; (정기적으로) 왕복하다 ☜ 고대영어로 '던지는 창, 화살'이란 뜻 ⇦ 던지는/쏘는(shut=shoot) + t<자음반복> + 것(le)
♠ take a **shuttle 근거리 왕복 열차(버스)**를 타다.

S

■ **shoot** [ʃuːt/슡-] ⓢ (-/**shot**/**shot**) (총·화살을) **쏘다**, 발사하다; **힘차게 움직이다[달리다]** ⓜ **사격; 새로 나온 가지** ☜ 고대영어로 '던지다, 때리다'란 뜻

■ **shot** [ʃɑt/ʃɔt] ⓜ 발포, **발사, 탄환**; 총성; 『사진·영상』 촬영, 스냅(사진), 한 화면, **샷** ☜ shoot의 단축형. 고대영어로 '쏘기'란 뜻

※ **bus** [bʌs/버스] ⓜ **버스** ☜ 프랑스어 omni**bus**(승합마차)의 줄임말

비교 double-decker 더블데커(2층버스), limousine 리무진버스

드러내길 꺼려하는 샤이(shy.부끄러워하는) 보수층도 많다.

♣ 어원 : sha, she, shy 여성, 암컷; 소심한, 수줍은

☐ **shy** [ʃai] ⓗ (-<-y**er**(-**ier**)<-y**est**(-**iest**)) 소심한, 부끄럼타는, **수줍은; 조심성 있는** ⓢ (말이 소리 등에 놀라) **뒷걸음질 치다** ☜ 고대영어로 '소심한, 쉽게 놀라는'이란 뜻

♠ a quiet, **shy** woman 조용하고 **수줍음이 많은** 여자

☐ **shy**ly [ʃáili] ⓟ 부끄러워서, **수줍게**; 겁을 내어 ☜ -ly<부접>

☐ **shy**ness [ʃáinis] ⓜ **수줍음**, 스스러움; 소심, 겁 ☜ -ness<명접>

■ **she** [ʃiː/쉬-, (보통 약) ʃi] ⓓ (pl. **they**) **그녀는[가]** 《3인칭 여성 단수 주격의 인칭대명사; 소유격·목적격은 her; 소유대명사는 hers》 ☜ 고대영어의 hē는 '그(he)'로, hēo, hīo는 '그녀(she)'로 발전

■ **sha**me [ʃeim/쉐임] ⓜ **부끄러움, 치욕** ⓢ **부끄럽게 하다**, ~에게 창피를 주다 ☜ 고대영어로 '죄책감이나 치욕감'이란 뜻.

샤일록 Shylock (셰익스피어작 <베니스의 상인> 중 유대인 고리대금업자)

☐ **Shylock** [ʃáilɑk/-lɔk] ⓜ **샤일록** 《Shakespeare 작 The Merchant of Venice에 나오는 유대인 고리 대금업자》; (때로 s-) 냉혹한 고리 대금업자, 비열한 놈 ⓢ (s-) 고리 대금을 하다

샴 쌍둥이 Siamese twins (샴 태생의 신체일부가 결합된 쌍둥이)

© freakingnews.com

☐ **Siam** [saiǽm] ⓜ **샴** 《Thailand(타이, 태국)의 옛 이름》 ☜ 산스크리트어로 '(피부가) 어두운'이란 뜻

☐ **Siam**ese [sàiəmíːz, -míːs] ⓗ **샴**의; **샴**어(語)(사람)의; 흡사한 ⓜ (pl.) **샴** 사람, **샴**어 ☜ -ese(~의/~사람/~말)

☐ **Siam**ese cat 샴 고양이 《짧은 털파란 눈의 집괭이》 ☜ cat(고양이)

☐ **Siam**ese twins 샴 쌍둥이 《샴 태생의 허리가 붙은 쌍둥이 : 1811-74》 ☜ twin(쌍둥이) + s(들<복수>)

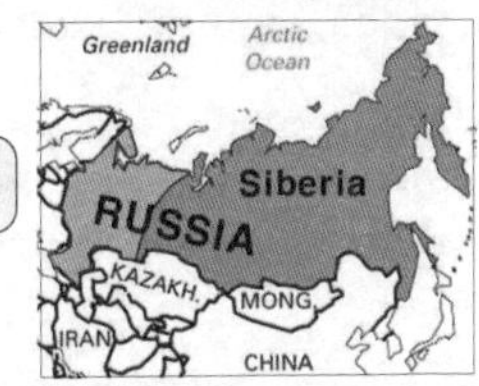

시베리아 Siberia (러시아의 우랄산맥 - 극동까지의 광활한 지역)

☐ **Siberia** [saibíəriə/사이**비**어리어] ⓜ **시베리아**; 지겨운 근무지(일) ☜ 러시아어로 '북쪽의·습한 평원'이란 뜻이라는 설.

뱀소리를 한국어로는 쉭쉭거린다고 쓰고, 영어로는 히스(hiss)라고 쓴다.

■ **hiss** [his] ⓜ 쉿하는 소리 ⓢ (뱀·증기 따위가) **쉭 소리를 내다; 야유하다** ☜ 의성어

♠ the snake's **hiss** 뱀이 **쉭쉭거리는 소리**

☐ **sibilant** [síbələnt] ⓗ **쉬쉬 소리를 내는**(=hissing); 『음성』 **마찰**(치찰)**음의** ⓜ 『음성』 마찰음 《[s, z, ʃ, ʒ] 등》 ☜ 라틴어로 '나는 소리를 내는'이란 뜻.

♠ the **sibilant** sound of whispering **쉬쉬 하며** 소곤거리는 소리

S

시칠리아, 시실리 Sicily (지중해에서 제일 큰 이탈리아 남쪽의 섬)

☐ **Sicily** [sísəli] ⓜ **시칠리아** 섬, **시칠리아** ☜ 원주민인 '시쿠리(Siculia)인'에서 유래했다는 설.

☐ **Sicili**an [sisíliən, -ljən] ⓗ 시칠리아 섬(왕국, 사람, 방언)의 ⓜ 시칠리아 사람(방언) ☜ -an(~의/~사람/~말)

연상 축구공을 킥(kick.차다)했더니 발목이 식(sick.병난)했다.

※ **kick** [kik/킥] ⓢ (공을) **차다, 걷어차다** ☜ 중세영어로 '발로 가하는 일격'이란 뜻

☐ **sick** [sik/식] ⓗ **아픈**, 병의, **병든**; 메스꺼운, **멀미하는**; 싫증나서; 그리워하여 ☜ 고대영어로 '병든, 허약한, 슬픈, 괴로운'이란 뜻

♠ **be sick with a fever 열이 있다**

♠ **be sick in bed 아파서 누워 있다**

♠ **be sick of ~ ~에 싫증나다, ~에 질리다**
비교 airsick 비행기 멀미한, carsick 차멀미한, seasick 배멀미 난, lovesick 상사병의

© sportsgare.com

☐ **sick**en [síkən] ⓢ **병나다; 메스꺼워지다**, 싫증나다 ☜ sick + en<동접>
☐ **sick**ening [síkəniŋ] ⓗ 구역질나게 하는, 넌더리나는 ☜ sicken + ing<형접>
☐ **sick**ish [síkiʃ] ⓗ 병이 날 것 같은, 토할 것 같은; 느글거리는 ☜ sick + ish<형접>
☐ **sick**ly [síkli] ⓗ (-<-kl**ier**<-kl**iest**) **병약한**, 건강에 나쁜; 메스꺼운, 싫증나는 ☜ sick + ly<형접>
☐ **sick**ness [síknis] ⓜ **병**(=disease); 멀미; 욕지기, 구역질 ☜ -ness<명접>
☐ **sick**room [síkrù:m, -rùm] ⓜ 병실 ☜ sick + room(방, ~실(室))

섹션 TV section TV (MBC 주간 연예정보 프로그램), 섹터 sector (분야, 영역), 섹스 sex (성(性))

♣ **어원 : sec(t), sex, sick 자르다; 나누다; 따로 떼어내다**
■ **sect** [sekt] ⓜ **분파**, 종파; 당파; 학파 ☜ 고대 프랑스어로 '종교적인 공동체, 종파'라는 뜻
■ **sect**ion [sékʃən/**섹**션] ⓜ **부분**; 절단, 분할; 단면도; (문장의) **절** ⓢ 구분하다 ☜ 자른(sect) 것(ion<명접>)
■ **sect**or [séktər] ⓜ **부문**, 분야, 영역, **섹터**; 부채꼴 ☜ sect + or<명접>
■ **sex** [seks] ⓜ **성**(性), 성별; 성행위 ⓗ 성적인 ⓢ 암수를 감별하다 ☜ 남녀를 나누다(sex)
☐ **sick**le [síkəl] ⓜ 낫, 작은 낫 ☜ 라틴어로 '자르는(sick) 작은 것(le)'이란 뜻
비교 scythe 자루가 긴 큰 낫
♠ mow grass with a **sickle 낫**으로 풀을 베다

사이드미러 side mirror (자동차의 측면거울) ➔ side-view mirror

☐ **side** [said/싸이드] ⓜ **옆, 측면, 쪽** ☜ 고대영어로 '사람이나 물건의 측면'이란 뜻
♠ Write your name on the **side** of the box.
상자 **옆면**에 당신 이름을 쓰시오.
♠ **side by side 나란히, 병행하여**
♠ **on the other side (of) (~의) 맞은 편에, (~의) 다른 곳에**
☐ **side**arm [sάidàrm] ⓗⓟ 팔을 옆으로 흔들어; 〖야구〗 (공을) 옆으로 던지는〔던져〕 ☜ side + arm(팔; 힘, 권력)
☐ **side**board [sáidbɔ̀:rd] ⓜ **찬장**, 식기대 ☜ board(판자, 선반)
☐ **side**-by-side [sáidbaisáid] ⓗ 나란히 (서)있는 ☜ by(곁에, 가까이에)
☐ **side**car [sáidkὰ:r] ⓜ (오토바이의) **사이드카**; 〖주식〗 **사이드카** 《선물시장이 급변할 경우 현물시장을 안정적으로 운용하기 위해 매매호가의 효력이 5분간 정지 되는 매매호가 관리제도》 ☜ 옆(side)에 붙인 차(car). **사이카**의 어원이 됨.
☐ **side**line [sάidlàin] ⓜ 부업; 옆선, 측선(側線), 〖경기장〗 **사이드라인** ☜ side + line(줄, 선)
☐ **side**long [sάidlɔ̀:ŋ/-lɔ̀ŋ] ⓟ 비스듬히, 옆으로 ☜ -ling/-long(~쪽으로)
☐ **side** step 옆으로 비켜서기; (마차 등의) 옆디딤판 ☜ step(걸음, 보행, 스텝)
☐ **side** table **사이드 테이블** ☜ (침대 등의) 옆(side)에 두는 작은 테이블(table)
☐ **side**walk [sáidwɔ̀:k] ⓜ (포장된) **보도, 인도** ☜ 측면(side) 보도/걷기(walk)
☐ **side**ward [sáidwərd] ⓗ 옆〔곁〕의, 비스듬한 ☜ -ward(~쪽의, ~쪽으로)
☐ **side**way [sáidwèi] ⓜ 옆길; 보도 ☜ side + way(길, 도로)
☐ **side**ways [sáidwèiz] ⓟ **옆으로** ⓗ 옆의 ☜ way(길, 방향, 방법)
※ **mir**ror [mírər] ⓜ **거울**, 반사경; 본보기, 귀감(龜鑑), 모범 ⓢ 비추다, 반사하다 ☜ 라틴어로 '보고 놀라다'란 뜻

✚ a**side 옆에, 떨어져서** in**side 안쪽; 내부에 있는; 내부에** lop**side**d 한쪽으로 기운, 균형이 안 잡힌, 남 다른 데가 있는 out**side 바깥쪽; 외부에 있는; 외부에** up**side 위쪽** river**side** 강가, **강변;** 강가의, 강변의 sea**side 해변**(의), 바닷가(의)

S

시드니 셀던 Sheldon (미국의 베스트셀러 현대작가)

☐ **Sidney Sheldon** [sídni ʃéldən] ⓜ **시드니 셀던** 《미국의 현대작가. 세계최고의 베스트셀러 작가; 1917-2007》 ★ **대표작 : 『깊은 밤의 저편』, 『천사의 분노』, 『머니트리』, 『악마의 휴혹』, 『비오는 날의 살인』 등** ★ 그의 소설은 전 세계 181개국 51개 언어로 번역되어 2억 8천만부가 판매되었으며, 『깊은 밤의 저편』은 뉴욕타임스 집계 베

스트셀러 목록에 연속 52주 오르는 대기록을 세웠다.

언더시즈 Under Siege (미국의 액션 영화. <포위당한>이란 뜻)

UNDER SIEGE
© Warner Bros.

1992년에 개봉한 미국의 액션/스릴러 영화. 스티븐 시걸(Steven Seagal) 주연. 미 해군 순양함 미조리함내에서 전(前) 해군 특수부대 네이비씰(Navy SEAL) 출신인 요리사가 함내에 적재되어 있는 핵무기를 탈취하려는 악당과 싸워 승리한다는 이야기

♣ **sieg, sit 앉아 있다**

※ **under** [ʌ́ndər/**언**더] ㉑ **~의 (바로) 아래에, ~의 밑에**
☜ 고대영어로 '바로 아래에, 앞에, ~가운데'라는 뜻

☐ **siege** [siːdʒ] ㉑ **포위 공격**
☜ 중세영어로 '자리, 좌석'이란 뜻. (둘레에) 앉아있는(sieg) 것(e)
♠ **push (press) the siege 포위 공격하다**
♠ **lay siege to ~ ~을 포위[공격]하다**

■ be**siege** [bisíːdʒ] ㉑ **~을 포위(공격)하다**; ~을 에워싸다
☜ 주위(be)를 둘러싸다(siege)

지크프리트 Siegfried ([북유럽 전설] 큰 용을 무찌른 영웅)

중세 유럽 서사시인 《니벨룽겐의 노래》의 전반부 주인공. 지크프리트는 라인강 하류 지역의 네덜란드의 왕자였다. 니벨룽겐족의 보물을 지키던 용을 퇴치하였을 때, 그 용의 피로 전신을 적셔서 피부가 각질(角質)이 되어 불사신의 용사가 되었으나 추후 처남의 부하에게 살해된다. 용의 피를 묻히지 않았던 등의 한 부분을 창으로 찔렸던 것이다. <출처 : 두산백과 / 일부인용>

☐ **Siegfried** [síːgfriːd] ㉑ **지크프리트** 《독일 전설의 영웅》

☐ **Siegfried** line [the ~] **지크프리트**선(線) 《제2차 세계 대전에 앞서 독일이 구축한 대(對)프랑스 방어선》 **비교** Maginot line **마지노**선(線) 《제1차 세계 대전 이후 프랑스가 구축한 대(對)독일 방어선》

시에라리온 Sierra Leone (영연방의 서아프리카 공화국)

☐ **Sierra Leon** [siéərə-lióuni] **시에라리온** 《서아프리카의 공화국; 수도 프리타운(Freetown)》
☜ 포르투갈어로 '사자산'이란 뜻. Sierra(산, 산맥) + Leon(Lion.사자)

시에스타 siesta (지중해 연안 국가·남미 등지의 점심 후의 낮잠)

☐ **siesta** [siéstə] ㉑ 《Sp.》 (점심 후의) **낮잠, 시에스타**
☜ 라틴어로 '6(시간)'이란 뜻. 로마시대의 정오(일출 후 6시간)

연상 기프트(gift.선물)로 받은 조리로 쌀을 시프트(sift.거르다)하다.

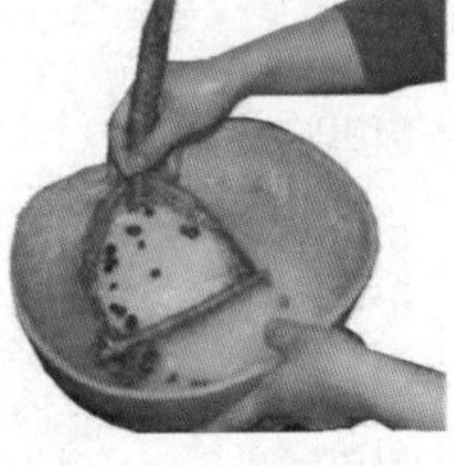

※ **gift** [gift/기프트] ㉑ **선물**; 타고난 재능
☜ 고대영어로 '하늘이 준 것' 이란 뜻
㉑ **선물로 주다** ★ gift는 present 보다 형식을 차린 말

☐ **sift** [sift] ㉑ **체로 치다**, 체질(조리질)하다, 거르다; 선별하다, 가려내다 ☜ 고대영어로 '~을 체로 치다'란 뜻
♠ **Sift** the flour into a bowl. 밀가루를 사발에 대고 **체로 쳐라**.

☐ **sieve** [siv] ㉑ (고운) **체**; 조리; 《비유》 입이 가벼운 사람 ㉑ 체질하다, 거르다 ☜ 고대영어로 '거르는 것'이란 뜻
♠ pass flour through a **sieve** 밀가루를 **체**로 치다

연상 가수 사이(Psy)가 깊은 사이(sigh.한숨)을 내 쉬었다.

※ **Psy** [sai] ㉑ **싸이** 《본명 박재상. 대한민국의 가수이자 싱어송라이터, 프로듀서; 1977-》
★ 2012년 발표한 그의 히트곡 <강남 스타일>은 2018년 11월 32억뷰(view)가 진행중이다.

☐ **sigh** [sai/싸이] ㉑ **한숨 쉬다**, 탄식하다, 한탄하다; 그리워하다 ㉑ **한숨**, 탄식
☜ 고대영어로 '한숨 쉬다'란 뜻
♠ **sigh** over one's misfortune 불운을 **한탄하다**

건사이트 gunsight ([사격] 총의 조준경)

♣ **어원 : sight 보다; 보이는 것, 조망, 광경, 경치**

※ **gun** [gʌn/건] ㉑ **대포, 총** ☜ 중세영어로 '돌을 던지는 전쟁용 기계'란 뜻

S

☐ **sight** [sait/싸이트] [명] **시각**(視覺), **시계; 봄, 조망** [동] **발견하다**, 조준하다 ☜ 고대영어로 '보이는 것'이란 뜻

[비교] site 장소, 현장, 유적
♠ **at sight 보자마자; 〖상업〗 제시하자마자 곧**
♠ **at the sight of ~ ~을 보고, ~을 보자**
jump **at the sight of** a snake 뱀을 **보고** 놀라다
♠ **by sight (이름은 모르고) 얼굴만은 (알고 있는)**
♠ **catch** 〔get〕 **sight of ~ ~을 찾아내다; ~을 흘끗 보다**
He c**aught sight of** her in the crowd.
그가 사람들 속에서 그녀를 **발견했다**.
♠ **in sight 보여, 보이는 범위 내에**
♠ **in sight of ~ ~이 보이는 곳에**(=within sight of)
♠ **in the sight of ~ ~에서 보면, ~의 앞에서는**
♠ **lose sight of ~ ~을 (시야에서) 놓치다; ~을 못보고 빠뜨리다, 잊다**
♠ **lose one's sight 실명(失明)하다**
♠ **out of sight 눈에 보이지 않는 곳에[으로], 시야밖에[의]**
Out of sight, out of mind. 안보면 멀어진다.
《속담》 헤어지면 마음조차 멀어진다.
♠ **take a sight of ~ ~을 (바라)보다**

☐ -**sight**ed [sáitid] [형] 시력의 ☜ 보(sight) 는(ed<형접>)
☐ **sight**less [sáitlis] [형] 소경의, 보지 못하는 ☜ 볼(sight) 수 없는(less)
☐ **sight**ly [sáitli] [형] 아름다운, 경치가 좋은 ☜ sight + ly<부접>
☐ **sight**see [sáitsìː] [동] **구경[유람]하다**, 관광하다 ☜ 보이는 것(sight)을 보다(see)
☐ **sight**seeing [sáitsìːiŋ] [명] **관광**, 구경, 유람 ☜ sightsee + ing<명접>
☐ **sight**seer [sáitsìːər] [명] 관광객, 유람객 ☜ 경치(sight)를 보는(see) 사람(er)
■ in**sight** [ínsàit] [명] 통찰, 간파; **통찰력** ☜ 속을(in) (꿰뚫어) 보기(sight)
■ long-**sight**ed [lɔ́ːŋsáitid, lɔ́ŋ-] [형] 원시의; 선견지명〔탁견(卓見)〕이 있는, 현명한 ☜ 멀리(long=far) 보(sight) 는(ed)
■ near-**sight**ed [níərsáitid] [형] 근시의 ☜ 가까이(near) 보(sight) 는(ed)

사인 sign ([콩글] 서명; 신호) → signature(서명), autograph(유명인의 서명), sign(신호), 시그널 signal (신호)

♣ **어원 : sign 표시; 표시하다**
☐ **sign** [sain/싸인] [명] **기호, 표시**, 신호, 부호 [동] **서명[사인]하다** ☜ 고대 프랑스어로 '표시, 기호'란 뜻

♠ **sign** and seal a paper 증서에 **서명** 날인하다
☐ **sign**board [sáinbɔ̀ːrd] [명] **간판**, 게시〔고시〕판 ☜ sign + board(판자, 판지)
☐ **sign**post [sáinpòust] [명] (도로의) **이정표**, 푯말, 도표(道標); 간판기둥 ☜ sign + post(기둥, 말뚝)
☐ **sign** language 수화(手話), 지화법(指話法); 손짓〔몸짓〕말 ☜ (손이나 몸짓으로) 표시하는(sign) 말/언어(language)
☐ **sign**al [sígnəl] [명] **신호** [형] 신호의 ☜ 표시(sign) 의(al)
♠ a traffic **signal** 교통 **신호**
☐ **sign**alize [sígnəlàiz] [동] 신호하다, 두드러지게 하다 ☜ signal + ize<동접>
☐ **sign**ally [sígnəli] [부] 현저하게, 두드러지게 ☜ signal + ly<부접>
☐ **sign**al fire 봉화(烽火) ☜ fire(불, 화재)
☐ **sign**alman [sígnəlmən, -mæ̀n] [명] (pl. **-men**) 신호원 ☜ man(남자, 사람)
☐ **sign**ature [sígnətʃər] [명] **서명** ☜ 표시(sign)한 것(ature)
♠ electronic **signature** 전자 **서명**
☐ **sign**atory [sígnətɔ̀ːri/-təri] [형] **서명한** [명] **서명인**; 조인자; (조약의) 가맹국 ☜ 표시하다(sign) + atory<형접/명접>
☐ **sign**et [sígnət] [명] 도장, 인(印); [the S-] (옛 영국왕이 쓴) 옥새(玉璽) ☜ 고대 프랑스어로 '작은(et) 표시(sign)'란 뜻
☐ **sign**ificance, -cancy [signífikəns(i)] [명] **중요**(성); 의미, 취지; 의미심장 ☜ 표시(sign)를 + i + 만드는(fic) 것(ance<명접>)
☐ **sign**ificant [signífikənt] [형] **중요한**, 의미있는 [반] **insignificant** 중요하지 않은 ☜ 표시(sign)를 + i + 만드(fic) 는(ant<형접>)
♠ Today is a **significant** date for me. 오늘은 나에게 **중요한** 날이다.
☐ **sign**ificantly [signífikəntli] [부] **의미있게**, 의미 심장하게 ☜ significant + ly<부접>
☐ **sign**ify [sígnəfài] [동] **의미하다**, 뜻하다: 표시〔표명〕하다; 중요하다 ☜ 표시(sign)를 + i + 만들다(fy) [반] **nullify** 무가치하게 하다

S

☐ **sign**ification [sìgnəfikéiʃən] 명 의미, 의의, 말뜻 ☜ 표시(sign) + i + 만들(fic) 기(ation)
■ as**sign** [əsáin] 동 **할당[배당]하다** ☜ ~을(as<ad=to) (몫을) 표시해 주다(sign)
■ de**sign**ate [dézignèit] 동 **가리키다**, 지시하다 ☜ 아래로(de=down) 표시하다(sign)
■ re**sign** [rizáin] 동 **사임하다** ☜ 뒤로(re=back) 물러남을 표시하다(sign)
☐ **sigint, SIGINT** [sígint] 명 (통신 감청 등에 의한) 비밀 정보 수집, (그것에 의한) 신호정보
☜ **sig**nal(신호) + **int**elligence(정보)
비교 HUMINT 휴민트(인간 정보), SIGINT 시긴트(신호 정보), IMINT 이민트(영상 정보), MASINT 매신트(측정 정보), OSINT 오신트(공개출처정보), TECHINT 테킨트(기술 정보)

시니어 senior (연장자) ⇔ 주니어 junior (연하자) 세뇨리타 sen(h)orita ([스페인 · 포르투갈] 미혼여성에 대한 경칭)

< Former Presidents Bush Senior & Junior >

♣ 어원 : sen, sign 늙은, 원로, 연장자, 선배, 상사
■ **sen**ior [síːnjər] 형 **손위의**, 연상의; 선임의, 선배의, 상급자인 명 **연장자**, 상급자 ☜ 라틴어로 '나이가 든'이란 뜻
■ **sen**horita [sèɲjəríːtə] 명 《포》 **세뇨리타**, ~양(孃)《경칭》; 영애, 아가씨 《생략: Srta.》
☐ **sign**or [síːnjɔːr, si(ː)njɔ́ːr] 명 《이탈》 **시뇨르**, (S-) 각하, 님, 선생 《영어의 Mr., Sir》; (이탈리아의) 귀족, 신사
☐ **sign**ora [siːnjɔ́ːrə] 명 《이탈》 **시뇨라**, (S-) ~부인, 아씨, 여사 《영어의 Mrs., Madam》; (이탈리아의) 귀부인
☐ **sign**ore [siːnjɔ́ːrei] 명 《이탈》 **시뇨레**, 귀족, 신사; 군(君), 각하《호칭》
☐ **sign**orina [sìːnjɔːríːnə] 명 《이탈》 **시뇨리나**, ~양(孃) 《Miss에 해당》; (이탈리아의) 영애(令愛), 아가씨
☐ **sign**orino [sìːnjɔːríːnou] 명 《이탈》 **시뇨리노**, (이탈리아의) 젊은 남성; (S-) 도련님 《영어의 Master》

사운드 오브 사일런스 Sound of Silence (사이먼 앤 가펑클의 세계적인 명곡. <침묵의 소리>란 뜻. 미국 영화 <졸업>의 삽입곡)

※ **sound** [saund/싸운드] 명 **소리**, 음, 음향, 음성 동 **소리가 나다; ~하게 들리다; 소리내다; 두드려 조사하다**
☜ 고대 프랑스어로 '음성, 소리'라는 뜻
※ **of** [《약음》 əv/어브, ɑv, ʌv/ɔv;] 전 〖소유〗 **~의**; 〖재료〗 **~으로 만든**; 〖관계〗 **~에 있어서**; 〖거리 · 위치 · 시간〗 **~에서**, ~부터; 〖기원 · 출처〗 **~으로부터** ☜ 고대영어로 '~에서 떨어져'라는 뜻
☐ **sil**ence [sáiləns/**싸**일런스] 명 **침묵**, 정적 동 **침묵시키다**
☜ 라틴어로 '조용한(sil) 것(ence)'이란 뜻
♠ **Silence gives consent. 《속담》 침묵은 승낙의 표시**
♠ **Speech is silver, silence is gold. 《속담》 웅변은 은, 침묵은 금**
♠ **in silence 침묵 속에, 조용히, 말없이**
☐ **sil**ent [sáilənt/**싸**일런트] 형 **침묵하는, 조용한**; 묵음의 ☜ sil + ent<형접>
☐ **sil**ently [sáiləntli] 부 **잠자코**; 고요히, **조용히** ☜ -ly<부접>

실루엣 silhouette (신체의 어두운 윤곽)

☐ **silhouette** [sìluːét] 명 **실루엣**, 그림자 그림, (옆얼굴의) 흑색 반면 영상(半面映像); 그림자, 윤곽 ☜ 18세기에 절약을 강조했던 프랑스 재무장관 에티엔 드 실루엣(Étienne de Silhouette)의 영향으로 인물의 윤곽 내부를 검게 칠한 초상화가 등장한데서

실리콘 밸리 Silicon Valley (미국의 첨단 공업 지역)

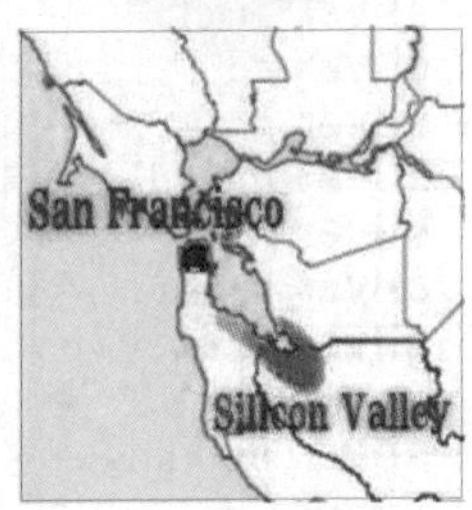

미국 샌프란시스코市 남동부 지역의 계곡 지대. 전자, 반도체 관련 산업이 집중된 첨단 공업 지역

☐ **silicon** [sílikən] 명 〖화학〗 **실리콘**, 규소 《비금속 원소; 기호 Si; 번호 14》
☜ 1817년 영국의 화학자 토마스 톰슨에 의해 silica(이산화 규소)로부터 분리되어 만들어진 비금속 원소. 반도체 소재임.
※ **valley** [vǽli/**밸**리] 명 **골짜기, 계곡** ☜ 라틴어로 '골짜기'라는 뜻

실크 silk (비단), 실크로드 Silk Road (고대 중국 ⇔ 서역간 교통로. <비단길>)

♣ 어원 : road, rout 길, 도로

☐ **silk** [silk/씰크] ⓜ **비단; 명주실**, 생사; 깁, 견직물; (pl.) 비단옷
☜ 고대영어로 '명주실'이란 뜻
♠ **Silks and satins put out the fire in the kitchen.**
《속담》 옷 사치가 심하면 끼니가 없다

☐ **Silk** Road 〔Route〕 (the ~) 〖역사〗 비단길, **실크로드** 《고대 중동과 중국간의 통상로》 ☜ road(길, 도로). route(도로, 길, 노선, 루트). 고대 동방에서 서방으로 간 대표적 상품이 중국산 비단(silk)이었던 데에서 유래

☐ **silk** cotton 판야 《이불 속 따위에 넣는 명주솜》, 케이폭(kapok, capok)
☜ cotton(솜, 면화, 목화), kapok 《케이폭나무의 씨앗을 싼 솜》

☐ **silk**en [sílkən] ⓐ **비단의**, 비단으로 만든; 보드라운, 광택 있는; 비단옷을 입은
☜ silk + en<형접>

☐ **silk** mill 견방적〔견직〕 공장 ☜ mill(공장; 제분소; 맷돌)

☐ **silk**worm [sílkwə̀rm] ⓜ **누에**; 《미군속어》 낙하산병; (S-) 〖군사〗 **실크웜** 《중국제 대(對)함선 미사일》 ☜ silk(비단) + worm(벌레)

☐ **silk**y [sílki] ⓐ (-<-k**ier**<-k**iest**) 비단 같은; 보드라운, 매끄러운; 광택 있는 ☜ -y<형접>

연상 실로 실(sill.문턱) 높이를 미리 표시하다

☐ **sill** [sil] ⓜ (기둥의) 토대, 하인방(下引枋); **문지방, 문턱**(=threshold), 창턱 ☜ 고대영어로 '대들보, 문지방'이란 뜻
♠ on the window **sill** 창문 **문턱**에

연상 사람이 너무 실리(實利)만 챙기려 하는 것은 실리(silly.어리석은)한 일이다.

☐ **silly** [síli] ⓐ (-<-l**ier**<-l**iest**) **어리석은**; 양식(良識) 없는, 분별없는, 바보 같은
☜ 어리석은 ⇦ 천진난만한 ⇦ 고대영어로 '행복한'이란 뜻
♠ It **was** very **silly** of me. 그건 내가 생각해도 너무 **어리석었다.**
♠ **Don't be silly. 바보 같은 소리 마라.**

☐ **silli**ly [sílili] ⓟ 어리석게, 바보같이 ☜ silly + ly<부접>

☐ **silli**ness [sílinis] ⓜ 어리석음; 바보 같음; 어리석은 짓 ☜ silly + ness<명접>

사일로 silo (❶ 곡물저장고 ❷ [군사] 미사일의 지하 격납고)

☐ **silo** [sáilou] ⓜ (pl. **-s**) **사일로** 《사료·곡물 등을 넣어 저장하는 원탑 모양의 건조물》; (석탄·시멘트 등의) 저장고; 〖군사〗 **사일로** 《미사일의 지하 격납고 겸 발사대》
☜ 그리스어로 '옥수수 저장용 구덩이'란 뜻
♠ It seems that there is a **silo** mentality.
고립된 사고방식이 있는 것 같다.

< Grain Silo >

실버타운 silver town (콩글 은퇴한 노인들이 집단으로 생활하는 촌락, 양로원) ➔ retirement home [village], nursing home, senior town 등

S

☐ **silver** [sílvər/씰붜] ⓜ **은** 《금속 원소; 기호 Ag; 번호 47》; 은제품; **은화** ⓐ **은의**, 은으로 만든; 은빛으로 빛나는; (머리 따위가) 은백색의 ⓥ 은도금하다; 은빛이 되다; 은빛으로 빛나다 ☜ 고대영어로 '은, 돈'이란 뜻
♠ Age has **silvered** her hair. 나이가 들어 머리가 **은백이** 되었다.

☐ **silver** birch 자작나무 ☜ birch(자작나무)

☐ **silver** gilt (장식용) 은박, 금도금한 은(그릇) ☜ gilt(입힌 금, 금박, 금가루)

☐ **silver** gray 은백색 ☜ gray(회색, 회색의)

☐ **silver** medal 은메달 ☜ medal(메달, 기장, 훈장)

☐ **silver**n [sílvərn] ⓐ 《고어》 은으로 만든, 은 같은 ☜ silver + ern<형접>

☐ **silver** screen 은막, [집합적] 영화 ☜ screen(영사막, 스크린; 칸막이)

☐ **silver**ware [si'lvərwe,r] ⓜ [집합적으로] 식탁용 은그릇 ☜ ware(~제품)
♠ The thieves took a set of **silverware**. 도둑들이 **은식기** 한 세트를 훔쳐갔다.

☐ **silver** wedding 은혼식 《결혼 25주년 기념식에 행하는》 ☜ 결혼하(wed) + d<자음반복> + 기(ing<명접>)

☐ **silver**y [sílvəri] ⓐ **은의**〔같은〕; 은빛의; 은방울 같은, (소리가) 맑은 ☜ silver + y<형접>
♠ **silvery** moonbeams **은백색** 달빛

※ **town** [taun/타운] ⓜ **읍** 《village보다 크고 city의 공칭이 없는 것》; (the ~) 도회지 《country와 대조해서》 ☜ 고대영어로 '울타리를 둘러친 곳, 집들이 모여 있는 곳'이란 뜻

샘플 sample (견본, 표본)

♣ **어원 : sam, sem, sim(ul/il) 같은, 비슷한; (같은 것이) 함께하는**

■ **sam**ple [sǽmpəl/sɑ́ːm-] ⓜ **견본, 샘플**, 표본; 실례(實例) ⓗ 견본의 ⓢ 견본을 만들다; 견본이 되다 ☜ example(보기/실례/견본)의 두음 소실

■ **same** [seim/쎄임] ⓗ **같은, 동일한** ☜ 고대 영어/노르드어로 '~과 같은'이란 뜻

■ as**sem**ble [əsémbəl] ⓢ **모이다**(=meet), 모으다(=collect); 조립하다, 집합시키다 ☜ ~에(as<ad=to) 함께 하(sem) + bl<어근확장> + 다(e)

■ en**sem**ble [ɑːnsɑ́ːmbəl] ⓜ 《F.》 **전체**, 전체적인 조화; 『복식』 조화로운 한 벌의 여성복; 『음악』 **앙상블** 《중창과 합창을 섞은 대합창》, **합주곡** ☜ 하나(sem)를 만들(en=make) + bl<어근확장> + 기(e)

□ **simil**ar [símələr] ⓗ **유사한, 비슷한** ☜ 같은(simil) 성질의(ar)
♠ **be similar to ~ ~과 비슷하다, 유사하다**

□ **simil**arity [sìməlǽrəti] ⓜ **유사**(점), 상사성; 닮은 점 ☜ similar + ity<명접>

□ **simil**arly [símələrli] ⓑ **유사[비슷]하게**, 마찬가지로 ☜ similar + ly<부접>

□ **simil**e [símәliː] ⓜ 『수사학』 직유(直喩), 명유(明喩) 《like, as 따위를 써서 하나를 직접 다른 것에 비유하기; a heart **like** stone 따위》 ☜ 라틴어로 '비슷한 것'이란 뜻.
비교 metaphor 『수사학』 은유(隱喩), 암유(暗喩)

■ as**simil**ate [əsíməlèit] ⓢ **받아들이다, 동화시키다** ☜ ~쪽(as<ad=to)과 같게(sim) 만들다(ate<동접>)

■ dis**simil**ation [disìməléiʃən] ⓜ 부동화(不同化), 이화작용(異化作用) ☜ dis(= not) + simil + ate + ion<명접>

■ **simul**ate [símjəlèit] ⓢ **가장하다**, ~인 체하다, 흉내 내다 ☜ 같게(simul) 만들다(ate<동접>)

시머 simmer ([조리] 75~90℃ 온도에서 약한 불로 끓이는 것)

□ **simmer** [símər] ⓢ (약한 불에) **부글부글 끓다**; (분노・웃음 따위가) 폭발 직전에 있다 ☜ 중세영어에 등장하는 의성어
♠ **simmer** with laughter (anger) 웃음(노여움)을 **꾹 참고 있다**

싱글 single (젊은 미혼자, 독신자), 싱글맘 single mom (혼자 자녀를 양육하는 여성)

♣ **어원 : sin, sim 1, 하나, 하나같은**

■ **sin**gle [síŋgəl/씽걸] ⓗ **단 하나의; 혼자의, 독신의; 일편단심의** ⓢ **골라내다,** 선발하다 ☜ 라틴어로 '하나, 개인'이란 뜻

□ **sim**ple [símpəl/씸펄] ⓗ (-<-pl**er**<-pl**est**) **단순한; 단일의**; (식사 등) **간소한; 순진한; 사람좋은** ☜ 라틴어로 '하나같은, 단순한'이란 뜻. 1(한)(sim) 배(倍)(ple)
♠ a **simple** design **간단한** 디자인
♠ lead a **simple** life **검소한** 생활을 하다.

< Single Mom >

□ **sim**ple-hearted [símpəlhɑ́ːrtid] ⓗ **순진한**, 천진난만한 ☜ 단순한(simple) + 마음/심장(heart) 의(ed<형접>)

□ **sim**ple-minded [símpəlmáindid] ⓗ 단순한, 정직한 ☜ 단순한(simple) + 마음/정신(mind) 의(ed<형접>)

□ **sim**pleton [símpəltən] ⓜ 숙맥, 바보(=fool) ☜ simple + ton(사람/도시)

□ **sim**plicity [simplísəti/씸플**리**서리/씸플**리**서티] ⓜ 단순; **간단**, 평이; **순진; 간소** ☜ 하나로(sim) 겹치는(plic) 것(ity<명접>)

□ **sim**plification [sìmpləfikéiʃən] ⓜ 단순(단일)화; 간소(간이)화; 평이화 ☜ 단순하게(simpli) 만들(fic) 기(ation<명접>)

□ **sim**plify [símpləfài] ⓢ 단순화(단일화)하다; **간단(평이)하게 하다** ☜ 하나로(sim) 겹치게(pli) 만들다(fy)

□ **sim**plified [símpləfàid] ⓗ **간이화한** ☜ simplify + ed<형접>

□ **sim**ply [símpli/씸플리] ⓑ **간단히, 간소하게**; 순진하게; **다만** ☜ 하나로(sim) 겹치게(ply)

샘플 sample (견본, 표본), 시뮬레이터 simulator (모의 실험/조종 장치)

♣ **어원 : sam, sem, sim(ul/il) 같은, 비슷한; (같은 것이) 함께하는; 하나같은**

■ **sam**ple [sǽmpəl/sɑ́ːm-] ⓜ **견본, 샘플**, 표본; 실례(實例) ⓗ 견본의 ⓢ 견본을 만들다; 견본이 되다 ☜ example(보기/실례/견본)의 두음 소실

S

☐ **simul**ate [símjəlèit] ⓢ **가장하다**, ~인 체하다, 흉내내다
☜ 같게(simul) 만들다(ate<동접>)
♠ I tried to **simulate** surprise at the news.
나는 그 소식을 듣고 놀라**는 척하려고** 했다.
☐ **sim**ulation [sìmjuléiʃən] ⓜ 가장, 흉내; **시뮬레이션**, 모의 실험(훈련) ☜ -ion<명접>
☐ **sim**ulator [símjəlèitər] ⓜ 흉내내는 사람(것); **시뮬레이터**, 모의 조종(실험) 장치 ☜ -or(사람)
☐ **sim**ultaneous [sàiməltéiniəs, sìm-] ⓗ 동시의, **동시에 일어나는**, 동시에 존재하는
☜ 동시에(simul) 잡(tane) 는(ous<형접>)
♠ **simultaneous** interpretation (translation) **동시**통역
☐ **sim**ultaneously [sàiməltéiniəsli] ⓑ **동시에**; 일제히 ☜ -ly<부접>

신밧드 < 신드바드 Sindbad (천일야화에 등장하는 모험가 · 뱃사람)

중동의 구전문학들을 정리한 아라비안 나이트(천일야화) 가운데 하나인 <신드바드의 이야기>의 주인공. 모험적인 항해를 일곱 번하는 뱃사람. 千一夜話란 1001일 밤동안 왕비가 포악한 왕에게 전한 이야기란 뜻

☐ **Sindbad** [síndbæd] ⓜ **신드바드** 《Arabian Nights에 나오는 뱃사람》; 선원

코사인 cosine=cos ([삼각함수] 직각삼각형의 한 예각을 낀 빗변과 밑변의 비), 사인 sine=sin ([삼각함수] 직각삼각형의 변의 비)

■ co**sine** [kóusàin] ⓜ 『수학』 **코사인** 《생략: cos》
☜ **co**mplementary(보충하는) + **sine**(사인)
☐ **sine** [sain] ⓜ 『수학』 **사인**, 정현(正弦) 《생략: sin》
☜ 라틴어로 '곡선'이란 뜻.

© mathwarehouse.com

연상 오직 신(神)만이 인간의 신(sin.죄)을 심판할 수 있다.

☐ **sin** [sin/씬] ⓜ (종교 · 도덕상의) **죄**, 죄악; 잘못, 과실 ⓢ (종교상 · 도덕상의) **죄를 짓다**
☜ 고대영어로 '도덕상의 잘못, 신에 대한 공격'이란 뜻
♠ commit (forgive) a **sin 죄**를 범하다(용서하다)
비교 crime (법률상의) 죄, 범죄
☐ **sin**ful [sínfəl] ⓗ **죄가 있는**, 죄 많은; 죄스러운, 죄받을 ☜ sin + ful(~으로 가득한)
☐ **sin**less [sínlis] ⓗ 죄없는, 결백한, 순결한 ☜ sin + less(~이 없는)
☐ **sin**ner [sínər] ⓜ (종교 · 도덕상의) **죄인**, 죄 많은 사람 ☜ sin + n + er(사람)

브랜드 아래 쓰여진 since + 년도는 전통을 의미하는 단어로 <~년도부터 지금까지>란 뜻.

☐ **since** [sins/씬스] ⓑ 그 후 (지금까지), **~ 이래; ~이므로[하므로]** ⓙ **~이래 죽**
☜ 고대영어로 '그 후'란 뜻.
비교 **'~부터'라는 의미로 사용되는 기점(起點) 전치사로 since는 현재까지 계속**됨을 의미하고, **from**은 과거의 **단순한 기점**을 의미한다.
♠ I have known him **since** childhood. 나는 그를 어렸을 **때부터 죽** 알고 있다.
♠ **Since** she wants to go, I'd let her. 그녀가 가고 싶어**하니** 나는 그렇게 해 주겠다.
♠ **ever since 그 후 죽; ~이래 죽**
Ever since I started wearing them, my eyes hurt.
내가 그걸 착용하기 시작**한 이후로** 눈이 아프다.

싱글 single (젊은 미혼자, 독신자), 싱글맘 single mom (혼자 자녀를 양육하는 여성)

♣ **어원 : sin, sim 1, 하나, 하나같은**
■ **sin**gle [síŋgəl/**씽**걸] ⓗ **단 하나의; 혼자의, 독신의; 일편단심의**
ⓢ **골라내다**, 선발하다 ☜ 라틴어로 '하나, 개인'이란 뜻
☐ **sin**cere [sinsíər] ⓗ (-<-cer**er**<-cer**est**) **성실한**, 진실한; 충심으로의; 정직한, 거짓 없는 ☜ 라틴어로 '(오염된 것)이 없는, 순수한' 이란 뜻. 하나로(sin) 자라다(cere)
♠ Please accept my **sincere** thanks.
부디 저의 **진심 어린** 감사를 받아 주십시오.

< Single Mom >

☐ **sin**cerely [sinsíərli] ⓑ 성실(진실)하게; **충심으로, 진정으로** ☜ -ly<부접>
☐ **sin**cerity [sinsérəti] ⓜ **성실**, 성의, 진심; 순수함 ☜ sincere + ity<명접>

□ in**sin**cere [ìnsinsíər] ⓗ 불성실한, 성의가 없는, 언행 불일치의; 위선적인
☜ 불(不)(in=not) 성실한(sincere)
□ in**sin**cerely [ìnsinsíərli] ⓟ 무성의하게, 불성실하게 ☜ -ly<부접>
□ in**sin**cerity [ìnsinsérəti] ⓜ 불성실, 무성의; 위선; 불성실한 언행 ☜ -ity<명접>
■ **sim**ple [símpəl/**씸**펄] ⓗ (-<-pl**er**<-pl**est**) **단순한; 단일의**; (식사 등) **간소한; 순진한; 사람좋은** ☜ 라틴어로 '하나같은, 단순한'이란 뜻 ⇦ 1(한)(sim) 배(ple)

매니큐어 manicure (콩글 손톱에 바르는 화장품) ➔ nail polish

♣ **어원 : cure, cur(i) 돌보다, 관심을 기울이다, 치료하다, 조심하다**
■ mani**cure** [mǽnəkjùər] ⓜ **미조술**(美爪術), **매니큐어** ☜ 손을(mani) 돌보다(cure)
■ **cure** [kjuər] ⓜ **치료(법)** ⓓ **치료하다** ☜ 라틴어로 '돌보다'라는 뜻
■ no-**cure** [nóukjùər] ⓗ 불치(不治)의 ☜ 치료법(cure)이 없는(no)
□ sine**cure** [sáinikjùər, síni-] ⓜ 한직(閑職), 명예직 ⓗ 한직의, 명예직의
☜ 조심할(cure) 것이 없는(sine=without) 자리
♠ **hardly a sinecure 결코 쉽지 않은 일**
□ sine**cur**ist [sáinikjùərist, síni-] ⓜ 한직〔명목만의 목사직〕에 있는 사람 ☜ sinecure + ist(사람)

연상 시누(이)의 시뉴(sinew.힘줄)가 파열되었다.

□ **sinew** [sínjuː] ⓜ **힘줄**; (pl.) 근육, 체력, 정력 ⓓ 힘줄로 맺다; 힘을 돋우다; 지지하다 ☜ 고대영어로 '힘줄'이란 뜻
♠ a man of **sinews 근육이 늠름한** 사람, **힘이 센** 사람, 장사
□ **sinew**y [sínjuːi] ⓗ 근골이 늠름한, 힘센; 힘찬 《문체 따위》 ☜ -y<형접>

< 어깨 힘줄 파열 >

□ **sinful**(죄가 있는) ➔ **sin**(죄; 죄를 짓다) **참조**

싱어송라이터 singer-songwriter (가수 겸 작곡가)

□ **sing** [siŋ/씽] ⓓ (-/**sang**〔(드물게) sung〕/**sung**) **노래하다** ☜ 고대영어로 '노래하다'란 뜻
♠ A lark is **singing**. 종달새가 **지저귄다**
□ **sing**-along [síŋəlɔ̀ːŋ/-əlɔ̀ːŋ] ⓜ 《구어》 노래 부르기 위한 모임(=songfest) ☜ along(~을 따라)
□ **sing**er [síŋər] ⓜ **노래하는 사람**, 《특히》 가수, 성악가; 〖조류〗 우는 새; 시인 ☜ -er(사람)
□ **sing**er-songwriter [síŋərsɔ́ːŋràitər] ⓜ 가수 겸 작곡〔작사〕가 ☜ 노래(song)를 쓰는(write) 가수(singer)
□ **sing**ing [síŋiŋ] ⓜ **노래부름**; 노랫소리; 지저귐 ⓗ 노래하는; 지저귀는 ☜ -ing<명접/형접>
■ **song** [sɔ(ː)ŋ/쏭, sɑŋ] ⓜ **노래**; (지저귀는) 소리 ☜ 고대영어로 '음성, 노래'란 뜻

싱가포르 Singapore (말레이반도의 남쪽 끝에 있는 작은 도시국가)

□ **Singapore** [síŋgəpɔ̀ːr] ⓜ **싱가포르** 《말레이 반도 남단의 섬; 영연방 자치령; 그 수도》
☜ 산스크리트어로 '사자의 도시'란 뜻

싱글 single (젊은 미혼자, 독신자), 싱글맘 single mom (혼자 자녀를 양육하는 여성)

♣ **어원 : sin 1, 하나, 하나같은**
□ **sin**gle [síŋgəl/**씽**걸] ⓗ **단 하나의; 혼자의, 독신의; 일편단심의** ⓓ **골라내다,** 선발하다
☜ 라틴어로 '하나, 개인'이란 뜻
♠ a **single** survivor **유일한** 생존자
□ **sin**gly [síŋgli] ⓟ 하나씩, 따로따로; 단독으로, 홀로; 혼자 힘으로; 성실히 ☜ single + ly<부접>
♠ **Misfortunes never come singly. 《속담》 재앙은 늘 겹쳐서 오게 된다.**
□ **sin**gleness [síŋglnis] ⓜ 단일, 성실 ☜ single + ness<명접>
□ **sin**gle-handed [síŋglhǽndid] ⓗ 한 손의〔손으로〕, 독력의〔으로〕, 단신의〔으로〕
☜ 한(single) + 손(hand) 의(ed<형접>)
□ **sin**gle-hearted [síŋglhɑ́ːrtid] ⓗ 일편단심의; 성실한 ☜ 한(single) + 마음(heart) 의(ed<형접>)
□ **sin**gle-minded [síŋglmáindid] ⓗ 전심〔골똘〕하는, 성실한, 정직한
☜ 한(single) + 마음(mind) 의(ed<형접>)
□ **sin**gular [síŋgjələr] ⓗ **남다른; 둘도 없는**; 유일한〔의〕, 단독의, 독자의
☜ singul<single + ar<형접>
□ **sin**gularity [sìŋgjəlǽrəti] ⓜ 기이(奇異); 비범, 이상(異常); 특성; 단일, 단독 ☜ -ity<명접>
□ **sin**gularly [síŋgjulərli] ⓟ **이상〔기묘〕하게**; 남다르게, 유별나게; 〖문법〗 **단수로(서)** ☜ -ly<부접>

S

시니스터 식스 Sinister Six (<스파이더맨> 등 마블 코믹스 작품에 등장하는 가공의 범죄 조직. <사악한 6인>이란 뜻)

© newyorkcomiccon.com

☐ **sinister** [sínistər] ⓗ **불길한**, 재난의; 불행한; 재수가 없는; 사악한, 못된; 〖紋章(문장)〗 (방패의) 왼쪽의 ☜ 라틴어로 '왼쪽'
♠ hatch a **sinister** plot **흉**계를 꾸미다
☐ **sinister**ly [sínistərli] ⓟ 불길하게; 사악하게 ☜ -ly<부접>
※ **six** [siks/씩스] ⓗ **여섯[6]의**, 여섯 개〔명〕의 ⓜ **여섯, 6**; 여섯 개〔명〕 ☜ 고대영어로 '6'이란 뜻

싱크대(臺) sink (부엌의 설거지대. <물이 빠지다>라는 뜻)

☐ **sink** [siŋk/씽크] ⓓ (-/**sank**〔**sunk**〕/**sunk**〔**sunken**〕) (무거운 것이) **가라앉다**, 침몰하다; 약해지다, 하락하다, 쇠약해지다, 쓰러지다; (절망 등에) 빠지다; 가라앉히다 ⓜ (부엌의) **싱크대** ☜ 고대영어로 '물에 빠지다'란 뜻
♠ The **sink** is backed up. **싱크대**에 물이 막혔다.
☐ **sink**er [síŋkər] ⓜ 가라앉히는 것〔사람〕; 추(錘) ☜ sink + er(사람/장비)
☐ **sink**hole [síŋkhòul] ⓜ 배수구; 하수구, 수챗구멍; 악의 소굴; 〖지질〗 함락공(孔), **싱크홀** ☜ sink + hole(구멍)
☐ **sink**ing [síŋkiŋ] ⓜ 침몰, 저하; 쇠약; 시굴(試掘) ☜ sink + ing<명접>
☐ **sunk**en [sʌ́ŋkən] ⓓ sink의 과거분사 ⓗ **침몰한**, 가라앉은; 움푹 들어간, 내려앉은; 살 빠진 ☜ sink의 과거분사 ➔ 형용사

☐ **sinner**(죄인) ➔ **sin**(죄; 죄를 짓다) **참조**

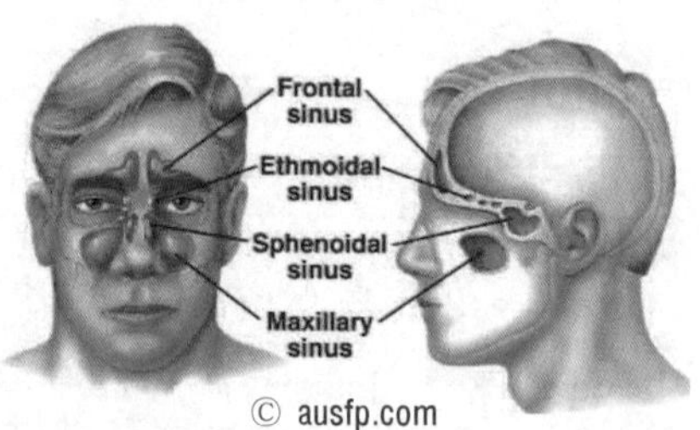

© ausfp.com

연상 마이너스(minus.음수)와 사이너스(sinus.움푹 들어간 곳)는 어감(語感)이 통한다.

※ **min**us [máinəs] ⓙ 〖수학〗 **마이너스의, ~을 뺀** ⓗ **마이너스의[를 나타내는]** ⓜ 마이너스, 음호, 음수 ☜ 라틴어로 '보다 작은'이란 뜻
☐ **sinus** [sáinəs] ⓜ (pl. **-, -es**) 〖해부〗 **부비강** 《두개골 속의, 코 안쪽으로 이어지는 구멍》; 〖식물〗 (잎의) **결각**(缺刻: 잎의 가장자리가 패어 들어감); 우묵한 곳; **만곡**(부); 후미, 만(灣) ☜ 라틴어로 '구부러진 것, 구멍'이란 뜻.
♠ have a **sinus infection 축농증**을 앓다

수프 soup (고기·야채 등을 삶은 즙에 간을 맞춰 걸쭉하게 만든 국물)

♣ 어원 : soup, sip, sup 액체; 액체를 함유한; 마시다
■ **soup** [su:p] ⓜ **수프**, 고깃국물; 《속어》 (엔진의) 마력 ⓓ (엔진을 개조하여) 성능을 높이다 ☜ 중세영어로 '액체형태의 음식'이란 뜻
☐ **sip** [sip] ⓜ (마실 것의) **한 모금**, 한 번 홀짝임 ⓓ **홀짝홀짝**〔찔끔찔끔〕 **마시다** ☜ 고대영어로 '(액체를) 흡수하다'란 뜻
♠ **take a sip 홀짝이다, 홀짝홀짝 마시다.**
☐ **sip**hon, **sy**- [sáifən] ⓜ **사이펀**, 빨아올리는 관(管), 빨대; 사이펀 병, 탄산수병 ⓓ 사이펀으로 빨다 ☜ 그리스어로 '(액체를 빼내는) 관'이란 뜻
■ **sup** [sʌp] ⓓ **홀짝이다**, 홀짝홀짝 마시다(sip); 조금씩 떠먹다 ⓜ (음료의) 한 모금 ☜ 고대영어로 '(액체를 조금씩) 마시다'란 뜻

S

투 써 위드 러브 To Sir With Love (영국 가수 LuLu의 히트곡. 동명 영화의 OST. <선생님께 사랑을>이란 뜻)

© Columbia Pictures

영국 작가 브레이스웨이트의 소설이 원작인 1967년 개봉된 영국 영화. 시드니 포이티어, 크리스찬 로버츠 주연. 런던 빈민가 중등학교 흑인교사가 불우한 환경 속에서 자란 반항적인 백인학생들을 갖은 어려움 속에서도 끝까지 바르게 교육시키는 감동적인 영화. 학생 바버라 페그 역을 맡은 룰루가 부른 동명의 주제가는 빌보드 차트 5주 연속 1위를 했다. 국내에선 <언제나 마음은 태양>이란 제목으로 상영되었다.

※ **to** [tu:/투-, tə, tu] ⓙ 〔방향·시간〕 **~(쪽)으로, ~까지**; 〔결과·효과〕 **~에게, ~에 대하여**; 〔목적〕 **~을 위하여**; 〔비교·대비〕 **~에 비하여**; 〔적합·일치〕 **~에 맞추어서** ☜ 고대영어로 '~방향으로, ~목적으로'란 뜻
☐ **sir** [sə:r/써-, (약) sər] ⓜ 《호칭》 **님, 씨**, 선생(님), 귀하, 각하; [S~] **경**(卿)

☜ sire(폐하)의 변형 ★ Sir Winston Churchill을 생략할 때는 Sir Winston(이름)이라 하며, Sir Churchill(성) 이라고는 하지 않음.
♠ Good morning, **Sir**. 안녕히 주무셨습니까?

□ **sire** [saiər] ⓜ《고어》 폐하, 전하《호칭》;《시어》 아버지, 조상; 창시자; (짐승의) **아비**; 종마(種馬), 씨말 ⓢ (씨말이 새끼를) 낳게 하다 ☜ 라틴어로 '손윗사람, 연장자'란 뜻.

■ **sur**ly [sə́ːrli] ⓜ (-<-**lier**<-**liest**) **뿌루퉁한**, 무뚝뚝한; 퉁명스러운; (날씨 등이) 험악한
☜ 중세영어로 '군주(sur<sir) 같은(ly<형접>)'이란 뜻.

※ **with** [wið/wiθ/위드/위뜨] ⓟ **~와 (함께)** ☜ 라틴어/중세영어로 '~와 함께'란 뜻

※ **love** [lʌv/러브] ⓜ **사랑** ⓢ **사랑하다** ☜ 고대영어로 '사랑하는 감정'이란 뜻

사이렌 Siren ([그神] 아름다운 노랫소리로 뱃사공을 꾀어 죽인 요정)

□ **siren** [sáiərən] ⓜ **사이렌**, 경보기; (S-) 〖그.신화〗 **사이렌**《아름다운 노랫소리로 근처를 지나는 뱃사람을 유혹하여 파선시켰다는 바다의 요정》; 요부;아름다운 목소리의 여가수; 유혹자
☜ 그리스어로 '묶는〔얽히게 하는〕 사람, 로프'라는 뜻
♠ an ambulance **siren** 구급차의 **사이렌**
♠ blow 〔sound〕 a **siren 사이렌**을 울리다

씨스타 SISTAR (한국의 댄스 · 발라드 걸그룹. <sister(자매) + star(별)>)

□ **sister** [sístər/씨스터] ⓜ **여자 형제**, 언니〔누나〕 또는 (여)동생; 의붓〔배다른〕 자매; 처제, 처형, 올케, 형수, 계수; **수녀** ☜ 고대영어로 '자매'란 뜻
♠ be like **sisters 자매**같이 매우 다정〔친밀〕하다

□ **sister**hood [sístərhùd] ⓜ 자매 관계; 여성 단체 ☜ -hood(관계, 신분)

□ **sister**-in-law [sístərinlɔ̀ː] ⓜ (pl. sister**s-**) **형[제]수**, 동서, 시누이, 올케, 처형, 처제《따위》
☜ 법(law) 안의(in) 여자 형제(sister)

□ **sister**ly [sístərli] ⓗ 자매의〔와 같은〕; 친밀한 ☜ sister + ly<부접>

□ **sister** school 자매학교 ☜ school(학교, 양성소; 학부, 수업)

□ **sis**sy [sísi] ⓜ 계집애; 여자 같은 사내(아이), 무기력한 남자 (아이), 겁쟁이 ⓗ 여자 같은, 유약한 ☜ 근대영어로 '나약한〔여자 같은〕 남자'란 뜻
비교 sassy 건방진; 활발한, 생기 넘치는

※ **star** [stɑːr/스따/스타-] ⓜ **별**, 인기연예인 ☜ 고대영어로 '별'이란 뜻

시지프스 < 시시포스 Sisyphus ([그神] 코린트의 사악한 왕)

□ **Sisyphus** [sísəfəs] ⓜ 〖그.신화〗 **시시포스**《코린토스의 못된 왕으로, 죽은 후 지옥에서 돌을 산꼭대기에 굴려 올리면 되굴러 떨어져 이를 되풀이해야 하는 벌을 받음》

세단 sedan (지붕이 있는 일반적인 승용차 형식), 시트, 베이비시터..

< Sedan >

♣ **어원 : sid, sit, sed, sess, set 앉다**

■ **sed**an [sidǽn] ⓜ《미》 **세단**형 자동차(《영》 saloon)
☜ 라틴어로 '의자'란 뜻. 앉는(sed) 것(an)

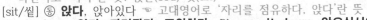

□ **sit** [sit/씯] ⓢ **앉다**, 앉아있다 ☜ 고대영어로 '자리를 점유하다, 앉다'란 뜻
♠ **sit down 앉다; 자리잡다; 포위하다** Please **sit down**. **앉으십시오**.
♠ **sit for (시험을) 치르다; (초상화를) 그리게 하다**
♠ **sit up 일어나 앉다, 똑바로 앉다; 자지 않고 일어나 있다**

□ **sit**ter [sítər] ⓜ **착석자**; (초상화 · 사진의) 모델; 〖사냥〗 앉아 있는 새
☜ sit + t<단모음+단자음+자음반복> + er (사람)

□ **sit**ting [sítiŋ] ⓜ **착석**, 앉음; 좌석; 개회(기간) ⓗ 앉은, 재직의
☜ sit + t<단모음+단자음+자음반복> + ing<명접/형접>

□ **sit**ting room 《영》 **거실**, 거처방(living room) ☜ room(방, 실(室))

□ **sit**-in [sítìn] ⓜ (항의를 위한) 연좌 데모 ☜ (모임) 안에(in) 앉아 있다(sit)

■ baby-**sit**ter [béibisìtər] ⓜ **베이비시터**, (보통 돈을 받고) 아이를 봐 주는 사람
☜ 아기(baby) 옆에 앉아서(sit) + t<자음반복> + (돌보는) 사람(er)

□ **sit**e [sait] ⓜ (건물의) **대지**, 집터, 부지; 유적; 〖컴퓨터〗 (웹)**사이트** ☜ 앉은(sit) 곳(e)
비교 sight 시각, 시력; 목격
♠ historic **sites** 사적지

✚ re**sid**ent **레지던트**(수련의); **거주자;** 거주하는 pre**sid**ent **의장, 총재, 회장, 총장**; (P-) **대통령**
seat 자리, 좌석; 착석시키다 set 두다, 놓다, 자리잡아 앉히다; 한 벌, **한 조, 세트**; 일몰

S

시트콤 sitcom = situation comedy (에피소드 중심의 코미디 드라마)

미국 NBC TV 인기 시트콤 시리즈(18부작) <Friends>

☐ **sit**uate [sítʃuèit] ⓢ (어떤 장소에) **놓다**, ~의 위치를 정하다; (어떤 입장 · 조건에) 놓이게 하다
☜ 라틴어로 '앉아있게(sit) + u + 하다(ate<동접>)'란 뜻

☐ **sit**uated [sítʃuèitid] ⓗ **위치하고 있는**(=located), 있는; 부지가 ~한
☜ situate + ed<형접>

☐ **sit**uation [sìtʃuéiʃən/씨추**에**이션] ⓜ **위치**, 장소; 입장, **처지, 상황**; 정세, **상태**, 사태 ☜ 라틴어로 '위치, 장소'라는 뜻 ⇦ 앉아있는(sit) + u + 곳(ation)
♠ the political **situation** 정치적 **상황, 정국**(政局)

☐ **sit**uation comedy 〖라디오 · TV〗 **시트콤** 《같은 배우가 매일 장면을 바꿔 연기하는 코미디 드라마》(sitcom) ☜ comedy(희극, 코미디) **비교** soap opera (주부들을 위한) 멜로드라마

☐ **sit**uation room 〖군사〗 전황 보고실, 상황실 ☜ room(방, 실(室))

☐ **sit**uational [sítʃuèiʃənəl] ⓗ 상황의〔에 의한, 에 알맞은〕 ☜ -al<형접>

시바 Siva ([인도神] 힌두교의 파괴의 신. 3대 신(神) 중 하나)

☐ **Siva** [síːvə, ʃíː-] ⓜ 〖힌두교〗 **시바**, 대자재천(大自在天) 《파괴의 신, 또 구원의 신; Shiva로도 씀》 ★ 브라흐마(Brahma, 창조의 신), 비슈누(Vishnu, 유지의 신)와 함께 힌두교 삼주신(트리무르티, Trimūrti) 가운데 하나다

식스팩 six pack (복근. 王자 근육 <배에 생긴 복근이 마치 6개의 pack(네모 용기)을 붙여놓은 것 같다>는 뜻)

☐ **six** [siks/씩스] ⓗ **여섯[6]의**, 여섯 개〔명〕의 ⓜ **여섯, 6**; 여섯 개〔명〕 ☜ 고대영어로 '6'이란 뜻
♠ It is half past **six**. **6시** 30분이다.

☐ **six**pence [síkspəns] ⓜ 《영》 **6펜스 은화** 《1971년 폐지》; 6펜스의 가치, 6펜스 어치
☜ pence (penny의 복수)
★ 『달과 6펜스』(The Moon and Sixpence) : 영국의 작가 W.S.몸의 장편소설. 런던의 주식중개인이 처자를 버리고 파리로 가서 화가가 된 후 친구의 부인과 정을 통하고, 타히티섬에서 나병에 걸려 죽는다는 내용. '달'은 광기(狂氣)와 예술의 극치를 뜻하고, '6펜스'는 재산과 세속적인 명성을 갈망하는 감정을 상징하고 있다.

☐ **six**penny [síkspèni] ⓗ 6펜스의, 값싼 ☜ six + penny(페니, 1페니의 청동화)

☐ **six**th [siksθ/씩스쓰] ⓗ **6번째의**; 6분의 1의 ⓜ 제6, **6번째**; 6분의 1; 제6일; 〖음악〗 6도음정 ☜ six(6) + th<서수 접미사>

☐ **six**teen [síkstíːn/**씩스틴**-] ⓗ **16의**, 16개〔명〕의 ⓜ **16**, 16의 기호; 열여섯(개, 명, 살); 16번째(의 것) ☜ six(6) + teen<10의 접미사: 13~19에만 사용>

☐ **six**teenth [síkstíːnθ] ⓗ **16번째의**; 16분의 1의 ⓜ 제16, 16번째; 16일; 16분의 1
☜ -th<서수 접미사>

☐ **six**ty [síksti/씩스티] ⓗ **60의**; 예순 명〔개〕의 ⓜ 예순, **60**; 예순 살〔60세〕; 예순 명〔개〕
☜ six(6) + ty<10배의 접미사: 20~90에만 사용됨>

☐ **six**tieth [síkstiiθ] ⓗ **제60의**; 60분의 1의 ⓜ 60(번)째; 60분의 1
☜ -six + tie<ty + th<서수 접미사>

※ **pack** [pæk/팩] ⓜ **꾸러미**, 보따리, 포장한 짐〔묶음〕, 짐짝; **팩**, 포장 용기; 륙색, 배낭
ⓢ **(짐을) 꾸리다**, 싸다, 묶다, 포장하다 ☜ 독일어로 '한 묶음'이란 뜻

S

사이즈 size (크기)

☐ **size** [saiz/싸이즈] ⓜ **크기**, 넓이, 치수, 부피; (옷 · 모자 · 장갑 따위의) **사이즈**
☜ 중세영어로 '규정, 통제, 제한'이란 뜻
♠ measure 〔take〕 the **size** of ~ ~의 **치수**를 재다

☐ **size**d [saizd] ⓗ 《보통 합성어를 만들어》 크기가 ~인 ☜ size + ed<형접>
♠ small-**sized** 〔large-**sized**〕 소〔대〕**형의**
♠ middle-**sized** 〔medium-**sized**〕 중**형의**

☐ **siz**able [sáizəbəl] ⓗ 꽤 큰; 알맞은 (크기의) ☜ size + able(~에 적합한)

연상 튀김이 지글지글(sizzle) 끓자 여자들은 기글(giggle.낄낄웃다)거렸다. 시즐광고 Sizzle Ad (먹을 때 나는 소리들을 표현하여 만든 광고)

☐ **sizzle** [sízəl] ⓢ (튀김 · 기름 등이) 지글거리다, 찌는 듯이 덥다 ⓜ **지글지글**(하는 소리)
☜ 의성어

♠ The meat is **sizzling** on the grill. 고기가 석쇠 위에서 **지글거리고** 있다.
♠ **Sizzle** Ad(vertising) 『경제』 시즐광고 《소리를 통해 제품의 이미지를 연상시키게 하는 광고 기법》 ☜ advertise(광고하다)

■ **giggle** [gígəl] [동] [의성어] **킥킥[낄낄] 웃다** [명] 킥킥〔낄낄〕 웃음 ☜ 의성어
■ **jiggle** [dʒígəl] [동][명] 가볍게 흔들다〔흔듦〕
☜ 근대영어로 '앞뒤로, 위아래로 움직이다'란 뜻
■ **wiggle** [wígəl] [동] (몸 등을) 흔들다, 움직이다 [명] 뒤흔듦, 몸부림
☜ 중세 독일어로 '앞뒤로 움직이다'란 뜻
■ **wriggle** [rígəl] [동] 몸부림치다, (지렁이 등이) **꿈틀거리다**
☜ 중세 저지(低地) 독일어로 '꿈틀거리다'란 뜻

스케이트 skate (구두에 쇠 날을 붙이고 얼음을 지치는 운동 기구)

□ **skate** [skeit/스께이트] [명] **스케이트** 《쇠날 부분》 [동] **스케이트를 지치다**〔타다〕 ☜ 고대 북프랑스어로 '죽마(竹馬), 즉 2개의 대나무 장대에 발판을 만들어 걷는 놀이'란 뜻
♠ a pair of **skates** **스케이트** 한 켤레
□ **skate**board [skéitbɔ̀ːrd] [명] **스케이트보드** 《롤러스케이트 위에 길이 60cm 정도의 널을 댄 것; 그 위에서 타고 지침》 [동] 스케이트보드를 타다 ☜ skate + board(판지)
□ **skate**r [skéitər] [명] **스케이트를 타는 사람** ☜ skate + er(사람)
□ **skat**ing [skéitiŋ/스**께**이팅] [명] **스케이트(타기)**, 얼음지치기 ☜ skate + ing<명접>

스켈레톤 skeleton (스켈레톤을 타고 얼음 트랙을 활주하는 경기)

헬멧을 쓴 머리를 정면으로 향하여 엎드린 자세로 썰매를 타고 경사진 얼음 트랙을 활주하는 동계 스포츠. 스켈레톤 슬레딩(skeleton sledding)이라고도 하는데, 북미 인디언의 썰매에서 유래했다. 스켈레톤 경기의 썰매 모양이 마치 사람의 골격을 닮았다고 한데서 이런 명칭이 부여되었다고 한다.

□ **skeleton** [skélətn] [명] **골격; 해골**; 뼈만 앙상한 사람〔동물〕; 뼈대; 골자, 윤곽; 『스포츠』 **스켈레톤** [형] 해골의; 말라빠진; 뼈대〔얼개〕의 ☜ 라틴어로 '뼈대'
♠ a dinosaur **skeleton** 공룡의 **해골**
□ **skull** [skʌl] [명] **두개골**; 《구어·경멸》 머리, 두뇌; 《미.속어》 인텔리 [동] 《속어》 머리를 때리다
☜ 고대 노르드어로 '대머리', 고대영어로 '껍질'란 뜻
비교 scull **스컬** 《양손에 하나씩 가지고 젓는 노》
♠ have a thick **skull** 머리가 둔하다 ☜ 두꺼운(thick) 두개골(skull)을 가지다

스켑틱 skeptic (과학적 회의주의를 표방한 미국의 교양과학 계간지)

□ **skep**sis, 《영》 **scep**- [sképsis] [명] 회의(懷疑), 회의 철학
☜ 그리스어로 '질의하는(skep) 증(症)(sis)'이란 뜻
□ **skep**tic, 《영》 **scep**- [sképtik] [명] 회의론자; 무신론자 ☜ -tic(사람)
□ **skep**tical, 《영》 **scep**- [sképtikəl] [형] **의심 많은, 회의적인**; 믿지 않는; (S-) 회의론(자)의; 무신론적인 ☜ skeptic + al<형접>
♠ give a **skeptical** response **회의적**인 반응을 보이다
□ **skep**ticism, 《영》 **scep**- [sképtəsìzəm] [명] 회의(론); 무신론; (S-) 『철학』 회의론 ☜ skeptic + ism(~주의, 사상)

스케치 sketch (사물을 보고 모양을 간략하게 그린 밑그림)

□ **sketch** [sketʃ] [명] **스케치**, 사생화; 밑그림, 소묘, 약도, 겨냥도; 초고(草稿); 대략, 개요 [동] **스케치하다**, 사생하다; ~의 약도를 그리다; 묘사하다 ☜ 그리스어로 '즉흥'이란 뜻
♠ make a **sketch** of ~ ~을 **스케치**하다, **겨냥도**를 그리다.
□ **sketch**book [skétʃbùk] [명] 사생첩, **스케치북**; 소품〔수필〕집 ☜ book(책)
□ **sketch** map 약도, 겨냥도 ☜ map(지도)
□ **sketch**y [skétʃi] [형] (-<-ch**ier**<-ch**iest**) 스케치의; 개략의 ☜ -y<형접>

스키 ski (눈 위를 지치는 데 쓰는 좁고 긴 기구, 또는 그 운동)

□ **ski** [skiː/스끼이] [명] (pl. **-, -s**) **스키**; 수상 스키 [동] **스키를 타다**
☜ 고대 노르드어로 '나무 막대, 긴 눈신' ⇦ '잘라낸 나무'란 뜻
♠ put 〔bind〕 on one's **skis** **스키**를 신다.
□ **ski**er [skíːər] [명] 스키를 타는 사람, **스키어** ☜ ski + er(사람)

S

☐ **ski**ing [skíːiŋ/스끼잉] ㊔ **스키타기**, 스키경기〔술〕 ☜ ski + ing<명접>
☐ **ski** lift (스키장의) 리프트, **스키 리프트** ☜ lift(들어올리기, 승강기, 올리다)
☐ **ski** pole **스키 폴**, 스키 지팡이 ☜ pole(막대기, 장대)
☐ **skid** [skid] ㊔ 미끄럼, 옆으로 미끄러지기(=slide), **스키드** ㊐ 옆으로 미끄러지다
☜ 근대영어로 '(스키를 타듯) 미끄러져 나아감'
☐ **skim** [skim] ㊐ (~위를) **미끄러져 가다**, 스쳐 지나가다; **뜬 찌끼[웃더껑이]를 걷어내다**
㊔ 뜬 찌끼, 웃더껑이(의 제거) ☜ 중세영어로 '던진 돌이 수면을 미끄러져 가다'라는 뜻
♠ **skim** on the surface of the water 수면을 **스쳐 날다**.
♠ **Skim off** the foam when the soup boils. 국이 끓으면 거품을 **걷어 내라**.
☐ **skim** milk 탈지유(脫脂乳: 지방을 뺀 우유) ☜ milk(우유)

스킬(skill.솜씨)이 아주 좋다.

☐ **skill** [skil] ㊔ **숙련**, 노련, 교묘, 능숙함, **솜씨; 기능**, 기술
☜ 고대 노르드어로 '이해력, 분별력, 적응력'이란 뜻
♠ a man of **skill 노련**한 사람
☐ **skill**ed [skild] ㊓ **숙련된**, 능숙한; 숙련을 요하는 ☜ -ed<형접>
■ un**skill**ed [ənskíld] ㊓ **숙달되지 않은**, 미숙한, 서투른; 숙련을 요하지 않는
☜ un(=not/부정) + skill + ed<형접>
☐ **skill**ful, **skil**ful [skílfəl] ㊓ 능숙〔능란〕한, 교묘한, **숙련된**; 훌륭한
☜ skill + ful(~가 많은)
♠ a **skillful** surgeon **숙련된** 외과의사
☐ **skill**fully, **skil**fully [skílfəli] ㊕ **솜씨있게**, 교묘하게 ☜ -ly<부접>
☐ **skil(l)**fulness [skílfəlnis] ㊔ 교묘, 숙련 ☜ skillful + ness<명접>

☐ **skim**(미끄러져 가다) ➔ **ski**(스키) **참조**

스킨 로션 skin lotion ([화장품] 피부에 바르는 로션), 스킨십 skinship (콩글 피부접촉) ➔ touch, physical affection, body contact)

☐ **skin** [skin] ㊔ **피부** ☜ 고대 노르드어로 '동물의 가죽'이란 뜻. 잘라낸(ski) 것(n)
★ 얼굴 세안 후 피부결 정돈과 수분 공급를 위해 피부에 바르는 화장수를 우리는 스킨(skin)이라 하는데 이는 콩글리시이며, 바른 표현은 toner이다.
♠ a fair **skin** 하얀 **살결**, the outer **skin** 표피
☐ **skin**-deep [skíndíːp] ㊓ 가죽 한 꺼풀의, 피상적인 ☜ deep(깊은, 심한)
♠ **Beauty is but skin-deep. 미모는 단지 피부 한 껍질이다. 《속담》 외관만으로 남의 인격을 판단하지 마라.**

< Physical affection >

☐ **skin** disease 피부병 ☜ disease(병, 질병) ⇦ dis(=not/부정) + ease(편안함)
☐ **skin**-dive [skíndàiv] ㊐ 스킨다이빙을 하다 ☜ dive(물속에 뛰어들다, 잠수하다)
☐ **skin** diver **스킨 다이버** 《skin diving을 하는 사람》 ☜ 맨몸으로(skin) 잠수하는(dive) 사람(er)
☐ **skin** diving **스킨 다이빙** 《산소공급기를 메고, 발에 고무 지느러미를 달고 하는 잠수》
☜ dive + ing<명접>
☐ **skin**head [skínhèd] ㊔ 대머리(=baldhead); 《영》 **스킨헤드**족 《장발족에 대항하여 까까머리를 한 보수파 청년》 ☜ 피부(skin)가 (드러난) 머리(head)
☐ **skin lotion** **스킨로션** ☜ lotion(화장수, 세척제, 바르는 물약, 로션)
☐ **skin** scuba diving **스킨스쿠버다이빙** (스쿠버를 달고 잠수하는 스포츠) ☜ scuba(잠수용 수중 호흡기)
☐ **skin**ny [skíni] ㊓ (-<-n**ier**<-n**iest**) 가죽모양의, 여윈, **스키니**
☜ 가죽(skin) + n<단모음+단자음+자음반복> + 모양의(y)

스키너 Skinner (스키너 상자로 유명한 미국의 행동주의 심리학자)

☐ **Skinner** [skínər] ㊔ **스키너** 《B(urrhus) F(rederic) ~, 미국의 신행동주의를 창도한 심리학자; 1904-90》 ★ 쥐를 이용한 학습실험(스키너 상자)이 유명하며, 인간행동을 자극-반응의 관계로 설명하려 했음.

< Skinner Box >

스킵 skip (❶ 생략하기, 건너뛰기 ❷ 볼링 · 컬링팀의 주장)

☐ **skip** [skip] ㊐ **뛰어다니다**, 깡충깡충 뛰(놀)다, 까불다; 《영》 **줄넘기하다; 훑어보다**, 건너뛰다; 뛰어넘다 ㊔ 도약, 가볍게 뜀 ☜ 중세 스웨덴어로 '뛰다'라는 뜻
(볼링 · 컬링의) 팀의 주장, **스킵** ☜ **skip**per의 줄임말
♠ I am going to **skip** lunch today. 오늘 점심은 **거를〔건너뛸〕** 참이다.

♠ The **skip skiped about** for joy 그 **스킵**은 기뻐서 **깡충깡충 뛰어다녔다**

☐ **skip**per [skípər] ⓜ **가볍게 뛰는**〔춤추는〕 **사람**; 튀는 물건
☜ 뛰는(skip) + p<단모음+단자음+자음반복> + 사람(er)
(작은 배의) 선장; (운동 팀의) 주장; 기장(機長)
☜ 배(skip<ship)의 + p<단모음+단자음+자음반복> + 장(長)(er)

☐ **skip**ping [skípiŋ] ⓗ 뛰노는 ⓜ 줄넘기
☜ skip + p<자음반복> + ing<형접/명접>

셔츠 shirt (칼라가 달린 서양풍 상의), 스커트 skirt (치마)

♣ 어원 : **sh-** 날카로운, 예리한; 자르다

■ **sh**ore [ʃɔːr/쇼어] ⓜ **물가, 바닷가, 해안**(지방), 해변; (바다·호수·강의) 기슭; **지주** ⓢ 상륙시키다; 떠받치다
☜ 고대영어로 '(날카로운 것에 의해) 깎인 땅〔것〕'이란 뜻

■ **sh**irt [ʃəːrt/셔-트] ⓜ **와이셔츠, 셔츠**; 칼라·커프스가 달린 셔츠 블라우스 ☜ 고대영어로 '(날카로운 것에 의해) 짧게 잘린 의복'

☐ **sk**irmish [skəːrmiʃ] ⓜ 전초전(前哨戰), (우발적인) 작은 전투〔충돌〕, 승강이, 작은 논쟁 ⓜ 작은 충돌을〔승강이를〕 하다 ☜ 고대 프랑스어로 '작은 충돌', 초기 독일어로 '작게(ish) 자르다(skirm)'
♠ The **skirmish** grew into a major battle.
그 **작은 충돌**이 확대되어 큰 전투가 되었다.

< shirt & skirt >

☐ **sk**irt [skəːrt/스꺼-트] ⓜ **스커트, 치마**; (pl.) 교외, 변두리 ⓢ **둘러싸다,** 두르다
☜ 고대영어로 '짧게 잘린 의복', 고대 노르드어로 '치마'란 뜻
♠ wear 〔put on〕 a **skirt 치마**를 입다

■ out**sk**irt [áutskəːrt] ⓜ (pl.) **변두리**, 교외 ☜ 밖(out) 변두리(skirt)

☐ **skull**(두개골) ➔ **skeleton**(골격, 해골) **참조**

스컹크 skunk (위기에 처하면 악취를 뿜는 족제비과 모피 동물)

☐ **skunk** [skʌŋk] ⓜ (pl. **-(s)**) 〖동물〗 **스컹크** 《북아메리카산》; 스컹크 모피; 《구어》 밉살맞은 놈 ⓢ 《미.속어》 영패〔참패〕시키다; (계획 따위를) 망치다; 사취(詐取)하다
☜ 북미인디언 알곤킨어로 '소변보는 여우'란 뜻

스카이다이빙 skydiving, 스카이라운지 skylounge, 북악스카이웨이

☐ **sky** [skai/스까이] ⓜ (the ~ 〔skies〕) **하늘**; 천국
☜ 고대영어로 '구름(장막)'이란 뜻
♠ a clear, blue **sky** 맑고 푸른 **하늘**

☐ **sky**-blue [skáiblúː] ⓜ 하늘색 ☜ sky + blue(푸른, 하늘빛의)

☐ **sky**diving [skáidàiviŋ] ⓜ **스카이다이빙** 《비행기에서 낙하하여 저공에서 낙하산을 펴는 스포츠》 ☜ sky + 뛰어내리/잠수하(dive) 기(ing)

< Skydiving >

☐ **sky**-high [skáihái] ⓗ 대단히 높은 ⓑ 대단히 높이 ☜ sky + high(높은)

☐ **sky**jack [skáidʒæ̀k] ⓢ (비행기를) 탈취하다 ☜ sky(하늘) + jack<hijack

☐ **sky**lark [skáilὰːrk] ⓜ 〖조류〗 **종다리, 종달새**; 《구어》 야단법석, 장난
☜ sky + lark(종다리, 시인, 가수)

☐ **sky**light [skáilàit] ⓜ 천창(天窓), 채광창 ☜ sky + light(빛, 밝음; 등불)

☐ **sky**line [skáilàin] ⓜ **지평선**; (산·건물 따위가 하늘을 배경으로 하는) 선, 윤곽
☜ sky + line(선, 줄)

☐ **sky** lounge [skáilàundʒ] ⓜ **스카이라운지** 《터미널에서 승객을 태운 대합실형의 탈것을 헬리콥터에 매달아 공항까지 운반함》 ☜ sky + lounge(로비, 휴게실)

☐ **sky**rocket [skáiràkət] ⓜ 유성(流星), 꽃불 ⓢ (물가 따위가) 폭등하다〔시키다〕
☜ sky + rocket(로켓, 쏘아올린 불꽃)

☐ **sky**scraper [skáiskrèipər] ⓜ **마천루**, 고층건물
☜ 하늘(sky)을 문지르는/긁는(scrape) 것〔건물〕(er)

☐ **sky**ward [skáiwərd] ⓗ **하늘로 향한** ⓑ 하늘로 ☜ -ward(~쪽의, ~쪽으로)

☐ **sky**wards [skáiwərdz] ⓑ 하늘로 ☜ -wards(~쪽으로)

☐ **sky**way [skáiwèi] ⓜ 항공로(=airway); 《미》 (도시 안의) 고가 간선 도로 ☜ sky + way(길)

슬래브 지붕 slab roof (돌·콘크리트 같이 단단한 물질로 된 지붕)

☐ **slab** [slæb] ⓜ 평석(平石), **석판**; 평판(平板); (고기·빵·과자 따위의) 납작한 조각 ⓢ (목재를) 널판으로 켜다; 두꺼운 널판으로

S

만들다(덮다, 떠받치다) ☜ 고대 프랑스어로 '나무의 얇은 조각'
♠ a marble **slab** 대리석**판**

☐ **slate** [sleit] 명 **슬레이트**, 점판암(粘板岩); 석판(石板) 동 (지붕을) 슬레이트로 이다 ☜ 고대 프랑스어로 '부서진 조각'이란 뜻. 바위가 쉽게 부숴진데서
♠ a **slated** roof **슬레이트** 지붕

※ **roof** [ru:f, ruf] 명 (pl. **-s**) **지붕**, 정상, 꼭대기, 천장 ☜ 고대영어로 '지붕, 천장'이란 뜻

슬랙스 slacks (통이 넓은 헐렁한 · 편안한 바지)

☐ **slack** [slæk] 형 (옷 따위가) **느슨한**, 늘어진; **되는대로의; 꾸물거리는** 부 느슨하게 명 느슨함 동 늦추다, 완화시키다, 처지다, 게을리 하다 ☜ 고대영어로 '느린, 태만한, 느슨한'이란 뜻
♠ **slack** off speed 속도를 **늦추다**.

☐ **slack**en [slǽkən] 동 **늦추다**, 느슨하게 하다, (밧줄이) 느슨해지다 ☜ slack + en<동접>

☐ **slack**ness [slǽknis] 명 이완 ☜ slack + ness<명접>

☐ **slack**er [slǽkər] 명 의무 불이행자, (병역) 기피자 ☜ slack + er(사람)

☐ **slack**s [slæks] 명 (pl.) **슬랙스** 《여성용의 평상복; 스포츠용 바지》, 느슨한 바지 《평상복》 ☜ 느슨한(slack) 것들(s<복수>)

슬라롬 스키 slalom ski (2 개의 바인딩<발 고정장치>이 있고, 뒤로 갈수록 너비가 좁아지는 1 개짜리 스키)

☐ **slalom** [slɑ́:ləm, -loum] 명 **슬라롬** 《① 스키의 회전활강. ② 지그재그 코스를 달리는 자동차 경주. ③ 격류에서의 카누 경기》 동 ~으로 활강하다(달리다, 젓다) ☜ 노르웨이어로 '경사진(sla=slope) 길(lom<lam=track)'이란 뜻

※ **ski** [ski:/스끼이] 명 (pl. **-, -s**) **스키**; 수상 스키 동 **스키를 타다** ☜ 고대 노르드어로 '나무 막대, 긴 눈신'이란 뜻

슬램덩크 slamdunk ([농구] 뛰어올라 강력히 내리꽂는 형태의 슛)

☐ **slam** [slæm] 동 (문 따위를) **쾅 닫다**; 털썩 내려놓다, 내동댕이치다; (문 등이) 쾅 닫히다; 혹평하다 명 쾅(탕, 철썩)하는 소리; 《미.구어》 혹평 ☜ 근대영어로 '찰싹 때림, 타격'이란 뜻
♠ **slam down** the lid of a box 상자 뚜껑을 **탕 닫다**.

☐ **slam** dunk 『농구』 강렬하고 극적인 **덩크 슛**(=dunk shot) ☜ dunk(액체에 담그다, 적시다; 담금)

☐ **slam**dunk [slǽmdʌ̀ŋk]] 동 『농구』 덩크 슛하다

연상 여자들이 슬렌더(slender.날씬한) 몸매의 동료를 슬랜더(slander.중상모략)하다.

※ **slender** [sléndər] 형 (-<-**der**<-**dest**) **호리호리한**, 가느다란, 날씬한; **얼마 안 되는**, 빈약한 ☜ 고대 프랑스어로 '얇은, 마른'이란 뜻

☐ **slander** [slǽndər/slɑ́:n-] 명 **중상, 비방**; 『법』 구두(口頭) 명예 훼손 동 중상하다, 명예를 훼손하다 ☜ 고대 프랑스어로 '추한 진술'. scandal과 어원 동일. 튀어오르는(slan<scan) 것(der<dal)
♠ **slander** the opposing candidate 상대 후보를 **비방하다**

S

☐ **slander**ous [slǽndərəs] 형 중상적인 ☜ slander + ous<형접>

슬랭 slang (비속어)

☐ **slang** [slæŋ] 명 **속어** 《표준적인 어법으로 인정되어 있지 않은 구어》; (특정 계급 · 사회의) 통용어(=shoptalk), 전문어; (도적 · 죄인 따위의) 은어(=argot, cant) 형 속어의 동 속어를 쓰다 ☜ 노르웨이어로 '별명'이란 뜻
♠ **slang** expressions **속어적** 표현

☐ **slang**y [slǽŋi] 형 (-<-**gier**<-**giest**) 속어적인, 속어의; 속어를 쓰는; (태도 · 복장 따위가) 야한 ☜ slang + y<형접>

슬리퍼 slipper (콩글 뒷축 없는 실내화) ➔ mule, scuff 슬로프 slope (스키장 경사면)

♣ **어원 : sli, sla, slo 옆으로 미끄러지다, 경사지다**

■ **sli**p [slip/슬립] 동 (-/slip**ped**(slip**t**)/slip**ped**(slip**t**)) **미끄러지다; 미끄러지게 하다**

㉮ **미끄럼; 미끄러져 넘어짐; 실수; 슬립**, 여자의 속옷
☜ 중세 독일어로 '미끄러지다'란 뜻

■ **sli**pper [slípər] ㉮ (pl.) (가벼운) **실내화**, **슬리퍼**; (바퀴의) 제동기
㉯ 실내화를 신고 걷다
☜ (발음) 미끄러뜨려(slip) + p<자음반복> + (신는) 것(er)
★ 영어의 slipper는 보통 양피·헝겊 등의 가볍고 부드러운 재질로 만든 정상적인 신발 형태를 갖춘 실내화를 말하기 때문에 우리가 말하는 슬리퍼가 아니다. 우리말의 '슬리퍼'는 mule 또는 scuff라고 한다.

< Ski Slope >

■ **sli**de [slaid] ㉯ (-/**slid**/**slid**(**slidden**)) **미끄러지다; 미끄러지게 하다** ㉮ **미끄러짐**, 활주; 미끄럼틀; 〖야구〗 **슬라이드**; (환등용) **슬라이드; 산사태** ☜ 고대영어로 '미끄러지다'

□ **sla**nt [slænt/slɑːnt] ㉮ **경사**, 비탈; 사면(斜面), ㉱ **비스듬한** ㉯ 기울게 하다
☜ 스웨덴어로 '미끄러지다', 노르웨이어로 '옆으로 넘어지다'란 뜻
♠ The sun **slanted** through the window. 해가 창문 너머로 **기울어져 갔다**.

□ **sla**nting [slǽntiŋ/ slɑ́ːnt-] ㉱ **기운** ☜ slant + ing<형접>

□ **sla**ntwise [slǽntwàiz/ slɑ́ːnt-] ㉾ 기울게 ☜ 기울어진(slant) 방향으로(wise)

■ **slo**pe [sloup] ㉮ **경사면[도], 비탈**; 스키장, **슬로프** ㉯ **경사지다; 경사지게 하다**
☜ a**slope**의 두음소실

■ a**slo**pe [əslóup] ㉾㉱ 〖형용사로는 서술적〗 비탈이 져서, 경사져
☜ ~로(a<ad=to) 경사지다(slope)

슬랩스틱 코미디 slapstick comedy (어수선하고 소란스러운 코미디)

□ **slap** [slæp] ㉮ **찰싹 (때림)** ㉯ **찰싹 때리다** ㉾ 홱, 찰싹 ☜ 의성어
♠ **slap** a person's face = **slap** a person in(on) the face
아무의 얼굴을 **찰싹 때리다**

코미디 애니메이션
< Tom and Jerry >

□ **slap**stick [slǽpstik] ㉮ (어릿광대용의) 끝이 갈라진 막대기; 익살극, 법석 떠는 희극 ㉱ 법석 떠는 ☜ 찰싹 때리는(slap) 막대기(stick)

※ **comedy** [kámədi/kɔ́m-] ㉮ (pl. -**dies**) **희극**, **코미디**; 유머
☜ 고대 프랑스어로 '한 편의 시(詩)'란 뜻

SLAPSTICK MASTERS

< Charles Chaplin >

슬래쉬 slash (사선, 빗금, /)

♣ 어원 : **sla, sli 자르다, 치다, 죽이다; 살인**

□ **sla**sh [slæʃ] ㉯ **깊이 베다**, (예산 등을) **삭감하다**; (채찍을) 휘두르다; 혹평하다
㉮ 일격, 썩 벰; 베인 상처; 삭감; 사선, **슬래쉬**, 빗금
☜ 중세영어로 '무기로 일격에 벰'이란 뜻
♠ **slash** (cut) the budget 예산을 **삭감하다**

■ forward **sla**sh **포워드 슬래시** 《/》 ☜ forward(앞)

■ back**sla**sh [bǽkslæʃ] 역슬래쉬, **백슬래쉬** 《\》 ☜ back(뒤, 역(逆))
★ 컴퓨터 키보드상에서는 ₩자를 누르면 역슬래쉬(\) 기호가 써진다.

□ **sla**ughter [slɔ́ːtər] ㉮ **도살**; 살인, 살육, 학살, 대량 학살 ㉯ 도살하다, 학살하다
☜ 고대 노르드어로 '도살육'이란 뜻
♠ **slaughter** livestock 가축을 **도살하다**
♠ the wholesale **slaughter** of innocent people 무고한 양민의 대량 **학살**

□ **sla**ughterhouse [slɔ́ːtərhàus] ㉮ 도살장, 도축장 ☜ 도살하는(slaughter) 집(house)

□ **sla**y [slei] ㉯ (-/**slew**/**slain**) 죽이다, **살해하다**; 《미.속어》 몹시 웃기다
☜ 고대영어로 '치다'란 뜻 비교 sleigh 썰매

□ **sla**yer [sléiər] ㉮ 살해자, 살인범 ☜ slay + er(사람)

■ **sli**ce [slais] ㉮ (빵·햄 따위의) **얇게 썬 조각**, (베어낸) 한 조각 ㉯ **얇게 베다** [**썰다**] ☜ 고대 프랑스어로 '쪼개다, 자르다; 쪼갠 것, 부서진 파편'이란 뜻

■ **sli**t [slit] ㉮ 길게 베어진 상처(자국); 갈라진 틈, 틈새 ㉯ **세로로 베다**(자르다, 째다, 찢다) ☜ 고대영어로 '길게 자르다'란 뜻

S

□ **slate**(슬레이트) ➔ **slab**(석판) **참조**

슬라브족(族) Slav (노예로 많이 끌려간 동유럽·북아시아 민족)

동유럽과 북아시아 전역에 넓게 분포하고 있는 민족으로 현재 유럽인의 1/3을 차지하는 최대 민족이다. 로마제국 시기에는 게르만族이 로마제국의 농장노예로 이용되었으나 게르만族까지 기독교로 개종한 이후에는 슬라브 민족을 잡아와 노예로 이용하였다. 이후 Slav족=노예라는 인식이 만연되었다.

□ **Slav** [slɑːv, slæv] ㉮ **슬라브** 사람 《Russians, Bulgarians, Czechs, Poles 등의 인종》; 슬라브 말(Slavic) ㉱ **슬라브** 민족(말)의

☜ 원시 슬라브어로 '말(word)', 러시아어로 '명성', 체코어로 '영광'이란 뜻.

□ **slave** [sleiv/슬레이브] ⓜ **노예** ⓗ **노예의** ⓢ **노예처럼 일하다**
☜ 중세 많은 Slav 사람들이 노예가 된 데서 유래
♠ **slaves** of fashion 유행의 **노예**

□ **slave**ry [sléivəri] ⓜ 노예 상태, **노예의 신분**; 노예 제도 ☜ 노예(slav)의 상태(ery)

■ en**slave** [ensléiv] ⓢ **노예로 만들다**, 사로잡다 ☜ 노예(slave)를 만들다(en)

에스엘비엠 SLBM (잠수함 발사 탄도 미사일)

□ **SLBM** **S**ubmarine-**L**aunched **B**allistic **M**issile 잠수함 발사 탄도 미사일

✚ **submarine 잠수함; 해저의** **launch** (배를) **진수시키다**; (로켓 등을) 발사하다; (세상에) **내보내다**, 진출하다 **ballistic** 탄도(학)의; 비행 물체의 **missile 미사일**, **유도탄**

□ **slay**(살해하다) ➔ **slaughter**(도살; 도살하다) **참조**

봅슬레이 bobsleigh (썰매를 타고 얼음 트랙을 활주하는 경기)

□ **sled** [sled] ⓜ **썰매**; (놀이용) 소형 썰매 ⓢ 썰매로 나르다; 썰매를 타다 ☜ 중세 네델란드어로 '썰매'란 뜻
♠ The **sled** coasted down the hill.
썰매가 언덕 아래로 미끄러져 내려갔다.

□ **sledge** [sledʒ] ⓜ《미》(화물용) **썰매** ⓢ 썰매로 나르다, 썰매를 타다
☜ 중세 네델란드 방언으로 '썰매'란 뜻

□ **sleigh** [slei] ⓜ (말이 끄는) **썰매** ⓢ 썰매로 운반하다; 썰매로 가다, 썰매를 타다
☜ 네델란드어 slee(썰매)의 영어식 표현.
♠ dash over the snow in a **sleigh 썰매**로 눈 위를 질주하다.

■ bob**sled** [bɑ́bslèd], bob**sleigh** [bɑ́bslèi] ⓜ **봅슬레이**《앞뒤에 두 쌍의 활주부(runner)와 조타 장치를 갖춘 2-4인승의 경기용 썰매로, 시속이 130km 이상이나 됨》; (옛날의) 두 대의 썰매를 이은 연결 썰매 ⓢ 봅슬레이를 타다 ☜ bob(상하좌우로 움직이다) + sled/sleigh(썰매). bob은 썰매를 탄 선수들의 몸이 앞뒤로 끄덕거리며 흔들리는 모습을 형용한 데서 유래했다.

슬릭 타이어 slick tire (트레드패턴 · 홈이 없는 경주용 타이어)

□ **slick** [slik] ⓗ **매끄러운**; 능숙한, 교묘한; 요령 있는; 멋진 ⓜ 매끈한 부분; 《미.구어》 대중 잡지 ⓟ 매끈하게 ⓢ 매끈하게 하다; 말쑥하게 하다 ☜ 중세영어로 '부드러운, 매끄러운, 광택 있는'
♠ He is all just **slick** talk. 그는 말만 **번지르르**하다.

□ **sleek** [sliːk] ⓗ **매끄러운**, 윤기 있는; 맵시 낸; 말주변이 좋은 ⓢ 매끄럽게 하다; 맵시 내다 ☜ slick의 변형
♠ I like her **sleek** black hair. 나는 그녀의 **윤이 나는** 검은 머릿결을 좋아한다.

※ **tire**, 《영》 **tyre** [taiər] ⓜ **타이어** ☜ 중세영어로 '옷을 입히다'란 뜻. at**tire**의 두음소실
ⓜ 피로 ⓢ **피로[피곤]하게 하다**, 피로해지다 ☜ 고대영어로 '실패하다, 중지하다'

슬리핑백 sleeping bag (방수포에 보온기능이 있는 야영용 침낭)

□ **sleep** [sliːp/슬리잎] ⓢ (-/**slept**/**slept**) **잠을 자다**
☜ 고대영어로 '잠, 활동하지 않음'이란 뜻
♠ **sleep** well (badly) 잘 **자다**(자지 못하다).
♠ **sleep** late 늦잠 **자다**
♠ **fall into a sleep 잠들다**
He **fell into a** profound **sleep**. 그는 깊은 **잠에 빠졌다**.
♠ **put** (**lay**) **~ to sleep ~를 재우다**

□ **sleep**er [slíːpər/슬**리**-퍼] ⓜ **자는 사람**, 《미》 **침대차** ☜ 잠을 자는(sleep) 사람/장비(er)

□ **sleep**ing [slíːpiŋ] ⓜ **잠, 수면** ⓗ **자고 있는** ☜ sleep + ing<명접/형접>

□ **sleep**ing bag 침낭 ☜ 잠자는(sleeping) 가방/자루(bag)

□ **sleep**ing car 침대차 ☜ car(차, 자동차)

□ **sleep**ing room 침실 ☜ room(방, ~실(室))

□ **sleep**ily [slíːpili] ⓗ 졸린 듯이 ☜ sleepy<y→i> + ly<부접>

□ **sleep**less [slíːplis] ⓗ 잠 못자는, 방심하지 않는 ☜ sleep + less(~이 없는)

□ **sleep**walker [slíːpwɔ̀kər] ⓜ **몽유병자** ☜ 잠자면서(sleep) 걸어 다니는(walk) 사람(er)

□ **sleep**walking [slíːpwɔ̀ːkiŋ] ⓜ 몽유병 ☜ sleep + walk + ing<명접>

S

☐ **sleep**y [slíːpi] ⓗ (-<-p**ier**<-p**iest**) **졸리는** ☜ sleep + y<형접>
☐ **sleep**yhead [slíːpihèd] ⓜ **잠꾸러기**; 멍청이 ☜ 졸리는(sleepy) 머리(head)
■ a**sleep** [əslíːp/어슬**리**잎] ⓑⓗ **잠들어** ☜ 잠자는(sleep) 중인(a=on)

연상 ▸ 슬레이트(slate.석판) 지붕에 슬리트(sleet.진눈깨비)가 약간 쌓인 것이 한 폭의 그림이다.

※ **slate** [sleit] ⓜ **슬레이트**, 석판(石板) ⓓ (지붕을) 슬레이트로 이다
☜ 고대 프랑스어로 '부서진 조각'이란 뜻. 바위가 쉽게 부숴진 데서 유래.

☐ **sleet** [sliːt] ⓜ **진눈깨비** ⓓ 진눈깨비가 오다
☜ 중세 독일어로 '싸락눈, 우박'이란 뜻
♠ It **sleets**. **진눈깨비가 내린다**.
☐ **sleet**y [slíːti] ⓗ (-<-t**ier**<-t**iest**) 진눈깨비의(같은), 진눈깨비가 오는 ☜ sleet + y<형접>

슬리퍼 slipper (콩글 ▸ 뒷축이 없는 실내화) ➔ mule, scuff

♣ 어원 : sli, sla, slo 옆으로 미끄러지다, 경사지다
■ **sli**p [slip/슬맆] ⓓ (-/slip**ped**(slip**t**)/slip**ped**(slip**t**)) **미끄러지다; 미끄러지게 하다** ⓜ **미끄럼; 미끄러져 넘어짐; 실수; 슬립**, 여자의 속옷 ☜ 중세 독일어로 '미끄러지다'란 뜻
■ <u>**sli**pper</u> [slípər] ⓜ (pl.) (가벼운) **실내화**, **슬리퍼**; (바퀴의) 제동기 ⓓ 실내화를 신고 걷다
☜ (발을) 미끄러뜨려(slip) + p<자음반복> + (신는) 것(er)
★ 영어의 slipper는 보통 양피·헝겊 등의 가볍고 부드러운 재질로 만든 정상적인 신발 형태를 갖춘 실내화를 말하기 때문에 우리가 말하는 슬리퍼가 아니다. 우리말의 '슬리퍼'는 mule 또는 scuff라고 한다.
☐ **sle**eve [sliːv] ⓜ **소매, 소맷자락**; 『기계』 **슬리브** 《축(軸) 따위를 끼우는 통·관(管)》 ⓓ 소매를 달다; 『기계』 슬리브를 끼우다, 슬리브로 연결하다
☜ 고대영어로 '옷 속으로 미끄러지다', '옷을 입다'란 뜻
♠ **Every man has a fool in his sleeve. 《속담》 누구나 약점은 있는 법이다.**
♠ **in one's sleeve 살짝, 몰래**
☐ **sle**eveless [slíːvlis] ⓗ 소매가 없는 ☜ sleeve + less(~이 없는)
■ **sla**nt [slænt/slɑːnt] ⓜ **경사**, 비탈; 사면(斜面), ⓗ **비스듬한** ⓓ 기울게 하다
☜ 스웨덴어로 '미끄러지다', 노르웨이어로 '옆으로 넘어지다'란 뜻
■ **slo**pe [sloup] ⓜ **경사면[도], 비탈**; 스키장, **슬로프** ⓓ **경사지다; 경사지게 하다**
☜ a**slope**(경사져)의 두음소실 ⇦ ~로(a<ad=to) 경사지다(slope)

☐ **sleigh**(썰매) ➔ **sled**(썰매) **참조**

슬렌더(slender) 몸매란 날씬하고 여리여리한 몸매란 의미이다

☐ **slender** [sléndər] ⓗ (-<-d**er**<-d**est**) **호리호리한**, 가느다란, 날씬한; **얼마 안 되는**, 빈약한
☜ 고대 프랑스어로 '얇은, 마른, 빈약한'이란 뜻
♠ her **slender** figure 그녀의 **날씬한** 몸매
♠ a **slender** income **얼마 안 되는** 수입

슬라이스 치즈 sliced cheese (얇게 자른 치즈를 필름포장한 것)

☐ **slice** [slais/슬라이스] ⓜ (빵·햄 따위의) **얇게 썬 조각**, (베어낸) 한 조각 ⓓ **얇게 베다 [썰다]** ☜ 고대 프랑스어로 '쪼개다, 자르다; 쪼갠 것, 부서진 파편'이란 뜻
♠ **a slice of** bread (얇게 썬) **한 조각의** 빵
※ **cheese** [tʃiːz/**치**-즈] ⓜ **치즈** 《우유 속에 있는 카세인을 뽑아 응고·발효시킨 식품》
☜ 라틴어로 '치즈'란 뜻

☐ **slick**(매끈매끈한) ➔ **sleek**(매끄러운) **참조**

슬라이딩 sliding ([야구] 주자가 베이스에 미끄러지듯 몸을 던지는 것)

♣ 어원 : sli, sla, slo, sle 옆으로 미끄러지다, 경사지다
☐ **sli**de [slaid] ⓓ (-/**slid**/**slid**(**slidden**)) **미끄러지다; 미끄러지게 하다** ⓜ **미끄러짐**, 활주; 미끄럼틀; 『야구』 **슬라이드**; (환등용) **슬라이드; 산사태** ☜ 고대영어로 '미끄러지다'란 뜻
♠ The snow **slid off** the roof.

눈이 지붕에서 **미끄러져 내렸다.**

□ **sli**ding	[sláidiŋ] 명 미끄러짐, 활주; 이동; 〖야구〗 **슬라이딩** 형 미끄러지는; 변화하는; 불확실한 ☜ slide + ing<명접/형접>
□ **sli**ding scale	계산자 ☜ scale(눈금, 자; 축적, 비율)
□ **sli**ding door	미닫이 문 ☜ 옆으로 미끄러지는(sliding) 문(door)
■ **sli**p	[slip/슬맆] 동 (-/slip**ped**〔slip**t**〕/slip**ped**〔slip**t**〕) **미끄러지다; 미끄러지게 하다** 명 **미끄럼; 미끄러져 넘어짐; 실수; 슬립**, 여자의 속옷 ☜ 중세 독일어로 '미끄러지다'란 뜻

라이터 lighter (점화기구), 라이트급 Lightweight ([투기] 경량급)

■ **light**	[lait/라이트] 명 **빛**, 불꽃 형 **가벼운, 밝은** ☜ 고대영어로 '무겁지 않은'이란 뜻
■ **light**er	[láitər] 명 **불을 켜는 사람[것]; 라이터**, 점등〔점화〕기 ☜ light + er(사람/장비)
■ **light**weight	[láitwèit] 명 표준 무게 이하의 사람〔물건〕; 〖권투·레슬링〗 라이트급 선수 형 경량의 ☜ weight(무게)
■ a**light**	[əláit] 동 (말·차·배 등에서) **내리다** 형 비치어, 빛나; 불타서 ☜ 완전히(a/강조) 가볍게(light) 하다
□ s**light**	[slait] 형 **약간의**, 가벼운 ☜ 게르만계인 프리슬란트어로 '부드러운, 가벼운'이란 뜻 ♠ have a **slight** cold 감기 **기운이** 있다
□ s**light**ly	[sláitli] 부 **약간, 조금; 약하게**, 가늘게 홀쭉하게, 가냘프게 ☜ slight + ly<부접>

슬림(slim.두께가 얇은)한 노트북

□ **slim**	[slim] 형 (-<slim**mer**<slim**mest**) **호리호리한**, 홀쭉한, 가는, 가냘픈; 시시한, 하찮은; (가망 등이) **아주 적은**; 교활한 동 체중을 줄이다 ☜ 네덜란드어로 '나쁜'이란 뜻 ♠ She was tall and **slim**. 그녀는 키가 크고 **호리호리했다**.
□ **slim**ly	[slimli] 부 호리호리하게, 가냘프게; 약하디 약하게; 불충분하게; 교활하게 ☜ -ly<부접>
□ **slim**ming	[slimiŋ] 명《영》**슬리밍**《몸무게를 빼기 위한 감식(減食)이나 운동》 ☜ slim + m<단모음+단자음+자음반복> + ing<명접>
□ **slim**mish	[slímiʃ] 형 약간 홀쭉한, 가냘픈; 연약한 ☜ slim + m + ish<형접>

슬라임 slime (영화에 등장하는 액체 상태의 끈적끈적하며 기괴한 생명체)

미국 작가 조셉 페인 브레넌의『슬라임』에 등장한 것이 최초였다고 알려져 있다. 이 작품에서 슬라임은 오랜 옛날부터 바다 밑에 살면서 끈적거리는 몸으로 둘러싸며 모든 생물을 먹어치우는 괴물로 간주되었다. 작품에 따라 성격은 다르지만, 언제나 점액질로 생물을 삼켜서 거대해지는 것들이 많다. 냉동시키면 움직이지 못하다가 해동되면 다시 움직이기 시작한다. <출처 : 환상동물사전>

□ **slime**	[slaim] 명 끈적끈적한 물건; 차진 흙; 점액(粘液) ☜ 고대영어로 '찰진 흙'이란 뜻 ♠ The pond was full of mud and green **slime**. 연못에는 진흙과 **끈적끈적한** 녹색 **점액 물질**로 가득했다.
□ **slimy**	[sláimi] 형 (-<-m**ier**<-m**iest**) 진흙의; 진흙투성이의; 끈적끈적한 ☜ slime + y<형접>

S

그녀는 슬링백(sling-back.발꿈치 부분이 끈으로 된 구두)만 즐겨 신는다.

□ **sling**	[sliŋ] 명 **슬링**《뒤꿈치 쪽이 밴드로 되어 있는 슬리퍼식 여성화》; (총의) 멜빵; 매달아 올리는 기계〔밧줄〕; **투석기**《옛날 무기》; 새총 동 (-/**slung/slung**) 투석기로 쏘다; 내던지다; (어깨에) 걸메다, 매달아 올리다 ☜ 중세영어로 '돌을 던지는 투석기'란 뜻. 장전 시 '줄을 (바싹) 당겨 매달다'는 뜻 ♠ **sling** a rifle over one's shoulder 총을 어깨에 **걸어 메다**.
□ **sling**-back	[slíŋbæ̀k] 명 **슬링백**, 슬링밴드《뒤꿈치 쪽이 벨트로 되어 있는 신발; 그 벨트》 ☜ 발 뒤꿈치(back)를 끈으로 조이는(sling) 신발
□ **sling**shot	[slíŋʃàt] 명《미》(고무줄) **새총** ☜ 당겨 매단(sling) 후 발사(shot)
■ cargo **sling**	**카고 슬링**《하역 시에 화물을 싸매거나 묶어서 카고 훅에 달아매는 크레인·헬리콥터 등의 용구》 ☜ cargo(화물, 적화(積貨), 적하(積荷))

슬리퍼 slipper (콩글 뒷축이 없는 실내화) ➔ mule, scuff

♣ 어원 : sli, sla, slo 옆으로 미끄러지다, 경사지다

□ **sli**p [slip/슬맆] ⓢ (-/slip**ped**(slip**t**)/slip**ped**(slip**t**)) **미끄러지다; 미끄러지게 하다** ⓜ **미끄럼; 미끄러져 넘어짐; 실수; 슬립**, 여자의 속옷 ☜ 중세 독일어로 '미끄러지다'란 뜻
♠ **slip** on the ice 얼음 위에서 찍 **미끄러지다.**
♠ **slip off 훌쩍 벗다; 몰래 나가다; 미끄러져 내리다**
The book **slipped off** my knees. 책이 내 무릎에서 **미끄러져 떨어졌다.**

□ **sli**pper [slípər] ⓜ (pl.) (가벼운) **실내화**, **슬리퍼**; (바퀴의) 제동기 ⓢ 실내화를 신고 걷다 ☜ (발을) 미끄러뜨려(slip) + p<자음반복> + (신는) 것(er)
★ 영어의 slipper는 보통 양피・헝겊 등의 가볍고 부드러운 재질로 만든 정상적인 신발 형태를 갖춘 실내화를 말하기 때문에 우리가 말하는 슬리퍼가 아니다. 우리말의 '슬리퍼'는 mule 또는 scuff라고 한다.

□ **sli**ppery [slípəri] ⓗ (-<-r**ier**<-r**iest**) (길・땅 따위가) **미끄러운**, 반들반들한; 뻔뻔한; 변하기 쉬운, 불안정한 ☜ slip + p + ery<형접>

슬래쉬 slash (사선, 빗금, /)

♣ 어원 : sla, sli 자르다, 치다, 죽이다; 살인

■ **sla**sh [slæʃ] ⓢ **깊이 베다**, (예산 등을) **삭감하다**; (채찍을) 휘두르다; 혹평하다 ⓜ 일격, 썩 벰; 베인 상처; 삭감; 사선, **슬래쉬**, 빗금 ☜ 중세영어로 '무기로 일격에 벰'이란 뜻

■ **sla**ughter [slɔ́ːtər] ⓜ **도살**; 살인, 살육, 학살, 대량 학살 ⓢ 도살하다, 학살하다 ☜ 고대 노르드어로 '도살육'이란 뜻

■ **sla**y [slei] ⓢ (-/**slew**/**slain**) 죽이다, **살해하다**; 《미.속어》 몹시 웃기다 ☜ 고대영어로 '치다'란 뜻

■ **sli**ce [slais] ⓜ (빵・햄 따위의) **얇게 썬 조각**, (베어낸) 한 조각 ⓢ **얇게 베다[썰다]** ☜ 고대 프랑스어로 '쪼개다, 자르다; 쪼갠 것, 부서진 파편'

□ **sli**t [slit] ⓜ 길게 베어진 상처(자국); 갈라진 틈, 틈새 ⓢ **세로로 베다**(자르다, 째다, 찢다) ☜ 고대영어로 '길게 자르다'란 뜻
♠ **slit** cloth into strips 천을 가늘고 길게 **째다**.

□ **sli**t-eyed [slítàid] ⓗ 째진 눈의, 눈이 가는 ☜ slit + 눈(eye) 의(ed<형접>)

슬로건 slogan (대중의 행동을 유도하는 짧은 선전 문구)

□ **slogan** [slóugən] ⓜ (정당・단체 따위의) **슬로건**, 표어; (상품의) 선전 문구, 모토; 외침, 함성 ☜ 스코틀랜드 게일어로 '군대의 함성'
♠ present a new **slogan** 새로운 **슬로건**을 내걸다

KISS
keep.it.simple.stupid.
슬로건 <바보야, 간단히 해!>

슬로프 slope (스키장에서 스키를 탈 수 있는 경사진 곳)

♣ 어원 : sli, sla, slo, sle 옆으로 미끄러지다, 경사지다

□ **slo**pe [sloup] ⓜ **경사면[도], 비탈**; 스키장, **슬로프** ⓢ **경사지다; 경사지게 하다** ☜ aslope(경사져)의 두음 소실
⇦ ~로(a<ad=to) 경사지다(slope)
♠ the **slope** of a roof 지붕의 **경사면[도]**

< Ski Slope >

■ **sli**p [slip/슬맆] ⓢ (-/slip**ped**(slip**t**)/slip**ped**(slip**t**)) **미끄러지다; 미끄러지게 하다** ⓜ **미끄럼; 미끄러져 넘어짐; 실수; 슬립**, 여자의 속옷 ☜ 중세 독일어로 '미끄러지다'란 뜻

■ **sle**eve [sliːv] ⓜ **소매, 소맷자락**; 『기계』 **슬리브** 《축(軸) 따위를 끼우는 통・관(管)》 ⓢ 소매를 달다, 『기계』 슬리브를 끼우다, 슬리브로 연결하다 ☜ 고대영어로 '옷 속으로 미끄러지다', '옷을 입다'란 뜻

■ **sla**nt [slænt/slɑːnt] ⓜ **경사**, 비탈; 사면(斜面), ⓗ **비스듬한** ⓢ 기울게 하다 ☜ 스웨덴어로 '미끄러지다', 노르웨이어로 '옆으로 넘어지다'란 뜻

슬롭탱크 slop tank (유조선의 탱크 세척수 보관 탱크)

SLOP P (port 좌현)
5P 4P 3P 2P 1P
5C 4C 3C 2C 1C
5S 4S 3S 2S 1S
SLOP S (starboard 우현)

□ **slop** [slɑp/slɔp] ⓜ (액체의) 엎지름, 엎지른 물; 흙탕물, 진창(=slush); (pl.) 구정물, 개숫물 ⓢ 엎지르다, 엉망진창으로 만들다; 엎질러지다 ☜ 고대영어로 "똥'이란 뜻

□ **slo**ppy [slɑ́pi/slɔ́pi] ⓗ (-<-p**ier**<-p**iest**) (땅이) **질퍽한**; 몹시 감상적인; **엉성한;** 더러워진, 물에 잠긴; 《구어》 (일・복장 등이) **너절한**, 헐렁한 ☜ 근대영어로 '진흙의, 진창의'란 뜻
♠ **sloppy** thinking **엉성한** 생각
♠ a **sloppy** T-shirt **헐렁한** 티셔츠

S

☐ **slop** sink　(깊은) 구정물 수채통《구정물을 버리거나 자루걸레를 빠는》 ☜ sink(가라앉다)
※ **tank**　[tæŋk] [명] (물 · 연료 · 가스) **탱크**; 〖군사〗 전차, **탱크** ☜ 포르투갈어로 '물 저장통'

슬롯머신 slot machine (동전 등을 사용하는 상자형의 자동도박기)

☐ **slot**　[slɑt/slɔt] [명] **홈, 가능고 긴 구멍**; 자동판매기 [동] 홈을 파다, 구멍을 뚫다 ☜ 고대 프랑스어로 '사슴이나 말의 발굽자국'이란 뜻
♠ put a coin in the **slot 투입구**에 동전을 넣다.
☐ **slot** machine　《영》 **자동판매기**(《미》 vending machine); 《미》 자동 도박기, **슬롯머신** ☜ machine(기계)
※ **machine**　[məʃíːn/머**쉬**인] [명] **기계**(장치) ☜ 그리스어로 '장치'란 뜻

☐ **sloth**(나태) ➔ **slow**(느린) **참조**

슬로바키아 Slovakia (유럽 동부 내륙에 있는 공화국)

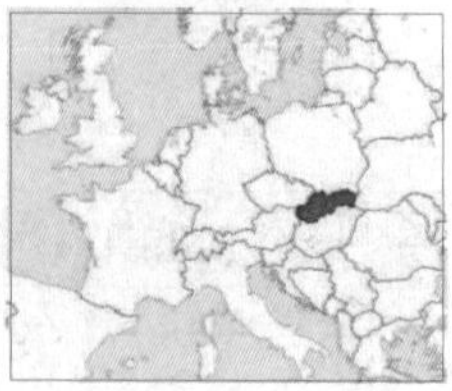

☐ **Slovakia**　[slouvάːkiə, -vǽ-] [명] **슬로바키아** 공화국 《체코슬로바키아 연방공화국을 구성하고 있다가, 1993년 분리 독립함; 수도: 브라티슬라바(Bratislava)》 ☜ '슬라브 민족의 나라'란 뜻

슬로베니아 Slovenia (유럽 동남부 발칸반도에 있는 공화국)

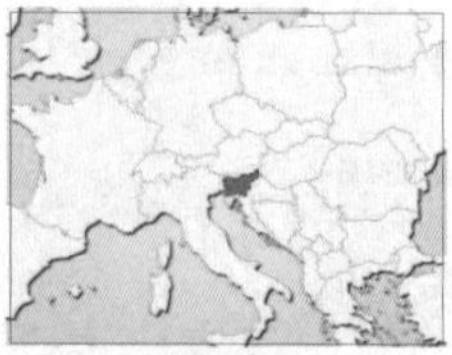

☐ **Slovenia**　[slouvíːniə, -njə] [명] **슬로베니아** 공화국 《1991년 유고슬라비아(Yugoslavia)에서 분리 독립함; 수도: 류블랴나(Ljubljana)》 ☜ '627년 슬로베니아 왕국을 건설한 슬로베니아족의 나라'란 뜻

슬로비디오 slow video ([콩글] 영상 장면의 동작을 느리게 재생시킨 화면) ➔ slow-motion video, slow moving video

♣ 어원 : slo, slu 느린; 게으른
☐ **slow**　[slou/슬로우] [형] (속도가) **느린**, 더딘; **둔한; 활기가 없는** [부] 느리게 [동] 늦추다 ☜ 고대영어로 '비활동적인, 게으른'이란 뜻
♠ a **slow** train **완행** 열차 [비교] express train 급행열차
♠ **slow down** 〔up〕 **속력을 늦추다, 속력이 떨어지다**
☐ **slow**down　[slóudàun] [명] 속력을 늦춤, **감속**; 《미》 (공장의) 조업 단축; 경기 후퇴; 《미》 태업 ☜ slow + down(밑으로, 아래로)
☐ **slow**ly　[slóuli/슬**로**울리] [부] **천천히**; 느리게, 완만하게 ☜ slow + ly<부접>
☐ **slow**ness　[slóunis] [명] 완만 ☜ slow + ness<명접>
☐ **slow** motion　**슬로모션** 《고속촬영한 영상을 실제보다 느린 속도로 재생하는 것》 ☜ motion(운동, 동작)
☐ **slow**-moving　[slóumúːviŋ] [형] 동작이 느린 ☜ slow + 움직이(move) 는(ing)
☐ **slo**th　[slouθ, slɔːθ] [명] 게으름, **나태**; 〖동물〗 나무늘보 ☜ 고대영어로 'slow의 명사형'
♠ be such a **sloth 게을러**터지다
☐ **slo**thful　[slɔ́ːθfəl] [형] 게으른 ☜ sloth + ful(~이 가득한)
☐ **slo**ven　[slʌ́vən] [명] 단정치 못한 사람, 꾀죄죄한 사람, 게으름쟁이; 갱충맞은 사람 ☜ 네델란드어로 '부주의한, 게으른'이란 뜻
☐ **slo**venly　[slʌ́vənli] [형] (-<-**lier**<-**liest**) (옷차림이) **단정치 못한**; 꾀죄죄한, 초라한; 되는 대로의, 소홀한 [부] 단정치 못하게, 되는 대로 ☜ -ly<부접>
♠ a **slovenly** woman **행실이 지저분한** 여자
S ☐ **slug**　[slʌg] [명] 〖동물〗 민달팽이; 《미.구어》 느릿느릿한 사람(동물, 차) [동] 게으름피우다 ☜ 근대영어로 '게으른 사람'이란 뜻
♠ **slug** in bed 잠자리에 누워 **게으름 피우다**
☐ **slug**gard　[slʌ́gərd] [명] 게으름쟁이, 빈둥거리는 사람, 나태자(懶怠者) [형] 게으른(=lazy), 빈둥거리는 ☜ slug + g<단모음+단자음+자음반복> + ard(사람)
☐ **slug**gish　[slʌ́giʃ] [형] 게으른, 나태한《사람 등》; **동작이 느린**, 굼뜬 ☜ slug + g<단모음+단자음+자음반복> + ish<형접>
☐ **slug**gishly　[slʌ́giʃli] [부] 느릿느릿 ☜ -ly<부접>
※ **vid**eo　[vídiòu] [명] 《미》 텔레비전; **비디오**, 영상(부문); 비디오 리코더 ☜ 보이는(vid) 것(eo)

슬럼가(街) slum (거대도시 내 빈민가로 범죄발생율이 높은 지역)

☐ **slum**　[slʌm] [명] (종종 pl.) **빈민굴**, 슬럼가(街) [동] 빈민굴을 찾다 ☜ 근대영어로 '도시의 더러운 뒷골목'이란 뜻
♠ **go slumming 빈민굴에서 자선(사업)을 하다**

★ 미국 뉴욕시에는 할렘(Harlem)이라는 최대의 흑인 거주 빈민가(약 100만명 거주)가 있고, 브라질에는 파벨라(Favela)라는 범죄의 소굴인 슬럼가가 있다(리우 데 자네이루에만 약 720여 개의 파벨라가 있다). 베네수엘라 카라카스에도 슬럼가 페타레(Petare)가 있다.

골든 슬럼버 Golden Slumber (한국 범죄 스릴러 영화. <금빛 잠>이란 뜻)

일본 작가 이사카 코타로의 동명 소설을 원작으로 제작되어 2018년 2월 개봉한 한국의 범죄 스릴러 영화. 강동원, 김의성, 한효주 주연. 착하고 성실한 택시기사가 우연히 유력 대선후보 암살사건을 목격하면서 불시에 암살범으로 지목되고 만다. 그는 필사의 도피에 임하게 되고 점차 사건의 실체를 알게 되면서 누명을 벗기 위해 노력하지만, 그가 맞서면 맞설 수록 그의 오랜 친구들은 위험에 빠지고 마는데...

© C.J. Entertainment

※ **<u>gold</u>en** [góuldən/**고**울던] ⓗ (황)**금빛의; 귀중한; 융성한**
☜ 금(gold) 으로 된(en)

☐ **<u>slumber</u>** [slʌ́mbər] ⓜ (종종 pl.) 《문어》 **잠**, 《특히》 선잠, 겉잠; 《비유》 혼수〔무기력〕 상태, 침체 ⓢ 잠자다; 《문어》 꾸벅꾸벅 졸다
☜ 고대영어로 '선잠'이란 뜻
♠ **fall into a slumber 잠들어 버리다**

☐ **slumber**land [slʌ́mbərlæ̀nd] ⓜ 꿈나라 《아이들에게 이야기로 들려주는》
☜ 잠(slumber)의 나라(land)
★ 캐나다의 만화가 윈저 맥케이가 1905년 창작한 만화 <리틀 네모 인슬럼버랜드(Little Nemo in Slumberland)>가 1989년 애니메이션으로 제작된 바 있다. 꿈의 나라를 여행하는 어린 소년의 모험담이다.

☐ **slumber**ous, -brous [slʌ́mbərəs], [-brəs] ⓗ 졸음이 오는; (장소가) 잠들고 있는 듯한
☜ slumber + ous<형접>

슬럼프 slump (침체된 상태가 지속되는 상태)

☐ **slump** [slʌmp] ⓜ 푹〔쑥〕 떨어짐〔빠져듦〕; (물가·증권 시세 따위의) 폭락, 불황, 불경기; (활동·원기의) **슬럼프**, 부조리, 부진 ⓢ (물가 등이) **폭락하다**
☜ 중세영어로 '진창에 빠지다'란 뜻
♠ **go into a slump 슬럼프를 겪다, 슬럼프에 빠지다**

☐ **slump**flation [slʌ̀mpfléiʃən] ⓜ 【경제】 불경기하의 인플레이션, **슬럼프 플레이션**
☜ 불경기(slump)에 상태에서의 통화 팽창(inflation)

연상 ▸ 플라이(fly.높이 뜬)볼을 슬라이(sly.교활한)한 까마귀가 낚아채 도망갔다.

※ **fly** [flai/플라이] ⓢ (-/**flew/flown**) (새·비행기 따위가) **날다**, 날리다, **비행하다; 도망치다** ⓜ 나는 곤충, **파리**; 날기, **비행**
☜ 나는(fl) 것(y)

☐ **sly** [slai] ⓗ (-<sly**er**〔sl**ier**〕<sly**est**〔sl**iest**〕) **교활한**(=cunning), 음흉한; 익살맞은 ☜ 고대 노르드어로 '교활한'이란 뜻
♠ **(as) sly as a fox 매우 교활한**
♠ **on the sly 몰래, 은밀히, 가만히**

☐ **sly**ly [slάili] ⓑ 교활하게; 음험하게; 익살맞게 ☜ -ly<부접>

스맥다운 Smack down (오락적 요소가 가미된 미국 프로 레슬링 브랜드)

☐ **smack** [smæk] ⓜ **맛, 풍미**, 향기; **낌새**, 기미; **입맛 다심**; (매질할 때) **찰싹하는 소리** ⓢ 맛이 나다, 향내가 나다; (입술을 움직여) **입맛을 다시다**; (매질) **찰싹 치다** ☜ 고대영어로 '맛, 향기'
♠ This meat **smacks** of garlic.
이 고기는 마늘 **냄새가 난다**.

☐ **smack**down [smǽkdàun] ⓜ 격렬한 대립; 결정적인 패배나 실패
☜ 아래로(down) 찰싹 치다(smack)

스몰 사이즈 small size (작은 치수)

의류사이즈 크기를 표시하는 기준으로 보통 숫자나 영문 약호를 쓴다. 통상 가장 작은 순부터 XXS-XS-S-M-L-XL-XXL로 표기한다. 다만 숫자로 표기할 경우 각국이 각기 다르게 표기함을 명심해야 한다.
X: Extra(특), S: Small(소형), M: Medium(중형), L: Large(대형)

☐ **<u>small</u>** [smɔːl/스모올] ⓗ **작은**, 소형의, 비좁은; **중대하지 않은**, 하찮은 ⓑ 작게 ⓜ 작은

부분 ☜ 고대영어로 '여윈, 좁은'이란 뜻
♠ a **small** house **작은** 집

☐ **small** arms 휴대용 무기(武器) ☜ arm(팔), arms(무기, 병기)
☐ **small** change 잔돈; 하찮은 것〔사람, 이야기〕 ☜ change(바꾸다; 변화, 변경; 잔돈)
☐ **small** hours 깊은 밤 《자정에서 새벽 3시까지》 ☜ 작은(small) 시간(hour) + 들(s).
⇦ 24시간 중 0~3시간대는 가장 깊은 밤이므로
☐ **small**ness [smɔ́ːlnis] [명] 작음, 왜소, 빈약 ☜ small + ness<명접>
☐ **small**pox [smɔ́lpàks] [명] 『의학』 천연두 ☜ 작게(small) 발진(發疹)하는 병/매독(pox)
☐ **small**-scale [smɔ́lskéil] [형] 소규모의; 소비율의; 소축척의 《지도》 ☜ small + scale(눈금, 척도)
※ **size** [saiz/싸이즈] [명] **크기**, 넓이, 치수, 부피; (옷·모자·장갑 따위의) **사이즈**
☜ 중세영어로 '규정, 통제, 제한'이란 뜻

스마트폰 smart phone (음성 통화 외 인터넷 접속, 메모 기능, 스케줄 관리 등 다기능 휴대 전화. <똑똑한 전화>란 뜻)

© strategyanalytics.com

☐ **smart** [smɑːrt/스마-트] [형] **쑤시는; 활발한; 눈치 빠른, 영리한; 재빠른; 맵시 있는, 스마트한** [동] **아리다**, 쓰리다 [명] **쓰린 아픔**, 고통; 멋쟁이, 스마트한 사람
☜ 고대영어로 '아픈', 중세영어로 '빠른, 영리한'이란 뜻
♠ She's **smarter than** her brother.
그녀는 오빠〔남동생〕**보다 더 똑똑하다.**
♠ My eyes **smarted with** tear gas. 최루 가스 **때문에** 눈이 **쓰렸다**
☐ **smart** phone 고도 자동 기능 전화 《각종 자동 기능을 갖춘 전화》 ☜ phone(음성, 전화기)
[비교] cellphone, cellular phone 휴대전화
☐ **smart**en [smɑ́ːrtn] [동] 멋을 내다; 말쑥〔산뜻〕하게 하다; 재빠르게〔활발하게〕 하다 ☜ -en<동접>
☐ **smart**ly [smɑ́ːrtli] [부] 산뜻하게; 세게; 호되게, 몹시; 재빠르게 ☜ -ly<부접>

스매시 smash ([탁구, 테니스] 높은 볼을 강하게 때려 넣는 타법)

☐ **smash** [smæʃ] [동] **때려 부수다**, 깨뜨리다; **부서지다** [명] **분쇄**; 충돌(사고); 『테니스』 **스매시**, 강타 ☜ 근대영어로 '강타'라는 뜻
♠ **smash** a window open 창을 **부수고** 열다
☐ **smash**ing [smǽʃiŋ] [형] 분쇄하는; 맹렬한 《타격 따위》, 활발한 《상황(商況) 따위》; 《영.구어》 굉장한 ☜ smash + ing<형접>

스미어 테스트 smear test (자궁경부암 검사법. <도말표본 검사>)

☐ **smear** [smiər] [동] (기름 따위를) **바르다; 칠하다**; (표면을 기름 따위로) 더럽히다; (기름·잉크 등이) **번지다** [명] 오점, 얼룩; 도말(塗抹) 표본; 중상, 비방 ☜ 고대영어로 '기름을 바르거나 문지르다'란 뜻
♠ **smear** butter on bread 빵에 버터를 **바르다**
☐ **smear** test 『의학』 **스미어 테스트**, 도말표본 검사 《검사물을 얇게 잘라 그대로 슬라이드 글라스에 발라 현미경으로 검사하는 방법》 ☜ test(검사, 시험)
■ be**smear** [bismíər] [동] 뒤바르다; 더럽히다 ☜ 완전히(be<강조 접두어>) 바르다(smear)

스멜 smell (냄새 또는 향), 스멜 오 비전 SmellOVision (냄새나는 영화)

☐ **smell** [smel/스멜] [동] (-/**smelt**〔smell**ed**〕/**smelt**〔smell**ed**〕) **냄새가 나다, 냄새 맡다** [명] **후각; 냄새**, 향기 ☜ 중세영어로 '냄새를 피우다, 냄새를 감지하다'란 뜻
♠ **smell** a flower 꽃**냄새를 맡다.**
☐ **smell**y [sméli] [형] (-<-ll**ier**<-ll**iest**) 불쾌한 냄새의 ☜ smell + y<형접>
☐ **Smell**OVision (상표) **스멜오비전** 《냄새를 풍기는 영화》 ☜ smell(냄새) + o + vision(영상)

멜트다운 meltdown (원자로가 녹아 방사능 유출로 이어지는 사고)

원자로의 냉각 장치가 정지하여 노(爐) 안의 열이 비정상적으로 올라가 원료인 우라늄을 용해하고 이때 발생하는 열로 원자로의 밑바닥을 녹이는 일. 유독성 방사능 유출로 이어지는 심각한 사고를 수반한다.

■ **melt** [melt/멜트] [동] (-/melt**ed**/melt**ed**〔**molten**〕) **녹다**, 녹이다, 용해하다; **감동시키다** [명] **용해**(물), 용해량
☜ 고대영어로 '액체가 되다'란 뜻
■ **melt**down [méltdàun] [명] (금속의) 용융(熔融); (아이스크림 등이) 녹음; (원자로의) 노심(爐心)의

S

용해 ☜ 밑으로(down) 녹는(melt)

☐ **smelt** [smelt] (동) 〖야금〗 용해하다; 제련하다 ☜ 고대영어로 '녹이다'란 뜻
♠ a **smelting** furnace **용광**로 《**쇠를 녹이는** 화로》

☐ **smelt**er [smeltər] (명) 제련공; 제련소; 용광로 ☜ s + melt + er(사람/기구)

스마일 smile (미소, 미소 짓다)

☐ **smile** [smail/스마일] (동) (소리를 내지 않고) 웃다, **미소 짓다** (명) **미소**
☜ 고대 독일어로 '미소짓다'란 뜻
♠ **smile at ~ ~을 보고 미소 짓다; 일소에 붙이다**
♠ The infant **smiled at** 〔on〕 his mother. 아기는 엄마**에게 방글거렸다**

☐ **smil**ing [smáiliŋ] (형) 방글〔벙긋〕거리는, **미소 짓는**, 명랑한 ☜ smile + ing<형접>

아담 스미스 Adam Smith (<국부론>을 쓴 영국의 경제학자)

☐ **Smith** [smiθ] (명) **스미스** 《Adam ~, 영국의 경제학자, 고전경제학의 창시자; 1723-90》 ★ 대표 저서 : 국부론 《아담스미스가 '부의 원천은 노동이며, 부의 증진은 노동생산력의 개선으로 이루어진다'고 주장한 책》

☐ **smith** [smiθ] (명) **대장장이**; **금속세공인** ★ 보통 복합어로서 씀.
☜ 고대영어로 '쇠붙이를 가지고 일하는 사람, 대장장이'란 뜻
♠ The name **Smith** meant a person who worked with metal.
스미스라는 이름은 금속에 관련된 직업을 가진 사람을 뜻한다.

■ black**smith** [blǽksmìθ] (명) **대장장이**; 편자공 ☜ 검은(black) 쇠를 다루는 대장장이(smith)

■ gold**smith** [góuldsmìθ] (명) 금 세공인, 은장이 ☜ 금(gold) 세공인(smith)

■ silver**smith** [sílvərsmìθ] (명) 은장이, 은 세공사 ☜ 은(silver) 세공인(smith)

■ tin**smith** [tínsmìθ] (명) 양철〔주석〕장이, 양철공 ☜ 주석(tin) 세공인(smith)

☐ **smith**y [smíθi, smíði] (명) 대장간 ☜ 대장장이(smith)의 일터(y)

☐ **smite** [smait] (동) (-/**smote/smitten**) **강타하다**; 쳐부수다; 괴롭히다; 매혹시키다
☜ 중세영어로 '치다'란 뜻. 대장장이는 쇠가 달궈졌을 때 치는 사람.
♠ **smite** the enemy 적을 **쳐부수다**
♠ He **is** quite **smitten with** the woman. 그는 아주 그 여자**에게 반해버렸다**.

스미스소니언 협회 Smithsonian Institution (워싱턴 D.C.에 있는 박물관, 미술관, 연구소, 도서관 등 문화기관의 집합체)

☐ **Smithson**ian Institution [the ~] **스미스소니언** 협회 《영국의 화학자 James Smithson의 기부로 과학 지식의 보급 향상을 위하여 1846년 Washington, D.C.에 창립된 학술협회〔국립박물관〕》 ☜ 스미스슨(Smithson/영국의 화학자, 광물학자) + i + 의(an) + 협회(institution)

스목 smock (어린이·화가 등이 옷을 더럽히지 않기 위해 덧입는 상의)

☐ **smock** [smɑk/smɔk] (명) (옷 위에 덧걸치는) 작업복; 덧입는 **겉옷** 《주로 어린이용》, **스목** (동) 스목을 입히다; 장식 주름을 붙이다
☜ 고대영어로 '남성의 셔츠에 해당하는 여성의 옷'이란 뜻
♠ You look great in that **smock**. 너 그 **스목** 잘 어울린다.

스모그 smog (연무. <연기(smoke) + 안개(fog)>의 합성어)

☐ **smog** [smɑg, smɔ(ː)g] (명) **스모그, 연무**(煙霧) 《도시 등의 연기 섞인 안개》
☜ smoke(연기·매연) + fog(안개)
♠ **Smog** is covering the whole sky. **스모그**가 온통 하늘을 덮고 있다.

☐ **smoke** [smouk/스모욱] (명) 연기 (동) **연기를 내다**, 연기가 나다; **담배 피우다**
☜ 고대영어로 '연기를 피우다'란 뜻
♠ **No smoke without fire.** 〖**속담**〗 **아니땐 굴뚝에 연기날까.**

☐ **smoke**d [smoukt] (형) 그을리게 한, 훈제(燻製)의 ☜ smoke + ed<형접>

☐ **smoke**r [smóukər] (명) **흡연자**, 끽연자 ☜ 연기를 내는(smoke) 사람(er)

☐ **smok**ing [smóukiŋ] (명) **흡연**, 끽연; 그을림; 발연 (형) 그을리는; 담배 피우는; 김나는
☜ smoke + ing<명접/형접>
♠ **No smoking. 금연 !**

S

□ **smok**ing room 흡연실 ☜ room(방, ~실(室))
□ **smoke**less [smóuklis] ⓗ 무연의, 연기가 안 나는 ☜ -less(~이 없는)
□ **smoke** screen 연막 ☜ screen(막, 커튼, 칸막이)
□ **smok**y, **smoke**y [smóuki] ⓗ (-<-k**ier**<-k**iest**) **연기나는**; 그을리는, 연기 자욱한
☜ 연기(smoke) 나는(y)
□ **smoke**stack [smóukstæk] ⓜ (기선의) 굴뚝 ☜ stack(더미, 볏가리; 굴뚝)
□ **smol**der, 《영》 **smoul**- [smóuldər] ⓢ 연기 나다, 그을려 검게 하다; (분노·불만 등이) 끓다; (억압된 감정이) 밖으로 나타나다 ⓜ 연기 나는 불, 연기 남
☜ 중세영어로 '연기, 연기 나는 수증기'란 뜻.
♠ The bonfire was still **smouldering** the next day.
모닥불은 그 다음 날에도 여전히 **연기내며 타고 있었다**.
※ **fog** [fɔ(:)g, fɑg] ⓜ (짙은) **안개; 농무**(濃霧) ☜ 덴마크어로 '물안개, 소나기'란 뜻
비교 fog 짙은 안개, mist 보통 안개, haze 엷은 안개
※ **fog**gy [fɔ́(:)gi, fɑ́gi] ⓗ (-<-g**ier**<-g**iest**) **안개[연무·농무]가 낀**; (안개로) **흐릿한**
☜ 안개(fog) + g + 낀(y)

스무스 < 스무드 smooth (동작이 매끄럽고, 유연하고, 원활한 것)

□ **smooth** [smu:ð/스무-드] ⓗ **매끄러운**, 반질반질한, (움직임이) 부드러운 ⓢ **매끄럽게 하다**
☜ 고대영어로 '평온한, 고요한'이란 뜻
♠ Her skin is as **smooth** as silk. 그녀의 피부는 비단결같이 **매끄럽다**
□ **smooth**ly [smú:ðli] ⓑ **매끈하게**, 평탄하게; 유창하게; **평온하게** ☜ -ly<부접>
□ **smooth**ness [smú:ðnis] ⓜ 평탄, 평온, 유창 ☜ -ness<명접>
□ **smooth**-faced [smú:ðféist] ⓗ 표면(얼굴)이 매끈한; 수염이 없는; 겉으로는 상냥한
☜ 얼굴(face) 의(ed<형접>)
□ **smooth**-spoken [smú:ðspóukən] ⓗ 구변(말주변)이 좋은, 말이 유창한
☜ 매끄럽게(smooth) 말한(spoken=speak의 과거분사 ➔ 형용사)

스머더 태클 smother tackle ([럭비] 사람과 볼을 함께 끌어안으며 넘어뜨리는 태클. 패스를 하거나 달릴 수 없게 하는데 목적이 있다)

□ **smother** [smʌ́ðər] ⓢ **숨막히게 하다**, 숨차게 하다; 질식(사)시키다, 질식하다 ⓜ 연기 냄 ☜ 고대영어로 '질식사하다'란 뜻
♠ **be smothered with** smoke 연기**로 숨이 막히다.**
□ **smother**y [smʌ́ðəri] ⓗ 숨막히는 듯한, 질식할 것 같은, 질식시키는; 연기(먼지)가 많은 ☜ -y<형접>
※ **tack**le [tǽkəl] ⓜ 〖축구·력비〗 **태클; 연장**, 도구 ⓢ ~에 달려들다, 태클하다; **공격하다, 착수하다** ☜ 붙잡(tack) 다(le<동접>)

연상 그는 스모그(smog.연무)가 심하게 낀 날 스머글(smuggle.밀수하다)했다.

※ **smog** [smɑg, smɔ(:)g] ⓜ **스모그, 연무**(煙霧) 《도시 등의 연기 섞인 안개》
☜ smoke(연기·매연) + fog(안개)
□ **smuggle** [smʌ́gəl] ⓢ **밀수입[밀수출]하다**, 밀수(밀매매)하다; 밀항(밀입국)하다
☜ 독일어로 '밀수하다'란 뜻
♠ **smuggled** goods **밀수**품
□ **smuggle**r [smʌ́glər] ⓜ 밀수입(밀수출)자; 밀수선; 밀수업자
☜ smuggle + er(사람)

S

스낵 snack (콩글 간단한 식사를 할 수 있는 경식당) ➔ snack bar

© dacc.nmsu.edu

□ **snack** [snæk] ⓜ 가벼운 식사, 간식, **스낵**; 한입; 소량 ⓢ 《미》 가벼운 식사를 하다 ☜ 중세영어로 '급히 먹다'란 뜻
♠ have a **snack** (nosh) **간식**을 먹다
□ **snack** bar **스낵바**, 《미》 간이 식당 ☜ bar(막대기, 술집, 바, 법정)

스네이크 snake (뱀), 스니커즈 sneakers (밑창이 고무로 된 운동화)

♣ 어원 : sna, snea 기어 다니다
□ **sna**ke [sneik] ⓜ **뱀**; 《비유》 음흉(냉혹, 교활)한 사람 ⓢ (뱀처럼) 꿈틀거리다 ☜ 초기 인도유럽어로 '기는(sna) 것(ke)'이란 뜻

< Sneakers >

♠ The **snake** slowly uncoiled. **뱀**이 서서히 똬리를 풀었다.
♠ **snake in the grass 숨은 적, 보이지 않는 위험한 인물**

☐ **sna**ky [snéiki] ⓗ 뱀의〔같은〕, 음흉한 ☜ snake + y<형접>

☐ **sna**ke charmer 뱀 부리는 사람 ☜ charm(마법을 걸다, 매혹하다) + er(사람)

☐ **sna**kelike [snéiklaik] ⓗ 뱀 같은, 뱀 비슷한 ☜ snake + like(~같은)

☐ **sna**il [sneil] ⓜ 【동물】 **달팽이** ☜ 초기 인도유럽어로 '기는(sna) 것(il)'이란 뜻
♠ (as) slow as a **snail 느릿느릿한**

☐ **snea**k [sni:k] ⓓ **살금살금 움직이다**, 몰래〔가만히〕 내빼다 ⓗ 남몰래 하는, 은밀한 ⓜ 살금살금 몰래 함 ☜ 고대영어로 '기다'란 뜻
♠ I **sneaked up** the stairs. 나는 **살금살금** 계단을 **올라갔다**.

☐ **snea**ker [sní:kər] ⓜ 몰래〔가만히〕 행동하는 사람〔동물〕; (pl.) 《미》 고무바닥의 운동화 《소리가 나지 않는 데서》 ☜ sneak + er(사람)

스냅 사진 snapshot (움직이는 피사체를 재빨리 찍는 사진)

♣ **어원 : snap, snat 갑자기 물다; 찰칵[딱] 소리를 내다**

☐ **snap** [snæp] ⓓ 덥석 물다; **찰칵[딱]하고 소리를 내다**; (문·자물쇠가) 찰깍〔탕〕하고 닫히다 ⓜ **덥석 물기; 스냅** 《똑딱 단추》; **스냅사진** ⓑ 찰칵, 툭, 지끈
☜ 중세영어로 '빠르고 갑작스런 물어뜯음〔베기〕'이란 뜻
♠ **snap at** the bait (물고기가) 미끼를 **덥석 물다**.
♠ The lid **snapped** shut. 뚜껑이 **찰칵 하고** 닫혔다.

☐ **snap**pish [snǽpiʃ] ⓗ 무는 버릇이 있는, 딱딱거리는, 퉁명스러운
☜ snap + p<단모음+단자음+자음반복> + ish<형접>

☐ **snap**shoot [snǽpʃù:t] ⓓ ~의 스냅(사진)을 찍다 ☜ 스냅사진(snap)을 찍다(shoot)

☐ **snap** shot 속사, 즉석 사격; 마구 쏘아댐 ☜ snap + shot(발사, 촬영)

☐ **snap**shot [snǽpʃɑ̀t/-ʃɔ̀t] ⓜ 【사진】 속사(速寫), **스냅**(사진); (총의) 속사(速射), 함부로 쏘아대기
☜ snap + shot(발사, 촬영)

☐ **snat**ch [snætʃ] ⓓ **와락 붙잡다**, 움켜쥐다, 잡아〔낚아〕채다, 강탈하다 ⓜ **잡아챔**, 강탈
☜ 중세영어로 '갑자기 물다'란 뜻
♠ The cat **snatched** the chicken. 고양이가 병아리를 **잡아챘다**.

※ **shot** [ʃɑt/ʃɔt] ⓜ 발포, **발사, 탄환**; 총성; 【사진·영상】 촬영, **스냅**(사진), 한 화면, **샷**
☜ shoot의 단축형. 고대영어로 '쏘기'란 뜻

스네어 드럼 snare drum (두 개의 막을 씌우고 아랫면에 쇠울림줄(스네어)를 대어 달그락 소리를 내도록 만든 작은 북)

☐ **snare** [snɛər] ⓜ **덫**, 올가미; 《비유》 속임수, 함정, 유혹; (북의) 향현(響絃) 《북 한가운데에 댄 줄》 ⓓ 덫으로〔올가미로〕 잡다
☜ 고대영어로 '동물을 잡는 덫'이란 뜻
♠ **lay** 〔set〕 **a snare** 〔trap〕 **올가미를 놓다**

☐ **snarl** [snɑ:rl] ⓜ 뒤얽힘, **혼란**; 으르렁거림 ⓓ 얽히게 하다; (개가) **으르렁거리다**; 호통치다
☜ 중세영어로 '덫, 올가미', '으르렁거리다'란 뜻. ⇦ 덫에 걸린 짐승이 으르렁거리다
♠ a traffic **snarl** 교통**마비** 〔**정체**〕
♠ The dog **snarled** at me. 그 개는 나에게 **으르렁거렸다**.

※ **drum** [drʌm] ⓜ **북, 드럼** ⓓ 북을 치다 ☜ 중세 네델란드어로 '북'이란 뜻

☐ **snatch**(와락 붙잡다; 잡아챔) ➔ **snap**(스냅, 스냅사진; 덥석 물기) **참조**

☐ **sneak**(살금살금 움직이다) ➔ **snail**(달팽이) **참조**

스노클 snorkel (잠수함의 환기장치)
스노젤렌, 스누젤렌 Snoezelen (다감각 심리안전치료법)

< Snorkel >

스노젤렌(Snoezelen)은 매혹적인 시설물과 빛, 소리, 촉각, 냄새, 맛 등을 이용하여 뇌손상, 중증장애 등으로 인해 편안함과 휴식, 심리적 이완 등이 필요한 환자들에게 심리·정서적 안정감을 주고, 둔감해진 감각들을 자극하여 회복시켜 주는 치료법이다.

♣ **어원 : snee, snif, sniv, sno(r), snou, snuf 코; 코로 숨 쉬다, 냄새를 맡다**

☐ **snee**r [sniər] ⓜ 냉소; 비웃음, 경멸; 빈정댐 ⓓ 냉소〔조소〕하다; **비웃다**, 비꼬다 ☜ 고대영어로 '거친 소리를 내며 코로 숨 쉬다, 이를 갈다'란 뜻
♠ He **sneer at** religion. 그는 종교**를 비웃었다**.

☐ **snee**ze [sni:z] ⓜ 재채기; 유괴, 체포 ⓓ **재채기하다**; 《구어》 경멸하다,

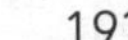

코웃음 치다, 깔보다
☜ 고대영어로 '거친 소리를 내며 코로 숨쉬다, 재채기하다'란 뜻
★ 재채기 소리는 achoo, 《영》 atishoo

☐ **sni**cker [síkər] ⓓ 《미》 킬킬거리다(=snigger); (말이) 울다 ⓜ 킬킬 웃음; 숨죽여 웃는 웃음; (말의) 울음소리 ☜ 근대영어로 '숨죽여 웃다'라는 뜻. **비교** sneaker 운동화
★ 스니커즈(SNICKERS)는 미국의 마스(Mars)社가 만든 초콜릿 바 브랜드

☐ **sni**ff [snif] ⓓ **코를 킁킁거리다**, 냄새를 맡다; 코로 숨 쉬다; 코를 훌쩍이다; 콧방귀 뀌다
☜ 중세영어로 '콧물을 흘리다'란 뜻
♠ The dog **sniffed** at the bone. 개가 **코를 킁킁거리며** 뼈다귀의 **냄새를 맡았다**.

☐ **sni**ffle [snífəl] ⓓ (코를) 킁킁거리다, 코를 훌쩍이다; 훌쩍이며 울다 ⓜ 코를 킁킁거림; 콧방귀; 코감기 ☜ 근대영어로 '콧물'이란 뜻

☐ **sniv**el [snívəl] ⓓ 콧물을 흘리다; 코를 훌쩍이다; 훌쩍훌쩍 울다; 슬픈 체하다, 울음 섞인 〔울먹이는〕 소리를 내다 ⓜ 콧물; 가벼운 코감기; 흐느낌; 우는 소리; 코멘소리
☜ 고대영어로 '콧물을 흘리다'란 뜻

☐ **snoezelen** 다기능 심리안전치료법 ☜ 네델란드어 'snuffelen(=**sn**iff/냄새맡다) +doezelen (=d**oze**(꾸벅꾸벅 졸다))'의 줄임말

☐ **snor**e [snɔːr] ⓜ **코골기**; 《영》 (한)잠 ⓓ 코를 골다, 코골며 (시간을) 보내다 ☜ 의성어

☐ **snor**kel [snɔ́ːrkəl] ⓜ **스노클** 《두 개의 튜브에 의한 잠수함의 환기 장치. 잠수 중에 호흡하는 관. 소방 자동차에 붙인 소화용 수압 기중기》 ⓓ 스노클로 잠수하다
☜ 그리스어로 '코'란 뜻

☐ **snor**t [snɔːrt] ⓓ (말이) 콧김을 내뿜다; 코방귀 뀌다, 코를 씩씩거리며 말하다
☜ 중세영어로 '거친 소리를 내며 코로 숨 쉬다'란 뜻
♠ **snort at** a person 아무**를 경멸하다.**

☐ **snou**t [snaut] ⓜ (돼지・개・악어 등의) 삐죽한 코, 주둥이(=muzzle)
☜ 중세 저지(低地) 독일어로 '코'란 뜻
♠ the **snout** of a pistol 권총의 **주둥이**

☐ **snuf**f [snʌf] ⓓ **코담배를 맡다**; **코로 들이쉬다**; (개・말이) 코를 실룩거리다; (양초 등의) **심지를 자르다**; (촛불을) 끄다 ⓜ 코로 들이쉬기; 코담배 ☜ 네델란드어로 '코를 킁킁거리다'란 뜻
♠ **snuff** the fresh air 신선한 공기를 **들이마시다,**
♠ **snuff** the candle (초의) **심지를 끊다**, 촛불을 **끄다**

☐ **snuf**fle [snʌ́fəl] ⓜ 콧소리; 코감기 ⓓ (감기 따위로) 코를 킁킁거리다, 코가 막히다; 콧소리로 말하다〔노래하다〕; 냄새를 맡다 ☜ 중세 네델란드어로 '주변을 킁킁거리다'란 뜻

스나이퍼 sniper (저격수: 은폐/엄폐된 위치에서 먼 거리의 적을 은밀하게 사살하는 정예 사격요원)

☐ **snipe** [snaip] ⓜ (pl. **-s,** [집합적] **-**) 『군사』 저격; 『조류』 도요새; 비열한 사람 ⓓ 『군사』 (적을 숨어서) 저격하다; 도요새 잡이를 하다 ☜ 고대 독일어로 '도요새'란 뜻. 근대영어로 '숨어서 쏘다'란 뜻
♠ **snipe at** enemy soldiers 적병들**을 저격하다**.

☐ **snipe**r [snáipər] ⓜ 저격수, **스나이퍼**; 도요새 사냥꾼; 《미.속어》 소매치기, 빈집털이
☜ -er(사람)

스놉효과 snob effect (어떤 상품에 대한 사람들의 소비가 증가하면, 즉 대중화가 되면 오히려 그 상품의 수요가 줄어드는 효과. <속물 효과>란 뜻)

S

☐ **snob** [snɑb/snɔb] ⓜ 신사인 체하는 속물; 시큰둥하게 구는〔건방진〕 사람; 《고어》 태생〔신분〕이 낮은 사람; 파업 파괴자 ☜ 근대영어로 '구둣방의 견습생'이란 뜻
♠ You are the worst kind of **snob**. 너 진짜 최악의 **속물**이야.

☐ **snob**bery [snɑ́bəri/snɔ́b-] ⓜ 신사연함, 속물 근성, 윗사람에게 아첨하고 아랫사람에게 뻐김, 귀족 숭배
☜ snob + b<단모음+단자음+자음반복> + ery<명접>

☐ **snob**bish [snɑ́biʃ/snɔ́b-] ⓗ **속물의**, 신사연하는; (지식〔지위〕 등으로) 거드름 피우는 ☜ snob + b<단모음+단자음+자음반복> + ish<형접>

Snob Effect
저게 뭐야 ? 개성없이
© seven00.tistory.com

스누피 Snoopy (미국 만화가 찰스 먼로 슐츠가 1950년부터 쓰기 시작한 만화 <피넛츠>에 등장하는 애완견)

☐ **snoop** [snuːp] ⓓ 기웃거리며〔엿보며〕 다니다, 시시콜콜히 캐다 ⓜ 캐고 다니는 사람; 탐정, 스파이 ☜ 네델란드어로 '엿보다'란 뜻

♠ He had a **snoop** around her office.
그는 그녀의 사무실을 **염탐했다**.

□ **snoop**y [snúːpi] ⓗ (-<-p**ier**<-p**iest**) 《구어》 캐기〔참견하기〕 좋아하는
ⓜ (S-) **스누피** 《C. Schulz의 만화 Peanuts에 나오는 개》
☜ -y<형접/명접>. 스누피는 '참견하기 좋아하는' 캐릭터.

□ **snore**(코골기), **snort**(콧김을 내뿜다) ➔ **sniff**(코를 킁킁거리다) **참조**

스노 타이어 snow tire (겨울 노면에서 제동력이 우수한 타이어)

□ **snow** [snou/스노우] ⓜ **눈**; 강설(降雪); (pl.) 적설(積雪); (노인의) 백발
ⓢ **눈이 오다; 눈처럼 내리다** ☜ 고대영어로 '눈'이란 뜻
♠ a road deep in **snow 눈**에 깊이 파묻힌 도로

□ **snow**ball [snóubɔ̀ːl] ⓜ **눈뭉치**, 눈덩이; 눈싸움; 《우스개》 백발의 흑인
ⓢ 눈싸움하다 ☜ snow + ball(공, 볼)

□ **snow**board [snóubɔ̀ːrd] ⓜ **스노보드** 《snurfing(스너핑)용 보드》 ☜ snow + board(판자)

□ **snow**bound [snóubàund] ⓗ 눈에 갇힌 ☜ bound(속박된/bind의 과거분사)

□ **snow**-capped [snóukæ̀pt] ⓗ 꼭대기가 눈으로 덮인
☜ 모자를 씌우다/~로 덮다(cap) + p<단모음+단자음+자음반복> + ed<형접>

□ **snow**-covered [snóukʌ̀vərd] ⓗ **눈으로 덮인** ☜ ~로 덮다(cover) + ed<형접>

□ **snow**-drift [snóudrìft] ⓜ (바람에 불려서 쌓인) **눈더미** ☜ snow + drift(표류(물); 표류하다)

□ **snow**drop [snóudràp/-drɔ̀p] ⓜ 〖식물〗 눈꽃, **스노드롭**; 아네모네
☜ snow + drop(방울, 똑똑 떨어짐) ★ 〖그.신화〗 anemone는 그리스어로 '바람의 딸'이란 뜻이데, 바람의 신 제프로스가 그의 시녀인 Anemone와 사랑에 빠지자 그의 아내인 플로라가 Anemone를 꽃으로 만들어버렸다. 이를 슬피 여긴 제프로스가 봄만 되면 생기있는 바람을 불어 예쁜 꽃을 피우게 했는데, 꽃이 마치 눈송이 같다 하여 snowdrop (anemone)란 명칭이 붙었다고 한다.

□ **snow**fall [snóufɔ̀ːl] ⓜ **강설**; 강설량 ☜ snow + fall(떨어지다, 낙하, 가을)

□ **snow**flake [snóuflèik] ⓜ **눈송이**; 〖조류〗 흰멧새; 〖식물〗 snowdrop류 ☜ flake(얇은 조각, 박편)

□ **snow** line 설선(雪線) 《만년설(萬年雪)이 있는 지점의 최저 경계선》 ☜ line(줄, 선)

□ **snow**man [snóumæ̀n] ⓜ (pl. **-men**) **눈사람**; (히말라야의) 설인(雪人) ☜ man(남자, 사람)

□ **snow**shoe [snóuʃùː] ⓜ **눈신** ⓢ 눈신을 신고 걷다 ☜ snow + shoe(신, 구두)

□ **snow**slide [snóuslàid] ⓜ 눈사태 ☜ snow + slide(미끄러짐, 눈사태)

□ **snow**storm [snóustɔ̀ːrm] ⓜ **눈보라**; 눈보라 같은 것 ☜ snow + storm(폭풍우, 세찬 비)

□ **snow**-white [snóuhwàit] ⓗ 눈같이 흰; 새하얀 ⓜ (S- W-) 백설 공주(=Snow Drop) 《동화의 주인공》 ☜ 눈(snow) 같이 흰(white)

□ **snow**y [snóui] ⓗ (-<-w**ier**<-w**iest**) **눈이 많은**; 눈으로 덮인; 눈이 내리는〔쌓인〕; 눈처럼 흰; 깨끗한, 더럽혀지지 않은 ☜ snow + y<형접>

※ **tire**, 《영》 **tyre** [taiər] ⓜ **타이어** ☜ 중세영어로 '옷을 입히다'란 뜻. at**tire**의 두음소실
ⓜ 피로 ⓢ **피로[피곤]하게 하다**, 피로해지다 ☜ 고대영어로 '실패하다, 중지하다'란 뜻

□ **snuff**(코담배를 맡다; 양초의 심지를 자르다) ➔ **sniff**(코를 킁킁거리다) **참조**

연상 ▸ 스낵(snack.간단한 식사를 할 수 있는 경식당)이 스넉(snug.아늑한)하다.

※ **snack** [snæk] ⓜ 가벼운 식사, 간식, **스낵**; 한입; 소량 ⓢ 《미》 가벼운 식사를 하다
☜ 중세영어로 '급히 먹다'란 뜻

□ **snug** [snʌg] ⓗ (-<-g**er**<-g**est**) (장소 따위가) **아늑한**, 편안한, 포근하고 따스한, 안락한
☜ 중세영어로 '(배가) 아담한, 깔끔한'이란 뜻
♠ a **snug** little house **아늑하고** 자그마한 집

□ **snug**gery, -gerie [snʌ́gəri] ⓜ 《영》 아늑한 방〔장소〕; 《특히》 서재, 사실(私室), 작은 방; 안락한 지위〔직〕; (호텔의) 술파는 곳 ☜ snug + g + ery(장소)

□ **snug**ly [snʌ́gli] ⓑ 안락하게, 기분 좋게 ☜ snug + ly<부접>

아이러브유 소머치 I love you so much (나는 당신을 매우 사랑합니다)

※ **I** [ai/아이] ⓓ **나, 본인** ☜ 고대영어로 '나(1인칭 단수 대명사)'란 뜻

※ **love** [lʌv/러브] ⓜ **사랑**, 애정, **연애; 애호** ⓢ **사랑하다**
☜ 고대영어로 '사랑하는 감정'이란 뜻

※ **you** [juː/유-, (약) ju/유, jə] ⓓ **당신, 너, 여러분**
☜ 초기 인도유럽어로 '두 번째 사람'이란 뜻

□ **so** [sou/쏘우] ⓑ **그[이]와 같이**: **그[이]만큼; 그렇게, 정말로**
☜ 고대영어로 '이런 식으로, 그만큼, 그러므로'라는 뜻

S

〔접속사적으로〕 그러므로, **그래서, 그러하여**
〔As (A) so (B)〕 A 마찬가지로 B; 〔so (A as to (B)〕 B하도록 A한
〔so (A) as (B), 부정어 뒤에 와서〕 **B 만큼은 A** (하지 않다)
〔so (A) that (B)〕 **B 하도록; 너무 A해서 B** 《특히 구어에서는 종종 that이 생략됨》
☜ 고대영어로 '이렇게, 그렇게, ~하기 위하여, 결과적으로'라는 뜻
♠ I felt very tired, **and so** went to bed at once.
나는 무척 피곤**해서** 곧 잠자리에 들었다.
♠ **so ~ as ~처럼; ~만큼**
♠ **so as to ~ ~ 하기 위하여, ~하도록**(=so that ~ may [might])
We went early **so as to** get good seats.
우리는 좋은 자리를 잡**기 위해서** 일찍 갔다.
♠ **so (A) as to (B) B 할 만큼 A 이다, B 하게도 A 하다, B 이므로 A 하다**
I am **so** angry **as to** be unable to speak.
나는 말을 못**할 만큼** 화가 나 **있다.**
♠ **so far 거기[여기]까지는, 지금까지는**
♠ **(in) so far as ~ ~하는 한에서는**
♠ **so (as) far as ~ be concerned ~에 관한 한, ~만으로는**
so (as) far as I know 내가 아**는 한[바로는]**
♠ **so (as) long as ~ ~하는 한, ~하기만 하면**
We'll go **as long as** the weather is good. 우리는 날씨가 좋**은 한** 갈 것이다.
♠ **so much as ~ ~조차, ~마저**
♠ **so (A) that (B) 너무 A 하므로 B 하다**
I am **so** busy **that** I can't leave now. 나는 **너무** 바빠**서** 지금 갈 수가 없**다.**
♠ **so that ~ (can, may) ~하기 위하여, ~하도록; ~한 상태로; 그 때문에**
She swims every day **so that** she **can** stay healthy.
그녀는 건강을 유지**하기 위해** 매일 수영한다.
♠ **so to speak (say) 말하자면**(=as it were)
♠ **so what ? 그러니 어떻단 말이냐 ? 그게 무슨 상관이냐 ?**
♠ **and so on (forth) ~ 따위, 등등**
♠ **not so (A) as (B) B 만큼 A 하지 않다**
♠ **not so much (A) as (B) A 라기 보다는 오히려 B 이다**
♠ **or so** 《수량·기간의 낱말 뒤에서》 **~나 그 정도, ~쯤**

☐ **so**-and-**so** [sóuənsòu] ⓜ (pl. **-s, -'s**) **아무개; 여차여차**; 《구어·완곡어》 나쁜 놈, 밉살맞은 놈 ☜ 사람이나 무엇인가를 대신하는 용어 ⇦ 그렇(so) 고(and) 그런(so) 것(사람)
♠ Mr. **So-and-so 아무개**씨, **모**씨(某氏)

☐ **so**-called [sóukɔ́ːld] ⓗ **소위**, 이른바
☜ 중세영어로 '그렇게(so) 불려(call) 진(ed<수동형 형접>)'이란 뜻
♠ He is a **so-called** liberal. 그는 **소위** 자유주의자이다.

☐ **so** long, **so**-long [sòulɔ́ːŋ/-lɔ́ŋ]] ⓖ 《구어》 **안녕**(=good-bye)
☜ 고대영어로 '그렇게(so) 오랫동안(long)'이란 뜻

☐ **so-so** [sóusòu] ⓗ 《구어》 〔수식할 말 뒤에서〕 **그저 그렇고 그런 (정도의)**, 좋지도 나쁘지도 않은 ⓑ 그저 그만하게, 그럭저럭 ☜ 중세영어로 '적당히'란 뜻

※ <u>**much**</u> [mʌtʃ/머취] ⓗ (-<**more**<**most**) 〔셀 수 없는 명사 앞〕 다량의, **많은** ⓑ **매우**, 대단히 ⓓ **다량** ☜ 고대영어로 '양이나 범위가 큰'이란 뜻

연상 **머리를 물속에 쏘옥, 소욱(soak.담그다)해라.**

☐ **soak** [souk] ⓢ (물 따위에) **젖다**, 적시다, 담그다; 흠뻑 젖다; **빨아들이다, 스며들다[나오다]** ⓜ 담금, 적시기, 스며들기
☜ 고대영어로 '적시다, 담그다'라는 뜻
♠ Let the fruit **soak** in water for a while.
그 과일을 잠시 물에 **담가** 놓아라.

☐ **soak**age [sóukidʒ] ⓜ 담그기, 적시기; 침투(량), 침출(량) ☜ soak + age<명접>

소웁 오페라 soap opera (연속극, 드라마) = serial drama

☐ **soap** [soup] ⓜ **비누**; 뇌물 ⓢ 비누칠하다; ~에게 아첨하다
☜ 고대영어로 '비누, 고약(膏藥)'이란 뜻
♠ a cake (bar, cube) of **soap 비누** 하나

☐ **soap**box [sóupbàks] ⓜ 《미》 비누상자 ☜ soap + box(박스, 상자)

☐ **soap** bubble 비눗방울; 덧없는 것 ☜ bubble(거품)

☐ <u>soap **opera**</u> 연속극, (멜로)드라마 ☜ 본디 주로 비누 회사가 드라마 스폰서였던 데서 유래.

☐ **soap**suds [sóupsʌ̀dz] ⓜ (pl.) (거품이 인) 비눗물 ☜ suds(비눗물, 비누거품)

☐ **soap** work(s) 비누공장 ☜ work(일, 노동, 업무, 직장, 공장, 제작품)
☐ **soap**y [sóupi] ⓗ (-<-p**ier**<-p**iest**) 비누의, 비누 같은; 알랑거리는 ☜ soap + y<형접>
※ **opera** [ɑ́pərə/ɔ́p-] ⓜ **오페라**, 가극; 오페라 극장; 가극단 ☜ 이탈리아어로 '일, 노동'이란 뜻

소러 soarer ([항공] (엔진없이 장시간 나는) 고성능 글라이더)

☐ **soar** [sɔːr] ⓢ **높이 날다[치솟다]**, 날아오르다; (물가가) 치솟다
ⓜ 날기, 비상 ☜ 고대 프랑스어로 '날아오르다'란 뜻.
⇦ 밖으로(s<ex) 부는 공기/바람(oar<air)
비교 sore 아픈, 쓰라린; 슬픈
♠ The eagle **soared** into the sky. 독수리가 하늘로 **날아올랐다.**
☐ **soar**er [sɔ́ːrər] ⓜ 나는 것; **소어**, 고성능 글라이더 ☜ 날아오른(soar) 것(er)
☐ **soar**ing [sɔ́ːriŋ] ⓜ 활상(滑翔), **소링** 《글라이더 따위로 상승 기류를 이용하여 나는 것》
ⓗ 급상승하는, 마구 치솟는 ☜ soar + ing<명접/형접>

수프 soup (고기ㆍ야채 등을 삶은 즙에 간을 맞춰 걸쭉하게 만든 국물)

♣ 어원 : **soup, sip, sup 액체; 액체를 함유한: (액체에) 적시다, 담그다**
■ **soup** [suːp] ⓜ **수프**, 고기국물; 《속어》 (엔진의) 마력 ⓢ (엔진을 개조하여) 성능을 높이다
☜ 중세영어로 '액체형태의 음식'이란 뜻
■ **sip** [sip] ⓜ (마실 것의) **한 모금**, 한 번 홀짝임 ⓢ **홀짝홀짝**〔찔끔찔끔〕 **마시다**
☜ 고대영어로 '(액체를) 흡수하다'란 뜻
☐ **sob** [sɑb/sɔb] ⓢ **흐느껴 울다**; (바람ㆍ파도 따위가) 솨솨 치다; (기관이) 쉭쉭 소리를 내다; 숨을 헐떡이다 ⓜ 흐느낌, 목메어 울기; (바람 따위의) 흐느끼는 듯한 소리
☜ 고대영어로 '슬퍼하다'란 뜻의 의성어. 즉, '눈물에 적시다'란 의미.
♠ She **sobbed** herself to sleep. 그녀는 울다가 **잠들었다.**
☐ **sob**bing [sɑ́biŋ] ⓗ 흐느껴 우는 ☜ sob + b<단모음+단자음+자음반복> + ing<형접>
☐ **sob**bingly [sɑ́biŋli] ⓑ 흐느껴 울면서 ☜ -ly<부접>
☐ **sop** [sɑp/sɔp] ⓜ 우유〔고기국물〕 등에 담근 빵 조각; 그 수프〔밀크〕; 흠뻑젖은 것〔사람〕
ⓢ (빵 조각을) 담그다; 흠뻑 적시다; (스펀지 따위로) 빨아들이다; (뇌물로) 매수하다
☜ 고대영어로 '약간의 액체에 적신 빵'이란 뜻
♠ **sop** bread in milk 빵을 우유에 **적시다**
■ **sup** [sʌp] ⓢ **홀짝이다**, 홀짝홀짝 마시다(sip); 조금씩 떠먹다 ⓜ (음료의) 한 모금
☜ 고대영어로 '(액체를 조금씩) 마시다'란 뜻

연상 세이버(saber.F-86 전투기) 조종사는 술은 마셨지만 소우버(sober.취하지 않은) 않았다고 주장했다.

※ **saber**, 《영》 **sabre** [séibər] ⓜ **사브르**, 기병도(刀); 기병, (pl.) 기병대; (the ~) 무단 정치; 『미.항공』 F-86형 제트 전투기, **세이버** ⓢ ~을 사브르로 베다
☜ 슬라브계 헝가리인들이 사용했던 검의 이름. '자르는 도구'라는 뜻
☐ **sober** [sóubər] ⓗ (-<-b**er**<-b**est**) **술 취하지[마시지] 않은**, 맑은 정신의; 냉정한 ⓢ 술이 깨다, 술이 깨게 하다; 침착해지다
☜ 라틴어로 마시지 않은'이란 뜻.
s<separate(분리된) + ober<ebrius(마시다)
♠ become **sober 술이 깨다**
☐ **sober**ly [sóubərli] ⓑ 침착〔진지〕하게 ☜ -ly<부접>
☐ **sobrie**ty [soubráiəti, sə-] ⓜ 절주(節酒); 절제; 제정신; 근엄; 냉정, 침착; 온건
☜ sobrie<sober + ty<명접>
■ in**sobrie**ty [ìnsəbráiəti] ⓜ 무절제; 과음 ☜ in(=not/부정) + sobriety(절제)

S

☐ **so-called**(소위, 이른 바) ➔ **so**(그래서, 그렇게) **참조**

사커 soccer (축구)

☐ **soccer** [sɑ́kər/sɔ́k-] ⓜ **사커, 축구** ☜ as**soc**iation (football) + **er**<명접>
♠ watch a **soccer** game **축구** 시합을 관람하다

소셜 미디어 Social Media (사회적 대중매체)
에스엔에스 SNS = Social Network Services (사회관계망)

♣ 어원 : **soci 동료, 친구, 사교, 집단, 사회; 교류하다, 연합하다**
☐ **soci**able [sóuʃəbəl] ⓗ **사교적인**; 사귀기 쉬운 ⓜ 4륜 마차의 일종; 2인승 비행기; 《미》 친목회 ☜ 사교(soci) 하기 쉬운(able)

♠ She's a **sociable** woman who'll talk to anyone.
그녀는 누구에게나 말을 거는 **붙임성 있는** 여자이다.

☐ **soci**ability [sòuʃəbíləti] ⓜ 사교성 ☜ 사교적인(soci) 능력(ability)

☐ **soci**ably [sóuʃəbəli] ⓟ 사교적으로, 사근사근하게 ☜ sociable + ly<부접>

☐ **soci**al [sóuʃəl/**쏘**우셜] ⓗ **사회의, 사회적인, 사교적인** ☜ 사회(soci) 의(al)
♠ Man is a **social** animal. 인간은 **사회적** 동물이다

☐ **social**ly [sóuʃəli] ⓟ 사회적으로, 교제상, 허물없이 ☜ social + ly<부접>

☐ **social** network service 사회 관계망 서비스(**SNS**) ☜ network(그물망, 방송망), service(봉사/서비스)

☐ **soci**alism [sóuʃəlìzəm] ⓜ **사회주의** ☜ 사회(social) 주의(ism)

☐ **soci**alist [sóuʃəlist] ⓜ 사회주의자 ☜ social + ist(사람)

☐ **soci**alistic [sòuʃəlístik] ⓗ 사회주의적인 ☜ socialist + ic<형접>

☐ **soci**alization [sòuʃəlizéiʃən] ⓜ 사회화; **사회주의화** ☜ -ation<명접>

☐ **soci**alize [sóuʃəlàiz] ⓢ **사회적[사교적]으로 하다**, 사회화하다; 사회주의화하다; 교제하다; 사교적 모임에 참석하다 ☜ -ize<동접>

☐ **soci**ety [səsáiəti/써**싸**이어리/써**싸**이어티] ⓜ **사회, 사교, 모임** ☜ -ty<명접>
♠ a utopian **society** 이상적인 **사회**

☐ **soci**ology [sòusiάlədʒi, -ʃi-/-ɔ́l-] ⓜ **사회학** ☜ 사회(soci) 학(ology)
♠ **Sociology** is one of my favorite classes.
사회학은 내가 좋아하는 수업 중 하나다.

☐ **soci**ological [sòusiəlάdʒikəl, -ʃi-/-lɔ́dʒ-] ⓗ 사회학의 ☜ sociology + cal<형접>

☐ **soci**ologist [sòusiəlάdʒist, -ʃi-/-lɔ́dʒ-] ⓜ 사회학자 ☜ sociology + ist(사람)

■ as**soci**ate [əsóuʃièit] ⓢ **결합시키다, 교제하다**; 연상하다 [əsóuʃiit, -èit] ⓜ 동료, 한패, 친구 ☜ ~쪽으로(as<ad=to) 사교를(soci) 만들다(ate)

■ as**soci**ation [əsòusiéiʃən/어**쏘**우씨**에**이션] ⓜ **연합, 협회, 교제**; 연상 ☜ associate + ion<명접>

※ **media** [míːdiə] ⓜ (the ~) **매스컴, 매스미디어** ☜ medium의 복수

※ **medi**um [míːdiəm] ⓜ (pl. **-s**, medi**a**) **중간, 매개물**, 매체 ⓗ **중위[중등, 중간]의** ☜ media + um<명접>

보스턴 레드삭스 Boston Red Sox (미국 동부 보스턴을 연고지로 하는 메이저리그 야구단. sox는 <짧은 양말>이란 뜻)

※ **Boston** [bɔ́(ː)stən, bάs-] ⓜ **보스턴** 《미국 매사추세츠 Massachusetts 주의 주도》 ☜ 중세 성(聖) 보톨프(St. Botolph)가 영국 동부에 가톨릭 교회를 지으면서 Botolph's Town이나 Botolph's Stone이라 불리던 것이 결국 Boston이 되었고 이후 그곳의 청교도들이 미국에 건너와 이 이름을 그대로 붙였다.

※ **red** [red/뤠드] ⓗ **빨간, 붉은**, 적색의; (부끄러움으로) 빨개진 ⓜ **빨강**, 빨간색, 적색; [종종 R~] 공산당원(주의자) ☜ 고대영어로 '빨간'이란 뜻

☐ **sock** [sɑk/sɔk] ⓜ (pl. **-s**, 《미》 양말의 경우 sox) (보통 pl.) **삭스**, 짧은 양말; 희극 ⓢ 양말을 신기다 ☜ 라틴어로 '뒤축이 낮은 구두'라는 뜻
♠ **a pair of socks 양말 한 켤레**

■ loose **sock**s 『패션』 **루스 삭스**. (무릎까지 올라오는) 느슨한 느낌의 양말 ☜ loose(헐렁한)

■ wind-**sock** (-sleeve) 풍향계, 바람개비, **윈드삭** ☜ wind(바람)

☐ **sox** [sɑks/sɔks] ⓜ (pl.) 《구어》 짧은 양말(=socks)
★ 보스턴 레드삭스(Boston Red Sox) 선수들이 빨간 양말을 신었다면, 시카고 화이트삭스(Chicao White Sox) 선수들은 흰 양말을 신었다.

소켓 socket (❶ 전구 끼우는 구멍 ❷ 콘센트)

☐ **socket** [sάkit/sɔ́k-] ⓜ **꽂는[끼우는] 구멍**, (전구 등의) **소켓** ⓢ 소켓에 끼우다, 소켓을 달다
☜ 중세영어로 '쟁기'란 뜻. 이는 쟁기같이 생긴데서 유래.
♠ put (screw) a light bulb into the **socket 소켓**에 전구를 끼우다

☐ **socket** outlet 『전기』 (벽의) 콘센트 ☜ outlet(배출구, 콘센트; 직판장)

소크라테스 Socrates (고대 그리스의 대표적인 철학자)

기원전 5세기경, 고대 그리스의 대표적인 철학자. 귀납법과 문답법을 통한 깨달음, '너 자신을 알라'고 한 무지에 대한 자각, 덕과 앎의 일치(실천지.實踐知)를 중시하였다. 말년에는 아테네의 정치문제에 연루되어 사형판결을 받고 '악법도 법이다'라고 하며, 독배를 마시고 숨졌다. 자신보다 훨씬 나이가 어린 잔소리 및 악처의 대명사 크산티페(Xanthippe)와 결혼하여 세 명의 자녀를 두었다.

☐ **Socrates** [sάkrətìːz/**싸**크뤄**티**-즈, sɔ́k-] ⓜ **소크라테스** 《옛 그리스의 철학자; 470?-399 B.C.》

연상 사드(THAAD) 포대는 사드(sod.잔디) 위에도 설치할 수 있다.

※ **THAAD** **T**erminal **H**igh **A**ltitude **A**rea **D**efense 종말 고고도 (미사일) 지역방어(체계)

☐ **sod** [sɑd/sɔd] 명 **뗏장**, 떼, **잔디**; 《영.비어》 꼴 보기 싫은 녀석; 남색자 동 떼를 입히다, 잔디로 덮다(깔다); ~을 욕하다; 떠나다
☜ 중세 네덜란드어로 '잔디, 뗏장'이란 뜻
♠ **Sod** is soil that is mixed with grass and roots.
뗏장은 잔디와 뿌리가 섞인 흙을 말한다.
♠ You stupid **sod**! 이 **재수 없는 놈**!

소다 soda (탄산나트륨, 탄산소다)

☐ **soda** [sóudə] 명 **소다** 《특히 탄산소다·중탄산소다》; **탄산나트륨**; 탄산수; 《미》 소다수
☜ 중세 라틴어로 '두통약'이란 뜻

☐ **sodi**um [sóudiəm] 명 〖화학〗 **나트륨** 《금속 원소; 기호 Na; 번호 11》
☜ 수산화나트륨에서 분리된 요소

소돔 Sodom (사해 남안(南岸)에 있었다는 죄악의 도시)

☐ **Sodom** [sάdəm/sɔ́d-] 명 〖성서〗 **소돔** 《사해 남안의 옛 도시; Gomorrah와 함께 신이 멸망시켰다고 전해짐》; 죄악의 도시

※ **Gomorrah, -rha** [gəmɔ́:rə] 명 〖성서〗 **고모라** 《요르단 골짜기에 있었다는 옛 도시; Sodom과 함께 죄악 때문에 멸망당함》; 죄악의 도시

소파 sofa (등과 팔을 기댈 수 있는 침대 모양의 긴 의자)

☐ **sofa** [sóufə] 명 **소파**, 긴 의자 ☜ 아랍어로 '긴 벤치'라는 뜻
♠ watch TV sitting on a **sofa** **소파**에 앉아서 TV를 보다

☐ **sofa** bed 침대 겸용 소파 ☜ bed(침대)

소파 SOFA ((한·미) 주둔군 지위 협정)

☐ **SOFA** [sóufə] **S**tatus **o**f **F**orces **A**greement (한미) 주둔군 지위 협정

✚ **status 상태**, 사정, 정세 **of ~의**; **~으로 만든** **force 힘, 세력**; **폭력; 억지로 ~시키다**, 강제하다 a**gree**ment **협정**, 계약

소프트웨어 software (프로그램과 관련 문서들을 총칭하는 용어) ⇔ hardware

☐ **soft** [sɔ(:)ft/소프트, sɑft] 형 **부드러운**, 유연한; 매끄러운, **온화한**
☜ 고대영어로 '온화한, 부드러운'이란 뜻
♠ **Soft and fair goes far. 《속담》 부드러움이 강함을 이긴다, 유능제강(柔能制剛)**

☐ **soft**ball [sɔ́ftbɔ̀l] 명 《미》 **소프트볼**; 그 공 ☜ soft + ball(공, 볼)

☐ **soft**en [sɔ́(:)fən, sάfən] 동 **부드럽게[연하게] 하다; 부드러워지다** ☜ soft + en<동접>

☐ **soft**-hearted [sɔ́fthά:rtid] 형 마음씨가 고운 ☜ 부드러운(soft) 마음(heart) 의(ed)

☐ **soft**-land [sɔ́ftlæ̀nd] 동 연(軟)착륙하다(시키다) ☜ 부드럽게(soft) 착륙하다(land)

☐ **soft**ly [sɔ́(:)ftli, sάft-] 부 **부드럽게**; 관대하게; 침착하게, 조용하게 ☜ -ly<부접>

☐ **soft**ness [sɔ́ftnis] 명 **부드러움**, 온화 ☜ -ness<명접>

☐ **soft**ware [sɔ́(:)ftwὲər/sάft-] 명 **소프트웨어** 《컴퓨터의 프로그램 체계의 총칭》(⇔ hardware); 상품의 부가가치를 높이기 위한 수단·방법 ☜ ware(상품, 제품)

소호 SOHO (작은 사무실 및 가정을 사무실로 이용한다는 개념)

☐ **SOHO** [sóuhou] **S**mall **O**ffice **H**ome **O**ffice 작은 사무실 가정 사무실

✚ **small 작은**, 소형의, 비좁은; **중대하지 않은** **office 사무소, 사무실**; 관공서 **home 자기의 집, 가정; 고향; 가정의, 본국의; 자기집에[으로, 에서]**

소일 시멘트 soil cement (지반강화를 위해 사용되는 흙과 시멘트의 혼합물)

☐ **soil** [sɔil/쏘일] 명 **흙**, 토양, 토질; 땅, 국토, 나라; ☜ 라틴어로 '지면, 좌석'이란 뜻
오물, 오점 동 **더럽히다** ☜ 라틴어로 '돼지'란 뜻

S

♠ rich 〔poor〕 **soil** 기름진 〔메마른〕 **땅**

※ **cement** [simént] 명 **시멘트**, 양회; 접합제 동 접합시키다
☜ 고대 프랑스어로 '시멘트, 회반죽'이란 뜻

저널리즘 journalism (언론계)

♣ 어원 : **journ, diurn 하루**

■ **journ**al [dʒə́ːrnəl] 명 **일지**, 잡지, **신문** ☜ 하루(journ)의 기사를 쓰기(al)
■ **journ**alism [dʒə́ːrnəlìzəm] 명 신문잡지업(계), **저널리즘** ☜ -ism(업계)
□ so**journ** [sóudʒəːrn, sɔ́dʒ-] 동 머무르다, 체재하다 명 체제, 머무름
☜ 하루(journ)를 지내다(so=under)
♠ a week's **sojourn** in LA 일주일 간의 LA **체류**
□ so**journ**er [sóudʒəːrnər, sɔ́dʒ-] 명 체재하는 사람 ☜ sojourn + er(사람)

✚ **journ**alist 신문잡지기자, **저널리스트** ad**journ** **연기하다**, 일시 중단하다/ **diurn**al 낮 동안의, 주간의 **journ**ey **여행**

007 퀀텀 오브 솔러스 Quantum Of Solace (영국스파이 영화. 직역하면 <위안의 몫>이란 뜻)

© Sony Pictures

2008년 개봉한 미국 액션 모험 영화. 영국 스파이 영화인 007 제22탄. 다니엘 크레이크, 올가 쿠릴렌코, 마티유 아말릭 주연. 배신과 살인, 음모가 난무하는 가운데, 누구도 믿지 못하게 된 007 제임스 본드는 진실을 밝히고 사악한 조직 '퀀텀'을 제거하기 위해 직접 살인을 하거나 아니면 본인의 목숨을 내 놓아야 하는 지경에 처하는데... <위안의 몫>은 007이 얻기 위해 치러야 할 대가를 의미한 것으로 여겨진다.

※ **quant**um [kwɑ́ntəm/kwɔ́n-] 명 (pl. -t**a**) 《L.》 양(量); 할당량, 몫; 『물리』 양자(量子), **퀀텀** 형 획기적인, 비약적인 ☜ quant(양) + um<명접>
※ **of** [《약음》 əv/어브, ɑv, ʌv/ɔv;] 전 **~의**; **~으로 만든**; **~에 있어서**; **~에서**, ~부터; **~으로 부터** ☜ 고대영어로 '~에서 떨어져'
□ **sol**ace [sɑ́ləs/sɔ́l-] 명 **위안, 위로** 동 위안〔위로〕하다
☜ 라틴어로 '기쁘게(sol<sele) 한(a) 것(ce)'이란 뜻
♠ **find** 〔take〕 **solace in ~ ~을 위안으로 삼다.**
□ **sol**atium [souléiʃiəm] 명 (pl. -ti**a**) 배상금; 위문금, 위자료
☜ 기쁘게(sol) 하는(ati<ate) 것(um)

솔라 에너지 solar energy (태양열 에너지)

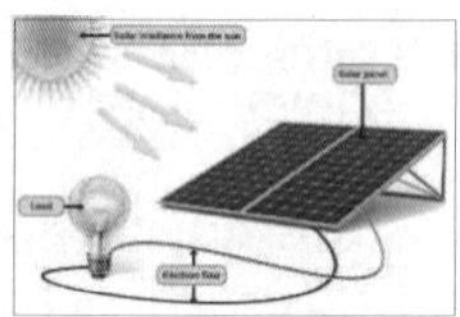
© solarworksforamerica.org

♣ 어원 : **sol 태양**

□ **sol**ar [sóulər] 형 **태양의**, 태양에 관한; 태양 광선을 이용한; 태양의 영향을 받는 명 (요양소·관광호텔 등의) 일광욕실; 태양 에너지
☜ 라틴어로 '태양의'라는 뜻 **비교** lunar 달의
♠ a **solar** calendar **태양**력
□ **sol**ar battery 태양 전지 《태양에너지를 전기에너지로 바꾸는 장치》 ☜ battery(전지; 포병 중대)
□ **sol**ar cell 태양(광) 전지(1개) ☜ cell(작은 방, 세포)
□ **sol**ar energy 〔power〕 태양 에너지 ☜ energy(에너지, 정력, 활기), power(힘, 능력, 동력)
□ **sol**ar house 태양열 주택 ☜ house(집, 주택)
□ **sol**ar system [the ~] 태양계 ☜ system(체계, 계통)

S

위 워 솔저스 We were soldiers (미국의 베트남전 참전 영화. <우리는 군인이다>란 뜻), 솔저 soldiar (군인)

© Paramount Pictures

□ **sold**ier [sóuldʒər/**쏘**울저] 명 (육군) **군인**; 병사; 역전의 용사 동 군인이 되다 ☜ 라틴어로 '로마금화=단단한 금속(sold<solid metal)을 받고 싸우는 사람(ier)'이란 뜻
♠ **Old soldiers never die; they only fade away.**
노병은 죽지 않는다, 다만 사라질 뿐이다. - 맥아더 장군 -
□ **sold**ierlike, **sold**ierly [sóuldʒərlàik], [sóuldʒərli] 형 군인다운, 용감한
☜ soldier + like/-ly(~같은, ~다운)
□ **sold**iery [sóuldʒəri] 명 [집합적] (특히, 나쁜) 군인, 군대; 군직(軍職); 군사 교련〔지식〕 ☜ -y<명접>
■ foot **sold**ier 보병 ☜ foot(발) ★ **보병 병과는 infantry**
■ private **sold**ier 이등병, 졸병 ☜ private(사적인, 병졸인; 병사, 병졸)

솔로 Solo (❶ [음악] 독주 ❷ [항공] 단독비행)

♣ 어원 : solo, sol(e), soli 혼자인, 외로운, 유일한, 단독의; 전체의(하나로 통합된)

□ **solo** [sóulou] ⓜ (pl. **-s,** sol**i**) 〖음악〗 **독주(곡); 독창(곡)**; 단독비행 ⓗ **솔로의**, 단독의 ☜ 라틴어로 '혼자서, 고독한'이란 뜻
★ 2~9중창〔중주〕까지는 다음과 같음. ⑵ duet, ⑶ trio, ⑷ quartet, ⑸ quintet, ⑹ sextet or sestet, ⑺ septet, ⑻ octet, ⑼ nonet
♠ a **solo** artist **솔로〔혼자 하는〕** 연주자

□ **solo**ist [sóulouist] ⓜ **독주자, 독창자**; 단독비행가

□ **sole** [soul] ⓗ **오직 하나[혼자]의**, 유일한 ☜ 라틴어로 '혼자서'란 뜻
비교 soul 영혼, 정신

□ **sole**ly [sóulli] ⓑ **혼자서**, 단독으로 ☜ -ly<부접>

□ **sol**emn [sάləm/sɔ́l-] ⓗ **엄숙한**, 근엄한; 장엄한, 장중한; 엄연한, 중대한 ☜ 라틴어로 '연례 종교의식'이란 뜻. 연례(emn<enn) 유일한(sol) 의식
♠ a **solemn** speech **엄숙한** 말

□ **sol**emnity [səlémnəti] ⓜ **장엄**, 엄숙; 근엄, 신성함; 점잔 뺌; 위신을 세움; (종종 pl.) 의식, 제전 ☜ solemn + ity<명접>

□ **sol**emnize [sάləmnàiz/sɔ́l-] ⓓ (결혼식 따위를) 엄숙히 올리다 ☜ solemn + ize<동접>

□ **sol**emnly [sάləmli] ⓑ **장엄[엄숙]하게**, 진지하게 ☜ solemn + ly<부접>

□ **soli**cit [səlísit] ⓓ **간청하다**, 졸라대다; 부탁하다; 권유하다; 유혹하다 ☜ 라틴어로 '(마음) 전체(soli)를 자극하다(cit)'란 뜻
♠ **solicit** a person for help 아무에게 도움을 **청하다**

□ **soli**citation [səlìsətéiʃən] ⓜ 간청; 권유 ☜ solicit + ation<명접>

□ **soli**citor [səlísətər] ⓜ《영》**사무 변호사**《법정 변호사와 소송 의뢰인 사이에서 주로 사무만을 취급하는 법률가》; 간청자, 청원자; 《미》(시·읍 따위의) 법무관 ☜ solicit + or(사람)

□ **soli**citous [səlísətəs] ⓗ 걱정하는; 열망하는 ☜ solicit + ous<형접>

□ **soli**citude [səlísətjùːd] ⓜ 걱정; 열망 ☜ solicit + ude<명접>

솔리로퀴 Soliloquy ([연극] 독백) = 모놀로그 monologue

♣ 어원 : solo, sol(e), soli 혼자인, 외로운, 유일한, 단독의; 전체의(하나로 통합된)

□ **sol**id [sάlid/sɔ́l-] ⓗ (-<-d**er**<-d**est**) **고체의**, 고형의, 단단한, 딱딱한; 견고한, 튼튼한 ☜ 라틴어로 '완전한'이란 뜻. 하나가 된(단단한)(sol) + id<형접>
♠ a **solid** body **고**체

□ **sol**idary [sάlidèri/sɔ́lidəri] ⓗ 공동의, 일치의; 연대(책임)의 ☜ solid + ary<형접>

□ **sol**idarity [sɑ̀lədǽrəti/sɔ̀l-] ⓜ 결속, 단결, 연대(책임) ☜ solid + ary + ity<명접>

□ **sol**idify [səlídəfài] ⓓ 응고하다〔시키다〕, 굳히다, 단결하다 ☜ solid + i + fy<동접>

□ **sol**idity [səlídəti] ⓜ 고체성, 견실(堅實) ☜ solid + i + ty<명접>
♠ the strength and **solidity** of Romanesque architecture
로마네스크 건축 양식의 내구력과 **견고성**

□ **sol**iloquy [səlíləkwi] ⓜ 혼잣말; 〖연극〗 독백 ☜ 혼자서(soli) 말하(loqu) 기(y)

□ **sol**iloquist [səlíləkwist] ⓜ 독백하는 사람 ☜ soliloquy + ist(사람)

□ **sol**iloquize [səlíləkwàiz] ⓓ 혼잣말하다, 〖연극〗 독백하다 ☜ soliloquy + ize<동접>

□ **sol**itary [sάlitèri/sɔ́litəri] ⓗ **혼자서, 외로운**, 유일한 ⓜ 은자 ☜ 혼자서(sol) 가다(it) + ary<형접/명접>

□ **sol**itude [sάlitjùːd/sɔ́li-] ⓜ **고독; 쓸쓸한 곳** ☜ 혼자서(sol) 가는(it) 것(ude<명접>)

□ **sol**itudinarian [sɑ̀lətjùːdənέəriən/sɔ̀l-] ⓜ 은둔자, 은자 ☜ solitude + in + arian(사람)

S

솔로몬 Solomon ([성서] 고대 이스라엘의 현명한 왕)

□ **Solomon** [sάləmən/sɔ́l-] ⓜ 〖구약〗 **솔로몬**《Israel의 왕; David의 아들》; (s-) 어진 사람 ☜ 히브리어로 '평화로운 자'란 뜻
♠ (as) wise as Solomon 매우 현명한

솔루션 solution (해결책, 해법), 솔벤트 solvent (용해제)

♣ 어원 : solu, solv(e) 풀다, 느슨하게 하다; 녹다, 녹이다, 용해하다

□ **solu**tion [səlúːʃən] ⓜ **용해**; 분해; (문제 등의) **해결, 해법**(解法); 해제 ☜ 푸는/녹는(solu) 것(tion<명접>)
♠ Attempts to find a **solution** have failed. **해법**을 찾으려는 시도는 실패했다.

□ **solu**bility [sɑ̀ljəbíləti/sɔ̀l-] ⓜ 녹음, 가용성, 용해성; 용해도; (문제 등의) 해결〔해석〕 가능성

☜ 푸는/녹는(solu) 가능성/능력(bility=ability)

☐ **solu**ble [sɑ́ljəbəl] ⓗ **녹는**, 녹기 쉬운; 용해할 수 있는; 해결(해답)할 수 있는 ☜ -ble(~할 수 있는)
♠ Salt and sugar **are soluble** in water. 설탕과 소금은 물에 **녹는다.**

☐ **solv**able [sɑ́lvəbəl/sɔ́l-] ⓗ **풀(해석할) 수 있는** ☜ -able(~할 수 있는)

☐ **solve** [sɑlv/sɔlv] ⓢ (문제를) **풀다, 해결하다** ☜ 라틴어로 '풀어버리다, 늦추다'란 뜻
♠ **solve** a math problem 수학 문제를 **풀다**

☐ **solv**ent [sɑ́lvənt/sɔ́l-] ⓗ 『법률』 **지불 능력이 있는**; 용해력이 있는 ⓜ 용제(溶劑), 용매; 해결책 ☜ solv + ent<형접/명접>

☐ **solv**ency [sɑ́lvənsi/sɔ́l-] ⓜ 용해력 ☜ solv + ency<명접>

■ ab**solut**e [ǽbsəlùːt/**앱**썰루-트] ⓗ **절대적인**(=positive) ⓜ (보통 the A-) 절대자, 신(神) ☜ 완전히(ab/강조) 풀어줄 수 있는(solut) + e

✚ ab**solve** **용서하다**, 사면(해제・면제)하다 dis**solve** **녹이다**, 용해하다, 분해하다 in**solu**ble **녹지 않는**; 풀 수 없는, 설명(해결)할 수 없는 re**solve** **분해하다**, (문제를) 풀다, 해결하다

솔제니친 Solzhenitsyn (구소련의 인권탄압을 고발한 러시아 소설가)

구소련 태생의 소설가. 구소련의 인권탄압을 기록한 <수용소 군도>로 인해 반역죄로 추방되어 20년간이나 미국에서 망명생활을 한 '러시아의 양심'으로 불려지는 작가이다. 1970년 <이반 데니소비치의 하루>, <암병동> 등의 작품으로 노벨문학상을 수상하였다. <출처 : 두산백과 / 일부인용>

☐ **Solzhenitsyn** [sɔ̀(ː)lʒəníːtsin] ⓜ **솔제니친** 《Aleksandr Isayevich ~, 러시아의 작가; Nobel 문학상 수상(1970); 반(反)체제적이라는 이유로 1974년 국외로 추방당하였다가 1994년에 귀국함; 1918-2008》

소말리아 Somalia (가난하여 해적이 많은 아프리카 동부의 공화국)

☐ **Somalia** [soumɑ́ːliə, -ljə] ⓜ **소말리아** 《아프리카 동부(東部)의 Aden만과 인도양에 면한 공화국; 수도는 모가디슈 (Mogadishu)》 ☜ '소말리족(Somali)의 나라(a)'란 뜻
★ 2011년 1월 소말리아 인근의 아덴만 해상에서 한국의 삼호주얼리호가 해적들에게 피랍되자 우리 해군의 청해부대가 아덴만 여명작전(Operation Dawn of Gulf of Aden)을 실시하여 피랍된 배와 선원(21명)들을 구출하고 해적들을 사살(8명) 및 나포(5명)했다.

솜브레로 sombrero (챙이 넓은 멕시코 모자)

♣ **어원 : sombr(e), somber, umbr(e) 그늘**

☐ **sombr**ero [sɑmbrέərou/sɔm-] ⓜ (pl. **-s**) **솜브레로** 《챙이 넓은 미국 남서부・멕시코의 중절모(맥고 모자)》
☜ 스페인어로 '그늘(sombre)을 만드는 것(ro)'이란 뜻

☐ **somber**, 《영》 **sombre** [sɑ́mbər/sɔ́m-] ⓗ **어둠침침한**, 흐린; 음침한, 거무스름한, 칙칙한, 수수한 《빛깔 따위》; 우울한, 음울한 ☜ 라틴어로 '그늘 아래'란 뜻
♠ a **somber** sky **어두침침한** 하늘

■ **umbr**ella [ʌmbrélə] ⓜ **우산, 양산** ☜ 이탈리아어로 '작은 그늘'이란 뜻. umbr(그늘) + ella(작은)

썸 some (콩글 남녀가 서로 호감을 가지고 알아가는 관계) ➔ be seeing someone, something special going on between ~

썸(some)은 something의 줄임말인데 말 그대로 '뭔가'는 '뭔가'인데 남녀간의 '뭔가'로 '사귀는 것은 아니지만 호감이 생겨 서로를 알아가는 단계에서의 관계'를 말한다. 2014년 시스타의 소유와 정기고가 부른 <썸>이란 노래가 여기에 속한다. 단, 걸스데이의 <썸씽>은 '나를 속이는 그 뭔가'를 말한다고 할 수 있다.

☐ **some** [sʌm/썸, (약) səm] ⓗⓓ **얼마간의** (사람, 것); **어떤** (사람들, 것), **무언가의**; 상당한; 약간의, 다소, 얼마간 ⓟ 약, 대략; 얼마쯤; 상당히
☜ 고대 영어로 '어떤, 어떤 것'이란 뜻. 초기 인도유럽어로 '하나'를 의미
♠ Give me **some** apples. 사과를 **몇 개** 주세요.
♠ **some day (미래의) 언젠가, 훗날**
♠ **some of ~ ~중의 일부**

☐ **some**body [sʌ́mbɑ̀di/**썸**바리/**썸**바디, -bɔ̀di] ⓓ **어떤 사람**, 누군가 ⓜ 《구어》 아무개라는 사람; 어엿한 사람, 상당한 인물, 대단한 사람 ☜ some + body(몸, 신체, 사람)

☐ **some**day [sʌ́mdèi] ⓟ **언젠가** (훗날에) ☜ some + day(날, 일)
비교 someday는 미래에만 쓰이고, one day는 미래・과거에 모두 쓰임.

☐ **some**how [sʌ́mhàu] ⓟ **어떻게든지 하여**, 여하튼, 어쨌든; **어쩐지**, 웬일인지, 아무래도

S

☜ some + how(어떻게)

☐ **some**one [sʌ́mwʌ̀n/**썸**원, -wən] ㉹ 누군가, **어떤 사람**(=somebody) ☜ some + one(하나, 사람)

☐ **some**place [sʌ́mplèis] ㉳ 《미.구어》 **어딘가에**(로, 에서)(=somewhere) ☜ some + place(곳, 장소)

☐ **some**thing [sʌ́mθiŋ/**썸**띵/**썸**씽] ㉹ **무언가**, 어떤 것(일); 얼마쯤, 어느 정도 ㉳ 얼마간, 다소; 꽤, 상당히 ㉻ 중요한 것(사람), 대단한 일, 어떤 것 ☜ some + thing(~것, ~일)

♠ **something like 어느 정도 ~같은; 대략; 훌륭한, 대단한**
Something like this? **이런** 거?, **요런** 거?

♠ **something of 얼마간, 다소**

☐ **some**time [sʌ́mtàim] ㉳ **언젠가**; 언젠가 후일, 근근, 후에 ㉼ 이전의; 《구어》 한때의
☜ some + time(시간) ★ sometime은 미래 · 과거의 불특정한 때를 나타냄.

☐ **some**times [sʌ́mtàims/**썸**타임스, səmtáimz] ㉳ **때때로, 때로는**, 이따금
☜ some + times(시간(들), 시대)

☐ **some**way(s) [sʌ́mwèi(z)] ㉳ 어떻게든지 해서, 그럭저럭 ☜ 어떤(some) 방식(way)으로든

☐ **some**what [sʌ́mhwɑ̀t, -hwʌ̀t/-hwɔ̀t] ㉳ **얼마간**, 얼마쯤, 어느 정도, 약간 ㉻ 어느 정도; 다소
☜ some + what(무엇, 무슨, 얼마, 어떤)

☐ **some**where [sʌ́mhwɛ̀ər/**썸웨**어] ㉳ **어딘가에**(서), 어디론가 ☜ some + where(어디)

슈퍼맨 superman (크립톤 행성에서 와서 지구를 지키는 초인 · 영웅)

■ **super**man [sú:pərmæ̀n/sjú:pər-] ㉻ (pl. **-men**) **슈퍼맨**, 초인; (S-) 슈퍼맨 《미국 만화 · 영화 주인공인 초인》 ☜ 초인(超人) ⇦ 초월하는(super) 남자(man)
★ '슈퍼맨'은 일부 영국인의 발음이고, '수퍼맨'은 영국 · 미국 공히 사용하는 발음이다.

© Alexander Salkind, Dovemead Films

☐ **somer**sault [sʌ́mərsɔ̀:lt] ㉻ 재주넘기, **공중제비** ㉽ 공중제비를 하다
☜ 라틴어로 '초월하여(somer<super) 넘다(sault/jump)'란 뜻
★ 1970년대 미국 TV 연속극 <The Bionic Woman(생체공학적인 여자<초능력 여인)>에서 린제이 와그너가 열연한 초능력 여인 소머즈(Somers). 이 Somers는 '어떤 이들' 또는 '여름(summer)'이란 의미도 있으나, 여기서는 '초인'이란 뉘앙스가 풍긴다. somer = super

♠ turn (make, execute) a **somersault 재주**넘다

소믈리에 sommelier (포도주를 전문적으로 관리하고 추천하는 직업인)

☐ **sommelier** [sʌ̀məljéi] ㉻ 《F.》 **소믈리에**, (레스토랑 따위의) 포도주 담당 웨이터 ☜ 프랑스어로 '주류 관리자'란 뜻.

Sommelier

우드로 윌슨 Woodrow Wilson (미국의 제28대 대통령)

※ **Wilson** [wílsən] ㉻ **윌슨** 《Woodrow ~, 미국 제28대 대통령(1856-1924)》
☜ '윌(Wil)의 아들/자손(son)'이란 뜻
★ [접두] Mc-, Mac-, O'-, Fitz- 등과 [접미] -son, -sen, -ov, -ovich' 등은 모두 '~의 자손'이란 뜻임.

☐ **son** [sʌn/썬] ㉻ **아들**(⇔ daughter 딸), 자식; (보통 pl.) (남자) **자손**
☜ 고대영어로 '아들, 자손'이란 뜻. 비교 sun 태양, 해

♠ We have two **sons** and a daughter.
우리에게는 두 **아들**과 딸 하나가 있다.

☐ **son**-in-law [sʌ́ninlɔ̀:] ㉻ (pl. son**s-**) **사위; 양자**(養子) ☜ 법(law) 안의(in) 아들(son)

☐ **son**ny [sʌ́ni] ㉻ 《구어》 아가야, 애 《소년 · 연소자에 대한 친근한 호칭》
☜ 아들(son) + n + 같은 사람(y)

■ grand**son** [grǽndsʌ̀n] ㉻ **손자** ☜ grand(일촌 이상의 차이가 있는) + son(아들)

■ step**son** [stépsən] ㉻ 의붓아들(자식) ☜ step-(의붓-), step(걸음; 단계)

■ whore**son** [hɔ́:rsən] ㉻ 《고어》 사생아; 《경멸》 놈, 녀석 ㉼ 부모를 알 수 없는; 천한, 싫은
☜ 매춘부(whore)의 아들(son)

■ **son** of a bitch 개자식, 염병할 놈 《저속한 욕설; 약어 S.O.B., SOB, s.o.b.》 ☜ bitch(암컷, 음란한 여자)

소나타 sonata (❶ 기악 독주곡, ❷ 현대자동차 브랜드. 이탈리아어로 <울려 퍼지다>란 뜻)

♣ **어원 : son(or) 소리(=sound), 음향, 음성, 노래; 소리 나다, 울리다, 노래하다**

☐ **son**ata [sənɑ́:tə] ㉻ 【음악】 **소나타**, 주명곡(奏鳴曲), 기악 독주곡

S

☜ 이탈리아어로 '울려 퍼지다'란 뜻
♠ Beethoven's piano **sonatas** 베토벤의 피아노 **소나타**

☐ **son**ar [sóunɑːr] 명 **소나**, 수중 음파탐지기, 잠수함 탐지기
☜ **so**und **na**vigation **r**anging의 약어

☐ **son**ant [sóunənt] 형 『음성』 소리(음)의; 소리 나는, 울리는 명 유성음
☜ 소리(son)가 나는 (것)(ant<형접>/사람)

☐ **son**ic [sάnik/sɔ́n-] 형 소리의, 음(파)의; 음속의 ☜ 소리(son) 의(ic)

☐ **son**icate [sάnəkèit/sɔ́n-] 동 (세포 등)에 초음파를 쐬어 분해[파괴]하다
☜ 소리(soni)를 만들다(cate<동접>)

☐ **son**iferous [sounífərəs] 형 소리를(음을) 내는; 소리를 전하는
☜ 소리(soni)를 나르(fer=carry) 는(ous<형접>)

☐ **son**net [sάnət/sɔ́n-] 명 14행시, **소네트**; 단시(短詩)
☜ 중세 프랑스어로 '작은 노래'란 뜻. 노래(son) + n<자음반복> + et(작은)

☐ **sono**buoy [sάnəbùːii, -bɔ̀ːi/sɔ́n-] 명 **소노부이**, 수중 음파탐지부표(浮標) 《수면 밑의 (잠수함 등의) 소리를 탐지하여, 증폭해서 무선 신호를 보냄》 ☜ 소리(son)를 듣는 부표(buoy)

☐ **sonor**ous [sənɔ́ːrəs, sάnə-] 형 낭랑한, **울려 퍼지는**; (문체 · 연설 등이) 격조 높은, 당당한
☜ 라틴어로 '울리는'이란 뜻. 소리가(sonor) 나는(ous<형접>)

■ con**son**ant [kάnsənənt/kɔ́n-] 명 **자음** 형 일치(조화)하는; 『음악』 협화음의
☜ 함께(con<com) 소리가(son) 나는(ant<형접>)

■ dis**son**ant [dísənənt] 형 『음악』 불협화(음)의, 귀에 거슬리는; 부조화의
☜ 동떨어진(dis=away) 소리가(son) 나는(ant<형접>)

■ re**son**ant [rézənənt] 형 공명하는; 반향하는, 울리는
☜ 다시<계속(re) 소리가(son) 나는(ant<형접>)

팝송 pop song [music] (대중가요), 케이팝 K-pop (한국 대중가요.Korean popular music)

♣ **어원 : song 소리(=sound), 음향, 음성, 노래, 시(詩); 노래하다**

※ **pop** [pɑp/pɔp] 형 《구어》 통속(대중)적인 팝뮤직의; 대중음악의 명 대중 음악(회)
☜ **pop**ular(민중의, 대중적인, 인기있는)의 줄임말

☐ **song** [sɔ(ː)ŋ/쏭, sɑŋ] 명 **노래**, 성악; 가곡, 단가; 시(詩), 시가(詩歌); (새가) 지저귀는 소리
☜ 고대영어로 '목소리, 노래, 시(詩)'란 뜻
♠ a marching **song** 행진(진군)**가**
♠ **No song, no supper. 《속담》 일하지 않는 자는 먹지를 마라.**

☐ **song**ster [sɔ́(ː)ŋstər, sάŋ-] 명 (fem. **-stress**) **가수**, 시인; 우는 새 ☜ 노래(song)하는 사람(-ster)

■ **sing** [siŋ/씽] 동 (-/**sang**((드물게) sung)/**sung**) **노래하다** ☜ 고대영어로 '노래하다'란 뜻

※ **K-POP** [kéipàp/-pɔ̀p] **K**orean **pop**(ular) music 한국 대중가요, **케이팝** 《미국 대중가요(pop song)와 구별하여》

커밍순 coming soon ([영화] 개봉박두. <곧 온다 · 곧 개봉한다>는 뜻)

※ **come** [kʌm/컴] 동 (-/**came**/**come**) **오다, 도착하다**
☜ 고대영어로 '도달할 목적으로 움직이다'란 뜻

☐ **soon** [suːn/쑨-] 부 이윽고, **곧**, 이내; 빨리, 이르게(=early), 급히; 쉽게 ☜ 고대영어로 '곧'이란 뜻
♠ He will come **soon**. 그는 **곧** 돌아올 것이다.
♠ **sooner or later 머지 않아, 조만간**
♠ **would (had) sooner (A) than (B) B 할 바에는 차라리 A 하고 싶다**
I **would sooner** die **than** yield. 나는 굴복**하느니 차라리** 죽**겠다**

S

■ **ASAP, a.s.a.p.** [èièsèipíː, éisæp] as soon as possible **가능한 한 빨리**

연상 질이 안좋은 숯은 숫(soot.그을음)을 발생시킨다.

☐ **soot** [sut, suːt] 명 **그을음**, 매연(煤煙) 동 그을음투성이로 하다
☜ 고대영어로 '그을음'이란 뜻. 초기 인도유럽어로 '앉다(sed/sit)'에서 유래
♠ This stove makes too much **soot**. 이 난로는 **그을음**이 많이 난다.

☐ **soot**y [súti, súːti] 형 (-<-**tier**<-**tiest**) **그을음의**; 검댕이 낀, 거무스름한 ☜ -y<형접>

연상 스무드(smooth.부드러운) 말은 수드(sooth.진실)일 가능성이 높다.

♣ **어원 : sooth 진실, 사실; (진실이 사람을) 달래다, 진정시키다**

※ **smooth** [smuːð/스무-드] 형 **매끄러운**, 반질반질한, (움직임이) 부드러운 동 **매끄럽게 하다**
☜ 고대영어로 '평온한, 고요한'이란 뜻

☐ **sooth** [su:θ] ⓜⓗ《고어 · 시어》 진실(의), 사실(의);《고어 · 시어》 누그러뜨리는
☜ 고대영어로 '진실, 정의'란 뜻

☐ **sooth**e [su:ð] ⓢ (사람 · 감정을) **달래다**, 위로하다; 진정시키다, 가라앉히다 ☜ 고대영어로 '진실된'이란 뜻. 근대영어에서 '진실이 사람을 진정시킨다'는 개념으로 변화됨.
♠ **sooth** the crying child 우는 아이를 **달래다**

■ for**sooth** [fərsú:θ] ⓟ《고어 · 비꼼》 참으로, 확실히, 정말이지 ☜ for(강조) + sooth(정말로)

소피스트 sophist (궤변론자. <지혜를 만들어내는 사람>이란 뜻)

♣ **어원 : soph(o) 현명(함), 지혜(로움); 알다; ~을 좋아하는**

☐ **soph**ist [sάfist/sɔ́f-] ⓜ (S-) **소피스트**《옛 그리스의 철학 · 수사(修辭) · 변론술 등의 교사》; 궤변가; (때로 S-) 학자, 철학자
☜ 그리스어로 '현명한(soph) 사람(ist)'이란 뜻

☐ **soph**istic(al) [səfístik(əl)] ⓗ 궤변의; 궤변적인, 궤변을 부리는 ⓜ (옛 그리스의) 궤변법; 궤변
☜ 궤변가(sophist) 의(ic/ical<형접>)

☐ **soph**isticated [səfístəkèitid] ⓗ **순박[순수]하지 않은**; 지나치게 기교적인, 세련된, 교양있는
☜ 중세영어로 '이물질이 섞인'이란 뜻. 궤변가(sophist)를 + ic + 만드(ate) 는(ed<형접>)
♠ He is a **sophisticated** person. 그는 **순박하지 않은(세련된)** 사람이다.
♠ This is a **sophisticated** novel. 이것은 **지성적인** 소설이다.

☐ **soph**istication [səfìstəkéiʃən] ⓜ 궤변을 농함, 억지 이론; (고도의) 지적 교양, 세련. (기계 등의) 복잡(정교)화; 섞음질; 가짜 ☜ sophistic + ation<명접>

☐ **soph**omore [sάfəmɔ̀:r/sɔ́f-] ⓜ《미》 (4년제 대학 · 고등학교의) **2학년생**
비교 freshman (4년제 대학 · 고등학교의) **1학년생,** junior(senior) 3학년(4학년)생

슈퍼맨 superman (크립톤 행성에서 와서 지구를 지키는 초인 · 영웅)

■ **super**man [sú:pərmæ̀n/sjú:pər-] ⓜ (pl. **-men**) **슈퍼맨**, 초인; (S-) 슈퍼맨《미국 만화 · 영화 주인공인 초인》 ☜ 초인(超人) ⇦ 초월하는(super) 남자(man)
★ '슈퍼맨'은 일부 영국인의 발음이고, '수퍼맨'은 영국 · 미국 공히 사용하는 발음이다.

☐ **sopra**no [səprǽnou, -prά:n-] ⓜ (pl. **-s, -ni**)〖음악〗**소프라노**《생략: sop., s.》, 최고음부《여성 · 아이의 최고음》; 소프라노 가수; 소프라노 악기 ⓗ 소프라노의
☜ 라틴어로 '가장 높은(sopra<super) 소리(no)'란 뜻
♠ sing in **soprano 소프라노**로 노래하다

☐ **sover**eign [sάvərin, sʌ́v-] ⓜ **주권자**, 군주, 국왕, 지배자; 독립국 ⓗ 주권이 있는, 군주인
☜ 고대 프랑스어로 '최고의, 최상의'란 뜻. 초월하여(sover=super) 지배하다(reign)
♠ **Sovereign power** resides with the people. **주권**은 국민에게 있다.

소르본 Sorbonne (1257년 신학부로 출발한 프랑스 <파리대학>)

☐ **Sorbonne** [sɔ:rbάn, -bʌ́n/-bɔ́n] ⓜ《F.》(the ~) **소르본** 대학《구(舊) 파리대학 신학부; 지금은 파리 제1/3/4/6대학의 통칭》 ☜ 1257년 로베르 드 소르봉(Robert de Sorbon, 1201~1274) 신부가 가난한 신학생들에게 숙식과 학업을 위한 학사(學舍)를 세워준데서

소서러 sorcerer (미국 스릴러 영화. <마법사>란 뜻)

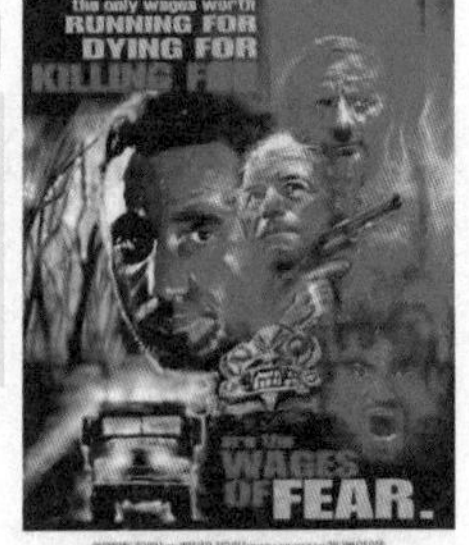

© Paramount Pictures

미국의 액션, 모험, 스릴러 영화. 로이 샤이더, 브루노 크레머, 프란시스코 라발 주연. 1953년 이탈리아 영화인 <공포의 보수>를 리메이크한 작품. 프랑스의 사업가로 주식 사기에 연루되어 파탄에 이른 남자. 중동의 테러리스트로 동료들이 모두 체포되거나 사살되고 혼자 살아남은 남자. 강도질 후 도주하던 중 살아남은 한 남자. 이렇게 각기 절박한 상황에 처한 세 명이 펼치는 이야기. <출처 : 다음영화>

♣ **어원 : sorce, sort 기회, 운명**

☐ **sorcer**er [sɔ́:rsərər] ⓜ (fem. -ceress) **마법사**(=wizard), 마술사 (=magician) ☜ 중세라틴어로 '운명의 신'이란 뜻.
♠ The **sorcerer** called down a plague on the town. **마법사**는 마을에 역병을 내렸다.

☐ **sorcer**y [sɔ́:rsəri] ⓜ 마법, 마술, 요술 ☜ sorcer + y<명접>

☐ **sorcer**ous [sɔ́:rsərəs] ⓗ 마술의, 마술을 쓰는 ☜ sorcer + ous<형접>

연상 똥 싼 소 뒤는 소디드(sordid.더러운)하다.

☐ **sordid** [sɔ́:rdid] ⓗ (환경 등이) **더러운**, 지저분한(=dirty); 심보가 더러운, 치사스러운, 탐욕한(=avaricious); 야비한, 천한

S

☜ 라틴어로 '더러운'이란 뜻
♠ a **sordid**, gloomy story **지저분하고** 암담한 이야기

아이 엠 쏘리 I am sorry. (미안합니다)

♣ **어원 : sor 아프다, 괴롭다, 슬프다, 미안하다; 유감**

※ **I** [ai/아이] ㉹ **나, 본인** ☜ 고대영어로 '나(1인칭 단수 대명사)'란 뜻

※ **am** [æm:/앰, (약) əm/엄, m/음] ㉯ **이다, 있다** 《be 동사의 현재형》 ☜ 고대영어로 '존재하다, 남아있다'는 뜻

☐ **sor**ry [sɔ́:ri/쏘-뤼] ㉻ (-<-rier<-riest) **슬픈, 유감스러운**, 가엾은 ㉽ **미안합니다**, 죄송합니다 ☜ 고대영어로 '(마음이) 아픈'이란 뜻
♠ I'm **sorry** I'm late. 늦어서 **미안**해.
♠ **be sorry to (for, that) ~ ~이 유감스럽다, 안됐다, 미안하다**
I'm **sorry to** hear of your father's death. 부친의 별세를 **애도합니다.**

☐ **sor**e [sɔ:r] ㉻ **아픈**(=painful), **슬픔에 잠긴** ㉮ 아픈 곳, 상처 ㉾ 몹시; 격렬하게 ☜ 고대영어로 '고통스런, 슬픈, 아픈'이란 뜻 **비교** soar **날아오르다**

☐ **sor**ely [sɔ́:rli] ㉾ **쓰려**, 아파서, 견디기 어려워; 심하게, 몹시 ☜ -ly<부접>

☐ **sor**eness [sɔ́:rnis] ㉮ 몸이 쑤시고 아픔, 비통; 분노; 불화 ☜ -ness<명접>

☐ **sor**row [sɔ́:rou/쏘로우] ㉮ **슬픔**, 비애; 후회, 유감 ㉯ 슬퍼하다, 가엾게 여기다, 유감으로 여기다 ☜ 슬프다(sor) + r<자음반복> + ow<명접/동접>

☐ **sor**rowful [sάroufəl, sɔ́:r-] ㉻ **슬퍼하는**, 비탄에 잠긴(=grieved); 슬픈 듯한 (=mournful); 불행한 ☜ -ful(~으로 가득한)

☐ **sor**rowfully [sάroufəl, sɔ́:r-] ㉾ 슬퍼하여 ☜ -ly<부접>

소팅 sorting (분류)

♣ **어원 : sort 몫, 일부분, 분류(하다)**

☐ **sort** [sɔ:rt/쏘-트] ㉮ **종류**(=kind), 부류 ☜ 중세영어로 '사람이나 동물 등의 그룹'이란 뜻
♠ a new **sort** of game 새로운 **종류**의 놀이
♠ **It takes all sorts (to make a world).**
《속담》 세상엔 별난 사람도 다 있다, 십인십색
♠ **sort of 다소, 얼마간**
♠ **a sort of ~ ~일종의**(=a kind of ~)
Waste of time is **a sort of** sin. 시간낭비는 **일종의** 죄악이다
♠ **be out of sorts 기분이 나쁜, 기운이 없는**

☐ **sort**ing [sɔ́:rtiŋ] ㉮ 구분, 분류 ☜ 분류한(sort) 것(ing<명접>)

■ as**sort** [əsɔ́:rt] ㉯ 분류하다, 구별하여 정리하다(=classify) ☜ 완전히(as<ad/강조) 분류하다(sort)

소티 sortie (군용기 출격 횟수)

☐ **sort**ie [sɔ́:rt] ㉮ 『군사』 출격, 돌격(sally); 돌격대; 『항공』 단기(單機)출격(횟수), **쏘티** ☜ 라틴어로 '일어서다'란 뜻, 프랑스어로 '밖으로 나가기'란 뜻

에스 오 에스 SOS (조난신호, 구조요청신호)

☐ **SOS** [ésòués] ㉮ (pl. **-'s**) (무전의) 조난 신호; 위급 호출; 《구어》 위기 신호, 구원 요청 ☜ 위급할 때 가장 타전하기 쉬운 모르스 부호의 순서(··· — — — ···)
★ 문자 자체에는 뜻이 없으며, 통상 잘못알고 있는 Save Our Souls (Ships)의 약어가 아님.
♠ pick up (send) an **SOS** (call) **조난 신호**를 수신(송신)하다.

솔 뮤직 soul music (리듬 앤 블루스와 가스펠(복음) 송을 결합한 흑인음악 장르. <영혼의 음악>이란 뜻)

☐ **soul** [soul/쏘울] ㉮ **영혼**, 넋; 정신, 마음 ㉻ 《구어》 흑인 본래의, 흑인다운 ☜ 고대영어로 '사람이나 생명체의 정신적이고 정서적인 부분'이란 뜻 **비교** sole **유일한, 혼자의**
♠ the immortality of the **soul** **영혼** 불멸

☐ **soul** mate 애인, 정부(情夫・情婦); 동조자 ☜ mate(상대, 동료, 친구)

☐ **soul**ful [sóulfəl] ⓗ 정신적인; 열정적인 ☜ soul + ful<형접>
☐ **soul**less [sóullis] ⓗ 영혼이 없는, 무정한 ☜ soul + less(~이 없는)
※ **music** [mjú:zik/**뮤**-직] ⓜ **음악** ☜ 라틴어로 '음악의 예술'이란 뜻

그룹사운드 group sound (콩글 악기를 연주하면서 노래하는 그룹) ➔ (musical) band

※ **group** [gru:p/그루웁] ⓜ **떼; 그룹, 집단**, 단체 ⓓ **불러 모으다** ☜ 불어로 '덩어리'란 뜻
☐ **sound** [saund/싸운드] ⓜ **소리**, 음, 음향, 음성 ⓓ **소리가 나다; ~하게 들리다; 소리 내다; 두드려 조사하다;** ☜ 고대 프랑스어로 '음성, 소리'라는 뜻
(깊이·수심을) **재다** ☜ 중세영어로 '꿰뚫다'라는 뜻
ⓗ **건전한, 완전한**; (재정상태 등이) **확실한** ☜ 고대영어 'gesund'의 ge-가 소실한 것
♠ The bell **sounds**. 벨이 **울린다**.
♠ **A sound mind in a sound body. 건전한 신체에 건전한 정신**
♠ **You can sound water ten fathoms deep, but you cannot sound the human heart a single fathom.**
《속담》 열 길 물 속은 알아도 한 길 사람 속은 모른다.
♠ **sound** a sea 바다의 **깊이를 재다**
♠ **sound like ~ ~처럼 들리다, ~인 것 같다**
☐ **sound**ing [sáundiŋ] ⓗ 소리가 나는, 울려 퍼지는(=resonant); 허풍떠는 ☜ 소리나(sound) 는(ing<형접>)
ⓜ 수심 측량, 수심 ☜ 수심을 재(sound) 기(ing<명접>)
☐ **sound**less [sáundlis] ⓗ 소리가 나지 않는, 아주 고요한; ☜ 소리가(sound) 없는(less)
《시어》 잴 수 없을 만큼 깊은, 헤아릴 수 없는 ☜ 수심을 잴(sound) 수 없는(less)
☐ **sound**ly [sáundli] ⓑ 건전하게, 확실하게, 온전하게 ☜ 건전하(sound) 게(ly<부접>)
☐ **sound**ness [sáundnis] ⓜ 건전, 완전 ☜ sound + ness<명접>
☐ **sound**proof [sáundprú:f] ⓗ 방음(防音)의 ⓓ 방음 장치를 하다 ☜ sound + proof(~을 막는, ~을 견뎌내는)
☐ **sound** wave 음파(音波) ☜ wave(파도, 물결)
■ re**sound** [rizáund] ⓓ (소리가) **울리다, 울려 퍼지다**; (사건·명성 따위가) 떨치다, 평판이 자자하다; 반향하다; 칭찬하다 ☜ 라틴어로 '다시(re) 소리가 나다(sound)'란 뜻
■ ultra**sound** [ʌ́ltrəsàund] ⓜ 『물리』 초음파, 초가청음; 『의학』 초음파 진단(법) ☜ 소리(sound)를 넘어서(ultra)
■ un**sound** [ənsáund] ⓗ 건전치 못한; 부패한; 불합리한, 불확실한; 신용이 없는 ☜ 불(不)(un=not/부정) 건전한(sound)

수프 soup (고기·야채 등을 삶은 즙에 간을 맞춰 걸쭉하게 만든 국물)

♣ **어원 : soup, sip, sup 액체; 액체를 함유한: (액체에) 적시다, 담그다**
☐ **soup** [su:p] ⓜ **수프**, 고깃국물; 《속어》 (엔진의) 마력 ⓓ (엔진을 개조하여) 성능을 높이다 ☜ 중세영어로 '액체형태의 음식'이란 뜻
♠ This **soup** tastes awful. 이 **수프**는 정말 맛이 없네요.
■ **sip** [sip] ⓜ (마실 것의) **한 모금**, 한 번 홀짝임 ⓓ **홀짝홀짝**〔찔끔찔끔〕 **마시다** ☜ 고대영어로 '(액체를) 흡수하다'란 뜻
■ **sob** [sɑb/sɔb] ⓓ **흐느껴 울다**; (바람·파도 따위가) 솨솨 치다; (기관이) 쉭쉭 소리를 내다; 숨을 헐떡이다 ⓜ 흐느낌, 목메어 울기; (바람 따위의) 흐느끼는 듯한 소리 ☜ 고대영어로 '슬퍼하다'란 뜻의 의성어. 즉, '눈물에 적시다'란 의미.

S

사우어 캔디 sour candy (레몬, 박하 등을 넣어 청량감을 낸 사탕)

☐ **sour** [sáuər] ⓗ **시큼한, 신** ⓓ 시게 하다, 불쾌하게 만들다 ⓜ 신 것; 싫은 것 ⓑ 언짢게 ☜ 고대영어로 '신맛의'란 뜻
♠ a **sour** apple **신맛이 나는**〔**덜 익은**〕 사과
☐ **sour**ish [sáuəriʃ] ⓗ 약간 신, 시큼한 ☜ sour + ish<형접>
☐ **sour**ly [sáuərli] ⓑ 시큼하게; 까다롭게, 불쾌하게 ☜ sour + ly<부접>
※ **candy** [kǽndi/**캔**디] ⓜ (pl. -d**ies**) 《미》 **캔디**, 사탕 ☜ 아랍어로 '설탕'이란 뜻

윈드서핑 wind surfing (판(board) 위에 세워진 돛에 바람을 받으며 파도를 타는 해양 스포츠), 인터넷 서핑 web surfing (인터넷 검색)

♣ **어원 : sur(g), sour 파도; 오르다, 일어나다**

■ **surf** [səːrf] ⓜ (해안에) **밀려드는 파도**, 밀려 와서 부서지는 파도 ⓓ 서핑을〔파도타기를〕 하다; 『컴퓨터』 검색하다
☜ 중세인도어로 '몰아치는 소리'란 뜻
■ **surge** [səːrdʒ] ⓓ **파도처럼 밀려오다** ⓜ **큰 파도; 격동**
☜ 라틴어로 '일어나다, 떠오르다'란 뜻
■ in**sur**rection [ìnsərékʃən] ⓜ 반란, **폭동**, 봉기
☜ ~를 향해(in<into) 들고 일어나(sur) 곧바로(rect) 향하는 것(ion)
□ **sour**ce [sɔːrs] ⓜ **원천, 근원, 출처**, 근거 ☜ (최초로) 일어난(sour) 곳(ce)
비교 sauce 소스, 맛난이, 양념
♠ a **source** of political unrest 정치적 불안의 **원인**
■ re**sour**ce [ríːsɔːrs, -zɔːrs] ⓜ (보통 pl.) **자원; 수단; 지략**, 기지 ☜ 다시(re) 일어난(sour) 것(ce)
■ out**sour**ce [àutsɔ́ːrs] ⓓ 하청하다 ☜ 외부에(out) 근원(source)을 두다
■ out**sour**cing [àutsɔ́ːrsiŋ] ⓜ **아웃소싱** 《부품을 외국 등에서 싸게 구입하여 조달함; 하청함》
☜ outsource + ing<명접>

사우스 코리아 South Korea (대한민국), 사우스포 southpaw ([야구] 왼손잡이 투수)

□ **south** [sauθ/싸우쓰] ⓜ (the ~) **남쪽**; 남부 《생략: S, S., s.》; (the S-) 남쪽나라, 남부 지방〔지역〕 ⓗ **남쪽의** ⓑ **남쪽에, 남쪽으로** ⓓ 남쪽으로 향하다 ☜ 고대영어로 '남쪽'이란 뜻
⇦ 태양(sou<sun)이 있는 곳(th)
♠ in the **south** of ~ ~의 **남쪽**에

□ **South** Africa 남아프리카 공화국 《공식명: the Republic of ~ (약칭 남아공)》
☜ 남쪽의(south) 아프리카(Africa). 아프리카란 라틴어로 '아름답게 빛나다'라는 뜻
□ **South** America **남아메리카**(대륙) 《약칭 남미(南美)》 ☜ 남쪽의(south) 아메리카(America). 아메리카는 신대륙 발견자인 Amerigo Vespucci의 라틴명 Americus Vespucius의 이름에서 유래.
□ **South** Carolina **사우스캐롤라이나** 《미국 남동부 대서양 연안의 주(州); 생략: S.C.》
☜ 남쪽의(south) 캐롤라이나(Carolina). 이곳은 최초 프랑스인이 정착하여 프랑스의 샤를 9세를 기념하여 붙여진 지명인데, 영국이 이 지역을 획득한 후에, 영국의 왕인 찰스의 라틴어인 카롤루스(Carolus)라고 개칭한데서 유래함.
□ **South** China Sea [the ~] 남중국해(南中國海), 남지나해(南支那海)
☜ 남쪽(south) 중국(China)의 바다(sea). China는 중국을 최초로 통일한 진(秦)나라의 이름에서 유래. 서방 제국에 치나(Cina)라고 전해졌는데 영어의 '차이나(China)', 프랑스어의 '신(Chine)' 등도 같은 의미임.
□ **South** Dakota **사우스다코타** 《미국 중앙 북부의 주; 생략: S.D(ak).》 ☜ 남쪽의(south) 다코타(Dakota). 다코타란 북미 인디언 '다코타 족(族)'에서 유래
□ **south**east [sàuθíːst; 《항해》 sauíːst] ⓜ (the ~) **남동** 《생략: SE》; (the S-) 남동지방 ⓗ **남동의** ⓑ 남동에, **남동으로**〔부터〕 ☜ 남(south) 동(east) 쪽의(ern)
□ **south**eastern [sàuθíːstərn] ⓗ **남동의**, 남동쪽에 있는〔으로의〕; 남동에서의; (S-) 남동부(지방)의
☜ 남(south) 동(east) 쪽의(ern)
□ **south**erly [sʌ́ðərli] ⓗ 남쪽의 ⓑ 남쪽으로 ☜ souther + ly<부접>
□ **south**ern [sʌ́ðərn/써던] ⓗ **남쪽의**, 남쪽에 있는; 남쪽으로의, 남향의 ⓜ [보통 S~] 남부지방, 남부인 ☜ 남(south) 쪽의(ern)
□ **south**erner [sʌ́ðərnər] ⓜ 남국 사람 ☜ southern + er(사람)
□ **south**ernmost [sʌ́ðərnmòust] ⓗ 최남단의 ☜ southern + most(가장)
□ **south**paw [sáuθpɔ̀ː] ⓜⓗ 《구어》 왼손잡이(의); 『야구』 왼손잡이 투수; 『권투』 왼손잡이 선수
☜ 남쪽(south)의 손(paw). 미국 남부 지역에서 왼손잡이 투수가 많이 배출된 데서 비롯 또는 동쪽을 향해 많이 지어진 경기장 타석에서 투수의 왼손이 남쪽을 향하게 되었기 때문이라는 설.
□ **South** Pole (the ~, 종종 the S- P-) (지구의) **남극**; (하늘의) 남극; (자석의) 남극
☜ pole(극(極); 기둥, 막대기)
□ **south**ward [sáuθwərd] ⓗⓑ **남쪽으로**(의) ⓜ (the ~) 남부(의 지점〔지역〕), 남쪽
☜ south + wards(~쪽으로)
□ **south**wards [sáuθwərdz] ⓑ = southward ☜ 남(south) 쪽으로(wards)
□ **south**west [sàuθwést; 《항해》 sàuwést] ⓜ (the ~) **남서**(南西) 《생략: SW, S.W.》
ⓗ 남서(로)의 ⓑ **남서쪽으로**; 남서로부터 ☜ 남(south) 서(west)
□ **south**western [sàuθwéstərn] ⓗ **남서의**, 남서로의, 남서에 있는, 남서로부터의; (종종 S-) 남서부 지방의 ☜ 남(south) 서(west) 쪽의(ern)
※ **Korea** [kəríːə-/커**뤼**-어, kouríːə] ⓜ **대한민국** 《공식명은 the Republic of Korea; 생략: ROK》 ☜ '고려(高麗)'시대 국호가 서양에 전해진 데서

이벤트 event (콩글 판촉행사) ➔ promotional event

♣ 어원 : ven 오다, 가다; 모이다

■ event [ivént/이**벤**트] 명 (중요한) **사건, 행사**
☜ 밖으로(e<ex) 나오는(ven) 것(t)

■ ad**ven**ture [ædvéntʃər/애드**벤**춰/ədvéntʃər/어드**벤**춰] 명 **모험**, 희한한 사건
☜ ~로(ad=to) 오는(vent) 것(ure<명접>)

■ **ven**ture [véntʃər] 명 모험, 모험적 사업, **벤처**, 투기
☜ ad**venture**의 두음소실

□ sou**ven**ir [sùːvəníər] 명 **기념품**, 선물; 유물 ☜ 고대 프랑스어로 '기억나다'란 뜻. (마음속) 아래로(sou<sub) 오는(ven) 것(ir)
♠ a **souvenir** shop **선물** 가게, **기념품**점

< 미국 배우 톰 크루즈의 영화 프로모션 © 연합 >

✚ a**ven**ue **대로**, 가로수길, **애비뉴** con**ven**ient **편리한** con**ven**tion **집회, 총회**; 협약; 관습 inter**ven**e **사이에 들다**, 끼다, 방해하다 in**vent** **발명[창안]하다**; 날조하다

슈퍼맨 superman (크립톤 행성에서 와서 지구를 지키는 초인 · 영웅)

■ **super**man [súːpərmæ̀n/sjúːpər-] 명 (pl. **-men**) **슈퍼맨**, 초인; (S-) 슈퍼맨《미국 만화 · 영화 주인공인 초인》 ☜ 초인(超人) ⇦ 초월하는(super) 남자(man) ★ '슈퍼맨'은 일부 영국인의 발음이고, '수퍼맨'은 영국 · 미국 공히 사용하는 발음이다.

■ **sopra**no [səprǽnou, -prάːn-] 명 (pl. **-s**, -n**i**) 〖음악〗 **소프라노**《생략: sop., s.》, 최고음부《여성 · 아이의 최고음》; 소프라노 가수; 소프라노 악기 형 소프라노의
☜ 라틴어로 '가장 높은(sopra<super) 소리(no)'란 뜻

© Alexander Salkind, Dovemead Films

□ **sover**eign [sάvərin, sʌ́v-] 명 **주권자**, 군주, 국왕, 지배자; 독립국 형 주권이 있는, 군주인
☜ 고대 프랑스어로 '최고의, 최상의'란 뜻. 초월하여(sover=super) 지배하다(reign)
♠ **sovereign** authority 〔power〕 **주권**

□ **sover**eignty [sάvərinti, sʌ́v-] 명 **주권**; 통치권; 독립국 ☜ sovereign + ty<명접>

소비에트 soviet (❶ 노동자 · 농민 대표자 회의 ❷ 소련(소비에트 연맹))

1922년 유라시아 대륙의 북부에 위치하는 15개 소비에트 사회주의공화국으로 구성된 최초의 사회주의 연방국가. 1985년 고르바초프의 등장과 함께 이른바 페레스트로이카 및 그라스트노스트를 기초로 한 일련의 개혁정책의 여파로 자유화물결이 일고 시장경제를 지향하게 되면서 보다 급진적인 개혁이 단행되었다. 1991년 공산당 해체를 계기로 1992년 1월 1일 소련은 공식 해체되었다. <출처 : 두산백과 / 일부인용>

© worldatlas.com

□ **soviet** [sóuvièt, sóuviit] 명《러》(the ~(s)) **소련**(the S~ Union); (소련의) 평의회 형 소비에트 연방〔인민〕의; (s-) 소비에트의, 평의회의 ☜ 러시아어로 '회의'란 뜻

□ **Soviet** Union [the ~] **소비에트 연방**《공식명: the Union of Soviet Socialist Republics; 1991.12.21. 소멸됨》 ☜ union(결합, 동맹, 연방)

시드 seed (토너먼트경기에서 강자를 대진표상 적절히 배정하는 것)

토너먼트 방식의 경기에서 우수한 선수끼리 처음부터 맞붙지 않도록 강자를 특정한 대전 위치에 배정하는 것. 이와 같이 배정되는 경기자는 시디드 플레이어(seeded player)라고 한다. '시드'는 '씨앗'이란 뜻의 영어로, 씨앗을 뿌린다는 의미에서 유래된 말이다. <출처 : 체육학대사전 / 일부인용>

■ **seed** [siːd/씨-드] 명 (pl. **-s, -**) **씨**(앗), 종자, 열매; 자손 형 씨의 동 씨를 뿌리다
☜ 고대영어로 '곡물의 씨앗, 종자'란 뜻

■ **season** [síːzən/**씨**-전] 명 **계절**; (보통 the ~) 시절, **철**, 때; (보통 the ~) **한창때**, 한물, 제철; (행사 따위가 행해지는) 활동기, 시즌, 시기 동 (음식에) **맛을 내다**
☜ 라틴어로 '씨를 뿌리다, 뿌리는 시기'란 뜻

□ **sow** [sou] 동 (-/sow**ed**/sow**ed**〔**sown**〕) (씨를) **뿌리다**; (땅에) 파종(播種)하다 ☜ 고대영어로 '씨를 뿌리다, 씨를 심다'란 뜻
비교 sew 바느질하다, 꿰매다
♠ **Sow** the seeds outdoors in spring.
그 씨를 봄에 집 밖에다 **뿌려라**.

■ **Satur**n [sǽtərn] 명 〖천문〗 [관사 없이] **토성**; 〖연금술〗 납; **새턴**《미국

S

의 인공위성・우주선 발사용 로켓》; 〖로마신화〗 농업의 신
☜ 라틴어로 '씨를 뿌리다'란 뜻

소이빈 soybean ([식물] 콩, 대두)

☐ **soy**, **soy**a [sɔi], [sɔ́iə] 명 간장 ☜ 중국어로 '메주(로 만든) 기름'이란 뜻. 메주는 삶은 콩에 전분질 원료를 첨가한 것.
☐ **soy**bean [sɔ́ibìn] 명 **콩**, 대두 ☜ bean(콩)
♠ cook (boil) in **soybean paste 된장**을 넣고 끓이다
☐ **soy**bean (soya) milk 두유(豆乳) ☜ milk(우유)
☐ **soy**bean sprouts 콩나물 ☜ sprouts(새싹, 눈)
☐ **soy** sauce 간장 ☜ sauce(소스, 양념)

스파 spa (온천, 온천장)

☐ **spa** [spɑː] 명 광천(鑛泉), 온천장, **스파**; 《미》 온천장의 호텔; 사우나를 갖춘 헬스 센터
동 온천에서 치료하다
☜ 광천으로 유명한 벨기에의 휴양지 스파(Spa)시(市) 이름에서 유래.

스페이스 바 space bar ([컴퓨터] 키보드에서 맨 아래쪽의 공백키)

☐ **space** [speis/스페이스] 명 **공간**; (대기권 밖의) 우주; **장소, 여지**
☜ 라틴어로 '방, 구역, 간격'이란 뜻
♠ time and **space** 시간과 **공간**
☐ **space** bar **스페이스 바** 《어간을 띄우는 컴퓨터 키보드의 맨 아래 긴 막대키》 ☜ bar(막대기, 술집, 빠)
☐ **space** capsule 우주 캡슐 《우주선의 기밀실》 ☜ capsule(피막, 주머니)
☐ **space**craft [spéiskræ̀ft] 명 **우주선**(=spaceship) ☜ space + craft(기술, 솜씨; 항공기, 우주선)
☐ **space** flight 우주 비행 ☜ flight(비행, 항공기의 제 ~편)
☐ **space**man [-mæ̀n, -mən] 명 (pl. **-men**) **우주 비행사**; 우주인 ☜ space + man(남자, 사람)
☐ **space** rocket 우주 로켓 ☜ rocket(로켓, 봉화)
☐ **space** satellite 우주 위성 ☜ satellite(위성, 인공위성)
☐ **space**ship [spéisʃìp] 명 **우주선** ☜ space + ship(배)
☐ **space** shuttle 우주 왕복선 ☜ shuttle(왕복운행, 왕복선)
☐ **space** station **우주 정거장** ☜ station(역, 정거장)
☐ **space** suit 우주복 ☜ suit(복장의 한 벌)
☐ **space** travel(ing) 우주 여행 ☜ travel(여행) + ing(~하기)
☐ **spac**ious [spéiʃəs] 형 **넓은**(=roomy), 넓은 범위의; (지식 등이) 광범한, 풍부한
☜ (큰) 공간(space) + 의(ious<형접>)
♠ a **spacious** room **넓은** 방
☐ **spat**ial, -**c**ial [spéiʃəl] 형 **공간의**; 공간적인; 장소의, 공간에 존재하는; 우주의
☜ 공간(space) + 의(ial<형접>)
■ **NASA** **N**ational **A**eronautics and **S**pace **A**dministration 미국 항공우주국, **나사**

스페이드 spade ([트럼프 카드] 삽 모양의 그림이 그려진 카드)

☐ **spade** [speid] 명 **가래, 삽**; 〖카드〗 **스페이드** 동 가래로(삽으로) 파다
☜ 이탈리아어로 '칼'이란 뜻
♠ **spade up** the garden 정원**을 파다**.

S

☐ **spade**ful [spéidfùl] 명 가래로 하나 가득, 한 삽 ☜ spade + ful(~이 가득한)

스파게티 spaghetti (이탈리아 국수)

☐ **spaghetti** [spəgéti] 명 《이탈》 **스파게티**; 〖전기〗 (나선(裸線)을 싸는) 절연관
☜ 이탈리아어로 '끈, 실'의 복수형
☐ **spaghetti** western [종종 s~ W~] 《미.속어》 이탈리아판 서부영화
☜ west(서) + ern(쪽의)
비교 macaroni western 마카로니 웨스턴 《이탈리아판 서부영화》

스페인(Spain) = 에스파니아(España) = 히스파니아(Hispania)

♣ 어원 : **Hispano, span 스페인의**
☐ **Spain** [spein] 명 **스페인**, **에스파냐** 《수도 마드리드(Madrid)》

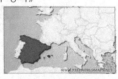

☜ 그리스어로 '서쪽의 땅'이란 뜻

☐ **Span**iard [spǽnjərd] 명 **스페인 사람** ☜ Span + i + ard(사람)

☐ **Span**ish [spǽniʃ/스**패**니쉬] 명 **스페인어**. (the ~) [집합적] 스페인 사람
형 스페인의; **스페인 사람[말]의** ☜ Span + ish<형접/명접>

☐ **span**iel [spǽnjəl] 명 (S-) **스패니얼** 《털의 결이 곱고 귀가 긴 개》; 《비유》 알랑쇠, 빌붙는 사람
☜ 고대 프랑스어로 '스페인 개'라는 뜻
♠ **a tame spaniel 남이 시키는 대로 하는 사람, 아첨꾼**

■ E**spa**ña [espɑ́:njɑ:] 명 **에스파냐** 《Spain의 스페인어명》
☜ E(=the) + Span(=Spain) + ña(=nia<나라이름 접미사>)

■ Hi**span**ic [hispǽnik] 명 **스페인** 사람; (미국 내 스페인어를 쓰는) 남미인, **히스패닉**
☜ (H)i(=the) + 스페인(Span) 사람(ic)

햄 ham (돼지 허벅다리 고기를 소금에 절여 훈제한 것)

■ **ham** [hæm] 명 **햄**; 돼지의 허벅다리(고기)
☜ 고대 아일랜드어로 '다리고기'란 뜻

■ sliced **ham** 슬라이스 햄 《햄을 1~2mm로 얇게 절단한 것》
☜ slice(얇게 썰다) + ed<수동형 형접>

☐ **spam** [spæ(:)m] 명 **스팸** 《햄 통조림》 ☜ spiced ham(양념이 된)의 줄임말
★ 미국의 식품업체 호멜푸즈(Hormel Foods)가 이 spam을 엄청나게 광고하는 바람에 '광고공해'란 뜻으로 사용되어 오늘날 불필요한 인터넷 메일도 스팸(spam)이라고 부른다.

멍키 스패너 > 몽키 스패너 monkey spanner (개구부(開口部)의 간격을 자유롭게 조절할 수 있는 스패너. monkey는 상표이름)

※ **monkey** [mʌ́ŋki/**멍**키] 명 (pl. **-s**) **원숭이** 《포유류 영장목 중에서 사람을 제외한 동물》 ☜ 중세 네델란드어로 '원숭이'란 뜻
비교 긴 꼬리가 있으면 monkey, 꼬리가 없으면 ape

☐ **span** [spæn] 명 **한 뼘** 《엄지손가락과 새끼손가락을 편 사이의 길이; 보통 9인치, 23cm》; **기간**, 잠깐; 지름, 전장(全長) 동 뼘으로 치수를 재다
☜ 고대영어로 '엄지손가락과 새끼손가락 사이의 거리'란 뜻
♠ a short **span** 짧은 **기간**
♠ a wing **span** (항공기의) 날개 **길이**

☐ **spanner** [spǽnər] 명 《영》 **스패너**(=wrench) 《너트를 죄는 공구》
☜ span(손가락을 벌린 거리) + n<단모음+단자음+자음반복> + er(기계)

☐ **span**k [spæŋk] 동 (손바닥·슬리퍼 따위로) **~의 볼기짝을 찰싹 때리다**; 찰싹맞다 명 찰싹 때리기 ☜ 의성어

스팽글 spangle ([패션] 금속·합성수지로 만든 반짝이는 작은 조각)
스파이더맨 Spiderman (미국 마블코믹스 만화·영화의 주인공. <거미인간>)

♣ **어원 : pan, pen, pid 당기다**

☐ s**pan**gle [spǽŋgəl] 명 **번쩍이는 금속 조각** 《특히 무대 의상 따위의》; 번쩍번쩍 빛나는 것
동 금속 조각으로 장식하다, 번쩍이게 하다; 번쩍번쩍 빛나다(=glitter)
☜ 고대영어로 '죔쇠'란 뜻. (시선을) 당기는((s)pan<pen) 것(gle)
♠ The sky **was spangled with** stars. 하늘엔 별들**이 반짝이고 있었다.**

■ s**pid**er [spáidər] 명 〖동물〗 **거미**; 거미 같은 것; 계략을(간계를) 꾸미는 사람
☜ 고대영어로 '(실을) 뽑는<당기는((s)pid<pen) 것(er)'이란 뜻

※ **man** [mæn/맨] 명 (pl. **men**) **남자**, 사내; **사람, 인간**, 인류; (pl.) **병사** 동 **인원[병력]을 배치하다** ☜ 고대영어로 '인간, 사람'이란 뜻

☐ **Spaniard**(스페인사람), **spaniel**(스패니엘), **Spanish**(스페인어) ➔ **Spain**(스페인) **참조**

스파링 sparring ([복싱] 실제 경기 형식을 취한 연습)

☐ **spar** [spɑ:r] 명 **스파링**; 권투; 투계; 언쟁 동 (싸움닭이) 서로 차다; 〖권투〗 스파링하다; (가볍게) 치고 덤비다; 《비유》 말다툼하다; (질문 따위를) 잘 받아넘기다 ☜ 중세 프랑스어로 '(서로) 차다'
♠ I'd like to **spar** with you now.
난 지금 당신과 **대련하**고 싶습니다.

☐ **spar**ring [spɑ́:riŋ] 명 〖권투〗 **스파링**; 논쟁 ☜ spar + r<자음반복> + ing<명접>

S

스페어 타이어 spare tire ([자동차] 예비 타이어)

☐ **spare** [spεər/스페어] [동] **용서하다; ~을 시키지 않다; 아끼다**, 절약하다; **할애하다** [명] 절약한 것, 저축 [형] **예비의**, 여분의; **결핍된**, 빈약한; 검소한 ☜ 고대영어로 '삼가다'란 뜻
♠ **Spare the rod and spoil the child.**
《속담》 매를 아끼면 자식을 버린다, 귀한 자식은 고생을 시켜라.
☐ **spare** tire, 〔《영》 tyre〕 『자동차』 예비 타이어 ☜ tire(타이어, 고무바퀴)
☐ **spar**ing [spέəriŋ] [형] 삼가는, 검소한, 알뜰한 ☜ spare + ing<형접>
☐ **spar**ingly [spέəriŋli] [부] 모자라게, 아껴서, 절약하여 ☜ sparing + ly<부접>

스파크 spark (불꽃), 스파클링 와인 sparkling wine (발포성 와인)

♣ **어원 : spark spars, spers(e) 불타는, 화려한, 열렬한; 불타다, 흩뿌리다**
☐ **spark** [spɑːrk] [명] **불꽃, 불티, 스파크; 섬광** ☜ 고대영어로 '불타는'
♠ **throw (off) spark 불꽃을 튀기다**
☐ **spark**le [spάːrkəl] [명] **불꽃**, 섬광; **번쩍임**; 광택 [동] **불꽃을 튀기다**; 빛나다 ☜ 불타는(spark) 것(le)
☐ **spark**ling [spάːrkliŋ] [형] **불꽃을 튀기는**; 번쩍하는; 생기에 찬 ☜ sparkle + ing<형접>
☐ **spark**ling wine **스파클링 와인**, 발포(포도)주 ☜ wine(포도주, 와인)
☐ **spars**e [spɑːrs] [형] 성긴, 드문드문한, (털 등이) 숱이 적은; (인구 따위가) **희박한**; 빈약한 ☜ 라틴어로 '흩뿌린'이란 뜻
♠ a **sparse** population **희박한** 인구(밀도)
☐ **spars**ely [spɑːrsli] [부] 모자라게, 아껴서, 절약하여 ☜ -ly<부접>
■ a**sperse** [əspə́ːrs] [동] 헐뜯다, 중상(비방)하다 ☜ ~쪽으로(as<ad=to) 뿌리다(sperse)
■ di**sperse** [dispə́ːrs] [동] **흩어지게 하다; 분산시키다** ☜ 멀리(dis=away) 뿌리다(sperse)
■ inter**sperse** [ìntərspə́ːrs] [동] 흩뿌리다 [명] 흩뿌리기, 살포 ☜ ~사이에(inter) 흩뿌리다(sperse)

스패로 sparrow (미군의 AIM-7 공대공 미사일. <참새>라는 뜻)

☐ **sparrow** [spǽrou] [명] **참새**; (S-) 『미군』 **스패로** 《공대공 미사일》 ☜ 그리스어로 '작은 들새'란 뜻
♠ chatter like a **sparrow** **참새**처럼 재잘거리다
♠ **The sparrow near a school sings the primer.**
학교 인근의 참새는 라틴어 입문서를 노래한다.
《속담》 서당개 3년이면 풍월을 읊는다.

스파르타 Sparta (옛 그리스의 도시국가)

☐ **Sparta** [spάːrtə] [명] **스파르타** 《그리스의 옛 도시 국가》 ☜ 최고층 시민 스파르티아테스(Spartiates)에서 유래
☐ **Spart**an [spάːrtən] [형] **스파르타(사람 · 식)의**; 검소하고 엄격한 [명] 스파르타 사람; 굳세고 용맹스런〔검소하고 엄격한〕 사람 ☜ Sparta + an(~의/~사람)

에코 스패즘 eco-spasm (강력한 대규모 글로벌 경제위기)

'경제'라는 뜻의 '이코노미(economy)'와 '발작(경련)'이라는 뜻의 '스패즘(spasm)'이 결합된 용어로, 1975년 미국의 미래학자 앨빈 토플러가 펴낸 <에코스패즘 리포트 The Eco-Spasm Report>라는 책을 통해 일반화되었다. 인플레이션, 불황, 경기침체, 스태그플레이션 등이 복합적으로 몰려오는 글로벌 차원의 대규모 경제위기가 에코스패즘이라고 정의되었다. <출처 : 두산백과 / 요약인용>

※ **eco**nomy [ikάnəmi/이**카**너미/ikɔ́nəmi/이**코**너미] [명] **경제; 절약** [형] 경제적인 ☜ 가정(eco)을 관리하는 법칙(nomy)
☐ **spasm** [spǽzəm] [명] 『의학』 경련, 쥐; (감정 · 활동 등의 돌발적인) 발작, 충동(적 분기); 《구어》 한 차례 ☜ 그리스어로 '경련'이란 뜻
♠ a tonic **spasm** 강직성 **경련**

☐ **spatial, -cial**(공간의) ➔ **space**(공간) **참조**

스패터 spatter (화산분출물)

☐ **spat** [spæt] [명] (보통 pl.) **스패츠** 《발등과 발목을 덮는 짧은 각반(脚絆)》 ☜ **spat**terdash의 단축형

☐ **spat**terdash [spǽtərdæʃ] 명 (보통 pl.) 진흙막이 각반《승마용》
☜ 근대영어로 '진흙막이 각반'이란 뜻.

☐ **spat**ter [spǽtər] 동 (물·진탕 등을) **튀기다**; 퍼붓다; 튀다, 흩어져 떨어지다; (욕설을) 퍼붓다, 중상하다 명 튐, 튄 것 ☜ spat + t<단모음+단자음+자음반복> + er<동접/명접>
♠ The car **spattered** mud on my dress. 자동차가 나의 옷에 흙탕물을 **튀겼다**

☐ **spat**ter glass **스패터 글라스**《여러가지 색이 섞인 유리; 장식용》 ☜ glass(유리)

연상 그 스폰서(sponsor.후원자)는 돈 대신 스폰(spawn.알)을 후원했다.

※ **spons**or [spάnsər/spɔ́n-] 명 **보증인**(=surety), **후원자, 스폰서** 동 **후원하다** ☜ 약속하는(spons) 사람(or)

☐ **spawn** [spɔːn] 명 **알**《물고기·개구리·조개 따위의》; 《경멸》 우글우글한 자식 새끼들 동 (물고기·개구리 따위가) 알을 낳다, 산란(産卵)하다; 《경멸》 (아이를) 많이 낳다
☜ 라틴어로 '퍼트리다'란 뜻. 밖으로(s<ex) 퍼트리다(pawn<pete)
♠ **spawn** roe (물고기가) 알을 **낳다**, **산란하다** ☜ roe(물고기의 알)

스피커 speaker (확성기) ➔ loudspeaker 스피킹 speaking (말하기)

☐ **speak** [spiːk/스삐-익] 동 (-/**spoke**/**spoken**) **말하다, 이야기하다**
☜ 고대영어로 '말하다'란 뜻
♠ Please **speak** more slowly. 좀더 천천히 **말해 주세요**.
♠ **speak for ~ ~을 대변하다, 변호하다; ~을 나타내다; 주문하다**
♠ **speak highly of ~ ~을 칭송[격찬]하다**
♠ **speak ill 〔evil〕 of ~ ~을 나쁘게 말하다, 욕하다**
Don't **speak ill of** others. 남을 **욕하지** 마라.
♠ **speak of ~ ~에 관하여 말하다, ~라는 용어를 쓰다**
the car I **spoke of** 내가 **말한** 차
♠ **speak out 털어놓고 말하다, 공언하다, 큰 소리로 똑똑히 말하다**
♠ **speak to ~ ~에게 말을 걸다**
I often **speak to** her. 나는 종종 그녀**에게 말을 건다**.
♠ **speak well of ~ ~을 좋게 말하다, ~을 칭찬하다**
The teacher **speaks well of** his students.
선생님은 그의 학생들**을 칭찬한다**.

☐ **speak**able [spíːkəbl] 형 말해도 좋은; 말하기에 적합한 ☜ -able<형접>

■ un**speak**able [ənspíkəbəl] 형 **형언하기 어려운**, 이루 말할 수 없는; 언어도단의
☜ un(=not/부정) + speak + able<형접>

☐ **speak**er [spíːkər] 명 **스피커**, 확성기; **말하는 사람** ☜ -er(사람/장비)

☐ **speak**ing [spíːkiŋ] 명 말하기; 담화, 연설; 정치적 집회; (pl.) 구전(口傳) 문학, 구비(口碑) 형 **말하는**, 이야기의; 말할 수 있는; 말하기에 알맞은 ☜ -ing<형접>

■ loud**speak**er [lάudspìkər] 명 **확성기** ☜ 시끄럽게(loud) 소리 내는(speak) 기계(er)

☐ **speech** [spiːtʃ/스삐-취] 명 **말**, 언어; 담화, **연설** ☜ speak(말하다)의 명사형

스피아민트 껌 spearmint gum (롯데제과의 껌 브랜드. <박하 껌>)

☐ **spear** [spiər] 명 **창**(槍), 투창(投槍); (고기 잡는) 작살; 《고어》 창병(槍兵) 동 창으로 찌르다; (물고기를) 작살로 잡다
☜ 고대영어로 '창'이란 뜻
♠ throw a **spear** 〔lance〕 **창**을 던지다

☐ **spear**head [spíərhèd] 명 창끝; 선봉, 돌격대의 선두 ☜ spear + head(머리)

☐ **spear**man [spíərmən] (pl. **-men**) 명 창병(槍兵); 창 쓰는 사람 ☜ man(남자, 사람)

☐ **spear**mint [spíərmìnt] 명 『식물』 양박하, 박하 향신료
☜ 창(spear) 모양의 것(mint) ⇦ 꽃 모양이 창 비슷한 데서 유래.

※ **gum** [gʌm] 명 **고무질**, 점성(粘性) 고무 ☜ 중세영어로 '식물성 건조 수지'란 뜻

스페셜 메뉴 special menu ([음식] 특별 메뉴)

♣ **어원 : spec, spect 보다(=see), 보이다**

☐ **spec**ial [spéʃəl/스뻬셜] 형 **특별한**, 전문의, 특별용의; 파격적인 명 특별한 사람〔것〕 ☜ especial(특별한)의 두음 소실
♠ a **special** case **특별한** 경우, **특**례

☐ **spec**ial delivery (우편의) 속달 ☜ delivery(인도, 교부, 배달)

S

☐ **spec**ial edition (마감 후의) 특별판; 《영》(최종판 직전의) 특별 석간 ☜ edition(판, 간행)
☐ **spec**ial effects 〚영화·TV〛 특수 효과; 특수 촬영 ☜ effect(결과, 효과)
☐ **spec**ial forces 〚군사〛 특수부대 ☜ force(힘, 세력), forces(군대)
☐ **spec**ialist [spéʃəlist] 명 **전문가; 전문의**(醫) 형 전문(가)의, 전문적인 ☜ special + ist(사람)
☐ **spec**iality [spèʃiǽləti] 명 《영》 = specialty ☜ special + ity<명접>
☐ **spec**ialize [spéʃəlàiz] 동 **특수화하다, 전문화하다; 전공하다; 전문으로 삼다** ☜ -ize<동접>
☐ **spec**ially [spéʃəli] 부 **특히, 특별히**; 일부러; 임시로 ☜ special + ly<부접>
☐ **spec**ialty [spéʃəlti] 명 (pl. -t**ies**) **전문**, 전공, 본직; 특히 잘 하는 것, 장기(長技) ☜ -ty<명접>
■ e**spec**ial [ispéʃəl] 형 **특별한**, 특수한 ☜ e + spec(눈에 보이다) + ial<형접>. 고대 로마어에서 sc-, sp-, st- 앞에 발음이 쉽도록 i를 붙였다가 다시 e로 변형됨.
■ e**spec**ially [ispéʃəli/이스**뻬**셜리] 부 **특히**, 유달리 ☜ -ly<부접>
■ ex**pect** [ikspékt/익스**뻭**트] 동 **기대[예상]하다** ☜ 밖을(ex) 보다(spect)
■ in**spect** [inspékt] 동 **점검[검사]하다**, 시찰하다; 면밀하게 살피다 ☜ 안을(in) 보다(spect)
■ pro**spect** [prάspekt/prɔ́s-] 명 **전망; 예상**, 기대 ☜ 앞을(pro) 보다(spect)
■ re**spect** [rispékt/뤼스**뻭**트] 명 **존경**, 경의, 존중 동 **존경하다**, 소중히 여기다 ☜ (존경심을 갖고) 다시(re) 보다(spect)
■ su**spect** [səspékt] 동 짐작하다; **의심하다** 명 용의자 ☜ 아래(su<sub)에서부터 보다(spect)

스펙 spec (콩글 (구직·입시시의) 학벌·학점·토익 점수 등의 평가요소 또는 사양(仕樣). <specification>의 줄임말) ➔ qualifications

♣ 어원 : spec, spect 보다(=see), 보이다

☐ **spec**ies [spíːʃi(ː)z] 명 (pl. -) (공통의) **종류**; 인종; 〚생물〛 **종**(種) ☜ 보이는(spec) 것/모양(ies)
♠ **The origin of Species 종의 기원** 《Darwin의 저서》
☐ **spec**ific [spisífik] 형 **분명히 나타난**, 명확한; 특수한, 특유한 명 특별한 것; 특성, 특질; [보통 pl.] 명세, 상세 ☜ 보이게(spec) + i + 만들다(fic)
♠ a way of living **specific** to Korea 한국 **특유의** 생활 양식

☐ **spec**ifically [spisífikəli] 부 **명확히**, 분명히 ☜ 보이게(spec) + i + 만드(fic) 는(al) + ly<부접>
☐ **spec**ification [spèsəfikéiʃən] 명 상술, 상기(詳記), 열거; (보통 pl.) (명세서 등의) 세목; 상세서 ☜ specific + ation<명접>
☐ **spec**ify [spésəfài] 동 **일일이 열거하다**; 명시하다; 명세서에 기입하다 ☜ 보이게(spec) + i + 만들다(fy)
☐ **spec**imen [spésəmən] 명 **견본**(=sample); (동식물의) 표본(標本); 예(例), 실례(=example) ☜ 보여진(spec) + i + 것(men)

연상 스펙(spec.평가요소, 사양)이 좋은 사람들은 얼굴에 스펙(speck.작은 반점)이 있다(?)

※ **spec**ification [spèsəfikéiʃən] 명 상술, 상기(詳記), 열거; (보통 pl.) (명세서 등의) 세목; 상세서 ☜ specific + ation<명접>
☐ **speck** [spek] 명 **작은 반점**(=spot), **얼룩**(=stain), 오점 동 (보통 p.p.) 오점을 남기다 ☜ 고대영어로 '반점, 얼룩'이란 뜻
♠ **specked** apples **흠이 있는** 사과
☐ **speck**le [spékəl] 명 **작은 반점**, 얼룩, 반문; 주근깨 동 (보통 p.p.) ~에 반점을 찍다 ☜ 고대영어로 '작은 반점, 얼룩'이란 뜻. speck(반점) + le(작은)

S

스펙터클 spectacle (볼거리가 많은 영화, 볼만한 이벤트)

♣ 어원 : spec, spect(r) 보다(=see), 보이다

☐ **spec**s [speks] 명 (pl.) 《구어》 안경; 명세서 ☜ **spec**tacle**s**의 줄임말
☐ **spect**acle [spéktəkəl] 명 **광경**, 미관, 장관; (호화로운) 구경거리, 쇼; **스펙터클** 영화; (pl.) 안경 ☜ 라틴어로 '보는(spect) + a + 것(cle)'이란 뜻
♠ The stars make a fine **spectacle** tonight. 오늘밤은 별이 **장관**이다.
☐ **spect**acled [spéktəkəld] 형 안경을 쓴 ☜ spectacle + ed<형접>
☐ **spect**acular [spektǽkjələr] 형 **구경거리의**, 볼 만한, 장관의; 호화로운 명 초대작(超大作) ☜ spect + a + cul<cle + ar<형접/명접>
♠ **spectacular** scenes **장엄한** 장면
☐ **spect**ator [spékteitər] 명 (fem. **-tress**) **구경꾼**, 관객; 관찰자, 목격자; 방관자; 관찰자 ☜ -or(사람)
☐ **spect**er, 《영》 -tre [spéktər] 명 **유령**, 망령, 요괴; 공포의 원인, 무서운 것 ☜ -er(사람/~것)

♠ Girls raised the **specter** of the rumor.
여자아이들이 소문(의 **망령**)에 대해 떠들어댔다.

☐ **spectr**al [spéktrəl] 형 **유령의**(과 같은), 곡두같은, 괴기한; 〖광학물리〗 스펙트럼의
☜ specter(유령)/spectra(스펙트럼) + al<형접>

☐ **spectr**oscope [spéktrəskòup] 명 〖광학〗 분광기(分光器) ☜ 스펙트럼(spectrum)을 보다(scope)

☐ **spectr**um [spéktrəm] 명 (pl. -tr**a**, **-s**) 〖광학〗 **스펙트럼**, 분광; (눈의) 잔상(殘像); (변동이 있는 것의) 범위, 연속체 ☜ 라틴어로 '눈에 보이는(spectr) 것(um)'이란 뜻

☐ **spectr**a [spéktrə] spectrum의 복수 ☜ -a<-um의 복수>

☐ **spec**ulate [spékjəlèit] 동 **사색하다**; 추측하다; **투기하다**
☜ (정신적으로) 보다(spec) + ul + ate<동접>
♠ **speculate** about one's future 장래를 **심사숙고하다**.

☐ **spec**ulation [spèkjuléiʃən] 명 **사색**, 심사숙고, 고찰; 추측, 억측; 공리(空理), 공론; **투기**
☜ speculate + ion<명접>

☐ **spec**ulative [spékjəlèitiv, -lə-] 형 **사색적인**; 추리의; 공론(空論)의; **투기적인**; 위험한
☜ speculate + ive<형접>

☐ **spec**ulator [spékjəlèitər] 명 투기(업)자; 〖상업〗 **투기꾼; 사색가**, 순이론가
☜ speculate + or(사람)

5분 스피치 A five-minute speech (5분 발표 · 연설)

※ **five** [faiv/파이브] 명 **다섯, 5**; 5개 형 다섯의, 5의, 5개(명)의; 5살의 ☜ 고대영어로 5, 다섯'이란 뜻

※ **min**ute [mínit/**미**닡] 명 (시간의) **분** 《1시간의 1/60》; 잠시; **순간** (=moment) ☜ 라틴어로 '작은 부분'이란 뜻

☐ **speech** [spiːtʃ/스삐-취] 명 **말**, 언어; 담화, **연설**
☜ speak(말하다)의 명사형
♠ **freedom of speech 언론의 자유**
♠ **Speech is silver, but silence is golden.**
《격언》 웅변은 은이요, 침묵은 금이다.

☐ **speech**less [spíːtʃlis] 형 **말을 못 하는**, 벙어리의; 입을 열지 않는; 말이 안 나오는; 이루 형언할 수 없는 ☜ speech + less(~이 없는)

☐ **speech** day (학교의) 졸업식 날 《졸업 증서 · 상품 수여 및 연설 등이 행해지는 축제일》
☜ day(날, 일(日))

■ **speak** [spiːk/스삐-익] 동 (-/**spoke**/**spoken**) **말하다, 이야기하다**
☜ 고대영어로 '말하다'란 뜻

스피드 speed (속도, 속력)

☐ **speed** [spiːd/스삐-드] 명 빠르기, **속력, 속도**; 빠름, 신속 동 **급히 가다**, 서두르다
☜ 고대영어로 '성공하다'란 뜻
♠ **More haste, less speed. 《속담》 급할 수록 천천히**
♠ **speed up 속도를 빨리 하다, 능률을 올리다; 촉진하다**

☐ **speed** gun **스피드건**, 속도 측정기 《자동차의 속도 위반이나 야구공의 속도 측정용》
☜ gun(총, 대포)

☐ **speed**ily [spíːdili] 부 **빨리**, 급히, 곧, 신속히 ☜ speed + i + ly<부접>

☐ **speed** indicator 속도계 ☜ 지시하는(indicate) 것(or)

☐ **speed** limit 제한 속도; 최고 속도 ☜ limit(한계, 제한, 제한하다)

☐ **speed**ometer [spidɑ́mitər] 명 (자동차 등의) 속도계 ☜ speed + o + meter(계량기, 미터)

☐ **speed** skating **스피드 스케이트** 경기 ☜ 스케이트 타(skate) 기(ing<명접>)

☐ **speed**up [spíːdʌ̀p] 명 (기계 따위의) **능률 촉진**; 속력 증가; 생산 증가; 노동 강화
☜ 속도(speed)를 위로(up) 올리다

☐ **speed**y [spíːdi] 형 (-<-d**ier**<-d**iest**) **빠른**; 급속한, 신속한; **즉시의**, 즉석의; 재빠른
☜ speed + y<형접>

스펠링 비 spelling bee (미국 영어 철자 맞추기 대회. <철자 경쟁 모임>이란 뜻)

☐ **spell** [spel] 동 (-/**spelt**(spell**ed**)/**spelt**(spell**ed**)) (낱말을) **철자하다**; ~의철자를 말하다(쓰다) 명 **주문**(呪文), **마법**; 매력;
☜ 고대영어로 '말, 말하다'란 뜻
한 차례의 일; 잠시 ☜ 고대영어로 '교대하다'란 뜻
♠ **spell** a word correctly 단어를 정확히 **철자하다**
♠ **cast (lay, put) a spell on (upon, over) ~ ~에 마법을 걸다**
♠ **a spell of** fine weather **한 차례(동안)의** 좋은 날씨

S

☐ **spell**ing [spéliŋ] ⓜ **철자법**, 정자(正字) (정서)법; 철자; 철자하기 ☜ spell + ing<명접>
☐ **spell**bound [spélbàund] ⓗ 주문(마법)에 걸린; 홀린; 넋을 잃은
☜ 마법(spell)에 의해 (마음이) 묶인(bound)
※ **bee** [biː/비-] ⓜ (꿀)**벌**; 일꾼; (경쟁) 모임 ☜ 고대영어로 '벌'이란 뜻.

스펜서 Spencer (종교철학을 체계화한 영국의 실증주의 철학자)

☐ **Spencer** [spénsər] ⓜ **스펜서** 《Herbert ~, 영국의 철학자; 1820-1903》

펜던트 pendant (늘어뜨린 장식), 서스펜스 suspense (계속된 긴장감)

♣ 어원 : pend, pense 매달다, 무게를 달다; 걸리다
■ **pend**ant [péndənt] ⓜ **펜던트, 늘어뜨린 장식** 《목걸이 · 귀고리 따위》
☜ 매단(pend) 것(ant<명접>)
■ ap**pend**ix [əpéndiks] ⓜ (pl. **-es**, -di**ces**) **부속물**, 부가물; **부록**
☜ ~에(ap<ad=to) 매달린(pend) 것(ix)
■ de**pend** [dipénd/디**펜**드] ⓓ 믿다, **의지하다; ~에 달려 있다**
☜ 아래에(de=down) 매달리다(pend)
☐ s**pend** [spend/스뻰드] ⓓ (-/**spent**/**spent**) (돈을) **쓰다, 소비하다**
☜ 밖으로(s<ex) 무게를 달다(pend)
♠ **spend** ten dollars a day 하루에 10달러**를 쓰다**
♠ **spend + 〈돈 · 시간〉 + on (in) (~ing) ~에 돈을 쓰다, ~에 시간을 보내다**
We **spend** too much time **in** computer games.
컴퓨터 게임**에** 너무 많은 시간**을 보낸다**.
☐ s**pend**ing [spéndiŋ] ⓜ 지출; 소비 ☜ spend + ing<명접>
☐ s**pend**thrift [spéndθrìft] ⓜ 방탕한 사람 ⓗ 돈을 헤프게 쓰는
☜ 검약/절약(thrift)한 것을 소비하(spend)는 (사람)
☐ s**pen**t [spent/스뻰트] ⓗ **지쳐버린**, 기진한, 다 써버린 ☜ spend의 과거 · 과거분사
■ sus**pend** [səspénd] ⓓ (매)달다, **보류[중지]하다** ☜ 아래로(sus) 매달다(pend)
■ sus**pen**se [səspéns] ⓜ **서스펜스, 계속된 긴장감**; 미결; 모호함 ☜ 아래로(sus) 매단(pen) 것(se)

슈펭글러 Spengler (<서구의 몰락>을 저술한 독일 철학자)

☐ **Spengler** [spéŋglər, ʃpéŋ-] ⓜ **슈펭글러** 《Oswald ~, 독일의 철학자 · 역사가; 1880-1936》
★ 슈펭글러는 문명의 생성과 성장, 쇠퇴기를 거친 후 소멸해 버린 과거 역사속의 문명과 오늘의 서구문명을 적용함으로써 서구의 몰락을 예언한 학자이다.

블로고 스피어 blogosphere (인터넷에 형성된 가상세계)

♣ 어원 : sphere 둥근, 구(球), 범위/영역
■ blogo**sphere** [blάgəsfìər] ⓜ **블로고스피어** 《인터넷상에서 서로 연결되어 형성된 blog들의 세계》 ☜ blog(인터넷 개인 홈페이지) + o + sphere(천체, 공간) ★ blog란 웹(web) 로그(log)의 줄임말로, 보통사람들이 자신의 관심사에 따라 자유롭게 글을 올릴 수 있는 웹 사이트를 말한다.
☐ **spher**al [sfíərəl] ⓗ 구(球)(=sphere)의, 구 모양의; 완벽한, 상칭(相稱)의, 균형이(조화가) 잡힌
☜ 구체sphere) 의(al<형접>)

S

☐ **sphere** [sfiər] ⓜ **구**(球), **구체, 천체**; 범위, 영역, 권(圈) ☜ 그리스어로 '공, 구(球)'란 뜻
♠ a **sphere** of influence 영향력의 **범위**, 영향**권**
☐ **spher**ical [sférikəl] ⓗ 둥근, 구면의, 천체의 ☜ 둥근 구(spher) 의(ical<형접>)
■ aero**sphere** [ɛ́ərəsfìər] ⓜ 『항공』 (흔히 비행 가능한) 대기권 ☜ 공중(aero)의 범위/영역(sphere)
■ atmo**sphere** [ǽtməsfìər] ⓜ **대기, 공기; 분위기** ☜ 수증기(atmos)가 있는 영역(sphere)
■ hemi**sphere** [hémisfìər] ⓜ (지구의) **반구** ☜ 반(hemi) 구(sphere)
■ hydro**sphere** [háidrəsfìər] ⓜ 수권(水圈), (지구의) 수계(水界); (대기 중의) 물
☜ 물(hydro)의 범위/영역(sphere)

스핑크스 sphinx ([그神] 여자머리, 사자 몸에 날개달린 괴물)

그리스 신화에서 여행자에게 수수께끼를 내서 대답하지 못하면 잡아먹는 괴물로, 인간의 여자 머리를 한 사자의 몸에 날개가 달려 있는 괴물이다. 스핑크스는 흔히 이집트 피라미드 옆에만 있는 것으로 생각하기 쉽지만 실제로는 오리엔트 전역에 널리 퍼져 있다. <출처 : 고대유적 / 일부인용>

☐ **sphinx** [sfiŋks] ⓜ (pl. **-es,** sphin**ges**) (the S-) 〖그.신화〗 **스핑크스** 《여자의 머리와 사자의 몸뚱이에 날개를 단 괴물》; 스핑크스상(像)《특히 이집트의 Giza 부근의 거상(巨像)》; 불가해한〔수수께끼의〕 사람 ☜ 그리스어로 '질식사(窒息死)시키는 자'란 뜻

스파이스 걸스 Spice girls (비틀즈 이후 전세계적으로 메가히트를 기록한 1990년대 영국의 5인조 걸그룹. <흥취있는 여자들>이란 뜻) * girl 계집아이, 소녀

< 영국의 대표적인 걸그룹 Spice Girls >

☐ **spice** [spais] ⓜ **양념**, [집합적] 향신료, 양념; 《비유》 풍미, 취향, 묘미; 정취, 흥취 ⓢ **향신료를 치다**; 양념을 하다; 흥취를 더하다 ☜ 라틴어로 '상품, 특히 향료와 약'이란 뜻
♠ Variety is the **spice** of life. 변화는 인생의 **양념**이다.

☐ **spice**ry [spáisəri] ⓜ (pl. -er**ies**) [집합적] 양념류, 향미료; 방향(芳香) ☜ spice + ery<명접>

☐ **spic**y [spáisi] ⓗ (-<-c**ier**<-c**iest**) **향신료를 넣은**, 향긋한; 짜릿한; 외설한, 음란한 ☜ spice + y<형접>

☐ **spic**iness [spáisinis] ⓜ 향기로움 ☜ spicy + ness<명접>

스파이더맨 Spider-Man (미국 만화 · 영화의 주인공. <거미인간>)

우연히 생물학 연구소를 방문했다가 방사능에 노출된 거미에 물리며 거미인간이 된 스파이더맨. '슈퍼맨', '배트맨'과 함께 한국인들에게 가장 인지도가 높은 미국의 슈퍼히어로(영웅)이다. <출처 : 20세기 디자인 아이콘 : 캐릭터 / 일부인용>

☐ **spider** [spáidər] ⓜ 〖동물〗 **거미**; 거미같은 것; 계략을〔간계를〕 꾸미는 사람 ☜ 고대영어로 '(실을) 뽑는<당기는((s)pid<pen) 것(er)'이란 뜻
♠ a **spider** spinning a web 거미줄을 치는 **거미**

※ **man** [mæn/맨] ⓜ (pl. **men**) **남자**, 사내; **사람, 인간**, 인류; (pl.) **병사** ⓢ **인원[병력]을 배치하다** ☜ 고대영어로 '인간, 사람'이란 뜻

임금피크제 salary peak (일정 연령이 된 근로자의 임금을 삭감하는 대신 정년까지 고용을 보장하는 제도)

♣ **어원 : peak, pike, pire 끝이 뾰족한 (것)**

※ **salary** [sǽləri/쌜러뤼] ⓜ **봉급**, 급료 ⓢ ~에게 봉급을 주다 ☜ 라틴어로 '(고대 로마에서 병사들의 급료로 지급된) 소금을 사기 위한 돈'이란 뜻

■ **peak** [pi:k] ⓜ **(뾰족한) 끝**, 첨단; (뾰족한) **산꼭대기**, 봉우리; 고봉(高峰); **절정**, 최고점 ⓢ 뾰족해지다, 우뚝 솟다 ☜ pike의 변형

■ **pike** [paik] ⓜ (옛날의) **창**, 창끝; 《영.방언》 곡괭이; 바늘, 가시 ⓢ 창으로 찌르다 ☜ 프랑스어로 '찌르다'란 뜻

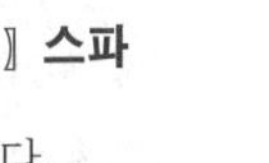

☐ s**pike** [spaik] ⓜ 긴 못; (보통 pl.) **스파이크**화(靴) 《신발바닥에 못이 박힌》; 〖배구〗 **스파이크** ⓢ 못을 박다 ☜ 고대영어로 '큰 못'이란 뜻
♠ He was hammering a **spike** into the wall. 그는 벽에 **못**을 박고 있었다.

☐ s**pire** [spaiər] ⓜ **뾰족탑**; (지붕의) 뾰족한 꼭대기; (풀의) 잎, (가는) 싹 ⓢ 치솟다; 돌출하다 ☜ 고대영어로 '끝이 뾰족한 것, (끝이 뾰족한) 풀잎, 못, 칼날'이란 뜻
♠ **a church spire 교회의 첨탑**

스필오버 spillover ([통신] 위성전파가 서비스권 밖으로 나가는 것)

☐ **spill** [spil] ⓢ (-/spill**ed**〔**spilt**〕/spill**ed**〔**spilt**〕) **엎지르다**, 흩뜨리다, (피를) 흘리다; 엎질러지다; 넘치다; 누설하다 ☜ 고대영어로 '부수다, 헛되게 하다'란 뜻
♠ **spill** coffee on one's dress 옷에 커피를 **엎지르다**.
♠ **It is no use crying over spilt milk. 《속담》 엎지른 물은 다시 담을 수 없다. 이미 저지른 일은 어쩔 도리 없다.**

☐ **spill**over [spílòuvər] ⓜ 넘쳐흐름, 유출; 엎지르기; 엎질러진 물건, 과잉인구; 《미》 과잉, 풍부; 부작용, 여파 ☜ 위로(over) 넘치다(spill)

☐ **spil**th [spilθ] ⓜ 엎질러진 것; 흘려 버려진 것; 찌꺼기; 나머지 ☜ spill + th<명접>

스핀 spin ([골프 · 테니스 · 탁구 등] 타구에 가해진 공의 회전)

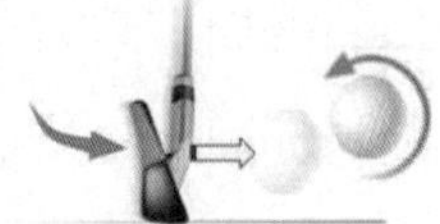

♣ **어원 : spi(r) 회전, 나선(형), 코일; 회전하다, 감다, 실을 잣다**

☐ **spi**n [spin] ⓢ (-/**span**〔**spun**〕/**spun**) (실을) **잣다**, 방적하다; 회전

시키다 ⓜ (골프·탁구 공 등의) **회전**(운동)
☜ 고대영어로 '실을 뽑아 꼬다'란 뜻
♠ **spin** thread out of cotton 솜에서 실을 **잣다**.

□ **spin**dle [spíndl] ⓜ (돌아가는 기계의) **축**, 굴대; **물레 가락**《실을 잣는 막대기》 ⓢ 가늘고 길게 되다, 길쭉하게 되다 ☜ 고대영어로 '잣는 도구'란 뜻

□ **spin**ner [spínər] ⓜ **실 잣는 사람**, 방적공; 방적기 ☜ spin + n + er(사람/기계)

□ **spin**ning [spíniŋ] ⓜⓗ **방적**(의), 방적업(의); 급회전(의) ☜ spin + n + ing<형접>

□ **spin**out [spínàut] ⓜ **스핀 아웃**《차가 고속으로 커브를 돌 때 도로에서 튀어나가는 일》
☜ 밖으로(out) 회전하다(spin)

□ **spin**ster [spínstər] ⓜ **미혼여자**, 노처녀; 실 잣는 여자 ☜ 실을 잣는(spin) 사람(ster)
비교 bachelor 미혼〔독신〕남자

■ tail**spin** [téilspìn] ⓜ 『항공』 (비행기의) 나선식 급강하; 낭패, 허탈, 의기소침; 경제 혼란, 침체
☜ 꼬리(tail) 회전(spin)

□ **spu**n [spʌn] ⓗ (실로) 자은; **잡아늘인**; 《영.속어》 매우 지친 ☜ spin의 과거, 과거분사
♠ a long(-**spun**) story **기다란** 이야기

□ **spir**al [spáiərəl] ⓗ **나선형의**; 소용돌이선(線)의, 와선(渦線)의 ⓜ 나선; 와선 『항공』 나선강하, **스파이럴** ☜ 중세 라틴어로 '고정된 중심의 주위를 돌다'
♠ **spiral** staircase **나선형** 계단

연상 그는 5분 스피치(speech.연설)하기 전에 꼭 스피니치(spinach.시금치)를 먹는다

※ **speech** [spiːtʃ/스삐-취] ⓜ **말**, 언어; 담화, **연설**
☜ speak(말하다)의 명사형

□ **spinach, -age** [spínitʃ/-nidʒ, -nitʃ], [-idʒ] ⓜ 시금치; 《미.구어》 필요 없는 것, 군더더기 ☜ 페르시아어로 '시금치'라는 뜻
♠ I don't want to eat **spinach**. 나는 **시금치**를 먹기 싫어.

연상 스페인(Spain) 사람들은 스파인(spine.등뼈)이 굵다(?)

※ **Spain** [spein] ⓜ **스페인**, **에스파냐**《수도 마드리드(Madrid)》
☜ 그리스어로 '서쪽의 땅'이란 뜻

□ **spine** [spain] ⓜ 『해부』 등뼈, 척주; 『식물』 바늘, 가시; 『동물』 가시 모양의 돌기 ☜ 라틴어로 '가시'란 뜻
♠ The backbone is another word for the **spine**.
등뼈는 **척추**의 다른 말이다.

□ **spin**al [spáinl] ⓗ 척추의, 등뼈의; 가시의 ☜ spine + al<형접>

□ **spine**d [spaind] ⓗ 등뼈가 있는, 척주가 있는; 가시가 있는, 바늘이 있는《식물·동물 등》 ☜ spine + ed<형접>

□ **spine**less [spáinlis] ⓗ 등뼈가 없는; 줏대〔결단력〕 없는 ☜ spine + less(~이 없는)

□ **spiral**(나선형의; 나선강하) ➔ **spin**(실을 잣다; 회전) **참조**

□ **spire**(뾰족탑) ➔ **spike**(스파이크화) **참조**

스프라이트 sprite (코카콜라의 세계 1위 사이다. <요정>이란 뜻)

코카콜라(Coca-Cola; Coke)사(社)의 세계 1등 사이다(soda pop) 브랜드.
* 영어로 cider는 '소다음료'가 아닌 '사과주'를 의미함.

S

♣ **어원 : spir(e), spri 숨쉬다**

■ **spri**te [sprait] ⓜ 요정《자연물의 정령(精靈), 불가사의한 마력을 지닌 님프》 ☜ 숨을 쉬고 있는〔죽지 않은〕 정령

□ **spir**it [spírit/스삐릳] ⓜ **정신, 마음** ☜ 숨을 쉬고 있는〔살아 있는〕
♠ **Blessed are the poor in spirit. 복이 있는 자는 마음이 가난하다. 『성서』 마음이 가난한 자는 복이 있나니** -마태복음-
♠ **in good** 〔high, great〕 **spirits 원기 왕성하게, 기분이 (썩) 좋아**
I am **in good** 〔poor〕 **sprits**. 나는 **매우 원기가 좋다** 〔나쁘다〕

□ **spir**ited [spíritid] ⓗ **힘찬**, 활발한, 용기 있는; 《복합어를 이루어》 정신이 ~한, 기분이 ~한
☜ spirit + ed<형접>

□ **spir**itless [spíritlis] ⓗ 기운 없는 ☜ spirit + less(~이 없는)

□ **spir**itual [spíritʃuəl] ⓗ **정신의**, 정신적인; 고상한; 영적인; 초자연의; 신의; 종교적인
☜ 라틴어로 '숨쉬는, 정신이 살아있는'이란 뜻. spirit + ual<형접>

□ **spir**itualism [spíritʃuəlìzm] ⓜ 심령술, 심령주의, 강신술(降神術; 신을 부르는 술법), 유심론(唯心論)
☜ spiritual + ism(~술, ~론, ~주의)

☐ **spir**ituality [spìritʃuǽləti] 명 영성(靈性), 숭고함 ☜ spiritual + ity<명접>
☐ **spir**itualize [spíritʃuəlàiz] 동 영화(靈化)하다, 고상하게 하다 ☜ spiritual + -ize<동접>
☐ **spir**itually [spíritʃuəli] 부 정신적으로, 영적으로 ☜ spiritual + ly<부접>
☐ su**spire** [səspáiər] 동 한숨 쉬다 ☜ 아래로/힘없이(sus=down) 숨을 쉬다(spire)
☐ su**spir**ation [sʌ̀spəréiʃən] 명 《고어 · 시어》 한숨, (장)탄식 ☜ -ation<명접>
■ con**spire** [kənspáiər] 동 **공모하다, 꾀하다** ☜ 함께(con<com) 숨을 쉬다(spire)
■ in**spire** [inspáiər] 동 **고무시키다, 격려하다** ☜ 안으로(in) 숨을 불어넣다(spire)
■ in**spir**ation [ìnspəréiʃən] 명 **인스피레이션, 영감**(靈感) ☜ -tion<명접>

스핏파이어 Spitfire (제 2 차 세계대전 때의 영국 전투기)

☐ **spit** [spit] 동 (-/**spit**(**spat**)/**spit**(**spat**)) (침 · 음식 · 피 따위를) **뱉다**, 토해내다 명 **침**(뱉기); 거품을 물기
☜ 중세영어로 '침, 타액'이란 뜻
♠ **spit** saliva 침을 **뱉다**
♠ **spit up** blood 피를 **토하다**.
☐ **spit**fire [spítfàiər] 명 불을 뿜는 것 《대포 · 화산 따위》; (특히 여성 · 어린애의) 불뚱이; (S-) 영국 전투기의 일종 《2차 대전 때의》 ☜ 불(fire)을 토하는(spit) 것

스파이 spy (간첩)

♣ **어원 : spi, spy 보다, 살피다**
■ **spy** [spai] 명 **스파이**, 밀정, 간첩 동 감시하다
☜ 고대 프랑스어로 '감시하다, 정탐하다'란 뜻
■ e**spy** [espái] 동 **찾아내다**; ~을 알아채다; 정찰(관찰)하다
☜ 감시를(spy) 하다(e<en)
☐ **spi**te [spait] 명 **악의**, 심술; 원한, 앙심 동 ~에 심술부리다, 괴롭히다
☜ de**spite**의 두음소실
♠ **bear ~ a spite = have a spite against ~ ~에게 원한이 있다**.
♠ **(in) spite of ~ ~에도 불구하고, ~을 무릅쓰고**
In spite of our efforts, we failed to win the prize.
우리의 노력**에도 불구하고** 우리는 상을 타지 못했다
☐ **spi**teful [spáitfəl] 형 원한을 품은, 심술궂은 ☜ spite + ful(~이 많은)
■ de**spi**te [dispáit] 전 **~에도 불구하고**(=in spite of) 명 **무례**, 멸시; 악의, 원한
☜ 아래로(de=down) 내려 보다(spi) + te
■ de**spi**se [dispáiz] 동 **경멸하다**, 멸시하다, 얕보다 ☜ 아래로(de=down) 내려 보다(spi) + se

연상 플래쉬(flashlight.회중전등)로 플래쉬(plash.철썩철썩) 소리가 나는 곳을 비추다.

※ **flash** [flæʃ/플래쉬] 동 **번쩍이다**, 확 발화하다 명 **번쩍임, 번쩍 일어나는 발화**
☜ 스웨덴어로 '밝게 타다'란 뜻
■ **plash** [plæʃ] 명 절벅절벅, 철벙, 철썩철썩《물소리》; 웅덩이; 반점, 얼룩 동 절벅절벅(찰싹찰싹) 소리를 내다(소리가 나다); ~에 액체를 튀기다, (물이) 튀다 ☜ 중세영어로 의성어
☐ s**plash** [splæʃ] 동 (물 · 흙탕물 따위를) **튀기다**[**튀다**], 더럽히다 명 튀기기, 물 튀기는 소리, 철벅 철벅, 풍덩; 얼룩 ☜ s(강조) + plash
♠ **splash** water about 물을 주위에 **튀기다**
☐ s**plash**y [splǽʃi] 형 (-<-sh**ier**<-sh**iest**) 흙탕물이 튀는, 철벅철벅하는
☜ splash + y<형접>
☐ s**plash**down [splǽʃdàun] 명 (우주선의) **착수**(着水)(지점)
☜ 아래로/바닥으로(down) 물을 튀기다(splash)

스플렌더 splendor (입문용으로 호평받는 카드 보드게임. <광채>란 뜻)

♣ **어원 : splend 빛나다; 빛남, 광채, 화려**
☐ **splend**or, -our [spléndər] 명 **빛남**, 광휘, 광채; **훌륭함**, 화려함, 탁월; 호화, **장려** ☜ 라틴어로 '빛남'이란 뜻
⇦ splend + o(u)r<명접>
♠ **in full splendor 번쩍번쩍 빛나서**
☐ **splend**id [spléndid/스쁠**렌**디드] 형 빛나는(=glorious), 훌륭한, 장한; **화려한**(=gorgeous), **멋진**
☜ splend + id<형접>
☐ **splend**idly [spléndidli] 부 훌륭하게, 화려하게, 멋지게 ☜ splendid + ly<부접>

☐ re**splend**ent [risplέndənt] ⓗ 빤짝빤짝 빛나는, 눈부신
☜ 아주(re/강조) 빛나(splend) 는(ent<형접>)
♠ Tom glimpsed Jane, **resplendent in a red dress**.
톰은 **빨간 드레스를 입어 눈부시게 아름다운** 제인을 흘끗 보았다.
☐ re**splend**ence, -ency [risplέndəns], [-i] ⓜ 번쩍임, 광휘, 눈부심, 찬란 ☜ -ence/-ency<명접>

스플릿 split ([볼링] 첫 번째 투구결과 핀이 몇 개만 쓰러진 상태. <쪼개지다>란 뜻)

♣ **어원 : spli 나누다, 쪼개다, 분리하다**

☐ **split** [split] ⓓ (-/**split/split**) **쪼개다**, 찢다, 째다, 분할하다; **쪼개지다** ⓗ 갈라진, 쪼개진 ⓜ 쪼개짐, 조갬, 갈라짐 ☜ 초기인도유럽어로 '쪼개다'라는 뜻
♠ **split** a log into two 통나무를 둘**로 쪼개다**

☐ **spli**tter [splítər] ⓜ 쪼개는〔가르는〕 사람〔도구〕; 분열파의 사람
☜ split + t<단모음+단자음+자음반복> + er(사람/도구)

☐ **spli**tting [splítiŋ] ⓜ 파편; 분열 ⓗ 쪼개지는 듯한; (두통 따위가) 심한
☜ split + t<단모음+단자음+자음반복> + ing<명접/형접>

☐ **spli**nt [splint] ⓜ **얇은 널조각**; (접골 치료용) 부목(副木); (성냥) 개비
ⓓ ~에 부목을 대다 ☜ 중세 네덜란드어로 '얇게 자른 조각'이란 뜻

☐ **spli**nter [splíntər] ⓜ **부서진[쪼개진] 조각**; 가시; 파편 ⓗ 분리〔분열〕한 ⓓ 쪼개(지)다
☜ 중세 네덜란드어로 '쪼개진(spli) + nt + 것(er)'이란 뜻

스포일러 spoiler (❶ [영화] 줄거리를 미리 관객 · 독자들에게 밝히는 행위. <망치는 사람> ❷ [자동차] 고속주행시 공기의 와류현상을 깨뜨려 안정성을 높이는 장치

☐ **spoil** [spɔil/스뽀일] ⓓ (-/spoil**t**〔spoil**ed**〕/spoil**t**〔spoil**ed**〕) **망쳐놓다**, 손상하다; **성격[성질]을 버리다, 응석받다** ⓜ (또는 pl.) **전리품**, 약탈품 ☜ 라틴어로 '동물의 껍질을 벗기다, 약탈하다'
♠ **spoil** a new dress 새 옷을 **못쓰게 만들다〔더럽히다〕**
♠ **Too many cooks spoil the broth.**
《속담》 사공이 많으면 배가 산으로 올라간다.

☐ **spoil**er [spɔ́ilər] ⓜ 약탈자; 망치는 사람〔물건〕; 『항공』 **스포일러** 《하강 선회 능률을 좋게 하기 위하여 날개에 다는》; 《미》 방해 입후보자; 『자동차』 **스포일러** 《차체의 앞뒤에 다는 지느러미나 날붙이 꼴의 부품으로 고속 주행시 차량의 뜸을 막고 안정성을 유지시킴》 ☜ spoil + er(사람/장비)

☐ **spoil**age [spɔ́ilidʒ] ⓜ **망쳐진 것**; 손상액 ☜ spoil + age<명접>

스피커 speaker (확성기), 스피킹 speaking (말하기)

■ **speak** [spiːk/스삐-크] ⓓ (-/**spoke/spoken**) **말하다, 이야기하다**
☜ 고대영어로 '말하다'란 뜻

■ **speak**er [spíːkər] ⓜ **스피커**, 확성기; **말하는 사람** ☜ -er(사람/장비)

■ **speech** [spiːtʃ/스삐-치] ⓜ **말**, 언어; 담화, **연설** ☜ speak(말하다)의 명사형

☐ **spok**en [spóukən/스**뽀**우컨] ⓗ 말로 하는, **구두의**, 구어의; [합성어] 말솜씨가 ~한 ☜ speak의 과거분사
♠ **spoken** language **구**어
♠ soft-**spoken** 부드럽게 **말한**

☐ **spoke**sman [spóukmən] ⓜ (pl. **-men**) **대변인**; 대표자; 연설가 ☜ spoke + s + man(남자, 사람)
★ 여성의 지위와 대우가 남성과 동등해지면서 성차별적 단어도 점차 중성적 의미의 단어로 바뀌고 있다. spokesman도 spokesperson으로 변화됨.

S

스펀지 sponge (탄성이 있는 다공질 합성 수지)

☐ **sponge** [spʌndʒ] ⓜ **스펀지**, **해면(海綿)** 《해면동물의 섬유 조직》, 흡수물 ⓓ 해면으로 닦다; 해면에 흡수시키다 ☜ 라틴어로 '미세한 많은 구멍을 가진 바다동물'이란 뜻
♠ **sponge up** spilled ink 흘린 잉크를 **흡수하다**.

☐ **spong**y [spʌ́ndʒi] ⓗ (-<-g**ier**<-g**iest**) **해면 모양의, 해면질의**; 작은 구멍이 많은
☜ sponge + y<형접>

☐ **spong**e cake **카스텔라** ☜ cake(케이크, 양과자)

스폰서 sponsor (후원자)

♣ **어원 : spond, spons, spous (대)답하다, 약속하다, 서약[보증]하다, 마음이 일치하다**

☐ **spons**or [spάnsər/spɔ́n-] ⓜ **보증인**(=surety), **후원자, 스폰서** ⓢ **후원하다** ☜ 약속하는(spons) 사람(or)
♠ **sponsor for ~ ~을 위해 후원하다**

☐ **spon**taneous [spɑntéiniəs/spɔn-] ⓗ **자발적인**, 자진해서 하는, 임의의; 자연적인 ☜ (스스로에게) 약속(spon)을 취하(tane<tain) 는(ous)
♠ a **spontaneous** action **자발적인** 행동

☐ **spon**taneously [spantéiniəsli] ⓟ 자발적으로, 자연스럽게 ☜ -ly<부접>

☐ **spon**taneity [spὰntəníːəti/spɔ̀n-] ⓜ 자발성, 자연발생; 무의식
☜ (스스로에게) 약속(spon)을 취하는(tane<tain) 것(ity<명접>)

☐ **spous**e [spaus, spauz] ⓜ **배우자**; (pl.) 부부 ☜ (평생을) 약속한(spous) 사람(e)
♠ look for a **spouse** (marriage partner) **혼처**를 찾다

■ de**spond** [dispάnd/-spɔ́nd] ⓢ 실망〔낙담·비관〕하다 ⓜ 《고어》 낙담, 실망
☜ 아래로(de) 답하다(spond)

■ re**spond** [rispάnd/-spɔ́nd] ⓢ **응답[대답]하다** ☜ 도로(re) 답하다(spond)

■ re**spons**e [rispάns/-spɔ́ns] ⓜ **응답**, 대답; 반응 ☜ 도로(re) 답하(spons) 기(e)

■ irre**sponsi**ble [ìrispάnsəbəl/-spɔ́n-] ⓗ **책임이 없는; 무책임한**
☜ 무(ir<in=not) 책임한(sponsible)

스풀 spool (❶ [낚시] 낚시줄을 감는 실패 ❷ [영화] 필름을 되감는 틀)

☐ **spool** [spuːl] ⓜ **실패, 실감개**; (테이프·필름 따위의) 릴, **스풀**; (실 따위의) 감은 것〔양〕 ⓢ 실패에 감(기)다
☜ 고대 북프랑스어로 '실감개'라는 뜻
♠ a **spool of** film **한 통의** 필름
♠ a **spool of** thread **한 타래의** 감은 실

스푼 spoon (숟가락), 티스푼 teaspoon (찻숟가락)

☐ **spoon** [spuːn] ⓜ **숟가락, 스푼**; 한 숟가락의 양; 숟가락 모양의 물건〔노(櫓), 골프 클럽〕 ⓢ 숟가락으로 떠내다〔푸다〕 ☜ 고대영어로 '평평한 나무 조각', 중세영어로 '숟가락'
♠ two **spoons** of sugar 두 **숟가락**의 설탕
♠ be born with a **gold spoon** in one's mouth
부유한 집안에〔**금수저**로〕 태어나다

☐ **spoon**-feed [spúːnfìːd] ⓢ 숟가락으로 떠먹이다 ☜ 숟가락(spoon)으로 먹이다(feed)

☐ **spoon**ful [spúːnfùl] ⓜ (pl. **-s**, spoon**s**ful) **한 숟가락 가득**(한 분량) ☜ -ful(~로 가득한)

■ tea**spoon** [tíːspùːn] ⓜ **찻숟가락** ☜ tea(차(茶), 다(茶)) + spoon

■ table**spoon** [téiblspùːn] ⓜ (수프용) **식탁용 큰 스푼** ☜ table(탁자) + spoon

스포츠 sports (신체운동 경기의 총칭)

☐ **sport** [spɔːrt/스뽀-트] ⓜ (또는 pl.) **스포츠, 운동**, 경기 《hunting, fishing을 포함》; (pl.) 운동회, 경기회 ⓢ 장난하다, 까불다
☜ 라틴어로 '물건을 운반하다', 고대 프랑스어로 '기쁨, 즐거움'
♠ be fond of **sport(s)** **스포츠**를 좋아하다.

☐ **sport**ing [spɔ́ːrtiŋ] ⓗ **경기를**〔스포츠를, 사냥을〕 **좋아하는**; 운동〔경기〕용의 ☜ -ing<형접>

☐ **sport**s [spɔːrts] ⓗ (복장 등이) 경쾌한, 날씬한, 스포츠용의 ☜ sport + s<소유격>
★ 우리말의 스포츠 댄싱(sports dancing)은 콩글리시이며, 올바른 표현은 competition ballroom dancing이다.

☐ **sport**s car **스포츠카**, 경주용 자동차 ☜ car(자동차)

☐ **sport**sman [spɔ́ːrtsmən] ⓜ (pl. **-men**) **운동가, 스포츠맨**, 운동 애호가
☜ sports + man(남자, 사람) ★ 스포츠맨(sportsman)이 스포츠를 좋아하는 사람부터 전문가까지 포괄하는 개념이라면, 애슬릿(athlete)은 경기자, 특히 육상선수를 가리키는 구체적이고 전문적인 표현이다.

☐ **sport**smanlike [spɔ́ːrtsmənlaik] ⓗ 스포츠맨다운 ☜ sportsman + like(~같은, ~다운)

☐ **sport**smanship [spɔ́ːrtsmənʃip] ⓜ **스포츠맨십, 운동가 정신**(태도), 정정당당함
☜ sports + man(남자, 사람) + ship(지위, 성질)

☐ **sport**swoman [spɔ́ːrtswùmən] ⓜ (pl. **-women**) 여류 운동가 ☜ sports + woman(여자, 여성, 부인)

☐ **sport**ive [spɔ́ːrtiv] ⓗ 까부는, 놀기 좋아하는 ☜ sport + ive<형접>

☐ **sport**y [spɔ́ːrti] ⓗ (-<-t**ier**<-t**iest**) 《구어》 스포츠적인, 운동가다운; (복장이) 화려한, 경쾌한
☜ sport + y<형접>

스포트 라이트 spotlight (무대위의 특정 인물에 대한 집중 조명)

S

☐ **spot** [spɑt/스빹/spɔt/스뽙] ⓜ (특정) **장소**, 지점; **반점**, 얼룩 ⓗ **당장[즉석]의** ⓢ **더럽히다, 발견하다; 더럽혀지다**
☜ 고대영어로 '얼룩, 조각'이란 뜻
♠ a sun **spot** = a **spot** in the sun
태양의 **흑점**; 《비유》 옥에 **티**
♠ **on the spot 그 자리에서, 즉석에서**

☐ **spot**light [spάtlàit/spɔ́t-] ⓜ 〖연극〗 **스포트라이트**, 각광; (무대 위의) 집중 광선; (the ~) (세인의) 주시, 관심 ⓢ 스포트라이트로 비추다, 각광받다
☜ spot + light(불빛)
♠ come into the **spotlight** 세인의 **주목**을 모으다

☐ **spot** check 임의 추출 조사; 불시 점검 ☜ check(점검)

☐ **spot**less [spάtlis/spɔ́t-] ⓗ **오점[얼룩]이 없는**; 결점이 없는, 완벽한; 결백한
☜ spot + less(~이 없는)

☐ **spot**ty, **spot**ted [spάti/spɔ́ti], [spάtid/spɔ́tid] ⓗ (-<-t**ier**<-t**iest**) 얼룩(반점)투성이의; 여드름이 있는; (연주・연기 등이) 한결같지 않은
☜ spot + t<단모음+단자음+자음반복> + y<형접>, spot + t + ed<형접>

☐ **spouse**(배우자) ➔ **sponsor**(스폰서, 후원자) **참조**

연상 그녀는 파우치(pouch.주머니)를 잃어버려 파우티(pouty.뿌루퉁한)한 얼굴을 했다.

♣ **어원 : pout, pouch 부풀리다, 튀어나오게 하다**

※ **pouch** [pautʃ] ⓜ **작은 주머니**, 주머니; 우편 행낭(行嚢); **파우치, 외교 행낭** ⓢ 주머니에 넣다; 파우치에 넣어 수송하다
☜ 프랑스어로 '주머니, 포켓'이란 뜻

■ **pout** [paut] ⓢ **입을 삐죽거리다**; 토라지다 ⓜ 입을 삐죽거림, 샐쭉거림 ☜ 스웨덴어로 '무언가를 부풀리다'라는 뜻

■ **pout**y [páuti] ⓗ (-<-ier<-iest) 부루퉁한(=sulky); 잘 부루퉁하는
☜ -y<형접>

☐ s**pout** [spaut] ⓢ (액체・증기・화염 등을) **내뿜다**; 분출하다(=eject) ⓜ 분출, 용솟음 ☜ 중세영어로 '액체를 내뿜다'라는 뜻
♠ A fountain is **spouting out.** 샘이 **분출하고 있**다

스프레이 spray (분무기), 스프링 spring (용수철)

♣ **어원 : spra, spre, spri, sprou 밀어내다, 펼치다, 뻗히다, 튀기다**

☐ **spra**in [sprein] ⓢ (발목・손목 따위를) **삐다** ⓜ 삠, 접질림
☜ 중세 프랑스어로 '밀어내다'란 뜻
♠ **sprain** one's finger 손가락을 **삐다**.

☐ **spra**wl [sprɔːl] ⓢ **팔다리를 쭉 뻗다[펴다]**, 큰 대자로 드러눕다; 배를 깔고 엎디다 ☜ 중세영어로 '펼치다'란 뜻
♠ **sprawl** on the sand 모래 위에 **팔다리를 쭉 펴고 드러눕다**

☐ **spra**y [sprei] ⓜ **스프레이**(액), 분무기; **물보라**, 튀는 물방울; (끝이 갈라져 꽃이나 잎이 튀어나온) **작은 가지** ⓢ 물보라를 날리다 ☜ 독일어로 '불꽃을 튀기다'란 뜻에서

☐ **spra**yer [spréiər] ⓜ 분무기; 흡입기(吸入器) ☜ spray + er(장비)

☐ **spre**ad [spred/스쁘뤠드] ⓢ (-/**spread**/**spread**) **펴다**, 펼치다, 뻗다, 전개하다, 늘이다 ⓜ 퍼짐 ☜ 고대영어로 '펼치다'란 뜻
♠ **spread out** the newspaper 신문을 **펼치다**.

■ over**spread** [òuvərspréd] ⓢ (-/over**spread**/over**spread**) ~에 만연하다, **온통 뒤덮다**, 그득 차다 ☜ 지나치게(over) 퍼지다(spread)

■ wide**spre**ad [wáidspréd] ⓗ **펼친**; 보급된; 만연된; **넓게 펼쳐진**, 대폭적인
☜ 넓게(wide) 펼쳐진(spread)

☐ **spri**g [sprig] ⓜ **작은 가지**, 어린 가지(=shoot) ⓢ 잔가지를 치다; 잔가지로 장식하다
☜ 고대영어로 '식물의 어린 가지, 잔가지'란 뜻. 튀어나온(spri) 것(g)

☐ **spri**ng [spriŋ/스쁘링] ⓜ **튐, 뛰어오름, 뜀**, 도약, 용수철; **봄**; 활기, 생기; (종종 pl.) **샘**, 원천 ⓢ (-/**sprang**(**sprung**)/**sprung**) **튀다**, 뛰어오르다, 도약하다, 솟아오르다
☜ 고대영어로 '튀어나오다, 펼치다'란 뜻
♠ bloom **in (the) spring 봄에** 꽃이 피다
♠ **spring a surprise on a person (의견・질문 따위를) 느닷없이 내놓다; (나쁜 소식 따위로) 갑자기 아무를 놀라게 하다**
♠ **spring up 벌떡 일어나다; 일어서다, 생기다**
He **sprang up** from his seat. 좌석에서 벌떡 **일어났다**.

☐ **spri**ngboard [spríŋbɔ̀ːrd] ⓜ 출발점, 도약판, 구름판 ☜ spring + board(판, 판지)

☐ **spri**ngtime, -tide [spríŋtàim], [-tàid] ⓜ (종종 the ~) **봄**(철); 청춘(기); 초기
☞ spring + time(시간, 시기)/tide(조류, 때, 시기)
☐ **spri**ngy [spríŋi] ⓗ (-<-**gier**<-**giest**) 탄력성이 있는; 샘이 많은 ☞ spring + y<형접>
☐ **spru**ng [sprʌŋ] ⓗ 용수철이 달린〔든〕; 《속어》 (술이) **얼근한, 취한** ☞ spring의 과거분사
☐ **sprou**t [spraut] ⓜ (새)**싹, 눈**, 움 ⓓ 싹이 트다〔트게 하다〕, 발아하다; 발육〔성장〕하다
☞ 고대영어로 '식물의 어린 가지, 잔가지'. 튀어나온(sprou) 것(t)

스프라이트 sprite (미국 코카콜라사의 세계 1 등 사이다. <요정>이란 뜻)

코카콜라(Coca-Cola; Coke)사(社)의 세계 1 등 사이다(soda pop) 브랜드.
* 영어로 cider 는 '소다음료'가 아닌 '사과주'를 의미함.

♣ **어원 : spir(e), spri 숨쉬다**
☐ **spri**te [sprait] ⓜ 요정 《자연물의 정령(精靈), 불가사의한 마력을 지닌 님프》 ☞ 숨을 쉬고 있는〔죽지 않은〕 정령
☐ **spri**ghtly [spráitli] ⓗⓟ (-<-t**lier**<-t**liest**) **기운찬**〔차게〕, 쾌활한〔하게〕, 명랑한〔하게〕 ☞ spright<sprite(작은 요정) + ly<부접>
♠ a **sprightly** 80-year-old 정정한 팔순 노인
■ **spir**it [spírit/스**피**릳] ⓜ **정신, 마음** ☞ 숨을 쉬고 있는〔살아 있는〕

스프링클러 sprinkler (살수장치)

♣ **어원 : sprink, spers, spars, spark 뿌리다, 끼얹다**
☐ **sprink**le [spríŋkəl] ⓓ **(흩)뿌리다; 끼얹다**, 붓다 ☞ 뿌리다(sprink) + le
♠ **sprinkle** flowers with water = **sprinkle** water on〔over〕 flowers 꽃에 물을 **뿌리다**.
☐ **sprink**ler [spríŋklər] ⓜ 물 뿌리는 사람; 살수차〔장치〕; 물뿌리개; **스프링클러** ☞ sprinkle + er(사람, 장치)
☐ **sprink**ling [spríŋkliŋ] ⓜ **흩뿌리기**, 살포, 끼얹기; 조금, 소량, 소수 ☞ sprinkle + ing<명접>
■ a**spers**e [əspə́ːrs] ⓓ 헐뜯다, 험담하다, 중상하다 ☞ ~에(a<ad=to) 끼얹다(spers) + e
■ di**spers**e [dispə́ːrs] ⓓ **흩뜨리다**, 흩어지게 하다 ☞ 멀리(di=away) 뿌리다(spers) + e
■ exa**sper**ate [igzǽspərèit, -rit] ⓓ 성나게 하다, **격분시키다**
☞ 밖으로(ex) ~에게(a<ad=to) 물뿌림(sper)을 만들다(ate)
■ **spark**le [spɑ́ːrkəl] ⓜ **불꽃**, 불똥, 섬광 ⓓ 불꽃을 튀기다
☞ (불꽃처럼 화려하게) 뿌리는(spark) 것(le)
■ **spark**ling wine **스파클링 와인**, 발포(포도)주 《알코올분 12%》 ☞ wine(와인, 포도주)

스프린트 sprint ([육상 · 사이클] 단거리 경주)

☐ **sprint** [sprint] ⓓ (단거리를) 역주〔역조(力漕)〕하다 ⓜ 단거리 경주(~ race); 전력 질주, **스프린트**; 단시간의 노력〔격무〕
☞ 고대 노르드어로 '달리다'
♠ He set the U.S. record for the **100-meter sprint**. 그는 **100 미터 달리기**에서 미국 신기록을 세웠다.
☐ **sprint**er [spríntər] ⓜ 단거리 선수, **스프린터** ☞ sprint + er(사람)

☐ **sprite**(요정, 귀신) ➔ **sprightly**(기운찬, 쾌활한) **참조**

☐ **sprout**(눈, 새싹) ➔ **spray**(스프레이, 물보라) **참조**

☐ **sprung**(술이 얼근한, 거나한) ➔ **spring**(봄, 샘, 뜀; 뛰다) **참조**

☐ **spun**(잡아들인) ➔ **spin**(잣다; 회전) **참조**

연상 경주마가 스퍼트(spurt.전력질주)하도록 스퍼(spur.박차)를 가했다.

※ **spurt** [spəːrt] ⓓ **쏟아져 나오다**, 용솟음치다, **내뿜다**, 분출시키다 ⓜ 용솟음, 분출; **스퍼트**, 전력질주; (가격의) 급등
☞ 중세 독일어로 '침을 뱉다'란 뜻
☐ **spur** [spəːr] ⓜ **박차, 자극** ⓓ **박차를 가하다; 몰아대다**, 격려하다
☞ 고대영어로 '박차'란 뜻. <박차>는 '말을 자극하기 위해 기마자의 구두 뒤꿈치에 단 금속제'란 뜻
♠ **put 〔set〕 spurs** to a horse 말에 **박차를 가하다**.

S

연상 스푼(spoon.숟가락)을 들고 거지를 스펀(spurn.쫓아내다)하다.

※ **spoon** [spuːn] 명 **숟가락, 스푼**; 한 숟가락의 양; 숟가락 모양의 물건〔노(櫓), 골프 클럽〕 동 숟가락으로 떠내다〔푸다〕
☜ 고대영어로 '평평한 나무 조각', 중세영어로 '숟가락'이란 뜻

□ **spurn** [spəːrn] 동 **퇴짜놓다; 쫓아내다**, 버리다; 거절하다, 일축하다 명 일축, 거절 ☜ 고대영어로 '멀리 차다, 거절하다, 경멸하다'
♠ **spurn** an offer 제의를 **거절하다**.

연상 경주마가 스퍼트(spurt.전력질주)하는데 스퍼터(sputter.푸푸) 소리가 났다.

□ **spurt** [spəːrt] 동 **쏟아져 나오다**, 용솟음치다, **내뿜다**, 분출시키다 명 용솟음, 분출; **스퍼트**, 전력질주; (가격의) 급등
☜ 중세 독일어로 '침을 뱉다'란 뜻
♠ Water **spurted** from the crack. 틈새에서 물이 **뿜어 나왔다**.

□ **sput**ter [spʌ́tər] 동 **푸푸[탁탁] 소리를 내다**
☜ 중세영어로 '요란한 소리로 침을 뱉다'란 뜻
♠ The match **sputtered out**. 성냥은 **탁탁 소리를 내며 불탔다**.

※ **spit** [spit] 동 (-/**spit**〔**spat**〕/**spit**〔**spat**〕) (침·음식·피 따위를) **뱉다**, 토해내다 명 **침**(뱉기); 거품을 물기 ☜ 중세영어로 '침, 타액'이란 뜻

스푸트니크 sputnik (러시아가 1957년 발사한 최초의 인공위성)

□ **sputnik** [spúːtnik, spʌ́t-] 명 《러》 (종종 S-) **스푸트니크** 《옛 소련의 인공위성; 1호는 1957년 발사》; [일반적] 인공 위성 ☜ 러시아어로 '길동무'란 뜻

스파이 spy (간첩)

♣ **어원 : spi, spy 보다, 살피다**

□ **spy** [spai] 명 **스파이**, 밀정, 간첩
☜ 고대 프랑스어로 '감시하다, 정탐하다'란 뜻
♠ The **spy** sent the information in cipher. 그 **스파이**는 정보를 암호로 보냈다.

□ **spy**glass [spáiglæ̀s] 명 작은 망원경, 쌍안경 ☜ spy + glass(유리, 렌즈, 망원경)

■ e**spy** [espái] 동 **찾아내다**; ~을 알아채다; 정찰〔관찰〕하다 ☜ 감시를(spy) 하다(e<en)

■ **spi**te [spait] 명 **악의**, 심술; 원한, 앙심 동 ~에 심술부리다, 괴롭히다 ☜ de**spite**의 두음소실

■ de**spi**te [dispáit] 전 **~에도 불구하고**(=in spite of) 명 **무례**, 멸시; 악의, 원한
☜ 아래로(de=down) 내려 보다(spi) + te

■ de**spi**se [dispáiz] 동 **경멸하다**, 멸시하다, 얕보다 ☜ 아래로(de=down) 내려 보다(spi) + se

쿼터 quarter (경기를 4등분한 것... 1쿼터, 2쿼터, 3쿼터, 4쿼터)

♣ **어원 : quar(t), quare, quad 4, 4각형, 4분의 1**

■ **quart**er [kwɔ́ːrtər/**쿼**-러/**쿼**-터] 명 **4분의 1; 15분**; 4분기; 《미》 (4학기로 나눈) 1학기; 4 방위; 지방, 지역; **(pl.) 숙소**, 거처, 주소; 『군사』 진영, 병사(兵舍) 형 4분의 1의 동 4등분하다; 숙박시키다, 숙박하다 ☜ 중세영어로 '4분의 1'이란 뜻

□ s**quad** [skwɑd/skwɔd] 명 [집합적] 『미군』 **분대**, 『영국군사』 반(班)
☜ 라틴어로 '밖에(s<ex) 군대의 방진형(네모대형)(quad)을 만들다'란 뜻
♠ a relief **squad** 구조**대**

□ s**quad**ron [skwɑ́drən/skwɔ́d-] 명 『육군』 기병대대; 『해군』 소함대, 전대 《함대(fleet)의 일부》; 『미.공군』 비행(대)대 《2개 이상의 편대(flight)로 됨》; 『영.공군』 비행중대《10-18대로 됨; 생략: squad.》 ☜ s + quadr + on(조직체)

□ s**quare** [skwɛər/스퀘어] 명 **정사각형**; (네모난) **광장**; 《미》 주택구역; **스퀘어** 《100평방피트》 형 **정사각형의; 공명정대한** 동 **정사각형으로 하다[만들다]**; 직각을 이루다 부 **직각으로**; 정면으로; **공평하게** ☜ 라틴어로 '밖에(s<ex) 네모를〔로〕(quare) 만들다'란 뜻
♠ Madison **Square** (뉴욕의) 매디슨 **광장**(廣場)

□ s**quare** cap 대학모, 사각모 ☜ cap(양테 없는) 모자

□ s**quare** inch 평방 인치 ☜ inch(인치, 길이의 단위. 1인치=2.54cm)

□ s**quare**ly [skwɛ́ərli] 부 네모꼴로; **직각으로; 정면으로** ☜ -ly<부접>

□ s**quare**ness [skwɛ́ərnis] 명 정사각형; 공정(公正), 정직 ☜ -ness<명접>

스콜 squall (적도 부근의 열대 지방에서 한낮에 내리는 소낙비)

□ **squall** [skwɔːl] 명 질풍, **돌풍, 스콜** 《비나 눈을 수반》

S

☜ 노르웨이어로 '갑작스럽고 세찬 물줄기'란 뜻
♠ a black **squall** 검은 **스콜** 《검은 비구름이나 강수를 수반》

□ **squall**y [skwɔ́:li] ⓗ 폭풍이 일 것 같은, 질풍이 잦은; 《구어》 (형세가) 험악한
☜ squall + y<형접>

스쿼시 squash (사방이 벽으로 둘러싸인 코트에서 자루가 긴 라켓과 고무공으로 하는 테니스와 유사한 구기(球技) 스포츠)

□ **squash** [skwɑʃ/skwɔʃ] ⓢ 으깨다, 으스러지다; **짓누르다**, 억누르다, 진압하다; 밀어 넣다, 쑤셔 넣다 ⓜ 와싹; 《영》 과즙, 음료, **스쿼시**; (a ~) 붐빔, 혼잡(=crowd); 군중; 《스포츠》 **스쿼시 라켓, 스쿼시 테니스** ☜ 고대 프랑스어로 '짓눌려 찌그러뜨리다'란 뜻.
⇦ s<ex(out) + quash(=crush)
♠ My hat **was squashed flat**. 내 모자가 **짓눌려 찌그러졌다**.

□ **squash** racquets 〔rackets〕 [단수 취급] **스쿼시** 《사방이 벽으로 둘러싸인 코트에서 자루가 긴 라켓과 고무공으로 하는 구기》 ☜ racquet, racket(라켓)

□ **squat** [skwɑt/skwɔt] ⓢ (-/**squat**〔squat**ted**〕/**squat**〔squat**ted**〕) **웅크리다, 쭈그리다**; 《영.구어》 앉다 ☜ 고대 프랑스어로 '내리누르다'란 뜻.
밖으로(s<ex) 내리누르다(quat=press)

□ **squish** [skwiʃ] ⓢ 찌부러뜨리다, 으깨다; 철썩철썩 소리를 내다 ⓜ 철썩거리는 소리
☜ squash(짓누르다)의 변형

한국 오리는 꽥꽥하고 울고, 영·미권 오리는 스쿽하고 운다. 한국 쥐는 찍찍하고 울고, 영·미권 쥐는 스쿽하고 운다.

□ **squawk** [skwɔ:k] ⓜ 꽥꽥, 깍깍 《새 따위의 울음소리》; 《구어》 시끄러운 불평 ⓢ 꽥꽥〔깍깍〕 울다 ☜ 이탈리아어. 의성어

□ **squeak** [skwi:k] ⓢ (쥐 따위가) **찍찍**〔끽끽〕 **울다**; (어린애가) 앙앙 울다; (차륜·구두 등이) 삐걱삐걱 소리 내다 ⓜ 찍찍〔끽끽〕하는 소리 ☜ 중세 스웨덴어. 의성어
♠ My new shoes **squeak**. 내 새 신발에서 **끽끽거리는 소리가 난다**.

□ **squeal** [skwi:l] ⓢ (고통·공포 따위로) **깩깩거리다**, 비명을 지르다, 불평하다; (비밀을) 폭로하다, 배반하다 ⓜ 끽끽 (우는 소리), (어린이·돼지 등의) 비명
☜ 고대 노르드어. 의성어

스퀴즈번트 squeeze bunt ([야구] 3루 주자를 득점시키고자 하는 타자의 희생 번트 = 스퀴즈플레이 squeeze play)

© dic.kumsung.co.kr

□ **squeeze** [skwi:z] ⓢ **압착하다; 짜(내)다, 꽉 쥐다[죄다]**; 꼭 껴안다; (방아쇠를) 당기다; 짓눌러 찌그러뜨리다, 짜다 ⓜ 압착, 짜냄; 〖야구〗 **스퀴즈 플레이** ☜ 중세영어로 '힘껏 누르다'.
⇦ 밖으로(s<ex) 내리누르다(queeze=press)
♠ **squeeze** a person's hand 아무의 손을 **꼭 쥐다**

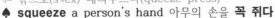

※ **bunt** [bʌnt] ⓜ (머리·뿔 따위로) 받기, 밀기; 〖야구〗 **번트** ⓢ (머리·따위로) 받다, 밀다; 〖야구〗 **번트**하다 ☜ 고대 프랑스어로 '튕기다'란 뜻

에스콰이어 Esquire (한국 구두류·핸드백·잡화 제조 및 도소매업체)

♣ 어원 : **squire** 멋진 남자

■ e**squire** [eskwáiər, éskwaiər] ⓜ 《영》 **향사**(鄕士) 《기사 바로 밑의 신분》; (E-) **씨, 님, 귀하** 《경칭; 특히 편지에서 Esq.로 약하여 성명 다음에 씀》. 미국에선 주로 변호사에 씀
☜ 고대 프랑스어로 '기사의 종자(從者), 수행원'이란 뜻.

□ **squire** [skwaiər] ⓜ 《영》 **(시골의) 대지주**; ~나리 《상점주인 등이 씀》; 기사의 종자(從者); 여성을 에스코트하는 사람, 여성에게 친절한 남자, 멋쟁이 ☜ e**squire**의 두음소실
♠ What can I get you, **Squire**? **친구**, 자네는 뭘 가져다줄까 〔마시겠나〕?

스퀴럴걸 squirrel girl (다람쥐와 교감하고 다람쥐의 파워를 가진 미국 마블 코믹스 영화의 슈퍼영웅. <다람쥐 소녀>란 뜻)

□ **squirrel** [skwə́:rəl/skwír-] ⓜ (pl. **-s, -**) 〖동물〗 **다람쥐**; 다람쥐 가죽 ⓢ (돈·물건을) 저장하다 ☜ 그리스어/라틴어로 '다람쥐'란 뜻.
그림자(squi) 꼬리를 가진(irrel)

S

♠ The **squirrel** is holding a peanut. **다람쥐**가 땅콩을 쥐고 있다.
※ **girl** [gəːrl/걸-] 명 **계집아이, 소녀** ☜ 중세영어로 '어린이'라는 뜻

스리랑카 Sri Lanka (인도양의 진주, 인도 남동방의 섬나라. 공화국)

☐ **Sri Lanka** [sriːlάːŋkə, -lǽŋkə] **스리랑카** 《인도 남동방의 Ceylon 섬으로 이루어지는 나라; 수도 콜롬보(Colombo)》 ☜ 스리랑카 싱할리어로 '빛나는 섬'이란 뜻

에스에스 SS (독일 나치당의 히틀러 친위대. <정예 경호원>이란 뜻)

☐ **SS, S.S.** = **S**chutz**s**taffel [슈츠스타펠] 명 히틀러 친위대(親衛隊) 《독일 Nazi당의 정예 부대로 특별 경찰 활동도 겸했다. 통칭 SS》 ☜ 독일어로 '정예 경호원'이란 뜻
※ **Hitler** [hítlər] 명 **히틀러** 《Adolf ~ , 제2차 세계대전을 일으킨 나치당의 영수로 독일의 총통; 1889-1945》
※ **Nazi** [nάːtsi, nǽ-] 명형 (pl. -s) 《독》 **나치** 《전(前)독일의 국가사회당원》(의)
☜ 독일어 '**Na**tionalso**zi**alistische(국가사회주의)' 약칭
※ **Auschwitz** [áuʃvits] 명 **아우슈비츠** 《폴란드 남서부의 도시; 나치의 유대인 수용소로 유명함》
★ 약 150만명의 유대인이 이곳에서 나치에 의해 대량 학살되었다.

샌프란시스코 San Francisco (미국 캘리포니아주 서부에 있는 도시)

♣ 어원 : **san, saint, sacr, sanct 신성(한), 성스러운**
■ **San** Francisco [sæ̀nfrənsískou/-fræn-] **샌프란시스코** 《미국 California주의 항구 도시》
☜ 1776년 스페인 선교단이 이곳에 전도(傳道) 기지를 건설하였는데, 1847년 13세기 이탈리아 성(聖)(Saint) 프란시스코(Francisco) 수도회 창립자 이름을 따서 명명하였다.
■ **saint** [seint/쎄인트] 명 (fem. **-ess**) **성인** 《죽은 후 교회에 의해 시성(諡聖)이 된 사람》; [일반적] 성도; (S-) **성**(聖)~ 《인명·교회명·지명 따위 앞에서는 **보통 St.** [seint]로 씀》 동 성인으로 숭배하다 ☜ 라틴어로 '신성한'이란 뜻
☐ **St.** [seint, sənt/sənt, snt] 명 (pl. **Sts., SS.**) **성**(聖)~, **세인트**(Saint)~
☜ saint(성인)의 약어

연상 스텝(step.걸음걸이)을 바꾸며 투우(鬪牛)를 칼로 스탭(stab.찌르다)했다.

※ **step** [step/스뗍] 동 **걷다** 《특히 짧은 거리를》; (독특한) 걸음걸이를 하다; **한걸음 내디디다** 명 **걸음, 한 걸음; 발소리, 걸음걸이**; (댄스의) **스탭**; (pl.) **계단; 수단** ☜ 고대영어로 '계단, 걷는 행위'란 뜻. ⇦ 서있는(ste) 것(p)
☐ **stab** [stæb] 동 (칼 따위로) **찌르다**; 꿰다, 찔러 죽이다
☜ 스코틀랜드어로 '찌르다, 꿰뚫다'란 뜻
♠ **stab** a person to death 아무를 **찔러 죽이다**.
☐ **stab**ber [stǽbər] 명 찌르는 사람〔것〕; 자객(刺客), 암살자; 송곳
☜ stab + b<단모음+단자음+자음반복> + er(사람)
☐ **stab**bing [stǽbiŋ] 형 (아픔 등이) 관통하는, 찌르는 듯한; (언동 등이) 신랄한, 통렬한
☜ -ing<형접>
♠ a **stabbing** pain **찌르는 듯한** 아픔

스테이플러 stapler (금속제의 철침으로 종이 등을 철하는 기구)

♣ 어원 : **sta 서다, 세워놓다, 고정시키다, 안정시키다**
☐ **stab**le [stéibl] 형 **안정된**, 견고한; 견실한, 착실한; 복원력〔성〕이 있는
명 **마구간** ☜ 제자리에 서있(stab) 는(le)
♠ His blood pressure is now **stable**. 그의 혈압이 이제는 **안정이 되**었다.
♠ She is riding **in a stable**. 그녀가 **마구간에서** 말을 타고 있다.
■ un**stab**le [ənstéibəl] 형 **불안정한**; 변하기 쉬운; 침착하지 않은
☜ 불(un=not/부정) 안정한(stable)
☐ **stab**leman [stéiblmən, -mæ̀n] 명 (pl. **-men**) 마구간 일꾼, 마부 ☜ 마구간(stable) 남자(man)
☐ **stab**ility [stəbíləti] 명 **안정**(성,도); 공고(鞏固); 착실(성), 영속성, 부동성; 『기계』 복원성〔력〕
☜ 라틴어로 '제자리에 서있기'란 뜻. 세울(stab) 수 있는(ili<ile<형접>) 것(ty<명접>)
♠ emotional **stability** 감정적 **불변성**
☐ **stab**ilize [stéibəlàiz] 동 **안정시키다**, 견고하게 하다; 안정 장치를 하다
☜ 세울(stab) 수 있게(ili<ile) 하다(ze<동접>)
♠ a **stabilizing** apparatus **안정** 장치
☐ **stab**ilization [stèibəlizéiʃən] 명 안정(시킴), **안정화**(化); 고정 ☜ stabilize + ation<명접>

□ **stap**le　[stéipəl] 명 (U 자 모양의) 꺽쇠; (호치키스의) 철(綴)쇠, 철침, **스테이플**; 거멀못 동 꺽쇠〔철쇠〕로 박다〔고정시키다〕 ☜ 고대 노르드어로 '고정시키다'란 뜻
♠ Would you **staple** these papers together?
이 종이들을 **스테이플러로 찍어**주시겠습니까?

□ **stapl**er　[stéiplər] 명 호치키스, **스테이플러**; 『제본』 철사기(鐵絲機), 책을 철사로 철하는 기계 (=stapling machine) ☜ staple + er

스타카토 staccato ([It.][음악] 단음으로), 터치 touch (접촉하다)

♣ **어원 : touch, tach, tact 접촉하다, 붙어있다, 손대다**

■ **touch**　[tʌtʃ/터취] 동 **손대다, 접촉하다; 가볍게 누르다; 감동시키다** 명 **접촉**
☜ 고대 프랑스어로 '접촉하다'란 뜻

□ s**taccat**o　[stəkάːtou] 부 《It.》 『음악』 **스타카토**로, 끊음음으로, 단음적(斷音的)으로
형 **스타카토**의, 끊음음의〔적인〕
☜ 18세기 이탈리아어 distaccare의 단축형, '분리된'이란 뜻

■ de**tach**　[ditǽtʃ] 동 **떼어내다, 분리하다**, 떨어지게 하다
☜ 붙어있는 것을(tach) 떼어내다(de=off)

■ con**tact**　[kάntækt/**칸**택트/kɔ́ntækt/**콘**택트] 명 **접촉** 동 **접촉[연락]하다**
☜ 서로(con<com) 접촉하다(tact)

스택 stack ([컴퓨터] 최종 데이터부터 꺼낼 수 있게 한 기억장치)

스택은 밑이 막힌 통 안에 물건을 차곡차곡 '쌓는다'고 생각하면 된다. 그래서 아래에 깔려있는 자료부터 사용할 수가 없다. 눌러 끼우는 동전 케이스나 소총의 탄창, 티슈곽은 좋은 예이다. 컴퓨터에서도 웹 브라우저에서 '뒤로 가기' 버튼을 눌렀을 때 가장 최근에 방문했던 순서대로 페이지를 찾아가는 구조이다.

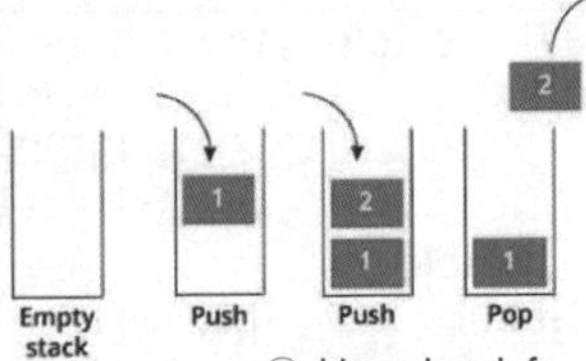

© bluegalaxy.info

□ **stack**　[stæk] 명 (건초의) **더미**, 볏단, **다량** 동 쌓아올리다 (산더미 같이) 쌓이다 ☜ 고대 노르드어로 '건초더미'
♠ a **stack** of wood 목재**더미**

메인스타디움 main stadium (주경기장)

※ **main**　[mein/메인] 형 **주요한**, 주된(=principal); (제일) 중요한
명 (수도・가스 등의) 본관 ☜ 고대영어로 '힘'이란 뜻

□ **stadium**　[stéidiəm] 명 (pl. -di**a, -s**) **육상 경기장, 스타디움**; 『고대 그리스』 경주장(競走場) ☜ 라틴어로 '길이 측정, 도보경기 코스'

스탭 < 스태프 staff (❶ [연극・영화] 제작진 ❷ 간부 직원)

□ **staff**　[stæf, stɑːf] 명 (pl. staff**s**) **참모**, 부원, (간부) **직원**; (pl. sta**ves**) 지팡이, 지휘봉, 깃대 형 참모의; (간부) 직원의
☜ 고대영어로 '(나를 지탱해주고 무기로도 사용가능한) 지팡이'
♠ **chief** of the general staff 참모총**장**

□ **stave**　[steiv] 명 **통(桶)널**; (사다리의) 디딤대; 막대기, 장대
동 (-/ stave**d**〔**stove**〕/stave**d**〔**stove**〕) 통널을 붙이다; 구멍을 뚫다; 찌그러뜨리다 ☜ staff(지팡이)의 복수
♠ The Korean seesaw is made of **a wide stave**.
한국의 널뛰기는 **넓은 막대**로 만들어졌다.

S

스태그 필름[무비] stag film [movie] (남성용 애로・괴기 영화)

□ **stag**　[stæg] 명 **수사슴** 《특히 5살 이상의》; 《구어》 (파티 등에) 여성을 동반치 않고 온 남성 형 남자만의, 남성취향의 동 (남자가 무도회 등에) 여성동반자 없이 참석하다
☜ 고대영어로 '수사슴'이란 뜻
비교 hart (5살 이상의) 숫사슴, hind 암사슴
♠ The **stag** ran away as the tiger approached him.
그 **수사슴**은 호랑이가 그에게 다가오자 달아났다.

□ **stag**horn　[stǽghɔ̀ːrn] 명 사슴뿔; 『식물』 석송(石松); 『식물』 박쥐난 ☜ stag + horn(뿔)

□ **stag**hound　[stǽghàund] 명 **스태그 하운드** 《원래 사슴 등을 사냥하던 큰 사냥개》
☜ 수사슴(stag) 사냥개(hound)

□ **stag** movie　《미》 남성용 영화 《도색・괴기영화》 ☜ 남성취향의(stag) 영화(movie)

☐ **stag** party　남자만의 모임, 남자를 위한 행사 ☜ stag + party(모임, 파티)

스테이지 stage (무대)

♣ **어원 : sta 서다, 세워놓다, 고정시키다, 안정시키다 // stagn 고여 있다**

☐ **sta**ge　[steidʒ/스떼이쥐] (명) **스테이지, 무대**, 연단 (동) **상연하다**
☜ 라틴어로 '서는(sta) 곳(ge)'이란 뜻
♠ **bring on (to) the stage 상연하다**

☐ **sta**gecoach　[stéidʒkòutʃ] (명) (예전의) 역마차, 승합 마차 ☜ coach(4륜 마차; 지도원, 코치)

☐ **sta**gecraft　[stéidʒkræ̀ft] (명) (각색·연출·연기 등의) 기법(경험) ☜ 무대(stage) 기술(craft)

☐ **sta**ge set　무대 장치 ☜ set(한 벌, 한 조, 세트, 일몰; 두다)

☐ **sta**gnate　[stǽgneit] (동) (물이) 흐르지 않(게 하)다, 썩다, (공기가) 탁해지다; 침체되다, 불경기가 되다. ☜ 라틴어로 '(물이 흐르지 않고) 고여 있(stagn) 다(ate<동접>)'이란 뜻

☐ **sta**gnancy　침체(沈滯); 정체; 부진(不振) ☜ 고여 있는(stagn) 것(ancy<명접>)

☐ **sta**gnant　[stǽgnənt] (형) (물이) **흐르지 않는**, 괴어 있는, 정체된; 썩은 《괸 물 따위》; 불경기의, 부진한 ☜ 고여 있(stagn) 는(ant<형접>)
♠ revive a **stagnant** economy **침체된** 경제를 되살리다

☐ **sta**gnation　[stægnéiʃən] (명) 침체, 정체; 부진, 불황 ☜ stagn + ation<명접>

☐ **sta**gflation　[stægfléiʃən] (명) 〖경제〗 **스태그플레이션**, 경기정체하의 인플레이션
☜ **stag**nation(침체, 정체) + in**flation**(팽창, 통화팽창)

스티커 sticker (접착제로 붙이는 인쇄물. <붙이는 · 찌르는 것>)

♣ **어원 : stick, stag, stack 막대기; 막대기로 찌르다, 붙이다**

■ **stick**　[stik/스띡] (명) **막대기, 지팡이**; (하키의) **스틱** (동) **찌르다, 찔리다; 내밀다; 붙이다, 달라붙다; 고수[고집]하다**
☜ 고대영어로 '찌르다'란 뜻

■ joy **stick**　조종간, 조종(조작)장치, 제어장치 ☜ '즐거움을 주는 막대기'란 뜻

■ **stick**er　[stíkər] (명) 찌르는 사람(막대기); (전단 따위를) 붙이는 사람(것); 풀 묻힌 라벨, **스티커**
☜ 찌르는/붙이는(stick) 사람/도구(er)

☐ **stag**ger　[stǽgər] (동) **비틀거리다, 비틀거리게 하다**; 주저하다, 망설이다; 동요시키다
☜ 초기 인도유럽어로 '찌르다'란 뜻. '막대기로 찌르면 자세가 불안정하게 되다'는 의미
♠ **stagger about (around) 비틀거리며 걸어 다니다**

☐ **stag**gering　[stǽgəriŋ] (형) **비틀거리는**(게 하는); 망설이는; 혼비백산케 하는, 어마어마한, 경이적인
☜ stagger + ing<형접>

☐ **stak**e　[steik] (명) **말뚝**, 막대기; 노름, 내기; 화형 (동) 말뚝에 매다, 막대기로 찌르다
☜ 고대영어로 '말뚝'이란 뜻
♠ **at stake 위태로워져서, 문제가 되어; (돈 · 목숨 · 운명이) 걸리어**
The family honour is **at stake**. 가문의 명예가 **위태롭**다.

☐ **stagnate**(침체되다), **stagnant**(물이 흐르지 않는) ➔ **stage**(무대) **참조**

템플 스테이 temple stay (사찰 문화체험 관광), 홈스테이 home stay

♣ **어원 : sta, ste 서다, 세우다, 고정시키다, 안정되게 하다**

※ **temple**　[témpəl/**템**펄] (명) **신전**, 절, 사원; 회당; 교회당
☜ 라틴어로 '신의 가호를 기원하기 위한 건물'이란 뜻

■ **sta**y　[stei/스떼이] (동) (-/stay**ed**(《古》staid)/stay**ed**(《古》staid))
머무르다, 체류하다; 멈추다 (명) **머무름, 체재**
☜ (가지 않고) 서있(sta) 다(y)
♠ **Stay** here till I return. 내가 돌아올 때까지 여기 **있어라**.

■ **sta**y-at-home　[stéiəthòum] (형)(명) 집에 틀어박혀 있는 (사람); 외출을 싫어하는 (사람) ☜ 집(home) 에(at) 머무르는(stay)

☐ **sta**id　[steid] (형) 착실한, 성실한(=steady, sober); 차분한, 침착한; 근엄한
☜ 《고어》 stay의 과거 · 과거분사
♠ He used **staid** colors in his painting. 그는 그의 그림에 **차분한** 색조를 사용했다.

■ **ste**ady　[stédi/스**떼**리/스**떼**디] (형) (-<-d**ier**<-d**iest**) **확고한, 한결같은; 견실[착실]한**
(동) 확고하게 하다 ☜ stead + y<형접/동접>

스텐 < 스테인리스 stainless (스테인리스 식기류)

♣ **어원 : stain 녹, 얼룩, 더러움**

☐ **stain**　[stein] (명) 얼룩, 오점 (동) (얼룩을) **묻히다**, 더럽히다

☜ s + tain(잡다, 갖고 있다)
♠ **stain** a person's reputation 아무의 평판을 **더럽히다**

☐ **stain**less [stéinlis] ⓜ **스테인리스** 식기류 ⓗ 더럽혀지지 않는, 흠이 없는, 녹슬지 않는, **스테인리스** 제품의 ☜ stain + less(-이 없는, 않는)

☐ **stain**less steel 스테인리스 (강철) ☜ steel(강철, 스틸)

■ ab**stain** [æbstéin] ⓢ **삼가다**(=refrain), **절제하다** ☜ 더럽힘(stain)을 멀리하다(ab=away)

☐ **stake**(말뚝) ➔ **stagger**(비틀거리다) **참조**

스탠드 stand (세움대; 관람석)

♣ 어원 : st 서다, 세우다, 고정시키다, 안정시키다

■ **sta**nd [stænd/스땐드/스탄드] ⓢ (-/**stood**/**stood**) **서다, 서 있다**
☜ 라틴어로 '서있는(sta) 것/곳(nd)'이란 뜻

☐ **sta**ir [stɛər/스떼어] ⓜ (계단의) 한 단; (종종 ~s) [단·복수취급] **계단**, 사닥다리 ☜ (위로) 세우는(sta) 것(ir<er)
비교 stare 응시하다, 빤히 쳐다보다
♠ a flight (pair) of **stairs** 한 줄로 이어진 **계단**
♠ a screw (spiral) **stair** 나선식 **계단**
♠ a winding **stair** 회전 **계단**

■ down**sta**irs [dáunstέərz] ⓟ **아래층으로[에]** ⓗ 아래층의 ⓜ 아래층 ☜ 아래(down) 층(stair) + s

■ up**sta**irs [ʌ́pstέərz] ⓟ **2층에(으로**, 에서); 위층에(으로,에서) ⓗ 2층의, 위층의 ⓜ 2층, 위층 ☜ 윗(up) 층(stair) + s

☐ **sta**ircase [stέərkèis] ⓜ (난간 등을 포함한) **계단**, (건물의) 계단 부분
☜ stair + case(상자; 창(문)틀; 한 쌍)

☐ **sta**irway [stέərwèi] ⓜ (연결되어 통로 구실을 하는) **계단** ☜ stair + way(길)

☐ **sta**le [steil] ⓗ (음식 따위가) **상한; 신선하지 않은**; 진부한 ⓢ 김빠지(게 하)다
☜ 고대 프랑스어로 '움직이지 않게 되다', '세워 고정시키다'란 의미에서
♠ **stale** bread **상한** 빵
♠ **go stale ~이 나빠지다**

☐ **sta**lemate [stéilmèit] ⓜ 『체스』 수의 막힘 《쌍방이 다 둘 만한 수가 없는 상태》; **궁지**, 막다름; 교착상태 ⓢ 『체스』 수가 막히게 하다 ☜ stale + mate(체스의 외통장군)

☐ **sta**lk [stɔːk] ⓜ 『식물』 **줄기**, 대, 잎자루; 높은 굴뚝 ☜ (세로로) 서있는(sta) 것(lk)
♠ flowers on long **stalks** 기다란 **줄기**에 핀 꽃

☐ **sta**ll [stɔːl] ⓜ **마구간**, 매점(=stand), **가판대**, 진열대; 『항공』 실속(失速; 양력을 잃는 것), **스톨** ⓢ (마차·차량이) 꼼짝 못하게 하다, (항공기를) 실속시키다
☜ 고대영어로 '서있는(sta) 곳(ll)'이란 뜻
♠ a fruit and veg **stall** 과일 및 채소 **진열대 (판매대)**

☐ **sta**llion [stǽljən] ⓜ 수말, 종마(種馬), 씨말 ☜ 마굿간(stall)(의 숫) 것(ion<명접>)

■ super **sta**llion **수퍼 스탤련**, 미군의 수송 헬기 CH-53E의 별명
☜ '최고의(super) 종마(stallion)란 뜻

☐ **sta**lwart [stɔ́ːlwərt] ⓗ **건장한**, 튼튼한; 용감한; 불굴의; 애당심이 강한 ⓜ 억센(다부진) 사람; (정치적으로) 신념이 굳은 사람 ☜ 서있다(sta) + l + 가치 있게(wart/worth)

☐ **sta**men [stéimən/-men] ⓜ (pl. **-s**, stam**ina**) 『식물』 **수술** ☜ 서있는(sta) 것(men<명접>)

스토커 stalker (관심있는 상대를 병적으로 집요하게 쫓아다니며 괴롭히는 사람)

© marieclaire.com

☐ **stalk** [stɔːk] ⓢ **몰래 접근하다**, ~의 뒤를 밟다; **젠체하며 걷다; 만연하다** ⓜ 몰래 접근(추적)함 ☜ 고대영어로 '살금살금 걷다'란 뜻
♠ **stalk** one's quarry 사냥감에게 **살며시 다가가다**.
☜ quarry(사냥감)
♠ Disease **stalked** the land. 질병이 나라에 **만연했다**. ☜ disease(질병)

☐ **stalk**er [stɔ́ːkər] ⓜ **스토커**, (특히) 밀렵자; 젠체하며 걷는 사람 ☜ stalk + er(사람)

연상 스태미나(stamina.격한 운동을 감당할 수 있는 강인한 체력)가 너무 부족하면 스태머(stammer.말을 더듬다)할 수도 있다(?).

☐ **stamina** [stǽmənə] ⓜ 정력, 체력, 끈기, 원기, **스태미나**; stamen(수술)의 복수
☜ 라틴어로 '실', 운명의 여신(Fates)이 잣는 사람의 수명인 실의 뜻에서

☐ **stammer** [stǽmər] ⓢ **말을 더듬다** ⓜ 말더듬기 ☜ 고대영어로 '말을 더듬다'란 뜻
♠ He **stammered over** a few words. 그는 **더듬거리며** 몇 마디 **말했다.**

S

비교 stammer (흥분 · 당혹 · 공포 때문에) 말을 더듬다, stutter (습관적으로) 말을 더듬다

스탬프 stamp (접수된 우편물의 우표 따위에 도장을 찍음)

☐ **stamp** [stæmp/스땜프] ⓜ **스탬프**, 인(印), 도장《고무 도장 따위》, 소인(消印)《단, 우표에 찍힌 '소인'은 postmark》; **인지, 우표**; 수입인지 ⓢ **짓밟다,** 발을 구르다; **날인하다; 우표[인지]를 붙이다** ☜ 고대영어로 '짓밟다'
♠ **stamp** one's foot with anger 화가 나서 **발을 구르다**

☐ **stamp** collector 우표 수집가 ☜ collector(수집가, 채집가)

☐ **stamp**ede [stæmpíːd] ⓜ **놀라서 우르르 도망침**《야수 · 가축 떼 따위가》; (군대의) 대패주(大敗走); (군중의) 쇄도; 경쟁 ⓢ 우르르 도망치다〔치게 하다〕; 대패주하다〔시키다〕
☜ 발(ped)을 동동구르며(stamp) 달아나다
♠ a herd of **stampeding** elephants **우르르 몰려가는** 코끼리 떼

스탠드 stand (세움대; 관람석), 스탠바이 standby (준비 신호)

♣ **어원 : st 서다, 세우다, 고정시키다, 안정시키다**

☐ **stand** [stænd/스땐드/스탄드] ⓢ (-/**stood/stood**) **서다, 서 있다; 일어서다; 멈춰서다; ~상태에 있다; ~에 위치하다; 참다** ⓜ 서 있음; **정지; 저장; 처지; 위치; 스탠드**
☜ 라틴어로 '서있는(sta) 곳(nd)'이란 뜻

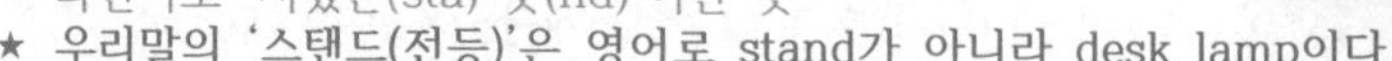

★ 우리말의 '스탠드(전등)'은 영어로 stand가 아니라 desk lamp이다.
♠ A tall tree **stands on** the riverside. 강변에 키 큰 나무가 **서 있다**
♠ **stand by ~ ~의 곁에 있다; ~의 편을 들다;** 조력[지원, 옹호]하다; 방관하다; **대기하다**; (약속 따위를) 지키다
♠ **stand for ~ ~에 대신하다**(=be in the place of); **상징하다; ~을 나타내다; 지지하다, ~의 편을 들다; 입후보하다**
What does U.S.A. **stand for**? U.S.A 는 무엇을 **의미합**니까 ?
♠ **stand in line 줄을 서다**
♠ **stand in the way 방해가 되다**
♠ **stand on** [upon] ~ **~위에 서다; ~에 의거하다; ~을 고수하다; ~을 주장하다**
I **stand on** firm ground on the issue.
나는 그 문제에 대해서 확고한 **입장에 있다[고수하다]**.
♠ **stand out ~ 눈에 띄다, 두드러지다; 끝까지 버티다**
♠ **stand to ~ (진술 따위의 진실을) 고집하다, 주장하다, (약속을) 지키다**
♠ **stand up 일어서다; 오래 견디다**
♠ **stand up for ~ ~을 변호[옹호]하다, ~의 편을 들다, 지지하다**
♠ **take one's stand 위치에 서다, 자리잡다; 입장을 취하다**

☐ **stan**ce [stæns] ⓜ 『스포츠』 (골퍼 · 타자의) **발의 자세, 스탠스**; (육체 · 정신적인) 자세; 『등산』 (바위타기의) 발디딤, 스탠스; 《Sc.》 (건물의) 위치
☜ 라틴어로 '서있는(sta) + n + 곳(ce)'이란 뜻

☐ **stan**dard [stǽndərd/스**땐**더드] ⓜ (종종 pl.) **표준**, 기준, 규격; 규범, 모범 ⓗ 표준의
☜ 고대 프랑스어로 '서있는 지점, 집결 지점'이란 뜻

☐ **stan**dardize [stǽndərdàiz] ⓢ **표준에 맞추다**, 표준화〔규격화〕하다; 『화학』 표준에 따라 시험하다
☜ standard + ize<동접>

☐ **stan**dardization [stændərdizéiʃən] ⓜ 표준〔규격〕화 ☜ standardize + ation<명접>

☐ **stan**dby [stǽndbài] ⓜ (pl. **-s**) (급할 때) **의지가 되는 사람**〔것〕, 예비(물), 비축; 대기(선수〔배우〕), 대역; 대기 신호, **스탠바이** ⓗ 비상용의, 대역의; 대기의
☜ 옆에(by) 서있다(stand)

☐ **stan**der-by [stǽndbài] ⓜ (pl. stander**s**-by) 방관자, 구경꾼 ☜ 옆에(by) 서있는(stand) 사람(er)

■ by**stan**der [báistæ̀ndər] ⓜ **방관자, 구경꾼** ☜ 옆(by)에 서있는(stand) 사람(er)

☐ **stan**d-in [stǽndin] ⓜ (배우의) **대역**; 대신할〔바꿔칠〕 사람, [일반적] 대리인
☜ 서있음(stand) 속에(in) 있는 자

☐ **stan**ding [stǽndiŋ] ⓗ **서 있는; 상비의** ⓜ **서있음**, 기립; **신분**, 지위 ☜ -ing<형접/명접>

■ out**stan**ding [àutstǽndiŋ] ⓗ **돌출한, 눈에 띄는**, 현저한; 미지불의; 미해결의; (채권 등) 공모하는
☜ 밖에(out) 서있(stand) 는(ing)

☐ **stan**dpoint [stǽndpɔ̀int] ⓜ 입장, 입각점; **견지**, 관점 ☜ 서있는(stand) 지점(point)

☐ **stan**dstill [stǽndstìl] ⓜ 막힘, 정돈(停頓); 멈춤, **정지**, 휴지(休止) ⓗ 현상 유지의
☜ 서있는(stand) 곳(still<stall)

☐ **stan**d-up [stǽndʌ̀p] ⓗ 서 있는; 곧추 선; 바로 세운; 정정당당한, 단독 연기 중인

☜ 바로<위로(stand) 서있는(up)

☐ **sta**nza [stǽnzə] ⓜ 『운율』 **절**(節), (시의) 연(聯) 《보통 4행 이상의 각운이 있는 시구》, **스탠자**; 《속어》 『권투』 라운드, 『야구』 이닝, 『미.축구』 쿼터
☜ 이탈리아어로 '시(詩)의 운문'이란 뜻

스테이플 파이버 staple fiber (방적하기에 알맞게 재단한 짧은 섬유)

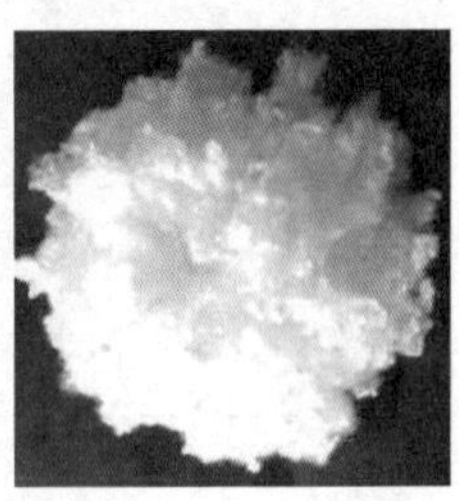

☐ **staple** [stéipəl] ⓜ (보통 pl.) **주요 산물**, 중요 상품, 명산(名産); (섬유 제품의) 재료, 짧은 섬유 ⓗ 주요한, 중요한 ⓓ 분류하다, 선별하다 ☜ 중세 네델란드어로 '시장'이란 뜻
♠ the **staples** of Korean industry 한국 산업의 **주요 생산물**

☐ **stapler** [stéiplər] ⓜ 주산물 상인; 양털 선별인(=sorter); 양털상(商)
☜ staple + er(사람)

※ **fiber**, 《영》 **fibre** [fáibər] ⓜ **섬유**, 실; **소질**, 성질 ☜ 라틴어로 '실'이란 뜻

호치키스 Hotchkiss ([콩글] 철침을 박는 기계) ➔ stapler

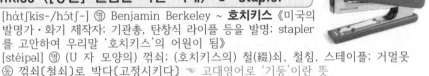

※ **Hotchkiss** [hátʃkis-/hɔ́tʃ-] ⓜ Benjamin Berkeley ~ **호치키스** 《미국의 발명가·화기 제작자; 기관총, 탄창식 라이플 등을 발명; stapler를 고안하여 우리말 '호치키스'의 어원이 됨》

☐ **staple** [stéipəl] ⓜ (U 자 모양의) 꺾쇠; (호치키스의) 철(綴)쇠, 철침, 스테이플; 거멀못 ⓓ 꺾쇠〔철쇠〕로 박다〔고정시키다〕 ☜ 고대영어로 '기둥'이란 뜻

☐ **stapler** [stéiplər] ⓜ 호치키스, **스테이플러**; 『제본』 책을 철사로 철하는 기계 ☜ -er(기계)

스타 star (대중에게 인기가 많은 연예인·스포츠선수. <별>이란 뜻)

♣ **어원 : star, aster, astro 별; 별처럼 빛나다**

☐ **star** [stɑːr/스따/스타-] ⓜ **별; 별 모양의 것; 스타**, 인기 배우, 인기인 ⓗ 별의 ⓓ 별처럼 빛나다 ☜ 고대영어로 '별'이란 뜻
♠ a four-**star** general 4**성(星)** 장군

☐ **star**-crossed [stάːrkrɔ̀ːst/-krɔ̀st] ⓗ 운(수) 나쁜, 복 없는, 불행한
☜ 별(star)이 교차하며 떨어지(cross) 는(ed<형접>). **세익스피어**가 1595년 창작한 『로미오와 줄리엣』에 최초로 등장한 단어.

☐ **star**dom [stάːrdəm] ⓜ 주역〔스타〕의 지위〔신분〕, **스타덤**; [집합적] 스타들
☜ star + dom(영역, 왕국)

☐ **star**fish [stάːrfiʃ] ⓜ 『동물』 불가사리 ☜ 별(star) 모양의 물고기(fish)

☐ **star**let [stάːrlit] ⓜ 작은 별; (각광을 받기 시작한) 신인 여배우, 신출내기 스타 ☜ star + let(작은)

☐ **star**light [stάːrlàit] ⓜ **별빛** ⓗ 별빛의, 별빛이 밝은 (밤의) ☜ light(빛)

☐ **star**like [stάːrlàik] ⓗ 별 같은 ☜ 별(star) 같은(like)

☐ **star**lit [stάːrlit] ⓗ 별빛의 ☜ star + lit(=light)

영화 <스타탄생 포스터>
© metacritic.com

☐ **star**ry [stάːri] ⓗ (-<-r**ier**<-r**iest**) 별의, **별이 많은**, 별처럼 빛나는; 별 모양의
☜ star + r<단모음+단자음+자음반복> + y<형접>

☐ **Star**-Spangled Banner, **Star**s and Stripes [the] 성조기(星條旗) 《미국의 국기》 ☜ 별(star)이 반짝반짝 빛나(spangle) 는(ed) 기(旗)(banner)/ 별(star) 들(s) 과(and) 줄무늬(stripe) 들(s)

☐ **Star** Wars 별들의 전쟁, **스타워즈** 《미국의 전략 방위 구상(SDI)의 속칭》 ☜ war(전쟁)

■ **astro**(naut) [ǽstrə(nɔ̀ːt)] ⓜ (미) 우주비행사 ☜ 별(astro) 항해(naut<navi<navigation)

■ **astro**nomy [əstrάnəmi/-trɔ́n-] ⓜ **천문학** ☜ 별(astro) 학문(nomy)

■ dis**aster** [dizǽstər, -zάːs-] ⓜ **재난, 큰 불행** ☜ 나쁜(dis) 별(aster)

S

☐ starboard(배의 우현) ➔ port(배의 좌현), steer(조종하다) 참조

스타트 start (출발, 시작)

♣ **어원 : sta(r), sti 단단한, 강(직)한, 신속한**

☐ **star**ch [stɑːrtʃ] ⓜ **녹말**, 전분; 풀; (pl.) 녹말이 많은 음식물; 거북살스러움 ⓓ (옷에) 풀을 먹이다; 거북스럽게 하다 ⓗ 거북한
☜ 고대영어로 '단단하게 한 것<고정시킨 것'란 뜻.
♠ add **starch 전분**을 넣다

☐ **star**chy [stάːrtʃi] ⓗ 녹말의; 녹말 같은; 풀의, 풀 같은; 풀을 먹인(것 같은); 딱딱한 ☜ -y<형접>

■ corn**star**ch [kɔ́rnstὰrtʃ] ⓜ **콘스타치**, 옥수수 녹말

☜ 곡물/옥수수(corn) + 녹말(starch)

☐ **star**e [stεər/스떼어] ㊐ **응시하다**, 빤히 보다 ㊎ **빤히 봄**, 응시
☜ 고대영어로 '시선을 고정하다'란 뜻 **비교** stair 계단, 층계
♠ He **stared** me in the face. 그는 내 얼굴을 **빤히 쳐다보았다**.
♠ **stare at ~ ~을 빤히 보다, 응시하다**
♠ **stare ~ in the face ~의 얼굴을 뚫어지게 보다; 겁내지 않고 맞서다; (죽음 따위가) 눈 앞에 닥치다**

☐ **star**ing [stέəriŋ] ㊗ 응시하는; **노려보는**; 눈에 띄는, 야한 《빛깔·무늬 따위》; 곤두선 《머리털 따위》 ㊖ 아주, 전혀 ☜ stare + ing<형접>

☐ **star**ling [stάːrliŋ] ㊎ 【조류】 찌르레기 ☜ (먹이를) 응시하는(stare) 작은(ling) 새

☐ **star**k [stɑːrk] ㊗ 삭막한; **냉혹한**; 극명한; 완전한 ㊖ 완전히 ☜ 고대영어로 '강한'이란 뜻
♠ a **stark** choice **냉혹한** 선택
♠ **stark** differences **극명한** 차이

☐ **star**t [stɑːrt/스따-트] ㊐ **출발하다; 시작하다, 시작되다** ㊎ **출발**
☜ 중세 네델란드어로 '돌진하다'란 뜻
♠ Let's **start** early 〔at five〕. 일찍 〔5시에〕 **출발합시다**
♠ **start in life 세상에 나오다, 사회생활을 시작하다**
♠ **start off 출발하다[시키다]**
start off in a motor-car for a journey 자동차로 여행을 **떠나다**.
♠ **start on (여행, 사업 따위를) 시작하다**
Let's **start on** that right after lunch. 점심 먹고 바로 **시작합**시다.
♠ **start out 출발하다, 착수하다, 시작하다**
Start out in first gear. 기어를 일단으로 넣고 **출발해라**
♠ **start up 벌떡 일어서다, 흠칫하다; 갑자기 나타나다; 시작하다; (엔진 따위의) 시동을 걸다**
♠ **start with ~로부터 시작하다, 우선 ~하다**

☐ **star**ter [stάːrtər] ㊎ 출발자, 개시자; 시초, 개시; 경주 참가자〔말〕; **출발 신호원**
☜ start + er(사람)

☐ **star**ting point **출발점**, 기점 ☜ 출발(start)하는(ing) 지점(point)

☐ **star**tle [stάːrtl] ㊐ **깜짝 놀라다[놀라게 하다]**; 펄쩍 뛰다 ㊎ 놀람; 놀라게 하는 것
☜ start + le<동접/명접>
♠ I **startled at** the knocking at midnight.
한밤중의 문 두드리는 소리**에 깜짝 놀랐다**.

☐ **star**tling [stάːrtliŋ] ㊗ 놀라운, **깜짝 놀라게 하는** ☜ startle + ing<형접>

☐ **star**ve [stɑːrv] ㊐ **굶어죽다, 굶주리다, 굶기다; 갈망하다**
☜ 고대영어로 '죽다'란 뜻 ⇦ 굳어지다

☐ **star**vation [stɑːrvéiʃən] ㊎ 굶주림, **기아; 아사**(餓死) ☜ starve + ation<명접>
♠ **die of starvation 굶어[굶주림으로] 죽다**
♠ **starve to death 굶어 죽다, 굶겨 죽이다**

☐ **sta**sis [stéisis] ㊎ (pl. **-ses**) 정지, 정체; 균형 ☜ 서있는(sta) 상태(sis)

☐ up**star**t [ʌ́pstάrt] ㊎ 갑자기 잘 된 사람, 벼락부자 ㊗ 벼락출세한
[əpstάrt] ㊐ 갑자기 일어서다 ☜ 위로(up) 빠르게 오른(star) 것(t)

☐ **sti**ff [stif] ㊗ **뻣뻣한**, 뻑뻑한, 경직된, 굳은; (근육이) **결리는**; 심한, 힘든 ㊖ 엄청나게, 굉장히 ㊎ 유통 지폐; 금전; 위조지폐 ☜ 고대영어로 '단단한, 강직한'이란 뜻

엠파이어 스테이트 빌딩 Empire State Building (미국 뉴욕시에 있는 지상 102층 건물. 높이 449m)

S

♣ **어원 : sta 서다, 세우다**

※ **empir**e [émpaiər/**엠**파이어] ㊎ **제국**(帝國); (제왕의) 통치(권), 제정(帝政); 절대지배권; (the E-) 대영제국(the British Empire); 신성로마제국; 프랑스 제국《특히 나폴레옹 치하의》 ㊗ (E-) 제국의
☜ 고대 프랑스어로 '통치하다'란 뜻

☐ **sta**te [steit/스떼이트] ㊎ **상태**; (S~) **국가, 미국**; 정부 ㊐ **진술**〔성명〕**하다; 미리 정하다** ㊗ 국가의 ☜ 라틴어로 '서 있는 위치'란 뜻, 서 있는 위치에서 '입장<상태<국가'란 의미로 발전함.

☐ **sta**tecraft [stéitkræ̀ft, -krὰːft] ㊎ 정치, 치국책(治國策) ☜ 국정(state) 기술(craft)

☐ **sta**ted [stéitid] ㊗ 정해진 ☜ 미리 정해(state) 진(ed<형접>)

☐ **Sta**te Department [the ~] 《미》 국무성(=Department of State)
☜ department(부(部), 국(局), 과(課), 성(省))

☐ **Sta**tehouse [stéithàus] ㊎ 《미》 주(州)의사당 ☜ 국정(state)을 펼치는 집(house)

☐ **sta**tely [stéitli] ㊗ (-<-**lier**<-**liest**) **위풍 당당한**; 장중한; 품위 있는; 뽐내는

☜ 서있는 상태(state) 로(ly<부접>)
☐ **sta**teliness [stéitlinis] ⓜ 위엄, 당당함 ☜ stately<y→i> + ness<명접>
☐ **sta**tement [stéitmənt] ⓜ **말함; 진술**, 성명; 성명서 ☜ state + ment<명접>
☐ **sta**teroom [stéitruːm, -rum] ⓜ 특등실 ☜ (높은) 상태(state)의 방(room)
☐ **sta**te-run [stéitrʌ̀n] ⓗ **국영의** ☜ 국가(state)가 운영하는(run)
☐ **sta**tesman [stéitsmən] ⓜ (pl. **-men**) **정치가**, 경세가(經世家); 《영.방언》 소지주
☜ 말하는(state) 사람(man)
☐ **sta**tesmanly, statesmanlike [stéitsmənli], [stéitsmənlaik] ⓗ 정치가다운
☜ stateman + -ly/-like(~같은, ~다운)
☐ **sta**tesmanship [stéitsmənʃip] ⓜ 정치적 수완 ☜ statesman + ship(상태, 기술)
☐ **sta**tic [stǽtik] ⓗ **정적**(靜的)**인**, 고정된; 정지상태의 ⓜ 『전기』 공전(空電), 전파 방해; 정전기 ☜ 서있는(sta) 상태의(tic)
■ e**sta**te [istéit] ⓜ **소유지**, 사유지; **재산**, 부동산권
☜ 지위나 신분, 위로(e<ex=up) 서(sta) 있게 하다(te)
■ inter**sta**te [íntərstèit] ⓗⓑ (미국 따위의) **주**(州) **사이의**(에서); 각 주 연합의
☜ 주/국가(state) 사이의(inter)
※ **build**ing [bíldiŋ/**빌**딩] ⓜ **건축(물), 빌딩** ☜ 세우(build) 기(ing<명접>)

스테이션 station (❶ 사람이 배치되는 특정한 위치나 건물, ❷ 일정한 기능을 갖는 장치)

♣ 어원 : sta 서다, 세우다

☐ **sta**tion [stéiʃən/스**떼**이션] ⓜ **정거장, 역**; **소**(所), **서**(署), 국(局), 부(部); **위치**, 장소; 담당 부서(部署); 사업소 ⓢ 부서에 앉히다, 배치하다 ☜ 라틴어로 '서있는(sta) 것(곳)(tion)'이란 뜻
♠ **a fire station 소방서**
♠ **a police station 경찰서**
♠ **a power station 발전소**
♠ **a gasoline** (filling) **station 주유소**
♠ **a broadcasting station 방송국**

< Seoul Station >

☐ **sta**tionary [stéiʃənèri] ⓗ **움직이지 않는; 주둔한**, 상비의《군대 등》
ⓜ 움직이지 않는 사람(것); (pl.) 상비군, 주둔군 ☜ -ary<형접/명접>
☐ **sta**tioner [stéiʃənər] ⓜ 문방구상, 문방구점; 《고어》 서적상, 출판업자
☜ 라틴어로 '움직이지 않는 곳(stationary) 에서 물건을 파는 사람(er)'이란 뜻. 중세엔 주로 행상인이 많았는데, 이에 비해 주로 대학의 고정된 위치(station)에서 책을 판 사람(er)들을 이렇게 지칭한 데서 유래.
☐ **sta**tionery [stéiʃənèri] ⓜ [집합적] **문방구**, 문구; (봉투가 딸린) 편지지
☜ 라틴어로 '일정한 장소(station)에서 물건을 파는 사람(er)이 있는 곳(y)'이란 뜻
☐ **sta**tionmaster [stéiʃənmæstər] ⓜ 역장(驛長) ☜ station + master(장(長))
☐ **sta**tistics [stətístiks] ⓜ (pl.) [복수취급] **통계**(표); [단수취급] 통계학
☜ 라틴어로 '(체계의) 확립<세움(st)을 만드(ate) 는(ist) 학문(ics)'이란 뜻
♠ **statistics** of population **인구** 통계
☐ **sta**tistical [stətístikəl] ⓗ **통계적인**; 통계학의 ☜ statistic + al<형접>
☐ **sta**tistician [stæ̀tistíʃən] ⓜ 통계가(학자) ☜ statistic + ian(사람)

스테레오 stereo (입체 음향)

♣ 어원 : stereo, strato 입체적인; 퍼지다, 덮다

■ **stereo** [stériòu, stíər-] ⓜ (pl. **-s**) **입체 음향**; 스테레오 전축(테이프, 레코드) ⓗ 스테레오의, 입체 음향(장치)의
☜ **stereo**phonic의 줄임말
■ **stereo**phonic [stèriəfάnik] ⓗ 입체 음향(효과)의, 스테레오의
☜ 입체/퍼지는(stereo) 소리(phone) 의(ic)
☐ **strato**sphere [strǽtəsfìər] ⓜ (the ~) 『기상』 성층권; (물가의) 최고가; 최고 수준; (계급·등급 등의) 최상층 ☜ (공중의) 입체/덮는(strato) 영역(sphere)
※ aerosphere 대기권 troposphere 대류권 thermosphere 열권
♠ fly through **the stratosphere 성층권**을 비행하다

스테이션 station (❶ 사람이 배치되는 특정한 위치나 건물, ❷ 일정한 기능을 갖는 장치)

♣ 어원 : sta 서다, 세우다

< Police Station >

S

■ **sta**tion [stéiʃən/스떼이션] 명 **정거장, 역**; **소**(所), **서**(署), 국(局), 부(部); **위치**, 장소; 담당 부서(部署); 사업소 동 부서에 앉히다, 배치하다 ☜ 라틴어로 '서있는(sta) 것[곳](tion)'

□ **sta**tue [stǽtʃuː] 명 **상**(像), 조상(彫像) ☜ 서있는(sta) 것(tue)
♠ **the Statue of Liberty 자유의 여신상** 《New York항 Liberty Island의》

□ **sta**tuesque [stæ̀tʃuésk] 형 조상(彫像) 같은 ☜ statue + esque(~같은, ~풍의)

□ **sta**tuette [stæ̀tʃuét] 명 작은 조상, 소상(小像) ☜ statue + ette(작은)

□ **sta**tuary [총칭적] 명 조상(彫像); 조각(가) ☜ statu + ary(사람)

□ **sta**ture [stǽtʃər] 명 (특히 사람의) **키, 신장**; (정신적) 성장(도) ☜ 서있는(sta) 것(ture)
♠ He is short of **stature**. 그는 **키**가 작다.

□ **sta**tus [stéitəs, stǽtəs] 명 **신분, 상태**, 정세 ☜ 서있는(sta) 상태(tus)

□ **sta**tute [stǽtʃuːt] 명 법령, **성문율**[법], 법규; 정관(定款), 규칙
☜ (체계가) 확립된<세워진(sta) 것(tute)

□ **sta**tutory [stǽtʃutɔ̀ːri/-təri] 형 법령의; 법정(法定)의; 법에 걸리는
☜ (체계를) 확립하다<세우다(statu) + tory<형접>

□ **sta**(u)nch [stɑːntʃ, stɔːntʃ] 형 철두철미한, 충실한; **견고한**, 튼튼한; 방수의
☜ (버티고) 서있(sta) 는(unch)

스탭 < 스태프 staff (❶ [연극 · 영화] 제작진 ❷ 간부 직원)

■ **staff** [stæf, stɑːf] 명 (pl. staff**s**) **참모**, 부원, (간부) **직원**; (pl. sta**ves**) 지팡이, 지휘봉, 깃대 형 참모의; (간부) 직원의
☜ 고대영어로 '(나를 지탱해주고 무기로도 사용가능한) 지팡이'
♠ **chief of the general staff 참모**총장

□ **stave** [steiv] 명 **통(桶)널**; (사다리의) 디딤대; 막대기, 장대 동 (-/stave**d**(**stove**)/stave**d**(**stove**)) 통널을 붙이다; 구멍을 뚫다; 찌그러뜨리다 ☜ staff(지팡이)의 복수형식. staff ➔ stave<f→v+e(s)>

템플스테이 temple stay (사찰 문화 체험), 홈스테이 home stay

♣ **어원 : sta, ste 서다, 세우다, 고정시키다, 안정되게 하다**

※ **temple** [témpəl/**템**펄] 명 **신전**, 절, 사원; 회당; 교회당
☜ 라틴어로 '신의 가호를 기원하기 위한 건물'이란 뜻

□ **sta**y [stei/스떼이] 동 (-/stay**ed**(《고어》 staid)/stay**ed**(《고어》 staid)) **머무르다, 체류하다**; 멈추다 명 **머무름, 체재**
☜ (가지 않고) 서있(sta) 다(y)
♠ **Stay** here till I return. 내가 돌아올 때까지 **여기 있어라**.
♠ **stay away (from) ~ ~에 가까이 가지 않다; 결석하다**
Stay away from a foolish man. 어리석은 자를 **멀리하라**.
♠ **stay up (자지 않고) 일어나 있다**

< Temple Stay >

□ **sta**y-at-home [stéiəthòum] 형명 집에 틀어박혀 있는 (사람); 외출을 싫어하는 (사람)
☜ 집(home) 에(at) 머무르다(stay)

□ **ste**ad [sted] 명 《문어》 **대신**, 대리; 도움, 이익
☜ 고대영어로 '(나서서) 서있는(ste) 것(ad)'이란 뜻
♠ **in (A)'s stead = in the stead of (A) A의 대신에**
I did it **in her stead**. 내가 **그녀 대신** 그것을 했다.
♠ **stand ~ in good stead (여차했을 때) ~에게 크게 도움이 되다**
♠ **in stead of ~ ~의 대신으로**(=instead of)

S

□ **ste**adfast [stédfæ̀st] 형 **확고부동한**, 고정된, (신념 등) 불변의 ☜ 단단히(fast) 서있는(ste) 것(ad)

□ **ste**adfastly [stédfæ̀stli] 부 확고부동하게 ☜ steadfast + ly<부접>

□ **ste**adfastness [stédfæ̀stnis] 명 확고부동, 불변 ☜ steadfast + ness<명접>

□ **ste**ady [stédi/스떼리/스떼디] 형 (-<-d**ier**<-d**iest**) **확고한, 한결같은; 견실[착실]한**
동 확고하게 하다 ☜ stead + y<형접/동접>

□ **ste**adily [stédili] 부 착실하게, **견실하게**; 꾸준히, 착착; 끊임없이 ☜ steady<y→i> + ly<부접>

□ **ste**adiness [stédinis] 명 **견실**; 불변, 한결같음 ☜ steady<y→i> + ness<명접>

■ in**ste**ad [instéd/인스떼드] 부 **그 대신에**, 그보다도 ☜ (나서서) 안에(in) 서다(stead)

■ un**ste**ady [ənstédi] 형 (-<-d**ier**<-d**iest**) **불안정한** 동 불안정하게 하다
☜ un(=not/부정) + steady

스테이크 steak (고기를 두툼하게 썰어서 굽거나 지진 서양요리)

□ **steak** [steik] 명 **스테이크, 두껍게 썬 고기**, 《특히》 비프스테이크; 《미》 (스테이크용) 고기 ☜ 중세영어로 '굽기 위해 자른 두꺼운 고기 조각'이란 뜻
♠ How would you like your **steak** done? **스테이크**를 어떻게 해 드릴까요?

■ Hamburg **steak** **햄버그 스테이크** 《쇠고기나 돼지고기를 잘게 다져 빵가루와 양파, 달걀 따위를 넣고 동글납작하게 뭉쳐 굽는 서양요리의 하나》 ☜ '독일 함부르크(Hamburg) 스테이크'란 뜻
■ T-bone **steak** **티본 스테이크** 《소의 허리부분의 뼈가 붙은 T자형 스테이크》 ☜ T자형 뼈(bone) + steak
■ beef**steak** [bíːfstèik] ⓜ **두껍게 썬 쇠고깃점, 비프스테이크** ☜ beef : 고대 프랑스어로 '소'란 뜻

스텔스기(機) stealth aircraft (레이더에 잘 포착되지 않는 항공기)

F-117 F-22 F-35 B-2

☐ **steal** [stiːl/스띠일] ⓢ (-/**stole**/**stolen**) **훔치다, 도둑질하다**; 몰래 빼앗다, 절취하다 ☜ 고대영어로 '도둑질하다'란 뜻
비교 steel 강철, 철강
♠ **steal** money from a safe 금고에서 돈을 **훔치다**.
☐ **steal**ing [stíːliŋ] ⓜ **훔치기**, 절도; 〖야구〗 도루; (보통 pl.) 《미》 훔친 물건 ⓗ (몰래) 훔치는 ☜ steal + ing<명접/형접>
☐ **steal**th [stelθ] ⓜ **몰래 하기**, 비밀; 〖항공〗 스텔스기(機); 스텔스 기술 ☜ steal + th<명접>
☐ **steal**th aircraft 스텔스 항공기 《레이더에 잘 포착되지 않게 만든 것》 ☜ aircraft(항공기)
★ 미국의 B-2, F-117, F-22, F-35, 러시아의 Su-57, 중국의 J-20 등의 항공기가 스텔스 항공기임.
☐ **steal**thy [stélθi] ⓗ (-<-th**ier**<-th**iest**) **몰래 하는**, 비밀의, 남의 눈을 피하는, 살금살금 하는 ☜ stealth + y<형접>
♠ He approached me **with stealthy steps**. 그는 **발소리를 죽이고** 다가왔다.
☐ **steal**thily [stélθili] ⓑ **살그머니** ☜ stealthy + ly<부접>

스팀 steam (증기, 스팀)

☐ **steam** [stiːm/스띰-] ⓜ **증기, 스팀**, 수증기; 증기력 ⓗ 증기의 ⓢ 증기를 발생하다 ☜ 고대영어로 '증기, 수증기'란 뜻
♠ rooms heated by **steam 스팀** 난방을 한 방
☐ **steam** bath 증기탕 ☜ bath(목욕, 목욕통, 목욕탕)
☐ **steam**boat [stíːmbòut] ⓜ (주로 내해용의 작은) **기선**, 증기선 ☜ steam + boat(작은 배, 보트)
☐ **steam** boiler 보일러, 증기관 ☜ steam + 끓이는(boil) 기계(er)
☐ **steam** engine **증기 기관(차)** ☜ steam + engine(엔진, 기관)
☐ **steam**er [stíːmər] ⓜ **기선**; 증기 기관; 찜통, 시루 ⓢ 기선으로 여행하다 ☜ steam + er<명접>
☐ **steam** iron 증기 다리미 ☜ steam + iron(철, 다리미)
☐ **steam** launch 작은 증기선(蒸氣船) ☜ steam + launch(작은 증기선; 진수, 발진)
☐ **steam** power 증기동력, 기력(汽力) ☜ steam + power(힘, 능력; 동력)
☐ **steam**ship [stíːmʃìp] ⓜ (대형) **기선**, 증기선, 상선 《생략: S.S.》 ☜ steam + ship(배)
☐ **steam** turbine 증기 터빈 ☜ turbine(터빈: 유체가 갖는 에너지를 기계적인 동력으로 변환하는 것)
☐ **steam**y [stíːmi] ⓗ (-<-m**ier**<-m**iest**) **증기의**(같은); 증기를 내는; 김이 자욱한 ☜ -y<형접>

연상 스피드(speed.속도)감을 느끼려면 스티드(steed.승마용 말)를 타라

STEED

※ **speed** [spiːd/스삐-드] ⓜ 빠르기, **속력, 속도**; 빠름, 신속 ⓢ **급히 가다**, 서두르다 ☜ 고대영어로 '성공하다'란 뜻
☐ **steed** [stiːd] ⓜ 《고어·문어》 **말** 《특히 승마용의》, 군마(軍馬) ☜ 고대영어로 '종마', 중세영어로 '큰 말'이란 뜻
♠ **It is too late to lock the stable door after the steed is stolen. 말을 잃은 후 견고한 문에 자물쇠를 채우는 것은 너무 늦다. 《속담》 소 잃고 외양간 고치다.**

S

포항 스틸러스 Pohang Steelers (포항이 연고지인 프로축구단. steeler(s)는 사전에 없으며, 직역하면 <강철같은 사람(들)>이란 뜻)

POHANG STEELERS

♣ 어원 : **sta, ste 서다, 세우다, 고정시키다, 안정되게 하다**
☐ **ste**el [stiːl] ⓜ **강철, 스틸**; 《문어》 검(劍), 칼; 강철 제품 ⓗ 강철(제)의; (강철 같이) 단단한; 냉혹한 ⓢ ~에 강철을 입히다; (강철 같이) 견고하게 하다 ☜ 고대영어로 '철'이란 뜻.. ⇦ 단단한<세워서 고정한(ste) 것(el)
비교 steal 훔치다, 도둑질하다
♠ the iron and **steel** industry **철강**업
☐ **ste**ely [stíːli] ⓗ (-<steel**ier**<steel**iest**) 강철의, 강철 같은; 냉혹한, 무정한 ☜ -y<형접>
☐ **ste**elman [stíːlmæ̀n] ⓜ (pl. **-men**) **제강업 종사자** ☜ steel + man(남자, 사람)

☐ **ste**elworks [stílwə̀rks] 명 (pl.) [단수취급] 강철공장, 제강소(製鋼所)
☞ steel + works(공장, 제작소), work(일, 업무, 노동, 직장, 제작품)
☐ **ste**ep [stiːp] 형 **가파른**, 깎아지른 듯한; 엄청난; 극단적인 명 가파른 비탈, 절벽
☞ 고대영어로 '높은'이란 뜻. (위로) 세워진(ste) 것(ep)
동 (액체에) **적시다**, 담그다 ☞ 고대 노르드어로 '(아래로) 던지다'란 뜻. (아래로) 세운
♠ a **steep** slope **가파른** 언덕
♠ **steep** seeds in water 물에 씨앗을 **담그다**
☐ **ste**eply [stíːpli] 부 가파르게, 험준하게; 급격히 ☞ steep + ly<부접>
☐ **ste**eple [stíːpəl] 명 (교회 따위의) **뾰족탑**, 첨탑 《그 끝은 spire》 ☞ 가파른(steep) 것(le<명접>)
☐ **ste**epled [stíːpəld] 형 뾰족탑이 있는; 뾰족탑 모양의 ☞ steeple + ed<형접>
■ **sta**ir [stɛər/스떼어] 명 (계단의) 한 단; (종종 ~s) [단·복수취급] **계단**, 사닥다리
☞ (위로) 세우는(sta) 것(ir<er)

스티어링 휠 steering wheel (자동차의 핸들)

♣ **어원 : sta, ste 서다, 세우다, 고정시키다, 안정되게 하다**
☐ **ste**er [stiər] 동 **키를 잡다**, 조종하다; (어떤 방향으로) 돌리다; **향하다**
☞ 고대영어로 '(바르게 가도록) 조종하다, 안내하다'란 뜻. 안정된<세워서 고정(ste) 하다(er)
♠ **steer** a ship westward 배를 서쪽으로 **돌리다**
☐ **ste**erage [stíəridʒ] 명 3등 선실(船室); 키 조종 ☞ steer + age<명접>
☐ **ste**ering [stíəriŋ] 명 조타, 조종, **스티어링** ☞ steer + ing<명접>
☐ **ste**ersman [stíərmən] 명 (pl. **-men**) (배의) 키잡이
☞ steer + s<연결 어미='s> + man(사람, 남자)
☐ **ste**ering wheel (배의) 타륜(舵輪)《배의 키를 조종하는 손잡이가 달린 바퀴모양의 장치》; (자동차의) 핸들 ☞ wheel(수레바퀴, 자동차 핸들)
☐ **ste**rn [stəːrn] 명 배의 뒷부분, 선미, **고물** 형 **엄격한** 《사람 등》, **단호한**
☞ 고대 노르드어로 '조종(steer)'이란 뜻
■ **star**board [stάːrbərd] 명 『항해』 우현(右舷)(⇔ port 좌현); 『항공』 (기수의) 우측 형 우현의
동 (배의) 진로를 오른쪽으로 잡다, 우현으로 돌리다 ☞ 고대 북유럽 배는 우측에 노<조향장치(steer board)>가 설치되어 있었으며, 배를 항구에 댈 때는 우측의 노가 손상되지 않도록 배의 왼쪽면을 항구(port)에 붙인데서 유래.
※ **wheel** [hwiːl/휘일] 명 **수레바퀴**; (pl.) 《미.속어》 자동차; (자동차의) **핸들**
☞ 고대영어로 '바퀴'란 뜻

스타인벡 Steinbeck (미국 소설가, 사회주의 리얼리즘 작가)

☐ **Steinbeck** [stáinbek] 명 **스타인벡** 《John Ernest ~, 미국의 소설가; 퓰리처상 및 Nobel 문학상 수상; 1902-68》 ★ **대표 저서 : 『분노의 포도』, 『에덴의 동쪽』, 『생쥐와 인간』** 등

스텔라 Stellar (한국의 댄스팝 걸그룹. 라틴어로 <별>이란 뜻)

☐ **stellar** [stélər] 형 별의; 별 같은(모양의); 별빛 밝은 밤의; 주요한; 일류의, 우수한
☞ 라틴어로 '별'이란 뜻. 초기인도유럽어 sterla < ster = star
♠ a **stellar** night **별빛 밝은** 밤
☐ **stelli**fy [stéləfài] 동 별이 되게 하다; ~에게 하늘의 영광을 주다, 찬양하다
☞ -fy(~을 만들다)

S

☐ **stem**(줄기, 대) ➔ **step**(걸음) **참조**

스테노타이프 Stenotype (속기용 타이프라이터의 상표명)

♣ **어원 : steno 폭이 좁은, 짧은, 단축된, 빠른**
☐ **Steno**type [sténətàip] 명 **스테노타이프** 《속기용 타이프라이터의 일종; 상표명》; (s-) 속기용 문자 동 **스테노타이프**로 기록하다
☞ 좁게<짧게(steno) 글자를 찍다(type)
☐ **steno**graph [sténəgræ̀f, -grὰːf] 명 속기문자; 속기물; 속기 타이프라이터
동 속기하다 ☞ 좁게<짧게(steno) 쓰다(graph)
☐ **steno**graphic [stènəgrǽfik] 형 속기(술)의; 속기에 의한 ☞ stenograph + ic<형접>
☐ **steno**graphy [stənάgrəfi] 명 **속기(술)** ☞ 중세영어로 좁게<짧게(steno) 기록하(graph) 기(y<명접>)
♠ take lessons in **stenography** **속기**를 배우다
☐ **steno**grapher [stənάgrəfər] 명 《미》 **속기사**(速記士); 속기 타이피스트(《영》 shorthand typist)
☞ 중세영어로 '좁게<짧게(steno) 기록(graph)하는 사람(er)

스탭 step (걸음걸이), 스템 stem (와인잔의 손잡이 부분)

< 와인잔의 stem >

♣ 어원 : sta, ste 서다, 세우다, 고정시키다, 안정시키다 // step- 의붓

□ **step** [step/스뗍] ⑤ **걷다**《특히 짧은 거리를》; (독특한) 걸음걸이를 하다; **한걸음 내디디다** ⑬ **걸음, 한 걸음; 발소리, 걸음걸이;** (댄스의) **스탭**; (pl.) **계단; 수단**
☜ 고대영어로 '계단, 걷는 행위'란 뜻. 서있는(ste) 것(p)
♠ **step by step 한 걸음씩, 차근차근**
♠ **step down (차 따위에서) 내리다; 사직하다, 물러서다; ~을 점차로 줄이다**
♠ **step forward** (backward) **전진**(후퇴)**하다**
♠ **step in 들어서다, 들르다; 개입하다**
You can **step in** my house anytime you want.
당신은 당신이 원하는 언제든지 저희 집에 **들러도** 됩니다.
♠ **step on** (upon) ~ **~을 밟다; (사람 · 경향 따위를) 누르다**
♠ **step out 잠시 자리를 뜨다; 서둘러 걷다; 놀러[파티에] 나가다**
I'm just going to **step out** for a few minutes.
난 그냥 잠깐 **나갔다 오려고** 그래요.
♠ **step up (계단 따위를) 올라가다; 가까이 가다; 촉진하다**
♠ **take a step(s) 조처를 취하다; 한 걸음 내딛다, 일보 전진하다**
take a step in the right direction by~
~함에 의해서 바른 방향으로 **일보(一步) 전진하다**.
♠ **take a step back 한 발 물러서다, 일보(一步) 물러서다**

□ **step**brother [stépbrʌðər] ⑬ 아버지(어머니)가 다른 형제, 배다른 형제, 이복형제
☜ 의붓(step) 형제(brother)

□ **step**-by-**step** [stépbəstép, -bai-] ⑬ 일보일보의, 단계적(점진적)인, 서서히 나아가는
☜ -by(~씩, 조금씩)

□ **step**child [stéptʃàild] ⑬ (pl. -child**ren**) 의붓자식 ☜ step + child(아이)

□ **step**daughter [stépdɔ̀ːtər] ⑬ 의붓딸 ☜ 의붓(step) 딸(daughter)

□ **step**father [stépfàːðər] ⑬ 의붓아버지, 계부 ☜ 의붓(step) 아버지(father)

□ **step**ladder [stéplæ̀dər] ⑬ 발판 사닥다리 ☜ step + ladder(사다리)

□ **step**mother [stépmʌ̀ðər] ⑬ **의붓어머니**, 계모, 서모 ☜ 의붓(step) 어머니(mother)

□ **step**parent [stéppɛ́ərənt] ⑬ 의붓부모 ☜ 의붓(step) 부모(parent)

□ **step**ping stone 디딤돌, 수단 ☜ stone(돌, 돌맹이)

□ **step**sister [stépsìstər] ⑬ 배다른 자매 ☜ 의붓(step) 여자 형제(sister)

□ **step**son [stépsʌ̀n] ⑬ 의붓아들 ☜ 의붓(step) 아들(son)

□ **stem** [stem] ⑬ (초목의) **줄기, 대**; (도구의) 자루; 『성서』 혈통, 가계
☜ 고대영어로 '수목의 줄기'란 뜻. ⇦ (세로로) 서있는(ste) 것(m)
♠ fry sweet potato **stems** 고구마 **줄기**를 볶다
♠ **stem from ~ ~에서 생기다, 유래하다**
This word **stemmed from** Latin. 이 단어는 라틴어**에서 비롯되었다**.

■ **sta**lk [stɔːk] ⑬ 『식물』 **줄기**, 대, 잎자루; 높은 굴뚝 ☜ (세로로) 서있는(sta) 것(lk)

스테레오 stereo (입체 음향)

♣ 어원 : stereo 입체적인; 퍼지다, 덮다

□ **stereo** [stériòu, stíər-] ⑬ (pl. -s) **입체 음향**; 스테레오 전축(테이프, 레코드) ⑬ 스테레오의, 입체 음향(장치)의
☜ **stereo**phonic의 줄임말

□ **stereo**phonic [stèriəfάnik] ⑬ 입체 음향(효과)의, 스테레오의 ☜ 입체(stereo) 소리(phone) 의(ic)
♠ a **stereophonic** broadcast **스테레오** 방송

□ **stereo**phone [stériəfòun] ⑬ **스테레오폰**《스테레오용 헤드폰》 ☜ 입체(stereo) 소리(phone)

□ **stereo**graph [stériəgræ̀f] ⑬ 실체화(畫), 입체화; 입체사진 ⑤ ~의 **스테레오그래프**를 만들다
☜ 입체(stereo) 기호(graph)

□ **stereo**type [stériətàip] ⑬ 『인쇄』 **연판**(鉛版)(stereo), 스테로판; 연판 제조(인쇄); 상투적인 문구
☜ 입체(stereo) 활자(type)

스타트 start (출발, 시작)

♣ 어원 : sta(r), sti, ste(r) 단단한, 강(직)한, 신속한

■ **start** [stɑːrt/스따-트] ⑤ **출발하다; 시작하다, 시작되다** ⑬ **출발**
☜ 중세 네덜란드어로 '돌진하다'란 뜻

S

■ **star**e [stɛər/스떼어] ⓢ **응시하다**, 빤히 보다 ⓜ **빤히 봄**, 응시
☜ 고대영어로 '시선을 고정하다'란 뜻
■ **star**k [stɑːrk] ⓗ 삭막한; **냉혹한**; 극명한; 완전한 ⓑ 완전히 ☜ 고대영어로 '강한'이란 뜻
■ **star**ve [stɑːrv] ⓢ **굶어죽다, 굶주리다, 굶기다; 갈망하다** ☜ 고대영어로 '죽다'란 뜻. 굳어지다
■ **sti**ff [stif] ⓗ **뻣뻣한**, 빽빽한, 경직된, 굳은; (근육이) **결리는**; 심한, 힘든 ⓑ 엄청나게, 굉장히 ⓜ 유통 지폐; 금전; 위조지폐
☜ 고대영어로 '단단한, 강직한'이란 뜻
□ **ster**ile [stéril/-rail] ⓗ 메마른, **불모의** 《땅 따위》; 흉작의; 불임의; 무익한
☜ 라틴어로 '불모<딱딱(ster) 한(ile)'이란 뜻.
♠ **sterile** land **불모의** 땅
□ **ster**ility [stəríləti] ⓜ 불임(不姙), 불모(不毛) ☜ sterile<e→i> + ty<명접>
□ **ster**ilize [stérəlàiz] ⓢ 불모로 하다; 살균(소독)하다 ☜ sterile + ize<동접>
□ **ster**n [stəːrn] ⓗ **엄격한** 《사람 등》, **단호한**, 근엄한 ⓜ (배의) 선미, **고물**
☜ 고대영어로 '엄격한, 딱딱한'이란 뜻
♠ a **stern** father **엄격한** 아버지
□ **ster**nly [stə́ːrnli] ⓑ 엄격하게, 단호히 ☜ stern + ly<부접>

스타 star (대중에게 인기가 많은 연예인 · 스포츠선수. <별>이란 뜻)

♣ **어원 : star, aster, astro 별; 별처럼 빛나다**
■ **star** [stɑːr/스따/스타-] ⓜ **별; 별 모양의 것; 스타**, 인기 배우, 인기인 ⓗ 별의 ⓢ 별처럼 빛나다 ☜ 고대영어로 '별'이란 뜻
■ **star**ry [stɑ́ːri] ⓗ (-<-r**ier**<-r**iest**) 별의, **별이 많은**, 별처럼 빛나는; 별 모양의 ☜ star + r<단모음+단자음+자음반복> + y<형접>
□ **ster**ling [stə́ːrliŋ] ⓜ **영국화폐의** 《금액의 뒤에 부기하여 보통 stg.로 생략함: £500 stg.》; 파운드의; 진짜의, 순수한; 믿을 만한 ⓜ 영국 화폐 ☜ 고대영어로 '작은(-ling) 별(ster<star)'이란 뜻
♠ the value of **sterling 영국 파운드화의** 가치
■ **astro**nomy [əstrɑ́nəmi] ⓜ **천문학** ☜ 별(astro) 학문(nomy)
■ dis**aster** [dizǽstər] ⓜ **재난, 큰 불행** ☜ dis(나쁜) aster(별)

영화 <스타탄생 포스터>
© metacritic.com

□ **stern**(엄격한, 단호한; 배의 선미) ➔ **sterile**(불모의) **참조**

스테로이드 steroid (화학구조에서 스테로이드핵을 보유한 화합물)

쓸개즙산(酸), 심장에 해로운 독(毒), 성(性)호르몬, 비타민 B, 부신 겉질 호르몬(신장 부위에 있는 부신(副腎)의 피질에서 분비되는 호르몬) 등과 같이 스테로이드핵(核)이라는 특유의 화학 구조를 갖는 화합물. 스테로이드라고 할 때는 보통 당질 대사를 하고 동시에 항염증, 항알레르기 작용이 있으며, 널리 의료에 사용되고 있는 부신 겉질 호르몬제를 가리킨다. <출처 : 과학용어사전 / 일부인용>

□ **steroid** [stérɔid] ⓜ 『생화학』 **스테로이드** 《스테롤 · 담즙산 · 성호르몬 등 지방 용해성 화합물의 총칭》 ⓗ 스테로이드의 ☜ 현대영어로 'sterol(=cholesterol에서 추출된 물질) + -oid(~성질의 것)'란 뜻

텔레스코프 telescope (망원경), 페리스코프 periscope (잠망경)

♣ **어원 : scope 보는 기계**
■ **scope** [skoup] ⓜ 《구어》 보는(관찰하는, 관측하는) 기계; **범위**
☜ 고대 그리스어로 '나는 본다'란 뜻

■ tele**scope** [téləskòup] ⓜ **망원경**; 원통상(狀) 확대 광학기계 ⓗ 끼워넣는(식의) ⓢ (망원경의 통처럼) 끼워넣다; 끼워넣어지다
☜ 멀리(tele) 보는 기계(scope)
■ micro**scope** [máikrəskòup] ⓜ **현미경** ☜ 작은 것을(micro) 보는 기계(scope)
■ peri**scope** [pérəskòup] ⓜ (잠수함의) 잠망경, **페리스코프**
☜ 주위를(peri) 보는 기계(scope)
□ stetho**scope** [stéθəskòup] ⓜ 『의학』 청진기 ⓢ 청진기로 진찰하다
☜ 가슴(stetho)을 보는 기계(scope)

< Telescope >

스튜 stew (쇠고기와 버터, 야채 등을 섞어 익힌 서양식 요리)

□ **stew** [stjuː] ⓢ **뭉근한[약한] 불로 끓이다**, 스튜 요리로 하다 ⓜ 스튜(요리) ☜ 중세영어로 '취사용 용기'란 뜻.
♠ **stew** meat (fruit) 고기를 (과일을) **뭉근한 불에 삶다**.
□ **stew**ed [stjuːd] ⓗ 약한 불로 끓인; 스튜로 한; 《영》 (차가) 너무 진한; 《구어》 마음 졸인,

초조한; 《속어》 억병으로 취한 ☜ stew + ed<형접>

스튜어디스 stewardess (여객기의 여승무원)

☐ **steward** [stjúːərd] ⓜ **집사**(執事), 재산 관리인; 지배인; (여객기 등의) 사환, **스튜어드** ☜ 고대영어로 '집·가축의 우리(ste)를 지키는 사람(ward)'이란 뜻
♠ a cabin **steward** 선실(船室)의 **사환**

☐ **steward**ess [stjúːərdis] ⓜ 여성 steward; **스튜어디스** 《여객선·여객기 등의 여자 안내원》 ☜ steward + ess<여성형 접미사>
★ 여성의 지위와 대우가 남성과 동등해지면서 성차별적 단어도 점차 중성적 의미의 단어로 바뀌고 있다. stewardess도 flight attendant로 변화됨.

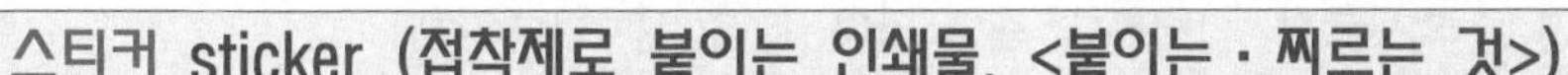

스티커 sticker (접착제로 붙이는 인쇄물. <붙이는·찌르는 것>)

♣ **어원 : stick-, stag-, stack-, stock- 막대기; 막대기로 찌르다, 붙이다**

☐ **stick** [stik/스띡] ⓜ **막대기, 지팡이**; (하키의) **스틱** ⓓ **찌르다, 찔리다; 내밀다; 붙이다, 달라붙다; 고수[고집]하다**
☜ 고대영어로 '찌르다'란 뜻
♠ **stick it out 최후까지 해내다[버티다], 꾹 참다**
♠ **stick out 내밀다, 튀어 나오다**
He likes to **stick out** his tongue. 그는 혀를 **내미는** 것을 좋아한다.
♠ **stick to ~ ~에 들러붙다, 집착[충실]하다; ~을 고집하다**
Just don't **stick to** a side issue. 주변(지엽적인) 문제에 **집착하지** 마라.
♠ **stick with ~ ~에게 끝까지 충실하다**

■ **joy** stick **조이스틱**, 조종간, 조종(조작)장치, 제어장치 ☜ '즐거움(joy)을 주는 막대기(stick)'란 뜻

☐ **stick**er [stíkər] ⓜ 찌르는 사람(막대기); (전단 따위를) 붙이는 사람(것); 풀 묻힌 라벨, **스티커** ☜ 찌르는/붙이는(stick) 사람/도구(er)

☐ **stick**iness [stíkinis] ⓜ 끈적거림; 무더위 ☜ sticky<y→i> + ness<명접>

☐ **stick**y [stíki] ⓗ (-<-k**ier**<-k**iest**) **끈적거리는**, 들러붙는, 점착성의 ☜ stick + y<형접>

☐ **stig**ma [stígmə] ⓜ (pl. **-s, -ta**) 치욕, 오명, 오점; 결점, 흠; 《고어》 낙인; **반점**; 《천주교》 성흔 ☜ 그리스어로 '찔린(stig=stick) 자국(ma<mark)'이란 뜻

☐ **stig**matic [stigmǽtik] ⓗ 불명예스러운; 낙인이 찍힌; 추한 ☜ stigma + t + ic<형접>

☐ **stig**matize [stígmətàiz] ⓓ ~에게 오명을 씌우다, 낙인을 찍다; 비난하다
☜ stigma + t + ize<동접>

■ **stag**ger [stǽgər] ⓓ **비틀거리다, 비틀거리게 하다**; 주저하다, 망설이다; 동요시키다
☜ 초기 인도유럽어로 '찌르다'란 뜻. '막대기로 찌르면 자세가 불안정하게 되다'는 의미

■ **stak**e [steik] ⓜ **말뚝**, 막대기; 노름, 내기; 화형 ⓓ 말뚝에 매다, 막대기로 찌르다
☜ 고대영어로 '말뚝'이란 뜻

■ **stock** [stɑk/stɔk] ⓜ (초목의) **줄기; 저장, 축적, 재고품; 주식**; 혈통, 가계 ⓗ 재고의 ⓓ (물품을) **들여놓다**, 사재다 ☜ 고대영어로 '그루터기, 기둥'이란 뜻

스타트 start (출발, 시작)

♣ **어원 : sta(r), sti, ste(r) 단단한, 강(직)한, 경직된**

■ **star**t [stɑːrt/스따-트] ⓓ **출발하다; 시작하다, 시작되다** ⓜ **출발**
☜ 중세 네덜란드어로 '돌진하다'란 뜻

■ **star**e [stɛər/스떼어] ⓓ **응시하다**, 빤히 보다 ⓜ **빤히 봄**, 응시
☜ 고대영어로 '시선을 고정하다'란 뜻

■ **star**k [stɑːrk] ⓗ 삭막한; **냉혹한**; 극명한; 완전한 ⓑ 완전히 ☜ 고대영어로 '강한'이란 뜻

■ **star**ve [stɑːrv] ⓓ **굶어죽다, 굶주리다, 굶기다; 갈망하다**
☜ 고대영어로 '죽다'란 뜻 ⇦ 굳어지다

☐ **sti**ff [stif] ⓗ **뻣뻣한**, 빽빽한, 경직된, 굳은; (근육이) **결리는**; 심한, 힘든 ⓑ 엄청나게, 굉장히 ⓜ 유통 지폐; 금전; 위조 지폐 ☜ 고대영어로 '단단한, 강직한'이란 뜻

☐ **sti**ffen [stífən] ⓓ 뻣뻣해지다, **딱딱해지다; 딱딱하게 하다** ☜ stiff + en<동접>
♠ **stiffen** cloth with starch 풀먹여 천을 **빳빳하게 하다**

☐ **sti**ffly [stífli] ⓑ **딱딱하게**; 완고하게 ☜ stiff + ly<부접>

☐ **sti**ffness [stífnis] ⓜ **굳음**; **완고함** ☜ stiff + ness<명접>

☐ **sti**ff-necked [stífnékt] ⓗ 고집 센, 완고한; 목이 뻣뻣해진 ☜ stiff + 목(neck) 의(ed<형접>)

■ **ster**ile [stéril/-rail] ⓗ 메마른, **불모의** 《땅 따위》; 흉작의; 불임의; 무익한
☜ 라틴어로 '불모<딱딱(ster) 한(ile)'이란 뜻.

■ **ster**n [stəːrn] ⓗ **엄격한** 《사람 등》, **단호한**, 근엄한 ⓜ (배의) 선미, **고물**
☜ 고대영어로 '엄격한, 딱딱한'이란 뜻

S

스톱 stop (멈춤, 멈추다)

♣ 어원 : stop, stuf, stif 막다

■ **stop** [stɑp/스땊/stɔp/스톱] ⓢ (-/stop**t**(stop**ped**)/stop**t**(stop**ped**)) **멈추다, 멈추게[그만두게] 하다, 그치다** ⓜ **멈춤; 정류소**
☜ 중세영어로 '마개, 막다'란 뜻

■ **stuff** [stʌf.스떺] ⓜ **재료**, 원료; 폐물; 《속어》(성적대상으로서의) 젊은 여자; **소질** ⓢ **~에** (가득) **채우다**
☜ 중세영어로 '채우다, 막다'란 뜻. stop의 변형
★ Hot Stuff는 미국 흑인 여가수 Donna Summer 또는 한국 여성 듀엣 Davichi의 노래로 <섹시한 사람>이란 뜻이다. 1979년 발표한 도나섬머의 Hot Stuff는 빌보드 싱글차트 3주간 1위에 올랐다.

□ **stif**le [stáifəl] ⓢ **억누르다**, 억제하다; **숨을 막다**, 질식(사)시키다; 숨막히다
☜ 고대 독일어로 '막다'란 뜻. stop의 변형
♠ **stifle** a person with smoke 연기로 아무를 **질식시키다**.

□ **stif**ling [stáifliŋ] ⓗ 숨이 답답한; 질식할 것 같은; 갑갑한 ☜ stifle + ing<형접>

□ **stigma**(반점) ➔ **stick**(막대기, 찌르다) **참조**

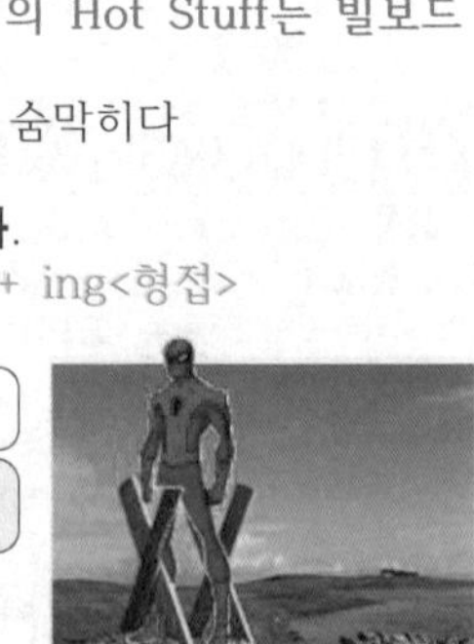

연상 스타일(style)이 좋은 사람만 건너게 하는 스타일(stile.밟고 넘는 계단)

※ **style** [stail/스따일] ⓜ **스타일, 양식, 방식; 문체**, 필체; 어조
☜ 라틴어로 '철필, 표현방식'이란 뜻

□ **stile** [stail] ⓜ **밟고 넘는 층계** 《울타리나 벽을 사람만이 넘을 수 있고 가축은 못 다니게 만든》; 회전문(=turnstile)
☜ 고대영어로 '사다리'란 뜻
♠ cross a **stile 담의 디딤계단**을 넘다.

스틸사진 still (영화필름 중 한 컷만 현상한 사진. <정지한>이란 뜻)

□ **still** [stil/스띨] ⓗ **조용한, 정지**(靜止)**한** ⓟ **아직**(도), **그럼에도 불구하고** ⓢ 고요하게 하다; (아이를) 달래다 ⓜ 고요, 정적; **스틸** 《광고용으로 영화의 한 장면을 사진으로 찍은 것》
☜ 고대영어로 '움직이지 않는'이란 뜻
♠ He is **still** angry. 그는 **아직도 [여전히]** 화내고 있다.
♠ **Still waters run deep. 《속담》 조용히 흐르는 물이 깊다.**
♠ **still less 하물며 더욱 ~아니다**(=much less)
If you don't know, **still less** do I. 네가 모른다면, **하물며** 나야 **더욱** 알 수가 없지.
♠ **still more 더욱 더 ~이다**(=much more)
There was **still more** bad news to come.
찾아올 나쁜 소식이 **훨씬 더 많이** 있었다.

□ **still** life 정물(화) ☜ life(생명, 생물, 실물)

□ **still**ness [stílnis] ⓜ **고요**, 정적; 정지(靜止); 침묵; 조용한 장소(환경) ☜ still + ness<명접>

□ **still**y [stíli] ⓜ 고요히; 소리없이 ☜ still + y<형접>

스티커 sticker (접착제로 붙이는 인쇄물. <붙이는 · 찌르는 것>)

♣ 어원 : sti, stim 막대기; 막대기로 찌르다, 붙이다

■ **stick** [stik/스띡] ⓜ **막대기, 지팡이**; (하키의) **스틱** ⓢ **찌르다, 찔리다; 내밀다; 붙이다, 달라붙다; 고수[고집]하다**
☜ 고대영어로 '찌르다'란 뜻

■ joy **stick** **조이스틱**, 조종간, 조종(조작)장치, 제어장치 ☜ '즐거움을 주는 막대기'란 뜻

■ **stick**er [stíkər] ⓜ 찌르는 사람(막대기); (전단 따위를) 붙이는 사람(것); 풀 묻힌 라벨, **스티커** ☜ 찌르는/붙이는(stick) 사람/도구(er)

□ **stim**ulate [stímjəlèit] ⓢ **자극하다**; 격려(고무)하다; 흥분시키다
☜ 라틴어로 '막대기로 찌르다'란 뜻. -ate<동접>
♠ Praise **stimulated** students to work harder.
칭찬은 학생들이 더 열심히 공부하도록 **자극했다**.

□ **stim**ulant [stímjələnt] ⓜ 『의학』 **흥분제**; 자극(물); 격려 ⓗ 『의학』 흥분성의; 자극성의; 격려하는 ☜ stim(찌르다) + ulant<형접/명접>

□ **stim**ulating [stímjulèitiŋ] ⓗ 자극적인 ☜ stimulate + ing<형접>

□ **stim**ulation [stìmjuléiʃən] ⓜ **자극**; 격려, 고무; 흥분; 술(을 마심) ☜ stimulate + ion<명접>

☐ **stim**ulative [stímjulèitiv] ⓗ 자극적인 ⓜ 자극(물) ☜ stimulate + ive <형접>
☐ **stim**ulus [stímjələs] ⓜ (pl. **-li**) **자극**; 격려, 고무; 자극물, 흥분제 ☜ stim(찌르다) + ulus<명접>
☐ **sti**ng [stiŋ] ⓓ (-/**stung**/**stung**) (침 따위로) **찌르다**; 괴롭히다; 자극하다 ⓜ 찌름; 찔린 상처, 격통 ☜ 고대영어로 '뾰족한 것으로 찌르다'란 뜻
♠ A bee **stung** my arm. = A bee **stung** me on the arm. 벌이 팔을 **쏘았다**
☐ **sti**nger [stíŋər] ⓜ 쏘는 동물(식물); 『동물』 침, 가시; 빗댐, 빈정거림; 『군사』 **스팅어** 《어깨에 메고 사격하는 미국 육군의 견착식 휴대용 대공미사일》 ☜ sting + er(사람/장비/기계)
☐ **sti**nging [stíŋiŋ] ⓗ 상처를 주는, 쏘는, 찌르는 (듯한); 쑤시는 듯한 《고통 따위》 ☜ -ing<형접>
☐ **sti**ngray [stíŋrèi] ⓜ 『어류』 노랑가오리 《꼬리에 맹독 있는 가시가 있음》 ☜ ray(가오리; 광선)
☐ **sti**ngy [stíŋi] ⓗ (-<-g**ier**<-g**iest**) 쏘는; 가시가(침이) 있는 ☜ -y<형접>
[stíndʒi] ⓗ (-<-g**ier**<-g**iest**) **인색한** ☜ (여유가 없이) 날카로운
♠ He was a very **stingy** man. 그는 매우 **인색한** 사람이었다.
♠ **be stingy with ~ ~을 내기 아까워하다.**
☐ **sti**ngily [stíndʒili] ⓟ 인색하게 ☜ stingy<y→i> + ly<부접>
☐ **sti**nginess [stíndʒinis] ⓜ 인색 ☜ stingy<y→i> + ness<명접>
☐ **sti**tch [stitʃ] ⓜ **한 바늘**, 한 땀, 한 코, 한 뜸 ☜ 고대영어로 '찌르는 것'란 뜻
♠ **A stitch in time saves nine. 《속담》 제때의 한 바늘이 뒤의 아홉 바늘을 던다.**

연상 ▸ 스컹크(skunk)는 스팅크(stink.악취)를 풍기는 동물이다.

※ **skunk** [skʌŋk] ⓜ (pl. **-(s)**) 『동물』 **스컹크** 《북아메리카산》; 스컹크 모피; 《구어》 밉살맞은 놈 ⓓ 《미.속어》 영패(참패)시키다; (계획 따위를) 망치다; 사취(詐取)하다
☜ 북미인디언 알곤킨어로 '소변보는 여우'란 뜻
☐ **stink** [stiŋk] ⓜ **악취**; 말썽 ⓓ (-/**stunk**(**stank**)/**stunk**) **악취를 풍기다**; 평판이 나쁘다
☜ 고대영어로 '냄새를 풍기다'란 뜻
♠ This ham **stinks**. 이 햄은 **악취가 심하다**
☐ **stink**ard [stíŋkərd] ⓜ 악취를 풍기는 사람(동물); 역겨운 놈 ☜ -ard(《비난/경멸》 사람)

연상 ▸ 그 스턴트맨(stunt man.위험장면의 대역)은 매우 스틴트(stint.절약)한 생활을 한다.

※ **stunt** [stʌnt] ⓜ **묘기**, 곡예; ☜ 근대영어로 '도전'이란 뜻
발육(발전) 저해 ⓓ 성장(발육)을 방해하다
☜ 고대 노르드어로 '부족한, 짧은'이란 뜻
※ **stunt man** 『영화』 (위험한 장면의) 대역, **스턴트맨** ☜ man(남자, 사람)
☐ **stint** [stint] ⓓ (돈 · 음식 등을) **절약하다**, 제한하다 ⓜ 절약, 제한
☜ 고대 노르드어로 '짧게 하다'란 뜻
♠ Don't **stint** yourself. **아까워하지(인색하게 굴지)** 마라.
■ un**stint**ed [ənstíntid] ⓗ 무제한의; 인색하지 않은, 풍부한
☜ un(=not/부정) + stint + ed<형접>

스테이플러 stapler (금속제의 철침으로 종이 등을 철하는 기구)

♣ **어원 : sta, stap, stab, stip 서다, 세워놓다, 고정시키다, 안정시키다**
■ **stap**ler [stéiplər] ⓜ 호치키스, **스테이플러**; 『제본』 철사기(鐵絲機), 책을 철사로 철하는 기계(=stapling machine)
☜ 고대 노르드어로 '고정시키는(staple) 것(er)'이란 뜻
■ **stab**le [stéibl] ⓗ **안정된**, 견고한; 견실한, 착실한; 복원력(성)이 있는 ⓜ **마구간**
☜ 제자리에 서있(stab) 는(le)
☐ **stip**ulate [stípjəlit, -lèit] ⓓ **약정(계약)하다**; 규정하다, 명기하다; (계약조건으로) 요구하다
☜ 라틴어로 '약속을 맺다, 흥정하다'란 뜻 ⇦ '세워 고정시키다, 확립하다'란 의미
♠ The material is not of the **stipulated** quality.
그 재료는 (계약에서) **규정된** 품질이 아니다
☐ **stip**ulation [stìpjuléiʃən] ⓜ 약속, 약정, 계약; 규정, 명기; 조항, 조건
☜ 약속을 맺(stip) 는(ul) 것(tion<명접>)
☐ **stip**ulator [stípjulèitər] ⓜ 계약자; 약정(규정)자 ☜ 약속을 맺(stip) 는(ul) 사람(or)

© Medium.com

브레인스토밍 brainstorming (집단 · 창의적 발상기법)

♣ **어원 : stir, stor 돌다, 소용돌이치다**
※ **brain** [brein/브뤠인] ⓜ **뇌; 우수인재** ☜ 고대영어로 '뇌'란 뜻
■ brain**stor**ming [bréinstɔ̀rmiŋ] ⓜ **브레인스토밍** 《회의에서 모두가 아이디어를 제출하여 그 중에서 최선책을 결정하는 방법》 ☜ 머리<뇌(brain)

속에 폭풍(storm)이 몰아치듯 혁신적인 아이디어들을 모으는 방식

☐ **stir** [stəːr/스떠-] ⓢ **움직이다, 휘젓다**, 뒤섞다; 감동시키다 ⓜ 움직임, 휘젓기, 뒤섞음
☜ 초기인도유럽어로 '돌다(turn, whirl)'란 뜻
♠ **stir** one's tea 차(茶)를 **젓다**
♠ **stir up 잘 뒤섞다[휘젓다]; 분기시키다; 일으키다**
He is trying to **stir up** trouble. 그가 말썽을 **일으키려고** 하고 있다.

☐ **stir**ring [stə́ːriŋ] ⓗ **감동시키는,** 고무하는; 활발한, 번화한, 붐비는
☜ stir + r<단모음+단자음+자음반복> + ing<형접>

■ **stor**m [stɔːrm/스또옴] ⓜ **폭풍(우)**, 모진 비바람; 강습 ⓢ 폭풍이 불다; 격노하다
☜ 초기인도유럽어로 '돌다(turn, whirl)'란 뜻

스탠드 stand (세움대; 관람석)

♣ **어원 : st 서다, 세우다, 고정시키다, 안정시키다**

■ **st**and [stænd/스땐드/스탄드] ⓢ (-/**stood/stood**) **서다, 서 있다**
☜ 라틴어로 '서있는(sta) 것/곳(nd)'이란 뜻

■ **sta**ir [stɛər/스떼어] ⓜ (계단의) 한 단; (종종 ~s) [단 · 복수취급] **계단**, 사닥다리 ☜ (위로) 세우는(sta) 것(ir<er)

■ up**sta**irs [ʌ́pstɛ́ərz] ⓑ **2층에(으로**, 에서); 위층에(으로, 에서) ⓗ 2층의, 위층의 ⓜ 2층, 위층 ☜ 윗(up) 층(stair) + s

■ down**sta**irs [dáunstɛ́ərz] ⓑ **아래층으로[에]** ⓗ 아래층의 ⓜ 아래층
☜ 아래(down) 층(stair) + s

☐ **stir**rup [stə́ːrəp, stírr-, stʌ́r-] ⓜ **등자**(鐙子)《말 안장 양쪽에 달린 발받침》; (귀의) 등자(모양)뼈(등골) ☜ 고대영어로 '올라가는(stir<stair) 로프(rup<rope)'란 뜻
♠ with a foot **in the stirrup 등자(鐙子)에** 한쪽 발을 걸치고

☐ **stitch**(한 바늘) ➔ **sting**(찌르다) **참조**

스토아 the Stoa (스토아 철학. <아고라 건물의 복도>란 뜻)

B.C. 3세기부터 A.D. 2세기까지 그리스로마 철학을 대표한 학파. '스토아'라는 이름은 고대 그리스의 사교나 토론의 장이었던 '아고라' 건물의 둥근 기둥이 늘어선 복도를 뜻하는데, 제논이 이 스토아에서 철학을 가르쳤기 때문에 '스토아학파'란 이름이 생겼다. 스토아학파 철학은 유물론과 범신론적 관점에서 금욕과 평정을 행하는 현자(賢者)를 최고의 선(善)으로 보았다. <출처 : 두산백과 / 일부인용>

☐ **stoa** [stóuə] ⓜ (pl. stoa**e,** stoa**s**) 〚고대그리스〛 보랑(步廊), 주랑(柱廊)《산책 · 집회용》; (the S-) 스토아 철학(the Porch) ☜ 고대 그리스 '아고라 건물의 복도'란 뜻

☐ **Stoic** [stóuik] ⓜ 스토아 학파의 철학자; (s-) 금욕(극기)주의자 ☜ stoa + ic(사람)

스타킹 stocking (긴 양말)

♣ **어원 : stock, stick, stake 막대기; 막대기로 찌르다, 붙이다**

☐ **stock**ing [stɑ́kiŋ/스**따**킹/stɔ́kiŋ/스**또**킹] ⓜ (보통 pl.) **스타킹, 긴 양말**
☜ 고대영어로 '나무줄기'란 뜻
★ 우리말의 팬티스타킹(panty stocking)은 콩글리시이며, 바른 표현은 미국 영어로 pantyhose, 영국 영어로 tights이다.
♠ **a pair of stockings 한 켤레의 긴 양말**
♠ **out of stock 매진된, 품절된**

S

☐ **stock** [stɑk/stɔk] ⓜ (초목의) **줄기; 저장, 축적, 재고품; 주식;** [집합적] **가축**; 혈통, 가게 ⓗ 재고의 ⓢ (물품을) **들여놓다**, 사재다 ☜ 고대영어로 '그루터기, 말뚝'이란 뜻

☐ **stock**ade [stɑkéid/stɔk-] ⓜ **방책**(防柵); 말뚝으로 둘러친 울; 〚군〛 영창 ⓢ 방책을 치다
☜ -ade(만든 것)

☐ **stock**broker [stɑ́kbròukər] ⓜ **증권 중매인** ☜ broker(브로커, 중개인)

☐ **stock** exchange [the ~] 주식 거래(액); [종종 S~ E~] 주식(증권) 거래소 ☜ exchange(교환)

☐ **stock** farm 목축장 ☜ farm(농장)

☐ **stock** farming, **stock** raising 목축(업), 축산(업) ☜ farming(농업, 농장경영, 사육, 양식), raising(기르기, 사육하기, 재배하기)

☐ **stock**holder [stɑ́khòuldər] ⓜ 주주; 가축 소유자 ☜ holder(소유자)

☐ **stock** market **증권시장[거래소]**; 주식매매; 《미》 주가; 가축 시장 ☜ market(시장)

☐ **stock** option **스톡옵션** 《(회사 임원의) 주식 매입 선택권》 ☜ option(선택권) ★ 스톡옵션이란 기업이 임직원에게 자사(自社) 주식(株式)에 대한 매입과 처분 권한을 주는 제도이다.

■ **stick** [stik/스띡] ⓜ **막대기, 지팡이**; (하키의) **스틱** ⓢ **찌르다, 찔리다; 내밀다; 붙이다, 달라붙다; 고수[고집]하다** ☜ 고대영어로 '찌르다'란 뜻

■ **stake** [steik] 명 **말뚝**, 막대기; 노름, 내기; 화형 동 말뚝에 매다, 막대기로 찌르다
☜ 고대영어로 '말뚝'이란 뜻

□ **Stoic**(스토아 학파의) ➔ **stoa**(스토아 철학) **참조**

스톨 STOL ([항공] 단거리 이착륙기)

© F-22 V-STOL

□ **STOL** [stoul, stɔ́:l] 명 【항공】 **스톨** 《단거리 이착륙(기)》
☜ **S**hort **T**ake-**O**ff and **L**anding의 약어 ★ 5m 높이로 상승하기 까지의 활주거리가 80m 안팎인 항공기를 STOL기라고 한다.
♠ a STOL plane **단거리 이착륙기**

■ **VTOL** [ví:tɔ(:)l] 명 【항공】 **비톨** 《수직 이착륙(기)》
☜ **V**ertical **T**ake-**O**ff and **L**anding의 약어

■ **V-STOL** [ví:stɔ(:)l] 명 【항공】 **비스톨** 《수직이착륙(VTOL)과 단거리이착륙(STOL)을 합친 약어》

스텔스기(機) stealth aircraft (레이더에 잘 포착되지 않는 항공기)

■ **steal** [sti:l/스띠일] 동 (-/**stole**/**stolen**) **훔치다, 도둑질하다**; 몰래 빼앗다, 절취하다 ☜ 고대영어로 '도둑질하다'란 뜻

■ **stealth** [stelθ] 명 **몰래 하기**, 비밀; 【항공】 스텔스기(機); 스텔스 기술
☜ steal + th<명접>

□ **stolen** [stóulən] 형 **훔친**; 은밀한 ☜ steal의 과거분사 ➔ 형용사
♠ **stolen** goods 장물, **도둑맞은** 물건
♠ a **stolen** marriage **은밀한** 결혼

간(肝)디스토마 간(肝) distoma ➔ liver fluke (간흡충)

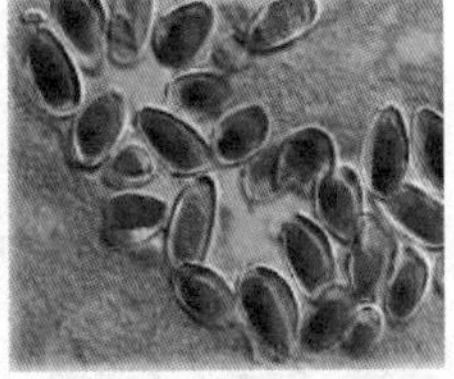

이 생물이 처음 발견되었을 때 입처럼 생긴 기관이 2개가 있어 "입을 2개 가지고 있다"는 의미로 디스토마(Distoma)라고 하였지만 시간이 흘러 이 생물을 다시 현미경으로 관찰한 결과 입이라고 생각한 부분이 모두 흡반(sucker)인 것으로 밝혀졌기 때문에 더이상 '디스토마'라는 명칭은 옳지 않으며 '흡충'이라고 부르는게 맞다. <출처 : 위키백과 / 일부인용>

♣ **어원 : stoma 입**

■ **distoma** [dístəmə] 명 【동물】 **디스토마**(=fluke)
☜ 그리스어로 '두 개(di) 의 입(stoma)'이란 뜻

□ **stomach** [stʌ́mək] 명 **위**(胃); 복부, 배; 식욕; 욕망 동 《부정 · 의문문》 먹다, 삼키다
☜ 그리스어로 '입'이란 뜻
♠ **have a weak** (strong) **stomach 위가 약하다** (튼튼하다)
♠ cannot **stomach** one's food 음식이 **넘어가**지 않다.

□ **stomachache** [stʌ́məkèik] 명 **위통**, 복통 ☜ stomach(위) + ache(통증)

□ **stomachic(al)** [stəmǽkik(əl)] 형 위의; 건위(健胃; 위를 튼튼하게 함)의, 식욕을 증진하는; 소화를 돕는 명 건위제(劑) ☜ stomach + ic(al)<형접>

스톤헨지 Stonehenge (영국 솔즈베리평원에 있는 고대 거석기념물)

□ **stone** [stoun/스또운] 명 **돌**, 돌멩이; **석재** 형 돌의, 돌로 된 동 돌을 던지다 ☜ 고대영어로 '바위, 보석'이란 뜻
♠ throw a **stone 돌**을 던지다.
♠ **Killing two birds with one stone.**
《속담》 일석이조(一石二鳥)

□ **Stonehenge** [stóunhèndʒ] 명 【고고학】 **스톤헨지** 《영국 Wiltshire의 Salisbury 평원에 있는 선사
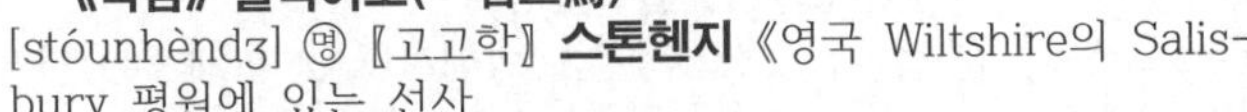
(先史)시대의 거석주군(巨石柱群)》 ☜ 바위(stone)를 매달다(henge=hang)

□ **Stone Age** [the ~] 석기 시대 ☜ age(나이, 시대)

□ **stone-blind** [stóunbláind] 아주 눈이 먼 ☜ 돌(stone)처럼 눈먼(blind)

□ **stonecutter** [stóunkʌ̀tər] 명 석공, 석수, 돌 깨는 기계
☜ 돌(stone)을 자르는(cut) + t<단모음+단자음+자음반복> + 사람/기계(er)

□ **stone-deaf** [stóundéf] 형 전혀 못 듣는 ☜ 돌(stone)처럼 귀먹은(deaf)

□ **stone pit** 채석장 ☜ pit(구덩이, 갱, 채굴장)

□ **stone's throw** [a ~] 명 돌을 던지면 닿을 거리, 근거리 ☜ throw(던지다; 던짐, 던져서 닿는 거리)

□ **stoneware** [stóunwὲər] 명 석기(石器), 도자기 ☜ stone + ware(~제품, 도자기)

□ **stonework** [stóunwə̀:rk] 명 돌 세공 ☜ stone + work(일, 노동, 직장; 세공, 가공)

□ **ston(e)y** [stóuni] 형 (-<-n**ier**<-n**iest**) **돌의**; 돌 같은; 돌이 많은; 냉혹한; 부동의

S

☜ stone + y<형접>
☐ **ston**y-hearted 무정한, 냉혹한 ☜ 돌(stone)같은 마음(heart) 의(ed)
■ mile**stone** [máilstòun] 명 **이정표**; (인생 · 역사 따위의) 중대 시점, 획기적인 사건
☜ 마일 거리(mile)를 알려주는 안내표지 돌(stone)
■ birth**stone** [bə́ːrθstòun] 명 **탄생석** ☜ 탄생(birth)한 달을 상징하는 보석(stone)
★ 『월별 탄생석』 1월 garnet(석류석), 2월 amethyst(자수정), 3월 aquamarine(남옥) or bloodstone(혈석), 4월 diamond(다이아몬드), 5월 emerald(에메랄드), 6월 pearl (진주) or alexandrite(알렉산더석) or moonstone(월장석), 7월 ruby(루비), 8월 sardonyx(붉은 줄무늬 마노) or peridot(감람석), 9월 sapphire(사파이어), 10월 opal(오팔) or tourmaline(전기석), 11월 yellow topaz(황옥), 12월 turquoise(터키옥) or zircon(지르콘)

스탠드 stand (세움대; 관람석), 스툴 stool (등받이 없는 의자)

< Stool >

♣ **어원 : st 서다, 세우다, 고정시키다, 안정시키다**
■ **st**and [stænd/스땐드/스탄드] 동 (-/**stood**/**stood**) **서다, 서 있다**
☜ 라틴어로 '서있는(sta) 것/곳(nd)'이란 뜻
☐ **st**ool [stuːl] 명 (등받이 없는) **걸상, 스툴**; (발 올려 놓는) 발판; 변기, 변소, 대변 ☜ 고대영어로 '1인용 의자'란 뜻. 세워진(st) 것(ool)
♠ a piano **stool** 피아노 **의자**
♠ **go to stool 변소에 가다, 용변보다**

연상 갑자기 스톱(stop.멈추다)하려다 보니 몸이 스툽(stoop.웅크리다)해지다.

※ **stop** [stɑp/스땁/stɔp/스똡] 동 (-/stop**t**〔stop**ped**〕/stop**t**〔stop**ped**〕) **멈추다, 멈추게[그만두게] 하다, 그치다** 명 **멈춤; 정류소**
☜ 중세영어로 '마개, 막다'란 뜻
☐ **stoop** [stuːp] 동 (몸을) 굽히다〔구부리다〕, **웅크리다**; (사람이) 구부정하다 명 앞으로 굽힘 ☜ 고대영어로 '절하다, 굽히다'란 뜻
♠ He **stooped down** suddenly. 그는 급히 **몸을 굽혔다**

스톱 stop (멈춤, 멈추다), 스톱워치, 논스톱, 고스톱...

☐ **stop** [stɑp/스땁/stɔp/스똡] 동 (-/stop**t**〔stop**ped**〕/stop**t**〔stop**ped**〕) **멈추다, 멈추게[그만두게] 하다, 그치다** 명 **멈춤; 정류소**
☜ 중세영어로 '마개, 막다'란 뜻
♠ **Stop** your work just a minute. 잠깐 일을 **멈추시오.**
♠ **stop (A) from (B)-ing A가 B하는 것을 막다[못하게 하다]**
♠ **stop by 잠시 들르다**
♠ **stop ~ing ~하는 것을 멈추다**
☐ **stop**-and-go [stáp-ən-góu] 형 조금 가다가는 서는, (교통) 신호 규제의
☜ 멈추(stop) 고(and) 가다(go)
☐ **stop**page [stάpidʒ, stɔ́p-] 명 정지, 중지 ☜ stop + p<자음반복> + age<명접>
☐ **stop**cock [stάpkɑk, stɔ́pkɔk] 명 (수도 따위의) 꼭지, 고동, 조절판 ☜ stop + cock(마개, 꼭지)
☐ **stop**gap [stάpgæ̀p] 명 구멍 마개, 임시변통 ☜ 빈틈(gap)을 멈추게(stop) 하는 것
☐ **stop**over [stάpòuvər] 명형 **도중하차(의)**; (여행 중의) 단기 체재(의)
☜ ~을 너머(over) 가다가 멈추다(stop)
♠ **stop over 《미》 도중 하차하다; (여행 도중) 잠깐 체재하다**
The plane makes a **stop over** at Chicago.
비행기는 시카고에서 **중간 기착**합니다.
☐ **stop**per [stάpər, stɔ́pə] 명 멈추는 사람〔물건〕, 방해자〔물〕; 마개 동 마개를 막다
☜ stop + p<단모음+단자음+자음반복> + er(사람/물건)
☐ **stop** watch [stápwàtʃ] 명 **스톱워치** 《초(秒)보다 더 작은 단위의 경과 시간을 잴 수 있는 시계》
☜ 멈추게(stop) 해 (시간을 측정하는) 시계(watch)
■ non**stop** [nάnstάp] 형부 직행의〔으로〕; 연속의, 안 쉬는〔쉬지 않고〕 명 직행열차〔버스〕; 직행운행 ☜ 멈추지(stop) 않는(non)
■ go-and-**stop** policy 명 《영》 **고스톱** 정책(stop-go) 《경제의 수축과 확대를 번갈아 되풀이하는 재정 정책》 ☜ 가다(go) 그리고(and) 서다(stop)를 반복하는 정책(policy)

체인스토어 chain store (체인점 · 연쇄점. <연결된 가게>란 뜻)

♣ **어원 : st 서다, 세우다, 고정시키다, 안정시키다**
※ **chain** [tʃein/췌인] 명 **쇠사슬; 연쇄**(連鎖), **연속(물)** ☜ 라틴어로 '쇠사슬'이란 뜻

S

■ chain store 《미》 체인스토어, 연쇄점 (《영》 multiple shop(store))
□ store [stɔːr/스또어] 명 (종종 pl.) 저축, **저장**, 비축; 《미》 **가게**, 상점(《영》 shop) 동 저장하다
☜ 라틴어로 '세워서(st) (모아둔) 것(곳)(ore)'란 뜻.
♠ **have (a) good store** (have stores) of wine 포도주를 **많이 저장하고 있다.**
♠ **store up ~ ~을 저장하다, 축적하다**
Store up to 2 days in the refrigerator.
냉장고에 이틀 **동안 보관하세요.**
♠ **in store 저장하여, 준비하여**
♠ **set store by ~ ~을 존중하다**

© franchisingplus.co.za

□ **stor**age [stɔ́ːridʒ] 명 **저장**, 보관; 창고, 저장소, 수용력; 『전기』 축전(蓄電); 『컴퓨터』 기억장치 ☜ store + age<명접>
♠ **put ~ in storage ~을 창고에 보관하다.**
□ **store**house [stɔ́ːrhàus] 명 **창고**; (지식 따위의) 보고 ☜ 저장하는(store) 집(house)
□ **store**keeper [stɔ́ːrkìːpər] 명 《미》 **가게 주인**(《영》 shopkeeper); 창고 관리인
☜ store + 지키는(keep) 사람(se)
□ **store**room [stɔ́ːrrùːm] 명 저장실, 광 ☜ store + room(방, ~실(室))
■ drug**store** [drʌ́gstɔ̀ːr] 명 《미》 **약방** (《영》 chemist's shop) ☜ drug(의약품) + store(상점)
■ department **store 백화점** ☜ department(~부, 부문; 백화점 매장)
■ general **store** 잡화점, 만물상 ☜ general(일반적인, 전체적인, 잡다한)
■ re**store** [ristɔ́ːr] 동 **되돌려주다**; 반환(반송)하다; **복직시키다; 복구[재건]하다**; 복원하다, 수선(수복)하다; 회복시키다; (건강・지위 등을) 되찾게 하다
☜ 라틴어로 '뒤에(re) 세우다(store)'란 뜻

연상 스토커(stalker)가 스토크(stork.황새)만 쫓아다닌다.

※ **stalk** [stɔːk] 동 **몰래 접근하다**, ~의 뒤를 밟다; **젠체하며 걷다; 만연하다** 명 몰래 접근(추적)함 ☜ 고대영어로 '살금살금 걷다'
※ **stalk**er [stɔ́ːkər] 명 **스토커**, (특히) 밀렵자; 젠체하며 걷는 사람
☜ stalk + er(사람)
□ **stork** [stɔːrk] 명 **황새** ☜ 고대영어로 '황새'란 뜻
♠ a visit from **the stork** ***황새**의 방문* ➔ 아기의 출생
☜ 갓난아기는 황새가 갖다 주는 것이라고 하는 속신(俗信)에서 유래된 말.
♠ **King Stork 폭군** ☜ 왕을 원하는 귀찮은 개구리들에게 제우스가 황새를 왕으로 보내자 황새가 도리어 개구리들을 잡아먹었다는 <이솝 우화>에서 유래

브레인스토밍 brainstorming (집단・창의적 발상기법)

♣ **어원 : stir, stor 돌다, 소용돌이 치다**
※ **brain** [brein/브레인] 명 **뇌; 우수인재** ☜ 고대영어로 '뇌'란 뜻
□ **stor**m [stɔːrm/스또옴] 명 **폭풍(우)**, 모진 비바람; 강습 동 폭풍이 불다; 격노하다 ☜ 초기인도유럽어로 '돌다(turn, whirl)'란 뜻
♠ **After a storm comes a calm.**
폭풍우 뒤에 고요가 온다. 《속담》 고진감래(苦盡甘來).

■ brain**storm**ing [bréinstɔ̀rmiŋ] 명 **브레인스토밍** 《회의에서 모두가 아이디어를 제출하여 그 중에서 최선책을 결정하는 방법》
☜ 머리<뇌(brain) 속에 폭풍(storm)이 몰아치듯 혁신적인 아이디어들을 모으는 방식
■ snow**storm** [snóustɔ̀ːrm] 명 **눈보라**; 눈보라 같은 것 ☜ snow(눈)
■ **Strum** und Drang 《독일어》 **슈트룸 운트 드랑**, 질풍노도(疾風怒濤) 《18세기말 독일에서 일어난 낭만주의 문예운동. 클링거, 괴테, 쉴러가 대표적》
☜ 《영어》 the storm and stress 질풍노도의 시대; 동란, 격동
□ **storm**y [stɔ́ːrmi] 형 (-<-m**ier**<-m**iest**) **폭풍(우)의**; 격렬한 ☜ -y<형접>
□ **storm**ily [stɔ́ːrmili] 부 사납게, 격렬히, 난폭하게 ☜ storm + i + ly<부접>
□ **storm**-beaten [stɔ́ːrmbìːtn] 형 폭풍우에 휩쓸린, 폭풍우가 몰아치고 간
☜ 폭풍우(storm)가 치고(beat) 간(en<형접>)
□ **storm**bound [stɔ́ːrmbàund] 형 폭풍우에 갇힌 ☜ storm + bound(영역, 범위)
□ **storm** center 폭풍의 중심; 난동의 중심(인물) ☜ center(중심, 센터)
□ **storm** cloud 폭풍우를 몰고 오는 먹구름; 동란[위험]의 전조 ☜ cloud(구름)
□ **storm** signal 폭풍우 신호 ☜ signal(신호, 시그널)
□ **storm** warning 폭풍 경보 ☜ warning(경고, 경보)
□ **storm** wind 폭풍 ☜ wind(바람)
■ **stir** [stəːr/스떠-] 동 **움직이다, 휘젓다**, 뒤섞다; 감동시키다 명 움직임, 휘젓기, 뒤섞음

S

☜ 초기인도유럽어로 '돌다(turn, whirl)'란 뜻

러브스토리 love story (사랑 이야기), 스토리텔링 storytelling (재미있고 생생한 이야기로 설득력 있게 의미 전달하는 행위)

© Paramount Pictures

※ **love** [lʌv/러브] ⓜ **사랑**, 애정, **연애; 애호** ⓢ **사랑하다**
☜ 고대영어로 '사랑하는 감정'이란 뜻

□ **story** [stɔ́ːri/스또-뤼] ⓜ (pl. -r**ies**) **이야기**
☜ hi**story**(역사)의 두음소실
♠ **to make a long story short = to make short of a long story** *긴 이야기를 짧게 만들면* ➔ **한마디로 말하면; 요컨대**

□ **story, storey** [stɔ́ːri] ⓜ (pl. -r**ies**, **-s**) (건물의) **층**
☜ 중세 라틴어로 '건물에 그려진 이야기'에서 유래
♠ a house of **one story 단층**집

□ **story**board [stɔ́ːribɔ̀rd] ⓜ **스토리 보드** 《영화의 주요 장면을 간단히 그린 일련의 그림을 나란히 붙인 화판(畫板)》 ☜ story + board(판지, 마분지)

□ **story**book [stɔ́ːribùk] ⓜ 이야기〔동화〕 책, 소설 책 ☜ story + book(책)

□ **story**telling [stɔ́ːritèliŋ] ⓗⓜ **스토리텔링**, 이야기를 하는〔하기〕; 《구어》 거짓말을 하는〔하기〕
☜ story + tell(말하다) + ing<형접/명접>

□ **story**teller [stɔ́ːritèlər] ⓜ **이야기꾼**, 소설 작가 ☜ story + 말하는(tell) 사람(er)

스타우트 stout beer (독한 영국식 흑맥주), 스트롱 strong (강한)

♣ **어원 : st 세우다, 고정시키다, 견고하게 하다, 안정되게 하다**

□ **st**out [staut] ⓗ **튼튼한**, 견고한; **뚱뚱한**; (술 따위가) 독한 ⓜ **스타우트**, 흑맥주 ☜ 고대 프랑스어로 '강한'이란 뜻. ⇦ 초기 인도유럽어로 st-(세우다, 견고하게 하다) ⓑ feeble 연약한
♠ a **stout** pair of shoes **튼튼한** 신발 한 켤레
♠ **A stout heart breaks bad luck.**
《속담》 용기는 악운을 깨뜨린다.

□ **st**outly [stáutli] ⓟ 용감하게 ☜ stout + ly<부접>

□ **st**outness [stáutnis] ⓜ 튼튼함, 굳셈; 비만(肥滿) ☜ stout + ness<명접>

□ **st**out-hearted [stáuthɑːrtid] ⓗ 용감한 ☜ stout + 마음(heart) 의(ed<형접>)

■ **st**rong [strɔ(ː)ŋ/스뜨롱, strɑŋ] ⓗ (-<-g**er**<-g**est**) **힘센, 강한, 튼튼한; 유력한, 자신있는** ⓟ 세게, 힘차게 ☜ 고대영어로 '육체적으로 강한'이란 뜻. ⇦ 초기 인도유럽어로 st-(세우다, 견고하게 하다)

※ **beer** [biər] ⓜ **맥주, 비어** ☜ 고대영어로 '음료'란 뜻
★ 발효 도중 생기는 거품과 함께 상면으로 떠오르는 효모를 이용하여 만드는 상면발효맥주로는 ale, porter, stout가 있으며, 발효가 끝나면서 가라앉는 효모를 이용하여 만드는 하면발효맥주는 Lager 맥주가 있다.

스토브 stove (난로)

□ **stove** [stouv] ⓜ **스토브, 난로**; 건조실; 《영》 『원예』 온실 ⓢ 난로로 데우다 ☜ 중세 네델란드어로 '난방된 방'이란 뜻
♠ turn on 〔off〕 a **stove 난로**를 켜다 〔끄다〕

□ **stove**pipe [stóuvpàip] ⓜ (스토브의) 굴뚝〔연통〕
☜ stove + pipe(파이프, 관)

S

□ **straggle**(흩어지다, 낙오하다) ➔ **street**(거리, 가(街)) **참조**

스트레칭 stretching (신체 부위의 근육·건·인대 등을 늘여주는 운동)

♣ **어원 : stre, strai, stri 팽팽하게 당기다, 당겨서 조이다**

□ **stre**tch [stretʃ/스뜨뤠취] ⓢ **잡아늘이다, 뻗(치)다, 늘이다, 늘어나다** ⓜ **뻗침**, 신축성; 긴장; **단숨** ☜ 중세영어로 '광활한 땅, 뻗침'

□ **strai**ght [streit/스뜨뤠이트] ⓗ (-<-t**er**<-t**est**) **곧은; 똑바로 선; 정돈된**; (스커트가) **스트레이트**인; (모발 따위가) 곱슬하지 않은; 『권투』 스트레이트의; 『위스키』 물을 타지 않은 ⓟ **똑바로**; 《구어》 **솔직하게** ☜ 중세영어로 '잡아 늘린'이란 뜻
♠ **a straight line 직선** 비교 a curved line 곡선

□ **strai**ghten [stréitn] ⓢ **똑바르게 하다**, (주름 따위를) 펴다; 정리〔정돈〕하다; 해결하다 ☜ -en<동접>

□ **strai**ghtforward [strèitfɔ́ːrwərd] ⓗ **똑바른**; 정직한; 솔직한; (일이) 간단한 ⓟ **똑바로**

☜ straight + forward(앞으로, 전방으로)

☐ **strai**ghtway [stréitwèi] 부 《고어》 **즉시**, 곧; 일직선으로, 직접 형 일직선의
☜ straight + way(길, 진행, 방향)

☐ **strai**n [strein/스뜨뤠인] 동 **잡아당기다**, 팽팽하게 하다; **긴장시키다**; (너무 써서) **상하게 하다**, (발목·관절을) **삐다** 명 **팽팽함**, 긴장 ☜ 초기 인도유럽어로 '펼치다'란 뜻
비교 sprain (발목·손목 따위를) 삐다
♠ **strain at** a rope 밧줄을 **잡아당기다**

☐ **strai**ned [streind] 형 긴장된, 무리한 ☜ strain + ed<형접>

☐ **strai**ner [stréinər] 명 잡아당기는 사람; 여과기(濾過器) ☜ strain + er(사람/장비)

☐ **strai**t [streit/스뜨뤠이트] 명 **해협**; (보통 pl.) **곤경** 형 《고어》 좁은, 답답한; 【종교】 엄격한
☜ 라틴어로 '팽팽하게 당기다', 고대 프랑스어로 '꽉 조이는, 좁아진'이란 뜻
비교 straight 곧은, 똑바로 선, 정돈된
♠ the **Straits** of Dover 도버 **해협**
♠ the **strait** gate 【성서】 **좁은** 문

☐ **strai**ten [stréitn] 동 제한하다; 괴롭히다 ☜ strait + en<동접>

☐ **strai**t-laced [stréitléist] 형 엄격한 ☜ strait + laced(끈이 달린)

☐ **stra**nd [strænd] 명 《시어》 물가, 바닷가, 해안 동 **좌초하다**〔시키다〕
☜ 고대영어로 '해안'이란 뜻. '물가로 배를 잡아당기다'란 의미
♠ **be stranded 궁지에 빠지다, 막히다**

☐ **stri**ngent [stríndʒənt] 형 절박한; 자금이 핍박한; (규칙 등이) 엄중한; (학설 등이) 설득력 있는
☜ 라틴어로 '압축하다, 단단히 조이다'란 뜻
♠ We need **stringent** controls and inspections.
우리는 **엄격한** 통제와 검사가 필요하다.

■ a**stri**ngent [əstríndʒənt] 형 【의학】 수렴성의, 수축시키는; (표현 등이) 통렬한, 신랄한; (성격·태도 등이) 엄(격)한 ☜ 라틴어로 '~를(a<ad=to) 단단히 조이는(strigent)'이란 뜻.

엑스트라 extra ([영화] 임시·일용으로 고용되어 출연하는 사람)

♣ **어원 : extra, stra 바깥의, 외부의**

■ **extra** [ékstrə] 형 **여분의**, 임시의, **특별한** 부 **특별히** 명 (pl.) 추가 요금; 임시고용 노동자; 【영화】 보조 출연자
☜ 라틴어로 '외부의, ~에서 제외된'이란 뜻

☐ **stra**nge [streindʒ/스뜨뤠인쥐] 형 (-<-**ger**<-**gest**) 《비교급은 more strange가 보편적》 **이상한; 모르는** ☜ 라틴어로 '바깥의'란 뜻. stra<extra + nge
♠ a **strange** accident **이상한** 사건
♠ **strange to say 이상하게도**

☐ **stra**nge-looking [stréindʒ-lúkiŋ] 형 이상하게 보이는 ☜ strange + looking(~하게 보이는)

☐ **stra**ngely [stréindʒli] 부 **이상하게, 이상하게도** ☜ strange + ly<부접>

☐ **stra**ngeness [stréindʒnis] 명 **기묘함** ☜ strange + ness<명접>

☐ **stra**nger [stréindʒər/스뜨뤠인줘] 명 **낯선 사람**; (장소 등에) **생소한 사람** ☜ strange + er(사람)
♠ **be a stranger to ~ ~에 생소하다, ~을 모르다, ~이 처음이다**
He is a total **stranger** to me. 그는 내게 있어 완전히 **낯선 사람**이다

스트레칭 stretching (신체 부위의 근육·건·인대 등을 늘여주는 운동)

♣ **어원 : stre, stra, stri 펼치다, 팽팽하게 당기다, 당겨서 조이다**

■ **stre**tch [stretʃ/스뜨뤠취] 동 **잡아 늘이다, 뻗(치)다, 늘이다, 늘어나다**
명 **뻗침**, 신축성; 긴장; **단숨** ☜ 중세영어로 '광활한 땅, 뻗침'

☐ **stra**ngle [strǽŋgəl] 동 **목졸라 죽이다**, 교살하다; 질식(사)시키다
☜ 초기 인도유럽어로 '단단히 죄다'란 뜻
♠ **strangle** a person to death 아무를 **교살하다**.

☐ **stra**p [stræp] 명 **가죽 끈, 혁대** 동 가죽끈으로 잡아매다 ☜ 조이는(stra) 것(p)
♠ watch **strap** (손목시계의) 시계**줄**

☐ **stra**pping [strǽpiŋ] 명 가죽 끈〔재료〕; 채찍질; 반창고 형 몸집이 큰, 건장한
☜ strap + p<단모음+단자음+자음반복> + ing<명접/형접>

☐ **stra**tegy [strǽtədʒi] 명 병법; **전략**; 작전; 책략
☜ 그리스어로 '(군대를) 당기는(stra) + t + 통솔자(egy)'란 뜻

☐ **stra**tegic(al) [strətíːdʒik(əl)] 형 **전략(상)의**; 전략상 중요한, 계략의 ☜ strategy + ic<형접>
♠ a **strategic** bomber **전략** 폭격기
♠ a **strategic** retreat **전략적** 후퇴

☐ **stra**tegically [strətíːdʒikəli] 부 **전략상, 전략적으로** ☜ -ly<부접>

☐ **stra**tegics [strətíːdʒiks] 명 전략 ☜ strategy + ics(학문, 기술)

S

☐ **stra**tegist [strǽtədʒist] 명 전략가, 책사(策士) ☜ strategy + ist(사람)
☐ **stra**tagem [strǽtədʒəm] 명 **전략**, 군략; 책략, 계략, 술책, 모략 ☜ strategy + em<명접>
☐ **stra**tocracy [strətάkrəsi/-tɔ́k-] 명 군정, 무단〔군인, 군벌〕 정치
☜ (군대를) 당기는(stra) + to + 정치(cracy)
☐ **stra**tum [stréitəm, strǽt-] 명 (pl. strat**a**, **-s**) 〖지질〗 **지층**; 〖사회〗 계층
☜ 라틴어로 '펴진 것'이란 뜻
♠ people from all social **strata** 모든 사회 **계층**의 사람들
■ **stri**ct [strikt] 형 **엄격한; 엄밀한** ☜ 라틴어로 '세게 당기다'란 뜻

요한 슈트라우스 Johann Strauss (왈츠의 왕, 오스트리아 작곡가)

☐ **Strauss** [straus, ʃt-] 명 **슈트라우스** 《Johann ~, 오스트리아의 작곡가·지휘자; 1825-99》
★ **대표곡 : <사랑받는 안넨>, <라데츠키 행진곡>**. 다만 <아름답고 푸른 도나우>나 <봄의 소리 왈츠> 등은 요한 슈트라우스의 아들 요한 슈트라우스 2세의 작품이다.

스트로 straw (음료의 빨대)

♣ **어원 : stre, strai, stri 펼치다, 팽팽하게 당기다, 당겨서 조이다**
☐ **straw** [strɔː] 명 **짚**, 밀짚; 짚 한 오라기; (음료용) **스트로, 빨대**
형 (밀)짚의, (밀)짚으로 만든; 밀짚 빛깔의
☜ 초기 독일어로 '널리 퍼져있는 것'이란 뜻
♠ **A drowning man will clutch at a straw.**
《속담》 물에 빠진 사람은 지푸라기라도 잡는다.
☐ **stra**wy [strɔ́ːi] 형 (-<-w**ier**<-w**iest**) 짚의, 짚으로 만든 ☜ -y<형접>
☐ **stra**wberry [strɔ́ːbèri/-bəri] 명 (pl. -r**ies**) **(양)딸기**; 딸기색
☜ straw + berry(딸기류 소과실)
☐ **stra**w-colo(u)red [strɔ́ːkʌlərd] 형 밀짚 빛의, 담황색의 ☜ straw + 색/빛(color) 의(ed)
☐ **stra**w-thatched [strɔ́ːθæ̀tʃt] 형 초가지붕의 ☜ straw + 짚/초가지붕(thatch) 의(ed)

☐ **stray**(길을 잃다, 탈선하다; 길 잃은) ➔ **street**(거리, 가(街)) **참조**

스트라이크 strike (❶ [야구] 투수의 정규 투구 ❷ 동맹파업)

♣ **어원 : stri, stre, stro 줄긋다, 치다, 때리다, 빼앗다, 벗기다; 일격, 광선, 줄**
■ **stri**ke [straik/스뜨롸이크] 동 (-/**struck**/**struck**〔《고》 stricken〕)
치다, 두드리다, 때리다; **찌르다**; **~에 충돌하다**; (생각이) **떠오르다; ~에게 인상을 주다; 부딪히다** 명 **치기**, 타격; **동맹파업, 스트라이크**; 〖야구〗 **스트라이크** ☜ 초기 인도유럽어로 '치다'란 뜻
☐ **stre**ak [striːk] 동 줄무늬를 넣다; **스트리킹**을 하다 명 **줄**, 선, 줄무늬; 광선, 번개; **경향** ☜ 고대영어로 '선(線)'이란 뜻
♠ **streaks** of grey in her hair 그녀 머리에 난 흰머리 몇 가닥
☐ **stre**aking [stríːkiŋ] 명 **스트리킹** 《벌거벗고 대중 앞을 달리기》; 모발의 탈색 ☜ streak + ing<명접>
☐ **stre**aker [stríːkər] 명 **스트리킹**을 하는 사람 ☜ streak + er(사람)
☐ **stre**aky [stríːki] 형 (-<-k**ier**<-k**iest**) 줄이〔줄무늬가〕 있는; 채가 진, 한결같지 않은, 변덕스러운 ☜ streak + y<형접>
■ **stri**p [strip/스뜨륍] 동 (-/strip**t**〔strip**ped**〕/strip**t**〔strip**ped**〕) (겉껍질 따위를) **벗기다**; 빼앗다; 옷을 벗다; **스트립쇼**를 하다 명 옷 벗기 ☜ 고대영어로 '약탈하다, 빼앗다'

strike
zone

© cleveland.com

S

스트리밍 streaming ([인터넷] 음성·동영상의 실시간 재생. <흐름>이란 뜻)

♣ **어원 : stream 흐르다; 흐르는 것**
☐ **stream** [striːm/스뜨륌-] 명 **내**, 시내, 개울; **흐름**, 조류 동 흐르다
☜ 고대영어로 '물의 흐름, 물길'이란 뜻
♠ a **stream** of water 〔tears〕 물의 **흐름**
☐ **stream**er [stríːmər] 명 **흐르는 것**; 펄럭이는 리본 ☜ 흐르는(stream) 것(er)
☐ **stream**ing [stríːmiŋ] 명 흐름; 〖교육〗 (영국 등지의) 능력별 학급 편성(《미》 tracking)
☜ stream + ing<명접>
☐ **stream**let [stríːmlit] 명 실개천, 시내, 작은 개천 ☜ 작은(let) 개천(stream)
☐ **stream**line [stríːmlàin] 명 유선(형) 동 합리화〔간소화〕하다; 유선형으로 만들다
☜ 흐르는(stream) 선(line) 모양
☐ **stream**lined [stríːmlàind] 형 **유선형(의)** ☜ stream + line + 의(ed<형접>)
☐ **stream**liner [stríːmlàinər] 명 유선형 열차〔자동차〕 ☜ streamline + er(기계/장비)

☐ **stream**y [strí:mi] ⓗ 시내가 많은, 냇물처럼 흐르는 ☜ stream + y<형접>
■ up**stream** [ʌ́pstrí:m] ⓑ **상류로[에]**, 흐름을 거슬러 올라가 ⓗ 거슬러 오르는; 상류의 ☜ 위로(up) 흐르는(stream)
■ down**stream** [dáunstrí:m] ⓗⓑ **하류의[에]** ☜ 아래로(down) 흐르는(stream)

월스트리트 Wall Street (뉴욕에 있는 세계 금융시장의 중심지)

맨해튼 남쪽 끝인 로어 맨해튼에 있는 세계 금융의 중심지. 17세기 초, 네덜란드인들이 정착해 살기 시작했다. 이들은 자신들의 보금자리에 인디언이 침입하는 것을 막기 위해 나무로 벽(Wall)을 세웠는데, 여기서 지금의 월가(街)라는 명칭이 생겨났다. 이 나무 벽은 1699년 영국군이 철거해 지금은 흔적을 찾아볼 수 없다. <출처 : 저스트고(Just go) 관광지 / 일부인용>

※ **wall** [wɔ:l/워얼] ⓜ **벽, 담**; 장벽 ⓓ 벽(담)으로 둘러싸다 ☜ 라틴어로 '누벽(壘壁)'이란 뜻
☐ **street** [stri:t/스뜨뤼-트/스트뤼-트] ⓜ **가**(街), **거리** 《생략: St.》 ☜ 고대영어로 '도로', 라틴어로 '포장도로'란 뜻
♠ **Downing** Street **다우닝**가(街) 《영국 런던의 관청가》
☐ **street**car 《미》 (시가) 전차 ☜ street + car(차, 자동차, 전차)
☐ **street** sweeper 가로 청소부 ☜ street + 청소하는(sweep) 사람(er)
☐ **stray** [strei] ⓓ **길을 잃다**, 옆길로 빗나가다; **탈선하다** ⓗ **길 잃은**; 흩어진 ⓜ 미아 ☜ 고대 프랑스어로 '거리를 돌아다니다'란 뜻
★ 스트레이 키즈(Stray Kids)는한국의 9인조 남성댄스 보이그룹이다. 의미는 '길을 잃어 길을 찾는 아이들'이란 뜻이다.
♠ **stray off** in a wood 숲속으로 **잘못 들어가다**
♠ a **stray** sheep **길 잃은** 양
☐ **strag**gle [strǽgəl] ⓓ (뿔뿔이) 흩어지다; 일행에서 뒤떨어지다, 낙오(탈락)하다 ☜ 중세영어로 '바른 길에서 벗어나다'란 뜻 **비교** struggle 분투하다, 노력하다
♠ They **straggled off**. 그들은 **뿔뿔이 흩어져 갔다**
☐ **strag**gler [strǽglər] ⓜ 낙오자, 부랑자 ☜ straggle + er(사람)
☐ **strag**gling [strǽgliŋ] ⓗ 산재한; 낙오한 ☜ straggle + ing<형접>

스트롱맨 strongman (권위주의 정권의 철권통치자. <강한 남자>)

♣ 어원 : strong, streng 강한 ⇦ 세워(st-) 견고하게 한
■ **strong** [strɔ(:)ŋ/스뜨롱, strɑŋ] ⓗ (-<-g**er**<-g**est**) **힘센, 강한, 튼튼한; 유력한, 자신있는** ⓑ 세게, 힘차게 ☜ 고대영어로 '육체적으로 강한'이란 뜻. 초기 인도유럽어로 st-(세우다, 견고하게 하다)
☐ **streng**th [streŋkθ/스뜨뤵스] ⓜ **세기, 힘**; 강점, 장점; 체력; 정신력 ☜ 강한(streng) 것(th)
♠ **have the strength to ~ ~할 만한 힘을 갖고 있다**

<독일의 철혈재상, 비스마르크>

☐ **streng**then [stréŋkθən] ⓓ **강하게 하다**, 강화하다; 강해지다 ☜ strength + en<동접>
☐ **stren**uous [strénjuəs] ⓗ **정력적인**, 열심인, **분투하는**; 격렬한 ☜ 강(streng) + u + 한(ous<형접>)
☐ **stren**uously [strénjuəsli] ⓑ 열심히 ☜ -ly<부접>
☐ **stren**uousness [strénjuəsnis] ⓜ 분투, 노력 ☜ -ness<명접>
☐ **st**out [staut] ⓗ **튼튼한**, 견고한; **뚱뚱한**; (술 따위가) 독한 ⓜ **스타우트**, 흑맥주 ☜ 고대 프랑스어로 '강한'이란 뜻. 초기 인도유럽어로 st-(세우다, 견고하게 하다)
☐ **stri**de [straid] ⓓ (-/**strode**/**stridden**(《고》 strid)) **큰 걸음으로 걷다**, 활보하다 ⓜ **큰 걸음**, 활보 ☜ 고대 독일어로 '싸우다', 고대 노르드어로 '강한'이란 뜻
♠ **stride** to the door 문 쪽으로 **성큼성큼 걸어가다**
☐ **stri**fe [straif] ⓜ **투쟁**, 다툼; 싸움; 《영》 쟁의; 경쟁 ☜ 고대 독일어로 '싸우다'란 뜻
♠ a labor **strife** 노동 **쟁의**
☐ **stri**ve [straiv] ⓓ (-/**strove**/**striven**) 노력하다, **애쓰다**; 다투다
☐ a**stri**de [əstráid] ⓑⓗ 걸터앉아, 올라타고; 두 다리를 벌리고 ☜ ~위에서(a=on) (다리를 벌리고) 견고하게(stri) 서있는(de)
※ **man** [mæn/맨] ⓜ (pl. **men**) **남자; 사람, 인간; 병사** ☜ 고대영어로 '인간, 사람'이란 뜻

스트렙토마이신 streptomycin (방선균 배양으로 추출된 항생물질)

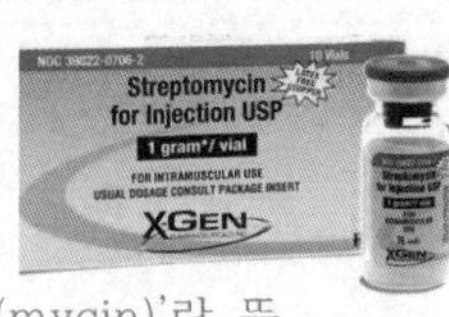

☐ **strepto**mycin [strèptoumáisən] ⓜ 〖약학〗 **스트렙토마이신** 《결핵 등에 듣는 항생 물질》 ☜ 라틴어로 '비틀린(strepto=twisted) 버섯/균류(mycin)'란 뜻.
★ 일명 **마이신**이라고도 하는데, 마이신은 그동안 주로 의약분야에서 항생물질로 사용해 왔으나, 식물의 세균성 병해 방제(防除)에도 효과가 있음이 밝혀져 현재 농약

으로도 사용되고 있다.

스트레스 stress (심리적 압박감)

♣ 어원 : stre, strai, stri 펼치다, 팽팽하게 당기다, 당겨서 조이다

□ **stress** [stres] [명] 『생리』 **스트레스, 압박(감)**, 강제; 『음성』 **강세**, 악센트; (중요성의) **강조**; 압력 [동] **강조하다**; 역설하다
☜ di**stress**의 두음소실
♠ **suffer from stress 스트레스를 받다 〔겪다〕**

■ de**stress** [di:strés] [동] 스트레스를 풀다, 중압(감)을 제거하다
☜ 스트레스(stress)를 멀리(de=away, off) 하다

■ di**stress** [distrés] [명] 비탄(=grief), **고뇌; 빈곤** [동] **괴롭히다** ☜ 아래로(di) 가하는 압력(stress)

□ **stre**tch [stretʃ/스뜨뤠취] [동] **잡아 늘이다, 뻗(치)다, 늘이다, 늘어나다** [명] **뻗침**, 신축성; 긴장; **단숨** ☜ 중세영어로 '광활한 땅, 뻗침'이란 뜻. 초기 인도유럽어로 '펼치다'란 뜻
♠ He **stretched** the rope tight. 밧줄을 팽팽히 **잡아당겼다**.

■ out**stre**tched [stretʃt] [형] **펼친**, 뻗친 ☜ 밖으로(out) 펼치다(stretch) + ed<형접>

□ **stre**tcher [strétʃər] [명] **들것; 뻗는**〔펼치는〕 **사람**〔물건〕 ☜ -er(사람/물건)

□ **stre**w [stru:] [동] (-/strew**ed**/strew**ed**〔strew**n**〕) (모래 · 꽃 따위를) **흩뿌리다**; ~을 온통 뒤덮다; (소문 등을) 퍼뜨리다 ☜ 고대영어로 '흩뿌리다', 초기 인도유럽어로 '펼치다'
♠ **strew** sand on a slippery road 미끄러운 길에 모래를 **뿌리다**

□ **stri**cken [stríkən] [동] 《古》 strike의 과거분사 [형] (탄환 등에) **맞은**; 다친
☜ strick<strike + en<동접>

□ **stri**ct [strikt] [형] 엄격한, **엄한; 엄밀한**, 정확 ☜ 라틴어로 '세게 당기다'란 뜻
♠ a **strict** order **엄**명

□ **stri**ction [stríkʃən] [명] 긴축, 긴장, 압축 ☜ strict + ion<명접>

□ **stri**ctly [stríktli] [부] **엄격히; 엄밀히 말하자면**; 순전히 ☜ -ly<부접>

□ **stri**ke [straik/스뜨롸이크] [동] (-/**struck**/**struck**〔**stricken**〕) **치다**, 두드리다, 때리다; **찌르다**; **~에 충돌하다**; (생각이) **떠오르다; ~에게 인상을 주다; 부딪히다** [명] **치기**, 타격; **동맹파업, 스트라이크;** 『야구』 **스트라이크** ☜ 초기 인도유럽어로 '치다'란 뜻
♠ **strike up 쳐올리다; (친교 · 대화 · 거래 따위를) 시작하다**
strike up a friendship 친교를 **시작하다**, 친교를 맺다

□ **stri**ker [stráikər] [명] 치는 사람; 파업 참가자 ☜ strike + er(사람)

□ **stri**king [stráikiŋ] [형] **현저한**, 두드러진; 치는; 파업 중인 ☜ -ing<형접>

□ **stri**kingly [stráikiŋli] [부] 뚜렷이 ☜ -ly<부접>

□ **stride**(큰 걸음, 큰 걸음으로 걷다), **strife**(투쟁) ➔ **strength**(힘, 세기) **참조**

스트링 타이 string tie (끈 넥타이)

□ **string** [striŋ/스뜨링] [명] **끈**, 줄, 실, 노끈; **일련** [동] (-/**strung**/**strung**〔string**ed**〕) **실에 꿰다;** 긴장〔흥분〕시키다
☜ 고대영어로 '줄, 끈'이란 뜻
♠ a piece of **string** 한 가닥의 **끈**
★ string은 cord(새끼줄)보다 가늘고 thread(바느질실)보다 굵은 끈이다.

□ **string**y [stríŋi] [형] 실의, 실 같은, 끈적끈적한 ☜ string + y<형접>

□ **string** band 현악단(絃樂團) ☜ band(무리, 떼; 악단; 끈, 밴드; 끈으로 묶다)

□ **strung** [strʌŋ] [형] (악기 등의) 현을 팽팽하게 맨; 신경질적인 ☜ string의 과거분사 ➔ 형용사

※ **tie** [tai/타이] [동] **매다; 속박하다; 동점이 되다** [명] **넥타이; 매듭, 끈; 인연; 동점**
☜ 고대영어로 '매다'의 뜻

S

□ **stringent**(절박한, 엄중한) ➔ **strain**(잡아당기다, 긴장시키다) **참조**

스트립쇼 strip show (무용수가 옷을 벗으며 추는 나체 춤)

♣ 어원 : stri, stre, stro 줄긋다, 치다, 때리다, 빼앗다, 벗기다; 일격, 광선, 줄

□ **stri**p [strip/스뜨립] [동] (-/strip**t**〔strip**ped**〕/strip**t**〔strip**ped**〕) (겉껍질 따위를) **벗기다**; 빼앗다; 옷을 벗다; **스트립쇼**를 하다 [명] 옷 벗기 ☜ 고대영어로 '약탈하다, 빼앗다'란 뜻

□ **stri**pe [straip] [명] **줄무늬**, 줄, **스트라이프**; 채찍질; (보통 pl.) 『군사』 수장(袖章)
☜ 중세 독일어로 '줄무늬'라는 뜻
♠ a zebra's black and white **stripes** 얼룩말의 흑백 **줄무늬**

□ **stri**ped [straipt] [형] 줄무늬가 있는 ☜ stripe + ed<형접>

■ **stre**ak [stri:k] [동] 줄무늬를 넣다; **스트리킹**을 하다 [명] **줄**, 선, 줄무늬; 광선, 번개; **경향**

☜ 고대영어로 '선(線)'이란 뜻

■ **streaking** [stríːkiŋ] ⓜ **스트리킹** 《벌거벗고 대중 앞을 달리기》; 모발의 탈색 ☜ -ing<명접>

※ **show** [ʃou/쑈우] ⓢ (-/show**ed**/show**n**(《드물게》 show**ed**)) **보이다; 출품하다, 나타내다** ⓜ **쇼**, 구경거리; 흥행; **보임**, 나타냄 ☜ 고대영어로 '보다'

스트라이크 strike (❶ [야구] 투수의 정규 투구 ❷ 동맹파업)

♣ **어원 : stri, stre, stro, stru 치다, 때리다, 빼앗다, 벗기다; 일격, 광선, 줄**

■ **strike** [straik/스뜨롸이크] ⓢ (-/**struck**/**struck**(《古》 stricken)) **치다**, 두드리다, 때리다; **찌르다**; **~에 충돌하다**; (생각이) **떠오르다; ~에게 인상을 주다; 부딪히다** ⓜ **치기**, 타격; **동맹파업, 스트라이크**; 『야구』 **스트라이크** ☜ 초기 인도유럽어로 '치다'란 뜻

strike zone

© cleveland.com

■ **strife** [straif] ⓜ **투쟁**, 다툼; 싸움; 《영》 쟁의; 경쟁 ☜ 고대 독일어로 '싸우다'란 뜻

□ **strive** [straiv] ⓢ (-/**strove**/strive**n**) **노력하다, 힘쓰다**; 《고어》 싸우다 ☜ 고대 프랑스어로 '싸우다, 저항하다, 경쟁하다'란 뜻

♠ He **strove** to overcome his bad habits. 그는 나쁜 버릇을 없애려고 **노력했다.**

□ **stroke** [strouk] ⓜ **한 번 치기[찌르기]**, 일격, 치기, **스트로크**, **타격** ⓢ 《구기》 공을 치다 ☜ 고대영어로 '일격, 타격'이란 뜻.

♠ **Little strokes fell great oaks. [The repeated stroke will fell the oak] 《속담》 열 번 찍어 안 넘어가는 나무 없다.**

□ **struggle** [strʌ́gəl/스뜨**뤄**글] ⓢ **발버둥치다**, 몸부림치다; **분투[고투]하다** ⓜ **발버둥질; 노력**; 악전고투 ☜ 고대 노르드어로 '(싸우려는) 나쁜 의지'란 뜻.

⇦ strug + g<자음반복> + le<동접/명접>

♠ **struggle with** many problems 많은 문제**와 싸우다**

♠ **struggle for ~ ~하려고 싸우다, ~을 얻으려고 분투하다**

□ **struggler** [strʌ́glər] ⓜ 분투하는 사람; 투쟁가 ☜ struggle + er(사람)

□ **struggling** [strʌ́gliŋ] ⓗ 분투하는 ☜ struggle + ing<형접>

□ **strut** [strʌt] ⓢ (공작새 등이) **점잔빼며[거들럭거리며] 걷다**, 활보하다; 과시하다 ⓜ 점잔빼는 걸음걸이; 활보; 지주, 버팀목

☜ 고대영어로 '딱딱하게 보이다', 초기 독일어로 '싸우다'란 뜻

♠ **strut** along a street 거리를 **활보하다**

롤러스케이트 roller skate (바퀴달린 스케이트화)

♣ **어원 : roll 바퀴; 구르다, 감다; 이리저리 거닐다**

■ **roll** [roul/로울] ⓢ **구르다**, 굴러가다; (땅이) **기복하다**; (천둥 · 북 등이) **쿵쿵 울리다**, (북 등을) **치다** ⓜ 두루마리; 문서 ☜ 라틴어로 '바퀴'란 뜻

■ **roller skate** (보통 pl.) **롤러 스케이트**화 ☜ skate(스케이트, 스케이트화)

■ en**rol(l)** [enróul] ⓢ **등록하다**, (이름을) **명부에 올리다** ☜ 종이 위에 쓰다. 감긴 종이(roll)를 만들다(en<동접>)

■ sc**roll** [skroul] ⓜ 두루마리(책); 『컴퓨터』 **스크롤** 《컴퓨터 화면을 위아래 또는 좌우로 이동시키는 것》 ☜ 고대 프랑스어로 '두루마리 양피지'란 뜻.

□ **stroll** [stroul] ⓢ **한가로이 거닐다**, 산책하다 ⓜ 이리저리 거닐기, 산책 ☜ 스위스(에서 사용되는) 독일어로 '어슬렁거리다'란 뜻

♠ **stroll about** in the suburbs 교외를 **어슬렁어슬렁 거닐다**

□ **stroll**er [stróulər] ⓜ 어슬렁거리는(산책하는) 사람; 뜨내기 연극인 ☜ er(사람)

□ **stroll**ing [stróuliŋ] ⓗ 떠돌아다니는, 순회 공연하는 《배우 등》 ☜ -ing<형접>

S

스트롱맨 strong man (강한 남자) * man 남자, 사람

<독일의 철혈재상, 비스마르크>

♣ **어원 : strong, streng 강한 ⇦ 세워(st-) 견고하게 한**

□ **strong** [strɔ(ː)ŋ/스뜨롱, strɑŋ] ⓗ (-<-g**er**<-g**est**) **힘센, 강한, 튼튼한; 유력한, 자신있는** ⓑ 세게, 힘차게 ☜ 고대영어로 '육체적으로 강한'이란 뜻. 초기 인도유럽어로 st-(세우다, 견고하게 하다)

♠ **(as) strong as a horse** (an ox, a bull, a bear) **매우 튼튼한** ☜ 말(숫소, 황소, 곰)처럼 힘센/강한

□ **strong**-headed [strɔ́(ː)ŋhedid] ⓗ 완강한; 머리가 좋은 ☜ 강한(strong) 머리(head)를 가진(ed<형접>)

□ **strong**hold [strɔ́ŋhòuld] ⓜ 요새, **성채**; 근거지, 본거지, 거점 ☜ 강하게(strong) 지키는(hold) 곳

□ **strong**ly [strɔ́(ː)ŋli, strɑ́ŋ-] ⓑ **강하게**; 맹렬히; **튼튼하게**; 열심히, 강경히 ☜ strong + ly<부접>

□ **strong man** 장사; 유력자, 독재자 ☜ man(남자, 사람)

□ **strong**-minded [strɔ́(ː)ŋmáindid] ⓗ 과단성 있는, 지기 싫어하는

☜ 강한(strong) 마음(mind) 의(ed<형접>)

■ **streng**th [streŋkθ/스뜨렝스] ⓜ **세기, 힘**; 강점, 장점; 체력; 정신력 ☜ 강한(streng) 것(th)

인프라 infra (콩글 기반시설) ➔ infrastructure

♣ 어원 : struct, stru 세우다, 건축하다(=build)

■ **infra** [ínfrə] ⓟ《L.》아래에, 아래쪽에 ☜ 라틴어로 '아래의'란 뜻

■ infra**struct**ure [ínfrəstrʌktʃər] ⓜ 하부 조직〔구조〕, 기반; 기초 구조, 토대 ☜ 아래에(infra) 세운(struct) 것(ure<명접>)

□ **struct**ure [strʌ́ktʃər] ⓜ **건물; 구조**; 조직, 체계; 사회 구조 ☜ 세운(struct) + 것(ure<명접>)
♠ the economic **structure** of Korea 한국의 경제 **구조**

□ **struct**ural [strʌ́ktʃərəl] ⓗ **구조(상)의**, 조직의; 건축(용)의 ☜ structure + al<형접>

□ **struct**urally [strʌ́ktʃərəli] ⓟ 구조상 ☜ -ly<부접>

■ con**struct** [kənstrʌ́kt] ⓢ **조립하다**; 세우다, 건조〔축조 · **건설**〕**하다** ☜ 함께(con<com) 세우다(struct)

■ de**struct** [distrʌ́kt] ⓜ **파괴** ⓗ 파괴용의 ⓢ **파괴하다** ☜ 반대로(de=against) 세우다(struct)

■ in**struct** [instrʌ́kt] ⓢ **가르치다**, 교육〔교수〕하다(=teach), 훈련하다 ☜ (마음) 속에(in) 쌓아올리다(struct)

■ ob**struct** [əbstrʌ́kt] ⓢ **막다; 차단하다**; 방해하다(=hinder) ☜ 길 위에(ob<on) 세우다(struct)

■ recon**struct** [rìːkənstrʌ́kt ⓢ **재건하다**, 재구성하다; 개조〔개축〕하다; 부흥하다; (마음에) 재현하다 ☜ (다시)re + construct

□ **struggle**(고군분투하다), **strut**(점잔빼며 걷다) ➔ **stroke**(타격) **참조**

연상 스텝(step.걸음걸이)이 꼬이면서 스텁(stub.그루터기)에 걸려 넘어졌다.

♣ 어원 : sta, ste, stu 서다, 세우다, 고정시키다, 안정시키다

※ **ste**p [step/스뗍] ⓢ **걷다**《특히 짧은 거리를》; (독특한) 걸음걸이를 하다; **한걸음 내디디다** ⓜ **걸음, 한 걸음**; 발소리, 걸음걸이; (댄스의) **스텝**; (pl.) **계단**; 수단 ☜ 고대영어로 '계단, 걷는 행위'란 뜻. 서있는(ste) 것(p)

□ **stu**b [stʌb] ⓜ (나무) **그루터기**; 토막, 꽁초, 몽당연필 ⓢ 그루터기를 파내다; 뿌리째 뽑다 ☜ 고대영어로 '나무 그루터기'란 뜻. 서있는(stu) 것(b)
♠ **a pencil stub 몽당연필**

□ **stu**bble [stʌ́bəl] ⓜ (보통 pl.) 그루터기; 짧게 깎은 머리〔수염〕; 다박나룻 ☜ stub + b<단모음+단자음+자음반복> + le(작은)

□ **stu**bborn [stʌ́bərn] ⓗ **완고한**, 고집센; 완강한 ☜ 고대영어로 '그루터기(stub) + b<자음반복> + 의(orn<ern)'란 뜻
♠ **stubborn** resistance **완고한** 저항

□ **stu**bbornly [stʌ́bərnli] ⓟ 완고하게; 완강히 ☜ -ly<부접>

□ **stu**bbornness [stʌ́bərnnis] ⓜ 불굴(不屈), 완고 ☜ -ness<명접>

□ **stu**bby [stʌ́bi] ⓗ (-<-b**ier**<-b**iest**) 그루터기 같은; 땅딸막한; 짧고 억센 ☜ stub + b<자음반복> + y<형접>

□ **stu**d [stʌd] ⓜ (가죽 따위에 박는) **장식 못, 징**; (와이셔츠의) 장식단추(《미》 collar button); 『기계』 **스터드**, 박아 넣는 볼트; (스노타이어의) 징 ⓢ 장식용 못을 박다; 장식 단추를 달다 ☜ 고대영어로 '기둥'이란 뜻. 서있는(stu) 것(d)
♠ The gate **is studded with** big bosses. 그 대문엔 큰 장식 못**이 박혀 있다**.

□ **stu**mble [stʌ́mbəl] ⓢ **발부리가 걸리다**, (실족하여) 비틀거리다; (말을) 더듬다 ⓜ 비틀거림; 과실 ☜ 고대영어로 '작은 그루터기에 발이 걸리다, 발을 헛디디다'란 뜻. stumb<stump + le(작은)
♠ **stumble over** 〔on〕 a stone 돌**에 걸려 넘어지다**.
♠ **stumble across** 〔on, upon〕 ~ **~우연히 ~에 마주치다**(=come across)**, ~을 발견하다; ~에 걸려 넘어지다**
Police have **stumbled across** a huge drugs ring.
경찰이 **우연히** 거대한 마약 조직을 **적발했다**.

□ **stu**mbling [stʌ́mbəliŋ] ⓗ 비틀거리는; 실패하는 ☜ stumble + ing<형접>

□ **stu**mp [stʌmp] ⓜ (나무의) **그루터기**, 짧게 잘린 것 ⓢ (나무를) 짧게 자르다 ☜ 고대독일어로 '그루터기'란 뜻. 서있는(stu) 것(mp)

□ **stu**mpy [stʌ́mpi] ⓗ **그루터기가 많은**; 땅딸막한 ☜ stump + y<형접>

□ **stu**mp speaker 가두 연설자 ☜ 그루터기(stump) (위에서) 말하는(speak) 사람(er)

스터디그룹 study group [club] (정기 학습 · 연구 모임)

♣ 어원 : stud 애쓰다

□ **stud**y [stʌ́di/스떠리/스떠디] [명] **공부**, 학습; 학과, 과목; (종종 pl.) **연구**, 학문 [동] **연구하다; 배우다** ☜ 라틴어로 '애쓰다'란 뜻
♠ the **study** of history 역사 **공부**

□ **stud**ied [stʌ́did] [형] **고의의**; 부자연스런; **연구를 쌓은**
☜ studi<study + ed<형접>

□ **stud**ent [stjúːdənt/스뜌-던트] [명] **학생**《미국에서는 중학생 이상, 영국에서는 대학생》; 학자, 연구자 ☜ 애쓰는(study) 사람(ent)

□ **stud**io [stjúːdiòu] [명] (pl. -dios) (예술가의) **작업장**, 아틀리에; (보통 pl.) **스튜디오**, (영화) 촬영소; (방송국의) 방송실; (레코드의) 녹음실 ☜ 애쓰는(studi<study) 곳(o)

□ **stud**ious [stjúːdiəs] [형] **학구적인**, 열심인; 신중한; 고의의 ☜ 애쓰(stud) 는(ious)

※ **group** [gruːp/그루웁] [명] **떼; 그룹, 집단**, 단체 [동] **불러 모으다** ☜ 불어로 '덩어리'란 뜻

스톱 stop (멈춤, 멈추다)

♣ 어원 : stop, stuf, stif 막다

■ **stop** [stɑp/스땁/stɔp/스똡] [동] (-/stop**t**〔stop**ped**〕/stop**t**〔stop**ped**〕) **멈추다, 멈추게[그만두게] 하다, 그치다** [명] **멈춤; 정류소** ☜ 중세영어로 '마개, 막다'란 뜻

□ **stuff** [stʌf.스떱] [명] **재료**, 원료; 폐물; 《속어》(성적대상으로서의) 젊은 여자; **소질** [동] **~에** (가득) **채우다** ☜ 중세영어로 '채우다, 막다'란 뜻. stop의 변형
★ Hot Stuff는 미국 흑인 여가수 Donna Summer 및 한국 여성 듀엣 Davichi의 노래로 <섹시한 사람>이란 뜻이다. 1979년 발표한 도나섬머의 Hot Stuff는 빌보드 싱글차트 3주간 1위에 올랐다.
♠ building **stuff** 건축 **자재**
♠ **stuff with ~ ~을 채워 넣다**

□ **stuff**ing [stʌ́fiŋ] [명] (이불・의자 따위에 넣는) 속 ☜ -ing<명접>

□ **stuff**y [stʌ́fi] [형] 바람이 잘 통하지 않는, 숨막히는 ☜ -y<형접>

□ **stuff**iness [stʌ́finis] [명] 바람이 잘 통하지 않음 ☜ stuffy + ness<명접>

■ **stif**le [stáifəl] [동] **억누르다**, 억제하다; **숨을 막다**, 질식(사)시키다; 숨막히다
☜ 고대 독일어로 '막다'란 뜻. stop의 변형

□ **stumble**(발부리가 걸리다), **stump**(그루터기) ➔ **stub**(그루터기) **참조**

토르 Thor (망치[묠니르]로 거인을 죽인 북유럽 신화의 천둥신)

© Marvel Studios

♣ 어원 : thor, thur, thund, ton, tun 천둥, 우레; 천둥치다, 크게 소리치다

■ **Thor** [θɔːr] [명] 〖북유럽 신화〗 **토르** 《천둥・전쟁・농업을 맡은 뇌신(雷神)》; 《미》 지대 지 중거리 탄도 미사일
☜ 고대 노르드어로 '천둥'이란 뜻

■ **Thur**sday [θə́ːrzdei/떨스데이/써스데이, -di] [명] **목요일** 《생략: Thur., Thurs.》 ☜ 고대영어로 '토르(Thor)의(s) 날(day)"이란 뜻
♠ next 〔last〕 **Thursday** = on Thursday next 〔last〕 다음〔지난〕 **목요일에**

■ **thund**er [θʌ́ndər] [명] **우레(소리)**; 천둥; 《詩》 벼락 [동] **천둥치다**
☜ 고대영어로 '천둥, 토르신(神)'이란 뜻

□ s**tun** [stʌn] [동] (충격을 가해) **기절시키다**, (음향이) 귀를 멍멍하게 하다 [명] 충격; 기절상태
☜ 고대 프랑스어로 '기절시키다'란 뜻. 밖에서(s<ex) 큰 소리를 내다(tun)
♠ The fall **stunned** me for a moment. *그 넘어짐은 나를 잠시* ***실신시켰다.***
➔ 그렇게 넘어지는 바람에 내가 잠시 실신했다.

□ s**tun**ning [stʌ́niŋ] [형] 기절시키는, **아연하게 하는**; 귀가 멍멍할 만큼의; 《구어》 멋진, 굉장히 예쁜 ☜ stun + n<단모음+단자음+자음반복> + ing<형접>

□ de**ton**ate [détənèit] [동] 폭발시키다〔하다〕, 작렬(炸裂)시키다〔하다〕; 폭음을 내다
☜ 아래에서(de=down) 천둥(ton)을 만들다(ate)
♠ **detonate** a mine 지뢰를 **폭발시키다**

□ de**ton**ation [détənèiʃən] [명] 폭발; 폭발음; (내연 기관의) 자연 폭발 ☜ -ation<명접>

■ as**ton**ish [əstɑ́niʃ/-tɔ́n-] [동] **깜짝 놀라게 하다** ☜ 밖에서(as<ex) 천둥치(ton) 다(ish<동접>)

스턴트맨 stunt man ([영화] 주연배우의 위험장면 대역)

□ **stunt** [stʌnt] [명] **묘기**, 곡예; ☜ 근대영어로 '도전'이란 뜻
발육〔발전〕 저해 [동] 성장〔발육〕을 방해하다
☜ 고대 노르드어로 '부족한, 짧은'이란 뜻

S

♠ He did all his own **stunts**. 그는 모든 고난이도 **연기**를 직접 했다.

☐ **stunt** man 『영화』 (위험한 장면의) 대역, **스턴트맨** ☜ man(남자, 사람).
★ 여성은 stunt woman

미군 속어 중에 키스(KISS.Keep It Simple, Stupid.간단하게 해, 바보야)가 있다.

KEEP IT SIMPLE, STUPID

KISS(Keep It Simple, Stupid)는 현재 경영 기법, 스피치 등 사회학적으로도 일반화된 용어가 되었다.

※ **keep** [ki:p/킾] ⓢ (-/**kept/kept**) **보유하다, 보존하다; 지키다**, 따르다; 부양하다; 붙잡고[쥐고]있다; (어떤 위치·상태·관계에) 두다[있다]; 관리[경영]하다; 기입하다; 계속하다; 견디다
☜ 고대영어로 '쥐고 있다, 잡고 있다'는 뜻

※ **it** [it/잍] ⓓ 〖주어〗 **그것은**[이]; 〖비인칭동사, 형식상의 주어〗; 〖목적어〗 **그것을**[에] ☜ 초기 인도유럽어로 '이것'이란 뜻

※ **sim**ple [símpəl/**씸**펄] ⓗ (-<-pl**er**<-pl**est**) **단순한; 단일의**; (식사 등) **간소한; 순진한; 사람 좋은** ☜ 라틴어로 '하나같은, 단순한'이란 뜻. 1(한)(sim) 배(ple)

☐ **stupid** [stjú:pid] ⓗ (-<-d**er**<-d**est**) **어리석은**, 우둔한, 바보 같은; 시시한; 무감각한
☜ 라틴어로 '놀란, 놀라서 기절한'이란 뜻
♠ It was **stupid** of me to behave like that. 그렇게 행동하다니 나도 바보였어.

☐ **stupid**ity [stju:pídəti] ⓜ 우둔, **어리석음**, 어리석은 정도; (보통 pl.) 어리석은 짓[소리]
☜ -ity<명접>

☐ **stupid**ly [stjú:pidli] ⓑ 어리석게도 ☜ -ly<부접>

☐ **stupe**fy [stjú:pəfài] ⓢ **마비[마취]시키다**; 망연케 하다 ☜ 라틴어로 '바보로 만들다'란 뜻
♠ **be stupefied with** grief 슬픔**으로 넋을 잃다**.

☐ **stupe**faction [stjù:pəfǽkʃən] ⓜ 마취; 망연자실(茫然自失) ☜ 바보(stupe) 만들(fac) 기(tion<명접>)

☐ **stupend**ous [stju:péndəs] ⓗ **엄청난**, 놀랄만한; 거대한 ☜ 라틴어로 '몹시 놀란'이란 뜻

터프가이 tough guy (억센 사내; 깡패)

♣ **어원 : tough, turd 강한, 힘센, 억센, 거친**

■ **tough** [tʌf] ⓗ **튼튼한, 강인한; 곤란한**, 힘든 ☜ 고대영어로 '강하고 질진 질감'이란 뜻

☐ s**turd**y [stə́:rdi] ⓗ (-<-d**ier**<-d**iest**) **억센, 힘센**, 튼튼한; 건전한; 완강한; 불굴의
☜ 중세영어로 '다루기 힘든, 난폭한'이란 뜻.
⇦ 외부적으로(s<ex) 거칠(turd<tough) 은(y<형접>)
♠ a man of **sturdy** build **건장한** 체구의 남자

☐ s**turd**ily [stə́:rdili] ⓑ 튼튼하게, 힘차게 ☜ sturdy<y→i> + ly<부접>

☐ s**turd**iness [stə́:rdinis] ⓜ 완강함, 불요 불굴 ☜ sturdy<y→i> + ness<명접>

※ **guy** [gai] ⓜ 《구어》 **사내, 놈, 녀석**(=fellow) ☜ 중세 영국의 의사당을 폭파하려다 붙잡힌 Guy Fawker의 이름에서

강남(江南) 스타일(style.말씨·복식·업무처리 등에 대한 개인특유의 양식)

☐ **style** [stail/스따일] ⓜ **스타일, 양식, 방식; 문체**, 필체; 어조
☜ 라틴어로 '철필[펜], 표현방식'이란 뜻
♠ **the latest style 최신 유행의 스타일**
♠ **in [out of] style 유행을 따른** [에서 벗어난]
She dresses **in style**. 그녀는 **유행에 맞게** 옷을 입는다.
Her shoes are **out of style** now. 그녀의 신발은 **유행이 지났**다.

< Psy의 강남스타일 M/V >

☐ **styl**ish [stáiliʃ] ⓗ 현대식의, 유행의, 유행에 맞는; 멋있는, 스마트한 ☜ style + ish<형접>

☐ **styl**ist [stáilist] ⓜ 뛰어난 문장가; 디자이너, 어떤 양식의 창시자 ☜ style + ist(사람)

☐ **styl**istic(al) [stailístik(əl)] ⓗ 문체의, 양식의 ☜ stylist + ic(al)<형접>

☐ **styl**us [stáiləs] ⓜ (pl. **-es**, -l**i**) **철필**[펜], 첨필(尖筆); (축음기의) 바늘; (해시계의) 바늘
☜ 라틴어로 '철필[펜]'이란 뜻

사이언스지(誌) Science (세계 최고 권위의 미국 과학전문 주간지)

♣ **어원 : sci- 알다, 이해하다**

■ **sci**ence [sáiəns/**싸**이언스] ⓜ **과학**; 《특히》 자연 과학
☜ 아는(sci) 것(ence<명접>)

■ con**sci**ence [kɑ́nʃəns/kɔ́n-] ⓜ **양심**, 도의심, 도덕관념(道德觀念)
☜ (상식적으로) 모두(con<com) 아는(sci) 것(ence<명접>)

■ con**sci**ous [kɑ́nʃəs/kɔ́n-] ⓗ **의식[자각]하고 있는, 정신[의식]이 있는**
☜ 모두(con<com) 알고(sci) 있는(ous<형접>)

S

반 unconscious 모르는, 무의식적인

□ subcon**sci**ous [sʌbkάnʃəs/-kɔ́n-] 명형 잠재의식(의), 어렴풋이 의식하고 있는〔있음〕 ☜ 하부(sub) 의식의(conscious)
♠ **subconscious** desires **잠재의식적인** 욕망

□ subcon**sci**ously [sʌbkάnʃəsli/-kɔ́n-] 부 잠재의식 하에서, 잠재의식적으로 ☜ -ly<부접>

□ subcon**sci**ousness [sʌbkάnʃəsnis/-kɔ́n-] 명 잠재의식 ☜ -ness<명접>

컬쳐쇼크 culture shock (문화충격), 서브컬처 subculture (사회의 하위문화[집단])

컬쳐쇼크는 1954년 인류학자 칼레르보 오베르그가 처음 소개한 용어로 사람들이 완전히 다른 문화환경이나 사회환경에 있을 때 느끼는 충격과 감정의 불안을 지칭하는 용어이다. <출처 : 위키백과>

< Culture Shock >
© honorsociety.org

♣ 어원 : **cult(i) 경작, 숭배; 갈고 닦다**

■ **cult** [kʌlt] 명 (종교상의) **예배**(식), **제사**; 숭배, **예찬**
☜ 농경사회에서 하늘에 지내는 제사

■ **cult**ure [kʌ́ltʃər] 명 **교양, 문화; 훈련; 재배** ☜ 경작·숭배하는(cult) 생활양식(ure<명접>)

■ agri**cult**ure [ǽgrikʌ̀ltʃər] 명 **농업** ☜ 토양(agri)을 경작하는(cult) 것(ure<명접>)

□ sub**cult**ure [sʌ́bkʌ̀ltʃər] 동 『세균』 2차 배양하다 [sʌbkʌ́ltʃər] 명 『세균』 **2차 배양; 하위문화**; (히피 등의) 신문화 ☜ 하부(sub) 문화(culture)
♠ the latest American **subculture** 최신 미국 **하위문화**

※ **shock** [ʃɑk/샤크/ʃɔk/쇼크] 명 **충격**; (격심한) 진동; 『전기』 충격(=electric shock); 《비유》 (정신적인) 충격, **쇼크**, 타격; 충격적 사건 동 **충격을 주다**
☜ 중세 프랑스어로 '세찬 공격, 맹공'이란 뜻

디바이더 divider (제도용 분할 컴퍼스)

♣ 어원 : **vid(e), vis 나누다, 분할하다**

■ di**vide** [diváid/디**봐**이드] 동 **나누다**, 분할하다, 가르다, 분계〔구획·분류〕하다 ☜ 따로(di=apart) 나누다(vide) 반 **unite** 결합하다

■ di**vid**er [diváidər] 명 분할자, 분배자; 분할기, 양각기, **디바이더** ☜ -er(사람)

■ di**vis**ion [divíʒən/디**뷔**전] 명 **분할; 분배**; 구획, 배당; 분열; 『수학』 나눗셈
☜ 따로(di=apart) 나누는(vis) 것(ion<명접>)

■ indi**vid**ual [ìndəvídʒuəl/인더**뷔**주얼] 형 **개개의**; 독특한 명 **개인**
☜ in(=not) + divid<divide(나누다) + ual<형접>

□ subdi**vide** [sʌ̀bdiváid] 동 다시 나누다, 잘게 나누다, 세분하다 ☜ 아래로(sub) 나누다(divide)
♠ **subdivide** the classes 〔ranks〕 등급을 **세분화하다**

□ subdi**vis**ion [sʌ́bdivìʒən] 명 잘게 나눔, 세분 ☜ sub + division

듀티프리샵 duty free shop (면세점)

♣ 어원 : **du(e) 당연히 해야할 일; ~하도록 이끌다**

■ **du**ty [djúːti/**듀**-리/**듀**-티] 명 **의무**; 임무, 본분; 의무감, 의리
☜ 고대 프랑스어로 '해야 할<소유한(du) 것(ty<명접>)'이란 뜻
♠ **duty**-free **세금** 없는, 면**세**의 ☜ 의무(duty)가 자유인(free)

■ **due** [djuː/듀-] 형 지급 기일이 된; 정당한; 도착할 예정인, **~하기로 되어있는; 당연한, ~할 예정인** 명 당연히 지불되어야〔주어져야〕 할 것; **부과금**
☜ 라틴어로 '빚지고 있다'란 뜻. '마땅히 갚아야 할 것'이란 의미

■ over**due** [òuvərdjúː] 형 (지급) 기한이 지난, 미불의 《어음 따위》; 늦은
☜ 초과한(over) 지불기한(due)

■ un**due** [əndúː] 형 **과도한, 부당한**; (지불) 기한이 되지 않은 ☜ un(=not) + due(정당한)

□ sub**due** [səbdjúː] 동 (적국을) **정복하다**, (사람을) 위압하다; (분노를) **억제[자제]하다**
☜ 아래로(sub) 끌어내리다(due=lead)
♠ **subdue** a rebellion 내란을 **진압하다**

※ **free** [friː/프뤼] 형 (-<fre**er**<fre**est**) **자유로운**; 한가한; **무료의** 동 **자유롭게 하다**
☜ 고대영어로 '자유로운'이란 뜻

※ **shop** [ʃɑp/샵/ʃɔp/숍] 명 《영》 **가게**, 소매점(《미》 store) ; 전문점
☜ 고대 독일어로 '벽이 없는 건물, 외양간'이란 뜻

프로젝트 project (사업계획안(案)), 제트기(機) jet airplane 오브제 objet ([F.][미술] 작품에 활용된 물건) = (영어) object

< F-15 Jet Airplane >

♣ 어원 : **ject, jet, jac 던지다**

S

■ project [prədʒékt/프뤄젝트] ⓜ **계획(안)** ⓢ **계획[설계]하다**, 발사하다
☜ 앞으로/미래로(pro) 내던지다(ject)
■ inject [indʒékt] ⓢ **주사하다**, 주입하다 ☜ 내부로(in) 내던지다(ject)
■ object [ɑ́bdʒikt/아브쥑트/ɔ́bdʒekt/옵젝트] ⓜ **물건, 사물; 목적; 대상**
☜ ~ 위로(ob=on) 내던져져(ject) 드러난 것
[əbdʒékt/어브젝트] ⓢ **반대하다** ☜ 반대로(ob=against) 내던지다(ject)
■ reject [ridʒékt] ⓢ **거부하다**, 물리치다 ☜ 뒤로(re) 던지다(ject)
□ subject [sʌ́bdʒik/썹쥑트] ⓗ **복종하는**, 종속하는, 지배를 받는 ⓜ **주제; 주어; 학과, 과목**; 국민 [səbdʒékt/섭젝트] ⓢ **복종시키다**, 지배하다
☜ 라틴어로 '아래에(sub) 내던져진(ject)'이란 뜻
♠ **be subject to ~ ~의 지배를 받다, ~에 따라야 하다, ~되기 쉽다; ~을 조건으로 하다**
We **are subject to** our country's laws. 우리는 국법**에 복종해야 한다**.
□ subjection [səbdʒékʃən] ⓜ **정복**; 복종, 종속 ☜ 아래로(sub) 던져진(ject) 것(ion<명접>)
□ subject matter 주제 ☜ matter(물질, 주제, 문제)
□ subjective [səbdʒéktiv, sʌb-] ⓗ 『철학』 **주관의**, 주관적인; 『문법』 주격의 ⓜ [the~] 주관; 『문법』 주격 ☜ 아래로(sub) 던져(ject) 진(ive<형접>) ⇔ objective
□ subjectivity [sʌ̀bdʒektívəti] ⓜ 주관성, 자기 본위 ☜ subjective + ity<명접>
□ subjectively [səbdʒéktivli, sʌb-] ⓑ 주관적으로 ☜ subjective + ly<부접>
■ jet [dʒet] ⓜ **분출**, 사출; **제트기**, 제트엔진 ⓗ 분출하는; 제트기(엔진)의
☜ 프랑스어로 '던짐, 던지기'란 뜻

□ **subjugate**(정복하다), **subjugation**(정복) ➔ **conjugation**(활용) **참조**

조인 join (결합하다), 조인트 joint (이음매), 정크션 junction (도로·선로의 교차로, 나들목)

< Junction >

♣ **어원 : junc, join(t) 연결; 합치다, 연결하다, 짝을 맺다**
■ join [dʒɔin/조인] ⓢ **결합하다, 합치다; 참가하다** ⓜ 이음매
☜ 중세영어로 '결합하다'란 뜻
■ joint [dʒɔint] ⓜ **이음매**, 접합 부분; 『기계』 **조인트; 관절**, 마디
ⓢ 잇대다 ⓗ 공동의, 합동〔연합〕의 ☜ 결합한(join) 것(t)
■ junction [dʒʌ́ŋkʃən] ⓜ 연합, 접합, 합체; **접합점**, **교차점**; 합류점; (회로의) 중계선
☜ 연결(junc) 하기(tion<명접>)
□ subjoin [səbdʒɔ́in] ⓢ 증보[추가]하다, 부언[부가]하다 ☜ 아래에(sub) 덧붙이다(join)
♠ **subjoin** a postscript to a letter 편지에 추서(追書)를 **덧붙이다**
□ subjoinder [səbdʒɔ́indər] ⓜ 추가물; 추보(追補) 설명 ☜ 아래에(sub) 덧붙이는(join) + d + 것(er)
□ subjunction [səbdʒʌ́ŋkʃən] ⓜ 추가〔증보, 첨가〕(물) ☜ 라틴어로 '마지막에 추가, 아래에 배치'란 뜻. 아래에(sub) 연결한(junct) 것(tion<명접>)
□ subjunctive [səbdʒʌ́ŋktiv] ⓜⓗ 『문법』 **가정법(의)**, 접속법(의); 가정법 동사
☜ 아래에(sub) 연결(junct) 하는(ive<형접>)
♠ The verb is **in the subjunctive**. 그 동사는 **가정법으로 되어** 있다.

서브머린 submarine ([야구] 밑으로부터 볼을 던지는 투수. <잠수함>이란 뜻)

♣ **어원 : sub- 아래, 하부, 버금; 부(副), 아(亞), 조금, 반(半)**
□ **sub**limate [sʌ́bləmèit] ⓢ 승화시키다〔하다〕; 고상하게 하다〔되다〕, 순화(純化)하다. [sʌ́bləmit, -mèit] ⓗ 『화학』 승화한〔된〕; 이상화한, 고상한 ☜ 라틴어로 '상인방(문짝 위쪽에 가로로 놓인 석재)(lime) 바로 아래(sub)까지 닿다(ate<동접>)'이란 뜻
□ **sub**lime [səbláim] ⓗ (-<-lim**er**<-lim**est**) **웅대[장엄, 숭고]한**, 최고의
ⓜ [the~] 장엄, 숭고 ⓢ 『화학』 승화시키다; 고상하게 하다
☜ 상인방(문짝 위쪽에 가로로 놓인 석재)(lime) 바로 아래(sub) 까지 닿는
♠ **sublime** scenery **웅대한** 경치
♠ **There is but one step from the sublime to the ridiculous.**
숭고함과 우스꽝스러움은 종이 한 장 차이 - Napoleon 1세 -
□ **sub**limity [səblíməti] ⓜ 숭고; 절정, 극치 ☜ sublime + ity<명접>
□ **sub**liminal [sʌblímənəl] ⓗ 부지불식간에 영향을 미치는, 잠재의식의
☜ (의식)의 문지방(limin: 라틴어 limen의 변형) 아래(sub) 의(al<형접>)
♠ **subliminal advertising 서브리미널 광고** 《부지불식간에 영향을 미치는 광고》
□ **sub**marine [sʌ́bmərìːn] ⓜ **잠수함**(sub) ⓗ **해저의** ☜ 바다(marine) 아래(sub)
♠ **submarines** submerged. **잠수함**이 잠수했다

S

☐ **sub**merge [səbmə́ːrdʒ] ⓢ **물속에 잠그다**; 물에 담그다; (잠수함 따위가 물속에) 잠기다
☜ 아래로(sub) 몰입하다(merge)
☐ **sub**merged [səbmə́ːrdʒd] ⓗ 수중에 가라앉은, 수몰된, 침수의 ☜ -ed<수동형 형접>
☐ **sub**mergence [səbmə́ːrdʒəns] ⓜ 물속에 가라앉음; 침수, 침몰 ☜ -ence<명접>

미사일 missile (추진기를 달고 순항하는 유도탄)

♣ **어원 : miss, mit 보내다**
■ **miss**ile [mísəl/-sail] ⓜ **미사일, 유도탄**
☜ 라틴어로 '던질(miss) 수 있는 것(ile)'이란 뜻
☐ sub**mit** [səbmít] ⓢ **복종[종속]시키다; 제출[제시]하다**
☜ 아래에(sub) 던지다(mit)
♠ He refused **to submit** to threats. 그는 협박에 **굴복하기**를 거부했다.
♠ **submit** a report 보고서를 **제출하다**
☐ sub**miss**ion [səbmíʃən] ⓜ **복종**; 항복; 제출물, 제안 ☜ 아래에(sub) 던지(mis<mit) 기(sion<명접>)
☐ sub**miss**ive [səbmísiv] ⓗ 복종하는, 순종하는, 유순한, 온순한 ☜ -ive<형접>

✚ **miss**ion **임무**, 직무; **사절(단); 전도**, 포교 dis**miss** **떠나게 하다**, **해고[면직]하다** trans**mit** **보내다**, **발송[전송]하다**; 전파하다

노멀한 normal (정상의)

♣ **어원 : norm 표준, 규범, 정상**
■ **norm**al [nɔ́ːrməl] ⓗ **정상의**, 정상적인, 보통의 ☜ 표준/규범(norm) 의(al<형접>)
■ **norm**ally [nɔ́ːrməli] ⓑ **정상적으로**, 순리대로 ☜ normal + ly<부접>
☐ sub**norm**al [sʌbnɔ́ːrməl] ⓗ 정상(보통) 이하의; 저능의《IQ 70이하》; 이상한 ⓜ 저능한 사람, 저능아 ☜ 정상(norm) 아래(sub=under) 의(al<형접>)
♠ **subnormal temperatures 보통보다 낮은 온도[체온]**
■ ab**norm**al [æbnɔ́ːrməl] ⓗ **비정상의**, 이상한(=unusual), 불규칙한
☜ 비(非)(ab=away) 정상(norm) 의(al<형접>) 반 normal 정상의

오다 < 오더 order (주문), 서브오더 serve order ([배구] 선수들의 서브 순서)

♣ **어원 : ord(er), ordin 질서, 순서, 서열, 위치, 계급; 명령, 주문; 정하다**
※ **serve** [səːrv/써-브] ⓢ **섬기다**, 시중들다, 봉사하다
☜ 중세영어로 '~에게 습관적으로 복종하다'란 뜻
■ **order** [ɔ́ːrdər/**오**-더] ⓜ (종종 pl.) **명령, 주문**; **순서**, 정돈, 질서 ⓢ **주문[명령]하다**, 정돈하다 ☜ 고대 프랑스어로 '규칙, 종교적 질서', 라틴어로 '줄, 열; 배열'이란 뜻
☐ sub**ordin**ate [səbɔ́ːrdənit] ⓗ **하급의**; 종속의 ⓜ 하급자, 부하 ⓢ 하위에 두다
☜ 아래(sub) 서열/계급(ordin) + ate<동접/형접/명접>
♠ a **subordinate** position **하위**(직)
☐ sub**ordin**ation [səbɔ̀ːrdənéiʃən] ⓜ 종속, 복종 ☜ subordinate + ion<명접>
☐ sub**ordin**ative [səbɔ́ːrdənèitiv, -dnə-] ⓗ 종속적인; 하위(차위)의 ☜ -ative<형접>

✚ **ord**ain (신·운명 등이) **정하다**; (법률 등이) 규정하다, 제정하다 **ordin**ary **보통의**, 통상의, 평상의; 보통 일(사람); 판사 co(-)**ordin**ate **대등한**, 동등한, 동격의, 동위의

오너먼트 ornament (❶ 건축물의 장식 ❷ [패션] 장식품 ❸ [자동차] 보닛 앞에 붙은 엠블럼)

< Hood Ornament >

♣ **어원 : ore, orn (아름답게) 꾸미다, 장식하다(=decorate); 설비하다, 공급하다**
■ ad**orn** [ədɔ́ːrn] ⓢ **꾸미다**, 장식하다(=decorate)
☜ ~을(ad=to) 장식하다(orn)
■ ad**orn**ment [ədɔ́ːrnmənt] ⓜ 꾸미기, 장식(품) ☜ adorn + ment<명접>
☐ sub**orn** [səbɔ́ːrn] ⓢ 거짓 맹세(위증)시키다; 사주(교사(敎唆))하다, 매수하다 ☜ 아래에서(sub) 거짓으로 꾸미다(orn)
♠ **suborn a witness 증인을 매수하다**
☐ sub**orn**ation [sʌ̀bɔːrnéiʃən] ⓜ 〖법률〗 거짓 맹세(위증)시킴; 매수 ☜ -ation<명접>
■ **orn**ament [ɔ́ːrnəmənt] ⓜ **꾸밈, 장식(품)**, 장신구; 훈장; 〖음악〗 꾸밈음
[ɔ́ːrnəmènt] ⓢ **꾸미다**, 장식하다 ☜ -ment<명접/동접>

서브프라임 모기지 론 subprime mortgage loan (비우량 주택담보 대출)

S

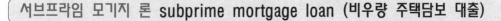

미국의 주택담보대출은 prime>Alt-A>subprime으로 구분되는데 신용도가 가장 낮은 서브프라임은 대출금리가 높다. 2000년대 초반 미국 부동산가격 급등으로 서브프라임 대출도 급증했는데 2000년대 중반 집값이 급락하자 FRB(미국 연방준비제도이사회)는 금리를 대폭 올렸고, 이자부담이 커진 저소득층은 원리금을 갚을 수 없게 되면서 2007년 서브프라임 모기지 론 사태가 발생하여 세계는 글로벌 금융위기를 맞았다.

♣ **어원 : sub- 아래, 하부, 버금; 부(副), 아(亞), 조금, 반(半)**

© afyxeqigysy.prv.pl

■ **prime** [praim] ⓗ 첫째의, **제1의, 주요한**; 최초의 ⓜ **전성기, 초기**
☜ 라틴어로 '첫째의'란 뜻

□ sub**prime** [sʌbpráim] ⓗ 2급품의; 금리가 prime rate이하의 《융자 등》
☜ prime보다 아래의(sub)
♠ **subprime** financial crisis **서브프라임** 금융위기

※ **mortgage** [mɔ́:rgidʒ] ⓜ 【법률】 (양도) **저당**(권); **담보**
☜ (권한을 넘겨주어) 죽은(mort) + g + 것(age)

※ **loan** [loun] ⓜ **대부**(금) ⓓ 대부하다
☜ 중세 노르드어로 '추후 반환을 약속받고 제공한 것'이란 뜻

스크립트 script (방송대본), 레시피 recipe (조리법)

♣ **어원 : scrib(e), script, cipe 갈겨쓰다(=write)**

■ **script** [skript] ⓜ 정본, 손으로 쓴 것, **스크립트**, 방송대본
☜ 라틴어로 '쓰여진 것'이란 뜻

■ re**cipe** [résəpi:] ⓜ **조리법, 레시피**, 제조법 ☜ 라틴어로 '(약을) 받아라(=receive)'란 의미로 prescription(처방전)에서 유래. 미리(pre) 써준(script) 것(ion)

□ **sub**scribe [səbskráib] ⓓ (서명하여) **기부를 약속하다, 기부하다**; 응모하다, **신청[예약]하다, 구독하다** ☜ 아래에(sub) 쓰다(scribe)
♠ **subscribe** a large sum to charities 자선사업에 거액의 **기부를 하다.**

□ **sub**scriber [səbskráibər] ⓜ **기부자**; 예약자, 응모자, 신청자; 가입자; 구독자
☜ subscribe + er(사람)

□ **sub**scription [səbskrípʃən] ⓜ (예약) **신청**, 응모, **기부(신청)**, 기부금; **예약 구독**
☜ 아래에(sub) 쓰는(script) 것(tion<명접>)

✚ **scribe** 필기사; 서기; 유대인 율법학자 pre**scribe 규정하다,** (약을) **처방하다** pre**scrip**tion **명령, 규정**; 【의약】 **처방전** de**scribe 기술[설명]하다** manu**script 원고** post**script** (편지의) 추신(P.S.)

시퀀스 sequence (사건·행동 등의 연쇄적인 순서·절차)

♣ **어원 : sequ, secu, (x)ecu 뒤따르다, 행하다**

■ **sequ**ence [sí:kwəns] ⓜ **연속, 속발**; **결과** ☜ 뒤따르는(sequ) 것(ence<명접>)

□ sub**sequ**ent [sʌ́bsikwənt] ⓗ 뒤의, **그 후의; 다음의** ☜ 아래로(sub) 뒤따르(sequ) 는(ent<형접>)
♠ **subsequent** generations **그 다음** 세대들

□ sub**sequ**ently [sʌ́bsikwəntli] ⓑ 계속하여, 그 후에 ☜ -ly<부접>

□ sub**sequ**ence [sʌ́bsikwəns] ⓜ 뒤이어 일어남; 계속하여 일어나는 사건
☜ 아래로(sub) 뒤따르는(sequ) 것(ence<명접>)

✚ con**secu**tion 연속 e**xecu**te **실행[수행·집행]하다** pro**secu**tor **실행자**, **기소자**, 검찰관, 검사 **sequ**ent 연속하는, 잇따라 일어나는

서비스 service (콩글 무료 봉사) ➔ no charge, free of charge

♣ **어원 : serv(e), serge 섬기다, 봉사하다; 노예**

■ **serv**e [sə:rv/써-브] ⓓ **섬기다**, 시중들다, 봉사하다 ☜ 라틴어로 '섬기다'란 뜻

■ **serv**ice [sə́:rvis/써-뷔스] ⓜ (종종 pl.) **봉사, 서비스**, 수고, 공헌, 이바지
☜ 라틴어로 '섬김'이란 뜻 ★ 우리말에 공짜로 제공한다는 말을 서비스(service)라고 하는데 이것은 콩글리시이다. 정확한 표현은 It's on the house/ It's free of charge. (무료로 드리는 겁니다, 공짜입니다)이다. 또한 서비스센터는 service (A/S) center가 아닌 repair shop이다.

□ sub**serv**e [səbsə́:rv] ⓓ 돕다, 촉진하다, 보조하다, ~에 공헌하다; ~에 도움이 되다
☜ 아래에서(sub) 섬기다(serve)

□ sub**serv**ient [səbsə́:rviənt] ⓗ 도움[공헌]이 되는; 추종[굴종]하는, 비굴한
☜ 아래에서(sub) 섬기(serv) 는(ient<형접>)
♠ The press was accused of **being subservient to** the government.
언론이 정부**에 굴종한다는** 비난을 받았다.

□ sub**serv**iently [səbsə́:rviəntli] ⓑ 비굴하게, 도움이 되도록 ☜ -ly<부접>

☐ sub**serv**ience, -ency [səbsə́ːrviəns, -ənsi] ⓜ 비굴, 아첨, 추종; 도움이 됨 ☜ -ence/-ency<명접>

세단 sedan (지붕이 있는 일반적인 승용차 형식), 시트커버, 베이비시터, 세트

♣ **어원 : sid, sit, sed, sess, set 앉다**

■ **sed**an [sidǽn] ⓜ 《미》 **세단**형 자동차(《영》 saloon)
☜ 라틴어로 '의자'란 뜻. 앉는(sed) 것(an)

■ re**sid**ent [rézidənt] ⓜ **레지던트**(수련의); **거주자** ⓗ 거주하는
☜ 뒤에(re) 앉은(sid) 사람(ent)

■ pre**sid**ent [prézidənt/프뤠지던트] ⓜ **의장, 총재, 회장, 총장**; (P-) **대통령**
☜ 앞에(pre) 앉은(sid) 사람(ent)

☐ sub**sid**e [səbsáid] ⓢ **가라앉다**, 침전하다; 침묵하다 ☜ 아래에(sub) 앉다(sid) + e
♠ **subside** into a chair 의자에 **주저앉다**

☐ sub**sid**ence [səbsáidəns, sʌ́bsə-] ⓜ 가라앉음, 침강, 침전; 진정
☜ 아래에(sub) 앉은(sid) 것(ence<명접>)

☐ sub**sid**iary [səbsídièri] ⓗ **보조의**; 부차적인; 종속적인, 보충적인 ⓜ 보조자; 부속물
☜ 아래에(sub) 앉다(sid) + i + ary<형접/명접>
♠ a **subsidiary** business (occupation) **부**업

☐ sub**sid**ize [sʌ́bsidàiz] ⓢ 보조금(장려금)을 주다; 증회(贈賄)하다; 매수하다
☜ 아래에(sub) 앉게(sid) 하다(ize<동접>)

☐ sub**sid**y [sʌ́bsidi] ⓜ (국가의 민간에 대한) 보조(장려)금, 조성금; 교부금, 기부금
☜ 아래에(sub) 앉은(sid) 것(y<명접>)

✚ **sit 앉다**, 앉아있다 baby-**sit**ter **베이비시터**, (보통 돈을 받고) 아이를 봐 주는 사람 **sit**e (건물의) **대지**, 집터, 부지; 유적; 『컴퓨터』 (웹)**사이트** **seat 자리, 좌석, 시트; 착석시키다** **set 두다, 놓다**, 자리 잡아 앉히다; 한 벌, **한 조, 세트**; 일몰

어시스트 assist ([스포츠] 득점 · 상대선수 아웃을 위해 동료선수를 돕는 행동) 레지스탕스 resistance (2 차대전시 독일에 대한 프랑스의 지하 저항운동)

♣ **어원 : sist 서있다(=stand)**

■ as**sist** [əsíst] ⓢ **돕다**, 거들다, **조력하다**
☜ ~쪽에(as<ad=to>) 서서(sist) 거들다

■ re**sist**ance [rizístəns] ⓜ **저항, 레지스탕스** ☜ resist + ance<명접>

☐ sub**sist** [səbsíst] ⓢ **생존하다**; 존재(존속)하다
☜ 아래에(sub) 서다(sist<stand)
♠ **subsist** upon scanty food 부족한 음식으로 **생활해 가다**

☐ sub**sist**ence [səbsístəns] ⓜ **생존**; 현존, 존재; 생활 ☜ subsist + ence<명접>

☐ sub**sist**ent [səbsístənt] ⓗ 실재[존립]하는, 현실적인; 타고난, 고유의
ⓜ 실재하는 것 ☜ subsist + ent<형접>

© fivebooks.com

스펙 spec (콩글 (구직 · 입시시의) 학벌 · 학점 · 토익 점수 등의 평가요소 또는 사양(仕樣). <specification>의 줄임말) ➔ qualifications

♣ **어원 : spec, spect 보다(=see), 보이다**

■ **spec**ific [spisífik] ⓗ **분명히 나타난**, 명확한; 특수한, 특유한 ⓜ 특별한 것; 특성, 특질; [보통 pl.] 명세, 상세
☜ 보이게(spec) + i + 만들다(fic)

■ **spec**ification [spèsəfikéiʃən] ⓜ 상술, 상기(詳記), 열거; (보통 pl.) (명세서 등의) 세목; 상세서 ☜ 분명히 보이는(specific) 것(ation<명접>)

■ **spec**ies [spíːʃi(ː)z] ⓜ (pl. -) (공통의) **종류**; 인종; 『생물』 **종**(種)
☜ 보이는(spec) 것/모양(ies)
♠ **The origin of Species 종의 기원** 《Darwin의 저서》

☐ sub**spec**ies [sʌbspíːʃi(ː)z] ⓜ [단 · 복수 동형] 『생물』 아종(亞種), 변종(變種)
☜ 아래<버금가는(sub) 종(species)
♠ There are eight **subspecies** of tigers. 호랑이 종에는 8 개의 **아종**이 있다.

✚ **spec**ify **일일이 열거하다**; 명시하다; 명세서에 기입하다 **spec**imen **견본**; 표본(標本); 예(例), 실례

어시스트 assist ([스포츠] 득점 · 상대선수 아웃을 위해 동료선수를 돕는 행동) 레지스탕스 resistance (2 차대전시 프랑스의 對독일 지하저항운동)

♣ **어원 : st, sist, stit 서다, 세우다, 고정하다, 안정시키다**

■ as**sist** [əsíst] [동] **돕다**, 거들다, **조력하다** ☜ ~쪽에(as<ad=to) 서서(sist) 거들다
■ re**sist** [rizíst] [동] **저항하다, 격퇴하다** ☜ ~에 대항하여(re=against) 서있다(sist)
■ re**sist**ance [rizístəns] [명] **저항**, **레지스탕스** ☜ -ance<명접>
□ sub**st**ance [sʌ́bstəns] [명] **물질**(=material), 물체; 실질, **내용**; (the ~) 요지; 『철학』 **실체**, 본질
☜ 아래에(sub) 세워져 있는(st) 것(ance<명접>)
♠ **substance** and form **내용**과 형식
□ sub**st**antial [səbstǽnʃəl] [형] **실체의, 본질[실질]적인; 내용이 있는; 상당한**
☜ 아래에(sub) 세워져(st) 있는(ant) 것의(ial<형접>)
□ sub**st**antially [səbstǽnʃəli] [부] 대체로, **실질적으로**; 사실상; 충분히; 든든히 ☜ -ly<부접>
□ sub**st**antiality [səbstæ̀nʃiǽləti] [명] 실재성, 실체, 본질; 견고성 ☜ -ity<명접>
□ sub**st**antiate [səbstǽnʃièit] [동] 실증하다, 실체화(구체화)하다 ☜ substantial + ate<동접>
□ sub**st**antiation [səbstæ̀nʃiéiʃən] [명] 실증 ☜ substantiate + ion<명접>
□ sub**st**antive [sʌ́bstəntiv] [형] 『문법』 명사처럼 쓰이는, 실명사의 [명] 실명사, 실사
☜ substance + tive<형접>
□ sub**stit**ute [sʌ́bstitjùːt] [동] **대신[대리, 대용]하다** [명] **대리인**
☜ 아래(sub) (사람을) 세워놓다(stit) + ute<동접/명접>
♠ **substitute** a new technique 새로운 기술로 **대체하다**
□ sub**stit**ution [sʌ̀bstitjúːʃən] [명] **대리**, 대용, 대체, 교환 ☜ substitute + ion<명접>
□ sub**stit**utive [sʌ́bstitjùːtiv] [형] 대리의, 대체할 수 있는; 치환의 ☜ -ive<형접>

인프라 infra ([콩글] 기반시설) ➔ infrastructure

♣ **어원 : struct, stru 세우다, 건축하다(=build)**

■ **infra** [ínfrə] [부] 《L.》 아래에, 아래쪽에 ☜ 라틴어로 '아래의'란 뜻
■ infra**struct**ure [ínfrəstrʌktʃər] [명] 하부 조직(구조), 기반; 기초 구조, 토대
☜ 아래에(infra) 세운(struct) 것(ure<명접>)
■ **struct**ure [strʌ́ktʃər] [명] **건물; 구조**; 조직, 체계; 사회 구조 ☜ 세운(struct) + 것(ure<명접>)
□ sub**struct**ion [sʌbstrʌ́kʃən] [명] (건물·댐 따위의) 기초, 토대; 교각; 기초 공사
☜ 아래에(sub) 세운(struct) + 것(ure<명접>)
□ sub**struct**ure [sʌ́bstrʌ̀ktʃər] [명] 하부구조; 기초 공사; 기초, 토대; 교각(橋脚)
☜ 아래/하부/기초(sub) + 구조(structure)
♠ reorganize **a substructure 하부 조직**을 개편하다
□ sub**struct**ural [sʌbstrʌ́ktʃərəl] [형] 하부[기초]구조의 ☜ substructure + al<형접>

블랙 컨슈머 black consumer (악성 소비자), 레주메 resume ([미] 이력서)

블랙 컨슈머(black consumer)란 기업 등을 상대로 부당한 이익을 취하려고 제품을 구매한 후 악성민원을 고의적, 상습적으로 제기하는 소비자를 말한다.

♣ **어원 : sum(e), sump 취하다**

※ **black** [blæk/블랙] [형] **검은, 암흑의, 흑인의** [명] **검은색, 암흑**
☜ 고대영어로 '완전히 어두운'이란 뜻
■ con**sume** [kənsúːm] [동] **소비[소모]하다** ☜ 완전히(con<com) 취하다(sume)
■ con**sume**r [kənsúːmər] [명] **소비자**(消費者), 수요자 ☜ consume + er(사람)
■ ré**sumé**, re**sume**, re**sumé** [rèzuméi] [명] 《프》 적요, 요약; 《미》 이력서, **레주메**(《영》 Curriculum vita, Personal history)
☜ 중세 프랑스어로 '요약하다'란 뜻
□ sub**sume** [sʌbsúːm] [동] (범주에) 포함시키다, 포섭하다; 규칙을 적용하다
☜ 아래에(sub) 취하다/넣다(sume)
♠ **subsume under** a broad category. 큰 범주**에 포함시키다**
□ sub**sump**tion [səbsʌ́mpʃən] [명] 포섭, 포함; 포용 ☜ 아래에(sub) 취하는(sump) 것(tion)

테라스 terrace (실내와 연결된 넓은 실외 베란다)
테라코타 terracotta (점토를 구운 것)

< Terrace >

♣ **어원 : terr(a), terre(s), terri 흙, 땅, 대지; 지구**

■ **terra**ce [térəs] [명] 계단 모양의 뜰; **대지**(臺地); (집에 붙여 달아낸) **테라스**, 넓은 베란다; (지붕 있는) 작은 발코니
☜ 고대 프랑스어로 '쌓아올린 땅'이란 뜻
■ **terra**-cotta [térəkɑ́tə/-kɔ́tə] [명] **테라코타** 《점토의 질그릇》; 테라코타 건축재; 테라코타 인형
☜ 구운(cotta) 흙(terra)
■ **terra**in [təréin] [명] 지대, 지역; 『군사』 지형; 지세 ☜ -in<명접>

S

■ **Terr**an　[térən] ⓜ **테란**, 지구인 《SF(공상과학) 용어》 ☜ 지구(terr) 사람(an)
■ **terra** rossa　[-rάsə/-rɔ́-] **테라로사** 《표층이 황갈색 내지 적갈색을 띤 토양》 ☜ 이탈리아어로 '붉은(ross) 흙(terra)'이란 뜻.
□ sub**terr**anean, sub**terr**aneous [sʌbtəréiniən], [sʌbtəréiniəs] ⓗ 지하의, 지중의; 숨은 ⓜ 지하에서 사는(일하는) 사람; 지하의 동굴, 지하실 ☜ 아래(sub) 땅(terr) 의(anean/aneous<형접>)
♠ **subterranean** water **지하**수

타이틀 title (표제, 제목), 서브타이틀 subtitle (책 등의 부(副)제목)

♣ 어원 : title 이름
■ **title**　[táitl/**타**이를/**타**이틀] ⓜ **표제, 제목**; 〖영화·TV〗 타이틀; **직함, 명칭** ☜ 고대 프랑스어로 '책의 제목(장)'이란 뜻
■ **title** match　**타이틀 매치**, 선수권 시합 ☜ match(경기, 시합; 성냥)
■ en**title**　[entáitl] ⓢ **~의 칭호를 주다; 권리[자격]을 주다**; ~라고 제목을 붙이다 ☜ 이름(title)을 만들다(en)
■ un**title**d　[əntáitld] ⓗ 칭호(작위, 직함 따위)가 없는; 표제가 없는; 권리가 없는 ☜ + 이름(title)이 없(un=not/부정) 는(ed<형접>)
□ sub**title**　[sə́btàitəl] ⓜ (책 따위의) 부제; (보통 pl.) 〖영화〗 (화면의) 설명자막, 대사 자막 ☜ 아래(sub) 제목/자막(title)
♠ This is the **subtitle** of this movie. 이것이 이 영화의 **부제**이다.

텍스트 text (문서, 서적 등의 본문이나 내용)

♣ 어원 : text, tle (천을) 짜다, 짠 것; 날 실, 직물
■ **text**　[tekst] ⓜ **본문**; 원문 ☜ 라틴어로 '짜인 것', 즉 (글을) 잘 짠 것
■ **text**book　[tékstbùk/**텍**스트북] ⓜ **교과서** ☜ text + book
■ **text**ile　[tékstail, -til] ⓜ (보통 pl.) **직물**, 옷감, 직물의 원료 ⓗ **직물의**; 방직된 ☜ -ile<명접/형접>
■ **text**ure　[tékstʃər] ⓜ **직물**, 피륙, 천; **결**, 감촉 ☜ -ure<명접>
□ sub**tle**　[sʌ́tl/**서**틀] ⓗ (-<-tl**er**<-tl**est**) **민감한; 미묘한**, 교묘한; 희미한, 엷은, 예민한, 난해한 ☜ 라틴어로 '훌륭히 직조된'이란 뜻. 아래에(sub) 있는 (베틀의) 날실(tle<textile)
♠ a **subtle** difference (nuance) **미묘한** 차이 (뉘앙스)
□ sub**tle**ty　[sʌ́tlti] ⓜ (pl. **-ties**) 미묘, 예민; 정묘, 교활 ☜ subtle + ty<명접>
□ sub**tl**y　[sʌ́tli] ⓟ 정묘하게, 교활하게 ☜ subtle + y<형접>

트랙터 tractor (견인력을 이용해서 각종 작업을 하는 특수 차량)

♣ 어원 : tract 끌다, 당기다, 늘리다, 펼치다
■ **tract**　[trækt] ⓜ (지면·하늘·바다 등의) **넓이**; 넓은 지면; ☜ 중세영어로 '펼친 땅이나 물'이란 뜻
(특히 종교상의) **소책자**, 팜플렛 ☜ 라틴어로 '다루다'란 뜻
■ **tract**or　[trǽktər] ⓜ **트랙터**, 견인(자동)차 ☜ 끄는(tract) 기계(or)
□ sub**tract**　[səbtrǽkt] ⓢ **빼다**, 감하다; 공제하다; 뺄셈을 하다 ☜ 아래로(sub) 끌다(tract)
♠ **subtract** 2 from 5 5에서 2를 **빼다**
□ sub**tract**ion　[səbtrǽkʃən] ⓜ **빼기**, 공제; 뺄셈 ☜ -ion<명접>

✚ at**tract** (주의·흥미 등을) **끌다, 유인하다**　con**tract** **계약**, 약정; 계약서　de**tract** 줄이다, 떨어뜨리다, 손상시키다　dis**tract** (주의를) **딴 데로 돌리다**; 빗나가게 하다　ex**tract** **뽑아내다**, 빼어내다　pro**tract** 오래 끌게 하다, 연장하다　re**tract** **철회하다**, 취소하다

어번 그래니 urban granny (외모, 건강 등 자신을 위해 투자하는 것에 시간과 돈을 아끼지 않는 50~60대 여성. <도시 할머니>란 뜻)

© korea.kr/news

■ **urban**　[ə́:rbən] ⓗ **도시의**, 도회지에 있는; 도회에 사는; 도회풍의 ☜ 라틴어로 '로마에서의 도시나 도시생활과 관련된 것'이란 뜻
□ **sub**urban　[səbə́:rbən] ⓗ **교외의[에 사는]**; 시외의; 도시근교 특유의; 편협한 ☜ 도시(urban) 아래(sub)의
□ **sub**urb　[sʌ́bəːrb] ⓜ **교외**, 근교; (the ~s) 도시 주변의 지역 《특히 주택 지구》; (pl.) 부근, 주변 ☜ 도시의(urb<urban) 아래(sub)
♠ in the **suburbs** of Seoul 서울 **교외**에
※ **granny, -nie**　[grǽni] ⓜ (pl. -n**ies**) 《구어·소아어》 **할머니**; 할멈, **노파**; 수다스러운 사람 ☜ grandame(할머니, 노파), grandmother(할머니)의 단축 변형어

버전 version (상품의 개발 단계 및 순서를 번호로 표시한 것), 컨버터 converter (TV채널 변환기), 인버터 inverter (교류변환기)

♣ 어원 : vers(e), vert 돌리다, 뒤집다, 바꾸다(=turn)

■ **vers**ion [vəːrʒən, -ʃən] ⓜ **번역**(서); (성서의) **역**(譯); **~판**(版)
☜ 돌리는(vers) 것(ion<명접>)

■ con**vert**er [kənvəːrtər] ⓜ 주파수 변환기, TV 채널 변환기, **컨버터**
☜ 완전히(con<com) 바꾸는(vert) 기계(er)

■ in**vert**er, -or [invəːrtər] ⓜ 〖전기〗 **인버터**, (직류를 교류로의) 변환장치(기)
☜ 안(in)을 바꾸는(vert) 기계(er/or)

□ sub**vers**ion [səbvəːrʒən, -ʃən] ⓜ 전복, 타도, 파괴
☜ 밑에서(sub) (위로) 바꾸는(vers) 것(ion<명접>)

□ sub**vers**ive [səbvəːrsiv] ⓗ 전복하는, 파괴적인 ⓜ 파괴 분자, 위험인물
☜ 밑에서(sub) (위로) 바꾸다(vers) + ive<형접/명접>
♠ **be subversive of social order 사회 질서를 파괴하다**

□ sub**vert** [səbvəːrt] ⓢ 뒤엎다, 전복시키다, 파괴하다, 타파하다; 타락시키다
☜ 밑에서(sub) (위로) 바꾸다(vert)

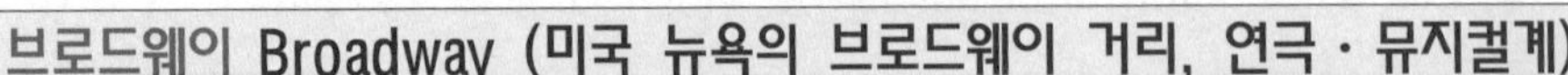

브로드웨이 Broadway (미국 뉴욕의 브로드웨이 거리, 연극 · 뮤지컬계)

미국 New York의 Manhattan을 남북으로 가로지는 길. 부근에 극장이 많아 통상 미국의 연극, musical계를 지칭하는 말로 많이 쓰인다.

■ **Broad**way [brɔ́ːdwèi] ⓜ 뉴욕시를 남북으로 달리는 큰 거리 《부근에 극장이 많음》 ☜ 넓은(broad) 길(way)

■ **way** [wei/웨이] ⓜ **길**, 도로; 방식 ☜ 고대영어로 '길'이란 뜻

□ sub**way** [sʌ́bwèi] ⓜ 《미》 **지하철**(《영》 tube, underground); 《영》 **지하도**(《미》 underpass) ☜ 아래/지하(sub) 길(way)
♠ He left his bag in the **subway**. 가방을 **지하철**에 두고 내렸습니다.

✚ air**way 항공로** gate**way 대문**, 출입구, 통로 high**way** 공공도로, **고속도로**, 큰 길 mid**way 중도의[에]**, 중간쯤의(에) rail**way** 《영》 **철도**(《미》 railroad); 《미》 시가, 고가, 지하철 궤도 run **way** 주로(走路), 〖항공〗 **활주로** stair**way 계단** water**way 수로**; 항로; 운하; (갑판의) 배수구

악세서리 accessory (콩글 ▶ 보석류, 장신구) ➔ jewelry

♣ 어원 : cess, cease, cede, ceed 가다, 오다

■ ac**cess** [ǽkses] ⓜ **접근, 출입** ☜ ~로(ac<ad=to) 가다(cess)

■ ac**cess**ory, -ary [æksésəri] ⓜ (보통 pl.) 부속물; 부속품, **액세서리** ☜ -ory(따라가는 것)

□ suc**ceed** [səksíːd/썩씨-드] ⓢ **성공하다; 계속되다; 계승[상속]하다**
☜ 라틴어로 '아래/뒤에(suc) (연이어) 가다(ceed)'의 뜻에서 '계속되다, 성공하다'
♠ **succeed in ~ ~에 성공하다, ~을 잘 해내다**
succeed in business 장사에 **성공하다**
♠ **succeed to ~ ~의 뒤를 잇다, ~을 상속하다**(=be heir to ~)

□ suc**ceed**ing [səksíːdiŋ] ⓗ 계속되는, 다음의, 계속 일어나는 ☜ succeed + ing<형접>

□ suc**cess** [səksés/썩쎄스] ⓜ **성공** ☜ '아래/뒤에(suc) (연이어) 감(cess)'이란 뜻에서 '계속됨 = 성공'이란 뜻.

♠ **Nothing succeeds like success. 《속담》 한 가지가 잘되면 만사가 잘된다.**
♠ **Whenever I hear, 'It can't be done,' I know I'm close to success.**
'그건 할 수 없어' 라는 말을 들을 때마다 나는 성공이 가까웠음을 안다.
- 아일랜드 출신의 미국 안무가, 마이클 플래틀리 -

□ suc**cess**ful [səksésfəl/썩쎄스펄] ⓗ **성공한**, 좋은 결과의, 잘된; 번창하는 ☜ -ful(~가 가득한)
♠ The play **was very successful** on Broadway.
그 연극은 브로드웨이에서 **크게 성공했다**.

■ unsuc**cess**ful [ənsəksésfəl] ⓗ **성공하지 못한**, 잘 되지 않은, 실패한, 불운의
☜ un(=not/부정) + successful

□ suc**cess**fully [səksésfəli] ⓟ **성공적으로**; 훌륭하게 ☜ successful + ly<부접>

□ suc**cess**ion [səkséʃən/썩쎄션] ⓜ **연속**; 연속물; 상속(권), **계승**(권) ☜ success + ion<명접>
♠ **in succession 잇달아, 연속하여**(=one after another)
many troubles **in succession 꼬리를 물고 일어나는** 말썽거리
♠ the **succession** to the throne 왕위 **계승**

□ suc**cess**ive [səksésiv] ⓗ 계속되는, **연속하는**; 상속(계승)의 ☜ success + ive<형접>

□ suc**cess**ively [səksésivli] ㊮ 잇따라서, 연속적으로 ☜ successive + ly<부접>
□ suc**cess**or [səksésər] ㊔ **후임, 상속자**; 후계자 ☜ success + or(사람)

✚ **cease 그만두다, 중지하다** ex**ceed** (수량·정도·한도·범위를) **넘다, 초과하다** ne**cess**ary **필요한, 없어서는 안 될** re**cede 물러나다**, 퇴각하다 pro**ceed** (앞으로) **나아가다, 가다, 전진하다** se**cede** (교회·정당 등에서) 정식으로 탈퇴(분리)하다

□ **succinct**(간결한, 간명한) ➔ **precinct**(관할구역, 구내) **참조**

커리큘럼 curriculum (교과과정)

♣ 어원 : **cur, cor 달리다, 흐르다**

■ **cur**riculum [kəríkjələm] ㊔ (pl. **-s**, curricul**a**) **커리큘럼, 교육[교과]과정**
☜ 라틴어 currere(말달리는 코스)에서 유래

■ **cur**rent [kə́:rənt/**커**-런트, kʌ́r-] ㊗ 지금의, 현재의; **현행의, 통용되는** ㊔ **흐름, 유통; 경향; 전류** ☜ 고대 프랑스어로 '달리(cur) + r<자음반복> + 는(ent<형접>)'이란 뜻

□ suc**co(u)r** [sʌ́kər] ㊔ **구조**, 구원; 원조자; 구원자; (pl.) 《고어》 원군(援軍) ㊕ 돕다, 구하다
☜ 라틴어로 '돕기 위해 서둘러 달려가다'란 뜻. 아래로(suc) 달려가다(cor)
♠ **succor** the needy 가난한 사람을 **돕다**

✚ con**cur 동시에 일어나다**; 동의하다, 협력하다 in**cur 초래하다; ~에 빠지다** oc**cur 일어나다, 발생하다, 머리에 떠오르다** re**cur 되돌아가다,** 재발하다, 호소하다, 회상하다

□ **succulent**(즙이 많은) ➔ **suck**(빨다, 흡입하다) **참조**

인큐베이터 incubator ([병원] 보육기)

♣ 어원 : **cub, cumb 누워있다**

■ in**cub**ate [ínkjəbèit, íŋ-] ㊕ 부화하다; 배양하다; 보육기에 넣어 기르다
☜ ~안에(in) 누워(cub) 있다(ate<동접>)

■ in**cub**ator [ínkjəbèitər, íŋ-] ㊔ 부화기; 세균 배양기; 조산아 보육기, **인큐베이터**; 계획을 꾸미는 사람 ☜ incubate + or(사람/장비)

□ suc**cumb** [səkʌ́m] ㊕ **굴복하다**, 압도되다, **지다**; 죽다 ☜ 아래에(suc<sub) 눕다(cumb)
♠ **succumb** to (before) temptation 유혹에 **지다**.

✚ **cumb**ersome 성가신, 귀찮은; 부담(방해·장애)가 되는 en**cumb**er **방해하다**, 막다; 폐를 끼치다 in**cumb**ent 기대는, 의지하는; 현직의, 재직 중인 re**cumb**ent 기댄(=reclining), 가로누운

아이러브유 소머치 I love you so much (나는 당신을 매우 사랑합니다)

※ **I** [ai/아이] ㊐ **나, 본인** ☜ 고대영어로 '나(1인칭 단수 대명사)'

※ **love** [lʌv/러브] ㊔ **사랑**, 애정, **연애; 애호** ㊕ **사랑하다**
☜ 고대영어로 '사랑하는 감정'이란 뜻

※ **you** [ju:/유-, (약) ju/유, ja] ㊐ **당신, 너, 여러분**
☜ 초기 인도유럽어로 '두 번째 사람'이란 뜻

■ **so** [sou/쏘우] ㊮ **그[이]와 같이**: **그[이]만큼; 그렇게; 그래서; ~하도록**; **너무 …해서 ~** ☜ 고대영어로 '이런 식으로, 그만큼, 그러므로, ~하기 위하여'라는 뜻

□ **su**ch [sʌtʃ/써취, (약) sətʃ] ㊗ **그러한**, 그런; **그 정도의, 그렇게** ㊐ 그(이)와 같은 것(사람) ☜ 고대영어로 '그런 사람'이란 뜻. 그런 것(su<so) 같은(ch=like)
♠ It's **such** a beautiful day! **너무나** 아름다운 날씨예요!
★ such는 기본적으로 형용사, so는 부사이므로 용법에 약간의 차이가 있다.
♠ **such and such 이러이러한, 여사여사한**
♠ **such as ~ ~와 같은, 이러이러한 (것), 이를테면**
soft rocks **such as** limestone 석회암 **같은** 무른돌
♠ **such (A) as (B) A와 같은 B**
♠ **such (A) that (B) 매우 ~해서[하므로]**
♠ **as such 그대로; 그 명의로 [자격으로] ; 그런 것으로 [일로]**

□ **su**chlike [sʌ́tʃlàik] 이러한 종류의 (사람·물건) ☜ such + like(~같은)

※ **much** [mʌtʃ/머취] ㊗ (-<**more**<**most**) 《셀 수 없는 명사 앞》 다량의, **많은** ㊮ **매우**, 대단히 ㊐ **다량** ☜ 고대영어로 '양이나 범위가 큰'이란 뜻

에어 석션 air suction (공기압으로 먼지나 티끌을 흡입하는 것)

※ **air** [ɛər/에어] ㊔ **공기; 공중** ☜ 중세영어로 '지구를 둘러싼 보이지 않는 기체'

S

□ **suck** [sʌk] [동] (젖 · 액체를) **빨다**, 핥다, **흡입하다** [명] 젖을 빨기, 흡입
☜ 고대영어로 '흡입하다'란 뜻
♠ **suck** the breast 젖을 **빨다**

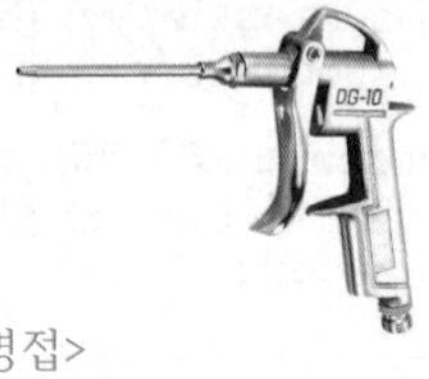

□ **suck**er [sʌ́kər] [명] **빠는 사람[것]**; 흡수자, 젖먹이 ☜ suck + er(사람)
□ **suck**ing [sʌ́kiŋ] [형] 젖을 빠는; 미숙한 ☜ suck + ing<형접>
□ **suck**le [sʌ́kəl] [동] 젖을 먹이다, 기르다 ☜ suck + le<동접>
□ **suc**tion [sʌ́kʃən] [명] 빨기, 빨아들임; 흡입력, 흡입관 ☜ suc**k** + tion<명접>
□ **suc**culent [sʌ́kjələnt] [형] 즙(수분)이 많은; 『식물』 다즙의
☜ 빨아먹는(suc**k**) 것(cul=cle) 의(ent<형접>)

수단 Sudan (아프리카 동북부의 공화국. 2011년 남수단이 분리 독립)

□ **Sudan** [suːdǽn, -dɑ́ːn] [명] **수단** 《아프리카 동북부의 공화국; 수도는 하르툼(Khartoum)》
☜ 아랍어로 '검은 사람들의 나라'란 뜻

서든 데스 sudden death ([스포츠] 동점인 경우 결승의 1회 승부. 단판승부, <갑작스런 죽음, 급사(急死)>란 뜻)

♣ **어원 : sub-, sud-, suf- 아래, 하부, 버금; 부(副), 아(亞), 조금, 반(半)**
□ **sud**den [sʌ́dn/**써**든] [형] **돌연한, 갑작스러운, 불시의**
☜ 라틴어로 '아래로(sub) (조용히) + d + 오다/가다(en)'란 뜻
♠ **(all) of a sudden = on a sudden 갑자기, 뜻밖에, 돌연히**
□ **sud**denly [sʌ́dnli/**써**든리] [부] **갑자기**, 불시에, 졸지에, 돌연, 느닷없이 ☜ -ly<부접>
□ **sud**denness [sʌ́dnnis] [명] 돌연함, 갑작스러움; 급격함 ☜ -ness<명접>
■ **suf**fer [sʌ́fər/**써**퍼] [동] (고통 · 변화 따위를) **경험하다**, 겪다; **견디다**, 참다; **괴로워하다**; 벌을 받다 ☜ 라틴어로 '아래에서(suf) 참다(fer)'란 뜻
※ **death** [deθ] [명] **죽음, 사망** ☜ 고대영어로 '죽은/마비된(dead) 것(th<명접>)'이란 뜻

사회적인 이슈(issue.쟁점), 스위트룸 suite (room) (호텔의 침실 · 거실 · 욕실이 붙은 방)

♣ **어원 : sue, suit 뒤따르다, ~의 뒤를 쫓다**
■ is**sue** [íʃuː/**이**슈-, ísjuː] [동] (명령 · 법률 따위를) 발포하다; **발행하다**; 유출하다; 유래하다 [명] **쟁점, 논점; 발행(물); 결과**; 유출; 자녀
☜ 고대 프랑스어로 '밖으로 나가다'란 뜻
□ **sue** [suː/sjuː] [동] **고소하다**, 소송을 제기하다; 청원하다
☜ 라틴어로 '따르다'란 뜻
♠ **sue** a person for damages
아무를 상대로 손해 배상 **소송을 제기하다**.

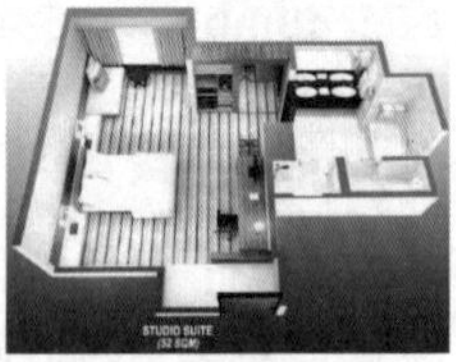

< Suite >

■ en**sue** [ensúː] [동] **뒤이어 일어나다**, ~의 결과로서 일어나다
☜ 뒤에(en=after) 잇따르다(sue)
■ pur**sue** [pərsúː/-sjúː] [동] **뒤쫓다**, 추적하다; **추구하다; 속행하다**
☜ 앞(pur<pro)을 보고 쫓아가다(sue)
■ **suit**e [swiːt] [명] (가구 따위의) **한 벌; 스위트, 붙은 방** 《호텔의 침실 · 거실 · 욕실이 붙어 있는 것》; [집합적] **일행** ☜ 고대 프랑스어로 '뒤따르다, 쫓다'란 뜻
[비교] sweet [swiːt] **단, 달콤한; 맛있는**

수에즈 운하 Suez Canal (지중해와 홍해 · 인도양을 잇는 운하)

□ **Suez** [suːéz] [명] **수에즈** 지협; 수에즈 운하 남단의 항구 ☜ 이집트어로 '시작'이란 뜻. 이는 홍해의 북쪽 끝 부분에 수에즈항이 위치한 데서 유래.
※ **can**al [kənǽl] [명] **운하**; 수로 ☜ 대롱(can)처럼 양쪽으로 흐르는

서든 데스 sudden death ([스포츠] 동점인 경우 결승의 1회 승부. 단판승부, <갑작스런 죽음, 급사(急死)>란 뜻)

♣ **어원 : sub-, sud-, suf- 아래, 하부, 버금; 부(副), 아(亞), 조금, 반(半)**
■ **sud**den [sʌ́dn/**써**든] [형] **돌연한, 갑작스러운, 불시의**
☜ 라틴어로 '아래로(sub) (조용히) + d + 오다/가다(en)'란 뜻
□ **suf**fer [sʌ́fər/**써**퍼] [동] (고통 · 변화 따위를) **경험하다**, 겪다; **견디다**, 참다; **괴로워하다**; 벌을 받다 ☜ 라틴어로 '아래에서(suf) 참다(fer)'란 뜻
♠ **suffer** insults 모욕을 **당하다**
♠ **suffer from ~ ~에[으로] 시달리다**(=be afflicated with), **~에 걸리다** .

~으로 고통을 겪다, 앓다
suffer from a crop of troubles 많은 문제들**에 시달리다**.

☐ **suf**ferable [sʌ́fərəbəl] ⓗ 참을 수 있는, 견딜 만한, 용서할 수 있는 ☜ -able(~할 수 있는)
☐ **suf**ferance [sʌ́fərəns] ⓜ 묵인, 허용, 관용; 인내 ☜ -ance<명접>
☐ **suf**ferer [sʌ́fərər] ⓜ **고생하는 사람**; 수난자; 이재민, 조난자; 피해자; 환자 ☜ -er(사람)
☐ **suf**fering [sʌ́fəriŋ] ⓜ 괴로움, **고통**; 고생; (종종 pl.) 피해, 재해; 수난; 손해 ☜ -ing<명접>
♠ the **sufferings** of the Jews 유대 민족의 **수난**
※ **death** [deθ] ⓜ **죽음, 사망** ☜ 고대영어로 '죽은/마비된(dead) 것(th<명접>)'

픽션 fiction (꾸며낸 이야기), 논픽션 nonfiction (사실적 기록)

♣ **fic, fac 만들다(=make)**
■ **fic**tion [fíkʃən/픽션] ⓜ **소설, 꾸며낸 이야기** ☜ 만들어 낸(fic) 것(tion<명접>)
■ non**fic**tion [nʌnfíkʃən] ⓜ **논픽션**, 소설이 아닌 산문 문학(전기·역사·탐험 기록 등)
☜ 만든 것(fiction)이 아닌(non)
■ **fac**tory [fǽktəri/팩터뤼] ⓜ **공장** ☜ 만드는(fac) 곳(tory=place)
☐ suf**fic**ient [səfíʃənt/써퓌션트] ⓗ **충분한**, 충족한, 적당한
☜ 아래에(suf<sub>) 만들어(fic) (쌓아) 둔(ient<형접>)
♠ **sufficient** evidence **충분한** 증거
■ insuf**fic**ient [ìnsəfíʃənt] ⓗ **불충분한**, 부적당한(=inadequate)
☜ in(=not/부정) + sufficient
☐ suf**fic**iently [səfíʃəntli] ⓑ **충분히** ☜ sufficient + ly<부접>
☐ suf**fic**iency [səfíʃənsi] ⓜ 충분(한 상태); 충족; 《고어》 능력 ☜ -ency<명접>
☐ suf**fic**e [səfáis, -fáiz] ⓓ 《문어》 **족하다**, 충분하다; **만족시키다**
☜ 아래에(suf<sub>) 만들어(fic) (쌓아) 두다(e)
■ super**fic**ial [sùːpərfíʃəl] ⓗ **표면상의**, 외면의 ☜ 위에(super) 만들다(fic) + ial<형접>

(사람이나 물체의) 위치를 픽스(fix.고정)시키다

♣ **어원 : fix 고정하다, 붙이다**
■ **fix** [fiks/퓍스] ⓓ (-/fix**ed**/fix**ed**) **고정시키다; 붙이다; 수리하다** ⓜ **곤경**, 궁지
☜ 라틴어로 '고정하다, 붙이다'란 뜻
■ pre**fix** [príːfiks] ⓜ 『문법』 **접두사** [priːfíks] ⓓ **~에 접두사를 붙이다**
☜ 앞에(pre) 붙이다(fix)
☐ suf**fix** [sʌ́fiks] ⓜ 『문법』 **접미사** [səfíks] ⓓ ~에 접미사로서 붙이다
☜ 밑에(suf<sub>) 붙이다(fix)
♠ a noun **suffix** 명사형 **접미사**

잉글랜드 동부의 노퍽(Norfolk)주 아래는 서퍽(Suffolk)주가 있다.

♣ **어원 : sub-, suf-, sup- 아래, 하부, 버금; 부(副), 아(亞), 조금, 반(半)**
※ Norfolk [nɔ́ːrfək] ⓜ **노퍽** 《❶ 잉글랜드 동부의 주, ❷ 미국 Virginia 주의 군항(軍港)》 ☜ 북쪽(nor) 민족(folk)
☐ **Suf**folk [sʌ́fək] ⓜ **서퍽** 《영국 동부의 Norfolk 남부에 있는 주》
☜ 남쪽<아래쪽(suf<sub) 민족(folk)
☐ **suf**focate [sʌ́fəkèit] ⓓ **~의 숨을 막다**; 질식(사)시키다, 질식(사)하다; 숨이 막히(게 하)다 ☜ 라틴어로 '목구멍 밑에'라는 뜻. 목구멍(foc=throat) 아래(suf)가 막히다(ate<동접>)
♠ He **was suffocating** in water. 그는 익사 **직전에 있었다**.
☐ **suf**focatingly [sʌ́fəkèitiŋli] ⓑ 숨막힐 듯이, 질식하도록 ☜ -ly<부접>
☐ **suf**focation [sʌ̀fəkéiʃən] ⓜ 질식; 질식시킴 ☜ suffocate + ion<명접>
☐ **suf**frage [sʌ́fridʒ] ⓜ (찬성) **투표**; 선거권, 참정권; 동의, 찬성 ☜ 라틴어로 '지지 투표'라는 뜻. suf(아래) + frage(찬성의 외침/shouts as of approval)
♠ beg his **suffrage** 그의 **찬성**을 구(求)하다.
♠ **give 〔grant〕 the suffrage 참정권을 부여하다**
☐ **suf**fragette [sʌ̀frədʒét] ⓜ 여성 참정권론자 《특히 여성을 말함》.
☜ suffrage + ette<여성 접미사>
☐ **suf**fragist [sʌ́frədʒist] ⓜ 여성 참정권론자 ☜ suffrage + ist(사람)

© groupon.com

퓨전요리 fusion cuisine (여러 음식을 섞어 새로 발전시킨 요리)

♣ **어원 : fus(e), found 붓다, 섞다; 녹다**
■ **fuse** [fjuːz] ⓜ (폭뢰·포탄 따위의) **신관**(信管), 도화선; 『전기』 **퓨즈**

S

(동) **녹이다, 녹다** ☜ 이탈리아어로 '(물레의 실을 감는) 가락'

■ **fus**ion [fjú:ʒən] (명) **용해**(융해)물; 합동, 연합, 합병; 〖물리〗 핵융합; 〖음악〗 **퓨전** 《재즈에 록 등이 섞인 음악》 ☜ 섞는(fus) 것(ion)

□ suf**fuse** [səfjú:z] (동) 뒤덮다, 확 퍼지다, 채우다 《액체 · 눈물 · 빛 따위가》 ☜ 아래에(suf<sub) 쏟아 붓다(fuse)
♠ **be suffused with ~ ~이 가득히 퍼져 있다, ~으로 가득 차 있다**

□ suf**fus**ion [səfjú:ʒən] (명) 뒤덮임; 덮는 것; (얼굴 등이) 확 달아오름, 홍조(紅潮) ☜ suffuse + ion<명접>

■ con**fuse** [kənfjú:z] (동) **혼동하다**, **어리둥절하게 하다**, 잘못 알다 ☜ 완전히(con<com) 섞다(fuse)

※ **cuisine** [kwizí:n] (명) 요리 솜씨, 요리(법) ☜ 라틴어로 '요리하다'란 뜻

슈가대디 sugar daddy (성관계 대가로 자기보다 훨씬 젊은 여자에게 많은 선물과 돈을 안겨 주는 돈 많은 중년 남자. <설탕아비>란 뜻)

□ **sugar** [ʃúgər/**슈**거] (명) **설탕** (동) 설탕을 치다 ☜ 산스크리트어로 '가루설탕, 졸임설탕'이란 뜻
♠ cube **sugar** 각**설탕** ☜ cube(정 6 면체, 입방체)
♠ grape **sugar** 포도**당** ☜ grape(포도)

© dreamstime.com

□ **sugar** basin (식탁용) 설탕그릇 ☜ basin(물동이, 수반, 대야)

□ **sugar** beet 사탕무 ☜ beet (〖식물〗 비트 《근대 · 사탕무 따위》)

□ **sugar** candy 어름사탕 ☜ candy(캔디, 사탕)

□ **sugar** cane **사탕수수** ☜ cane(지팡이; 마디있는 줄기)

□ **sugar**coat [ʃúgərkòut] (동) (알약 따위에) **당의(糖衣)를 입히다**; ~을 먹기 좋게 하다, ~의 겉을 잘 꾸미다 ☜ coat(~을 입히다, 표면을 덮다, 칠하다)

□ **sugar** diabetes [ʃúgər dàiəbí:tis, -ti:z] 당뇨병 ☜ diabetes(당뇨병)

□ **sugar**y [ʃúgəri] (형) 설탕 같은, 달콤한 ☜ sugar + y<형접>

※ **saccharin** [sǽkərin] (명) 〖화학〗 **사카린** ☜ 라틴어로 '설탕'
★ 러시아 태생의 화학자 콘스탄틴 팔버그(Constantin Fahlberg, 1850-1910)가 우연히 발견하고 1879년에 만든 설탕 대용품으로 사용된 흰색 결정체 화합물.

※ **daddy** [dǽdi] (명) (pl. **-dies**) 《구어》 **아버지**(dad); 《미국 · Austral 속어》 최연장자, 최중요인물 ☜ 고대영어로 'dad(아빠, 아버지) + y<애칭 접미사>'

제스처 gesture (몸짓), 리더스 다이제스트 Reader's Digest 미국의 월간잡지

♣ **어원 : gest, gist, ger 나르다, 운반하다, 전하다, 행하다**

■ **gest**ure [dʒéstʃər] (명) 몸짓, 손짓, **제스처** ☜ (생각을) 전하는(gest) 것(ure)

■ con**gest** [kəndʒést] (동) **혼잡하게 하다** ☜ 함께 섞어(con<com) 나르다(gest)

■ di**gest** [didʒést, dai-] (동) **소화하다**; 요약하다 [dáidʒest] (명) **요약**; 소화물 ☜ 각각 떼어(di<dis=off) 나르다(gest)
♠ Reader's Di**gest** **리더스 다이제스트** 《미국의 월간잡지. '독자의 요약문'이란 뜻》

■ re**gist**er [rédʒəstər] (명) **기록부, 등록부** ☜ 기록된 목록. 계속(re) 날라진(gist) 것(er)

□ sug**gest** [səgdʒést/써**줴**스트] (동) **암시하다, 제안[제의]하다** ☜ 아래로(sug<sub) 꺼내다(gest)
♠ **suggest** mediation 중재를 **제의하다**

□ sug**gest**ion [səgdʒéstʃən] (명) **암시**, 시사; **연상**, 생각남; **제안**, 제의, 제언 ☜ -ion<명접>

□ sug**gest**ive [səgdʒéstiv] (형) **암시적인**, 시사적인; **생각나게 하는** ☜ -ive<형접>
♠ **be suggestive of ~ ~을 연상시키다**

□ sug**gest**ively [səgdʒéstivli] (부) 암시적으로, 의미심장하게 ☜ -ly<부접>

콘사이스 concise (휴대용 사전 또는 소형 사전)

♣ **어원 : cis(e), cid(e) 자르다(=cut)**

■ con**cise** [kənsáis] (형) **간결한**, 간명한 ☜ (불필요한 것을) 모두(con<com) 자르다(cise)

■ de**cis**ion [disíʒən] (명) **결정, 결심**, 결의 ☜ 분리하여(de=off) 과감하게 자르(cis) 기(sion<명접>)

■ in**cise** [insáiz] (동) 절개하다; ~을 째다; ~에 표(문자, 무늬)를 새기다

S

☜ 안으로(in) 자르다(cise)

□ sui**cid**e [sú:əsàid] 명 **자살**, 자살 행위; 자멸; 《법률》 자살자
☜ 라틴어로 '자신(sui)을 자르다(cide)'란 뜻
♠ **commit suicide 자살하다, 자해하다**

□ sui**cid**al [sù:əsáidl] 형 자살의, 자살적인; 《비유》 자멸적인
☜ suicide + al<형접>

■ patri**cide** [pǽtrəsàid] 명 부친 살해범 《사람, 죄》 ☜ 아버지(patri) 죽이기(cide)

■ matri**cide** [méitrəsàid, mǽt-] 명 모친 살해 《죄 · 행위》; 모친 살해범
☜ 어머니(matri) 죽이기(cide)

■ uxori**cide** [ʌksɔ́:rəsàid, ʌgz-] 명 아내 살해(범인) ☜ 아내(uxori) 죽이기(cide)

스위트룸 suite (room) (호텔의 침실 · 욕실 · 거실이 하나로 이어진 최고급 방)

* suite란 단어 자체에 room이란 의미가 들어 있으므로 room을 생략해도 됨.

♣ **어원 : sui(t), sue, sequ 뒤따르다, ~의 뒤를 쫓다**

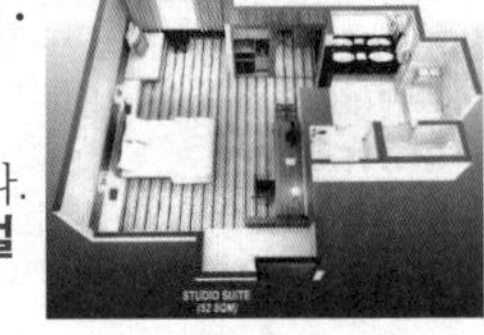

< Suite >

□ **suit**e [swi:t] 명 (가구 따위의) **한 벌; 스위트, 붙은 방** 《호텔의 침실 · 거실 · 욕실이 붙어 있는 것》; [집합적] **일행**
☜ 고대 프랑스어로 '뒤따르다, 쫓다'
♠ reserve a **suite** at the hotel. 호텔의 **스위트룸**을 예약하다.

□ **suit** [su:t/쑤-트] 명 (복장의) **한 벌, 슈트; 소송**; 『카드』 **짝패 한 벌**
동 **~의 마음에 들다**; (옷 등이) **잘 어울리다**; 적합하다
☜ 고대 프랑스어로 '뒤따르다, 쫓다'란 뜻
♠ The man is putting on a **suit**. 남자가 **양복**을 입고 있다.
♠ The tie clashes with your **suit**.
그 넥타이는 너의 **정장**과 어울리지 않는다.
♠ **bring a suit against ~ ~을 상대로 소송을 걸다.**
♠ **be suited to (for) ~ ~에 어울리다; ~의 마음에 들다**
♠ **be suitable to (for) ~ ~에 적당하다, 알맞다**

□ **suit**able [sú:təbəl] 형 (~에) **적당한**, 상당한; 어울리는, 알맞은 ☜ -able(~한 상태의, ~할 수 있는)
un**suit**able [ənsú:təbəl] 형 **부적당한**, 적합하지 않은, 어울리지 않는 ☜ un(=not) + suitable

□ **suit**ably [sú:təbəli] 부 적당하게, 알맞게 ☜ suitable + ly<부접>

□ **suit**ability [sù:təbíləti] 명 적합, 적당, 어울림 ☜ ability<able의 명사형>

□ **suit**case [sú:tkèis] 명 **슈트케이스**, 여행 가방 ☜ case(상자; 경우)

□ **suit**or [sú:tər] 명 『법률』 **소송인**, 원고(=plaintiff), 제소인; 구혼자 ☜ suit + or(사람)

■ **sue** [su:/sju:] 동 **고소하다**, 소송을 제기하다; 청원하다 ☜ 라틴어로 '따르다'란 뜻

■ en**sue** [ensú:] 동 **뒤이어 일어나다**, ~의 결과로서 일어나다 ☜ 뒤에(en=after) 잇따르다(sue)

■ is**sue** [íʃu:/**이**슈-, ísju:] 동 (명령 · 법률 따위를) 발포하다; **발행하다**; 유출하다; 유래하다
명 **이슈, 쟁점, 논점; 발행(물); 결과** ☜ 고대 프랑스어로 '밖으로 나가다'란 뜻

■ pur**sue** [pərsú:/-sjú:] 동 **뒤쫓다**, 추적하다; **추구하다; 속행하다**
☜ 앞(pur<pro)을 보고 쫓아가다(sue)

※ **room** [ru:m/룸, rum] 명 **방** 《생략: rm.》 ☜ 고대영어로 '공간'이란 뜻

헬파이어 Hellfire (AGM-114 대전차미사일 별명)

♣ **어원 : fire, fur, phur 불**

■ hell**fire** [hélfaiər] 명 지옥의 불; 지옥의 괴로움; 『군사』 **헬파이어** 《헬기 탑재용 대(對)전차미사일 AGM-114 별명》
☜ 그리스어로 '지옥(hell)의 불(fire)'이란 뜻

□ sul**fur**, sul**phur** [sʌ́lfər] 명 『화학』 **(유)황** 《비금속 원소; 기호 S; 번호 16》; 유황빛 형 황(黃)의, 황을 함유한; 유황빛의 ☜ 고대 프랑스어로 '지옥(sul<hell)의 불(fur<fire)'이란 뜻.
♠ scent of **sulfur** **유황**(硫黃)의 냄새가 나다.

□ sul**fur**ic, sul**phur**ic [sʌlfjúərik] 형 『화학』 **유황의**; 유황을 함유한 ☜ sulfur + ic<형접>
♠ **sulfuric** acid **유황**산

연상 실크(silk.비단)옷을 입혔더니 아이가 설크(sulk.샐쭉)한 표정을 지었다.

※ **silk** [silk/씰크] 명 **비단; 명주실**, 생사; 깁, 견직물; (pl.) 비단옷
☜ 고대영어로 '명주실'이란 뜻

□ **sulk** [sʌlk] 명 (보통 pl.) **실쭉하기**, 부루퉁함 동 실쭉거리다, 골나다, 부루퉁해지다 ☜ 중세 독일어로 '떨어지다'란 뜻
♠ **in the sulks 실쭉해서, 부루퉁하여**

□ **sulk**y [sʌ́lki] 형 (-<-k**ier**<-k**iest**) **샐쭉한**, 뚱한, 골난, 부루퉁한

S

☜ sulk + y<형접>
♠ She had looked **sulky** all morning.
그녀는 오전 내내 **부루퉁해** 보였었다

☐ **sull**en [sʌ́lən] ⓗ **부루퉁〔실쭉〕한**; 음침한, 음울한 ☜ 라틴어로 '혼자가(sull<sole) 된(en)'

술탄 sultan (이슬람교국 군주)

☐ **sultan** [sʌ́ltən] ⓜ **술탄**, 이슬람교국 군주; (the S-) (옛날의) 터키 황제《1922년 이전의》
☜ 아랍어로 '지배자'란 뜻

스웨터 sweater (두꺼운 털셔츠. 원래는 <땀을 내기 위한 옷>이란 뜻)

■ **sweat** [swet] ⓜ **땀** ⓢ **땀 흘리다; 땀을 내다**
☜ 고대영어로 '피부에서 나는 습기'란 뜻

■ **sweat**er [swétər] ⓜ **스웨터**; (심하게) 땀 흘리는 사람; 발한제(劑); 노동착취자 ☜ sweat + er(사람/물건)

■ **swelt**er [swéltər] ⓢ 무더위에 지치다; 더위 먹다; 땀투성이가 되다
ⓜ 무더움; 흥분(상태) ☜ 게르만계 고트어로 '천천히 불에 타다'

☐ **sultr**y [sʌ́ltri] ⓗ (-<-tr**ier**<-tr**iest**) **무더운**, 찌는 듯이 더운; 음란한, 외설적인; 난폭한 ☜ swelter + y<형접>
♠ a **sultry** day 매우 **무더운** 날, the **sultry** sun **작열하는** 태양

서머리 > 써머리 summary (요약)

♣ **어원 : sum 최고, 종합**

☐ **sum** [sʌm/썸] ⓜ **총계**, 총액, 총수, 합계; [the ~] **개요**; (종종 pl.) **금액** ⓢ **총계[합계]하다**; ~의 **개요를 말하다** ☜ 라틴어로 '최고'란 뜻
♠ The **sum** of 2 and 3 is 5. 2+3=5
♠ **sum up 총계하다; 요약하다; (인물 따위를) 평가하다**
sum up in a single word 한마디로 **요약하면**

☐ **sum**mary [sʌ́məri] ⓜ **요약**, 개요, 대략 ⓗ 요약한
☜ sum + m<단모음+단자음+자음반복> + ary<형접/명접>

☐ **sum**marily [sʌ́mərili] ⓑ 요약하여 ☜ summary + ly<부접>

☐ **sum**marize [sʌ́məràiz] ⓢ 요약하여 말하다, **요약하다**, 개괄하다 ☜ summary + ize<동접>

☐ **sum**mit [sʌ́mit] ⓜ **정상**, 꼭대기, 절정; [the ~] 절정; [the ~] (국가의) 정상급; 정상회담
☜ 라틴어로 '가장 높은(sum) + m<자음반복> + 곳(it)'이란 뜻
♠ a **summit** conference 〔meeting〕 = **summit** talks **수뇌**〔정상〕 회담

섬머타임 summer time (여름철에 시계를 1시간 앞당겨 운영하는 제도)
➔ daylight saving time

여름철에 표준시보다 1시간 시계를 앞당겨 놓는 제도. 일을 일찍 시작하고 일찍 잠에 들어 등화를 절약하고, 햇빛을 장시간 쬐면서 건강을 증진한다는 근거로 주장되었다. 제1차 세계대전 중 독일에서 처음 채택하여 여러 나라로 퍼졌으나 불편하다는 이유로 시행하지 않는 국가가 많다. <출처 : 두산백과 / 일부인용>

☐ **summer** [sʌ́mər/**써**머] ⓜ **여름**, 여름철; (인생의) 한창때 ☜ 고대영어로 '여름'이란 뜻
♠ In **summer** the days are long. **여름**에는 낮이 길다

☐ **summer**house [sʌ́mərhàus] ⓜ 정자, 여름의 별장
☜ summer + house(집, 가옥, 주택)

☐ **summer**time, -tìde [sʌ́mərtàim], [-tàid] ⓜ **여름(철)**, 하절
☜ summer + time(시간, 시대, 횟수), tide(조류, 조석; 계절)

☐ **summer** time 《영》 (여름) 일광 절약 시간, 서머타임

※ **time** [taim/타임] ⓜ (관사 없이) **시간, 때**; 시일, 세월; ~회, ~번
☜ 초기인도유럽어로 '나눈 것'이란 뜻

☐ **summit**(정상) ➔ **sum**(총계) **참조**

멘붕 mental breakdown (콩글 멘탈붕괴, 정신적 충격)
➔ panic, chaos, meltdown; oh my god, damn

♣ **어원 : men(t), mon, min 생각, 마음, 정신, 지능; 생각하다**

■ **ment**al [méntl] ⓗ **마음의**, 정신의, 심적인; 지적인, **지능의; 정신병의**
☜ 라틴어로 '정신(ment) 의(al)'라는 뜻

☐ sum**mon** [sʌ́mən] ⓢ **소환하다**, 호출〔소집〕하다
☜ 라틴어로 '살짝<아래로(sum<sub) 정신(mon)을 부르다'
♠ He **was summoned to** appear in court. 그는 법정에 출두하도록 **소환 당했다**.

☐ sum**mon**er [sʌ́mənər] ⓜ 소환자; 〖역사〗 (법정의) 소환 담당자
☜ summon + er(사람)

☐ sum**mon**s [sʌ́mənz] ⓜ (pl. **-es**) 〖법률〗 소환(장); (의회 등의) 소집; 〖군사〗 항복 권고
☜ 소환하는(summon) 것(s)

☐ **sump**(정화조, 오수 웅덩이) ➔ **swamp**(늪, 소택, 습지) **참조**

블랙 컨슈머 black consumer (악성 소비자)

기업 등을 상대로 부당한 이익을 취하고자 제품을 구매한 후 악성민원을 고의적, 상습적으로 제기하는 소비자

♣ **어원 : sum(e), sumpt 취하다**

※ **black** [blæk/블랙] ⓗ **검은, 암흑의, 흑인의** ⓜ **검은색, 암흑**
☜ 고대영어로 '완전히 어두운'이란 뜻

■ con**sume** [kənsúːm] ⓢ **소비[소모]하다** ☜ 완전히(con<com) 취하다(sume)

☐ **sumpt**uous [sʌ́mptʃuəs] ⓗ 사치스러운, 화려한, **호화로운**, 값진
☜ 아낌없이 취하(sumpt) + u + 는(ous<형접>)
♠ a **sumptuous** feast **호화스러운** 연회

☐ **sumpt**uousness [sʌ́mptʃuəsnis] ⓜ 호사, 사치 ☜ -ness<명접>

☐ **sumpt**uary [sʌ́mptʃuèri/-əri] ⓗ 사치를 단속〔금지〕하는, 절약의 ☜ sumpt + u + ary<형접>

✚ as**sume** **~라고 여기다, 생각하다, ~인 체하다** as**sumpt**ion ~라고 생각함, **가정**
pre**sume** **가정하다, 추정하다** re**sume** **다시 시작하다, 회복하다; 요약, 개요**

선글라스 sunglass (색안경), 선팅 sunting 콩글 ➔ window tinting 선크림 sun cream (콩글 햇빛 차단제) ➔ sunscreen, sun block

☐ **sun** [sʌn/썬] ⓜ **태양, 해** ☜ 고대영어로 '태양'이란 뜻 비교 son 아들
♠ The **sun** is rising. **해**가 떠오른다
♠ a glaring **sun** 눈부신 **햇빛**

☐ **sun**bathing [sʌ́nbèiðiŋ] ⓜ 일광욕 ☜ 태양(sun) 목욕하(bath) 기(ing<명접>)

☐ **sun**beam [sʌ́nbìːm] ⓜ **태양 광선** ☜ 태양(sun) 광선(beam)

☐ **sun** block 자외선 방지 (크림, 로션) ☜ 태양(sun) 방해(block)

☐ **sun**bonnet [sʌ́nbɑ̀nit, -bɔ̀n-] ⓜ 햇볕 가리는 모자 ☜ sun + bonnet(보닛《턱 밑에서 끈을 매는 여자・어린이용의 챙 없는 모자》)

☐ **sun**burn [sʌ́nbəːrn] ⓜ 볕에 탐 ⓢ (-/sunburn**t**〔sunburn**ed**〕/sunburn**t**〔sunburn**ed**〕) 햇볕에 타다, 햇볕에 태우다〔그을리다〕 ☜ sun + burn(불에 타다, 태우다)

☐ **sun**burned, sunburnt [sʌ́nbəːrnd], [-bəːrnt] ⓗ 햇볕에 탄 ☜ sunburn의 과거분사

☐ **Sun**day [sʌ́ndei/**썬**데이] ⓜ **일요일** 《약어 : Sun.》 ☜ 태양(sun)의 날(day)

☐ **sun**dae [sʌ́ndei, -di] ⓜ **아이스크림선디** 《시럽・과일 등을 얹은 아이스크림》
☜ 19c말 영어로 'Sunday의 변형' ★ **1890년대에 미국에서 생긴 청교도법은 일요일에 술이나 알코올이 들어간 음료(소다)를 파는 걸 금지했기 때문에, 고안해낸 것이 바로 '소다없는 아이스크림', 'Ice Cream Sunday였다. 이렇게 선디가 인기를 끌자 상인들은 마지막 y자를 e자로 바꾸고 일요일이 아닌 날에도 계속 팔았다고 한다.**

☐ **sun**dial [sʌ́ndàil] ⓜ 해시계 ☜ sun + dial(다이얼, 시계 등의 지침판)

☐ **sun**down [sʌ́ndàun] ⓜ 일몰, 해거름 ☜ sun + down(아래쪽으로; 내림, 하강)

☐ **sun**flower [sʌ́nflàuər] ⓜ 해바라기 ☜ sun + flower(꽃)

☐ **sun**glass [sʌ́nglæs, -glɑ̀ːs] ⓜ (pl.) **색안경, 선글라스** ☜ 태양(sun) 빛을 차단하는 안경(glass)

☐ **sun**less [sʌ́nlis] ⓗ 태양이 없는, 햇볕이 잘 들지않는 ☜ -less(~이 없는)

☐ **sun**light [sʌ́nlàit] ⓜ **햇빛** ☜ 태양(sun) 빛(light)

☐ **sun**lit [sʌ́nlit] ⓗ 햇볕에 쬐인 ☜ sun + lit(light의 과거분사 ➔ 형용사)

☐ **sun**ny [sʌ́ni] ⓗ (-<-n**ier**<-n**iest**) **양지바른**; 명랑한 ☜ sun + n + y<형접>

☐ **sun**rise [sʌ́nràiz] ⓜ **해돋이, 일출** ☜ 태양(sun)이 떠오름(rise)

☐ **sun**room [sʌ́nrùːm, -rùm] ⓜ 일광욕실 ☜ sun + room(방, ~실)

☐ **sun**screen [sʌ́nskriːn] ⓜ 햇볕 차단제(劑) ☜ sun + screen(칸막이 커튼, 차폐물)

☐ **sun**set [sʌ́nsèt] ⓜ **해넘이, 일몰** ☜ 태양(sun)이 짐(set)

☐ **sun**shade [sʌ́nʃèid] ⓜ 양산, 차양 ☜ sun + shade(그늘, 응달)

☐ **sun**shine [sʌ́nʃàin] ⓜ **햇빛** ☜ 태양(sun)이 빛남(shine)

☐ **sun**shiny [sʌ́nʃàini] ⓗ 양지바른; 쾌활한 ☜ sunshine + y<형접>

☐ **sun**spot [sʌ́nspɑ̀t/sʌ́nspɔ̀t] ⓜ 태양의 흑점; 〖의학〗 주근깨 ☜ sun + spot(점, 반점, 얼룩)

S

☐ **sun**stroke [sʌ́nstròuk] ⓜ 일사병 ☜ sun + stroke(일격, 타격, (병의) 발작)
☐ **sun**tan [sʌ́ntæn] ⓜ **선탠**, 볕에 그을음; 밝은 갈색
☜ sun + tan(탠껍질: 떡깔나무의 껍질)
★ 선탠 크림(suntan cream)은 sunscreen lotion으로 표현해야 옳다.
☐ **sun**-up [sʌ́nʌ̀p] ⓜ 해돋이(시간) ☜ sun + up(위쪽으로; 상승)

연상 썬데이(Sunday.일요일)에는 썬드리(sundry.잡다한 사람들)가 야외로 놀러 나간다.

※ **Sun**day [sʌ́ndei/**썬**데이] ⓜ **일요일** 《약어 : Sun.》
☜ 태양(sun)의 날(day)
☐ **sund**ry [sʌ́ndri] ⓗ **갖가지의**, 잡다한 ⓓ (pl.) 잡다한 사람들〔일〕, 무수(無數) ☜ 고대영어로 '분리하다, 따로 떼어놓다(sundr) + y<형접/명접>'란 뜻.
♠ **sundry** goods **잡**화
■ a**sunder** [əsʌ́ndər] ⓗ 따로따로 떨어져, **산산조각으로** ☜ 따로(a=apart) 떼내다(sunder)

☐ sunken(침몰한) ➔ sink(가라앉다) 참조

수니파 Sunni (이슬람의 다수파이자 정통파)

☐ **Sunni** [súni] ⓜ **수니파**(派), 수나파 《오늘날 전 세계 무슬림 인구의 약 90%를 차지하는 무슬림 다수파》 ☜ 예언자 무함마드의 언행인 수나(Sunnah)를 따르는 사람이란 뜻. 수나는 아랍어로 '관례, 법적 관행'이란 뜻. 시아파에 비해 원리주의 성격이 강함.
비교 Shi'a, Shia, Shiah **시아파**(派) 《이슬람교의 2대 분파의 하나》; 그 교파의 교도 ☜ 아랍어로 '분파'라는 뜻. 수니파에 비해 신정(神政)일치 성격이 강함.

수프 soup (고기·야채 등을 삶은 즙에 간을 맞춰 걸쭉하게 만든 국물)

♣ **어원 : soup, sip, sup 액체; 액체를 함유한; 마시다**
■ **<u>soup</u>** [suːp] ⓜ **수프**, 고기국물; 《속어》 (엔진의) 마력 ⓢ (엔진을 개조하여) 성능을 높이다
☜ 중세영어로 '액체형태의 음식'이란 뜻
■ **sip** [sip] ⓜ (마실 것의) **한 모금**, 한 번 홀짝임 ⓢ **홀짝홀짝**〔찔끔찔끔〕 **마시다**
☜ 고대영어로 '(액체를) 흡수하다'란 뜻
■ **sip**hon, **sy**- [sáifən] ⓜ **사이펀**, 빨아올리는 관(管), 빨대; 사이펀 병, 탄산수 병
ⓢ 사이펀으로 빨다 ☜ 그리스어로 '(액체를 빼내는) 관'이란 뜻
☐ **sup** [sʌp] ⓢ **홀짝이다**, 홀짝홀짝 마시다(sip); 조금씩 떠먹다 ⓜ (음료의) 한 모금
☜ 고대영어로 '(액체를 조금씩) 마시다'란 뜻
♠ **He needs a long spoon that sups with the devil.**
《속담》 악인을 대할 때는 조심하는 게 상책.

슈퍼 super (콩글 가게, 상점) ➔ store, convenience store, grocery store)

♣ **어원 : super- 이상, 과도, 극도, 초월; 위, 너머**
☐ **<u>super</u>** [súːpər/**쑤**-퍼/sjúːpər/**슈**-퍼] ⓜ 단역(端役), 엑스트라(배우)
ⓗ 《구어》 **최고(급)의**, 극상의, **특대의**; 초고성능의
☜ 라틴어로 '(평범함) 이상의; 훌륭한)'이란 뜻
☐ **super**able [súːpərəbəl/sjúː-] ⓗ 이길〔정복할〕 수 있는
☜ 넘을(super) 수 있는(able)
☐ **super**b [supə́ːrb/sjúː-] ⓗ **최고[최상]의**, 훌륭한, 멋진; (건물 등이) 당당한, 장려한, 화려한; 뛰어난 ☜ 라틴어로 '최고위의'란 뜻
☐ **Super** Bowl [the ~] **슈퍼볼** 《미국 프로 미식축구의 왕좌 결정전》
☜ bowl(사발, 미식축구의 선발경기). **미식축구가 사발(bowl) 모양의 원형 경기장에서 거행되기 때문에 이와 같이 명명됨.**
☐ **super**charge [sjúːpərtʃɑ̀ːrdʒ] ⓢ (엔진 따위에) 과급(過給)하다, (에너지 등을) 지나치게 들이다
ⓜ 과급 ☜ 초과하여(super) 싣다(charge)
♠ increases the density of **the supercharged** 과압 밀도를 높이다
☐ **super**cilious [sùːpərsíliəs/sjùː-] ⓗ 거만한, 시건방진, 잘난 척하는
☜ 위에서(super) (눈꺼풀이 눈을) 덮(cili) 는(ous), 즉 '내려다 보는'이란 뜻
* cil, col, cel, ceil, hel 덮다, 숨기다. <u>col</u>or, <u>ceil</u>ing, con<u>ceal</u>, <u>hel</u>met..
☐ **super**ciliously [sùːpərsíliəsli/sjùː-] ⓟ 거만하게, 건방지게 ☜ -ly<부접>
☐ **super**computer [súːpərkəmpjùːtər/sjúː-] ⓜ **슈퍼컴퓨터**, 초고속 전산기 ☜ computer(컴퓨터)
☐ **super**ficial [sùːpərfíʃəl/sjùː-] ⓗ **표면(상)의**, 외면의; 면적의, 평방의; 피상적인, 천박한
☜ 가장 위(super) 표면(fic=face) 의(ial)

S

♠ **I am a deeply superficial person.**
나는 심히 천박한 사람이다. - 미국 팝아트의 선구자, 앤디 워홀 -

☐ **super**ficially [sù:pərfíʃəli/sjú:-] 부 표면적으로, 천박하게 ☜ -ly<부접>

☐ **super**ficiality [sù:pərfiʃiǽləti/sjù:-] 명 표면적임, 피상, 천박 ☜ -ity<명접>

☐ **super**ficies [sù:pərfíʃiì:z, -fíʃi:z] 명 (pl. **-**) 표면; 면적; 외관, 외모 ☜ -ies<명접>

☐ **super**fine [sù:pərfάin/sjù:-] 형 최고급의, 월등한; 지나치게 세밀한; 미세한
☜ 과도하게(super) 좋은(fine)

슈퍼맨 superman (크립톤 행성에서 와서 지구를 지키는 초인·영웅)

© Alexander Salkind, Dovemead Films

♣ **어원 : super- 이상, 과도, 극도, 초월; 위, 너머**

☐ **super**fluous [supə́:rfluəs, sju:-] 형 **여분의**, 남아도는
☜ 넘쳐(super) 흐르(flu) 는(ous<형접>)
♠ **superfluous words 불필요한 말**

☐ **super**fluity [sù:pərflú:əti] 명 여분(의 것), 과다 ☜ super + flu + ity<명접>

☐ **super**hero [sú:pərhìərou/sjú:-] 명 (pl. **-s**) **슈퍼히어로** 《초(超)일류의 탤런트·운동 선수(=superstar). 만화 등에서 초인적 능력으로 악과 싸우는 가공의 영웅》 ☜ super + hero(영웅)

☐ **super**impose [sù:pərəmpóuz/sjù:-] 동 위에 놓다, 겹쳐 놓다; 덧붙이다, 첨가하다; 『영화·TV』 (두 화면을 겹쳐) 2중으로 인화하다
☜ ~위에(super) 또 위에(in=on) 놓다(pose)

☐ **super**imposition [sù:pərəmpəzíʃən/sjù:-] 명 겹치기 인화, 이중 인화 ☜ -ion<명접>

☐ **super**intend [sù:pərinténd/sjù:-] 동 **감독하다**, 지휘(관리)하다
☜ 너머로(super) 보다<의도하다(intend)
♠ **superintend** construction (work) 공사를 **감독하다**

☐ **super**intendent [sù:pərinténdənt/sjù:-] 명 **감독(자)**, 지휘(관리)자 형 감독(지휘, 관리)하는
☜ -ent(사람/<형접>)
♠ a park **superintendent** 공원 **관리자**

☐ **super**intendence [sù:pərinténdəns/sjù:-] 명 감독, 관리, 지배 ☜ -ence<명접>

☐ **super**ior [səpíəriər/써**피**어뤼어/sjú:píəriər/슈-**피**어뤼어] 형 **뛰어난**, 우수한; **보다 위의; 초월한** 명 **우수한 사람; 웃사람**, 상관 ☜ super + ior<비교 접미사>
♠ **be superior to ~ ~보다 우수한, ~보다 상급의, ~에 좌우되지[굴하지] 않는**
Our product **is superior to** our competitor's.
우리 제품이 경쟁사 것**보다 뛰어나다**.

☐ **super**iority [səpìərió(:)rəti/sjú:-, -άr-] 명 **우월**, 우위, 탁월, 우수, 우세; 거만
☜ superior + ity<명접>

☐ **super**lative [səpə́:rlətiv/sjú:-] 형 최상의, 최고(도)의; 과장된; 『문법』 최상급의 명 (the ~) 『문법』 최상급; (보통 pl.) 찬사 ☜ 위로(super) 나르다(lat) + ive<형접/명접>

☐ **super**man [sú:pərmæ̀n/sjú:pər-] 명 (pl. **-men**) **슈퍼맨**, 초인; (S-) 슈퍼맨 《미국 만화·영화 주인공인 초인》 ☜ 초인(超人) ⇦ 초월하는(super) 남자(man)
★ '슈퍼맨'은 일부 영국인의 발음이고, '수퍼맨'은 영국·미국 공히 사용하는 발음이다.
♠ **Superman** is a world-famous movie character.
슈퍼맨은 세계적으로 유명한 영화 캐릭터이다.

슈퍼마켓 supermarket (식료품·잡화류를 판매·운영하는 소매점)

♣ **어원 : super- 이상, 과도, 극도, 초월; 위, 너머**

☐ **super**market [sú:pərmὰ:rkit] 명 **슈퍼마켓** ☜ market(시장) ★ 소매점을 뜻하는 슈퍼는 영어로 super라고 써선 안 되며 반드시 supermarket, store, convenience store 라고 해야 옳은 표현이다.
♠ What do you want to buy **at the supermarket** ?
슈퍼마켓에서 무엇을 사고 싶어요 ?

☐ **super**nal [su:pə́:rnl] 형 《시어·문어》 하늘의, 천상의, 신의(=divine); 고매한
☜ 위(super=above, over) + n + 의(al<형접>) 반 **infernal** 지옥의

☐ **super**natural [sù:pərnǽtʃərəl] 형 **초자연의**, 불가사의한; 신의 조화의; 이상한
명 (the ~) 초자연적 현상 ☜ 자연(nature)을 넘어(super) 선(al<형접>)
♠ **a supernatural being 초자연적 존재**

☐ **super**naturally [sù:pərnǽtʃərəli] 부 초자연적으로, 불가사의하게 ☜ -ly<부접>

☐ **super**naturalism [sjù:pərnǽtʃərəlìzm] 명 초자연성, 초자연주의, 초자연(론); 초자연력 숭배
☜ -ism(~주의, ~성질, ~학설)

☐ **super**normal [sù:pərnɔ́:rməl/sjù:pər-] 형 비범한; 보통 이상의
☜ 보통(norm) 이상(super) 의(al<형접>)

☐ **super**pose [sù:pərpóuz] 동 위에 놓다, 겹쳐 놓다 ☜ ~위에(super) 놓다(pose)

S

☐ **super**position [sù:pərpəzíʃən] 명 포갬, 포개짐, 중첩(重疊), 겹쳐놓기
☜ ~위에(super) 놓(posit) 기(ion<명접>)

☐ **super**scribe [sù:pərskráib] 동 ~의 위에 쓰다[적다, 새기다]; (편지)에 수취인 주소를 쓰다
☜ ~위에(super) 쓰다(scribe)

☐ **super**script [sú:pərskrìpt] 형 위에 쓴 ☜ ~위에(super) 쓴(script)

☐ **super**scription [sù:pərskrípʃən] 명 위에 쓰기; 수취인 주소·성명; 표제
☜ ~위에(super) 쓴(script) 것(ion<명접>)

☐ **super**sede, -cede [sù:pərsí:d, sjú:-] 동 **대신[대리]하다**, ~의 지위를 빼앗다 ☜ 위에(super) 앉다(sede)
♠ **supersede (A) by (B) A와 B를 교체하다.**

☐ **super**session [sù:pərséʃən] 명 대체, 교체, 경질; 폐기, 폐지
☜ 위에(super) (자리에) 앉게(sess) 된 것(ion<명접>)

☐ **super**sonic [sjù:pərsάnik, -sɔ́nik] 형 『물리·항공』 초음파의 《주파수가 20,000 이상인》; 초음속의 《음속의 1-5배임》 명 초음파; 초음속 (항공기) ☜ super + 소리(son) 의(ic)
♠ **make a supersonic flight 초음속으로 비행하다**

☐ **super**sonics [sjù:pərsάniks/-sɔ́n-] 명 (pl. 단수취급) 초음파[초음속]학; 초음속 항공기 산업
☜ 소리(son)를 넘는/초월하는(super) 학문(ics)

슈퍼스타 superstar (최고 인기 연예인·최고 인기 스포츠 선수)

♣ **어원 : super- 이상, 과도, 극도, 초월; 위, 너머**

☐ <u>**super**star</u> [sjú:pərstὰ:r] 명 (스포츠·예능의) **슈퍼스타**; 『천문』 강력한 전자기파(電磁氣波)를 내는 천체 ☜ super + star(별, 인기연예인)

☐ **super**stition [sù:pərstíʃən] 명 **미신**; 미신적 관습[행위]; 《경멸》 사교(邪敎) 신앙 ☜ (믿음이) 위에(super) 서있는(sti) 것(tion<명접>)
♠ do away with a **superstition 미신**을 타파하다

☐ **super**stitious [sù:pərstíʃəs] 형 **미신적인**, 미신에 사로잡힌; 미신에 의한
☜ (믿음이) 위에(super) 서있(sti) 는(tious<형접>)
♠ **superstitious** beliefs **미신**적인 믿음

☐ **super**structure [sú:pərstrə̀ktʃər] 명 상부 구조[공사]; (토대 위의) 건조물, 선루(船樓)
☜ 위의/상부(super) 구조(물)(structure)
반 substructure, infrastructure 하부구조

☐ **super**vene [sù:pərví:n] 동 잇따라[결과로서] 일어나다, 발병[발생]하다; 부수되다
☜ 위에서(super) (계속) 오다(vene) * adventure의 ven도 '오다, 가다'란 뜻
♠ Mental states cannot **supervene** physical states.
심리적 상태는 물리적 상태를 **수반할** 수 없다.

☐ **super**vention [sù:pərvénʃən] 명 속발(續發: 사건사고가 계속 일어남), 발병; 부가, 첨가
☜ supervene + tion<명접>

☐ **super**vise [sú:pərvàiz] 동 **관리[감독]하다**, 지휘[지도]하다 ☜ 위에서(super) 보다(vise)

☐ **super**vision [sù:pərvíʒən] 명 **관리, 감독**, 지휘, 감시 ☜ super + 보는(vis) 것(ion)
♠ **under the supervision of ~ ~의 감독하에**

☐ **super**visor [sú:pərvàizər] 명 **관리[감독]자**, 감시자 ☜ super + 보는(vis) 사람(or)
♠ an exam **supervisor** 시험 **감독**

☐ **super**visory [sù:pərváizəri] 형 감독(자)의, 관리(인)의 ☜ supervisor + y<형접>

☐ **supre**me [səprí:m, su(:)-] 형 **최고의**, 최상의 명 최고의 것 ☜ 라틴어로 '상위의'라는 뜻.

☐ **supre**macy [səpréməsi, su(:)-] 명 지고(至高), **최고**; 최상위; **주권**; 패권; 우위, 우월
☜ supreme + acy<명접>
♠ **hold supremacy 패권을 쥐다**

수프 soup (고기·야채 등을 삶은 즙에 간을 맞춰 걸쭉하게 만든 국물)

♣ **어원 : soup, sip, sup 액체; 액체를 함유한: 마시다**

■ <u>**soup**</u> [su:p] 명 **수프**, 고깃국물; 《속어》 (엔진의) 마력 동 (엔진을 개조하여) 성능을 높이다 ☜ 중세영어로 '액체형태의 음식'이란 뜻

■ **sip** [sip] 명 (마실 것의) **한 모금**, 한 번 홀짝임 동 **홀짝홀짝**[찔끔찔끔] **마시다**
☜ 고대영어로 '(액체를) 흡수하다'란 뜻

■ **sup** [sʌp] 동 **홀짝이다**, 홀짝홀짝 마시다(sip); 조금씩 떠먹다 명 (음료의) 한 모금
☜ 고대영어로 '(액체를 조금씩) 마시다'란 뜻

☐ **sup**per [sʌ́pər/써퍼] 명 **만찬, 저녁 식사** 《특히 dinner보다 가벼운 식사》, **서퍼**
☜ 고대 프랑스어로 '묽은 스프(sup)를 + p + 먹다(er<반복 접미사>)
♠ eat **supper 저녁식사**를 하다.

에어 서플라이 Air Supply (호주의 세계적인 남성 록 듀오. <공기 공급>이란 뜻)

♣ 어원 : sub-, suf-, sup- 아래, 하부, 버금; 부(副), 아(亞), 조금, 반(半)

☐ **sup**plant [səplǽnt, -plάːnt] ⓢ (낡은 것·구식을) **대체하다; 대신 들어앉다**, 찬탈(탈취)하다 ☜ 라틴어로 '넘어지다'라는 뜻. 발바닥(plant) 아래(sup)
♠ **supplant** one's authority 누구의 권위를 **대신하다**

☐ **sup**plantation [sʌ̀plæntéiʃən, -plaːnt-] ⓜ 대체, 찬탈, 탈취 ☜ -ation<명접>

☐ **sup**planter [səplǽntər, -plάːntər] ⓜ 대체자, 찬탈자, 탈취자 ☜ -er(사람)

☐ **sup**plicate [sʌ́pləkèit] ⓢ **간청하다**, 탄원(애원)하다, 간곡히 부탁하다 ☜ 라틴어로 '아래에서(sup) 위로 기도하(plic/pray) 다(ate)'란 뜻
♠ **supplicate** God for mercy 신의 자비를 **기원하다**

☐ **sup**plication [sʌ̀pləkéiʃən] ⓜ **탄원**, 애원; 『종교』 기원 ☜ supplicate + ion<명접>

☐ **sup**plicant [sʌ́plikənt] ⓜⓗ =suppliant ☜ -ant<형접>

☐ **sup**pliant [sʌ́pliənt] ⓗ **탄원하는**, 간청하는 ⓜ 탄원자, 애원자 ☜ 아래에서(sup) 위로 기도하(plic) 는(ant<형접>)

☐ **sup**ply [səplái/써플**라**이] ⓢ **공급하다, 보충하다** ⓜ (pl. **-plies**) (수요에 대한) **공급(품)** ☜ 라틴어로 '아래에서(sub) 위로 채우다(ply)'라는 뜻
♠ in short **supply 공급** 부족으로, 결핍하여
♠ **suppy with ~ ~을 공급하다**

☐ **sup**plement [sʌ́pləmənt] ⓜ 보충, **추가**, 보유(補遺), **부록**; 『수학』 보각(補角)
[sʌ́pləmènt] ⓢ 보충하다 ☜ supply + ment<명접>

☐ **sup**plementary [sʌ̀pləméntəri] ⓗ **보충의, 보유**(補遺)**의**, 추가(부록)의 ☜ supplement + ary<형접>
♠ **supplementary** instruction **보충** 교육(수업)

서포터즈 supporters (지지자들, 후원자들, 선수를 돌보는 사람들)

♣ 어원 : sub-, suf-, sup- 아래, 하부, 버금; 부(副), 아(亞), 조금, 반(半)

☐ **sup**port [səpɔ́ːrt/써**포**-트] ⓢ **받치다**, 버티다, (주의·정책 등을)**지지하다; 유지하다; 부양하다** ⓜ 받침, 지지, 원조, 부양 ☜ 라틴어로 '아래에서(sup) 위로 나르다(port)'라는 뜻
♠ ask for **support 지원**을 요청하다
♠ **in support of ~ ~을 옹호[원호]하여**

☐ **sup**portable [səpɔ́ːrtəbl] ⓗ 지탱할 수 있는 ☜ support + able(~할 수 있는)

☐ **sup**porter [səpɔ́ːrtər] ⓜ **지지자; 원조자**, 옹호자, 찬성자, 후원자 ☜ support + er(사람)

☐ **sup**portive [səpɔ́ːrtiv] ⓗ 지지가 되는; 격려하는, 협력적인; 보조적인 ☜ -ive<형접>

☐ **sup**pose [səpóuz/써**포**우즈] ⓢ **가정하다**, 상상하다; **만약 ~이면; 추측하다** ☜ 라틴어로 '아래에(sup) 두다(pose)'란 뜻
♠ Let us **suppose** (that) the news is really true. 그 뉴스가 사실이라고 **가정하자**
♠ **be supposed to ~ ~할 것으로 생각[기대]되다; ~하기로 되어 있다, ~할 의무가 있다.**
You'**re supposed to** be here by six. 너는 6시까지는 여기 오**기로 되어있다**.

☐ **sup**posed [səpóuzd] ⓗ **상상된**, 가정의, 가상의 ☜ suppose + ed<형접>

☐ **sup**posedly [səpóuzdli] ⓑ 상상(추정)상, 아마 ☜ supposed + ly<부접>

☐ **sup**posing [səpóuziŋ] ⓙ 《직설법·가정법으로 쓰여》 **만약 ~이라면** ☜ suppose + ing<능동형 형접>

☐ **sup**position [sʌ̀pəzíʃən] ⓜ **상상**, 추측; 가정, 가설 ☜ suppose + ition<명접>

☐ **sup**positional [sʌ̀pəzíʃənəl] ⓗ 상상의, 가정의 ☜ supposition + al<형접>

☐ **sup**positionally [sʌ̀pəzíʃənəli] ⓑ 상상하여, 상상적으로 ☜ -ly<부접>

☐ **sup**positive [səpάzətiv/-pɔ́-] ⓗ 상상의, 가정의, 가짜의 ☜ -itive<형접>

☐ **sup**press [səprés] ⓢ **억압하다; 진압하다** ☜ 라틴어로 '내리(sup) 누르다(press)'
♠ **suppress** a riot 폭동을 **진압하다**.

☐ **sup**pressant [səprésənt] ⓗⓜ 억제하는; 반응 억제 물질(약) ☜ -ant<형접/명접>

☐ **sup**pressible [səprésəbl] ⓗ 진압할 수 있는, 억누를 수 있는 ☜ -ible(~할 수 있는)

☐ **sup**pression [səpréʃən] ⓜ **억압**, 진압; 억제; 감추기, 은폐 ☜ -ion<명접>

☐ **sup**pressive [səprésiv] ⓗ 진압하는; 억제하는; 억누르는; 은폐하는; (약이) 대중요법의 ☜ -ive<형접>

S

☐ **supremacy**(최고, 주권), **supreme**(최고의) ➔ **super**visor(감독자) **참조**

☐ **surcharge**(과적; 과적하다) ➔ **recharge**(재충전(하다)) **참조**

인슈어테크 InsurTech (IT 기술을 보험산업에 적용한 개념)
어슈어뱅크 assure bank (보험회사가 은행업을 겸하는 것)

❶ 인슈어테크(InsurTech)란 인공지능(AI), 블록체인, 핀테크 등의 IT기술을 보험산업에 적용한 개념이다. 영어의 Insurance(보험)와 Technology(기술)의 합성어이다. <출처 : 위키백과>
❷ 보험(assurance)과 은행(bank)의 합성어로서 은행을 자회사로 두거나 은행상품을 판매하는 보험회사. 은행이 보험업을 겸하는 방카슈랑스(bancassurance)에 상대되는 개념이다. <출처 : 두산백과>

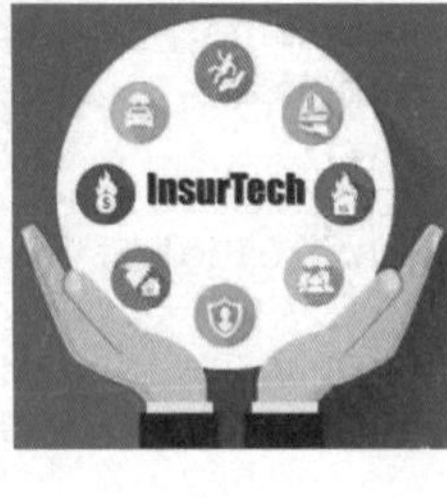

♣ **어원 : sur(e) 확실한, 안전한, 틀림없는; 확신하다, 보증하다**

□ **sure** [ʃuər/슈어] ⓗ **확신하는, 틀림없는** ⓟ **확실히**
☜ 중세영어로 '공격으로부터 안전한'이란 뜻
♠ **be sure of (that) ~ ~을 확신하다**
I **am sure** (that) she will come.
나는 그녀가 꼭 올 것으로 **확신한다.**
♠ **be (feel) sure of oneself 자신이 있다**
♠ **be sure to ~ 꼭 [반드시] ~하다**
♠ **for sure 확실히, 틀림없이**
♠ **make sure 확인하다, 다짐하다; 확보하다**
♠ **to be sure 확실히, 틀림없이**

□ **sure**ly [ʃúərli/**슈**얼리] ⓟ **확실히, 꼭** ☜ sure + ly<부접>

□ **sure**ty [ʃúərti, ʃúərəti] ⓜ **보증**, 담보 (물건), 저당 (물건); 보증인
☜ 확실히 하는(sure) 것(ty<명접>)

■ as**sure** [əʃúər/어**슈**어] ⓢ **~에게 보증[보장]하다, 안심시키다**
☜ 에게(as<ad=to) 확신시키다(sure)

■ in**sure** [inʃúər] ⓢ **보증하다, 보험에 들다** ☜ (누군가를) 확신[보증](sure) 속에(in) 두다

■ in**sur**ance [inʃúərəns] ⓜ **보험**(계약), 보험금 ☜ -ance<명접>

■ en**sure** [enʃúər] ⓢ **~을 책임지다, 보장하다**, 안전하게 하다 ☜ 안전(sure)을 만들다(en<동접>)

※ **techno**logy [teknάlədʒi/-nɔ́l-] ⓜ **과학기술, 테크놀로지**; 공예(학); 전문어; 응용과학
☜ -logy(학문)

윈드서핑 wind surfing (판(board) 위에 세워진 돛에 바람을 받으며 파도를 타는 해양 스포츠), 인터넷 서핑 web surfing

♣ **어원 : sur(g), sour 파도; 오르다, 일어나다**

□ **surf** [səːrf] ⓜ (해안에) **밀려드는 파도**, 밀려 와서 부서지는 파도
ⓢ 서핑을 (파도타기를) 하다; 『컴퓨터』 검색하다
☜ 중세인도어로 '몰아치는 소리'란 뜻
♠ **the sound of surf** breaking on the beach 해변에 부딪치는 **파도 소리**
♠ **surf the Internet 인터넷을 서핑하다**

□ **surf**ing [sə́ːrfiŋ] ⓜ 서핑, 파도타기 ☜ surf + ing<명접>

□ **surg**e [səːrdʒ] ⓢ **파도처럼 밀려오다** ⓜ **큰 파도; 격동**
☜ 라틴어로 '일어나다, 떠오르다'란 뜻
♠ **surging** crowds **밀어닥치는** 군중(인파)

■ in**sur**rection [ìnsərékʃən] ⓜ 반란, **폭동**, 봉기
☜ ~를 향해(in<into) 들고 일어나(sur) 곧바로(rect) 향하는 것(ion)

■ **sour**ce [sɔːrs] ⓜ **원천, 근원, 출처**, 근거 ☜ (최초로) 일어난(sour) 곳(ce)

■ re**sour**ce [ríːsɔːrs, -zɔːrs] ⓜ (보통 pl.) **자원; 수단; 지략**, 기지 ☜ 다시(re) 일어난(sour) 것(ce)

포커 poker (포커 카드놀이), 포커페이스 poker face (표정을 숨기는 사람)

S

속마음을 나타내지 아니하고 무표정하게 있는 얼굴. 포커게임을 할 때 가진 패의 좋고 나쁨을 상대편이 눈치채지 못하도록 표정을 바꾸지 않는데서 유래한 용어. <출처 : 표준국어대사전 / 일부인용>

♣ **어원 : face 표면**

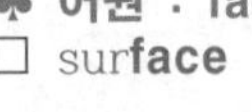
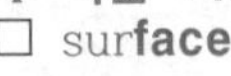
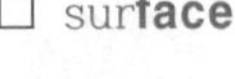

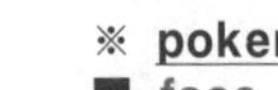

□ sur**face** [sə́ːrfis/**써**-퓌스] ⓜ **표면**, 겉, 외부, 외관 ☜ 윗(over) 면(face)
♠ the **surface** of the earth 지표**면**

※ **poker** [póukər] ⓜ **포커** 《카드놀이의 일종》 ☜ 주머니(poke<pocket)속에 숨긴 것(er)

■ **face** [feis/페이스] ⓜ **얼굴; 표면** ⓢ **~에[을] 면하다; 향하다**
☜ 라틴어로 '형태, 표면, 외양'이란 뜻

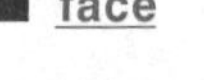

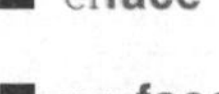

■ ef**face** [iféis] ⓢ **지우다**, 삭제(말소)하다
☜ 표면(face)에 쓰인 것을 완전히 밖으로(ef<ex) 보내다

■ pre**face** [préfis] ⓜ **서문, 서언**, 머리말(=foreword) ☜ 앞쪽(pre) 면(face)

팩트 fact (사실)

♣ **어원 : fac, fect, feit 만들다, 행하다**

■ **fact** [fækt/팩트] 명 **사실**, 실제(의 일) ☜ 행한(fac) 것(t)
■ **fact**ory [fǽktəri/**팩**터뤼] 명 **공장**, 제조소 ☜ 만드는(fac) 곳(tory)
■ per**fect** [pə́ːrfikt/**퍼**-퓍트] 형 완전한, **완벽한**, 정확한 동 **완성하다**
☜ 완전하게(per/강조) 만들다(fect)
■ for**feit** [fɔ́ːrfit] 동 **상실하다**; 몰수되다 명 벌금; **상실, 박탈**
☜ 나쁘게(for) 만들다(feit)
■ counter**feit** [káuntərfit] 명 위조(모조)품 형 위조(허위)의 동 **위조하다**
☜ ~에 대항하여(counter) 만들다(feit)
□ sur**feit** [sə́ːrfit] 명 **과식**, 과음; 범람, 과잉 동 과식(과음)하다
☜ ~을 초과하여(sur=super) 만들다(feit)
♠ **surfeit** oneself with sweets 단것을 **과식하다**.

□ **surfing**(파도타기), **surge**(파도처럼 밀려오다) ➔ **surf**(밀려드는 파도) **참조**

서전피쉬 surgeonfish (외과수술용 칼모양의 꼬리를 가진 검은 쥐치)

♣ 어원 : sur 손
□ **sur**geon [sə́ːrdʒən] 명 **외과 의사**; 『군사』 군의관; 선의(船醫)
☜ 그리스어로 '손(sur)으로 일(ge)하는 사람(on)'이란 뜻
비교 physician 내과의사
♠ a brain/heart **surgeon** 뇌/심장 **외과 전문의**
□ **sur**gery [sə́ːrdʒəri] 명 **외과** (의술), (외과) **수술** ☜ 손(sur)으로 일하(ge) 기(ry<명접>)
♠ **plastic surgery 성형외과, 플래스틱 서저리**
□ **sur**gical [sə́ːrdʒikəl] 형 **외과(술(術))의**; 수술(상)의, 외과수술식의 ☜ 손(sur)으로 일하(gi) 는(cal)
□ **sur**gical strike 『군사』 국부(국지)공격 《특정 목표에 대해서만 하는 신속・정확한 공격》
☜ strike(때리다)
※ **fish** [fiʃ/퓌쉬] 명 (pl. **-es**) **물고기**, 어류, 생선 동 **낚시질하다** ☜ 고대영어로 '물고기'란 뜻

수리남 Suriname (네델란드 식민지였던 남아메리카 북동부의 공화국)

□ **Suriname, -nam** [sùːrənɑ́ːm, -nǽm] 명 **수리남** 《남아메리카 북동부의 독립국; 옛 네덜란드 자치령; 수도 파라마리보(Paramaribo)》 ☜ 원주민 수리넨족(族)에서 유래
★ 수리남은 한 때 네델란드 식민지였으므로 오늘날에도 네델란드와 밀접한 관계를 유지하고 있다. 수리남 대통령궁 앞에는 (네델란드군으로) 한국전 참전비가 있으며, 한국의 전 국가대표 축구감독이었던 네델란드인 히딩크의 연인도 수리남 (흑인) 여자였다.

□ **surly**(뿌루퉁한) ➔ **sir**(님, 씨) **참조**

미사일 missile (유도탄), 미션 mission (임무)

♣ 어원 : mis(s), mit 보내다
■ **miss**ile [mísəl/-sail] 명 **미사일**, **유도탄**
☜ 라틴어로 '던질(miss) 수 있는 것(ile)'이란 뜻
■ **miss**ion [míʃən] 명 (사절의) **임무**, 직무; **사절(단); 전도**, 포교 동 임무를 맡기다, 파견하다 ☜ 보내(miss) 기(ion<명접>)

< Missile >

□ sur**mis**e [sərmáiz, sə́ːrmaiz] 명 추측, 추량 [sərmáiz] 동 추측(짐작)하다
☜ (머리) 위로(sur=over) 보낸(mis) 것(e)
♠ Jack **surmise** about the weather turned out wrong.
날씨에 대한 잭의 **예상**은 틀렸다.
■ dis**miss** [dismís] 동 **떠나게 하다**, 해산시키다; **해고[면직]하다** ☜ 멀리(dis) 보내다(miss)
■ trans**mit** [trænsmít, trænz-] 동 (화물 등을) **보내다**, **발송[전송]하다**; 전파하다
☜ 가로질러(trans) 보내다(mit)

투수가 마운드(mound.흙무더기)에 들어섰다.

♣ 어원 : mound, mount, mont 산; 오르다
■ **mound** [maund] 명 **토루**(土壘); 둑, 제방; **흙무더기; 작은 언덕**, 작은 산
☜ 고대영어로 '손, 방어, 보호', 중세영어로 '산울타리'란 뜻
■ **mount** [maunt/마운트] 동 (산・계단 따위를) **오르다**(=ascend), (말 따위에) **타다**, 태우다; 붙이다 ☜ 라틴어로 '산'이란 뜻
□ sur**mount** [sərmáunt] 동 (산에) 오르다; 극복하다; ~의 위에 놓다, 얹다
☜ 위로/~을 너머(sur=over) 오르다(mount)

S

♠ That is a high hurdle to **surmount**.
그것은 **극복하기** 어려운 난관이다.

☐ sur**mount**able [sərmáuntəbl] ⓗ 이겨낼(극복할) 수 있는 ☜ -able<형접>

■ **mountain** [máuntən/**마**운턴] ⓜ **산**, 산악; (pl.) 산맥, 연산(連山) ☜ 라틴어로 '산악지방'이란 뜻
★ 보통 hill 보다 높은 것을 말함; 고유명사 뒤에 쓰이고 앞에는 쓰지 않음.

서프라이즈 surprise (놀라게 하다, 놀랄 만한 사건)

© MBC TV

♣ 어원 : super-, sur- 이상, 과도, 극도, 초월; 위, 너머

☐ **sur**mise [sərmáiz, sə́ːrmaiz] ⓜ **짐작, 추측** [sərmáiz] ⓢ **추측[짐작]하다**; ~라고 생각하다 ☜ 라틴어로 '위로(sur) 던지(mis) 다(e)'
♠ This is pure **surmise** on my part.
이것은 내 입장에서 본 순전한 **추측**일 뿐이다.

☐ **sur**mount [sərmáunt] ⓢ (산에) **오르다**, 넘어서다; 극복하다; 위에 얹다
☜ 위로(sur) 오르다(mount)
♠ **surmount difficulties 어려움을 극복하다**

☐ **sur**name [sə́ːrnèim] ⓜ **성**(姓)(family name) 《Christian name에 대한》; 별명 ⓢ 별명을 짓다
☜ 라틴어로 '가장 위쪽에(sur) 있는 이름(name)'이란 뜻
♠ King Richard was **surnamed** 'the Lion-hearted'.
리처드 왕은 '사자왕'이라는 **별명으로 불리었다**.

☐ **sur**pass [sərpǽs, -pɑ́ːs] ⓢ **~보다 낫다**, ~을 능가하다 ☜ ~너머로(sur) 통과하다(pass)
♠ **surpass** one's expectation 기대 **이상이다**

☐ **sur**passing [sərpǽsiŋ] ⓗ 뛰어난, 우수한 ☜ surpass + ing<형접>

☐ **sur**plus [sə́ːrplʌs, -pləs] ⓜ **나머지**, 잔여(殘餘), 과잉 ⓗ 나머지의, 잔여의, 과잉의
☜ (기준점) 넘어서<초과하여(sur) 더해진 것(plus)

☐ **sur**prise [sərpráiz/써프**롸**이즈] ⓢ (깜짝) **놀라게 하다** ⓜ **놀람**, 경악
☜ 위에서(sur) 갑자기 잡다(pris)
♠ **be surprised at ~ ~에 놀라다**
I **am surprised to** see you. 난 널 보고 **놀랐어**.
♠ **in surprise 놀라서**
♠ **to one's surprise 놀랍게도**
To my surprise, he was my teacher. **놀랍게도** 그는 나의 선생님이었다.

☐ **sur**prised [sərpráizd] ⓗ **놀란** ☜ surprise + ed(수동형 형접>

☐ **sur**prisedly [sərpráizdli] ⓑ 놀라서 ☜ -ly<부접>

☐ **sur**prising [sərpráiziŋ] ⓗ **놀라운**, 불가사의한; 의외의, 불시의; 눈부신
☜ surprise + ing<능동형 형접>

☐ **sur**prisingly [sərpráiziŋli] ⓑ **놀랄 만큼**, 놀랄 정도로, 의외로 ☜ surprise + ing + ly<부접>

☐ **surreptitious**(은밀한, 비밀의) ➔ **rapture**(큰 기쁨, 환희) **참조**

☐ **surrogate**(대리인; 대리의; 대리역할을 하다) ➔ **prerogative**(특권) **참조**

서라운드스피커 Surround-Speaker (입체 음향스피커)

♣ 어원 : super-, sur- 이상, 과도, 극도, 초월; 위, 너머

☐ **sur**render [səréund] ⓢ **넘겨주다; 항복[함락]하다** ⓜ **인도**
☜ 라틴어로 '위로(sur) 주다(render)'란 뜻
♠ **surrender** unconditionally 무조건 **항복하다**

S

☐ **sur**round [səráund/써**롸**운드] ⓢ **에워싸다, 둘러싸다**
☜ 라틴어로 '완전히<위에서(sur<super) 돌다(round)'라는 뜻
♠ **be surrounded with (by) ~ ~에 둘러싸이다**

☐ **sur**rounding [səráundiŋ] ⓜ (보통 pl.) (주위) **환경**, 주변의 상황 ⓗ **주위의**
☜ surround + ing<명접/형접>

☐ **sur**round-sound [səráundsàund] ⓜ 《영》『오디오』 **서라운드 사운드** 《음악 등 현장감(感)을 살린 재생음》 ☜ sound(소리, 음향)

☐ **sur**vey [səːrvéi] ⓢ **바라보다, 조사하다**; 측량하다 ⓜ [sə́ːrvei, sərvéi] **개관; 측량**
☜ 라틴어로 '위에서(sur) 둘러보다(vey)'란 뜻
♠ **survey** public opinion 여론을 **조사(수렴)하다**

☐ **sur**veying [sərvéiiŋ] ⓜ 측량(술) ☜ survey + ing<명접>

☐ **sur**veyor [sərvéiər] ⓜ **측량사**; 감시관 ☜ survey + or(사람)

☐ **sur**veil, -veille [səːrvéil] ⓢ ~을 감독(감시)하다 ☜ 위에서(sur) 보다(veil)

☐ **sur**veillance [sərvéiləns, -ljəns] ⓜ 감시; 감독
☜ 라틴어로 '위에서(sur) 보는(veill) 것(ance<명접>)'란 뜻

♠ **under surveillance 감시를 받고**

☐ **sur**veillant [sərvéilənt, -ljənt] ⓗ 감시〔감독〕하는 ⓜ 감시〔감독〕자
☜ 위에서(sur) 보다(veill) + ant(<형접>/사람)

※ **speak**er [spíːkər] ⓜ **스피커**, 확성기; **말하는 사람**
☜ 고대영어로 '말하는(speak) 사람(er)'이란 뜻

서바이벌 게임 survival game ([레포츠] 안전한 전투장비를 착용하고 행하는 모의 전쟁놀이. <생존 게임>이란 뜻)

© yes24.com

♣ **어원 : super-, sur- 이상, 과도, 극도, 초월; 위, 너머**

☐ **sur**vive [sərváiv] ⓓ **생존하다[살아남다]**, (남보다) 오래 살다, 잔존하다
☜ 라틴어로 '넘어서(sur) 살다(vive)'란 뜻
♠ **survive** to the last 끝까지 **살아남다**

☐ **sur**vival [sərváivəl] ⓜ **살아남음, 생존**, 잔존; 생존자, 잔존물; 유물, 유풍 ☜ survive + al<명접>

☐ **sur**vivor [sərváivər] ⓜ **살아남은 사람**, 생존자, 잔존자 ☜ survive + or(사람)

※ **game** [geim/게임] ⓜ 놀이, 유희, 오락, 장난; **경기, 시합**, 승부 ☜ 고대영어로 '경기, 재미'

캡춰 capture (갈무리), 컨셉 concept (개념), 리시버, 리셉션

♣ **어원 : cap, capt, cept, ceipt, ceive, cip 잡다, 받아들이다, 이해하다**

■ **capt**ure [kǽptʃər] ⓜ **포획** ⓓ **사로잡다** ☜ -ure<명접/동접>

■ con**cept** [kάnsept/kɔ́n-] ⓜ 『철학』 **개념**, 생각; 구상(構想), 발상 ☜ 함께(con<com) 생각을 잡다(cept)

■ inter**cept** [ìntərsépt] ⓓ **도중에서 빼앗다**, 가로채다, 차단하다
☜ ~사이에서(inter) 잡다(cept)

■ re**ceiv**er [risíːvər] ⓜ **받는 사람**, 수령인; 수납계원; 접대자; 수신기, **리시버**
☜ 다시(re) 받는(ceiv) 사람(er)

■ re**cept**ion [risépʃən] ⓜ **받음**, 수령; **응접**, 접대; **환영회, 리셉션**; 접수처; 수신
☜ 라틴어로 '다시(re) 받는(cept) 것(ion<명접>)

☐ sus**cept**ible [səséptəbəl] ⓗ **~을 할 여지가 있는**, 가능한; 느끼기 쉬운
☜ 라틴어로 '아래에서(sus<sub) 위로 받아들일(cept) 수 있는(ible)'이란 뜻
♠ **be susceptible** 〔liable〕 **to disease 병에 걸리기 쉽다**

☐ sus**cept**ibility [səsèptəbíləti] ⓜ 감수성(性), 민감; (병 등에) 감염되기〔걸리기〕 쉬움
☜ -ibility(~하기 쉬움)

☐ sus**cept**ive [səséptiv] ⓗ 감수성이 강한, 다감한, 민감한; 영향 받기 쉬운 ☜ -ive<형접>

스펙터클 spectacle (볼거리가 풍부한), 스펙트럼 spectrum (분광)

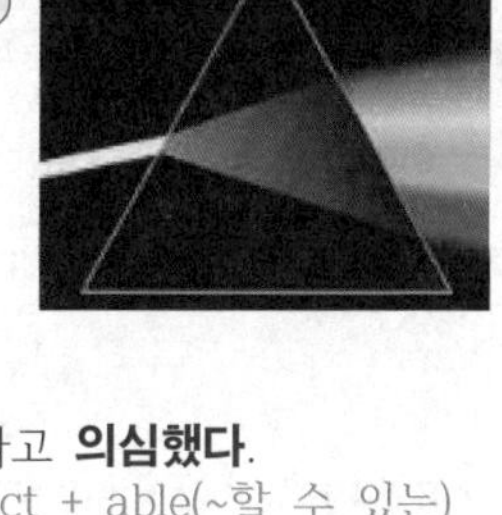

♣ **어원 : spect, spic 보다(=look), 살펴보다, 조사하다**

■ **spect**acle [spéktəkəl] ⓜ **광경**, 볼만한 것, 장관(壯觀); (pl.) **안경**
☜ 볼 만한(spect(a)) 것(cle)

■ **spect**rum [spéktrəm] ⓜ (pl. -tr**a**, **-s**) 『광학』 **스펙트럼**, 분광
☜ 눈에 보이는(spect) 것(rum)

☐ su**spect** [səspékt] ⓓ 짐작하다; **의심하다** ⓜ 용의자
☜ 아래(su<sub)에서부터 보다(spect)
♠ I **suspect** him to be a liar. 나는 그가 거짓말쟁이일거라고 **의심했다**.

☐ su**spect**able [səspéktəbl] ⓗ 의심스러운, 수상쩍은, 혐의가 있는 ☜ suspect + able(~할 수 있는)

☐ su**spic**ion [səspíʃən] ⓜ **의심**, 혐의 ☜ 밑으로(su=under) 훑어보(spic<spec) 기(ion)

☐ su**spic**ious [səspíʃəs] ⓗ **의심스러운**, 의심 많은
☜ 밑으로(su=under) 훑어보(spic<spec) 는(ious<형접>)

☐ su**spic**iously [səspíʃəsli] ⓑ 의심스럽게 ☜ suspicious + ly<부접>

✚ ex**pect** **기대[예기, 예상]하다**; 기다리다; ~할 작정이다 in**spect** (세밀히) **조사하다**, 검사하다; **시찰하다** pro**spect** 조망(眺望), **전망**; 경치; **예상**, 기대 re**spect** **존경, 존중; 존경하다**; **존중하다** retro**spect** 회고, 회상, 회구(懷舊)

펜던트 pendant (장식을 달아 늘어뜨린 목걸이), 서스펜스 suspense

♣ **어원 : pend-, pens(e)-, pent- 메달다, 무게를 달다; (돈을) 지불하다**

■ **pend**ant [péndənt] ⓜ 늘어져 있는 물건, **펜던트**, 늘어뜨린 장식 《목걸이·귀고리 따위》; 부록, 부속물 ☜ 매달려(pend) 있는 것(ant)

■ de**pend** [dipénd] ⓓ ~나름이다, **(~에) 달려 있다**, 좌우되다
☜ 아래에(de=down) 매달리다(pend)

S

☐ sus**pend** [səspénd] [동] (매)달다, **보류[중지]하다**
☜ 아래로(sus) 매달다(pend)
♠ **suspend** a ball by a thread 공을 실로 **매달다**

☐ sus**pend**er [səspéndər] [명] (pl.) 《미》 바지 멜빵 ☜ suspend + er<명접>
[비교] braces 《영》 바지 멜빵

☐ **suspense** [səspéns] [명] **서스펜스, 계속된 긴장감**; 미결; 모호함 ☜ 아래로(sus) 매단(pen) 것(se)
♠ **keep ~ in suspense ~를 불안하게 하다, 마음 졸이게 하다**

☐ sus**pens**ion [səspénʃən] [명] **매달(리)기**; 미결(정); 매단 것 ☜ suspense + ion<명접>

☐ sus**pens**ive [səspénsiv] [형] 미결정의; 불안[불확실]한; 중지[정지]한; 《드물게》 매단
☜ suspense + ive<형접>

☐ **suspicion**(의심), **suspicious**(의심스러운) ➔ **suspect**(의심) **참조**

☐ **suspire**(한숨쉬다), **suspiration**(한숨) ➔ **spirit**(정신, 마음) **참조**

컨테이너 container (화물 수송용 컨테이너)

♣ **어원 : tain, ten, stain, strain 잡다, 잡아당기다; 묶다; 유지하다, 떠받치다**

■ **contain** [kəntéin/컨**테**인] [동] **담고 있다, 포함하다**; (감정을) **억누르다**
☜ 모두(con<com) 유지하다(tain)

☐ sus**tain** [səstéin] [동] **떠받치다; 부양하다; 견디다**; (피해 등을) **입다**
☜ 아래에서(sus<sub) 떠받치다(tain)
♠ The ice will not **sustain** your weight.
얼음이 너의 체중을 **견디지** 못할 것이다.

☐ sus**tain**able [səstéinəbl] [형] 유지[지속]가능한, 지탱할 수 있는, 이용할 수 있는
☜ 아래에서(sus<sub) 떠받칠(tain) 수 있는(able)

☐ sus**tain**ed [səstéind] [형] 지지된; 지속된 ☜ sustain + ed<형접>

☐ sus**tain**edly [səstéindli] [부] 지속적으로, 끊임없이, 한결같이 ☜ -ly<부접>

☐ sus**ten**ance [sʌ́stənəns] [명] **생계,** 살림; 생명(력)을 유지하는 물건
☜ 아래에서(sus,sub) 떠받치는(ten<tain) 것(ance<명접>)

✚ ab**stain** **절제하다**, 끊다, 삼가다 de**tain** **~을 못가게 붙들다**; 기다리게 하다 **strain 잡아당기다**, 꽉 죄다; **긴장시키다** re**strain** **제지[방해]하다**, 억제하다

풀스윙 full swing (공을 멀리 보내기 위해 채를 힘껏 휘두르는 것)

※ **full** [ful/뿔] [형] **가득한**; 가득 채워진, 충만한 ☜ 초기 독일어로 '가득한'이란 뜻

■ **swing** [swiŋ/스윙] [동] (-/**swung**[**swang**]/**swung**) **흔들(리)다, 매달(리)다; 빙 돌다**
[명] **흔듦, 흔들림, 휘두름; 그네** ☜ 독일어로 '흔들리다'란 뜻

■ grooved **swing** 『골프』 **그루브드 스윙**, 바른 폼
☜ '(항상 같은) 궤도가 그려(groove) 진(ed) 스윙'이란 뜻

☐ **sway** [swei] [동] **(뒤)흔들다; 흔들리다** [명] **흔들림**, 동요; 《문어》 **지배** ☜ 중세영어로 '좌우로 움직이다'란 뜻
♠ The branches **were swaying** in the wind.
나뭇가지들이 바람**에 흔들리고 있었다.**
♠ The king **holds sway over** his empire.
왕은 자신의 제국**을 지배한다.**

☐ **swag** [swæg] [명] 흔들림; 꽃 장식, 꽃 줄; 약탈물, 장물 [동] 흔들(리)다; 기울다; 축 늘어지다, 늘어뜨리다 ☜ 중세영어로 '흔들림'이란 뜻.
★ 요즘 방송에서 많이 언급되는 '스웨그(swag)'는 세익스피어의 <한여름밤의 꿈>에 나오는 단어로 '잘난 척하다, 으스대다'란 뜻인데, 요즘 우리 사회에서는 '자신만의 여유, 멋, 분위기'란 의미로 광범위하게 사용되고 있다.

☐ **swag**ger [swǽgər] [동] **뽐내며 걷다**, 활보하다; **으스대다**
☜ 흔들거리며(swag) + g<단모음+단자음+자음반복> + 가다(er<빈도 동접>)

멕시코의 거대 수직동굴인 스왈로우(swallow) 동굴이 제비를 삼켰다.

멕시코 산루이스포토시 주(州)에 위치한 스왈로우 동굴(the cave of swallows)은 거대한 수직동굴인데, 이름은 동굴 벽의 구멍에 많이 서식하는 스페인어 골론드리나스(Golon- drinas), 즉 영어로 제비(swallow)에서 따왔다고 한다. 그러나 사실 동굴벽에 사는 새들은 제비가 아닌 칼새와 앵무새류이다.

☐ **swallow** [swάlou/swɔ́l-] [명] **제비** ☜ 고대영어로 '제비'란 뜻
[동] 들이켜다, **삼키다** ☜ 고대영어로 '먹다, 마시다'란 뜻

♠ **One swallow does not make a summer.**
《속담》 제비 한 마리가 왔다고 여름이 되는 것은 아니다.
♠ **swallow** a pill **알약**을 삼키다

☐ **swallow**tail [swɑ́loutèil] ⓜ 제비 꼬리; 연미복(燕尾服) ☜ swallow + tail(꼬리)

연상 펌프(pump.양수기)로 섬프(sump.정화조)의 오수(汚水)를 퍼내다.

♣ 어원 : sump, swamp 스펀지(=sponge)

※ **pump** [pʌmp] ⓜ **펌프**, 흡수기, 양수기, 압출기 ⓢ 펌프로 (물을) 퍼올리다 ☜ 중세 독일어로 '물을 퍼내다'란 뜻

☐ **sump** [sʌmp] ⓜ 정화조. 오수(汚水)〔구정물〕 모으는 웅덩이; 『광산』 (갱저(坑底)의) 물웅덩이; (엔진의) 기름통 ☜ 초기인도유럽어로 '스펀지, 해면'이란 뜻.

☐ **swamp** [swɑmp/swɔmp] ⓜ **늪**, 소택(沼澤), 습지 ⓢ 늪에 빠지(게 하)다; 침수시키다 ☜ 고대 노르드어로 '스펀지, 해면'이란 뜻 ★ 미국 남부 뉴올리언즈 주변의 넓은 늪지대를 배를 타고 돌아보는 투어를 스웜프 투어(swamp tour/늪지 관광)라고 한다.
♠ **fall into a swamp 늪에 빠지다**

☐ **swamp** boat **스웜프 보트** 《습지용의 에어보트(airboat)》 ☜ boat(보트, 작은 배)

☐ **swamp**y [swɑ́mpi/swɔ́mpi] ⓗ (-<-p**ier**<-p**iest**) 늪〔수렁〕의; 늪이 많은; 습지의 ☜ -y<형접>

연상 포스터의 스와니강(Swanee)강은 스완(swan.백조)과 아무 관련이 없다.

미국의 작곡가 스티븐 포스터(Stephen Foster)가 1851년에 작곡한 노래로 원제목은 《고향 사람들 The Old Folks at Home》 이다. 포스터는 이 노래의 제목으로 붙일 적당한 강(江) 이름을 지도에서 찾다가 플로리다주의 스와니강(Suwannee River)을 찾아냈고, 그는 2음절에 맞추기 위하여 'Suwannee'를 'Swannee'로 줄여 가사에 사용하였다. Suwannee는 체로키 인디언어에서 유래했는데 그 의미는 알 수 없다고 한다.

☐ **swan** [swɑn/swɔn] ⓜ **백조**, 고니; 《드물게》 시인; 가수 ☜ 고대 독일어로 '노래하는 새'란 뜻
♠ Shakespeare's nick name is the **Swan** of Avon.
셰익스피어의 별명은 에이번의 **백조**이다.
★ 에이번(Avon)은 영국 중부의 강으로 Shakespeare의 탄생지이며, Stratford의 옆을 흐른다.

☐ **swan** song 백조의 노래 《백조가 죽을 때 부른다는 아름다운 노래》; (시인·작곡가 등의) 마지막 작품 ☜ song(노래)

한국과 캐나다는 통화(通貨) 스와프(currency swap.국가간 통화의 맞교환)를 체결했다

※ **cur**rency [kə́ːrənsi, kʌ́r-] ⓜ **통화; 유통** ☜ 고대 프랑스어로 '달리는(cur) + r<자음반복> + 것(ency)

☐ **swap** [swɑp/swɔp] ⓢ 《구어》 (물물) 교환하다, 바꾸다 ⓜ 《구어》 (물물) 교환(품) ☜ 중세영어로 '서로 손을 때리다'란 뜻. '손뼉소리'의 의성어로 추정
♠ **Never swap horses while crossing the(a)stream.**
《속담》 개울을 건너다 말을 갈아 타지 마라; 난국에 처하여 조직을[지도자를] 바꾸지 마라.

© 연합뉴스

스마트 스웜 The smart swarm (미국 피터밀러의 저서. 리더 없이도 효율적으로 조직을 운영하는 동물 집단. <영리한 무리>란 뜻)

<내셔널 지오그래픽>의 선임편집위원이었던 미국 작가 피터밀러의 저서. 이 책에서 저자는 개미, 꿀벌 등처럼 리더 없이도 효율적으로 조직을 운영하는 집단을 '스마트 스웜(The smart swarm)'이라고 칭한 다음, 이들의 행동 패턴을 통해 21세기 사회의 키워드인 <집단지성>의 과학적 토대를 대중적으로 설명해냄으로써 협동의 과학을 창시했다는 평가를 받고 있다. <출처 : 인터넷 교보문고 / 일부인용>

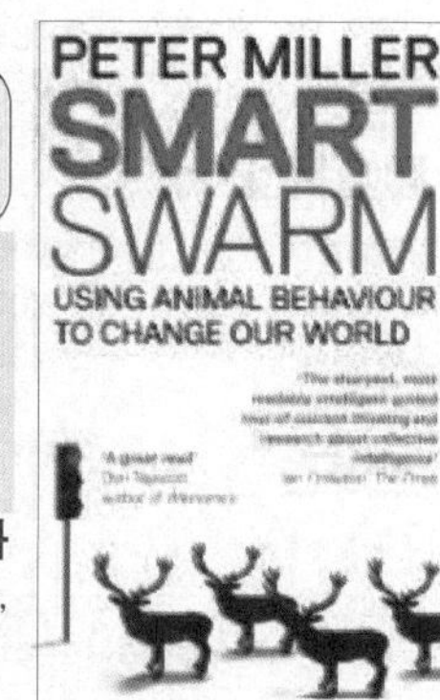

PETER MILLER
SMART
SWARM
USING ANIMAL BEHAVIOUR
TO CHANGE OUR WORLD

※ **smart** [smɑːrt/스마-트] ⓗ **쑤시는; 활발한; 눈치 빠른, 영리한; 재빠른; 맵시있는, 스마트한** ⓢ **아리다**, 쓰리다 ⓜ **쓰린 아픔**, 고통; 멋쟁이, 스마트한 사람 ☜ 고대영어로 '아픈', 중세영어로 '빠른, 영리한'이란 뜻

☐ **swarm** [swɔːrm] ⓜ **떼, 무리**; 군중 ⓢ **떼를 짓다**, 들끓다; 떼 지어 몰려들다 ☜ 고대영어로 '무리, 군중'이란 뜻
♠ a **swarm** of butterflies 나비 **떼**

S

스워트버그 Swartberg (남아프리카공화국에 있는 산맥. <검은 산맥>)

□ **swart** [swɔːrt] ⓗ 피부를 거무스레하게 하는, 햇볕에 타게 하는; 유독한
☜ 고대영어로 '검은, 어두운'이란 뜻

□ **swarth**y [swɔ́ːrði, -θi] ⓗ (-<-th**ier**<-th**iest**) (피부 등이) **거무스레한**, 가무잡잡한 ☜ swart + h + y<형접>
♠ He has a **swarthy** complexion.
그는 **까무잡잡한** 안색(얼굴색)을 지녔다.

※ **berg** [bəːrg] ⓜ 빙산(=iceberg); 《남아프리카》 〖종종 합성어로〗 산(山)
☜ ice**berg**(빙산)의 줄임말

© tripadvisor.co.uk

스왓 SWAT, S.W.A.T. (미국 경찰 소속의 대테러 특수기동대)

□ **SWAT, S.W.A.T.** [swɑt/swɔt] **S**pecial **W**eapons **a**nd **T**actics 또는 **S**pecial **W**eapons **A**ttack **T**eam ⓜ 《미》 (FBI 소속의) 대테러 특수기동대

✚ **spec**ial **특별한**, 전문의 **weapon 무기**, 병기 **tactics** 용병학, **전술(학)**, 병법 at**tack 공격**; **공격하다** **team** 〖경기〗 **조, 팀**; 작업조; 한패; 팀을 짜다

□ **sway**(뒤흔들다) ➔ **swing**(흔들리다), **swag**(꽃장식; 흔들리다) **참조**

큐엔에이 Q&A (묻고 답하기)

※ **question** [kwéstʃən/퀘스천] ⓜ **질문, 물음** ☜ 묻는(quest) 것(ion<명접>)

※ **& = and** [ənd/언드, (강) ænd/앤드] ⓙ **~와**, ~ 및, **그리고**
☜ 고대영어로 '그래서, 그 다음의'란 뜻

■ an**swer** [ǽnsər/**앤**서/ɑ́ːnsər/**안**-서] ⓢ **대답하다**, (질문, 편지에) 답하다 ⓜ **대답, 회답**, 응답
☜ 고대영어로 '대답, 응답'이란 뜻. ~에 대해(an<ad=to) 맹세하다(swer<swear)

□ **swear** [swɛər] ⓢ (-/**swore/sworn**) **맹세하다**, 선서하다; **욕을 하다; 단언하다** ⓜ **맹세**, 서약 ☜ 고대인도유럽어로 '말하다'란 뜻
♠ **swear by ~ ~의 이름으로 맹세하다**
swear by (before) God 하느님**께(앞에) 맹세하다**
♠ **swear at ~ ~에게 욕하다**
Do not **swear at** the boy. 그 소년**에게 욕하**지 마라.

□ **sworn** [swɔːrn] ⓗ **맹세한**, 선서를 마친, 언약한 ☜ swear의 과거분사

□ for**swear** [fɔːrswέər, -swǽər] ⓢ (-/forswore/forsworn) (나쁜 습관 등을) 맹세코 그만두다; 맹세코 부인하다; 거짓 맹세(위증)하다 ☜ 멀리하겠다고(for=away) 맹세하다(swear)
♠ They **forswore** all worldly possessions.
그들은 모든 세속적인 재산**을 포기하겠다고 맹세했다**.

□ for**sworn** [fɔːrswɔ́ːrn] ⓗ 위서한, 위증한 ☜ forswear의 과거분사

스웨터 sweater (두꺼운 털셔츠. 원래는 <땀을 내기 위한 옷>이란 뜻)

□ **sweat** [swet] ⓜ **땀** ⓢ (-/sweat(sweat**ed**)/sweat(sweat**ed**)) **땀흘리다; 땀을 내다** ☜ 고대영어로 '피부에서 나는 습기'란 뜻
♠ **sweat** (away) at one's job **땀 흘리며** 일하다.

□ **sweat**er [swétər] ⓜ **스웨터**; (심하게) 땀 흘리는 사람; 발한제(劑); 노동착취자 ☜ sweat + er(사람/물건)

□ **sweat**ing system 노동 착취 제도 ☜ 노동을 착취(sweat) 하는(ing<형접>) 제도(system)

□ **sweat**shop [swétʃàp] ⓜ (저임금으로 노동자를 장시간 혹사시키는) 착취 공장 ☜ shop(가게, 상점)

□ **sweat**y [swéti] ⓗ (-<-t**ier**<-t**iest**) 땀투성이의, 땀에 젖은; 힘 드는 ☜ sweat + y<형접>

■ **swelt**er [swéltər] ⓢ 무더위에 지치다; 더위 먹다; 땀투성이가 되다 ⓜ 무더움; 흥분(상태)
☜ 게르만계 고트어로 '천천히 불에 타다'란 뜻

■ **sultr**y [sʌ́ltri] ⓗ (-<-tr**ier**<-tr**iest**) **무더운**, 찌는 듯이 더운; 음란한, 외설적인; 난폭한
☜ sultr=swelter + y<형접>

스웨덴 Sweden (유럽 북부 스칸디나비아반도에 있는 입헌군주국)

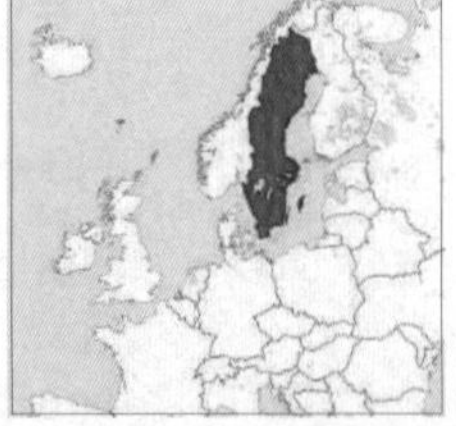

□ **Sweden** [swíːdn] ⓜ **스웨덴** 《왕국; 수도는 스톡홀름(Stockholm)》
☜ 고대부족 Svein족에서 유래
★ 70~80년대 세계적인 스탠더드 팝계를 주름잡았던 두 쌍의 부부그룹 아바(ABBA)는 스웨덴 출신이다.

□ **Swede** [swiːd] ⓜ **스웨덴 사람** 《개인》 ☜ 초기 독일어로 '자유로운'

□ **Swedish** [swíːdiʃ] ⓗ **스웨덴(사람)의**; 스웨덴식(말)의 ⓜ (the ~) [집합

적] 스웨덴 사람; 스웨덴 말 ☜ 스웨덴 사람(말)(Swede) 의(ish)

스위퍼 sweeper ([축구] 후방에서 자유롭게 경기를 조율하는 선수)

말그대로 상대편 공격수를 모두 청소하는 <청소기>라는 뜻의 최후방 중앙수비수. 자신의 포지션에 얽매이지 않고 별도로 백 진영의 틈을 메우며 수비를 조율하고 상황에 따라 직접 공격에 가담하기도 한다. 따라서 스위퍼는 경기의 흐름을 종합적으로 판단할 수 있고 리더십이 뛰어난 선수가 맡는 경우가 많다. 독일의 베켄바워, 한국의 홍명보 등이 대표적인 선수로 꼽힌다. <출처 : 시사상식사전 / 일부인용>

- ☐ **sweep** [swi:p] ⓢ (-/**swept**/**swept**) **청소하다; 쓸어내리다; 휙 지나가다; 엄습하다** ⓜ **청소** ☜ 고대영어로 '청소하다'란 뜻
  ♠ **sweep** the floor with a broom 빗자루로 마루를 **청소하다**
- ☐ **sweep**er [swíːpər] ⓜ **청소부[기]**; (빌딩 등의) 관리인(=janitor); 『축구』 **스위퍼** 《골키퍼 앞의》 ☜ 청소하는(sweep) 사람/기계(er)
- ☐ **sweep**ing [swíːpiŋ] ⓗ **일소하는**; 소탕하는; 광범위한; 철저한 ⓜ 청소, 일소 ☜ -ing<형접/명접>
- ■ **swoop** [swu:p] ⓢ (독수리 등이) **내리 덮치다**; 급습하다 ⓜ (독수리 등의) 급습, 잡아 챔 ☜ 고대영어로 '청소하다'란 뜻

스위트 홈 sweet home (달콤한 가정, 안락한 집)

- ☐ **sweet** [swi:t/스위트] ⓗ **단**, 달콤한, **감미로운; 사랑스러운** ⓜ (종종 pl.) **단 것** ☜ 라틴어로 '기쁜, 즐거운'이란 뜻
  ♠ a cup of hot **sweet** tea 뜨겁고 **달콤한** 홍차 한 잔
- ☐ **sweet**en [swíːtn] ⓢ **달게 하다**(되다); 향기롭게 하다; 음을 좋게 하다; 유쾌하게 하다 ☜ sweet + en<동접>
- ☐ **sweet**ening [swíːtniŋ] ⓜ 달게 함; 감미료 ☜ sweeten + ing<명접>
- ☐ **sweet**heart [swíːthɑ̀ːrt] ⓜ **연인, 애인** 《특히 여성에 대해서; 비교 lover》; 《호칭》 여보, 당신 ☜ sweet + heart(심장, 마음, 애인)
- ☐ **sweet**ish [swíːtiʃ] ⓗ 조금 단; 예쁘장한 ☜ sweet + ish<형접>
- ☐ **sweet**ly [swíːtli] ⓑ **달게**, 맛있게, 향기롭게; **상냥하게** ☜ -ly<부접>
- ☐ **sweet**meat [swíːtmìːt] ⓜ (보통 pl.) 사탕과자 ☜ sweet + meat(고기; 음식물)
- ☐ **sweet**melon [swíːtmelən] ⓜ 참외 ☜ sweet + melon(멜론, 수박)
- ☐ **sweet**ness [swíːtnis] ⓜ **단맛**, 달콤함; (목소리·음의) **아름다움** ☜ sweet + ness<명접>
- ☐ **sweet** pea 『식물』 **스위트피** 《콩과의 원예식물》; 연인 ☜ pea(완두콩)
- ☐ **sweet** potato 고구마 ☜ potato(감자)
- ☐ **sweet**-scented [swíːtsèntid] ⓗ 향기로운, 냄새가 좋은 ☜ 달콤한(sweet) 냄새(scent) 의(ed<형접>)
- ☐ **sweet**-tempered [swíːttémpərd] ⓗ 마음씨 고운 ☜ 달콤한(sweet) 천성/기질/성질(temper) 의(ed)
- ※ **home** [houm/호움] ⓜ **자기의 집, 가정; 고향** ⓗ **가정의, 본국의** ⓑ **자기집에[으로, 에서]** ☜ 고대영어로 '사는 곳'이란 뜻

스웰링 swelling ([스마트폰] 배터리가 부풀어오르는 현상)

- ☐ **swell** [swel/스웰] ⓢ (-/swell**ed**/swell**ed**(**swollen**) **부풀다**, 팽창하다; **증가하다; 부풀게 하다; 증가시키다; 벅차게 하다** ⓜ **팽창; 증대**; (파도의) **굽이침** ☜ 고대영어로 '커지다, 자라다'
  ♠ His face **swelled up** (**out**). 그의 얼굴이 **부어 올랐다**.
- ☐ **swell**ing [swéliŋ] ⓜ 증대; **팽창**; (땅의) 융기 ⓗ 융기한, 부푼; 과장된 ☜ swell + ing<명접/형접>
- ☐ **swoll**en [swóulən] ⓗ **부푼**; (물이) 불은; 과장한 ☜ swell의 과거분사

연상 한여름에 스웨터(sweater)를 입고 나갔더니 금방 스웰터(swelter.무더위에 지치다)했다.

- ※ **sweat** [swet] ⓜ **땀** ⓢ (-/sweat(sweat**ed**)/sweat(sweat**ed**)) **땀흘리다; 땀을 내다** ☜ 고대영어로 '피부에서 나는 습기'란 뜻
- ※ **sweat**er [swétər] ⓜ **스웨터**; (심하게) 땀 흘리는 사람; 발한제(劑); 노동착취자 ☜ sweat + er(사람/물건)
- ☐ **swelter** [swéltər] ⓢ **무더위에 지치다**; 더위 먹다; 땀투성이가 되다 ⓜ **무더위**; 흥분(상태) ☜ 고대영어로 '죽다, 불에 타다'란 뜻
  ♠ The **sweltering heat** continues for the third straight day. 사흘 연속 **찜통더위**가 계속되고 있다.

S

스워브 swerve ([자동차] 브레이크를 밟았을 때 차체의 뒤쪽이 좌우로 흔들리며 진로에서 벗어나는 현상)

□ **swerve** [swəːrv] (동) **빗나가다**, 벗어나다, 상궤를 벗어나다; 일탈하다 (명) 빗나감, 벗어남 ☜ 중세 네델란드어로 '방황하다'란 뜻.
♠ The bullet **swerved** from the mark. 탄환이 표적을 **빗나갔다**.

스웨인 포크비어드, 스벤 포크발드 Sweyn Forkbeard (포크수염을 한 덴마크 왕)

□ **Sweyn** [swein] (명) **스웨인** 《~ Tjuguskegg, 960-1014; 987년 쿠데타로 왕권을 찬탈한 후 유럽 북해 제국 건설 토대를 마련한 덴마크왕, 덴마크·노르웨이·잉글랜드의 왕인 크누트 대왕의 아버지. 수염이 포크처럼 양쪽으로 갈라져 있어 일명 <덴> 포크발드, <영> 포크 비어드라고 불린다》
※ **fork** [fɔːrk/뽀오크] (명) **식탁용 포크** ☜ 고대영어로 '끝이 갈라진 무기'라는 뜻
※ **beard** [biərd] (명) **(턱)수염** ☜ 고대영어로 '턱수염'이란 뜻
♠ He was disguised with **a false beard**. 그는 **가짜 수염**으로 변장하고 있었다.

연상 조나단 스위프트(Swift)는 <걸리버 여행기>를 매우 스위프트(swift.신속)하게 저술했다.

□ **Swift** [swift] (명) **스위프트** 《Jonathan ~, 영국의 풍자 작가(1667-1745); 걸리버 여행기(Gulliver's Travels) 저자》 ★ 『걸리버 여행기』는 정치 권력층의 부패와 탐욕, 위선 등을 신랄하게 비판한 작품이다. 특히 소인국 기행은 당시 영국의 정치계를 소인국으로 풍자하여 큰 주목을 받았다.
□ **swift** [swift] (형) **빠른**, 신속한; **순식간의**; 즉석의, 즉각적인 (부) 재빨리, 신속하게 ☜ 고대영어로 '신속하게 움직이는'이란 뜻
♠ a **swift** response **즉**답, **즉각적인** 답변
□ **swift**ly [swíftli] (부) **신속히, 빨리**, 즉시 ☜ swift + ly<부접>
□ **swift**ness [swíftnis] (명) 신속 ☜ swift + ness<명접>

싱크로나이즈드 스위밍 synchronized swimming (수중발레)

※ **synchronize** [síŋkrənàiz] (동) **동시에 발생**(진행, 반복)**하다**, 동시성을 가지다 ☜ 같은(syn) 시간(chron)을 만들다(ize)
□ **swim** [swim/스윔] (동) (-/**swam**(**swum**)/**swum**) 헤엄치다, **수영하다** (명) **수영** ☜ 고대영어로 '물에 뜨다'란 뜻
♠ Let's go **swimming**. **수영하러** 가자
□ **swim**mer [swímər] (명) **헤엄치는 사람**(동물) ☜ swim + m<자음반복> + er(사람)
□ **swim**ming [swímiŋ] (명) **수영**; (a ~) 현기(증) (형) 헤엄치는; 수영용의 ☜ swim + m<단모음+단자음+자음반복> + ing<명접/형접>
□ **swim**mingly [swímiŋli] (부) 순조롭게, 거침없이 ☜ swimming + ly<부접>
□ **swim**ming pool 수영장 ☜ pool(웅덩이)

연상 그는 스핀들(spindle.회전축)이 '팽이' 라고 스윈들(swindle.사기)쳤다

※ **spin** [spin] (동) (-/**span**(**spun**)/**spun**) (실을) **잣다**, 방적하다; 회전시키다 (명) (골프·탁구 공 등의) **회전**(운동) ☜ 고대영어로 '실을 뽑아 꼬다'란 뜻
※ **spin**dle [spíndl] (명) (돌아가는 기계의) **축**, 굴대; **물레가락** 《실을 잣는 막대기》 (동) 가늘고 길게 되다, 길쭉하게 되다 ☜ 고대영어로 '잣는 도구'라는 뜻
□ **swin**dle [swíndl] (동) **사취하다**, 사기치다 (명) 사취; 사기, 협잡 ☜ 근대영어로 '사기 행위'란 뜻
♠ an insurance **swindle** 보험**사기**
□ **swin**dler [swíndlər] (명) 사기꾼 ☜ swindle + er(사람)

연상 와인(wine.포도주)이 스와인(swine.돼지) 몸속에 있다.

※ **wine** [wain/와인] (명) **와인, 포도주** ☜ 고대영어로 '포도주'란 뜻
□ **swine** [swain] (명) (pl. **-**) 《미》 **돼지** ☜ 고대영어로 '돼지'란 뜻

★ 집합적이며, 일반적으로는 pig, hog를 씀.
♠ **a herd of swine 돼지 떼**
☐ **swine**herd [swáinhə̀:rd] ⓜ 양돈가, 양돈업자 ☜ swine + herd(짐승의 떼)

풀스윙 full swing (공을 멀리 보내기 위해 채를 힘껏 휘두르는 것)

※ **full** [ful/뿔] ⓗ **가득한**; 가득 채워진, 충만한 ☜ 초기 독일어로 '가득한'이란 뜻.
☐ **swing** [swiŋ/스윙] ⓢ (-/**swung(swang)/swung**) **흔들(리)다, 매달(리)다; 빙 돌다** ⓜ **흔듦, 흔들림, 휘두름; 그네** ☜ 독일어로 '흔들리다'
♠ The lamp **swung** in the wind. 등잔이 바람에 **흔들렸다**
♠ play on **the swings 그네**를 타다
♠ **swing to (문이 자동적으로 돌아서) 쾅 닫히다**
♠ **in full swing 한창[척척] 진행 중인**
☐ **swing**ing [swíŋiŋ] ⓗ **흔들리는**; 진동하는; 《속어》 (걸음걸이가) 당당한, 활발한 ☜ swing + ing<형접>
☐ **swing** bridge 선개교(旋開橋: 교각위에서 다리의 일부가 수평으로 회전하여 열렸다 닫혔다 하는 가동교) ☜ bridge(다리, 교각; 배의 함교)
☐ **sway** [swei] ⓢ **(뒤)흔들다; 흔들리다** ⓜ **흔들림**, 동요; 《문어》 **지배** ☜ 중세영어로 '좌우로 움직이다'란 뜻
■ **swag**ger [swǽgər] ⓢ **뽐내며 걷다**, 활보하다; **으스대다** ☜ 흔들거리며(swag) + g<단모음+단자음+자음반복> + 가다(er<빈도 동접>)

커브 curve (곡선)

♣ **어원 : curl, curv, swirl, whirl 굽다, 구부리다; 빙빙 돌다**
■ **curv**e [kə:rv] ⓜ **만곡(부)**, 굽음, 휨; **커브; 곡선** ☜ 라틴어로 '구부러진 선'이란 뜻
■ **curl** [kə:rl] ⓢ (머리털을) **곱슬곱슬하게 하다**; (수염 따위를) 꼬다, 비틀다 ☜ 중세 네덜란드어로 '소용돌이 모양'이란 뜻
■ **curl**ing [kə́:rliŋ] ⓜ **컬링** 《얼음판에서 둥근 돌을 미끄러뜨려 과녁에 맞히는 놀이》; (머리카락의) **컬**; 지지기, 오그라짐 ☜ -ing<명접>
☐ **swirl** [swə:rl] ⓢ **소용돌이치다** ⓜ 소용돌이; 컬 머리(=curl) ☜ 중세 스코틀랜드어로 '소용돌이'란 뜻
♠ The dust **is swirling** about. 먼지가 **소용돌이치고 있다**
☐ **swirl**y [swə́:rli] ⓗ 소용돌이치는, 소용돌이꼴의, 소용돌이가 많은; 뒤얽힌, 꼬인 ☜ -y<형접>
■ **whirl** [hwə:rl] ⓢ **빙빙 돌다[돌리다]** ⓜ **회전**, 선회 ☜ 고대 노르드어로 '빙빙 돌다'란 뜻
■ **whirl**pool [wə́:rlpù:l] ⓜ **소용돌이**; 혼란, 소동; 감아들이는 힘 ☜ pool(웅덩이)

☐ **swish**(획획; 채찍질; 채찍 등을 휘두르다) ➔ **switch**(스위치) **참조**

☐ **Swiss**(스위스 사람, 스위스의) ➔ **switzerland**(스위스) **참조**

스위치 switch ([전기] 개폐기)

☐ **switch** [switʃ] ⓜ 『전기』 **스위치, 개폐기**; 《미》 **회초리** (《영》 cane) ⓢ **채찍질하다**; 《전기》 **스위치를 넣다** ☜ 초기 인도유럽어로 '흔들리는(swi) 것(tch)'이란 뜻
♠ **an on-off switch (전등을) 켜고 끄는[점멸] 스위치**
♠ a riding **switch** 승마용 **회초리**
☐ **switch**board [swítʃbɔ̀:rd] ⓜ (전기의) **배전반**(配電盤); (전화의) 교환대 ☜ switch + board(판지, 판자; 위원회)
☐ **switch**-box [swítʃbàks/-bɔ̀ks] ⓜ 스위치함 ☜ switch + box(박스, 상자)
☐ **switch**man [swítʃmən] ⓜ (pl. **-men**) 『철도』 전철수(轉轍手) ☜ switch + man(남자, 사람)
☐ **swish** [swiʃ] ⓜ **획획** 《날개·채찍 따위의 소리》; 바스락바스락 《비단·옷 등이 스치는 소리》; 철썩철썩 《파도 소리》; 채찍질 ⓢ **획획 소리내다**, (채찍 따위를) 휘두르다 ⓗ **호화로운** ☜ 의성어
♠ The whip **swished** through the air.
채찍 휘두르는 소리가 공중에서 **획! 하고 울렸다**.
♠ a **swish** restaurant **호화로운** 레스토랑

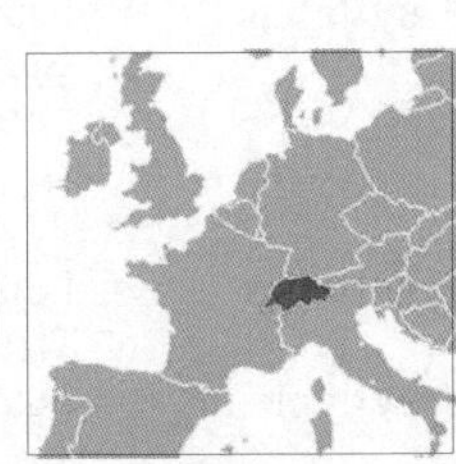

스위스 Switzerland (유럽 중앙부에 있는 공화국. 영세중립국)

☐ **Switz**erland [swítsərlənd] ⓜ **스위스** 《수도 Bern》 = Switz., Swtz.

S

☜ Switzer + land(땅, 국가)

☐ **Switz**er [swítsər] 명 《고어》 스위스 사람; 스위스 용병(傭兵)
☜ 고대독일어로 swaijazar(낙농장)의 발음이 잘못 전해진 데서

☐ **Swiss** [swis] 명 (pl. -) **스위스 사람** 형 **스위스**(사람)**의**
☜ 중세영어에 '스위스의'란 뜻의 형용사적 용법으로 최초 등장
★ 《맥가이버(MacGyver)》는 리처드 딘 앤더슨 주연의 미국 ABC TV 시리즈물이다. 우리나라에서는 MBC에서 1986~1992년간 방영되었다. 맥가이버는 피닉스 재단 소속 첩보원으로 총이나 흉기를 사용하지 않고, 다기능 칼인 스위스 빅토리녹스사의 Swiss Army knife 등으로 문제를 해결해나간다. 우리가 맥가이버 칼(MacGyver knife)이라고 부르는 것은 콩글리시이다.

☐ **swollen**(팽창한) ➔ **swell**(부풀다) **참조**

연상 그 아이는 스푼(spoon.숟가락)을 삼켜 스운(swoon.기절)했다.

※ **spoon** [spuːn] 명 **숟가락, 스푼**; 한 숟가락의 양; 숟가락 모양의 물건 〔노(櫓), 골프 클럽〕 동 숟가락으로 떠내다〔푸다〕
☜ 고대영어로 '평평한 나무조각', 중세영어로 '숟가락'이란 뜻

☐ **swoon** [swuːn] 명 기절, 졸도 명 **기절[졸도]하다**
☜ 고대영어로 '질식시키다'란 뜻
♠ be in 〔fall into〕 a **swoon**. **기절**해 있다〔하다〕

소드피시 swordfish (중앙아메리카가 원산지인 관상용 열대어. <칼고기>)

중앙아메리카가 원산지인 태생송사리과의 관상용 열대어. 수컷의 꼬리지느러미의 아랫가장자리가 길쭉하게 칼 모양으로 튀어나와 있어 소드테일이란 이름이 붙여졌다.
<출처 : 두산백과 / 일부인용>

☐ **sword** [sɔːrd/쏘어드/쏘-드] 명 **검**(劍), **칼**; (the ~) 무력, 폭력, 군사력; 통수권; 전쟁 ☜ 고대영어로 '검(劍)'이란 뜻
★ 1982년 개봉된 'sword'란 미국영화가 있었는데 한국에서는 제목을 '스워드'로 붙였다. 그러나 정확한 발음은 '스워드' 보단 쏘-드'에 가깝다.
♠ **The pen is mightier than the sword.**
《속담》 펜=문(文)은 칼=무(武)보다 강하다.

☐ **sword**play [sɔ́ːrdplèi] 명 검술; 격론 ☜ sword + play(놀이, 경기, 솜씨)
☐ **sword**sman [sɔ́ːrdzmən] (pl. **-men**) 명 검객, 무사 ☜ 검(sword) 의(s) 남자(man)
☐ **sword**smanship [sɔ́ːrdzmənʃip] 명 검술, 검도 ☜ swordsman + ship(상태, 신분, 기술)
☐ **sword** belt 칼띠 ☜ belt(띠, 벨트, 가죽 띠)
☐ **sword** cut 칼에 벤 상처 ☜ cut(절단, 베인 상처; 자르다, 베다)
☐ **sword** dance 칼춤 ☜ dance(춤; 춤추다)
☐ **sword** guard (칼의) 날밑 ☜ guard(경계, 감시, 경호인; 지키다)
★ 날밑이란 칼날과 칼자루 사이에 칸막이처럼 끼워서 칼자루를 쥐는 한계를 삼으며, 손을 보호하는 테를 말한다.

※ **fish** [fiʃ/퓌쉬] 명 (pl. **-es**) **물고기**, 어류, 생선 동 **낚시질하다** ☜ 고대영어로 '물고기'

☐ **sworn**(맹세한) ➔ **swear**(맹세하다) **참조**

시드니 Sydney (오스트레일리아[호주] 최대의 항구도시)

S

☐ **Sydney** [sídni] 명 『지리』 **시드니** 《오스트레일리아 최대의 도시로 항구 도시》
☜ 1788년 영국 정부 내무장관이었던 시드니 자작(Viscount Sydney)의 이름을 딴 시드니 코브(Sydney Cove/시드니 만(灣))를 시드니(Sydney)로 줄여부른데서 유래.

실라버스 syllabus (교수의 교육계획서), 심벌, 심포니, 심포지움...

♣ **어원 : syl-, sym-, syn-, sys- 함께, 서로; 같은; 일치**

☐ **syl**labus [síləbəs] 명 (pl. **-es,** -b**i**) 적요(摘要), (강의 따위의) 교수 요목, **실라버스**; 《영》 시간표; 『법률』 판결 요지; (종종 S-) 『가톨릭』 교서 요목 《특히 교황 Pius 9세와 Pius 10세가 지적한 이단서(異端書)의 표》 ☜ 라틴어로 '목록'이란 뜻.
⇦ 함께(syl)하는 표(labus)

☐ **syl**labic [silǽbik] 형 음절의 ☜ 그리스어로 '(문자를) 함께(syl) 취하(lab=take) 는(ic<형접>)'이란 뜻

☐ **syl**labicate [silǽbəkèit] 동 음절로 나누다, 각 음절로 발음하다

☜ syllabic + ate<동접>

☐ **syl**labication [silæbəkéiʃən] 명 분절로 나누기, 분절법, 분철법 ☜ syllabicate + ion<명접>

☐ **syl**lable [síləbəl] 명 **음절, 실러블**; 음절을 나타내는 문자(철자); 한 마디, 일언반구(一言半句) 동 음절로 나누다; 음절마다 발음하다 ☜ 그리스어로 '함께(syl) 취하는(lab) 것(el)'란 뜻

♠ **in words of one syllable 쉬운 말로 하면, 솔직히 말하면**

♠ **Not a syllable ! 한 마디도 말하지 마라.**

☐ **syl**logism [síləʤìzəm] 명 【논리학】 삼단 논법, 추론식; 연역(법) ☜ 함께(syl) 말하는/논증하는(log) 체계(ism)

☐ **syl**logistic [sìləʤístik] 형 삼단 논법(연역법)의 ☜ -istic<형접>

☐ **syl**logize [síləʤàiz] 동 삼단 논법으로 논하다; 삼단 논법을 쓰다, 추론하다 ☜ -ize<동접>

심볼 < 심벌 symbol (상징, 기호)

< 평화의 symbol >

♣ **어원 : syl-, sym-, syn-, sys- 함께, 서로; 같은; 일치**

☐ **sym**biosis [sìmbaióusis, -bi-] 명 (pl. **-ses** [-siːz]) 【생태】 (상조(相助)) 공생(共生), 공동생활; 《비유적》 (사람의) 협력 ☜ 함께(sym) 살(bio) 기(sis<명접>)

☐ **sym**biotic [sìmbaiátik, -bi-/-biɔ́t-] 형 【생태】 공생의(하는) ☜ -tic<형접>

☐ **sym**biont [símbaiànt, -bi-] 명 【생태】 공생자(共生者) ☜ 함께(sym) 사는(bio) 것(nt)

☐ **sym**bol [símbəl] 명 **상징**, 표상, **심벌; 기호**, 부호 동 상징하다, 기호로 나타내다 ☜ 라틴어로 '기호'란 뜻. ⇦ 함께(sym) (의미를) 던지다(bol)

♠ The cross is the **symbol** of Christianity. 십자가는 기독교의 **상징**이다.

☐ **sym**bolic(al) [simbálik(əl)/-bɔ́l-] 형 **상징하는**; 상징적(표상적)인; 기호의, 부호의 ☜ -ic/-ical<형접>

♠ The dove is **symbolic** of peace. 비둘기는 평화를 **상징한**다.

☐ **sym**bolism [símbəlìzm] 명 상징주의 ☜ symbol + ism(~주의)

☐ **sym**bolization [sìmbəlizéiʃən] 명 기호화; 상징화 ☜ symbolize + ation<명접>

☐ **sym**bolize [símbəlàiz] 동 **상징하다**, ~의 상징이다; ~을 나타내다 ☜ symbol + ize<동접>

☐ **sym**metry [símətri] 명 (좌우의) **대칭**; 【수학・물리학】 대칭(성); 균형; **조화** ☜ 라틴어로 '같은(sym) 척도(metry)'란 뜻

♠ the beauties of **symmetry 균형**미

☐ **sym**metric(al) [simétrik(əl)] 형 (좌우) **대칭적인**, 균형잡힌 ☜ symmetry + ic<형접>

☐ **sym**metrically [simétrikəli] 부 대칭적으로 ☜ symmetrical + ly<부접>

☐ **sym**metrize [símətràiz] 동 균형잡히게 하다, 대칭적으로 하다 ☜ symmetry + ize<동접>

심포니 symphony (교향곡), 심포지움 symposium (토론회)
싱크로나이즈드 스위밍 synchronized swimming (수중발레 경기)

< Symposium >
© as-coa.org

♣ **어원 : syl-, sym-, syn-, sys- 함께, 서로, 같은, 비슷한; 일치, 동시**

☐ **sym**pathy [símpəθi] 명 **동정**, 인정, 연민; **공감** ☜ 그리스어로 '기분(pathy)을 같이(sym) 하다'란 뜻

♠ **feel sympathy for ~ ~에 대해 동정[연민]을 느끼다**

♠ **in sympathy with ~ ~에 동정하여; ~와 공명하여**

☐ **sym**pathetic [sìmpəθétik] 형 **동정심이 있는, 마음에 드는** ☜ sympathy + e + tic<형접>

☐ **sym**pathetically [sìmpəθétikəli] 부 동정하여, 공감(공명)하여 ☜ sympathetic + al<형접> + ly<부접>

☐ **sym**pathize, -thise [símpəθàiz] 동 **동정하다, 공감[공명]하다** ☜ sympathy + ize, ise<동접>

♠ **sympathize with ~ ~에 공감하다, ~을 동정하다**

☐ **sym**pathizer [símpə-θàizər] 명 동정자, 동조자, 지지자 ☜ sympathize + er(사람)

☐ **sym**phony [símfəni] 명 **교향곡, 심포니** ☜ 그리스어로 '소리(phony)의 일치(sym)'란 뜻

♠ conduct a **symphony orchestra 교향악단**을 지휘하다

☐ **sym**phonic [simfánik/-fɔ́n-] 형 【음악】 심포니(식)의, 교향악의, 교향적인; (협)화음의; (말 따위가) 유사음의 ☜ symphony + ic<형접>

☐ **sym**phonious [simfóuniəs] 형 화음의; 가락이 잡힌; 조화를 이룬 ☜ -ous<형접>

☐ **sym**phonize [símfənàiz] 동 ~을 조화시키다, 조화하다 ☜ -ize<동접>

☐ **sym**posium [simpóuziəm] 명 (pl. **-s, -sia**) 토론회, 좌담회, **심포지엄** ☜ 라틴어/그리스어로 '술자리'란 뜻. 함께(sym) 마시다(posi) + um<명접>

☐ **sym**posiast [simpóuziæ̀st] 명 심포지엄 참가(기고(寄稿))자 ☜ symposia + ist(사람)

☐ **sym**ptom [símptəm] 명 **징후**, 조짐, 전조; 【의학】 증상, 증후; 증세 ☜ 그리스어로 '함께(sym) 떨어지다(pt) + om<명접>'란 뜻

♠ It is a **symptom** of cold. 그것은 감기의 **징후**이다.

☐ **sym**ptomatic(al) [sìmptəmǽtik(əl)] 형 징후의, ~을 나타내는 ☜ symptom + atic(al)<형접>

S

☐ **syn**agogue, -gog [sínəgɔ̀ːg, -gɑ̀g/-gɔ̀g] (명) (예배를 위한) 유대인 집회; **유대교회[회당]**, **시나고그**; (the ~) (예배에 모인) 유대교도들; 유대인회
☜ 그리스어로 '함께(syn) 이끌다(agogue)'란 뜻

☐ **syn**chronization [sìŋkrə-nizéiʃən/-nai-] (명) 〖컴퓨터〗 동기화(同期化) 《동기 신호를 시계 뛰놀이(clock pulse)의 타이밍에 맞춤》; 동시 녹음
☜ 그리스어로 '같은(syn) 시간(chron)에 일어나는(ize) 것(ation<명접>)'이란 뜻

☐ **syn**chronize [síŋkrənàiz] (동) **동시에 발생**〔진행, 반복〕**하다**, 동시성을 가지다
☜ 같은(syn) 시간(chron)에 일어나다(ize<동접>)

☐ **syn**chronized swimming (음악에 맞춰 하는) 수중발레 경기, **싱크로나이즈드 스위밍**
☜ synchron + ize + ed<형접>, swim(수영하다) -ing<명접>

☐ **syn**chronous [síŋkrənəs] (형) 동시(성)의; 동시 발생〔반복, 작동〕하는; 〖물리·전기〗 동기식〔동위상(同位相)〕의 ☜ 같은(syn) 시간(chron) 의(ous<형접>)

신디케이트 syndicate (기업연합), 신드롬 syndrome (사회적으로 퍼지기 시작하는 일련의 행동 징후), 신시사이저 synthesizer (전자오르간)

♣ **어원 : syl-, sym-, syn-, sys- 함께, 서로, 같은, 비슷한; 일치, 동시**

☐ **syn**dicate [síndikit] (명) **기업연합, 신디케이트** (동) [-dikèit] 신디케이트를 만들다 ☜ (여러 사람이) 함께(syn) 말하다(dic) + ate<동접>
♠ form a **syndicate 신디케이트**를 조직하다

☐ **syn**drome [síndroum, -drəm] (명) 〖의학〗 **신드롬**, 증후군(症候群; 어떤 감정·행동이 일어나는) 일련의 징후, 일정한 행동 양식
☜ 동시에(syn) 달리는/흐르는(drome) 것(e)

< Synthesizer >

☐ **syn**dromic [sindróumik, -drɑ́m-] (형) 증후군의 ☜ syndrome + ic<형접>

☐ **syn**ergy [sínərdʒi] (명) 협력 작용; (둘 이상의 자극물·약품 등의) 상승 작용; 〖사회학〗 (사회 내 특정 집단〔개인〕의) 공동 작업 ☜ 함께(syn) 일하는(erg) 것(y)

☐ **syn**onym [sínənim] (명) **동의어**, 유의어(類義語), 비슷한 말
☜ 그리스어로 '같은(syn) 이름(onym)'이란 뜻
♠ 'Big' and 'large' are **synonyms**. big과 large는 **동의어**이다.

☐ **syn**onymize [sinɑ́nəmàiz/-nɔ́n-] (동) 동의어를 사용하다, 동의어로 바꿔 말하다
☜ 동의어(synonym)화(化) 하다(ize)

☐ **syn**onymous [sinɑ́nəməs/-nɔ́n-] (형) 동의어의, 같은 뜻의 ☜ synonym + ous<형접>

☐ **syn**opsis [sinɑ́psis/-nɔ́p-] (명) (pl. **-ses**) 개관, 개요, 간단한 줄거리, **시놉시스**; 대조표, 일람(표)
☜ 그리스어로 '(전체를) 함께(syn) 보다(opsis)'란 뜻

☐ **syn**optic [sinɑ́ptik/-nɔ́p-] (형) 개요의, 요약의, 개관적인 ☜ 함께(syn) 보(opt) 는(ic)

☐ **syn**tax [síntæks] (명) 〖문법〗 통어법〔론〕, **구문(론)**; 〖컴퓨터〗 구문, **신택스** 《어떤 언어에서 명확한 표현이나 문장 구성에 필요한 일련의 규칙》
☜ 그리스어로 '함께(syn) 정리하다(tax)'란 뜻
♠ invalid **syntax** 잘못된 〔논리적으로 모순이 있는〕 **구문**

☐ **syn**tactic(al) [sintǽktik(əl)] (형) 구문[문장]론의; 문장구성상의; 통어론의
☜ 함께(syn) 정리(tac) 한(tic(al))

☐ **syn**thesis [sínθəsis] (명) (pl. **-ses**) **종합**, 통합, 조립; 〖화학〗 **합성**, 인조
☜ 그리스어로 '함께(syn) 배열하(the) 기(sis<명접>)
♠ the **synthesis** of art with everyday life 예술과 일상생활의 **통합**

☐ **syn**thesizer [sínθəsàizər] (명) 합성하는 사람〔물건〕; 〖컴퓨터〗 음성합성장치; 〖악기〗 **신시사이저** 《전자 공학의 기술로 소리를 합성해내는 장치〔악기〕》
☜ synthesize(종합·합성하다) + er(사람/기계)'란 뜻

S

☐ **syn**thetic [sinθétik] (형) 종합적인, **종합의**; 〖화학〗 **합성의**, 인조의 (명) 〖화학〗 합성 물질
☜ 그리스어로 '함께(syn) 두(the) 는(tic<형접>)'이란 뜻

시리아 Syria (독재정권 vs 반정부군간 내전중인 지중해 동해안의 공화국)

☐ **Syria** [síriə] (명) **시리아** 《정식명 Syrian Arab Republic; 수도 다마스쿠스(Damascus)》
☜ As**syria**(앗시리아)의 두음소실. Assyria는 아카드어로 '신·왕국의 도시'란 뜻

시럽 syrup, sirup (설탕을 녹여서 향료를 첨가한 가공설탕 액체)

☐ **syrup, sirup** [sírəp, sə́ːr-] (명) **시럽; 당밀**(糖蜜) (동) 시럽으로 씌우다〔달게 하다〕 ☜ 아랍어로 '마실 것'이란 뜻
♠ pears in **syrup 시럽**에 담은 서양배

시스템 system (체계, 조직, 계통)

☐ **system** [sístəm/**시**스텀] ⓜ **체계**, 계통, **시스템; 조직; 방식**
☜ 그리스어로 '함께(sy<sym) 세운(st) 것(em)'이란 뜻
♠ the British educational **system** 영국의 교육 **제도**

☐ **system**atic(al) [sìstəmǽtik(əl)] ⓗ **체계[조직, 계통]적인**; 질서 있는(잡힌)
☜ 조직(system) 적인(atic(al)<형접>)
♠ a **systematic** approach to solving the problem
그 문제를 해결하는 **체계적인** 접근법

☐ **system**atically [sìstəmǽtikəli] ⓑ 조직적으로, 정연하게 ☜ -ly<부접>

☐ **system**atize [sístəmətàiz] ⓢ 조직화하다, 분류하다, 체계를 세우다
☜ 조직(system) 화(化)하다(atize<동접>)

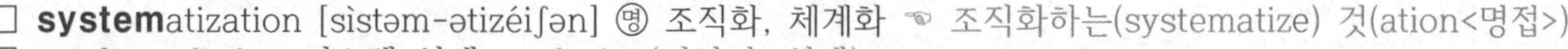

☐ **system**atization [sìstəm-ətizéiʃən] ⓜ 조직화, 체계화 ☜ 조직화하는(systematize) 것(ation<명접>)

☐ **system** design 시스템 설계 ☜ design(디자인, 설계)

S

탭 키 tab key ([컴퓨터] 커서가 도약하도록 설계된 기능키)

"탭"(tab)이라는 용어는 데이터를 도표 등의 형태로 정렬하는 것을 의미하는 "tabulate"라는 단어에서 유래한다. 숫자나 글자를 table형태로 입력하려고 하면, 스페이스 바(bar)나 백스페이스 키(key)를 반복적으로 사용해야 하며 시간이 무척 많이 소요되었다. 그래서 이를 단순화시키기 위해 탭 키가 만들어졌는데 이 키는 한 번 누를 때마다 커서가 보통 8칸씩 오른쪽으로 움직인다. <출처 : 위키백과 / 일부인용>

☐ **tab** [tæb] ⓢ 일람표를 만들다 ⓜ 옷고름, 손잡이 끈; 『컴퓨터』 **탭** ☜ **tab**ulator의 줄임말
♠ Press **the Tab key** to move here.
여기로 이동하려면 **Tab 키**를 누르십시오.

☐ **tabul**ate [tǽbjəlèit] ⓢ (일람)표로 만들다; 요약하다 ⓗ [-lit, -lèit] 평면의; 평판 모양의
☜ 라틴어로 '테이블(tabul=table)을 만들다(ate)'란 뜻

☐ **tabul**ator [tǽbjəlèitər] ⓜ 도표작성자; (타자기의) 도표작성〔위치 맞추는〕 장치; 『컴퓨터』 도표작성기 《데이터를 입력하면 자동적으로 도표화됨》 ☜ tabulate + or(사람/장치)

※ **key** [kiː/키-] ⓜ (pl. **-s**) **열쇠**; 해결의 실마리 ☜ 중세영어로 '자물쇠를 여는 도구'란 뜻.

태번 온 더 그린 Tavern On The Green (미국 뉴욕의 최고(最古) 레스토랑. <풀밭 위의 선술집>이란 뜻)

1870년에 지어진 건물에 1934년부터 레스토랑을 개업하여 2010년 뉴욕 1위, 전국 2위의 매출을 올렸던 명물 레스토랑. 최소 10명에서 최대 1,000명까지 수용 가능하다고 한다. 뉴욕 신사들이 사랑하는 여인에게 청혼하는 장소로도 유명하며, 주말에 식사하려면 몇 주 전에 예약해야 한다.

♣ 어원 : **tavern, tabern 오두막집**

■ **tavern** [tǽvərn] ⓜ **선술집**; 여인숙(=inn) ☜ 라틴어로 '오두막집', 중세영어로 '술집'이란 뜻

☐ **tabern**acle [tǽbərnæ̀kəl] ⓜ **가건물**, 막사; 천막; (고대 유대의) 이동 신전; (일부 기독교 교파의) 교회 ⓢ 임시로 살다 ☜ 라틴어로 '천막, 오두막집'이란 뜻
♠ **the tabernacle** of david 다윗의 **장막**

※ **on** [ɔːn/온, ɔn, ɑn] ⓟ **~위에**; **~을 입고**; **~의 도중에** ⓑ **위에**; **계속**
☜ 고대영어로 '~위에, ~안에, ~안으로'라는 뜻

※ **the** [(약) ðə/더《자음 앞》, ði 《모음 앞》; (강) ðiː] ⓐ 〖정관사〗 **저, 그** ⓑ **~하면 할수록, (~ 때문에) 그만큼** ☜ 초기 인도유럽어로 '그것(that)'이란 뜻

※ **green** [griːn/그린-] ⓗ **녹색의** ⓜ **녹색** ☜ 고대영어로 '살아있는 식물의 색'이란 뜻

테이블 table (탁자), 태블릿 tablet (소형 휴대용 컴퓨터)

< Tablet >

☐ **table** [téibəl/**테**이벌] ⓜ **테이블**, 탁자; 식탁; 일람표 ⓗ 테이블의, 식탁의, 탁상용의 ☜ 라틴어로 '널빤지'라는 뜻
♠ **at table 식탁에 앉아, 식사 중**
♠ **sit (a)round a table 탁자에 둘러앉다**
♠ **under the table 불법으로, 몰래**

T

☐ **table**cloth [téibəlklɔ̀(ː)θ, -klɑ̀θ] ⓜ (pl. **-s**) **식탁보** ☜ cloth(천, 헝겊)
♠ **lay tablecloth 식탁보를 깔다**

☐ **table** knife 식탁용 나이프 ☜ knife(나이프, 칼, 식칼, 수술용 칼)

☐ **table**land [téibllæ̀nd] ⓜ 고원, 대지(臺地)(=plateau) ☜ land(땅, 지역, 나라)

☐ **table** linen 식탁용의 흰 천 《냅킨 따위》 ☜ linen(아마포, 린네르, 리넨)

☐ **table** manners 식사시의 예법 ☜ manner(방법), manners(예절)

☐ **table** salt 식탁용 소금 ☜ salt(소금)

☐ **table**spoon [téiblspùːn] ⓜ (수프용) **식탁용 큰 스푼** ☜ spoon(숟가락) **비교** teaspoon 찻숟가락

☐ **table**spoonful [téiblspuːnfùl] ⓜ (pl. **-s,** -spoon**s**ful) 식탁용 큰 스푼 하나 가득한 분량
☜ -ful(~이 가득한)

☐ **table**t [tǽblit] ⓜ **평판**(平板), **명판**(銘板), 패(牌); 작고 납작한 조각; **정제**(錠劑); **서판**(書板); (pl.) 서책(書冊); 『컴퓨터』 **태블릿**《손가락이나 터치펜으로 쉽게 조작할 수 있는

소형의 휴대형 컴퓨터》 ☜ 고대 프랑스어로 '작은(et) 탁자(table)'란 뜻
♠ Look at that new **tablet PC**. 저 새로운 **태블릿 PC**를 봐.

☐ **table** talk　좌담 ☜ talk(이야기, 담화, 좌담; ~와 말하다)
☐ **table** tennis　**탁구, 핑퐁**(ping-pong) ☜ tennis(테니스)
☐ **table**ware　[téibəlwὲər] ⓜ 식기류 ☜ -ware(세공품, 제품), wares(상품)
■ time**table**　[táimtèibl] ⓜ **시간표**; 예정표 ☜ time(시간, 시대, ~회)

군함에서 정치 · 종교 · 여자에 관한 이야기는 터부(taboo.금기)시 된다.

☐ **taboo**, tabu　[təbúː, tæ-] ⓜ (pl. **-s**) (종교상의) **터부, 금기** ⓗ 금기의 ⓢ 금기하다
☜ 폴리네시아 통가어로 '금기'란 뜻. 제임스 쿡의 저서 『태평양으로의 항해』에 최초 등장.
♠ be under (a) **taboo 금기**로 되어 있다.

© Columbia Pictures

연상 ▶ 그 택시(taxi) 기사님은 내게 테시트(tacit.무언의)한 신호를 보냈다.

♣ 어원 : **tac, tic 말없는, 침묵하는, 조용한**

※ **taxi**　[tǽksi/**택**시] ⓜ (pl. taxi**(e)s**) **택시**(=taxicab); 택시처럼 영업하는 배〔비행기〕 ☜ 라틴어로 '요금'이란 뜻
☐ **tac**it　[tǽsit] ⓗ 말로 표현하지 않는, 무언의(=silent), 암묵(暗黙)의
☜ 라틴어로 '말없이(tac) 지나간(it), 말없이 행한, 조용한'이란 뜻.
♠ **tacit approval** 〔**support**〕 **암묵적인 찬성** 〔**지지**〕
☐ **tac**itly　[tǽsitli] ⓟ 소리 없이, 잠자코, 말 없는 가운데 ☜ -ly<부접>
☐ **tac**iturn　[tǽsətəːr] ⓗ 말 없는, 입이 무거운 ☜ -urn<형접>
☐ **tac**iturnity　[tæ̀sətə́ːrnəti] ⓜ 과묵(寡黙), 무언, 침묵 ☜ taciturn + ity<명접>
☐ re**tic**ent　[rétəsənt] ⓗ 과묵한; 말이 적은; 삼가는; 억제된
☜ 뒤에서(re=back) 말이 없(tic) 는(ent<형접>)
♠ She was shy and **reticent.** 그녀는 수줍음이 많고 **말이 없었다**.
☐ re**tic**ence, -ency [rétəsəns], [-i] ⓜ 과묵, (입을) 조심함 ☜ -ence/-ency<명접>

타키투스 Tacitus (로마제정시대를 정면 비판한 고대 로마의 역사가)

☐ **Tacitus**　[tǽsətəs] ⓜ **타키투스** 《Publius Cornelius ~, 로마의 역사가; 55?-120?》
★ 주요 저서: 퇴폐한 로마와 달리 건전한 사회를 이루었던 《게르마니아》, 제정시대에 언론의 자유가 보장되지 않아 웅변술이 쇠퇴하였음을 비판한 《웅변론에 대한 대화(對話)》 등 다수

기브 앤 테이크 give-and-take (주고받기), 태클 tackle ([축구] 공격차단 기술)

♣ 어원 : **take, tack 취하다, 잡다, 쥐다, 고정시키다**

※ **give**　[giv/기브] ⓢ (-/**gave**/**given**) **주다**
☜ 고대영어로 '하늘이 주다'란 뜻
※ **and**　[ənd/언드, nd/은드, ən/언, n/은; (강) ænd/앤드] ⓙ **~와, 그리고** ☜ 고대영어로 '그래서, 그 다음'이란 뜻
■ **take**　[teik/테이크] ⓢ (-/**took**/**taken**) **받다, 잡다, 취하다**
☜ 고대 노르드어로 '취하다, 쥐다'란 뜻
☐ **tack**　[tæk] ⓜ **납작한 못**, 압정 ⓢ 압정으로 고정시키다
☜ 중세영어로 '걸쇠, 죔쇠, 못'이란 뜻
♠ **tack a notice** on the wall **압정으로 게시물을** 벽에 **고정시키다**
■ thumb**tack**　[θʌ́mtæ̀k] ⓜ 《미》 압(押)핀(《영》 drawing pin) ⓢ 압핀으로 고정시키다
☜ 엄지손가락(thumb)으로 (누르는) 압정(tack)
☐ **tack**le　[tǽkəl] ⓜ **연장; 도르래**; 〖항해〗 삭구(索具); 〖축구 · 럭비〗 **태클** ⓢ **~에 달려들다**; 태클하다 ☜ 중세 네덜란드어로 '쥐다'란 뜻

< Tackle >

타코 taco (토르티야에 여러 재료를 넣어 먹는 멕시코 전통요리)

☐ **taco**　[tάːkou] ⓜ (pl. **-s**) **타코** 《고기 · 치즈 · 양상추 등을 넣어 먹는 멕시코 요리. 일종의 샌드위치》
☜ 멕시코 스페인어로 '가벼운 점심'이란 뜻.

태그아웃 tag out ([야구] 공 또는 공이 든 글로브를 직접 주자의 신체에 접촉해 아웃시키는 것)

♣ 어원 : **tag, tang, tact, tach 접촉하다(=touch)**

□ **tag** [tæg] (명) **태그, 꼬리표, 늘어진 끝[장식]; 터치아웃** (동) **꼬리표를 달다; 붙잡다** ☜ 중세영어로 '접촉하다'란 뜻
♠ **a name tag 명찰, 이름표, a price tag 가격표**

□ **tact** [tækt] (명) **재치**, 기지(機智); **요령** ☜ 라틴어로 '촉감'이란 뜻에서
♠ **a man of tact 재치 있는 사람**

□ **tact**ful [tǽktfəl] (형) **재치 있는**, 약삭빠른; (미적) 감각이 세련된; 적절한
☜ tact + ful(~이 많은)

□ **tact**ics [tǽktiks] (명) (pl. 단수취급) 용병학, **전술(학)**, 병법
☜ 그리스어로 '배열하는 기술', 초기 인도유럽어로 '접촉하다, 다루다'란 뜻
♠ **air tactics 항공 전술**

□ **tact**ical [tǽktikəl] (형) 전술상의, 전술적인, 용병(用兵)상의; 책략〔술책〕이 능란한
☜ tactics(전술) + al<형접>
♠ **Tactical** Air Command《미》**전술** 공군 사령부《약어 : TAC》
♠ **tactical** nuclear weapon **전술** 핵무기《약어 : TNW》

□ **tact**ician [tæktíʃən] (명) 전술가; 책략가, 모사(謀士) ☜ tactics + ian(~사람)

□ **tact**ile [tǽktil, -tail] (형) 촉각의; 촉각이 있는; 촉각을 가지고 있는 ☜ 라틴어로 '접촉하는'

□ **tact**less [tǽktlis] (형) **재치 없는** ☜ tact + less(~이 없는)

■ con**tact** [kάntækt/**칸**택트/kɔ́ntækt/**콘**택트] (명) **접촉** (동) **접촉[연락]하다**
☜ 함께(con<com) 접촉하다(tact)

■ at**tach**ment [ətǽtʃmənt] (명) **부착**(물) ☜ ~에(at<ad=to) 붙인(tach) 것(ment<명접>)

■ de**tach**ment [ditǽtʃmənt] (명) **분리, 초연함** ☜ 분리(de=off) + 접촉한(tach) 것(ment)

■ **tangle** [tǽŋgəl] (동) 엉키게 하다, **얽히게 하다** ☜ 얽히게(tang) 하다(le)

■ **touch** [tʌtʃ/터취] (동) (손을) 대다, 만지다, **접촉하다** ☜ 고대 프랑스어로 '접촉하다'

※ **out** [aut/아웉] (부) **밖에[으로],** 밖에 나가〔나와〕; (싹이) **나와서**, (꽃이) **피어서; 큰 소리로; 마지막까지**, 완전히; 바닥이 나서, 끝나서, **벗어나서**
☜ 고대영어로 '밖, ~이 없는'이란 뜻

태드폴 은하 tadpole galaxy (올챙이 모양의 외관을 가진 충돌은하)

□ **tadpole** [tǽdpòul] (명) **올챙이**; (T-) 미국 Mississippi 주 사람의 속칭
☜ 중세영어로 'tad<toad(두꺼비) + pole<poll(머리)'란 뜻
♠ **A tadpole** grows into a frog.
올챙이는 자라서 개구리가 된다.

※ **galaxy** [gǽləksi] (명) (the G-) 〖천문〗 **은하, 은하수**(the Milky Way); 은하계 ☜ 그리스어로 '밀크(milk)의 길'이란 뜻

타지키스탄 Tadzhikistan (중국과 국경을 맞댄 중앙아시아의 공화국)

□ **Tadzhikistan** [tədʒíkəstæn, -stɑ:n, tɑ:-] (명) **타지키스탄**《아프가니스탄 북방에 위치하는 독립국가연합 가맹국의 하나; 수도 두샨베(Dushanbe)》
☜ 아랍어로 '타지크(Tajik)족의 땅(stan)'이란 뜻

태권도 taekwondo (한국에서 창시되어 세계화된 국제공인스포츠)

□ **taekwondo** [taikwandou, -kwon-] (명) **태권도**(跆拳道)《한국의 국기(國技)》
☜ 한자(漢字)로 '발로 차고(跆), 주먹으로 치는(拳) 무도(道)'란 뜻
★ 태권도는 현재 한국을 중심으로 성장한 세계태권도연맹(WTF)과 북한 주도로 발전한 국제태권도연맹(ITF)으로 양분되어 있다.

□ **tai chi (chuan)** [tái dʒi: (tʃwά:n)] **태극권**(太極拳)《중국의 건강체조로 유명한 무술》 ☜ '우주만물의 근원이 되는 주먹'이란 뜻
★ 중국 무술에는 크게 ❶ 태극권, ❷ 우슈(武術=쿵푸>쿵후), ❸ 소림무술(97개 권법)이 있으며, 그중 태극권은 일명 건강체조로서 사람들이 이른 아침에 공원에서 수련하는 모습을 많이 볼 수 있다.

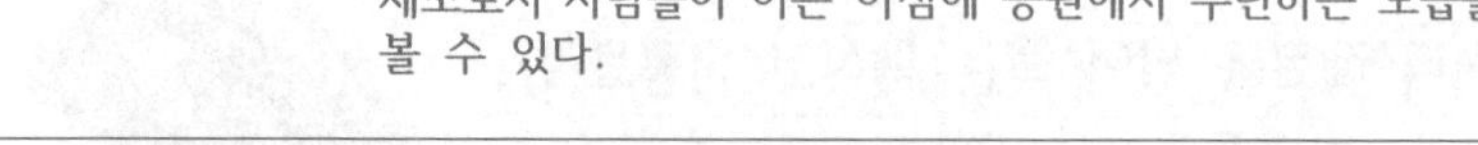
□ **tag**(꼬리표) ➔ **tact**(재치) **참조**

타고르 Tagore (동양인 최초로 노벨문학상을 수상한 인도의 시인)

□ **Tagore** [təgɔ́:r] (명) **타고르**《Sir Rabindranath ~, 인도의 시인; Nobel 문학상 수상(1913); 1861-1941》 ★ 시집 <기탄잘리>의 저자이며 '동방의 등불 코리아'를 노래한 시인

T

칵테일 cocktail (혼합주), 테일로터 tail rotor (헬기 꼬리 회전날개)

♣ 어원 : tail 꼬리, 꼬리에 붙이다

< 헬리콥터의 Tail Rotor >

■ cock**tail** [kάktèil/kɔ́k-] ⓜ **칵테일**, 혼합주 《양주와 감미료 · 향료를 혼합한》 ☜ 수탉(cock)의 꼬리(tail). ⇦ 여러 설이 있지만, 특히 '투계판에서 닭의 꽁지 깃털을 뽑아 술잔에 넣어 마셨다'는 설에서 유래

□ **tail** [teil/테일] ⓜ (동물의) **꼬리; 끝**, 말단 ⓢ 꼬리를 달다 ☜ 고대영어로 '꼬리'란 뜻 . 비교 tale 이야기
♠ **the tail** of a procession 행렬의 **후미**
♠ **cannot make head or tail of ~ ~의 뜻을[정체를] 전혀 모르다** (=cannot understand at all)

□ **tail** coat 연미복(燕尾服) ☜ 제비 꼬리(tail) 같은 외투(coat)

□ **tail** end 말단(末端) ☜ end(끝, 결말; 최후)

□ **tail**light [téillàit] ⓜ (자동차 · 열차 따위의) **테일라이트**, 미등(尾燈) ☜ light(빛, 불; 밝은; 불 켜다, 밝게 하다) 비교 headlight 헤드라이트

□ **tail** rotor 〖항공〗 **테일로터** 《헬리콥터의 미부 회전익》 ☜ rotor(회전하는 것, 회전날개)
★ 조종사는 tail rotor의 꼬임각을 조절하여 헬리콥터 진행방향을 조종한다.

□ **tail** wind (비행기나 배의) 등 뒤에서 부는 바람, 순풍 ☜ wind(바람)

■ en**tail** [entéil] ⓢ (필연적 결과로서) **수반하다**; (노력 · 비용 등이) 들게 하다 ☜ 꼬리를(tail) 만들다(en)

디테일(detail.상세)하게 설명하다, 테일러 스위프트 Taylor Swift (미국 여가수 · 배우)

♣ 어원 : tail, tall 자르다(=cut)

■ de**tail** [díːteil, ditéil] ⓜ **세부, 상세** ⓢ **상세히 설명하다** ☜ 분리하여(de) 잘게 썰다(tail)

■ cur**tail** [kəːrtéil] ⓢ **줄이다**; 단축〔생략·삭감〕하다 ☜ 자르고(cur) 자르다(tail)

■ re**tail** [ríːteil] ⓜ ⓗ **소매**(小賣)(의) ⓢ 소매로 팔다 ☜ 다시(re) 자르다(tail)

□ **tail**or [téilər] ⓜ (fem. **-ess**) **재봉사**, (주로 남성복의) **재단사** ⓢ (양복을) **짓다** ☜ 고대 프랑스어로 '재단사, 석공', 라틴어로 '자르는(tail) 사람(or)'이란 뜻
♠ **The tailor makes the man. 《속담》 옷이 날개**

■ Elizabeth **Taylor** [ilízəbəθ téilər] ⓜ **엘리자베스 테일러** 《영국 태생, 미국의 여배우; 1932-2011》
★ Taylor란 성(姓)에서 그녀의 조상이 재단사(tailor)였다는 사실을 알 수 있다.
★ 엘리자베스 테일러는 1942년 아역으로 영화에 데뷔한 세기의 미녀이자 은막의 여왕으로 불렸던 헐리우드의 전설적인 여배우. 8차례의 결혼으로 화제에 오르기도 함.

■ **Taylor** Swift [téilər swift] ⓜ **테일러** 스위프트 《미국의 여성 팝, 팝록, 컨트리 음악의 싱어송라이터 · 배우; 1989-》 ★ 7번의 그래미 상 수상, 11번의 아메리칸 뮤직 어워드 수상, 전 세계적으로 2천 600만 장의 음반 판매고 달성, 포브스가 뽑은 가장 돈 많은 20대에 이름을 올렸다.

□ **tail**or-made [téilərméid] ⓗ 양복점에서 지은, 맞춤의 ☜ 재단사(tailor)가 만든(made)

□ **tall**y [tǽli] ⓜ **부절(符節), 부신(符信)** 《대차(貸借) 관계자가 막대기에 눈금을 새겨 금액을 나타내고 세로로 쪼개서 뒷날의 증거로 삼은 것》; 부신에 새긴 눈금; 계산서, 장부, 득점표〔판〕 ⓢ 새기다; 계산하다, 일치하다, 부합되다. ☜ 라틴어로 '자른(tall) 것(y)'

연상 조류독감 닭에 페인트(paint)를 뿌렸더니 나도 테인트(taint.감염)되었다.

※ **paint** [peint/페인트] ⓜ (pl.) **그림물감**, 채료; **페인트**, 도료 ⓢ **페인트칠하다**, (그림을) **그리다** ☜ 라틴어로 '그림을 그리다'란 뜻

□ **taint** [teint] ⓜ 더럼; 얼룩, 오점; 오명, **치욕; 감염**; 병독; 부패, **타락** ⓢ 더럽히다, 오염시키다; 감염시키다 ☜ 고대 프랑스어로 '색을 칠하다'란 뜻
♠ **moral taint 도덕적 타락**〔부패〕

□ **taint**less [téintlis] ⓗ 오점이 없는; 순결〔깨끗〕한; 병독이 없는 ☜ -less(~이 없는)

T

타이페이 Taipei (타이완(臺灣) [중화민국]의 수도)

□ **Taipei, Taipeh** [táipéi] ⓜ **타이베이**, 대북(臺北) 《Taiwan의 수도》 ☜ 한자(漢字)로 '대만의 북쪽'이란 뜻
★ 타이완(臺灣)은 통상 명칭이며, 자국 내에서 사용하는 공식 국호는 <중화민국>이다. 타이완은 '하나의 중국' 원칙에 따라서 '차이니즈 타이베이(Chinese Taipei)'로 호칭되기도 한다.

기브 앤 테이크 give-and-take (주고받기)
테이크아웃 takeout (사 가지고 가는 음식)

※ **give** [giv/기브] (동) (-/**gave**/**given**) **주다**
☜ 고대영어로 '하늘이 주다'란 뜻

※ **and** [ənd/언드, nd/은드, ən/언, n/은; (강) ænd/앤드] (접) **~와, 그리고** ☜ 고대영어로 '그래서, 그 다음'이란 뜻

□ **take** [teik/테이크] (동) (-/**took**/**taken**) **받다, 잡다, 취하다, 가지고[데리고] 가다; 필요로 하다** (명) 잡힌 것, **포획량** ☜ 고대 노르드어로 '취하다'란 뜻
- ♠ **take a book** in one's hand **책을** 손에 들다
- ♠ **take a bus** 〔subway, taxi〕 **버스**〔택시, 지하철〕**을 타다**
- ♠ **take a look at ~ ~을 보다**
- ♠ **take a picture 사진을 찍다**
- ♠ **take a rest 쉬다, 휴식을 취하다**
- ♠ **take a seat 자리에 앉다**
- ♠ **take a shower** 〔bath〕 **샤워**〔목욕〕**하다**
- ♠ **take a trip (to~) (~을) 여행하다**
- ♠ **take a walk 산책하다**(=take a stroll) ※ **go out for a walk** 산책하러 나가다
- ♠ **take after ~ ~를 닮다**(=resemble); **~을 모방하다**
- ♠ **take ~ apart ~을 분해[분석]하다; 혼나게 하다**
- ♠ **take apart in ~ ~에 참가하다**
- ♠ **take an exam 시험을 치다**
- ♠ **take an order 주문을 받다**
- ♠ **take away 제거하다, 치우다; 가지고 가다**
- ♠ **take back ~을 취소[철회]하다; (구입한 물건을) 반품하다**
- ♠ **take by surprise 기습하다, 불시에 공격하다**
- ♠ **take care of ~ ~을 돌보다**
- ♠ **take down 내려놓다; 적어두다**(=withe down)
- ♠ **take exercise 운동하다, 연습하다**
- ♠ **take** [mistake] **(A) for (B) A를 B라고 생각하다[잘못 알다]**
- ♠ **take in 이해하다, 받아들이다; 속이다**
- ♠ **take it easy 마음을 편하게 가지다; 여유 있게 하다**
- ♠ **take it that ~ ~라고 생각하다[믿다]**
- ♠ **take notice** [note] **of ~ ~에 주목[주의]하다; 눈치채다; 후대하다**
- ♠ **take off 떠나다, 이륙하다; 벗다**(⇔put on); **덜어 내다**
- ♠ **take on 떠맡다; 고용하다; ~ 성향을 띠다**(=assume)
- ♠ **take out 꺼내다, 가지고[데리고] 가다; 획득하다, 받다**
- ♠ **take over ~을 인계하다, 떠맡다**
- ♠ **take pains 수고하다, 애쓰다**
- ♠ **take place (사건 등이) 일어나다, 발생하다; (행사 등이) 열리다**
- ♠ **take pride in ~ ~을 자랑스럽게 여기다**
- ♠ **take to ~ ~을 좋아하다, ~이 마음에 들게 되다; ~에 몰두하다; ~에 호소하다**
- ♠ **take (A) to (B) A를 B로 가져가다[데려가다]**
- ♠ **take up 집어 올리다; 뒤를 잇다, 취임하다, 종사하다; 차지하다**
- ♠ **be taken ill 병에 걸리다**(=fall ill)

□ **take**off [téikɔ̀(:)f, -ɑ̀f] (명) 출발; 도약; 이륙 ☜ 멀리 분리하여(off) 취하다(take)

□ **take**out [téikàut] (명) 지출; 《미》 사 가지고 가는 음식 (《영》 takeaway)
☜ 밖으로(out) 취하다(take)

□ **tak**ing [téikiŋ] (형) 마음〔관심〕을 끄는, **매력 있는** (명) 취득, 획득 ☜ take + ing<형접/명접>

■ in**take** [íntèik] (명) (물 · 공기 · 연료 따위를) 받아들이는 입구, **흡입구**
☜ 안으로(in) 취하다(take)

■ mis**take** [mistéik] (명) **잘못**, 틀림 (동) (-/mis**took**/mis**taken**) 오해하다
☜ 잘못(mis) 취하다(take)

■ under**take** [ʌ̀ndərtéik] (동) (-/under**took**/under**taken**) **떠맡다**, (책임을) **지다; 착수하다**
☜ 아래에서(under) 취하다(take)

토크쇼 talk show (TV · 라디오 등의 유명인사에 대한 인터뷰 프로)

□ **talk** [tɔ:k/토-크] (동) **말[이야기]하다** (명) **이야기**, 담화
☜ 네델란드 북부의 프리슬란트어로 '말하다'란 뜻
- ♠ **What are you talking about? 무슨 말을 하고 있는 거야 ?**
- ♠ **talk about** 〔of〕 **~ ~에 관해 이야기를 하다, ~을 논하다**

♠ **talk (A) into** 〔out of〕 **(B)-ing A를 설득하여 B시키다**〔~하지 않도록 하다〕
I **talked** him **out of** resigning. 나는 그를 설득하여 사임하지 않도록 하였다.
♠ **talk over ~ ~에 대해서 의논하다; ~를 설득하다**
♠ **talk to ~ ~에게 말을 걸다**
♠ **talk to oneself 혼잣말하다, 마음속으로 생각하다**
♠ **talking to ~ ~으로 말하자면**

■ **TTYL** — **T**alk **T**o **Y**ou **L**ater (나중에 얘기하자, 나중에 보자)의 줄임말
□ **talk**ative — [tɔ́:kətiv] 형 **이야기하기 좋아하는**, 수다스러운, 말 많은부 ☜ -ative<형접>
□ **talk**atively — [tɔ́:kətivli] 부 수다스럽게 ☜ talkative + ly<부접>
□ **talk**er — [tɔ́:kər] 명 이야기 하는 사람 ☜ talk + er(사람)
□ **talk**ie — [tɔ́:ki] 명 《구어》 **발성영화, 토키**(talking film); 《미.속어》 (2차 대전의 미군) 휴대용 무선전화기 ☜ talk + ie<명접>
□ **talk**ing — [tɔ́:kiŋ] 형 **말하는**; 표정이 있는; 수다스러운 명 담화, 토론 ☜ talk + ing<형접/명접>
□ **tale** — [teil/테일] 명 **이야기**, 설화, 속담 ☜ 고대영어로 '이야기'란 뜻. 말해진 것
비교 tail 꼬리
♠ a fairy **tale** 옛날 **이야기**
♠ **A tale never loses in the telling. 이야기는 결코 그 세기를 잃지 않는다. 《속담》 말은 되풀이되면 커지게 마련이다.**
□ **tale**bearer — [téilbɛərər] 명 고자질하는 사람, 남의 이야기를 퍼뜨리는 사람
☜ (남의) 이야기(tale)를 나르는(bear) 사람(er)
■ **tell** — [tel/텔] 동 (-/**told/told**) **말하다, 이야기하다** ☜ 고대 노르드어로 '말하다'란 뜻
※ **show** — [ʃou/쇼우] 동 (-/**showed/shown**〔《드물게》 **showed**〕) **보이다; 출품하다, 나타내다** 명 **쇼**, 구경거리; 흥행; **보임**, 나타냄 ☜ 고대영어로 '보다'

탈렌트 < 탤런트 talent (재능있는 사람, 연기자) ➔ TV star, TV actor<남> · TV actress<여>, TV personality

♣ 어원 : **tal, tol 올리다; 참다, 견디다, 지탱하다**
□ **tal**ent — [tǽlənt] 명 **재능**(있는 사람), **연예인**; 탤런트 《고대 그리스의 저울눈 또는 화폐》
☜ (사람의 가치에 있어) 무게〔재능〕가 있는 사람 ⇦ 저울 ⇦ 올려놓는(tal) 것(ent)
♠ She has great **artistic talent**. 그녀는 뛰어난 **예술적 재능**을 지니고 있다.
□ **tal**ented — [tǽləntid] 형 **재능이 있는, 재주가 있는** ☜ 재능(talent)이 있는(ed<형접>)
■ **tol**erable — [tάlərəbəl/tɔ́l-] 형 **참을 수 있는**, 허용할 수 있는 ☜ 참을(tol) + er + 수 있는(able)
■ in**tol**erable — [intάlərəbəl/-tɔ́l-] 형 **참을**〔견딜, 용납할〕 **수 없는** ☜ in(=not/부정) + tolerable
♠ The heat **was intolerable**. 더위가 **참기 어려웠다**.

□ **talk**(말하다), **talkative**, **talkie**, **talking** ➔ **tale**(이야기) **참조**

스타벅스 톨사이즈 Starbucks tall size (스타벅스 커피의 세번째 크기)

스타벅스의 커피 사이즈에는 숏 사이즈(Short size, 237mm) < 톨 사이즈(Tall size, 355mm) < 그란데 사이즈(Grande size, 473mm) < 벤티 사이즈(Venti size, 591mm) 등 4가지가 있다.

※ **Starbucks** — [stá:bʌks] 명 **스타벅스** 《미국에 본사를 둔 세계적인 커피체인점》
☜ 모비딕(Moby Dick, 미국의 해양소설)의 등장인물인 스타벅(Starbuck, 커피를 사랑한 일등 항해사)의 이름에서 유래
□ **tall** — [tɔ:l/톨] 형 **키 큰**, 긴; 높이가 ~인
☜ 스코틀랜드어로 '높은, 키 큰', 중세영어로 '잘생긴, 큰'이란 뜻
♠ She's **tall** and thin. 그녀는 **키가 크고** 말랐다.
※ **size** — [saiz/싸이즈] 명 **크기**, 넓이, 치수, 부피; (옷·모자·장갑 따위의) **사이즈**
☜ 중세영어로 '규정, 통제, 제한'이란 뜻

탤로 캔들 tallow candle (동물기름으로 만든 수지양초)

□ **tallow** — [tǽlou] 명 쇠〔양〕기름, **수지**(獸脂)《양초·비누 등을 만드는 데 쓰이는 동물 기름》 동 수지를 바르다
☜ 중세 독일어로 '동물기름'이란 뜻
♠ The title of the story is **"Tallow Candle."**
그 이야기의 제목은 **"양초"**입니다.
※ **candl**e — [kǽndl] 명 **(양)초**, 양초 비슷한 것; 촉광

☜ 초기 인도유럽어로 '빛나는(cand) 것(le)'이란 뜻

☐ **tally**(부절, 부신) ➔ **tailor**(재봉사, 재단사) **참조**

탈무드 Talmud (유대인의 율법과 그 해설)

☐ **Talmud** [tάːlmud, tǽl-] [명] (the ~) **탈무드** 《해설을 붙인 유대교의 율법 및 전설집》 ☜ 히브리어로 '교훈'이란 뜻

탬버린 tambourine (둥근 테에 방울을 단 작은북)

☐ **tambour**ine [tæ̀mbəríːn] [명] **탬버린** 《가장자리에 방울이 달린 작은북》 ☜ 프랑스어로 '(프로방스 지방에서 사용된) 길고 가는(ine) 북(tambour)'
♠ play (on) **the tambourine 탬버린**을 치다.

■ **tabor, -bour** [téibər] [명] (피리를 불며 한 손으로 치는) 작은북, **테이버** [동] 작은북을 치다 ☜ 고대 프랑스어로 '북'이란 뜻

[연상] 이 야생마를 테임(tame.길들이다)할 타임(time.시간)이다.

☐ **tame** [teim] [형] 길든, **길들인**; 유순한 [동] **길들이다** ☜ 고대영어로 '길들이다'
♠ **tame** a wild bird 야생의 새를 **길들이다.**

☐ **tame**ly [téimli] [부] 길들어서; 유순하게, 얌전하게 ☜ tame + ly<부접>

※ **time** [taim/타임] [명] (관사 없이) **시간, 때;** 시일, 세월; ~회, ~번 ☜ 초기인도유럽어로 '나눈 것'이란 뜻

선탠 suntan (살갗이 볕에 그을음)

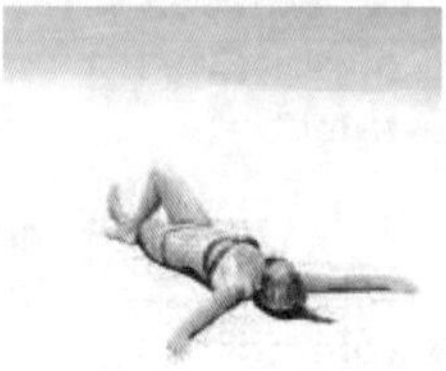

♣ 어원 : **tan, tawn (햇볕에) 태우다; 오크나무 껍질(색), 황갈색**

■ sun**tan** [sʌ́ntæn] [명] **선탠**, 볕에 그을음; 밝은 갈색 ☜ tan(탠껍질: 떡깔나무의 껍질)

☐ **tan** [tæn] [동] (가죽을) **무두질하다**; (피부를) **햇볕에 태우다** [명] 햇볕에 탄 빛깔, 황갈색; 탠 껍질(tanbark) 《가죽을 무두질할 때 쓰는 떡갈나무〔오크나무〕의 껍질 따위》 ☜ 라틴어로 '으깬 떡갈나무〔오크나무〕 껍질; 황갈색으로 물들이다'란 뜻
♠ **tan the skin** on the beach 바닷가에서 **피부를 태우다.**

☐ **tan**ning [tǽniŋ] [명] 무두질, 가죽이기기, 제혁(법); 햇볕에 탐 ☜ tan + n + ing<명접>

☐ **tan**nish [tǽniʃ] [형] 황갈색을 띤 ☜ tan + n<단모음+단자음+자음반복> + ish<형접>

☐ **tawn**y [tɔ́ːni] [형][명] (-<-**nier**<-**niest**) **황갈색(의)**; 황갈색의 것〔사람〕 ☜ -y<형접/명접>

태그아웃 tag out ([야구] 공 또는 공이 든 글로브를 직접 주자의 신체에 접촉해 아웃시키는 것), 탄젠트, 컨텍, 터치...

♣ 어원 : **tag, tang, tact, tach 접촉하다(=touch)**

■ **tag** [tæg] [명] **태그, 꼬리표, 늘어진 끝[장식]; 터치아웃** [동] **꼬리표를 달다; 붙잡다** ☜ 중세영어로 '접촉하다'란 뜻

■ con**tag**ious [kəntéidʒəs] [형] **전염성의**, 옮기 쉬운 ☜ 함께(con<com) 접촉(tag) + i + 하는(ous)

☐ **tang**ent [tǽndʒənt] [형] (한 점에서) 접촉하는; 『수학』 접선의, 접하는 [명] 접선; 정접(선), **탄젠트** 《생략: tan》; (철도·도로 따위의) 직선 구간 ☜ 라틴어로 '닿(tang) 는(ent)'
★ 수학에서 삼각함수에는 3개의 기본적인 함수가 있는데, 이들은 각각 사인(sine, 기호 sin), 코사인(cosine, 기호 cos), 탄젠트(tangent, 기호 tan)이다. 탄젠트는 각에 대한 삼각함수로서 직각 삼각형의 변의 비로 정의된다.

☐ **tangle** [tǽŋgəl] [동] 엉키게 하다, **얽히게 하다** ☜ 얽히게(tang) 하다(le)
♠ **a tangle of** branches **서로 얽힌** 나뭇가지들

■ en**tangle** [entǽŋgl] [동] 엉클어지게 하다, **얽히게 하다** ☜ 엉키게(tangle) 만들다(en)

☐ **tang**ible [tǽndʒəbəl] [형] **만져서 알 수 있는** ☜ 만질(tang) 수 있는(ible)

■ **tact** [tækt] [명] **재치**, 기지(機智) ☜ 라틴어로 '촉감'이란 뜻에서

■ con**tact** [kάntækt/**칸**택트/kɔ́ntækt/**콘**택트] [명] **접촉** [동] **접촉[연락]하다** ☜ 함께(con<com) 접촉하다(tact)

■ at**tach**ment [ətǽtʃmənt] [명] **부착**(물) ☜ ~에(at<ad=to) 붙인(tach) 것(ment<명접>)

■ de**tach**ment [ditǽtʃmənt] [명] **분리, 초연함** ☜ 분리(de=off) 접촉한(tach) 것(ment)

T

탱고 tango (탱고 음악 춤)

☐ **tango** [tǽŋgou] ⓜ (pl. **-s**) **탱고** 《춤의 일종》; 그 곡 ⓢ 탱고를 추다
☜ 아르헨티나 스페인어/니제르 콩고어로 '춤추다'란 뜻.
♠ dance **the tango 탱고 춤**을 추다

탱크 tank (❶ [군사] 전차 ❷ 물탱크), 탱크톱 tank top

☐ **tank** [tæŋk] ⓜ (물·연료·가스) **탱크**; 〖군사〗 전차, **탱크** ⓢ (통에) **채우다** ☜ 포르투갈어로 '물 저장통'이란 뜻
♠ a hot water **tank** 온수 **탱크**

☐ **tank**er [tǽŋkər] ⓜ 유조선, **탱커**; 탱크 로리; 〖항공〗 (공중) 급유기; 〖미군〗 전차〔장갑차〕 대원 ☜ tank + er(사람/기계)

☐ **tank** car 유조차 ☜ car(승용차, 자동차)

☐ **tank** station 급수역(給水驛) ☜ station(정거장, 역; 소(所), 서(署), 국(局), 부(部))

☐ **tank** top 〖의류〗 (민소매 배꼽티형의) 여자용 웃옷, **탱크톱**
☜ 탱크(tank)의 상부(top) 모양에서 유래

탄호이저 Tannhäuser (13세기 독일의 연애·음유 시인)

중세 독일의 음유시인이자 기사. 여러 곳을 돌아다니며 연애·모험·전설 등을 시로 읊었다. 처음에는 사치와 여신 베누스의 동굴에서 육체적 쾌락에 빠져 살았지만, 한때 그가 사랑했던 영주 조카딸의 설득으로 그 생활의 잘못을 뉘우치고 로마교황을 찾아가서 죄를 빌었다(용서받지는 못함). 탄호이저는 그의 생애를 소재로 한 하이네(Heine)의 담시(譚詩), 바그너가 작곡한 3막 오페라 <탄호이저>로 더욱 유명해졌다.

☐ **Tannhäuser** [tǽnhɔ̀izər] ⓜ **탄호이저** 《13세기의 독일 서정시인》; 이를 주제로 한 Wagner의 3부작 가극

탄탈루스 Tantalus ([그神] 신들의 비밀을 누설한 제우스의 아들)

☐ **Tantalus** [tǽntələs] ⓜ 〖그.신화〗 **탄탈루스** 《Zeus의 아들; 신들의 비밀을 누설한 벌로 호수에 턱까지 잠기어 물을 마시려 하면 물이 빠지고, 머리 위의 나무 열매를 따려 하면 가지가 뒤로 물러났다 함》

탄자니아 Tanzania (아프리카 중동부의 공화국)

☐ **Tanzania** [tæ̀nzəníːə] ⓜ **탄자니아** 《아프리카 남동부의 공화국; 수도 도도마(Dodoma)》
☜ 1964년 **Tan**ganyika공화국과 **Zan**zibar 공화국이 연합하여 Tanzania 공화국으로 개칭됨.

탭댄스 tap dance (구두 소리로 리듬을 맞추는 미국 남부의 흑인춤)

☐ **tap** [tæp] ⓢ **가볍게 두드리다**, 똑똑 두드리다 ⓜ **가볍게 두드림**; 탭댄스, (탭댄스용 구두 밑창의) 징; 《영》 (수도의) 꼭지 ☜ 고대 프랑스어로 '가볍게 두드리다'란 뜻
♠ Someone **tapped** me on the shoulder. 누군가가 내 어깨를 **툭 쳤다**

☐ **tap** dance **탭댄스** ☜ dance(춤, 춤추다)

☐ **tap**-dance [tǽpdæ̀ns/-dὰːns] ⓢ 탭댄스를 추다 ☜ dance(춤, 춤추다)

■ **rap** [ræp] ⓜ (문·테이블 따위를) **톡톡 두드림**; 두드리는 소리; 《속어》 비난, 질책; 고소, 고발; 수다, 잡담; **랩 음악** ⓢ 톡톡 두드리다; 랩 음악을 하다
☜ 중세영어로 '빠르고 가볍게 치기'란 뜻

T

테이프 tape (묶는·접착용 테이프, 녹음·비디오 테이프)

☐ **tape** [teip/테잎] ⓜ (납작한) **끈** 《묶는데 쓰는》, **테이프**; 각종 테이프 《녹음·비디오·접착·절연·장식 따위》 ⓢ 끈으로 묶다 ☜ 고대영어로 '묶는데 사용하는 천의 좁은 끈'
♠ Put it in a box and **tape** it **up** securely.
그것을 상자에 넣어서 끈으로 단단히 **묶어라**.

☐ **tape**line [téiplàin] ⓜ 줄자 ☜ tape + line(줄, 선)

☐ **tape** measure 줄자 ☜ measure(재다, 측정하다; 치수)

☐ **tape** player **테이프 플레이어**, 테이프 재생 장치 ☜ tape를 재생하는(play) 기계(er)

☐ **tape** recorder **테이프 리코더**, 녹음기 ☜ tape를 기록하는(record) 기계(er)

테이퍼 taper (원뿔처럼 끝이 점점 가늘어지는 것)

□ **taper** [téipər] ⓜ **가는 초**; 끝이 뾰족한 것(모양) ⓢ 끝이 (점점) 가늘어지다(뾰족해지다) ☜ 중세 라틴어로 '초의 심지'란 뜻
♠ The tail **tapered** to a rounded tip.
그 꼬리는 **점점 가늘어져** 끝이 동그래졌다.

□ **taper**ing [téipəriŋ] ⓗ 끝이 가늘어진, 끝이 뾰족한, 점점 준 ☜ taper + ing<형접>

태피스트리 tapestry (다채로운 염색실로 그림을 짜넣은 직물)

□ **tapestry** [tǽpistri] ⓜ **태피스트리** 《색색의 실로 수놓은 벽걸이나 실내 장식용 비단》; 그런 직물의 무늬 ⓢ 태피스트리로 장식하다; (무늬를) 비단(융단)에 짜 넣다
☜ 고대 프랑스어로 '두터운 실로 짠 것'이란 뜻
♠ weave **a tapestry 태피스트리**를 짜다
♠ **a tapestry** work **태피스트리** 직물 제품

타르 tar (석탄 · 목재를 건류하여 얻은 검은 색의 기름 같은 액체)

□ **tar** [tɑːr] ⓜ **타르** ⓢ 타르를 칠하다 ⓗ 타르를 바른
☜ 고대영어로 '나무의 진, 수지'란 뜻
♠ **low-tar cigarettes 저(低)타르 담배**

□ **tar**ry [tάːri] ⓗ (-<-**rier**<-**riest**) 타르의; 타르질(質)의; 타르를 칠한, 타르로 더럽혀진 ☜ 타르(tar) + r<단모음+단자음+자음반복> + 의(y<형접>)

■ coal **tar** **콜타르** 《석탄을 고온 건류(高溫乾溜)할 때 부산물로 생기는 검은 유상(油狀) 액체》 ☜ coal(석탄)

타키온 tachyon (빛보다 빠른 입자) ⇔ 타디온 tardyon (빛보다 느린 입자)

■ **tachy**on [tǽkiὰn/-ɔ̀n] ⓜ 〖물리〗 **타키온** 《빛보다 빠른 가상의 소립자(素粒子)》 ☜ 현대영어로 '빠른(tachy) 것(on)'이란 뜻.

□ **tardy**on [tάːrdiὰn/-ɔ̀n] ⓜ 〖물리〗 **타디온** 《빛보다 느린 가상의 소립자(素粒子)》 ☜ 고대 프랑스어로 '느린(tardy) 것(on)'이란 뜻.

□ **tardy** [tάːrdi] ⓗ (-<-**dier**<-**diest**) 느린, 완만한; **늦은, 더딘**; 지각한 ⓜ 지각 ☜ 고대 프랑스어로 '느린, 늦은'이란 뜻
♠ **a tardy student 지각생**

□ **tardily** [tάːrdli] ⓑ 느릿느릿 ☜ tardy + ly<부접>

□ **tarry** [tǽri] ⓢ **체재하다**, 묵다; **늦어지다**; 기다리다 ☜ 중세영어로 '늦어지다'
♠ **tarry at home 집에 머무르다**

타깃 > 타게트 target (표적, 과녁)

□ **target** [tάːrgit] ⓜ **과녁**, 표적; **목표**, 목적, 목표액 ⓢ 목표로 삼다
☜ 고대영어로 '가벼운 방패'란 뜻
♠ shoot at **the target 표적**을 쏘다
♠ **an export target 수출 목표액**

□ **target** market **타깃 마켓**, 표적 시장 《마케팅 계획 충족에 요하는 일정한 고객군(群)》 ☜ market(시장)

□ **target** zone **타깃 존** 《국제통화 안정을 위한 목표로 설정된 외환 시세 변동폭》 ☜ zone(지역, 지대)

태리프 tariff ([호텔] 행정기관에 신고 후 공시하는 객실요금)

□ **tariff** [tǽrif, -rəf] ⓜ **관세**(표); (철도 · 전신 등의) 요금(운임)표; (호텔 · 음식점 등의) 요금(가격)표 ⓢ ~에 관세를 부과하다; ~의 세율(요금)을 정하다 ☜ 아랍어로 '통지'란 뜻
♠ **impose a tariff 관세를 부과하다**

□ **tariff** barrier (wall) 관세 장벽 ☜ barrier(울타리, 장벽, 장애물), wall(벽)

Room Tariff

	SINGLE	DOUBLE
DELUXE NON A/C	779	979
DELUXE A/C	1579	1779
EXECUTIVE	1779	1979
LUXURY	2779	2979

□ **tarry**(늦어지다) ➔ **tardy**(늦은) **참조**

타(르)트 tart (❶ 신맛이 나는 와인 ❷ 틀에 파이반죽을 깔고 과일 · 크림을 채워 구운 과자)

□ **tart** [tɑːrt] ⓗ **시큼한**; 신랄한

T

☜ 고대영어로 '고통스런, 날카로운, 심각한, 거친'이란 뜻
㉠ **타(르)트**, 파이; 《속어》 매춘부 ☜ 라틴어로 '둥근 빵'이란 뜻
♠ **a tart flavor 시큼한 맛**
♠ **an apple tart 사과 타(르)트[파이]**

타타르 Tartar (서양인들의 몽골인에 대한 비칭. <지옥의 악마>란 뜻)

☐ **Ta(r)tar** [tά:rtər/**타**-터] ㉠ **타타르** 사람(말); (or t-) 포악한 사람; 사나운 여자; 『미.해군』 **타타르** 유도탄 《함대공(艦對空) 미사일》 ㉡ 타타르(사람(풍))의; 사나운
☜ 라틴어로 '지옥'이란 뜻, 13세기 몽골군의 유럽 침략 이후 '몽골사람'을 지칭

☐ **Tartar**us [tά:rtərəs] ㉠ 『그.신화』 **타르타로스** 《지옥 밑바닥의 끝없는 구렁》; [일반적] 지옥

타잔 Tarzan (미국의 E. R. 버로스 작(作) 정글 이야기의 주인공)

미국의 대중작가 E.R.버로스가 쓴 소설의 주인공. 타잔은 본래 영국 귀족의 아들이었으나 비행기 사고로 아프리카 밀림에 불시착, 동물들에게 양육된다. 장성하여 야생동물과 더불어 평화롭게 지내고 있을 때, 문명인들이 찾아와 밀림을 해치자 그들을 응징한다. 1931년부터 MGM사를 비롯한 많은 영화사에서 영화화하여 소년층의 인기를 크게 얻었고, 한국에서도 TV로 인기리에 방영되었다. <출처 : 두산백과 / 일부인용>

☐ **Tarzan** [tά:rzæn, -zən] ㉠ **타잔** 《미국의 작가 E.R. Burroughs(1875-1950) 작(作) 정글 모험소설의 주인공》; (종종 t-) 초인적인 힘을 가진 사람

테이저건 Taser gun (근육신경을 일시 붕괴시키는 전기충격기)

☐ **Taser** [téizər] ㉠ **테이저**총 《전기충격무기; 맞으면 일시 마비됨; 상표명》 ㉢ 테이저로 공격하다 ☜ Tele-Active Shock Electronic Repulsion(원격 작동 충격 전자 발사)의 약어 ⇦ **테이저건을 발명**한 미 항공우주국 연구원이 어릴 때 좋아했던 모험소설 시리즈의 주인공 이름을 따 '토머스 A. 스위프트 전기 총(Thomas A. Swift's Electric Rifle)'이라 불렀고, 이 영문의 머릿글자(이니셜)를 따 Taser라고 부른데서 유래.

태스크포스 task force (특수임무가 부여된 특별 편제의 부대 · 조직)

☐ **task** [tæsk/태스크/tɑ:sk/타-스크] ㉠ **직무**, 임무, 과업; **힘드는 일** ㉢ ~에게 임무(업무)를 부여하다; 혹사하다 ☜ 라틴어로 '의무'란 뜻
♠ **set ~ (to) a task ~에게 일을 과하다.**
♠ **take** (call, bring) **~ to task ~를 꾸짖다, 비난하다**
He **took** me **to task** for being late. 그는 지각했다고 나**를 책망했다**.

☐ **task**master [tǽskmæstər/tά:skmὰ:s-] ㉠ 직공장, 감독 ☜ task + master(주인, 영주)
☐ **task** force 기동부대(함대); 대책본부 ☜ force(힘, 세력)
■ multi**task**ing [mλltitǽskiŋ] ㉠ 다중 작업 ☜ multi(많은) + task + ing<명접>
※ **force** [fɔ:rs/뽀-스] ㉠ **힘, 세력**, 기세; **폭력**, 강압 ㉢ **억지로 ~시키다**, 강제하다
☜ 고대 프랑스어로 '힘, 용기'란 뜻

태슬 tassel (솔 · 옷 · 우승기 등의 가장자리에 장식으로 다는 술)

☐ **tassel** [tǽsəl] ㉠ (장식용) **술**; (옥수수의) 수염; 책갈피 끈 ㉢ ~에 술을 달다; (옥수수의) 수염을 뜯다; (옥수수 따위가) 수염이 나다
☜ 고대 프랑스어로 '가장자리(에 대는 것)'이란 뜻
♠ The curtains were held back **by tassels**.
커튼은 **장식용 술로** 묶여 있었다.

☐ **tassel**(l)ed [tǽsld] ㉡ 술 달린 ☜ tassel + ed<수동형 형접>

테이스터스 초이스 Nescafé Taster's Choice (네슬레의 인스턴트 커피 브랜드. <맛을 보는 자의 선택>이란 뜻)

☐ **taste** [teist/테이스트] ㉠ (the ~) **미각; 맛**, 풍미; (첫)경험; 취미 ㉢ (음식을) **맛보다**, 경험하다; **맛을 알다; ~한 맛이 나다**
☜ 라틴어로 '만지다'라는 뜻
♠ sweet (bitter, sour) to **the taste 맛**이 단(쓴, 신)
♠ **the delicate taste** of seafood 해산물의 **감칠맛**
♠ **have a taste for ~ ~에 취미를 갖다, ~가 좋다**

☐ **taste**r [téistər] ㉠ 맛보는(맛을 감정하는) 사람

☜ 맛을 보는(taste) 사람(er)

■ dis**taste** [distéist] 명 **싫음, 혐오**, 싫증, 염증 ☜ dis(=not/부정) + taste(맛이 있다)

□ **taste**ful [téistfəl] 형 취미를〔멋을〕 아는; 감식력이 있는; 점잖은, 우아한 ☜ -ful(~이 가득한)

□ **taste**fully [téistfəli] 부 풍취〔멋이〕 있게 ☜ tasteful + ly<부접>

□ **taste**less [téistlis] 형 맛없는; 취미 없는, 멋없는; 품위 없는 ☜ taste + less<~이 없는>

□ **tast**y [téisti] 형 (-<-**tier**<-**tiest**) **풍미[맛]있는**(=delicious, yummy, scrumptious); 품위 있는, 멋진 ☜ taste + y<형접>

※ **choice** [tʃɔis/초이스] 명 **선택**(하기), 선정 ☜ 고대영어로 '선택하다, 맛보다'란 뜻

팃포탯 Tit for tat (죄수의 딜레마 전략. <눈에는 눈, 이에는 이>라는 뜻)

<죄수의 딜레마> 이론에 등장하는 용어. 어떤 범죄의 두 관련 혐의자를 분리해 심문할 경우, 둘 다 부인하면 서로 좋은 결과를 도출할 수 있지만, 한쪽이 자백할 수 있다는 불확실성 때문에 결국 모두 자백을 할 수 밖에 없다는 것이다. 팃포탯(Tit for tat)은 게임 이론에서 반복되는 죄수의 딜레마를 활용하는 강력한 전략이기도 하다. Tit for tat은 '네가 틱치면 나는 톡치겠다'는 <맞받아치기>를 의미한다.

© blog.naver.com/chinese-wara

■ **tit** [tit] 명 작은 새; ☜ 노르웨이어로 '작은 새'란 뜻. 가슴; 젖꼭지, 버튼 ☜ 고대영어로 '젖꼭지, 가슴'이란 뜻. **tit**ty의 줄임말

■ **tit for tat** 명 보복, 앙갚음 형 (한정적) 복수의, 보복의, 앙갚음의
♠ This, surely, is **tit for tat**. 이건 분명 **보복**이다.

□ **tat** [tæt] 동 태팅하다, 뜨개질하다; 《방언》 가볍게 치다 명 가볍게 치기; 《영,속어》 싸구려 (물건); 주사위 ☜ 힌두어로 '두꺼운 캔버스 천', 근대영어로 '뜨개질하다'란 뜻.
♠ I worked at a **tat** shop. 나는 **싸구려 물건** 가게에서 일했다.

■ rat-a-**tat**, rat-a-**tat-tat** [rǽtətǽt], [rǽtətæ̀ttǽt] 명 둥둥, 쾅쾅 《문, 북 따위를 두드리는 소리》; 《미.속어》 기관총 ☜ 마치 쥐(rat)가 쿵쾅거리며 뛰어다니듯 소리 나는 것을 표현한 17c. 의성어. rat-tat이라고도 씀.

※ **for** [fɔːr/포-어, (약) fər] 전 **~를 향해; ~를 위해; ~하는 동안**; ~에 대하여; ~ 때문에 접 《문어》 왜냐하면 ~하니까 ☜ before나 forward 등의 for(e)에 함축된 '앞에서는; 앞을 내다보는; 앞으로 향하는'의 뜻

태터솔 체크 tattersall check (두 가지 이상의 색으로 만든 격자무늬)

□ **tatter** [tǽtər] 명 (보통 pl.) **넝마**; 누더기옷 동 너덜너덜하게 해지다 ☜ 고대 노르드어로 '넝마'란 뜻
♠ dressed in (rags and) **tatters 누더기**를 입은

□ **tatter**ed [tǽtərd] 형 해어진, 누더기를 걸친 ☜ tatter + ed<형접>

□ **tatter**sall [tǽtərsɔ̀ːl] 명 **태터솔** 《2-3색의 체크무늬》; 태터솔 무늬의 모직물 ☜ 영국의 태터솔 말 시장에서 유래

※ **check**, 《영》 **cheque** [tʃek/췌크] 명 **저지; 감독, 점검, 대조, 검사**; **수표**; 바둑판(체크) 무늬 동 **저지하다, 조사[점검]하다**; 수표를 떼다 ☜ 고대 프랑스어로 '체스경기, (적의 공격을) 저지하다', 중세 영어로 '사각형을 번갈아 그리다'란 뜻

타투 tattoo (문신)

□ **tattoo** [tætúː] 명 (pl. **-s**) **문신**(文身), **타투**; 귀영 나팔〔북〕 동 문신하다 ☜ 폴리네시아어로 '피부에 찍는 점'이란 뜻
♠ **tattoo** a rose on one's arm 팔에 장미 **문신을 하다**

T

템프테이션 temptation (한국 댄스팝 걸그룹 AOA 노래. <유혹>이란 뜻)

♣ **어원 : tempt, taunt 시도하다, 시험하다, 유혹하다**

■ **tempt** [tempt] 동 **유혹하다, 시험하다** ☜ 라틴어로 '시험하다'란 뜻

■ **tempt**ation [temptéiʃən] 명 **유혹** ☜ tempt + ation<명접>

■ at**tempt** [ətémpt/어**템프트**] 동 **시도하다** 명 **시도** ☜ ~로(at<ad=to) 시도하다(tempt)

■ con**tempt** [kəntémpt] 명 **경멸, 모멸**, 치욕 ☜ 철저히(con<com/강조) 시험당하다(tempt)

□ **taunt** [tɔːnt, tɑːnt] 명 비웃음, 모욕, **조롱**; 조롱거리 동 비웃다; **조롱하다**, 빈정대다 ☜ 중세 프랑스어로 '시도하다, 시험하다, 자극하다'란 뜻
♠ **Don't taunt** me with cowardice. 나를 비겁하다고 **비웃지 말라**

태번 온 더 그린 Tavern On The Green (미국 뉴욕의 최고(最古) 레스토랑. <풀밭 위의 선술집>이란 뜻)

1870년에 지어진 건물에 1934년부터 레스토랑을 개업하여 2010년 뉴욕 1위, 전국 2위의 매출을 올렸던 명물 레스토랑. 최소 10명에서 최대 1,000명까지 수용 가능하다고 한다. 뉴욕 신사들이 사랑하는 여인에게 청혼하는 장소로도 유명하며, 주말에 식사하려면 몇 주 전에 예약해야 한다.

♣ 어원 : tavern, tabern 오두막집

□ **tavern** [tǽvərn] ⓜ **선술집**; 여인숙(=inn) ☜ 라틴어로 '오두막집', 중세영어로 '술집'
♠ Next door to the inn there was a **tavern**.
여인숙 옆에는 **선술집**이 있었다.

■ **tabern**acle [tǽbərnæ̀kəl] ⓜ **가건물**, 막사; 천막; (고대 유대의) 이동 신전 ⓢ 임시로 살다
☜ 라틴어로 '천막, 오두막집'이란 뜻

※ **on** [ɔːn/온, ɔn, ɑn] ⓟ **~위에**; **~을 입고**; **~의 도중에** ⓑ **위에**; **계속**
☜ 고대영어로 '~위에, ~안에, ~안으로'라는 뜻

※ **the** [약 ðə/더, 《자음 앞》, ði 《모음 앞》; 강 ðiː] ⓐ 【정관사】 **저, 그** ⓑ **~하면 할수록, (~ 때문에) 그만큼** ☜ 초기 인도유럽어로 '그것(that)'이란 뜻

※ **green** [griːn/그륀-] ⓗ **녹색의** ⓜ **녹색** ☜ 고대영어로 '살아있는 식물의 색'

선탠 suntan (살갗이 볕에 그을음)

♣ 어원 : tan, tawn 오크나무 껍질(색), 황갈색

■ sun**tan** [sʌ́ntæ̀n] ⓜ **선탠**, 볕에 그을음; 밝은 갈색
☜ sun(태양) + tan(햇볕에 탄 빛깔, 황갈색; 탠 껍질)

■ **tan** [tæn] ⓢ (가죽을) **무두질하다**; (피부를) **햇볕에 태우다**
ⓜ 햇볕에 탄 빛깔, 황갈색; 탠 껍질(=tanbark)《가죽을 무두질할 때 쓰는 떡갈나무〔오크나무〕의 껍질 따위》
☜ 라틴어로 '으깬 떡갈나무〔오크나무〕 껍질; 황갈색으로 물들이다'란 뜻

□ **tawn**y [tɔ́ːni] ⓗⓜ (-<-n**ier**<-n**iest**) **황갈색(의)**; 황갈색의 것〔사람〕
☜ 황갈색(tan) 의(y<형접/명접>)
♠ A lion has a **tawny skin**. 사자의 **가죽은 황갈색**이다.

홈택스 hometax (대한민국 국세청이 운영하는 납세 자동화 시스템)

♣ 어원 : tag, tax, touch 접촉하다, 만지다

※ **home** [houm/호움] ⓜ **자기의 집, 가정; 고향** ⓗ **가정의, 본국의** ⓑ **자기집에[으로,에서]**
☜ 고대영어로 '사는 곳'이란 뜻

□ **tax** [tæks/택스] ⓜ **세**(稅), **세금**, 조세; **무거운 부담** ⓢ **세금을 부과하다; 비난하다**
☜ 라틴어로 '만져서 (평가하다)'란 뜻
♠ He paid $500 in **taxes**. 그는 500달러의 **세금**을 냈다

□ **tax**able [tǽksəbl] ⓗ 세금 붙는 ☜ tax + able<형접>

□ **tax**ation [tækséiʃən] ⓜ **과세**, 징세; 세제 ☜ tax + ation<명접>

□ **tax**-free [tǽksfrìː] ⓗ 면세의, 비과세의 ⓑ 면세로 ☜ free(자유로운, 면제된)

□ **tax**less [tǽkslis] ⓗ 면세의(=tax-free) ☜ 세금(tax)이 없는(less)

□ **tax**payer [tǽkspèiər] ⓜ **납세자**(納稅者), 납세 의무자 ☜ tax + 지불하는(pay) 사람(er)

■ **over**tax [òuvərtǽks] ⓢ **~에 지나치게 과세하다** ☜ 지나치게(over) 세금을 부과하다(tax)

택시 taxi (택시)

□ **taxi** [tǽksi/택시] ⓜ (pl. taxi**(e)s**) **택시**(=taxicab); 택시처럼 영업하는 배〔비행기〕
☜ 라틴어로 '요금'이란 뜻
♠ **go by taxi 택시로** 가다, **take a taxi 택시를 타다**

□ **taxi** driver 택시 운전사 ☜ taxi + 운전하는(drive) 사람(er)

□ **taxi**cab [tǽksikæ̀b] ⓜ **택시** ☜ taxi + cab(택시, 승합마차)

□ **taxi**way [tǽksiwèi] ⓜ 【항공】 (공항의) 유도로(誘導路) ☜ taxi + way(길)

■ yellow **cab** **옐로 캡** 《미국 뉴욕의 택시》; (Y~ C~) 옐로 캡의 택시회사명 ☜ 노란(yellow) 택시(cab)

제로더마 xeroderma ([의학] 피부 건조증)

♣ 어원 : derm 피부, 가죽, 껍질 // dermat(o) 피부의

■ xero**derm**a [zìərədə́ːrmə, -miə] ⓜ 피부 건조증, 건피증 ☜ 건조한(xero) 피부(derm) 증(症)(a)

T

■ **derm, derm**a [də:rm], [dé:rmə] 명 진피(眞皮); [일반적] 피부 (=skin), 외피 ☜ 그리스어로 '피부, 가죽'이란 뜻
■ epi**derm**is [èpədé:rmis] 명 표피, 상피, 외피(外皮)
☜ 피부(derm) 위/표면(epi=on)의 것(is<명접>)
□ taxi**derm**y [tǽksidə̀:rmi] 명 박제술
☜ 피부(derm)를 정리하는(taxi) 기술(y<명접>)
♠ **a taxidermy shop 박제 가게**
□ taxi**derm**al, taxi**derm**ic [tǽksidə̀:rməl, -mik] 형 박제술의
☜ -al/-ic<형접>
□ taxi**derm**ist [tǽksidə̀:rmist] 명 박제사 ☜ -ist(사람)

이코노미 economy (경제), 에콜로지 ecology (생태학)

♣ **어원 : nomy 학문, 법칙, 규칙 ⇦ 이름(nom=name)을 붙인 것(y)**
■ eco**nomy** [ikάnəmi/이**카**너미/ikɔ́nəmi/이**코**너미] 명 **경제; 절약** 형 경제적인
☜ 가정(eco)을 관리하는 법칙(nomy)
□ taxo**nomy** [tæksάnəmi/-sɔ́n-] 명 분류학, 분류; 분류법 ☜ 배열/분류하는(taxo) 학문(nomy)
♠ **study taxonomy 분류학을 공부하다**
□ taxo**nom**ic(al) [tæ̀ksənάmik(əl)/-nɔ́m-] 형 분류학〔법〕의 ☜ taxonomy + ic(al)<형접>
□ taxo**nom**ist [tæksάnəmist/-ɔ́n-] 명 분류학자 ☜ taxonomy + ist(사람)

차이코프스키 Tchaikovsky (<백조의 호수>를 작곡한 러시아의 작곡가)

□ **T(s)chaikovsky** [tʃaikɔ́:fski, -kάf-] 명 **차이코프스키** 《Peter Ilych ~, 러시아의 작곡가; 1840-93》
★ 교향곡, 오페라, 발레곡, 다수의 실내악곡, 협주곡 등을 작곡함. 특히 발레곡 《백조의 호수》, 교향시 《만프레드 교향곡》 등이 유명.

티백 tea bag (천이나 종이로 만들어진 1인분의 차 봉지)

□ **tea** [ti:/티-] 명 **(홍)차** ☜ 중국어 '차(茶)'에서 유래
♠ make **tea 차**를 끓이다
♠ **a cup of tea 차 한 잔**
■ ginseng **tea** 인삼차(人蔘茶) ☜ ginseng(인삼)
■ green **tea** 녹차(綠茶) ☜ green(녹색의)
■ black **tea** 홍차(紅茶) ☜ black(검은) ★ 홍차는 red tea가 아니라 black tea이며, 그냥 tea라고 하면 통상 '홍차'를 의미함.
■ jasmine **tea** 자스민차 ☜ jasmine(자스민색의, 밝은 노랑색의, 자스민 향이 나는)
□ **tea** house 다방 ☜ house(집, 주택)
□ **tea** leaf 차 잎사귀 ☜ leaf(잎, 나뭇잎, 풀잎)
□ **tea** party 다과회 ☜ party(모임, 파티; 정당)
□ **tea**cup [tí:kʌ̀p] 명 (홍차) **찻잔**; 찻잔 한 잔(의 양) ☜ cup(컵, 잔)
□ **tea**kettle [tí:kètl] 명 (차를 끓이는) 찻주전자 ☜ tea + kettle(솥; 탕관, 주전자)
□ **tea**pot [tí:pὰt/-pɔ̀t] 명 찻주전자 ☜ tea + pot(단지, 항아리, 냄비)
□ **tea**room [tí:krù:m] 명 **다방** ☜ tea + room(방, 실(室))
□ **tea**spoon [tí:spù:n] 명 **찻숟가락** ☜ 차(tea) 숟가락(spoon)
□ **tea**spoonful [tí:spu:nfùl] 명 (pl. **-s**, teaspoon**s**ful) **찻숟갈 하나 가득**(한 양(量)) 《tablespoon의 ⅓; 생략: tsp》; 소량 ☜ -ful(~이 가득한)
□ **tea**time [ti:tàim] 명 차 마시는 시간, **티타임** ☜ tea + time(시간, 시대; ~회(回))
※ **bag** [bæg/백] 명 **가방**, 자루(=sack) ☜ 고대 노르드어로 '꾸러미, 보따리'란 뜻

T

티칭프로 teaching pro ([골프] 소정의 자격을 갖추고 골프 연습장에서 유료 코칭·강습을 하는 프로. <가르치는 프로선수>)

□ **teach** [ti:tʃ/티-취] 동 (-/**taught**/**taught**) **가르치다**, 교수하다, 교육하다, 훈련하다
☜ 고대영어로 '보여주다, 지적하다, 증명해 보이다'란 뜻
♠ **teach children 아이들을 가르치다**
♠ **teach oneself 독학하다**
□ **teach**able [tí:tʃəbl] 형 가르칠 수 있는, 유순한 ☜ teach + able(~할 수 있는)
□ **teach**er [tí:tʃər/**티**-춰] 명 **선생, 교사**, 교수자 ☜ 가르치는(teach) 사람(er)
★ 선생님은 Teacher Kim이라고 하지 않고 Mr. 〔Miss, Mrs.〕 Kim이라고 호칭함.
□ **teach**-in [tí:tʃìn] 명 **티치인** 《정치나 사회 문제에 대한 교수와 대학생간의 장시간에 걸친 토론

집회》 ☜ (학교) 내에서(in) (서로) 가르치다(teach)

☐ **teach**ing [tíːtʃiŋ] ⓜ **가르치기, 교육**, 수업, 훈육; (종종 pl.) **가르침; 교훈** ☜ -ing<명접>

※ **pro** [prou] ⓜ (pl. **-s**) 《구어》 **프로**, 전문가, 직업 선수 ⓗ 직업적인, 직업 선수의, 프로의 ☜ **pro**fessional의 줄임말

팀워크 > 팀웍 teamwork (팀의 협동작업, 연대감, 단체정신)

☐ **team**work [tíːmwə̀ːrk] ⓜ **팀워크**, 협력; (통제 아래 있는) 협동작업 ☜ team + work(일, 작업; 세공품)

☐ **team** [tiːm/티임] ⓜ 〖경기〗 **조, 팀**; 작업조; 한패 ⓗ 팀으로 행하는 ⓓ 팀이 되다, 팀을 짜다 ☜ 고대영어로 '함께 멍에가 씌워진 같은 짐수레를 끄는 동물들의 무리'란 뜻

★ **스포츠팀이 아닌 회사 등에서의 팀은 team이 아닌 division이 바른 표현이다.**

♠ **a baseball team 야구 팀**

☐ **team**mate [tíːmmèit] ⓜ 팀 동료 ☜ team + mate(상대, 배우자, 동료)

☐ **team** play **팀플레이** 《팀 전체의 조직적 플레이; 공동동작, 협력》 ☜ play(놀이; 놀다, 경기하다, 연주하다)

티어드롭 teardrop (눈물방울 모양의 안경알 · 귀고리 · 목걸이. <눈물방울>이란 뜻)

☐ **tear** [tiər/티어] ⓜ (보통 pl.) **눈물** ⓓ 눈물을 흘리다 ☜ 고대영어로 '눈물'이란 뜻
[tɛər/테어] ⓓ (-/**tore/torn**) **찢다, 째(지)다** ⓜ 찢음, 째진 틈 ☜ 고대영어로 '찢다'란 뜻

♠ **shed (bitter) tears (피)눈물을 흘리다**
♠ **tear away 잡아 찢다; 질주하다; 벗기다, 폭로하다**
♠ **tear down 헐다, 부수다; (명성 따위를) 손상하다**
♠ **tear off ~ 잡아떼다, 벗기다**
♠ **tear up 갈기갈기 찢다; 뿌리째 뽑다**
tear up a letter 편지를 (일부러) **찢다**
♠ **in tears 눈물을 흘리며**

☐ **tear**drop [tíərdrɑp, -drɔp] ⓜ 눈물 (방울); (귀고리 · 목걸이) 눈물 방울 모양의 펜던트 ⓗ 눈물 모양의 ☜ 눈물(tear) 방울(drop)

☐ **tear**ful [tíərfəl] ⓗ **눈물 어린**; 슬픈 ☜ tear + ful(~로 가득한)

☐ **tear**less [tíərlis] ⓗ 눈물 없는, 무정한 ☜ tear + less(~이 없는)

☐ **tear** gas 최루 가스 ☜ tear(눈물) + gas(가스, 기체)

※ **drop** [drɑp/드랍/drɔp/드롭] ⓜ (액체의) **방울; 한 방울의 분량; 방울져 떨어짐; 급강하**; 〖군사〗 공중투하 ⓓ **떨어지다; 푹 쓰러지다, 똑똑 떨어뜨리다, (물건을) 떨어뜨리다** ☜ 고대영어로 '액체 한 방울'이란 뜻

티저 teaser ([광고] 관련 정보를 최소한으로 공개하여 호기심을 갖고 주의를 기울이게 하는 예고 광고)

☐ **tease** [tiːz] ⓓ **놀리다**; 졸라대다, 집적거리다; **괴롭히다** ⓜ 놀리기, 집적거림; 남자를 (성적으로) 애태우는 여자 ☜ 고대영어로 '잡아떼다'란 뜻

♠ **tease** a girl 소녀**를 놀리다[집적대다, 괴롭히다]**

☐ **tease**r [tíːzər] ⓜ 집적대는〔괴롭히는〕 사람; 남자를 애타게 하는 여자; 〖상업〗 살 마음이 내키게 하는 광고 ☜ tease + er(사람/것)

☐ **teaspoon**(숟가락), **teaspoonful**(찻숟가락으로 하나) ➔ **tea**(차) **참조**

테크닉 technic, technique (기술, 기법)

♣ **어원 : techn, techno 기술, 기교, 공예**

☐ **techn**ic [téknik] ⓜ **기술, 기법**; (pl.) [단 · 복수취급] 과학기술, 공예(학) ⓗ 전문적인 ☜ 그리스어/라틴어로 '기술, 공예(techn) + ic<형접/명접>

♠ learn **technique** 〔skills〕 **테크닉**을 익히다

☐ **techn**ique [tekníːk] ⓜ **기술, 기법**, 기교, **테크닉**, 예풍(藝風) ☜ -ique<형접/명접>

☐ **techn**ical [téknikəl] ⓗ **공업의, 전문적인**; 기술적인 ☜ -ic(al)<형접>

☐ **techn**ically [téknikəli] ⓑ 기술적〔학술적〕으로, **전문적으로** ☜ -ical + ly<부접>

☐ **techn**icality [tèknəkǽləti] ⓜ 전문적〔학술적〕임; 전문적 사항〔방법〕; 전문어 ☜ -ical + ity<명접>

☐ **techn**ician [tekníʃən] ⓜ **기술자**; 전문가; (음악 등의) 기교가 ☜ technic + ian(사람)

☐ **techn**icist [téknəsist] ⓜ 전문가, 기술자 ⓗ 기술 편중의 ☜ technic + ist(사람)

☐ **techno**cracy [teknɑ́krəsi/-nɔ́k-] ⓜ 기술자 지배[정치]; (종종 T-) 기술주의, **테크노크라시** 《경제 · 정치를 전문 기술자에게 위임하는 방식》; 기술주의 사회 ☜ 기술(techno) 지배(cracy)

☐ **techno**crat [téknəkræ̀t] ⓜ 테크노크라시주의자(신봉자): 기술자 출신의 고급관료, 전문 기술자
☜ **technocr**acy + **at**(사람)

☐ **techno**logy [teknɑ́lədʒi/-nɔ́l-] ⓜ **과학기술, 테크놀로지**: 공예(학): 전문어: 응용과학
☜ 기술(techno) 학문(logy)
♠ **high technology 하이테크, 첨단기술** ☜ high(높은, 고성능의)

☐ **techno**logic(al) [tèknəlɑ́dʒik(əl)/-lɔ́dʒ-] ⓗ **공예(상)의**: 공예학의: **과학기술의**
☜ 기술(techno) 학문(log) 의(ic, ical<형접>)
♠ **technologic** advance **과학기술** 진전

☐ **techno**logist [teknɑ́lədʒist/-nɔ́l-] ⓜ **과학기술자**(연구가), 공학자: 공예가, 공예학자
☜ 기술(techno) 학문(log) 하는 사람(ist)

테디베어 teddy bear (장난감 봉제 곰인형. <테디의 곰>이란 뜻)

☐ **teddy** [tédi] ⓜ (pl.) **테디** 《슈미즈(여성용 속옷 상의)와 팬티로 된 원피스형의 여성용 내의.: 1920년대에 유행》: 《유아》 곰
☜ teddy bear 또는 teddy boy의 줄임말

☐ **teddy** bear **테디베어**, (봉제의) 장난감 곰 ☜ teddy는 Theodore Roosevelt 대통령의 애칭이며, 사냥에서 곰을 한 마리도 잡지 못한 대통령에게 보좌관들이 새끼곰을 산 채로 잡아다 사냥한 것처럼 총을 쏘라고 하자 이를 거절했다는 이야기가 퍼지면서 이를 소재로 한 만화와 곰 인형이 등장하였음.

☐ **Teddy** boy (girl) 《영.구어》 (종종 t-) **테디 보이**(걸) 《1950-60년대에 Edward 7세 시대의 화려한 복장을 즐겨 입던) 영국의 불량소년(소녀)》 ☜ boy(소년), girl(소녀)

※ **bear** [bɛər/베어] ⓜ **곰** ☜ 고대영어로 '곰'이란 뜻

연상 미디엄(medium.중간 익힘)요리를 너무 많이 먹었더니 이젠 티디엄(tedium.싫증)이 났다.

※ **medi**um [míːdiəm] ⓜ (pl. **-s**, medi**a**) **중간, 매개물**, 매체 ⓗ **중위[중등, 중간]의** ☜ 라틴어로 '중간의(medi) + um<명접>'이란 뜻

☐ **tedi**um [tíːdiəm] ⓜ 싫증, **권태, 지루함** ☜ 라틴어로 '지루(tedi) 함(um)'

☐ **tedi**ous [tíːdiəs, -dʒəs] ⓗ **지루한**, 싫증나는: 장황한: 끈덕진
☜ 지루(tedi) 한(ous<형접>)
♠ a **tedious** discourse (lecture) **따분한** 이야기(강의)

티샷 tee shot ([골프] 티 그라운드에서 치는 제1타)

☐ **tee** [tiː] ⓜ 【골프】 **티** 《공을 올려놓는 받침: 옛날에는 모래를 쌓은 것》: 각 홀의 출발점 ⓢ 【골프】 (공을) 티 위에 올려놓다
☜ 근대영어로 '골프공을 올려놓는 곳'이란 뜻

※ **shot** [ʃɑt/ʃɔt] ⓜ 발포, **발사, 탄환**: 총성: 【사진・영상】 촬영, **스냅**(사진), 한 화면, **샷** ☜ shoot의 단축형. 고대영어로 '쏘기'란 뜻

연상 팀(team.조)원들은 모두 사기가 팀(teem.충만하다)했다.

※ **team** [tiːm/티임] ⓜ 【경기】 **조, 팀**: 작업조: 한패 ⓗ 팀으로 행하는 ⓢ 팀이 되다, 팀을 짜다 ☜ 고대영어로 '함께 멍에가 씌워진 같은 짐수레를 끄는 동물들의 무리'란 뜻 ★ **스포츠팀이 아닌 회사 등에서의 팀은 team이 아닌 division이 바른 표현이다.**

☐ **teem** [tiːm] ⓢ **충만**(풍부)**하다**, 많이 있다
☜ 고대영어로 '아이를 만들다'란 뜻
♠ The river **teems with** fish. = Fish **teem in** the river.
그 강에는 물고기**가 많다**.

☐ **teem**ful [tíːmfəl] ⓜ 풍부한, 결실이 많은 ☜ -ful(~이 가득한)

☐ **teem**ing [tíːmiŋ] ⓜ (동물이) 다산인: (땅이) 비옥한: (창작력 등이) 풍부한 ☜ -ing<형접>

하이틴 highteen (콩글 10대의 청소년) ➔ teenager (틴에이저)

☐ **-teen** [tíːn, tìːn] ⓜ '십(十)'의 뜻 《13-19의 수의 어미에 씀》 ☜ 라틴어로 '10'을 의미

☐ **teen**age [tíːnèidʒ] ⓗ **10대의** ☜ age(나이)

☐ **teen**ager [tíːnèidʒər] ⓜ **10대의 소년[소녀], 틴에이저** 《13-19살까지의》
☜ 10대의(teenage) 사람(er)
♠ a magazine **aimed at teenagers 십대를 겨냥한** 잡지

☐ **teen**s [tiːnz] ⓜ (pl.) **10대**(代) 《정확하게는 13-19세: 숫자가 -teen으로 끝남》 ☜ teen + s<명사의 복수>

♠ **in one's teens 10대의[에]**

■ pre**teen** [príːtìːn] 형명 《미》 사춘기 직전의 (어린이) 《10-12세》 ☜ teen(13-19세) 이전(pre)

■ sub**teen** [sʌ́btìːn] 형 《구어》 13세 미만(10대 미만)의 어린이 ☜ teen(13-19세) 미만/아래(sub)

□ **teeth**(tooth의 복수) ➔ **tooth**(이빨) **참조**

텔레콤 telecom (전기 통신), 텔레파시 telepathy (정신 감응술)

♣ **어원 : tel-, tele- 원거리의, 원격으로, 멀리서**

□ **tele**cast [téləkæ̀st, -kɑ̀ːst] 동 (-/tele**cast**/tele**cast**) **텔레비전 방송을 하다** 명 **텔레비전 방송** ☜ 그리스어로 '멀리로(tele) (전파를) 던지다(cast)'란 뜻

□ **tele**com [téləkɑ̀m/-likɔ̀m] 명 전기 통신 ☜ 원거리(tel) 통신(com=communication)

□ **tele**communication [tèləkəmjùːnikéiʃən] 명 원거리 통신; (보통 ~s) 전기 통신공학 ☜ 원거리(tel) 통신(communication)

□ **tele**gram [téləgræ̀m] 명 **전보**, 전신 ☜ 멀리(tele) 보내는 기록/그림/문서(-gram)

□ **tele**graph [téləgræ̀f, -grɑ̀ːf] 명 **전신**, 전보; 전신기 동 **전보를 치다** ☜ 멀리서(tele) 쓴 것/쓰는 도구(graph)

♠ **telegraph by radio 무선전신을 보내다**

□ **tele**graphy [təlégrəfi] 명 **전신술**(학); 전신법; 전신 ☜ tele + graph + y<명접>

□ **tele**grapher, 《영》 **tele**graphist [təlégrəfər], [-fist] 명 전신계원, 전신 기사 ☜ -er/ist(사람)

□ **tele**graphic [tèləgrǽfik] 형 전신기의; 전신의, 전보의 ☜ tele + graph + ic<형접>

□ **tele**meter [téləmìːtər, təlémətər] 명 **텔레미터**, 거리 측정기(range finder); 원격 계측기(計測器) ☜ 멀리 떨어져(tele) 측정하는 기계(meter)

□ **tele**metry [təlémətri] 명 텔레미터법, 원격 측정법 ☜ 멀리 떨어져(tele) 측정하(metr=meter) 기(y)

□ **tele**pathy [təlépəθi] 명 **텔레파시**, 정신 감응(술); 감응, 이심전심 ☜ 멀리서(tele) 느끼는 감정(pathy)

□ **tele**pathic [tèləpǽθik] 형 정신 감응의, 이심전심의 ☜ telepathy + ic<형접>

□ **tele**pathize [təlépəθàiz] 동 정신 감응으로 전하다, 정신 감응술을 행하다 ☜ -ize<동접>

텔레비전 television, TV (텔레비전)

♣ **어원 : tel-, tele- 원거리의, 원격으로, 멀리서**

□ **tele**phone [téləfòun/**텔**러포운] 명 **전화; 전화기**; (the ~) 전화 (통신) 조직 동 **전화를 걸다** ☜ 멀리서(tele) 듣는 소리(phone)

♠ **The telephone** rang and I answered it. **전화**벨이 울려서 내가 전화를 받았다.

□ **tele**phone booth 공중전화실 ☜ booth(노점, 매점; 칸 막은 좌석

□ **tele**phone directory 전화번호부 ☜ directory(인명부, 전화번호부)

□ **tele**phone number 전화번호 ☜ number(수, 숫자, 번호)

□ **tele**phone office (exchange) 전화국 ☜ office(사무실, 사무소), exchange(교환(하다))

□ **tele**phone operator 교환수 ☜ operator(조작자, 기사, 작동수)

□ **tele**photograph [tèləfóutəgræ̀f/-grɑ̀ːf] 명 망원 사진; 전송 사진 동 망원 (렌즈로) 사진을 찍다; (사진을) 전송하다. ☜ 멀리서(tele) 사진(photo)을 기록하다(graph)

□ **tele**scope [téləskòup] 명 **망원경**; 원통상(狀) 확대 광학기계《의학용》 형 끼워 넣는 식의 동 끼워 넣다 ☜ 멀리(tele)를 보는 시야(scope)

□ **tele**scopic(al) [tèləskɑ́pik(əl)/-skɔ́p-] 형 망원경의 ☜ telescope + ic(al)<형접>

□ **tele**type [télətàip] 명 《미》 **텔레타이프** 《텔레타이프라이터의 상표명》; (종종 t-) 텔레타이프 통신(문) ☜ 멀리서(tele) 보내는 활자, 글자(type)

□ **tele**typewriter [tèlətáipràitər] 명 《미》 **텔레타이프라이터**, 전신(電信) 타자기 ☜ tele + type + writer(저자, 필자, 필기자)

□ **tele**vision [téləvìʒən/**텔**러뷔젼] 명 **텔레비전** 《생략: TV》; 텔레비전 영상(프로) ☜ 그리스어로 '(전파를 통해) 멀리서(tele) 보는(vis) 것(ion<명접>)'이란 뜻

♠ He was watching **television**. 그는 **텔레비전**을 보고 있었다

♠ **on television (TV) TV로, 텔레비전으로**

□ **tele**vise [téləvàiz] 동 (텔레비전으로) 방송(수상)하다 ☜ 멀리서(tele) 보다(vise)

□ **tele**x [téleks] 명 **텔렉스** 《가입자가 교환 접속에 의해 teletypewriter로 교신하는 통신방식; T-는 그 상표명》; 텔레타이프 동 텔렉스로 송신하다 ☜ **tel**etype + **ex**change(교환)의 합성어

스토리텔링 storytelling (알리고자 하는 바를 재미있고 생생한 이야기로 설득력 있게 전달하는 행위)

T

※ **story** [stɔ́:ri/스**또**-뤼] ⓜ (pl. -r**ies**) **이야기**
☜ history의 두음 소실에서(옛날 이야기)

☐ **tell** [tel/텔] ⓢ (-/**told**/**told**) **말하다, 이야기하다** ☜ 고대 노르드어로 '말하다'란 뜻
♠ He **told** us his adventures. = He **told** his adventures to us.
그는 우리에게 그의 모험담을 **이야기해 주었다**
♠ **tell (A) from (B) A와 B를 구별하다**(=distinguish (A) from (B))
♠ **tell (A) of** 〔about〕 **(B) A에게 B에 대해 말하다[이야기 하다]**
♠ **tell on ~ ~에 영향을 미치다; (~에 관한 것을) 고자질하다, 밀고하다**

☐ **tell**er [télər] ⓜ **말하는 사람**, 금전출납계원 ☜ -er(사람)
♠ **A**utomated **T**eller **M**achine 자동예금〔현금〕 입출금장치(**ATM**)

☐ **tell**ing [téliŋ] ⓗ 효력이 있는; 반응이 있는; 현저한 ⓜ 이야기하기; 세기
☜ 말하(tell) 기(ing<명접>)

☐ **tell**ingly [téliŋli] ⓑ 효과적으로, 유효하게 ☜ telling + ly<부접>

☐ **tell**tale [téltèil] ⓜ 고자쟁이; 수다쟁이 ⓢ (비밀·감정 따위를) 저도 모르게 드러내는
☜ 이야기(tale)를 말하다(tell)

■ **tale** [teil/테일] ⓜ **이야기**, 설화, 속담 ☜ 고대영어로 '이야기'란 뜻. ⇦ '말해진 것'

■ **talk** [tɔ:k/토-크] ⓢ **말[이야기]하다** ⓜ **이야기**, 담화
☜ 네덜란드 북부의 프리슬란트어로 '말하다'란 뜻

템퍼링 tempering (❶ [금속] 열처리 ❷ [초콜릿] 적온처리법)

♣ 어원 : **temper 섞다, 조합하다, 조절하다; 온화, 절제, 혼합**

☐ **temper** [témpər] ⓜ **기질**, 천성, 성질; **기분** ⓢ **완화하다**
☜ 라틴어로 '섞다, 조합하다'란 뜻
♠ **an equal** 〔even〕 **temper 차분한 성미**
♠ **in a good** 〔bad〕 **temper 기분이 좋아**〔나빠〕**서**

☐ **temper**ament [témpərəmənt] ⓜ **기질**, 성질, 성미, 체질 ☜ -ament<명접>
♠ She has **an excitable temperament**. 그녀는 곧잘 **흥분하는 기질**이다.

☐ **temper**amental [tèmpərəméntl] ⓗ 기질〔성정〕의, 타고난; 개성이 강한; 성마른; 신경질〔감정〕적인; 변덕스러운 ☜ temperament + al<형접>

☐ **temper**ance [témpərəns] ⓜ **절제**; 자제; 극기, 중용; **절주**, 금주 ☜ -ance<명접>

☐ **temper**ate [témpərit] ⓗ (기후·계절 등이) 온화한; **삼가는; 절제하는**; 금주의 ☜ -ate<형접>

☐ **temper**ature [témpərətʃər/**템**퍼뤄춰] ⓜ **온도**; 기온 ☜ -ature<명접>
♠ **the mean temperature** of the month of May 5월의 **평균기온**

☐ **tempest**(대폭풍우, 대폭설), **tempestuous**(폭풍우의) ➔ **tempo**(박자) **참조**

템플스테이 temple stay(s) (사원 문화체험 관광)

☐ **templ**e [témpəl/**템**펄] ⓜ **신전, 절**, 사원; 교회당; 〖해부〗 **관자놀이** 《눈과 귀 사이의 움푹 들어간 곳》
☜ 라틴어로 '신을 모시는 장소'란 뜻
♠ **a Buddhist** 〔Hindu · Sikh〕 **temple 불교 사찰** 〔힌두교 사원·시크교도 사원〕

☐ **Templ**ar [témplər] ⓜ 템플 기사단원(騎士團員); (t-) 《영》 법학생, 법률가, 변호사 ☜ temple + ar(사람)

※ **stay** [stei/스떼이] ⓢ (-/stay**ed**〔《고어》 staid〕/stay**ed**〔《고어》 staid〕) **머무르다, 체류하다**; 멈추다 ⓜ **머무름, 체재** ☜ (가지 않고) 서있(sta) 다(y)

템포 tempo ([음악] 속도, 박자)

♣ 어원 : **temp(or) 시간(=time), 시대, 시기, 계절; 일시, 잠시 동안**

☐ **temp**est [témpist] ⓜ **대폭풍우, 대폭설**; 야단법석 ☜ 그 시기(temp)에 가장 심한(est) 것

☐ **temp**estuous [tempéstʃuəs] ⓗ 사나운 비바람의, 폭풍우의 ☜ tempest + uous<형접>

☐ **tempo** [témpou] ⓜ (pl. **-s**, -p**i**) 《It.》 〖음악〗 빠르기, 박자, **템포**《생략: t.》; 《비유》 (활동·운동 등의) 속도 ☜ 라틴어로 '시간, 계절, 시간의 일부'란 뜻

☐ **tempor**al [témpərəl] ⓗ **시간의**; 일시적인(=temporary); 현세의 ☜ -al<형접>

☐ **tempor**ary [témpərèri/-rəri] ⓗ **일시적인; 임시의** ☜ -ary<형접>
♠ **temporary** relief from pain **일시적인** 통증 완화

☐ **tempor**arily [tèmpərérəli] ⓑ **일시적으로**, 임시로 ☜ temporary + ly<부접>

■ con**tempor**ary [kəntémpərèri/-pərəri] ⓗ **(~과) 동시대의; 현대의**, 최신의
☜ 같은(con<com) 시대(tempor) 의(ary<형접>)

■ ex**tempor**ary [ikstémpərèri/-rəri] ⓗ 즉석의, 즉흥적인

☜ 시간적 여유없이 ⇦ ~밖(ex) + 시간(tempor) 의(ary<형접>)

템프테이션 temptation (한국의 댄스팝 걸그룹 AOA 노래. <유혹>이란 뜻)

♣ **어원 : tempt, taunt 시도하다, 시험하다, 유혹하다**

□ **tempt** [tempt] ⓢ **유혹하다**(=lure), **시험하다** ☜ 라틴어로 '시험하다'
♠ The serpent **tempted** Eve. 뱀은 이브를 **유혹했다**.

□ **tempt**ation [temptéiʃən] ⓜ **유혹** ☜ tempt + ation<명접>

□ **tempt**er [témptər] ⓜ 유혹자, 유혹물; [the T-] 악마 ☜ -er<사람/주체>

□ **tempt**ing [témptiŋ] ⓗ 유혹적인 ☜ tempt + ing<형접>

■ at**tempt** [ətémpt/어**템**프트] ⓢ **시도하다** ⓜ **시도** ☜ ~로(at<ad=to) 시도하다(tempt)

■ con**tempt** [kəntémpt] ⓜ **경멸, 모멸**, 치욕 ☜ 철저히(con<com/강조) 시험당하다(tempt)

■ **taunt** [tɔːnt, tɑːnt] ⓜ 비웃음, 모욕, **조롱**; 조롱거리 ⓢ 비웃다; **조롱하다**, 빈정대다 ☜ 중세 프랑스어로 '시도하다, 시험하다, 자극하다'란 뜻

톱텐 top ten (상위 10위권 내에 든 것)

※ **top** [tɑp/탑/tɔp/톱] ⓜ **정상; 최고** ⓗ **최고의, 첫째의** ⓢ 정상에 오르다
☜ 고대영어로 '꼭대기'란 뜻

□ **ten** [ten/텐] ⓗ **10의**; 10인(개)의; 《막연히》 많은 ⓓ [복수취급] 10인, 10개 ⓜ (수의) **10** ☜ 고대영어로 '10'이란 뜻
♠ **Ten men, ten colors. 《속담》 십인십색(十人十色)**
♠ **ten to one 십중팔구, 거의 틀림없이**
♠ **tens of thousands of 수만이나**
♠ **ten thousand 1만, ten million 천만, ten billion 백억, ten trillion 십조**

■ **Ten** Commandments 『성서』 십계 《모세가 시나이 산에서 하느님으로부터 받은 10개조의 계율》
☜ commandment(율법)

□ **ten**th [tenθ/텐스] ⓗ (보통 the ~) **제10의**, 10번째의; 10분의 1의 ⓜ (보통 the ~) (서수의) 열 번째, 제10 《생략 10th》; 10분의 1 ☜ ten(10) + th<서수 접미사>

텐트 tent (천막)

♣ **어원 : ten(e), tent, tend, tense (팽팽하게) 뻗히다, 펼치다, 늘리다, 넓히다**

■ **tent** [tent/텐트] ⓜ **텐트, 천막** ☜ 초기 인도유럽어로 '펼치다'에서 유래

□ **ten**ant [ténənt] ⓜ **차용자**, 소작인 ⓢ 차용하다 ☜ (재산을) 늘리는(ten) 사람(ant)

□ **tend** [tend/텐드] ⓢ **~하는 경향이 있다**, ~하기 쉽다; **돌보다**, 시중들다
☜ (어느 한쪽으로 관심이) 뻗치다
♠ Fruits **tend to** decay. 과일은 **자칫** 썩**기가 쉽다**.
♠ **tend to ~ ~의 경향이 있다; ~에 이바지하다**

□ **tend**ance [tendəns] ⓜ 시중, 돌보기, 간호 ☜ -ance<명접>

□ **tend**ency [téndənsi] ⓜ **경향**, 풍조, 추세 ☜ -ency<명접>

□ **tend**er [téndər] ⓢ **제출**(제공)**하다**, 제안(입찰)하다 ⓜ 제출, 제안; 입찰
☜ (~로 손을) 뻗치다(tend) + er<명접/동접>
♠ **tender one's apologies** (thanks) **사과**(사례)**하다**

□ **tend**er [téndər/**텐**더] ⓗ (고기 따위가) **부드러운**, 씹기 쉬운
☜ (나이가 어려) 팽팽한, 여린, 부드러운
♠ **tender meat 연한 고기, tender buds 새싹**

□ **tend**erly [téndərli] ⓑ **상냥하게**, 친절하게, 유익하게 ☜ tender + ly<부접>

□ **tend**erness [téndərnis] ⓜ **유연함**; 마음이 여림; 민감, 친절; [때로 a~] 다정, 애정 ☜ -ness<명접>

□ **tend**er-hearted [téndərhɑ́ːrtid] ⓗ 마음씨가 고운(상냥한)
☜ 부드러운(tender) 마음(heart) 의(ed<형접>)

□ **tene**ment [ténəmənt] ⓜ 『법률』 보유재산; **빌린 땅**, 빌린 집; 건물, 주택
☜ (재산을) 늘린(tene) 것(ment<명접>)
♠ the soul's **tenement** = **the tenement** of clay 《시(詩)》 혼이 머무는 **곳**, 육체

✚ at**tend** **~에 출석하다; 시중들다** con**tend** **다투다, 경쟁하다** ex**tend** (손, 발 등을) **뻗히다**, (기간을) **늘리다**, (범위, 영토를) **넓히다**, (은혜를) **베풀다** in**tend** **~할 작정이다, 의도하다**

테네시주(州) Tennessee (8개주에 둘러싸인 미국 남동부의 주(州))

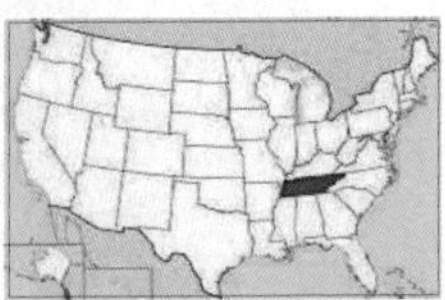

□ **Tennessee** [tènəsíː] ⓜ **테네시** 《미국 남동부의 주; 생략: Tenn., TN》; (the ~) 테네시 강(江) ☜ 체로키 인디언어로 '굽이쳐 흐르는 하천'이란 뜻

T

테니스 tennis (네트 사이로 공을 쳐 넘겨 득점을 겨루는 경기)

♣ 어원 : ten(se), tin, tain 잡다(=take), 잡아당기다, 유지하다, 지탱하다, 차지하다

☐ **ten**nis [ténis/테니스] ⓜ **테니스** ☜ 프랑스어로 '(상대의 공격을) 잡다, 받다, 취하다'
♠ **play tennis 테니스를 치다**

☐ **ten**or [ténər] ⓜ **방침**, 방향, 진로; 〖음악〗 **테너** ⓗ 〖음악〗 테너의 ☜ 라틴어로 '유지함, 진로'라는 뜻
♠ the even **tenor** of (one's) life 평탄한 인생의 **행로**

☐ **tense** [tens] ⓗ **팽팽한**, 긴장한 ⓓ 팽팽하게 하다; 긴장시키다 ☜ 라틴어로 '잡아당겨진'이란 뜻

☐ **tens**ion [ténʃən] ⓜ **긴장(상태)**, 절박 ☜ -ion<명접>

☐ **tent** [tent/텐트] ⓜ **텐트, 천막** ☜ 초기 인도유럽어로 '펼치다'에서 유래

■ in**tense** [inténs] ⓗ **강한**, 격렬한 ☜ 안으로(in) 잡아당긴(tense)

템포 tempo ([음악] 속도, 박자)

♣ 어원 : tempo, tense 시간(=time), 시대, 시기, 계절; 일시, 잠시동안

■ **tempo** [témpou] ⓜ (pl. **-s**, -pi) 《It.》 〖음악〗 빠르기, 박자, **템포**《생략: t.》; 《비유》 (활동·운동 등의) 속도 ☜ 라틴어로 '시간, 계절, 시간의 일부'란 뜻

☐ **tense** [tens] ⓜ 〖문법〗 (동사의) **시제** ☜ 라틴어로 '시간'이란 뜻
♠ **the present** 〔past · future〕 **tense 현재** 〔과거 · 미래〕 **시제**
♠ **the perfect present 현재완료 시제**

☐ **tent**(텐트, 천막) ➔ **tension**(긴장상태, 절박) **참조**

☐ **tenth**(제10의) ➔ **ten**(10) **참조**

터미널 terminal (버스 종점), 터미네이터 terminator (미국 SF 영화. <종결자>란 뜻)

♣ 어원 : term(in) 한계, 마지막; 끝, 종말

☐ **term** [təːrm/터엄] ⓜ **기간; 학기; 어**(語), 용어; (pl.) (친한) 사이, (교제) 관계 ☜ 라틴어로 '한계, 마지막'이란 뜻.
♠ **the first term 제1학기**
♠ **in terms 교섭[상담]중인**
♠ **in terms of ~ ~(에 특유한) 말로, ~에 의하여, ~의 견지에서**
♠ **on good** 〔bad〕 **terms with ~ ~와 사이가 좋은** 〔나쁜〕

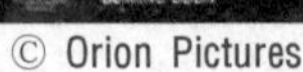
© Orion Pictures

☐ **termin**al [tə́ːrmənəl] ⓗ **끝의, 종말의, 정기의** ⓜ **말단**, (버스 · 철도 · 비행기 등의) **종점** ☜ -al<형접>

☐ **termin**ally [tə́ːrmənli] ⓟ 종말에 ☜ terminal + ly<부접>

☐ **termin**ate [tə́ːrmənèit] ⓓ **끝내다**, 끝나다; 종결시키다, 종결하다 ☜ -ate<동접>

☐ **termin**ation [tə̀ːrmənéiʃən] ⓜ **종료**; 결말, 결과; 말단 ☜ -ation<명접>

☐ **termin**ator [tə́ːrmənèitər] ⓜ 종결시키는 사람[물건]; (달 · 별의) 명암경계선 ☜ terminate + or(사람/물건) ★ 아놀드 슈워제네거 주연의 미국의 SF액션 시리즈 영화 <터미네이터(1984)>가 있다. '끝을 맺는 사람, 종결자'란 의미이다.

☐ **termin**ology [tə̀ːrmənɑ́lədʒi/-nɔ́l-] ⓜ 전문 용어(집), 술어학(術語學) ☜ 중세 라틴어로 '용어(termin=term) + o<접속어> + 학문(logy)'이란 뜻

☐ **termin**us [tə́ːrmənəs] ⓜ (pl. -n**i**, **-es**) (철도 · 버스의) **종점**, 종착역(=terminal) ☜ 끝(termin)나는 곳(us<명접>)

☐ **term**less [tə́ːrmlis] ⓗ 구속되어 있지 않은, 무조건의; 한[끝]이 없는, 무궁무진한 ☜ term + less(~이 없는)

연상 턴(tern.제비갈매기)이 왼쪽으로 턴(turn.회전)하고 있다.

※ **turn** [təːrn/터언] ⓓ **돌(리)다, 회전하다[시키다], 뒤집다, 방향을 바꾸다; 전복하다**; ~로 향하다; 변(화)하다[시키다]; 틀다, 켜다; 돌아가다 ⓜ **회전, 선회; 모퉁이**; (정세의) **변화; 순번**; (타고난) 성질 ☜ 고대영어로 '돌다, 회전하다'란 뜻

☐ **tern** [təːrn] ⓜ 〖조류〗 **제비갈매기**; 세 개 한 벌; 《미》 〖의학〗 인턴(=intern) ☜ 노르드어로 '갈매기 같은 바닷새'란 뜻.
♠ **arctic terns** swarming in aerial acrobatics
공중곡예를 하며 떼를 지어 날아다니는 **북극 제비갈매기들**

테라스 terrace (실내와 연결된 넓은 실외 베란다)
테라코타 terracotta (점토를 구운 것)

< Terrace >

♣ **어원 : terra, terre(s), terri 흙, 땅, 대지**

□ **terra**ce [térəs] ⓜ 계단 모양의 뜰; **대지**(臺地); (집에 붙여 달아낸) **테라스**, 넓은 베란다; (지붕 있는) 작은 발코니
☜ 고대 프랑스어로 '쌓아올린 땅'이란 뜻
♠ **a roof terrace 옥상에 있는 테라스**

□ **terra**-cotta [térəkɑ́tə/-kɔ́tə] ⓜ **테라코타** 《점토의 질그릇》; 테라코타 건축재; 테라코타 인형
☜ terra(흙) + cotta(구운)

□ **terra**in [təréin] ⓜ 지대, 지역; 【군사】 지형; 지세 ☜ -in<명접>

□ **Terra**n [térən] ⓜ **테란**, 지구인 《SF(공상과학) 용어》 ☜ 지구(terr) 사람(an)

□ **terra** rossa [-rɑ́sə/-rɔ́-] **테라로사** 《표층이 황갈색 내지 적갈색을 띤 토양》
☜ 이탈리아어로 '붉은(ross) 흙(terra)'이란 뜻.

□ **terres**trial [təréstriəl] ⓗ **지구(상)의**; 지상의, 뭍으로 된; 흙의, 토질의
☜ terres + tri + al<형접> 반 celestial 하늘의, aquatic 물(속)의

□ **terri**er [tériər] ⓜ **테리어**개 《사냥개·애완견》 ☜ 땅(terri) 개(er)'란 뜻.

□ **terri**tory [térətɔ̀:ri/-təri] ⓜ (영해를 포함한) **영토**, 영지; 속령, 보호〔자치〕령; 지방, 지역
☜ terri + t + ory<명접>
♠ Portuguese **territory** in Africa 아프리카의 포르투갈 **영토**

□ **terri**torial [tèrətɔ́:riəl] ⓗ **영토의**; 사유〔점유〕지의; 토지의 ⓜ 【군사】 지방 수비대원; 《영국》 국방 의용군의 병사 ☜ territory + al<형접>
♠ **a territorial issue 영토문제**

테러 terror (폭력적인 수단을 사용하여 적이나 상대방을 위협·공격하는 행위)

□ **terror** [térər] ⓜ (무서운) **공포**, 두려움; **테러** ☜ 라틴어로 '큰 공포'
♠ **a novel of terror 공포소설**

□ **terri**ble [térəbəl/**테**뤄벌] ⓗ **무서운**, 가공할, 소름끼치는, 굉장한
ⓑ 《구어》 몹시, 지독히 ☜ terri + ble(~상태의)

□ **terri**bly [térəbli] ⓑ **무섭게, 지독하게** ☜ terri + bly<부접>

□ **terri**fic [tərífik] ⓗ **무서운, 굉장한** ☜ terri + fic(만드는)

□ **terri**fically [tərífikli] ⓑ 무섭게, 지독하게 ☜ terrifical + ly<부접>

□ **terri**fy [térəfài] ⓢ **무섭게[겁나게] 하다** ☜ terri + fy(만들다)

□ **terror**ism [térərìzəm] ⓜ **테러리즘**, 공포정치; 테러〔폭력〕 행위; 폭력주의
☜ terror + ism(~주의)

□ **terror**ist [térərist] ⓜ **테러리스트**, terrorism 신봉〔실행〕자, 폭력 혁명주의자
☜ -ist(~주의자, 사람)

□ **terror**ize [térəràiz] ⓢ ~을 무서워하게 하다; 공포를 주다 ☜ -ize<동접>

테스트 test (시험)

♣ **어원 : test 증거, 증명, 입증, 증언, 증인, 시험, 검사; 계약**

□ **test** [test/테스트] ⓜ **테스트, 시험**, 검사, 실험; 고사(=achievement) ⓢ **시험하다**
☜ 라틴어로 '질그릇 단지'란 뜻. 금속 시험에 이 질그릇 단지를 사용한 데서 유래.
♠ **a test in arithmetic 산수시험, undergo a test 테스트를 받다**

□ **test**ament [téstəmənt] ⓜ **유언**(장), **유서**; (신과 사람과의) 계약, 성약; (the T-) **성서**
☜ test + a + ment<명접>

□ **test** bed (항공기 엔진 등의) 시험대 ☜ bed(침대, 침상)

□ **test** blank 시험지 ☜ blank(백지, 공백; 희게 하다)

□ **test**er [téstər] ⓜ 시험자, 시험 장치 ☜ test + er(사람/기계)

□ **test** paper 시험지 ☜ paper(종이; 신문)

□ **test** tube **시험관(管)** ☜ tube((금속·유리·고무 따위의) 관(管), 통)

□ **test**ify [téstəfài] ⓢ **증명[입증]하다; 증언하다**; 증인이 되다 ☜ 증명(test)을 + i + 만들다(fy)
♠ **testify to a fact 사실을 증명하다.**

□ **test**imony [téstəmòuni/-məni] ⓜ **증언**, 증명; (신앙 등의) 고백 ☜ test + i + mony<명접>
♠ **give false testimony 위증(僞證)하다**

□ **test**imonial [tèstəmóuniəl] ⓜ 증명서; 추천장; 상장 ⓗ 증명서의; 상(賞)의
☜ testimony<y→i> + al<형접>

□ **test** paper 시험지, 시험문제지 ☜ paper(종이)

✚ at**test** **증명하다, 증언하다** con**test** **논쟁; 경연, 콘테스트** de**test** **혐오하다** pro**test** **단언하다,**

테트라포드 tetrapod (4개의 뿔 모양으로 생긴 콘크리트 블록)

♣ 어원 : tetra, tetro 4, 넷

☐ **tetra**pod [tétrəpɑ̀d/-pɔ̀d] 명 (탁자 · 의자 등의) 네 다리; 〖공학〗 **테트라포드** 《네 다리가 있는 호안용(護岸用) 콘크리트 블록》; 〖동물〗 사지(四肢) 동물, 네발짐승 ☜ 네 개(tetra)의 발(pod)

☐ **tetro**dotoxin [tetròudətɑ́ksin/-tɔ́ksin] 명 〖생화학〗 **테트로도톡신** 《복어의 유독 성분》 ☜ 독일어로 '복어(Tetrodon: 4개의 튼튼하고 날카로운 이빨을 가진 것)의 독(toxin)'이란 뜻 ★ 복어의 내장 등에 들어 있는 테트로도톡신은 아주 무서운 맹독으로 성인 33명을 한꺼번에 죽일 수 있는 양이며, 청산가리의 3천배에 달하는 복도 있다고 한다. 따라서 복어를 조리해 먹을 때는 유독 부분을 잘 제거해야 한다.

튜튼 Teuton (북유럽 민족, 게르만 민족의 1파)

☐ **Teuton** [tjúːtən] 명 **튜턴** 사람 《B.C. 4세기경부터 유럽 중부에 살던 민족으로 지금의 독일 · 네덜란드 · 스칸디나비아 등지의 북유럽 민족, 특히 독일인》 ☜ 초기인도유럽어로 '종족(=tribe)'이란 뜻.

텍사스 Texas (멕시칸이 많이 사는 미국 남서부 주)

☐ **Texas** [téksəs] 명 **텍사스** 《미국 남서부의 주; 생략: Tex.》 ☜ 인디언어로 '친구, 아군'이란 뜻

텍스트 text (문서, 서적 등의 본문이나 내용)

♣ 어원 : text (천을) 짜다, 짠 것

☐ **text** [tekst] 명 **본문**; 원문 ☜ 라틴어로 '짜인 것, 잘 짠 것'이란 뜻.
♠ **the original text 원문, 원전**

☐ pre**text** [príːtekst] 명 구실, 핑계 ☜ 미리(pre) 짜낸 것(text)
♠ They tried not to do it **on some pretext.** 그들은 **몇 가지 핑계를 대고** 그것을 하려고 하지 않았다.

☐ **text**book [tékstbùk/**텍**스트북] 명 **교과서** ☜ text + book
♠ **an English textbook 영어 교과서**

☐ **text**ile [tékstail, -til] 명 (보통 pl.) **직물**, 옷감, 직물의 원료 형 **직물의**; 방직된 ☜ -ile<명접/형접>
♠ Glass can be used **as a textile.** 유리는 **섬유 재료로서** 쓰일 수 있다.

☐ **text**ual [tékstʃuəl] 형 본문의; 원문의 ☜ text + ual<형접>

☐ **text**ure [tékstʃər] 명 **직물**, 피륙, 천; **결**, 감촉 ☜ -ure<명접>

티지아이에프 TGIF (주말의 해방감을 표현한 약어)

☐ **TGIF, T.G.I.F.** **T**hank **G**od **i**t's **F**riday. 《미》 고마워라. 금요일이다 《주말의 해방감을 나타낸 말》

※ **thank** [θæŋk/땡크/쌩크] 동 **~에게 감사하다**, ~에게 사의를 표하다 ☜ 초기 인도유럽어로 '생각하다, 느끼다'란 뜻

※ **god** [gɑd/가드/gɔd/고드] 명 (G-) (일신교, 특히 기독교의) **신, 하나님**, 하느님, 조물주 ☜ 고대영어로 '신, 조물주'란 뜻

※ **it** [it/잍] 대 (특정한) **그것은**(이); **그것을**(에); (비인칭 동사의 주어; 형식주어(목적어)) ☜ 초기 인도유럽어로 '이것'이란 뜻

※ **Friday** [fráidei/프**롸**이데이, -di] 명 **금요일**《생략: Fri.》 부 《구어》 금요일에(on Friday) ☜ 게르만신화에서 부부애 여신이 Frigg인데, 로마신화의 비너스(Venus)에 해당하는 신(神)이다. Venus가 행성으로는 금성을 의미하므로 금요일이 된 것이다.

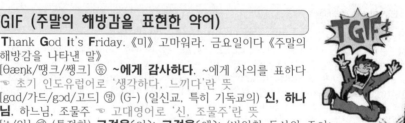

타이 Thailand (태국(泰國). 인도차이나 반도 중앙부에 있는 나라)

☐ **Thai** [tai, tɑ́ːi] 명 **타이**사람; 타이(샴) 말; (the ~(s)) 타이 국민 형 타이 말(사람)의 ☜ 타이족어로 '자유'란 뜻
★ 태국은 동남아시아에서 다른 나라의 식민 지배를 받지 않은 유일한 나라임.

☐ **Thai**land [táilænd, -lənd] 명 **타이** 《구칭 Siam; 수도 방콕(Bangkok)》 ☜ 타이족어로 '자유의 나라'란 뜻

T

탈라소테라피 thalassotherapy (해수 · 갯벌 등을 이용한 미용 · 건강법)

♣ 어원 : thalass 바다, 해양

☐ **thalass**otherapy [θəlǽsəθèrəpi(:)] (명) 〖의학〗 해수요법(海水療法) 《다친 사람을 위한》 ☜ 바다(thalass) + 의(o) + 치료(법)(therapy)

♠ **Thalassotherapy** is also used to treat sleep disorders.
탈라소테라피는 수면장애를 치료하는데도 사용된다.

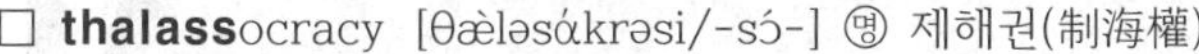

☐ **thalass**ocracy [θæləsάkrəsi/-sɔ́-] (명) 제해권(制海權)
☜ 바다(thalass) + 의(o) + 지배(cracy)

☐ **thalass**ic [θəlǽsik] (형) 바다〔해양〕의; 내해(內海)의; 바다에 사는〔나는〕 ☜ -ic<형접>

탈레스 Thales (만물의 근원은 <물>이라고 한 그리스의 철학자)

☐ **Thales** [θéiliːz] (명) **탈레스** 《그리스의 철인(640?-546 B.C.); 7현인(賢人) 중의 한 사람》
★ 플라톤의 《프로타고라스: Protagoras》에 나오는 7현인. 탈레스 · 비아스 · 피타코스 · 클레오브로스 · 솔론 · 킬론 · 페리안드로스(플라톤에서는 뮤손)라는 거의 동시대(BC 7~6세기)의 일곱 사람

템스강(江) Thames R. (영국 런던 시내를 지나 북해로 흐르는 강)

☐ **Thames** [temz] (명) (the ~) **템스** 강 《런던을 흐르는 강》 ☜ 켈트어로 '검은 것'이란 뜻

컴히어 Come here (이리와 !) = come this way

♣ 어원 : he, her, here, hen 이곳, 이쪽으로, 지금(부터)

※ **come** [kʌm/컴] (동) (-/**came**/**come**) **오다, 도착하다**
☜ 고대영어로 '목적지를 향해 움직이다'란 뜻

■ **here** [hiər/히어] (부) **여기에(서)**; **자, 여기; 이봐** (명) **여기**
☜ 고대영어로 '이곳, 지금, 이쪽으로'란 뜻

■ **hen**ce [hens/헨스] (부) 《문어》 **그러므로; 지금부터**
☜ 고대영어로 '지금부터(hen) + ce<부접>'란 뜻

■ t**hen**ce [ðens] (부) 《고어》 그렇기 때문에; 《문어》 **거기서부터**; 《고어》 그 때부터
☜ 고대영어로 '그(t) 장소부터(hen) + ce<부접>'

■ t**hen** [ðen/덴] (부)(접) **그때(에), 그 다음(에)**; **게다가; 그렇다면** (형) **그때의**
☜ 고대영어로 '그(t) 시간〔지금〕부터(hen)'란 뜻

☐ t**han** [ðæn/댄, (약) ðən] (접) 〖형용사 · 부사의 비교급에 계속되어〗 **~보다**, ~에 비하여; **~밖에는**, ~이외에는 (전) 〖비교급의 뒤에서〗 《구어》 **~보다도**, ~에 비하여
☜ 고대영어로 '그(t) 다음에(han<hen)' ⇨ '그것 보다 더'란 뜻

♠ He is taller **than** I (am). 그는 나**보다** 키가 크다.

★ 미국 4인조 록밴드 익스트림이 1991년 발표한 모어 댄 워즈(More **Than** Words<말 이상의 것>)는 빌보드 싱글차트 1위곡이다. 또 모어 댄 아이 캔 세이(More **Than** I Can Say<말로 할 수 없어요>)는 80년에 리오 세이어(Leo Sayer)가 리메이크시켜 빌보트차트 2위에 올랐다.

땡큐 Thank you. (감사합니다, 고맙습니다)

☐ **thank** [θæŋk/땡크/쌩크] (동) **~에게 감사하다**, ~에게 사의를 표하다
☜ 초기 인도유럽어로 '생각하다, 느끼다'란 뜻

♠ **Thank you** for helping me. 도와 주셔서 **감사합니다.**
♠ **thanks to ~ ~의 덕택으로, ~ 때문에**(=because of)
♠ **thank (A) for (B) A 에게 B 에 대해 감사하다**

☐ **thank**ful [θǽŋkfəl] (형) **감사하는**, 고마워하는 ☜ thank + ful(~가 가득한)

♠ **be thankful for ~ ~에 대해 감사히 여기다**

☐ **thank**fully [θǽŋkfəli] (부) 감사하여 ☜ thankful + ly<부접>

☐ **thank**less [θǽŋklis] (형) **감사하지 않는**, 은혜를 모르는, 배은망덕의 ☜ -less(~이 없는)

☐ **thank**sgiving [θæ̀ŋksgíviŋ] (명) 감사하기; (특히) **하느님에 대한 감사**; 감사의 기도
☜ thank + s(복수) + give(주다) + ing<명접>

☐ **Thank**sgiving Day 《미》 추수감사절 《11월 네 번째 목요일: 미국의 법적 공휴일》 ☜ day(날, 낮)

※ **you** [juː/유-, (약) ju/유, jə] (대) **너는**[네가], **당신은**[이/가], **여러분은**[이/가]
☜ 고대영어로 '너희, 그대들', 초기 인도유럽어로 '두 번째 사람'이란 뜻

T

더페이스샵 The Face Shop (한국의 화장품 업체. <얼굴을 관리하는 화장품 가게>란 의미로 추정), 디엔드 The end (영화 · 이야기 등의 <끝>을 의미)

☐ **the** [(약) ðə/더 《자음 앞》, ði/디 《모음 앞》; (강) ðiː] ㉷ 〘정관사〙 **저, 그** ㉾ **~하면 할수록,** (~ 때문에) **그만큼**
☜ 초기 인도유럽어로 '그것(that)'이란 뜻

© THEFACESHOP

☐ **that** [ðæt/댓, (약) ðət, ðt] ㉭㉹ **저(것), 그(것)**; 그 만큼, 그렇게; 〘관계대명사 · 관계부사로서〙 (~하는(인)) **바의**; ㉶ 〘명사절을 이끌어〙 **~이라는[하다는] 것**; 〘부사절을 이끌어〙 (너무) **~하므로**, ~하도록; 〘It is … that ~〙 **~한[인] 것은**
☜ 고대영어로 '그것'이란 뜻
♠ **that man** over there 저쪽의 **저 사람**
♠ What is **that** ? **그것**은 무엇입니까 ?
♠ **That** he is alive is certain. 그가 살아**있다는 것은** 확실하다.
♠ I am **so** tired **(that)** I cannot go on.
나는 **너무** 피곤**하므로** 더 이상 갈 수 없다.
♠ It was a book **that** I bought yesterday. 내가 어제 산 **것은** 책이었다.
♠ **that is (to say) 즉**(=namely), **다시 말하면**
♠ **that (A) may (B) A가 B하기 위하여, A가 B하도록**(=so that ~ may)
♠ **that way 그런 식으로, 저쪽으로**
♠ **that's why ~ 그것이 ~하는 이유다**
♠ **in that ~ ~한 점에서, ~하므로**
♠ **not that (A) but that (B) A하다는 것이 아니라 B하다는 것이다**
♠ **with that 그리하여, 그렇게 말하고**

☐ **that's** [ðæts/댓츠] that is, that has의 줄임말

☐ **those** [ðouz/도우즈] ㉹ 〘지시대명사; that의 복수형〙 그것(사람)들 ㉭ 〘지시형용사〙 **그것들의** ☜ that의 복수형
♠ **those who ~ ~하는 사람들, ~인 사람들**
Heaven helps those who help themselves.
《속담》 하늘은 스스로 돕는 자를 돕는다.

☐ **this** [ðis/디스] ㉭ 〘지시형용사〙(가까이 있는 것을 가리켜) **이** ㉹ (pl. these) 〘지시대명사〙 **이것**, 이 물건(사람, 일); 이쪽 ㉾ 이만큼, 이 정도(로) ☜ 고대영어로 '이것'이란 뜻
♠ **this time 이번에**
♠ **this way 이런 식으로, 이쪽으로**

☐ **these** [ðiːz/디-즈] ㉭ 〘this의 복수형; 지시 형용사〙 **이것들의** ㉹ 〘지시 대명사〙 **이것들**(이 사람들) ☜ this의 복수형
♠ **these days 요즘**

☐ **thus** [ðʌs/더스] ㉾ **이렇게**, 이런 식으로; 따라서, **그러므로**, 그래서, 그런 까닭에
☜ 고대영어로 '이것과 같이'란 뜻
♠ He spoke **thus**. 그는 **이렇게** 말했다

※ **face** [feis/풰이스] ㉮ **얼굴; 표면** ㉯ **~에[을] 면하다; 향하다**
☜ 라틴어로 '형태, 표면, 외양'이란 뜻

※ **shop** [ʃɑp/샵/ʃɔp/숍] ㉮ 《영》 **가게**, 소매점(《미》 store) ; 전문점
☜ 고대 독일어로 '벽이 없는 건물, 외양간'이란 뜻

※ **end** [end/엔드] ㉮ **끝**; (이야기 따위의) 결말; 결과 ㉯ 끝나다, 끝내다
☜ 고대영어로 '끝'이란 뜻

연상 영국의 대처(Thatcher)수상이 대치(thatch.짚)로 지붕을 이다.

☐ **Thatcher** [θǽtʃər] ㉮ **대처** 《Margaret Hilda ~, 영국의 여류 정치가; 수상; 1925-2013》 ★ 유럽 최초의 여성총리였으며, 3번 연임했다. 강력한 정책추진, 폭탄테러의 위협하에서도 북아일랜드의 영국령 고수, 아르헨티나와의 포클랜드 전쟁 불사 등으로 '철의 여인'이란 별명이 붙었다.

☐ **thatch** [θætʃ] ㉮ (지붕 따위를 이기 위한) **짚**, 이엉, 억새, 풀; **초가지붕** ㉯ (지붕을) 짚으로(풀로) 이다 ☜ 고대영어로 '짚, 초가지붕'이란 뜻
♠ **a thatched roof** (cottage) **초가지붕[초가집]**

더소우 The thaw (미국 · 캐나다 영화. <해빙>이란 뜻)

2009년 개봉한 미국/캐나다 합작 공포/SF/스릴러 영화. 마사 맥아이작, 아론 애쉬모어, 카일 슈미트, 스텝 송, 발 킬머 주연. 지구 온난화로 인해 빙하가 녹게 되고 그 안에서 맘모스가 발견된다. 맘모스 안에 기생해 있던 고대 곤충도 함께 해빙되어 사람들의 몸 속에 침투하게 되고, 사람들이 희생되기 시작하는데...

© Ghost House Pictures

☐ **thaw** [θɔː] (동) (눈・얼음 따위가) **녹다**, 녹이다 (명) 해빙, 해동, 해빙기, 온난 ☜ 고대영어로 '녹다'란 뜻
♠ **It thawed** early this spring.
금년 봄엔 **눈[얼음]이** 일찍 **녹았다**.

☐ **thaw**y [θɔ́ːi] (형) (-<-w**ier**<-w**iest**) 눈(서리)이 녹는, 녹이는 ☜ -y<형접>

☐ **the** [(자음 앞) (약) ðə/더, (모음 앞) ði/디; (강) ðiː] (관) **그, 이; ~라는 것; ~의 사람들** (부) 《비교급 앞에 붙여》 **그만큼**, 점점 더; 《the + 비교급, the + 비교급》 **~하면 할수록**
☜ 초기 인도유럽어로 '그것(that)'이란 뜻
♠ **the more ~, the more ~ ~하면 할수록 더욱 더**
The more briefly a thought is expressed, **the more** clearly it is conveyed. 사상은 간결하게 표현**될수록 더욱 더** 명료하게 전달된다.

홈시어터 home theater (가정에서 사용하는 시청각 장비 일체)

♣ **어원 : thea 보다**

※ **home** [houm/호움] (명) **자기의 집, 가정; 고향** (형) **가정의, 본국의** (부) **자기집에[으로,에서]**
☜ 고대영어로 '사는 곳'이란 뜻

☐ **thea**ter, **thea**tre [θí(ː)ətər/**씨**어터] (명) **극장**; (고대의) 야외극장; (the ~) **연극**
☜ 그리스어로 '보는(thea) 장소(ter)'란 뜻
♠ **a movie (picture) theater 영화관**

☐ **thea**trical [θiǽtrikəl] (형) **극장의**; 연극의 (명) (pl.) 연극, 연예 ☜ theatre + i + cal<형접/명접>

아이러브유 I love you (나는 당신을 사랑합니다)

※ **I** [ai/아이] (대) **나, 본인** ☜ 고대영어로 '나(1인칭 단수 대명사)'

※ **love** [lʌv/러브] (명) **사랑** (동) **사랑하다**
☜ 고대영어로 '사랑하는 감정, 로맨틱한 성적 매력'이란 뜻

■ **you** [juː/유-, (약) ju/유, jə] (대) **당신, 너, 여러분**
☜ 초기 인도유럽어로 '두번째 사람'이란 뜻

☐ **thou** [ðau] (대) (pl. **you, ye**) 《고・시어》 **너(는)**, 그대(는), **당신(은)**
☜ 초기 인도유럽어로 '두번째 사람'이란 뜻

☐ **thy** [ðai] (대) 【모음/h앞에서는 thine】 《고・시어》 너의, **그대의** ☜ thou의 소유격

☐ **thee** [ðiː, (약) ði] (대) 《고・시어》 **너를, 너에게**, 그대에게, 그대를 ☜ thou의 목적격
♠ **Get thee gone! 가라, 떠나라!**

■ **ye** [jiː, 약 ji] (대) 《문어・방언》 (pl.) **너희들**, 그대들 ☜ thou의 복수형
★ ye는 본디 주격이지만 때로는 목적격으로도 쓰임. 또, you는 본디 ye의 목적격

구분	인칭	주 격	소유격	목적격	소유대명사	재귀대명서	be동사	do동사	have동사
단수	1	I	my	me	mine	myself	am	do	have
	2	You	your	you	yours	yourself	are		
		thou	thy	thee					
	3	He	his	him	his	himself	is	does	has
		She	her	her	hers	herself			
		It	its	it	-	itself			
복수	1	We	our	us	ours	ourselves	are	do	have
	2	You	your	you	yours	yourselves			
		ye							
	3	They	their	them	theirs	themselves			

씨프하트 Thief of Hearts (미국 스릴러 영화. <마음의 도둑>이란 뜻)

1985년 개봉한 미국의 드라마/스릴러 영화. 스티븐 바우어, 바바라 윌리엄스 주연. 도둑이 유부녀의 일기장을 훔쳐와 읽어본 후 욕구불만의 그녀에게 의도적으로 접근하여 애정행각을 벌인다. 도둑질을 청산하고 그녀와 새 출발을 하고 싶었던 도둑은 일기장을 돌려주기 위해 마지막으로 찾았던 그녀의 집에서 또 다른 침입자와 격투를 벌이던 중 총을 맞는데... 멜리사 맨체스터가 부른 동명(同名)의 OST는 당시 큰 히트를 쳤다.

☐ **thief** [θiːf] (명) (pl. thie**ves**) **도둑**, 도적, 좀도둑; 절도범

T

☜ 고대영어로 '도둑, 강도'란 뜻
♠ **Set a thief to catch a thief.** 《속담》 **도둑은 도둑이 잡게 해라, 동류(同類)의 사람끼리는 서로 사정을 잘 안다.**

© Paramount Pictures

□ **thieve** [θiːv] ⓢ 훔치다 ☜ 고대영어로 '훔치다'란 뜻.
□ **thievish** [θíːviʃ] ⓗ 도벽이 있는, 손버릇이 나쁜; 도둑〔절도〕의 ☜ 훔치(thieve) 는(ish<형접>)
□ **theft** [θeft] ⓜ **도둑질**, 절도; 절도죄; 『야구』 도루(盜壘) ☜ 고대영어로 '도둑질'이란 뜻
♠ commit **a theft 도둑질**을 하다
□ **theft**proof [θéftprùːf] ⓗ 도난방지의 ☜ theft + proof(~을 막는, 견뎌내는; 증거, 증명, 내력)
※ **heart** [hɑːrt/하-트] ⓜ **심장**; 마음; **사랑**, 애정, 동정심; 사랑하는 사람 ☜ 고대영어로 '마음'이란 뜻

연상 깡패들이 헤이(hey.이봐)하며 데이(they.그들)에게 싸움을 걸었다.

※ **hey** [hei] ⓖ **이봐, 어이** 《호칭》; 어 《놀람》; 야아 《기쁨》
■ **they** [(강) ðei/데이, (모음 앞) ðe] ⓓ (pl.) 〖인칭대명사 he, she, it의 복수형〗 **그들**; 그들은〔이〕; **그것들**, 그것들은〔이〕; (일반사람들을 가리켜) **사람들** ☜ 고대영어로 'he, she, it의 복수'
■ **they'**d [ðeid] 〖they had 〔would〕의 줄임말〗 **그들은 ~했을 것이다**
■ **they'**ll [ðeil] 〖they will 〔shall〕의 줄임말〗 **그들은 ~할 것이다**
■ **they'**re [ðέər/데어, (약) ðər] 〖they are의 줄임말〗 **그들은 ~이다**
♠ **They're** students. **그들은** 학생들**이다.**
■ **they'**ve [ðeiv/데이브] 〖they have의 줄임말〗 **그들은 ~했다** 《현재까지 지속》
□ **their** [(강) ðεər/데어, (모음 앞) ðər] ⓓ **그들의** ☜ they의 소유격
♠ **Their** parties are always fun. **그들의** 파티는 항상 재미가 있다.
□ **their**s [ðεərz/데어즈] ⓓ **그들의 것** ☜ they의 소유대명사
□ **them** [(강) ðem/뎀, (약) ðəm] ⓓ **그들을[에게]; 그것들을[에게]** ☜ they의 목적격
□ **them**selves [ðəmsélvz/뎀**셀**브즈, ðèm-] ⓓ (pl.) **그들 자신** ☜ 강조적; 보통 they와 동격
♠ They seemed to be enjoying **themselves**.
그들은 **그들 스스로** 즐거운 시간을 보내고 있는 것처럼 보였다.

테마 thema ([독어] 창작 · 논의의 중심 과제나 주된 내용) ➔ theme

♣ **어원 : the 놓다, 두다, 배열하다**
□ **the**me [θiːm] ⓜ **주제**, 화제, 논제; (논문 등의) 제목, **테마** ☜ 그리스어로 '배열한(the) 것(me)'란 뜻
♠ Nature is the **main theme** of this exhibition.
이번 전시회의 **주요 테마**는 자연이다.
□ **the**me park 테마 유원지 《야생동물, 해양생물, 동화의 나라 등의 테마로 통일한 유원지》 ☜ park(공원)
□ **the**me song **테마송**, 주제가(곡); 주제음악 ☜ song(노래)
■ **the**sis [θíːsis] ⓜ (pl. **-ses**) **논제**, 주제; 제목; 『논리』 (논증되어야 할) 명제; 논문, 작문; 졸업논문, 학위논문 ☜ 그리스어로 '배열한(the) 것(sis)'이란 뜻

테미스토클래스 Themistocles (그리스 아테네의 장군 · 정치가)

□ **Themistocles** [θəmístəkliːz] ⓜ **테미스토클레스** 《그리스 아테네의 정치가 · 장군; 527?-?460 B.C.》
★ 아테네를 그리스 제일의 해군국으로 만들었으며, 아테네 함대를 지휘하여 페르시아 해군을 격파함.

T

컴히어 Come here (이리와 !) = Come this way

♣ **어원 : he, her, here, hen 이곳, 지금(부터), 이쪽으로**
※ **come** [kʌm/컴] ⓢ (-/**came**/**come**) **오다, 도착하다** ☜ 고대영어로 '목적지를 향해 움직이다'란 뜻
■ **here** [hiər/히어] ⓑ **여기에(서)**; **자, 여기; 이봐** ⓜ **여기** ☜ 고대영어로 '이곳, 지금, 이쪽으로'란 뜻
■ **hen**ce [hens/헨스] ⓑ 《문어》 **그러므로; 지금부터, 여기서부터, 금후** ☜ 고대영어로 '지금부터(hen) + ce<부접>'란 뜻
□ t**hen**ce [ðens] ⓑ 《고어》 그렇기 때문에; 《문어》 **거기서부터**; 《고어》 그 때부터 ☜ 고대영어로 '그(t) 장소부터(hen) + ce<부접>'

♠ **from thence 거기서부터**

□ thenceforth, thenceforward(s) [ðènsfɔ́ːrθ], [ðensfɔ́ːrwərd(z)] ㊌ 그 후

□ then [ðen/덴] ㊌㊈ **그때(에), 그 다음(에); 게다가; 그렇다면** ㊓ **그때의**
☜ 고대영어로 '그(t) 시간<지금부터(hen)'란 뜻
♠ He was still unmarried **then**. 그는 **당시** 아직 독신이었다.
♠ **from then on 그 이후**

■ than [ðæn/댄, (약) ðən] ㊈ 〔형용사·부사의 비교급에 계속되어〕 **~보다**, ~에 비하여; **~밖에는**, ~이외에는 ㊇ 〔비교급의 뒤에서〕 《구어》 **~보다도**, ~에 비하여
☜ 고대영어로 '그 다음에(then)'란 뜻

티우 Tiu, Tiw (북유럽 튜튼족의 전쟁 신(神))

♣ 어원 : **Tiu ➔ thu(s), tues, theo, dei, div 신(神)**

■ **Tiu, Tiw** [tíːuː/tíːuː] ㊔ 〖영국신화〗 **티우** 《하늘 및 전쟁의 신》

■ **Tyr, Tyrr** [tiər] ㊔ 〖북유럽신화〗 **티르** 《Odin의 아들로 전쟁과 승리의 신》

■ **Tues**day [tjúːzdei/**튜**-즈데이, -di] ㊔ **화요일** 《생략: Tue., Tues.》
☜ 고대영어로 '티우신(Tiu) 의(s) 날(day)'이란 뜻.

□ **theo**cracy [θiːɑ́krəsi/-ɔ́k-] ㊔ 신권정체(政體), 신정(神政) 《신탁(神託)에 의한 정치》; 신정국(國) ☜ 신(theo)에 의한 정치(cracy)

□ **theo**crat [θíːəkræ̀t] ㊔ 신권 정치가; 신정주의자 ☜ **theocr**acy + **at**(사람)

© thenorsegods.com

□ **theo**cratic(al) [θìːəkrǽtik(əl)] ㊓ 신권정치의; 신정(국)의 ☜ theocrat + ic(al)<형접>

□ **theo**logy [θiːɑ́lədʒi/-ɔ́l-] ㊔ **신학** ☜ 신(theo) 학문(logy)
♠ **a college of theology 신학교**

□ **theo**logical [θìːəlɑ́dʒikəl] ㊓ **신학(상)의**; 신학적인; 성서(聖書)에 기초한 ☜ theology + ical<형접>

□ **theo**logist [θiːɑ́lədʒist/-ɔ́l-] ㊔ **신학자** ☜ 신(theo) 학(logy) 자/사람(ist)

□ **theo**logian [θìːəlóudʒiən] ㊔ 신학자, 〖가톨릭〗 신학생 ☜ theology + an(사람)

홈시어터 home theater (가정에서 사용하는 시청각 장비 일체)

♣ 어원 : **thea, theo(r) 보다**

※ **home** [houm/호움] ㊔ **자기의 집, 가정; 고향** ㊓ **가정의, 본국의** ㊌ **자기집에[으로, 에서]** ☜ 고대영어로 '사는 곳'이란 뜻

■ **thea**ter, **thea**tre [θí(ː)ətər/**씨**어터] ㊔ **극장**; (고대의) 야외극장; (the ~) **연극**
☜ 그리스어로 '보는 장소'란 뜻

□ **theor**y [θíːəri/**씨**어뤼] ㊔ **학설**, 설(說), 논(論), (학문상의) 법칙; **이론**
☜ 그리스어로 '보는(theor) 것(y), 성찰'이란 뜻
♠ Newton's **theory of gravitation** 뉴턴의 **만유인력설**
♠ Einstein's **theory of relativity** 아인슈타인의 **상대성 이론**

□ **theor**etical [θìːərétikəl] ㊓ **이론(상)의**; 학리(學理)적인; 이론뿐인, 공론의 ☜ theory + tical<형접>

□ **theor**etically [θìːərétikəli/θìə-] ㊌ 이론상, 이론적으로 ☜ -ly<부접>

□ **theor**ist [θíːərist] ㊔ 이론가 ☜ theor + ist(사람)

□ **theor**ize [θíːəràiz] ㊕ 이론을 세우다; 이론화하다 ☜ theor + ize<동접>

컴히어 Come here (이리와 !) = Come this way

♣ 어원 : **he, her, here, hen 이곳, 지금(부터), 이쪽으로**

※ **come** [kʌm/컴] ㊕ (-/**came/come**) **오다, 도착하다**
☜ 고대영어로 '목적지를 향해 움직이다'란 뜻

■ **here** [hiər/히어] ㊌ **여기에(서); 자, 여기; 이봐** ㊔ **여기**
☜ 고대영어로 '이곳, 지금, 이쪽으로'란 뜻

□ t**here** [ðɛər/데어, ðər] ㊌㊐ **그곳에[에서, 으로]** ☜ 고대영어로 '그(t) 곳으로(her) + e
♠ live (stay, arrive) **there 거기(에)** 살다(머무르다, 도착하다)
♠ **there is ~ ~이 있다**
If there is a will, there is a way. 뜻이 있는 곳에 길이 있다.
♠ **there is no ~ing ~할 수 없다**(=It is impossible to ~)

□ t**here**about(s) [ðɛ́ərəbàut(s)] ㊌ 그 부근에 ☜ 그곳(there) 주변에(about)

□ t**here**after [ðɛərǽftər, ðɛ̀ərɑ́ːf-] ㊌ **그 후**, 그 이래, 그로부터; 《고어》 그에 따라서
☜ 그(there) 후에(after)
♠ for a long number of years **thereafter 그 후** 다년간에 걸쳐서

□ t**here**by [ðɛərbái] ㊌ **그것에 의해서**, 그것으로; 그에 대해서(관해서)
☜ 그것(there) 에 의하여(by)

□ t**here**fore [ðɛ́ərfɔ̀ːr] ㊌㊈ **그러므로**, 따라서; 그 결과 ☜ 그것(there) 의 앞에(fore)
♠ **I think, therefore I am. 나는 생각한다, 그러므로 나는 존재한다.**

T

- 프랑스의 철학자 데카르트(Descartes) -

□ therein [ðèrín] 부 《문어》 **그 가운데에**; 거기에; 그 점에서 ☜ 그곳(there)의 안에(in)

□ there's [(강) ðɛərz, (약) ðerz] 【there is 또는 there has의 간약형】 **~이 있다** ☜ 그곳에(there) ~이 있다(is)

□ thereof [ðɛərʌ́v] 부 《고어》 그것을, 그것의 ☜ 그것(there) 의(of)

□ thereon [ðɛəɔ́n] 부 《고어》 게다가, 곧 ☜ 그(there) 위에(on)

□ thereupon [ðɛ̀ərəpɑ̀n/ðɛərəpɔ́n] 부 **거기서**, 그래서; 그 후 즉시; 그 결과 ☜ 그곳(there) 에(upon)

□ therewith [ˌðɛərwíð, -wíθ/ðɛəwíð, -wíθ] 부 《문어》 **그것과 함께**; 《고어》 그래서; 즉시; 게다가 ☜ 그것(there)과 함께(with)

□ thit**her** [θíðər, ðíð-] 부 《고어》 **저쪽으로**; 그쪽에 형 저쪽의, 저편의 ☜ 그곳(ther)을 향하여(thi) 반 hit**her** 이쪽으로

■ hence [hens/헨스] 부 《문어》 **그러므로; 지금부터** ☜ 고대영어로 '지금부터(hen) + ce<부접>'란 뜻

■ thence [ðens] 부 《고어》 그렇기 때문에; 《문어》 **거기서부터**; 《고어》 그 때부터 ☜ 고대영어로 '그(t) 곳부터(hen) + ce<부접>'

■ then [ðen/덴] 부접 **그때(에), 그 다음(에)**; **게다가; 그렇다면** 형 **그때의** ☜ 고대영어로 '그(t) 지금〔시간〕부터(hen)'란 뜻

서머스탯 thermostat (자동 온도조절장치)

♣ **어원 : therm(o) 열, 열량, 뜨거운, 온천, 온도**

□ **therm**al [θə́ːrməl] 형 **열의**, 온도의; 뜨거운, 더운; 온천의; 보온성이 좋은 명 상승 온난기류 ☜ 열(therm) 의(al<형접>)
♠ **thermal** diffusion **열**확산, **thermal** unit **열량** 단위

□ **therm**aling [θə́ːrməliŋ] 명 【글라이더】 **서멀링** 《열상승 기류를 이용하는 활상(滑翔)》 ☜ 열(thermal)을 이용하기(ing<명접>)

□ **therm**istor [θəːrmístər] 명 **서미스터** 《온도가 오르면 전기저항이 감소되는 반도체 회로 소자》 ☜ 열의(**therm**al) + 저항제(res**istor**) 합성어

□ **thermo**dynamic(al) [θəːrmoudainǽmik(əl)] 형 **열역학의**; 열동력을 사용하는 ☜ 열(thermo) 역학의(dynamic)

□ **thermo**meter [θərmɑ́mitər/-mɔ́m-] 명 **온도계**, 한란계; 체온계(clinical ~) ☜ 열(thermo)을 재는 계기(meter)
♠ a Centigrade 〔Fahrenheit〕 **thermometer** 섭〔화〕씨 **온도계**

□ **thermo**metric(al) [θəːrməmétrik] 형 온도계상의 ☜ -ic(al)<형접>

□ **thermo**metry [θərmɑ́mətri/-mɔ́m-] 명 검온(檢溫); 온도 측정(법) ☜ 열(thermo)을 재는(meter) 방법/기술(y)

□ **thermo**s [θə́ːrməs/-mɔs] 명 보온병; (T-) **서모스** 《그 상표명》 ☜ 열(thermo)이 유지되는 것(s)

□ **thermo**stat [θə́ːrməstæ̀t] 명 **서모스탯**, (난방기·전기밥솥 등의) 자동 온도조절장치 ☜ 열(thermo)을 유지시키는<서있게 하는(sta) 것(t) ★ **미리 설정해 놓은 온도에 도달하면 자동으로 전원이 차단되는 장치**

테르모필레 Thermopylae (그리스군이 페르시아군에게 패한 전적지)

□ **Thermopylae** [θə(ː)rmɑ́pəli/-mɔ́p-] 명 **테르모필레** 《B.C. 480년 스파르타군이 페르시아군에게 대패한 그리스의 산길》.
★ 영화 <300>의 이야기는 3차 페르시아전쟁 당시 스파르타의 장군 레오니다스가 인솔하는 그리스 정예군이 페르시아 대군을 맞아 테르모필레에서 장렬히 전사하는 전투이야기를 영화화한 것이다.

□ **these**(이것들의) ➔ **that**(저것) **참조**

T

테마 thema ([독] 창작·논의의 중심 과제나 주된 내용) ➔ theme

♣ **어원 : the 놓다, 두다, 배열하다**

■ **the**me [θiːm] 명 **주제**, 화제, 논제; (논문 등의) 제목, **테마** ☜ 그리스어로 '배열한(the) 것(me)'이란 뜻

□ **the**sis [θíːsis] 명 (pl. **-ses**) **논제**, 주제; 제목; 【논리】 (논증되어야 할) 명제; 논문, 작문; 졸업논문, 학위논문 ☜ 그리스어로 '배열한(the) 것(sis)'이란 뜻
♠ write one's **graduation thesis 졸업논문**을 쓰다

■ hypo**the**sis [haipɑ́θəsis/-pɔ́θ-] 명 (pl. **-ses**) **가설**, 가정; 전제 ☜ 그리스어로 '모호함의 배열'이란 뜻

■ paren**the**sis [pərénθəsis] 명 (pl. **-ses**) 【문법】 삽입구; (보통 pl.) 괄호《( )》 ☜ 그리스어로 '양옆(par<para) 가운데에(en<in) 배열한(the) 것(sis<명접>)'이란 뜻

■ **syn**the**sis** [sínθəsis] 명 (pl. **-ses**) **종합**, 통합, 조립; 〖화학〗 **합성**, 인조
☜ 그리스어로 '함께(syn) 배열하(the) 기(sis<명접>)'란 뜻

연상 깡패들이 헤이(hey.이봐)하며 데이(they.그들)에게 싸움을 걸었다.

※ **hey** [hei] 감 **이봐, 어이** 《호칭》; 어 《놀람》; 야아 《기쁨》
☐ **they** [(강) ðei/데이, (모음 앞) ðe] 대 (pl.) 〖인칭대명사 he, she, it의 복수형〗 **그들**; 그들은(이); **그것들**, 그것들은(이); (일반 사람들을 가리켜) **사람들** ☜ 고대영어로 'he, she, it의 복수'
☐ **they**'d [ðeid] 〖they had (would)의 간약형〗 **그들은 ~했을 것이다**
☐ **they**'ll [ðeil] 〖they will (shall)의 간약형〗 **그들은 ~할 것이다**
☐ **they**'re [ðέər/데어, 약 ðər] 〖they are의 간약형〗 **그들은 ~이다**
♠ **They're** students. **그들은** 학생들이다.
☐ **they**'ve [ðeiv/데이브] 〖they have의 간약형〗 **그들은 ~했다** 《현재까지 지속》
■ **their** [(강) ðεər/데어, (모음 앞) ðər] 대 **그들의** ☜ they의 소유격
♠ **Their** parties are always fun. **그들의** 파티는 항상 재미가 있다.
■ **their**s [ðεərz/데어즈] 대 **그들의 것** ☜ they의 소유대명사
■ **them** [(강) ðem/뎀, (약) ðəm] 대 **그들을[에게]; 그것들을[에게]** ☜ they의 목적격
■ **them**selves [ðəmsélvz/뎀**셀**브즈, ðèm-] 대 (pl.) **그들 자신** ☜ 강조; 보통 they와 동격
♠ They seemed to be enjoying **themselves**.
그들은 **그들 스스로** 즐거운 시간을 보내고 있는 것처럼 보였다.

시크 앤드 신 thick and thin ([패션] 한 올의 실에 굵고 가는 부분이 있는 것)

실키 스펀 소재에 사용되는 실의 일종. Thick는「굵은」. thin은「가는」의 뜻인데, 한 올의 실이면서 굵은 부분과 가는 부분이 있으므로 이렇게 부른다. 이것은 방사, 당기고 늘이는 특수 기술로 보통 실보다 매혹적이고, 시각적으로나 촉감으로도 독특한 효과를 나타낸다. <출처 : 패션전문자료사전 / 일부인용>

☐ **thick** [θik/띡/씩] 형 **두꺼운**; 두께가 ~인; **굵은; 빽빽한, 울창한; 짙은; 진한** ☜ 초기인도유럽어로 '두꺼운, 진한'이란 뜻
♠ a **thick** slice of bread **두꺼운** 빵조각
♠ **through thick and thin 물불을 가리지 않고, 어떤 난관이 있어도**(=in spite of obstacles), **결연히, 굽히지 않고**
Good friends stick **through thick and thin**.
좋은(진정한) 친구들은 **온갖 역경 속에서** (변함없이) 함께 한다.
☐ **thick**-and-thin [θíkənθín] 형 물불을 가리지 않는; 시종 변함없는, 절조가 굳은
☜ 두껍(thick) 고(and) 가는(thin)
☐ **thick**en [θíkən] 동 **두껍게**(굵게, 진하게) **하다**(되다) ☜ thick + en<동접>
☐ **thick**ly [θíkli] 부 **두껍게; 진하게** ☜ thick + ly<부접>
☐ **thick**ness [θíknis] 명 **두께**; 두꺼움; 굵음; 굵기; 짙음, 농후; 농도; 조밀 ☜ -ness<명접>
☐ **thick**et [θíkit] 명 수풀, **덤불**, 총림, 잡목 숲; 복잡하게 얽힌 것 ☜ -et<명접>
♠ hide in a **thicket 풀숲에** 숨다
☐ **thick**set [θíksét] 형 울창한, 무성한; 올이 촘촘한 명 빽빽한 생나무 울타리
☜ 두껍게(thick) 심다(set)
☐ **thin** [θin/띤/씬] 형 (-<-nn**er**<-nn**est**) **얇은**; **가는**, 굵지 않은
☜ 초기인도유럽어로 '펼친'이란 뜻
♠ a **thin** sheet of paper **얇은** 종이
☐ **thin**ly [θínli] 부 얇게, 가늘게; 희박하게; 드문드문; 여위어서; 약하게 ☜ -ly<부접>
☐ **thin**ness [θínis] 명 얇음 ☜ -ness<명접>

☐ **thief**(도둑), **thieve**(훔치다), **thievish**(도벽이 있는) ➔ **theft**(도둑질) **참조**

연상 받침대를 뜻하는 다이(台.だい)는 영어의 다이(thigh.넓적다리)와 무관하다. 이것은 단지 일본에서 온 외래어일 뿐이다.

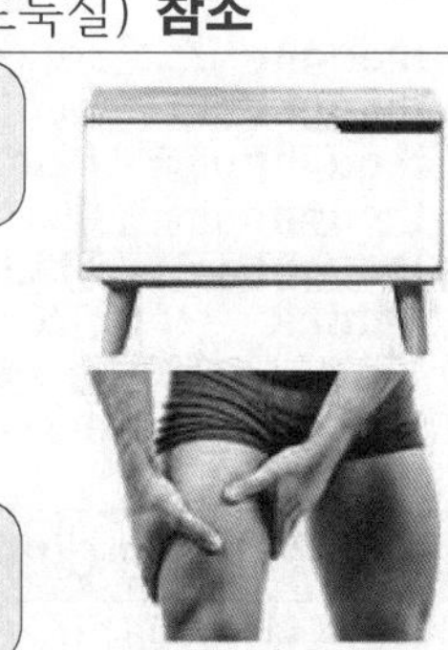

☐ **thigh** [θai] 명 **넓적다리**, 허벅다리
☜ 고대영어로 '두껍거나 뚱뚱한 다리 부위'란 뜻
♠ wear a **thigh**-baring miniskirt
허벅지가 훤히 드러나는 미니스커트를 입다

섬네일 thumbnail ([컴퓨터] 페이지 전체의 레이아웃을 검토할 수 있게 페이지 전체를 작게 줄여 화면에 띄운 것. <엄지손톱>)

T

■ **thumb** [θʌm] ⓜ **엄지손가락** ⓢ (책을) **엄지손가락으로 넘기다; 엄지손가락으로 만지다** ☜ 고대영어로 '부푼 (손가락)이란 뜻.
♠ He gave me **the thumbs up**.
그는 나를 향해 **엄지를 세워** 보였다

■ **thumb**nail [θʌ́mnèil] ⓜ **엄지손톱**; (손톱같이) 작은 것 ⓗ 극히 작은(짧은), 간결한 ⓢ 간략하게 그리다 ☜ thumb + nail(손톱, 발톱)

□ **thimb**le [θímbəl] ⓜ **골무** 《재봉용》; 〖기계〗 끼우는 고리(통); 〖항해〗 쇠고리 《마찰방지용》 ☜ 고대영어로 '엄지손가락(thumb) 보호하는 연장(le)'이란 뜻
♠ wear **a thimble 골무**를 끼다

□ **thin**(얇은, 가는) ➔ **thick**(두꺼운) **참조**

더 새디스트 씽 The saddest thing (미국 가수 멜라니 사프카의 70-80년대 최고 히트곡. <가장 슬픈 것>이란 뜻)

※ **sad** [sæd/쌔드] ⓗ (-<sadd**er**<sadd**est**) **슬픈**, 슬픈 듯한; 《구어》 괘씸한, 지독한; 열등한 ☜ 고대영어로 '만족한, 지겨운'

□ **thing** [θiŋ/띵/씽] ⓜ **것, 물건**, 물체; **사물** ; (pl.) **소지품; 일** ☜ 고대영어로 '존재하는 것'이란 뜻
♠ **A thing of beauty is a joy for ever.**
아름다운 것은 영원한 기쁨이다 - 키츠(Keats)의 시에서 -
♠ **for one thing (우선) 첫째로는, (이유 중의) 한 가지는, 하나의 이유로서**

■ any**thing** [éniθìŋ/**에**니띵/**에**니씽] ⓓ **무엇이든**, 아무것도, 무언가 ⓜ **어떤 것** ☜ 어떤(any) 것(thing)

■ no**thing** [nʌ́θiŋ/**너**띵/**너**씽] ⓓⓜ **아무것[일]도 ~ 없다[않다]** ☜ no + thing

■ some**thing** [sʌ́mθiŋ/**썸**띵/**썸**씽] ⓓ **무언가**, 어떤 것(일); 얼마쯤, 어느 정도 ⓑ 얼마간, 다소; 꽤, 상당히 ⓜ 중요한 것(사람), 대단한 일, 어떤 것 ☜ some + thing(~것, ~일)

싱크탱크 think tank (두뇌집단), 탱크 tank ([군사] 전차)

싱크탱크(Think Tank)란 두뇌집단, 지식집단으로 각 분야의 전문 Staff가 책임지고 중립적 입장과 장기적인 관점에서 정책입안의 기초가 되는 각종 시스템을 연구・개발하는 독립적인 기관이다.

□ **think** [θiŋk/띵크/씽크] ⓢ (-/**thought/thought**) **~라고 여기다, 생각하다** ☜ 초기인도유럽어로 '생각하다, 느끼다'란 뜻
♠ **I think** it is true. **나는** 그것이 사실이라고 **생각하다**.
♠ **think about (of) ~ ~에 대하여 생각하다**
♠ **think better of ~ ~을 다시 생각하다; 더 낫다고 생각하다**
♠ **think highly (lightly) of ~ ~을 우러러 보다, 존경하다**(경시하다)
♠ **think well (ill) of ~ ~을 좋게**(나쁘게) **생각하다**
♠ **think little (nothing) of ~ ~을 경멸하다, 하찮게 여기다**
♠ **think much of ~ ~을 중시하다**
♠ **think of ~ ~에 대하여 생각하다, ~을 생각해 내다**
♠ **think of (A) as (B) A를 B라고 생각하다**
♠ **think out 생각해 내다**(=devise), **해석하다, 안출하다**
♠ **think over 숙고하다**(=consider), **곰곰이 생각하다**

□ **think**able [θíŋkəbl] ⓗ 생각할 수 있는, 믿을 수 있는 ☜ think + able(~할 수 있는)

□ **think**er [θíŋkər] ⓜ **사상가**, 사색가 ☜ -er(사람)

□ **think**ing [θíŋkiŋ] ⓗ **생각하는**, 사리를 분별할 줄 아는; 사상이 있는 ⓜ **생각함, 사고(思考)**, 사색; 의견, 견해; 사상 ☜ -ing<형접/명접>
♠ **Man is a thinking reed. 인간은 생각하는 갈대이다.** - Pascal -

□ **thought** [θɔːt/또-트/쏘-트] ⓜ **생각**, 사색, 사고; **사상** ☜ think의 과거, 과거분사

□ **thought**ful [θɔ́ːtfəl] ⓗ **생각이 깊은**, 신중한; **생각에 잠긴** ☜ -ful(~이 가득한)

□ **thought**fully [θɔ́ːtfli] ⓑ **생각이 깊게**, 사려깊게; 인정(동정심) 있게, 친절하게 ☜ -ly<부접>

□ **thought**fulness [θɔ́ːtfəlnis] 지각 있음, **신중함; 친절** ☜ thoughtful + ness<명접>

□ **thought**less [θɔ́ːtlis] ⓗ **생각이 없는**, 분별없는, 경솔한 ☜ thought + less(~이 없는)

■ be**think** [biθíŋk] ⓢ (-/be**thought**/be**thought**) **숙고하다**, 잘 생각하다 ☜ 생각(think)을 만들다(be)

※ **tank** [tæŋk] ⓜ (물・연료・가스) **탱크**; 〖군사〗 전차, **탱크** ☜ 포르투갈어로 '물 저장통'이란 뜻

3D영화 three-dimensional film (3차원의 입체영화), 트라이앵글 triangle

♣ **어원 : three, thir, thri, tri, tre, tro 3, 삼, 셋**

< 3D 영화 >
© ndimensionz.com

□ **three** [θriː/뜨리-/쓰리-] ⓜ **3, 3개** ⓗ 3의, 3개의
☜ 고대영어로 '3'이란 뜻

□ **three**-dimensional [θríːdiménʃənəl] ⓗ **3차원의, 입체의**; 입체 사진의
☜ 3(three) 차원(dimention) 의(al<형접>)

□ **three**fold [θrífòuld] ⓗⓑ **3배의**(로), 세 겹의(으로)
☜ fold(주름; 접다, 포개다)

□ **three**score [θrískɔ̀ːr] ⓜⓗ **60(의)**, 60세(의) ☜ 3(three) × 20(score)

□ **3M** [θriːém] **스리엠**《사무용품, 의료용품, 보안제품 등을 제조하는 미국에 본사를 둔 세계적인 다국적기업》
☜ **M**innesota **M**ining and **M**anufacturing Co.의 줄임말

□ **thri**ce [θrais] ⓑ 3회, **세 번**(=three times); 3배로; 몇 번이고; 대단히, 매우
☜ 고대영어로 '3(thri) 회(ce<s<부접>)'란 뜻

□ **thir**d [θəːrd/써-드] ⓗ **제3의**; 세(번)째의《생략: 3rd, 3d》; 3분의 1의 ⓜ **제3**, 셋째; 3분의 1 ☜ 고대영어로 '3'이란 뜻
♠ **Third time does the trick. = Third time is lucky** (pays for all).
《속담》 세 번째는 성공한다.

□ **thir**dly [θəːrdli] ⓑ **셋째로**, 세 번째로 ☜ -ly<부접>

□ **thir**teen [θəːrtíːn/떠티인/써티인] ⓗ **13의**, 13개의, 13세의 ⓜ **13**
☜ teen(10대; 13-19의 수의 어미에 씀)

□ **thir**teenth [θəːrtíːnθ] ⓗⓜ **제13(의)**, 13번째(의); 13분의 1(의); (달의) 13일《생략: 13th》
☜ -th<순서 접미사>

□ **thir**ty [θəːrti/떠-리/써-티] ⓗ **30의**, 30개(인)의; 30세의 ⓜ **30** ☜ -ty<명접>

□ **thir**tieth [θəːrtiiθ] ⓗⓜ **제30(의)**, 30번째(의); 30분의 1(의); (달의) 30일《생략: 30th》
☜ thirty + th<순서 접미사>

□ **Thir**ty Years' (Years) War [the ~] 30년 전쟁《1618-48년에 주로 독일 국내에서 일어난 신구 교도 간의 종교 전쟁》 ☜ year(해, 년), war(전쟁)

■ **tri**angle [tráiæ̀ŋgəl] ⓜ **삼각형**, 〖악기〗 **트라이앵글** ☜ 삼(tri) 각형(angle)

■ **tri**angular [traiǽŋgjələr] ⓗ **삼각형의** ☜ 삼(tri) 각형(angle) 의(ar<형접>)

■ **tri**be [traib/트라이브] ⓜ **부족**, 종족, ~족; 야만족 ☜ 라틴어로 '(로마인의) 3부족'
★ 로물루스 시대에 10개의 쿠리아가 각기 하나의 부족을 형성해서 로마는 3부족<티티에스(Tities), 람네스(Ramnes), 루케레스(Luceres)> 체제로 출범했다.
♠ the Arab (Mongol) **tribes** 아랍(몽고)**족**

■ **Tri**nity [tríniti] ⓜ (the ~) 〖기독교〗 **삼위일체**《성부・성자・성령을 일체로 봄》
☜ 라틴어로 '3개 한 벌'이란 뜻

■ **tri**o [tríːou] ⓜ (pl. **-s**) 〖음악〗 **트리오**, 삼중주(곡, 단(團)); 삼중창(곡, 단); 3인조
☜ tri + duo를 본딴 형태

■ **tri**ple [trípəl] ⓗ **3배[3중]의**; 〖국제법〗 삼자간의 ⓜ 3배의 수(양) ⓢ 3배(3중)로 하다
☜ tri + ple<fold(접다, 포개다; 주름)

■ **tre**ble [trébəl] ⓗ **3배[중]의** ⓜ 3배 ⓢ 세 곱하다(이 되다)
☜ tre + ble<fold(접다, 포개다; 주름)

※ **dimensional** [diménʃənəl] ⓗ **치수의; ~차원의** ☜ 따로(di<dis) 측정한(mens) 것(ion) 의(al<형접>)

※ **film** [film] ⓜ **얇은 껍질**(막・층); **필름, 영화** ⓢ **얇은 껍질로 덮다[덮이다]**
☜ 고대영어로 '얇은 껍질(피부)'란 뜻

테라코타 terracotta (점토를 구운 것)
테라스 terrace (실내와 연결된 넓은 실외 베란다)

< Terrace >

♣ **어원 : terra, terre(s), terri 흙, 땅, 대지 ⇦ ter(s), thirs 건조한; 마르다**

■ **terra**-cotta [tèrəkɑ́tə/-kɔ́tə] ⓜ **테라코타**《점토의 질그릇》; 테라코타 건축재; 테라코타 인형 ☜ terra(흙) + cotta(구운)

■ **terra**ce [térəs] ⓜ 계단 모양의 뜰; **대지**(臺地); (집에 붙여 달아낸) **테라스**, 넓은 베란다; (지붕 있는) 작은 발코니 ☜ 고대 프랑스어로 '쌓아올린 땅'이란 뜻

■ **Terra**n [térən] ⓜ **테란**, 지구인《SF(공상과학) 용어》 ☜ 지구(terr) 사람(an)

■ **terra** rossa [-rɑ́sə/-rɔ́-] **테라로사**《표층이 황갈색 내지 적갈색을 띤 토양》.
☜ 이탈리아어로 '붉은(ross) 흙(terra)'이란 뜻.

■ **terres**trial [təréstriəl] ⓗ **지구(상)의**; 지상의, 뭍으로 된; 흙의, 토질의 ☜ terres + tri + al<형접>

□ **thirs**t [θəːrst] ⓜ (또는 a ~) **갈증**, 목마름; 《구어》 **갈망**, 열망 ⓢ 《구어》 목마르다, 갈망하다 ☜ 고대영어로 '바싹 마른(thirs) 것(t)'이란 뜻
♠ quench (relieve, satisfy) one's **thirst 갈증**을 풀다

□ **thirs**ty [θəːrsti] ⓗ (-<-st**ier**<-st**iest**) **목마른; 갈망[열망]하는** ☜ thirst + y<형접>

□ **thirs**tily [θəːrstili] ⓑ 목마르게; 갈망하여 ☜ thirsty + ly<부접>

T

☐ **thirteen**(13), **thirty**(30) ➔ **third**(제3의) **참조**

☐ **this**(이것) ➔ **that**(저것) **참조**

☐ **thither**(저쪽으로) ➔ **therewith**(그것과 함께) **참조**

레슬링 wrestling

♣ **어원 : -stle 밀치다, 찌르다, 비틀다, 공격하다**

■ <u>wre**stl**ing</u> [réslin] 명 **레슬링**; 씨름 ☜ 비틀어(wre<wri) 공격하는(stle) 것(ing<명접>)

■ ca**stle** [kǽsl, kɑ́ːsl] 명 **성**(城), 성곽, 성채 ☜ 공격(stle)을 차단하는<자르는(ca<carve) 곳

■ jo**stle** [dʒɑ́sl/dʒɔ́sl] 동 **(난폭하게) 밀다**; 찌르다; ~와 겨루다 ☜ ~에 대해(jo=against) 공격하다(stle)

☐ thi**stle** [θísl] 명 『식물』 **엉겅퀴** 《스코틀랜드의 국화》 ☜ 초기인도유럽어로 '찌르다, 공격하다'란 뜻. 엉겅퀴 잎사귀가 날카롭게 생겨 마치 공격할 듯한 인상을 준데서 유래.
♠ **grasp the thistle firmly** *엉겅퀴를 강하게 쥐다* ⇨ **용기를 내어 난국에 대처하다.**

토르 Thor (망치[묠니르]로 거인을 죽인 북유럽 신화의 천둥신)

© Marvel Studios

☐ **Thor** [θɔːr] 명 『북유럽 신화』 **토르** 《천둥·전쟁·농업을 맡은 뇌신(雷神)》; 《미》 지대지 중거리 탄도 미사일 ☜ 고대 노르드어로 '천둥'이란 뜻

■ **Thur**sday [θə́ːrzdei/**떨**스데이/**써**스데이, -di] 명 **목요일** 《생략: Thur., Thurs.》 ☜ 고대영어로 '토르(Thor)의(s) 날(day)"이란 뜻

연상 침을 쏜 벌이 도망가다가 쏜(thorn.가시)에 찔렸다.

☐ **thorn** [θɔːrn] 명 (식물의) **가시**; (동물의) 가시털, 극모(棘毛) ☜ 고대영어로 '식물의 가시'란 뜻
♠ **There's no rose without a thorn. = Roses have thorns. 《속담》 장미에는 가시가 있다. 늘 좋은 일만 있는 것은 아니다.**

☐ **thorn**y [θɔ́ːrni] 형 (-<-n**ier**<-n**iest**) **가시가 많은**; 가시 같은; 고통스러운; 곤란한 ☜ -y<형접>

■ haw**thorn** [hɔ́ːθɔːrn] 명 『식물』 **산사나무**, 서양 산사나무 ☜ 고대영어로 '산사나무(haw) 가시(thorn)'란 뜻

스레드니들가(街) Threadneedle Street (영국 런던의 은행가)

중세 때부터 <실과 바늘의 기념관(Merchant Taylors' Hall)>이 이 거리에 위치하고 있었던 데서 유래했다.

☐ **thre**ad [θred/뜨뤠드/쓰뤠드] 명 **실**, 바느질 실 동 (바늘에) **실을 꿰다** ☜ 초기독일어로 '꼬인(thre) 털실'이란 뜻.
♠ sew with **thread 실**로 꿰매다
♠ **a needle and thread 실꿴 바늘**

☐ **Thre**adneedle Street **스레드니들**가(街) 《영국의 런던의 은행가》 ☜ 실(thread)과 바늘(needle)이 있는 거리(street).

건담 쓰로네 Gundam Throne (일본 로봇 애니메이션 주인공)

건담(Gundam)이란 1979년 일본 아사히TV에서 최초로 방송된 로봇 애니메이션의 주인공이다. 기동전사 건담은 인간이 모빌슈츠(mobil suit)를 입고 조종하는 2족 보행병기이며, 총을 들고 싸운다. 건담엔 여러 모빌슈츠 시리즈가 있는데 그 중 쓰로네(Throne)는 천사 제3계급 좌천사로서 직역하면 <왕좌>를 뜻한다.

☐ **throne** [θroun/쓰로운] 명 **왕좌, 왕위** ☜ 그리스어로 '높은 자리'란 뜻
비교 thron 가시 ★ 2015년 개봉된 이준익 감독의 영화 <사도(思悼)>의 영문 타이틀은 the Throne이다. 그러나 사도(思悼)의 뜻은 '생각할수록 슬프다'란 의미다.

시스루 see-through (속이 비치는 옷), 서러브레드 thoroughbred (영국의 암말과 아라비아 수말을 교배하여 탄생한 말)

♣ **어원 : through, thorough ~통해서, 꿰뚫어; 완전히, 철저히, 순전히**

※ **see** [siː/씨-] 동 (-/**saw**/**seen**) **보다, 보이다; 살펴보다; 알다, 이해하다; 구경[관광]하다; 만나다; 배웅하다; 생각하다** ☜ 고대영어로 '보다, 이해하다, 방문하다'란 뜻

■ see-**through** (**thru**) [síːθrùː] ⓗ (천 · 직물 따위가) 비치는 ⓜ 투명; 비치는 옷, **시스루** ☜ ~을 통하여(꿰뚫어)(through) 보다(see)

□ **through** [θruː] ⓙ 〖통과 · 통로 · 관통〗 **~을 통하여, ~를 두루; ~ 동안 내내; ~을 거쳐서; ~에 의하여; ~으로 인하여** ⓑ **통과하여, ~동안 죽; 완전히; 마치고** ☜ 고대영어로 '~통해서, 꿰뚫어서'
비교 threw (throw<던지다>의 과거)
♠ **be through (with) ~ ~을 끝내다[마치다]; ~와 관계가 없다**

□ **throughout** [θruːáut/**뜨**루아웉/쓰루**아**웉] ⓙ 〖시간〗 ~을 통하여, **~동안 죽**; 〖장소〗 **~의 구석구석까지, ~의 도처에** ⓑ **처음부터 끝까지**
☜ 죽~(through) 끝까지(out)

□ **thorough** [θə́ːrou/θʌ́r-] ⓗ **철저한; 완전한**
☜ 고대영어로 '끝에서 끝까지'란 뜻
♠ a **thorough** reform (investigation) **철저한** 개혁(수사)

□ **thoroughbred** [θə́ːroubrèd/θʌ́rəbrèd] ⓜ **순종의 말[개]**; (T-) **서러브레드**(의 말) ⓗ **순종의** ☜ (완전히) 순수하게(thorough) 자란(bred)

□ **thoroughfare** [θə́ːroufɛ̀ər/θʌ́r-] ⓜ 한길, **대로; 통행** ☜ 완전한(thorough) 통행(fare)

□ **thoroughgoing** [θə́ːrougòuiŋ/θʌ́rəgòuiŋ] ⓗ **철저한**, 완전한, 충분한, 순전한, 전적인
☜ 철저하게(thorough) 진행한(going)

□ **thoroughly** [θə́ːrouli/θʌ́rəuli] ⓑ **완전히**, 충분히, 철저히, 속속들이, 깡그리 ☜ -ly<부접>

□ **thoroughness** [θə́ːrounis/θʌ́rə-] ⓜ 완전, 철저함 ☜ -ness<명접>

□ **those**(그것들의) ➔ **that**(그것) **참조**

□ **thou**(당신은, 너는) ➔ **thee**(너를, 너에게) **참조**

힘 도우 Him Though (성폭력 고발운동의 하나 <그렇다면 그는>이란 뜻)

미투(Me Too), 위드 유(With You) 등 성폭력 고발운동 중의 하나. 성폭력 고백에 대한 짐을 여성이 아닌 가해자에게 지워야 한다는 의미. 미국의 언론인이자 프로듀서인 리즈 프랭크가 제안한 것으로, '나도 당했다'가 아니라 '그렇다면 그는' 이런저런 짓을 저질렀다는 의미의 새 해시태그를 제안한데서 비롯되었다.

※ **him** [him/힘, (약) im] ⓓ **그를, 그에게** ☜ he(그는, 그가)의 목적격

■ **though** [ðou/도우] ⓙ **~이지만, 비록 ~일지라도; ~이기는 하지만**
☜ 고대영어로 '비록 ~일지라도'란 뜻
♠ **even though [if] ~ ~에도 불구하고; ~라 하더라도, 비록 ~일지라도**

□ al**though** [ɔːlðóu/올-**도**우] ⓙ **비록 ~일지라도, ~이기는 하지만**
☜ 모두(al<all) 양보해도(though)
♠ **Although** he is rich, he is not happy. 그는 부자**지만** 행복하지는 않다.
♠ **Although** I love you. 사랑했지만 ★ 고(故)김광석의 노래 '사랑했지만'을 스웨덴(Sweden) 가수 안드레아스 샌드런드(Andreas Sandlund)가 리메이크(remake)하여 발표한 곡명.

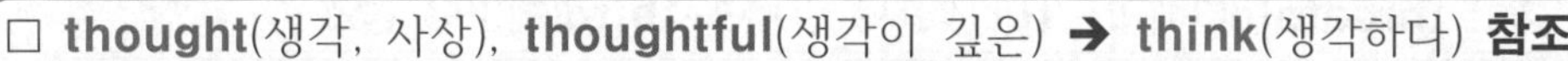
□ **thought**(생각, 사상), **thoughtful**(생각이 깊은) ➔ **think**(생각하다) **참조**

사우전드 아일랜드 Thousand Island (미국 · 캐나다 동부 국경선 사이에 있는 1,500여개의 섬들로 이루어진 제도. 부자들의 집과 별장이 많은 곳)

□ **thousand** [θáuzənd/**따**우전드/**싸**우전드] ⓗ **1,000의**; 1,000개(사람)의; 수천의, 무수한 ⓜ (pl. **-s**) **1,000**; 1,000개(사람)
☜ 고대영어로 '1,000'이란 뜻
♠ Thousand Island dressing **사우전드 아일랜드 드레싱** 《샐러드 · 해산물 요리와 함께 먹는 소스》
♠ **The Thousand and One Nights 천일야화(千一夜話)**, 아라비안나이트
♠ **thousand of ~ 수천의 ~**
♠ **by (the) thousands 수천이나, 무수히**

※ **island** [áilənd/**아**일런드] ⓜ **섬**; **아일랜드** 《항공모함 우현의 우뚝 솟은 구조물》
☜ 고립된(is) 땅(land)

홈런 home run ([야구] 타자가 홈까지 제재없이 달릴 수 있도록 친 안타)

♣ **어원 : run, rall 달리다**

※ **home** [houm/호움] ⓜ **자기의 집, 가정; 고향** ⓗ **가정의, 본국의** ⓟ **자기집에[으로,에서]**
☜ 고대영어로 '사는 곳'이란 뜻

■ **run** [rʌn/뤈] ⓢ (-/**ran/run**) (사람 · 말이) **달리다**, 뛰다; **달리게 하다**; **도망치다**; (피 · 물 등이) **흐르다; 계속되다**; **~상태로 되다**; **움직이다**, 경영하다, 운전하다; 통하다 ⓜ **뛰기**, 달리기, **경주**; (물 등의) **유출**, 흐름 ☜ 고대영어로 '물의 흐름'이란 뜻

□ th**rall** [θrɔːl] ⓜ **노예**; 속박 ⓗ《고어》노예가 된; 속박된 ⓢ《고어》노예로 만들다
☜ 초기 독일어로 '달리는 사람'이란 뜻. ⇦ ~로(th<to) 달리다(rall<run)
♠ He is **(a) thrall** to drink. 그는 술의 **노예**이다. 그는 술에 빠져 있다.

스레드니들가(街) Threadneedle Street (영국 런던의 은행가)

중세 때부터 <실과 바늘의 기념관(Merchant Taylors' Hall)>이 이 거리에 위치하고 있었던 데서 유래했다.

♣ **어원 : thra, thre, thri 비틀다, 꼬다, 짜내다, 꽉 잡다; 때리다; 누르다, 밟다**

□ **thre**ad [θred/뜨뤠드/쓰뤠드] ⓜ **실**, 바느질 실 ⓢ (바늘에) **실을 꿰다**
☜ 초기독일어로 '꼬인(thre) 털실'이란 뜻.
♠ sew with **thread 실**로 꿰매다, **a needle and thread 실꿴 바늘**

□ **thre**adbare [θrédbὲər] ⓗ (의복이) 해진; 케케묵은 ☜ 실(thread)이 드러난(bare)

□ **Thre**adneedle Street **스레드니들**가(街)《영국의 런던의 은행가》
☜ 실(thread)과 바늘(needle)이 있는 거리(street).

□ **thra**sh [θræʃ] ⓢ **마구 때리다**, **두드리다; 몸부림치다** ⓜ 때림
☜ 중세영어로 '두드려 곡물을 타작하다'란 뜻.
♠ **thrash about** in pain 괴로워서 **몸부림을 치다**

□ **thre**sh [θreʃ] ⓢ (곡식을) 도리깨질하다; 타작하다; (몽둥이 따위로) 때리다 ⓜ 탈곡; 타작 ☜ 고대영어로 '때리다'란 뜻

□ **thre**shold [θréʃhould] ⓜ **문지방**, 문간, 입구;《비유》**발단**, 시초, 출발점
☜ 고대영어로 '밟는 것'이란 뜻
♠ those **at the threshold** of a career *생애의 문턱에 선 사람들* ⇨ 실사회**로 처음 나가는** 사람들《졸업생 따위》
♠ **on the threshold of ~** *~의 문턱에* ⇨ **바야흐로 ~하려고 하여, ~의 시초에**

© Wikipedia

□ **thre**at [θret] ⓜ **위협, 협박**; 흉조, 조짐
☜ 고대영어로 '압박'이란 뜻. 초기인도유럽어로 '누르다'에서
♠ **make a threat 위협하다, 협박하다**

□ **thre**aten [θrétn/뜨**뤠**튼/쓰**뤠**튼] ⓢ **위협[협박]하다; ~할 우려가 있다** ☜ -en<동접>

□ **thre**atening [θrétniŋ] ⓗ 협박하는, **위협[협박]적인** ☜ threaten + ing<형접>

□ **thri**ft [θrift] ⓜ **절약**, 검약, 검소; (식물의) 번성; 번영 ☜ 꽉 쥔(thrive) 것(t)

□ **thri**fty [θrífti] ⓗ (-<-**tier**<-**tiest**) 검소한, **검약하는** ☜ thrift + y<g형접>

□ **thri**ftless [θríftlis] ⓗ 절약하지 않는 ☜ thrift + less(~이 없는)

□ **thri**ve [θraiv] ⓢ (-/**throve(thrived)/thriven(thrived)**) **번영**(번창)**하다; 무성하다**
☜ 고대 노르드어로 '꽉 쥐다, 번영하다'라는 뜻
♠ Bank business **is thriving**. 은행업은 **번창하고 있다**.

□ **three**(3, 3개), **threefold**(3배의), **thrice**(세 번) ➔ **third**(제3의) **참조**

스릴 thrill (공포나 쾌감 등으로 오싹한 전율)

□ **thrill** [θril] ⓜ **스릴**, 부르르 떨림, **전율** ⓢ **오싹하다; 감동[감격]시키다**
☜ 고대영어로 '구멍을 뚫다'란 뜻
♠ **a story full of thrills 스릴 넘치는 이야기**

□ **thrill**er [θrílər] ⓜ 오싹하게 하는 사람(것);《구어》**스릴러**, 괴기 영화
☜ thrill + er(사람/것)

□ **thrill**ing [θríliŋ] ⓗ **오싹[자릿자릿, 두근두근]하게 하는**, 스릴 만점의; 떨리는
☜ thrill + ing<형접>

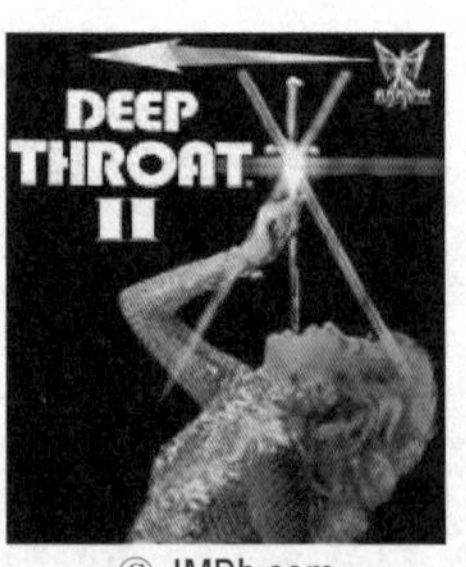

© IMDb.com

딥 쓰로트 deep throat (익명의 제보자. <목 깊은 곳>이란 뜻)

워터게이트사건 때 사건의 전말을 언론에 제공하여 닉슨을 물러나게 하고 끝내 얼굴을 드러내지 않은 인물에게 붙여진 닉네임이다. 《워싱턴포스트》의 밥 우드워드 기자가 닉슨 대통령이 관련된 워터게이트사건의 비밀을 알려준 익명의 제보자를 deep throat라고 부른 데서 유래하였으며, 사건의 결정적 단서가 목구멍 깊숙한 곳에서 나왔다는 뜻에서 이런 용어가 생겼다. <출처 : 두산백과 / 일부인용>

※ **deep** [diːp/디입] ⓗ **깊은**; 깊이가 ~인

T

☜ 고대영어로 '심오한, 신비한, 깊은'이란 뜻

□ **throat** [θrout/뜨로우트/쓰로우트] ⓜ **목(구멍)**, 인후 ☜ 고대영어로 '후결, 목구멍'이란 뜻
♠ **have a sore throat 목이 아프다**

□ **throt**tle [θrάtl/θrɔ́tl] ⓜ 【기계】 (캬뷰레이터 등의) 조절판, **쓰로틀**; 《방언》 목구멍; 기관(氣管) ⓢ 목을 조르다; 감속하다; 추력(推力)을 변화시키다
☜ throt(=throat) + t<단모음+단자음+자음반복> + le<명접/동접>

윈드 스로브 wind throb ([자동차] 창문 · 썬루프 등을 열고 30-100km로 달리면 고막을 압박하는 공기진동이 발생하는 것)

※ **wind** [wind/윈드, 《시어》 waind] ⓜ **바람**; 강풍; (공기의) 강한 흐름 〔움직임〕 ☜ 고대영어로 '움직이는 공기'란 뜻

□ **throb** [θrαb/θrɔb] ⓢ (심장이) **고동치다**, 두근거리다, 맥박치다 ⓜ 고동; 맥박 ☜ 중세영어로 '두드리다'란 뜻
♠ My heart **is throbbing** heavily. 내 심장은 몹시 **두근거리고 있다.**

연상 왕이 드론(drone.소형무인비행체)을 타고 쓰론(throne.왕좌)에 올랐다.

※ **drone** [droun] ⓜ (꿀벌의) **수벌**; (무선조종의) **무인비행체; 윙윙거리는 소리** ⓢ 윙윙거리다 ☜ 고대영어로 '수컷 꿀벌'이란 뜻

□ **throne** [θroun/뜨로운/쓰로운] ⓜ **왕좌**, 옥좌; (the ~) 왕위, 제위; 제권, 왕권; 군주 ☜ 그리스어로 '높은 자리'란 뜻
♠ **orders from the throne 왕의 명령, 칙명**

※ **crown** [kraun/크라운] ⓜ **왕관**; (the ~; the C-) 제왕
☜ 라틴어로 '머리에 쓰는 관(冠)'이란 뜻

스로인 > 드로인 throw-in ([축구] 아웃된 공을 던져 패스하는 행위)

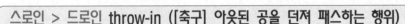

♣ **어원 : thro, thru 던지다, 밀다**

□ **thro**w [θrou/뜨로우/쓰로우] ⓢ (-/**threw/thrown**) **(내)던지다**, 던져 주다; 팽개치다 ⓜ **내던짐**
☜ 고대영어로 '(팔을) 비틀어서 (던지다)'란 뜻
♠ **throw** a bone to a dog 개에게 뼈다귀를 **던져 주다**
♠ **throw away ~ ~을 내버리다; 낭비하다**
♠ **throw off 벗어 던지다; 떨쳐 버리다; (관계 따위를) 끊다**
♠ **throw out 내던지다, 버리다; 내쫓다; (빛 · 열 등을) 발하다**
♠ **throw up 던져 올리다, (창문을) 밀어 올리다**

□ **thro**w-in [θróuìn] ⓜ 《속어》 덤, 공짜로 주는 것; 【축구 · 농구】 **스로인**, 공 던지기
☜ 안으로(in) 던지다

□ **thro**wn [θroun/뜨로운/쓰로운] ⓗ (생사를) **끈** ☜ throw의 과거분사 ⇨ 형용사

□ **thro**w-off [θróuɔ̀(ː)f] ⓜ (사냥 · 경주 등의) **개시**; 출발
☜ 멀리(off) 던지다(throw), '떠나다, 출발하다'란 뜻

□ **thro**ng [θrɔ(ː)ŋ, θrαŋ] ⓜ **군중**, 사람들이 많이 모임, 혼잡 ⓢ **떼를 지어 모이다**
☜ 고대영어로 '군중'이란 뜻. '미는 사람들'이란 뜻
♠ The streets were filled with **throngs of people.**
거리는 **군중들**로 혼잡했다

□ **thru**st [θrʌst] ⓢ (-/**thrust/thrust**) **밀다**; 밀어내다, 밀어 넣다 ⓜ **밀침**
☜ 고대 노르드어로 '밀다'란 뜻
♠ **thrust** the chair forward 의자를 앞으로 **밀어내다**

□ **through**(~을 통하여), **throughout**(도처에) ➔ **thorough**(철저한) **참조**

연상 쓰러시(thrush.개똥지빠귀)가 러시아워(rush hour.출퇴근시의 혼잡한 시간) 영화 포스터를 한참동안 쳐다보고 있었다.

※ **rush** [rʌʃ/뤄쉬] ⓢ **돌진하다, 맥진〔쇄도〕하다, 서두르다; 돌진시키다**, 서두르게 하다 ⓜ **돌진; 분주한 활동**; 혼잡, 쇄도 ⓗ 쇄도하는, 바쁜 ☜ 고대 프랑스어로 '쫓아버리다'란 뜻

※ **hour** [áuər/**아**우워] ⓜ 시간, **한 시간**; 시각
☜ 라틴어로 '시기, 시절'이란 뜻

※ **rush** hour [종종 the ~s] (출퇴근시의) 혼잡한 시간, **러시아워**

□ **thrush** [θrʌʃ] (명) 〖조류〗 개똥지빠귀; 《미.속어》 여성 유행가수 ☞ 고대영어로 '노래하는 새'
♠ **a song thrush (유럽산) 지빠귀**

한국 시계는 똑딱거리고, 영・미권 시계는 틱톡(ticktock)거린다.

□ **tic(k)toc(k)** [tíktɑ̀k/-tɔ̀k] (명) (큰 시계의) 똑딱똑딱 (소리) (동) 똑딱똑딱 소리를 내다
□ **tic(k)tac(k)** [tíktæ̀k] (명) (시계의) 똑딱똑딱 소리; 《소아》 시계; 심장의 고동 (동) 똑딱똑딱 소리나다 ☞ 의성어
□ **tick** [tik] (명) (시계 등의) **똑딱[재깍]거리는 소리** (동) (시계 등이) **똑딱[재깍]거리다** ☞ 의성어
□ **tick**er [tíkər] (명) 똑딱거리는 물건; 시계추; (전신의) 수신기 ☞ -er(기계/물건)
□ **tick**er-tape [tíkərtèip] (명) 수신기에서 자동적으로 나오는 수신용 테이프 ☞ ticker + tape(납작한 끈, 테이프)
□ **thud** [θʌd] (명) 퍽, 털썩, **쿵**《소리》 (동) 털썩 떨어지다; 쿵 울리다 ☞ 의성어
□ **thump** [θʌmp] (명) **(탁) 때림**, 쿵《소리》 (동) **탁[딱, 쾅]치다[때리다]** ☞ 의성어

섬네일 thumbnail ([컴퓨터] 페이지 전체의 레이아웃을 검토할 수 있게 페이지 전체를 작게 줄여 화면에 띄운 것. <엄지손톱>)

□ **thumb** [θʌm] (명) **엄지손가락** (동) (책을) **엄지손가락으로 넘기다; 엄지손가락으로 만지다** ☞ 고대영어로 '부푼 (손가락)'이란 뜻.
♠ He gave me **the thumbs up.**
그는 나를 향해 **엄지를 세워 보였다**
□ **thumb**nail [θʌ́mnèil] (명) **엄지손톱**; (손톱같이) 작은 것 (형) 극히 작은〔짧은〕, 간결한 (동) 간략하게 그리다 ☞ thumb + nail(손톱, 발톱)
■ **thimb**le [θímbəl] (명) **골무** 《재봉용》; 〖기계〗 끼우는 고리〔통〕; 〖항해〗 쇠고리 《마찰방지용》 ☞ 고대영어로 '엄지손가락(thumb)을 보호하는 연장(le)'이란 뜻

토르 Thor (망치[묠니르]로 거인을 죽인 북유럽 신화의 천둥신)

♣ **어원 : thor, thur, thund, tound, ton, tun 천둥, 우레; 천둥치다, 크게 소리치다**
■ **Thor** [θɔːr] (명) 〖북유럽 신화〗 **토르** 《천둥・전쟁・농업을 맡은 뇌신(雷神)》; 《미》 지대지 중거리 탄도 미사일 ☞ 고대 노르드어로 '천둥'이란 뜻
□ **Thur**sday [θə́ːrzdei/**떨**스데이/**써**스데이, -di] (명) **목요일** 《생략: Thur., Thurs.》 ☞ 고대영어로 '토르(Thor)의(s) 날(day)"이란 뜻
♠ next 〔last〕 **Thursday** = **on Thursday** next 〔last〕
다음〔지난〕 **목요일에**
□ **thund**er [θʌ́ndər] (명) **우레(소리)**; 천둥; 《시어》 벼락 (동) **천둥치다** ☞ 고대영어로 '천둥, 토르신(神)'이란 뜻
♠ **The thunder** crashes and rumbles.
천둥이 우르릉 쾅쾅 울린다.

© Marvel Studios

□ **thunder**storm [θʌ́ndərstɔ̀ːrm] (명) 천둥을 수반한 일시적 폭풍우, (심한) 뇌우(雷雨) ☞ thunder + storm(폭풍우, 격정)
□ **thunder**bolt [θʌ́ndərbòlt] (명) **천둥번개, 벼락**, 낙뢰(落雷) ☞ thunder + bolt(볼트, 나사; 번개; 빗장)
□ **thunder**clap [θʌ́ndərklæp] (명) 뇌성; 벽력 ☞ thunder + clap(콰르릉, 쾅)
□ **thunder**ous [θʌ́ndərəs] (형) **우레 같은**, 우레같이 울려퍼지는 ☞ -ous<형접>
□ **thunder**struck [θʌndərstrʌ̀k, -strìkən] (형) 벼락 맞은, 깜짝 놀란 ☞ thunder + struck(strike(치다)의 과거분사 → 수동 형용사)
■ s**tun** [stʌn] (동) (충격을 가해) **기절시키다**, (음향이) 귀를 멍멍하게 하다 (명) 충격; 기절상태 ☞ 고대 프랑스어로 '기절시키다'란 뜻. ⇦ 밖에서(s<ex) 큰 소리를 내다(tun)

■ as**ton**ish [əstɑ́niʃ/-tɔ́n-] (동) **깜짝 놀라게 하다** ☞ 밖에서(as<ex) 천둥치(ton) 다(ish<동접>)

□ **thus**(이렇게, 그러므로) → **that**(저것, 그것; ~한 것은) **참조**

트랜스포머 transformer ([영화] 모양을 변화시키는 로봇)

♣ **어원 : trans, tran, tra, tre, th 저편, 건너편; 가로질러; 횡단, 관통; 바꾸다**
■ **trans**form [trænsfɔ́ːrm] (동) (외형을) **변형시키다**, 바꾸다 ☞ 모양(form)을 바꾸다(trans)
■ **trans**former [trænsfɔ́ːrmər] (명) 변화시키는 사람〔것〕; 〖전기〗 변압기, **트랜스** ☞ transform + er(사람/기계)
■ **trans**verse [trænsvə́ːrs, trænz-] (명) 가로지르는 것; (공원 등의) 횡단 도로 (형) **가로의**, 횡단하는 ☞ 라틴어로 '가로질러(trans) 돌다(verse)'

© Paramount Pictures

■ **tra**verse [trǽvəːrs, trəvə́ːrs] (동) **가로지르다, 횡단하다; 방해하다**
☜ 가로질러(tra=cross) 돌리다(ver) + se
♠ Many cars **traverse** the bridge daily. 많은 차들이 매일 다리를 **횡단한다**

□ **th**wart [θwɔːrt] (동) **훼방 놓다**, 방해하다 (형) 가로지른; 횡단하는
☜ 고대영어로 '가로질러(th<tra) 돌다(wart<vert=verse)'란 뜻
♠ **thwart** somebody's plans ~의 계획**을 좌절시키다**

아이러브유 I love you (나는 당신을 사랑합니다)

※ **I** [ai/아이] (대) **나, 본인** ☜ 고대영어로 '나(1인칭 단수 대명사)'란 뜻

※ **love** [lʌv/러브] (명) **사랑** (동) **사랑하다**
☜ 고대영어로 '사랑하는 감정, 로맨틱한 성적 매력'이란 뜻

■ **you** [juː/유-, (약) ju/유, jə] (대) **너는**[네가], **당신은**[이/가], **여러분은**[이/가]
☜ 고대영어로 '너희, 그대들', 초기 인도유럽어로 '두번째 사람'이란 뜻

■ **thou** [ðau] (대) (pl. you [juː], ye [jiː]) 《고어·시어》 **너(는)**, 그대(는), **당신(은)**
☜ 초기 인도유럽어로 '두번째 사람'이란 뜻

□ **thy** [ðai] (대) 〖모음/h앞에서는 thine〗 《고·시어》 너의, **그대의** ☜ thou의 소유격

□ **thy**self [ðaisélf] (대) 〖thou, thee의 재귀·강조형〗 《고·시어》 너 자신, 그대 자신

■ **thee** [ðiː, (약) ði] (대) 《고·시어》 **너를, 너에게**, 그대에게, 그대를 ☜ thou의 목적격

■ **ye** [jiː, (약) ji] (대) 《문허·방언》 (pl.) **너희들**, 그대들 ☜ thou의 복수형
★ ye는 본디 주격이지만 때로는 목적격으로도 쓰임. 또, you는 본디 ye의 목적격

티아라 T-ARA (한국의 댄스팝 걸그룹. <가요계 여왕 왕관을 쓰겠다>는 뜻)

□ **tiara** [tiέərə, -ɑ́ːrə] (명) 로마 교황의 삼중관(三重冠); 교황관; (여자용) 보석 박은 관; 옛 페르시아 사람의 두건〔관〕 ☜ 중세영어로 '페르시아왕들의 머리장식'이란 뜻

티베리우스 Tiberius (후에 공포정치와 방탕한 삶을 산 로마의 황제)

□ **Tiberius** [taibíəriəs] (명) **티베리우스** 《로마 제2대 황제; 42 B.C.-A.D. 37》

티베트 Tibet, Thibet (세계의 지붕이라 불리는 중국 남서부의 자치구)

□ **Tibet, Thibet** [tibét] (명) **티베트** 《주도는 라사(Lhasa)》 ☜ 티베트인들은 스스로를 보에(Bod)라고 부른다. 중국인들은 당·송 때 이들을 토번(吐蕃; 토착의 야만인)이라 칭했으며, 오늘날엔 서장(西藏)으로 칭한다. 영어 Tibet은 아랍어 Tubatt/Tibat에서 유래했는데 정확한 의미는 알 수 없다고 한다. ★ 티베트인들이 가장 신성시하는 곳은 <포탈라궁>과 <다자오사> 사찰이다.

□ **tick**(재깍거리는 소리) ➔ **thud**(쿵 소리) **참조**

에티켓 etiquette (예의범절), 티켓 ticket (표), 스티커 sticker (붙이는 종이)

♣ 어원 : (s)ticket 붙이는 것

■ e**tiquette** [étikèt, -kit] (명) **에티켓, 예절**, 예법 ☜ e + ticket(17세기 프랑스 베르사이유 궁전의 출입증. 가슴에 붙인 것)

□ **ticket** [tíkit/**티**킽] (명) **표**, 권(券), 입장〔승차〕권; **정가표** ☜ 중세 프랑스어로 '딱지, 꼬리표'
♠ a round-trip **ticket** 왕복**표**

■ **stick**er [stíkər] (명) 찌르는 사람〔막대기〕; (전단 따위를) 붙이는 사람〔것〕; 풀 묻힌 라벨, **스티커**
☜ 찌르는/붙이는(stick) 사람/도구(er)

연상 상대선수를 태클(tackle)하랬더니 티클(tickle.간지럼)만 태우고 있다.

※ **tack**le [tǽkəl] (명) **연장; 도르래**; 〖항해〗 삭구(索具); 〖축구·럭비〗 **태클** (동) **~에 달려들다**; 태클하다 ☜ 중세 네델란드어로 '쥐다'란 뜻

□ **tickle** [tíkəl] (동) **간질이다; 기쁘게 하다** (명) **간지럼**
☜ 고대영어로 '간지럽히다'란 뜻
♠ **tickle** a person under the arms 겨드랑이 밑을 **간질이다**.

□ **tickl**ish, **tick**ly [tíkliʃ], [tíkli] (형) 간지럼 타는; 불안정한; 다루기 어려운
☜ tickle + ish<형접>, -y<형접>

■ **kittle** [kítl] (형) 《Sc.》 간지러워하는; 다루기 힘든, 믿을 수 없는, 변덕스러운
☜ 중세영어로 '간지럽다'란 뜻

TICKLE TICKLE
NO NO NO NO NO NO STOP IT!
© pinterest.com

T

크림슨 타이드 Crimson Tide (미국 영화. <적조(赤潮)>란 뜻)

© Buena Vista Pictures

1995년 개봉한 미국의 액션/스릴러 영화. 덴젤 워싱턴, 진 핵크만 주연. 미국 핵잠수함의 함장과 부함장이 대통령의 명령으로 하달된 러시아에 대한 핵미사일 발사여부를 놓고 벌이는 대결을 그린 영화 <출처 : Naver 영화>

♣ **어원 : tid, tim (밀물) 시각, (사건이 발생한) 때, 시간, 적시(適時); 발생하다**

※ **crimson** [krímzən] 명 **심홍색**, 진홍색 형 **심홍색의**, 진홍색의
☜ 중세영어로 '진홍색'이란 뜻

☐ **tid**e [taid] 명 **때**, 철; **조수, 조석**, 조류; **풍조** ☜ 고대영어로 '때'란 뜻. '(바다의 조수) 때'에서 '조수'라는 뜻이 되었다.
♠ **Time and tide wait for no man.**
《속담》 세월은 사람을 기다려 주지 않는다.

☐ **tid**al [táidl] 형 **조수의**, 조수 같은 ☜ tide + al<형접>

☐ **tid**ings [táidiŋz] 명 (pl.) [단수취급] 《문어》 통지, **기별, 소식**; 《고어》 사건
☜ 발생한(tid) 것(ing) 들(s)
♠ **glad** 〔sad, evil〕 **tidings 희소식** 〔비보, 흉보〕

☐ **tid**y [táidi] 형 (-<-**dier**<-**diest**) **말쑥한, 단정한, 정연한** 동 정돈하다
☜ 고대영어로 '적시적절(tid) 한(y)'이란 뜻
♠ **a tidy room 잘 정돈된 방**

넥타이 necktie (남성 정장시 목에 매는 것)

※ **neck** [nek/넥] 명 **목**; (의복의) 옷깃; (양 따위의) 목덜미살 ☜ 고대영어로 '목덜미'란 뜻

■ neck**tie** [néktài] 명 **넥타이**; 《속어》 교수형용 밧줄 ☜ 목(neck)을 묶다(tie)

☐ **tie** [tai/타이] 동 **매다; 속박하다; 동점이 되다** 명 **넥타이; 매듭; 끈;** (pl.) **인연; 동점**
☜ 고대영어로 '매다'는 뜻.
♠ **tie up** a package 소포를 **묶다**

☐ **tie**-up [táiʌp] 명 《미》 **정체**, 막힘; 불통, 마비, 휴업; 교통 정체 ☜ 완전히<위로(up) 묶다(tie)

■ un**tie** [əntái] 동 **풀다**, 끄르다; 해방하다; 풀리다 ☜ un(=not) + tie

☐ **ty**ing [táiiŋ] 명 매듭; **매기** 형 매는; 구속적인 ☜ tie + ing<명접/형접>

기아 타이거즈 KIA tigers (광주를 연고지로 하는 한국 프로야구단)

☐ **tiger** [táigər/**타**이거] 명 **범, 호랑이** ☜ 라틴어/그리스어로 '호랑이'
비교 암컷은 tigress, 새끼는 cub, whelp
♠ **skin a tiger 호랑이 가죽을 벗기다**
☜ skin(피부, 가죽; 가죽을 벗기다)

■ li**ger** [láigər] 명 **라이거** 《수사자와 암범 사이의 튀기》
☜ **li**on(사자) + ti**ger**(호랑이)

■ **tig**on [táigən] 명 **타이곤** 《수범과 암사자와의 튀기》 ☜ **tig**er(호랑이) + li**on**(사자)

타이츠 tights (하반신의 몸에 꼭 붙는 스타킹 모양의 긴 바지)

☐ **tight** [tait] 형 **단단한, 빈틈이 없는**, (옷 등이) **꼭 끼는** 부 **단단히**
☜ 고대 노르드어로 '결이 촘촘한'이란 뜻
♠ **a tight skirt 꼭 끼는 스커트**

☐ **tight**s [taits] 명 (pl.) (댄서·곡예사 등이 입는) 몸에 꽉 끼는 옷, **타이츠**
☜ -s<복수>

☐ **tight**en [táitn] 동 (바짝) **죄다**, 팽팽하게 치다, 단단하게 하다 ☜ -en<동접>

☐ **tight**ly [táitli] 부 **단단히**, 꼭, 굳게 ☜ -ly<부접>

☐ **tight**-fitting [táitfítiŋ] 형 (옷이) 꼭 맞는, 꼭 끼는 ☜ tight + fit(~에 맞다) + ing<형접>

T

티그리스 Tigris (중동 걸프만으로 흘러드는 메소포타미아의 강)

☐ **Tigris** [táigris] 명 (the ~) **티그리스** 강 《Euphrates강과 합쳐져 Gulf만으로 흘러드는 Mesopotamia의 강》 ☜ 고대 페르시아어로 '끝이 날카로운', 아베스타어〔아리안어〕로 '화살'이란 뜻

타일 tile (화장실 바닥 등을 피복하기 위해 만들어 구운 점토질 제품)

☐ **tile** [tail] 명 (화장) **타일; 기와** 동 타일을 붙이다; 기와를 이다 ☜ 라틴어로 '덮다'란 뜻
♠ **a ceramic tile 사기 타일, a roof(ing) tile 지붕기와**

■ **tegul**ar [tégjələr] ⓗ 기와의(같은); 〖곤충〗 어깨판의 ☜ 기와(tegul<tile) + ar<형접>

언틸데스 Until Death (미 · 영 합작 액션 영화. <죽을 때 까지>란 뜻)

© Millennium Films

2007년 제작된 미국/영국 합작의 액션/스릴러 영화. 쟝-끌로드 반담 주연. 악당에게 납치된 아내를 찾아 총격전을 불사르는 한 퇴물 형사의 이야기

■ **until** [əntíl/언**틸**] ⓟⓙ 〖시간의 계속〗 **~까지** (줄곧), ~이 되기까지 ☜ 고대 노르드어로 '~까지'란 뜻. un<up + til<to
♠ I **shall wait** until five o'clock. 5시까지 **기다리겠습니다**.

□ **till** [til/틸] ⓟⓙ 〖시간적〗 **~까지** (줄곧); 〖부정어와 함께〗 ~까지 ~않다 ☜ 고대영어, 고대 노르드어로 '~까지'란 뜻. til = to
ⓥ (땅을) **갈다** ☜ 고대영어로 '노력하다'란 뜻
비교 시한(~까지)을 나타내는 전치사로 쓰일 때 **by**는 **완료 시한**에 finish, complete 등과 쓰이며, **till · until**은 **계속 시한**에 last(계속하다)나, wait, stay 등과 함께 쓰인다.
♠ **from** morning **till** night 아침**부터** 밤**까지**

□ **till**age [tílidʒ] ⓝ 경작 ☜ till + age(행위, 상태)

□ **till**er [tílər] ⓝ **농부**, 경작자 ☜ till + er(사람)

※ **death** [deθ] ⓝ **죽음, 사망** ☜ 죽은(dead) 것(th<명접>)

틸트로터 tilt rotor (수직이착륙이 가능한 비행기. <기울인 회전축>)

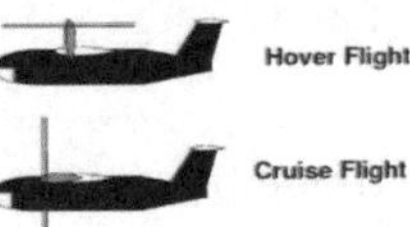

틸트로터는 프로펠러를 하늘로 향하게 하면 수직으로 이착륙할 수 있어 활주로가 필요 없고 비행 중에는 이를 수평방향으로 바꿔 속도를 높일 수 있다. 대표적인 항공기로는 미국의 V-22가 있다.

□ **tilt** [tilt] ⓝ 기울기, **경사** ⓥ **기울다, 기울이다** ☜ 고대영어로 '불안정한'이란 뜻
♠ **on the tilt 기울어져**

※ **rotor** [róutər] ⓝ 〖전기〗 (발전기의) 회전자; 〖기계〗 (증기 터빈의) 축차(軸車); 〖항공〗 (헬리콥터의) 회전익, **로터**; 〖기상〗 회전 기류 ☜ 도는(rot) 것(or)

팀버랜드 timberland (글로벌 패션기업. <목재용 삼림지>란 뜻)

□ **timber** [tímbər] ⓝ **재목**, 목재 ☜ 고대영어로 '건물'이란 뜻
♠ **a log of timber 통나무**

□ **timber**land [tímbərlænd] ⓝ 《미》 삼림지 ☜ 목재(timber)의 땅(land)

■ **lumber** [lʌ́mbər] ⓝ 《미》 **잡동사니**; 나무, **재목** ⓥ 재목을 베어내다 ☜ 롬바르드 사람이 금융업을 하면서 쓸데없는 물건을 모은 데서

타임머신 time machine (시간여행을 가능하게 한다는 공상의 기계)
타임지(誌) Time (미국의 대표적인 시사주간지)

© Warner Bros.

□ **time** [taim/타임] ⓝ **시간, 때; 기일, 시기; 일생**; 세월; **정세**; ~회, **~번; 곱** ⓥ **시기에 맞추다; 시간을 재다; 시간을 정하다** ☜ 초기인도유럽어로 '나눈 것'이란 뜻
♠ **Time is flying never to return.**
《속담》 시간은 쏜살처럼 흘러가서 다시는 돌아오지 않는다.
♠ **Time and tide wait(s) for no man.**
《속담》 세월은 사람을 기다리지 않는다.
♠ **time and (time) again; time after time**
몇 번이고, 되풀이하여
♠ **all the time 그 동안 죽, 줄곧**
♠ **at a time 동시에, 한 번에**
♠ **at all times 언제나**(=always), **모든 경우에**
♠ **at any time 어느 때든지**(=whenever)
♠ **at one time 동시에; 일찍이, 한때는**
♠ **at one time or another** [the other] **한때는, 전에 어느 때엔가**
♠ **at some time or other 이따금**
♠ **at the same time 동시에; 하지만**(=however)
♠ **at times 때때로**(=occasionally)
♠ **by the time (that) ~ ~할 즈음, ~할 때까지**
♠ **for a time 일시, 잠시, 임시로; 당분간**

T

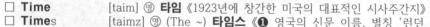

♠ **for the first time 처음으로**
♠ **for the time being 당분간**(=for the present)
♠ **in time 시간에 맞게, 늦지 않게**
♠ **in no time 이내, 곧**
♠ **It is (high) time 이제 ~할 시간이다**
♠ **on time 정각에; 후불로**
♠ **once upon a time 옛날에**
♠ **some time or other 언젠가는**
♠ **take (one's) time 천천히 하다**

☐ **Time** [taim] 명 **타임** 《1923년에 창간한 미국의 대표적인 시사주간지》
☐ **Time**s [taimz] 명 (The ~) **타임스** 《❶ 영국의 신문 이름, 별칭 '런던 타임스'; 1785년 창간. ❷ The New York Times; 1851년 창간》 ☜ times(시대)
☐ **time** capsule **타임 캡슐** 《후세에 남길 자료를 넣어 지하 등에 묻어 두기 위한 용기》 ☜ capsule(밀폐된 용기)
☐ **time**-hono(u)red [táimànərd/-ɔ̀n-] 형 유서 깊은, 옛적부터의 ☜ 명예로운(honored) 세월(time)
☐ **time**-lapse [táimlæ̀ps] 형 **타임랩스**, 저속 촬영(기법)의 ☜ lapse(시간의 경과, 흐름, 추이)
☐ **time**ly [táimli] 형 (-<-**lier**<-**liest**) 적시의, **때에 알맞은** 부 알맞게, 적시에 ☜ -ly<형접/부접>
☐ **time**-out [táimáut] 명 『경기』 **타임아웃**; 《보통 time out》 (작업 중의) 중간 휴식 ☜ time + out(밖에, 끝나)
☐ **time**piece [taimpis] 명 시계 ☜ 시간(time)을 재는 부품(piece)
☐ **time**r [táimər] 명 스톱워치; 시간제 노동자; 타임스위치, **타이머** ☜ time + er(기계)
☐ **Time**s Square **타임스퀘어**, 타임스 광장 《New York시의 중앙부에 있는 광장; 부근에 극장이 많음》 ☜ 타임스(times) 광장(square). 1903년 뉴욕타임스가 이곳으로 옮겨오면서부터 불려짐. 서울 영등포에도 복합쇼핑몰 타임스퀘어가 있음.
☐ **time**table [táimtèibl] 명 **시간표**; 예정표 ☜ table(탁자, 표, 목록)
☐ **tim**ing [táimiŋ] 명 **타이밍** 《경기·극 등에서 가장 좋은 순간을 포착하기, 또는 속도를 조절하기》; (스톱워치에 의한) 시간 측정 ☜ time + ing<명접>
※ **machin**e [məʃíːn/머**쉬**인] 명 **기계**(장치) 형 기계의 ☜ 그리스어로 '장치'란 뜻

연상 타이머(timer.초시계)가 작동하자 티미드(timid.겁많은)한 소년은 울음을 터트렸다.

♣ **어원 : tim, timid 겁; 무서워하는, 두렵게 하는**
※ **time** [taim/타임] 명 (관사 없이) **시간, 때;** 시일, 세월; ~회, ~번 ☜ 초기인도유럽어로 '나눈 것'이란 뜻
※ **time**r [táimər] 명 시간기록기; 초시계, 스탑워치, **타이머** ☜ -er(기계)
☐ **timid** [tímid] 형 (-<-**er**<-**est**) **겁먹은**, 겁많은, 소심한; 머뭇거리는 ☜ 중세 프랑스어로 '무서워(tim) 하는(id)'이란 뜻
♠ a **timid** person **소심한** 사람
☐ **timid**ly [tímidli] 부 겁이 나서, 소심하게 ☜ timid + ly<부접>
☐ **timid**ity [timídəti] 명 **겁, 소심, 수줍음** ☜ -ity<명접>
☐ **tim**orous [tímərəs] 형 마음이 약한, 소심한, 겁 많은, 벌벌 떠는 ☜ -orous(~한 성질이 있는)
■ in**timid**ate [intímədèit] 동 겁주다, 위협하다, 협박하다 ☜ (마음) 속에(in) 겁(timid)을 만들다(ate)

티무르 Timour (중앙아시아를 정복하고 대제국을 건설한 몽고 왕)

☐ **Timour, -mur** [timúːər] 명 **티무르** 《아시아의 서쪽 절반을 정복하여 대제국을 건설한 몽고의 왕; 1336?-1405》 ★ 그가 수도로 정한 우즈베키스탄 사마르칸트에 그의 묘가 있다.

탬버린 tambourine (둥근 테에 방울을 탄 작은북)

T

♣ **어원 : tam, tim, tab 북; 치다, 두드리다**
■ **tam**bourine [tæ̀mbəríːn] 명 **탬버린** 《가장자리에 방울이 달린 작은북》 ☜ 프랑스어로 '(프로방스 지방에서 사용된) 길고 가는(ine) 북(tambour)'이란 뜻
♠ play (on) **the tambourine 탬버린**을 치다.
■ **tab**o(u)r [téibər] 명 (피리를 불며 한 손으로 치는) 작은북, **테이버** 동 작은북을 치다 ☜ 고대 프랑스어로 '북'이란 뜻
☐ **tim**pani [tímpəni] 명 (sing. -pan**o**) (pl.) 《종종 단수취급》 『음악』 **팀파니** ☜ 라틴어로 '북'

연상 그는 팁(tip.사례금)을 틴(tin.주석)으로 만든 동전을 주었다.

※ **tip** [tip] 명 **팁**, 사례금; **끝, 첨단**; 힌트; 경타(輕打) 동 ~에게 팁을 주다; **기울(이)다** ☜ 중세 네델란드어로 '끝부분'이란 뜻, 꼭대기는 Top=tip이며, 끝부분만 주는 것이 tip이고 힌트이다.

끝자락을 가볍게 터치하는 것은 tap=tip이며, 끝부분은 쉽게 구부러진다.

□ **tin** [tin] ⓜ **주석** 《금속원소; 기호 Sn; 번호 50》; 양철 ⓗ 주석의 ⓓ 주석을 입히다
☜ 인도유럽어로 '가공되지 않은 금속', '양철'이란 뜻.
♠ coated with **tin 주석**으로 도금한

□ **tin**ny [tíni] ⓗ (-<-n**ier**<-n**iest**) 주석의; 주석 같은 ☜ tin + n + y<형접>

□ **tin**smith [tínsmìθ] ⓜ 양철공 ☜ tin + smith(금속세공인, 대장장이)

틴트 tint (부드러운 느낌을 주는 색혼합), 선팅 sunting (콩글 ▸ 자동차 유리창에 햇빛 차단 필름을 붙인 것) ➔ window tinting

♣ **어원 : tin(c)t, ting 염색(하다)**

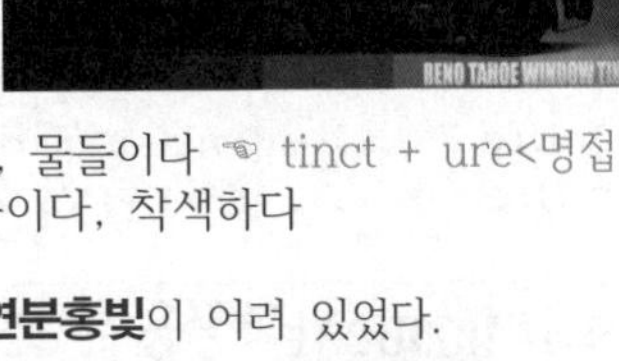

□ **tint** [tint] ⓜ **엷은 빛깔**, 색조; 머리 염색제 ⓓ (연하게) 색칠하다 ☜ tinct의 변형
♠ **have a tint 염색을 하다**

□ **tinct** [tiŋkt] ⓜ 《시어》 색, 색조; 염료, 물감 ⓗ 착색한, 물들인 ☜ 라틴어로 '염색'이란 뜻

□ **tinct**ure [tíŋktʃər] ⓜ 색, 색조; 기(미), 티; 냄새 ⓓ 착색하다, 물들이다 ☜ tinct + ure<명접>

□ **ting**e [tindʒ] ⓜ **엷은 색조**; 기미, ~기, ~티 ⓓ 엷게 물들이다, 착색하다
☜ 라틴어로 '물들이다'
♠ There was **a pink tinge** to the sky. 하늘에는 **연분홍빛**이 어려 있었다.

징글벨 jingle bell (딸랑거리는 방울)

■ **jingl**e [dʒíŋgəl] ⓜ [의성어] **딸랑딸랑**, 짤랑짤랑 《방울·동전·열쇠 등의 금속이 울리는 소리》 ⓓ 딸랑딸랑 울리다〔울리게 하다〕
☜ 중세영어로 '딸랑딸랑'이란 의성어

■ **jingl**e bell **징글벨** 《딸랑거리는 방울, 썰매의 방울 등》 ☜ bell(벨, 종)

■ **jangl**e [dʒǽŋgəl] ⓓ (방울 소리를) 딸랑딸랑 울리다; 귀에 거슬리는 소리를 내다 ⓜ 귀에 거슬리는 소리 ☜ 저지(低地) 독일어로 '소리 지르다'란 뜻

□ **tingl**e [tíŋgəl] ⓓ (벨을) 따르릉 울리다; **따끔따끔 아프다**, 쑤시다 ⓜ 따끔거림, 쑤심
☜ 중세영어로 '큰 소리에 울림을 느끼다'라는 뜻
♠ **tingle with pain 쿡쿡 쑤시다**

□ **tinkl**e [tíŋkəl] ⓜ **딸랑딸랑[따르릉]**(하는 소리) ⓓ 딸랑딸랑〔따르릉〕 울(리)다
☜ 중세영어로 '부드러운 울림소리'란 뜻

□ **tink**er [tíŋkər] ⓜ (떠돌이) **땜장이**; 서투른 직공 ⓓ 땜장이 노릇을 하다; 수선하다
☜ 고대영어로 '딸랑딸랑(tink) 소리를 내는 사람(er)'이란 뜻

□ **tint**(엷은 빛깔) ➔ **tinge**(엷은 색조) **참조**

티코 TICO (GM대우의 경차. <작지만, 단단·편리·아늑한 차>라는 뜻)

한국 경차의 기념비적인 초기 모델인 GM대우의 티코(TICO). 1991년부터 2001년까지 생산되었다. TICO란 <작지만(Tiny), 단단하고(Tight), 편리하며(Convenient), 아늑한(Cozy) 차>라는 뜻이다.

□ **tiny** [táini/**타**이니] ⓗ (-<tin**ier**<-tin**iest**) **작은**, 조그마한 ⓜ 《영》 조그마한 아이, 유아 ☜ 중세영어로 '매우 작은'이란 뜻
♠ a **tiny** baby **아주 작은** 아기

팁 tip (사례금)

□ **tip** [tip] ⓜ **팁**, 사례금; **끝, 첨단**; 힌트; 경타(輕打) ⓓ ~에게 팁을 주다; **기울(이)다**
☜ 중세 네덜란드어로 '끝부분'이란 뜻. 꼭대기는 Top=tip이며, 끝부분만 주는 것이 tip이고 힌트이다. 끝자락을 가볍게 터치하는 것은 tap=tip이며, 끝부분은 쉽게 구부러진다.

□ **tip**top [típtɑ̀p] ⓜ 절정, 최고 ⓗ 최상의 ⓟ 대단히, 더할 나위 없이
☜ tip(끝) + top(꼭대기, 정상)

□ **tip**toe [típtòu] ⓜ **발끝** ⓗ 발끝으로 선 ⓟ 발끝으로 ⓓ 발끝으로 걷다
☜ tip(끝) + toe(발가락)

타이어 tire (자동차 바퀴의 튜브를 감싸고 있는 고무재질)

□ **tire**, 《영》 **tyre** [taiər] ⓜ **타이어** ☜ 중세영어로 '옷을 입히다'란 뜻. at**tire**의 두음소실

(명) 피로 (동) **피로[피곤]하게 하다**, 피로해지다
☜ 고대영어로 '실패하다, 중지하다'란 뜻
♠ **change a tire 타이어를 교환하다**
♠ **inflate a tire 타이어에 공기를 넣다**
♠ **I'm so tired. 나는 너무 피곤하다.**
♠ **tire of ~ ~에 물리다, 싫증나다**
♠ **be tire of ~ ~에 싫증나다, 싫어지다**
♠ **be tired out 몹시 지치다**
♠ **be tired with ~ ~로 지치다, 피곤하다**
♠ **get tired of ~ (점점) 싫어지다, 싫증이 나다**

□ **tire**d [taiərd/타이어드] (형) **피곤한**, 지친; 싫증난 ☜ 피곤하게(tire) 된(ed<형접>)
□ **tire**less [táiərlis] (형) **지칠 줄 모르는**; 싫증내지 않는, 정력적인, 꾸준한 ☜ -less(~이 없는)
□ **tire**ness [táiərdnis] (명) 피로; 권태 ☜ tire + ness<명접>
□ **tire**some [táiərsəm] (형) 지치는; 성가신, **귀찮은** ☜ -some(~성향의<형접>)
■ at**tire** [ətáiər] (동) **차려입히다** (명) **옷차림새, 복장, 의복**
☜ (몸을) 완전히(at/강조) 정돈하다(tire)
■ en**tire** [entáiər/엔**타**이어] (형) **전체의**; 완전한 ☜ 손상되(tire)지 않은(en<in=not)
■ re**tire** [ritáiər] (동) **물러가다**, **퇴직**[은퇴]**하다** ☜ 뒤로(re) 끌어내다(tire)

티슈 tissue (화장용의 얇고 부드러운 질 좋은 종이)

□ **tissue** [tíʃuː] (명) (얇은) **직물** 《특히 명주 따위》: (세포) **조직**; 얇은 화장지
☜ 고대 프랑스어로 '짠 것'이란 뜻
♠ **muscular** (nervous) **tissue 근육**(신경)**조직**
♠ **toilet tissue 화장지**
□ **tissu**lar [tíʃulər] (형) 〖생물〗 생체 조직의 ☜ tissue + l + ar<형접>

□ **tit**(경타; 젖꼭지; 작은 새) ➔ **tat**(가볍게 치기; 가볍게 치다) **참조**

타이타닉 Titanic (1912년 대서양에서 침몰한 영국의 호화여객선)

□ **Titan** [táitən] (명) 〖그.신화〗 **타이탄** 《Uranus(하늘)와 Gaea(땅)와의 아들; Atlas, Prometheus 등》; 《시어》 태양신; (t-) 거인, 명사; 〖천문〗 토성의 제6위성; 미국의 대륙간 탄도탄(ICBM)의 하나
☜ 라틴어로 '대지의 아들들'이란 뜻
□ **Titan**ic [taitǽnik] (형) 타이탄의(같은); (t-) 거대한, 힘센 (명) (the ~) **타이타닉**호 《1912년 4월 캐나다 북동부의 Newfoundland 남쪽에서 빙산에 충돌, 침몰하여 1,500여명의 희생자를 낸 영국의 호화 여객선》 ☜ 거인(Titan) 의(ic<형접>)

© steemkr.com

□ **titan**ium [taitéiniəm] (명) 〖화학〗 **티탄, 티타늄** 《금속 원소; 기호 Ti; 번호 22》
☜ titan + ium(화학성분). 독일의 화학자이자 광물학자인 Martin Heinrich Klaproth (1743-1817)에 의해 1795년 명명된 금속원소
□ **titan**osaur(us) [taitǽnəsɔ̀ːr(əs)] (명) 〖고대생물〗 (T-) **티타노사우루스** 《용각류 초식성 공룡》
☜ 거대한(titan) + o + 도마뱀(-saurus)
■ tyran**no**saur(us) [tirǽnəsɔ̀ːr(əs), tai-] (명) 〖고대생물〗 (T-) **티라노사우루스** 《최대의 육식성 공룡》
☜ 폭군(tyrant) 도마뱀(-saurus)

톱텐 top ten (상위 10 위권 내에 든 것)

※ **top** [tɑp/탑/tɔp/톱] (명) **정상; 최고** (형) **최고의, 첫째의** (동) 정상에 오르다
☜ 고대영어로 '꼭대기'란 뜻

■ **ten** [ten/텐] (형) **10의**; 10인(개)의; 《막연히》 많은 (대) [복수취급] 10인, 10개 (명) (수의) **10** ☜ 고대영어로 '10'이란 뜻
■ **ten**th [tenθ/텐스] (형) (보통 the ~) **제10의**, 10번째의; 10분의 1의 (명) (보통 the ~) (서수의) 열 번째, 제10《생략 10th》; 10분의 1 ☜ 10(ten) 번째(th)
□ **ti**the [taið/타이드] (명) **십일조**; 10분의 1 교구세(教區稅) (동) 십일조를 부과하다(바치다)
☜ 고대영어로 '열(ti<ten) 번째(th) + e'란 뜻
♠ **tithe** mint and cummin 박하와 회향을 **십일조로 바치다**

타이틀 title (표제, 제목), 타이틀 매치 title match ([권투 · 레슬링] 선수권 결정전)

♣ **어원 : title 이름**
□ **title** [táitl/**타**이들/**타**이틀] (명) **표제, 제목**; 〖영화 · TV〗 타이틀; **직함, 명칭**
☜ 고대 프랑스어로 '책의 제목(장)'이란 뜻

♠ **the title** of a poem 〔book〕 시〔책〕 **제목**

□ **title** match — **타이틀 매치**, 선수권 시합 ☜ match(경기, 시합; 성냥)

□ **title**d — [ˌtáitld] 직함이 [지위가] 있는 ☜ title + ed<형접>

□ **title** page — (책의) 속표지 ☜ page(쪽, 면, 페이지)

■ en**title** — [entáitl] [동] **~의 칭호를 주다; 권리[자격]을 주다**; ~라고 제목을 붙이다 ☜ 만들다(en) + 이름(title)을

■ un**title**d — [ˌʌntáitld] [형] 칭호〔작위, 직함 따위〕가 없는; 표제가 없는; 권리가 없는 ☜ un(=not/부정) + title + ed<형접>

■ sub**title** — [sʌ́btàitəl] [명] (책 따위의) 부제; (보통 pl.) 〖영화〗 (화면의) 설명 자막, 대사 자막 ☜ 아래(sub) 제목/자막(title)

□ **Tiu, Tiw**(북유럽 티우신) ➔ **tuesday**(화요일) **참조**

케이오 KO ([권투] 전투불능 상태에 빠져 경기종료가 선언되는 것)

■ **KO, K.O.** — [kéióu] [명] (pl. **~'s**) **녹아웃**, 타도 [동] 녹아웃시키다, 타도하다. ☜ **K**nock**o**ut(결정적인 대타격)

■ **knock**out — [nάkàut] [형] (타격이) 맹렬한 [명] 〖권투〗 **녹아웃** 《생략: **KO, K.O., k.o.**》 ☜ 때려서(knock) (정신이) 나가게(out) 만들다

□ **TKO, T.K.O.** — [tiːkèióu] [명] 〖권투〗 기술적 녹아웃 《선수의 전투의지가 있더라도 충격이 심해 경기진행이 불가능하다고 판단될 때 심판 재량하에 경기종료를 선언하는 것》 ☜ **T**echnical **K**nock**o**ut의 약어

티엔티 TNT (강력 폭약)

□ **TNT, T.N.T.** — **t**ri**n**itro**t**oluene **트리니트로톨루엔**, 강력 폭약 ☜ 수소 3개(tri)를 나이트로(nitro)기(基)로 치환한 톨루엔(toluen)
★ 1kg의 우라늄 235가 폭발하여 방출하는 핵폭탄 에너지는 티엔티(TNT) 2만 톤이 폭발할 때의 에너지와 맞먹는다.

아토즈 ATOZ (현대자동차의 경차. <A 부터 Z 까지>란 뜻)
맨투맨 man to man ([콩글] 사람 대 사람, 1 대 1) ➔ one on one
워너비 wannabe (동경하는 사람. want to be 의 축약어 <되고 싶은>이란 뜻)

< 현대자동차의 ATOZ >

□ **to** — [(모음 앞) tu/투-, (자음 앞) tə/터, (강) túː/**투**-] [전] 〔방향·시간〕 **~(쪽)으로, ~까지**; 〔결과·효과〕 **~에게, ~에 대하여**; 〔목적〕 **~을 위하여**; 〔비교·대비〕 **~에 비하여**; 〔적합·일치〕 **~에 맞추어서** ☜ 고대영어로 '~방향으로, ~목적으로'란 뜻
[비교] 방향 전치사로 **to**는 도착할 **목표지점**을 의미하고, **for · toward(s)**는 '~를 향해'라는 **방향**의 의미로 사용된다.
♠ **turn to the right 오른쪽으로 돌다**
♠ **to and fro 여기저기, 이리저리**

□ **to**-and-fro — [túːənfróu] [형] 이리저리〔앞뒤로〕 움직이는; 동요하는 [명] (pl. -s) 이리저리 움직임; 동요 ☜ to(~쪽으로) and(그리고) fro(저쪽으로)

■ **till** — [til/틸] [전][접] 〔시간적〕 **~까지** (줄곧); 〔부정어와 함께〕 ~까지 ~않다 ☜ 고대영어, 고대 노르드어로 '~까지'란 뜻. til = to

■ un**til** — [əntíl/언**틸**] [전][접] 〔시간의 계속〕 **~까지** (줄곧), ~이 되기까지 ☜ 고대 노르드어로 '~까지'란 뜻. un<up + til<to

■ un**to** — [《모음 앞》 ʌ́ntu, 《자음 앞》 ʌ́ntə, 《문미》 ʌ́ntuː] [전] 《고·시어》 **~에, ~쪽에, ~에게로; ~까지** ☜ until의 변형
♠ The soldier was faithful **unto death**. 그 병사는 **최후까지** 충성을 다했다.

※ **man** — [mæn/맨] [명] (pl. **men**) **남자**, 사내; **사람, 인간**, 인류; (pl.) **병사** [동] **인원[병력]을 배치하다** ☜ 고대영어로 '인간, 사람'이란 뜻

[연상] 토드백(Tod's bag.끈 짧은 숄더백) 위에 토드(toad.두꺼비)가 앉아 있다.

※ **Tod's** — [taz/toz] **토즈** 《이탈리아의 명품 신발 및 가방 제조업체·브랜드》
★ 흔히 어깨에 맬 수 있을 정도로 긴 손잡이가 부착된 핸드백인 숄더백에 비해 상대적으로 짧은 손잡이가 부착된 핸드백을 토드백(Tod's bag)이라고 하는데 토즈(Tod's)는 이탈리아 가방 브랜드이기 때문에 이는 콩글리시이다. 외국에서 Tod's Bag은 Tod's 브랜드의 백을 지칭한다.

T

☐ **toad** [toud] ⓜ **두꺼비**; 징그러운 놈, 경멸할 인물 ☜ 고대영어로 '두꺼비'란 뜻
♠ **That's a golden toad.** 그것은 **황금두꺼비**이다.

☐ **toad**eater [tóudiːtər] ⓜ 아첨쟁이, 알랑쇠 ☜ 두꺼비(toad)를 먹은(eat) 사람(er).
★ 17세기 기록에 따르면 사기꾼이 그의 조수에게 (독이 있다고 믿어지는) 두꺼비를 먹이고 죽은 것처럼 한 뒤 다시 해독해 살려내는 쇼를 했다. 여기서 그 사기꾼을 따라다니는 조수를 '아첨쟁이'라고 하게 되었다.

☐ **toad**y [tóudi] ⓜ 알랑쇠, 아첨꾼 ⓢ (~에게) 아첨하다; 알랑거리다
☜ **toad**eater의 단축 변형어

토스트 toast (식빵을 0.7~1cm 두께로 얇게 썰어 구운 빵)

☐ **toast** [toust] ⓜ **토스트**, 구운 빵 ⓢ (빵을) 굽다, 그을다; 축배를 들다 ☜ 고대 프랑스어로 '굽다'란 뜻.
♠ **buttered** (dry) **toast 버터를 바른**(안 바른) **토스트**
♠ **drink a toast to ~ ~을 위해 건배하다.**

☐ **toast**er [tóustər] ⓜ **토스터**, 빵 굽는 사람(기구) ☜ 빵을 굽는(toast) 사람(er)

타바코 tobacco(타바코<포르투갈> ➜ 담바고 ➜ 담배)

☐ to**bacco** [təbǽkou] ⓜ **담배** ☜ 서인도제도어로 '흡연용 파이프'란 뜻
♠ **swear off tobacco** (smoking) **맹세코 담배를 끊다**

■ **bacco, baccy** [bǽkəu], [bǽki] ⓜ《영.구어》연초(煙草), 담배 ☜ tobacco의 속어

※ **cigarette, -ret** [sìgərét] ⓜ **궐련(卷煙)**《얇은 종이로 말아놓은 담배》☜ 작은(ette) 시가(cigar)

토카타 toccata (건반악기를 위한 화려하고 빠른 즉흥곡풍의 악곡)

☐ **toccata** [təkάːtə] ⓜ《It.》〚음악〛**토카타**《건반 악기를 위한 화려하고 급속한 연주를 주로 하는 전주곡》☜ 라틴어로 '만지다, 두드리다, 악기를 연주하다'

뉴스투데이 News Today (MBC-TV의 아침 종합뉴스 프로그램)

© MBC

※ **news** [njuːs/뉴-스, njuːz] ⓜ〚보통 단수취급〛**뉴스**(프로), 보도; (신문의) 기사(記事) ☜ 새로운(new) 것들(s)

☐ **today, to-day** [tədéi/터데이, tu-] ⓜⓟ **오늘; 현재**(현대, 오늘날)(에는)
☜ 고대영어로 '이날(this day) 에(to=at/on<시간 전치사>)'란 뜻
★ -가 들어간 철자는 구식이나, 영국에서는 아직도 많이 쓰임.
♠ **the world of today 오늘의 세계**

토들러(toddler.3-6세 아기) 침대

☐ **toddle** [tάdl/tɔ́dl] ⓢ 아장아장 걷다 ⓜ 아장아장 걷기
☜ 중세영어로 '장난하다, 놀다'란 뜻.
♠ The baby **began to toddle.** 아기가 **아장아장 걷기 시작했다.**

☐ **toddler** [tάdlər/tɔ́dlər] ⓜ 아장아장 걷는 아이, 영아, 유아
☜ toddle + er(사람) ★ 엄밀하게 말하면 6개월~2세 이하가 인펀트(infant), 2~6세가 토들러(toddler), 7세 이상을 차일드(child)라고 한다. 단, 토들러를 별도로 언급하지 않을 경우엔 7세 이하의 유아를 인펀트(infant)라고 한다.

토댄스 toe dance ([발레] 발끝으로 추는 춤)

☐ **toe** [tou] ⓜ (사람의) **발가락**; 발끝 ⓢ 발끝을 대다, 발끝으로 걷다
☜ 고대영어로 '발가락'이란 뜻 비교 finger 손가락, tow 견인하다
♠ **a big** (great) **toe 엄지발가락, a little toe 새끼발가락**

☐ **toe** dance (dancing) **토댄스**《발레 등에서 발끝으로 추는 춤》☜ dance(춤)

☐ **toe**shoe [tóuʃùː] ⓜ (pl.) **토슈즈**, 토댄스용 신 ☜ shoe(신발, 구두)

■ tip**toe** [típtòu] ⓜ **발끝** ⓗ 발끝으로 선 ⓟ 발끝으로 ⓢ 발끝으로 걷다
☜ tip(끝 + toe(발가락)

※ **dance** [dæns/댄스/dɑːns/단-스] ⓜ **춤, 댄스** ☜ 중세영어로 '춤추다'란 뜻

토익 TOEIC (영어권 국가 생활능력시험. <국제 의사소통을 위한 영어시험>)
토플 TOEFL (영어권 국가 대학/대학원 진학시험 <외국어로서의 영어시험>)

미국 ETS (Educational Testing Service.교육평가위원회)사의 영어시험 또는 상표명.
❶ **TOEIC**은 영어가 모국어가 아닌 사람들을 대상으로 언어 본래의 기능인 커뮤니케이션 능력에 중점을 두고 일상생활 또는 국제업무 등에 필요한 실용영어 능력을 평가하는 시험. (200문항/객관식, 2시간, 990점 만점), TOEIC Speaking, TOEIC Writing도 있으나 TOEIC은 Reading, Listening 위주의 시험임.
❷ **TOEFL**은 영어권 나라에서 대학이나 대학원을 입학할 때 영어를 모국어로 하지 않는 학생에게 영어로 수업을 받을 수 있는지를 평가하는 시험. (우리나라에서 치는 IBT의 경우 객관식/주관식, 약 4시간, 120점 만점). Reading, Listening, Speaking, Writing 모두 치르는 시험으로 TOEIC 대비 난이도가 높음.

□ **TOEIC** [tóuik] **T**est **o**f **E**nglish for **I**nternational **C**ommunication **토플** 《국제의사소통을 위한 영어 능력 평가》
□ **TOEFL** [tóufəl] **T**est **o**f **E**nglish as a **F**oreign **L**anguage **토플** 《외국어로서의 영어 능력 평가》

✚ **test 테스트, 시험**, 검사; **시험하다** **Engl**ish **영어;** 영국(인)의; 영어의 inter**nation**al **국제적인** **communi**cation **전달, 통신**; **교통수단** **fore**ign **외국의**; 외국산의; 외래의 **language 언어**, 말, **국어; 어법**

해피투게더 Happy Together (KBS 2TV 오락프로그램)

연예스타들이 참여하여 펼치는 재미있는 게임(game)과 진솔한 토크(talk)를 통해 인기 리에 방송 중에 있는 KBS 2TV 가족오락 프로그램. 직역하면 <같이 있어 행복한>이란 뜻이다.

© MBC

※ **happy** [hǽpi/**해**삐] ⓗ (-<-p**ier**<-p**iest**) **행복한**
☜ 고대영어로 '행복한'이란 뜻.
□ **together** [təgéðər/터**게**더] ⓟ **함께** ☜ 고대영어로 '한 자리에 모이(gether<gather)도록 하기 위해(to)'란 뜻
♠ **live together (같은 집에서) (~와) 함께 살다**〔동거하다〕
♠ **together with ~ ~와 함께, ~도 같이**(=along with)
■ al**together** [ɔ̀:ltəgéðər] ⓟ 아주, 전혀, **전적으로** ☜ 모두(al<all) 함께(together)
■ **gather** [gǽðər/**게**더] ⓢ **모으다, 모이다** ☜ 고대영어로 '한데 모으다'란 뜻

토글스위치 toggle switch (손잡이가 상하로 작동하는 스위치)

♣ 어원 : **tog, tug 당기다**
□ **toggle** [tάgəl/tɔ́gəl] ⓜ 〖항해〗 비녀장 《밧줄 고리에 꿴》; 막대 모양의 단추 ⓢ 전환하다
☜ 당기는(tog<tug) + g<단모음+단자음+자음반복> + 것(le<명접>)
♠ **toggle** between testing and real mode.
테스트 모드와 실제 모드 간 **전환하다**.
■ **tug** [tʌg] ⓢ **당기다**, 끌다 ⓜ 힘껏 당김; 분투, 노력; 예인선 ☜ 고대영어로 '당기다'란 뜻
※ **switch** [switʃ] ⓜ 〖전기〗 **스위치, 개폐기**; 《미》 **회초리** (《영》 cane) ⓢ **채찍질하다;** 《전기》 **스위치를 넣다** ☜ 초기 인도유럽어로 '흔들리는(swi) 것(tch)'

토고 Togo (부자(父子)가 50년 이상 집권하고 있는 서아프리카의 공화국)

□ **Togo** [tóugou] ⓜ **토고** 《서아프리카의 공화국; 수도 로메(Lomé)》
☜ 토고어로 '강 근처'란 뜻. 물(to) + 강둑(go)

토일렛 toilet (화장실 변기)

□ **toil** [tɔil/토일] ⓜ **그물**, 올가미; 수고, **노고** ⓢ **힘써 일하다**
☜ 중세 프랑스어로 '그물, 천'이란 뜻
□ **toil**er [tɔ́ilər] ⓜ 노동자; 고생하는 사람 ☜ toil + er(사람)
□ **toil**et [tɔ́ilit] ⓜ **화장실, 변기**; 화장, 몸단장 ⓗ 화장의; 화장실용의
☜ 중세영어로 '옷을 싸는 천이나 가방'을 뜻하였으나, 근세영어로 '몸단장하는 물건들을 싸는 천', '몸단장하기', '몸단장하는 곳'으로 점차 변화됨. ★ 영국에서는 '화장실'이란 의미로, 미국에서는 '변기'란 의미로 통용되고 있다.
♠ I need to go to **the toilet**. 나 **화장실** 가야 해.
□ **toil**et roll 〔paper〕 (화장실의) 두루마리 휴지 〔화장지〕 ☜ roll(두루마리; 구르다), paper(종이, 신문)
□ **toil**some [tɔ́ilsəm] ⓗ 몹시 힘드는 ☜ toil + some(~경향의)

토큰 token (지하철 · 버스요금 등의 대용 화폐)

□ **token** [tóukən] ⓜ **표(시)**, 증거; 상징; 기념품〔물〕; 대용 화폐; **토큰** 《버스 승차권 따위》;

《영》 교환권 ☜ 고대영어로 '표시, 상징, 증거'란 뜻
♠ He gave Mary a ring **as a token.**
그는 메리에게 **기념물로서** 반지를 주었다.
♠ **in token of ~ ~의 표시로**

■ be**token** [bitóukən] ⓢ ~의 조짐이〔전조가〕 되다; 보이다; 나타내다
☜ 고대영어로 '표시(token)가 되다(be)'

도쿄 Tokyo (일본의 수도)

□ **Tokyo** [tóukiou] ⓜ **도쿄**, 동경(東京) 《일본의 수도》 ☜ 1868년 메이지(明治) 천황이 에도(江戶)를 도쿄로 개칭한 것으로 '동국(東國) 제일의 도시'라는 뜻.

□ told(tell의 과거, 과거분사) ➔ tell(말하다) 참조

프랑스 사회는 똘레랑스(tolerance.타인에 대한 존중)가 살아있는 사회다

♣ **어원 : toleer 참다, 견디다, 지탱하다, 지지하다**

□ **toler**ance [tάlərəns/tɔ́l-] ⓜ **관용**; 아량, 포용력, 도량; 내구력
☜ 라틴어로 '참는(toler) 것(ance<명접>)'이란 뜻.

□ **toler**able [tάlərəbəl/tɔ́l-] ⓗ **참을 수 있는**, 허용할 수 있는; 웬만한
☜ 참을(toler) 수 있는(able)

□ **toler**ably [tάlərəbli/tɔ́l-] ⓑ 어지간히 ☜ -ably<부접>
♠ the heat was barely **tolerable**. 더위가 **참기 힘들** 정도였다.

□ **toler**ant [tάlərənt/tɔ́l-] ⓗ **관대한**, 아량 있는; 묵인하는 ☜ -ant<형접>
♠ **be tolerant of** mistakes 잘못을 **묵인하다**.

□ **toler**antly [tάlərəntli/tɔ́l-] ⓑ **관대하게** ☜ -ly<부접>

© socialndallas.com

□ **toler**ate [tάlərèit/tɔ́l-] ⓢ **관대히 다루다**, 너그럽게 보아주다, 묵인하다; 참다, 견디다
☜ -ate<동접>

□ **toler**ation [tὰləréiʃən/tɔ̀l-] ⓜ 관용, 묵인 ☜ -ation<명접>

■ in**toler**able [intάlərəbəl/-tɔ́l-] ⓗ **참을**〔견딜, 용납할〕 **수 없는** ☜ in(=not/부정) + tolerable
♠ The heat **was intolerable**. 더위가 **참기 어려웠다**.

톨게이트 tollgate (고속도로 통행료 징수소)

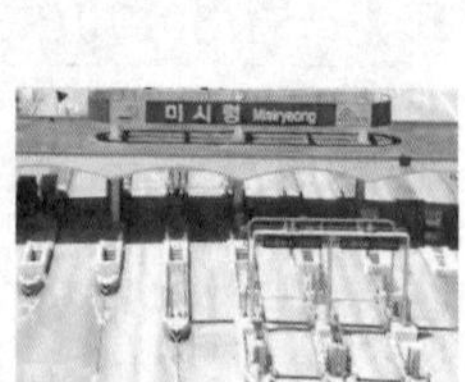

□ **toll** [toul] ⓜ **통행세**, (다리·유료 도로의) **통행료, 사용세**
☜ 고대영어로 '세금, 의무'란 뜻
ⓢ (종을) **치다, 울리다**; 알리다 ☜ 고대영어로 '끌어당기다'란 뜻
♠ **motorway tolls 고속도로 통행료**
♠ **toll** in people **종을 울려** 사람을 **교회에 모으다**
♠ **For Whom the Bell Tolls**
누구를 위하여 종은 울리나 - 헤밍웨이 소설 -

□ **toll**gate [tóulgèit] ⓜ 통행료 징수소 《도로의》 ☜ toll(통행세) + gate(문)

□ **toll**age [tóulidʒ] ⓜ 사용료, 통행료; 그 징수〔지급〕 ☜ toll + age<명접>

□ **toll**er [tóulər] ⓜ (통행) 요금 징수원〔기〕; 종치는 사람 ☜ toll + er(사람/기계)

□ **toll** taker 톨게이트 요금소 직원, 자릿세 징수인 ☜ toll + 취하는(take) 사람(er)

※ **gate** [geit/게이트] ⓜ **문**, 출입문 ☜ 고대영어로 '열려있는 곳'이란 뜻

톨스토이 Tolstoi (<전쟁과 평화>를 쓴 러시아의 문호·사상가)

□ **Tolstoi, -oy** [tάlstɔi/tɔ́l-] ⓜ **톨스토이** 《Leo Nikolaevich ~, 러시아의 소설가·사상가; 1828-1910》
★ 대표 저서: 나폴레옹의 모스크바 침공과 러시아 사회를 그린 『전쟁과 평화』, 사랑과 결혼 등의 문제를 다룬 『안나 카레니나』, 러시아 민담을 개작한 『바보 이반』, 죽음을 소재로 한 『이반 일리치의 죽음』 등

T

토마호크 Tomahawk (미국 해군의 장거리 순항미사일)

□ **tomahawk** [tάməhɔ̀:k/tɔ́m-] ⓜ (북아메리카 원주민의) 도끼; (T-) **토마호크** 《미해군의 순항 미사일》 ⓢ 도끼로 찍다〔죽이다〕; (서적·저자 등을) 혹평하다 ☜ 17세기 북아메리카 버지니아 알곤킨 인디언어로 '도끼'란 뜻.

토마토 tomato (남미 페루의 안데스산맥이 원산지인 빨간 과일)

□ **tomato** [təméitou/-mά:-] ⓜ (pl. **-es**) **토마토**; 토마토 색, 빨간 색; 《미.속어》 매력적인 여자

☜ 아즈텍어로 '토마토'란 뜻 ★ 방울토마토를 mini tomato라고 표현하는 것은 잘못된 표현이며, 바른 표현은 cherry tomato이다.

툼레이더 Tomb Raider (미국 액션 영화. <무덤 도굴꾼>이란 뜻)

2001년 개봉한 개봉한 미·영·독·일 합작 액션·모험 영화. 안젤리나 졸리, 존 보이트 주연. 고고학자였던 아버지가 실종된 몇 년 후, 그의 딸은 아버지가 숨겨놓은 유물 중에 시간과 우주를 여는 열쇠가 있음을 알게 된다. 그리고 이를 이용해 우주를 정복하려는 비밀 조직에 대항하기 위해 그녀는 그들보다 먼저 미스터리를 풀고 우주를 구해야만 하는데... <출처 : 네이버영화 / 일부인용>

© Paramount Pictures

□ **tomb** [tuːm] 명 **무덤**, 묘(墓); 묘비; (the ~) 죽음
☜ 고대 프랑스어로 '무덤, 묘비, 기념비'란 뜻
♠ **the Tomb** of the Unknown Soldier
무명용사의 **무덤** 《존경의 상징》

□ **tomb**stone [túːmstòun] 명 묘석(墓石), 묘비 ☜ tomb + stone(돌)

※ **raid** [reid] 명 **급습, 습격**; 침략군; 불시 단속; 일제 검거; (R-) **레이드** 《가정용 살충제; 상표명》 동 급습하다; 쳐들어가다 ☜ 고대영어로 '말타기, 승마'란 뜻

※ **raid**er [réidər] 명 급습자; 침입〔침략〕자; 〖군사〗 특공대(원); (시장) 교란자 ☜ -er(사람)

톰보이 tomboy (소년의 성(性)역할을 하는 소녀)

□ **tomboy** [tάmbɔ̀i/tɔ́m-] 명 말괄량이
☜ 중세영어로 '흔한 남자 이름(Tom) + 소년(boy)'란 뜻

톰캣 tomcat (미국 해군의 F-14 항모 전투기의 애칭. <수고양이>)

□ tom**cat** [tάmkæ̀t/tɔ́m-] 명 수고양이; 《미.속어》 호색꾼; (T-) 《미》 **톰캣**, F-14 함재 전투기 애칭 《現 퇴역》
☜ 중세영어로 '흔한 남자 이름(Tom) + 고양이(cat)'란 뜻

■ she-**cat** [ʃiː-kæ̀t] 명 암고양이; 앙큼한 여자 ☜ 여자<그녀(she) + 고양이(cat)

모닝글로리 morning glory (한국의 종합문구사 브랜드. <나팔꽃>이란 뜻)

♣ **어원 : mor(n) 아침**

■ **morn**ing [mɔ́ːrniŋ/**모**-닝] 명 **아침**, 오전 ☜ morn + ing<명접>

■ **morn**ing glory 〖식물〗 나팔꽃 ☜ 아침(morining)의 영광(glory)

□ to**mor**row [təmɔ́ːrou/터**모**로우, -mάr-, tu-/-mɔ́r-] 명부 **내일**, 명일; (가까운) 장래 ☜ (다가오는) 아침(morrow) 까지(to)
♠ **Tomorrow** is 〔will be〕 Monday. **내일은** 월요일이다
♠ **Tomorrow is another day.** *내일은 다른 날이다* ➔ **내일은 내일의 태양이 뜰 거야.**('오늘이 끝이 아니니까 낙심하지 말자'란 뜻)
- 영화 『바람과 함께 사라지다』에서 '스칼렛 오하라'의 대사 -
♠ **the day after tomorrow 모레**
비교 **the day before yesterday 그제, 그저께**

■ **mor**row [mɔ́(ː)rou, mάr-] 명 《고어》 **아침**; 《고어·시어》 **다음날;** (사건의) 직후
☜ mor(아침) + r + ow<접미사>

■ **morn** [mɔːrn] 명 《시어》 **아침**, 여명 ☜ 중세영어로 '해뜨기 직전'이란 뜻

※ **glor**y [glɔ́ːri/글**로**뤼] 명 **영광**, 영예, **영화**(榮華); **장관**(壯觀) 동 **기뻐하다**
☜ 라틴어로 '빛나는 영광' 이란 뜻

톤 ton (무게의 단위. (미터법으로) 1 ton = 1,000 kg)

□ **ton** [tʌn] 명 (pl. **-s, -**) **톤** 《무게의 단위. 1톤은 영국에서는 2240파운드, 미국에서는 2000파운드》 ☜ 중세영어로 '무게 측정'이란 뜻
♠ a **five-ton** dump truck **5톤** 덤프트럭

□ **ton**nage [tʌ́nidʒ] 명 (선박의) **톤세**(稅), 용적 톤수; (상선 등의) 총톤수
☜ ton + n<단모음+단자음+자음반복> + age<명접>

■ **ton**ne [tʌn] 명 = metric ton 《생략: t.》 ☜ 영어 ton의 프랑스어

■ **ton**neau [tʌnóu/tɔ́nou] 명 (pl. **-s, -x**) 《F.》 자동차 뒷좌석 부분(이 있는 차); (오픈카의) 덮개 ☜ 프랑스어로 '술통'이란 뜻

■ **tun** [tʌn] 명 큰 통, 큰 술통; (양조용) 발효(醱酵)통; (술 따위의) 용량 단위 《252갤런》 동 (술을) 큰 통에 넣다〔저장하다〕 ☜ 고대영어로 '큰 술통'이란 뜻

T

목소리 톤(tone.음조), 튜닝 tuning (개조), 토너 toner (프린터의 착색수지분말)

<프린터의 Toner >

♣ **어원 : tone, tune 음조; 음을 조정하다**

□ **tone** [toun/토운] ⓜ 음질, 음색, **음조; 어조**, 말투; 억양
☜ 그리스어로 '조음(調音)'이란 뜻
♠ **the full rich tone** of the trumpet 트럼펫의 깊고 **풍부한 음색**

□ **toner** [tóunər] ⓜ 가락을 조정하는 사람[것]; (프린터의) **토너** 《착색수지분말》
☜ tone + er(사람/것)

■ in**ton**ation [ìntənéiʃən, -tou-] ⓜ (시(詩) 등을) **읊음**, 영창; 『음성』 **인토네이션, 억양**
☜ 속으로(in) 어조를(ton<tone) 만들(ate) 기(ion<명접>)

■ **tune** [tju:n] ⓜ **곡조**, 멜로디; 선율; 가락, 장단; 기분 ☜ tone의 변형

■ **tun**ing [tjú:niŋ] ⓜ **튜닝**, 조율; 『통신』 (무전기의) 파장 조정; 『전자』 동조(同調)
☜ tune + ing<명접>

통가 Tonga (뉴질랜드 북동쪽에 위치한 남태평양의 작은 왕국)

□ **Tonga** [tάŋgə/tɔ́ŋ-] ⓜ 통가 왕국 《남태평양에 있는 독립국; 수도 누쿠알로파(Nukualofa)》
★ 1773년 영국의 탐험가인 제임스 쿡 선장이 '친절한' 접대를 받았다고 하여 프렌들리 제도(Friendly Islands)라 부르기도 했다.

연상 통안에 가득 쌓여있는 것은 바로 통즈(tongs.집게)였다.

□ **tongs** [tɔ(:)ŋz, tɑŋz] ⓜ (pl. 단·복수취급) (a pair of ~) **집게**; 부젓가락, 도가니 집게; (미장원의) 고데기
☜ 고대영어로 '집어 올리는 도구'란 뜻
♠ **a pair of tongs 집게 하나**

보디 랭귀지 body language (몸짓 언어, 신체 언어)

♣ **어원 : langu, tongu 혀, 말**

※ **body** [bάdi/**바**리/bɔ́di/**보**디] ⓜ **몸; 본문** ☜ 고대영어로 '통'이란 뜻

■ **langu**age [lǽŋgwidʒ/**랭**귀지] ⓜ **언어**, 말, **국어; 어법** ☜ 라틴어로 '혀, 언어'란 뜻. -age<명접>

□ **tongu**e [tʌŋ/텅] ⓜ **혀; 말, 언어** ☜ 고대영어로 '혀, 언어'란 뜻
♠ **boil an ox-tongue 소의 혓바닥** 고기를 삶다

□ **tongu**e-tied [tʌ́ŋtàid] ⓗ 혀가 짧은; 과묵한 ☜ 혀(tongue)가 묶(tie) 인(ed<형접>)

진토닉 Gin & Tonic (gin에 토닉워터를 첨가하여 만든 칵테일)

※ **gin** [dʒin] ⓜ **진** 《노간주나무의 열매를 향기로 넣은 독한 술》
☜ 라틴어로 '노간주나무'란 뜻

※ **&** [ənd, nd, ən, n; (강) ænd] ⓙ [and 기호, 앰퍼샌드(ampersand)] **~와(과)**

□ **tonic** [tάnik/tɔ́n-] ⓗ **튼튼하게 하는**; 원기를 돋우는 ⓜ **강장제; 토닉워터** ☜ 그리스어로 '펼치다(ton<ten) + ic<형접>'란 뜻

□ **tonic** water (쓴맛이 나는 알칼리 성분 키니네가 든) 탄산 음료 ☜ water(물)

나이트클럽 nightclub (밤에 술 마시고 춤추며 즐길 수 있는 곳)

T

■ **night** [nait/나이트] ⓜ **밤**, 야간, 저녁(때) ⓗ 밤의, 야간의
☜ 고대영어로 '밤, 어둠'이란 뜻

■ **night**club [nάitklʌ̀b] ⓜ **나이트클럽**(=nightspot) ⓢ 나이트클럽에서 놀다
☜ club(곤봉; 사교클럽)

□ to**night**, to-**night** [tənáit/터**나**잍, tu-] ⓜⓑ **오늘밤**(에)
☜ 고대영어로 '이밤(this night) 에(to=at/on<시간 전치사>)'란 뜻
★ -가 들어간 철자는 구식이나, 영국에서는 아직도 많이 쓰임.
♠ Will you have dinner with me **tonight** ?
오늘밤에 저와 저녁 식사 함께 하실래요 ?

□ **tonnage**(톤세) ➔ **ton**(톤) **참조**

토니상(賞) the Tony Award (미국 연극계의 가장 권위있는 상)

1947년에 브로드웨이의 유명한 여배우 앙트와네트 페리를 기념하기 위하여 미국의 극장 기구·극장 및 제작자연맹 등에 의하여 창설된 상으로, 'A. 페리상'이라고도 한다. 토니는 페리의 애칭으로 지금도 그녀는 그냥 토니라고 불린다. <출처 : 두산백과 / 일부인용>

□ **Tony** [tóuni] ⓜ (pl. **-s**) **토니**상(賞) 《미국 극단의 아카데미상》
★ Tony상은 영화의 Academy(Osca)상, TV의 Emmy상, 음반계의 Grammy상과 함께 연극계의 가장 권위있는 상이다.

※ **award** [əwɔ́:rd] ⓢ **상을 주다**, 수여하다 ⓜ **상**(賞)
☜ 고대 프랑스어로 '심사숙고 후 의견을 주다'란 뜻

미투 운동 me too 운동(運動) (나도 당했다는 사실을 고발하는 운동)

미국의 연예계, 정계, 스포츠계 등 사회 전반에 걸쳐 진행되던 <미투(Me Too, (성추행 등을) 나도 당했다) 고발 운동>이 2018년 초부터 우리나라에도 확산되었다.

© todaysveterinary business.com

※ **me** [mi:/mi/미-/미] ⓓ 《I의 목적격》 **나를, 나에게**
☜ 1인칭 단수 인칭대명사의 변형된 형태

□ **too** [tu:/투-] ⓑ (…도) **또한**; (형용사·부사 앞) **너무나**; 대단히
☜ 고대영어로 '추가로'란 뜻
♠ He is coming **too**. 그**도** 온다.
♠ **eat too much 너무 많이 먹다.**
♠ **too (A) for (B) B로서는 너무 A한; B하기에는 너무 A한**
too beautiful **for** words 말로 형용**하기에는 너무** 아름다운
♠ **too (A) to (B) 너무 A해서 B할 수 없다**
I was **too** much frightened **to** speak. 나는 **너무** 놀**라서** 말도 **할 수 없었다.**
♠ **all too 너무나도**
♠ **none too 조금도 ~하지 않은**(=not at all)

툴바 tool bar ([컴퓨터] 인터넷 검색창, 프로그램의 도구모음. <도구 막대>)

□ **tool** [tu:l/투울] ⓜ **도구**, 공구, **연장**; 수단, 방편 ☜ 고대영어로 '도구, 무기'란 뜻
♠ **A bad workman (always) blames his tools.**
《속담》 서투른 목수가 연장만 탓한다.

□ **tool**box [tú:lbàks/-bɔ̀ks] ⓜ 연장통 ☜ box(상자, 통)

※ **bar** [bɑ:r/바-] ⓜ **술집, 빠; 막대기; 법정**
☜ 라틴어로 '막대기, 장애물'이란 뜻

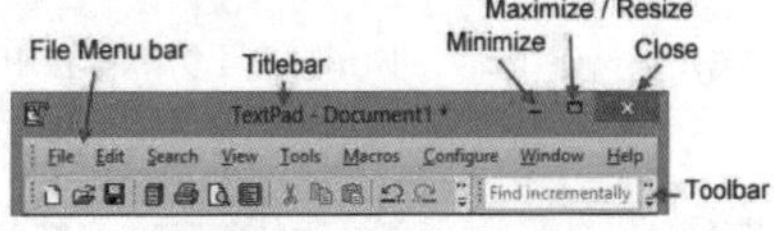

블루투스 Bluetooth (초근거리 무선통신기술. <푸른 이빨>이란 뜻)

Bluetooth는 초단거리에서 휴대기기를 서로 연결해 정보를 교환하는 근거리 무선통신 기술이다. 1998년 에릭슨, 노키아, IBM, 도시바, 인텔 등으로 구성된 '블루투스 SIG(Special Interest Group)'가 개발했는데 이 기술이 초단거리 무선통신기술 규격으로 통일되기를 바라는 마음에서 10세기 스칸디나비아 지역을 통일한 바이킹왕 해럴드 곰슨의 별명, 블루투스를 따서 지었다. 그는 블루베리를 좋아해 치아가 푸르게 물들어 있었다는 설도 있고, 파란색 의치를 해 넣었기 때문이라는 설도 있다.

※ **blue** [blu:/블루-] ⓗⓜ **파란(색); 우울(한)**
☜ 고대 프랑스어로 '창백한', 중세영어로 '하늘색'이란 뜻.

□ **tooth** [tu:θ/투-쓰] ⓜ (pl. **teeth**) **이**; (pl.) 의치(義齒), 틀니(=denture); 취미, 기호 ☜ 고대영어로 '이빨'이란 뜻
♠ **have a tooth out (치과에서) 이를 뽑다**
♠ **a decayed tooth 충치** ☜ 썩(decay) 은(ed<형접>)
♠ **have a tooth for ~ ~을 좋아하다.**

□ **tooth**ache [tú:θèik] ⓜ **치통** ☜ -ache(통증)
□ **tooth**brush [tú:θbrʌ̀ʃ] ⓜ **칫솔** ☜ brush(솔, 붓)
□ **tooth**ed [tu:θt, tu:ðd] ⓗ 이가 있는; 톱니 모양의 ☜ tooth + ed<형접>
□ **tooth**less [tú:θlis] ⓗ 이가 없는; 쇠약한 ☜ tooth + less(~이 없는)
□ **tooth**paste [tú:θpèist] ⓜ **크림 치약** ☜ paste(풀; 풀로 붙이다)
□ **tooth**pick [tú:θpik] ⓜ 이쑤시개, **투스픽**; 《미.속어》 호리호리한 사람
☜ pick(따다, 뽑다; 이빨을 쑤시다)
□ **tooth** powder 치분, 가루치약 ☜ powder(가루, 분말)
□ **tooth**some [tú:θsəm] ⓗ 맛있는 ☜ tooth + some<형접>
■ saw**tooth** [sɔ́:tù:θ] ⓜ 톱니; (상어·범 등의) 날카로운 이 ⓗ 톱니 모양의, 들쭉날쭉한 ☜ saw(톱)

■ snaggle**tooth** [snǽgltùːθ] ⓜ (pl. **-teeth**) 고르지 못한 이; 덧니, 뻐드렁니(=misaligned tooth; projecting tooth) ☜ snaggle(뒤죽박죽 모아놓은 것)

■ wisdom **tooth** 사랑니 ★ '사랑니'라고 하여 love tooth라고 표현하면 곤란하다. 사랑니는 wisdom tooth나 third molar라고 한다. molar는 어금니라는 말이다.

톱텐 top ten (상위 10 위권 내에 든 것)

♣ 어원 : top, tip **꼭대기, 정상, 머리; 최고의**

□ **top** [tɑp/탑/tɔp/톱] ⓜ **정상; 최고; 팽이** ⓗ **최고의, 첫째의** ⓓ 정상에 오르다 ☜ 고대영어로 '꼭대기'란 뜻
♠ We climbed to **the top** of the hill. 우리는 산**꼭대기**까지 올라갔다.
♠ **at the top of ~ 한껏 ~로**

□ **top** secret [tάpsíːkrit] ⓗ 최고 기밀의, 극비(사항)의, 1급 비밀의 ☜ secret(비밀, 비밀의)

□ **top**-down [tάpdáun/tɔ́p-] ⓗ **톱다운**(상의 하달) 방식의; 말단까지 조직화된; 《구어》 포괄적인 ☜ down(아래)

□ **top**most [tάpmòust/tɔ́p-, -məst] ⓗ 최고의, 절정의 ☜ 가장(most) 최고의(top)

□ **top**ping [tάpiŋ/tɔ́p-] ⓗ 보다 높은, 훌륭한 ⓜ 다듬어 잘라낸 상층; 상부, 꼭대기 ☜ top + p<단모음+단자음+자음반복> + ing<형접/명접>

□ **top**ple [tάpəl/tɔ́pəl] ⓓ 비틀거리며 넘어지다; 넘어뜨리다, 뒤집어엎다 ☜ 머리(top)가 먼저 + p<단모음+단자음+자음반복> + 떨어지다(le<동접>)

□ **top**-ranking [tάpræ̀ŋkiŋ] ⓗ 《미.구어》 **최고급의**, 고위층의, 일류의 ☜ rank(등급, 행렬, 계급) + ing<형접>

□ **top**-seeded [tάpsíːdid] ⓗ 〖스포츠〗 **톱시드**의 《테니스 등의 토너먼트에서 첫 번째로 대진이 조정된 (선수)》 ☜ seed(씨앗, 종자; 시드선수) + ed<수동형 형접>

□ **top**soil [tάpsɔ̀il/tɔ́p-] ⓜ 표토(表土) ⓓ 표토를 입히다 ☜ 가장 윗부분(top)의 흙(soil)

□ **top**sy-turvy [tάpsitə́ːrvi/tɔ́p-] ⓟ 거꾸로, 뒤집히어, 뒤죽박죽으로; 혼란되어 ⓗ 거꾸로 된, 뒤죽박죽의; 혼란한 ☜ 머리(top) + 들(s<복수>)이 + y + 거꾸로(turv<turn) 된(y<형접>)
♠ The room was all **topsy-turvy**. 방안은 온통 **뒤죽박죽이었다**.

■ **tip** [tip] ⓜ **끝, 첨단; 팁**, 사례금; 힌트; 경타(輕打) ⓓ ~에게 팁을 주다; **기울(이)다** ☜ 중세 네덜란드어로 '끝부분'이란 뜻. 꼭대기는 Top=tip이며, 끝부분만 공개하는 것이 tip이고 힌트이다. 끝자락을 가볍게 터치하는 것은 tap=tip이며, 끝부분은 쉽게 구부러진다.

※ **ten** [ten/텐] ⓗ **10의**; 10인(개)의; 《막연히》 많은 ⓓ [복수취급] 10인, 10개 ⓜ (수의) **10** ☜ 고대영어로 '10'이란 뜻

토파즈 topaz (황옥(黃玉): 플루오린과 알루미늄을 함유한 규산염 광물)

□ **topaz** [tóupæz] ⓜ 〖광물〗 **토파즈, 황옥(黃玉)**; 〖조류〗 벌새의 일종 ☜ 그리스어로 '신성한 것'이란 뜻.
♠ **true** (precious) **topaz** (보석으로서의) **황옥(黃玉)**

토픽 topic (화제)

□ **topic** [tάpik/tɔ́p-] ⓜ **화제, 토픽**, 논제, 제목, 이야깃거리; 주제; 표제 ☜ 아리스토텔레스의 저서 Topika(평범한 일들)의 뜻에서
♠ **a topic** of conversation overseas 해외 **토픽**

□ **topic**al [tάpikəl/tɔ́p-] ⓗ **화제의**; 제목의, 논제의 ☜ -al<형접>

□ **topple**(비틀거리며 넘어지다), **topsoil**(표토) ➔ **top**(정상, 최고; 최고의) **참조**

□ **topsy-turvy**(거꾸로, 뒤집히어) ➔ **top**(정상; 최고) **참조**

토치 램프 torch lamp (고온으로 가열, 금속 절단·용접 등에 사용하는 버너)

□ **torch** [tɔːrtʃ] ⓜ **횃불**; 호롱등; 《영》 손전등; 성화 ☜ 고대프랑스어로 '횃불'이란 뜻
♠ **a flaming torch 타오르는 횃불**

□ **torch**light [tɔ́ːtʃlàit] ⓜ 횃불(의 빛) ⓗ 횃불의, 횃불을 든 ☜ light(빛, 불빛, 불꽃)

□ **torch** relay 성화 릴레이 《올림픽 등의 개회식장에 릴레이로 성화를 운반하는 일》 ☜ relay(교대반, 중계)

※ **lamp** [læmp/램프] ⓜ **등불, 램프**, 남포 ☜ 중세영어로 '가연성 액체를 담고 있는 용기'란 뜻.

토네이도 tornado (강력한 회오리바람), 토크 torque ([물리] 비트는 힘)

♣ 어원 : tor(t) 비틀다, 회전하다

< Tornado >

☐ **tor**nado [tɔːrnéidou] 명 (pl. **-(e)s**) 『기상』 **토네이도** 《미국 Mississipi 강 유역 및 서부 아프리카에 일어나는 맹렬한 선풍(旋風)》; (갈채 따위의) 폭풍, 우레; (T-) 『군사』 영국·옛 서독·이탈리아 공동 개발의 다목적 전투기 ☜ 스페인어로 '회전하다'란 뜻

☐ **tor**ment [tɔ́ːrment] 명 **고통**, 고뇌; 《고어》 고문; 고문 도구; 골칫거리 동 **괴롭히다; 곤란하게 하다** ☜ 비트는(tor) 것(ment<명접>)
♠ **be in torment 고통 받고 있다**

☐ **tor**mentor [tɔːrméntər] 명 **괴롭히는 사람**〔것〕 ☜ torment + or(사람)

☐ **tor**que [tɔːrk] 명 『기계』 **토크**; 『물리』 **토크**; 회전시키는〔비트는〕 힘 ☜ 비트는(tor) 힘(que)

토피도 torpedo (항공기·함정 발사, 적함·적잠수함 공격용 어뢰)

♣ 어원 : torp 무감각, 마비, 둔감

☐ **torp**edo [tɔːrpíːdou] 명 (pl. **-es**) **어뢰**(魚雷), 수뢰; 공뢰 동 어뢰〔수뢰, 공뢰〕로 파괴하다 ☜ 라틴어로 '전신을 마비시키는 가오리'란 뜻.
♠ **discharge 〔fire〕 a torpedo 어뢰**를 발사하다

☐ **torp**id [tɔ́ːrpid] 형 (-<-**er**<-**est**) 움직이지 않는, 마비된, 무감각한; 둔한, 느린 ☜ 라틴어로 '무감각해지다'란 뜻
♠ **torpid in winter 겨울에는 동면하여**

☐ **torp**ify, -efy [tɔ́ːrpəfài] 동 마비되다〔시키다〕, 무감각〔둔〕하게 되다〔만들다〕 ☜ -fy(만들다)

☐ **torque**(토크) ➔ **tormentor**(괴롭히는 사람) **참조**

연상 ▸ 토론토(Toronto.캐나다의 도시)에 비가 토런트(torrent.억수)같이 내렸다.

♣ 어원 : torr 격렬한; 불에 타다

※ **Toronto** [tərάntou/-rɔ́n-] 명 **토론토** 《캐나다 남동부 Ontario 주의 주도. 캐나다 제1의 도시》 ☜ 북미 인디언어로 '집회소(集會所)'란 뜻

☐ **torr**ent [tɔ́ːrənt, tάr-/tɔ́r-] 명 **급류**, 여울; (pl.) **억수** ☜ 격렬한(torr) + ent<명접>
♠ **torrents of rain 억수 같은 비**

☐ **torr**ential [tɔːrénʃəl, tɑr-/tɔr-] 형 급류의; 기세가 맹렬한 ☜ torrent + ial<형접>

☐ **torr**id [tɔ́ːrid, tάr-/tɔ́r-] 형 (햇볕에) **탄**, 바짝 마른; (기후 따위가) 타는 듯이 뜨거운; 열렬한 ☜ 라틴어로 '태우다, 말리다'란 뜻

토네이도 tornado (강력한 회오리바람), 토크 torque ([물리] 비트는 힘)

♣ 어원 : tor(t) 비틀다, 회전하다

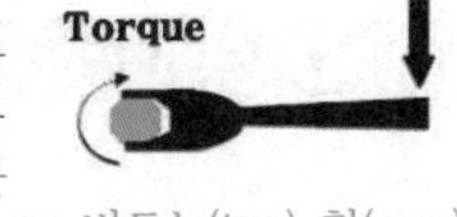

■ **tor**nado [tɔːrnéidou] 명 (pl. **-(e)s**) 『기상』 **토네이도** 《미국 Mississipi 강 유역 및 서부 아프리카에 일어나는 맹렬한 선풍(旋風)》; (갈채 따위의) 폭풍, 우레; (T-) 『군사』 영국·옛 서독·이탈리아 공동 개발의 다목적 전투기 ☜ 스페인어로 '회전하다'란 뜻

■ **tor**que [tɔːrk] 명 『기계』 **토크**; 『물리』 **토크**; 회전시키는〔비트는〕 힘 ☜ 비트는(tor) 힘(que)

☐ **tor**sion [tɔ́ːrʃən] 명 비틂, 비틀림; 『기계』 비트는 힘 ☜ 비트는(tor) 것(sion<명접>)

☐ **tort**oise [tɔ́ːrtəs] 명 (육상·민물 종류의) **거북**
☜ 라틴어로 '비틀린'이란 뜻. 발의 모양에서 유래되었다는 설.
♠ **the fable of the tortoise and the hare 토끼와 거북이** 이야기

☐ **tort**oiseshell [tɔ́ːrtəʃèl, -ʃʃ-, -sʃ-] 형 거북딱지[귀갑, 별갑]의, 거북딱지로 만든
☜ 거북(tortoise) 껍질(shell)

☐ **tort**ure [tɔ́ːrtʃər] 명 **고문; 심한 고통**, 고뇌 동 **고문하다; 괴롭히다**; (나무 등을) **억지로 비틀다** ☜ 라틴어로 '비트는(tort) 것(ure<명접>)'이란 뜻

☐ **tort**urer [tɔ́ːrtʃərər] 명 고문하는 사람 ☜ torture + er(사람)

☐ **tort**urous [tɔ́ːrtʃərəs] 형 고문의, 고통스런; 일그러진 ☜ torture + ous<형접>

☐ **tort**uous [tɔ́ːrtʃuəs] 형 비비 꼬인, 구불구불한; 비틀린, 뒤틀린 ☜ 비틀(tort) + u + 린(ous<형접>)

☐ **tort**uosity [tɔ̀ːrtʃuάsəti/-ɔ́s-] 명 꼬부라짐, 비〔뒤〕틀림; 곡절; 에두름; 부정(不正)
☜ 비틀(tort) + u + 림(osity<명접>)

토리당 Tory (1688 년 제임스 2 세를 옹호하고 혁명에 반대한 당)

T

☐ **Tory** [tɔ́ːri] ⓜ (pl. -**ries**) 『영.역사』 **토리당원**, 왕당원; (the Tories) 토리당; 『미.역사』 영국파 《독립 전쟁 당시 영국에 가담한 자》; (종종 t-) 보수당원 ⓗ 왕당〔토리당〕(원)의; (종종 t-) 보수주의자의 **비교** Whig 휘그당
☜ 아일랜드어로 **tor**aidhe, 즉 '불량', '도적'이란 뜻.

토스카 Tosca (푸치니의 가극 <Tosca>의 여주인공)

1800년 로마. 토스카의 애인이 정치범을 숨겨준 후 토스카를 짝사랑한 경시총감에게 체포된다. 그가 토스카에게 그를 사형에 처하겠다고 협박하자 토스카는 자기의 몸을 바칠 것을 거짓 맹세하고, 경시총감에게서 그의 사면장을 받아낸 후 그를 찔러 죽인다. 그럼에도 그녀의 애인이 총살되고 말자 토스카도 투신하여 따라 죽는다. 토스카가 노래하는 〈노래에 살고 사랑에 살고〉 란 아리아는 특히 유명하다.

☐ **Tosca** [tɑ́skə/tɔ́s-] ⓜ **토스카** 《Puccini의 가극; 그 주인공; 인기 가수》

토스 toss ([배구] 수비수가 공격수에게 공을 높이 올려주는 패스)

☐ **toss** [tɔːs, tɑs/tɔs] ⓢ (가볍게) **던지다**, (공을) 토스하다; 높이 던져 올리다; **뒹굴다**; (상하로) **동요하다** ⓜ 던져 올림, 위로 던짐 ☜ 중세영어로 '위로 던지다'란 뜻
♠ **toss a ball 공을 토스하다**

☐ **toss**-up [tɔ́ːsʌp, tɑ́s-/tɔ́s-] ⓜ (승부를 가리는) 동전던지기; 《구어》 반반의 가망성
☜ 위로(up) 던지다(toss)

토탈 total (합계, 총계)

♣ **어원 : tot 전적으로, 완전히, 모든, 전체, 합계, 총계**

☐ **tot**al [tóutl/**토**우를/**토**우틀] ⓗ **전체의**, 합계의, 총계의; **절대적인** ⓜ **합계**, 총계, 총액 ⓢ **합계하다**, 총계하다 ☜ 라틴어로 '전체(tot) 의(al)'란 뜻
♠ **the total amount** expended 지출 **총계**

☐ **tot**ality [toutǽləti] ⓜ 총계, 전체; 완전함 ☜ total + ity<명접>

☐ **tot**alitarian [toutæ̀lətέəriən] ⓗ 전체주의의 ⓜ 전체주의자 ☜ 전체(totality) 신봉자(arian)

☐ **tot**alitarianism [toutælitέəriənìzm] ⓜ 전체주의 ☜ totalitarian + ism(~주의)

☐ **tot**alize [tóutəlàiz] ⓢ 합계하다, 합하다(add up); 요약하다 ☜ total + ize<동접>

☐ **tot**ally [tóutəli] ⓑ 완전히, **전적으로**, 아주 ☜ total + ly<부접>

© damienmarieathope.com

토테미즘 totemism (원시신앙의 사회체제 및 종교 형태)

☐ **totem** [tóutəm] ⓜ **토템** 《북아메리카 원주민 등이 가족·종족의 상징으로 숭배하는 자연물·동물》; 토템상(像) ☜ 북아메리카 인디언인 Ojibwa족(族)의 'odoodeman(그는 나의 일족이다)'이란 말에서 유래

☐ **totem**ic [toutémik] ⓗ **토템**(신앙)의 ☜ totem + ic<형접>

☐ **totem**ism [tóutəmìzm] ⓜ **토템** 신앙〔숭배〕; 토템 제도 ☜ totem + ism(~주의, 사상, 제도)

ToT는 어린아이가 독한 술 한잔 마시고 울고 있는 이모티콘 같다.

☐ **tot** [tɑt/tɔt] ⓜ 어린아이, 꼬마; 《영.구어》 (독한 술) 한 잔
☜ 고대 노르드어로 '난장이의 별명 tottr'에서

☐ **tot**ter [tɑ́tər/tɔ́tər] ⓢ **비틀거리다**, 아장아장 걷다 ⓜ 비틀거림, 기우뚱거림
☜ tot(어린아이) + t<단모음+단자음+자음반복> + er(반복적으로 흔들리다)
♠ She **tottered** and fell forward. 그녀는 **비틀거리다**가 앞으로 쓰러졌다

T

터치 스크린 touch screen (접촉식 화면), 노터치 no touch (콩글 손대지 않음, 관여하지 않음) ➔ hands off

[컴퓨터] 접촉식 화면 《컴퓨터 화면을 손가락으로 만지면 정보가 입력이 되는 모니터 화면》

♣ **어원 : touch, tach, tact ~에 접촉하다, ~에 들러붙다**

☐ **touch** [tʌtʃ/터취] ⓢ (손을) 대다, 만지다, **접촉하다** ☜ 고대 프랑스어로 '접촉하다'란 뜻
♠ **Don't touch it. 그것에 손대지 마세요.**
♠ **touch down** 『**럭비**』 **터치다운하다; 착륙하다**
♠ **touch off ~ ~의 발단이 되다, 유발하다; (총포 따위를) 발사하다, 폭파시키다**
♠ **touch on** 〔upon〕 **(화재 따위에) 가볍게 언급하다, ~와 관계하다**
♠ **in** 〔out of〕 **touch with ~ ~와 접촉하여** 〔접촉하지 않아서〕

□ **touch**ed [tʌtʃt] 형 감동된 ☜ 마음을 건드리다<접촉하다(touch) + ed<형접>
■ un**touch**ed [əntʌtʃt] 형 **손대지 않은, 언급되지 않은** ☜ un(=not/부정) + touched
□ **touch**ing [tʌtʃiŋ] 형 **감동시키는**; 애처로운(=pathetic), 가여운 ☜ touch + ing<형접>
□ **touch**line [tʌtʃlàin] 명 〖럭비 · 축구〗 측선, **터치라인** ☜ touch + line(선, 줄)
□ **touch**-me-not [tʌtʃminɑ̀t/-nɔ̀t] 명 (pl. -nɔ̀ts) 〖식물〗 봉선화류(類); 《특히》 쌀쌀한 여자
☜ '나를(me) 손대지(touch) 마세요(not)'란 뜻. **그 삭과를 만지면 터져서 씨가 나오는 데서 유래.**
□ **touch**stone [tʌtʃstoun] 명 시금석(試金石) ☜ touch + stone(돌)
□ **touch**y [tʌtʃi] 형 (-<-**ier**<-**iest**) 성을 잘 내는, 과민한 ☜ touch + y<형접>
■ at**tach** [ətǽtʃ] 동 **붙이다, ~에 들러붙다** ☜ ~에(at<ad=to) 접촉하다(tach)
■ de**tach** [ditǽtʃ] 동 **떼어내다, 분리하다** ☜ 들러붙는(tach) 것으로부터 이탈하다(de=away)
■ con**tact** [kɑ́ntækt/**칸**택트/kɔ́ntækt/**콘**텍트] 명 **접촉** 동 **접촉[연락]하다**
☜ 함께(con<com) 접촉하다(tact)
※ **screen** [skriːn] 명 **칸막이**; 차폐물; **막; 스크린**; (영화의) 영사막
☜ 고대 프랑스어로 '난로 앞에 치는 내화 철망'이란 뜻

터프가이 tough guy (억센 사내; 깡패)

□ **tough** [tʌf] 형 **튼튼한, 강인한; 곤란한**, 힘든 ☜ 고대영어로 '강하고 질진 질감'
♠ **Leather is tough. 가죽은 질기다.**
□ **tough**en [tʌ́fn] 동 단단하게 하다; 단단해지다 ☜ tough + en<동접>
※ **guy** [gai] 명 《구어》 **사내, 놈, 녀석**(=fellow) ☜ Guy Fawkes의 이름에서
※ **Guy** Fawkes Day 《영》 화약음모사건 기념일 **《1605년 11월 5일 영국 카톨릭에 대한 제임스1세의 박해 정책에 대항하여 가이 포크스 등 카톨릭 교도가 계획한 영국 의사당 폭파음모사건. 미수로 끝나고 모두 처형됨》**

투어 tour (관광 여행, 유람 여행)

© ariaglobaltour.com

♣ **어원 : tour 돌다, 돌리다(=turn)**
□ **tour** [tuər] 명 **관광 여행**, 유람 여행 동 **유람[여행]하다**
☜ 고대 프랑스어로 '돌다'란 뜻
♠ **go on a tour 관광 여행을 떠나다**
♠ **make a tour of ~ ~을 한 바퀴 돌다, 일주하다**
□ **tour**ist [túərist] 명 (관광) 여행자, **관광객** ☜ 여행하는(tour) 사람(ist)
□ **tour**ism [túərizəm] 명 관광 여행; 관광 사업 ☜ tour + ism(행위, 상태, 성질)
■ con**tour** [kɑ́ntuər/kɔ́n-] 명 **윤곽**, 외형; 윤곽선 ☜ 완전히(con/강조) 한 바퀴 돌다(tour)
■ con**tour** line 등고선 ☜ line(줄, 선)

토너먼트 tournament ([경기] 승자 진출전)

♣ **어원 : turn, tourn 돌다, 선회하다**
□ **tourn**ament [túərnəmənt, tə́ːr-] 명 **토너먼트**, 승자 진출전, 선수권 쟁탈전
☜ 고대 프랑스어로 '기사단의 마상(馬上) 시합'이란 뜻.
도는(tourn) + a + 것(ment)
♠ **a golf tournament 골프 선수권 대회**
□ **tourn**ey [túərni, tə́ːr-] 명 = tournament; 시합 동 마상〔무술〕 시합에 참가하다
☜ 라틴어로 '돌다'란 뜻
■ **turn** [təːrn/터언] 동 **돌(리)다, 회전하다[시키다], 뒤집다, 방향을 바꾸다; 전복하다**; ~로 향하다; 변(화)하다[시키다]; 틀다, 켜다; 돌아가다 명 **회전, 선회; 모퉁이**; (정세의) **변화; 순번**; (타고난) 성질 ☜ 고대영어로 '돌다, 회전하다'란 뜻

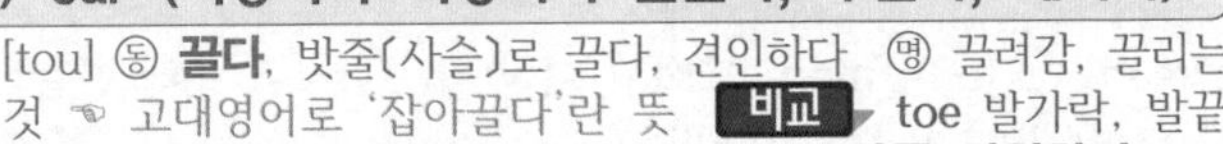

토잉카 tow(ing) car (자동차나 비행기의 견인차, 구난차, 레커차)

□ **tow** [tou] 동 **끌다**, 밧줄〔사슬〕로 끌다, 견인하다 명 끌려감, 끌리는 것 ☜ 고대영어로 '잡아끌다'란 뜻 **비교** toe 발가락, 발끝
♠ **tow a car** to a garage 정비소까지 **차를 견인하다**
□ **tow** car 구난차, 레커차 ☜ car(차)
□ **tow**age [tóuidʒ] 명 배 끌(리)기, 예선; 배 끄는 삯, 예선〔견인(牽引)〕료 ☜ tow + age<명접>

윈드서핑 wind surfing (바람을 받으며 파도를 타는 해양 스포츠)

♣ **어원 : wind, ward 돌다, (몸을) 돌려 향하다; ~쪽으로**
■ **wind** [wind/윈드, waind/와인드] 명 **바람** 동 굽이치다, **꾸불거리다; 감다; 돌리다**

T

☜ 고대영어로 '바람'이란 뜻. '휘감아 부는 것'

☐ to**ward**(s) [təwɔ́:rd/터**워**-드(즈)] 전 **~쪽으로, ~편에, ~가까이; ~에 대하여; ~을 위하여** ☜ 고대영어로 '~방향으로'라는 뜻. ⇦ ~쪽으로(to)
★ 《영국》에서는 산문체 · 구어체에서 towards가 보통임.
비교 방향 전치사로 **to**는 도착할 **목표지점**을 의미하고, **for** · **toward(s)**는 '~를 향해'라는 **방향**의 의미로 사용된다.
♠ **go toward the river 강 쪽으로 가다**

※ **surf** [sə:rf] 명 (해안에) **밀려드는 파도**, 밀려 와서 부서지는 파도 동 서핑을(파도타기를) 하다; 『컴퓨터』 검색하다 ☜ 중세인도어로 '몰아치는 소리'란 뜻

✚ after**ward**(s) **뒤에, 나중에** back**ward**(s) **뒤에[로]; 후방에[으로]; 역행하여; 후방의** for**ward** **앞[전방]으로;** 전방으로의; 나아가게 하다 side**ward** 옆(곁)의, 비스듬한; 옆으로, 비스듬히 up**ward** **위로 향한**; 상승의; 향상하는; **위쪽으로**, 위를 향해서

타월 towel (수건)

☐ **towel** [táuəl] 명 **타월**, 세수 수건 동 타월로 닦다(훔치다) ☜ 고대 프랑스어로 '수건'이란 뜻
♠ **a bath towel 목욕 수건**

☐ **towel** rack 수건걸이 ☜ rack(선반, 걸이)

타워 브리지 tower Bridge (영국 템즈강에 있는 다리), 케임브리지 Cambridge (영국 케임브리지(대학))

❶ 타워브리지는 영국 템즈 강 상류에 세워진 타워 브리지는 국회의사당의 빅 벤과 함께 런던의 랜드마크로 꼽히는 건축물. 1894년 총 길이 260m로 완성되었다.
❷ 케임브리지는 'Cam강(江)의 다리(bridge)'란 뜻을 지니고 있다.

☐ **tower** [táuər/**타**워] 명 **탑** ☜ 고대영어로 '망루, 감시탑'이란 뜻
♠ **a clock tower 시계탑, an ivory tower 상아탑, the Tower (of London) 런던탑, the Eiffel Tower 에펠탑**

☐ **Tower** Bridge [the ~] **타워브리지** 《영국 런던의 템즈강의 두 개의 탑 사이에 걸려 있는 개폐교(開閉橋)》 ☜ tower(탑) + bridge(다리)

☐ **tower**ed [táuərd] 형 탑이 있는 ☜ tower + ed<형접>

☐ **tower**ing [táuəriŋ] 형 **높이 솟은**; 원대한 ☜ tower + ing<형접>

※ **bridge** [bridʒ/브뤼쥐] 명 **다리, 교량; (군함의) 함교, 브리지** 동 **다리를 놓다** ☜ 초기인도유럽어로 '나무로 된 둑길'이란 뜻

실버타운 silver town (콩글 은퇴한 노인들이 집단으로 생활하는 촌락) ➔ retirement home [village], senior town 등

※ **silver** [sílvər/**씰**버] 명 **은** 《금속 원소; 기호 Ag; 번호 47》; 은제품; **은화** 형 **은의**, 은으로 만든; 은빛으로 빛나는; (머리 따위가) 은백색의 동 은도금하다; 은빛이 되다; 은빛으로 빛나다 ☜ 고대영어로 '은, 돈'이란 뜻

☐ **town** [taun/타운] 명 **읍** 《village보다 크고 city의 공칭이 없는 것》; (the ~) 도회지 《country와 대조해서》 ☜ 고대영어로 '울타리를 둘러친 곳, 집들이 모여 있는 곳'이란 뜻
♠ **live in town 시내에 있다**(살고 있다).

☐ **town** house (시골에 country house를 가진 귀족 등의) 도회지의 또 다른 저택; 연립(공동) 주택 《한 벽으로 연결된 2-3층의 주택》; 《영》 =town hall ☜ house(집, 가옥, 주택)

☐ **town** planning 도시 계획 ☜ planning(계획, 입안(立案))

☐ **town**sfolk [táunzfòuk] 명 시민, 읍민 ☜ 도회지(town) 의(s) 사람들(folk)

☐ **town**ship [táunʃìp] 명 《미 · 캐》 **군구**(郡區) 《county의 일부》; 『영.역사』 읍구 《parish 속의 한 소구획; 이(里) 정도에 해당》; 《미》 **타운십** 《정부의 측량 단위로 6 마일 사방의 땅을 이름》 ☜ town + ship(상태)

☐ **town**sman [táunzmən] 명 (pl. **-men**) **도회지 사람**; 읍민, 같은 읍내 사람 ☜ 도회지(town) 의(s) 사람(man)

☐ **town**speople [táunzpìpəl] 명 (pl.) 시민, 읍민 ☜ 도회지(town) 의(s) 사람들(people)

■ bed **town** **베드타운** 《대도시 주변의 주택도시. 주로 잠만 자고, 일은 대도시에서 한다는 데서 생겨난 말》 ☜ bed(침대)

■ new **town** (종종 N- T-) **뉴타운**, 교외(변두리) 주택단지 ☜ new(새로운)

보톡스 Botox (잔주름을 없애주는 강력한 독성물질)

♣ **어원 : tox 독(毒); 독이 있다**

■ **Botox** [bouta:ks] ⓜ **보톡스** 《미국 제약회사 엘러간의 상표명. 흔히 얼굴의 주름살을 없애려고 주입하는 물질》 ☜ botulinum toxin 보톨리누스 중독(썩은 소시지·통조림 고기에서 생기는 보톨리누스 독소)

□ **toxic** [tάksik/tɔ́k-] ⓗ **독(성)의**; 유독한; 중독(성)의 ☜ 독(tox)이 있는(ic)

■ in**tox**icate [intάksikèit/-tɔ́ksi-] ⓢ **취하게 하다**; 흥분시키다; 『의학』 중독시키다(=poison) ☜ 안(in)에 독성(toxic)을 만들다(ate<동접>)

■ de**tox** [di:tάks] ⓜ 《미》 해독(=detoxification) ⓗ 해독(용)의 ⓢ 해독하다(=detoxify) ☜ 독(tox)을 떼 내다(de=off)

토이스토리 Toy Story (미국 애니메이션 영화. <장난감 이야기>)

© Walt Disney Studios

1995년 개봉된 미국의 애니메이션/코미디/가족/판타지 영화. 톰 행크스와 팀 알렌이 목소리 주연. 우디는 6살짜리 아이 앤디가 가장 아끼는 카우보이 인형인데, 어느날 최신장난감 우주전사 버즈가 나타나자 그의 위치가 흔들리기 시작한다. 우디는 버즈를 없앨 계획을 세우지만, 둘은 서로의 힘을 합치지 않으면 살아남을 수 없는 상황에 이르며, 목숨을 건 모험을 통해 서로에 대한 진정한 우정과 신뢰를 깨닫게 된다.

□ **toy** [tɔi/토이] ⓜ **장난감**, 완구 ⓢ **장난하다** ☜ 중세영어로 '희롱'
♠ **play with toys 장난감**을 가지고 놀다

□ **toy**shop [tɔ́iʃὰp/-ʃɔ̀p] ⓜ 장난감 가게, 완구점 ☜ shop(가게, 상점)

※ **story** [stɔ́:ri/스또-뤼] ⓜ (pl. -**ries**) **이야기;** ☜ hi**story**(역사)의 두음소실
(pl. -r**ies, -s**) (건물의) **층** ☜ 중세 라틴어로 '건물에 그려진 이야기'란 뜻

토인비 Toynbee (<도전과 응전>의 역사를 주장한 영국의 역사가)

□ **Toynbee** [tɔ́inbi] ⓜ **토인비** 《Arnold Joseph ~, 영국의 역사가; 1889-1975》
★ 그는 불멸의 역작 『역사의 연구』에서 인류의 역사를 <도전과 응전>의 과정으로 보았으며, 역사는 탄생-성장-쇠퇴-붕괴라는 단계를 거치는 <역사의 순환설>을 주장했다.

쇼트트랙 short track ([스케이트] 짧은 트랙경기)

© isu.org

♣ 어원 : **trac 발자국, 지나간 자취; 뒤를 쫓다, 추적하다**

※ **sh**ort [ʃɔ:rt/쇼-트] ⓗ **짧은**(⇔ long); 간결한, 간단한; **키가 작은; 불충분한** ⓟ **갑자기** ⓜ 짧음, 간단, 간결; 부족 ☜ 고대영어로 '(날카로운 것에 의해) 짧게 잘린'이란 뜻

□ **track** [træk/츠랙] ⓜ **지나간 자국**, 흔적; 바퀴 자국; (밟아서 생긴) **작은 길**; **트랙**경기; 철도 선로, 궤도; (영화필름의) 녹음대, 사운드**트랙** ⓢ **추적하다**; 자국〔흠〕을 따라가다 ☜ 고대 프랑스어로 '말의 발자국'이란 뜻
♠ **the tracks** of a rabbit 토끼의 **발자국**
♠ **in one's track 그 자리에서; 즉석에서, 즉시**
♠ **keep** 〔lose〕 **track of ~ ~의 자취를 좇다** 〔놓치다〕; **~의 소식이 끊이지 않도록 하다** 〔끊어지다〕

■ beaten **track** **밟고 다녀서 된 길; 관례(慣例)** ☜ beaten(땅을 밟아 다져진/beat의 과거분사 ⇦ 형용사) + track(자국)

□ **track**ing [trǽkiŋ] ⓜ 추적 ☜ track + ing<명접>

□ **trace** [treis/츠뤠이스] ⓢ **~의 자국을 밟다**〔쫓아가다〕, 추적하다; (선을) **긋다**; (유래·원인·출처) **더듬다** ⓜ (보통 pl.) **자취, 발자국** ☜ 이탈리아어로 '발자국을 보고 따라가다'
♠ **trace** deer 사슴을 **추적하다**

□ **trace**r [tréisər] ⓜ 추적자(者); 《군》 예광탄 ☜ trace + er(사람/사물)

□ **trace**able [tréisəbl] ⓗ 추적할 수 있는 ☜ trace + able(~할 수 있는)

□ **trac**ing [tréisiŋ] ⓜ **자취를 밟음; 트레이싱**, 투사, 복사 ☜ trace + ing<명접>

트랙터 tractor (견인력을 이용해서 각종 작업을 하는 특수 차량)

♣ 어원 : **tract 끌다, 당기다, 늘리다, 펼치다**

□ **tract**or [trǽktər] ⓜ **트랙터**, 견인(자동)차 ☜ 끄는(tract) 기계(or)

□ **tract** [trækt] ⓜ (지면·하늘·바다 등의) **넓이**; 넓은 지면; ☜ 중세영어로 '펼친 땅이나 물'이란 뜻
(특히 종교상의) **소책자**, 팜플렛 ☜ 라틴어로 '다루다'란 뜻
♠ **a vast tract of ocean** 〔land〕 **광대한 대양**〔토지〕

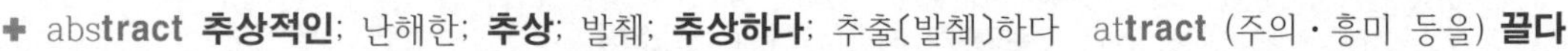
✚ abs**tract** **추상적인**; 난해한; **추상**; 발췌; **추상하다**; 추출〔발췌〕하다 at**tract** (주의·흥미 등을) **끌다,**

T

유인하다 contract **계약**, 약정; 계약서 detract 줄이다, 떨어뜨리다, 손상시키다 distract (주의를) **딴 데로 돌리다**; 빗나가게 하다 extract **뽑아내다**, 빼어내다 intractable 말을 듣지 않는, 고집 센 protract 오래 끌게 하다, 연장하다 retract **철회하다**, 취소하다 subtract **빼다, 감하다**

트레이드마크 trademark (사람 · 상품의 상징체계, 로고)

♣ **어원 : trac, trad 발자국, 지나간 흔적; 뒤를 쫓다**

□ **trad**e [treid/트뤠이드] ⓜ **무역**, 교역; **직업**; 〖야구〗 **트레이드** ⓗ 무역의, 상업의 ⓓ **장사하다; 교환하다**
☜ 중세영어로 '(장사꾼들이 지나다니는) 길'이란 뜻
♠ international 〔foreign〕 **trade** 국제〔대외〕 **무역**
♠ **W**orld **T**rade **O**rganization 세계 **무역** 기구(**WTO**)

□ **trad**e union 노동조합 ☜ union(결합, 합동, 일치)
□ **trad**e wind 무역풍 ☜ wind(바람)
□ **trad**emark [tréidmàrk] ⓜ (등록) 상표; 사람〔사물〕을 상징하는 특징〔특성, 습성〕, **트레이드마크** ⓓ ~에 상표를 달다 ☜ trade + mark(기호, 상징)
□ **trad**er [tréidər] ⓜ **상인**, 무역업자; 상선, 무역선; 〖증권 · 주식〗《미》 **트레이더** 《자기 계산으로 증권 매매를 하는 업자》 ☜ trade + er(사람)
□ **trad**esman [tréidzmən] ⓜ (pl. **-men**) **소매 상인**; 점원 ☜ trade + s<소유격> + man(남자, 사람)

트래픽 traffic ([컴퓨터] 서버에 전송되는 모든 통신, 데이터의 양)

♣ **어원 : tra, trans 건너편, 횡단, 변화; 가로질러, 관통하여; 이동하다, 바꾸다**

□ **tra**dition [trədíʃən] ⓜ **전설**; 구전, 전승(傳承); **전통**
☜ 라틴어로 '건너(tra) 말하는(dit<dic) 것(ion)'이란 뜻
♠ **keep up the family tradition 가문의 전통**을 유지하다

□ **tra**ditional [trədíʃənəl] ⓗ **전설의; 전통의** ☜ 건너(tra) 말하는(dit<dic) 것(ion) 의(al)
□ **tra**ditionally [trədíʃənəli] ⓑ **전통적으로** ☜ traditional + ly<부접>
□ **tra**ditionary [trədíʃənèri/-nəri] ⓗ 구전(口傳)의, 전승(傳承)의 ☜ tradition + ary<형접>
□ **tra**duce [trədjú:s] ⓓ 비방〔중상〕하다; (법률 따위를) 비웃다, 우롱하다
☜ (속의 허물을) 관통하여(tra) 이끌어내다(duce)
□ **tra**ducement [trədjú:smənt] ⓜ 중상, 험담 ☜ -ment<명접>
□ **tra**ducer [trədjú:sər] ⓜ 비방자, 중상자 ☜ -er(사람)
□ **tra**ffic [trǽfik/트**래**픽] ⓜ **교통**(량), 사람의 통행; (전화의) 통화량
☜ 이탈리아어로 '가로질러 밀다'란 뜻
♠ **heavy traffic 극심한 교통량**

□ **tra**ffic accident 교통사고 ☜ accident(사고)
□ **tra**ffic circle (도로의) 로터리 ☜ circle(원; 순환)
□ **tra**ffic control 교통정리 ☜ control(통제, 관리; 통제하다)
□ **tra**ffic light 교통신호; (보통 pl.) 교통신호등 ☜ light(빛, 불, 등)
□ **tra**ffic signal 교통 신호 ☜ signal(신호)
□ **tra**ffic violation 교통 위반 ☜ violation(위반, 침해, 모독; 강간)
□ **tra**itor [tréitər] ⓜ 배반자, **반역자**; 역적 ☜ 라틴어로 '건너편에(tra) 간(it) 사람(or)'이란 뜻
□ **tra**itorous [tréitərəs] ⓗ 반역적인 ☜ traitor + ous<형접>
□ **tra**itorousness [tréitərəsnis] ⓜ 반역 ☜ traitorous + ness<명접>
□ **tra**ject [trədʒékt] ⓓ (빛 등을) 투과시키다, 전도하다; (강을) 건너다, 넘다
☜ 가로질러(tra) 던지다(ject)
□ **tra**jectory [trədʒéktəri] ⓜ 탄도, 궤도, 궤적 ☜ 가로질러(tra) 던진(ject) 것(ory)

© computerhope.com

트라팔가 Trafalgar (넬슨이 나폴레옹 함대를 물리친 스페인의 곶)

□ **Trafalgar** [trəfǽlgər] ⓜ (Cape ~) **트라팔가** 곶 《스페인 남서의 곶; 그 곶에서 영국의 Nelson제독이 1805년 10월 영국을 침공하려던 나폴레옹의 프랑스 · 스페인 연합함대를 격파하였음》
☜ 아랍어로 '서쪽의 끝'이란 뜻.
□ **Trafalgar** Square (영국 런던 중심가에 있는) 트라팔가 광장
☜ square(정사각형; 광장)

랩소디 rhapsody (서사적 · 영웅적 · 민족적 성격의 환상곡풍의 광시곡)

♣ **어원 : ody, edy 노래, 시(詩)**

■ rhaps**ody** [rǽpsədi] ⓜ (옛 그리스의) 서사시, 음송 서사시의 한 절; 열광적인 말〔문장, 시가〕, 광상문〔시(詩)〕; 〖음악〗 광시곡(狂詩曲), **랩소디**

☜ 그리스어로 '시/노래(ody)를 이어 붙이다(rhaps)'란 뜻

☐ tra**gedy** [trǽdʒədi] [명] **비극**(적인 사건) ☜ 그리스어로 '숫염소(trag)의 노래(edy)'란 뜻. 그리스 비극에서 사티로스(Satyr · 반인반수(半人半獸)의 숲의 신)로 분장하기 위해 염소가죽을 입은 데서 유래했다는 설
♠ **tragedy of war 전쟁의 비극**
♠ **Life is a tragedy when seen in close-up, but a comedy in long-shot. 인생은 가까이서 보면 비극이지만 멀리서 보면 희극이다** - 영화배우 찰리 채플린 -

☐ tragic(al) [trǽdʒik(əl)] [형] **비극의**(⇔ comic 희극의), 비극적인; **비참한**, 비통한
☜ trag + ic<형접>

트레일러 trailer (❶ 견인차에 끌려가는 무동력 연결차 ❷ [영화] 예고편)

♣ **어원 : tra 끌다, 당기다, 늘리다, 펼치다**

☐ **tra**il [treil/츠뤠일] [동] (질질) **끌다**, (질질) **끌리다; 추적하다**
[명] **끌고 간 자국** ☜ 라틴어로 '끌다(tra) + il<명접>'란 뜻
♠ **trail** one's skirt 스커트**를 질질 끌다**

☐ **tra**iler [tréilər] [명] (땅 위로) **끄는 사람[것]**; 추적자; **트레일러**, (자동차 따위의) 부수차(附隨車); (자동차로 끄는) 이동 주택(사무소, 실험소); 【영화】 예고편 ☜ trail + er(사람/것)

☐ **tra**iler coach (자동차가 끄는 바퀴 달린) 작은 이동 가옥 ☜ coach(4륜마차, 객차; 코치)

☐ **tra**iler truck 《미》 **트레일러 트럭** ☜ truck(트럭)

추리닝 training ([콩글] 운동복, 연습복) ➔ sweat suit, tracksuit, jogging suit

♣ **어원 : tra 끌다, 당기다, 늘리다, 펼치다**

☐ **tra**in [trein/츠뤠인] [명] **열차**, 기차; (사람 · 차 등의) **긴 열**(列)
[동] **훈련하다, 가르치다; 연습[트레이닝]하다** ☜ 라틴어로 '당기다(tra) + in<명접>', 중세영어로 '연이어 계속되는 것'이란 뜻
♠ **train for a contest 경기 연습을 하다**
♠ Korea **Train** e**X**press 한국고속철도(**KTX**)

☐ **tra**iner [tréinər] [명] **훈련자**, 코치, 조련사, **트레이너**; 연습용 기구
☜ train + er(사람/기구)

☐ **tra**ining [tréiniŋ] [명] **훈련, 트레이닝**, 단련, 교련, 연습; 양성 ☜ -ing<명접>

☐ **tra**it [treit] [명] 특색, **특성**, 특징
☜ 라틴어로 '당겨 뽑아내다(tra) + it<명접>'란 뜻
♠ **culture trait 문화 특성**

☐ **traitor**(반역자), **trajectory**(탄도, 궤적) ➔ **traffic**(교통) **참조**

인천을 시작으로 트램(tram.시가전차) 사업이 본격화 될 전망이다.

☐ **tram** [træm] [명] 《영》 **시가전차**(《미》 streetcar) [동] 《영》 전차로 가다
☜ 저지(低地) 독일어로 '손수레나 썰매의 손잡이'란 뜻
♠ **a tram route 전찻길**

☐ **tram**car [trǽmkɑ̀:r] [명] 《영》 **시가전차**(=tram); 광차 ☜ tram + car(자동차)

☐ **tram**way [trǽmwei] 전차 선로; 삭도(索道: 공중에 가설된 케이블) ☜ way(길, 도로)

트램폴린 trampoline (스프링이 달린 캔버스로 된 도약용 운동용구)

♣ **어원 : tramp 무겁게 걷다, 짓밟다; 쿵쿵 뛰다**

☐ **tramp** [træmp] [동] 짓밟다; **쿵쿵거리며 걷다; 터벅터벅 걷다** [명] 쿵쿵거리며 걷는 소리, 짓밟음; 떠돌이, 방랑자; 도보여행가
☜ 중세 저지 독일어로 '짓밟다'
♠ **tramp on** a person's toes 아무의 발**을 세게 밟다**.

☐ **tramp**le [trǽmpəl] [동] **내리 밟다**, 짓밟다; 밟아 뭉개다 [명] 짓밟음, 짓밟는 소리 ☜ tramp + le<동접/명접>

☐ **tramp**oline [trǽmpəli:n] [명] **트램폴린** 《쇠틀 안에 스프링을 단 즈크의 탄성을 이용하는 도약용 운동구》 ☜ 스페인어로 '뛰는(tramp) 판(oline/board)'이란 뜻

T

트랜스젠더 transgender (성(性) 전환자)

♣ **어원 : tra, trans 건너편, 횡단, 변화; 가로질러, 관통하여; 이동하다, 바꾸다**

transgender [trænsdʒéndər] [명] 성전환자, **트랜스젠더** ☜ 성(gend)을 바꾼(trans) 사람(er)

□ **tran**ce [træns, trɑːns] 명 몽환(夢幻)의 경지, **황홀**; 열중; 무아지경 동 황홀하게 만들다
☜ 라틴어로 '(다른 세계로) 바꾸어(tranc<trans) 가다(e<ei)'란 뜻

□ **tran**quil [trǽŋkwil] 형 (-<**more ~, ~(l)er**<**most ~, ~(l)est**) **조용한**, 평온한, (마음·바다 따위가) 차분한, 편안한, 평화로운
☜ 라틴어로 '관통하여(tran<trans)) 조용한(quil<quiet)'이란 뜻

□ **tran**quillity [træŋkwíləti] 명 평정, **평온**, 평안, 침착
☜ tran + quil + l + ity<명접>
♠ **the Sea of Tranquility** 『**천문**』 **(달의) 고요의 바다**

□ **tran**quil(l)y [trǽŋkwili] 부 조용하게, 침착하게 ☜ transquil + ly<부접>

□ **tran**quilize [trǽŋkwəlàiz] 동 조용하게 하다, 조용해지다 ☜ transquil + ize<동접>

□ **tran**quilizer [trǽŋkwəlàizər] 명 『약학』 **트랭퀼라이저**, 진정제, 신경 안정제
☜ tranquilize + er<명접>

□ **trans**act [trænsǽkt, trænz-] 동 (사무 등을) **집행하다**, 취급하다; (안건 등을) 처리하다
☜ 라틴어로 '관통하여(trans) 행하다(act)'란 뜻
♠ **transact** business 사무를 **처리[취급]하다**

□ **trans**action [trænsǽkʃən, trænz-] 명 (업무) **처리**, 취급; 거래; 계약 ☜ trans + act + ion<명접>
♠ **the transaction** of business 사무 **처리**

□ **trans**atlantic [trænzətlǽntik] 형 대서양 횡단의; 대서양 건너편의 《유럽에서 보아; 때로는 그 반대》; (유럽에서 보아) 미국의 명 대서양 건너편에 사는 사람; 대서양 항로 정기선
☜ 대서양(Atlantic)을 건너서(trans)

트랜스시버 transceiver (휴대용 소형 무선 전화기)

♣ **어원 : tra, trans 건너편, 횡단, 변화; 가로질러, 관통하여; 이동하다, 바꾸다**

□ **trans**ceiver [trænssíːvər] 명 휴대용 소형 무선전화기, **트랜스시버** 《근거리용》.
☜ **trans**mitter(송신/송화기) + re**ceiver**(수신/수화기) 합성어

□ **tran**scend [trænsénd] 동 초월하다; 능가하다
☜ ~을 너머(trans) 올라가다(scend)
♠ **transcend time and space 시공(時空)을 초월하다**

□ **tran**scendence, -cy [trænséndəns, -dənsi] 명 초월, 탁월 ☜ transcend + ence/-cy<명접>

□ **tran**scendent [trænséndənt] 형 뛰어난, 탁월한 ☜ transcend + ent<형접>

□ **tran**scendental [trænsendéntl] 형 『철학』 초월적인; 탁월한 ☜ -al<형접>

□ **tran**scendentalism [trænsendéntəlìzm] 명 선험론(先驗論); 고매한 사상; 공상적 이상주의
☜ -ism(~주의, ~사상)

□ **tran**scribe [trænskráib] 동 **베끼다**, 복사하다; 다른 글자로 옮겨 쓰다; 번역하다
☜ 라틴어로 '바꾸어(tran) 쓰다(scribe)'란 뜻
♠ Clerks **transcribe** everything that is said in court.
서기들이 법정에서 진술되는 모든 내용을 **기록한다**.

□ **tran**script [trǽnskript] 명 **베낀 것**; 사본, 등본(謄本); 복사; (학교의) 성적 증명서
☜ tran + scrip + t

□ **tran**scription [trænskrípʃən] 명 **필사**(筆寫), 전사; 베낀 것, 사본, 등본 ☜ tran + scrip + tion<명접>
♠ errors made **in transcription 글로 옮기면서** 생긴 오류

□ **trans**fer [trænsfəːr] 동 **옮기다**, 갈아타다, 이동하다; 전임(전속, 전학)시키다 명 이전, 이동; 갈아타기, **환승, 트랜스퍼** ☜ 라틴어로 '(장소를) 바꾸어(trans) 나르다(fer)'란 뜻

□ **trans**ferable [trænsfəːrəbəl] 형 옮길(전사할) 수 있는; 양도할 수 있는 ☜ -able(~할 수 있는)

□ **trans**feree [trænsfəríː] 명 양수인(讓受人), 양도받은 사람; 전임(전속, 전학)자 ☜ -ee(받는 사람)

□ **trans**ference [trænsfəːrəns, trǽnsfər-] 명 이전, 옮김; 이동, 전송(轉送); 양도 ☜ -ence<명접>

트랜스포머 Transformer (미국 공상과학 영화. <변신로봇>이란 뜻)

2007년부터 제작된 마이클 베이 감독의 변신로봇 시리즈 영화. 생명의 힘을 지닌 <정육면체 금속>으로 인해 변신로봇족이 탄생했지만 어느날 그 금속은 우주로 날려가 버린다. 로봇족은 그것을 찾기 위해 온 우주로 흩어져 수색을 시작한다. 드디어 지구에서 단서를 찾은 로봇들이 각종 차량/기계로 위장하여 추적을 시작한다. 이에 인간에게 우호적인 오토봇과 파괴적인 디셉티콘간 최후의 결전이 벌어지는데...

© Paramount Pictures

♣ **어원 : tra, trans 건너편, 횡단, 변화; 가로질러, 관통하여; 이동하다, 바꾸다**

□ **trans**form [trænsfɔ́ːrm] 동 (외형을) **변형시키다, 변환[변압]하다**
☜ 형태(form)를 바꾸다(trans)
♠ **transform (A) into (B) A를 B로 변형하다[바꾸다]**

□ **trans**formation [trænsfərméiʃən] 명 **변형**, 변화, 변질; 변환 ☜ -ation<명접>
♠ an economic **transformation** 경제적 **변화**

T

☐ **trans**former [trænsfɔ́:rmər] ⓜ 변화시키는 사람(것); 〖전기〗 변압기, **트랜스** ☜ -er(사람/기계)
★ 변압기를 도란스, 트랜스(trans)라고 표현하는 것은 콩글리시이다. 바른 영어표현은 transformer이다.

☐ **trans**fuse [trænsfjú:z] ⓢ (액체를) 옮겨 따르다(붓다); 〖의학〗 수혈하다; (사상을) 불어 넣다
☜ 옮겨(trans) 붓다(fuse=pour)

☐ **trans**fusion [trænsfjú:ʒən] ⓜ 옮겨 붓기, 주입(注入); 침투; 〖의학〗 혈관 주사, 수혈
☜ 옮겨(trans) 붓(fuse=pour) 기(ion<명접>)
♠ **receive a blood transfusion 수혈을 받다**

☐ **trans**gender [trænsdʒéndər] ⓜ 성전환자, **트랜스젠더** ☜ 성(gend)을 바꾼(trans) 사람(er)

☐ **trans**gress [trænsgrés, trænz-] ⓢ (법을) **어기다**, 범하다; (한계를) **넘다**
☜ 넘어서(trans) 가다(gress)
♠ **transgress moral laws 인륜을 어기다**

☐ **trans**gression [trænsgréʃən] ⓜ 위반, 범죄; (종교·도덕적) 죄
☜ 넘어서(trans) 가는(gress) 것(ion<명접>)

☐ **trans**gressive [trænsgrésiv] ⓗ 초월하는, 초월적인; 법을(계율 등을) 위반(범)하기 쉬운 ☜ -ive<형접>

☐ **trans**gressor [rænsgrésər] ⓜ 위반자, 범칙자; (특히 종교·도덕상의) 죄인 ☜ -or(사람)

☐ **trans**ient [trǽnʃənt, -ʒənt, -ziənt] ⓗ 일시의; 변하기 쉬운, **덧없는**, 무상한
☜ 변하기(trans) + i + 쉬운(ent<형접>)
♠ the **transient** nature of speech 말의 **일시적인** 속성

☐ **trans**ience, -cy [trǽnʃəns, -ʒəns, -ziəns], [-si] ⓜ 일시적임, 덧없음, 무상함
☜ 변하기(trans) + i + 쉬움(ence/-cy)

트랜지스터 라디오 transistor radio (트랜지스터<능동 반도체소자>를 사용하여 저전력·소형·경량화된 라디오)

♣ **어원 : tra, trans 건너편, 횡단, 변화; 가로질러, 관통하여; 이동하다, 바꾸다**

☐ **tran**sistor [trænzístər, -sís-] ⓜ 〖전자〗 **트랜지스터**; 《구어》 트랜지스터 라디오(=~ radio) ☜ **tran**sfer(전송) + re**sistor**(저항기)
★ 트랜지스터란 전기 신호를 증폭·발진시키는 반도체 소자를 말하는데, 전기회로에는 두 단자가 있고, 트랜지스터는 세 단자가 있다. 그 중 한 단자의 전압 또는 전류에 의해 다른 두 단자 사이에 흐르는 전류 또는 전압을 제어하여 증폭(增幅)하거나 스위치 작용을 할 수 있게 한 것이다.

☐ **trans**it [trǽnsit, -zit] ⓜ **통과, 환승**; 횡단; **수송**; 변천, **변화**
☜ 라틴어로 '변화하여/옮겨(trans) 가다(it)'란 뜻

☐ **trans**ition [trænzíʃən, -síʃən] ⓜ 변이(變移), **변천**, 추이; 과도기 ☜ -ion<명접>
♠ a rapid (gradual) **transition 급속한** (점진적인) **변천**

☐ **trans**itional [trænzíʃənəl, -síʃ-] ⓗ 과도기의; 변천의 ☜ transition + al<형접>

☐ **trans**itive [trǽnsətiv, -zə-] ⓗ 〖문법〗 **타동(사)의** ⓜ 타동사
☜ 옮겨(trans) 가게(it) 하는(것)(ive<형접/명접>) ⓑ intransitive 자동(사)의; 자동사
♠ **an transitive** (a intransitive) **verb 타**(자)**동사**

☐ **trans**itory [trǽnsətɔ̀:ri, -zə-/-təri] ⓗ 일시적인, 덧없는, 무상한
☜ ~을 통하여(trans) 가는(it=go) 것을 허용하는(ory<형접>)

☐ **trans**late [trænsléit, trænz-] ⓢ **번역하다**, 옮기다 ☜ 라틴어로 '바꾸어(trans) 나르다(late)'
♠ **translate** English **into** Korean 영어**를** 한국어**로 번역하다**

☐ **trans**lation [trænsléiʃən, trænz-] ⓜ **번역**, 통역 ☜ translate + ion<명접>
♠ an error **in translation 번역상의** 오류

☐ **trans**lative [trænsléitiv, trænz-] ⓗ (장소·임자 등을) 옮아가는, 이전하는; 번역의; 〖로마법률·Sc.법률〗 재산 양도의 ☜ translate + ive<형접>

☐ **trans**lator [trænsléitər, trænz-] ⓜ **역자**, 번역자; 번역기 ☜ translate + or(사람)
♠ work **as a translator 번역사로서** 일을 하다

T

미션오일 mission oil (콩글 자동차의 변속기 윤활유) ➔ transmission fluid

♣ **어원 : tra, trans 저쪽, 건너편, 횡단, 이동, 변화; 가로질러, 관통하여; 이동하다, 바꾸다**

☐ **trans**mission [trænsmíʃən, trænz-] ⓜ 송달, 회송; **전달**; 양도; 매개, 전염; (자동차의) 변속기
☜ 라틴어로 '건너편(trans)에 보내는(mis) + s + 것(ion)'이란 뜻
♠ **a transmission gear 전동[변속] 장치**

☐ **trans**mit [trænsmít, trænz-] ⓢ (화물 등을) **보내다**, 발송하다; (지식·보도 따위를) **전하다**
☜ -mit(보내다)
♠ **signals transmitted** from a satellite 위성에서 **전송된 신호**

☐ **trans**mitter [trænsmítər, trænz-] ⓜ **송달자**; 유전자; 전도체; (전화의) 송화기; 〖통신〗 송신기

☜ trans + mit + t<단모음+단자음+자음반복> + er(사람/기계)
♠ **a television transmitter 텔레비전 송신기**

☐ **trans**mute [trænsmjúːt, trænz-] ⓢ 변형(변질, 변화)시키다, 변형하다
☜ 가로질러/완전히(trans) 변화시키다(mute)

☐ **trans**mutation [trӕnsmjuːtéiʃən, trӕnz-] ⓜ 변형, 변성, 변질, 변화; 변성돌연변이 ☜ -ation<명접>

☐ **trans**mutative [trænsmjúːtətiv, trænz-] ⓗ 변형(변용)하는, 변질(변성)의 ☜ -ative<형접>

☐ **tran**sonic [trænsάnik/-sɔ́n-] ⓗ 음속에 가까운; 『물리』 천음속(遷音速)의 《음속의 0.8배-1.4배 정도》 ☜ 음속(sonic)을 가로지른(tran)

☐ **trans**parent [trænspέərənt] ⓗ **투명한** ☜ 통과하여(trans) 나타(par) 난(ent<형접>
♠ **wear transparent makeup 투명 메이크업을 하다**

☐ **trans**parency [trænspέərənsi] ⓜ 투명(성), 투명체, 투명도(度); 명료; 슬라이드
☜ 통과하여(trans) 나타(par) 남(ence/-cy<명접>)

☐ **tran**spire [trænspáiər] ⓢ 증발(발산)하다; (일이) 드러나다, 누설하다; (사건이) 발생하다; 배출하다 ☜ ~을 통하여(tran) (숨을) 내쉬다(spire)

☐ **tran**spiration [trӕnspəréiʃən] ⓜ 증발(물), 발산(물), 땀; (비밀의) 누설, (애정의) 발로
☜ transpire + ation<명접>

트랜스폰더 transponder (외부신호에 대한 자동 신호반송 레이더 송수신기)

♣ **어원 : tra, trans 건너편, 횡단, 변화; 가로질러, 관통하여; 이동하다, 바꾸다**

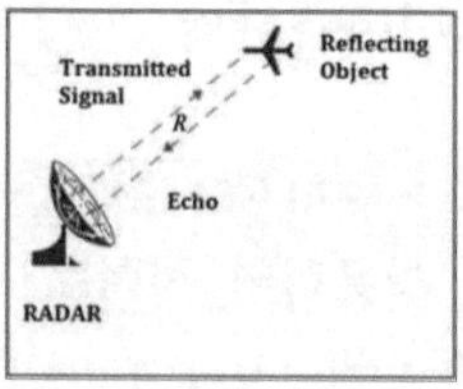

☐ **trans**plant [trænsplǽnt/-plάːnt] ⓢ **이식하다**, 옮겨 심다
☜ 이동하여(trans) 심다(plant)
♠ **transplant flowers** to a garden 뜰에 **화초를 이식하다.**

☐ **trans**plantation [trӕnsplæntéiʃən/-plaːn-] ⓜ 이식, 이주 ☜ -ation<명접>

☐ **trans**planter [trænsplǽntər/-plάːntər] ⓜ 이식자, 이식기(機) ☜ -er(사람/기계)

☐ **trans**ponder [trænspάndər/-spɔ́n-] ⓜ **트랜스폰더** 《외부 신호에 자동적으로 신호를 되보내는 라디오 또는 레이더 송수신기》
☜ (신호를) 보내(**trans**mit)고 (자동으로) 응답하는(res**pond**) 기계(er)
★ 모든 군용기에 탑재된 적아식별장치는 대표적인 트랜스폰더이다. 지상 또는 함정의 레이더 질문기가 전파를 발사하면, 항공기는 자동적으로 우군임을 나타내는 비밀코드 신호를 내보내는 장치이다.
♠ Do not damage **the transponder. 트랜스폰더**를 손상시키지 마라.

☐ **trans**port [trænspɔ́ːrt] ⓢ **수송하다, 운반하다** ☜ 가로질러(trans) 나르다(port)
♠ **transport** goods 화물**을 운송하다**

☐ **trans**portable [trænspɔ́ːrtəbl] ⓗⓜ 가지고 다닐(운송할) 수 있는 (것) ☜ -able(~할 수 있는)

☐ **trans**portation [trӕnspərtéiʃən/-pɔːrt-] ⓜ 운송, **수송**; 《미》 교통(수송)기관; 수송(운수)업
☜ -ation<명접>
♠ **the transportation industry 수송[운송]업**

☐ **trans**pose [trænspóuz] ⓢ (순서·낱말을) 바꾸어 놓다; 바꾸어 말하다, 번역하다
☜ 가로질러/건너편에(trans) 놓다(pose)

☐ **trans**position [trӕnspəzíʃən] ⓜ 바꿔 놓음, 치환(置換), 전위(轉位); 『수학』 이항(移項)
☜ 가로질러/건너편에(trans) 놓(posit) 음(ion<명접>)

☐ **trans**versal [trænsvə́ːrsəl, trænz-] ⓗ 횡단하는, 가로의 ⓜ 『수학』 횡단선
☜ 가로질러(trans) 도(vers) 는(것)(al<형접/명접>)

☐ **trans**verse [trænsvə́ːrs, trænz-] ⓗ **가로의**, 횡단하는 ⓜ 가로지르는 것; (공원 등의) 횡단 도로
☜ 가로질러(trans) 돌다(verse)
♠ **a transverse section 횡단면**

☐ **treas**on [tríːzən] ⓜ **반역(죄)**, 모반, 국사범; 배신, 배반 ☜ 건너편(treas<trans)에 (몰래) 준 것(on)
♠ **high treason 대역죄**

☐ **treas**onable, **treas**onous [tríːzənəbl], [tríːznəs] ⓗ 반역의, 불충한 ☜ treason + able/-ous<형접>

☐ **tres**pass [tréspəs, -pӕs] ⓢ 『법률』 (남의 집·땅에) **침입하다**, 침해하다 ⓜ 『법률』 불법 침입
☜ 넘어(tres<trans) 들어가다(pass)
♠ **trespass upon** a person's land (privacy) 아무의 땅(사생활)**을 침해하다.**

☐ **tres**passer [tréspəsər] ⓜ (가택) 침입자; 침해자 ☜ trespass + er(사람)

부비트랩 booby trap (은폐된 폭발 장치나 위장된 함정·덫)

♣ **어원 : trap 덫, 올가미; 유혹하다, 함정에 빠뜨리다**

■ booby **trap** 『군사』 **부비트랩**, 위장 폭탄 《은폐된 폭발물 장치》; 《미.속어》 음모, 모략, 함정 ☜ 바보/얼간이(booby) 덫(trap)
★ <부비>는 우둔해서 사람에게 쉽게 잡히는 새의 이름임.

☐ **trap** [træp] ⓜ 올가미, 함정; **덫**; 속임수, 음모; (배·선박의) **트랩**
ⓢ **덫으로 잡다**; 속이다 ☜ 고대영어로 '올가미'란 뜻

♠ **dig a trap 함정을 파다, bait a trap 덫을 놓다**

☐ **trap** door　뚜껑 문, 함정 문; 들창 ☜ door(문, 입구)

☐ **trap**per　[trǽpər] 명 덫을 놓는 사람; (모피를 얻기 위한) **덫 사냥꾼** ☜ trap + p<단모음+단자음+자음반복> + er(사람)

✚ clap**trap** 인기를 끌기 위한(말, 짓, 술책); 허튼소리 en**trap** 올가미에 걸다; 함정에 빠뜨리다; 속여 ~시키다 fire**trap** (비상구 따위가 없는) 화재에 위험한 집; 불타기 쉬운 건물 mouse**trap** 쥐덫; 작은 집(장소); 함정에 빠뜨리다 rat**trap** 쥐덫; 절망적 상황, 난국 sand **trap** 『골프』 모래 구덩이 speed **trap** 속도위반 특별 단속 구간; 속도위반 적발 장치

화이트 트래시 white trash (미국 내 백인 범죄자. <흰색 쓰레기>)

※ **white**　[hwait/화이트/와이트] 명 **백**(白), **백색**; 흰 그림물감 ☜ 고대영어로 '밝은, 깨끗한'

☐ **trash**　[træʃ] 명 쓰레기, **폐물**; 허튼소리 동 쓰레기를 치우다 ☜ 고대 노르드어로 '쓰레기'라는 뜻. 떨어진 나뭇잎과 나뭇가지를 쓰레기로 표현하였음.

비교 필요 없어서 버리는 쓰레기는 rubbish, 음식물 찌꺼기나 다른 물기 있는 쓰레기는 garbage, 종이나 판지 등과 같은 물기 없는 쓰레기는 trash, 격식적인 단어는 refuse이다.

♠ **separate trash 쓰레기 분리수거를 하다**

☐ **trash** can (bin) 《미》 쓰레기통 (《영》 dustbin) ☜ can(양철통; 그릇, 용기), bin(저장통)

☐ **trash**y　[trǽʃi] 형 (-<trash**ier**<-**iest**) 형 쓰레기의, 찌끼 같은; 쓸모없는 ☜ -y<형접>

트라이앵글 triangle (삼각형 모양의 악기), 쓰리 three (3, 세개)

♣ **어원 : three, tri, tra, tre, tro 3, 삼, 셋**

■ **tri**angle　[tráiæ̀ŋgəl] 명 **삼각형**, 『악기』 **트라이앵글** ☜ 삼(tri) 각형(angle)

■ **three**　[θriː/뜨리-/쓰리-] 명 **3, 3개** 형 3의, 3개의 ☜ 고대영어로 '3'이란 뜻

☐ **tra**vail　[trəvéil, trǽveil] 명 **산고**(産苦), **진통**; 고생, 노고; 곤란; (흔히 pl.) 노작(勞作) 동 산기가 돌다, 진통을 겪다 ☜ 라틴어로 '세 개의 막대기(고문 도구)'란 뜻

♠ She is in **travail.** 그녀는 **산기(産氣)**가 있다.

☐ **tra**vel　[trǽvəl/츠**래**벌] 동 (먼 곳으로의) **여행하다**; 움직여 가다 명 **여행** ☜ travail의 변형. "여행은 곧 고생" ★ 여행사는 travel company가 아니라 travel agency임.

♠ **travel abroad 해외여행을 하다**

♠ **be on one's travels 여행 중이다**

☐ **tra**vel(l)ed　[trǽvəld] 형 **널리 여행한**, 여행에 익숙한; 견문이 넓은; 여행자가 이용하는 ☜ travel + ed<형접>

☐ **tra**vel(l)er　[trǽvlər] 명 **여행자**, 나그네, 여객 ☜ -er(사람)

☐ **tra**vel(l)ing　[trǽvəliŋ] 형 **여행용의**; 여행하는 명 **여행** ☜ -ing<형접/명접>

☐ **tra**vel sickness 멀미 ☜ sickness(병) < sick(아픈) + ness(것)

버전 version (상품의 개발 단계 및 순서를 번호로 표시한 것), 컨버터 converter (TV채널 변환기), 인버터 inverter (교류변환기)

< TV Converter >

♣ **어원 : vers(e), vert 돌리다, 뒤집다, 바꾸다(=turn)**

■ **vers**ion　[vəːrʒən, -ʃən] 명 **번역**(서); (성서의) **역**(譯); **~판**(版) ☜ 돌리는(vers) 것(ion<명접>)

■ con**vert**er　[kənvəːrtər] 명 주파수 변환기, TV 채널 변환기, **컨버터** ☜ 완전히(con<com) 바꾸는(vert) 기계(er)

■ in**vert**er, -or　[invəːrtər] 명 『전기』 **인버터**, (직류를 교류로의) 변환장치(기) ☜ 안(in)을 바꾸는(vert) 기계(er/or)

■ re**verse**　[rivəːrs] 동 **거꾸로 하다**, 반대로 하다 ☜ 다시/뒤로(re) 돌리다(verse)

■ a**verse**　[əvəːrs] 형 **싫어하여, 반대하여** ☜ ~로부터(ab=from) (등을) 돌리다(verse)

■ di**vert**　[divəːrt, dai-] 동 (주의를) **돌리다**, 전환하다 ☜ 멀리(di<de) 돌리다(vert)

■ in**vert**　[invəːrt] 동 **거꾸로 하다**, 뒤집다 ☜ 반대로(in) 돌리다(vert)

☐ tra**vers**able　[trævəːrsəbəl, trǽvəː-] 형 횡단할(통과할, 넘을) 수 있는; 『법률』 부인(항변)할 수 있는 ☜ 가로질러(tra=cross) 돌(vers) 수 있는(able)

☐ tra**verse**　[trǽvəːrs, trəvəːrs] 동 **가로지르다, 횡단하다; 방해하다** ☜ 가로질러(tra=cross) 돌(vers) 다(e)

♠ Many cars **traverse** the bridge daily. 많은 차들이 매일 다리를 **횡단한다**

■ con**vert**　[kənvəːrt] 동 **전환하다**, 바꾸다; 개종하다 ☜ 완전히(con<com) 돌다(vert)

■ uni**verse**　[júːnəvəːrs] 명 **우주** ☜ (전체가) 하나로(uni) 도는(ver) 것(se)

■ **verse**　[vəːrs] 명 싯구, **운문** ☜ (표현방식을) 바꾸다

T

트랜스젠더 transgender (성(性) 전환자)

♣ **어원 : tra, trans 건너편, 횡단, 변화; 가로질러, 관통하여; 이동하다, 바꾸다**

■ **trans**gender [trænsdʒéndər] ⓜ 성전환자, **트랜스젠더**
☜ 성(gend)을 바꾼(trans) 사람(er)

□ **tra**vesty [trǽvəsti] ⓜ 원작의 희화화, 익살맞게 고친 개작; 졸렬한 모조품〔작품〕; 어이없는 일 ⓓ 희화화하다; 익살맞은 모방으로 조롱하다 ☜ ~위에(tra) (다시) 옷을 입힌(vest) 것(y)
♠ **a travesty of justice 정의를 우습게 희롱한 것**

크리스마스 트리 Christmas tree (크리스마스 장식 나무)

※ **Christmas** [krísməs/크**뤼**스머스] ⓜ **크리스마스, 성탄절**(~ Day) 《12월 25일; 생략: X mas》 ☜ 그리스도(Christ)의 미사(mass)

□ **tree** [triː/츠뤼-] ⓜ **나무**, 수목, 교목(喬木); (꽃・열매와 구별하여) 나무, 줄기 부분 ☜ 고대영어로 '나무'란 뜻

□ **tray** [trei] ⓜ **쟁반**; 쟁반 모양의 것; 식판; 납작한 상자
☜ 고대영어로 '나무'란 뜻
♠ **on a tray 쟁반[접시]에, an ash tray 재떨이**

□ **tray**ful [tréifùl] ⓜ 식판〔쟁반〕 가득한 양 ☜ tray + ful(~이 가득한)

해트트릭 hat trick ([축구] 1선수가 3득점을 하는 것)

해트트릭(hat trick)은 원래 영국의 크리켓 경기에서 연속 3명의 타자를 아웃시킨 재능(trick)있는 투수에게 모자(hat)를 선사한데서 유래했다.

♣ **어원 : trick, treach 속이다**

※ **hat** [hæt/햍] ⓜ (테가 있는) **모자** 비교 cap (테가 없는) 모자, bonnet 보닛 《턱 밑에서 끈을 매는 여자・어린이용의 챙 없는 모자》 ☜ 고대영어로 '머리 덮개'란 뜻

© stevenspedia.wikia.com

■ **trick** [trik] ⓜ **묘기**(妙技), 재주; **비결, 책략, 계교**, 속임수
☜ 고대 프랑스어로 '사람의 눈을 속임'이란 뜻

□ **treach**ery [trétʃəri] ⓜ **배반**, 반역; 변절; 반역〔불신〕 행위
☜ 고대 프랑스어로 '속이는(treach) 것(ery<명접>)'란 뜻

□ **treach**erous [trétʃərəs] ⓗ **배반하는; 믿을 수 없는** ☜ treach + ery + ous<형접>
♠ He **was treacherous to** his friends. 그는 친구**를 배반했다**.

트리클 treacle (설탕 재(再)정제과정에서 생기는 걸쭉하고 어두운 색의 시럽)

□ **treacle** [tríːkəl] ⓜ 《영》 **당밀**(糖蜜)(=molasses); 《비유》 달콤하면서 역겨운 것〔음성, 태도 등〕; 《폐어》 해독제
☜ 그리스어로 '해독제'란 뜻.
♠ **A treacle pudding** is a particular weakness of mine.
당밀(을 끼얹은) **푸딩**은 내가 가장 좋아하는 음식이다.

트레이드마크 trademark (사람・상품의 상징체계, 로고)

♣ **어원 : trac, trad, tread 발자국, 지나간 흔적; 뒤를 쫓다, 밟다**

T

■ **trad**e [treid/츠뤠이드] ⓜ **무역**, 교역; **직업**; 『야구』 **트레이드**
ⓗ 무역의, 상업의 ⓓ **장사하다; 교환하다**
☜ 중세영어로 '(장사꾼들이 지나다니는) 길'이란 뜻

■ **trad**emark [tréidmὰrk] ⓜ (등록) 상표; 사람〔사물〕을 상징하는특징〔특성, 습성〕, **트레이드마크** ⓓ ~에 상표를 달다 ☜ trade + mark(기호, 상징)

□ **tread** [tred] ⓓ (-/**trod**〔《고》 trode〕/**trodden**〔**trod**〕) **밟다, 걷다**, 가다, 지나다; (댄스의) 스탭을 밟다, 춤추다 ☜ 고대영어로 '걷다, 뛰다, 밟다'란 뜻
♠ **tread a perilous path 위험한 길을 가다[걷다]**

□ **tread**le [trédl] ⓜ (발틀의) 디딤판, 페달 ⓓ 디딤판을 밟다 ☜ tread + le<명접/동접>

□ **tread**mill [trédmil] ⓜ 디딤바퀴, 밟아 돌리는 바퀴 《옛 감옥에서 죄수에게 징벌로 밟게 한》; (다람쥐 따위가 돌리는) 쳇바퀴; 단조로운〔따분한〕 일 ☜ 밟아(tread) 돌리는 맷돌/물방앗간(mill) ★ 러닝머신(running machine)이 틀린 표현은 아니지만, 영어권에서는 트레드밀(treadmill)이 더 보편적으로 쓰인다.

□ **tread**wheel [trédwiːl] ⓜ (양수용) 밟아 돌리는 바퀴; (다람쥐가 돌리는) 쳇바퀴
☜ 밟아(tread) 돌리는 바퀴(wheel)

□ **treason**(반역죄) ➔ **transverse**(가로의, 횡단하는) **참조**

그랑프리 Grand Prix ([F.] 대상(大賞))

♣ **어원 : price, praise, preci, treas 가치, 값; 가치있는, 가치를 매기다**
※ **grand** [grænd] ⓗ **웅대한**, 위대한, 장대한
☜ 고대 프랑스어로 '큰, 대(大)'란 뜻
■ **prise, prize** [praiz/프라이즈] ⓜ **상(품)**, 상금; **포획물** ⓢ **포획하다; 높이 평가하다** ☜ 고대 프랑스어로 '상, 가치'라는 뜻
■ **price** [prais/프라이스] ⓜ **가격**, 대가(代價); 값, 시세, 물가, 시가
☜ 고대 프랑스어로 '가격, 가치'란 뜻
■ **praise** [preiz/프뤠이즈] ⓜ **칭찬**, 찬양; 숭배, 찬미 ⓢ **칭찬하다** ☜ 라틴어로 '가치'란 뜻
■ **prec**ious [préʃəs] ⓗ 비싼, **귀중한**, 가치있는 ☜ 가치(prec)가 + i + 있는(ous<형접>)
□ **treas**ure [tréʒər/츠뤠저] ⓜ **보배, 보물**, 금은, 귀중품; 《구어》 소중한 것, 사랑하는 사람(자식) ⓢ **비장(秘藏)하다**, 소중히 간직하다 ☜ 중세영어로 '가치 있는(treas) 것(ure)'이란 뜻
♠ **My treasure ! 나의 가장 사랑하는 사람이여**
□ **treas**urer [tréʒərər] ⓜ **회계원**, 출납관(원), 회계 담당자; 귀중품 보관자 ☜ -er(사람)
□ **treas**ury [tréʒəri] ⓜ **보고**(寶庫); **국고**; (지식의) **보전**(寶典); 기금, 자금 ☜ -ury<명접>
♠ The book is **a treasury of information.** 책은 **지식의 보고**다
□ **Treas**ury Department [the ~] 《미》 재무부 《정식으로는 the Department of the Treasury》
☜ department(부(部), 국(局), 과(課), 학과(學科))

헤어 트리트먼트 hair treatment (머리손질법)

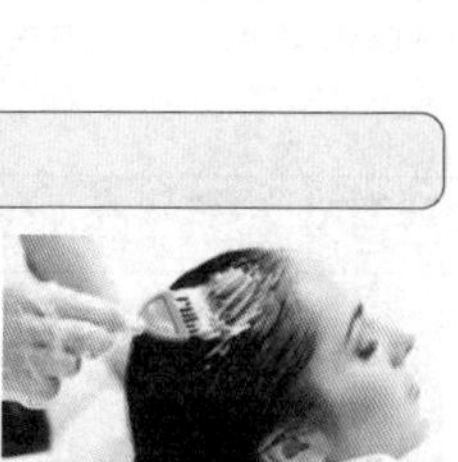

머리카락에 영양과 수분을 주는 머리손질법. 상한 모발을 정상의 상태로 회복하거나 모발의 아름다움을 유지하는 효과가 있다. <출처 : 네이버 국어사전 / 일부인용>

♣ **어원 : treat 취급하다, 다루다; 끌다, 끌어내다**
※ **hair** [hɛər/헤어] ⓜ **털, 머리털** ☜ 고대영어로 '머리카락'이란 뜻
□ **treat** [triːt/츠뤼-트] ⓢ **다루다, 대우[대접]하다; 간주하다** ⓜ **한턱내기**, 대접 ☜ 라틴어로 '다루다'란 뜻
♠ **Don't treat** me as a child. 나를 어린애 **취급하지 마라.**
□ **treat**ment [tríːtmənt] ⓜ **처리, 대우; 치료(법)** ☜ 취급하(treat) 기(ment<명접>)
□ **treat**ise [tríːtis, -tiz] ⓜ (학술) **논문**, 보고서
☜ 고대 프랑스어로 '~에 대해 다루는(treat) 것(ise<명접>)'이란 뜻
♠ **a treatise on** chemistry 화학**에 관한 논문**
□ **treat**ment [tríːtmənt] ⓜ **취급; 대우; 처리**(법); 치료; **치료법**(약) ☜ -ment<명접>
♠ the problem of **sewage treatment 오수(汚水) 처리** 문제
□ **treat**y [tríːti] ⓜ **조약**, 협정; 조약 문서; (개인간의) 약정; 협상, 교섭 ☜ -y<명접>
♠ **N**uclear **N**on-**P**roliferation **T**reaty 핵확산 방지 조약(NPT)
■ en**treat** [entríːt] ⓢ **간청[탄원]하다** ☜ 취급(treat)을 만들다(en<동접>)

트라이앵글 triangle (삼각형 모양의 악기), 쓰리 three (3, 세개)

♣ **어원 : tri, tra, tre, tro, three 3, 삼, 셋**
■ **tri**angle [tráiæ̀ŋgəl] ⓜ **삼각형**, 〖악기〗 **트라이앵글** ☜ 삼(tri) 각형(angle)
■ **tri**be [traib/츠라이브] ⓜ **부족**, 종족, ~족; 야만족
☜ 라틴어로 '(로마인의) 3부족'이란 뜻
★ 로물루스 시대에 10개의 쿠리아가 각기 하나의 부족을 형성해서 로마는 3부족 <티티에스(Tities), 람네스(Ramnes), 루케레스(Luceres)> 체제로 출범함.
■ **tri**o [tríːou] ⓜ (pl. **-s**) 〖음악〗 **트리오**, 삼중주(곡, 단(團)); 삼중창(곡, 단); 3인조
☜ tri + duo를 본딴 형태
■ **tri**ple [trípəl] ⓗ **3배[3중]의**; 〖국제법〗 삼자간의 ⓜ 3배의 수(양) ⓢ 3배(3중)로 하다
☜ tri + ple<fold(접다, 포개다; 주름)
□ **tre**ble [trébəl] ⓗ **3배[중]의** ⓜ 3배; 3연승; **트레블** 《고음부의 아이 목소리》 ⓢ 세 곱하다(이 되다) ☜ tre + ble<fold(접다, 포개다; 주름)
♠ **a treble voice 트레블[고음부의] 목소리**
■ **three** [θriː/뜨리-/쓰리-] ⓜ **3, 3개** ⓗ 3의, 3개의 ☜ 고대영어로 '3'이란 뜻

크리스마스 트리 Christmas tree (크리스마스 장식 나무)

T

※ **Christmas** [krísməs/크**뤼**스머스] ⓜ **크리스마스, 성탄절**(~ Day) 《12월 25일; 생략: X mas》 ☜ 그리스도(Christ)의 미사(mass)

□ **tree** [triː/츠뤼-] ⓜ **나무**, 수목, 교목(喬木); (꽃・열매와 구별하여) 나무, 줄기 부분 ☜ 고대영어로 '나무'란 뜻

♠ plant (chop · cut down) **a tree 나무**를 심다(자르다)

□ **tree**-lined [tríːlàind] ⓗ 나무가 늘어선 ☜ tree + line(선, 줄, 열) + ed<형접>

□ **tree**top [tríːtɔ̀p] ⓜ **우듬지**(나무의 꼭대기 줄기) ☜ tree + top(정상, 꼭대기)

■ **tray** [trei] ⓜ **쟁반**; 쟁반 모양의 것; 식판; 납작한 상자 ☜ 고대영어로 '나무'란 뜻

트레몰로 tremolo (음이나 화음을 빨리 규칙적으로 떨리는 듯이 되풀이하는 연주법)

♣ **어원 : trem, trom 떨다, 떨리다**

□ **trem**olo [tréməlòu] ⓜ (pl. **-s**) 《It.》 〖음악〗 **트레몰로**; (풍금의) 트레몰로 장치 ☜ trem(떨다) + o + lo<le(반복해서 ~하다)

□ **trem**ble [trémbəl/츠**뤰**벌] ⓢ **떨다**, 전율하다, 와들와들 떨다 ⓜ **떨림**, 전율 ☜ trem + b + le(계속 ~하다)

♠ She **trembled at** the sight. 그녀는 그 광경**을 보고 부들부들 떨었다**.

□ **trem**bling [trémbliŋ] ⓜ **떨림**, 전율 ⓗ 떨리는, 전율하는 ☜ trem + b + le + ing<명접/형접>

□ **trem**endous [triméndəs] ⓗ **무서운**, 굉장한; 《구어》 **거대한** ☜ 떨리는(trem) 것(end) 의(ous<형접>)

□ **trem**endously [triméndəsli] ⓟ 무시무시하게; 굉장히, 아주 ☜ tremendous + ly<부접>

□ **trem**ulous [trémjələs] ⓗ **떨리는**; 떠는; 전전긍긍하는; 몹시 민감한 ☜ 떨리는(trem) 것(ul) 의(ous<형접>)

트렌치 코트 trench coat (군복 스타일의 방수 외투. <참호 외투>)

♣ **어원 : trench, trunc 자르다, 파다**

□ **trench** [trentʃ] ⓜ 〖군사〗 **참호**, (pl.) 참호 진지; 도랑 ⓢ 도랑을(참호를) 파다 ☜ 라틴어로 '잘라 치우다'란 뜻

♠ **mount the trenches 참호 근무를 하다**

♠ **open the trenches 참호를 파기 시작하다**

□ **trench** coat 참호용 방수 외투; **트렌치 코트** 《벨트가 있는 레인코트》 ☜ coat(외투, 코트)

□ **trench** warfare 참호전 《양군이 참호를 이용하는 전투》 ☜ warfare(전투, 전쟁)

□ en**trench** [entréntʃ] ⓢ 참호로 에워싸다; 확립하다; 침해하다 ☜ 안에(en<in) 참호를 파다(trench)

♠ The enemy **was entrenched** beyond the hill.
적은 언덕 너머에 **참호를 구축하고 있었다.**

□ en**trench**ment [intréntʃmənt] ⓜ 참호 구축 작업; 참호; (권리의) 침해 ☜ -ment<명접>

□ re**trench** [ritréntʃ] ⓢ 절감(절약)하다; 삭제(삼각)하다; 줄이다, 잘라내다 ☜ 뒤쪽(re)을 잘라내다(trench)

♠ **retrench in finances 재정을 긴축[절감]하다**

□ re**trench**ment [ritréntʃmənt] ⓜ 경비 절약; 생략; 단축, 축소; 삭감; 〖축성〗 (성내의) 예비 보루 ☜ -ment<명접>

트렌드 trend (경향, 유행의 양식)

□ **trend** [trend] ⓜ **방향**; 《비유》 **경향**, 동향, 추세; **유행의 양식**(형) ⓢ 향하다, 기울다 ☜ 고대영어로 '향하다, 회전하다'란 뜻

♠ **set the trend 유행을 선도하다**

T

□ **trend**y [tréndi] ⓗ (-<-d**ier**<-d**iest**) 최신 유행의; 유행을 따르는 ⓜ 유행의 첨단을 걷는 사람 ☜ trend + y<형접/명접>

□ **trespass**(침입하다) ➔ **transverse**(가로의, 횡단하는) **참조**

트라이얼 버전 trial version (시험버전, 소프트웨어 체험판)

소프트웨어 개발 업체가 사용자로 하여금 제품을 구매하기 전에 해당 프로그램을 미리 사용해 볼 수 있도록 제작한 소프트웨어 배포 버전으로 상업적 목적으로 이용할 수 없다. 셰어웨어는 대부분의 기능은 사용할 수 있고 특수한 일부 기능에 대해 사용 제한을 둔 반면, 트라이얼 버전은 기본적인 일부 기능만을 사용할 수 있도록 만들었다는 점에서 차이가 있다. <출처 : 시사상식사전 / 일부인용>

☐ **tri**al　[tráiəl/츠**롸**이얼] 명 〖법률〗 **공판**, 재판; 시련; **시도, 시험**
☜ 고대 프랑스어로 '주워 담다(try + al<명접>'란 뜻
♠ **a criminal trial 형사 재판**
♠ **on trial 시험적으로; 공판적인**
■ **try**　[trai/츠롸이] 동 (-/**tried/tried**) **시도하다, 시험하다; 해보다, 노력하다**; 〖법률〗 **심문[심리]하다; 재판하다; 시련을 주다** 명 (pl. tries) **시험**, 시도, **해보기**, 노력; 〖럭비〗 **트라이** ☜ 고대 프랑스어로 '주워 올리다'란 뜻
■ **try**ing　[tráiiŋ] 형 **견디기 어려운**, 괴로운, 고된; 화나는; 성미 까다로운; 발칙한 ☜ -ing<형접>
■ mis**trial**　[mistráiəl] 명 〖법률〗 오심(誤審); 무효 재판〔심리〕《절차상의 과오에 의한》; 《미》 미결정 심리 《배심원의 의견 불일치에 의한》 ☜ 잘못된(mis) 재판(trial)
■ re**trial**　[riːtráiəl] 명 〖법률〗 재심; 재시험; 재실험 ☜ 다시(re)하는 재판(trial)
※ **vers**ion　[vəːrʒən, -ʃən] 명 **번역**, 변형; **판**(版), **버전** ☜ 바꾸(vers) 기(ion)

트라이앵글 triangle (삼각형 모양의 악기), 쓰리 three (3, 세개)

♣ **어원 : tri, tra, tre, tro, three 3, 삼, 셋**
☐ **tri**angle　[tráiæ̀ŋgəl] 명 **삼각형**, 〖악기〗 **트라이앵글** ☜ 삼(tri) 각형(angle)
☐ **tri**angular　[traiǽŋgjələr] 형 **삼각(형)의**; 3자간의 《다툼 따위》; 3국간의 《조약 따위》; 삼각관계의 ☜ 삼(tri) 각형(angul<angle) 의(ar)
♠ a **triangular** love affair 남녀의 **삼각**관계
☐ **tri**be　[traib/츠롸이브] 명 **부족**, 종족, ~족; 야만족 ☜ 라틴어로 '(로마인의) 3부족'이란 뜻
★ 로물루스 시대에 10개의 쿠리아가 각기 하나의 부족을 형성해서 로마는 3부족 <티티에스(Tities), 람네스(Ramnes), 루케레스(Luceres)> 체제로 출범함.
♠ the Arab 〔Mongol〕 **tribes** 아랍〔몽고〕**족**
☐ **tri**bal　[tráibəl] 형 종족의, 부족의 ☜ tribe + al<형접>
☐ **tri**besman　[tráibzmən] (pl. **-men**) 종족, 부족민 ☜ 종족(tribe) 의(s) 사람(man)
☐ **tri**bunal　[traibjúːnl, tri-] 명 재판소, **법정**; (the ~) 판사석, 법관석
☜ 라틴어로 '(로마의) 3부족(tribu<tribe)의 우두머리'란 뜻
♠ the Hague **Tribunal** 헤이그 **국제사법재판소**
☐ **tri**bute　[tríbjuːt] 명 **공물**, 조세; 과도한 세〔관세, 부과금, 임대료〕
☜ 3부족(tribu<tribe)에 바치는 것(te)
♠ **pay tribute** to a ruler 통치자에게 **공물을 바치다**.
☐ **tri**butary　[tríbjətèri/-təri] 형 **공물을 바치는**; 속국의 명 공물을 바치는 사람; 속국
☜ tribute + ary<형접/명접>
☐ **tri**gonometry　[trìgənάmətri/-nɔ́m-] 명 **삼각법** ☜ 3(tri) 각(gono=angle) 측정(metry)
☐ **tri**gonometric, -rical　[trigənəmétrik], [-əl] 형 삼각법의, 삼각법에 의한
☜ trigonometry(삼각법) + ic<형접>
☐ **tri**lingual　[trailíŋgwəl] 형 세 나라 말의, 세 나라 말을 쓰는 ☜ 3개(tri) 언어(lingu) 의(al<형접>)
☐ **tri**llion　[tríljən] 명 **1조**(兆); 엄청난 양 ☜ tri(3) + million(백만) ➔ 100만의 3제곱(1조)
■ **tri**o　[tríːou] 명 (pl. **-s**) 〖음악〗 **트리오**, 삼중주(곡, 단(團)); 삼중창(곡, 단); 3인조
☜ tri + duo를 본딴 형태
■ **tri**ple　[trípəl] 형 **3배[3중]의**; 〖국제법〗 삼자간의 명 3배의 수〔양〕 동 3배〔3중〕로 하다
☜ tri + ple<fold(접다, 포개다; 주름)
■ **tre**ble　[trébəl] 형 **3배[중]의** 명 3배; 3연승; **트레블** 《고음부의 아이 목소리》 동 세 곱하다 〔이 되다〕 ☜ tre + ble<fold(접다, 포개다; 주름)
■ **three**　[θriː/뜨리-/쓰리-] 명 **3, 3개** 형 3의, 3개의 ☜ 고대영어로 '3'이란 뜻

해트트릭 hat trick ([축구] 1선수가 3득점을 하는 것)

해트트릭(hat trick)은 원래 영국의 크리켓 경기에서 연속 3명의 타자를 아웃시킨 재능(trick)있는 투수에게 모자(hat)를 선사한데서 유래했다.

♣ **어원 : trick, treach, trig 얽힌 것, (복잡한) 장애물; 계략, 속임수; 속이다**
※ **hat**　[hæt/햍] 명 (테가 있는) **모자** 비교 cap (테가 없는) 모자, bonnet 보닛 《턱 밑에서 끈을 매는 여자·어린이용의 챙 없는 모자》 ☜ 고대영어로 '머리 덮개'란 뜻

© stevenspedia.wikia.com

☐ **trick**　[trik] 명 **묘기**(妙技), 재주; **비결, 책략, 계교**, 속임수 형 교묘한 동 속임수를 쓰다
☜ 고대 프랑스어로 '사람의 눈을 속임'이란 뜻
♠ He got the money from me by **a trick**. 그는 내게서 돈을 **사취**했다
♠ **play a trick on ~ ~에게 장난을 하다; ~을 속이다**
☐ **trick**ery　[tríkəri] 명 속임수, 간계 ☜ trick + ery<명접>
☐ **trick**y　[tríki] 형 (-<-k**ier**-k**iest**) 속이는, 교활한 ☜ trick + y<형접>
■ in**tric**ate　[íntrəkit] 형 **얽힌**; 복잡한(=complicated)

T

☜ 복잡한(tric) 것 안으로(in) 들어가게 하다(ate<동접>)

■ **treach**ery [trétʃəri] ⓜ **배반**, 반역; 변절; 반역〔불신〕 행위
☜ 고대 프랑스어로 '속이는(treach) 것(ery<명접>)'이란 뜻

트리클 다운 이론(理論) trickle-down theory (낙수효과 이론)

© post.naver.com/pmg_books

대기업에 대한 감세 등으로 기업의 성장을 촉진하면 덩달아 중소기업과 소비자에게도 혜택이 돌아가 총체적으로 경기를 활성화시키게 된다는 경제 이론. 말 그대로 '넘쳐흐르는 물이 바닥을 적신다'는 뜻이다. 1980년대 미국 공화당의 로널드 레이건 및 조지 부시 대통령 시기에 채택한 경제정책이다. 그러나 이 정책은 낙수 대신 오히려 양극화만 키웠다는 비판도 만만치 않다. 1993년 민주당 클린턴 행정부가 들어서면서 폐지되었다.

□ **trickle** [tríkəl] ⓢ **똑똑 떨어지다**; 졸졸 흐르다
☜ 중세영어로 '흐르다, 움직이다'란 뜻
♠ **tears trickle down 눈물이 떨어지다**

□ **trickl**y [tríkli] ⓗ (-<-kl**ier**<-kl**iest**) 똑똑 떨어지는, 졸졸 흐르는 ☜ trickle + y<형접>

※ **down** [daun/다운] ⓟ **아래로, 하류로, 밑으로** ☜ 고대영어로 '아래로, 언덕에서'란 뜻

※ **theor**y [θíːəri/**띠**어뤼/**씨**어뤼] ⓜ **학설**, 설(說), 논(論), (학문상의) 법칙; **이론**
☜ 그리스어로 '보는 것, 성찰'이란 뜻

연상 트리플 플레이(triple play.[야구] 3중살)는 절대 트라이플(trifle.시시한 것)이 아니다.

♣ 어원 : tri, tra, tre, tro, three 3, 삼, 셋

■ **tri**ple [trípəl] ⓗ **3배[3중]의**; 『국제법』 삼자간의 ⓜ 3배의 수〔양〕
ⓢ 3배〔3중〕로 하다 ☜ tri + ple<fold(접다, 포개다; 주름)

■ **tri**ple play 『야구』 **트리플 플레이**, 삼중살(三重殺)
☜ 『야구』 (한꺼번에) 3명을(triple) 죽이는 놀이/경기(play)
비교 double play 더블 플레이 ☜ 『야구』 (한꺼번에) 2명을(double) 죽이는 플레이(play)

□ **tri**fle [tráifəl] ⓜ **하찮은[시시한] 것**; 소량; **트라이플** 《영국의 대표적인 디저트》
ⓢ 농담을 하다 ☜ 프랑스어로 '사소한 것, 중요하지 않은 것'이란 뜻
♠ **waste time** on trifles 하찮은 일에 **시간을 낭비하다.**
♠ **trifle with ~ ~을 가지고 놀다, 소홀히 다루다, 우습게 보다**

□ **tri**fling [tráifliŋ] ⓗ **하찮은**, 시시한 ☜ trifle + ing<형접>

트리거 trigger (사건을 유발한 계기나 도화선. <방아쇠>란 뜻)

□ **trig**ger [trígər] ⓜ (총의) **방아쇠**; 제동기 ⓢ (방아쇠를 당겨서) 쏘다
☜ 네덜란드어로 '당기다'란 뜻
♠ pull 〔press〕 **the trigger 방아쇠**를 당기다

■ hair **trig**ger (총의) 촉발 방아쇠; 민감한 반응 ☜ 근대영어로 '가벼운 압력〔접촉〕으로 작동되다'란 뜻

□ **trigonometry**(삼각법), **trilingual**(세 나라 말을 하는) ➔ **tribute**(공물) **참조**

스릴 thrill (공포나 쾌감 등으로 오싹한 전율)

■ **thrill** [θril] ⓜ **스릴**, 부르르 떨림, **전율** ⓢ **오싹하다; 감동[감격]시키다**
☜ 고대영어로 '구멍을 뚫다'란 뜻

□ **trill** [tril] ⓜ **떨리는 목소리**; 『음악』 **트릴**, 떤음《기호 tr., tr》; (새의) 지저귐 ⓢ 떨리는 목소리로 말하다〔노래하다〕, 트릴로 연주하다 ☜ 이탈리아어로 '떨다, 떨리다'란 뜻
♠ **trill** the r 알(r)을 **떨리게 발음하다**.

※ **drill** [dril] ⓜ **송곳**, 천공기, 착암기, 드릴; 엄격한 훈련〔연습〕
ⓢ 구멍을 뚫다; **반복 연습시켜 가르치다** ☜ 네덜란드어로 '구멍을 뚫는 도구'란 뜻

T

□ **trillion**(1조) ➔ **tribute**(공물) **참조**

트리밍 trimming ([사진] 불필요한 부분을 제거하여 조정하는 일)

□ **trim** [trim] ⓢ 정돈하다, 손질하다; **다듬다; 장비하다; 장식하다** ⓜ 정돈; 몸차림; (배·항공기의) 균형; 손질 ⓗ **산뜻한** ☜ 고대영어로 '바로잡다, 다듬다'라는 뜻
♠ **trim** one's nails 손톱〔발톱〕**을 깎다**.

□ **trim**ming [trímiŋ] ⓜ **정돈**, 말끔하게 함, 다듬질; 깎아 다듬기, 손질; 『사진』 **트리밍**
☜ trim + m<단모음+단자음+자음반복> + ing<형접>

□ **trim**ly [trímli] ⓟ 정연〔말쑥〕하게 ☜ trim + ly<부접>

트리니다드토바고 Trinidad and Tobago (서인도 제도의 독립국)

♣ 어원 : tri, tra, tre, tro, three 3, 삼, 셋

☐ **Trinidad and Tobago** **트리니다드토바고** 《남미 베네수엘라 동쪽에 있는 영연방내의 독립국; 수도는 Port-of-Spain》
☜ 스페인어로 '삼위일체(Trinidad)' 및(and) '담배(Tobago)'란 뜻
★ 2개의 섬(트리니다드섬과 토바고섬)으로 이루어진 영연방 독립국

☐ **Tri**nity [tríniti] 명 (the ~) 〖기독교〗 **삼위일체** 《성부・성자・성령을 일체로 봄》 ☜ 라틴어로 '3개 한 벌'이란 뜻

☐ **tri**o [tríːou] 명 (pl. **-s**) 〖음악〗 **트리오**, 삼중주(곡, 단(團)); 삼중창(곡, 단); 3인조
☜ tri + duo를 본 딴 형태

☐ **tri**ple [trípəl] 형 **3배[3중]의**; 〖국제법〗 삼자간의 명 3배의 수〔양〕 동 3배〔3중〕로 하다
☜ tri + ple<fold(접다, 포개다; 주름)
♠ The number of cars will **triple** in 10 years.
자동차 수는 10년 내에 **3배**가 될 것이다.

☐ **tri**ple play 〖야구〗 **트리플 플레이**, 삼중살(三重殺)
☜ 〖야구〗 (한꺼번에) 3명을(triple) 죽이는 플레이(play)

☐ **tri**pod [tráipɑd/-pɔd] 명 삼각대, 삼각(三脚) 걸상〔탁자〕 형 삼각의
☜ 3개(tri)의 발(pod)이 있는

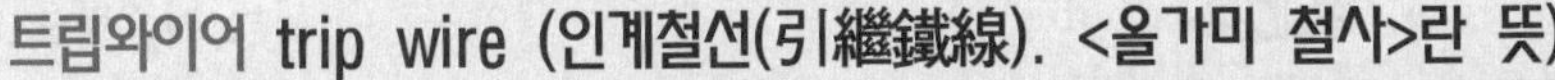

트립와이어 trip wire (인계철선(引繼鐵線). <올가미 철사>란 뜻)

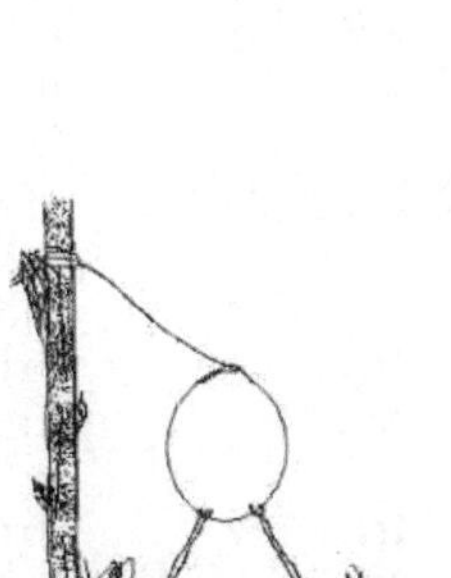

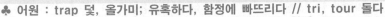

인계철선은 클레이모어 등 폭발물과 연결되어 건드리면 자동으로 폭발하는 가느다란 철선을 말한다. 주로 적이 인계철선을 건드리면 조명탄이나 신호탄이 터져 적의 침입을 바로 알 수 있도록 하기 위해 설치된다. 우리나라에서는 북한군의 주요 예상 남침로인 한강 이북 중서부 전선에 주한 미군 2사단이 집중 배치돼 한반도 유사시 미군의 자동개입을 보장할 수 있다는 의미로 사용된다. <출처 : 시사상식사전 / 일부인용>

♣ 어원 : trap 덫, 올가미; 유혹하다, 함정에 빠뜨리다 // tri, tour 돌다

■ **trap** [træp] 명 (용수철 식의) 올가미, **덫, 함정**; (하수도 상승가스 방지를 위한) U자 관(管); 사닥다리 동 **덫으로 잡다**, 덫을 놓다 ☜ 중세영어로 '포획하다'란 뜻

■ booby **trap** 〖군사〗 **부비트랩**, 위장 폭탄 《은폐된 폭발물 장치》; 《미.속어》 음모, 모략, 함정
☜ 바보/얼간이(booby) 덫(trap)
★ 부비트랩은 건드리면 폭발하도록 만든 간단한 장치이다.

☐ **trip** [trip/츠립] 명 (짧은) **여행; 헛디딤; 경쾌한 걸음걸이** 동 **걸려 넘어지다; 경쾌한 걸음걸이로 걷다[춤추다]** ☜ 고대 프랑스어로 '주변을 뛰어다니다'란 뜻
♠ **a weekend trip 주말의 짧은 여행**

☐ **trip**ping [trípiŋ] 형 걸려 넘어지게 하는; 경쾌하게 걷는〔움직이는〕, 발걸음이 가벼운
☜ trip + p<단모음+단자음+자음반복> + ing<형접>

☐ **trip** wire **트립와이어**, 올가미 철사; 지뢰선 ☜ wire(철사, 전선)

☐ **triple**(3배의, 3중의), **tripod**(삼각대) ➔ **trio**(트리오, 삼중주) **참조**

섹션 TV section TV (MBC 주간 연예정보 프로그램), 섹터 sector (분야, 영역), 섹스 sex (성(性))

♣ 어원 : sec(t), sex 자르다; 나누다; 따로 떼어내다

■ **sect** [sekt] 명 **분파**, 종파; 당파; 학파
☜ 고대 프랑스어로 '종교적인 공동체, 종파'라는 뜻

■ **sect**ion [sékʃən/**섹**션] 명 **부분**; 절단, 분할; 단면도; (문장의) **절** 동 구분하다 ☜ 자른(sect) 것(ion<명접>)

■ **sect**or [séktər] 명 **부문**, 분야, 영역; 부채꼴 ☜ sect + or<명접>

☐ tri**sect** [traisékt] 동 삼분하다, 셋으로 자르다; 〖수학〗 3등분하다
☜ 셋으로(tri) 자르다(sect)
♠ **a method to trisect ~ ~을 삼등분하는 방법**

☐ tri**sect**ion [traisékʃən] 명 삼분(三分); 〖수학〗 3등분 ☜ -ion<명접>

SECTOR

✚ bi**sect** 양분하다, 갈라지다 in**sect** **곤충, 벌레** inter**sect** **가로지르다**, 교차하다 dis**sect** **해부[절개(切開)]하다**, 분석하다 **sex** **성**(性), 성별; 성행위; 성적인; 암수를 감별하다

연상 ▶ 트럼프(Trump) 대통령이 트럼프(trump.으뜸패) 카드를 내놓다

※ **Trump** [trʌmp] 명 **트럼프** 《Donald John ~, 미국의 제45대 대통령, 공화당. 펜실베이니아

대학교 와튼스쿨, 포드햄대학교 학사; 2013년 포브스 세계에서 가장 영향력 있는 유명인사 100인; 1946~》

■ **trump** [trʌmp] [명] (카드놀이의) **으뜸패**; (종종 pl.) 으뜸패의 한 벌 [동] 으뜸패를 내놓다 ☜ triumph(승리)의 변형

□ **triumph** [tráiəmf] [명] **승리**, 정복; 《고대 로마》 개선식 [동] **성공하다, 이기다** ☜ 그리스어로 '주신(酒神) 디오니소스(Dionysus)에 대한 찬가(讚歌)'란 뜻
♠ **win a triumph** over one's enemy 적을 누르고 **승리를 거두다**

□ **triumph**al [traiʌ́mfəl] [형] 개선의, 승리의 ☜ triumph + al<형접>

□ **triumph**ant [traiʌ́mfənt] [형] **승리를 거둔**, 성공한; **의기양양한** ☜ triumph + ant<형접>
♠ **a triumphant general 개선 장군**

□ **triumph**antly [traiʌ́mfəntli] [부] 의기(득의)양양하여, 우쭐하여 ☜ triumphant + ly<부접>
♠ **in triumph 의기양양하여**

■ **trophy** [tróufi] [명] (pl. -ph**ies**) **전리품**, 전승 기념품; (경기 등의) **트로피**, 상품, 우승배 ☜ 그리스어로 '적의 패배 기념비'란 뜻

트리플 플레이 triple play ([야구] 3명을 한꺼번에 죽이는 3중살)

♣ **어원 : tri, tra, tre, tro, three 3, 삼, 셋**

■ **tri**ple [trípəl] [형] **3배[3중]의**; 『국제법』 삼자간의 [명] 3배의 수(양) [동] 3배(3중)로 하다 ☜ tri + ple<fold(접다, 포개다; 주름)

■ **tri**ple play 『야구』 **트리플 플레이**, 삼중살(三重殺) ☜ 『야구』 (한꺼번에) 3명을(triple) 죽이는 놀이/경기(play) [비교] **double play** 더블 플레이 ☜ 『야구』 (한꺼번에) 2명을(double) 죽이는 놀이/경기(play)

□ **tri**via [tríviə] [명] [때로 단수취급] 하찮은(사소한) 것(일) ☜ 라틴어로 '세 갈래(tri) 길(via)'

□ **tri**vial [tríviəl] [형] **하찮은**, 사소한; 진부한 [명] (보통 pl.) 하찮은 일 ☜ 라틴어로 '세 도로가 만나는 곳, 즉 흔히 있는 일'이란 뜻

□ **tri**viality [trìviǽləti] [명] 사소한 일(물건), 하찮음 ☜ trivial + ity<명접>

□ **tri**vialization [trìviələzéiʃən/-lai-] [명] 왜소화; 평범화, 일반화 ☜ trivial + ize<동접> + ation<명접>

□ **tri**vialize [tríviəlàiz] [동] 하찮게 하다, 평범화하다 ☜ trivial + ize<동접>

트로이카 troika (러시아식 3두 마차)

□ **troi**ka [trɔ́ikə] [명] 《러》 **트로이카** 《러시아의 3두 마차·썰매》; 3두제; 3인조 ☜러시아어로 '3'이란 뜻

■ **tri**o [tríːou] [명] (pl. **-s**) 『음악』 **트리오**, 삼중주(곡, 단(團)); 삼중창(곡, 단); 3인조 ☜ tri(3) + duo(2)를 본 딴 형태

롤러스케이트 roller skate (바퀴달린 스케이트화)

♣ **어원 : roll 바퀴; 돌다, 돌리다, 구르다, 감다; 이리저리 거닐다, 산책하다**

■ **roll** [roul/로울] [동] **구르다**, 굴러가다; (땅이) **기복하다**; (천둥·북 등이) **쿵쿵 울리다**, (북 등을) **치다** [명] 두루마리; 문서 ☜ 라틴어로 '바퀴'란 뜻

■ **roll**er skate (보통 pl.) **롤러 스케이트**화 ☜ skate(스케이트, 스케이트화)

□ t**roll** [troul] [명] 돌림노래; 회전; 견지낚시 [동] 돌림노래하다; 명랑하게(낭랑하게) 노래하다 ☜ 중세영어로 '어슬렁거리다, 산책하다(=stroll)'란 뜻.
♠ **troll a poem 시를 낭낭하게 읽다**

✚ en**rol(l) 등록하다**, (이름을) **명부에 올리다** sc**roll** 두루마리(책); 『컴퓨터』 **스크롤** 《컴퓨터 화면을 위 아래 또는 좌우로 이동시키는 것》 st**roll 한가로이 거닐다**, 산책하다; 이리저리 거닐기, 산책

T

트롤리 trolley (전차(電車) 위의 공중에 가설된 전선에 닿는 쇠바퀴)

트롤리 버스는 동력을 공급하는 전기선이 공중에 있고 바퀴로 움직이는 버스를 말하며, 공중 전기선과 지상 궤도가 있으면 전차(<미> trolley car, <미> street car, <영> tram), 지하에서 운행하면 지하철(<영> the underground, the tube, <미> subway, <특히 파리의> Metro)이다.

© fstm.org

□ **trolley** [trάli/trɔ́li] [명] (pl. **-s**) 《영》 손수레, 광차(鑛車); **고가 수송 활차**(高架輸送滑車) ☜ 19세기 영국 잉글랜드 남동부의 서퍽(Suffolk) 방언으로 '2륜 짐마차, 손수레'란 뜻
♠ **a shopping trolley 쇼핑 카트**(손수레)

□ **trolley** bus **트롤리 버스**, 무궤도 버스 ☜ bus(버스)

□ **trolley** wire **트롤리 와이어**, (전차의) 가공선(架空線) ☜ wire(철사, 전선)

슈퍼트루퍼 Super Trooper ([공군] CN-235M 중형 수송기. <최고의 수송선>)

※ **super** [sú:pər/**쑤**-퍼/sjú:pər/**슈**-퍼] ⓜ 단역(端役), 엑스트라(배우) ⓗ 《구어》 **최고(급)의**, 극상의, **특대의**; 초고성능의
☜ 라틴어로 '(평범함) 이상의; 훌륭한'이란 뜻

□ **troop** [tru:p/츠루웊] ⓜ **대**(隊), 떼, 무리; (보통 pl.) **군대,** 병력 ⓢ **떼를 짓다** ☜ 프랑스어로 '군중'이란 뜻
♠ **regular** (land) **troops 상비**(지상)**군**
★ 200 troops는 '병력 200명'이란 뜻

□ **troop**er [trú:pər] ⓜ 《미》 낙하산병; 기병(騎兵); 기마 경관, 《영》 군대 수송선; 기동 경찰대원
☜ 무리/병력(troop)의 일원(er)

■ para**troop**s [pǽrətrù:p] ⓜ (pl.) 【군사】 낙하산 부대; [집합적] 낙하산병
☜ **para**chute(낙하산) + **troop** + **s**<복수>

□ **trophy**(트로피) ➔ **triumph**(승리) **참조**

연상 ▸ 그는 우승 트로피(trophy)를 트로픽(tropic.회귀선)을 지날 때 버렸다.

♣ **어원 : tro, trop 돌다, 회전하다, 선회하다(=turn)**

□ **trophy** [tróufi] ⓜ (pl. **-phies**) **전리품**, 전승 기념품; (경기 등의) **트로피**, 상품, 우승배 ☜ 그리스어로 '적의 패배 기념비'란 뜻

□ **trop**ic [trάpik/trɔ́p-] ⓜ **회귀선**(回歸線); 하지(동지)선; (the ~s) 열대(지방) ⓗ 열대(지방)의 ☜ 그리스어로 '회전하는'이란 뜻
★ 회귀선이란 태양이 북위 23°27'(북회귀선)~남위 23°27'(남회귀선)사이를 돌면서 1년에 한 번씩 제 위치로 돌아오는 선이란 뜻이다. 태양이 6월 하순(하지)에는 북회귀선상에, 12월 하순(동지)일 때는 남회귀선 상의 직상공에 위치하게 된다. 북회귀선과 남회귀선 사이 지역을 열대지역이라고 한다.
♠ **the Tropic** of Cancer (Capricorn) 북(남)**회귀선**
☜ Cancer([천문] 게자리), Capricorn([천문] 염소자리)

□ **trop**ical [trάpikəl/trɔ́p-] ⓗ **열대(지방)의**, 열대산의; 열대성의; 몹시 더운; 열렬한
☜ tropic + al<형접>
♠ **tropical** climates **열대성** 기후

□ **trop**ical cyclone 열대 저기압 ☜ cyclone(큰 회오리바람; 인도양 방면의 폭풍우, 사이클론)

□ **trop**ical fish 열대어 ☜ fish(물고기)

□ **trop**ical night 열대야 ☜ night(밤). 열대야는 밤 기온이 25도 이상일 경우를 말함.

□ **trout** [traut] ⓜ (pl. **-s**, [집합적] **-**) 【어류】 **송어** ⓢ 송어를 잡다 ☜ 초기인도유럽어로 '돌아오는 것'이란 뜻. 송어는 모천 회귀성을 지니고 있어서 바다에서 2~3년 지낸 뒤 유어 때 살던 하천으로 되돌아간다.
♠ raise **trout 송어**를 양식하다

트로트 trot (4/4, 2/4박자를 기본으로 하는 한국 대중가요의 한 장르)

한국의 대중가요라 하면 흔히 '트로트'를 말하는데 이는 짧고 빠르며 활발한 스텝의 무곡인 fox-trot에서 유래하지 않았나 싶다. 서양인들에게 우리식 트로트를 말하면 알아듣지 못한다. 서양에서는 fox-trot이라는 사교댄스 용어로만 남아 있을 뿐 노래용어로는 쓰지 않는다. 일본에서는 대중가요를 '엔카'라고 부른다.

□ **trot** [trαt/trɔt] ⓢ **속보로 가다** ⓜ **빠른 걸음**, 속보 ☜ 고대 프랑스어로 '빠른 걸음'
♠ She **trots about** department store. 그녀는 백화점을 **바쁘게 돌아다닌다**.

■ fox-**trot** [fά:kstrὰ:t/fάkstrὰt] ⓜ 【승마】 완만한 속보; 【댄스】 빠른 스텝, **폭스트롯**; 그 무곡
☜ 여우(fox) 빠른 걸음(trot)

트로츠키 Trotsky (스탈린과 대립하다 암살된 러시아의 혁명가)

□ **Trotsky, -ki** [trάtski/trɔ́ts-] ⓜ **트로츠키** 《Leon ~, 러시아의 혁명 지도자; 1879-1940》
★ 페트로그라드의 소비에트 의장으로서 1917년 11월 혁명 때 무장봉기에 공헌하였으나 레닌 사후 당의 노선을 놓고 스탈린과 대립하다가 추방되었으며, 1940년 멕시코에서 암살됨. 『영구혁명론』을 저술했다.

트루바두르 troubadour (중세 남프랑스 · 북이탈리아 등지서 활약하던 음유시인)

□ **troubadour** [trú:bədɔ̀:r, -dùər] ⓜ 《F.》 **트루바두르** 《11-13세기에 남부 프랑스 · 북부 이탈리아 등지에서 활약하던 서정(抒情)시인 · 기사》;

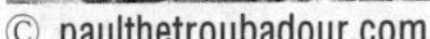
© paulthetroubadour.com

[일반적] 음유시인 ☜ 라틴어로 '노래하는(trouba=sing) 자(dour)'
비교 trouvère 트루베르 《프랑스 북부지방의 음유시인》
★ 트루바두르는 높은 신분의 귀족이면서 전쟁터에서는 용맹한 기사이기도 하여 여성들에게 인기가 높았다고 한다.

트러블 메이커 troublemaker (말썽꾸러기)

☐ **trouble** [trʌ́bəl/츠**뤄**블] 명 **근심**, 걱정, 고민; **고생, 수고; 성가신 사건** 동 **괴롭히다**; 걱정하다; 수고하다; **수고[폐]를 끼치다** ☜ 라틴어로 '흐리게 하다'
♠ Her heart is full of **trouble**. 그녀의 마음은 **근심**으로 가득 차 있다
♠ **get into trouble (일이) 성가시게 되다; 말썽을 일으키다; 벌을 받다**
♠ **have trouble with ~ ~로 고생하다; ~와 옥신각신하다, 불화하다**
♠ **be in trouble 곤경에 빠지다**
♠ **The trouble is (that) ~ 곤란한 것은 ~이다**

☐ **trouble**maker [trʌ́blmèikər] 명 말썽꾸러기 ☜ 성가신 사건(trouble)을 만드는(make) 사람(er)
☐ **trouble**some [trʌ́blsəm] 형 골치 아픈, **귀찮은, 성가신**; 다루기 힘든 ☜ -some<형접>
■ un**trouble**d [ʌntrʌ́bld] 형 마음을 어지럽히지 않은; 조용한, 침착한 ☜ un(=not) + trouble + ed<형접>

연상 그는 터프(tough)하게 돼지 트로프(trough.여물통)를 등에 지고 갔다.

※ **tough** [tʌf] 형 **튼튼한, 강인한; 곤란한**, 힘든 ☜ 고대영어로 '강하고 질진 질감'
☐ **trough** [trɔ(:)f, trɑf] 명 **구유, 여물통**; (빵 따위의) 반죽그릇; 홈통; 물받이 ☜ 고대영어로 '나무 그릇'이란 뜻
♠ **a dough trough (빵집의) 이기는 반죽그릇[사발]** ☜ dough(가루반죽, 굽지 않은 빵)

트라우저스 스커트 trousers skirt (스커트 속에 짧은 바지가 달린 것)

☐ **trouser**s [tráuzərz] 명 (pl.) (남자의) **바지**; (회교국 남녀의) 헐렁바지 ☜ 중세 아일랜드어로 '몸에 꼭 맞는 반바지'란 뜻
★ **바지 한쪽 가랑이를 말할 때는 trouser**
♠ **a pair of trousers 바지 한 벌**
☐ **trouser**(s) pocket 바지주머니 ☜ pocket(포켓, 호주머니)
※ **sk**irt [skəːrt/스꺼-트] 명 **스커트, 치마**; (pl.) 교외, 변두리 동 둘러싸다, 두르다 ☜ 고대영어로 '짧게 잘린 의복', 고대 노르드어로 '치마'란 뜻

☐ **trout**(송어) ➔ **tropic**(회귀선) **참조**

트로이 Troy (터키 서쪽에 있었던 고대 도시)

☐ **Troy** [trɔi] 명 **트로이** 《소아시아의 옛 도시》 ☜ 트로이의 신화적인 창시자인 프리자(Phrygia) 왕의 이름인 트로스(Tros)에서 유래.
★ **호메로스 《일리아스》《오디세이아》에서는 '일리오스'라고 불렸다.**
♠ **the apple of discord 분쟁의 씨** 《Troy 전쟁의 원인이 된 황금의 사과에서》
☐ **Trojan** Horse [the ~] 트로이의 목마 《트로이 전쟁에서 그리스군이 그 속에 병사를 숨겨 놓은》
★ 트로이의 왕자가 스파르타의 왕비를 유괴하여 전쟁이 일어났다. 그리스군이 10년 동안 트로이 성을 포위했으나 함락시키지 못하자 그리스군은 목마를 만들어 그 안에 특공대를 매복시킨 후 거짓으로 퇴각했다. 트로이 사람들은 기뻐하며 목마를 성안으로 들여놓았는데 그날 밤 목마 속의 특공대가 성문을 열어, 성 밖의 그리스 군대가 진입하여 성을 점령했다.

연상 트루먼(Truman) 대통령은 트루언트(truant.게으름뱅이)를 매우 싫어했다.

※ **Truman** [trúːmən] 명 **트루먼** 《Harry S. ~, 미국 제33대 대통령; 1884-1972》 ★ 재임 중(2차대전 중) 일본에 원자폭탄 투하를 결심하였고, 반소·반공을 내세운 '트루먼독트린'을 선포하였으며, '트루먼독트린'의 연장선상에서 전후 유럽부흥계획인 '마셜플랜'을 집행하였다.
☐ **truant** [trúːənt] 명 게으름쟁이; (학교의) **무단결석자** 형 게으름피우는, 무단결석하는 동 무단결석하다 ☜ 고대 프랑스어로 '거지, 부랑자'란 뜻

♠ play truant (학교를) 무단결석하다, 수업을 빼먹다, 땡땡이치다

□ **truce**(휴전) ➔ **true**(진솔한) **참조**

덤프트럭 dump truck (화물투하 경사대가 설치된 트럭)

※ **dump** [dʌmp] ⓢ (쓰레기를) **내버리다**, 쏟아버리다 ⓜ 쓰레기 버리는 곳 ☜ 노르웨이어로 '갑자기 떨어뜨리다'란 뜻

□ **truck** [trʌk/츠뤅] ⓜ **트럭**, 화물 자동차; 교역품 ⓢ 교환(교역)하다 ☜ 그리스어로 '바퀴'라는 뜻

♠ **a 8-ton truck 8톤 트럭**

■ pickup **truck** 《미.구어》 **픽업트럭** 《소형 오픈 트럭》 ☜ pickup (집어 올리는, 집배의)

연상 그는 일이 틀어지면 혼자 틀어지(trudge.터벅터벅 걷다)하는 습관이 있다.

□ **trudge** [trʌdʒ] ⓢ **터벅터벅 걷다** ⓜ 터벅터벅 걸음 ☜ 중세영어로 '힘들게 걷다'란 뜻

♠ He **trudged** wearily along the path.
그는 오솔길을 맥없이 **터벅터벅 걸어갔다**.

트루라이즈 True Lies (미국 액션 코미디 영화. <순수한 거짓말>)

1994년 개봉한 미국의 액션 코미디 영화. 아놀드 슈왈제네거, 제이미 리 커티스 주연. 컴퓨터 회사 판매담당인 남편에게 싫증이 난 아내가 가짜 첩보원과의 비밀스런 만남을 즐기지만 남편이야 말로 진짜 첩보원이었던 것. 가족까지 철저히 속이고 비밀임무 수행에 매진해온 남편이지만 질투에 눈이 멀어 아내와 테러범들의 인질신세가 되고 마는데...

© 20th Century Fox

□ **true** [truː/츠루-] ⓗ **진실한, 사실의** ☜ 고대영어로 '성실한, 정직한'

♠ **a true story 실화**

♠ **be true of ~ ~이 사실이다, 해당되다**

♠ **come true (예언 따위가) 실현되다, 들어맞다**

♠ **It is true that ~, but ~이 사실이지만**

□ **tru**ly [trúːli] ⓟ 참으로, **진실로; 충실히** ☜ true + ly<부접>

□ **truce** [truːs] ⓜ **휴전**(협정); 휴지, 중단 ⓢ 휴전하다 ☜ 고대 독일어로 '믿음'이란 뜻

♠ **conclude a truce with ~ ~와 정전 협정을 맺다.**

■ un**true** [əntrú] ⓗ **진실이 아닌**, 허위의; **충실[성실]하지 않은** ☜ un(=not) + true

※ **lie** [lai/라이] ⓜ **거짓말** ⓢ (-/lie**d**/lie**d**) **거짓말하다;** ☜ 고대영어로 '배신하다, 속이다'란 뜻.
(-/**lay**/**lain**) **드러눕다, 누워있다** ☜ 고대영어로 '드러눕다, 쉬고 있다'란 뜻

트루먼 Truman (일본에 원폭투하와 한국전쟁에 미군개입을 결심한 미국 대통령)

□ **Truman** [trúːmən] ⓜ **트루먼** 《Harry S. ~, 미국 제33대 대통령; 1884-1972》
★ 재임 중(2차대전 중) 일본에 원자폭탄 투하를 결심하였고, 반소·반공을 내세운 '트루먼독트린'을 선포하였으며, '트루먼독트린'의 연장선상에서 전후 유럽부흥계획인 '마셜플랜'을 집행하였다.

연상 트럼프(Trump) 대통령이 트럼프(trump.으뜸패)로 판을 휩쓸었다

□ **Trump** [trʌmp] ⓜ **트럼프** 《Donald John ~, 미국의 제45대 대통령, 공화당. 펜실베이니아대학교 와튼스쿨, 포드햄대학교 학사; 2013년 포브스 세계에서 가장 영향력 있는 유명인사 100인; 1946~》

□ **trump** [trʌmp] ⓜ (카드놀이의) **으뜸패**; (종종 pl.) 으뜸패의 한 벌; 나팔소리 ⓢ 으뜸패를 내놓다 ☜ triumph(승리)의 변형

♠ I **played a trump** and won the trick. 나는 **으뜸패를 내어** 그 판을 이겼다.

■ **triumph** [tráiəmf] ⓜ **승리**, 정복; 《고대 로마》 개선식 ⓢ **성공하다, 이기다** ☜ 그리스어로 '주신(酒神) 디오니소스(Dionysus)에 대한 찬가(讚歌)'란 뜻

■ **trophy** [tróufi] ⓜ (pl. -ph**ies**) **전리품**, 전승 기념품; (경기 등의) **트로피**, 상품, 우승배 ☜ 그리스어로 '적의 패배 기념비'란 뜻

트럼펫 trumpet (화려하고 밝은 음색을 지닌 금관악기)

□ **trump**et [trʌ́mpit] ⓜ 【음악】 **트럼펫**, 나팔 ⓢ 나팔을 불다

T

☜ 고대 프랑스어로 '나팔'이란 뜻
♠ blow a **trumpet 트럼펫**을 불다

☐ **trump**eter　[trʌ́mpitər] 명 나팔수; 트럼펫 부는 사람 ☜ trumpet + er(사람)

☐ **trump**　[trʌmp] 명 《고어·시어》 나팔; 나팔 소리　동 나팔을 불다, 나팔로 알리다
☜ 고대 프랑스어로 '긴 튜브 모양의 바람 악기'란 뜻
♠ **the last trump 〖성서〗 최후의 날의 나팔, 최후의 심판일**

트렁크 trunk (❶ 여행용 가방　❷ 자동차의 짐칸)

☐ **trunk**　[trʌŋk] 명 (나무의) **줄기**; 몸뚱이; 본체; (철도 등의) 간선; **트렁크, 여행용 큰 가방**; 《미》 **자동차의 짐칸**, 트렁크(《영》 boot)
☜ 라틴어로 '나무의 줄기', '인간의 몸통'이란 뜻
♠ **open** (close) **the trunk 트렁크를 열다**(닫다)

트루라이즈 True Lies (미국 액션 코미디 영화. <순수한 거짓말>)

1994년 개봉한 미국의 액션 코미디 영화. 아놀드 슈왈제네거, 제이미 리 커티스 주연. 컴퓨터 회사 판매담당인 남편에게 싫증이 난 아내가 가짜 첩보원과의 비밀스런 만남을 즐기지만 남편이야 말로 진짜 첩보원이었던 것. 가족까지 철저히 속이고 비밀임무 수행에 매진해온 남편이지만 질투에 눈이 멀어 아내와 테러범들의 인질신세가 되고 마는데...

© 20th Century Fox

■ **true**　[truː/트루-] 형 **진실한, 사실의** ☜ 고대영어로 '성실한, 정직한'

☐ **trust**　[trʌst/트뤄스트] 명 **신뢰, 믿음**; 책임; 위탁; 〖경제〗 **트러스트**, 기업합동　동 **신뢰[신임, 신용]하다; 맡기다**
☜ 고대영어로 '믿다, 신뢰하다'란 뜻
♠ **my trust in him 그에 대한 나의 신뢰**

☐ **trust**ee　[trʌstíː] 명 〖법률〗 **피신탁인**, 수탁자; 보관인
☜ trust(신뢰하다) + ee(수동적 입장의 사람)

☐ **trust**ful　[trʌ́stfəl] 형 믿는, 신뢰하는 ☜ 신뢰(trust)가 가득한(ful)

☐ **trust**ing　[trʌ́stiŋ] 형 **믿(고 있)는**, (신뢰하여) 사람을 의심치 않는, 신용하는 ☜ -ing<형접>

☐ **trust**worthy　[trʌ́stwə̀ːrði] 형 **신용[신뢰]할 수 있는**, 확실한, 믿을 수 있는
☜ 믿을(trust) 가치가(worth) 있는(y<형접>)

☐ **trust**y　[trʌ́sti] 형 (-<-t**ier**<-t**iest**) = trustworthy　명 **신뢰할 만한 사람**; 모범수
☜ trust + y<형접/명접>

☐ **truth**　[truːθ/트루-쓰] 명 (pl. **-s** [-ðz, -θs]) **진리**, 진실, **성실** ☜ true + th<명접>
♠ **in truth 실제로는, 실은, 실로**
♠ **to tell the truth 사실을 말하(자)면, 실은**

☐ **truth**ful　[trúːθfəl] 형 **성실한, 참된** ☜ truth + ful(~이 가득한)

☐ **truth**fully　[trúːθfəli] 부 성실히, 진실하게 ☜ truthful + ly<부접>

☐ **truth**fulness　[trúːθfəlnis] 명 **성실, 진실** ☜ truthful + ness<명접>

■ **troth**　[trɔːθ, trouθ] 명 진실, 충성; 약혼 ☜ tro<true) + th<명접>

■ be**troth**　[bitrɔ́ːθ, -tróuð] 동 **약혼시키다**, 약혼하다 ☜ 약혼(troth) 하다(be)

※ **lie**　[lai/라이] 명 **거짓말**　동 (-/lie**d**/lie**d**) **거짓말하다;** ☜ 고대영어로 '배신하다, 속이다' (-/**lay**/**lain**) **드러눕다, 누워있다** ☜ 고대영어로 '드러눕다, 쉬고 있다'란 뜻

트라이얼 버전 trial version (시험버전, 소프트웨어 체험판)

소프트웨어 개발 업체가 사용자로 하여금 제품을 구매하기 전에 해당 프로그램을 미리 사용해 볼 수 있도록 제작한 소프트웨어 배포 버전으로 상업적 목적으로 이용할 수 없다. 셰어웨어는 대부분의 기능은 사용할 수 있고 특수한 일부 기능에 대해 사용 제한을 둔 반면, 트라이얼 버전은 기본적인 일부 기능만을 사용할 수 있도록 만들었다는 점에서 차이가 있다. <출처 : 시사상식사전 / 일부인용>

■ **tri**al　[tráiəl/츠롸이얼] 명 〖법률〗 **공판**, 재판; 시련; **시도, 시험**
☜ 고대 프랑스어로 '주워 담다(try + al<명접>'란 뜻

■ mis**trial**　[mistráiəl] 명 〖법률〗 오심(誤審); 무효 재판(심리) 《절차상의 과오에 의한》; 《미》 미결정 심리 《배심원의 의견 불일치에 의한》 ☜ 잘못된(mis) 재판(trial)

■ re**trial**　[riːtráiəl] 명 〖법률〗 재심; 재시험; 재실험 ☜ 다시(re)하는 재판(trial)

☐ **try**　[trai/츠롸이] 동 (-/tr**ied**/tr**ied**) **시도하다, 시험하다; 해보다, 노력하다**; 〖법률〗 심문(심리)하다; 재판하다; 시련을 주다　명 (pl. **tries**) **시험**, 시도, **해보기**, 노력; 〖럭비〗 **트라이** ☜ 고대 프랑스어로 '주워 올리다'란 뜻
♠ I don't know **if I can come** but I'll try.
내가 올 수 있을지 모르겠지만 노력은 해 볼게.

T

♠ **try ~ing (시험 삼아) ~해보다, 시도하다**
♠ **try on (시험 삼아) 입어보다**
♠ **try one's best 최선을 다하다**
♠ **try out 엄밀히 시험하다, 철저히 해보다**
♠ **try to~ ~하려고 노력하다**
♠ **give a try to ~ ~을 시도하다, 시험해보다**

☐ **tri**ed — [traid] ⓗ 노력한, ~하려고 한, 먹어본, 입어본; 시험해 본, 믿을 수 있는
☜ try의 과거분사 ➔ 형용사

☐ **try**ing — [tráiiŋ] ⓗ **견디기 어려운**, 괴로운, 고된; 화나는; 성미 까다로운; 발칙한
☜ 시련을 주다(try) + ing<형접>

☐ **try**out — [trάiàut] 예선(경기), (스포츠의) 적격시험, 적성검사
☜ 완전히/철저히(out) 검사하는 시험(try)

※ **vers**ion — [vǝ́:rʒǝn, -ʃǝn] ⓜ **번역**, 변형; **판**(版), **버전** ☜ 바꾸(vers) 기(ion)

튜브 tube (❶ [자동차] 바퀴 안에 있는 고무관 ❷ 파이프)

☐ **tube** — [tju:b] ⓜ (액체 등을 넣는) **관**(管), **통**; (관악기의) 관, 몸통; (그림물감 · 치약 등의) **튜브**; (타이어의) **튜브** ☜ 라틴어로 '통(桶), 관(管)'이란 뜻 ★ 해수욕장에서 타고 노는 튜브는 (swimming) float이라고 한다.
♠ **a test tube 시험관**

■ You**Tube** — **유튜브** 《미국의 구글사(社)가 운영하는 인터넷 무료 동영상 공유 서비스》
☜ 당신(You)의 텔레비전(tube). tube에는 텔레비전이란 뜻도 있다.

☐ **tube**less — [tjú:blis] ⓗ 튜브〔관〕 없는 ☜ -less(~이 없는)

☐ **tub** — [tʌb] ⓜ **통**, 물통; 목욕통 ☜ 고대 고지(高地) 독일어로 '포도주 용기'란 뜻
♠ **Every tub must stand on its own bottom.** *모든 통은 바닥 위에 세워야 한다.* ➔ **《속담》 사람은 누구나 제 힘으로 살아야 한다.**

■ bath**tub** — [bǽθtǝ̀b] ⓜ 욕조, 목욕통 ☜ bath(목욕)

■ wash-**tub** — [wάʃtǝ̀b, wɔ́:ʃ-/wɔ́ʃ-] ⓜ 세탁용 대야, 빨래통 ☜ wash(세탁; 씻다)

튜버클 tubercle ([금속] 철강의 녹이 혹의 형태로 부풀어 오른 것)

♣ **어원 : tuber 응어리, 덩어리, 부풀어 오른 것, 혹, 종기**

☐ **tuber**cle — [tjú:bǝrkǝl] ⓜ 〖식물〗 소결절; 〖해부〗 작은 혹; 〖의학〗 결절, 결핵 결절 ☜ 라틴어로 '부풀어 오른(tuber) 것(cle)

☐ **tuber**cled — [tjú:bǝrkǝld] ⓗ 결절이 생긴〔있는〕 ☜ tubercle + ed<형접>

☐ **tuber**culosis — [tjubǝ̀:rkjǝlóusis] ⓜ (pl. **-ses** [-si:z]) 〖의학〗 **결핵**(병) 《생략: T.B., TB》, 《특히》 폐결핵(pulmonary ~)
☜ 부풀어 오른(tuber) 것(cul<cle) + ~병(病)/~증(症)(osis)
♠ **tuberculosis bacilli 결핵균**
♠ **get 〔acquire〕 tuberculosis 결핵에 걸리다**

연상 ▶ 그는 트럭(truck.화물차) 짐칸에 씌워진 포장을 턱(tuck.걷어올리다)했다.

※ **truck** — [trʌk/츄뤅] ⓜ **트럭**, 화물 자동차; 교역품 ⓢ 교환〔교역〕하다
☜ 그리스어로 '바퀴'라는 뜻

☐ **tuck** — [tʌk] ⓢ (옷자락 · 소매 등을) **걷어 올리다; 덮다, 감싸다**
ⓜ (옷의) 단, 주름겹단, **접어올려 시친[꿰맨] 단** ☜ 고대영어로 '당기다'란 뜻
♠ He **tucked up** his shirt-sleeves. 그는 셔츠 소매를 **걷어 올렸다.**
♠ **tuck** the child **up** in bed 아이에게 이불을 **덮어 주다**.

티우 Tiu, Tiw (북유럽 튜튼족의 전쟁 신(神))

© thenorsegods.com

■ **Tiu, Tiw** — [tí:u:/tí:u:] ⓜ **티우** 《게르만 신화의 하늘 및 전쟁의 신》

■ **Tyr(r), Tyw** — [tiǝr] ⓜ 〖북유럽신화〗 **티르** 《Odin의 아들로 전쟁과 승리의 신》

☐ **Tue**sday — [tjú:zdei/**튜**-스데이, -di] ⓜ **화요일** 《생략: Tue., Tues.》
ⓟ 《구어》 화요일에 ☜ 고대영어로 '티우신(Tiu) 의(s) 날(day)'
♠ **every Tuesday 매주 화요일**
★ 요일은 신들의 이름을 따서 지었다. 일요일(Sunday)은 태양(sun)을 숭배하는 날, 월요일(Monday)은 달(moon)을 숭배하는 날, 화요일(Tuesday)은 전쟁의 신 티우(Tiu)의 날, 수요일(Wednesday)은 폭풍의 신 우딘(Woden)의 날, 목요일(Thursday)은 천둥의 신 토르(Thor)의 날, 금요일(Friday)은 사랑의 신 프라이야(Friya)의

날, 토요일(Saturday)은 농업의 신 새턴(Saturn)의 날이다.

톱텐 top ten (상위 10위권 내에 든 것)

♣ 어원 : top, tip, toff, tuft 꼭대기, 정상

■ **top** [tɑp/탑/tɔp/톱] 명 **정상; 최고; 팽이** 형 **최고의, 첫째의** 동 정상에 오르다 ☜ 고대영어로 '꼭대기'란 뜻

■ **tip** [tip] 명 **끝, 첨단; 팁**, 사례금; 힌트; 경타(輕打) 동 ~에게 팁을 주다; **기울(이)다** ☜ 중세 네덜란드어로 '끝부분'이란 뜻.
꼭대기는 Top=tip이며, 끝부분만 공개하는 것이 tip이고 힌트이다. 끝자락을 가볍게 터치하는 것은 tap=tip이며, 끝부분은 쉽게 구부러진다.

■ **toff** [tɔ(:)f, tɑf] 명 《영.속어》 명사(名士); 멋쟁이; (the ~s) 상류 사회 ☜ tuft의 변형

□ **tuft** [tʌft] 명 (머리칼·깃털·실 따위의) **술, 수실** 《수를 놓는데 쓰는 실》; **수풀** 동 술을 달다, 술로 장식하다 ☜ 고대 노르드어로 '정상, 꼭대기'란 뜻
♠ **a tuft of feathers 더부룩한 깃털 뭉치**
♠ **a tuft of grass 한 무더기의 풀**

※ **ten** [ten/텐] 형 **10의**; 10인〔개〕의; 《막연히》 많은 대 [복수취급] 10인, 10개 명 (수의) **10** ☜ 고대영어로 '10'이란 뜻

터그보트 tugboat (예인선: 다른 선박을 끌거나 미는 선박)

□ **tug** [tʌg] 동 **당기다**, 끌다 명 힘껏 당김; 분투, 노력; 예인선 ☜ 고대영어로 '당기다'란 뜻
♠ **tug** a rope 로프**를 세게 당기다**

□ **tug**boat [tʌ́gbòut] 명 예인선, **터그보트** ☜ 당기는(tug) 배(boat)

튤립 tulip (네덜란드의 상징인 백합과 구근초)

♣ 어원 : tur(b), tul 돌다, 감다, 회전하다(=turn)

□ **tul**ip [tjúːlip] 명 〖식물〗 **튤립**; 그 꽃〔구근〕 ☜ 터키어로 '터번'이란 뜻. 색과 모양이 터번과 닮은 데서.
★ 네덜란드의 상징으로 알려진 튤립의 원산지는 사실 터키다. 16세기 후반 유럽 전역으로 퍼졌는데 튤립의 가치가 급상승하면서 네덜란드에서 투기의 대상이 된데서 네덜란드의 상징이 되었다.
♠ **a tulip root 튤립 뿌리**

■ **turb**an [tə́ːrbən] 명 **터번** 《이슬람교도 남자가 머리에 감는 두건》; 터번식 모자 ☜ 페르시아어로 '감아올린 모자'란 뜻

■ **turb**ine [tə́ːrbin, -bain] 명 〖기계〗 **터빈** ☜ 라틴어로 '회전시키는(turb) 것(ine)'이란 뜻

텀블링 > 덤블링 tumbling (매트에서 하는 공중제비)

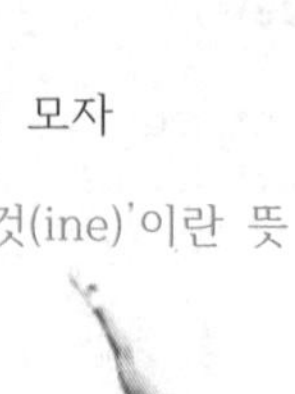

□ **tumb**ling [tʌ́mbliŋ] 명 tumble함; 〖체조〗 **텀블링** ☜ tumble + ing<명접>

□ **tumb**le [tʌ́mbəl] 동 엎어지다, **넘어지다**; 굴러떨어지다; **굴리다: 넘어뜨리다** 명 추락, 전도 ☜ 고대영어로 '뛰어오르다'란 뜻
♠ **tumble down ~ ~에서 굴러 떨어지다**
tumble down the stairs 〔off a horse〕 계단〔말〕**에서 굴러 떨어지다**.

□ **tumb**ler [tʌ́mblər] 명 (굽·손잡이가 없는) 컵, **텀블러**; 그 컵 한 잔; 뒹구는 사람; 공중제비를 하는 사람, 곡예사; 오뚝이 ☜ 구르는(tumble) 사람/것(er) ★ 텀블러는 손잡이가 없어 '구르는'이란 뜻을 가진 (일부 보온기능도 있는) 원통형 컵을 말한다.

T

픽션 fiction (꾸며낸 이야기), 논픽션 nonfiction (사실적 기록)

♣ fic, fac, fy 만들다(= make)

■ **fic**tion [fíkʃən/**픽**션] 명 **소설, 꾸며낸 이야기** ☜ 만들어 낸(fic) 것(tion)

■ non**fic**tion [nʌnfíkʃən] 명 **논픽션**, 소설이 아닌 산문 문학(전기·역사·탐험 기록 등) ☜ 만든 것(fiction)이 아닌(non=not)

■ **fac**tory [fǽktəri/**팩**터리] 명 **공장** ☜ 만드는(fac) 곳(tory<place)

□ tume**fac**tion [tjùːməfǽkʃən] 명 부어오름; 종창(腫脹), 종기 ☜ 부풀어 오르게(tume) 만드는(fac) 것(tion<명접>)

□ tume**fy** [tjúːməfài] 동 부어오르게 하다, 종창(腫脹)시키다, 붓다; 오만해지다 ☜ 부풀어 오르게(tume) 만들다(fy)
♠ **the tumefied face 부어오른 얼굴**

섬네일 thumbnail ([컴퓨터] 페이지 전체의 레이아웃을 검토할 수 있게 페이지 전체를 작게 줄여 화면에 띄운 것. <엄지손톱>)

♣ 어원 : thum, tum, tun 부풀다

■ **thumb** [θʌm] ⓜ **엄지손가락** ⓢ (책을) **엄지손가락으로 넘기다; 엄지손가락으로 만지다** ☜ 고대영어로 '부푼 (손가락)'이란 뜻

■ **thumbnail** [θə́mnèil] ⓜ **엄지손톱**; (손톱같이) 작은 것 ⓗ 극히 작은(짧은), 간결한 ⓢ 간략하게 그리다 ☜ thumb + nail(손톱, 발톱)

□ **tumult** [tjúːmʌlt, -məlt] ⓜ **소란**, 떠들썩함; 소음; 폭동; 격정, 격동 ☜ 라틴어로 '부어서 생긴 것'이란 뜻
♠ Presently **the tumult died down**. 이윽고 **소동은 가라앉았다**.

□ **tumultuous** [tjuːmʌ́ltʃuəs] ⓗ 떠들썩한, 소란스러운; 사나운, 거친; (마음이) 동요한, 격앙된 ☜ tumult + u + ous<형접>

□ **tumulus** [tjúːmjələs] ⓜ (pl. ~es, -li) 뫼, 무덤, 《특히》 봉분; 고분 ☜ tumul + us<명접>

□ **tundra** [tʌ́ndrə, tún-] ⓜ (북시베리아 등의) **툰드라**, 동토대(凍土帶) ☜ 라플란드어로 '높이 솟아오른 언덕'이란 뜻

동원 튜나리챔 Tuna Richam (동원그룹에서 출시한 참치캔 브랜드)

□ **tuna** [tjúːnə] ⓜ (pl. **-(s)**) 【어류】 **다랑어, 참치**(의 살) ☜ 라틴어 thunnus로 '다랑어'란 뜻
♠ **fishing for tuna 참치 낚시[어업]**

□ **tunny** [tʌ́ni] ⓜ (pl. -n**ies, -**) 【어류】 다랑어 ☜ 그리스어 thynnos로 '다랑어'란 뜻

※ 리챔(Richam)은 Rich + Ham의 합성조어로 '영양분이 풍부한 햄'이라는 뜻이라고 함.

목소리 톤(tone.음조), 토너 toner (착색수지분말), 튜닝 tuning (개조)

♣ 어원 : tone, tune 음조; 음을 조정하다

■ **tone** [toun/토운] ⓜ 음질, 음색, **음조; 어조**, 말투; 억양 ☜ 그리스어로 '조음(調音)'이란 뜻

■ **toner** [tóunər] ⓜ 가락을 조정하는 사람(것); (프린터의) **토너** 《착색 수지분말》 ☜ tone + er(사람/것)

■ **intonation** [ìntənéiʃən, -tou-] ⓜ (시(詩) 등을) **읊음**, 영창; 【음성】 **인토네이션, 억양** ☜ 속으로(in) 어조를(ton<tone) 만들(ate) 기(ion)

□ **tune** [tjuːn] ⓜ **곡조**, 멜로디; 선율; 가락, 장단; 기분 ☜ tone의 변형
♠ He was humming **a familiar tune**. 그가 **귀에 익은 곡조**를 흥얼거리고 있었다.

□ **tuneful** [tjúːnfəl] ⓗ 음조가 좋은 ☜ tune + ful(~가 가득한)

□ **tuning** [tjúːniŋ] ⓜ **튜닝**, 조율; 【통신】 (무전기의) 파장 조정; 【전자】 동조(同調) ☜ tune + ing<명접>

□ **tuneless** [tjúːnlis] ⓗ 음조가 맞지 않는, 난조(亂調)의 ☜ tune + less(~이 없는)

텅스텐 tungsten (무겁고, 단단하며, 녹는점이 아주 높은 금속)

□ **tungsten** [tʌ́ŋstən] ⓜ 【화학】 **텅스텐** 《금속 원소; 기호 W; 번호 74》 ☜ 18세기 스웨덴어로 '무거운(tung) 돌(sten<stone)'이란 뜻
♠ **a tungsten** (filament) lamp **텅스텐** 전구
★ 보통 tungsten 대신 wolfram을 많이 씀
비교 **wolfram** [wúlfrəm] ⓜ 【화학】 텅스텐, **볼프람** 《기호: W》 ☜ 독일어로 '늑대(wolf)의 검댕(크림)(ram)'이란 뜻

터널 tunnel (여러가지 목적으로 땅속을 뚫은 통로)

□ **tunnel** [tʌ́nl] ⓜ **터널**, 굴; 지하도; (광산의) 갱도(坑道) ⓢ 터널을 파다 ☜ 고대 프랑스어로 '큰 통'이란 뜻
♠ **tunnel** a mountain 산**에 터널을 파다**

□ **tun** [tʌn] ⓜ 큰 통, 큰 술통; (양조용) 발효(醱酵)통; (술 따위의) 용량 단위 《252갤런》 ⓢ (술을) 큰 통에 넣다(저장하다) ☜ 고대영어로 '큰 술통'이란 뜻

■ **tonneau** [tʌnóu/tɔ́nou] ⓜ (pl. **-s, -x**) 《F.》 자동차 뒷좌석 부분(이 있는 차); (오픈카의) 덮개 ☜ 프랑스어로 '술통'이란 뜻

투란도트 Turandot (푸치니의 오페라. 공주이름, <투란의 딸>이란 뜻)

☐ Turan**dot** [tjúrəndat/túrandot] ㊔ **투란도트** 《1926년에 초연된 푸치니의 유작 오페라》
☜ Turan(투란/중앙아시아의 가상의 지역) + dot(=daughter/딸)

■ **daughter** [dɔ́ːtər/**도**-러/**도**-터] ㊔ **딸**; 파생된 것; 소산(所産) ☜ 고대영어로 '딸'

터빈 turbine (물 · 가스 · 증기 등을 이용하여 회전 동력을 만드는 기계)

♣ **어원 : turb(o), 돌다, 감다, 회전하다(=turn)**

☐ **turb**an [təːrbən] ㊔ **터번** 《이슬람교도 남자가 머리에 감는 두건》; 터번식 모자 ☜ 페르시아어로 '감아올린 모자'란 뜻

☐ **turb**ine [təːrbin, -bain] ㊔ 〖기계〗 **터빈**
☜ 라틴어로 '회전시키는(turb) 것(ine)'이란 뜻
♠ **a steam turbine 증기 터빈**

< Jet Engine의 Turbine >

☐ **turbo** [təːrbou] ㊔ **터보** = turbine ☜ 라틴어로 '팽이, 회전하는 것'

☐ **turbo**jet [təːrboudʒèt] ㊔ 〖항공〗 **터보제트기** = turbojet engine
☜ turbo + jet(분출, 분사, 사출)

☐ **turb**ulence, -lency [təːrbjələns], [-i] ㊔ (바람 · 물결 등의) 거칠게 몰아침, 거칢; 소란, 동란
☜ 라틴어로 '불안, 동요'란 뜻. 회전하(turb) 는(ul<형접>) 것(ence<명접>)
♠ **air turbulence 난기류(亂氣流)**

☐ **turb**ulent [təːrbjələnt] ㊕ (바람 · 파도 등이) **몹시 거친, 사나운**; 격한, 난폭한; 불온한 ☜ -ent<형접>

■ per**turb** [pərtəːrb] ㊐ **교란하다**, 혼란하게 하다; 마음을 어지럽히다, 불안하게 하다
☜ 라틴어로 '완전히(per) 혼란스럽게 하다(turb)'란 뜻

☐ **turf**(잔디, 경마장) ➔ **tuft**(술, 수실) **참조**

터프스키 turfski (바닥에 롤러가 달린 잔디스키)

♣ **어원 : top, tip, toff, tuft 꼭대기, 정상**

■ **tuft** [tʌft] ㊔ (머리칼 · 깃털 · 실 따위의) **술, 수실** 《수를 놓는데 쓰는 실》; **수풀** ㊐ 술을 달다, 술로 장식하다
☜ 고대 노르드어로 '정상, 꼭대기'란 뜻

☐ **turf** [təːrf] ㊔ (pl. **-s,** tur**ves**) **잔디**(밭); 뗏장; **경마장**
☜ 고대영어로 '초원의 표면'이란 뜻
♠ newly laid **turf** 새로 깐 **잔디**

☐ **turf**ski [təːrfskìː] ㊔ **터프스키** 《바닥에 롤러가 달린 잔디스키》 ☜ 잔디(turf) 스키(ski)

☐ **turf**y [təːrfi] ㊕ (-<-f**ier**<-f**iest**) 잔디가 많은; 잔디로 덮인; 잔디 같은 ☜ -y<형접>

터키 Turkey (한국과 형제의 나라로 통하는 중앙아시아의 공화국)

☐ **Turk** [təːrk] ㊔ **터키 사람**; 《고어》 오스만 제국 사람; 터키(산) 말(馬)
☜ 페르시아어로 '힘'이란 뜻
♠ **Osman Turk Empire 오스만투르크** 《13세기 말 투르크족을 중심으로 소아시아에 형성되어 지중해를 정복한 다민족 제국》

☐ **Turk**ey [təːrki] ㊔ **터키** 《중동의 공화국; 수도 앙카라(Ankara)》 ☜ -ey<명접>

☐ **turk**ey [təːrki] ㊔ (pl. **-(s)**) 〖조류〗 **칠면조**; 칠면조 고기
☜ 중세영어로 Numida meleagris로 칭했는데 이는 '서아프리카산 뿔닭'이란 뜻이다. 마다가스카르에서 터키를 거쳐 유럽으로 수입되면서 '칠면조'를 turkey로 부르게 됨.

■ cold turkey ㊔ **콜드터키** 《(마약 · 흡연 등의) 갑작스런 약물중단치료법; 그로 인해 겪는 금단현상 ㊖ 갑자기, 돌연, 준비없이 ☜ 금단현상이 마치 추울 때 칠면조 피부처럼 소름이 돋는 것

☐ **Turk**ish [təːrkiʃ] ㊕ **터키(식)의**; 터키 사람〔어〕의; 튀르크어(군)의 ㊔ 터키어
☜ Turk + ish<형접/명접>

☐ **Turk**menistan [təːrkmenəstǽn, -stάːn] ㊔ **투르크메니스탄** 《이란 · 카스피해 · 아프가니스탄에 둘러싸여 있음》 ☜ 페르시아어로 '투르크(Turk) 족의(meni) 나라(stan)'란 뜻

턴 turn (방향 바꾸기, 회전), 유턴 U-turn (자동차의 U턴)

♣ **어원 : turn 휘다, 구부러지다, 돌리다, 회전하다; 변하다**

☐ **turn** [təːrn/터언] ㊐ **돌(리)다, 회전하다[시키다], 뒤집다, 방향을 바꾸다; 전복하다; ~로 향하다; 변(화)하다[시키다]**; 틀다, 켜다; 돌아가다 ㊔ **회전, 선회; 모퉁이**; (정세의) **변화; 순번**; (타고난) **성질** ☜ 고대영어로 '돌다, 회전하다'란 뜻
♠ **Turn** the lights **on** 〔off〕. 등불을 **켜시오**〔끄시오〕

< U-turn 표지 >

T

♠ **Your turn. 네 차례야.**
♠ **turn (a)round 돌(리)다, 방향을 바꾸다; 변절하다**
♠ **turn aside (얼굴을) 돌리다; 해고하다, 쫓아내다**
♠ **turn away 딴 데로 돌리다, 외면하다**
♠ **turn back 되돌아가(게 하)다; (적을) 퇴각시키다; (옷 · 종이 따위를) 되접다**
♠ **turn down 접다; (등불 따위를) 작게 하다; 거절하다**(=reject)
♠ **turn into ~ ~으로 변화하다, ~이 되다**
♠ **turn (A) in(to) (B) A를 B로 바꾸다**
♠ **turn left** (right) **좌회전**(우회전)**하다**
♠ **turn off 해고하다; 길을 잘못 들다; 잠그다, 끄다**
♠ **turn on 켜다, 틀다; ~에 좌우되다, 의하다; ~로 바뀌다; ~에게 대들다**
♠ **turn out (결국) ~이 되다, ~으로 판명되다[드러나다]; 쫓아내다; 끄다, 나오다, 모이다**
♠ **turn over 뒤집어엎다; (책장을) 넘기다**
♠ **turn over a new leaf 개심하다, 면목을 일신하다**
♠ **turn the tables 형세를 일변시키다**
♠ **turn to ~ ~에 착수하다; ~에 의지하다; 좋아하다, 익숙해지다**
♠ **turn ~ to account ~을 이용하다**
♠ **turn up 위쪽을 향하다; 위로 구부리다; 나오다, 나타나다**
♠ **by turns 번갈아, 교대로**
♠ **in turn 차례로, 교대로, 이번에는**
♠ **in turns 교대로**

☐ up**turn** [ʌptə́ːrn] ⓢ 뒤집다; 혼란에 빠뜨리다; 위로 젖히다; 파헤치다 [ʌ́ptəːrn] ⓜ 상승, 호전; 전복; (사회의) 격동, (대)혼란 ☜ 위로(up) 돌리다(turn)

☐ **turn**ing [tə́rniŋ] ⓜ **회전**, 선회, 모퉁이 ⓗ **회전하는** ☜ turn + ing<명접/형접>

☐ **turn**ing point 전환〔변환〕점, 전기(轉機), 위기, 고비 ☜ turn + ing<형접/명접>, point(점; 지점)

☐ **turn**key [tə́ːrnkìː] ⓜ (감옥문의) 열쇠를 지니고 있는 사람, 교도관 ⓗ (건설 · 플랜트 수출 계약 등에서) 완성품 인도〔**턴키**〕 방식의 ☜ '열쇠(key)의 한바퀴(turn)'란 뜻. 키(열쇠)만 돌리면 설비나 공장을 즉각 가동시킬 수 있는 상태로 인도한다는 데서 유래.

☐ **turn**table [tə́ːrntèibəl] ⓜ 『철도』 전차대(轉車臺) 《기관차 따위의 방향을 전환하는》; (레코드 플레이어의) **턴테이블**, 회전반; (라디오 방송용) 녹음 재생기 ☜ table(탁자; 표; 판)

☐ **turn**ip [tə́ːrnip] ⓜ 『식물』 순무(의 뿌리) ☜ 중세영어로 '(둥글어서) 회전하는(turn) 무(ip=radish)'란 뜻. 모양에서 유래.

■ **kick** turn 『스키』 **킥턴** 《정지했다가 행하는 180°의 방향 전환법》; 『스케이트보드』 **킥턴** 《전륜(前輪)을 치켜 올리고 방향을 바꾸기》 ☜ turn(방향을 바꾸다<회전하다)

■ **over**turn [òuvərtə́ːrn] ⓢ **뒤집다**, 전복시키다, 타도하다; 뒤집히다, 전복되다, 넘어지다 ⓜ **전복, 타도** ☜ (아래에서) 위로(over) 돌리다(turn)

■ re**turn** [ritə́ːrn/뤼**터**언] ⓢ **되돌아가다; 돌려주다[보내다]** ⓜ **귀환**, 귀국; **반환**; 회답 ☜ 라틴어로 뒤로(re) 휘다(turn)'란 뜻

■ U-**turn** [júːtəːrn] **U턴**; 회전; 반전(反戰); (정책 등의) 180°전환 ☜ U자형 회전

타워 브리지 tower Bridge (영국 템즈강에 있는 다리)
케임브리지 Cambridge (영국 케임브리지(대학))

< 영국의 Tower Bridge >

❶ 타원브리지는 영국 템즈 강 상류에 세워진 타워 브리지는 국회의사당의 빅 벤과 함께 런던의 랜드마크로 꼽히는 건축물. 1894년 총 길이 260m로 완성되었다.
❷ 케임브리지는 'Cam강(江)의 다리(bridge)'란 뜻을 지니고 있다.

■ **tower** [táuər/**타**워] ⓜ **탑** ☜ 고대영어로 '망루, 감시탑'이란 뜻

■ **Tower** Bridge [the ~] **타워브리지** 《영국 런던의 템즈강의 두 개의 탑 사이에 걸려 있는 개폐교(開閉橋)》 ☜ tower(탑) + bridge(다리)

☐ **tur**ret [tə́ːrit, tʌ́rit] ⓜ 『건축』 (본 건물에 붙인) **작은 탑**; (전차의) 포탑; 《역사》 (공성의) 바퀴달린 사닥다리 ☜ 작은(et) + 탑(tur<tower) + r

※ **bridge** [bridʒ/브뤼쥐] ⓜ **다리, 교량; (군함의) 함교, 브리지** ⓢ **다리를 놓다** ☜ 초기인도유럽어로 '나무로 된 둑길'이란 뜻

터틀넥 turtleneck ([의류] 거북의 목처럼 생긴 네크라인. <거북목>)

☐ **tur**tle [tə́ːrtl] ⓜ (pl. **-s, -**) 《특히》 **바다거북** ☜ 중세영어 tortou<tortoise(민물거북)의 변형
♠ **turn turtle (배 · 자동차 등이) 뒤집히다, 전복하다**
♠ **turtle ship 거북선**

비교 **tort**oise [tɔ́:rtəs] 명 (육상 · 민물 종류의) **거북**
☜ 라틴어로 '비틀린'이란 뜻. 발의 모양에서 유래되었다는 설.

※ **neck** [nek/넥] 명 **목**; (의복의) 옷깃; (양 따위의) 목덜미 살 ☜ 고대영어로 '목덜미'

투탕카멘 Tutankhamen (이집트 제18왕조 제12대 왕)

□ **Tutankhamen** [tù:tɑ:ŋkɑ́:mən] 명 **투탕카멘** 《기원전 14세기의 이집트 왕》 ★ **9세에 즉위하여 18세에 죽은 소년왕이다.** ☜ 정확하게는 <Tut ankh amen>인데, 이는 이집트어로 '살아있는 아멘의 모습'이란 뜻

마이 튜터 My tutor (미국의 코미디 영화. <나의 개인교사>)

1983년에 제작된 미국 코미디 영화. 카렌 케이, 매트 라탄지 주연. 대학 진학을 앞둔 고교생이 불어 점수가 낙제여서 아버지는 매력적인 가정교사를 초빙한다. 그러나 사춘기의 주인공이 불어 공부보다 이성간의 사랑에 더 큰 관심을 갖자 미모의 가정교사는 그에게 사랑에 눈을 뜨게 해주는데...

© Crown International Pictures

♣ **어원 : tut, tuit ~을 보다, 지켜보다**

※ **my** [mai/마이, məi, mə] 대 《I의 소유격》 **나의** ☜ mine(나의 것)의 변형

□ **tutor** [tjú:tər] 명 (fem. **~ess**) **가정교사**(=private teacher); **튜터** 《영국 대학의 개별 지도 교수; 미국 대학의 강사, instructor의 아래》
☜ 고대 프랑스어로 'tuteor(감시인)'란 뜻. 지켜보는(tut) 자(or)
♠ **have a tutor 가정교사를 두다**

□ **tutor**ial [tju:tɔ́:riəl] 형 tutor의(에 의한) 명 (대학에서 tutor에 의한) 개별지도 (시간(학급))
☜ tutor + ial<형접/명접>

■ in**tuit** [íntju(:)it] 동 직관으로 알다(이해하다), 직관(직각(直覺))하다.
☜ 라틴어로 '~안을(in) 꿰뚫어 보다(tuit)'의 뜻

■ in**tuit**ion [ìntjuíʃən] 명 **직관**(력); **직감**, 육감 ☜ intuit + ion<명접>

■ in**tuit**ive [intjú:itiv] 형 **직감적(직관적)인** ☜ intuit + ive<형접>

□ **TV**(television의 약어) ➔ **television**(텔레비전) **참조**

트위드 tweed (순모로 된 스코틀랜드산 방모직물)

□ **tweed** [twi:d] 명 **트위드** 《스코틀랜드산 직물의 일종》; (pl.) 트위드 옷
☜ 잉글랜드와 스코틀랜드 사이를 흐르는 트위드강(江) 근처에서 제직되어 트위드(tweed)라고 명명

투낫싱 two-nothing ([야구] 2 스트라이크 - 0 볼)
트와이스 Twice (한국의 댄스팝 걸그룹. <눈 · 귀로 2 번 감동을 준다>는 뜻)

♣ **어원 : twa, twe, twi, two 2, 둘**

□ **twa**in [twein] 명형 《고어 · 시어》 둘(의), 두 사람(의), 쌍(의), 짝(의) ☜ twa + in<형접/명접>

□ **twe**lve [twelv/트웰브] 형 **12(개)의**; 12명의 명 **12**; 열 두 사람(개, 시, 살)
☜ 고대영어로 '(10을 너머) 2개(twe<two)가 남은(lve<left)'이란 뜻
♠ It's **ten past twelve**. (지금 시각이) **12시 10분**이다.

□ **twe**lfth [twelfθ/트웰프쓰] 형 **제12의**, 열 두째의《생략: 12th》; 12분의 1의 명 제 12; (달의) 12일; 12분의 1 ☜ 12(twelve) 번째(th)

□ **twe**nty [twénti/트**웬**티] 형 **20(개)의**, 20명의; 다수의 명 **20**; 20개(사람)
☜ 고대영어로 '2(twe<two) + n + ty(10단위 접미사)'

□ **twe**ntieth [twéntiiθ] 형 **제20의**; 20분의 1의 명 제20; 20분의 1; (달의) 20일
☜ twenty(y→ie) + th

T

□ **twi**ce [twais/트와이스] 부 **2회, 두 번**; 2배로 ☜ 고대영어로 '두(twi<two) 번(ce)'이란 뜻

□ **twi**g [twig] 명 **작은 가지**, 잔가지 동 (불현듯) **깨닫다**(이해하다)
☜ 고대영어로 '(가지가) 2개(twi<two)로 나뉜 작은 나무(g)'란 뜻
♠ I finally **twigged** what he meant. 난 마침내 그가 의미한 뜻을 **깨달았다**.

□ **twi**light [twáilàit] 명 (해뜨기 전 · 해질 무렵의) 박명(薄明), **어스름**, 땅거미, 황혼; 어슴프레한 짐작 ☜ twi<two) + light(빛)

□ **twi**n [twin] 명 **쌍둥이의 한 사람**; (pl.) 쌍생아 ☜ 고대영어로 '2중의'란 뜻
★ LG Twins : 서울시를 연고지로 하는 KBO 소속 프로 야구단.

■ be**tween** [bitwí:n/비**튀**-인] 전부 (둘) **사이에,** (둘) **사이의,** (둘) **사이에서**
☜ 둘(tween) 사이에 있다(be)

□ **twi**n bed **트윈 베드** 《한 쌍의 1인용 침대》 비교 double bed 더블 베드 ☜ bed(침대)

☐ **twi**ne [twain] 명 **꼰 실**; 삼실; 바느질 실 동 (실을) 꼬다, 비비꼬다
☜ 고대영어로 '2중으로 된 실'이란 뜻
♠ **a ball of twine 실 한 뭉치**

☐ **twi**rl [twəːrl] 동 **빙빙 돌(리)다, 휘두르다; 비틀어 돌리다** 명 회전; 비틀어 돌림
☜ **twi**st + wh**irl**(빙빙 돌다) 합성어
♠ He **twirled around** to the music. 그는 음악에 맞춰 **빙글빙글 돌았다**

☐ **twi**st [twist] 동 **꼬다; 비틀어 돌리다; 뒤틀리다; 트위스트를 추다** 명 꼰 실; 꼬임; 비틀림
☜ 고대영어로 '2개(twi<two)로 나누어진 것(st)'이란 뜻

☐ **twi**ster [twístər] 명 (새끼 따위를) **꼬는 사람**; 왜곡하는 사람; **선풍**, 회오리바람 ☜ -er(사람/주체)

☐ **two** [tuː/투-] 명형 **2(의)** ☜ 고대영어로 '2, 둘'이란 뜻.

☐ **two**pence [tʌ́pəns] 명 (pl. **-**, -pence**s**) 《영》 **2펜스**(은화); 시시한 일 ☜ pence(penny의 복수)

☐ **two**penny [tʌ́pəni] 형 **2펜스의; 값싼**, 시시한 명 2펜스(의 화폐); 적은 양
☜ penny(페니=1/100파운드)

☐ **two**-piece [túːpíːs] 형 (옷이) 투피스의 명 **투피스** 옷 ☜ 2개(two)의 조각(piece)으로 된

※ **nothing** [nʌ́θiŋ/너띵/너씽] 대명 **아무것[일]도 ~ 없다[않다]** ☜ no + thing(것, 일)

윙크 wink (한 쪽 눈을 깜박이는 것)

■ **wink** [wiŋk] 동 **눈을 깜박이다**; 눈짓하다 명 **눈의 깜박거림; 눈짓, 윙크** ☜ 고대영어로 '눈을 깜박거리다'란 뜻

☐ t**wink**le [twíŋkəl] 동 **반짝반짝 빛나다**, 반짝이다
☜ 고대영어로 '(눈을) 깜박거리다'
♠ Stars **twinkled** in the sky. 하늘에서는 별들이 **반짝거렸다.**

☐ t**wink**ling [twínkliŋ] 형 **반짝반짝 빛나는**, 번쩍거리는 명 반짝임 ☜ twinkle + ing<형접/명접>

☐ **twirl**(빙빙돌리다), **twist**(꼬다; 트위스트를 치다) ➔ **twin**(쌍둥이의 한 사람) **참조**

연상 스위치(switch)를 켰더니 아기가 트위치(twitch.경련)를 일으켰다.

※ **switch** [switʃ] 명 〚전기〛 **스위치, 개폐기**; 《미》 **회초리** (《영》 cane)
동 **채찍질하다**; 《전기》 **스위치를 넣다**
☜ 초기 인도유럽어로 '흔들리는(swi) 것(tch)'

☐ **twitch** [twitʃ] 동 **씰룩거리다**, 경련을 일으키다; 홱 잡아당기다 명 홱 잡아당김; 경련 ☜ 고대영어로 '잡아 뽑다, 붙잡다, 모으다'란 뜻.
♠ **twitch** one's eyelids 눈꺼풀을 **실룩실룩하다**
♠ **a nervous twitch 신경성 경련**

트위터 twitter (실시간 정보공유・소통하는 블로그+문자 서비스. 상대를 따르는 팔로어(follower) 기능이 특징. <지저귀다>란 뜻)

☐ **twitter** [twítər] 동 (새가) **지저귀다**, 찍찍〔짹짹〕 울다 명 지저귐
☜ 고대독일의 의성어
♠ **the twitter** of sparrows 참새들의 **지저귐**

☐ **tweet** [twiːt] 동 (작은 새가) 짹짹〔삑삑〕 울다 명 지저귀는 소리, 짹짹 ☜ 의성어

☐ **two**(2, 둘, 두 개, 두 사람) ➔ **twin**(쌍둥이의 한 사람) **참조**

☐ **tying**(매기) ➔ **tie**(매다; 넥타이) **참조**

타입 type (모양, 유형, 형식), 타이프 type (타자기) ➔ typewriter

☐ **type** [taip/타잎] 명 **형**(型), **타입**, 유형; **전형**(典型); **활자** 동 분류하다; 타자기로 치다 ☜ 라틴어로 '형태'란 뜻.
♠ I love **these types** of books.
나는 **이런 유형**의 책을 좋아한다.

☐ **type**write [táipràit] 동 (-/type**wrote**/type**written**) **타자기로 치다**, 타이프하다 ☜ 활자(type)로 쓰다(write) ★ 현재는 type가 보통

☐ **type**writer [táipràitər] 명 **타이프라이터**, 타자기 ☜ type + 쓰는(write) 기계(er)

☐ **type**writing [táipràitiŋ] 명 **타자술** ☜ 활자(type)로 쓰(write) 기(ing<명접>)

☐ **typ**ical [típikəl] 형 **전형적인**, 모범적인, 대표적인, 표본이 되는 ☜ type + ical<형접>
♠ **a typical gentleman 전형적인 신사**

☐ **typ**ist [táipist] 명 **타이피스트**, 타자수 ☜ type + ist(사람)

☐ **typ**o [táipou] 명 (pl. **~s**) 《구어》 **인쇄〔식자〕공**; 오식(誤植)

T

☞ **typo**grapher(인쇄공)의 줄임말

장(腸)티푸스 typhoid (장티푸스균을 병원체로 하는 법정전염병)

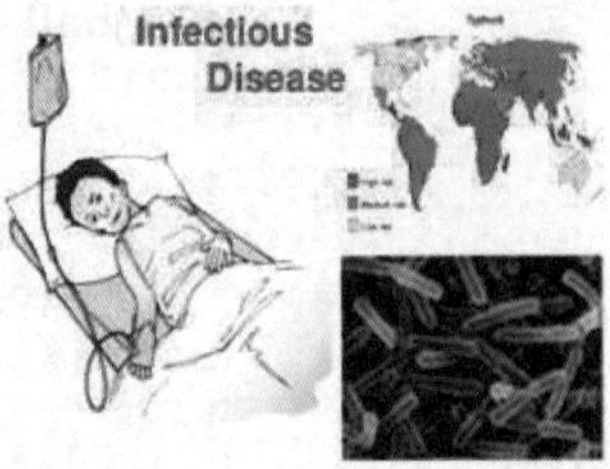

☐ **typh**oid [táifɔid] [형] 〖의학〗 **(장)티푸스성**(性)**의** [명] 장티푸스
☞ typhus(발진티푸스) + -oid(~같은)
☐ **typh**oid bacillus 장티푸스균 ☞ bacillus(세균, 박테리아)
☐ **typh**oid fever 장티푸스 ☞ fever(열, 발열)
☐ **typh**us [táifəs] [명] 〖의학〗 발진(發疹)티푸스(=~ fever)
☞ 그리스어로 '열로 인한 혼수상태'란 뜻

태풍(颱風) typhoon (태평양 서부에서 발생하는 열대성 폭풍)

☐ **typhoon** [taifúːn] [명] (특히 남중국해의) **태풍** ☞ 중국어 '태풍(颱風)'에서 유래.
[비교] **cyclone** (인도양의) 사이클론, **hurricane** (대서양 서부) 허리케인

☐ **typical**(전형적인) ➔ **type**(타입, 유형, 전형) **참조**

티라노사우루스 Tyrannosaurus (백악기 육식공룡. <폭군 도마뱀>)

☐ **tyran**nosaur(us) [tirǽnəsɔ̀ːrəs, tai-] [명] **티라노사우루스** 《육식공룡 중 최대》
☞ 폭군(tyranno) 도마뱀(saurus)
★ 지구상에 살았던 육식공룡 중 가장 무섭고 사나운 공룡. 정확한 이름은 'tyrannosaurus rex'인데 보통 줄여 'T.rex'라고 부른다. tyranno는 폭군, saurus는 도마뱀, rex는 왕이라는 뜻.
☐ **tyran**ny [tírəni] [명] **포학**, 학대; 포학 행위; 폭정, **전제 정치**
☞ tyran + n + y<명접>
♠ suffer from **tyranny** **폭정**에 시달리다
☐ **tyran**t [táiərənt] [명] **폭군**, 압제자; 전제군주 ☞ tyran + ant(사람)
☐ **tyran**nic(al) [tirǽnik(əl), tai-] [형] 폭군의, 폭군 같은; 압제적인, 전제적인, 포악한
☞ tyranny + ic(al)<형접>
☐ **tyran**nize [tírənàiz] [동] 학정을 행하다, 압제하다, 학대하다 ☞ tyranny + ize<동접>

T

유에이브이 UAV (무인항공기)

☐ **UAV** — **U**nmanned **A**erial **V**ehicle 무인항공기

※ un**man**ned — [ənmǽnd] ⓗ 사람이 타지 않은; (인공위성 등이) 무인의, 무인 < RQ-4 Global Hawk > 조종의 ☜ un(=not/부정) + man(~을 태우다: 남자) + n<자음반복> + ed<형접>

※ **aer**ial — [ɛ́əriəl, eiíər-] ⓜ 공중선, **안테나** ⓗ **공중의**, 공기 같은 ☜ 공기(aer) 같은(ial)

※ **veh**icle — [víːikəl, víːhi-] ⓜ **수송 수단**, 탈것 ☜ 가져오는(veh) + i + 것(cle)

유비쿼터스 ubiquitous (사용자가 컴퓨터나 네트워크를 때와 장소에 상관없이 자유롭게 접속할 수 있는 미래형 환경)

☐ **ubiquit**ous — [juːbíkwətəs] ⓗ (동시에) 도처에 있는, 편재하는 ☜ 라틴어로 '도처(ubiquity)에 있는(ous<형접>)'이란 뜻

☐ **ubiquit**y — [juːbíkwəti] ⓜ (동시에) 도처에 있음, 편재; (U-) 〖신학〗 예수의 편재 ☜ 라틴어로 '도처'란 뜻

유보트 U-boat (제1·2차 세계대전 때 공포의 대상이었던 독일 잠수함)

☐ **U-boat** — **U 보트** 《제1·2차 세계대전 중에 활약한 독일의 중형 잠수함》 ☜ 독일어로 '바다 밑(Untersee<영.undersea)의 보트(boot<영.boat)'이란 뜻
★ U보트는 무제한 통상(通商)파괴전, 즉 군함·상선을 구별하지 않고 무차별 공격하여, 영국의 해상교통로를 차단함으로써 한때 영국을 궁지에 몰아넣었다.

유시시 UCC (사용자 제작 콘텐츠)

☐ **UCC** — **U**ser **C**reated **C**ontents 사용자 제작 콘텐츠 《동영상·사진 등》 ☜ 사용자(user)(에 의해) 만들어(creat) 진(ed<수동형 형접>) 내용물(content)들(s)

✚ **user 사용자**, 소비자 **create 창조하다**; 창시〔창작〕하다; (사태를) 야기하다 **content 만족하여; 만족;** (pl.) **내용**, 알맹이; 차례, 목차

유시엘에이 UCLA (캘리포니아대학교 로스앤젤레스 분교)

☐ **UCLA** — **U**niversity of **C**alifornia at **L**os **A**ngeles 캘리포니아대학교 로스앤젤레스 분교 ☜ 로스앤젤레스(Los Angeles)에 있는(at) 캘리포니아(California) 의(of) 대학교(university)

✚ uni**vers**ity **(종합)대학교** **California 캘리포니아** 《미국 태평양 연안의 주》 **Los Angeles 로스앤젤레스** 《미국 California주 남서부의 대도시; 생략: L.A.》

유디티 UDT (해군특수부대. <수중폭파반>)

☐ **UDT** — **U**nderwater **D**emolition **T**eam 수중폭파반 ★ 통상 UDT/SEAL이라고 하는데 씰(SEAL)은 Sea, Air, Land의 약자로 <육·해·공 전천후 특수전팀>이란 뜻이다.

✚ **underwater 물속(의), 수면하(의)**; 흘수선(吃水線) 밑의; 물속에서 **demolition** 해체, 파괴; 폭파 **team** 〖경기〗 **조, 팀**; 팀으로 행하는; 팀을 짜다

유에프오 UFO (미확인 비행물체, 속칭 <비행접시>)

☐ **UFO** — **U**nidentified **F**lying **O**bject 미확인 비행물체

✚ **unidentified** 확인되지 않은, 미확인의, 정체불명의 **flying** 나는, **비행하는;** 날기, **비행** **object 물건, 사물; 목적; 대상; 반대하다**

우간다 Uganda (아프리카의 진주로 불리는 아프리카 동부의 공화국)

U

☐ **Uganda** [ju:gǽndə, u:gɑ́:ndɑ:] ⓜ **우간다**《아프리카 중동부의 한 공화국; 수도는 캄팔라(Kampala)》 ☜ 부간다(Buganda)왕국을 세운 Buganda족에서 유래
★ 영화 <몬도가네>와 <타잔>의 촬영지로도 유명한 나라이기도 하지만 반인도적 독재자 이디아민의 반대파 탄압으로 약 30만명이 희생된 슬픈 역사의 나라이기도 하다.

오 마이 갓 Oh my god (맙소사. <오 ~ 나의 신이여>란 뜻)

■ **oh, O** [ou/오우] ㉠ [의성어] **오오 !**

☐ **ugh** [u:x, ʌx, ɯ:x, ʌ, u, ʌg] ㉠ [의성어] 우, 와, 오《혐오·경멸·공포 따위를 나타냄》
♠ **Ugh!** How can you eat that stuff? **와!** 넌 어떻게 그런 걸 먹니?

☐ **uh** [ʌ, ʌŋ] ㉠ [의성어] 흥《경멸, 불신의 표시》; 어~《말을 하다가 뒷말이 생각나지 않을 때 내는 소리》

※ **my** [mai/마이, məi, mə] ⓓ 〖I의 소유격〗 **나의** ☜ mine(나의 것)의 변형

※ **god** [gɑd/가드/gɔd/고드] ⓜ (일신교, 특히 기독교의) **신**(神), 하느님, 조물주
☜ 고대영어로 '신, 조물주'란 뜻 ⓑ devil 악마

✚ **ah 아아 !**《놀람·괴로움·기쁨·슬픔·분함 따위를 나타내는 발성》 **aha, ah ha 아하 !** **alas 아아 !**, 슬프다, 가엾도다 **aw**《미》 **저런!**, 아니 !, 에이 ! **ooh** 앗, 어, 아《놀람·기쁨·공포 등의 강한 감정》 **oops** 아이쿠, 저런, 아뿔싸, 실례 **ouch 아얏**, 아이쿠

어글리 슈즈 ugly shoes (못생겨서 더 예쁜 못난이 신발 트렌드)

일명 '어글리 슈즈'로 불리는 어글리 스니커즈(ugly sneakers)는 두툼한 밑창과 울퉁불퉁 투박한 느낌을 주는 디자인의 운동화 스타일을 뜻한다.

☐ **ugly** [ʌ́gli] ⓗ (-<-gl**ier**<-gl**iest**) **추한**, 못생긴; (날씨 등이) **험악한**, 사나운; 심술궂은 ☜ 고대 노르드어로 '무서운'이란 뜻.
♠ **ugly surroundings 지저분한 환경**

☐ **ugly** duckling 미운 오래 새끼《집안 식구들에게 바보〔못생긴 아이〕 취급 받다가 훗날 훌륭하게〔아름답게〕 되는 아이》 ☜ 안데르센(Andersen)의 동화에서. duckling(오리 새끼), duck(오리)

☐ **ugli**ness [ʌ́glinis] ⓜ 추악, 보기 흉함 ☜ ugly + ness<명접>

※ **shoe** [ʃu:/슈-] ⓜ **신, 구두**; 《영》 단화(《미》 low shoes); 편자; (브레이크의) 접촉부
ⓢ (-/**shod**〔**shoed**〕/**shod**〔**shodden**〕) 구두를 신기다; (말)에 편자를 박다
☜ 고대영어로 '신발'이란 뜻

유에이치에프 UHF ([통신·전자] 극초단파)

☐ **UHF, U.H.F., uhf** 〖전기·컴퓨터〗 **u**ltra**h**igh **f**requency 극초단파

☐ **ultra**high [ʌ̀ltrəhái] ⓗ 매우 높은, 초고(超高)~, 최고(도)의 ☜ '극도로(ultra) 높은(high)'이란 뜻

※ **frequency** [frí:kwənsi] ⓜ **자주 일어남, 빈번**; 빈도(수); 〖물리〗 진동수, **주파수**
☜ 붐비는(frequ) 것(ency)

유나이티드 킹덤 United Kingdom (영국. <연합 왕국>이란 뜻)

☐ **U.K.** **U**nited **K**ingdom (of Great Britain and Northern Ireland) 영국 ☜ 그레이트 브리튼 섬(잉글랜드+스코틀랜드+웨일스)과 아일랜드 섬 북쪽의 북(北)아일랜드로 이루어진 연합(united) 왕국(kingdom)

✚ **unite**d **하나가 된**, 결합된, 연합〔합병〕한 **king**dom **왕국**; 영역

우크라이나 Ukraine (유럽동부와 러시아와의 접경에 있는 공화국)

☐ **Ukraine** [ju:kréin/유-크**뤠**인] ⓜ (the ~) **우크라이나**《수도는 키예프(Kiev)》
☜ 러시아어로 '국경'이란 뜻. u(=at) + krai(=edge) + ine<명접>

우쿨렐레 ukulele (하와이 원주민의 기타 비슷한 4현 악기)

☐ **ukulele** [jù:kəléili] ⓜ **우쿨렐레**《하와이의 4현악기》
☜ 하와이 원주민어로 '뛰어오르는(lele) 벼룩(uku)'이란 뜻.

연상 얼서(=어디서/전라도 사투리) 얼서(ulcer.궤양, 종기)를 치료하나요?

☐ **ulcer** [ʌ́lsər] ⓜ 〖의학〗 궤양; 종기; 《비유적》 숙폐(宿弊), 병폐, 도덕적 부패(의 근원)

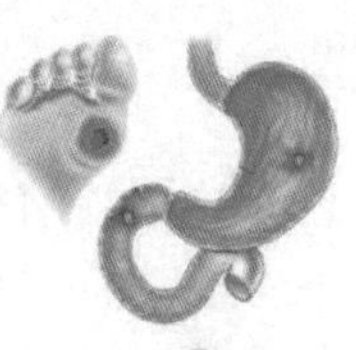

☜ 라틴어로 '상처, 종기'란 뜻
♠ **a gastric ulcer 위궤양**
♠ **duodenal ulcer 십이지장 궤양**
♠ **a malignant ulcer 악성 궤양**
♠ **eradicate social ulcer 사회적 병폐를 척결하다**

울트라맨 The Ultraman (일본 TV 애니메이션 영화. <초인>)

1979년 일본 츠부라야 프로덕션에서 제작한 총 20편의 텔레비전 애니메이션 영화 시리즈. 한국에서는 <울트라맨>이라는 제목으로 MBC에서 방영하였다. 그 후로도 많은 <울트라맨> 시리즈가 제작되었다. 어느 별에서 지구로 온 울트라맨이 지구인으로 변신하여 우주의 괴수들에 맞서 지구를 지킨다는 내용이다. <출처 : 두산백과 / 일부인용>

♣ **어원 : ultra, ultim 극단적으로, ~을 넘어선; 최후의**
비교 **infra 기초의, 가장 아래의**

□ **ultim**ate [ʌ́ltəmit] ⓗ **최후의**, 마지막의, 궁극의 ⓜ 궁극의 것, 결론; 최후의 수단 ☜ 라틴어로 '마지막에 있는'이란 뜻
♠ **the ultimate end** of life 인생의 **궁극적인 목적**

□ **ultim**ately [ʌ́ltəmitli] ⓑ **최후로**, 결국, 마침내; 궁극적으로 ☜ -ly<부접>

□ **ultim**atum [ʌ̀ltəméitəm] ⓜ (pl. **-s, -ta**) **최후의 말**(제언, 조건); 최후 통첩; 궁극의 결론; 근본 원리 ☜ ultimate + um<명접>

□ **ultimo** [ʌ́ltəmòu] ⓗ 《L.》 지난달의 《보통 ult.로 생략》 ☜ 라틴어로 '최후의 (달)'이란 뜻
비교 proximo 《L.》 **다음달, 내달**, instant 《L.》 **이달**

□ **ultra** [ʌ́ltrə] ⓗ 과도한, 과격한, 극단의; 《속어》 실로, 매우 ⓜ 과격론자, 급진론자 ☜ 라틴어로 '다른 쪽에, 가장 먼 쪽에'란 뜻

□ **ultra**conservative [ʌ̀ltrəkənsə́ːrvətiv] ⓗⓜ 극단적인 보수주의의 (사람) ☜ conservative(보수주의자)

□ **ultra**high [ʌ̀ltrəhái] ⓗ 매우 높은, 초고(超高)~, 최고(도)의 ☜ '극도로(ultra) 높은(high)'이란 뜻

□ **ultra**sonic [ʌ̀ltrəsɑ́nik/-sɔ́n-] ⓗ 초음파(의)(=supersonic) ☜ 초(ultra) 음파/소리(son) 의(ic)

□ **ultra**sonics [ʌ̀ltrəsɑ́niks/-sɔ́n-] ⓜ (pl. 단수취급) 초음파학, 초음파공학 ☜ 초(ultra) 음파/소리(son) 학문(ics)

□ **ultra**sonograph [ʌ̀ltrəsɔ́ːnəgræ̀f/-grɑ̀ːf] ⓜ 〖의학〗 초음파 검사 장치 ☜ 초(ultra) 음파/소리(son) 기록(graph) 장치

□ **ultra**sound [ʌ́ltrəsàund] ⓜ 초음파 ☜ 초(ultra) 음파/소리(sound)

※ **man** [mæn/맨] ⓜ (pl. **men**) **남자**, 사내; **사람, 인간**, 인류; (pl.) **병사** ⓢ **인원[병력]을 배치하다** ☜ 고대영어로 '인간, 사람'이란 뜻

율리시즈 Ulysses ([그神] 호머(Homer)의 오딧세이(Odyssey)의 주인공)

□ **Ulysses** [juːlísiːz, júːləsiːz] ⓜ 〖그.신화〗 **율리시스** 《Ithaca의 왕; Homer의 시 Odyssey의 주인공》 ☜ Odysseus의 라틴어명

※ **Odysseus** [oudísiəs, -sjuːs] ⓜ 〖그.신화〗 **오디세우스** 《라틴명은 Ulysses》 ☜ 그리스어로 '미움 받는 자' 또는 '노여워하는 자'라는 뜻.

솜브레로 sombrero (챙이 넓은 멕시코 모자)

♣ **어원 : sombr(e), somber, umbr(e) 그늘**

■ **sombre**ro [sɑmbréərou/sɔm-] ⓜ (pl. **-s**) **솜브레로** 《챙이 넓은 미국 남서부・멕시코의 중절모(맥고모자)》 ☜ 스페인어로 '그늘(sombre)을 만드는 것(ro)'

■ **somber**, 《영》 **sombre** [sɑ́mbər/sɔ́m-] ⓗ **어둠침침한**, 흐린; 음침한, 거무스름한, 칙칙한, 수수한 《빛깔 따위》; 우울한, 음울한 ☜ 라틴어로 '그늘 아래'란 뜻.

□ **umbre**lla [ʌmbrélə] ⓜ **우산**, 박쥐우산; 양산 ☜ 이탈리아어로 '작은 그늘'이란 뜻. ⇦ 작은(ella) 그늘(umbr)
♠ **use (hold) an umbrella 우산을 쓰다**

□ **umbra** [ʌ́mbrə] ⓜ (pl. -bra**e**) 그림자; (일식・월식 때의) 지구・달의 그림자; (태양 흑점의) 중앙 암흑부 ☜ 라틴어로 '그늘'이란 뜻.

이븐 파 Even Par ([골프] 더도 덜도 아닌 규정타수를 치는 것)

♣ **어원 : par, pir 같은, 같게, 동등(하게); 표준, 기준, 짝**

※ **even** [íːvən/이-븐] ⓗ **평평한, 평탄한; ~과 같은 높이로**; (수량・득점 등이) **같은, 동일한; 짝수의** ⓑ **~조차(도), ~까지, 더욱(더)**, (그러기는커녕) **오히려; 고르게, 평탄하게** ☜ 고대영어로 '평평한'이란 뜻

■ **par** [pɑːr] ⑱ **동등**; 『골프』 **파**, 기준타수 ⑱ 평균의 ☜ 라틴어로 '평등'이란 뜻
★ 각 홀의 <par>보다 1타 적게 끝내는 것은 birdie, 2타 적은 것은 eagle, 1타 많은 것은 bogey, 2타 많은 것은 double bogey라고 함.

□ um**pir**e [ʌ́mpaiər] ⑲ (경기의) **심판원, 엄파이어; 판정자**; 중재자; 『법률』 재정인(裁定人) ⑧ 심판하다 ☜ 고대 프랑스어로 '홀수, 제3자'란 뜻.
⇦ 동등하지(pir<par) 않은(um<un=not) 것(e)
♠ **umpire** a game of baseball 야구 경기 **심판을 보다**

유엔 UN (국제 연합)

□ **UN, U.N.** [júːén] **U**nited **N**ations 국제 연합, 유엔
☜ 연합(unite) 된(ed) 국가(nation) 들(s)

✚ **unite**d **하나가 된**, 결합된, 연합(합병)한 **nat**ion **국가**, [집합적] **국민**

에이블 뉴스 Able News (장애인 뉴스매체) 리허빌리테이션 rehabilitation ([의학] 재활요법; 사회복귀)

Ablenews 에이블뉴스

<에이블 뉴스>는 한국의 장애인 뉴스전문 인터넷 독립언론매체로, '장애인도 할 수 있다'는 의미이다.

♣ **어원 : able, abil 할 수 있는**

■ **able** [éibl/에이블] ⑱ (-<-**ler**<-**lest**) **할 수 있는**, 가능한 ☜ 라틴어로 '다루기 쉬운'이란 뜻

□ un**able** [ʌnéibəl] ⑱ **할 수 없는**, 불가능한 ☜ un(=not/부정) + able<형접>
♠ **be unable to ~ ~할 능력이 없다, ~할 수 없다**(=can not)

■ reh**abil**itation [rìːhəbìlətéiʃən] ⑲ **사회 복귀, 리허빌리테이션**; 명예(신용) 회복; 부흥; 복위, 복직, 복권 ☜ 다시(re) + h + 할 수 있게(abil) 가는(it) 것(ation)

■ dis**able** [diséibəl] ⑧ **무력하게 하다**, 불구로 만들다 ☜ dis(=not/부정) + able

■ en**able** [enéibəl] ⑧ **~을 할 수 있게 하다**, ~에게 힘(능력·권한)을 주다
☜ 할 수 있게(able) 하다(en)

□ **unabridged**(생략하지 않은, 완전한) ➔ **abridge**(요약하다) **참조**

리셉션 reception (환영회), 리시버 receiver (수신기)

♣ **어원 : cept, cip, ceiv(e) 취하다, 받다**

■ re**cept**ion [risépʃən] ⑲ **리셉션, 환영회; 응접**, 접견; 받음, **수령;** (호텔 등의) **접수대** ☜ 다시/도로(re) 취하(cept) 기(ion)

■ re**ceive** [risíːv/뤼씨-브] ⑧ **받다**, 수용하다 ☜ 다시/도로(re) 취하다(ceive)

■ re**ceive**r [risíːvər] ⑲ 받는 사람, **수취인**; 수신기, 수화기, **리시버**
☜ 다시/도로(re) 취하는(ceiv) 사람(er)

□ unac**cept**able [ʌnəkséptəbl] ⑱ **받아들일 수 없는**, 용납하기 어려운
☜ un(=not/부정) + acceptable(받아들일 수 있는)
♠ **unacceptable** behavior **용납할 수 없는** 행동

✚ ac**cept** **받다**, 수락하다, 인정하다 ac**cept**able **받아들일 수 있는** anti**cip**ate **예상[기대]하다**

카운트다운 countdown (초읽기)

♣ **어원 : count 계산하다, 수를 세다; 설명하다**

■ **count** [kaunt/카운트] ⑧ **세다, 계산하다** ⑲ **계산**, 셈, 집계
☜ 고대 프랑스어로 '함께(co<com) 세다(unt)'란 뜻

■ **count**down [kauntdaun] ⑲ **카운트다운**, 초읽기
☜ down(아래로, 거꾸로) 세다(count)

■ ac**count** [akaunt/어카운트] ⑲ **계산**; **설명** ⑧ **~라고 생각하다**; **설명하다**
☜ ac(강조) + count (계산하다)

■ ac**count**able [ekauntebl] ⑱ 책임 있는, **설명할 수 있는** ☜ 설명할(account) 수 있는(able)

□ unac**count**able [ənəkáuntəbəl] ⑱ **설명할 수 없는**, 까닭 모를, 이상한; 책임이 없는
☜ un(=not) + accountable
♠ He **is unaccountable for** the mistakes.
그는 그 잘못**에 대하여 책임이 없다**.

커스터머 타케팅 customer targeting (특정고객 판매전략)

가장 판매가 많을 것으로 예상되는 특정 고객층을 겨냥한 판매전략

■ **custom** [kʌ́stəm/**커**스텀] 명 **관습, 풍습**; (pl.) **관세**; (pl. 단수취급) **세관**
☜ 라틴어로 '함께 습관/관습이 됨'이란 뜻

■ **custom**er [kʌ́stəmər] 명 손님, **고객**, 단골 ☜ 습관적으로 자주 가는 사람
■ ac**custom** [əkʌ́stəm] 동 **익숙하게 하다**, 습관이 들게 하다
☜ ~에(ac<ad=to) 습관 (custom)이 되어있다
■ ac**custom**ed [əkʌ́stəmd] 형 **익숙한**, 길든 ☜ accustom + ed<형접>
□ unac**custom**ed [ə̀nəkə́stəmd] 형 **(~에) 익숙지 않은**, 숙달되지 않은; 기묘한
☜ un(=not/부정) + accustomed
♠ I **am unaccustomed to** public speaking.
나는 사람들 앞에서 말**하는 데 익숙하지 않다**
※ **target** [tɑ́ːrgit] 명 **과녁**, 표적; **목표**, 목적, 목표액 동 목표로 삼다
☜ 고대영어로 '가벼운 방패'란 뜻

노하우 know-how (비결)

♣ 어원 : know 알다, 알게 하다, 승인[인식]하다
■ **know** [nou/노우] 동 (-/**knew/known**) **알고 있다** ☜ 고대영어로 '알다'란 뜻
■ **know**-how [nóuhàu] 명 (방법에 대한) 비결, **노하우** ☜ 어떻게 하는 방법(how)을 알다(know)
■ **know**ledge [nɑ́lidʒ/nɔ́l-] 명 **지식**, 정보 ☜ 아는 것(know)으로 인도하(lead) 기(dge<명접>)
■ ac**know**ledge [æknɑ́lidʒ] 동 **인정하다**(=admit) 반 **deny** [dinái] 부정하다
☜ ~에게(ac<ad=to) 아는 것(know)을 인도하(lead) 기(dge<명접>)
■ ac**know**ledged [æknɑ́lidʒd, əknɑ́lidʒd] 형 인정받은 ☜ -ed<형접>
□ unac**know**ledged [ʌnəknɑ́lidʒd/-nɔ́l-] 형 **인정되지 않은**; 응답을 받지 못한
☜ un(=not/부정) + acknowledged(인정받은)

팩트 fact (사실), 픽션 fiction (허구, 소설), 논픽션 nonfiction (사실적 산문문학)

♣ 어원 : fa, fac(t), fect, fic(t) 만들다(=make)
■ **fact** [fækt/**빽**트] 명 **사실**, 실제(의 일), 진실 ☜ (실제로) 벌어진<만들어진(fact) 일
■ af**fect** [əfékt/어**빽**트] 동 **~에게 영향(감명)을 주다**; ~인 체하다(=pretend)
☜ ~에게(af<ad=to) 만들어 주다(fect)
■ af**fect**ed [əféktid] 형 ~인 체하는, 뽐내는; 영향을 받은; 감염된 ☜ affect + ed<형접>
□ unaf**fect**ed [ə̀nəféktid] 형 꾸밈없는; 자연의 ☜ un(=not/부정) + affected
■ **fic**tion [fíkʃən] 명 [집합적] **소설**; 꾸민 이야기, 가공의 이야기
☜ (사실이 아닌) 만들어 낸(fic) 것(ion<명접>)
■ non**fic**tion [nɑ̀nfíkʃən] 명 **논픽션**, 소설이 아닌 산문문학 《전기 · 역사 · 탐험 · 기록 등》
☜ non(=not/부정) + fiction(허구, 가공의 이야기)

✚ de**fect** **결점**, 부족 ef**fect** **효과**, 결과 in**fect** **감염시키다, 영향을 미치다** per**fect** **완전한**, 정확한

애니메이션 animation (만화영화)

© 20th Century Fox

♣ 어원 : anim 생명, 호흡, 영혼, 마음
■ **anim**ation [æ̀nəméiʃən] 명 **생기**, 활기: **만화영화**, **애니메이션**
☜ 생명(anim)을 불어 넣(ate) 기(ion<명접>)
■ **anim**al [ǽnəməl/**애**너멀] 명 **동물, 짐승** 형 **동물의, 동물적인**
☜ anim(생명) + al<형접>
■ in**anim**ate [inǽnəmit] 형 **생명이 없는**, 활기없는, 죽은
☜ in(=not) + anim + ate<형접>
□ un**anim**ous [juːnǽnəməs/유-**내**너머스] 형 한마음의, **만장일치의**
☜ un<uni(하나) + anim + ous<형접>
♠ **a unanimous vote 만장일치의 표결**
□ un**anim**ously [juːnǽnəməsli/유-**내**너머슬리] 부 이의 없이 ☜ unanimous + ly<부접>
□ un**anim**ity [jùːnənímәti/유-너**니**머리/유-너**니**머티] 명 만장일치 ☜ -ity<명접>

U

아나운서 announcer (방송원) ➔ anchor, anchorman [-woman]

♣ 어원 : nounce 말하다
■ an**nounce** [ənáuns/어**나**운스] 동 알리다, **발표하다**(=publish), 고지하다(=give notice of)
☜ ~에게(an=to) 말하다(nounce)
■ an**nounce**r [ənáunsər] 명 **아나운서**, 방송원; 고지자, **발표자** ☜ -er(사람)
□ unan**nounce**d [ənənɑ́unst] 형 공표되지 않은; 미리 알아차리지 않은
☜ un(=not/부정) + announce + ed<형접>

♠ **arrive unannounced 예고 없이 오다**

✚ de**nounce** **공공연히 비난하다**, 매도하다 pro**nounce** **발음하다**; 선언하다, 선고하다 re**nounce** (권리를) 포기[단념]하다; **부인하다**

큐엔에이 Q&A (묻고 답하기)

※ **question** [kwéstʃən/**퀘**스천] ⓜ **질문, 물음** ☜ 묻는(quest) 것(ion<명접>)

※ **& = and** [ənd/언드, nd, ən, n; (강) ænd/앤드] ⓙ **~와, 그리고**
☜ 고대영어로 '그래서, 그 다음'이란 뜻. 고대영어로 '그래서, 그 다음의'란 뜻

■ an**swer** [ǽnsər/**앤**서/ɑ́:nsər/**안**-서] ⓢ **대답하다**, (질문, 편지에) 답하다 ⓜ **대답, 회답**, 응답
☜ 고대영어로 '대답, 응답'이란 뜻. ~에 대해(an<ad=to) 맹세하다(swer<swear)

□ unan**swer**ed [ənǽnsərd] ⓗ 대답 없는; 반박되지 않은, 반론이 없는; 보답되지 않은
☜ un(=not/부정) + answer + ed<형접>
♠ **unanswered love 짝사랑**

아마겟돈 Armageddon (세계종말에 있을 사탄과 하나님의 마지막 결전장)

♣ **어원 : arm 팔, 무기, 무장시키다**

■ **Arm**ageddon [ɑ̀:rməgédən] ⓜ 【성서】 **아마겟돈** 《세계의 종말에 있을 선과 악의 결전장》 ☜ 히브리어로 '(팔레스타인에 있는) Megiddo 산'이란 뜻. 성경에 따르면 이곳에서 세계에 종말에 선과 악의 결전(決戰)이 있을 것이라고 한다.

© Buena Vista Pictures

■ **arm** [a:rm/암-] ⓜ **팔**; (pl.) **무기, 병기** ☜ 팔(arm)이 곧 무기였으므로

■ **arm**ed [ɑ́:rmd] ⓗ **무장한** ☜ 무장(arm)을 한(ed<형접>)

□ un**arm** [ʌnɑ́:rm] ⓢ **무장 해제하다**(=disarm), 무기를 버리다
☜ un(=not/부정) + arm(무장하다)

□ un**arm**ed [ənɑ́:rmd] ⓗ **무장하지 않은**, 비무장의, 맨손의
☜ un(=not/부정) + armed
♠ **fight unarmed (with) 맨손으로 싸우다**

컨테이너 container (화물수송용 큰 금속상자)

♣ **어원 : tain, ten 확보하다, 유지하다, 보유하다**

■ con**tain** [kəntéin/컨**테**인] ⓢ **포함하다; 억제하다**
☜ 함께(con<com) 유지하다(tain)

■ con**tain**er [kəntéinər] ⓜ **그릇, 용기; 컨테이너** ☜ contain + er(장비)

■ at**tain** [ətéin] ⓢ **도달하다, 성취하다** ☜ ~을(at<ad=to) 확보하다(tain)

■ at**tain**able [ətéinəbl] ⓗ 달성할 수 있는, 이룰 수 있는 ☜ attain + able<형접>

□ unat**tain**able [ənətéinəbəl] ⓗ 도달하기[얻기] 어려운 ☜ un(=not/부정) + attainable
♠ **an unattainable goal 도달 불가능한 목표**

✚ enter**tain** **대접[환대]하다**; 즐겁게 하다 main**tain** 지속하다, **유지하다** ob**tain** **얻다, 획득하다** re**tain** **보류하다; 계속 유지하다** sus**tain** **유지[계속]하다** **ten**ant (토지 등의) **차용자, 소작인**

네임 밸류 name value (콩글, 이름값, 명성) ➔ social reputation

♣ **어원 : val, vail 가치, 의미, 가격; 강한**

※ **name** [neim/네임] ⓜ **이름, 성명** ⓢ 이름을 붙이다 ☜ 고대영어로 '이름'이란 뜻

■ **val**ue [vǽlju:/**밸**유-] ⓜ **가치, 유용성** ☜ 고대 프랑스어로 '가치, 값'이란 뜻

■ a**vail** [əvéil] ⓢ **유용하다** ⓜ **효용** ☜ 쪽에(a<ad=to) 있는 가치(vail)

■ a**vail**able [əvéiləbəl] ⓗ **이용 가능한, 쓸모 있는**
☜ 쪽에(a<ad=to) 가치(vail)를 둘 수 있는(able)

□ una**vail**able [ənəvéiləbəl] ⓗ 입수되지 않는; **이용할 수 없는**, 쓸모없는
☜ un(=not/부정) + available
♠ service temporarily **unavailable** 일시적으로 **사용할 수 없는** 서비스

U

✚ **val**id **확실한, 유효한** e**val**uate **평가하다**

바캉스 vacance ([F.] 휴가) ➔ vacation

♣ **어원 : vac, va(n), void 빈, 공허한**

■ **vac**ant [véikənt] ⓗ **빈, 공허한, 한가한** ☜ -ant<형접>

■ **vac**ancy [véikənsi] ⓜ **공허, 빈터, 방심** ☜ -ancy<명접>

■ **vac**ation [veikéiʃən/베이**케**이션, və-] 명 **정기휴가, 휴가여행** ☜ 비우(vac) 기(ation<명접>)
■ a**void** [əvɔ́id/어**보**이드] 동 **피하다** ☜ 밖으로(a=out) 비우다(void)
■ a**void**able [əvɔ́idəbl] 형 **피할 수 있는** ☜ avoid + able<형접>
□ una**void**able [ànəvɔ́idəbl] 형 피할〔어쩔〕 수 없는; 〖법률〗 무효로 할 수 없는
♠ **for some unavoidable reasons 피치 못할 사정으로**

✚ e**vac**uate **비우다, 피난[철수]시키다**, 피난〔철수〕하다 **vac**uum **진공**

구글 어웨어니스 API Google Awareness API (구글 상황인식 앱)

사용자의 휴대폰 정보(위치, 사용자의 성향)에 근거하여 현재 상황에 지능적으로 반응하는 휴대폰앱[어플]. 미국 구글사(社) 개발.

♣ **어원 : ware 조심하다, 주의하다**
※ **Google** [gúːgl] 명 (기업명) **구글** 동 (g~) 구글로 검색하다 ☜ 10의 100제곱, 즉 1 뒤에 0이 100개 달린 수를 뜻하는 구골googol에서 따온 말
■ a**ware** [əwέər] 형 **알아차린, ~에 대해 알고 있는** ☜ ~에 대해(a<ad=to) 조심하다(ware)
■ a**ware**ness [əwέərnis] 명 의식, 자각, 인식 ☜ aware + ness<명접>
■ be**ware** [biwέər] 동 **조심하다, 경계하다** ☜ Be ware(조심하라)의 뜻
□ una**ware** [ʌ̀nəwέər] 형 **알지 못하는** ☜ un(=not/부정) + aware(알아차린)
♠ **I was unaware about** it.
나는 그것**에 대하여 모르고 있었다**.
♠ **be unaware of ~ ~을 알지 못하는, 눈치 채지 못하는**
□ una**ware**s [ʌ̀nəwέərz] 부 뜻밖에, 불의(不意)에; 모르는 새에, 무심히 ☜ -s<부접>
□ un**wary** [ənwéri] 형 (-<unwar**ier**<unwar**iest**) 부주의한, 조심하지 않는, 방심하는; 경솔한 ☜ un(=not/부정) + wary(조심하는)
□ un**war**ily [ənwérili] 부 부주의하게, 경솔하게 ☜ unwary<y→i> + ly<부접>
□ **wary** [wέəri] 형 (-<-**rier**<-**riest**) 조심하는, 신중한 ☜ 조심하(ware) 는(y)
□ **war**ily [wέərili] 부 세심하게 ☜ wary + ly<부접>
□ **war**iness [wέərinis] 명 조심 ☜ wary + ness<명접>
※ **API** **A**pplication **P**rogramming **I**nterface 응용프로그램과 운영체계(OS)간 상호접속체계

Google Awareness API
© google.com

□ unbias(s)ed(선입견 없는, 편견없는) ➔ bias(성향, 편견) 참조

바란스 < 발란스 balance (균형)

■ **balance** [bǽləns/**밸**런스] 명 **균형; 저울** 동 **평균하다**; (저울에) 달다(=weigh) ☜ 라틴어로 '두 개(ba<bi=two)의 (저울용) 접시(lance<lanx=plate)가 있는'
□ un**balance** [ənbǽləns] 명 불균형 동 불균형하게 하다 ☜ un(=not) + balance
♠ **an unbalanced diet 불균형한 식사**
□ un**balance**d [ənbǽlənst] 형 균형이 잡히지 않은 ☜ unbalance + ed<형접>

베어링 bearing (축받이)

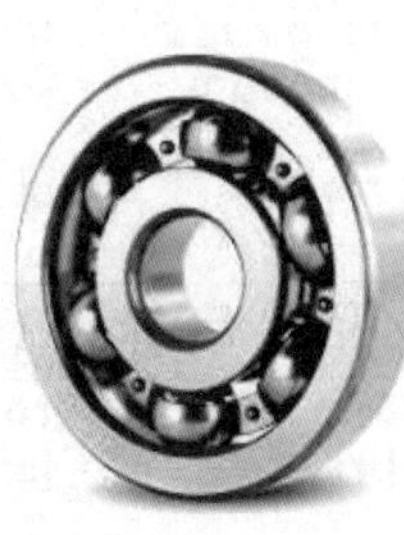

♣ **어원 : bear 나르다, 견디다; 애를 낳다**
■ **bear** [bεər/베어] 동 **운반하다, 지탱하다, 견디다; (애를) 낳다** ☜ 고대영어로 '나르다'란 뜻
■ **bear**able [bέərəbəl] 형 **견딜 수 있는**, 견딜만한 ☜ -able(~할 수 있는)
■ **bear**ing [bέəriŋ] 명 **태도; 방위각**; 〖기계〗 축받이, **베어링** ☜ -ing<명접>
□ un**bear**able [ʌnbέərəbəl] 형 **견딜 수 없는**, 참기 어려운 ☜ un(= not/부정) + bear + able<형접>
♠ due to **unbearable stress 참을 수 없는 스트레스** 때문에
□ un**bear**ably [ʌnbέərəbli] 부 참을〔견딜〕 수 없게 ☜ -ably<부접>

U

□ unbecoming(어울리지 않는, 온당치 않은) ➔ become(~이 되다) 참조

라이프 스타일 life style (생활양식)

♣ **어원 : life, live, lief, live 살다, 맡기다, 사랑하다**
■ **life** [laif/라잎] 명 (pl. li**ves**) **삶, 생명, 생활, 인생, 활기** ☜ 고대영어로 '일생'이란 뜻
■ be**lieve** [bilíːv, bə-] 동 **믿다**, ~라고 생각하다 ☜ 삶<사랑(liev)이 존재하다(be) + e
■ be**liev**able [bilíːvəbl] 형 믿을만한, **믿을 수 있는** ☜ 믿을(believe) 수 있는(able)
□ unbe**liev**able [ənbəlívəbəl] 형 **믿을 수 없는** ☜ un(=not) + 믿을(believe) 수 있는(able)

♠ **It's unbelievable. 도저히 믿을 수가 없다**

□ unbe**liev**ably [ənbəlívəbəli] ㊄ **믿을 수 없을 만큼** ☜ -ably<부접>

■ disbe**lief** [dìsbilíːf] ⑲ **불신, 의혹** ☜ dis(=not/부정) + belief(믿음)

※ **style** [stail/스따일] ⑲ **스타일, 양식, 방식; 문체**, 필체; 어조
☜ 라틴어로 '철필, 표현방식'이란 뜻

뺀드 < 밴드 band (악단)

♣ **어원 : band, bend, bind, bond 묶다, 구부리다**

■ **band** [bænd/밴드] ⑲ 무리, 악단, **밴드; 띠, 끈** ☜ 고대영어로 '묶는 것, 매는 것'이란 뜻

■ **band**age [bǽndidʒ] ⑲ **붕대; 안대** ⑧ 붕대로 감다 ☜ band + age<명접>

■ **bend** [bend/벤드] ⑧ (-/**bent**/**bent**) **구부리다, 굽히다; 구부러지다**
☜ 고대영어로 '묶다, 구부리다'란 뜻

□ un**bend** [ənbénd] ⑧ (-/un**bent**〔unbend**ed**〕/un**bent**〔unbend**ed**〕) (굽은 것을) 곧게 하다, 펴다; (몸 등을) 편히 쉬게 하다 ☜ un(=not/부정) + bend
♠ **unbend the mind** [oneself] **편히 쉬다, 편안해지다**

□ un**bend**ing [ənbéndiŋ] ⑱ 굽지 않는; (정신 따위가) 불굴의 ☜ -ing<형접>

✚ **bind 묶다, 철하다 bond 묶는 것, 끈; 유대, 결속; 접착제, 본드 bond**age **노예신분, 속박**

베어링 bearing (축받이)

■ **bear** [bɛər/베어] ⑧ (-/**bore**/**borne**〔**born**〕) **참다, 견디다, 기대다;** (애를) **낳다; 운반하다**
☜ 고대영어로 '가져오다, 생산하다, 견디다'란 뜻

■ **bear**ing [bέəriŋ] ⑲ 『기계』 축받이, **베어링; 태도; 방위각** ☜ -ing<명접>

■ **born** [bɔːrn/보온] ⑱ **타고난**, 선천적인, **태어난**
㉥ **acquired** 후천적인 ☜ bear(낳다)의 과거분사 ➔ 형용사

□ un**born** [ənbɔ́ːrn] ⑱ 아직 태어나지 않은; 후대의, 후세의, 미래의
☜ un(=not/부정) + born(태어난)
♠ **her unborn baby 그녀의 아직 태어나지 않은 아기**

부점 bosom ([패션] 드레스 셔츠의 가슴부분)

드레스 셔츠(dress shirt)의 가슴 부분을 말한다. 예장용의 셔츠에는 이 부분에 장식을 꾸미는 경우가 많은데, 단단히 풀칠한 것을 스타치트 부점(starched bosom), 주름을 배합한 것을 플리티드 부점(pleated bosom) 이라고 한다.

■ **bosom** [búzəm, búː-] ⑲ 《문어》 **가슴, 속**, (여자의) 유방, 가슴 속
⑧ 가슴에 품다, 간직하다 ⑱ 가슴의; 친한
☜ 고대영어로 '가슴, 유방'이란 뜻
♠ **a bosom friend 친구** (=a close friend)

■ **bosom**y [búzəmi] ⑱ 《구어》 (여자가) 가슴이 풍만한 ☜ bosom + y<형접>

□ un**bosom** [ʌnbúzm] ⑧ (속마음·비밀 따위를) **털어놓다**, 밝히다; 의중(意中)을 밝히다 ☜ un(=against) + bosom(가슴에 품다)
♠ **unbosom oneself to ~ ~에게 속마음을 밝히다, 고백하다.**

브로커 broker (중개인)

♣ **어원 : break, brok 깨다, 부수다**

■ **break** [breik/브뤠익/브레이크] ⑧ (-/**broke**/**broken**) **부수다, 깨지다** ⑲ **깨짐; 휴식**
☜ 고대영어로 '고체를 잘게 쪼개다'란 뜻.

■ **brok**e [brouk/브로욱] ⑱ **파산하여** ☜ break의 과거

■ **brok**er [bróukər] ⑲ 중개인, **브로커** ☜ -er(사람)

U

■ **brok**en [bróukən/브로우컨] ⑱ **부서진, 낙담한; 파산한**, 깨어진 ☜ -en<형접>

■ **brok**enhearted [bróukənhάːrtid] ⑱ 기죽은; 비탄에 잠긴; 상심한; **실연한**
☜ 깨어(brok) 진(en) 마음(heart) 의(ed)

□ un**brok**en [ənbróukən] ⑱ **손상[파손]되지 않은**, 완전한; 중단되지 않은
☜ un(=not/부정) + broken
♠ **an unbroken record 깨지지 않는 기록**

보턴 < 버튼 button (단추)

■ **button** [bʌ́tn] ⑲ **단추** ⑧ **단추를 채우다** ☜ 고대 프랑스어로 '돌기'

☐ un**botton** [ʌnbʌ́tən] [동] 단추를 풀다; (장갑차의) 뚜껑을 열다; 시원히 털어놓다 ☜ un(=not/부정) + button
♠ **He unbuttoned his shirt. 그는 셔츠 단추를 풀었다.**

악세서리 accessory ([콩글] 보석류, 장신구) ➔ jewelry
프로세스 process (진행, 과정)

♣ **어원 : cess, cease, cede, ceed 가다, 오다**
■ ac**cess** [ǽkses] [명] **접근, 출입** ☜ ~로(ac<ad=to) 가다(cess)
■ ac**cess**ory, -ary [æksésəri] [명] (보통 pl.) 부속물; 부속품, **액세서리** ☜ -ory(따라가는 것)
■ **cease** [siːs/씨-스] [동] **그만두다**(=desist), **중지하다**
☜ (적군을) 가게(cess) 하다(ase) ⇨ 적군을 퇴각시켜 전쟁을 중지하다
☐ un**ceas**ing [ənsíːsiŋ] [형] 끊임없는, 부단한, 간단없는
☜ un(=not/부정) + cease(중지하다) + ing<형접>
♠ A good success was the product of **unceasing efforts.**
끈질긴 노력이 (마침내) 성공적인 결과를 가져왔다.
☐ un**ceas**ingly [ənsíːsiŋli] [부] 끊임없이 ☜ unceasing + ly<부접>

✚ ex**ceed** (수량 · 정도 · 한도 · 범위를) **넘다, 초과하다** ne**cess**ary **필요한, 없어서는 안 될**
re**cede** **물러나다**, 퇴각하다 pro**cess** **진행, 과정; 방법; 가공[저장]하다**

콘서트 concert (연주회, 음악회)

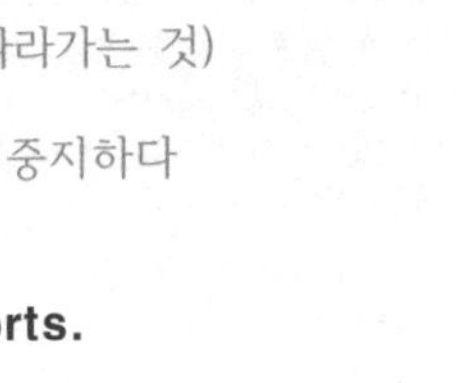

♣ **어원 : cert, cern 확실한, 확신하다, 확인, 보증**
■ con**cert** [kάnsə(ː)rt/kɔ́n-] [명] 연주회, 음악회, **콘서트** [동] **협정하다**
☜ (약속을) 서로(con) 확실하게(cert) 하다
■ **cert**ain [sə́ːrtən/**써-턴**] [형] **확신하는; 확실한, 신뢰할 수 있는** ☜ 확실(cert) 한(ain)
■ **cert**ainty [sə́ːrtənti] [명] (객관적인) **확실성**, 확신 ☜ certain + ty<명접>
☐ un**cert**ain [ʌnsə́ːrtn] [형] **불확실한, 확신이 없는** ☜ un(=not/부정) + certain
♠ Our future **looks uncertain**. 우리의 미래는 **불확실해 보인다**.
☐ un**cert**ainly [ʌnsə́ːrtnli] [부] **불확실하게**, 의심스럽게; 변덕스럽게 ☜ -ly<부접>
☐ un**cert**ainty [ʌnsə́ːrtnti] [명] **불확실(성)**; 불안정 ☜ un(=not/부정) + certainty

✚ as**cert**ain **확인하다**; 규명하다 dis**cern** 분별하다, **식별하다** con**cern** **~에 관계하다, ~에 관계되다**

인터체인지 interchange (고속도로의 입체 교차점)
체인지업 change-up ([야구] 속구 모션으로 타자를 속이는 완구)

< Interchange >

♣ **어원 : change 바꾸다, 변화하다, 교환하다**
■ **change** [tʃeindʒ/체인쥐] [동] **바꾸다**; 교환하다; 변하다; 갈아타다; (옷을) 갈아입다 [명] **변화; 거스름돈, 잔돈**
☜ 고대 프랑스어로 '바꾸다'란 뜻
■ **change**-up [tʃéindʒʌ̀p] [명] 『야구』 = change of pace; (자동차 기어 등의) 고속 변환
☜ 위로/빠르게(up) 바꾸다(change)
■ ex**change** [ikstʃéindʒ] [동] **교환하다**, 바꾸다 ☜ 라틴어로 '외부(ex)와 교환하다(change)'란 뜻
■ inter**change** [ìntərtʃéindʒ] [동] **서로 교환하다** [명] 상호 교환, 교체; (고속도로의) 입체 교차(점), **인터체인지** ☜ 상호간에(inter) 교환하다(change)
☐ un**change**d [əntʃéindʒd] [형] 불변의, **변하지 않는**, 본래 그대로의
☜ un(=not/부정) + change + ed<형접>
♠ My opinion remains **unchanged**. 내 의견은 여전히 **변함없**다.
☐ un**chang**ing [ʌntʃéindʒiŋ] [형] **변하지 않는**, 불변의, 언제나 일정한
☜ un(=not/부정) + change + ing<형접>

체크카드 check card (직불카드와 신용카드의 기능을 혼합한 카드)

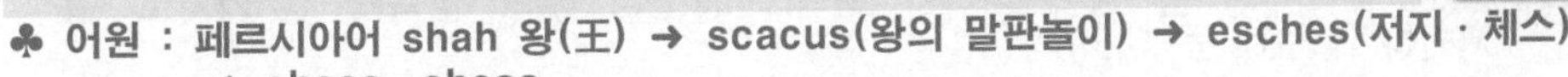

체크카드는 직불카드와 신용카드를 절충한 형태의 지불결제수단 카드이다. 전국의 모든 신용카드 가맹점에서 24시간 사용할 수 있으나, 신용카드의 현금서비스 및 할부 기능을 없앰으로써 신용불량자가 발생할 요소를 차단했다. 또 현금카드(캐시카드)의 기능도 겸한다.

♣ **어원 : 페르시아어 shah 왕(王) ➔ scacus(왕의 말판놀이) ➔ esches(저지 · 체스)**
➔ chess · chess
■ **check**, 《영》 **cheque** [tʃek/췌크] [명] **저지; 감독, 점검, 대조, 검사**; **수표**; 바둑판(체크) 무늬
[동] **저지하다, 조사[점검]하다**; 수표를 떼다 ☜ 고대 프랑스어로 '체스경기, (적의 공격

U

을) 저지하다'란 뜻

□ un**check**ed [əntʃékt] ⓗ **저지〔억제〕되지 않은**; 검사받지 않은, 맞추어 보지 않은
☜ un(=not/부정) + check + ed<형접>
♠ **go 〔remain〕 unchecked 제멋대로 되어가다, 억제되지 않다.**

■ **chess** [tʃes] ⓜ **체스**, 서양장기 ☜ 고대 프랑스어로 '체스경기'란 뜻.

※ **card** [kaːrd/카-드] ⓜ **카드**; 판지(板紙), 마분지 ☜ 중세 프랑스어로 '종이 한 장'이란 뜻

씨티은행(銀行) Citibank (미국의 다국적 종합금융기업)

1812년 뉴욕씨티뱅크로 설립되어 1863년 내셔널씨티뱅크오브뉴욕으로 바뀌었다. 1897년 미국 은행 가운데 최초로 해외업무를 시작했다. 한국에서는 1983년 설립된 한미은행이 2004년 씨티은행과 통합되어 탄생했다. 주요 사업은 일반 은행 업무, 신탁 업무, 외국환 업무 등이다.

♣ **어원 : citi, city, civ, cita 시민, 공민, 문명, 도시**

■ **city** [síti/씨리/씨티] ⓜ **시, 도시**, 도회 《town보다 큼》 ☜ 고대 프랑스어로 '시, 도시'란 뜻

■ **civil** [sívəl] ⓗ **시민〔공민〕의, 공민으로서의**; 내정의; 민간의, 일반시민의; **예의바른**
☜ 고대 프랑스어로 '시민의'란 뜻

■ **civil**ized [sívəlàizd] ⓗ **개화된, 교화된**; 예의 바른, 교양이 높은 ☜ -ed<형접>

□ un**civil** [ənsívəl] ⓗ 버릇없는, 무례한, 난폭한《말씨 등》; 야만적인, 미개한
☜ un(=not/부정) + civil(예의바른)
♠ **her uncivil treatment** of the waiter 웨이터에 대한 **그녀의 무례한 태도**

□ un**civil**ized [ənsívəlaizd] ⓗ 미개의, 야만의 ☜ un + civil + ize<동접> + ed<형접>

※ **bank** [bæŋk/뱅크] ⓜ **둑, 제방**; ☜ 고대영어로 '작은 언덕'이란 뜻
은행 ☜ 고대영어로 '(환전상(商)의) 책상, 벤치'란 뜻

엉클샘 Uncle Sam (미국을 의인화한 것. <샘 아저씨>란 뜻)

Uncle Sam은 Unites States(미국)의 두문자만 따서 <샘 아저씨>로 의인화한 것이다. '미국정부'나 '전형적인 미국인'을 Uncle Sam으로 부르곤 한다.

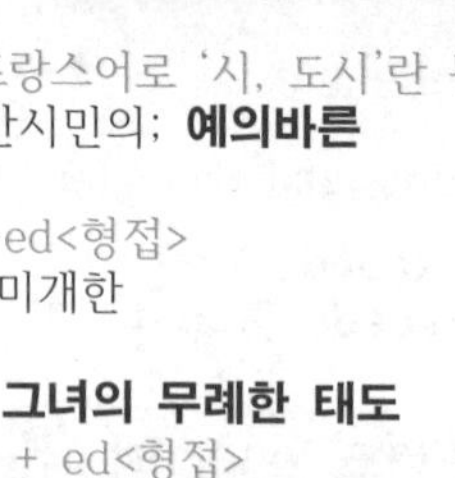

□ **uncle** [ʌ́ŋkəl/**엉**컬] ⓜ **아저씨**, (외)삼촌, 백부, 숙부; 외삼촌; 고모부, 이모부 ☜ 라틴어로 '아버지나 어머니의 남자 형제'란 뜻.
비교 aunt 아주머니
★ 스토 부인(Mrs. Stowe)의 소설 『Uncle Tom's Cabin(톰아저씨의 오두막집)』은 흑인노예들의 비참한 실상을 따뜻한 인간애를 지닌 노예 톰의 시련을 통해 사실적으로 묘사한 작품이다.
♠ **an uncle** on one's father's 〔mother's〕 side 친〔외〕**삼촌**

※ **Sam** [sæm] ⓜ **샘**《남자 이름; Samuel의 애칭》; (때때로 s-) 《미.속어》 (연방 정부의) 마약단속관; 《미.학생속어》 (성적(性的)으로) 멋진 남자

드라이 클리닝 dry cleaning (건식 세탁(물))

※ **dry** [drai/드롸이] ⓗ (-<dr**ier**<dr**iest**) **마른, 건조한**, 물기가 없는; 건성〔건식〕의 ☜ 고대영어로 '건조한, 마른'이란 뜻

■ **clean** [kliːn/클리인] ⓗ **청결한, 깨끗한, 순수한**
☜ 고대영어로 '오물이 없는'이란 뜻

■ **clean**ing [klíːniŋ] ⓜ **청소**; (옷 따위의) 손질, 세탁, 클리닝 ☜ -ing<명접>

□ un**clean** [ənklíːn] ⓗ **더러운**, 불결한; 순결하지 않은, 부정(不貞)한; 부정(不淨)한; 불명확한
☜ un(=not/부정) + clean
♠ **unclean water 더러운 물, unclean thoughts 부정한 생각**

□ **unclose**(열(리)다; 나타내다) ➔ **close**(닫다, 끝내다; 종결) **참조**

U

포르테 forte ([음악] 강하게)

♣ **어원 : fort, forc(e) 강화하다, 강요하다, 힘을 북돋아주다**

■ **fort**e [fɔ́ːrti, -tei] ⓗ 《It.》 『음악』 **포르테**의, 강음의 ⓟ 강하게, 세게 《생략: f.》 ⓜ 장점, 특기 ☜ 이탈리아어로 '강한'이란 뜻

■ **force** [fɔːrs/뽀-스] ⓜ **힘**, 세력, 에너지; **폭력**(violence), **무력; 설득력** ⓢ **억지로 ~을 시키다** ☜ 고대 프랑스어로 '힘'이란 뜻

■ **fort** [fɔːrt] ⓜ 성채, 보루, **요새** ☜ 고대 프랑스어로 '성채, 강한 남자'란 뜻

■ com**fort**able [kʌ́mfərtəbəl/**컴**풔더블/**컴**퍼터벌] ⓗ **기분 좋은, 편한, 안락한**; 고통〔불안〕이 없는
☜ 서로(com) 힘을 북돋아 주(fort) 는(able<형접>)

□ uncom**fort**able [ʌnkʌ́mfərtəbəl] ⓗ 불유쾌한, **기분이 언짢은**, 거북한
☞ (un=not/부정) 편한(comfortable)
♠ **uncomfortable shoes 불편한 신발**
□ uncom**fort**ably [ʌnkʌ́mfərtəbəli] ⓑ **불쾌하게**; 귀찮게 ☞ un + comfortable + ly<부접>
■ discom**fort** [diskʌ́mfərt] ⓜ **불쾌**, 불안; 싫은(불안한) 일 ⓓ 불쾌하게 하다
☞ dis(=not) + comfort

✚ ef**fort** **노력**, 수고, 진력(盡力) en**force** **실시[시행]하다**, 집행하다; 강요(강제)하다
rein**force** **보강하다, 강화하다, 증강하다**

커뮤니케이션 communication (의사소통)

♣ **어원 : communi, common 공동의, 공공의; 나누다, 공유하다**
■ **communi**cation [kəmjùːnəkéiʃən] ⓜ **전달, 통신**; **교통수단**
☞ 나눔을(communi) + c + 만들(ate) + 기(ion<명접>)
■ **common** [kάmən/**카**먼/kɔ́mən/**코**먼] ⓗ (-<-**er**(**more** -)<-**est**(**most** -)) **공통의**, 공동의, **사회일반의; 보통의** ☞ 고대 프랑스어로 '공동의, 일반의'란 뜻
□ un**common** [ʌnkάmən/-kɔ́m-] ⓗ **흔하지 않은**, 보기 드문, 보통이 아닌, 비범한
☞ un(=not/부정) + common
♠ **an uncommon occurrence 흔치 않은 일**

✚ **commune 코뮌** 《중세 유럽제국의 최소 행정구》; 지방 자치체; (공산권의) 인민공사 정부; **친하게 사귀다[이야기하다]** **communi**sm (종종 C-) **공산주의**(운동, 정치 체제) **communi**ty **공동 사회**, 공동체; (the ~) **일반 사회**(the public)

콘서트 concert (음악회)

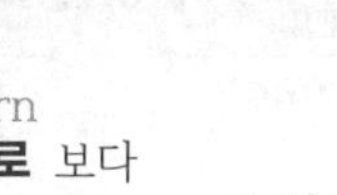

♣ **어원 : cert, cern 확실하게 하다, 확인하다, 확신하다**
■ con**cert** [kάnsə(:)rt/kɔ́n-] ⓜ 연주회, 음악회, **콘서트** ⓓ **협정하다**
☞ (약속을) 서로(con) 확실하게(cert) 하다
★ 개인 연주회는 recital임.
■ con**cern** [kənsə́ːrn/컨**써**언] ⓓ **~에 관계하다**, ~에 관계되다; **관심을 갖다**
☞ 서로(con)의 관계를 확실하게(cert) 하다
□ uncon**cern** [ənkənsə́ːrn] ⓜ 태연, **무관심**, 냉담 ☞ un(=not/부정) + concern
♠ **view the matter with unconcern** 그 일을 **무관심한 눈으로** 보다
□ uncon**cern**ed [ənkənsə́ːrnd] ⓗ 무관심한, 태연한, 무사태평한; 상관없는 ☞ unconcern + ed<형접>
□ uncon**cern**edly [ənkənsə́ːrndli] ⓑ 무관심하게, 태연하게 ☞ -ly<부접>
■ dis**cern** [disə́ːrn, -zə́ːrn] ⓓ 분별하다, **식별하다**
☞ 따로<분리하여(dis=away) 확실하게(cern) 하다

컨디션 condition (상태, 조건)

♣ **어원 : dit, dic, dict 말하다**
■ con**dit**ion [kəndíʃən/컨**디**션] ⓜ **상태**; **지위**; **조건** ⓓ **조건을 설정하다**
☞ 여러조건을 함께(con<com) 말하는(dit) 것(ion)
■ con**dit**ional [kəndíʃənəl] ⓗ **조건부의**; 잠정적인, 가정적인, 제한이 있는 ☞ -al<형접>
□ uncon**dit**ional [ʌ̀nkəndíʃənl] ⓗ **무조건의**, 무제한의, 절대적인
☞ un(=not/부정) + condition(조건) + al<형접>
♠ **the unconditional surrender 무조건적인 항복**

YTN 사이언스 YTN science (YTN의 과학전문방송)

♣ **어원 : sci 알다, 이해하다**
■ **sci**ence [sáiəns/**싸**이언스] ⓜ **과학**; 《특히》 자연 과학
☞ 아는(sci) 것(ence<명접>)
■ con**sci**ence [kάnʃəns/kɔ́n-] ⓜ **양심**, 도의심, 도덕 관념
☞ (상식인) 모두(con<com) 아는 것(science)
■ con**sci**ous [kάnʃəs/kɔ́n-] ⓗ **의식[자각]하고 있는**, **정신[의식]이 있는**
☞ 함께(con<com) 알고(sci) 있는(ous<형접>)
□ uncon**sci**ous [ʌnkάnʃəs/-kɔ́n-] ⓗ 무의식의, **모르는; 의식[정신]을 잃은** ⓜ (the ~) 무의식
☞ un(=not/부정) + conscious(의식적인)
♠ **drink oneself unconscious 과음해서 제정신을 잃다.**
□ uncon**sci**ously [ʌnkάnʃəsli/-kɔ́n-] ⓑ **무의식적으로**, 부지중에 ☞ -ly<부접>
□ uncon**sci**ousness [ʌnkάnʃəsnis/-kɔ́n-] ⓜ 무의식; 의식 불명 ☞ =ness<명접>

U

리모콘 remocon(×) ➔ remote control (원격 조작)

※ **remote** [rimóut] (형) (-<-t**er**<-t**est**) **먼**, 먼 곳의
☜ 라틴어로 '뒤로<멀리(re) 움직이다(mot) + e'란 뜻

■ **control** [kəntróul/컨츠**로**울] (명) **지배**(력); 관리; **억제**, 통제 ☜ 양치기가 양피 두루마리에 양의 숫자를 기록하여 대조하다 ☜ **cont**rast(대조) + **rol**l(두루마리)

■ **control**lable [kəntróuləbl] (형) 지배(억제)할 수 있는 ☜ control + l + able<형접>

□ un**control**lable [ʌ̀nkəntróuləbəl] (형) **제어할 수 없는**, 억제하기 어려운, 어쩔 수 없는
☜ un(=not/부정) + control + l + able(~할 수 있는)
♠ He's **an uncontrollable child**. 그는 **통제가 안 되는 아이**이다.

□ un**control**lably [ʌ̀nkəntróuləbli] (부) **제어할 수 없게** ☜ -ably<부접>

□ un**control**led [ʌ̀nkəntróuld] (형) 억제(통제)되지 않은, 방치된, 자유스러운 ☜ -ed<형접>

카운트 다운 countdown (초(秒) 읽기), 카운터, 디스카운트...

< Countdown >

♣ 어원 : **count- 세다, 계산하다**

■ **count** [kaunt/카운트] (동) **세다, 계산하다** (명) **계산**, 셈, 집계
☜ 고대 프랑스어로 '함께(co<com) 세다(unt)'란 뜻

■ **count**down [kάuntdàun] (명) (로켓 발사 때 등의) 초(秒)읽기, **카운트다운**
☜ 아래로/거꾸로(down) 세기(count)

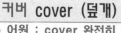

■ **count**able [káuntəbl] (형) **셀 수 있는**, 계산할 수 있는 ☜ 셀(count) 수 있는(able)

□ un**count**able [ʌnkáuntəbl] (형) 무수한, **셀 수 없는**, 계산할 수 없는
☜ un(=not/부정) + 셀(count) 수 있는(able)
♠ **uncountable** ants **무수한** 개미들

■ **count**er [káuntər] (명) **계산인; 계산대**, 카운터 ☜ 계산하는(count) 곳(er)

■ ac**count** [əkáunt] (명) **계산**, 셈; **계정**; **계산서**, 청구서 ☜ ac(강조) + count(계산)

■ dis**count** [dískaunt] (명) **할인**(액); (어음 등의) 할인율 (동) **할인하다**
☜ 아래로(dis) 계산하다(count)

연상 그 야구 코치(coach.지도원)는 쿠스(couth.예의바른, 고상한)한 사람이다.

© Osen

※ **coach** [koutʃ] (명) (의식용) **공식 마차**, 역마차; 『경기』 **코치**; 지도원 (동) 마차로 나르다, 지도하다 ☜ 중세영어로 '4륜 마차'란 뜻. 19세기 초에 coach는 학생을 시험에 '데려다 주는 개인 교사'를 뜻하는 옥스퍼드 대학교의 속어로 등장했다.

■ **couth** [kuːθ] (형) 《우스개》 고상한, 세련된, 예의바른 (명) 세련, 고상함
☜ 고대영어로 '잘 알려진'이란 뜻.

□ un**couth** [ʌnkúːθ] (형) **세련되지 않은**, 거친; 황량한; 무례한; 《고어》 이상한; 《폐어》 기괴한 ☜ 고대영어로 '이상한, 낯선'이란 뜻. un(=not/부정) + couth(잘 알려진)
♠ **uncouth laughter 무례한 웃음**
♠ **uncouth behavior 보기흉한 행동**

커버 cover (덮개)

♣ 어원 : **cover 완전히 가리다, 덮다**

■ **cover** [kʌ́vər/**커**붜] (동) (뚜껑을) **덮다**, 씌우다, 싸다 (명) **덮개**, 커버
☜ 완전히(co<com) 덮다(over)

■ dis**cover** [diskʌ́vər/디스**커**붜] (동) **발견하다**; ~을 알다, 깨닫다
☜ 벗기다 ⇦ dis(=not) + cover(덮다)
♠ **discover an island 섬을 발견하다**

■ re**cover** [rikʌ́vər] (동) **되찾다**; 회복하다 ☜ 다시(re) 덮다(cover)

□ un**cover** [ʌnkʌ́vər] (동) **뚜껑[덮개]를 벗기다, 폭로하다**
☜ 벗기다 ⇦ un(=against) + cover(덮다)
♠ **uncover a plot 음모를 폭로하다.**

U

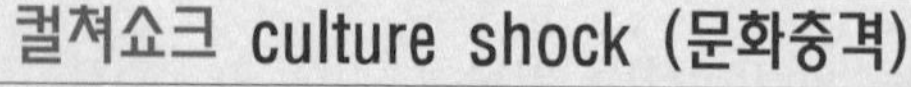

컬쳐쇼크 culture shock (문화충격)

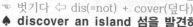

< Culture Shock >
© honorsociety.org

1954년 인류학자 칼레르보 오베르그가 처음 소개한 용어로 사람들이 완전히 다른 문화환경이나 사회환경에 있을 때 느끼는 충격과 감정의 불안을 지칭하는 용어이다. <출처 : 위키백과>

♣ 어원 : **cult(i) 경작, 숭배; 갈고 닦다**

■ **cult**ure [kʌ́ltʃər] 명 **교양, 문화; 훈련; 재배**
☜ 경작/숭배하는(cult) 생활양식(ure<명접>)

■ **cult**ured [kʌ́ltʃərd] 형 교양이 있는, 재배된 ☜ culture + ed<형접>

□ un**cult**ured [ʌnkʌ́ltʃərd] 형 개간되어 있지 않은; 교양 없는
☜ un(=not/부정) + culture + ed<형접>
♠ **an uncultured man 교양 없는 사람**

※ **shock** [ʃɑk/샤크/ʃɔk/쇼크] 명 **충격**; (격심한) 진동; 〚전기〛 충격(=electric shock); 《비유》 (정신적인) 충격, **쇼크**, 타격; 충격적 사건 동 **충격을 주다**
☜ 중세 프랑스어로 '세찬 공격, 맹공'이란 뜻

돈트 북스 Daunt Books (영국 텔레그라프 신문이 <세상에서 가장 아름다운 서점>으로 선정. 창업자 <제임스 돈트의 서점>이란 뜻)

■ **daunt** [dɔːnt] 동 **위압하다**; 주춤(움찔)하게 하다, ~의 기세를 꺾다
☜ 고대 프랑스어로 '무서워하다', 라틴어로 '무섭게 하다'란 뜻

■ **daunt**less [dɔ́ːntlis] 형 **겁 없는**, 꿈쩍도 않는, 담대한, 불굴의 ☜ daunt + less(~이 없는)

□ un**daunt**ed [əndɔ́ːntidid] 형 《문어》 **겁내지 않는**, 불굴(不屈)의, 용감한
☜ un(=not/부정) + daunt + ed<형접>
♠ **undaunted by failure 실패에 굴하지 않는**

□ un**daunt**edly [əndɔ́ːntididli] 부 겁내지 않고, 대담하게 ☜ undaunted + ly<부접>

※ **book** [buk/북] 명 **책** ☜ 초기 독일어로 '너도 밤나무; 책'이란 뜻

□ **undeceive**(잘못을 깨닫게 하다) ➔ **deceive**(속이다, 기만하다) **참조**

라이베리아 Liberia (아프리카 서부 대서양 연안의 공화국)

미국에서 해방된 노예들이 1847년 건국한 아프리카 최초의 흑인공화국. 라이베리아란 '자유의 나라'라는 뜻이다. 수도 몬로비아는 당시 미국 대통령이었던 제임스 몬로의 이름을 따서 지었다.

♣ **어원 : liber, liver 자유; 해방시키다, 석방시키다**

■ **Liber**ia [laibíəriə] 명 **라이베리아** 《아프리카 서부의 공화국; 수도 몬로비아(Monrovia)》 ☜ '자유(liber)의 나라(ia)'란 뜻

■ **liber**ty [líbərti] 명 **자유**(=freedom), 자립 ☜ 해방시킨(liber) 것(ty)

■ de**liver** [dilívər] 동 **배달하다**; 인도하다, 교부하다
☜ 멀리 떨어진 곳에(de=away) 해방시키다(liver)

□ unde**liver**ed [əndilívərd] 형 **석방되지 않은; 배달되지 않은**; 입 밖에 내지 않은
☜ un(=not/부정) + deliver + ed<형접>
♠ **an undelivered letter 배달되지 않은 편지**

노우 No ! (아니오; 반대, 금지)

♣ **어원 : no, ny, ni 부정, 반대**

■ **no** [nou/노우] 형 **~이 없는[않는, 아닌]**; (게시 등에서) **~금지**, 사절, ~반대; ~없음
부 〔질문・의뢰 따위에〕 **아뇨, 아니**; 〔부정형 질문에〕 네, 그렇습니다 《긍정의 물음이든 부정의 물음이든 관계없이 답의 내용이 부정이면 No, 긍정이면 Yes》
명 **부정**, 거절 ☜ not + one에서 non(e)로 발전했다가 다시 n이 탈락한 것

■ de**ny** [dinái] 동 **부정[부인]하다**; 거절하다 ☜ 완전히(de/강조) 부정하다(ny<no)

■ de**ni**al [dináiəl] 명 **부인, 부정**; 거절; 거부 ☜ 완전히(de/강조) 부정하다(ni<no) + al<명접>

□ unde**ni**able [əndináiəbəl] 형 **부인[부정]할 수 없는, 명백한**; 흠잡을 데 없는, 더할 나위 없는; 우수한 ☜ un(=not/부정) + deny + able(~할 수 있는)
♠ **an undeniable fact 명백한 사실**

언더그라운드 underground (대중・상업성을 무시한 전위・실험예술의 풍조)

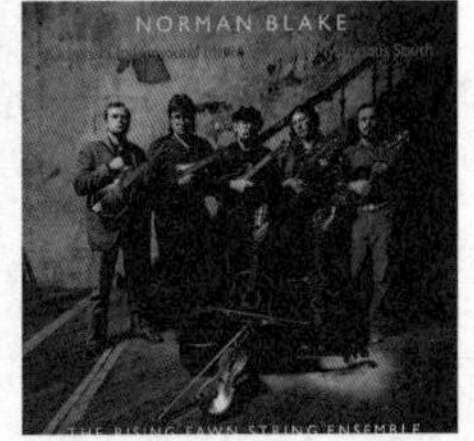

♣ **어원 : under 아래(쪽)의, 아래에, 불충분하게, 부족하여, ~미만의, ~보다 못한**

□ **under** [ʌ́ndər/**언**더] 전 **~의 아래에**, ~의 밑에; (주목 등을) **받고**; (지배・영향) **~하에; ~에 속하는; ~미만으로[인]** 부 **아래에[로]**
☜ 고대영어로 '~아래, ~중에, ~전에'라는 뜻
♠ The cat is **under the table**. 고양이가 **테이블 밑에** 있다

□ **under**arm [ʌ́ndərὰːrm] 형 겨드랑이 밑의; 겨드랑이에 끼는; 팔을 밑으로 하여 던지는; 부정의 명 겨드랑이 밑; (옷의) 소매 아래쪽
☜ 팔(arm) 아래(under)

U

☐ **under**armed [ʌndərɑ́ːrmd] ⓗ 군비 부족의, 군비가 불충분한 ☜ underarm + ed<형접>
☐ **under**act [ʌndərǽkt] ⓢ 연기(演技)가 불충분하다; (일부러) 소극적으로 연기하다.
☜ 아래에서/부족하게(under) 연기하다(act) ⓑ overact 과장하여 연기하다
☐ **under**brush, -bush [ʌ́ndərbrʌ̀ʃ] ⓜ 《미》 (큰 나무 밑에 자라는) **관목**(灌木); **덤불**
☜ 수풀(bush) 아래(under)
☐ **under**carriage [ʌ́ndərkæ̀ridʒ] ⓜ (자동차 등의) **차대**(車臺:차체(車體)를 받치며 바퀴에 연결되어 있는 철로 만든 테); (비행기의) 착륙 장치 ☜ 탈것/차(carriage) 아래(under)
☐ **under**charge [ʌndərtʃɑ́ːrdʒ] ⓢ 제값보다 싸게 청구하다; 과소 충전하다 ⓜ 과소청구; 과소 충전
☜ ~이하로/적게(under) 싣다/부과하다(charge)
☐ **under**clothes [ʌ́ndərklòuðz,-klòuz] ⓜ (pl.) 속옷, 내의(=underwear)
☜ 속<아래(under)에 입은 옷/의복(clothes)
☐ **under**developed [ʌ́ndərdivéləpt] ⓗ 발달(발육)이 불충분한; **저개발의**, 개발 도상의
☜ 저(低)<아래(under) 개발(develop) 된(ed<형접>)
♠ **an underdeveloped country 저개발국, 개발도상국**
☐ **under**development [ʌ̀ndərdivéləpmənt] ⓜ (사진의) 현상 부족; 저개발; 발육 부전
☜ underdevelop + ment<명접>
☐ **under**dress [ʌ̀ndərdrés] ⓢ 간소한 복장을 하(게 하)다 ⓜ 속옷; 내복 ☜ 아래<속(under) 옷(dress)
☐ **under**estimate [ʌ̀ndəréstəmeit] ⓢ **과소평가하다**; 얕보다 ⓜ 싼 견적(어림), 과소평가; 경시
☜ estimate(가치를 판단하다, 평가하다)
♠ Never **underestimate** your opponent. 절대 상대를 **과소평가**하지 말아라.
☐ **under**go [ʌ̀ndərgóu] ⓢ (-/-**went**/-**gone**) (영향・검사・수술을) **받다**, 입다; 당하다
☜ under + go(가다; 겪다)
♠ **undergo** major surgery 대수술**을 받다**
☐ **under**graduate [ʌ̀ndərgrǽdʒuit, -èit] ⓜ **대학 재학생**, 대학생 ⓗ 대학생의
☜ graduate(졸업자; 졸업하다) + under(아래)
♠ She is **an undergraduate** majoring in history.
그녀는 역사를 전공하는 **대학생**이다.
☐ **under**ground [ʌ́ndərgràund] ⓗ **지하의**; 지하 조직의 ⓜ 《영》 **지하철**(《미》 subway) ⓟ **지하에(서)**
☜ 땅(ground) 아래의(under)

언더라인 underline (밑줄) = underscore

TRAINING

♣ **어원 : under 아래(쪽)의, 아래에, 불충분하게, 부족하여, ~미만의, ~보다 못한**
☐ **under**hand [ʌ́ndəhæ̀nd] ⓗ 『크리켓・테니스』 치던지는, 치켜 치는; 비밀의; 부정한 ☜ 손(hand) 아래의(under)
☐ **under**handed [ʌ́ndəhæ̀ndid] ⓗ 비밀리의, 불공정한; 일손이 부족한 ☜ -ed<형접>
☐ **under**lie [ʌ̀ndərláì] ⓢ (-/-**lay**/-**lain**) **~의 아래에 있다**; 《비유》 **~의 기초가 되다**
☜ 아래에(under) 놓여있다/누워있다(lie)
☐ **under**lying [ʌ̀ndərláiiŋ] ⓗ **밑에 있는**; 기초가 되는, 근원적인; 『법률』 제1의, 우선하는
☜ 아래에(under) 놓여있(lie)<ie→y> 는(ing<형접>)
♠ an **underlying cause** of the rising crime rate. 범죄율 증가의 **근본적인 원인**
☐ **under**line [ʌ̀ndərláin] ⓢ **~의 밑에 선을 긋다; 강조하다**, 뒷받침하다 ☜ under + line(줄, 선)
☐ **under**mine [ʌ̀ndərmáin] ⓢ **~의 밑을 파다**, ~의 토대를(근본을) 침식하다, 몰래 손상시키다
☜ 광산/비밀계략(mine) 아래(under)를 파다
♠ **undermine** a wall 성벽 **밑에 땅굴을 파다**
☐ **under**neath [ʌ̀ndərníːθ] ⓙ **~의 아래에[를, 의]**(=under, beneath) ⓟ **아래에**
☜ under + neath<beneath(~의 바로 아래)의 줄임말
♠ The coin rolled **underneath** the piano. 동전이 피아노 **밑으로** 굴러 들어갔다.
☐ **under**nutrition [ʌ̀ndərnjuːtríʃən] ⓜ **영양 부족**, 저(低)영양 ☜ 저(低)(under) 영양(nutrition)
☐ **under**pass [ʌ́ndərpæ̀s] ⓜ **지하도** ☜ 지하<아래(under) 통행/통로(pass)
☐ **under**pay [ʌ̀ndərpéi] ⓢ (-/-**paid**/-**paid**) 임금・급료를 충분히 지불하지 않다, 저임금을 지불하다 ☜ 낮은(under) 지불/보수(pay)
☐ **under**payment [ʌ̀ndərpéimənt] ⓜ 불충분한 임금・급여 지급 ☜ -ment<명접>
☐ **under**paid [ʌ̀ndərpéid] ⓗ 박봉의 ☜ 낮은(under) 지불의/보수의(paid)
☐ **under**privileged [ʌ̀ndəprívəlidʒd] ⓗⓜ (남보다) 특권이 적은 (사람), 혜택을 받지 못하는 (사람)
☜ (기준보다) 낮게(under) 특권을 누리는(privileged) ★ **poor의 완곡한 표현**
☐ **under**rate [ʌ̀ndəréit] ⓢ **낮게[과소] 평가하다**; 얕보다, 경시하다
☜ under(아래) + rate(평가하다, 등급)
♠ He's **underrated** as a writer. 그는 작가로서 **과소평가받고 있다**.
☐ **under**score [ʌ̀ndərskɔ́ːr] ⓢ 밑줄을 치다; 강조하다 [ʌ́ndərskɔ̀ːr] ⓜ 밑줄; 『영화・연극』 (창작된) 배경 음악 ☜ 밑에(under) 선을 긋다(score)
☐ **under**sea [ʌ́ndərsìː] ⓗ 해중의, **해저의** ⓟ 바닷속(해저)에(서) ☜ 바다(sea) 아래(under)

U

☐ **under**sell [ʌ̀ndərsél] ⓢ (-/-**sold**/-**sold**) 헐값으로 팔다; 소극적으로 선전하다
☜ (기준보다) 낮게(under) 팔다(sell)
☐ **under**side [ʌ́ndərsàid] ⓜ **아래쪽**; 이면, 좋지 않은 면 ☜ 아래(under) 면(side)
☐ **under**sign [ʌ̀ndərsáin] ⓢ 서명하다, 승인하다 ☜ 아래에(under) 서명하다(sign)
☐ **under**signed [ʌ̀ndərsáind] ⓗ 아래에 기명한 [ʌ́ndərsàind] ⓜ (the ~) 문서의 서명자《단수 또는 복수》 ☜ 아래에(under) 서명된(signed)

언더웨어 underwear (겉옷 안에 입는 옷의 총칭)

♣ **어원 : under 아래(쪽)의, 아래에, 불충분하게, 부족하여, ~미만의, ~보다 못한**

☐ **under**stand [ʌ̀ndərstǽnd/언더스**땐**드] ⓢ (-/under**stood**/under**stood**) **이해하다; 알다**; 깨닫다 ☜ 고대영어로 '아래에〔사이에〕(under) 서다(stand)' ⇦ "말과 생각 사이에서 이해하다'란 뜻
♠ **Do you understand ? 알겠니 ?**
♠ **make oneself understood 자기의 말을 남에게 이해시키다, 의사소통하다**
☐ **under**standable [ʌ̀ndərstǽndəbəl] ⓗ **이해할 수 있는** ☜ -able(~할 수 있는)
☐ **under**standing [ʌ̀ndərstǽndiŋ] ⓜ **이해(력)**; 깨달음; 지식, 식별; 사려, 분별
☜ understand + ing(하는 것)
☐ **under**state [ʌ̀ndərstéit] ⓢ 삼가서 말하다, (수 따위를) 적게 말하다; 줄잡아 말하다
☜ 낮춰서(under) 말하다(state)
☐ **under**statement [ʌ̀ndərstéitmənt] ⓜ 줄잡아 말함; 삼가서 말하기 ☜ -ment<명접>
☐ **under**study [ʌ́ndərstə̀di] ⓢ 대역을 하다; 대역 연습을 하다 ⓜ 대역
☜ 아래서/대신(under) 연습하다(study)
☐ **under**take [ʌ̀ndərtéik] ⓢ (-/under**took**/under**taken**) **떠맡다**, (책임을) **지다; 착수하다**
☜ 아래에서(under) 취하다(take)
♠ **undertake responsibility 책임을 떠맡다**
☐ **under**taker [ʌ̀ndərtéikər] ⓜ 인수인; 도급인; 기획자, 기업〔사업〕가 ☜ -er(사람)
[ʌ́ndərtèikər] 장의사(《미》 mortician)
☐ **under**taking [ʌ̀ndərtéikiŋ ⓜ **사업**, 기업; (일·책임의) 인수; (떠맡은) 일; 약속, 보증 ☜ -ing<명접>
☐ **under**value [ʌ̀ndərvǽlju] ⓢ 싸게 견적하다, 과소평가하다; 얕보다, 경시하다
☜ 낮게(under) 평가하다/가치를 치다(value)
☐ **under**water [ʌ̀ndərwɔ:tər] ⓗ **물속의, 수면하의**; 흘수선(吃水線) 밑의 ⓑ 물속에서 ⓜ 물속
☜ under(~아래) + water(물)
☐ **under**wear [ə́ndərwèr] ⓜ 내의, **속옷** ☜ 속에<아래에(under) 입다/입은 옷(wear)
☐ **under**write [ʌ̀ndəráit] ⓢ (-/-**wrote**/-**written**) ~에 서명하다; 보험을 계약하다, 인수하다
☜ 아래에(under) 쓰다(write)
☐ **under**writer [ʌ̀ndəráit] ⓜ 보증인; 보험업자, 증권 인수인 ☜ underwrite + er(사람)
☐ **under**world [ə́ndərwèrld] ⓜ (the ~) 지하계(界), **저승**, 황천; **하층 사회**; 암흑가
☜ 아래(under) 세상(world)
☐ **under**work [ʌ̀ndərwə́:rk] ⓢ 충분히 가동시키지 않다; 충분히 일하지 않다 [ʌ́ndərwə̀:rk] ⓜ 하청일; 잡일; 날림 일; 기초구조; 토대 (공사) ☜ 낮게(under) 일하다(work)

연상 디자이너(designer)는 늘 아이디어를 디자이어(desire.갈망하다)한다

♣ **어원 : desire 바라다 ⇦ sire, sider 별(=star)**

※ **designer** [dizáinər] ⓜ **디자이너**, 도안가 ☜ 디자인(design)하는 사람(er)
■ **desire** [dizáiər] ⓢ **바라다**, 원하다; 욕구하다; 희망하다 ⓜ 욕구; 원망(願望), 욕망 ☜ 고대 프랑스어로 '바라다'란 뜻
■ **desir**able [dizáiərəbəl] ⓗ **바람직한**; 탐나는, 갖고 싶은
☜ 바랄(desire)만 한(able<형접>)
☐ un**desir**able [ʌ̀ndizáiərəbəl] ⓗ 바람직하지 않은, **탐탁지 못한**, 달갑지 않은
ⓜ 탐탁지 않은 사람 ☜ un(=not/부정) + desire(바라다) + able<형접>
♠ **undesirable consequences** 〔effects〕 **달갑지 않은 결과**
■ con**sider** [kənsídər] ⓢ **숙고하다**, 두루 생각하다, 고찰하다; 검토하다
☜ 별(sider)과 함께(con<com)

디벨로퍼 developer (부동산 개발업자. <개발자>란 뜻)

♣ **어원 : velop 싸다, 감싸다, 둘러싸다**

■ de**velop** [divéləp/디**벨**렆] ⓢ **발전[발달]시키다** ☜ 감싼 것(velop)을 풀다<떼내다(de=off). 제재를 해제하면 발전한다.
■ underde**velop**ed [ə̀ndərdivéləpt] ⓗ **발달이 불충분한; 미숙한; 저개발의**

U

☜ 아래로(under) 발달하게(develop) 된(ed<형접>)

□ undeve**lop**ed [ʌndivéləpt] ⓗ 발달하지 못한, 미발달의; 미개발의
☜ 미(未)(un=not/부정) 개발(develop) 된(ed<형접>)
♠ **undeveloped land (부동산) 미개발지**

■ en**velop**e [énvəlòup/**엔**벌로웊] ⓜ **봉투; 씌우개** ☜ 안에(in) 싸다(velope)

커버 cover (덮개), 디스커버리 채널 discovery channel

Discovery Channel은 Discovery Communications, Inc.,(DCI)가 소유한 케이블, 위성 TV 채널이다. 과학, 역사, 자연 분야에 관련된 다큐멘터리, 논픽션 프로그램들을 중심으로 방영하고 있다. 1985년 6월 17일 미국에서 개국하였으며, 현재 170여개국에서 방영하고 있다. <출처 : 위키백과>

♣ **어원 : cover 완전히 가리다, 덮다**

■ **cover** [kʌ́vər/**커**붜] ⓢ (뚜껑을) **덮다**, 씌우다, 싸다 ⓜ **덮개**, 커버
☜ 완전히(co<com) 덮다(over)

■ dis**cover** [diskʌ́vər/디스**커**붜] ⓢ **발견하다**; ~을 알다, 깨닫다
☜ 벗기다 ⇦ dis(=not/부정) + cover(덮다)

■ dis**cover**y [diskʌ́vəri/디스**커**버뤼] ⓜ 발견; 발견물; (D-) (미국) 우주왕복선 제3호기 ☜ -y<명접>

□ undis**cover**ed [ʌndiskʌ́vərd] ⓗ **발견되지 않은**, 찾아내지 못한; 미지의
☜ un(=not/부정) + 발견(discover) 한(ed<형접>)
♠ a previously **undiscovered talent** 이전에는 **발견되지 않은 재능**

■ re**cover** [rikʌ́vər] ⓢ **되찾다**; 회복하다 ☜ 다시(re) 덮다(cover)

■ un**cover** [ʌnkʌ́vər] ⓢ **뚜껑[덮개]를 벗기다, 폭로하다** ☜ un(=not) + cover(덮다)

※ **channel** [tʃǽnl] ⓜ **수로; 해협**; (라디오 · TV 등의) **채널** ☜ 라틴어로 '물길, 수로'

터빈 turbine (원동기 내의 회전하는 부분)

< Jet Engine의 Turbine >

♣ **어원 : turb 회전하다, 감다, 휘젓다**

■ **turb**ine [tə́ːrbin, -bain] ⓜ 〚기계〛 **터빈**
☜ 라틴어로 '회전시키는(turb) 것(ine)'

■ dis**turb** [distə́ːrb] ⓢ **방해하다**; (질서를) 어지럽히다
☜ 완전히(dis/강조) 휘젓다(turb)

□ undis**turb**ed [ʌ̀ndistə́rbd] ⓗ **방해받지 않은**, 흔들리지 않은, 조용한
☜ un(=not/부정) + 완전히(dis) 휘젓다(turb)
♠ **sleep undisturbed (방해받지 않고) 조용히 자다**

✚ per**turb** **교란하다**, 혼란시키다 **turb**an **터번** 《이슬람교도 남자가 머리에 감는 두건》
turbulent 몹시 거친, 사나운; **휘몰아치는**

디바이더 divider (제도용 분할 컴퍼스)

♣ **어원 : vid(e), vis 나누다, 분할하다**

■ di**vide** [diváid/디**봐**이드] ⓢ **나누다**, 분할하다, 가르다, 분계(구획 · 분류)하다 ☜ 따로(di=apart) 나누다(vide) ⓑ unite 결합하다

■ di**vid**er [diváidər] ⓜ 분할자, 분배자; 분할기, 양각기, **디바이더** ☜ -er(사람)

■ indi**vid**ual [ìndəvídʒuəl/인더**뷔**주얼] ⓗ **개개의**; 독특한 ⓜ **개인**
☜ in(=not) + divid<divide(나누다) + ual<형접>

□ undi**vid**ed [əndəvάidid] ⓗ 가르지(나뉘지) 않은; 완전한; 연속된; 집중된
☜ un(=not/부정) + divide + ed<형접>
♠ **give undivided attention (to) 여념이 없다**

■ subdi**vide** [sʌ̀bdiváid] ⓢ 다시 나누다, 잘게 나누다, 세분하다 ☜ 아래로(sub) 나누다(divide)

저스트두잇 Just Do It (스포츠의류 · 용품 회사인 나이키의 슬로고(slogo). <일단 해봐, 한번 해보는 거야>란 뜻) * just 단지, 바로, 이제 막, 정확히 it 그것

■ **do** [duː/두- (약) du, də] ⓩⓢ **행하다** 《현재 do, 직설법 현재 3인칭 단수 does; 과거 did》; 〘부정 · 의문문〙 일반동사를 돕는 조동사(助動詞) 역할 ☜ 고대영어로 '만들다, 행하다'란 뜻

□ un**do** [ʌndúː] ⓢ (-/un**did**/un**done**) **~을 원상태로 돌리다**; 취소하다; **~을 풀다** ☜ un(=not/부정) + do(행하다)
♠ **What's done cannot be undone.**
《속담》 엎지른 물은 다시 주워담을 수 없다

☐ un**done** [ʌndʌ́n] ⓗ **푼**, 벗긴, 늦춘; 파멸한 ☜ undo의 과거분사

따블 < 더블 double (두 배)

♣ 어원 : dou, du 2, 둘

■ **dou**ble [dʌ́bəl/**더**벌] ⓜ **두 배** ⓗ **두 배[곱]의**, 갑절의, 2중의 ☜ dou(2, 둘) + ble<형접>

■ **dou**bt [daut/다웉] ⓜ **의심** ⓓ **의심하다** ☜ 2가지(dou) 중에서 고르다(bt)

■ mis**dou**bt [misdáut] ⓓ 의심하다; 수상쩍게 여기다 ⓜ 의심; 우려
☜ 가짜로(mis) 의심하다(doubt)

☐ un**dou**bted [ʌndáutid] ⓗ **의심할 여지가 없는**, 틀림없는, 확실한
☜ un(=not/부정) + doubt + ed<형접>
♠ **an undoubted fact 확실한 사실**

☐ un**dou**btedly [ʌndáutidli] ⓑ **틀림없이**, 확실히 ☜ undoubted + ly<부접>

드레스 dress (여성복)

♣ 어원 : dress 가지런히 하다, 준비하다; 옷을 입다

■ **dress** [dres/드뤠스] ⓓ **옷을 입다[입히다]**; 정장하다 ⓜ **의복, 옷**; 여성복, 드레스 ☜ 고대 프랑스어로 '(똑바로) 서다, 세우다, 정돈하다; 옷을 입다'란 뜻

☐ un**dress** [ʌndrés] ⓓ **~의 옷을 벗기다**; (~ oneself) **옷을 벗다**
☜ un(=not/부정) + dress(옷을 입다)
♠ She **undressed** the baby. 그녀는 아기의 옷을 **벗겼다**.

☐ un**dress**ed [ʌndrést] ⓗ 옷을 벗은, 발가벗은; (상처에) 붕대를 감지 않은, 치료를 하지 않은; 『요리』 소스(양념 따위)를 치지 않은 ☜ -ed<형접>

✚ under**dress** 간소한 복장을 하(게 하)다; 속옷; 내복 over**dress** 옷을 많이 껴입다; 지나치게 옷치장을 하다 re**dress** 배상, 구제(책); **시정**, 교정(矯正); **바로잡다**, 시정하다; 배상하다

드링크 drink (술 · 음료수 따위의 마실 것)

♣ 어원 : drin(k), dren, drun(k), drown 마시다

■ **drink** [driŋk/드륑크] ⓓ (-/**drank**/**drunk**(《시어》**drunken**)) **마시다** ⓜ **마실 것, 음료**
☜ 고대영어로 '마시다, 삼키다'라는 뜻. ⇦ 초기 독일어로 '뒤로 당겨 부피가 줄어들다'

■ **drink**able [dríŋkəbl] ⓗ **마실 수 있는** ☜ -able<형접>

☐ un**drink**able [ʌ̀ndríŋkəbl] ⓗ **마실 수 없는**; 마시기에 적당치 않은
☜ un(=not/부정) + 마실(drink) 수 있는(able<형접>)
♠ The water in the wells **is undrinkable**. 그 우물물은 **마시기에 적합지 않다.**

✚ **dren**ch **흠뻑 젖게 하다[적시다]**; 흠뻑 젖음 **drown** 물에 빠뜨리다, **익사하다[시키다]** **drunk 술취한**

듀티프리샵 duty free shop (면세점)

♣ 어원 : du(e) 당연히 해야할 일; ~하도록 이끌다

■ **du**ty [djúːti/**듀**-리/**듀**-티] ⓜ **의무**; 임무, 본분; 의무감, 의리
☜ 고대 프랑스어로 '해야 할<소유한(du) 것(ty<명접>)'이란 뜻

■ **due** [djuː/듀-] ⓗ **지급 기일이 된; 정당한**; 도착할 예정인, ~하기로 되어있는; 당연한, **~할 예정인** ⓜ **당연히 지불되어야[주어져야] 할 것; 부과금** ☜ 라틴어로 '빚지고 있다'란 뜻으로 '마땅히 갚아야 할 것'이란 의미

☐ un**due** [əndjúː] ⓗ **과도한, 부당한**; (지불) 기한이 되지 않은 ☜ un(=not/부정) + due(정당한)
♠ **undue** use of power 권력의 **부당한** 행사

☐ un**du**ly [əndúli] ⓑ **부당하게, 과도하게**(=excessively)

■ over**due** [òuvərdú] ⓗ (지급) 기한이 지난, 미불의《어음 따위》; 늦은
☜ 초과한(over) 지불기한(due)

■ sub**due** [səbdjúː] ⓓ (적국을) **정복하다**, (사람을) 위압하다; (분노를) **억제[자제]하다**
☜ 아래로(sub) 끌어내리다(due=lead)

※ **free** [friː/프뤼-] ⓗ (-<fre**er**<fre**est**) **자유로운**; 한가한; **무료의** ⓓ **자유롭게 하다**
☜ 고대영어로 '자유로운'이란 뜻

※ **shop** [ʃɑp/샵/ʃɔp/숍] ⓜ 《영》 **가게**, 소매점(《미》 store); 전문점
☜ 고대 독일어로 '벽이 없는 건물, 외양간'이란 뜻

이지 잉글리쉬 Easy English (EBS 라디오 영어교육 프로그램. <쉬운 영어>란 뜻)

■ **easy** [íːzi/**이**-지] ⓗ (-<**s**ier<-**s**iest) **쉬운**, 안락한

U

☜ 고대영어로 '쉬운, 부드러운, 어렵지 않은'이란 뜻

■ **ease** [iːz/이-즈] 명 **편함, 평안; 용이함** 동 **진정[완화]시키다, (통증이) 가벼워지다** ☜ 고대 프랑스어로 '안방, 여유'란 뜻

EBS EASY ENGLISH

© EBS

■ dis**ease** [dizíːz/디**지**-즈] 명 **병, 질병** ☜ dis(=not/부정) + ease(평안)

□ un**ease** [ʌníːz] 명 **불안, 걱정**, 불쾌 ☜ un(=not/부정) + ease(평안)

□ un**easy** [ʌníːzi] 형 (-<-s**ier**<-s**iest**) **불안한, 거북한** ☜ un(=not) + ease(편한)

♠ **an uneasy peace 불안한 평화**

□ un**easi**ly [ʌníːzili] 부 **불안하게**, 걱정스레; 불쾌하게; 거북하게 ☜ un(=not/부정) + easy + ly<부접>

□ un**easi**ness [ʌníːzinis] 명 **불안**, 걱정, 근심, 불쾌 ☜ un(=not) + easy + ness<명접>

이코노미 economy (경제), 에콜로지 ecology (생태학 · 환경생물학)

♣ **어원 : eco 집, 가정, 혈통 / nomy, nom(i)관리하다 / logy 학문**

■ **eco**nomy [ikάnəmi/이**카**너미/ikɔ́nəmi/이**코**너미] 명 **경제; 절약** 형 경제적인 ☜ 가정(eco)을 관리하다(nomy)

■ **eco**nomic [ìːkənάmik, èk-/-nɔ́m-] 형 **경제학의, 경제(상)의** ☜ ic<형접>

■ **eco**nomical [ìːkənάmikəl, èkə-/-nɔ́m-] 형 **경제[절약]적인** ☜ -cal<형접>

□ un**eco**nomic(al) [ʌ̀nìːkənάmik(əl), èkə-/-nɔ́m-] 형 **비경제[절약]적인**, 낭비하는; 경제 법칙에 맞지 않는 ☜ un(=not/부정) + economy + ic(al)<형접>

♠ **It is uneconomical to** stay open 24 hours a day.
24시간 영업**하는 것은 비경제적이다.**

■ **eco**logy [iːkάlədʒi/-kɔ́l-] 명 생태학 ☜ 그리스어로 '집/혈통(eco)에 관한 학문(logy)

프로듀서[피디] producer (영화감독, 연출가) ➔ 《미》 director

♣ **어원 : duce 이끌다, 끌어내다**

■ pro**duce** [prədjúːs/프러**듀**-스/프러**쥬**-스] 동 **생산[제작]하다** ☜ 앞<진보<발전<완성(pro)으로 이끌다(duce)

■ pro**duce**r [prədjúːsər] 명 **생산자, 제작자** ☜ produce + er(사람)

■ e**duc**ate [édʒukèit] 동 **교육하다** ☜ 밖으로(e<ex) 끌어(duc) 내다(ate)

■ e**duc**ated [édʒukèitid] 형 **교육받은**, 교양 있는 ☜ -ed<수동형 형접>

□ une**duc**ated [édʒukèitid] 형 **교육받지 않은**, 무지의; 교양 없는, 무식한 ☜ un(=not/부정) + educate + ed<수동형 형접>

♠ Don't look down upon **uneducated people**. **못 배운 사람들**을 깔보지 마라.

♠ **an uneducated man 교양 없는 사람**

■ intro**duce** [ìntrədjúːs/인트러**듀**-스] 동 받아들이다; **소개하다** ☜ 안으로(intro<into) 이끌다(duce)

■ re**duce** [ridjúːs/리**듀**-스] 동 **줄이다**, 감소시키다 ☜ 뒤로(re) 이끌다(duce)

디스플레이 display (나타내다)

♣ **어원 : plic, plex, ple, play, ploy 접다, 겹치다**

■ dis**play** [displéi/디스플**레**이] 동 **나타내다; 표시[전시 · 진열]하다** ☜ 펼치다 ⇦ 반대로(dis) 접다(play)

■ em**ploy** [implɔ́i/임플**로**이] 동 **고용하다**; (시간 · 정력을) 소비하다 ☜ 안에 싸서 넣다 ⇦ 안으로(em<in) 접다(ploy)

■ em**ploy**ment [implɔ́imənt] 명 사용, **고용**; 사역 ☜ -ment<명접>

<가상 스튜디오의 설문조사 결과 디스플레이 >

□ unem**ploy**ed [ʌ̀nemplɔ́id] 형 일이 없는, **실직한**; 쓰이지 않는; 한가한 명 (the ~) 실직자, 실업자 ☜ un(=not/부정) + employ + ed<형접>

♠ How long have you been **unemployed**? **실직하신** 지 얼마나 되셨나요?

□ unem**ploy**ment [ʌ̀nemplɔ́imənt] 명 실업, **실직**; 실업 상태 ☜ un(=not/부정) + employ + ment<명접>

✚ com**plex** **복잡한; 착잡한** du**plic**ation **이중**; 복제, **복사**

U

해피엔드 happy end ([소설 · 연극 · 영화] 행복한 결말)

♣ **어원 : end 경계선, 끝**

※ **happy** [hǽpi/**해**삐] 형 (-<-ppi**er**<-ppi**est**) 행운의, **행복한** ☜ 중세영어에서 '행운에 의해'라는 뜻

■ **end** [end/엔드] 명 **끝**; (이야기 따위의) 결말; 결과 동 끝나다, 끝내다 ☜ 고대영어로 '끝'

■ **end**ing [éndiŋ] 명 **종결**, 종료, 종국 ☜ -ing<명접>

■ **end**less [éndlis] 형 **끝없는**, 무한한 ☜ -less(~이 없는)

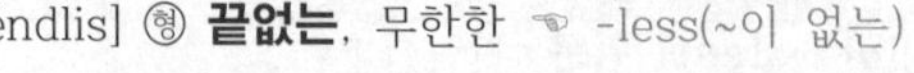

☐ unending [ʌnéndiŋ] ⓗ **끝없는**, 무궁한, 영원한 ☜ un(=not/부정) + 끝나(end) 는(ing<형접>)
♠ **an unending discussion** 〔argument〕 **끝없는 논의[논쟁]**

듀라셀 Duracell (미국의 건전지 브랜드. <오래가는 건전지>란 뜻)

1920년대에 미국의 말로리 컴퍼니에서 생산을 시작했으며, 1964년에 듀라셀이라는 브랜드명을 붙였다. 현재는 프록터앤드겜블사가 소유하고 있다. 듀라셀은 오래 견딘다는 durable과 전지라는 뜻의 Cell이 결합된 신조어이며, 동종의 건전지인 Energizer 등과 경쟁을 벌이고 있다. <출처 : 두산백과 / 일부인용>

♣ **어원 : dur(e) 지속하다, 계속하다**

■ **dur**able [djúərəbəl] ⓗ 오래 견디는, 튼튼한; **영속성이 있는**
☜ 지속할(dur) 수 있는(able)

■ **dur**ing [djúəriŋ/**듀**어링] ⓟ **~동안** (내내) ☜ 지속하는(dur) 동안(ing)

■ en**dure** [endjúər] ⓢ **견디다, 참다** ☜ 완전히(en/강조) 지속하다(dure)

☐ unen**dur**able [ʌnindjúərəbl] ⓢ **견딜 수 없는** ☜ un(=not/부정) + endure + able
♠ **unendurable pain 견딜 수 없는 고통**

※ **cell** [sel/쎌] ⓜ **작은 방**; 〖생물〗 **세포**; 〖전기〗 **전지** ☜ 라틴어로 '작은 방'이란 뜻

✚ ob**dur**ate 완고한, 고집 센; 냉혹한 per**dure** 영속하다; (오래) 견디다

판테온 Pantheon (현존하는 고대 로마의 신전)

고대 로마제국 시대였던 1세기에 아그리파장군에 의해 만들어진 로마의 신전. 현재 로마에서 가장 잘 보존되어 있는 건축물이다. 판테온이란 그리스어로 '모두'를 뜻하는 판(Pan)과 '신'을 뜻하는 테온(Theon)이 합쳐져 만들어진 용어이다. <출처 : 두산백과>

♣ **어원 : theo(n), theos, thu(s) 신(神)**

■ Pan**theon** [pǽnθiàn, -ən/pænθíːən] ⓜ **판테온** 《신전》; (the P-) 로마의 판테온
☜ 그리스어로 '모든(Pan) 신(theon)'이란 뜻

■ **theo**logy [θiːálədʒi/-ɔ́l-] ⓜ (기독교) **신학** ☜ 신(theo)의 학문(logy)

■ en**thus**iasm [inθúːziæ̀zəm/-θjúː-] ⓜ **열광**, 열심, 열중
☜ 신들린 상태. 내 안에(en<in) 신(thus)이 + ia + 있는 상태(sm)

■ en**thus**iastic(al) [enθùːziǽstik(əl)/[-θjùː-] ⓗ **열광적인** ☜ -tic, -tical<형접>

☐ unen**thus**iastic [ʌninθùːziǽstik] ⓗ **열의없는**; 냉담한, 미온적인
☜ un(=not/부정) + enthusiastic(열광적인)
♠ You **are** totally **unenthusiastic** about that.
넌 그것에 대해서 전적으로 **열성적이지 못해**.

이퀄 equal (같은, =)

♣ **어원 : equ(i) 같은, 같게, 공평한**

■ **equ**al [íːkwəl/**이**-꿜/**이**-퀄] ⓗ **같은, 동등한** ⓜ 동등〔대등〕한 사람 ⓢ ~와 같다〔대등하다〕
☜ 공평(equ) 한(al<형접>)

☐ un**equ**al [əníkwəl] ⓗ **같지 않은**, 동등하지 않은; 불공평한 ☜ 불(in=not/부정) 공평한(equal)
♠ an **unequal distribution** of wealth 부의 **불공평한 분배**

☐ un**equ**al(l)ed [əníkwəld] ⓗ 필적할〔견줄〕 것이 없는, 월등하게 좋은 ☜ -ed<형접>

✚ ad**equ**ate (어떤 목적에) 어울리는, **적당한, 충분한** co**equ**al 동등한 (사람), 동격의 (사람)
in**equ**ality **같지 않음, 불평등**, 불공평, 불균형

유네스코 UNESCO (국제연합 교육과학문화기구)

☐ **UNESCO, Unesco U**nited **N**ations **E**ducational, **S**cientific, and **C**ultural **O**rganization **유네스코**, 국제연합 교육과학문화기구

✚ **unit**ed **하나가 된**, 결합된, 연합〔합병〕한 **nat**ion **국가**, [집합적] **국민** e**duc**ational **교육상의, 교육적인** **sci**entific **과학적인**; 과학의 **cult**ural **교양[문화]적인** **org**anization **조직(화)**, 구성, 편제, 편성; 기구, 체제; 단체

이븐 파 Even Par ([골프] 더도 덜도 아닌 규정타수를 치는 것)

even [íːvən/**이**-븐] ⓗ **평평한, 평탄한; ~과 같은 높이로**; (수량·득점 등이) **같은, 동일한; 짝수의** ⓟ **~조차(도), ~까지, 더욱(더)**, (그러기는커녕) **오히려; 고르게, 평탄하게**
☜ 고대영어로 '수평의, 동등한'이란 뜻

U

☐ un**even** [əni'vən] ⓗ **평탄하지 않은**, 울퉁불퉁한; **한결같지 않은** ☜ un(=not/부정) + even
♠ **an uneven surface (road) 울퉁불퉁한 표면(도로)**
※ **par** [pɑːr] ⓜ **동등**; 『골프』 **파**, 기준타수 ☜ 라틴어로 '평등'이란 뜻

스펙터클 spectacle (볼거리가 풍부한), 스펙트럼 spectrum (분광(分光))

♣ **어원 : spect, xpect 보다(=look), 살펴보다, 조사하다**
■ **spect**acle [spéktəkəl] ⓜ **광경**, 볼만한 것, 장관(壯觀); (pl.) **안경**
☜ 볼 만한(spect(a)) 것(cle<명접>)
■ **spect**rum [spéktrəm] ⓜ (pl. -tr**a**, **-s**) 『광학』 **스펙트럼**, 분광(分光)
☜ 눈에 보이는(spect) 것(rum)
■ e**xpect** [ikspékt/익스**뻭**트] ⓢ **기대[예기, 예상]하다**; 기다리다; ~할 작정이다 ☜ 밖을(ex) 보다(spect)
☐ une**xpect**ed [ʌ̀nikspéktid] ⓗ **예기치 않은**, 뜻밖의, 갑작스런
☜ un(=not/부정) + expect + ed<형접>
♠ **an unexpected visitor 불시의 방문객**
☐ une**xpect**edly [ʌ̀nikspéktidli] ⓟ **뜻밖에**, 예상외로, 갑자기, 돌연 ☜ unexpected + ly<부접>

✚ in**spect** (세밀히) **조사하다**, 검사하다; **시찰하다** pro**spect** 조망(眺望), **전망**; 경치; **예상**, 기대
re**spect** **존경(하다), 존중(하다)**

플라자 Plaza (광장), 플랫폼 platform (역의 승강장)

♣ **어원 : pla(c), pla(i)n, plat, plic 편편한, 평평한; 명백한**
■ **pla**za [plɑ́ːzə, plǽzə] ⓜ 《Sp.》 대광장; 《미》 쇼핑센터
☜ 편편한(pla) 장소(za)
■ **plat**form [plǽtfɔ̀ːrm] ⓜ (역의) **플랫폼**, 승강장
☜ 편편한(plat) 장소(form)
■ **plain** [plein/플레인] ⓗ **평평한; 분명한, 명백한; 검소한; 평범한; 평직의** ⓜ **평지** ☜ 평평한(plain)
■ ex**plain** [ikspléin/익스플**레**인] ⓢ **설명하다**, 명백하게 하다
☜ 외부에(ex) 대해 명백하게(plain) 하다
☐ unex**plain**able [ʌ̀nikspléinəbl] ⓗ **설명할 수 없는**, 묘한
☜ un(=not/부정) + 설명할(explain) 수 있는(able)
♠ **an unexplained mystery 설명되지 않은 미스터리**

< Seoul Plaza>

✚ **plat**e **접시; 판금**, 금속판; 판유리; 문패 **plan**e **평면**, 수평면; **수준; 비행기; 편편한**, 평탄한
ex**plic**it **명백한**, 명시된, 뚜렷한

인터넷 익스플로러 Internet Explorer (미국 MS사의 인터넷 웹브라우저)

미국의 마이크로소프트(MS)사에서 개발한 웹브라우저(인터넷 정보검색 프로그램)로 월드와이드웹(www)에서 정보를 열람할 수 있게 해주는 검색용 프로그램이다. 인터넷 검색프로그램에는 그 외 넷스케이프사의 넷스케이프 네비게이터나 파이어폭스·크롬 등의 브라우저가 있다. <출처 : 두산백과>

♣ **어원 : plor(e) 울다, 울부짖다; 외치다**
■ ex**plore** [iksplɔ́ːr] ⓢ **탐험하다**, 답사하다; (우주를) 개발(탐사)하다
☜ 밖으로(ex) 외치며 나가다(plore)
☐ unex**plore**d [ʌ̀niksplɔ́ːrd] ⓗ 미답사의, 탐구되지 않은
☜ un(=not/부정) + explore + ed<형접>
♠ **unexplored territory 탐험되지 않은 땅**
♠ **an unexplored field 미개척 분야**
■ de**plore** [diplɔ́ːr] ⓢ **한탄[개탄]하다**, 애도하다 ☜ 몹시(de/강조) 울부짖다(plore)
■ im**plore** [implɔ́ːr] ⓢ **애원[간청 · 탄원]하다** ☜ 속으로(im<in) 울며(plore) 사정하다

U

☐ **unexpurgated**(삭제되지 않은) ➔ **expurgate**(삭제하다) **참조**

폴트 fault ([네트경기] 서브의 실패 · 반칙)

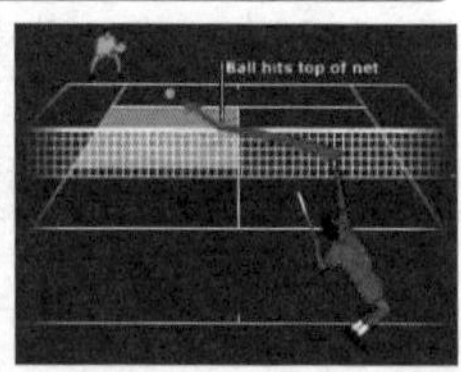

♣ **어원 : fall, fail, faul, fals(e) 떨어지다, 실수하다, 속이다**
■ **faul**t [fɔːlt/뽈-트] ⓜ **결점; 과실**, 실수; **책임** ☜ 실수한(faul) 것(t)
■ **fail** [feil/뻬일] ⓢ **실패[실수]하다**; 실망시키다, (기대를) 저버리다
ⓜ **실패** ☜ 고대 프랑스어로 '부족하다, 실수하다, 낙담하다'란 뜻
■ **fail**ing [féiliŋ] ⓜ **실패, 결점, 부족** ☜ 실패한(fail) 것(ing<형접>)

■ **fail**ure [féiljər] (명) **실패**, 실수 ☜ 실패한(fail) 것(ure<명접>)
□ un**fail**ing [ʌnféiliŋ] (형) 끊임없는; 틀림없는; 신뢰할 만한 ☜ un(=not/부정) + fail + ing<형접>
♠ **an unfailing person 신뢰할 수 있는 사람**
□ un**fail**ingly [ʌnféiliŋli] (부) 꼭, **틀림없이, 확실히** ☜ -ly<부접>
■ **fall** [fɔːl/뽀올] (동) (-/**fell/fallen**) **떨어지다, 낙하하다** (명) **떨어짐**, 강하, 강우; **가을**; 붕괴
☜ 고대영어로 '떨어지다, 실패하다, 썩다, 죽다'란 뜻

페어플레이 fair play (정정당당한 경기태도)

♣ **어원 : fair 아름다운**
■ **fair** [fɛər/뻬어] (형) 올바른, **공명정대한; 살결이 흰**; 금발의; 아름다운
(부) 공명정대하게; 깨끗[정중]하게 (명) (the ~) 여성; 박람회
☜ 고대영어로 '아름다운, 매력적인'이란 뜻
□ un**fair** [ʌnfέər] (형) **불공평한**, 공명정대하지 못한, 부정한, 부당한
☜ un(=not/부정) + fair
♠ **an unfair means 부정한 수단**
□ un**fair**ly [ʌnfέərli] (부) **불공평하게**, 부정하게 ☜ un(=not/부정) + fair + ly<부접>
※ **play** [plei/플레이] (동) **놀다**, (~의) 놀이를 하다; **경기[게임]하다**; **상영[상연]하다, 연주하다**
☜ 고대영어로 '빠른 동작'이란 뜻

하이파이 Hi-Fi (원음을 충실하게 재생하는 음향기기의 특성)

♣ **어원 : fid, faith, fy 믿다, 신뢰하다**
■ **Hi-Fi** [háifái] (명) (라디오·전축이 원음을 재생하는) 고충실도, **하이파이**
☜ high(높은) fidelity(충실도)의 약어
■ **fid**elity [fidéləti, fai-] (명) **충실**, 충성, **성실**; **정절** ☜ 신뢰하(fid) 는(el) 것(ity<명접>
■ **faith** [feiθ/뻬이쓰] (명) **신뢰, 믿음; 신앙, 신념** ☜ 중세영어로 '믿음'이란 뜻
■ **faith**ful [féiθfəl] (형) **충실한, 성실한; 정확한** ☜ 신뢰가(faith) 많은(ful)
□ un**faith**ful [ʌnféiθfəl] (형) 불성실한, 부정(不貞)한; 부정확한
☜ un(=not/부정) + faith + ful(~가 가득한)
♠ **an unfaithful spouse 불성실한[부정한] 배우자**
♠ **an unfaithful translation 부정확한 번역**

✚ con**fid**ence (남에 대한) **신용, 신뢰** de**fy** **도전하다**; **무시하다**

로열 패밀리 royal family (왕족, 왕실)

< 영국 엘리자베스 2세 여왕 왕실 사진 >
© express.co.uk

※ **roy**al [rɔ́iəl/**로**이얼] (형) **왕[여왕]의**; 왕족의, 황족의; **당당한**
☜ 왕(roy) 의(al<형접>)
■ **family** [fǽməli/**빼**멀리] (명) (pl. **-lies**) [집합적] **가족**, 가정, 식구들;
(한 가정의) **아이들** (형) **가족의**
☜ 라틴어로 '가정의 하인/구성원'이란 뜻
□ un**famili**ar [ənfəmíljər] (형) **생소한**, 낯선; (사람이) 익숙지 못한, 잘 모르는
☜ un(=not/부정) + family(가족<친숙) + ar<형접>
♠ **I am unfamiliar with** Spanish. 나는 스페인어**는 잘 모른다**.

아메리칸 브랙퍼스트 American Breakfast (빵과 햄, 베이컨에 계란요리, 커피, 과일을 곁들인 서양식 아침 식사)

♣ **어원 : fast 묶다**
※ **American** [əmérikən/어**메**뤼컨] (형) 아메리카(사람)의, **미국의** (명) **미국인**
☜ America + an(~의/사람)
■ break**fast** [brékfəst/브**렉**풔스트] (명) **아침밥, 조식** ☜ 단식(fast)을 깨다(break)
■ **fast** [fæst/fɑːst] (명) 단식 (동) 단식(절식)하다 ☜ 고대영어로 '단단히 묶은, 고정된'이란 뜻
■ **fast**en [fǽsn/fɑ́ːsn] (동) **묶다, 동여매다; 죄다; 고정하다** ☜ fast + en<동접>
□ un**fast**en [ʌnfǽsn/-fɑ́ːsn] (동) 늦추다, 풀다, 벗기다; 헐거워지다, 풀리다
☜ un(=against) + fast + en<동접>
♠ **unfasten one's seatbelt 안전벨트를 풀다**

페이버릿 favourite (❶ 한국의 6인조 댄스팝 걸그룹 ❷ 인기많은 경주마)

♣ **어원 : fav 좋아하는; 꿀벌**
■ **fav**orite [féivərit/**뻬**이붜륃] (형)(명) **마음에 드는**(매우 좋아하는) **(사람)**

☜ 좋아하는(favor) 것/사람(ite)

■ **fav**o(u)r [féivər/**페**이붜] 명 **호의, 친절(한 행위)** 동 **호의를 보이다, 편들다; 베풀다** ☜ 좋아하는(fav) 행위(or)

■ **fav**orable [féivərəbəl] 형 **호의를 보이는**; 유망한, 유리한
☜ 좋아하는(favor) 상태의(able)

□ un**fav**o(u)rable [ʌnféivərəbəl] 형 **형편이 나쁜**, 불운한; 불길한; 호의적이 아닌
☜ 좋아하지(favorable) 않는(un=not)
♠ **hold an unfavorable opinion of ~ ~에 대해 비판적인 의견을 갖고 있다**

그녀가 나의 천생연분이라는 필(feel.느낌)이 강하게 왔다.

♣ **어원 : feel 만지다, 느끼다**

■ **feel** [fiːl/삐-일] 동 (-/**felt/felt**) **만지다, 만져보다; 느끼다, 깨닫다; 감각[느낌]이 있다, ~한 느낌[기분]이 들다; 동정하다** 명 **감촉**; 느낌; 직감
☜ 고대영어로 '느끼다, 지각하다'란 뜻

■ **feel**ing [fíːliŋ/**삐**일링] 명 **촉감, 감각; 느낌, 감정** ☜ 느끼는(feel) 것(ing<명접>)

□ un**feel**ing [ənfíliŋ] 형 **느낌이 없는**; 무감각의; 무정한, 냉혹한 ☜ 느낌(feeling)이 없는(un=not)
♠ **unfeeling legs 무감각한 다리**

□ un**felt** [ʌnfélt] 형 느낌이 없는, 느낄 수 없는 ☜ 느껴지지(felt) 않는(un=not)
★ felt는 feel의 과거분사형

피날레 finale (악곡의 최종 악장 · 연극의 최종막)
인피니트 Infinite (한국의 6인조 댄스팝 보이그룹)

♣ **어원 : fin(e) 끝, 한계; 끝내다, 한계를 정하다**

■ **fin**ale [finάːli, -nǽli] 명 《It.》 **피날레**, 『음악』 **끝[종]악장**, 『연극』 **최후의 막**, 대단원
☜ 끝(fin) 내기(ale)

■ **fin**ish [fíniʃ/**삐**니쉬] 동 **끝내다**, 마치다 ☜ 끝(fin) 내다(ish)

□ un**fin**ished [ənfíniʃt] 형 **미완성의**, 완료되지 않은 ☜ un(=not) + finish + ed<형접>
♠ **an unfinished letter 쓰다 만 편지**

■ **fin**ite [fáinait] 형 한정(제한)되어 있는, **유한의** ☜ 끝(fin)이 있는(ite)

■ in**fin**ite [ínfənit] 형 **무한한**, 한정되어 있지 않은 ☜ in(not) + finite

■ con**fin**e [kənfáin] 동 **제한하다** ☜ 완전히(con<com) 끝내다(fin) + e

피트니스 센터 fitness center (트레이닝 설비를 갖춘 헬쓰클럽)

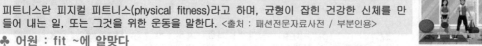

피트니스란 피지컬 피트니스(physical fitness)라고 하며, 균형이 잡힌 건강한 신체를 만들어 내는 일, 또는 그것을 위한 운동을 말한다. <출처 : 패션전문자료사전 / 부분인용>

♣ **어원 : fit ~에 알맞다**

■ **fit**ness [fítnis] 명 **적당함, 적합**; 양호함, 건강함 ☜ 적합한(fit) 것(ness<명접>)

■ **fit** [fit/삐트] 동 **~에 (알)맞다**, 맞게 하다 형 **알맞은, 적당한** 명 적합
☜ 중세영어로 '상황에 적절한; 대등한 적수'란 뜻

□ un**fit** [ənfít] 형 **부적당한, 부적절한** 동 **부적당[부적절]하다** ☜ 부(un=not) 적당한(fit)
♠ **unfit for use 사용할 수 없는**

■ mis**fit** [mísfìt] 명 부적합; (몸에) 맞지 않는 것; 잘 적응하지 못하는 사람
☜ 부(mis=not) 적합(fit)

※ **center, 《영》 centre** [séntər/**쎈**터] 명 **중심**(지); **핵심**; **중앙** ☜ 라틴어로 '원의 중심'이란 뜻

폴더 folder ([컴퓨터] file을 넣어 보관하는 곳)

♣ **어원 : fold 접다, 구부리다, 포개다**

■ **fold** [fould/뽀울드] 명 **주름**, 접은 자리 동 **접다**, 구부리다; (양팔에) **안다**, (손 · 팔 · 다리 등을) **끼다, 싸다**
☜ 고대영어로 '(천을) 접다'란 뜻

■ **fold**er [fóuldər] 명 접는 사람(것); 접지기(摺紙機); 접책(摺冊); (pl.) 접는 안경; 『컴퓨터』 **폴더** 《파일을 저장하는 공간》 ☜ 접는(flid) 사람/기구(er)

■ en**fold** [enfóuld] 동 싸다; 안다, 포옹하다; 접다 ☜ ~안으로(en<in) 접다(fold)

■ in**fold** [infóuld] 동 싸다; 안다, 포옹하다; 접다 ☜ ~안으로(in) 접다(fold)

□ un**fold** [ʌnfóuld] 동 펼치다, **펴다**; (잎 등이) **열리다**
☜ un(=against/반대, not/부정) + fold(접다)
♠ **unfold** a map 지도**를 펴다**

U

비포 앤 애프터 before and after ([수술 · 다이어트] 전후의 모습)

♣ 어원 : for(e), former 앞으로, 밖으로, 미래로; ~향하여

■ **before** [bifɔ́ːr/비**포**어, bəfɔ́ːr] ㉾ **~하기 전에**; ~앞에, ~보다 먼저
☜ 앞(fore)에 있다(be)

■ **fore** [fɔːr] ㉻ **앞의, 전방의**; (시간적으로) 전(前)의 ㉾ 앞에, 전방에
☜ 고대영어로 '~전에, ~앞에, 앞으로 향하는'이란 뜻

■ **foresee** [fɔːrsíː] ㉺ (-/-**saw**/-**seen**) **예견하다**, 미리 알다
☜ 앞<미래(fore)를 보다(see)

□ unforeseen [ʌnfɔːrsíːn] ㉻ **생각지 않은**, 뜻하지 않은, **우연의**, 의외의
☜ un(=not/부정) + 미리 앞(fore)을 본(seen<see의 과거분사 ➔ 형용사>)
♠ **an unforeseen occurrence 뜻밖의 일**

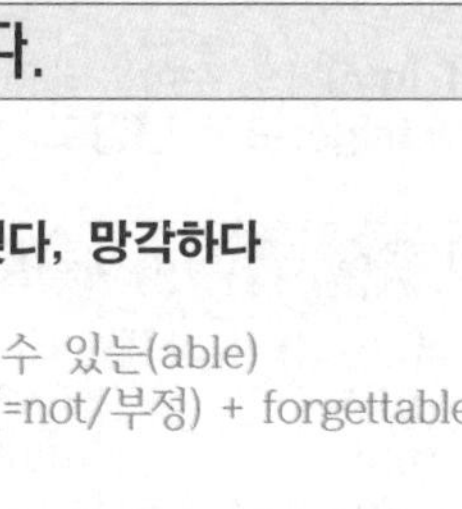

※ **after** [ǽftər/**앺**터/ɑ́ːftər/**앞**-터] ㉾ **뒤[후]에, 나중에** ☜ 고대영어로 '훨씬 뒤에'란 뜻

연상 포켓(pocket.주머니)에 두고 온 걸 깜박 포겟(forget.잊다)했다.

※ **pocket** [pɑ́kit/**파**킽, pɔ́ket/**포**켙] ㉹ **포켓, 호주머니**; 쌈지, 지갑
☜ 근대영어로 '작은(et) 주머니(pock)'란 뜻

■ **forget** [fərgét/풔**겥**] ㉺ (-/for**got**〔for**gat**〕/for**gotten**〔for**got**〕) **잊다, 망각하다**
☜ 갖고 싶음(get)을 멀리하다(for=away)

■ **forgettable** [fərgétəbl] ㉻ 잊기 쉬운; 잊어도 좋은 ☜ 잊을(forget) + t + 수 있는(able)

□ unforgettable [ʌnfərgétəbl] ㉻ **잊을 수 없는**, (언제까지나) 기억에 남는 ☜ un(=not/부정) + forgettable
♠ **an unforgettable event 잊을 수 없는 일[사건]**

기브 앤 테이크 give-and-take (주고받기)

■ **give** [giv/기브] ㉺ (-/**gave**/**given**) **주다** ☜ 고대영어로 '하늘이 주다'

■ **forgive** [fərgív] ㉺ (-/for**gave**/for**givien**) **용서하다**; 면제〔탕감〕하다
☜ 완전히(for) 주다(give)

□ unforgivable [ʌnfərgívəbl] ㉻ 용서할 수 없는(=unpardonable)
☜ un(=not/부정) + 용서할(forgive) 수 있는(able)
♠ **an unforgivable sin 용서할 수 없는 죄**

< give-and-take >

※ **and** [ənd/언드, nd, ən, n; (강) ænd/앤드] ㉿ **~와, 그리고**
☜ 고대영어로 '그래서, 그 다음'이란 뜻

※ **take** [teik/테이크] ㉺ (-/**took**/**taken**) **받다, 잡다, 취하다; 가지고[데리고] 가다**
☜ 고대 노르드어로 '취하다'란 뜻

포춘 Fortune (미국의 격주 간행 종합경제지)

포춘지(誌)는 1930년 2월 <Time>지(誌)를 창간한 H. R. 루스에 의해 창간되었다. 1978년 월간에서 격주간이 되었으며, 매년 5월 제1주호에서 발표하는 전미(全美) 기업 순위 500은 유명하다. 대형판 · 고급체제와 장문의 철저한 리포트, 박력있는 사진이 이 잡지의 특징이다. <출처 : 두산백과 / 일부인용>

■ **fortune** [fɔ́ːrtʃən/**뽀**-천/**뽀**-춘] ㉹ **부**(富), **재산; 운**, 운수; 행운
☜ [로마신화] 포르투나(Fortuna. 운명의 여신)에서

■ **fortunate** [fɔ́ːrtʃənit] ㉻ **운이 좋은**, 행운의 ☜ 운(fortune)이 있는(ate)

■ **fortunately** [fɔ́ːrtʃənətli] ㉾ **다행히(도), 운좋게(도)** ☜ -ly<부접>

■ **misfortune** [misfɔ́ːrtʃən] ㉹ **불운**, 불행, 재난 ☜ 나쁜(mis) 운(fortune)

□ unfortunate [ʌnfɔ́ːrtʃənit] ㉻ **불운한, 불행한** ☜ un(=not/부정) + 운(fortune)이 있는(ate)
♠ **unfortunate youths 불우 청소년**

© Fortune

□ unfortunately [ʌnfɔ́ːrtʃənitli] ㉾ **불행하게; 운 나쁘게**, 공교롭게
☜ un(=not) + 운(fortune)이 있(ate) 게(ly)

보이프렌드 boyfriend (남자친구), 걸프렌드 girl friend (여자친구)

■ **friend** [frend/프렌드] ㉹ **벗, 친구; 자기편**, 지지자, 동료
☜ 초기 독일어로 '애인, 친구'란 뜻

■ **friendly** [fréndli/프**렌**들리] ㉻ **친한**, 우호적인; 정다운 ☜ 친구(friend) 같은(ly)

□ unfriendly [ənfréndli] ㉻ (-<-dl**ier**<-dl**iest**) **불친절한, 우정이 없는**; 적의가 있는
☜ un(=not/부정) + friend + ly<부접>
♠ **an unfriendly waitress 불친절한 여급**

프로즌 frozen (미국 애니메이션 영화. 『겨울왕국』의 원제. <얼어붙은>이란 뜻)

2013년 개봉한 미국의 애니메이션 모험 영화. 모든 것을 얼려버릴 수 있는 특별한 능력이 있는 엘사는 통제할 수 없는 자신의 힘이 두려워 왕국을 떠나고, 얼어버린 왕국의 저주를 풀기 위해 동생 안나는 언니를 찾아 떠나는데... 이디나 멘젤이 부른 주제곡 Let it go는 전세계적으로 큰 인기를 끌었으며 빌보드 싱글차트 13주 연속 1위를 했다. 2014년 아카데미 장편애니메이션상, 주제가상, 골든글로브 애니메이션상 수상

© Walt Disney Studios

♣ **어원 : freez, froz, frig(h) 추운, 차가운; 무서운; 냉담한**

■ **froz**en [fróuzən] ⓢ freeze의 과거분사 ⓗ **언, 몹시 찬** ☜ 차갑게(froz) 하는(en)

□ un**froz**en [ʌnfróuzən] ⓗ **얼지 않는** ☜ un(=not/부정) + frozen
♠ **an unfrozen port 부동항(不凍港)**(=a nonfreezing port)

■ **freez**e [fri:z] ⓢ (-/**froze/frozen**) **얼음이 얼다**, (물이) **얼다**, **얼게 하다; 간담을 서늘하게 하다** ☜ 고대영어로 '얼음으로 변하다'란 뜻

✚ **frig**(e) 《영.구어》 냉장고 **frig**id **몹시 추운**, 혹한의; 냉담한, 냉랭한 **frigh**t **공포**, 경악 re**frig**erator **냉장고**; 냉장 장치

기름을 풀(full.가득)로 채우다

♣ **어원 : full 가득찬 // fill, ple, pli 채우다**

■ **full** [ful/풀] ⓗ **가득한**; 가득 채워진, 충만한 ☜ 고대영어로 '가득한'이란 뜻

■ **ful**fil(l) [fulfíl] ⓢ (의무 등을) **이행하다, 완수하다** ☜ 가득(full) 채우다(fill)

□ un**ful**filled [ʌnfulfíld] ⓗ **다하지 못한**; 실현〔성취〕하지 못한 ☜ un(=not/부정) + fulfill(완수하다) + ed<형접>
♠ **an unfulfilled desire 이루지 못한 소원**

■ **fill** [fil/삘] ⓢ **채우다, ~으로 충만하다** ☜ 고대영어로 '채우다'란 뜻.

✚ com**ple**ment **보충물**, 보완하는 것; **보완하다** **ple**nty **많음**, 가득, 풍부, 다량, 충분 accom**pli**shment **성취, 완성**, 수행, 이행

연상 눈이 펄펄 오자 그녀는 우산을 펄(furl.접다)했다.

■ **furl** [fəːrl] ⓢ (돛·기 따위를) 감아〔말아〕 걷다; 개키다, (우산 따위를) 접다; (커튼을) 걷다 ☜ 고대 프랑스어로 '사슬; 묶다, 잠그다'

□ un**furl** [ənfə́ːrl] ⓢ (돛·우산 따위를) 펴다(=spread); (기 따위를) 올리다, 바람에 펄럭이게 하다 ☜ un(=against/반대, not/부정) + furl(접다)
♠ **unfurl a flag 기를 펴다**

오마이갓 oh!, my God (에구머니!, 세상에!, 엄마얏! 등의 감탄사. 직역하면 <오, 나의 신이여> 라는 뜻)

※ **oh** [ou/오우] ⓖ **오오, 아, 어허, 앗, 아아, 여봐** 《놀람·공포·찬탄·비탄·고통·간망(懇望)·부를 때 따위의 감정을 나타냄》

※ **my** [mai/마이, məi, mə] ⓓ 《I의 소유격》 **나의** ☜ mine(나의 것)의 변형

■ **god** [gɑd/가드/gɔd/고드] ⓜ (일신교, 특히 기독교의) **신**(神), 하느님, 조물주 ⓢ 신으로 모시다 ☜ 고대영어로 '신, 조물주'란 뜻 반 **devil** 악마

■ **God**ly [gάdli] ⓗ 신성한, 경건한 ☜ -ly<형접>

□ un**god**ly [əngάdli/-gɔ́dli] ⓗ 신앙심 없는; 죄 많은, 사악한; 지독한, 심한 ☜ un(=not/부정) + 신으로 모시(god) 는(ly<형접>)
♠ I thought the work **ungodly**. 나는 그 일이 **신에 반한다고** 생각했다.

U

그라시아스 Gracias ([Sp.] 감사합니다), 그레이스 grace (여자이름. <신의 은총>)

♣ **어원 : grac(e), grat(e), grati 감사, 고마움**

■ **grace** [greis] ⓜ **우아**; 호의; 은혜, (신의) **은총**; (식전·식후의) 감사 기도 ☜ 라틴어로 '우미(優美)' 라는 뜻

■ **grate**ful [gréitfəl] ⓗ **감사하고 있는, 고마워 하는** ☜ 감사(grate)로 가득한(ful)

□ un**grate**ful [əngréitfəl] ⓗ **은혜를 모르는** ☜ 고마움(grate)으로 가득(ful)차지 않은(un=not)
♠ **an ungrateful person 배은망덕한 사람**

✚ con**grat**ulation **축하**; (pl.) 축사 dis**grace** 창피, **불명예**, 치욕; **망신** in**grati**tude **배은망덕**, 은혜를 모름

해피투게더 Happy Together (KBS 2TV 오락프로그램)

연예스타들이 참여하여 펼치는 재미있는 게임(game)과 진솔한 토크(talk)를 통해 인기리에 방송 중에 있는 KBS 2TV 가족오락 프로그램. 직역하면 <같이 있어 행복한>이란 뜻이다.

■ **happy** [hǽpi/**해**삐] ⓗ (-<-p**ier**<-p**iest**) **행복한**
☜ 고대영어로 '행복한'이란 뜻.

□ un**happy** [ʌnhǽpi] ⓗ (-<-p**ier**<-p**iest**) **불행한** ☜ un(=not) + happy
♠ **an unhappy childhood 불행한 어린 시절**

□ un**happi**ly [ʌnhǽpili] ⓟ **불행히** ☜ un(=not) + happy + ly<부접>

□ un**happi**ness [ʌ̀nhǽpinis] ⓜ **불행** ☜ un(=not) + happy + ness<명접>

※ **together** [təgéðər/터**게**더] ⓟ **함께**
☜ 고대영어로 '한 자리에 모이(gether<gather)도록 하기 위해(to)'란 뜻

헬스 클럽 health club (건강이나 미용을 증진하기 위한 회관), 힐링..

♣ **어원 : heal 완전하다**

■ **heal**th [helθ/헬쓰] ⓜ **건강**(상태), 건전 ☜ 완전한(heal) 것(th)

■ **heal**th club **헬스클럽**《신체단련·건강·미용 등을 위한 운동기구를 갖춘》 ☜ club(사교클럽·곤봉)

■ **heal**thy [hélθi] ⓗ (-<-h**ier**<-h**iest**) **건강한**; 건전한 ☜ 건강(health) 한(y)

□ un**heal**thy [ʌnhélθi] ⓗ (-<-h**ier**<-h**iest**) **건강하지 못한, 병약한**; 불건전한
☜ un(=not) + healthy
♠ They looked poor and **unhealthy**. 그들은 가난하고 **건강하지 못해** 보였다.

■ **heal** [hiːl] ⓢ **고치다**, 낫게 하다 ☜ 고대영어로 '건강하게 하다, 온전하게 하다'

■ **heal**ing [híːliŋ] ⓗ 치료의; 회복시키는 ⓜ 치료(법), **힐링** ☜ 완전하게(heal) 하기(ing)

히어링 hearing (듣기, 청취)

♣ **어원 : hear 듣다**

■ **hear** [hiər/히어] ⓢ (-/**heard/heard**) **듣다, ~이 들리다; 소식을 듣다**
☜ 고대영어로 '듣다'란 뜻

■ **hear**d [həːrd/허어드] ⓢ **들었다** ⓗ **들은** ☜ hear의 과거·과거분사

■ **hear**er [híərər] ⓜ **듣는 사람**; 방청인, 청중 ☜ hear + er(사람)

■ **hear**ing [híəriŋ] ⓜ **청각**, 듣기; **들려줌; 들리는 거리[범위]** ☜ hear + ing<명접>

□ un**hear**d [ʌ̀nhə́ːrd] ⓗ 들리지 않는; 경청해 주지 않는; 미지의
☜ un(=not/부정) + heard<hear의 과거분사 ➔ 형용사>
♠ Their protests **went unheard**. 그들의 항의에는 (아무도) **귀 기울이지 않았다**.

□ un**hear**d-of [ʌnhə́ːrdʌ̀v] ⓗ 전례 없는, 전대미문(前代未聞)의; 기이한
☜ ~에 대해(of) 들어본 적이 없는(unheard)

아이디카드 I.D. [ID] card (신분증)

♣ **어원 : ident(i) 같은, 동일한**

■ **I.D. [ID]** **I**dentify 〔Identification〕 **C**ard 신분증

■ **identi**ty [aidéntəti] ⓜ **동일함**, 일치, 동일성
☜ 라틴어 '같은(ident) 것(ity)'이란 뜻

■ **identi**fication [aidèntəfikéiʃən, i-] ⓜ **동일함**, 신분증명
☜ 동일(ident)하게 + i + 만드는(fic) 것(ation<명접>)

■ **identi**fy [aidéntəfài] ⓢ **동일시하다**, 증명하다 ☜ 동일(identi)하게 만들다(fy)

□ un**identi**fied [ənaidéntəfaid] ⓗ **확인되지 않은**, 미확인의, 정체불명의
☜ un(= not) + identify + ed<형접>
♠ **An unidentified aircraft** violated our territorial air.
국적 불명의 항공기가 우리 영공을 침범하였다
♠ **U**nidentified **F**lying **O**bject 미확인 비행물체(**UFO**)

※ **card** [kaːrd/카-드] ⓜ **카드**, 판지 ☜ 중세 프랑스어로 '종이 한 장'

유니세프 UNICEF (유엔 아동 기금)

전쟁피해 아동의 구호와 저개발국 아동의 복지향상을 위해 설치된 국제연합 특별기구. 1965년 노벨평화상을 받았다. 지원분야는 긴급구호·영양·보건·예방접종·식수 및 환경개선·기초교육·모유수유권장에 이르기까지 다양하다. <출처 : 두산백과 / 일부인용>

U

☐ **UNICEF, Unicef** [jú:nəsèf] **U**nited **N**ations **C**hildren's **F**und **유니세프**, 유엔 아동 기금 ★ **구칭은** United Nations International Children's Emergency Fund임.

✚ **unite**d **하나가 된**, 결합된, 연합〔합병〕한 **nat**ion **국가**, [집합적] **국민** **child**ren child의 복수, **어린이들** **fund** **자금**, 기금; 《영》 **공채**(公債)

유니콘 unicorn (이마에 뿔이 하나인 말 비슷한 전설의 동물)

♣ **어원 : uni- 하나의, 단독의, 획일적인**

☐ **uni**corn [jú:nəkɔ̀:rn] ⓜ **유니콘**, 일각수(一角獸) 《말 비슷하며 이마에 뿔이 하나 있는 전설적인 동물》.
☜ 라틴어로 '뿔(corn)이 하나(uni)인'이란 뜻

☐ **uni**form [jú:nəfɔ̀:rm/**유**-너포옴] ⓗ **한결같은**, 동일한, 동형의 ⓜ **제복**, 군복, 관복
☜ 하나(uni)의 형태(form)
♠ **wear a uniform 유니폼을 입다**

☐ **uni**formity [jù:nəfɔ́:rməti] ⓜ **한결같음**, 획일, 일치; 균일, 단조 ☜ uniform + ity<명접>

☐ **uni**formly [jú:nəfɔ̀:rmli] ⓟ **한결같이**, 균일〔균등〕하게 ☜ uniform + ly<부접>

☐ **uni**fy [jú:nəfài] ⓢ **하나로 하다; 통일하다**, 단일화하다 ☜ 하나로(uni) 만들다(fy<동접>)
♠ **unify** 〔divide〕 **the country 나라를 통일하다** 〔분할하다〕

☐ **uni**fication [jù:nəfikéiʃən] ⓜ 통일, 단일화; 통합 ☜ uni + fic + ation<명접>

☐ **uni**lateral [jù:nəlǽtərəl] ⓗ 한쪽만의; 단독적인, 일방적인; 『법률』 편무적(片務的)인
☜ 하나의(uni) 측면(later) 의(al<형접>)

이미지 image (개인이 가지는 관념이나 심상(心像))

♣ **어원 : im 유사, 모방; 초상**

■ **im**age [ímidʒ/**이**미쥐] ⓜ **상**(像); **닮은 사람[것]**; (개인이 가지는) **이미지**, 인상
☜ 라틴어로 '모방/유사(im)한 것(age)'이란 뜻

■ **im**agine [imǽdʒin/이**매**쥔] ⓢ **상상하다, 생각하다**, 추측하다
☜ 라틴어로 '마음에 그리다'라는 뜻

■ **im**aginable [imǽdʒənəbəl] ⓗ **상상할 수 있는** ☜ -able(~할 수 있는<형접>)

■ **im**aginative [imǽdʒənətiv, -nèitiv] ⓗ **상상력**〔창작력 · 구상력〕**이 풍부한** ☜ -tive<형접>

☐ un**im**aginable [ʌ̀nimǽdʒənəbəl] ⓗ **상상[생각]할 수 없는**
☜ un(=not/부정) + imaginable(상상할 수 있는)

☐ un**im**aginative [ʌ̀nimǽdʒənətiv, -nèitiv] ⓗ 상상력이 없는, 시적이 아닌
☜ un(=not/부정) + imaginative(상상력이 풍부한)

■ **im**itate [ímitèit] ⓢ **모방하다**, 흉내 내다; 본받다; 모조하다 ☜ 라틴어로 '흉내 내다'란 뜻

포털 portal (네이버, 야후 등 인터넷 접속시 거쳐야 하는 사이트)

♣ **어원 : port 나르다, 운반하다**

■ **port** [pɔ:rt/포-트] ⓜ **항구**, 무역항 ☜ (물건을) 나르는 곳

■ **port**able [pɔ́:rtəbəl] ⓗ 들고 다닐 수 있는; **휴대용의, 포터블** ⓜ **휴대용 기구** ☜ 운반(port)할 수 있는(able)

NAVER
GOOGLE
DAUM

■ **port**al [pɔ́:rtl] ⓜ (우람한) **문, 입구; 정문; 포털사이트**
☜ (~를 통해) 운반하는(port) 곳(al)

■ im**port**ant [impɔ́:rtənt/임**포**-든트/임**포**-턴트] ⓗ **중요한**; 거드름 피우는
☜ 안으로(im<in) (결과를) 들여오(port) 는(ant)

☐ unim**port**ant [ʌ̀nimpɔ́:rtənt] ⓗ **중요하지 않은**, 대수롭지 않은, 하찮은 ☜ un(=not/부정)
♠ **unimportant details 중요하지 않은 세부 사항들**

✚ **port**er **운반인**; 짐꾼, **포터** air**port** **공항** ex**port** **수출하다; 수출(품)** im**port** **수입하다; 수입(품)**

U

코엑스 COEX (한국종합무역센터에 있는 종합전시관 / 서울시 소재)
킨텍스 KINTEX (한국국제전시장 / 고양시 소재)

♣ **어원 : hibit, habit, have 잡다(=take), 가지다(=have), 살다(=live)**

■ **COEX** **CO**nvention and **EX**hibition center 국제회의 및 전시 센터 〔코엑스〕

■ **KINTEX** **K**orea **INT**ernational **EX**hibition center 한국국제전시장〔킨텍스〕

■ ex**hibit** [igzíbit] ⓢ **전람**〔전시 · 진열〕**하다**, **출품하다** ⓜ **출품**; 진열, **전람** ☜ 밖에(ex) 두다(hibit)

■ ex**hibit**ion [èksəbíʃən] ⓜ **전람(회)**, 전시회, 박람회; 출품물
☜ 밖에(ex) 두는(hibit) 것(ion<명접>)

■ **habit**ation [hæ̀bətéiʃən] ⓜ **주소; 거주** ☜ 사는(habit) 것(ation<명접>)

■ in**habit** [inhǽbit] ⓢ **~에 살다**, 거주하다, ~에 존재하다 ☜ ~안에(in)

■ in**habit**ed [inhǽbitid] ⓗ 사람이 살고 있는 ☜ inhabit + ed<형접>

□ unin**habit**ed [ʌ̀ninhǽbitid] ⓗ **사람이 살지 않는**, 무인의 《섬 따위》
☜ un(=not/부정) + 사람이 사(inhabit) 는(ed<형접>)
♠ **an uninhabited island 무인도(無人島)**

컬렉션 collection (물품을 수집해 모은 것) 아이큐 IQ (지능지수), 인텔리(겐차) intelligentsia (지식계급)

♣ **어원 : lect, leg, lig 고르다, 뽑다, 모으다**

■ col**lect** [kəlékt/컬**렉**트] ⓢ **모으다,** 수집하다; **모이다**
☜ 함께/모두(col<com) 골라내다(lect)

■ col**lect**ion [kəlékʃən] ⓜ **수집**, 채집 ☜ collect + ion<명접>

■ intel**lig**ence [intélədʒəns] ⓜ **지능, 지성; 정보** ☜ -ence<명접>

■ intel**lig**ible [intélədʒəbl] ⓗ **이해할 수 있는**, 알기 쉬운
☜ 여럿 중에서(intel<inter) 선택하(leg) 는(ible<형접>)

□ unintel**lig**ible [ʌ̀nintélədʒəbl] ⓗ **이해하기 어려운**, 영문을 알 수 없는
☜ un(=not/부정) + 여럿 중에서(intel<inter) 선택할 수(leg) 있는(ible)
♠ mutter some **unintelligible** words **알아들을 수 없는** 말을 하다.

✚ e**lect** (투표 따위로) **선거하다**, 뽑다, 선임하다 intel**lect** **지력**(知力), **지성; 지식인**
se**lect** **선택하다**, 고르다, 선발하다, 발췌하다, 뽑다(=choose)

인터넷 internet (세계규모의 컴퓨터 통신망)

♣ **어원 : inter ~사이에**

■ **Inter**net [íntərnèt] ⓜ **인터넷** 《국제적 컴퓨터 네트워크》
☜ ~사이의(inter) 그물망(net)

■ **inter**est [íntərest/**인**터뤠스트] ⓜ **관심, 흥미; 중요성; 이익** ⓢ **흥미를 일으키게 하다** ☜ ~사이에(inter) 존재하다(est)

■ **inter**ested [íntəristid/**인**터리스티드, -trəst-, -tərèst-] ⓗ **흥미를 가진** ☜ -ed<형접>

■ **inter**esting [íntəristiŋ/**인**터리스팅, -trəst-, -tərèst-] ⓗ **흥미[재미]있는** ☜ -ing<형접>

□ un**inter**ested [ʌníntəristid, -trəst-, -tərèst-] ⓗ 흥미를 느끼지 않는, 무관심한; 이해관계가 없는
☜ un(=not/부정) + interest + ed<형접>
♠ He **was** totally **uninterested in** sport. 그는 스포츠**에는** 전혀 **흥미가 없었다**.

□ un**inter**esting [ʌníntəristiŋ, -trəst-, -tərèst-] ⓗ 시시한, 흥미[재미]없는, 지루[따분]한
☜ un(=not/부정) + interest + ing<형접>

■ dis**inter**ested [disíntəristid, -rèst-] ⓗ **사심[사욕]이 없는**, 공평한, 흥미없는
☜ dis(=not/부정) + interest + ed<형접>

유니폼 uniform (제복), 유니언 잭 Union Jack (잉글랜드 + 스코틀랜드 + 북아일랜드기를 합친 영국 국기)

< Union Jack >

♣ **어원 : uni- 하나의, 단독의, 획일적인**

■ **uni**form [júːnəfɔ̀ːrm/**유**-너포옴] ⓗ **한결같은**, 동일한, 동형의 ⓜ **제복**, 군복, 관복 ☜ 하나(uni)의 형태(form)

□ **uni**on [júːnjən/**유**-년] ⓜ **결합**(combination), 연합, 합동, 병합, 융합; 일치, 단결, 화합 ☜ 라틴어로 '진주 한 개'나 '양파 한 개'를 뜻함.

□ **uni**que [juːníːk] ⓗ **유일(무이)한**, 하나밖에 없는; 독특한 ⓜ 유일한 사람(것, 일)
☜ 프랑스어로 '단일의'란 뜻
♠ **a unique talent 특별한 재능**

□ **uni**quely [juːníːkli] ⓟ 유일무이하게, 독특하게 ☜ unique + ly<부접>

□ **uni**queness [juːníːknis] ⓜ 유일무이함; 독특함 ☜ unique + ness<명접>

□ **uni**sex [júːnisèks] ⓗ (복장 따위가) 남녀 공통(공용)의; 남녀 구별이 안 가는 ⓜ **유니섹스**, 남녀평등 ☜ [남녀] 하나의(uni) 성(性)(sex)

□ **uni**son [júːnəsən, -zən] ⓜ **조화**, 화합, 일치; 동조; 『음악』 제창; 『음악』 동음(同音)
ⓗ 『음악』 동음의 ☜ 라틴어로 '동일음의'란 뜻
♠ **sing in unison (조화롭게) 함께 노래하다, 제창하다**

□ **uni**sonant, unisonous [juːnísənənt], [juːnísənəs] ⓗ 동음의, 동조의, 동률의, 가락이 맞은; 일치하는

☜ 하나의/동일한(uni) 소리(son)를 내는(ant/ous<형접>)

☐ **uni**t [júːnit] ⓜ **단위체, 구성[편성] 단위, 유니트** ⓗ 단위의 ☜ 하나의(uni) 것(t)

☐ **uni**te [juːnáit/유-**나**이트] ⓢ **결합하다**, 합하다; 합병하다 ☜ 하나로(uni) 하다(te)
♠ **unite minds 뜻을 하나로 모으다**

☐ **uni**ted [juːnáitid] ⓗ **하나가 된**, 결합된, 연합〔합병〕한 ☜ 하나가(unite) 된(ed)

■ **UK, U.K.** **U**nited **K**ingdom (of Great Britain and Northern Ireland) 영국
☜ 그레이트 브리튼 섬(잉글랜드, 스코틀랜드, 웨일스)과 아일랜드 섬 북쪽의 북(北) 아일랜드로 이루어진 연합(united) 왕국(kingdom)

■ **UN, U.N.** [júːén] **U**nited **N**ations 국제 연합, 유엔 ☜ 연합(unite) 된(ed) 국가(nation) 들(s)

■ **USA, U.S.(A).** **U**nited **S**tates (of **A**merica) 미국, 미합중국 ☜ 50개의 자치구와 한 개의 수도구(워싱턴 D.C.)로 이루어진 연방국가. 면적은 한반도의 42배(세계 4위)이며, 인구는 약 3억 1,400만명이다. 이민자들이 세운 공화국.

☐ **uni**ty [júːnəti] ⓜ **통일(성)**, 개체; **단일(성)**; 일관성; **조화**, 일치 ☜ 하나의(uni) 것(ty)
♠ **racial unity 민족적 통일**

☐ **uni**versal [jùːnəvə́ːrsəl] ⓗ **우주의; 만국의; 모든 사람의; 보편적인**
☜ (전체로) 하나로(uni) 돌다(verse) + al<형접>
♠ **universal truth(s) 보편적 진리**

☐ **uni**versally [jùːnəvə́ːrsəli] ⓑ **보편적**〔일반적〕**으로**, 널리; 도처에 ☜ universal + ly<부접>

☐ **uni**verse [júːnəvəːrs] ⓜ **우주** ☜ (전체가) 하나로(uni) 도는(ver) 것(se)

☐ **uni**versity [jùːnəvə́ːrsəti/유너**붜**-서리/유너**붜**-서티] ⓜ **(종합)대학교** ☜ 우주(전 영역)가 하나로(uni) 도는(vers) 것(ity), 즉 '우주(전 영역)가 하나로 모아져 진리를 탐구하는 곳'이란 뜻.

☐ **uni**vocal [juːnívəkəl, jùːnəvóu-] ⓗ 한 가지 의미만 가지는; 뜻이 명료한
☜ 하나의(uni) 목소리(voc) 의(al<형접>)

※ **jack** [dʒæk] ⓜ (J-) **사나이; 남자**, 놈; 노동자; 잭《무거운 것을 들어 올리는 장치》; 『항해』(국적을 나타내는) 선수기(船首旗) ⓢ 들어 올리다 ☜ 라틴어로 Jacob(야곱), 영어로 John

저스티스 justice (미국 마이클샌델 교수의 정치철학서. <정의>)

미국 하버드대학교(Harvard University) 교수이자 정치철학자로 유명한 Michael J. Sandel이 지은 정치 철학서. 원제는 『Justice : What's the right thing to do? (정의란 무엇인가?). 한국에서도 베스트셀러에 올랐다.

♣ **어원 : just, jud 바른, 법률(상)의**

■ **just** [dʒʌst/저스트] ⓑ **단지; 바르게; 올바른**, 틀림없이
☜ 라틴어로 '정직한'이란 뜻

■ **just**ice [dʒʌ́stis/**저**스티스] ⓜ **정의, 공명정대; 재판**
☜ 바르게(just) 하기(ice)

☐ un**just** [ʌndʒʌ́st] ⓗ 부정한, 불법의, 부조리한; **불공평한**, 부당한 ☜ 옳지(just) 않은(un=not)
♠ **an unjust law 부당한 법률**

☐ un**just**ly [ʌndʒʌ́stli] ⓑ 부정[부당]하게 ☜ -ly<부접>

✚ ad**just** **맞추다, 조정하다** con**jure** **마술로 ~하다** per**jure** 위증케 하다; 맹세를 저버리게 하다

☐ **unkempt**(단정하지 못한) ➔ **comb**(빗; 빗질하다) **참조**

라이언 킹 The Lion King (미국 만화영화. <사자왕>이란 뜻)

© Buena Vista Pictures

1994년 제작된 미국 애니메이션 영화. 어린 사자 심바는 아버지 무파사가 죽은 후 사악한 숙부 스카에 의해 추방된다. 스스로 자신을 지켜야만 하는 심바는 품바와 티몬이라는 괴상한 캐릭터들과 친구가 되고 암사자 날라를 사랑하게 되고, 마침내 돌아가 자랑스러운 우두머리로서 자신의 자리를 되찾는다. 아카데미 주제곡, 주제가 상 수상.
<출처 : 죽기 전에 꼭 봐야 할 영화 1001편 / 일부인용>

♣ **어원 : kin, kind 종족, 친족; 태생, 천성**

※ **lion** [láiən/**라**이언] ⓜ (pl. **-s, -**) **사자** ☜ 고대영어로 '사자'란 뜻

■ **kin**g [kiŋ/킹] ⓜ **왕**, 국왕, 군주; (K-) 신, 그리스도 ☜ 종족(kin)을 대표하는 자(g)

■ **kin** [kin] ⓜ [집합적] **친족**, 친척, 일가(=relatives); **혈통** ⓗ 동족인
☜ 고대영어로 '가족, 종족'이란 뜻

■ **kin**dred [kíndrid] ⓜ [집합적] 친족, **친척; 혈연**, **일족** ☜ 친족(kin) 상태(dred)

■ **kind** [kaind/카인드] ⓜ **종류**; 본질, 본성, 성질 ☜ 고대영어로 '태생'이란 뜻
ⓗ **친절한** ☜ 고대영어로 '천성에 따라'란 뜻

■ **kind**ly [káindli/**카**인들리] ⓗ (-<-**lier**<-**liest**) **상냥한; 온화한** ⓑ **친절하게; 부디**
☜ -ly<부접>

☐ un**kind** [ʌnkáind] ⓗ **불친절한**, 몰인정한 ☜ 천성(kind)에 반하는(un=not)
♠ She **was unkind** to me. 그녀는 나한테 **불친절했다**

□ unkindness [ʌnkáind] 명 불친절, 몰인정 ☜ unking + ness<명접>
□ unkindly [ʌnkáindli] 형부 (-<-lier<-liest) 불친절하게〔한〕; 몰인정하게〔한〕; (기후 따위가) 지독한; (토질 등이 경작에) 부적당한 ☜ -ly<부접>
□ unkindliness [ʌnkáindlinis] 명 불친절, 몰인정 ☜ unkindly + ness<명접>

노하우 know-how (비결)

♣ 어원 : know 알다, 알게 하다, 승인[인식]하다
■ know [nou/노우] 동 (-/knew/known) **알고 있다** ☜ 고대영어로 '구별할 수 있다'란 뜻
■ know-how [nóuhàu] 명 (방법에 대한) 비결, **노하우** ☜ 어떻게 하는가 하는 방법(how)을 알다(know)
■ known [noun/노운] 형 **알려진** ☜ know의 과거분사 → 형용사
□ unknown [ʌnnóun/언노운] 형 **알려지지 않은**, 미지의; 알 수 없는 명 무명인; 미지의 것 ☜ un(=not/부정) + known
♠ **an unknown actor 무명 배우**
♠ the tomb of **the Unknown Soldier 무명용사**의 무덤
♠ **be unknown to ~ ~에 알려져 있지 않은**
■ well-known [wélnóun] 형 유명한, **잘 알려진** ☜ 잘(well) 알려진(known)
■ knowledge [nάlidʒ/nɔ́l-] 명 **지식**, 정보 ☜ 아는 것(know)으로 인도하(lead) 기(dge<명접>)
■ acknowledge [æknάlidʒ] 동 **인정하다** ☜ ~에게(ac<ad=to) 아는 것(know)을 인도하(lead) 기(dge)

리틀엔젤스 the Little Angels (소녀들로 구성된 한국전통예술공연단)

1962년 한국의 문화 예술을 전 세계에 알리기 위해 약 200여명의 10대 소녀들로 구성된 한국 전통예술 공연단. 지금까지 전 세계 50여 개 국가에서 5,000여 차례 공연 활동을 벌여 세계적으로 유명하다. 영국 왕실, 미국 백악관, 평양에서도 공연한 바 있다. 무용과 합창, 가야금 병창 등이 주요 공연 레퍼토리이다.

■ little [lítl/리를/리틀] 형 (-<less〔lesser〕<least) 《가산명사·집합명사를 수식하여》 **작은**; 귀여운; 어린; **시시한, 사소한** 부 《긍정문》 **약간**; 《부정문》 **거의 ~않다, 전혀 ~하지 않다** 대 **조금** ☜ 고대영어로 '크지 않은, 많지 않은'이란 뜻
★ 서술적 용법에서는 small이 보통
■ less [les/레스] 형 《little의 비교급》《양(量)》 **보다 적은**, 명대 **보다[더] 적은 수**〔양/액〕 부 **보다 적게** ☜ 고대영어로 '더 적은'이란 뜻
□ unless [ənlés] 접 《부정의 조건을 나타내어》 **~이 아닌 한**, 만약 ~이 아니면 ☜ 중세영어로 '~보다 덜하지(less) 않은(un=not/부정)'이란 뜻
♠ **unless** otherwise agreed **만약** 별도 합의된 사항**이 없으면**
■ least [liːst/리-스트] 형 《little의 최상급》 **가장 작은; 가장 적은** 부 [때로 the ~] **가장 적게** ☜ 고대영어로 '가장 작은, 가장 낮은'이란 뜻
※ angel [éindʒəl] 명 **천사**, 수호신 ☜ 그리스어로 '전령, 사자(使者)'란 뜻

라이트 light (빛), 라이터 lighter (불붙이는 물건)

♣ 어원 : light 빛, 불; 밝은, 가벼운; 빛나다
■ light [lait/라이트] 명 **빛**, 광선; **일광; 발광체; 불꽃** 형 **밝은, 연한; 가벼운; 쉬운; 경쾌한** 동 **불을 붙이다**, **(등)불이 켜지다** ☜ 고대영어로 '무겁지 않은'이란 뜻
■ lighter [láitər] 명 **불을 켜는 사람[것]; 라이터**, 점등〔점화〕기 ☜ -er(사람/장비)
□ unlighted [ʌnláitid] 형 **불을 켜지 않은**, 어두운 ☜ 불이 켜지지(light) 않(un=not) 은(-ed<형접>)
♠ I hate walking into **an unlighted room**.
나는 **어두운 방**에 들어가는 것을 싫어한다.

✚ enlighten **계몽하다**, 계발〔교화〕하다 flashlight **섬광(등)**; 《미》 손전등; 『사진』 **플래시** headlight (종종 pl.) **헤드라이트**, 전조등 moonlight **달빛(의)** searchlight **탐조등**, 탐해등; 그 불빛 twilight (해뜨기 전, 해질 무렵의) **어스름**, 박명(薄明), 땅거미, 황혼

라이크 어 버진 Like a Virgin (마돈나의 히트송. <처녀처럼>)

미국의 pop 가수 Madonna 가 1984 년 발표하여 그녀를 세계적인 스타로 만들어준 노래. 전 세계적으로 2,100 만장의 앨범 판매고를 올렸으며, 빌보드 앨범차트 및 싱글차트 정상에 올랐다.

♣ 어원 : lik(e) 비슷한, 유사한; ~와 같은; 좋은
■ like [laik/라이크] 형 **~처럼, ~와 같은** 동 **좋아하다** ☜ 고대영어로 '~와 같은, 비슷한'이란 뜻

U

□ unlike [ʌnláik] ⓗ **닮지[같지] 않은**, 다른 ⓟ **~을 닮지 않고**; ~와 달라서 ☜ un(=not/부정) + like
♠ **unlike signs** 〚수학〛 **상이한 부호** 《+와 -》
□ unlik**e**ly [ʌnláikli] ⓗ (-<-lier<-liest) **있음직하지 않은; 가망 없는** ☜ unlike + ly<형접>
■ alike [əláik] ⓗ **서로 같은**, 비슷한 ☜ 완전히(a/강조) 같은(like)
※ **virgin** [vəːrdʒin] ⓜ **처녀**, 동정녀 ⓗ **처녀의**, 더럽혀지지 않은 ☜ 고대 프랑스어로 '처녀, 동정녀 마리아'란 뜻

리미티드 에디션 Limited Edition (한정판)

리미티드 에디션은 마케팅의 일환으로 음반이나 DVD 등 제품들을 발매할 때 따로 보너스곡이나 화보집 등을 수록한 한정판을 말한다. <출처: 위키백과 / 요약인용>

♣ 어원 : limin, limit 문턱, 입구, 경계; 한정하다, 제한하다
■ **limit** [límit/리밑] ⓜ (종종 pl.) **한계(선)**, 한도, 극한 ⓓ **한정[제한]하다** ☜ 고대 프랑스어로 '경계선'이란 뜻
■ **limit**ed [límitid] ⓗ **한정된**, 제한된, 유한의 ☜ 제한(limit) 된(ed<형접>)
■ **limit**ed edition 한정판 ☜ edition(판, 간행)
□ un**limit**ed [ʌnlímitid] ⓗ **끝없는**, 광대한, **무제한의** ☜ un(=not/부정) + limited(제한된)
♠ **an unlimited war 무제한 전쟁** 《전투 수단에 제한을 두지 않는 전쟁》

✚ elimin**ate** **제거하다**, 배제하다, 삭제하다 pre**limin**ary **예비의**, 준비의; **준비; 예비시험**

업무 로드(load.부하)가 심하다, 다운로드 download (파일 내려받기)

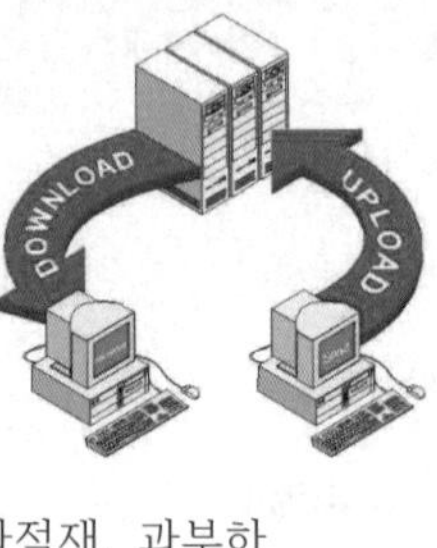

♣ 어원 : load, lad 짐; 짐을 지우다
■ **load** [loud/로우드] ⓜ **적하 화물**, 무거운 짐, 부담; 근심, 걱정 ⓓ 짐을 싣다; 탄알을 장전하다 ☜ 중세영어로 '짐을 두다, 무게를 더하다'란 뜻
■ down**load** [dáunlòud] ⓜ 〚컴퓨터〛 **다운로드** 《상위 컴퓨터(서버)에서 하위(단말) 컴퓨터로 데이터 내려받기》 ⓓ 〚컴퓨터〛 다운로드하다 ☜ down(아래로)
■ over**load** [òuvərlóud] ⓓ **짐을 너무 많이 싣다**, 너무 부담을 주다 ⓜ 과적재, 과부하 ☜ 초과하여(over) 싣다(load)
□ un**load** [ʌnlóud] ⓓ (배·차 따위에서) **짐을 부리다**(내리다); (근심 등을) 덜다 ☜ un(=against/반대) + load(싣다)
♠ **unload** cargoes from a ship 배에서 **짐을 내리다**.
■ up**load** [ʌ́plòud] ⓜ 〚컴퓨터〛 **업로드** 《하위 컴퓨터에서 상위 컴퓨터(서버)로 데이터 전송》 ⓓ 업로드하다 ☜ 위로(up) 싣다(load)

도어락 door lock (출입문 자물쇠), 라커룸 locker room

< Door Lock >

※ **door** [dɔːr/도어] ⓜ **문**, 출입문, (출)입구 ☜ 고대영어로 '큰 문'이란 뜻
■ **lock** [lɑk/락/lɔk/로크] ⓜ **자물쇠** ⓓ 자물쇠를 채우다, 잠그다 ☜ 고대영어로 '가두다'란 뜻
♠ **open a lock** with a key **자물쇠를** 열쇠로 **열다**.
■ **lock**er [lɑ́kər/lɔ́k-] ⓜ **로커**, (자물쇠가 달린) 장, 작은 벽장; 잠그는 사람 (것) ☜ 잠그는(잠긴)(lock) 것(사람)(-er)
■ **lock**er room (특히 체육관·클럽의) **로커룸** 《옷 따위를 넣음》 ☜ room(방, 실)
□ un**lock** [ʌnlɑ́k/-lɔ́k] ⓓ (문 따위의) **자물쇠를 열다** ☜ un(=not/부정) + lock
♠ **unlock a door 문의 자물쇠를 열다**
■ head**lock** [hédlɑ̀k/-lɔ̀k] ⓜ 〚레슬링〛 **헤드록** 《상대의 머리를 팔로 감아 누르는 기술》 ☜ 머리를(head) (꼼짝못하게) 잠그다(lock)

U

러키세븐 Lucky seven (7회가 행운의 이닝이라는 야구계의 속설)

러키세븐(lucky seven)이란 운이 좋다고 하는 제7회의 이닝(inning)을 말한다. 뉴욕의 자이언츠 팀(Giants team)이 매년 시즌 중 우연히 7회째에 좋은 결과가 연속되었다. 이후, 7회째가 운이 좋다는 소문이 다른 팀에게도 퍼져 이 말이 생겼다. <출처 : 체육학 대사전>

■ **luck** [lʌk/럭] ⓜ **운**(=chance), 운수; **행운**, 요행 ☜ 중세영어로 '운명, 행복'이란 뜻
■ **luck**less [lʌ́klis] ⓗ **불운의**, 불행한; 혜택이 없는 ☜ -less(~이 없는)

■ **lucky** [lʌ́ki/**러**키] ⓗ (-<-k**ier**<-k**iest**) **행운의**, 운 좋은; 행운을 가져오는 ☜ -y<형접>
■ **luckily** [lʌ́kili] ⓟ **운 좋게**; 요행히(도) ☜ lucky<y→i> + ly<부접>
□ un**lucky** [ʌnlʌ́ki] ⓗ (-<-k**ier**<-k**iest**) **불운한**; 불길한; **기회가 나쁜** ☜ 운(luck)이 없(un=not) 는(y<형접>)
♠ **unlucky thirteen 불길한 13**
□ un**luck**ily [ʌnlʌ́kili] ⓟ 불행하게도 ☜ unlucky<y→i> + ly<부접>
※ **seven** [sévən/**쎄**번] ⓗ **일곱의**, 일곱 개(사람)의 ⓜ **일곱, 7**, 일곱 개(사람) ☜ 고대영어로 '7'이란 뜻

슈퍼맨 superman (크립톤 행성에서 와서 지구를 지키는 초인·영웅)

■ super**man** [sú:pərmæ̀n/sjú:pər-] ⓜ (pl. **-men**) **슈퍼맨**, 초인; (S-) 슈퍼맨《미국 만화·영화 주인공인 초인》 ☜ 초인(超人) ☜ 초월하는(super) 남자(man)
★ '슈퍼맨'은 일부 영국인의 발음이고, '수퍼맨'은 영국·미국 공히 사용하는 발음이다.
■ **man** [mæn/맨] ⓜ (pl. **men**) **남자**, 사내; **사람, 인간**, 인류; (pl.) **병사** ⓓ **인원[병력]을 배치하다** ☜ 고대영어로 '인간, 사람'이란 뜻
■ **man**hole [mǽnhòul] ⓜ **맨홀**; 잠입구(口); 『광물학』 (터널 속의) 대피소 ☜ 사람(man) 출입 구멍(hole)
■ **man**ly [mǽnli] ⓗ (-<-li**er**<-li**est**) **남자다운**, 대담한, 씩씩한 ☜ -ly<형접>
□ un**man**ly [ʌ̀nmǽnli] ⓗ (-<-li**er**<-li**est**) 남자답지 않은, 계집애 같은; 비겁한, 나약한 ☜ un(=not/부정) + man + ly<부접>
♠ **an unmanly fellow 비굴한 자**
□ un**man**ned [ənmǽnd] ⓗ 사람이 타지 않은, 무인의 ☜ un(=not/부정) + man + n<자음반복> + ed<형접>
■ **UAV** unmanned aerial vehicle(무인항공기)의 약어

연상 메리(Mary)는 메리 크리스마스(merry Christmas.즐거운 성탄절)에 메리(marry.결혼하다)했다.

※ **merry** [méri/**메**뤼] ⓗ (-<-ri**er**<-ri**est**) **명랑한, 유쾌한**, 재미있는, 《고어》 즐거운 ☜ 고대영어로 '단시간 계속되는'이란 뜻
※ **Christmas** [krísməs/크**뤼**스머스] ⓜ **크리스마스, 성탄절**(~ Day) 《12월 25일; 생략: X mas》 ☜ 그리스도(Christ)의 미사(mass)
■ **marry** [mǽri/**매**뤼] ⓓ **~와 결혼하다**; 결혼시키다 ☜ 라틴어로 '남편, 신부를 얻은'이란 뜻
■ **marri**age [mǽridʒ/**매**뤼쥐] ⓜ **결혼, 혼인**; 결혼생활; **결혼식** ☜ marry<y→i> + age(상태)
■ **marri**ed [mǽrid] ⓗ **결혼한**, 기혼의; 부부(간)의 ⓜ (pl. **-s, -**) 기혼자 ☜ marry<y→i> + ed<수동형 형접>
□ un**marri**ed [ʌnmǽrid] ⓗ **미혼의**, 독신의 ☜ 결혼하지(marry) 않(un=not) 은(-ed)
♠ **an unmarried mother 미혼모**(싱글맘)

매치포인트 match point ([경기] 승패를 결정하는 최후의 1점)

■ **match** [mætʃ/매취] ⓜ **짝; 시합**, 경기 ⓓ **~에 필적하다; ~와 조화하다, 배합하다** ☜ 고대영어로 '잘 어울리는 짝, 대등한 사람, 경쟁상대'란 뜻
ⓜ **성냥** ☜ 라틴어로 '초의 심지'란 뜻
■ **match** play 『골프』 **매치플레이**, 득점 경기 《쌍방이 이긴 홀의 수대로 득점을 계산》 ☜ play(놀다, 장난치다; 연주하다, 연기하다, 공연하다; 놀이, 유희)
■ **match** point 『경기』 **매치포인트** 《승패를 결정하는 최후의 1점》 ☜ point(점, 점수)
■ **match**ing [mǽtʃiŋ] ⓗ (색·외관이) 어울리는, 조화된 ⓜ **매칭**, 『컴퓨터』 맞대기, 정합(整合) ☜ match + ing<형접>
□ un**match**ed [ʌnmǽtʃt] ⓗ **균형이 잡히지 않는**, 어울리지 않는; 필적하기 어려운 ☜ un(=not/부정) + match + ed<형접>
♠ He has **a talent unmatched** by any others.
그는 다른 누구와도 **필적할 수 없는 재능**을 가지고 있다.
※ **point** [pɔint/포인트] ⓜ 뾰족한 끝, **점,** 요점; **점수**, 포인트 ⓓ **가리키다**, 뾰족하게 하다 ☜ 라틴어로 '뾰족한 끝'이라는 뜻

매스 미디어 mass media (대량전달매체), 그리니치 민타임 GMT (영국 그리니치천문대 기준의 세계표준시간)

♣ 어원 : medi, mid, mean 중간

※ **mass** [mæs/매스] 명 **덩어리, 모임, 집단**
☜ 그리스어로 '보리로 만든 케이크'란 뜻

■ **medi**a [míːdiə] 명 (the ~) **매스컴, 매스미디어** ☜ medium의 복수

■ **medi**um [míːdiəm] 명 (pl. **-s, media**) **중간, 매개물**, 매체 형 **중위[중등, 중간]의**
☜ 중간(medi)의 것(um<명접>)

■ **mean** [miːn] 명 중간, 중용 형 **보통의, 중간의, 평균의;** ☜ 라틴어로 '중간의'란 뜻
천한, 초라한, 뒤떨어진; 비열한 ☜ 고대영어로 '공통의, 평범한'이란 뜻. 모든 사람들이 공통으로〔보통〕 갖고 있는 것은 흔히 '저열한' 것이라는 의미에서

■ **mean** [miːn/미인] 동 (-/**meant/meant**) **~을 의미하다**, 뜻하다; **의도하다, ~할 작정이다, 꾀하다** ☜ 고대영어로 '마음 가운데(중앙)에 가지다'
명 [**-s**] **방법, 수단**; **재력**, 재산 ☜ 고대 프랑스어로 '수단'이란 뜻

■ **mean**ing [míːniŋ] 명 (말 따위의) **의미**, 뜻(=sense), 취지 ☜ 의미하(mean) 기(ing<명접>)

□ un**mean**ing [ʌnmíːniŋ] 형 무의미한(=meaningless), 부질없는; 멍한, 생기가 없는, 무표정한
☜ un(=not/부정) + 의미하(mean) 는(ing<형접>)
♠ **Silence is better than unmeaning words. 침묵이 무의미한 말보다 낫다.**

태클 tackle ([축구/럭비] 상대의 공격 차단, 공을 빼앗기 위한 기술)

♣ 어원 : tack, take (붙)잡다

■ **tack**le [tǽkəl] 명 『축구·럭비』 **태클; 연장**, 도구 동 ~에 달려들다, 태클하다; **공격하다, 착수하다** ☜ 붙잡(tack) 다(le<동접>)

■ **take** [teik/테이크] 동 잡다, **붙잡다, 취하다**, 가지다
☜ 고대 노르드어로 '취하다'란 뜻

■ mis**take** [mistéik] 명 **잘못**, 틀림 동 (-/mis**took**/mis**taken**) 오해하다 ☜ mis(잘못) + take

■ mis**tak**able [mistéikəbəl] 형 틀리기〔잘못하기, 오해받기〕 쉬운 ☜ mistake + able(~할 수 있는)

□ unmis**tak**able [ənmistéikəbəl] 형 **틀림없는** ☜ un(=not/부정) + 틀릴(mistake) 수 있는(able<형접>)
♠ the **unmistakable** sound of gunfire **틀림없는** 총소리

■ at**tack** [ətǽk] 동 **공격하다**, 습격하다 명 **공격**; 발병
☜ ~을(at<ad=to) 붙잡으려고(tack) 달려들다

무비 movie (영화)

♣ 어원 : mov, mob, mot 움직이다, 활동하다, 운동하다

■ **mov**ie [múːvi/**무**-뷔] 명 《구어》 **영화**; (종종 the ~) 영화관
☜ 움직이는(mov) 것(ie)

■ **movie** camera 영화촬영용 카메라(=cinecamera), **무비카메라** ☜ camera(사진기)

■ **mov**e [muːv/무-브] 동 **움직이다; 감동시키다; 이사하다** ☜ 고대 프랑스어로 '움직이다'란 뜻

□ un**mov**ed [ənmúvd] 형 (결심이) **확고한**; 요지부동의; 냉정한, 태연한; (지위가) 변동되지 않은
☜ un(=not/부정) + move + ed<형접>
♠ **be unmoved 움쭉달싹 않다**

네이티브 스피커 native speaker (원어민)

♣ 어원 : nat, nasc, naiss 태생(출생); 태어나다, 발생[창조]하다

■ **nat**ive [néitiv/**네**이리브/**네**이티브] 형 **출생(지)의**; 원주민〔토착민〕의; **그 지방 고유의; 타고난** ☜ 태어(nat) 난(ive)

■ **nat**ure [néitʃər/**네**이쳐] 명 **(대)자연, 본바탕, 천성**, 성질, 본질
☜ (자연스럽게) 생긴(nat) 것(ure<명접>)

■ **nat**ural [nǽtʃərəl/**내**춰얼] 형 **자연[천연]의; 자연스런; 타고난** ☜ -al<형접>

□ un**nat**ural [ʌnnǽtʃərəl] 형 **부자연스런**, 자연 현상에 반(反)하는; 이상한; 꾸민 티가 나는
☜ un(=not/부정) + natural
♠ **unnatural** behavior 〔acts〕 **자연스럽지 못한** 행동

■ in**nat**e [inéit] 형 **타고난**, 천부의, 선천적인; 본질적인 ☜ 내부에(in) 생(nat) 긴(e)

※ **speaker** [spíːkər] 명 **말[이야기]하는 사람**; 강연〔연설〕자; **스피커**, 확성기
☜ 말하는(speak) 사람/기계(er)

악세서리 accessory (콩글 ▸ 보석류, 장신구) ➔ jewelry

♣ 어원 : cess, cease, cede, ceed 가다, 오다

■ ac**cess** [ǽkses] 명 **접근, 출입** ☜ ~로(ac<ad=to) 가다(cess)

■ ac**cess**ory, -ary [æksésəri] 명 (보통 pl.) 부속물; 부속품, **액세서리**
☜ -ory(따라가는 것)

■ ne**cess**ary [nésəsèri/**네**써쎄뤼] ⓗ **필요한, 없어서는 안 될**
☜ 가지(cess) 않게(ne=not) 하는(ary<형접>)

■ ne**cess**arily [nèsəsérəli, nésisərili] ⓟ **필연적으로**, 필연적 결과로서, **반드시**; 부득이
☜ necessary + ly<부접>

□ unne**cess**ary [ʌnnésəsèri/-səri] ⓗ **불필요한**, 쓸데없는, 무용의; 무익한 ⓜ (보통 pl.) 불필요한 것 ☜ un(=not/부정) + necessary
♠ I hate **unnecessary waste**. 나는 **불필요한 낭비**를 싫어한다.

□ unne**cess**arily [ʌnnésəsèrili/-sərili] ⓟ **불필요하게**, 헛되이 ☜ unnecessary + ly<부접>

■ ex**ceed** [iksíːd] ⓓ (수량·정도·한도·범위를) **넘다, 초과하다**
☜ 외부로(ex) 넘쳐 나가다(ceed)

□ **unnerve**(기력을 잃게 하다) ➔ **nerve**(신경, 용기) **참조**

노트북 notebook (❶ 공책 ❷ 노트북컴퓨터)

♣ **어원 : not(e), noti (잊지 않도록) 기록하다, (주의를 끌기위해) 표시하다; 알다**

■ **note** [nout] ⓜ (짧은) **기록**; (pl.) **각서**, 비망록, **메모**; **주(해)**, 주석; **짧은 편지**; 주의, 주목; (악기의) **음**; 《영》 **지폐** ⓓ **적어두다; 주의하다** ☜ 라틴어로 '주의를 끌기위한 표시'란 뜻

■ **note**book [nóutbùk/**노**웉북/**노**우트북] ⓜ **노트, 공책**, 필기장, 수첩, 비망록
☜ 기록하는(note) 책(book)

■ **noti**ce [nóutis/**노**우리스/**노**우티스] ⓜ **통지; 주의**, 주목; **예고**, 경고; **고시**, 게시 ⓓ **알아채다; 주의하다** ☜ 알게(noti) 하는 것(ce<명접>)

□ un**noti**ced [ənnóutist] ⓗ **주목되지 않는**, 주의를 끌지 않는, 무시된
☜ 알지(noti) 못(un=not) + c + 하는(ed<형접>)
♠ **be unnoticed 주목을 받지 못하다**

□ **unobtrusive**(주제넘지 않은, 겸손한) ➔ **obtrusive**(주제넘게 참견하는) **참조**

컨셉 concept (개념), 캡춰 capture (갈무리), 캡션 caption (자막)

♣ **어원 : cap(t), cep(t), cup 잡다, 받아들이다, 이해하다**

■ con**cept** [kάnsept/kɔ́n-] ⓜ 〖철학〗 **개념**, 생각; 구상(構想), 발상
☜ 모든(con<com) (생각을) 잡다(cept)

■ oc**cup**y [άkjəpài/**아**커파이/ɔ́kjəpài/**오**커파이] ⓓ **차지하다; 점령[점거]하다** ☜ 손 안에(oc=in) 잡고(cup) 있다(y)

■ oc**cup**ied [άkjupài/ɔ́kjupài] ⓗ 점령〔점거〕된; ~에 종사하고 있는
☜ occupy<y→i> + ed<수동형 형접>

□ unoc**cup**ied [ənάkjəpaid] ⓗ **소유자가 없는; 점유되지 않은**: 놀고 있는
☜ un(=not/부정) + occupy + ed<형접>
♠ **an unoccupied seat** 〔house〕 **빈 자리**〔집〕

✚ inter**cept 도중에서 빼앗다**, 가로채다, 차단하다 **capt**ion (기사 따위의) 표제, 제목, (삽화의) 설명문; 〖영화〗 자막 **capt**ure **포획; 사로잡다**

오피스텔 officetel ([콩글] 업무와 주거가 동시에 가능한 건물. office + hotel 합성어) ➔ studio apartment [office home]

■ **office** [άːffis/**아**-퓌스/ɔ́fis/**오**퓌스] ⓜ **사무소, 사무실**; 관공서; 관직, 공직; 임무, 직책
☜ 라틴어로 '공적인 의무'란 뜻

■ **offic**er [άːffisər/**아**-퓌서/ɔ́(ː)fisər/**오**-퓌서] ⓜ **장교**, 사관; (고위) 공무원, 관리; 경관
☜ office + er(사람). 라틴어로 '일(office)하는 사람(er)'이란 뜻

■ **offic**ial [əfíʃəl/어**퓌**셜] ⓗ **공무상의, 공적인**, 관(官)의, **공식의** ⓜ **공무원** ☜ -ial<형접/명접>

□ un**offic**ial [ənəfíʃəl] ⓗ **비공식적인**; 점유〔점령〕되지 않은; 볼일이 없는
☜ un(=not/부정) + official
♠ **unofficial comments 비공식 견해**

□ un**offic**ially [ənəfíʃəli] ⓟ **비공식적으로**; 사적으로 ☜ -ly<부접>

페이 pay (봉급, 급료), 더치페이 Dutch pay (비용의 각자 부담)

※ **Dutch** [dʌtʃ/더취] ⓗ **네덜란드의** ⓜ **네덜란드 말[사람]** ☜ 본래 '독일의'란 뜻이었으나 17세기부터 '네델란드의'란 뜻으로 바뀜
★ 네델란드는 Holland, 공식적으로는 the Kingdom of the Netherlands라고 칭한다.

Dutch에는 경멸적인 뜻이 내포되어 있어 자국인들은 쓰지 않는다.

■ **pay** [pei/페이] ⓢ (-/**paid**/**paid**) (돈을) **지불하다, 치르다**, (빚을) 갚다; (존경・경의를) **표하다**; (일 등이) **수지가 맞다; 벌을 받다** ⓜ **지불; 급료**, 봉급
☜ 라틴어로 '(지불하여) 평화롭게 하다'란 뜻

■ **paid** [peid/페이드] ⓗ **유급의**; 고용된(=hired); 유료의 ☜ pay의 과거분사

□ un**paid** [ʌnpéid] ⓗ 지급되지 않은, 미납의; 무급의; 무보수의 ☜ un(=not/부정) + paid
♠ to take a month's **unpaid leave** 한 달간의 **무급 휴가**를 갖다

■ re**pay** [ripéi] ⓢ (-/re**paid**/re**paid**) (아무에게 돈을) **갚다; 보답하다**, 은혜를 갚다; 보복하다 ☜ 다시(re) 지불하다(pay)

페인트 paint (결합제와 섞어서 만든 유색도료)

■ **paint** [peint/페인트] ⓜ (pl.) **그림물감, 페인트**, 도료; 화장품; 착색 ⓢ **페인트칠하다**; (그림물감으로) **그리다**
☜ 라틴어로 '그림 그리다'란 뜻

■ **paint**ed [péintid] ⓗ 그린, 그려진, 채색된 ☜ 그려(paint) 진(ed<형접>)

□ un**paint**ed [ʌnpéintid] ⓗ 페인트칠을 하지 않은(해야 하는)
☜ un(=not/부정) + paint + ed<형접>
♠ **an unpainted desk 페인트칠하지 않은 책상**

파마 pama (×) (콩글 오래 지속되는 곱슬형 헤어스타일) ➔ permanent wave

♣ **어원 : per, par 완전히**

■ **per**manent [pə́ːrmənənt] ⓗ **(반)영구적인, 영속하는**; 불변의, 내구성의; 상설의 ⓜ **파마**(~ wave, perm)
☜ 라틴어로 '완전히(per) 머무르(man) 는(ent)'이란 뜻

■ **par**don [pɑ́ːrdn] ⓜ **용서**, 허용, 관대; 『법률』 특사(特赦) ⓢ **용서하다**
☜ 라틴어로 '완전히(par) 주다<기증하다(don<donate)'란 뜻

■ **par**donable [pɑ́ːrdənəbl] ⓗ 용서할 수 있는 ☜ pardon + able<형접>

□ un**par**donable [ʌnpɑ́ːrdənəbl] ⓗ **용서할 수 없는** ☜ un(=not) + pardonable
♠ His conduct **is unpardonable**. 그의 행위는 **용서할 수 없다**

✚ **per**ish **멸망하다**, (갑자기) **죽다**; 타락하다 **par**ch **볶다**, 굽다; 태우다; 바싹 말리다(마르다)

연상 세이브(save.저축하다)한 돈으로 도로를 페이브(pave.포장하다)했다.

※ **save** [seiv/세이브] ⓢ (위험 따위에서) **구하다; 모아두다, 저축하다, 저금하다** ⓜ 『야구』 세이브 ☜ 라틴어로 '안전한', 고대 프랑스어로 '안전하게 지키다, 방어하다'란 뜻

■ **pave** [peiv] ⓢ (도로를) **포장하다** ☜ 라틴어로 '누르다, 내리치다'란 뜻

■ **pave**ment [péivmənt] ⓜ 《미》 **포장도로**; 《영》 인도, 보도 ☜ -ment<명접>

□ un**pave**d [ʌnpéiv] ⓗ 포석(鋪石)을 깔지 않은, 포장되지 않은
☜ un(=not/부정) + pave + ed<형접>
♠ **an unpaved road 비포장 도로**

플리바게닝 plea bargaining (유죄협상제도)

수사과정에서 피의자[범죄자]가 유죄를 시인하거나 수사에 적극 협조하는 대신 검찰이 구형을 가볍게 해주는 유죄협상제도. <(죄를 가볍게 하기 위한) 청원 거래>란 뜻이다

♣ **어원 : plea(d), pleas 기쁘게 하다, 위로하다**

■ **plea** [pliː] ⓜ **탄원, 청원; 변경** ☜ 라틴어로 '기쁘게 하는 것'이란 뜻

■ **pleas**ant [pléznt/플**레**즌트] ⓗ (-<-**er**(**more** -)<-**est**(**most** -)) **즐거운, 유쾌한**
☜ 기쁘게(pleas) 하는(ant<형접>)

U

□ un**pleas**ant [ʌnplézənt] ⓗ **불쾌한**, 기분 나쁜, 싫은 ☜ 불(un=not/부정) 유쾌한(pleasant)
♠ **an unpleasant experience 불쾌한 경험**

■ **pleas**ure [pléʒər/플**레**저] ⓜ **기쁨, 즐거움** ☜ 기쁘게(pleas) 하기(ure<명접>)

■ dis**pleas**ure [displéʒər] ⓜ **불쾌**; 불만 ☜ 불(dis=not/부정) 유쾌하게 하기(pleasure)

※ **bargain** [bɑ́ːrgən] ⓜ **매매, 거래** ☜ 고대 프랑스어로 '값을 깎다'란 뜻

□ **unpolluted**(오염되지 않은) ➔ **pollution**(오염) **참조**

팝송 pop(ular) song (대중가요), 케이팝 K-pop (한국 대중가요) * song 노래

♣ 어원 : pop, popular 사람, 대중; 대중적인

■ **pop** [pɑp/pɔp] (형) 《구어》 대중음악의 (명) 대중음악(회) ☜ **pop**ular의 줄임말

■ **pop art** 《미》 **팝아트**, 대중미술 ☜ art(예술)

■ **popul**ar [pάpjələr/**팝**펄러/pɔ́pjələr/**포**펄러] (형) **민중의**, 대중의; **대중적인, 인기있는**; 서민적인, 값싼 (명) 대중신문 ☜ 라틴어로 '민중/사람(popul<people) 의(ar)'란 뜻

□ un**popul**ar [ʌnpάpjələr/-pɔ́p-] (형) **인기가 없는**; 평판이 나쁜, 유행하지 않는 ☜ un(=not/부정) + popular
♠ an **unpopular** government **인기 없는** 정부

□ un**popul**arity [ʌnpapjəlǽriti] (명) 인망이 없음, 인기 없음 ☜ -ity<명접>

악세서리 accessory (콩글 ▶ 보석류, 장신구) ➔ jewelry

♣ 어원 : cess, cease, cede, ceed 가다, 오다

■ ac**cess**ory, -ary [æksésəri] (명) (보통 pl.) 부속물; 부속품, **액세서리** ☜ ~로(ac<ad=to) (부가적으로 따라)가는(cess) 것(ory)

■ pro**ceed** [prousíːd/프로우**씨**-드] (동) (앞으로) **나아가다, 가다, 전진하다** ☜ 앞으로(pro) 가다(ceed)

■ pre**cede** [prisíːd] (동) ~에 선행하다, **~에 앞서다**, 선도(先導)하다 ☜ 미리(pre) 가다(ceed)

■ pre**cede**nt [présədənt] (명) 선례, **전례**; 관례 ☜ pre + cede + ent<명접>

□ unpre**cede**nted [ənprésidentid] (형) **전례가 없는**; 신기한, 새로운 ☜ un(=not/부정) + precedent + ed<형접>
♠ **an unprecedented matter 전례 없는 일**

✚ pre**ced**ing (보통 the ~) **이전의; 바로 전의**; 전술한 ac**cess 접근, 출입** ex**ceed** (수량·정도·한도·범위를) **넘다, 초과하다** re**cede 물러나다**, 퇴각하다

퍼레이드 parade (행진)

♣ 어원 : par, para, pare, pair 준비하다; 정돈하다; 배열하다

■ **par**ade [pəréid] (명) **열병**(식), 행렬, **퍼레이드**, 행진; **과시** (동) **열지어 행진하다; 과시하다** ☜ 준비/정돈/배열하여(par) 움직임(ade)

■ pre**pare** [pripέər/프리**페**어] (동) **준비하다**, 채비하다 ☜ 미리(pre) 준비하다(pare)

■ pre**pare**d [pripέərd] (형) 채비(준비)가 되어 있는; 각오하고 있는; 조제(조합(調合))한 ☜ prepare + ed<형접>

□ unpre**par**ed [ənpripέərd] (형) **준비가 없는**, 즉석의; 준비(각오)가 되어 있지 않은; 예고 없이 발생하는, 불의의 ☜ un(=not/부정) + prepare + ed<형접>
♠ **an unprepared speech (미리 준비하지 않은) 즉석 연설**

✚ re**pair 수리**(수선, 수복)**하다; 수선, 수리** se**par**ate **떼어 놓다**, 분리하다, **가르다, 격리시키다;** 따로따로의 inse**par**able **분리할 수 없는**; 불가분의; 떨어질 수 없는

컴프레서 compressor (압축기), 프레스센터 press center (언론회관)

♣ 어원 : press 누르다; 압축, 억압, 인쇄

■ com**press**or [kəmprésər] (명) **압축기**; **컴프레서** ☜ 완전히(com) 누르는(press) 장비(or)

■ **press** [pres/프뤠스] (동) **누르다**; **강조하다**; **압박하다**; 돌진하다; **서두르다** (명) **누름**; **인쇄기**; **출판물** ☜ 중세영어로 '누르다'란 뜻

□ un**press**ed [ʌ̀nprést] (형) 눌리지 않은, 다려지지 않은 ☜ un(=not/부정) + press + ed<형접>
♠ **unpressed** (unironed) **trousers 다려지지 않은 바지**

※ **center**, 《영》 **centre** [séntər/**쎈**터] (명) **중심**(지); **핵심**; **중앙** ☜ 라틴어로 '원의 중심'이란 뜻

✚ de**press 풀이 죽게 하다, 우울하게 하다** im**press ~에게 감명을 주다, ~을 감동시키다** op**press 압박하다**, 억압하다, 학대하다 re**press 억누르다**; 저지(제지)하다; 진압하다 sup**press 억압하다**; (반란 등을) 가라앉히다, **진압하다**

U

텐트 tent (천막)

♣ 어원 : tent, tend, tense, text 팽팽하게 뻗히다, 펼치다, 늘리다, 넓히다

■ **tent** [tent/텐트] (명) **텐트, 천막** ☜ 초기 인도유럽어로 '펼치다'란 뜻

■ **tend** [tend/텐드] (동) **~하는 경향이 있다**; 돌보다, 시중들다 ☜ (어느 한쪽으로 관심이) 뻗치다

■ pre**tend** [priténd] [동] **~인 체하다**, 가장하다; 속이다, 거짓말하다, 핑계하다
☞ 라틴어로 '(얼굴) 앞에(pre) 펼치다(tend)'란 뜻
■ pre**tent**ious [pritén∫əs] [형] **자부하는**, 우쭐하는; 뽐내는, 허세부리는, 과장된; 거짓의 ☞ -ious<형접>
□ unpre**tent**ious [ʌnpritén∫əs] [형] **~인 체하지 않는; 겸손한** ☞ un(=not/부정) + pretentious(뽐내는)
♠ **He is unpretentious. 그는 허세 부리지 않는다.**
■ **tens**ion [tén∫ən] [명] **긴장(상태)**, 절박 ☞ -ion<명접>

프로듀서[피디] producer (영화감독, 연출가) ➔ 《미》 director

♣ **어원 : pro- 미리, 앞에, 앞으로; 나서서, 찬성하여(~을 위하여)**
■ **pro**duce [prədjú:s/프러**듀**-스/프러**쥬**-스] [동] **생산[제작]하다**
☞ 앞<진보<발전<완성(pro)으로 이끌다(duce)
■ **pro**ducer [prədjú:sər] [명] **생산[제작]자**, 영화감독 ☞ produce + er(사람)
■ **pro**duct [prάdəkt/프**라**덕트/prɔ́dəkt/프**로**덕트] [명] (종종 pl.) **생산품**; 제조물; **성과**, 결과, 소산 ☞ 라틴어로 '앞으로(pro) 이끈(duc) 것(t)'이란 뜻
■ **pro**duction [prədʌ́k∫ən/프러**덕**션] [명] **생산**, 산출; 제작, **제품**; 영화제작소, **프로덕션** ☞ -ion<명접>
■ **pro**ductive [prədʌ́ktiv] [형] **생산적인; 다산의**, 풍요한, 비옥한 ☞ product + ive<형접>
□ un**pro**ductive [ʌ̀nprədʌ́ktiv] [형] **비생산적인**, 이익 없는, 효과 없는
☞ un(=not/부정) + productive(생산적인)

[연상] 프로필(profile.개인 소개)을 잘 쓰는 것이 프라핏(profit.이익)이 된다.

♣ **어원 : pro- 미리, 앞에, 앞으로; 나서서, 찬성하여(~을 위하여)**
■ **pro**file [próufail] [명] **옆 얼굴,** 측면; 반면상; 윤곽(=outline), 소묘(素描); 인물 단평〔소개〕; 측면도 [동] 윤곽을 그리다 ☞ 라틴어로 '앞으로(pro) 실을 뽑아내다(file)'라는 뜻
■ **pro**fit [prάfit/프**롸**핕, prɔ́fit/프**로**핕] [명] (금전상의) **이익**, 수익
[동] 이익이 되다 ☞ (대중) 앞에서(pro) 많이 만들다(fit<fic)
■ **pro**fitable [prάfitəbəl/prɔ́f-] [형] **유리한**, 이익이 있는; **유익한** ☞ -able<형접>
□ un**pro**fitable [ənprάfitəbəl] [형] **이익 없는**, 수지 안 맞는, 손해되는; 무익한, 헛된, 불리한
☞ un(=not/부정) + profit + able<형접>
♠ **an unprofitable business 남지 않는 장사**

프로테스탄트 protestant (종교개혁과 더불어 구교에서 분파한 신교도)

< 종교개혁가 마르틴 루터 >

♣ **어원 : pro- 미리, 앞에, 앞으로; 나서서, 찬성하여(~을 위하여)**
■ **pro**test [prətést] [동] **단언[주장]하다, 항의하다**
☞ (대중)앞에서(pro) 증언하다(test)
■ **Pro**testant [prάtəstənt/prɔ́-] [형] 〖기독교〗 **프로테스탄트**의, **신교도의**
[명] **신교도** ☞ -protest + ant(~의/~사람)
■ **Pro**testantism [prάtəstəntìzm] [명] 신교 ☞ protestant + ism(교리/~주의)
■ **pro**tect [prətékt/프뤄**텍**트] [동] **보호하다, 막다**, 지키다; 보장하다
☞ 라틴어로 '앞에(pro) 덮다(tect)'란 뜻
□ un**pro**tected [ʌ̀nprətéktid] [형] **보호(자)가 없는**; 무방비의; 장갑(裝甲)되어 있지 않은; 관세 보호를 받지 않는 ☞ un(=not/부정) + protect + ed<형접>
♠ **an unprotected orphan 보호자 없는 고아**

[연상] 불이 난 벤치(bench.긴 의자)를 소방관이 퀜치(quench.불끄다)했다

※ **bench** [bent∫/벤취] [명] **벤치, 긴 의자** ☞ 고대영어로 '긴 의자'란 뜻
■ **quench** [kwent∫] [동] (불 따위를) **끄다**(=extinguish); (갈증 따위를) 풀다; 소멸시키다; 억누르다 ☞ 고대영어로 '불을 끄다'란 뜻
■ **quench**less [kwént∫lis] [형] 끌 수 없는, (억)누를 수 없는 ☞ quench + less(~이 없는)
□ un**quench**able [ʌnkwént∫əbl] [형] 끌 수 없는; 막을 수 없는, (욕망 따위를) 누를 수 없는, 채울 수 없는 ☞ (불을) 끌(quench) 수 없(un=not/부정) 는(able)
□ un**quench**ed [kwent∫] [형] **꺼지지 않은** ☞ un(=not/부정) + quench + ed<형접>
♠ **unquenched thirst 가셔지지 않는 갈망[갈증]**

퀘스쳔 마크 question mark (물음표, ?)

♣ **어원 : ques(t), quis, quir, quer 묻다, 요구하다, 청하다, 구하다, 추구하다**
■ **quest** [kwest] [명] **탐색**(=search), 탐구(=hunt), 추구(=pursuit)
☞ 고대 프랑스어로 '찾다, 사냥하다'란 뜻

U

■ **question** [kwéstʃən/**퀘**스천] ⓜ **질문**, 심문, **물음**(⇔ answer); 『문법』 의문문; 의심, **의문**; (해결할) **문제** ⓢ **질문하다**, 묻다; 의심하다 ☜ -ion<명접>
■ **quest**ion mark **물음표**(?); 의문점; 미지의 사항, 미지수 ☜ mark(기호, 부호)
■ **quest**ionable [kwéstʃənəbl] ⓗ **의심스러운**《행동 따위가》; 수상한; 문젯거리의 ☜ -able<형접>
□ un**quest**ionable [ənkwéstʃənəbl] ⓗ **의심할 바 없는**, 논의할 여지 없는, 확실한; 나무랄〔험잡을〕 데 없는 ☜ un(=not) + question + able<형접>
♠ **unquestionable** evidence **의문의 여지가 없는** 증거
□ un**quest**ionably [ənkwéstʃənəbli] ⓗ **의심할 나위 없이**, 분명히 ☜ -ly<부접>
□ un**quest**ioned [ʌnkwéstʃənd] ⓗ 문제되지 않는, 의심되지 않는(=undoubted); 조사〔심문〕받지 않는; 의문의 여지가 없는 ☜ un(=not/부정) + question + ed<형접>
□ un**quest**ioning [ʌnkwéstʃəniŋ] ⓗ 질문하지 않는; **의심하지 않는**; 주저하지 않는; 절대적인, 무조건의 ☜ un(=not/부정) + question + ing<형접>
♠ They have **an unquestioning faith** in God.
그들은 신에 대한 **절대적인 믿음**이 있다.

✚ re**quest** 요구(하다), **요청(하다), 부탁**, 의뢰; 소망 re**quire** **요구[요청]하다**, 명하다; **필요로 하다**

연상 상품 라벨(label.꼬리표)을 래벌(ravel.엉클어진 실)에 붙이다

※ **label** [léibəl] ⓜ **라벨**, 레테르, 딱지, 쪽지, 꼬리표, 부전(附箋); (표본 따위의) 분류 표시 ☜ 고대 프랑스어로 '자투리'란 뜻
■ **ravel**(l) [rǽvəl] ⓢ (꼬인 밧줄·편물 등을) 풀다; (얽힌 사건 등을) 밝히다; 풀리다; (곤란이) 해소되다 ⓜ (피륙 등의) 풀린 끝; (털실 따위의) 엉클림; 혼란, 착잡 ☜ 네델란드어로 '꼬이게 하다'란 뜻.
□ un**ravel**(l) [ənrǽvəl] ⓢ (엉클어진 실, 짠 것 등을) 풀다; 해명하다; 해결하다; 풀어지다; 해명되다, 명백해지다 ☜ un(=against) + ravel(엉클다)
♠ I'm at a loss **how to unravel** the problem.
나는 그 사건을 **어떻게 해결해야 할지** 당황하고 있다.

리얼리즘 realism (현실주의)

♣ 어원 : **real 실재의, 진짜의**
■ **real** [ríːəl/**뤼**-얼, ríəl] ⓗ 진짜의; **현실의, 실재하는**; 객관적인; 부동산의, 물적인; 실질적인, 사실상의 ⓑ《미.구어》 정말로, 매우, 아주 ⓜ (the ~) 현실, 실물, 실체 ☜ 라틴어로 '실재하는 사물의'란 뜻
■ **real**ism [ríːəlìzəm] ⓜ **현실주의**; 『문예·미술』 사실주의, **리얼리즘**; 『철학』 실재론; 『교육』 실학주의; 『법률』 실체주의 ☜ -real + i + sm(~주의)
■ **real**istic [rìːəlístik] ⓗ **현실주의의**, 사실주의의, 사실파의; 진실감이 나는; 실재론(자)의 ☜ real + istic<형접>
□ un**real** [ənríːəl] ⓗ **실재하지 않는**, 가공의, 비현실적인; 진실이 아닌 ☜ un(=not/부정) + real
♠ **an unreal world 비현실적 세계**
□ un**real**istic [ʌnriːəlístik] ⓗ 비현실적〔사실적〕인 ☜ unreal + istic<형접>

✚ **real**ity **진실(성)**, 본성; 사실, **현실, 리얼리티**; 실재, 실체 **real**ize **실현하다**, 현실화하다; **실감하다, 이해하다**; (재산·이익을) 얻다, 벌다 **real**ly **정말, 실로**, 실은, 실제로; 참으로, 확실히

레티오·레이쇼 ratio (비율), 씨레이션 C-ration ([미군] 전투식량)

그리스어 logos(이성) ➔ 라틴어 ratio ➔ 프랑스어 raison ➔ 영어 reason으로 변천했다.

♣ 어원 : **rat, reas 이성, 합리, 논리; 비율, 몫, 배급량; 판단**
■ **rat**io [réiʃou, -ʃiòu] ⓜ (pl. **-s**) 『수학』 **비**(比), **비율** ☜ 라틴어로 '계산, 셈'이란 뜻
■ **rat**ion [rǽʃən, réi-] ⓜ 정액(定額), **정량; 배급(량)**, 할당(량); (pl.) **식량**, 양식 ☜ 비율에(rat) 맞는 것(ion)
♠ C〔D, K〕 **ration** 『미군』 C〔D, K〕형 레이션(배식), **씨레이션**, C형 전투식량

< C-ration >

■ **rat**ional [rǽʃənl] ⓗ **이성의**, 합리적인; **이성주의의** ⓜ 유리수 ☜ -al<형접/명접>
■ **reas**on [ríːzn/**뤼**-즌] ⓜ **이성**, 사고(력); **도리, 이유**, 사려 ⓢ 판단하다 ☜ 이성적인(reas) 것(on)
■ **reas**onable [ríːzənəbəl] ⓗ **분별 있는, 사리를 아는, 도리에 맞는, 온당한, 과하지 않는** ☜ reason + able<형접>
□ un**reas**onable [ʌnríːzənəbəl] ⓗ 비합리적〔비현실적〕인; **이치에 맞지 않는**

U

☜ un(=not/부정) + reasonable
♠ **make an unreasonable demand 불합리한[부당한] 요구**를 하다

□ unreasonably [ʌnríːzənəbəli] 부 불합리하게, 터무니없게
☜ un(=not/부정) + reasonable + ly<부접>

■ irrational [iræʃətnəl] 형 **불합리한**; 이성(분별)이 없는 명 『수학』 무리수
☜ ir(=not/부정) + rational

노블레스 오블리주 noblesse oblige (고위직의 도덕적 의무)

프랑스어로 '고귀한 신분(귀족)'을 뜻하는 noblesse 와 '책임이 있다'는 oblige 가 합해진 것. 높은 사회적 신분에 상응하는 도덕적 의무를 말한다.

♣ **어원 : lig, li, leag, ly 묶다, 연결하다**

※ noble [nóubəl/노우벌] 형 **귀족의, 고귀한** ☜ 알(know) 만한(able)

※ noblesse [noublés] 명 《F.》 귀족, 귀족계급 ☜ 알(know) 만한(able) 위치에 있는 신분(sse)

■ oblige [əbláidʒ/어블라이지] 동 **~에게 의무를 지우다** ☜ ~에(ob) 묶어두려(lig) 한다(e)

■ liaison [líːəzàn, liːéizɑn/liːéizɔːŋ] 명 **연락**, 접촉, 연락원
☜ 하나로 묶어주는(li) + ai + 사람(son)

■ reliable [riláiəbəl] 형 **의지가 되는**, 믿음직한 ☜ 다시(re) 묶일(lig) 수 있는(able)

□ unreliable [ànriláiəbəl] 형 **신뢰[의지]할 수 없는**, 믿을 수 없는 ☜ un(-not/부정) + reliable
♠ **from an unreliable source 출처가 분명치 않는**

✚ religion **종교** league **연맹, 리그(전)** ally **동맹[연합 · 제휴]하게 하다**

미사일 missile (추진기를 달고 순항하는 유도탄)

♣ **어원 : mis(s), mit 보내다**

■ missile [mísəl/-sail] 명 **미사일, 유도탄**
☜ 라틴어로 '던질(miss) 수 있는 것(ile)'이란 뜻

■ mission [míʃən] 명 (사절의) **임무**, 직무; **사절(단); 전도**, 포교 동 임무를 맡기다, 파견하다 ☜ 보내(miss) 기(ion<명접>)

■ dismiss [dismís] 동 **떠나게 하다**, 해산시키다; **해고[면직]하다** ☜ 멀리(dis) 보내다(miss)

■ transmit [trænsmít, trænz-] 동 (화물 등을) **보내다, 발송[전송]하다**; 전파하다
☜ 가로질러(trans) 보내다(mit)

□ unremitting [ànrimítiŋ] 형 끊임[중단]없는, 부단한; 끈질긴
☜ un(=not/부정) + 뒤로(re=back) 보내(mit) + t + 는(ing<형접>)

콰이어트 Quiet (수전케인의 저서 <내성적인 사람들의 힘>)
퀴트 quit ([갬블링] (환전을 위해) 게임을 잠시 중지시키는 것)

<Quiet>는 美 프린스턴대학과 하버드법대를 우등생으로 졸업한 미국의 사회심리학자 Susan Cain 이 2012 년 펴낸 책이다. 사교적이고 외향적 성격의 소유자 보다 내향적 인간의 특별한 재능과 능력이 더 중요하다고 주장한다. 시사주간지 <Time>이 커버스토리로 다루었고 베스트셀러 반열에도 올랐다.

♣ **어원 : qui 평온한, 자유로운; 안식, 휴식**

■ quiet [kwáiət/콰이어트] 형 (-<-ter<-test) **조용한, 고요한, 한적한, 평온한** 명 **고요**, 안식
☜ 라틴어로 '평온한, 쉬는'이란 뜻

■ quit [kwit] 동 (-/quitted(quit)/quitted(quit)) **떠나다, 그만두다, 끊다** 형 **면하여**, 토하여 ☜ 라틴어로 '(전쟁이나 빚으로부터) 자유로운'이란 뜻

□ requite [rikwáit] 동 갚다, 보상하다, 보답하다
☜ 도로(re=back) (빚을) 갚다/(빚에서) 자유롭게 하다(quit) + e
♠ **requite good with evil 은혜를 원수로 갚다.**

□ unrequited [ànrikwáitid] 형 **보답이 없는**; 보수를 받지 않는; 앙갚음을 당하지 않는, **일방적인**
☜ un(=not/부정) + requite + ed<형접>
♠ **unrequited love** (affection) **짝사랑**

U

헤드레스트 headrest (자동차 좌석의 머리받침대)

♣ **어원 : rest 멈추다, 쉬다; 휴식, 침착, 평온**

※ head [hed/헤드] 명 **머리** 《목 위의 부분, 또는 머리털이 나있는 부분》
☜ 고대영어로 '몸의 꼭대기'라는 뜻

■ rest [rest/뤠스트] 명 **휴식** 동 **쉬다, 휴양하다, 쉬게 하다**
☜ 고대영어로 '휴식, 침대, 정신적 평화'란 뜻

□ un**rest** [ənrést] 명 (특히 사회적인) **불안**, 불온; 걱정 ☜ 평온하지(rest) 않음(un=not)
♠ **social unrest 사회 불안**

■ **rest** room (공공시설의) 화장실(《영》 toilet; 《일반》 lavatory), 화장실, 변소; 휴게실
☜ room(방, 실(室))

■ ar**rest** [ərést] 동 **체포하다** 명 **체포** ☜ ~을(ar<ad=to) 멈추게 하다(rest)

보디가드 bodyguard (경호원)

© Warner Bros.

♣ **어원 : guard, gard 주시하다, 지켜보다, 감시하다, 망보다**

※ **body** [bɑ́di/**바**리/bɔ́di/**보**디] 명 **몸; 본문** 반 mind 마음, soul 정신
☜ 고대영어로 '통'의 뜻

■ **guard** [gɑːrd/가-드] 명 **경계; 경호인, 호위병** 동 **지키다, 경계하다**, 망보다 ☜ 고대 프랑스어로 '지켜보다, 지키다'란 뜻

■ re**gard** [rigɑ́ːrd/뤼**가**-드] 동 **~으로 여기다, 주의[주목]하다** 명 **관심, 배려; 관계** ☜ 다시(re) 주시하다(gard)

■ disre**gard** [dìsrigɑ́ːrd] 동 **무시[경시]하다** ☜ dis(=not/부정) + regard(주목하다)

■ re**ward** [riwɔ́ːrd] 명 **보수, 보상**; 현상금; 사례금; 보답, 응보 동 **보답하다**; 보상하다
☜ regard의 변형. 고대 프랑스어로 '완전히(re) 지키다(ward=watch)'란 뜻

□ unre**ward**ed [ʌ̀nriwɔ́ːrdid] 형 보수 없는, 보답 없는 ☜ un(=not/부정) + reward(보상)
♠ A good deed never **goes unrewarded**.
선행이 **보상 받지 못하는 일은** 결코 없다. 선행은 반드시 보답을 받는다

연상 낫으로 풀 잎(leaf.잎)을 립(reap.베다)하다.

♣ **어원 : reap, rip 익은, 익어서 거둬들이는; 수확하다, (풀 · 곡물을) 베다**

※ **leaf** [liːf/리잎] 명 (pl. lea**ves**) **잎**, 나뭇잎, 풀잎; (책종이의) **한 장** 《2페이지》 ☜ 고대영어로 '식물의 잎, 종이 한 장'이란 뜻

■ **reap** [riːp] 동 (농작물을) **베다, 베어들이다**, 거둬들이다; 수확하다; 획득하다 ☜ 고대영어로 '곡물을 자르다; 익은'이란 뜻

■ **ripe** [raip] 형 (과일 · 곡물이) **익은**, 여문; (술 따위가) 숙성한, 먹게 된; 원숙한, 숙달된 ☜ 고대영어로 '수확할 준비가 된'이란 뜻

□ un**ripe** [ʌnrάip] 형 **익지 않은**, 생것의; 시기상조의; 나이가 덜 찬, 젊은
☜ un(=not/부정) + ripe(익은)
♠ **unripe fruit 익지 않은 과일**

롤러스케이트 roller skate (롤러스케이트화(鞾))

♣ **어원 : roll (종이를) 감다; 감긴 종이; 작은 바퀴**

■ **roll** [roul/로울] 동 **구르다**, 굴러가다; (땅이) **기복하다**; (천둥 · 북 등이) **쿵쿵 울리다**, (북 등을) **치다** 명 두루마리; 문서
☜ 라틴어로 '바퀴'란 뜻

■ **roll**er [róulər] 명 **롤러, 굴림대**; 땅 고르는 기계; 〖인쇄〗 잉크롤러; 두루마리 붕대; 굴리는 사람, 회전 기계 조작자 ☜ roll + er(사람/기계)

□ un**roll** [ənróul] 동 (말아둔 것을) **풀다**, (말린 것이) **펴지다** ☜ un(=not/부정, 반대) + roll(감다)
♠ **unroll a scroll 두루마리를 풀다.**

※ **skate** [skeit/스께이트] 명 **스케이트** 《쇠날 부분》; (보통 pl.) 스케이트 구두
☜ 고대 북프랑스어로 '죽마(竹馬), 즉 2개의 대나무 장대에 발판을 만들어 걷는 놀이'

✚ en**rol(l)** **등록하다**, (이름을) **명부에 올리다** sc**roll** 두루마리(책); 〖컴퓨터〗 **스크롤** 《컴퓨터 화면을 위아래 또는 좌우로 이동하는 것》

경기의 룰(rule.규칙)을 숙지하고 잘 지켜야 한다.

■ **rul**e [ruːl/루울] 명 **규칙**, 규정; 법칙; **지배**, 통치 동 **지배하다**, 통치하다
☜ 라틴어로 '곧은 막대'란 뜻

□ un**rul**y [ʌnrúːli] 형 (-<rul**ier**<-l**iest**) 다루기 힘든, 무법의, 제멋대로 구는, 제어하기 어려운
☜ un(=not/부정) + 법칙(rule) 대로(ly<부접>)
♠ **an unruly class 다루기 힘든 학급**

세이프 Safe ([야구] 주자 및 타자가 안전하게 누(壘)를 차지한 것)

■ **safe** [seif/쎄이프] 형 **안전한**; 〖야구〗 세이프의 명 금고
☜ 라틴어로 '상처가 없는'의 뜻

U

□ un**safe** [ʌnséif] (형) 안전하지 않은, 불안한, **위험한**; 믿을 수 없는
☜ un(=not) + safe
♠ **an unsafe position 불안한 지위**

■ **save** [seiv/쎄이브] (동) (위험 따위에서) **구하다; 모아두다, 저축하다, 저금하다** (명) 『야구』 **세이브** 《구원투수가 스코어가 앞선 자기팀을 끝까지 선방하기》 (전) **~을 제외하고는**
☜ 고대 프랑스어로 '안전하게 지키다, 방어하다'란 뜻

■ **sav**io(u)r [séivjər] (명) **구조자**; (the S-) 구세주, 구주(救主) 《예수》 ☜ 구하는(save) 사람(or)

씨에스 CS = Customer Satisfaction ([마케팅] 고객만족)

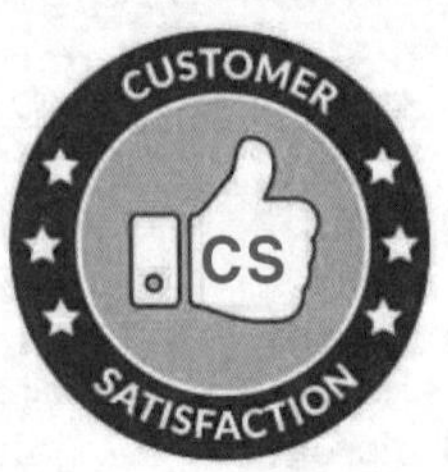

♣ **어원 : sat, satis 충분하다, 만족하다**

※ **customer** [kʌ́stəmər] (명) (가게의) **손님, 고객**; 단골
☜ 습관적으로(custom) 자주 가는 사람(er)

■ **satis**faction [sæ̀tisfǽkʃən] (명) **만족**(감) ☜ 충분하게(satis) 만드는(fac) 것(tion)

■ **satis**fy [sǽtisfài/**쌔**리스퐈이/**쌔**티스퐈이] (동) **만족시키다**; 충족시키다
☜ 충분하게(satis) 만들다(fy)

■ **satis**factory [sæ̀tisfǽktəri] (형) **만족스러운**, 충분한; 『신학』 충분히 속죄가 되는 ☜ -ory<형접>

□ un**satis**factory [ənsætisfǽktəri] (형) **불만족스런**, 불충분한 ☜ un(=not/부정) + satisfactory(만족스런)
♠ **an unsatisfactory result 불만스러운 결과**

✚ dis**satis**fy **불만을 느끼게 하다**, 불쾌하게 하다 **sat**urate **흠뻑 적시다**; 가득 채우다; 과잉공급하다; 충만시키다; ~에 몰두하다

스크램블드 에그 scrambled eggs (휘저어 볶은 달걀)

♣ **어원 : scram, scrum, scrim 할퀴다, 다투다, 뒤섞다, 잡아당기다**

■ **scram**ble [skrǽmbəl] (명) 기어오름; 『공군』 (전투기의) 긴급 발진, **비상 출격, 스크램블** (동) **기어오르다; 다투다, 서로 빼앗다**; 긴급 출격시키다; 뒤섞다 ☜ 잡아당기/휘젓(scram) 기(ble<명접>)

■ **scram**bled egg **스크램블드 에그** 《휘저어 볶은 달걀》; 『군장교』 (소령 이상의 정모 차양에 붙어 있는) 화려한 금빛 자수; 고급장교들 ☜ 뒤섞(scram) 인(ed<수동형 형접>) 달걀(egg)

□ un**scram**ble [ənskrǽmbəl] (동) (혼합체를) 원래 요소로 분해하다, (흐트러진 것을) 제대로 해놓다, 정돈하다; (암호를) 해독하다 ☜ un(=against/반대) + scramble(뒤섞다)
♠ **unscramble a signal 암호를 해독하다**

스크류 < 스크루 screw (배의 나사형 금속 추진 날개)

■ **screw** [skruː] (명) **나사**(못), 볼트; (배의) **스크루**, 추진기 (동) **나사로 죄다; (비)틀다** ☜ 고대 프랑스어로 '나사못'이란 뜻

■ **screw**driver [skrúdràivər] (명) 나사돌리개, 드라이버
☜ screw + driver(드라이버)

□ un**screw** [ʌnskrúː] (동) **~의 나사를 빼다**; 나사가 빠지다 ☜ un(=against) + screw(나사로 죄다)
♠ **unscrew a cap 뚜껑을 열다**

스크랩 scrap (신문 등의 오려낸 것)

♣ **어원 : scrab, scrub, scrup, sculp 할퀴다, 찌르다, 새기다; 할퀸 자국**

■ **scrap** [skræp] (명) **작은 조각**; 토막, 파편; **먹다 남은 음식**; (pl.) (신문 등의) **오려낸 것** (동) **쓰레기로 버리다**; 파기하다
☜ 고대 노르드어로 '문지르다, 할퀴다; 하찮은 것'이란 뜻

■ **scrub** [skrʌb] (동) 비벼 빨다(씻다); **북북 문지르다[씻다, 빨다]**
(동) 북북 문질러 닦기 ☜ 중세영어로 '강하게 문지르다'란 뜻

■ **scrup**le [skrúːpəl] (명) **망설임, 양심의 가책** (동) 〔보통 부정문〕 꺼리다, 주저하다
☜ 라틴어로 '뾰족한 잔돌'이란 뜻. 즉, '(뾰족한 잔돌로 찌르는 듯한) 양심의 가책'이란 뜻.

■ **scrup**ulous [skrúːpjələs] (형) **양심적인**; 빈틈없는, 면밀한, **꼼꼼한**; 견실한, 신중한
☜ scrupul(=scruple) + ous<형접>

□ un**scrup**ulous [ənskrúːpjələs] (형) **사악한**, 부도덕한, 파렴치한, 악랄한; 무절조한
☜ un(=not) + scrupul(=scruple) + ous<형접>
♠ **unscrupulous** competitor **비양심적인** 경쟁자

시스루 see-through (속이 비치는 옷), 시소 seesaw (시소 놀이)

♣ 어원 : see (눈으로) 보다, (눈에) 보이다, (눈으로 확인해서) 알게 되다, (눈으로) 찾다

■ **see** [siː/씨-] ⓢ (-/**saw**/**seen**) **보다, 보이다; 살펴보다; 알다, 이해하다; 구경[관광]하다; 만나다; 배웅하다; 생각하다**
☜ 고대영어로 '보다, 이해하다, 방문하다'란 뜻

■ **see**-through 〔thru〕 [síːθrùː] ⓗ (천 · 직물 따위가) 비치는 ⓜ 투명; 비치는 옷, **시스루** ☜ ~을 통하여〔꿰뚫어〕(through) 보다(see)

■ **seen** [siːn/씨인] ⓗ **보이는**; 《고어》 정통하고 있는 ☜ see의 과거분사

□ un**seen** [ənsíːn] ⓗ **(눈에) 안 보이는** ⓜ (the ~) 보이지 않는 것
☜ un(=not) + seen(보이는)
♠ **unseen forces 눈에 보이지 않는 힘**

✚ **see**k **찾다; 추구[탐구]하다, 노력하다; 수색[탐색]하다** **see**m **~으로[처럼] 보이다[생각되다]**
seesaw **시소**(놀이); 상하〔전후〕동(動); 시소 같은, 아래위〔앞뒤〕로 움직이는; 시소를 타다, 널뛰다

셀프서비스 self service (식당에서의 자급식) 셀카 selca (콩글 스스로 촬영한 사진. self+camera) ➔ Selfie

♣ 어원 : self 자기, 자신, 나, 자아, 자동, 스스로

■ **self** [self/셀프] ⓜ (pl. sel**ves**) **자기**, 저, 자신, 〖철학〗 자아, 나; (이기심으로서의) 자기 ☜ 고대영어로 '개인, 자기 자신의 사람'

■ **self**-service [sélfsə́ːrvis] ⓜⓗ (식당 · 매점 따위의) **셀프서비스**(의) 《손님이 손수 갖다 먹는 식의》, 자급식(自給式)(의) ☜ service(봉사/시중)

■ **self**ish [sélfiʃ] ⓗ **이기적인**, 이기주의의, 자기 본위의 ☜ -ish<형접>

□ un**self**ish [ʌnsélfiʃ] ⓗ **이기적이 아닌**, 욕심〔사심〕이 없는
☜ un-(부정, 반대) + selfish
♠ **unselfish motives 사심없는 동기**

< Selfie >

□ un**self**ishness [ʌnsélfiʃnis] ⓜ **이기적이 아님** ☜ unselfish + ness<명접>

□ unshackle(쇠고랑을 벗겨주다, 석방하다) ➔ shackle(쇠고랑) 참조

베스트셀러 best seller (가장 많이 팔린 책 · 물건)

※ **best** [best/베스트] ⓗ **가장 좋은, 최선의** 반 **worst 가장 나쁜, 최악의**
☜ 고대영어로 '가장 품질이 좋은, 첫 번째의'란 뜻
비교 good/well < better < best

■ **sell** [sel/셀] (-/**sold**/**sold**) ⓢ **팔다, 판매하다** ☜ 고대영어로 '주다'란 뜻

■ **sell**er [sélər] ⓜ 파는 사람, **판매인**; 잘 팔리는 상품 ☜ -er(사람)

□ un**sold** [ənsóuld] ⓗ 팔리지 않는, 팔다 남은
☜ un(=not/부정) + sold(팔린/sell의 과거분사 ➔ 형용사)
♠ **an unsold apartment 미분양 아파트**

세트 set (한 조), 세팅 setting (설치), 세트메뉴 set menu (콩글 여러 요리가 한 벌을 구성하는 메뉴) ➔ [F.] prix fixe (menu)(프리 픽스), combo

♣ 어원 : set 놓다, 앉다, 배치[설치]하다

■ **set** [set/셑] ⓢ (-/**set**/**set**) **두다, 놓다**, 자리잡아 앉히다 ⓜ 한 벌, **한 조, 세트**; 일몰 ☜ 고대영어로 '앉게 하다, 두다'란 뜻

■ **set**ting [sétiŋ] ⓜ **놓기, 설치**; (해 · 달의) 지기; (머리의) 세트
☜ set + t<단모음+단자음+자음반복> + ing<명접>

< 세트 메뉴 >

■ **set**tle [sétl/쎄를/쎄틀] ⓢ **놓다, 정주시키다, 터전을 잡다; 진정시키다; 해결하다; 결정하다** ☜ (자리에) 앉히(set) + t<자음반복> + 다(le<동접>)

■ **set**tled [sétld] ⓗ **정해진, 고정된**; 정주한; 안정된; 청산된 ☜ -ed<수동형 형접>

□ un**set**tle [ʌnsétl] ⓢ 어지럽히다, 동요시키다; 불안하게 하다
☜ un(=not/부정) + (자리에) 앉히(set) + t<자음반복> + 다(le)

□ un**set**tled [ʌnsétld] ⓗ (날씨 따위가) **변하기 쉬운**; 동요하는; **불안정한**, 혼란된
☜ un(=not/부정) + settled
♠ **unsettled times 불안정한 시대**

U

스킬(skill.솜씨)이 아주 좋다.

■ **skill** [skil] ⓜ **숙련**, 노련, 교묘, 능숙함, **솜씨; 기능**, 기술
☜ 고대 노르드어로 '이해력, 분별력, 적응력'이란 뜻

■ **skill**ed [skild] ⓗ **숙련된**, 능숙한; 숙련을 요하는 ☜ skill + ed<형접>

□ un**skill**ed [ənskíld] ⓗ **숙달되지 않은**, 미숙한, 서투른; 숙련을 요하지 않는
☜ un(=not) + skill + ed<형접>
♠ hire **unskilled workers 미숙련 노동자**를 고용하다

■ **skil(l)**ful [skílfəl] ⓗ 능숙(능란)한, 교묘한, **숙련된**; 훌륭한 ☜ skill + ful(~가 많은)

■ **skil(l)**fully [skílfəli] ⓟ **솜씨있게**, 교묘하게 ☜ skillful + ly<부접>

스피커 speaker (확성기), 스피킹 speaking (말하기)

■ **speak** [spiːk/스삐-크] ⓢ (-/**spoke**/**spoken**) **말하다, 이야기하다**
☜ 고대영어로 '말하다'란 뜻

■ **speak**er [spíːkər] ⓜ **스피커**, 확성기; **말하는 사람** ☜ -er(사람/장비)

■ **speak**able [spíːkəbl] ⓗ 말해도 좋은; 말하기에 적합한 ☜ -able<형접>

□ un**speak**able [ənspíːkəbl] ⓗ **형언하기 어려운**, 이루 말할 수 없는; 언어도단의
☜ un(=not/부정) + speak + able<형접>
♠ **unspeakable grief 말할 수 없는 슬픔**

■ **speak**ing [spíːkiŋ] ⓜ 말하기; 담화, 연설; 정치적 집회; (pl.) 구전문학, 구비(口碑) ⓗ **말하는**, 이야기의; 말할 수 있는; 말하기에 알맞은 ☜ -ing<형접>

■ **speech** [spiːtʃ/스삐-취] ⓜ **말**, 언어; 담화, **연설** ☜ speak(말하다)의 명사형

스테이플러 stapler (금속제의 철침으로 종이 등을 철하는 기구)

♣ 어원 : sta, stab, stap 서다, 세워놓다, 고정시키다, 안정시키다

■ **stap**le [stéipəl] ⓜ (U 자 모양의) 꺾쇠; (호치키스의) 철(綴)쇠, 철침, **스테이플**; 거멀못 ⓢ 꺾쇠(철쇠)로 박다(고정시키다)
☜ 고대 노르드어로 '고정시키다'란 뜻

■ **stap**ler [stéiplər] ⓜ 호치키스, **스테이플러**; 『제본』 철사기(鐵絲機), 책을 철사로 철하는 기계(=stapling machine) ☜ staple + er

■ **stab**le [stéibl] ⓗ **안정된**, 견고한; 견실한, 착실한; 복원력(성)이 있는 ⓜ **마구간**
☜ 제자리에 서있(stab) 는(le)

□ un**stab**le [ənstéibl] ⓗ **불안정한**; 변하기 쉬운; 침착하지 않은 ☜ 불(un=not) 안정한(stable)
♠ The political situation remains highly **unstable**.
정치 상황이 여전히 대단히 **불안정**하다

✚ **stab**ility **안정**(성,도); 영속성, 부동성; 『기계』 복원성(력) **stab**ilize **안정시키다**, 견고하게 하다

템플 스테이 temple stay (사찰 문화 체험), 홈스테이 home stay

♣ 어원 : sta, ste 서다, 세우다, 고정시키다, 안정되게 하다

※ **temple** [témpəl/템펄] ⓜ **신전**, 절, 사원; 회당; 교회당
☜ 라틴어로 '신의 가호를 기원하기 위한 건물'이란 뜻

■ **sta**y [stei/스떼이] ⓢ (-/stay**ed**(《고》staid)/stay**ed**(《고》staid))
머무르다, 체류하다; 멈추다 ⓜ **머무름, 체재**
☜ (가지 않고) 서있(sta) 다(y)

■ **ste**ad [sted] ⓜ 《문어》 **대신**, 대리; 도움, 이익
☜ 고대영어로 '(나서서) 서있는(ste) 것(ad)'이란 뜻

■ **ste**ady [stédi/스떼리/스떼디] ⓗ (-<-d**ier**<-d**iest**) **확고한, 한결같은; 견실[착실]한** ⓢ 확고하게 하다 ☜ stead + y<형접/동접>

< Temple Stay >

□ un**ste**ady [ənstédi] ⓗ (-<-d**ier**<-d**iest**) **불안정한** ⓢ 불안정하게 하다
☜ un(=not/부정) + steady
♠ **unsteady development 불균형한 발전**

■ in**ste**ad [instéd/인스떼드] ⓟ **그 대신에**, 그보다도 ☜ (나서서) 안에(in) 서다(stead)

서브웨이 subway (<미> 지하철, <영> 지하도)

U

♣ 어원 : sub, suc, sug, sum, sup, sur 아래, 하부, 버금; 부(副), 조금, 반(半)

■ **sub**way [sʌ́bwèi] ⓜ 《미》 **지하철**(《영》 tube, underground); 《영》 **지하도**(《미》 underpass)
☜ sub(아래) + way(길, 도로)

■ **suc**ceed [səksíːd/썩씨-드] ⓢ **성공하다; 계속되다; 계승[상속]하다**
☜ 라틴어로 '아래/뒤에(suc) (연이어) 가다(ceed)'의 뜻에서 '계속되다, 성공하다'란 뜻.

■ **suc**cess [səksés/썩쎄스] ⓜ **성공** ☜ '아래/뒤에(suc) (연이어) 감(cess)'이란 뜻에서 '계속됨 = 성공'이란 뜻.

■ **suc**cessful [səksésfəl/썩쎄스펄] ⓗ **성공한**, 좋은 결과의, 잘된; 번창하는

< Boston Subway >

☜ -ful(~가 가득한)

□ un**suc**cessful [ə̀nsəksésfəl] 형 **성공하지 못한**, 잘 되지 않은, 실패한, 불운의 ☜ un-(부정, 반대)
♠ **an unsuccessful candidate 낙선한 후보자**

■ **suc**cession [səkséʃən] 명 **연속**; 연속물; 상속(권), **계승**(권) ☜ suc + cess + ion<명접>

스위트룸 suite room (호텔의 침실 · 욕실 · 거실이 하나로 이어진 최고급 방) ➔ suite room은 콩글리시, suite가 옳음.

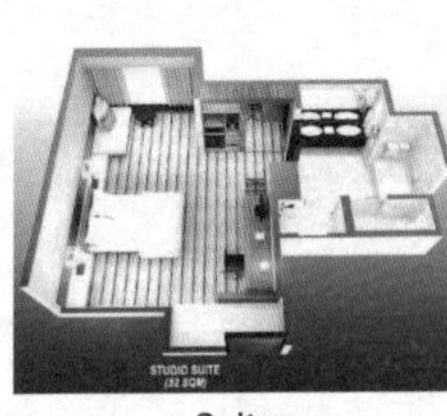
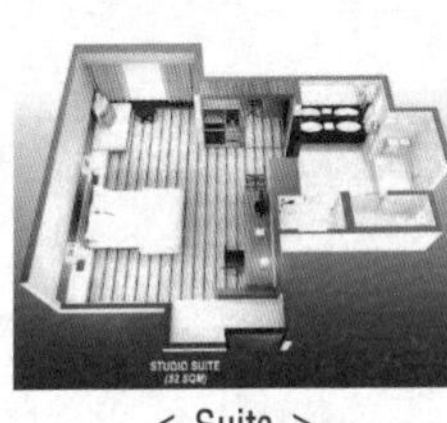
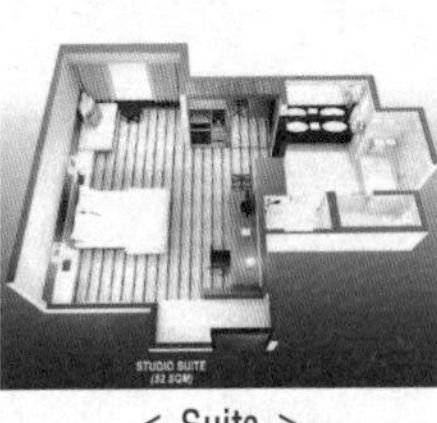
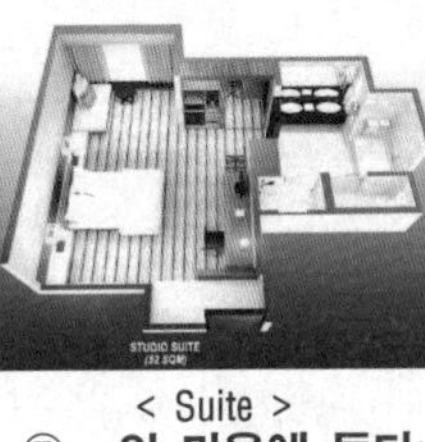

< Suite >

♣ **어원 : sui(t), sue, sequ 뒤따르다, ~의 뒤를 쫓다**

■ **suit**e [swiːt] 명 (가구 따위의) **한 벌; 스위트, 붙은 방**《호텔의 침실 · 거실 · 욕실이 붙어 있는 것》; [집합적] **일행**
☜ 고대 프랑스어로 '뒤따르다, 쫓다'란 뜻

■ **suit** [suːt/쑤-트] 명 (복장의) **한 벌, 슈트; 소송**; 〖카드〗 **짝패 한 벌** 동 **~의 마음에 들다**; (옷 등이) **잘 어울리다**; 적합하다 ☜ 고대 프랑스어로 '뒤따르다, 쫓다'란 뜻

■ **suit**able [súːtəbəl] 형 (~에) **적당한**, 상당한; 어울리는, 알맞은 ☜ 잘 어울리(suit) 는(able)

□ un**suit**able [ənsúːtəbəl] 형 **부적당한**, 적합하지 않은, 어울리지 않는 ☜ un(=not/부정) + suitable
♠ **be unsuitable (for) 적절치 않다**

※ **room** [ruːm/루움, rum] 명 **방**《생략: rm.》 ☜ 고대영어로 '공간'이란 뜻

✚ en**sue** **뒤이어 일어나다**, ~의 결과로서 일어나다 pur**sue** **뒤쫓다**, 추적하다; **추구하다; 속행하다**

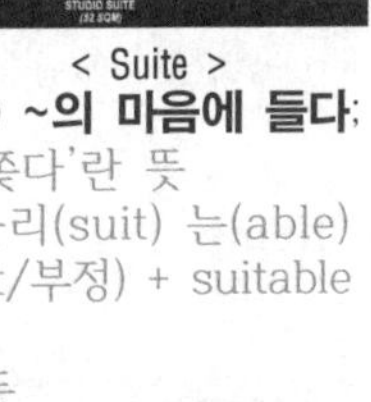

싱어송라이터 singer-songwriter (가수 겸 작곡가)

■ **sing** [siŋ/씽] 동 (-/**sang**〔(드물게) sung〕/**sung**) **노래하다**
☜ 고대영어로 '노래하다'란 뜻

■ **sing**er [síŋər] 명 **노래하는 사람**, 《특히》 가수, 성악가; 〖조류〗 우는 새; 시인 ☜ sing + er(사람)

■ **sing**er-songwriter [síŋərsɔ́ːŋràitər] 명 가수 겸 작곡〔작사〕가
☜ 노래(song)를 쓰는(write) 가수(singer)

□ un**sung** [ənsə́ŋ] 형 **시가(詩歌)로 읊어지지 않는**; (시가에 의하여) 찬미되지 않는; 무명의
☜ un(=not/부정) + sung(노래한/sing의 과거분사 ➔ 형용사)
♠ **the unsung heroes** of the war 그 전쟁의 **찬양받지 못한 영웅들**

■ **song** [sɔ(ː)ŋ/쏭, saŋ] 명 **노래**; (지저귀는) 소리 ☜ 고대영어로 '음성, 노래'란 뜻

인슈어테크 InsurTech (IT 기술을 보험산업에 적용한 개념)
어슈어뱅크 assure bank (보험회사가 은행업을 겸하는 것)

❶ 인슈어테크(InsurTech)란 인공지능(AI), 블록체인, 핀테크 등의 IT 기술을 보험산업에 적용한 개념이다. 영어의 Insurance(보험)와 Technology(기술)의 합성어이다. <출처 : 위키백과>
❷ 보험(assurance)과 은행(bank)의 합성어로서 은행을 자회사로 두거나 은행상품을 판매하는 보험회사. 은행이 보험업을 겸하는 방카슈랑스(bancassurance)에 상대되는 개념이다. <출처 : 두산백과>

♣ **어원 : sur(e) 확실한, 안전한, 틀림없는; 확신하다, 보증하다**

■ **sure** [ʃuər/슈어] 형 **확신하는, 틀림없는** 부 **확실히**
☜ 중세영어로 '공격으로부터 안전한'이란 뜻

■ in**sure** [inʃúər] 동 **보증하다, 보험에 들다**
☜ (누군가를) 확신[보증](sure) 속에(in) 두다

■ as**sure** [əʃúər/어**슈**어] 동 **~에게 보증[보장]하다, 안심시키다**
☜ 에게(as<ad=to) 확신시키다(sure)

■ en**sure** [enʃúər] 동 **~을 책임지다, 보장하다**, 안전하게 하다
☜ 안전(sure)을 만들다(en<동접>)

□ un**sure** [ʌnʃúər] 형 **확신이 없는**, 불확실한; 불안정한; 신용할 수 없는
☜ un(=not/부정) + sure(확실한)
♠ **be unsure as to whether ~ ~인지의 여부에 대해 확신이 없다**

※ **techno**logy [teknɑ́lədʒi/-nɔ́l-] 명 **과학기술, 테크놀로지**; 공예(학); 응용과학 ☜ -logy(학문)

U

스펙터클 spectacle (볼거리가 풍부한), 스펙트럼...

♣ **어원 : spect, spic 보다(=look), 살펴보다, 조사하다**

■ **spect**acle [spéktəkəl] 명 **광경**, 볼만한 것, 장관(壯觀); (pl.) **안경**
☜ 볼 만한(spect(a)) 것(cle)

■ **spect**rum [spéktrəm] 명 (pl. -tr**a**, **-s**) 〖광학〗 **스펙트럼**, 분광 ☜ 눈에 보이는(spect) 것(rum)

■ su**spect** [səspékt] 동 짐작하다; **의심하다** 명 용의자 ☜ 아래(su<sub)에서부터 보다(spect)

□ unsu**spect**ing [ʌ̀nsəspéktiŋ] ⓗ 의심하지 않는, 수상히 여기지 않는, 신용하는
☜ un(=not/부정) + 의심하(suspect) 는(ing<형접>)

✚ ex**pect** **기대[예상]하다** in**spect** (세밀히) **조사하다**, 검사하다; **시찰하다** pro**spect** 조망(眺望), **전망**; 경치; **예상**, 기대 re**spect** **존경(하다), 존중(하다)** retro**spect** 회고, 회상, 회구(懷舊)

스위트 홈 sweet home (달콤한 가정, 안락한 집)

■ **sweet** [swiːt/스위트] ⓗ **단**, 달콤한, **감미로운; 사랑스러운** ⓜ (종종 pl.) **단 것**
☜ 라틴어로 '기쁜, 즐거운'이란 뜻

■ **sweet**en [swíːtn] ⓢ **달게 하다**(되다); 향기롭게 하다; 음을 좋게 하다; 유쾌하게 하다
☜ sweet + en<동접>

□ un**sweet**ened [ʌnswíːtnd] ⓗ 단맛이 없는, 달게 하지 않은; 아름답게 다듬지 않은《가락 등》
☜ un(=not/부정) + sweeten + ed<형접>
♠ **Unsweetened** black coffee is bitter. **달지 않은** 블랙커피는 쓰다.

※ **home** [houm/호움] ⓜ **자기의 집, 가정; 고향** ⓗ **가정의, 본국의** ⓑ **자기집에[으로,에서]**
☜ 고대영어로 '사는 곳'이란 뜻

심포니 symphony (교향곡), 심포지움 symposium (토론회)

< Symposium >
© as-coa.org

♣ 어원 : **syl-, sym-, syn-, sys- 함께, 서로, 같은, 비슷한; 일치, 동시**

■ **sym**pathy [símpəθi] ⓜ **동정**, 인정, 연민; **공감**
☜ 그리스어로 '기분(pathy)을 같이(sym) 하다'란 뜻

■ **sym**pathetic [sìmpəθétik] ⓗ **동정심이 있는, 마음에 드는**
☜ sympathy + e + tic<형접>

■ **sym**posium [simpóuziəm] ⓜ (pl. **-s**, -si**a**) 토론회, 좌담회, **심포지엄**
☜ 라틴어/그리스어로 '술자리'란 뜻. 함께(sym) 마시다(posi) + um<명접>

□ un**sym**pathetic [ʌ̀nsimpəθétik] ⓗ 동정심이 없는, 매정한; 성미가 맞지 않는
☜ un(=not/부정) + sympathetic(동정심이 있는)
♠ live in **an unsympathetic environment 인정이 메마른 환경** 속에서 살다.

■ **syn**chronize [síŋkrənàiz] ⓢ **동시에 발생**(진행, 반복)**하다**, 동시성을 가지다
☜ 그리스어로 '같은(syn) 시간(chron)에 일어나다(ize<동접>)

텐트 tent (천막)

♣ 어원 : **ten(e), tent, tend, tense (팽팽하게) 뻗히다, 펼치다, 늘리다, 넓히다**

■ **tent** [tent/텐트] ⓜ **텐트, 천막** ☜ 초기 인도유럽어로 '펼치다'란 뜻

■ **tend** [tend/텐드] ⓢ **~하는 경향이 있다**, ~하기 쉽다; **돌보다**, **시중들다** ☜ (어느 한쪽으로 관심이) 뻗치다

□ un**tend**ed [ʌnténdid] ⓗ **시중[간호]받지 않은**, 돌보는 사람 없는, 등한시된
☜ un(=not/부정) + 시중(tend)을 받은(ed<수동형 형접>)
♠ **an untended child 돌보는 이 없는 아이**

✚ at**tend** **~에 출석하다; 시중들다** con**tend** **다투다, 경쟁하다** ex**tend** (손, 발 등을) **뻗히다**, (기간을) **늘리다**, (범위, 영토를) **넓히다**, (은혜를) **베풀다**

싱크탱크 think tank (두뇌집단)

두뇌집단, 지식집단으로 각 분야의 전문 Staff가 책임지고 중립적 입장과 장기적인 관점에서 정책입안의 기초가 되는 각종 시스템을 연구·개발하는 독립적인 기관이다.

■ **think** [θiŋk/띵크/씽크] ⓢ (-/**thought**/**thought**) **~라고 여기다, 생각하다**
☜ 초기인도유럽어로 '생각하다, 느끼다'란 뜻

■ **think**able [θíŋkəbl] ⓗ 생각할 수 있는, 믿을 수 있는 ☜ think + able(~할 수 있는)

□ un**think**able [ʌnθíŋkəbl] ⓗ 생각할 수 없는; 터무니없는; 있을 법하지도 않은
☜ un(=not/부정) + 생각할(think) 수 있는(able)
♠ **the unthinkable** size of the universe **상상도 할 수 없는** 거대한 우주

□ un**think**ing [ʌnθíŋkiŋ] ⓗ 생각이 없는, 조심하지 않는, 사려(지각) 없는; 경솔한
☜ un(=not/부정) + 생각하(think) 는(ing)

■ be**think** [biθíŋk] ⓢ (-/be**thought**/be**thought**) **숙고하다**, 잘 생각하다
☜ 생각(think)을 만들다(be)

※ **tank** [tæŋk] ⓜ (물·연료·가스) **탱크**; 『군사』 전차, **탱크**
☜ 포르투갈어로 '물 저장통'이란 뜻

U

크림슨 타이드 Crimson Tide (미국 군사 액션 영화. <적조(赤潮)>란 뜻)

1995년 개봉한 미국의 액션/스릴러 영화. 덴젤 워싱턴, 진 핵크만 주연. 미국 핵잠수함의 함장과 부함장이 대통령의 명령으로 하달된 러시아에 대한 핵미사일 발사여부를 놓고 벌이는 대결을 그린 영화

© Buena Vista Pictures

♣ **어원 : tid, tim (조수가 들어온) 때, (사건이 발생한) 때, 적시(適時); 발생하다**

※ **crimson** [krímzən] 명 **심홍색**, 진홍색 형 **심홍색의**, 진홍색의 ☜ 중세영어로 '진홍색'이란 뜻

■ **tide** [taid] 명 **때**, 철; **조수, 조석**, 조류; **풍조** ☜ 고대영어로 '때'라는 뜻. '(바다의 조수) 때'에서 '조수'라는 뜻이 되었다.

■ **tidy** [táidi] 형 (-<-d**ier**<-d**iest**) **말쑥한, 단정한, 정연한** 동 정돈하다 ☜ 고대영어로 '적시적절(tid) 한(y)'

□ un**tid**y [ʌntáidi] 형 (-<-d**ier**<-d**iest**) 단정치 못한; 게으른 ☜ un(=not/부정) + tidy(단정한)
♠ **an untidy desk 어수선한 책상**

넥타이 necktie (남성 정장시 목에 매는 것)

※ **neck** [nek/넥] 명 **목**; (의복의) 옷깃; (양 따위의) 목덜미살 ☜ 고대영어로 '목덜미'란 뜻

■ neck**tie** [néktài] 명 **넥타이**; 《속어》 교수형용 밧줄 ☜ 목(neck)을 묶다(tie)

■ **tie** [tai/타이] 동 **매다; 속박하다; 동점이 되다** 명 **넥타이; 매듭; 끈;** (pl.) **인연; 동점** ☜ 고대영어로 '매다'는 뜻.

□ un**tie** [əntάi] 동 **풀다**, 끄르다; 해방하다; 풀리다 ☜ un(=against) + tie(묶다)
♠ **untie a ribbon 리본을 풀다**

아토즈 ATOZ (현대자동차의 경차. <A 부터 Z 까지>란 뜻)

♣ **어원 : to, til ~까지**

■ **to** [tuː/투-, tə, tu] 전 〖방향 · 시간〗 **~(쪽)으로, ~까지**; 〖결과 · 효과〗 **~에게, ~에 대하여**; 〖목적〗 **~을 위하여**; 〖비교 · 대비〗 **~에 비하여**; 〖적합 · 일치〗 **~에 맞추어서** ☜ 고대영어로 '~방향으로, ~목적으로'란 뜻

■ **till** [til/틸] 전접 〖시간적〗 **~까지** (줄곧); 〖부정어와 함께〗 ~까지 ~않다 ☜ 고대영어, 고대 노르드어로 '~까지'란 뜻. til = to

□ un**til** [əntíl/언**틸**] 전접 〖시간의 계속〗 **~까지** (줄곧), ~이 되기까지 ☜ 고대 노르드어로 '~까지'란 뜻. un<up + til<to
♠ **until now 지금까지**
♠ **It is not until (A) that (B) A에 이르러 비로소 B하다**

□ unto [《모음 앞》 ʌ́ntu, 《자음 앞》 ʌ́ntə, 《문미》 ʌ́ntuː] 전 《고 · 시어》 **~에, ~쪽에, ~에게로; ~까지** ☜ until의 변형
♠ The soldier was faithful **unto death**. 그 병사는 **최후까지** 충성을 다했다.

타임머신 time machine (시간여행을 가능하게 한다는 공상의 기계)

© Warner Bros.

■ **time** [taim/타임] 명 **시간, 때; 기일, 시기; 일생**; 세월; **정세**; ~회, **~번; 곱** 동 **시기에 맞추다; 시간을 재다; 시간을 정하다** ☜ 초기인도유럽어로 '나눈 것'이란 뜻

■ **Time** [taim] 명 **타임** 《1923년에 창간한 미국의 대표적인 시사주간지》

■ **Times** [taimz] 명 (The ~) **타임스** 《❶ 영국의 신문 이름, 별칭 '런던 타임스'; 1785년 창간. ❷ The New York Times; 1851년 창간》 ☜ times(시대)

■ **time**ly [táimli] 형 (-<-l**ier**<-l**iest**) 적시의, **때에 알맞은** 부 알맞게, 적시에 ☜ time + ly<형접/부접>

□ un**time**ly [əntáimli] 형 **때 아닌** 《서리 따위》, 불시의; 시기상조의, 미숙한 ☜ un(=not/부정) + time + ly<형접>
♠ **die an untimely death 때 이른 죽음**을 맞다

※ **machine** [məʃíːn/머**쉬**인] 명 **기계**(장치) 형 기계의 ☜ 그리스어로 '장치'란 뜻

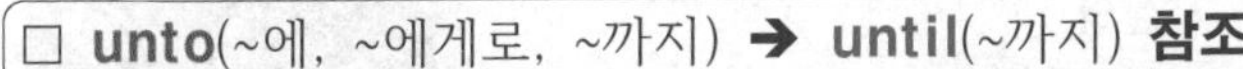
□ **unto**(~에, ~에게로, ~까지) ➔ **until**(~까지) **참조**

토크쇼 talk show (TV · 라디오 등의 유명인사에 대한 인터뷰 프로)

■ **talk** [tɔːk/토-크] 동 **말[이야기]하다** 명 **이야기**, 담화

☜ 네델란드 북부의 프리슬란트어로 '말하다'란 뜻

■ **tell** [tel/텔] [동] (-/**told**/**told**) **말하다**, **이야기하다** ☜ 고대 노르드어로 '말하다'

□ un**told** [ʌntóuld] [형] **언급되지 않은**; 밝혀지지 않은; 헤아릴 수 없는
☜ un(=not/부정) + told(tell의 과거분사)
♠ **untold losses 헤아릴 수 없는(막대한) 손실**

■ **tale** [teil/테일] [명] **이야기**, 설화, 속담 ☜ 고대영어로 '이야기'란 뜻. ⇦ 말해진 것

※ **show** [ʃou/쇼우] [동] (-/show**ed**/show**n**(《드물게》 show**ed**)) **보이다; 출품하다, 나타내다**
[명] **쇼**, 구경거리; 흥행; **보임**, 나타냄 ☜ 고대영어로 '보다'란 뜻

터치 스크린 touch screen (접촉식 화면)

접촉식 화면《컴퓨터 화면을 손가락으로 만지면 정보가 입력이 되는 모니터 화면》

♣ **어원 : touch, tach, tact ~에 접촉하다, ~에 들러붙다**

■ **touch** [tʌtʃ/터취] [동] (손을) 대다, 만지다, **접촉하다**
☜ 고대 프랑스어로 '접촉하다'란 뜻

■ **touch**ed [tʌtʃt] [형] 감동된 ☜ 마음을 건드리다<접촉하다(touch) + ed<형접>

□ un**touch**ed [əntʌ́tʃt] [형] **손대지 않은, 언급되지 않은** ☜ un(= not/부정) + touched
♠ **be left untouched 그냥 그대로 있다**

□ Un**touch**able [əntʌ́tʃəbəl] [명] 불가촉 천민(不可觸賤民)《인도 카스트제도에 속하지 않는 최하층 천민. 달리트(Dalit), 하리잔(Harijan)이라고도 한다》
☜ 접촉할(touch) 수 없(un=not) 는(able) ★ 인도의 10대 대통령인 코체릴 나라야난, 제14대 대통령 람 나트 코빈드, 『신도 버린 사람들』의 저자 나렌드라 자다브, 인도 역사상 첫 여성 국회의장인 메이라 쿠마르 등이 모두 불가촉 천민 출신이다.

※ **screen** [skriːn] [명] **칸막이**; 차폐물; **막**; **스크린**; (영화의) 영사막
☜ 고대 프랑스어로 '난로 앞에 치는 내화 철망'이란 뜻

✚ **touch**line 〖럭비 · 축구〗 측선, **터치라인** at**tach** **붙이다, ~에 들러붙다** con**tact** **접촉[연락](하다)**

추리닝 training ([콩글] 운동복, 연습복) ➔ sweat suit, tracksuit, jogging suit

♣ **어원 : tra 끌다, 당기다, 늘리다, 펼치다**

■ **tra**in [trein/츠뤠인] [명] **열차**, 기차; (사람 · 차 등의) **긴 열**(列)
[동] **훈련하다, 가르치다; 연습[트레이닝]하다** ☜ 라틴어로 '당기다(tra) + in<명접>'. 중세영어로 '연이어 계속되는 것'

■ **tra**iner [tréinər] [명] **훈련자**, 코치, 조련사, **트레이너**; 연습용 기구
☜ train + er(사람/기구)

■ **tra**ining [tréiniŋ] [명] **훈련, 트레이닝**, 단련, 교련, 연습 ☜ -ing<명접>

□ un**tra**ined [əntréind] [형] **훈련되지 않은**, 연습을 쌓지 않은
☜ un(=not/부정) + 훈련(train) 한(ed<형접>)
♠ **untrained person 훈련받지 않은 사람**

트러블 메이커 troublemaker (말썽꾸러기)

■ **trouble** [trʌ́bəl/츠**뤄**블] [명] **근심**, 걱정, 고민; **고생, 수고; 성가신 사건** [동] **괴롭히다; 걱정하다; 수고하다; 수고[폐]를 끼치다** ☜ 라틴어로 '흐리게 하다'란 뜻

■ **trouble**maker [trʌ́blmèikər] [명] 말썽꾸러기 ☜ trouble + make + er

■ **trouble**some [trʌ́blsəm] [형] 골치아픈, **귀찮은, 성가신**; 다루기 힘든 ☜ -some<형접>

□ un**trouble**d [ʌntrʌ́bld] [형] **마음을 산란하지 않은, 흐트러짐이 없는**; 조용한, 침착한
☜ un(=not) + trouble + ed<형접>
♠ a tranquil, **untroubled state** of mind 평온하고 **흐트러짐이 없는** 정신**상태**

※ **make**r [méikər] [명] **제작자, 제조업자, 메이커**; 만드는 사람 ☜ 만드는(make) 사람(er)

트루라이즈 True Lies (미국 액션 코미디 영화. <순수한 거짓말>)

1994년 개봉한 미국의 액션 코미디 영화. 아놀드 슈왈제네거, 제이미 리 커티스 주연. 컴퓨터 회사 판매담당인 남편에게 싫증이 난 아내가 가짜 첩보원과의 비밀스런 만남을 즐기지만 남편이야 말로 진짜 첩보원이었던 것. 가족까지 철저히 속이고 비밀임무 수행에 매진해온 남편이지만 질투에 눈이 멀어 아내와 테러범들의 인질신세가 되고 마는데...

■ **true** [truː/츠루-] [형] **진실한, 사실의**
☜ 고대영어로 '성실한, 정직한'이란 뜻

□ un**true** [əntrúː] [형] **진실이 아닌**, 허위의; **충실[성실]하지 않은**
☜ un(=not/부정) + true

♠ **by an untrue means 부정한 수단으로**

■ **trust** [trʌst/츠뤄스트] ⓜ **신뢰, 신임, 믿음**; 위탁; 『경제』 **트러스트**, 기업합동 ⓢ **신뢰[신임, 신용]하다; 맡기다** ☜ 고대영어로 '믿다, 신뢰하다'란 뜻

□ un**trust**worthy [ʌntrʌ́stwəːrðì] ⓗ **신뢰할 수 없는**, 믿을 수 없는
☜ un(=not/부정) + 신뢰(trust)할 가치가 있는(worthy)
♠ **be wholly untrustworthy 전적으로 신뢰할 수 없다.**

■ **truth** [truːθ/츠루-쓰] ⓜ **진실, 성실** ☜ true + th<명접>

※ **lie** [lai/라이] ⓜ **거짓말** ⓢ (-/lie**d**/lie**d**) **거짓말하다;** ☜ 고대영어로 '배신하다, 속이다'란 뜻.
(-/**lay**/**lain**) **드러눕다, 누워있다** ☜ 고대영어로 '드러눕다, 쉬고 있다'란 뜻

유저 user (사용자)

♣ **어원 : use 사용하다**

■ **use** [juːs/유-스] ⓜ **사용**, 용도 ⓢ **사용[이용]하다**, 쓰다 ☜ 라틴어로 '사용하다'

■ **use**r [júːzər] ⓜ **유저**, **사용자** ☜ 사용하는(use) 사람(er)

■ **us**able [júːzəbəl] ⓗ 사용가능한, 편리한 ☜ 사용(use) 할 수 있는(able)

□ un**us**able [ʌnjúːzəbəl] ⓗ **쓸 수 없는, 쓸모없는** ☜ un(=not/부정) + 사용(use) 할 수 있는(able)

□ un**use**d [ʌnjúːzd] ⓗ **쓰지 않는**, 쓴 적이 없는 ☜ un(=not) + use(사용하다) + ed<형접>
♠ an **unused** postage stamp **사용하지 않은** 우표

■ **usu**al [júːʒuəl/**유**-주얼] ⓗ **보통의**, 통상의, 일상의, 평소의, 평범한
☜ 라틴어로 '사용(use) 하는(al)'이란 뜻

□ un**usu**al [ʌnjúːʒuəl, -ʒwəl] ⓗ **비범한**, 보통이 아닌, 보기 드문; **별난**
☜ un(=not/부정) + usu<use + al<형접>
♠ He is a highly **unusual boy** in many ways.
그는 여러면에서 매우 **특이한 소년**이다.

□ un**usu**ally [ʌnjúːʒuəli, -ʒwəli] ⓑ 이상하게, **유별나게**; 《구어》 매우, 대단히 ☜ -ly<부접>

✚ dis**use** **쓰이지 않음**; 폐지, 불사용; **폐지하다** mis**use** **오용[남용]하다; 오용, 남용**

워너비 wannabe (열성팬, 그들처럼 복장·행동하는 사람)

♣ **어원 : wan, vac, van, vain 빈, 공허한**

■ **wan**nabe(e) [wάnəbìː, wɔ́n-] ⓜ **워너비**, 열성팬 《유명인을 동경하여 행동·복장 등을 그들처럼 하는 사람》 ⓗ 열망하는, 동경하는; 되고 싶어 하는 ☜ want to be의 연음화

■ **wan**t [wɔ(ː)nt/원트, wɑnt] ⓢ **원하다; 필요로 하다; ~할 필요가 있다** ⓜ **결핍**, 부족; **필요; 곤궁** ☜ 고대 노르드어로 '결여되다'란 뜻.

■ **wan**ted [wάntid, wɔ́ːnt-] ⓗ **수배중인; 모집 중인** ☜ want + ed<형접>

□ un**wan**ted [ʌnwάntid, wɔ́ːnt-] ⓗ **원치 않는; 불필요한**, 쓸모없는
☜ un(=not/부정) + 필요(want) 한(ed<형접>)
♠ **have an unwanted** (unplanned) **pregnancy 원치 않은 임신을 하다**

✚ **vac**ation **정기휴가** **van**ish **갑자기 사라지다, 없어지다** **vain** **헛된**, 보람 없는, 무익한, 쓸데없는

□ unwary(부주의한), **unwarily**(부주의하게) ➔ **unaware**(알지 못하는) **참조**

컴백 comeback (복귀)

< 2NE1의 2집 앨범 >

♣ **어원 : come 오다, 가다**

■ **come** [kʌm/컴] ⓢ (-/**came**/**come**) **오다, 도착하다**
☜ 고대영어로 '도달할 목적으로 움직이다'란 뜻

■ **come**back [kʌ́mbæ̀k] ⓜ (인기, 기능) 회복, 부흥
☜ 다시(back) (돌아) 오다(come)

■ wel**come** [wélkəm/**웰**껌/**웰**컴] ⓜ **환영** ⓗ **환영받는** ⓢ **환영하다**
☜ 잘(we<well) 오다(come)

□ unwel**come** [ənwélkəm] ⓗ **환영받지 못하는**, 달갑지 않은
☜ un(=not/부정) + welcome
♠ **an unwelcome guest 달갑지 않은 손님**

✚ be**come** **~이[가] 되다; 어울리다** in**come** **소득, 수입** out**come** **성과, 결과, 결론**
up**com**ing 다가오는, 닥쳐오는, 앞으로 올

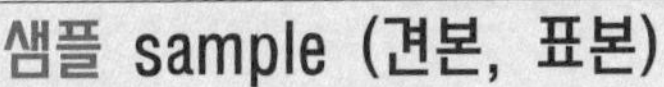

샘플 sample (견본, 표본)

♣ 어원 : sam, sem, sim(ul/il), som 같은, 비슷한; (같은 것이) 함께하는

■ **sam**e [seim/쎄임] ⓗ **같은, 동일한**
☜ 고대 영어/노르드어로 '~과 같은'이란 뜻

■ **sam**ple [sǽmpəl/sɑ́ːm-] ⓜ **견본, 샘플**, 표본; 실례(實例) ⓗ 견본의
ⓓ 견본을 만들다; 견본이 되다 ☜ example(보기/실례/견본)의 두음소실

■ **sam**pling [sǽmpliŋ/sɑ́ːm-] ⓜ **견본[표본] 추출**; 추출 견본; 시식(시음)품; 『전기』 **샘플링**
☜ -ing<명접>

■ whole**some** [hóulsəm] ⓗ **건강에 좋은**, 위생적인; 건강해 보이는; **건전한**, 유익한; 신중한
☜ 고대영어로 '건강한(whole) 것 같은(some=same)'이란 뜻

□ unwhole**some** [ənhóulsəm] ⓗ **몸[건강]에 좋지 않은**, 몸에 해로운; 병자 같은; 불건전한
☜ un(=not/부정) + wholesome
♠ **unwholesome food 몸에 해로운 음식**

□ unwhole**some**ness [ənhóulsəmnis] ⓑ 건강에 나쁨; 불건전함 ☜ -ness<명접>

윌리엄[빌헬름] 텔 William Tell (스위스의 전설적 영웅, 활의 달인), 에듀윌 Eduwill (한국의 종합교육기업 중 하나)

< William Tell >

에듀윌(Eduwill)은 Education(교육)과 will(의지)의 합성어로 최상의 교육을 제공한다는 의지와 성공적인 미래에 대해 도전할 수 있다는 자신감을 의미한다고 한다.

♣ 어원 : will, vol 의지, 자유의사; 마음; 바라다

※ e**duc**ation [èdʒukéiʃən/**에**주**케**이션] ⓜ **교육**, 훈육, 훈도; 양성
☜ 밖으로(e<ex) 소질을 이끌어내는(duc) 것(tion)

■ **will** [wil/윌, (약) wəl] ⓩ **~할 [일] 것이다; ~할 작정이다**, ~하겠다 ⓜ (the ~) **의지**
☜ 고대영어로 '원하다, 바라다'란 뜻

■ **will**ing [wíliŋ] ⓗ **기꺼이 ~하는**, 꺼리지 않는; 자진해서 (행)하는, 자발적인 ☜ will + ing<형접>

□ un**will**ing [ʌnwíliŋ] ⓗ **내키지 않는**, 마지못해 하는 ☜ un(=not/부정) + willing
♠ **willing or unwilling 좋든 싫든 간에**

□ un**will**ingly [ʌnwíliŋli] ⓑ 마지못해서 ☜ unwilling + ly<부접>

■ **Will**iam [wíljəm] ⓜ **윌리엄** 《남자 이름; 애칭 Bill(y), Will(y)》 ☜ 독일어로 Wilhelm이며, 이는 '강한 의지(will)로 투구(helm)를 쓴 사람'이란 뜻

■ **vol**unteer [vɑ̀ləntíər/vɔ̀l-] ⓗ 자발적인 ⓓ **자진하여 하다**, 자원하다 ⓜ 자원자, **지원자**, 유지, 독지가 ☜ 자유의사(vol) 성향(unt)의 사람(eer)

비전 vision (미래상), 텔레비전 television

< Television >

♣ 어원 : vis(e), wis 보다, 지켜보다

■ **vis**ion [víʒən] ⓜ **시력**, 시각; 상상력; 환상; **미래상, 비전**
☜ 보는(vis) 것(ion)

■ tele**vis**ion [téləvìʒən/**텔**러뷔전] ⓜ **텔레비전** 《생략: TV》
☜ 멀리서<원격으로(tele) 보는(vis) 것(ion)

■ **wis**e [waiz/와이즈] ⓗ (-<-s**er**<-s**est**) **슬기로운**, 현명한, 총명한
☜ 초기인도유럽어로 '보는 눈이 있는'

□ un**wis**e [ənwɑ́iz] ⓗ **지혜[지각] 없는**, 어리석은, 천박한 ☜ un(=not/부정) + wise
♠ **an unwise investment 현명하지 못한 투자**

□ un**wis**ely [ənwɑ́izli] ⓑ 어리석게, 분별없이 ☜ unwise + ly<부접>

✚ super**vise** **관리[감독]하다** **vis**it **방문하다** **wis**dom **현명함, 지혜**, 슬기로움; 분별

위트(wit.재치)가 넘치는 말솜씨

♣ 어원 : wit 알다, 알고 있다; 아는 것

■ **wit** [wit/위트] ⓜ **기지**, 재치, **위트**; (종종 pl.) **지**(智), 지혜 ☜ 고대영어로 '지식'이란 뜻

■ **wit**ting [wítiŋ] ⓗ 《드물게》 의식하고서(알고서, 고의)의 ⓜ 《방언》 지식
☜ 알다(wit) + t<자음반복> + ing<형접/명접>

U

□ un**wit**ting [ʌnwítiŋ] ⓗ 모르는, 의식하지 않은, 부지불식간의, 생각나지 않는
☜ un(=not/부정) + 아(wit) + t<자음반복> + 는(ing<형접>)
♠ an **unwitting** accomplice **부지불식간에** 연루된 공범자

□ un**wit**tingly [ʌnwítiŋli] ⓑ 뜻하지 않게, 부지중에 ☜ -ly<부접>

네임 밸류 name value (콩글 이름값, 명성) ➔ social reputation

♣ 어원 : val, vail, wor 가치, 의미, 가격; 강한

※ name	[neim/네임] (명) **이름, 성명** (동) 이름을 붙이다 ☜ 고대영어로 '이름'이란 뜻
■ value	[vǽljuː]/밸유-] (명) **가치, 유용성** ☜ 고대 프랑스어로 '가치, 값'이란 뜻
■ worth	[wəːrθ/워어스] (형) **~의 가치가 있는** (명) **가치**, 진가
☜ 고대영어로 '중요한, 가치 있는'이란 뜻
■ worthy	[wə́ːrði/워어디] (형) (-<-thier<-thiest) **훌륭한**, 존경할 만한, **가치 있는**, 유덕한
☜ worth + y<형접>
□ unworthy	[ʌnwə́ːrði] (형) (-<-thier<-thiest) (도덕적으로) **가치 없는**, 하찮은, 비열한
☜ un(=not/부정) + worthy
♠ **an unworthy person 보잘 것 없는 사람**
■ available	[əvéiləbəl] (형) **이용 가능한, 쓸모 있는** ☜ 쪽에(a<ad=to) 가치(vail)를 둘 수 있는(able)

배달할 자장면을 랩(wrap.싸개)으로 단단히 포장했다.

■ wrap	[ræp] (동) (-/wrapped/wrapt) **(감)싸다**, 싸다; 포장하다
(명) **싸개, 덮개**, 외피 ☜ 초기인도유럽어로 '돌다, 휘감다'란 뜻
□ unwrap	[ənrǽp] (동) **포장을 풀다**; 명백히 하다; (포장이) 풀리다
☜ un(=not/부정) + wrap
♠ **unwrap a bandage 붕대를 풀다**

레슬링 wrestling (레슬링)

♣ **어원 : wre, wra, wri, wro 비틀다, 돌리다, 감다**
■ wrestle	[résəl] (동) **맞붙어 싸우다**, 레슬링(씨름)하다 (명) 씨름, 맞붙어 싸움
☜ 비틀다(wre) 공격하다(stle)
■ wring	[riŋ] (동) (-/wrung/wrung) **짜다**, 틀다, **비틀다** ☜ 고대영어로 '비틀다'란 뜻
■ wrinkle	[ríŋkəl] (명) (피부 · 천 따위의) **주름**(구김)(살) (동) **주름을 잡다**
☜ 중세영어로 '구부리다, 주름잡다'란 뜻
□ unwrinkle	[ənríŋkəl] (동) **주름을 펴다, 주름이 펴지다**; 반반하게 하다, 반반해지다
☜ 중세영어로 '구부리다, 주름잡다'란 뜻
■ wrong	[rɔːŋ/롱-, rɑŋ] (형) (-<more wrong(때때로 wronger)<most wrong(때때로 wrongest)) **나쁜, 그릇된, 틀린** (부) **나쁘게; 잘못하여** (명) 악, 부정, 과실; 부당, 불법 (동) 나쁜 짓을 하다 ☜ 고대영어로 '비뚤어진'

메이크업 make-up (화장), 업그레이드 upgrade (성능개량)

※ make	[meik/메이크] (동) (-/made/made) **만들다**, 제작(제조)하다; 길들이다; ~을 하다, **~을 (억지로) 하게 하다, ~을 시키다**
☜ 고대영어로 '만들다, 구성하다, 행하다'란 뜻
■ make-up, makeup	[méikʌ̀p] (명) **짜임새, 구성; 화장, 메이크업**
☜ 근세 영국 연극인들이 얼굴위에(up) 분장한(make)데서
□ up	[ʌ́p/업] (부) (낮은 곳에서) **위(쪽으)로, 위에**, (논의 · 화제에) **올라**; 힘차게, 완전히 ☜ 초기인도유럽어로 '아래에서 위로'란 뜻
♠ **Stand up ! 일어나 !**
♠ **up and down 위 아래로; 왔다갔다, 여기저기**
♠ **ups and downs (도로 따위의) 오르내림, 기복; 영고성쇠(榮枯盛衰), 부침(浮沈)**
♠ **up to (거리 · 시간 · 정도 · 수량 따위) ~까지, ~에 이르기까지; ~의 책임인; ~에 종사하여**
□ upbeat	[ʌ́pbìːt] (명) 〖음악〗 여린박, 상박; (경기(景氣) 등의) 상승 경향 (형) 오름세의; 낙관적인, 명랑한, 오락적인, 경쾌한 ☜ 위로(up) 두드리다(beat)
♠ The tone of the speech was **upbeat.** 그 연설의 어조는 **낙관적**이었다.
□ upgrade	[ə́pgrèid] (명) 《미》 오르막; 증가, 향상, 상승; 〖컴퓨터〗 **업그레이드**
☜ 위로(up) 나아가다(grade)
♠ **upgrade** credit rating 신용 등급을 **상향 조정하다**
□ upheave	[ʌphíːv] (동) (-/-heaved(-hove)/-heaved(-hoven)) 들어(밀어)올리다, 상승(융기)시키다; 대변동을 일으키다 ☜ 위로(up) 들어 올리다(heave)
□ upheaval	[ʌphíːvəl] (명) 들어 올림; 〖지질〗 융기; (사회 등의) 대변동, 동란, 격변
☜ upheave + al<명접>
♠ **a period of emotional upheaval 정서적 격변기**
□ upper	[ʌ́pər/어퍼] (형) 〔up의 비교급〕 **더 위의[위에 있는], 상위의**, 상급의
☜ 위의(up) + p + er(더)
♠ **the upper stories 위층**
□ uppercut	[ʌ́pərkʌt] (명) 〖권투〗 **어퍼컷**, 올려치기 ☜ 상단(upper) 타격(cut)
□ upper-class	[ʌ́pərklǽs, -klɑ́ːs] (형) 상류계급의; (고교 · 대학의) 상급의 《학생》

< Upgrade >

☜ 상위의(upper) 계급(class)

□ **up**per-lip [ʌ́pərlip] ⓜ 윗입술 ☜ 위쪽의(upper) 입술(lip)

□ **up**permost [ʌ́pərmòust/-məst] ⓗ **최상[최고]의**, 최우위의 ⓟ 맨 위(앞)에, 가장 높이
☜ upper + most(가장)
♠ **one's uppermost thoughts 맨 먼저 떠오른 생각**

연상 그는 내가 컴퓨터 업그레이드(upgrade.성능개량)를 하지 않는다고 심하게 나를 업브레이드(upbraid.비난하다)했다.

※ **up**grade [ə́pgrèid] ⓜ《미》오르막; 증가, 향상, 상승; 『컴퓨터』 **업그레이드** ☜ 위로(up) 나아가다(grade)

□ **up**braid [ʌpbréid] ⓢ 신랄하게 비판(비난, 질책)하다
☜ 고대영어로 '심하게(up/강조) 엉키게 하다/엮다(braid)'란 뜻
♠ He did not **upbraid** me. 그는 나를 **질책하지** 않았다.

연상 네가 끼고있는 링(ring.반지)을 나에게 브링(bring.가져오다) 해라.

※ **ring** [riŋ/링] ⓜ **반지, 고리;** (권투장의) **링** ⓢ (-/**rang/rung**) **둘러싸다** ☜ 고대영어로 '둥근 띠'라는 뜻

■ **bring** [briŋ/브링] ⓢ (-/**brought/brought**) **가져오다, 데려오다**
☜ 고대영어로 '나르다, 가져오다, 데려오다'란 뜻

□ up**bring**ing [ʌpbríŋiŋ] ⓜ (유년기의) **양육**, 교육, **가정교육** ☜ 위로(up) 키우/가져오(bring) 기(ing)
♠ **a good upbringing 좋은 가정교육, 잘 가르침**

□ **upcoming**(다가오는, 닥쳐오는) ➔ **come**(오다) **참조**

데이트 date (이성과의 교제를 위한 만남, 또는 그 약속)
업데이트 update (갱신, 자료의 최신화)

■ **date** [deit/데이트] ⓜ **날짜**, 연월일; **데이트**《이성과의 약속》 ⓢ (편지·문서에) 날짜를 기입하다 ☜ 고대 프랑스어로 '날짜, 날, 시간'이란 뜻

■ **date**d [déitid] ⓗ 날짜가 있는(적힌); 케케묵은, 구식의(=old-fashioned) ☜ date + ed<형접>

□ up**date** [əpdéit] ⓢ (책이나 숫자를) **새롭게 하다**, 최신의 것으로 하다(=bring up to date); 『컴퓨터』 갱신하다 ⓜ **새롭게 함, 갱신**, 개정; 최신정보
☜ 위에/가장 최근의(up) 날짜를 기입하다(date)
♠ **update information 정보를 갱신하다**

□ up-to-**date** [ʌ́ptədéit] ⓗ 최근의, **최신식의**, 현대적인, 첨단적인; 현재까지의
☜ 현재 날짜(date) 까지의(up-to)
♠ **the most up-to-date style 가장 최근의 유행형**

□ **upgrade**(증가, 향상; 업그레이드) ➔ **up**(위에, 위쪽으로) **참조**

□ **upheave**(들어 올리다), **upheaval**(들어 올림, 융기) ➔ **up**(위로, 위에) **참조**

힐빌리음악 hillbilly music (미국 남부 산악지대의 민요조 음악)

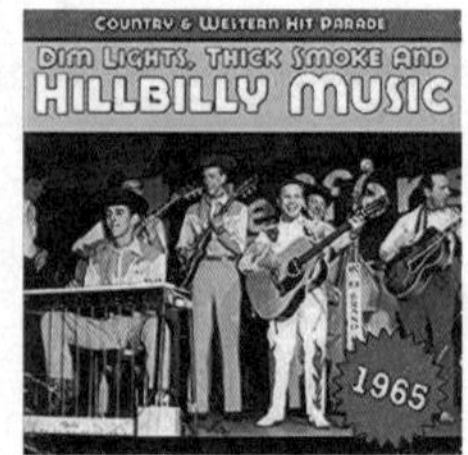

■ **hill** [hil/힐] ⓜ **언덕**, 작은(낮은) 산, 구릉 ☜ 고대영어로 '언덕'

■ **hill**billy [hílbili] ⓜⓗ [종종 경멸적] 남부 미개척지의 주민; 두멧 산골 사람 ☜ 산 촌놈 ⇦ 언덕(hill)위의 빌리(Billy/남자 이름의 상징)

■ **hill**billy music **힐빌리**음악《미국 남부 산악지대의 컨트리송》 ☜ music(음악)

■ **hill**side [hílsàid] ⓜ **산허리**, 언덕(구릉)의 중턱(사면)
☜ side(측면, 비탈, 산중턱)

■ **hill**top [híltɑ̀p/-tɔ̀p] ⓜ **언덕[야산] 꼭대기** ☜ top(정상, 꼭대기)

U

□ up**hill** [ʌ́phìl] ⓗ 오르막의, **올라가는** ⓟ **고개[언덕]위로** ⓜ 오르막길 ☜ up(위로)
♠ **climb uphill 고개를 오르다**

■ down**hill** [dɑ́unhìl] ⓜ **내리막길**, 몰락 ☜ down(아래로)

홀딩 holding ([스포츠] 붙들기)

■ **hold** [hould/호울드] ⓢ (-/**held/held**) **들고[갖고] 있다, 유지하다; 붙잡다,** 잡다; (그릇에) **담아있다; 소유[보유]하다; 억누르다;** 견디다 ☜ 고대영어로 '포함하다, 쥐다'란 뜻

■ **hold**er [hóuldər] ㉨ **소유[보유]자**; 받침, **홀더** ☜ hold + er(사람, 기기)

■ **hold**ing [hóuldiŋ] ㉨ **보유**, 쥠, 붙들기; 『스포츠』 **홀딩**; **토지 보유** ☜ -ing<명접>

□ up**hold** [ʌphóuld] ㉪ (-/up**held**/up**held**) **받치다**, 지탱하다, **지지하다**
☜ 위로(up) 들고 있다(hold)
♠ **uphold (support) human rights 인권을 옹호하다**

□ up**hold**er [ʌphóuldər] ㉨ 지지자 ☜ uphold + er(사람)

□ up**hol**stery [ʌphóulstəri] ㉨ (소파 등의) **커버**; 실내 장식품; **실내 장식업** ☜ 중세영어로 '위로 올려(up) 지지하는(hold) (직물로 짠) 장식품(ster) 류(y)'란 뜻
♠ **leather upholstery 가죽제 커버**

■ down**hold** [dáunhòuld] ㉨㉪ 《미》 삭감(하다), 억제(하다) ☜ down(아래로)

■ with**hold** [wiðhóuld, wiθ-] ㉪ (-/with**held**/with**held**) **보류하다**; 억제하다
☜ with-(반대, 뒤로, 멀리) + hold

골키퍼 goalkeeper ([축구 · 하키 등] 문지기)

♣ **어원 : keep 지키다, 유지하다, 보존하다; 보존, 유지**

※ **goal** [goul] ㉨ **골, 결승점(선)**; **득점**; 골문, 골대; 목적지, **목표** ☜ 중세영어로 '경계'란 뜻

■ **keep** [kiːp/키잎] ㉪ (-/**kept**/**kept**) **보유하다, 보존하다; 지키다**, 따르다; 부양하다; 붙잡고(쥐고)있다; (어떤 위치 · 상태 · 관계에) 두다(있다); 관리(경영)하다; 기입하다; 계속하다; 견디다 ☜ 고대영어로 '쥐고 있다, 잡고 있다'는 뜻

■ **keep**er [kíːpər] ㉨ **파수꾼**, 간수, 수위; (동물의) **사육자** ☜ 지키는(keep) 사람(er)

□ up**keep** [ʌ́pkìːp] ㉨ **유지**(비), 보존 ☜ 계속(up<on) 유지(keep)
♠ **upkeep costs 유지비, 보존비**

■ house**keep**er [háuskìːpər] ㉨ **주부, 가정부** ☜ 집(house)을 지키는(keep) 사람(er)

■ store**keep**er [stɔ́ːrkìːpər] ㉨ 《미》 **가게 주인**(《영》 shopkeeper)
☜ 가게(store)를 지키는(keep) 사람(er)

디즈니랜드 Disneyland (미국 LA에 있는 세계적인 놀이공원)

♣ **어원 : land 땅, 육지; 나라**

※ Disney [dízni] ㉨ **디즈니** 《Walter Elias. ~, 미국의 만화영화 제작자; 1901-66》

■ Disney**land** [díznilæ̀nd] ㉨ **디즈니랜드** 《1955년에 W. Disney가 Los Angeles에 만든 유원지》 ☜ Disney + land(땅)

■ **land** [lænd/랜드] ㉨ **뭍, 육지; 땅, 토지; 나라, 국토** ㉪ **상륙[착륙]시키다** ☜ 고대영어로 '땅, 흙'이란 뜻

□ up**land** [ʌ́plənd, -læ̀nd] ㉨ **고지**, 산지, 대지(臺地) ㉧ 고지에 있는, 산지(대지)의 ☜ 위쪽(up)의 땅(land)
♠ **upland-grown** vegetables (한랭한) **고지에서 재배되는** 채소

리프트카 lift car (물건을 높은 곳으로 들어올리는 차량이나 장비)

♣ **어원 : lift, loft 높은 곳; 위로, 위에; 들어 올리다**

■ **lift** [lift/리프트] ㉪ **들어 올리다, 향상시키다** ㉨ **들어 올림**, 《영》 승강기 ☜ 고대 노르드어로 '하늘'이란 뜻

□ up**lift** [ʌplíft] ㉪ (사기를) 앙양하다; 향상시키다; **들어 올리다**
[ʌ́plìft] ㉨ 들어 올림 ☜ 하늘(lift) 위로(up)
♠ **an uplift in sales 매출 증가**

■ a**loft** [əlɔ́(ː)ft, -lɑ́-] ㉮ 위에, **높이** ☜ 최상층(loft) 으로(a<ad=to)

※ **car** [kɑːr/카-] ㉨ **자동차** ☜ 라틴어로 '2개의 바퀴가 달린 켈트족의 전차'란 뜻

온라인 on-line (네트워크 · 통신이 연결된 상태) ⇔ off-line

■ **on** [ɔːn/온, ɔn, ɑn] ㉳ **~위에**; **~을 입고**; **~로 향하여**; **~하자마자, 도중에**; **~에 의거[근거]하여** ☜ 고대영어로 '~위에, ~안에, ~안으로'라는 뜻

□ up**on** [əpɑ́n/어**판**, əpən/əpɔ́n/어**폰**] ㉳ = on
☜ 고대영어로 '~위에'라는 뜻
★ upon은 on과 동의어지만, upon이 좀 더 격식적인 문맥이나 어구에서 사용된다.
♠ **once upon a time 옛날 옛적에**
♠ **upon my word 맹세코. 예외**
♠ **upon (on) the whole 대체로**

※ **line** [lain/라인] ㉨ **줄, 선**, 라인 ☜ 라틴어로' 리넨(아마)의 밧줄'이란 뜻

□ **upper**(더 위의, 상위의), **uppercut**(어퍼컷, 올려치기), **upper-class**(상류계급의), **upper-lip**(윗입술), **uppermost**(최상의, 최고의) ➔ **up**(위에) **참조**

라이트 필더 right fielder ([야구] 우익수 ⇔ 레프트 필더 (좌익수))

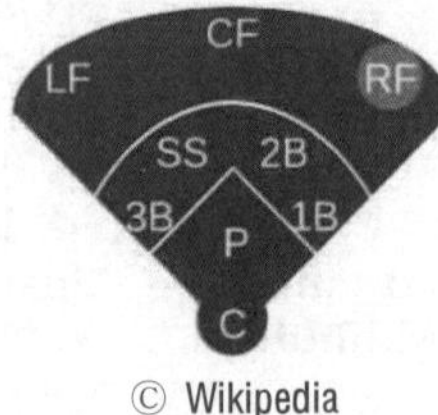

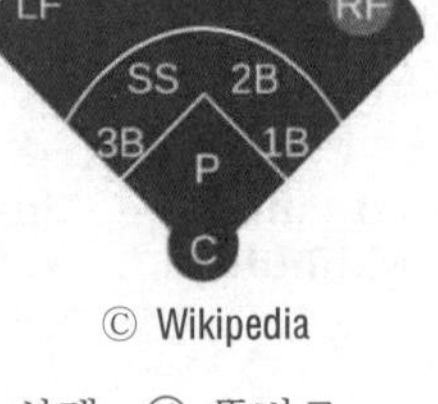
© Wikipedia

♣ **어원 : right 옳은, 오른; 오른쪽, 권리, 공정성**

■ **right** [rait/롸이트] ⓗ **옳은**, 바른, **정당한**; 적당〔적절〕한; 틀림없는 ⓟ **바르게**; 적당히; **오른쪽[편]에** ⓜ **바름**, 공정, 정당성; **권리**; 정확; **오른쪽[편]** ⓢ 바로잡다
☜ 고대영어로 '곧은, 바른, 오른쪽'이란 뜻

■ out**right** [áutráit] ⓟ **철저히**; 공공연히; 곧, 당장 ⓗ 노골적인; 철저한
☜ 밖으로(out) 똑바로(right)

□ up**right** [ʌ́pràit] ⓗ **직립한, 똑바로 선**, 수직의; 정직한 ⓜ 수직〔직립〕 상태 ⓟ 똑바로, 직립하여 ⓢ 직립시키다, 수직으로 하다 ☜ 위로(up) 바로 선(right)
♠ Keep the bottle **upright**. 병을 **수직으로 세워** 두어라.

□ up**right**ness [ʌ́pràitnis] ⓜ **직립상태; 정직** ☜ upright + ness<명접>

※ **field** [fi:ld/퓌일드] ⓜ (보통 pl.) **들판, 벌판; 논, 밭, 목초지; 경기장** ⓗ 들판의, 야외의
☜ 초기 독일어로 '평평한'이란 뜻

※ **field**er [fí:ldər] ⓜ 〚크리켓〛 야수; 〚야구〛 **외야수** ☜ 들판(field)에 있는 사람(er)

라이징 스타 rising star (떠오르는 스타)

♣ **어원 : ris, rais(e), rous 오르다, 일어나다, 발생하다**

■ **rise** [raiz/롸이즈] ⓢ (-/**rose**/**risen**) 일어서다, (해 · 달) **떠오르다**, (가격) 상승하다 ⓜ 상승, 오름 ☜ 중세영어로 '상향 이동'이란 뜻

■ **ris**ing [ráiziŋ] ⓗ 일어나는, 떠오르는 ☜ rise + ing<형접>

□ up**ris**e [ʌpráiz] ⓢ (-/-**rose**/-**risen**) (태양이) 떠오르다; 올라가다; 일어서다; 기상하다
☜ 위로(up) 오르다(rise)
♠ **uprise to one's feet 일어서다**

□ up**ris**ing [ʌ́pràiziŋ] ⓜ 《미.고어》 일어남, 기립, 기상, 상승; **반란**, 폭동
☜ 위로(up) 일어(rise) 남(ing<명접>)
♠ **suppress an armed uprising** 〔revolt〕 **무장봉기**를 진압하다

■ **raise** [reiz/뤠이즈] ⓢ **올리다**, (문제를) 일으키다 ☜ 중세영어로 '들어 올리다'란 뜻

■ **rouse** [rauz] ⓢ **깨우다**, 일으키다 ☜ 중세영어로 '일으키다'라는 뜻

※ **star** [stɑ:r/스따/스타-] ⓜ **별**, 인기연예인 ☜ 고대영어로 '별'이란 뜻

연상 사자왕이 노(怒)하여 로(roar.으르렁거리다)했다

■ **roar** [rɔ:r/로어/로-] ⓢ (사자 등이) **으르렁거리다**, 포효하다; **고함치다** ⓜ **으르렁 거리는 소리**, 포효, 노호; **외치는 소리**
☜ 고대영어로 '울부짖다'

■ **roar**ing [rɔ́:riŋ] ⓗ **포효**〔노호〕**하는**; 법석 떠는; 마시며 떠들어대는; 《구어》 번창한, 활기찬 ⓜ 으르렁거림, 포효〔노호〕 소리; 고함; 시끄러움 ☜ roar + ing<형접/명접>

□ up**roar** [ʌ́prɔ̀:r] ⓜ **소란**, 소동; 소음 ☜ 위로 터지는(up) 외치는 소리(roar)
♠ **create** 〔cause〕 **an uproar 소동을 일으키다**

□ up**roar**ious [ʌprɔ́:riəs] ⓗ 소란한, 시끄러운; 크게 웃기는 ☜ uproar + ious<형접>

핑거루트 finger root (인도네시아산(産) 손가락 모양의 생강과(科) 뿌리식물. 다이어트 · 피부미용 용도로 주로 활용)

※ **finger** [fíŋgər/핑거] ⓜ **손가락** ☜ 고대영어로 '손가락'이란 뜻. 초기 인도유럽어족까지 올라가면 five와 연관 있음.

■ **root** [ru:t/루-트, rut] ⓜ **뿌리**; (문제의) **근원** ☜ 고대영어로 '식물의 뿌리'란 뜻

■ **root**ed [rú:tid/rút-] ⓗ (식물이) **뿌리 내린**; 뿌리가 있는; 《비유》 뿌리 깊은
☜ root + ed<형접>

■ **root**less [rú:tlis] ⓗ 뿌리가 없는; 불안정한; 사회적 바탕이 없는 ☜ -less(~이 없는)

□ up**root** [əprú:t] ⓢ **뿌리째 뽑다**(root up); 《비유》 (악습을) 근절〔절멸〕시키다; (정든 땅 · 집 따위에서) 몰아내다 ☜ 뿌리(root)를 위로(up) 뽑다
♠ **uproot a tree 나무를 뿌리째 뽑다**
♠ **uproot evil practices 악폐를 근절하다**

U

유에스비 USB (소형 이동식 기억장치. <범용 직렬 접속기>란 뜻)

☐ **USB** Universal Serial Bus 범용 직렬 버스〔접속기〕
♠ All new PCs now have **USB sockets**.
모든 새 PC에는 이제 **USB 소켓**이 붙어 있다.

✚ **uni**versal **우주의; 만국의; 모든 사람의; 보편적인** **serial 연속[일련]의;** (신문 · 잡지 · 영화의) **연속물**, 연재물 **bus 버스**: 〖컴퓨터〗 버스《여러 장치간 연결, 신호를 전송(傳送)하기 위한 공통로(共通路)》

세트 set (한 조), 세팅 setting (설치), 세트메뉴 set menu (콩글 여러 요리가 한 벌을 구성하는 메뉴) ➔ [F.] prix fixe (menu)(프리 픽스), combo

♣ 어원 : set 놓다, 앉다, 배치[설치]하다

■ **set** [set/쎋] ⓢ (-/**set**/**set**) **두다, 놓다**, 자리잡아 앉히다 ⓜ 한 벌, **한 조, 세트**; 일몰 ☜ 고대영어로 '앉게 하다, 두다'란 뜻

■ **set**ting [sétiŋ] ⓜ **놓기, 설치**; (해 · 달의) 지기; (머리의) 세트 ☜ -ing<명접>

■ **set**up [sétʌ̀p] ⓜ **자세; 체격**; 조직의 편제, 구성; (기계 등의) 조립; (실험 등의) 장치, 설비; 〖영화〗 (카메라 · 마이크 · 배우 따위의) 배치, 위치 ☜ 곧추세워(up) 앉히다(set)

< 세트 메뉴 >

☐ up**set** [ʌpsét] ⓢ **뒤집어엎다**, 전복시키다; **당황하게 하다** ⓜ **전복** ⓗ 뒤집힌 ☜ (아래 있는 것을) 위로(up) 배치하다(set)
♠ **upset a boat 보트를 전복시키다**

■ **set**tle [sétl/쎄를/쎄틀] ⓢ **놓다, 정주시키다, 터전을 잡다; 진정시키다; 해결하다; 결정하다** ☜ set + t<단모음+단자음+자음반복> + le<동접>

사이드미러 side mirror (자동차의 측면거울) ➔ side-view mirror * mirror 거울

■ **side** [said/싸이드] ⓜ **옆, 측면, 쪽** ☜ 고대영어로 '사람이나 물건의 측면'이란 뜻

■ a**side** [əsáid] ⓑ **옆에, 떨어져서** ☜ 바로(a/강조) 옆에(side)

■ in**side** [ínsáid/**인싸**이드] ⓜ **안쪽** ⓗ **내부에 있는** ⓑ **내부에** ☜ 안(in) 쪽(side)

■ out**side** [áutsáid/**아웃싸**이드] ⓜ **바깥쪽** ⓗ **외부에 있는** ⓑ **외부에** ☜ 바깥(out) 쪽(side)

☐ up**side** [ʌ́psàid] ⓜ **위쪽** ☜ 위(up) 쪽(side)
♠ **be upside down 위아래가 뒤바뀌다**

☐ up**side** down **거꾸로** ☜ 위쪽(upside)이 아래로(down)

☐ up**side**-down [ʌ́psàiddáun] ⓗ **거꾸로의**, 전도된; 엉망이 된, 혼란된 ☜ 위쪽(upside)이 아래로(down)

■ river**side** [rívərsàid] ⓜⓗ 강가(의), **강변(의)** ☜ 강(river) 가(side)

■ sea**side** [síːsàid] ⓜⓗ **해변**(의), 바닷가(의) ☜ sea + side(옆, 측면)

스탠드 stand (세움대; 관람석)

♣ 어원 : st 서다, 세우다, 고정시키다, 안정시키다

■ **st**and [stænd/스땐드/스탄드] ⓢ (-/**stood**/**stood**) **서다, 서 있다** ☜ 라틴어로 '서있는(sta) 것/곳(nd)'이란 뜻

■ **st**air [stɛər/스떼어] ⓜ (계단의) 한 단; (종종 ~s) [단 · 복수취급] **계단**, 사닥다리 ☜ (위로) 세우는(sta) 것(ir<er)

☐ up**stai**rs [ʌ́pstɛ́ərz] ⓑ **2층에〔으로**, 에서〕; 위층에〔으로,에서〕 ⓗ 2층의, 위층의 ⓜ 2층, 위층 ☜ 윗(up) 층(stair) + s
♠ **go 〔walk〕 upstairs 2층[위층]으로 가다**

■ down**stai**rs [dáunstɛ́ərz] ⓑ **아래층으로[에]** ⓗ 아래층의 ⓜ 아래층 ☜ 아래(down) 층(stair) + s

■ **sti**rrup [stə́ːrəp, stír-, stʌ́r-] ⓜ **등자**(鐙子) 《말 안장 양쪽에 달린 발받침》; (귀의) 등자(모양)뼈〔등골〕 ☜ 고대영어로 '올라가는(stir<stair) 로프(rup<rope)'란 뜻

☐ **upstart**(벼락 출세자, 벼락부자; 갑자기 출세한) ➔ **start**(시작하다) **참조**

스트리밍 streaming ([인터넷] 음성 · 동영상의 실시간 재생)

♣ 어원 : stream 흐르다; 흐르는 것

■ **stream** [striːm/스트뤼임] ⓜ **내**, 시내, 개울; **흐름**, 조류 ⓢ 흐르다 ☜ 고대영어로 '물의 흐름, 물길'이란 뜻

■ **stream**er [stríːmər] ⓜ **흐르는 것**; 펄럭이는 리본 ☜ stream + er<명접>

■ **stream**ing [stríːmiŋ] ⓜ 흐름; 〖교육〗 (영국 등지의) 능력별 학급 편성(《미》 tracking)

U

☜ stream + ing<명접>

■ **stream**lined [strí:mlàind] ⓗ **유선형(의)** ☜ 흐르는(stream) 선(line) 의(ed)

□ up**stream** [ʌ́pstrí:m] ⓟ **상류로[에]**, 흐름을 거슬러 올라가 ⓗ 거슬러 오르는; 상류의
☜ 위로(up) 흐르다(stream)
♠ **go upstream 강을 올라가다.**

■ down**stream** [dáunstrí:m] ⓗⓟ **하류의[에]** ☜ 아래로(down) 흐르다(stream)

윈드서핑 wind surfing (판(board) 위에 세워진 돛에 바람을 받으며 파도를 타는 해양 스포츠), 인터넷 서핑 web surfing

♣ **어원 : sur(g), sour 파도; 오르다, 일어나다**

※ **wind** [wind/윈드, waind/와인드] ⓜ **바람** ⓓ 굽이치다, **꾸불거리다; 감다; 돌리다**
☜ 고대영어로 '바람'이란 뜻. '휘감아 부는 것'이란 의미

■ **surf** [sə:rf] ⓜ (해안에) **밀려드는 파도**, 밀려 와서 부서지는 파도 ⓓ 서핑을(파도타기를) 하다; 『컴퓨터』 검색하다 ☜ 중세인도어로 '몰아치는 소리'란 뜻

■ **surf**ing [sə́:rfiŋ] ⓜ 서핑, 파도타기 ☜ surf + ing<명접>

■ **surg**e [sə:rdʒ] ⓓ **파도처럼 밀려오다** ⓜ **큰 파도; 격동** ☜ 라틴어로 '일어나다, 떠오르다'

□ up**surg**e [əpsə́:rdʒ] ⓓ 파도가 일다; 솟구쳐 오르다, 급증하다
[ʌ́psə̀:rdʒ] ⓜ 솟구쳐 오름; 급증 ☜ 위로(up) 오르다(surge)

✚ in**sur**rection 반란, **폭동**, 봉기 **sour**ce **원천, 근원, 출처**, 근거 re**sour**ce (보통 pl.) **자원; 수단; 지략**, 기지

□ **up-to-date**(최신식의, 현대적인) ➔ **update**(갱신; 새롭게 하다) **참조**

□ **upturn**(뒤집다; 상승, 향상; 전복) ➔ **turn**(돌리다, 회전하다) **참조**

윈드서핑 wind surfing (바람을 받으며 파도를 타는 해양 스포츠)

♣ **어원 : wind, ward 돌다, (몸을) 돌려 향하다; ~쪽으로**

■ **wind** [wind/윈드, waind/와인드] ⓜ **바람** ⓓ 굽이치다, **꾸불거리다; 감다; 돌리다**
☜ 고대영어로 '바람'이란 뜻. '휘감아 부는 것'이란 의미

■ to**ward**(s) [təwɔ́:rd/터**워**-드(즈)] ⓙ **~쪽으로, ~편에, ~가까이; ~에 대하여; ~을 위하여**
☜ 고대영어로 '~방향으로'라는 뜻. ⇦ ~쪽으로(to) 몸을 돌리다(ward)

■ after**ward**(s) [ǽftərwərd/**앺**터워드(즈), ɑ́:f-] ⓟ **뒤에, 나중에** ☜ 뒤(after) 쪽에(ward)

■ back**ward**(s) [bǽkwərd(z)] ⓟ **뒤에[로]; 후방에[으로]; 역행하여** ⓗ **후방의**
☜ 뒤(back) 쪽으로(ward)

■ for**ward** [fɔ́:rwərd/**뽀**-워드] ⓟ **앞[전방]으로** ⓗ 전방으로의 ⓓ 나아가게 하다
☜ 앞(fore) 쪽으로(ward)

□ up**ward**(s) [ʌ́pwərd(z)] ⓗ **위로 향한**; 상승의; 향상하는 ⓟ **위쪽으로**, 위를 향해서
☜ 위(up) 쪽으로(ward)
♠ **an upward gaze 위쪽을 보고 있는 시선**

※ **surf**ing [sə́:rfiŋ] ⓜ 서핑, 파도타기 ☜ 파도/파도타기를 하다(surf) + ing<명접>

우라늄 uranium (방사성 금속 원소)

□ **uranium** [juəréiniəm] ⓜ **우라늄** 《방사성 금속 원소; 기호 U, Ur; 번호 92》
☜ Uranus(『그.신화』 천문(天文)의 신, 우라누스신) + ium<명접>
♠ **concentrated uranium 농축 우라늄**

□ **Uranus** [júərənəs/-réi-] ⓜ 『그.신화』 **우라누스**신 《Gaea(지구)의 남편》; 『천문』 천왕성(星)
☜ 고대 그리스어로 '하늘'이란 뜻

□ **Urania** [juəréiniə, -njə] ⓜ 『그.신화』 **우라니아** 《천문(天文)의 여신; Nine Muses의 하나》; Aphrodite (Venus)의 별명; 유레이니아 《여자 이름》
☜ 고대 그리스어로 '하늘의, 천상의'란 뜻

어번 그래니 urban granny (외모, 건강 등 자신을 위해 투자하는 것에 시간과 돈을 아끼지 않는 50~60대 여성. <도시 할머니>란 뜻)

□ **urban** [ə́:rbən] ⓗ **도시의**, 도회지에 있는; 도회에 사는; 도회풍의
☜ 라틴어로 '로마에서의 도시나 도시생활과 관련된 것'이란 뜻
♠ **urban life 도시 생활**

※ **granny, -nie** [grǽni] ⓜ (pl. -**nies**) 《구어·소아어》 **할머니**; 할멈, **노파**;

수다스러운 사람 ☜ grandame(할머니, 노파), grandmother(할머니)의 단축 변형어

■ **YUPPIE** [jʌ́pi] ⓜ **Y**oung **U**rban **P**rofessional **여피** 《젊은 도시형 전문직에 종사, 연수입 3만달러 이상을 버는 젊은이들을 지칭》 ☜ YUP + P + ie(사람)

연상 ▸ 내 여친(여자친구)은 심한 어친(urchin.장난꾸러기)이다.

□ **urchin** [ə́ːrtʃin] ⓜ **장난꾸러기**, 개구쟁이; 부랑아; 《고어·방언》 고슴도치
☜ 라틴어로 '고슴도치'란 뜻.
♠ **a wild urchin 막되어 먹은 장난꾸러기**
♠ a dirty little street **urchin**
거리를 떠돌아다니는 지저분한 어린 **부랑아**

■ sea urchin 〖동물〗 성게 ☜ 바다(sea) 고슴도치(urchin)

< 미국 팝가수 Lady Gaga >

이머전시 emergency (비상사태)

♣ **어원 : merg, mers, urg 담그다, 잠기게 하다, 가라앉히다**

■ e**merg**e [imə́ːrdʒ] ⓢ (물 속·어둠 속 따위에서) 나오다, **나타나다**
☜ 밖으로 드러내다 ⇦ 밖으로(e<ex) 담그다(merg) + e

■ e**merg**ency [imə́ːrdʒənsi] ⓜ **비상**〔돌발〕**사태**, 위급
☜ 밖으로(e<ex) 담근(merg) 것(ency<명접>)

□ **urg**ency [ə́ːrdʒənsi] ⓜ **긴급**, 절박, 위기 ☜ 잠기게(urg) 하기(ency)
♠ considering **the urgency** of the case 사건의 **긴급성**을 고려해서

□ **urg**ent [ə́ːrdʒənt] ⓗ **긴급한**, 절박한, 매우 위급한 ☜ 잠기게(urg) 하는(ent)

□ **urg**ently [ə́ːrdʒəntli] ⓑ 긴급히, 다급하게 ☜ urgent + ly<부접>

□ **urg**e [əːrdʒ/어-쥐] ⓢ **몰아대다**, 휘몰다; **죄어치다**, 재촉하다; **주장하다** ⓜ 몰아댐; **(강한) 충동**; 자극 ☜ 라틴어로 '몰다'란 뜻.
♠ **feel the urge to ~ ~할 충동을 느끼다**

✚ im**mers**e **담그다, 가라앉히다** sub**merg**e **물에 담그다**〔가라앉히다〕, (잠수함이) 잠항하다

버너 burner (연소기)

♣ **어원 : (b)urn 불에 타다, 불이 솟구치다**

■ **burn** [bəːrn/버-언] ⓢ (-/burn**t**/burn**t**) (불에) **타다**; (-/burn**ed**/burn**ed**) (등불이) **빛을 내다** ☜ 고대 노르드어로 '불에 타다, 불빛'이란 뜻

■ **burn**er [bəˈːrnər] ⓜ 연소기 ☜ 불에 타는(burn) 장비(er)

■ gas **burn**er **가스 버너** ☜ gas(가스, 기체)

■ **burn**ing [bə́ːrniŋ] ⓗ **타고 있는** ☜ 불에 타고(burn) 있는(ing)

■ **burn**t [bəːrnt] ⓗ **탄, 불에 덴** ☜ burn의 과거, 과거분사 ➔ 형용사

□ **urn** [əːrn] ⓜ **항아리**, 단지; 납골(納骨)〔유골〕 단지; 무덤, 묘 ☜ 라틴어로 '불에 타다'란 뜻
♠ collect the ashes **in an urn 단지에(火葬後)** 유골을 거두다.

연상 ▸ 유에스(US.미국)는 어스(us.우리들)에게 어떤 존재인가 ?

< 미국에 의한 세계평화 >

□ **US(A), U.S.(A.)** [juesέi] **U**nited **S**tates of **A**merica 미합중국, **미국**
☜ 아메리카(America) 의(of) 연합(unite) 한(ed) 국가(state) 들(s)

□ **us** [ʌs/어스, (약) əs/어스] ⓓ 〖we의 목적격〗 **우리들을, 우리들에게**
☜ 그리스어로 '우리 둘'이란 뜻
♠ **Give us** the newspaper, will you?
그 신문 **우리에게** 좀 주겠나?

유틸리티 프로그램 utility program ([컴퓨터] 실용프로그램), 유저 user (사용자)

[컴퓨터] ❶ 특정한 목적을 수행하도록 설계된 program ❷ 넓은 범위에 걸쳐 사용할 수 있는 실용적인 program 또는 software

♣ **어원 : ut, us(e) 사용하다**

□ **ut**ility [juːtíləti] ⓜ **유용(성)**, 유익, 실용품; 공익사업
☜ 사용(ut) 하는 것(ility)
♠ **utility room (특히 가정집의) 다용도실**

□ **ut**ilize [júːtəlàiz] ⓢ **이용하다** ☜ 사용(ut) 하다(ilize)

□ **ut**ilization [juːtəlizéiʃən/-lai-] ⓜ **이용** ☜ utilize + ation<명접>

□ **use** [ju:s/유-스] ⓢ **사용하다; 쓰다** ⓜ **사용** ☜ 라틴어로 '사용하다'란 뜻
♠ May I **use** your telephone? 전화 좀 **사용해도** 될까요?
♠ **use up 다 써 버리다**
♠ **be in** (out of) **use 쓰이는** (쓰이지 않는)
♠ **be (of) no use 쓸모가 없는, 무익한**
♠ **come into use 사용하게 되다**
♠ **make use of ~ ~을 사용[이용]하다**
♠ **of use 쓸모 있는, 유용한**(=useful)

□ **us**er [jú:zər] ⓜ **유저, 사용자** ☜ 사용하는(use) 사람(er)

□ **us**able [jú:zəbəl] ⓗ 사용가능한, 편리한 ☜ 사용(use) 할 수 있는(able)

□ **us**age [jú:sidʒ, -zidʒ] ⓜ **관습, 용법**, 취급(법), 사용량; 처우, 대우 ☜ use + age<명접>

□ **use**d [ju:st/유-스트, 《to의 앞》 ju:st] ⓗ **익숙한** ⓢ **늘 ~하곤 했다**, ~하는 버릇(습관)이 있었다 ☜ use + ed<형접>
♠ **used cars 중고차**
♠ **used to ~ 《오랜 습관》 늘 ~했다, ~하는 것이 예사였다**
She **used to sing** before large audiences.
그녀는 많은 청중 앞에서 **늘 노래를 부르곤 했다**.
비교 would는 단기간의 반복 행위
♠ **be used for ~ ~로[~을 위해] 사용되다**
♠ **be** (get) **used to ~ing ~에 익숙하다**
She **was used to singing** before large audiences.
그녀는 많은 청중 앞에서 **노래를 하는데 익숙했다.**

■ un**use**d [ʌnjú:zd] ⓗ **쓰지 않는**, 쓴 적이 없는 ☜ un(=not/부정) + use(사용하다) + ed<형접>

□ **use**ful [jú:sfəl/유-스펄] ⓗ **쓸모 있는, 유용한**, 유익한, 편리한 ☜ 유용함(use)이 가득한(ful)

□ **use**fulness [jú:sfəlnis] ⓜ **쓸모 있음, 유용함** ☜ useful + ness<명접>

□ **use**less [jú:slis] ⓗ **쓸모없는**, 무익한, 헛된; 서투른, 무능한 ☜ 유용함(use)이 없는(less)

□ **use**lessly [jú:slisli] ⓑ 쓸모없이, 무익하게 ☜ useless + ly<부접>

□ **usu**al [jú:ʒuəl/유-주얼] ⓗ **보통의**, 통상의, 일상의, 평소의, 평범한
☜ 라틴어로 '사용(use) 하는(al)'이란 뜻
♠ **as is usual with ~ ~이 언제나 하듯이, ~에게는 언제나 있는 일이지만**
♠ **as usual 늘 그렇듯이, 평상시처럼**

■ un**usu**al [ʌnjú:ʒuəl] ⓗ **비범한**, 보통이 아닌, 보기 드문; **별난**
☜ un(=not/부정) + usu<use + al<형접>

□ **usu**ally [jú:ʒuəli/유-주얼리] ⓑ **보통**, 늘, 일반적으로, 평소(에는) ☜ usual + ly<부접>

un**usu**ally [ʌnjú:ʒuəli, -ʒwəli] ⓑ 이상하게, **유별나게**; 《구어》 매우, 대단히
☜ un(=not/부정) + usual + ly<부접>

□ **usu**rp [ju:sə́rp, -zə́:rp] ⓢ (권력 등을) **빼앗다**, 찬탈하다, 강탈(횡령)하다; 침해하다
☜ 라틴어로 '사용하기 위해 잡다'란 뜻
♠ **usurp a throne 왕위를 빼앗다**

□ **ut**ensil [ju:ténsəl] ⓜ 가정(교회) 용품, **기구, 용구**; 유용한 사람
☜ 라틴어로 '쓰기에 알맞은'이란 뜻
♠ **cooking** (kitchen) **utensils 요리 기구** (부엌 용품)

✚ ab**use 남용하다**, 오용하다, 악용하다; **남용**; 학대; 악폐, 폐해 dis**use 쓰이지 않음**; 폐지, 불사용; **폐지하다** mis**use 오용하다**, 남용하다; **오용**, 남용; 학대

연상 어셔(usher.안내인)가 어서 오세요 하며 우릴 반갑게 맞았다.

□ **ush**er [ʌ́ʃər] ⓜ **안내인**, 접수원, 문지기 ⓢ **안내하다**, 인도하다
☜ 라틴어로 '문지기'란 뜻
♠ **usher to** a seat 좌석**에 안내하다**

U

소련(蘇聯) Soviet Union (러시아가 주축이 된 15개 사회주의 연방국가)

1922년 유라시아 대륙의 북부에 위치하는 15개 소비에트 사회주의공화국으로 구성된 최초의 사회주의 연방국가. 1985년 고르바초프의 등장과 함께 이른바 페레스트로이카 및 그라스트노스트를 기초로 한 일련의 개혁정책의 여파로 자유화물결이 일고 시장경제를 지향하게 되면서 보다 급진적인 개혁이 단행되었다. 1991년 공산당 해체를 계기로 1992년 1월 1일 소련(소비에트 연맹)은 공식 해체되었다. <출처 : 두산백과 / 일부인용>

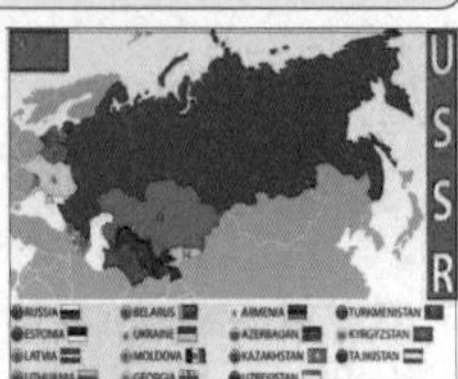

© worldatlas.com

■ **soviet** [sóuvièt, sóuviit] ⓜ 《러》 (the ~(s)) **소련**(the S~ Union); (소련의) 평의회 ⓗ 소비에트 연방(인민)의; (s-) 소비에트의, 평의회의 ☜ 러시아어로 '회의'란 뜻

■ **Soviet** Union [the ~] **소비에트 연방** 《공식명: the Union of Soviet Socialist Republics; 1992.1.1 공식 해체됨》 ☜ union(결합, 동맹, 연방)
□ **U.S.S.R., USSR** the **U**nion of **S**oviet **S**ocialist **R**epublics 소비에트 사회주의 공화국 연방

□ **usual**(보통의), **usually**(보통, 일반적으로) ➔ **useless**(쓸모없는) **참조**

□ **usurp**(권력을 빼앗다), **utensil**(기구, 용구) ➔ **useless**(쓸모없는) **참조**

유타주 Utah (솔트레이크 등 소금과 관련이 많은 미국 서부의 주)

□ **Utah** [júːtɔː, -tɑː] ⓜ **유타** 《미국 서부의 주; 생략: Ut.》
☜ 북미 인디언어로 '산 사람들'이란 뜻.

□ **utility**(유용성), **utilize**(이용하다) ➔ **use**(사용하다; 사용) **참조**

올모스트 페이머스 almost famous (미국 코메디 영화. <거의 유명한>이란 뜻)

2000 년에 개봉된 미국의 코미디 드라마 영화. 카메론 크로 감독의 유년기를 그린 자전적 음악 영화. 패트릭 후짓, 케이트 허드슨, 빌리 크루덥 주연. 1970 년대 미국 로큰롤 문화를 배경으로, 15 살짜리 록 마니아 윌리엄 밀러가 〈롤링 스톤〉의 원고 청탁을 받아 이제 막 유명세를 얻으려고 하는 밴드 스틸워터를 취재하며 겪는 이야기이다.

■ al**most** [ɔ́ːlmoust/올-모우스트] ⓟ 거의, 대체로 ☜ mostly all의 줄임말
■ **most** [moust/모우스트] ⓗ 〖many 또는 much의 최상급〗 (양·수·정도·액 따위가) **가장 큰[많은]**, 최대(최고)의, **대개의** ⓓ **최대량[수]; 최대액; 최대 한도; 대개의 사람들; 대부분** ⓟ 〖much의 최상급〗 **가장; 매우**
☜ 고대영어로 '가장 큰 수, 양, 정도'란 뜻
□ ut**most** [ʌ́tmòust/-məst] ⓗ 〖out의 최상급〗 **최대한도의** ⓜ **최대한도**
☜ 고대영어로 '밖으로'의 뜻
♠ **do (try, exert) one's utmost 전력을 다하다**
♠ **to the utmost 극도로, 극력**
※ **famous** [féiməs/**풰**이머스] ⓗ 유명한 ☜ 명성(fame)이 있는(ous)

© DreamWorks Pictures

✚ fore**most** **맨 처음의**(앞의); **으뜸[일류]가는;** 맨 먼저 inner**most** 맨 안쪽의, 가장 내부의; **가장 깊숙한 곳** upper**most** **최상[최고]의**; 최우위의 utter**most** **최대한도의**, 극도의

유토피아 Utopia (이상향)

□ **Utopia** [juːtóupiə] ⓜ **유토피아**; (보통 u-) 이상향(理想鄕)
☜ 토마스 모어(Sir Thomas More) 작(作)의 <Utopia> 중에 묘사된 이상국

아웃 out ([스포츠] 선수가 죽거나 공이 아웃된 상황)

♣ **어원 : out, ut 밖에, 밖으로, 벗어난**
■ **out** [aut/아웉] ⓟ **밖에[으로],** 밖에 나가(나와); (싹이) **나와서**, (꽃이) **피어서; 큰 소리로; 마지막까지**, 완전히; 바닥이 나서, 끝나서, **벗어나서** ☜ 고대영어로 '밖, ~이 없는'
□ **ut**ter [ʌ́tər] ⓗ **전적인**, 완전한, 철저한; 무조건의, 절대적인; 순전한 ⓢ (소리·말·탄식 등을) 입 밖에 내다; **발언하다**; 내뿜다, 누설하다 ☜ 고대영어로 '밖으로'란 뜻의 비교급
♠ **an utter stranger 전적으로[생판] 모르는 사람**
□ **ut**terance [ʌ́tərəns] ⓜ **입 밖에 냄**, 발언, 발성; 말씨, 어조, 발음; (입 밖에 낸) 말; 언설(言說)
☜ utter + ance<명접>
□ **ut**terer [ʌ́tərər] ⓜ 발언자 ☜ utter + er(사람)
□ **ut**terly [ʌ́tərli] ⓟ 아주, 전혀, **완전히** ☜ utter + ly<부접>
□ **ut**termost [ʌ́tərmòust] ⓗ 가장 멀리 떨어진, 가장 끝의; **최대한도의**, 극도의
☜ 중세영어로 '밖으로(utter<outer) 최대한도인(most)'이란 뜻. utmost보다 최신 단어.

U

연상 그는 억-소리가 날 정도로 억소리어스(uxorious.애처가인)였다.

♣ **어원 : uxor 아내(=wife)**
□ **uxor**ious [ʌksɔ́ːriəs, ʌgz-] ⓗ 아내에게 무른, 애처가인
☜ 아내(uxor=wife)를 아끼는(ious<형접>)
♠ **an uxorious husband 애처가, 아내에게 무른 남편**
□ **uxor**icide [ʌksɔ́ːrəsàid, ʌgz-] ⓜ 아내 살해(범인)
☜ 아내(uxor) + i + 죽이기(cide)

우즈베키스탄 Uzbekistan (미녀들이 많다(?)는 중앙아시아의 공화국)

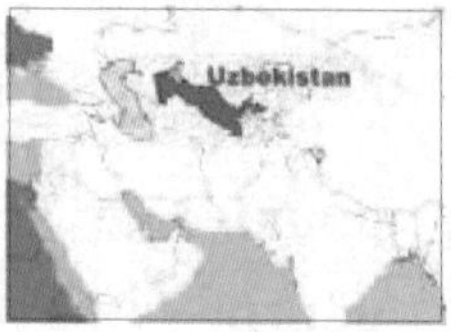
Uzbekistan

☐ **Uzbekistan** [uzbékistæ̀n, ʌz-, -stɑ́ːn] [명] **우즈베키스탄** 《독립국가연합(CIS) 가맹 공화국의 하나; 수도는 타쉬켄트(Tashkent)》
☜ '우즈벡(Uzbek/투르크어로 '진정한 주인')족의 나라(stan/페르시아어)'라는 뜻

위치 전치사

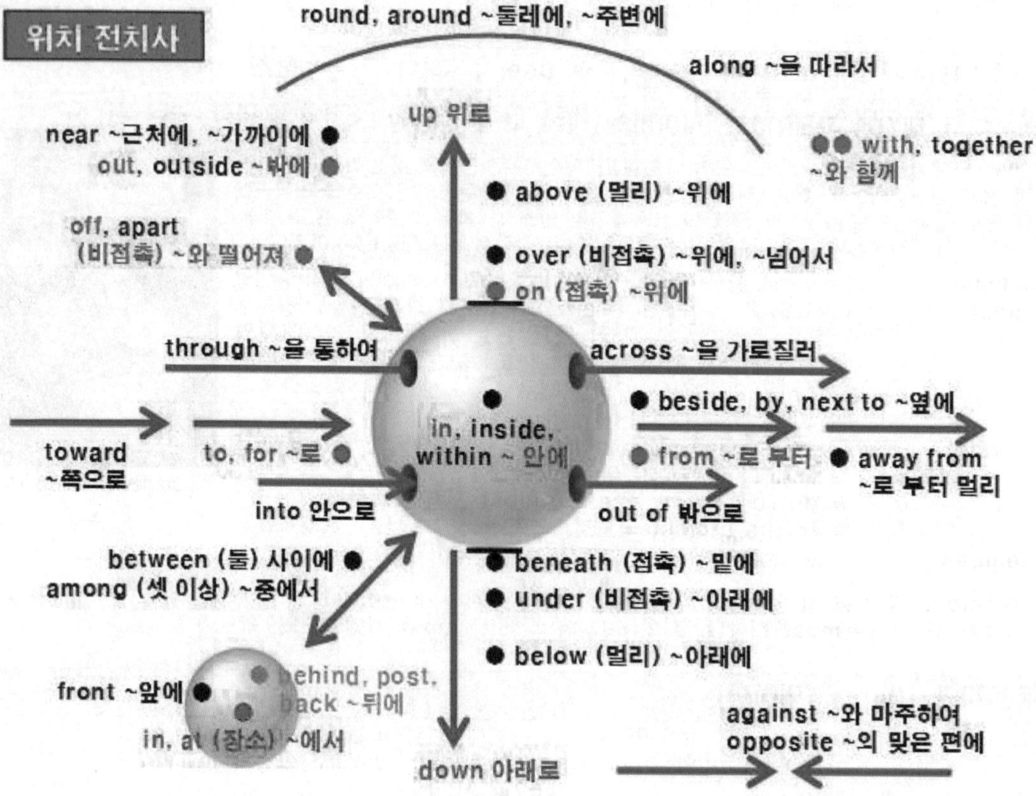
round, around ~둘레에, ~주변에
along ~을 따라서
up 위로
near ~근처에, ~가까이에
out, outside ~밖에
with, together ~와 함께
above (멀리) ~위에
off, apart (비접촉) ~와 떨어져
over (비접촉) ~위에, ~넘어서
on (접촉) ~위에
through ~을 통하여
across ~을 가로질러
beside, by, next to ~옆에
in, inside, within ~안에
toward ~쪽으로
to, for ~로
from ~로 부터
away from ~로 부터 멀리
into 안으로
out of 밖으로
between (둘) 사이에
among (셋 이상) ~중에서
beneath (접촉) ~밑에
under (비접촉) ~아래에
below (멀리) ~아래에
front ~앞에
behind, post, back ~뒤에
in, at (장소) ~에서
against ~와 마주하여
opposite ~의 맞은 편에
down 아래로

바캉스 vacance ([F.] 휴가) ➔ vacation (정기휴가)

♣ **어원 : vac, va(n), void 빈, 공허한**

☐ **vac**ant [véikənt] ⓗ **빈, 공허한, 한가한** ☜ -ant<형접>
☐ **vac**antly [véikəntli] ⓟ 멍청히 ☜ vacant + ly<부접>
☐ **vac**ancy [véikənsi] ⓜ **공허, 빈터, 방심** ☜ -ancy<명접>
☐ **vac**ate [véikeit/vəkéit] ⓓ 비우다, 공허하게 하다; 퇴거하다; 사임하다 ☜ 비우(vac) 다(ate)
☐ **vac**ation [veikéiʃən/베이**케**이션, və-] ⓜ **정기휴가** ☜ 비우(vac) 기(ation<명접>)
♠ **the summer vacation (학교의) 여름방학**
♠ **take a vacation 휴가를 얻다[보내다]**
☐ **vac**uum [vǽkjuəm] ⓜ (pl. **-s**, vacu**a**) **진공** ☜ 비워진(vac) + u + 것(um)
☐ **vac**uum cleaner 진공청소기 ☜ cleaner(깨끗이 하는 사람, 세탁소, 진공청소기)
☐ **vac**uum jug 보온병 ☜ jug(주전자, 손잡이가 달린 항아리)
☐ **vac**uum-clean [vǽkjuəmklíːn] ⓓ 진공청소기로 청소하다 ☜ clean(깨끗한; 깨끗이 하다)
☐ **vac**uumize [vǽkjuəmàiz] ⓓ 진공화하다, 진공 장치로 청소(건조, 포장)하다 ☜ 진공(상태)를(vacuum) 만들다(ize)
☐ **vac**uum-packed [vǽkjuəmpǽkt] ⓗ (식료품 등이) 진공 포장된 ☜ 포장(pack) 된(ed)
☐ **vain** [vein/붸인] ⓗ **헛된**, 보람 없는, 무익한, 쓸데없는 ☜ 라틴어로 '텅 빈'이란 뜻
비교 vein 정맥(靜脈) ⇔ artery 동맥(動脈)
♠ **vain efforts 헛수고**
♠ **in vain 헛되이, 보람 없이**
☐ **vain**ly [véinli] ⓟ **헛되이, 공연히**; 자만하여, 젠체하여 ☜ vain + ly<부접>
☐ **van**ish [vǽniʃ] ⓓ **갑자기 사라지다, 없어지다** ☜ -ish<동접>
☐ **van**ity [vǽnəti] ⓜ **허영심; 공허** ☜ -ity<명접>

✚ a**void 피하다** de**void ~이 전혀 없는, ~이 결여된** e**vac**uate **비우다, 피난[철수]하다[시키다]**

백신 vaccine (병균 치료용 항원체; 컴퓨터 바이러스 제거 프로그램)

☐ **vac**cine [vǽksi(ː)n, væksíː(ː)n] ⓗ 우두의; 종두의; 백신의 ⓜ 우두종, 두묘; **백신** ☜ 라틴어로 '암소의'란 뜻
☐ **vac**cinate [vǽksənèit] ⓓ **예방[백신] 접종을 하다** ☜ 백신(vaccine)을 만들다(ate)
♠ **vaccinate against ~ ~의 예방 접종을 하다.**
☐ **vac**cination [væksənéiʃən] ⓜ **종두**(種痘: 천연두의 예방접종); 백신 주사, 예방 접종; 우두 자국 ☜ 백신(vaccine) 만들(ate) 기(ion<명접>)

빠가본드 < 배가본드 Vagabond (일본 유명 만화. <방랑자>란 뜻)

일본 요시카와 에이지의 소설 <미야모토 무사시>를 원작으로 이노우에 다케히코가 그려낸 시대극 만화. 일본에서 최고의 무사로 회자되는 <미야모토 무사시>의 일대기를 그린 만화로 인물들의 개성과 심리묘사가 탁월하다. 특히 미야모토 무사시의 인간적인 면모를 부각시켰다. <출처 : 인터넷 교보문고 / 일부인용>

♣ **어원 : vag 헤매다, 떠돌아다니다, 방랑하다**

☐ **vag**abond [vǽgəbɑ̀nd/-bɔ̀nd] ⓜ **부랑자, 방랑자**; 무뢰한, 깡패 ⓗ 부랑(방랑)하는 ⓓ 방랑하다 ☜ 헤매는(vag) + a + 것(bond<명접>)
☐ **vag**rant [véigrənt] ⓗ **방랑[유랑]하는** ☜ 방랑하(vag) + r + 는(ant)
♠ **vagrant beggars 유랑하는 거지**
☐ **vag**rancy [véigrənsi] ⓜ 방랑(생활) ☜ 방랑하(vag) + r + 기(ancy<명접>)
☐ **vag**ue [veig] ⓗ **막연한, 모호한**, 애매한; 흐릿한, 멍한 ☜ 방랑하다(vag) + ue
♠ **a vague stare 멍한 눈빛**
☐ **vag**uely [véigli] ⓟ **모호하게, 막연히** ☜ vague + ly<부접>

✚ di**vag**ate 헤매다, 방황하다; 일탈하다 extra**vag**ance, -cy (돈의) 낭비, **사치**; 무절제, 방종 nocti**vag**ant, -gous 밤에 돌아다니는, 야행성의

□ **vain**(헛된), **vainly**(헛되이) ➔ **vacation**(정기휴가) **참조**

밸리포지 Valley Forge (미국 독립전쟁 당시 워싱턴장군의 미국 대륙군이 겨울나기에 성공한 곳. <골짜기 제련소>란 의미)

© columbia.edu

미국 독립전쟁이 한창이던 1777~1778년 워싱턴장군의 미대륙군이 영국군에 패해 펜실베니아주 벨리포지 계곡에 들어가 추위와 배고픔, 질병 등 혹독한 여건에서 겨울나기에서 성공한 후 심신의 단련을 통해 영국군을 물리쳐 전쟁을 승리로 이끌었다. 벨리포지란 직역하면 '골짜기 제련소'정도 되겠다.

□ **vale** [veil] ⓜ《시어》 **골짜기**, 계곡; 현세, 뜬세상, 속세 ☜ 라틴어로 '골짜기'란 뜻
♠ **a wooded vale 나무가 우거진 계곡**

□ **valley** [vǽli/**밸**리/**밸**리] ⓜ **골짜기, 계곡** ☜ 라틴어로 '골짜기'라는 뜻

※ **forge** [fɔːrdʒ] ⓜ **용광로, 제철소; 대장간**(노); 연마하는 곳 ⓓ **쇠를 단조하다; 단련하다; 위조하다** ☜ 고대 프랑스어로 '대장간'이란 뜻

웰빙 well-being (행복, 안녕. <만족스런 삶>이란 뜻), 웰컴...

♣ **어원 : well, val 잘, 좋은, 풍부한; 참으로 // vale 작별(=farewell)**

■ **well** [wel/웰] ⓟ **잘, 만족스럽게**, 훌륭하게; 능숙하게; 충분히; 상당히; 족히 ⓗ (-<**better**<**best**) **건강한**, 만족스런 ⓘ 이런!, 저런!, **글쎄!; 그런데** ⓜ 좋음, 만족스럼, 바람직함
☜ 고대영어로 '풍부한, 매우 많은; 참으로'란 뜻

■ **well**-being [wélbíːiŋ] ⓜ 복지, 안녕, **행복**(welfare)(⇔ ill-being 불행)
☜ 잘(well) 존재하는(be) 것(ing<명접>)

■ **wel**come [wélkəm/**웰**컴/**웰**컴] ⓘ **어서 오십시오** ⓓ **환영하다** ⓜ **환영** ⓗ **환영 받는** ☜ 잘(wel<well) 오셨습니다(come)

< Well-being >

□ **vale**diction [vӕlədíkʃən] ⓜ 고별; 고별사 ☜ 잘(val) 있으라(e)고 말하(dic) 기(tion)
♠ John Donne '**A Valediction: Forbidding Mourning**'
존던의 '**슬픔을 금하는 고별사**' - 영국시인 존던이 1611년 발표한 시 -

□ **vale**dictory [vӕlədíktəri] ⓗ 고별의 ⓜ 고별 연설, 고별사 ☜ -tory<형접/명접>

□ **vale**dictorian [vӕlədiktɔ́ːriən] ⓜ《미》(졸업식에서) 고별사를 읽는 학생
☜ valedictory<y→i> + an(사람)

발렌타인 Valentine (3세기경 로마의 기독교 순교자; 축일 2월14일)

□ **Valentine** [vǽləntàin] ⓜ **발렌타인**《Saint ~ 3세기 로마의 기독교 순교자》; 성발렌타인 축일에 택한 애인; 연인, 애인; 성(聖)발렌타인 축일에 이성에게 보내는 카드·편지·선물《따위》

■ Saint **Valentine**'s Day **성(聖)발렌타인** 축일《2월14일; 이날 (특히 여성이 남성) 애인에게 선물이나 사랑의 편지를 보내는 관습이 있음》☜ 3세기 로마의 기독교 순교자인 Valentine (Valentinus)은 병사들의 결혼을 금지한 황제의 명령을 거역한 채 비밀스럽게 연인들의 결혼식을 진행해 준 주교였다는 설에서.

발레파킹 Valet parking (주차요원이 손님 대신 주차해 주는 것)

♣ **어원 : val, varl, vas 시중들다, 따르다**

□ **val**et [vǽlit] ⓜ 시종, 근시(近侍)《시중드는 남자》, 종자(從者); (호텔 등의) 보이; 옷걸이 ⓓ 시종으로서 시중들다 ☜ varlet의 변형
♠ **No man is a hero to his valet.《속담》영웅일지라도 (날마다 같이 지내는) 종자(從者)에게는 여느 사람과 같다.**

VALET PARKING

□ **val**et parking (레스토랑 등의) 대리 주차 서비스, **발레파킹** ☜ park(공원, 주차장; 주차하다)

□ **varl**et [vɑ́ːrlit] ⓜ【역사】(기사(騎士) 등의) 종복, 수종(隨從); 머슴;《익살》악한
☜ 중세 프랑스어로 '기사의 종자(從者)'란 뜻

□ **vas**sal [vǽsəl] ⓜ【역사】봉신(封臣), **가신**(家臣), 부하; 종자(從者), 수하, 노예 ⓗ 가신의; 예속하는; 노예적인 ☜ 라틴어로 '하인'이란 뜻. 시중드는(vas) + s + 자(al)
♠ **a vassal state 속국**

V

네임 밸류 name value (콩글 이름값, 명성) ➔ social reputation
밸리언트 Valiant (❶ 영·미 합작 애니매이션 영화 ❷ 영국의 전략폭격기. <용맹한>)

♣ **어원 : val, valu, vail 가치; 강한, 힘이 센; 강해지다**

※ **name** [neim/네임] ⓜ **이름, 성명** ⓓ 이름을 붙이다 ☜ 고대영어로 '이름'이란 뜻

□ **val**iant [vǽljənt] ⓗ **용감한**; 훌륭한, 우수한, 가치있는 ☜ 강(val) + i + 한(ant)

♠ **a valiant soldier〔deed〕 용감한 병사**〔행위〕

□ **val**id [vǽlid] ⓗ **확실한, 유효한** ☜ 가치(val)가 있는(id<형접>)

□ **val**idate [vǽlədèit] ⓢ (법률상) 유효하게 하다; 정당함을 인정하다, 확인하다; 비준하다 ☜ 가치(val)가 있게(id) 만들다(ate<동접>)

□ **val**idity [vəlídəti] ⓜ **정당성**, 타당성; 『법률』 합법성, 유효성, 효력 ☜ valid + ity<명접>

□ **val**o(u)r [vǽlər] ⓜ 《문어》 (특히 싸움터에서의) **용기**, 용맹 ☜ 강한(val) 것(or, our)

□ **val**ue [vǽljuː]/**밸**유-] ⓜ **가치, 유용성** ☜ 고대 프랑스어로 '가치, 값'이란 뜻

♠ **create added value 부가가치를 창출하다**

♠ **be of value 가치가 있다, 귀중하다**

♠ **set〔put〕 a value on ~ ~의 값을 매기다, ~을 평가하다**

© Buena Vista Pictures

□ **valu**able [vǽljuːəbəl/**밸**류-어벌, -ljəbəl] ⓗ **금전적 가치가 있는, 값 비싼, 소중한** ☜ 가치를(valu) 매길 수 있는(able)

♠ **a valuable experience 소중한 경험**

□ **valu**ation [væljuéiʃən] ⓜ **평가**, 값을 매김, 가치 판단; 사정 가격 ☜ 가치를(valu) 매긴 것(ation<명접>)

□ **valu**eless [vǽljulis] ⓗ 무가치한 ☜ value + less(~이 없는)

✚ e**val**uate **평가하다** a**vail** **유용하다; 효용** de**valu**ate ~의 가치를 내리다; (화폐의) 평가를 절하하다 in**valu**able **값을 헤아릴 수 없는**

발키리 Valkyrie ([북유럽神] 전사자의 영혼을 인도하는 Odin신의 시녀)

□ **Valkyrie, Valkyr** [vælkíːri, -kái-, vǽlkəri] ⓜ. 『북유럽신화』 **발키리** 《Odin신의 12신녀의 하나; 전사자의 영혼을 Valhalla에 안내해 시중든다고 함》 ☜ 고대 노르웨이어로 '전사자(戰死者)를 고르는 자'란 뜻

□ **Valhalla, Valhall** [vælhǽl(ə)] ⓜ 『북유럽신화』 **발할라** 《Odin 신의 전당(殿堂); Valkyrie들에 의하여 전사자의 영혼이 향연을 받는 장소》; 국가적인 영웅을 모시는 기념당(記念堂) ☜ 고대 노르웨이어로 '전사자(戰死者)의 큰 집' 또는 '기쁨의 집'이라는 뜻

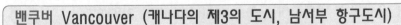

□ **valley**(골짜기, 계곡) ➔ **vale**(골짜기) **참조**

밸브 valve (유량이나 압력을 조절하는 꼭지)

□ **valve** [vælv] ⓜ 『기계』 **판**(瓣), 밸브; 『의학·동물』 판, 판막(瓣膜) ☜ 라틴어로 '접게 된 문의 한 짝'이란 뜻

♠ **safety valve (기계의) 안전밸브**

밴 van (소형 운반차, 승합차)

□ **van** [væn] ⓜ **유개 운반차**, 경화물 승용차; 《영》 소형 운반차; (철도의) 유개화차 ☜ cara**van**의 두음소실

♠ **a delivery van 배달용 유개 화물차**

■ cara**van** [kǽrəvæ̀n] ⓜ [집합적] (사막의) **대상**(隊商); 여행대(隊) ☜ 고대 프랑스어로 '사막의 상인들'이란 뜻 ⇦ 짐을 나르는(carry) 무리(van)

밴쿠버 Vancouver (캐나다의 제3의 도시, 남서부 항구도시)

□ **Vancouver** [vænkúːvər] ⓜ **밴쿠버** 《캐나다 British Columbia 주 남서안 앞의 섬, 항구 도시》 ☜ 1792년 태평양 연안을 탐험한 영국의 조지 밴쿠버 선장의 이름에서 유래.

반달리즘 vandalism (비문화적 야만행위)

□ **Vandal** [vǽndəl] ⓜ **반달** 사람 《5세기에 로마를 휩쓴 게르만의 한 민족》; (v-) 문화·예술의 파괴자 ★ 게르만 민족의 일파로 이베리아 반도를 거쳐 북아프리카 카르타고에 왕국을 세웠다. 반달족이 문명을 파괴했다는 사실의 진위(眞僞)에 대해서는 오늘날 논란이 많다.

□ **vandal**ism [vǽndəlìzəm] ⓜ **반달** 사람 기질〔풍습〕; (v-) 문화·예술의 파괴; 만풍, 만행 ☜ -ism(~주의)

V

웨더베인 weather-vane (화살표 모양의 날개가 달린 풍향계)

※ **weather** [wéðər/**웨**더] ⓜ 일기, 기후, **기상, 날씨**
☜ 고대영어로, 공기, 하늘, 산들바람, 폭풍우'란 뜻

□ **vane** [vein] ⓜ **바람개비**, 풍신기(風信旗); (풍차·추진기·터빈 따위의) 날개 ☜ 고대영어로 '깃발'이란 뜻
♠ **The vane turns with the wind.**
풍향계는 바람을 따라 돌아간다.

■ weather-**vane** **웨더베인**, 풍향계(= weathercock)

■ weather-**vane** effect **웨더베인** 효과《항공기가 이·착륙시 측풍이 심할 경우 기수가 풍상쪽으로 돌아가는 현상》 ☜ effect(효과, 결과)

보디가드 bodyguard (경호원), 세이프가드 safe guard (자국 산업 보호를 위한 특정 품목의 수입 규제 조치)

© Warner Bros.

♣ 어원 : **guar, warr 지키다, 망보다**

※ **body** [bάdi/**바**리/bɔ́di/**보**디] ⓜ **몸; 본문** ☜ 고대영어로 '통'이란 뜻

■ **guar**d [gɑːrd/가-드] ⓜ **경계; 호위병[대]** ⓢ **지키다, 망보다, 경계하다** ☜ 고대 프랑스어로 '지켜보다, 지키다'란 뜻

■ body**guard** [bάːdigɑːrd] ⓜ 경호원 ☜ 몸(body)을 지키는(guar) 사람(d)

□ van**guard** [vǽngὰːrd] ⓜ 〖군사〗 전위, 선봉; [집합적] 선도자
☜ ad**vant**-**garde**(전위대, 선발대)의 변형
♠ **be in the vanguard 선봉에 서다**

✚ coast **guard** 해안경비대(원); (C- G-) 《미》 연안경비대(원) safe**guard** 보호, 호위; **보호하다**
safe **guard** 〖무역〗 **세이프가드《특정 품목의 수입이 급증하여 국내 업체에 심각한 피해 발생 우려가 있을 경우, 수입국이 관세인상이나 수입량 제한 등을 통하여 수입품에 대한 규제를 할 수 있는 무역 장벽의 하나》**

바닐라 아이스크림 vanilla ice cream (바닐라향이 나는 아이스크림)

□ **vanilla** [vəníla] ⓜ 〖식물〗 **바닐라** ☜ 스페인어로 '넝쿨 난 종류의 꼬투리, 콩'이란 뜻

※ **ice cream** **아이스크림** ☜ 우유, 달걀, 향료, 설탕 따위를 넣어 크림 상태로 얼린 것

바캉스 vacance ([F.] 휴가) ➔ vacation (정기휴가)

♣ 어원 : **vac, va(n), void 빈, 공허한**

■ **vac**ation [veikéiʃən/붸이**케**이션, və-] ⓜ **정기휴가** ☜ 비운(vac) 것(ation<명접>)

■ **vac**ant [véikənt] ⓗ **빈, 공허한, 한가한** ☜ 공허(vac) 한(ant<형접>)

■ **vain** [vein/붸인] ⓗ **헛된**, 보람 없는, 무익한, 쓸데없는 ☜ 라틴어로 '텅 빈'이란 뜻

■ **vain**ly [véinli] ⓑ **헛되이, 공연히**; 자만하여, 젠체하여 ☜ vain + ly<부접>

□ **van**ish [vǽniʃ] ⓢ **갑자기 사라지다, 없어지다** ☜ 공허(van) 해지다(ish<동접>)
♠ **vanish into vapor 수증기가 되어 사라지다**

□ **van**ity [vǽnəti] ⓜ **허영심; 공허** ☜ 공허(van) 해짐(ity<명접>)

앙케트 enquete ([F.] 소규모의 여론조사) ➔ questionnaire, survey

♣ 어원 : **quest, quisit, quir(e), query, quet 찾다, 구하다; 묻다, 요구하다**

■ en**quet**e [ɑːŋkét; [F.] ɑkɛt] ⓜ **앙케트**《똑같은 질문에 대한 여러 사람의 답변을 얻는 소규모의 설문 조사》
☜ 라틴어로 '안에서(en<in) 찾다(quet) + e

■ **quest** [kwest] ⓜ **탐색**(=search), 탐구(=hunt), 추구(=pursuit)
☜ 고대 프랑스어로 '찾다, 사냥하다'란 뜻

■ **que**stion [kwéstʃən/**퀘**스쳔] ⓜ **질문**, 심문, 물음; 의심, **의문; 문제** ⓢ **질문하다**, 묻다 ☜ quest + ion<명접>

□ van**qui**sh [vǽŋkwiʃ, vǽn-] ⓢ **이기다, 정복하다**; (감정 등을) 극복하다
☜ 물러갈 것을 요구하다. 비움/공허함(van)을 요구하(qui) 다(ish<동접>)
♠ **vanquish the enemy 적을 격파하다**

✚ con**que**r **정복하다**, (적을) 공략하다 re**quir**e **요구하다, 필요로 하다** in**quir**e **묻다**, 문의하다

어드밴티지 advantage (유리한 위치 선점)

♣ **어원 : van(t) 앞쪽으로 나아가다**

■ ad**van**tage [ædvǽntidʒ/애드**밴**티쥐/ədvɑ́:ntidʒ/어드**반**티쥐] [명] **유리한 점**, 우월(⇔ disadvantage 불리, 불이익)
☜ (다른 사람보다) 앞(van) 에(ad=to) 가 있는 상태(age)

■ ad**van**ce [ædvǽns/애드**밴**스/ədvɑ́:ns/어드**반**-스] [명] 전진, **진보**, 승진 [동] **나아가다**, 승진하다; 나아가게 하다, 승진시키다 ☜ 앞쪽(van) 으로(ad=to) + ce

□ **vant**age [vǽntidʒ, vɑ́:n-] [명] **우월**, 유리한 지위(상태); 《고어》 이익 ☜ ad**vantage**의 두음소실
♠ **a position of vantage 유리한 지위[위치]**

베이퍼 록 vapor lock (기포발생으로 인한 브레이크 미작동 현상)

[자동차] 브레이크액에 기포가 발생하여 브레이크가 제대로 작동하지 않는 현상

♣ **어원 : vapor 증기**

□ **vapo(u)r** [véipər] [명] **증기**, 수증기; 망상; 우울증 [동] 증발하다
☜ 고대 프랑스어로 '수증기'란 뜻
♠ **water vapour 수증기**

□ **vapo(u)r**ize [véipəràiz] [동] 증발시키다, 기화하다 ☜ vapo(u)r + ize<동접>

□ **vapo(u)r**izer [véipəràizər] [명] 증발기 ☜ vapo(u)rize + er(기기, 기계)

□ **vapo(u)r**ization [vèipərizéiʃən/-rai-] [명] 증발 (작용), 기(체)화; 『의학』 흡입(법), 증기 요법
☜ vapo(u)rize + ation<명접>

□ **vapor**ous [véipərəs] [형] 증기가 많은; 안개 낀; 증기 같은; 공허한 ☜ -ous<형접>

□ **vapor** bath 증기 목욕 ☜ bath(목욕, 목욕통)

■ e**vapor**ate [ivǽpərèit] [동] 증발하다, 소산(消散)하다; **증발시키다**
☜ 밖으로(e<ex) 증기를(vapor) 내다(ate<동접>)

■ e**vapor**ation [ivæpəréiʃən] [명] **증발** (작용), (수분의) 발산
☜ 밖으로(e<ex) 증기를(vapor) 내는(ate) 것(ion<명접>)

※ **lock** [lɑk/락/lɔk/로크] [명] **자물쇠** [동] 자물쇠를 채우다, 잠그다
☜ 고대영어로 '가두다'란 뜻

버라이어티 쇼 variety show (형식에 얽매이지 않고 노래/곡예/춤 등 다채로운 포맷과 내용을 담은 예능/오락쇼)

♣ **어원 : var(i) 여러가지(의), 다양(한); 변하다, 변화(하다)**

□ **vari**able [vέəriəbəl] [형] **변하기 쉬운**, 일정치 않은, 변덕스러운; 가변적인 [명] 변하는(변하기 쉬운) 것 ☜ 변하기(vari) 쉬운(able)
♠ **variable temperatures 가변적인 기온**

□ **vari**ably [vέəriəbli] [부] 변하기 쉽게 ☜ variable + ly<부접>

□ **vari**ance [vέəriəns] [명] **변화**, 변동, 변천; 불일치; 불화, 적대
☜ 변하는(vari) 것(ance<명접>)

□ **vari**ant [vέəriənt] [형] **다른**, 상이한, 부동(不同)의; 가지가지의 [명] 변체, 변형 ☜ 변하(vari) 는(ant<형접>)

□ **vari**ation [vèəriéiʃən] [명] **변화**(=change), 변동; 편차; (pl.) 변주곡 ☜ 변하는(vari) 것(ation)

□ **vari**ed [vέərid] [형] **여러가지의; 변화 있는[많은]**, 다채로운 ☜ 변하(vari) 는(ed)

□ **vari**ety [vəráiəti/뷔**롸**이어리/뷔**롸**이어티] [명] **변화**, 다양(성), **갖가지; 종류**
☜ 변하는(vari) + e + 것(ty<명접>)
♠ **a variety of ~ 여러 가지의, 가지각색의**

□ **vari**form [vέərəfɔ̀:rm] [형] 가지가지의 모양이 있는, 모양이 다른 ☜ 여러 가지(vari) 모양(form)의

□ **vari**formly [vέərəfɔ̀:rmli] [부] 가지가지 모양으로 ☜ -ly<부접>

□ **vari**ous [vέəriəs/**붸**어뤼어스] [형] 가지각색의, 다방면의, **다양한**
☜ 여러 가지(vari) 의(ous<형접>)

□ **var**y [vέəri] [동] **바꾸다**, 변화하다, 변경하다; **바뀌다** ☜ 변하(var) 다(y)

■ in**vari**able [invέəriəbəl] [형] **변치않는, 불변의** [명] **불변의 것**; 『수학』 상수
☜ 변하지(vari) 않(in=not) 는(able)

■ in**vari**ably [invέəriəbli] [부] **변함 없이**; 항상, 늘 ☜ -ly<부접>

※ **show** [ʃou/쇼우] [동] (-/show**ed**/show**n**(《드물게》 show**ed**)) **보이다; 출품하다, 나타내다**
[명] **쇼**, 구경거리; 흥행; **보임**, 나타냄 ☜ 고대영어로 '보다'란 뜻

□ **varlet**(기사의 종복, 머슴) ➔ **valet**(시종, 시중드는 남자) **참조**

V

나무에 니스(varnish)를 칠하다.

☐ **varnish** [vǽrniʃ] ⓜ **니스**; 유약(釉藥); 광택면 ⓢ **니스를 칠하다**
☜ 중세 라틴어로 '냄새나는 수지'라는 뜻 ★ varnish가 '니스'가 된 것은 일본식 발음 니수(nisu)가 한국으로 유입되었기 때문임.
♠ **varnish** over a table **니스를** 테이블에 골고루 **칠하다**

연상 야구장 베이스(base.루(壘))마다 베이스(vase.꽃병)가 하나씩 놓여있다.

♣ **어원 : vas, vess 도관; 그릇, 용기, 병**

※ **base** [beis/베이스] ⓜ **기초,** 토대; 『야구』 **베이스** ⓗ 기초적인; 천한, 비열한 ⓢ **기초를 두다** ☜ 라틴어로 '토대'란 뜻

☐ **vase** [veis/붸이스, veiz, vɑːz] ⓜ **꽃병**; 항아리, 병, 단지 《장식용》
☜ 라틴어로 '그릇, 병'이란 뜻
♠ **a vase** of flowers 꽃을 꽂아 놓은 **꽃병**

☐ **vase**ctomize [væséktəmàiz] ⓢ ~의 정관(精管)을 절제하다 ☜ 도관(vase) + c + 자르(tom) 다(ize)

☐ **vase**ctomy [væséktəmi] ⓜ 정관 절제(술) ☜ 도관(vase) + c + 자르(tom) 기(y)

vessel [vésəl/**붸**썰] ⓜ **용기**(容器), 그릇; **선박**, 배 《특히 보통 보트보다도 큰 것》; 항공기
☜ 라틴어로 '작은(el) 그릇/병(vess)'이란 뜻

☐ vassal(가신, 부하) ➔ valet(시종, 시중드는 남자) 참조

연상 그녀는 바스트(bust.여성의 가슴)가 너무 바스트(vast.거대한)하다.

※ **bust** [bʌst] ⓜ **흉상, 반신상**; (여성의) **앞가슴**
☜ 이탈리아어로 '상반신'이란 뜻

☐ **vast** [væst/배스트/vɑːst/봐-스트] ⓗ **광대한, 거대한; 막대한** 《수·양·금액 등》 ☜ 라틴어로 '막대한, 거대한'이란 뜻
♠ **a vast plain 광대한 평야**

☐ **vast**ly [vǽstli/vɑ́ːstli] ⓟ **광대하게**, 광막하게; 《구어》 매우, 굉장히
☜ vast + ly<부접>

☐ **vast**ness [vǽstnis/vɑ́ːstnis] ⓜ 광대함 ☜ vast + ness<명접>

바티칸 Vatican (로마 교황청, 바티칸 궁전)

☐ **Vatican** [vǽtikən] ⓜ (the ~) **바티칸 궁전**, 로마 교황청; 교황 정부
☜ 중세 라틴어로 '로마교황청이 위치한 언덕'이란 뜻.

보더빌 vaudeville (19c 말~20c 초 유행했던 유랑극단, 순회공연)

☐ **vaude**ville [vɔ́ːdəvil, vóud-] ⓜ **보더빌** 《노래·춤·만담·곡예 등을 섞은 쇼; 노래와 춤을 섞은 경(輕) 희가극; 풍자적인 유행가》
☜ 중세 프랑스어로 'Vire 마을(ville<village)에서 시작된 노래'란 뜻. 비교 variety show

리볼버 권총 revolver (탄창 회전식 연발권총)

♣ **어원 : volv(e), volu, vaul 돌다, 회전하다; 변하다**

■ re**volve** [rivɑ́lv/-vɔ́lv] ⓢ **회전하다**, 선회(旋回)하다
☜ 계속(re) 회전하다(volve)

■ re**volv**er [rivɑ́lvər/-vɔ́l-] ⓜ (회전식) **연발 권총** ☜ revolve + er(장비)

■ re**volu**tion [rèvəlúːʃən/**레**벌**루**-션] ⓜ **혁명**; 대변혁
☜ 다시(re) 회전<변화하는(volu) 것(tion<명접>)

☐ **vaul**t [vɔːlt] ⓜ **둥근[아치] 천장**, 아치형 천장 ☜ 라틴어로 '구르다'란 뜻
♠ **the vault of heaven 하늘, 대공(大空)**

빌 커틀릿 veal cutlet (빵가루에 묻혀 기름에 튀긴 송아지 고기)

☐ **veal** [viːl] ⓜ **송아지 고기** 《식용》
☜ 고대 프랑스어로 '송아지(=calf)'란 뜻
♠ **ground veal (잘게) 간 송아지 고기**

※ **cut**let [kʌ́tlit] ⓜ (소·양·돼지의) **얇게 저민 고기**; **커틀릿**
☜ 작게(let) 자르다(cut)

벡터 vector ([물리] 크기와 방향으로 정하여지는 양(힘/속도/가속도))

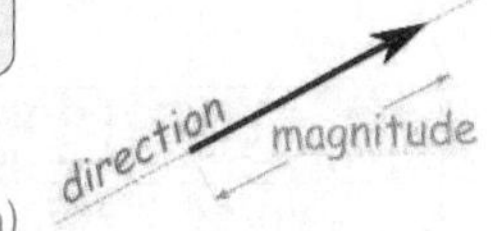

☐ **vector** [véktər] 명 『수학·물리학』 **벡터**, 방향량(方向量)
☜ 라틴어로 '나르는(vect) 것(or)'이란 뜻

☐ **vect**ion [vékʃən] 명 『의학』 병원체 전염 ☜ (병균을) 나르는(vect) 것(ion)

베가 Vega (직녀성(星); 다섯 번째로 밝은 별)

☐ **Vega** [víːgə, véigə] 명 『천문』 **베가**, 직녀성 《거문고자리의 1등성》
☜ 아랍어로 '하강하는 독수리'란 뜻.

베지밀 Vegemil (한국 식음료회사「정식품」의 음료. <채소 우유>란 뜻)

♣ **어원 : veg, veget 식물; 생기있게 하다**

☐ **veg** [vedʒ] 명 (pl. **-**) 《영.구어》 야채 (요리) ☜ **veg**etable의 줄임말

☐ **veget**able [védʒətəbəl/**붸**줘터벌] 명 (보통 pl.) **야채**, 푸성귀; 식물
형 야채의; 식물(성)의 ☜ 라틴어로 '활기를 불어 넣다(veget) + able<명접/형접>'란 뜻
♠ **vegetable soup 야채 수프**

☐ **veget**arian [vèdʒətέəriən] 형 채식주의(자)의; 야채만의 명 채식(주의)자; 『동물』 초식 동물 ☜ 식물(veget) 주의자(arian)

☐ **veget**ation [vèdʒətéiʃən] 명 [집합적] 식물, **초목**; 한 지방(특유)의 식물
☜ 생기있게 하는(veget) 것(ation<명접>)

☐ **veget**ate [védʒətèit] 동 식물처럼 자라다; 무위도식하다
☜ 식물(veget)을 만들다(ate<동접>)

※ **milk** [milk/밀크] 명 **젖**; 모유, 우유 동 **젖을 짜다** ☜ 고대영어로 '우유'라는 뜻

컨베이어 conveyer (운반장치), 보이저 voyager (미국의 탐사위성)

♣ **어원 : vey, vehi, vehe 움직이다, 나르다, 운반하다; 길**

■ con**vey** [kənvéi] 동 **나르다, 운반[전달]하다** ☜ 함께(con<com) 나르다(vey)

■ con**vey**er, -or [kənvéiə] 명 운반 장치; (유동 작업용) **컨베이어** ☜ -er(기계)

☐ **vehi**cle [víːikəl, víːhi-] 명 (사람·물건의) **운송 수단**, **탈것**, 『우주』 (탑재물 이외의) 로켓 본체 ☜ 라틴어로 '나르는(vehi) 것(cle)'이란 뜻
♠ **utility vehicle 다용도 트럭**

< conveyer >

☐ **vehe**mence, -mency [víːəməns, -i] 명 **격렬함**, 맹렬함; 맹위, 열렬; 힘; 열심, 열정 ☜ 라틴어로 '(마음을 ~로) 가져가는(vehe) + m + 것(ence<명접>)'이란 뜻
♠ complain **with vehemence 심하게** 불평을 하다.

☐ **vehe**ment [víːəmənt] 형 **격렬한**, 맹렬한; 열심인, 열렬한, 간절한, 열정적인
☜ vehe + m + ent<형접>

베일(Veil)에 싸인 그녀

♣ **어원 : veil, vel, veal 덮개, 베일; 베일을 쓰다**

☐ **veil** [veil] 명 **베일**, 면사포; 덮개, 씌우개, 장막, 휘장 동 베일을 씌우다, 베일로 가리다 ☜ 라틴어로 '덮개'란 뜻
♠ **wear a veil 베일을 쓰다**

☐ **veil**ed [véilid] 형 베일로 가린; 베일에 싸인, 숨겨진; 분명치 않은
☜ 베일(veil)을 쓴(ed<형접>)

■ re**veal** [rivíːl/뤼**비**일] 동 **드러내다**; 알리다, 누설하다; 폭로하다, 들추어내다
명 시현, 계시; 폭로 ☜ 베일을 벗다. 베일(veal<veil)을 멀리하다(re=away)

■ re**vel**ation [rèvəléiʃən] 명 **폭로**; (비밀의) 누설, 발각; 폭로된 것; 『신학』 계시(啓示)
☜ reveal + ation<명접>

연상 그가 칼로 베인 곳은 바로 베인(vein.정맥)이었다.

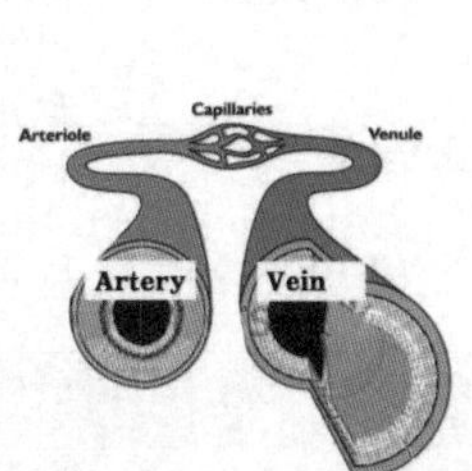

☐ **vein** [vein] 명 『해부』 **정맥**(靜脈), 심줄; 《속어》 혈관; 광맥; **기질**, 특성 ☜ 고대 프랑스어로 '정맥, 동맥, 맥박'이란 뜻
반 artery 동맥(動脈) 비교 vain 헛된, 헛수고의
♠ **thread vein 실핏줄**
♠ **a rich vein 매장량이 많은 광맥**

☐ **vein**y [véini] ⓗ (-<-n**ier**<-n**iest**) 정맥이 드러나 보이는〔있는〕; 심줄이 많은 《손 따위》 ☜ vein + y<형접>

벨로체 veloce ([음악] 빠르게), 벨로드롬 velodrome (자전거 경주장)

♣ **어원 : velo(c) 속도, 속력; 빠른**

☐ **veloc**e [vəlóutʃi] ⓗⓟ 《It.》〖음악〗빠른 템포의〔로〕, 빠른, 빨리, **벨로체**의〔로〕 ☜ 이탈리아어로 '빠른, 속도(veloc)가 있는(e)'이란 뜻.

☐ **velo**drome [víːlədròum, vél-] ⓜ **벨로드롬** 《경사진 트랙이 있는 자전거 경주장》 ☜ 속도(velo) 경주장(drome)

< Velodrome >

☐ **veloc**ity [vəlɑ́səti/-lɔ́s-] ⓜ **속도**, 속력, 빠르기 ☜ 라틴어로 '빠른(veloc) 것(ity)'이란 뜻
♠ fly with **the velocity** of a bird 새의 **속도**로 날다.

레드벨벳 Red Velvet (한국의 댄스팝 걸그룹. <강렬함과 부드러움을 모두 갖춘 다양한 음악을 하겠다>는 뜻), 벨크로 Velcro (찍찍이)

※ **red** [red/뤠드] ⓗ **빨간, 붉은**, 적색의; (부끄러움으로) 빨개진 ⓜ **빨강**, 빨간색, 적색; [종종 R~] 공산당원〔주의자〕 ☜ 고대영어로 '빨간'이란 뜻

☐ **velvet** [vélvit] ⓜ **벨벳**, 우단; 벨벳 비슷한 것〔면(面)〕 ⓗ 벨벳제(製)의; 벨벳 같은 ☜ 라틴어로 '털이 덥수룩한 천'이란 뜻 ★ 흔히 **비로도**(veludo/포르투갈어)라고도 부르지만, 패션계에서 비로도는 벨벳(우단)보다 바닥의 털이 더 길고 보드라운 천이라고 한다. 외국인들에게 비로도라고 하면 알아듣지 못한다. velvet이라고 해야 한다.
♠ be **as** smooth **as velvet 우단같이** 보드랍다

☐ **velvet**y [vélviti] ⓗ **벨벳 같은**, (촉감이) 부드러운; 맛이 순한, 입에 당기는 ☜ -y<형접>

☐ **Velcro** [vélkrou] ⓜ (단추·지퍼 대용의) 나일론제(製) 접착천, **벨크로** 《거친 면끼리 부착함; 상표명》 ☜ 프랑스어로 '갈고리가 달린 벨벳'이란 뜻

벤딩머신 vending machine (자동 판매기)

☐ **vend** [vend] ⓢ 팔(리)다, 판매〔행상〕하다; 자동판매기로 팔다 ☜ 라틴어로 '팔다; 뇌물을 주다'란 뜻.
♠ get coffee from **the vending machine**
자판기에서 커피를 뽑다

☐ **vend**or [véndər, vendɔ́ːr] ⓜ **판매인**, 〖법률〗 **매각인**(賣却人); 행상인, 노점상인; 자동판매기(=bending machine) ☜ 파는(vend) 사람/기계(or) ⓑ vendee 〖법률〗 매수인(買受人)

※ **machin**e [məʃíːn/머**쉬**인] ⓜ **기계**(장치) ☜ 그리스어로 '장치'란 뜻

※ **slot** machine 《영》 **자동판매기**(《미》 vending machine); 《미》 자동 도박기, **슬롯머신**

베니어판(板) veneer (여러겹으로 된 합판의 단판(單板))

☐ **veneer** [vəníər] ⓜ (합판용의) 박판(薄板), (베니어) 단판(單板) ☜ 프랑스어로 '설비하다'란 뜻 ★ '베니어 합판'의 합쳐진 켜의 한 장 한 장을 veneer라고 하며, 우리가 보통 '베니어판'이라고 하는 것은 실은 plywood임.

※ **plywood** [plɑ́iwùd] ⓜ 합판, 베니어판 ☜ 현대영어로 '(겹겹이) 포갠(ply) 나무(wood)'란 뜻

비너스 Venus ([로神] 사랑과 미(美)의 여신)

<비너스와 아도니스> 조각상
이탈리아 Antonio Canova 작

♣ **어원 : ven(er) 사랑, 존경; 소망; 아름다움**

☐ **Ven**us [víːnəs] ⓜ 〖로.신화〗 **비너스** 《사랑과 미의 여신; 〖그.신화〗 Aphrodite에 해당》; 절세의 미인; 성애(性愛), 색정; 〖천문〗 금성 ☜ 라틴어로 '사랑'이란 뜻

☐ **vener**able [vénərəbəl] ⓗ **존경할 만한**, 훌륭한, 덕망 있는; 장엄한, 고색창연하여 숭엄한 ☜ 라틴어로 '존경할(vener) 만한(able)'이란 뜻
♠ **a venerable old man 덕망 있는 노인**

☐ **vener**ate [vénərèit] ⓢ 존경하다; 공경하다, 받들어 모시다 ☜ '존경(vener)을 만들다(ate)'란 뜻

☐ **vener**ation [vènəréiʃən] ⓜ 존경 ☜ venerate + ion<명접>

연상 ▶ 베니어판(板)(veneer)과 버니어(venere.성병)는 아무 관련이 없다.

♣ **어원 : venere 성(적인), 성적 쾌락; 성병 ⇦ ven 사랑(=love)**

※ **veneer** [vəníər] 명 (합판용의) 박판(薄板), (베니어) 단판(單板) ☜ 프랑스어로 '설비하다'란 뜻

☐ **venere**al [vəníəriəl] 형 성적 쾌락의; 성교에 의한; 성병에 걸린 ☜ 성적 쾌락/성병(venere) 의(al)

♠ **a venereal disease 성병(VD)**

☐ **venere**ology [vənìəriálədʒi/-riɔ́l-] 명 성병학 ☜ 성병(venere) 학문(ology)

☐ **venere**ological [vənìəriálədʒikəl/-riɔ́l-] 형 성병의 ☜ -ical<형접>

☐ **venere**ologist [vənìəriálədʒist/-riɔ́l-] 명 성병과(科) 의사 ☜ -ist(사람)

☐ **venetian**(베네치아(사람)의), **Venezuela**(베네수엘라) ➔ **Venis**(베니스) **참조**

어벤저 avenger (복수자), 리벤저 revenger (복수자)

© Walt Disney Studios

♣ **어원 : venge, vende 복수하다**

■ a**venge** [əvéndʒ] 동 **~의 복수를 하다** ☜ ~에게(a<ad=to) 복수하다(venge)

■ a**venger** [əvéndʒər] 명 복수자 ☜ avenge + er(사람)

■ re**venge** [rivéndʒ] 명 **복수** 동 **복수하다** ☜ 도로(re) 복수하다(venge)

■ re**venger** [rivéndʒər] 명 **복수자** ☜ revenge + er(사람)

☐ **venge**ance [véndʒəns] 명 **복수** ☜ 복수하(venge) 기(ance<명접>)

♠ **a desire for vengeance 복수하고 싶은 욕구**

■ **vende**tta [vendétə] 명 피의 복수(blood feud); (Corsica, Sicily 섬 등에서의) 살상에 기인하여 대대(代代)로 이어지는 원수 갚음, 복수 ☜ 라틴어로 '복수'란 뜻 ★ 1605년 영국 제임스 1세의 가톨릭 탄압에 항의해 영국 의회를 폭파하려다 발각돼 처형당한 가이 포크스(Guy Fawkes)는 2005년 영화 <브이 포 벤데타(V for Vendetta)>의 소재가 되면서 전 세계 반정부 시위의 상징 인물로 부각되었다.

연상 ▸ 그들은 베니스(Venice)에서 베니슨(venison.사슴고기)을 구워 먹었다.

☐ **Veni**ce [vénis] 명 **베니스** 《베네치아(Venezia)의 영어명; 이탈리아 동북부의 항구 도시》 ☜ 라틴어로 '축복받은 곳'이란 뜻

☐ **Vene**tian [vəníːʃən] 형 **베네치아**(사람)의, 베네치아풍(風)(식)의 명 **베네치아** 사람 ☜ Venetia + an(~의/사람)

☐ **Vene**zuela [vènəzwéilə] 명 **베네수엘라** 《남아메리카 북부의 공화국; 수도 카라카스(Caracas)》 ☜ 스페인어로 '작은 베네치아'란 뜻 ★ 1499년 스페인 선원들이 Maracaibo호수 위에 지어진 원주민 마을을 보고 이탈리아의 '베네치아'를 닮았다고 '작은 베네치아'라고 불렀다.

☐ **ven**ison [vénəzən, -sən] 명 **사슴고기**; (사냥에서 잡은) 새·짐승의 고기 ☜ 라틴어로 '사냥, 추적'이란 뜻

♠ **a haunch of venison 사슴고기** 중 허리 살

☐ **ven**ery [vénəri] 명 《고어》 수렵, 사냥, 사냥감; 성욕을 채움; 호색 ☜ 라틴어로 '사냥하다, 추적하다'란 뜻

스파이더맨의 숙적 베놈(Venom)

☐ **venom** [vénəm] 명 (독사 따위의) **독액**(毒液); 《고어》 독, 독물; 《비유》 악의, 원한; 독설, 비방 ☜ 라틴어로 '독(毒)'이란 뜻

♠ **spit venom (몹시 화가 나서) 독설을 내뱉다**

☐ **venom**ous [vénəməs] 형 독이 있는; 독액을 분비하는; 유독의, 유해한; 《비유》 악의에 찬 ☜ venom + ous<형접>

벤트 튜브 vent tube (공기 구멍)

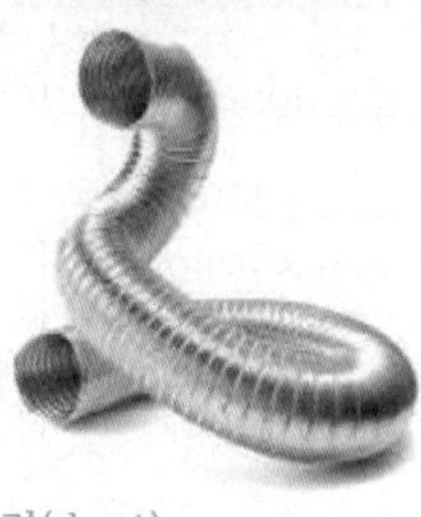

♣ **어원 : vent 바람, 바람이 불다, 바람이 통하는 구멍**

☐ **vent** [vent] 명 (공기·액체 따위를 뺐다 넣었다 하는) 구멍, **새는 구멍**; 통풍구; 배출구 동 구멍을 만들다 ☜ 라틴어로 '바람'이란 뜻

♠ **air (heating) vents 통풍구 (난방용) 송풍구**

♠ **give vent to ~ ~을 터뜨리다, 나타내다**

☐ **vent**hole [vénthòul] 명 (공기·연기 등의) 배출구, 통기구멍, 채광창 ☜ 바람이 통하는(vent) 구멍(hole)

☐ **vent**iduct [véntədʌ̀kt] 명 통풍관(通風管) ☜ 바람이 통하는(vent) 관(管)/길(duct)

☐ **vent**ilate [véntəlèit] 동 **공기[바람]을 통하다**; 신선한 공기로 정화하다(원기를 돋구다) ☜ 라틴어로 '바람을 일게 하다'란 뜻. 구멍(vent) 속으로(il<in) 흐르게 만들다(ate<동접>)

☐ **vent**ilation [vèntəléiʃən] 명 **통풍**, 공기의 유통, 환기(법); 통풍(환기) 장치(의 설치) ☜ ventilate + ion<명접>

V

☐ **vent**ilator [véntəlèitər] [명] 통풍기, 송풍기; 환기팬(fan); 통풍 구멍 ☜ ventilate + or(기계, 장비)
☐ **vent**uri (tùbe) [ventúəri(-)] (때로 V-) 〖물리〗 **벤투리**관(管) 《압력차를 이용하여 유속계(流速計)·기화기(氣化器) 따위에 쓰임》 ☜ vent + uri<ure<명접>
※ **tube** [tjuːb] [명] (액체 등을 넣는) **관**(管), **통**; (관악기의) 관, 몸통; (그림물감·치약 등의) **튜브**; (타이어의) **튜브** ☜ 라틴어로 '통(桶), 관(管)'이란 뜻

이벤트 event ([콩글] 판촉행사) ➔ promotional event, 벤처기업..

♣ 어원 : ven 오다, 가다; 모이다
■ e**ven**t [ivént/이**벤**트] [명] (중요한) **사건, 행사** ☜ 밖으로(e<ex) 나오는(ven) 것(t)
☐ **vent**ure [véntʃər] [명] 모험, 모험적 사업, **벤처**, 투기 [동] **위험을 무릅쓰고 ~하다[나서다]** ☜ ad**venture**의 두음소실
♠ **joint venture (상업) 합작 투자 (사업)**
☐ **vent**uresome [véntʃərsəm] [형] 모험적인; 대담한, 무모한, 모험을 좋아하는 ☜ -some<형접>
☐ **vent**urous [véntʃərəs] [형] 모험을 좋아하는, 대담〔무모〕한, 모험적인; 위태로운, 위험한 ☜ venture + ous<형접>

✚ ad**vent**ure **모험**, 희한한 사건 a**ven**ue **대로**, 가로수길, 애비뉴 con**ven**ient **편리한** con**ven**tion **집회, 총회**; 협약; 관습 inter**ven**e **사이에 들다**, 끼다, 방해하다 in**vent** **발명[창안]하다**; 날조하다

베뉴 venue (행사장, 경기장)

☐ **venue** [vénjuː] [명] 〖법률〗 범행지(地); 재판지 《공판을 위해 배심원이 소집되는 장소》; 행위〔사건〕의 현장; 《구》 (경기·회의 등의) 개최(지정)지 ☜ 라틴어로 '오는〔가는〕 곳'

☐ Venus([로神] 사랑과 미의 여신) ➔ venerable(존경할 만한) 참조

베란다 veranda(h) (툇마루)

☐ **veranda(h)** [vərǽndə] [명] 〖건축〗 (보통, 지붕이 달린) **베란다**, 툇마루(《미》 porch) ☜ 포르투갈어로 '긴 발코니 또는 테라스'란 뜻

넌버벌 퍼포먼스 non-verbal performance (비(非)언어극)

© philstar.com

언어가 아닌 몸짓과 소리, 음악 등의 비언어 communication 수단을 이용해 이야기를 꾸미는 무대 contents

♣ 어원 : verb 말, 언어
☐ **verb** [vəːrb] [명] **동사** 《사물의 동작·작용을 나타내는 언어의 형태》 ☜ 라틴어로 '단어'란 뜻
♠ **regular** 〔irregular〕 **verbs 규칙** 〔불규칙〕 **동사**
☐ **verb**al [vəːrbəl] [형] **말의; 문자 그대로의**; 동사의 ☜ verb + al<형접>
■ non**verb**al [nɑ̀nvəːrbəl] [형] 말을 사용하지 않는 ☜ non(=not) + verbal
■ ad**verb** [ǽdvəːrb] [명] **부사** 《서술어 기능을 하는 품사나 다른 말 앞에 놓여 그 뜻을 분명하게 하는 언어의 형태》 ☜ 동사(verb)에게로 가는(ad=to) ➔ 동사를 수식하는 품사
※ **perform**ance [pərfɔ́ːrməns] [명] **실행**, 수행, 이행; **공연** ☜ per(완전한) form(형태)가 되게 하는 것(ance<명접>)

딕셔너리 dictionary (사전)

♣ 어원 : dic, dict 말, 말하다
■ **dic**tionary [díkʃənèri/**딕**셔네뤼, -ʃənəri] [명] **사전**, 사서, 옥편 ☜ 말하는(dic) 것(tion)의 모음(ary)
■ **dict**ation [diktéiʃən] [명] **구술; 받아쓰기** ☜ 말(dict) 하는(ate) 것(tion)
■ bene**dic**tion [bènədíkʃən] [명] **축복; 감사**; 기도 ☜ 좋은(bene) 말(dic) 하기(tion<명접>)
■ contra**dic**tion [kɑ̀ntrədíkʃən/kɔ̀n-] [명] **부정; 모순** ☜ 반대하여(contra) 말(dic) 하기(tion<명접>)
■ pre**dic**tion [pridíkʃən] [명] **예언; 예보** ☜ 미리(pre) 말(dic) 하기(tion<명접>)
V ☐ ver**dict** [vəːrdikt] [명] 〖법률〗 (배심원의) **평결**, 답신(答申); 판단, 의견, 결정 ☜ 진실로(ver) 말하다(dict)
♠ **a verdict** for the plaintiff 원고 승소의 **평결**

베지밀 Vegemil (식음료회사「정식품」의 음료 브랜드. <채소 우유>란 뜻)

♣ 어원 : veg, veget, ver(d) 식물, 녹색; 생기있게 하다

■ **veg** [vedʒ] ⓜ (pl. **-**) 《영.구어》 야채 (요리) ☜ **veg**etable의 줄임말

■ **veget**able [védʒətəbəl/**붸**줘터벌] ⓜ (보통 pl.) **야채**, 푸성귀; 식물 ⓗ 야채의; 식물(성)의 ☜ 라틴어로 '활기를 불어 넣다(veget) + able<명접/형접>'란 뜻

□ **verd**ure [vəːrdʒər] ⓜ (초목의) 푸르름, 신록; 푸릇푸릇한 초목; 신선함, 생기 ☜ 고대영어로 '초록색, 식물, 풀밭'이란 뜻. ⇦ 푸른(verd) 것(ure<명접>)

♠ **the fresh verdure** of spring 봄의 **신록**

□ **verd**ant [vəːrdənt] ⓗ 푸릇푸릇한, 푸른 잎이 무성한, 신록의; 순진한, 경험 없는, 미숙한 ☜ 녹색(verd) 의(ant<형접>)

■ **Ver**mont [vəːrmánt/-mɔ́nt] ⓜ **버몬트** 주 《미국 북동부의 주; 생략: Verm., Vt., VT》 ☜ 프랑스어로 '푸른(ver) 산(mont)'이란 뜻

※ **milk** [milk/밀크] ⓜ **젖**; 모유, 우유 ⓢ **젖을 짜다** ☜ 고대영어로 '우유'라는 뜻

엣지 edge ([패션] 대담한, 도발적인; 유행을 선도하는) 엣지(edge)있다 (평범한 듯 하면서도 비범하고 감(感)이 좋다)

© disfracesgamar.com

■ **edge** [edʒ/엣쥐] ⓜ **가장자리**, 끝; **날**, 날카로움 ⓢ **날을 세우다; ~에 테를 달다** ☜ 고대영어로 '구석, 모서리, 가장자리, 뾰족한 끝'

■ **edge**d [edʒd] ⓗ 날이 있는, 날을 세운; 날카로운 ☜ 날이(edge) 있는(ed)

■ **edge**less [édʒlis] ⓗ 날이 없는, 날이 무딘 ☜ 날이(edge) 없는(less)

□ v**erge** [vəːrdʒ] ⓜ **가장자리**, 모서리; **변두리**; 경계 ⓢ 기울다; ~에 접하다 ☜ 라틴어로 '구부리다, 기울다, 돌다'란 뜻

♠ **the verge** of a desert 사막의 **가장자리**

♠ **on the verge of ~ 바야흐로 ~하려고 하여, ~에 직면하여**

He is **on the verge of** death.

*그는 죽음**의 가장자리에** 있다.* ⇨ 그는 죽을 때가 임박했다

버밀리언 vermilion (주홍빛 그림물감의 색 이름)

□ **verm**il(l)ion [vərmíljən] ⓜ 주홍, 진사(辰砂); 주색(朱色) (안료) ⓗ 주홍의, 주색의, 주홍 칠한 ⓢ 주홍으로 물들이다〔칠하다〕 ☜ 고대 프랑스어로 '적색 황화(黃化) 수은; 주홍색'이란 뜻.

♠ red shading off into **vermilion** 점점 **주홍색**으로 바뀌어 가는 붉은색

□ **verm**eil [vəːrmil, -meil] ⓜ 《시어》 주홍, 주색(朱色); 금도금한 은 ⓗ 주색의, 선홍색의 ☜ 라틴어로 '진홍색 물감을 만드는데 사용되는 곤충'이란 뜻에서

■ **worm** [wəːrm] ⓜ **벌레** 《지렁이·털벌레·땅벌레·구더기·거머리·회충류(類)》 ☜ 고대영어로 '뱀, 용'이란 뜻 **비교** insect 곤충

땡큐 베리 머치 Thank you very much. (매우 많이 감사합니다)

♣ **어원 : ver(i) 진실한, 진실된, 진실의**

※ **thank** [θæŋk/땡크/쌩크] ⓢ **~에게 감사하다**, ~에게 사의를 표하다 ☜ 초기 인도유럽어로 '생각하다, 느끼다'란 뜻

※ **you** [juː/유-, (약) ju/유, jə] ⓓ **너는**[네가], **당신은**[이/가], **여러분은**〔이/가〕 ☜ 고대영어로 '너희, 그대들', 초기 인도유럽어로 '두 번째 사람'이란 뜻

□ **very** [véri/**붸**리] ⓑ **대단히, 매우**, 몹시, 무척; 〖부정문에서〗 **그다지[별로]** ⓗ **바로 그** ☜ 라틴어로 '진실의'란 뜻

□ **veri**ly [vérəli] ⓑ 《고어》 참으로, 진실로 ☜ 진실(veri) 되게(ly<부접>)

□ **veri**fy [vérəfài] ⓢ **진실임을 증명[입증, 실증, 확증]하다** ☜ 진실(veri)을 만들다(fy<동접>)

♠ **verify spelling 철자를 확인하다**

□ **ver**ismo [vərízmou] ⓜ (pl. **-s**) 《It.》 **베리즈모**(=verism), 진실주의 ☜ 진실(ver) 주의(ism) + o

□ **veri**table [vérətəbəl] ⓗ **실제의**, 진실의, 틀림없는, 참된, 진정한 ☜ 진실(veri) + t + 의(able<형접>)

□ **veri**ty [vérəti] ⓜ 진실(성); 진실의 진술; 사실, 진리 ☜ 진실한(veri) 것(ty)

※ **much** [mʌtʃ/머취] ⓗ (-<**more**<**most**) 〖셀 수 없는 명사 앞〗 다량의, **많은** ⓑ **매우**, 대단히 ⓓ **다량** ☜ 고대영어로 '양이나 범위가 큰'이란 뜻

버몬트 Vermont (낙농업·임업이 발달한 미국 동북부의 주)

□ **Vermont** [vəːrmánt/-mɔ́nt] ⓜ **버몬트** 주 《미국 북동부의 주; 생략: Verm., Vt., VT》 ☜ 프랑스어로 '푸른(ver) 산(mont)'이란 뜻

V

버내큘러 디자인 Vernacular Design (세련미가 부족한 아마추어적인 디자인)

☐ **verna**cular [vərnǽkjələr] ⓜ **제 나라 말**, 국어; 지방어, 사투리, 방언 ⓗ 자국의, 지방어로 쓰여진
☜ 라틴어로 '집에서 태어난 노예(verna)의 것(cular)'이란 뜻
★ 정복된 지역에서 (고대) 로마로 끌려온 포로들이 사용한 그 지방 언어를 지칭한데서 유래.
♠ express oneself in **the vernacular**
방언으로 의사를 표현하다.

※ **design** [dizáin/디**자**인] ⓜ **디자인**, 밑그림, **설계**(도) ⓓ **디자인하다, 설계하다** ☜ 따로 따로(de=apart) 표시하다(sign)

© target.com

베르사유 Versailles (프랑스 파리 서남쪽에 있는 궁전의 소재지)

☐ **Versailles** [vərsái, vɛər-] ⓜ **베르사유** 《파리 서남쪽의 도시; 제1차 세계대전 후의 강화조약 체결지》 ☜ 라틴어로 '비탈'이란 뜻. 루이 13세가 그곳에 왕궁 사냥터를, 루이 14세는 궁전을 지었다.

컨버터 converter (TV채널 변환기), 인버터 inverter (교류변환기), 버전 version (상품의 개발 단계 및 순서를 번호로 표시한 것)

♣ 어원 : **vers(e), vert 돌리다, 뒤집다, 바꾸다(=turn)**

■ con**vert**er [kənvə́ːrtər] ⓜ 주파수 변환기, TV 채널 변환기, **컨버터**
☜ 완전히(con<com) 바꾸는(vert) 기계(er)

■ in**vert**er, -or [invə́ːrtər] ⓜ 【전기】 **인버터**, (직류를 교류로의) 변환장치〔기〕
☜ 안(in)을 바꾸는(vert) 기계(er/or)

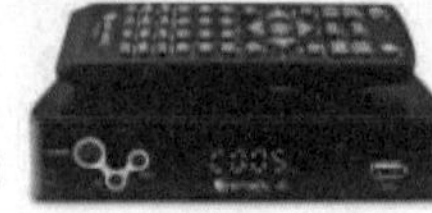
< TV Converter Box >

☐ **verse** [vəːrs] ⓜ 싯구, **운문** ☜ (표현방식을) 바꾸다 ⓑ prose 산문
♠ **free verse (전문 용어) 자유시**

☐ **verse**d [vəːrst] ⓗ 숙달한, 정통한, 조예가 깊은(=acquainted)
☜ '(연구·조사에 있어서 기존의 사실을) 뒤집(verse) 은(ed)'란 뜻.

☐ **vers**ion [və́ːrʒən, -ʃən] ⓜ **번역**, 변형; **판**(版), **버전** ☜ 바꾸(vers) 기(ion)
★ 성능이 개량되어 출시된 상품을 우리말로 버전업(version up)이라고 하는데 이는 콩글리시이다. 바른 표현은 an upgraded version이다.

☐ **vers**ification [və̀ːrsəfikéiʃən] ⓜ 작시(법), 시작(詩作); (산문 작품의) 운문화(化)
☜ 바꿈(vers)을 + i + 만들(fic) 기(ation<명접>)

☐ **vers**atile [və́ːrsətl/-tàil] ⓗ 재주가 많은, **다재다능한**, 융통성 있는, 다방면의
☜ 바꿈(vers)을 만들기(ate) 쉬운(ile)
♠ **a versatile writer 다재다능한 작가**

☐ **vers**atility [və̀ːrsətíləti] ⓜ 다예다재(多才); 변통(變通)이 자재로움; 변덕
☜ 다재다능한(versatile) 것(ity<명접>)

☐ **vers**us, **vs. v.** [və́ːrsəs] ⓟ (소송·경기 등에서) **~대**(對)
☜ 라틴어로 '(방향을 돌려) ~와 대항하는'이란 뜻
♠ Smith **vs.** Jones 【법률】 존스 **대(對)** 스미스 사건

☐ **vert**igo [və́ːrtigòu] ⓜ (pl. **-es**, -ti**gines** [vəːrtídʒəniːz]) 【의학】 현기(眩氣), 어지러움; (정신적) 혼란; (동물의) 선회(병); 【항공】 **버티고**, 비행착각 ☜ 라틴어로 '회전'이란 뜻

☐ **vice versa** [váisi-və́ːrsə] 《L.》 반대로, 거꾸로; 역(逆)도 또한 같음 《생략: v. v.》
☜ 라틴어로 '대리/대신(vice) 거꾸로 돌아서(verse)'란 뜻

루마 버텍스 LLumar Vertex (자동차 썬팅필름 브랜드 중 하나)

☐ **vert**ex [və́ːrteks] ⓜ (pl. **-es**, -t**ices**) 최고점, 정점, 꼭대기; 【해부】 정수리; 【천문】 천정(天頂) ☜ 라틴어로 '가장 높은 점'이란 뜻

☐ **vert**ical [və́ːrtikəl] ⓗ **수직의**, 곧추선, 세로의 ⓑ **horizontal 수평의, 가로의** ☜ 라틴어로 '가장 높은 점(vert) 의(ical<형접>)'란 뜻
♠ **draw a vertical line 세로**로 줄을 긋다

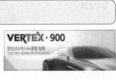

☐ **vert**ical line 수직선, 연직선 ☜ line(선, 줄)
☐ **vert**ical motion 상하 운동 ☜ motion(운동, 동작, 몸짓)
☐ **vert**ical stabilizer 【항공】 수직 안정판 ☜ stabilizer(안정장치, 안정판)

☐ **very**(매우) ➔ **verify**(진실임을 증명〔입증·실증·확증〕하다) **참조**

연상 ▸ 야구장 베이스(base.루(壘))마다 베이스(vase.꽃병)가 하나씩 놓여있다.

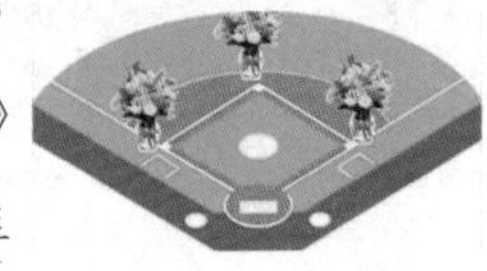

※ **base** [beis/베이스] ⓜ **기초,** 토대; 〖야구〗 **베이스** ⓗ 기초적인; 천한, 비열한 ⓢ **기초를 두다** ☜ 라틴어로 '토대'란 뜻

■ **vase** [veis/붸이스, veiz, vɑːz] ⓜ **꽃병**; 항아리, 병, 단지 《장식용》 ☜ 라틴어로 '그릇, 용기'란 뜻

□ **vess**el [vésəl/**붸**썰] ⓜ **용기**(容器), 그릇; **선박**, 배 《특히 보통 보트보다도 큰 것》; 항공기 ☜ 라틴어로 '작은(el) 병(vess)'이란 뜻
♠ **a large vessel 대형 선박**

인베스트 코리아 Invest Korea (한국 국가투자유치기관)

♣ 어원 : vest 옷; 옷을 입히다(=dress)

■ in**vest** [invést] ⓢ **투자하다, 출자하다** ☜ 라틴어로 '옷을 입히다'

■ in**vest**ment [invéstmənt] ⓜ **투자, 출자**; 투자액〔금〕; 투자의 대상 ☜ -ment<명접>

■ in**vest**or [invéstər] ⓜ **투자자**; 수여〔서임〕자; 포위자 ☜ -or(사람)

□ **vest** [vest] ⓜ **조끼**(《영》 waistcoat) ⓢ **의복을 입다**〔입히다〕 ☜ 라틴어로 '의복'이란 뜻
♠ **a life vest 구명복**

□ **vest**-pocket [véstpàkit/-pɔ̀k-] ⓗ 《미》 회중용의, 아주 소형의 《책・카메라 따위》; 아주 소규모의 ☜ 조끼(vest) 호주머니(pocket) 같이 작은

※ **Korea** [kəríːə-/커**뤼**-어, kouríːə] ⓜ **대한민국** 《공식명은 the Republic of Korea; 생략: ROK》 ☜ '고려(高麗)'시대 국호가 서양에 전해진 데서

베스타 Vesta ([로神] 불과 부엌의 여신)

□ **Vesta** [véstə] ⓜ 〖로.신화〗 **베스타** 《벽난로와 불의 여신》; 〖천문〗 (화성과 목성 중간의) 작은 행성 중의 하나 ☜ 그리스어로 '난로'란 뜻

에프비아이 FBI (미국 연방수사국)
시에스아이 CSI (미국 CBS 과학수사 드라마. <범죄현장수사>란 뜻)

♣ 어원 : vestig 발자취, 족적, 흔적

■ **FBI** **F**ederal **B**ureau of **I**nvestigation 미국 연방수사국

■ **CSI** **C**rime **S**cene **I**nvestigation 범죄현장수사 《미국 CBS에서 2000-2015년간 방영된 과학수사 관련 TV 드라마》

■ in**vestig**ate [invéstəgèit] ⓢ **조사하다, 연구하다**, 수사하다 ☜ 안에서(in) 흔적을(vestig) 더듬다(ate)

■ in**vestig**ation [invèstəgéiʃən] ⓜ **조사, 연구**, 수사 ☜ investigate + ion<명접>

□ **vestig**e [véstidʒ] ⓜ **자취, 흔적** ☜ 라틴어로 '발자국'이란 뜻
♠ **last vestige** of the Cold War (군사) 냉전의 **마지막 잔재**

✚ **fed**eral (국가간의) **연합의; 연방(정부)의** ⓜ **연방주의자** **bureau** (관청의) **국; 사무**〔편집〕**국**, 《미》 (거울 달린) 옷장, 《영》 (서랍 달린) 사무용 책상 **crime** (법률상의) **죄, 범죄** (행위) **scene** (연극・영화의) **장면**; (영화의) 세트; (무대의) 배경; 현장

베테랑 veteran (어떤 분야에 오래 종사하여 노련한 사람) = master

♣ 어원 : veter 오래된, 나이 먹은

□ **veter**an [vétərən] ⓜ **노병**(老兵); 《미》 **퇴역[재향] 군인**(《영》 ex-serviceman); 노련가, **베테랑**, 경험이 많은 사람 ⓗ 노련한 ☜ 라틴어로 '나이 먹은(veter) 사람(an)'이란 뜻.
♠ a Vietnam **veteran** 베트남전 **참전 군인**

■ in**veter**ate [invétərit] ⓗ (감정・병이) 뿌리 깊은, 만성의; 상습적인 ☜ 속에서(in) 오래(veter) 된(ate<형접>)
♠ **an inveterate disease 고질병, 숙환(宿患)**

비토권(權)(veto.거부권)을 행사하다

□ **veto** [víːtou] ⓜ (pl. **-es**) **거부권**; 부재가(不裁可); 금지(권) ⓢ **거부하다**; 금지하다 ☜ 라틴어로 '나는 금지한다'란 뜻. 고대 로마에서 "재판관이나 의원의 조치에 반대하는 국민대표〔호민관〕의 항의권"을 말한다.
♠ exercise **the power** 〔right〕 **of veto** over ~ ~에 **거부권**을 행사하다.

연상 나도 백수가 될지 모른다는 생각이 나를 벡스(vex.초조하게 하다)한다.

☐ **vex** [veks] ⓢ **초조하게 하다**, 귀찮게〔성가시게〕 굴다; 괴롭히다
☜ 고대 프랑스어로 '괴롭히다' 반 please **기쁘게 하다**
♠ **Don't vex me. 나를 초조하게 하지 마.**

☐ **vex**ation [vekséiʃən] ⓜ **속상함**, 분함, 원통함; **괴로움[번뇌]의 원인**
☜ vex + ation<명접>
♠ **in vexation of spirit** 〔mind〕 **속상하여, 마음이 아파서**

☐ **vex**atious [vekséiʃəs] ⓗ 귀찮은, 성가신, 약오르는, 부아가 나는; 곤란한, 난처한
☜ vex + atious<형접>

☐ **vex**ed [vekst] ⓗ 속타는, 초조한; 성난; 곤란한, 난처한, 말썽 있는, 결말 나지 않은
☜ vex + ed<형접>

브이에이치에프 VHF ([통신 · 전자] 초단파)

☐ **VHF, V.H.F., vhf** 〖전기 · 컴퓨터〗 **v**ery **h**igh **f**requency 초단파

✚ **very 대단히, 매우**, **그다지[별로]; 바로 그** **high 높은** **frequency 자주 일어남, 빈번**; 빈도(수); 〖물리〗 진동수, **주파수**

보이저 2호 voyager 2 (미국의 태양계 탐사위성)

♣ **어원 : vey, voy, via 길(=way)**

■ **voy**age [vɔ́iidʒ] ⓜ **항해**, 항행 ☜ 길(voy)을 따라가기(age)

■ **voy**ager [vɔ́iidʒər, vɔ́iədʒ-] ⓜ 항해자, 항행자; 모험적 항해자; 여행자; (V-) 〖우주〗 **보이저** 《미국의 목성 · 토성 탐사 위성》
☜ 항해(voyage)하는 자(er)

☐ **via** [váiə, víːə] ⓟ 《L.》 **~을 경유하여, ~을 거쳐**(by way of) ☜ 길(via) 따라
♠ We flew home **via Dubai**.
우리는 **두바이를 경유하여** (비행기로) 귀국했다.
♠ **via air mail 항공편으로**

☐ **via**duct [váiədʌkt] ⓜ 구름다리, 고가교(高架橋), 고가도(道), 육교
☜ 길을 따라(via) 이끌다/데려가다(duct)

■ con**voy** [kάnvɔi/kɔ́n-] ⓜ **호송, 호위**; 호위자〔대〕; 호위함〔선〕 [kάnvɔi, kənvɔ́i/kɔ́nvɔi] ⓢ **호위[경호, 호송]하다**(=escort) ☜ 함께(con<com) 길(voy)을 가다

비타민 vitamin (동물의 발육과 생리 작용에 필요한 영양소) 바이오리듬 biorhythm (생체리듬)

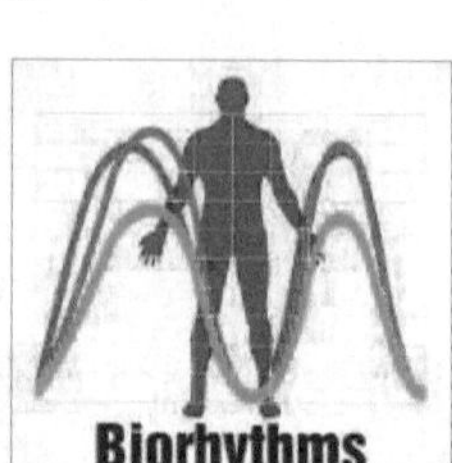

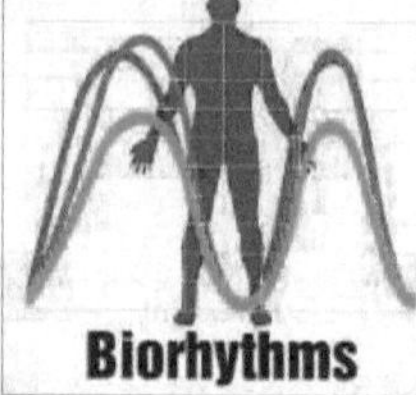
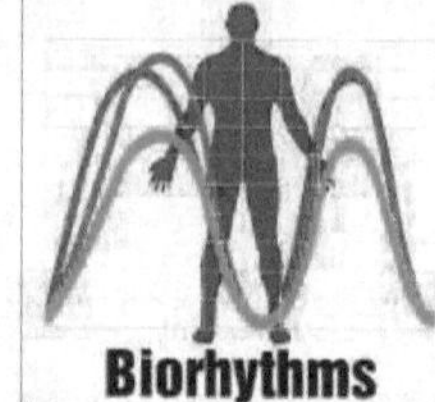

♣ **어원 : vi(t), bio 힘있는; 생명의, 생명력있는, 살아있는; 삶, 생명**

■ **vit**amin(e) [váitəmin/vít-] ⓜ **비타민** 《생물의 정상적인 생리 활동에 필요한 유기 화합물》 ☜ 라틴어 vita(=vital.생명의) + amine(〖화학〗 아민: 질소를 함유한 유기화합물) ★ **현재까지 발견된 것으로는 비타민 A, B, C, D, E, F, H, K, L, M, P, U 등 종류가 많음.**

☐ **vi**able [váiəbəl] ⓗ (태아 · 신생아 등이) 살아갈 수 있는, 생명력 있는; 〖생물〗 생육할 수 있는; (특수한 기후에) 자랄 수 있는; (계획 따위가) 실행 가능한
☜ 라틴어로 '살(vi<vita=life)수 있는(able)'이란 뜻.
♠ **a viable program** of economic assistance. **실행 가능한** 경제 원조 **프로그램**

■ **bio**rhythm [báiouriðm] ⓜ 생체 리듬, **바이오리듬** ☜ bio + rhythm(리듬, 율동, 주기적 반복)

■ **bio**nics [baiάniks/ -ɔ́n-] ⓜ (단수취급) **생체공학**, **바이오닉스**
☜ **bio**logy(생물학) + electro**nics**(전자공학)

☐ **viaduct**(고가도, 육교) ➔ **via**(~을 경유하여, 거쳐) **참조**

바이브레이터 vibrator (진동기, 전기안마기)

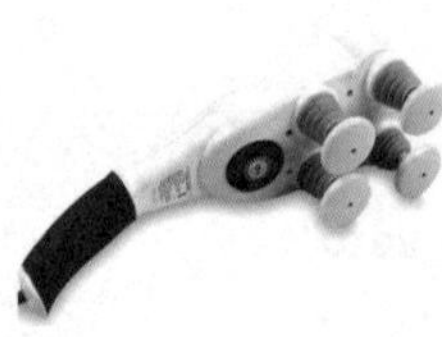

♣ **어원 : vibr(o) 진동, 진동하다**

☐ **vibr**ate [váibreit] ⓢ **진동하다**〔시키다〕, (진자(振子)같이) 흔들리다; (소리가) 울리다; (목소리가) 떨리다; 설레다
☜ 라틴어로 '진동하다'란 뜻
♠ **vibrate** the vocal cords 목청을 **울리다**

☐ **vibr**ation [vaibréiʃən] ⓜ **진동**; 동요; (진자의) 흔들림; 떨림, 전율; (마음의) 동요
☜ vibrate + ion<명접>

V

☐ **vibr**ator [váibreitər] 명 진동하는〔시키는〕 것; 『전기』 진동기; 전기 안마기
☜ vibrate + or(사람/기계)

비브리오 vibrio (어패류에 의한 식중독 근원균인 간상(杆狀) 세균)

☐ **vibrio** [víbriòu] 명 (pl. -rio**s**) 『세균』 **비브리오**속(屬)의 각종 세균 《콜레라균을 포함》
☜ 중세 라틴어로 '황산'이란 뜻

연상 ▸ 좀비에게 비켜 라고 소리친 사람은 바로 비커(vicar.교구 목사)였다.

☐ **vicar** [víkər] 명 『영.국교회』 **교구 목사** 《교구세를 받는 rector와는 달리 봉급만을 받음》; 『가톨릭』 대목(代牧), 대리자
☜ 고대 프랑스어로 '대리인, 부사령관'이란 뜻
♠ **a vicar of Bray 기회주의자, 변절자** ☜ 16세기 영국에서 Bray란 성직자가 새로운 왕이 즉위할 적마다 왕의 성향에 따라 신교와 구교 사이를 바꾸면서 약삭빠르게 처신했다는 일화에서

☐ **vicar**age [víkəridʒ] 명 vicar의 주택, **목사관**; vicar의 직〔지위〕; vicar의 봉급
☜ vicar + age(신분, 지위)

바이러스 virus (전염성 병원체)

♣ **어원 : vir, vic, vil, vit 독, 유독, 독약; 악의, 적의; 해로운, 악한, 나쁜, 더러운**

■ **vir**us [váiərəs] 명 『의학』 **바이러스**, 병독, (전염성) 병원체
☜ 라틴어로 '독(毒)'이란 뜻

☐ **vic**e [vais] 명 **악덕**, 악, 사악, 부도덕; **결함**, 병; 약점
☜ 라틴어로 '결함'이란 뜻
♠ Virtue triumphs over **vice** in the end.
선(善)은 결국에는 **악(惡)**을 이긴다.

☐ **vic**ious [víʃəs] 형 **나쁜, 악덕의**; 타락한; **악의 있는**; 지독한, 심한
☜ 고대 프랑스어로 '사악한, 교활한'이란 뜻

© freepik.com

☐ **vic**ious circle 악순환(惡循環) ☜ circle(원, 원주; 순환)

■ **vil**e [vail] 형 **몹시 나쁜; 비열한**, 타락한; 비참한; 지독한
☜ 라틴어로 '가치 없는'이란 뜻

■ **vit**iate [víʃièit] 동 ~의 가치를 떨어뜨리다, 손상하다, 해치다, 망치다
☜ 나쁘게(vit) + i + 만들다(ate)

■ **vit**uperate [vaitjúːpərèit] 동 꾸짖다; 호통 치다; 나무라다 ☜ 라틴어로 '비난하다'란 뜻

VP(부통령, 부회장)도 최고의 VIP(매우 중요한 사람, 요인)에 속한다.

♣ **어원 : vice-, vis- 부(副)~, 대리~, 차(次)~**

■ **VP** **V**ice-**P**resident 부통령; 부총재; 부회장; 부총장

■ **VIP** **V**ery **I**mportant **P**erson 매우 중요한 사람, 요인(要人), 귀빈(貴賓)

☐ **vice** [váisi] 전 ~의 대신으로, ~의 대리로서(=in place of) ☜ 라틴어로 '~를 대신하여'란 뜻

☐ **vice** admiral 해군 중장(★★★) ☜ admiral(해군 장성, 제독)

☐ **vice**-chairman [váistʃέərmən] 명 (pl. **-men**) 부회장, 부위원장, 부의장 ☜ chairman(의장)

☐ **vice**-minister [váismínistər] 명 차관 ☜ minister(목사; (M~) 장관)

☐ **vice**-president [váisprézidənt] 명 **부통령**; (보통 V- P-) 미국 부통령; 부총재; 부회장; 부사장; 부총장 ☜ president (대통령; 회장, 사장, 총장, 학장, 총재)

☐ **vice versa** [váisi-vəːrsə] 《L.》 반대로, 거꾸로; 역(逆)도 또한 같음 《생략: v. v.》
☜ 라틴어로 '대리/대신(vice) 거꾸로 돌아서(verse)'란 뜻

☐ **vis**count [váikàunt] 명 **자작**(子爵) 《영국에서는 백작(earl)의 맏아들에 대한 경칭》; 『역사』 백작 대리 ☜ 라틴어로 '귀족(count)의 대리(vis)'란 뜻

비시 정부 Vichy (2차 대전 중 나치스 독일과 협력한 프랑스 정부)

☐ **Vichy** [víːʃi, víʃiː] 명 **비시** 《제2차 대전 중 비시 정부의 임시수도(1940-44)였던 프랑스 중부의 도시; 이곳에서 생산되는 광천수》 ☜ 라틴어로 '화해'란 뜻.

그리니치 Greenwich (그리니치 천문대가 있는 영국 런던의 자치구)

♣ **어원 : wich, vic, vicin 가까운; (가까운 곳에 모여 사는) 마을**

■ Green**wich** [grínidʒ, grén-, -itʃ] 명 **그리니치** 《런던 동남부 교외; 본초자오선의 기점인 천문대가 있는 곳》 ☜ 고대영어로 '녹색(green) 마을(wich)'이란 뜻

■ Green**wich** Royal Observatory (본초자오선의 기점인) **그리니치** 천문대
☜ 그리니치(Greenwich) 왕립(royal) 천문대(observatory)

■ **G**reenwich **M**ean **T**ime **그리니치** 평균시(**GMT**) ★ **한국은** GMT시간보다 9시간 **빠르다.**

□ **vicin**ity [visínəti] ⓜ 가까움, **근접; 근처, 부근** ☜ 라틴어로 '가까운(vicin) 것(ity)'이란 뜻
♠ towns **in near vicinity 근접** 도시

□ **vicin**al [vísənəl] ⓗ 인근의, 근접한; (도로가) 한 지방만의 ☜ vicin + al<형접>

□ **vicin**age [vísənidʒ] ⓜ 근처, 부근, 근방 ☜ vicin + age<명접>

버전 version (~판(版)), 오토리버스 autoreverse (자동전환재생)

♣ **어원 : vers(e), vert, vicis 향하다, 돌리다(=turn), 바꾸다(=change)**

■ **verse** [vəːrs] ⓜ 싯구, **운문** ☜ (표현방식을) 바꾸다

■ <u>**vers**ion</u> [vəːrʒən, -ʃən] ⓜ **번역**, 변형; **판**(版), **버전**
☜ 바꾼(vers) 것(ion<명접>)

□ **vicis**situde [visísətjùːd] ⓜ **변화, 변천**; 《고·시어》 순환, 교체; (pl.) 흥망, 성쇠
☜ 라틴어로 '바꾸는(vicis) + si + 것(tude<명접>)'이란 뜻
♠ **the vicissitudes** of life 인생의 **부침(浮沈)**

□ **vicis**situdinous [vəsìsətjúːdənəs, vai-, -nèri, -nəri] ⓗ 변화 있는, 성쇠 있는, 변화무쌍한
☜ 변화(vicissitude)가 + in + 있는(ous<형접>)

■ <u>autore**verse**</u> [ɔ̀ːtourivə́ːrs] ⓜ 『전자』 **오토리버스** 《녹음〔재생〕 중에 끝이 되면 테이프가 자동으로 역전하여 녹음〔재생〕을 계속하는 기능》 ☜ 자동으로(auto) 뒤로(re) 돌리다(verse)

■ re**verse** [rivə́ːrs] ⓢ **거꾸로 하다**, 반대로 하다 ☜ 다시/뒤로(re) 돌리다(verse)

■ con**vert** [kənvə́ːrt] ⓢ **전환하다, 바꾸다** ☜ 완전히(con<com/강조) 돌리다(vert)

연상 ▸ 빅팀(big team.큰 팀)이 가장 약한 빅팀(victim.희생양)을 찾았다.

※ **big** [big/빅] ⓗ (-<big**ger**<big**gest**) **큰**, 거대한, 중대한(⇔ little, small 작은) ☜ 중세영어로 '강한; 부피가 큰'이란 뜻.

※ **team** [tiːm/티임] ⓜ 『경기』 **조, 팀**; 작업조; 한패 ⓗ 팀으로 행하는 ⓢ 팀이 되다, 팀을 짜다 ☜ 고대영어로 '함께 멍에가 씌워진 같은 짐수레를 끄는 동물들의 무리'란 뜻

□ **victim** [víktim] ⓜ **희생**(자), 피해자, 조난자; 『종교』 희생, 산 제물
☜ 라틴어로 '희생용 동물'이란 뜻
♠ **the victims** of war 전쟁 **희생자**(=war victims)

빅토리 Victory ([로神] 승리의 여신), 빅토리아 Victoria, 인빈시블 HMS Invincible (영국 해군의 경항공모함)

♣ **어원 : vict, vinc 승리(자), 정복(자); 승리하다, 정복하다**

□ **Vict**oria [viktɔ́ːriə] ⓜ 『로.신화』 승리의 여신상; 영국의 빅토리아 여왕 (1819-1901) ☜ 승리한(vict) 자(or) + ia<이름 접미사>

□ **Vict**orian [viktɔ́ːriən] ⓗ **빅토리아 여왕(시대)의**; Victoria 왕조풍의; 융통성이 없는, 구식의 ☜ victor + i + an<형접>

□ **vict**or [víktər] ⓜ (fem. **victress**) **승리자**, 전승자; 정복자 ⓗ 승리(자)의 ☜ 승리(vict)한 사람(or)
♠ **a victor** in a contest 경기의 **승리자**

□ **vict**orious [viktɔ́ːriəs] ⓗ **승리를 거둔**, 이긴; 전승의; 이겨서 의기양양한
☜ victor + i + ous<형접>

< 승리의 여신 Victory >

□ **vict**ory [víktəri/**빅**터뤼] ⓜ **승리**, 전승; 극복, 정복; 『로神』 (V~) 승리의 여신 ☜ -y<명접>

■ in**vinc**ible [invínsəbəl] ⓗ **정복할 수 없는**, 무적의; 극복할 수 없는
☜ 승리(vinc)할 수 없(in=not) 는(ible)

※ **HMS** **H**er/**H**is **M**ajesty's **S**hip 여왕〔황제〕 폐하의 군함 《영국 군함 이름 앞에 붙이는 경어적 표현》 ☜ 그녀의(her)/그의(his) 폐하(Majesty) 의('s) 배(ship)

연상 ▸ 원래 비틀어 저장해 놓는 것이 비틀(victual.음식물)이다(?)

□ **vict**ual [vítl] ⓜ (보통 pl.) **음식**, 양식 ⓢ 식량을 공급하다〔사들이다〕; 《고어》 음식을 먹다
☜ 라틴어로 '양식'이란 뜻. 비축해 놓는(vict) 것(ual)
♠ **victual** an army 군대에 **식료품을 보급하다**

V

비전 vision (미래상), 텔레비전 television, 비주얼 visual, 비자 visa, 비디오 video

♣ 어원 : vis, vid, vit 보다

< Television >

■ **vis**ion [víʒən] 명 **시력**, 시각; 상상력; 환상; **미래상, 비전**
☜ 보는(vis) 것(ion)

■ tele**vis**ion [téləvìʒən/**텔**러뷔전] 명 **텔레비전** 《생략: TV》
☜ 멀리서<원격으로(tele) 보는(vis) 것(ion)

■ **vis**ual [víʒuəl] 형 **시각의**, 시각에 의한, 시각에 호소하는
☜ (눈에) 보이(vis) 는(ual)

■ **vis**a [víːzə] 명 (여권 따위의) 사증(査證), **비자** ☜ 보이는(vis) 것(a)

□ **vid**eo [vídiòu] 명 《미》 텔레비전; **비디오**, 영상(부문); 비디오 리코더(=VTR)
☜ 보이는(vid) 것(eo)
♠ make 〔film〕 **a music video 뮤직 비디오**를 찍다

□ **vid**eo game **비디오 게임** ☜ game(놀이, 경기)

□ **vid**eo recorder 비디오테이프식 녹화기 ☜ video + 기록하는(record 기계(er)

□ **vid**eotape [vídioutèip] 명 **비디오테이프**; 비디오테이프 녹화 동 비디오테이프에 녹화하다
☜ video + tape(납작한 끈, 테이프)

■ **vis**it [vízit/**뷔**지트] 동 **방문하다** ☜ 보러(vis) 가다(it)

■ in**vis**ible [invízəbəl] 형 **눈에 보이지 않는**; 감추어진 ☜ 보이지(vis) 않(in=not) 는(ible)

■ in**vit**e [inváit] 동 **초청하다, 초대하다** ☜ 안으로(in) 보러(vit) 오게 하다(e)

연상 파이(pie)를 서로 먼저 사려고 바이(vie.경쟁하다)하다.

※ **pie** [pai] 명 **파이**; 크림샌드위치; 잼샌드위치 ☜ 중세영어 '까치(magpie)'에서 유래. 이는 파이 속의 여러 재료들이 마치 까치가 둥지로 물어 오는 여러 형태의 것과 비슷한데서.

□ **vie** [vai] 동 (-/vie**d**/vie**d**) 겨루다, **경쟁하다**, 우열을 다투다
☜ 라틴어로 '(시합에) 초대하다'
♠ **vie with another** for power
권력을 잡으려고 **남과 다투다**

비엔나 Vienna (오스트리아의 수도)

□ **Vienna** [viénə] 명 **빈, 비엔나** 《오스트리아의 수도; 독일어명 Wien》; (종종 v-) 비엔나 빵 《35cm 정도의 여송연 모양의 흰 빵》 ☜ 라틴어로 '흰'이란 뜻

□ **Vienna** sausage **비엔나 소시지** ☜ sausage(소시지, 순대)

베트남 Vietnam (동남아시아의 사회주의 공화국)

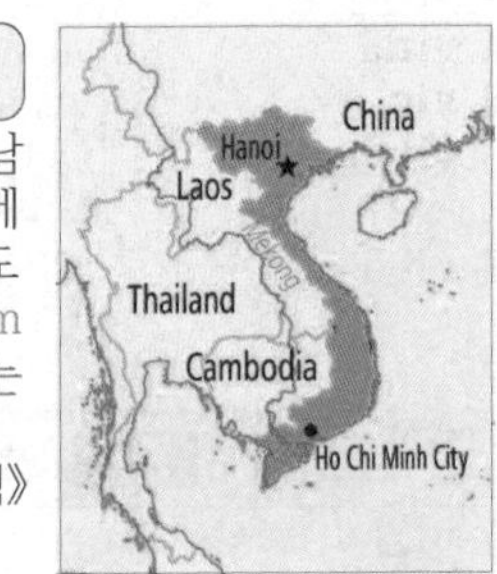

□ **Vietnam, Viet-Nam, Viet Nam** [vìːetnάːm, -nǽm, vjét-] 명 **베트남** 《동남아시아의 인도차이나 반도 동부에 있는 나라. 공식 국명은 '베트남 사회주의 공화국(Socialist Republic of Vietnam)'; 수도 하노이(Hanoi)》 ☜ 옛 베트남 왕조인 남월(베트남어: Nam Việt(남비엣/南越)의 명칭을 거꾸로 쓴 것. ★ **베트남의 영토는 길쭉한 모양새와 건국신화 때문에 '용(龍)'에 비유되곤 함.**

□ **Vietnam** War [the ~] 베트남전쟁(1954-75) 《북월남의 승리로 1976년 통일됨》
☜ war(전쟁)

인터뷰 interview (면담, 면접)

♣ 어원 : view, vis 보다

■ inter**view** [íntərvjùː] 명 **회견**; 회담, 대담; **인터뷰, 면접** 동 인터뷰〔면담〕하다 ☜ 서로(inter) 보다(view)

□ **view** [vjuː/뷰-] 명 **봄, 바라봄; 보는 힘**, 시력; **시계**, 시야; **경치, 조망**, 풍경; **견해**, 생각 ☜ 라틴어로 '보다'란 뜻
♠ a room **with a nice view 전망이 좋은** 방
♠ **in view 시계(視界) 안에, 보이는 곳에**(=in sight); **기대하여**
♠ **in view of ~ ~이 보이는 곳에, ~을 고려하여**
♠ **with a view to ~ ~을 목적으로 하여, ~할 목적으로**

□ **view**er [vjúːər] 명 **보는 사람**; 구경꾼; 검사관, 감독(관); 〖사진〗 **뷰어** 《슬라이드 따위의 (확대) 투시 장치》; 〖TV〗 시청자 ☜ view + er(사람/장치)

□ **view**finder [vjúːfàindər] 명 〖사진〗 **파인더** 《피사체를 확인하는 창》
☜ 전망<피사체(view)을 찾는(find) 것(er)

V

☐ **view**point [vjú:pɔ̀int] ⓜ **견해**, 견지, 관점; 관찰하는(보이는) 지점 ☜ view + point(점, 점수)
■ pre**view** [prí:vjù:] ⓜ 시사회, 시연(試演); 예고편; 사전검토 ⓢ 시사(시연)을 보다(보이다) ☜ 미리(pre) 보다(view)
■ re**view** [rivjú:] ⓜ **재조사**, 재검토, **재음미**, 재고(再考); 관찰, 개관(槪觀); 『법률』 재심리 ⓢ **정밀하게 살피다**; 《미》 **복습하다** ☜ 고대 프랑스어로 '다시(re) 보다(view)'란 뜻
■ rear**view** mirror (자동차의) 백미러 ☜ 뒤(rear)를 보는(view) 거울(mirror)

비타민 vitamin (동물의 발육과 생리 작용에 필요한 영양소)

♣ **어원 : vit, vig 힘있는; 생명의, 생명력있는, 살아있는**
■ **vit**amin(e) [váitəmin/vít-] ⓜ **비타민** 《생물의 정상적인 생리 활동에 필요한 유기 화합물》 ☜ 라틴어 vita(=vital.생명의) + amine(『화학』 아민: 질소를 함유한 유기화합물) ★ **현재까지 발견된 것으로는 비타민 A, B, C, D, E, F, H, K, L, M, P, U 등 종류가 많음.**

© study.com

■ **vit**al [váitl] ⓗ **생명의**, 생생한, 살아있는; **치명적인; 극히 중요한** ☜ 라틴어로 '생명의'란 뜻
☐ **vig**il [vídʒil] ⓜ **철야**, 불침번; 밤샘; 경야(經夜); 『종교』 철야기도 ☜ 초기인도유럽어로 '강하다, 활기를 띠다'란 뜻
♠ **keep vigil over** (beside) **밤을 새워 간호하다**
☐ **vig**ilance [vídʒələns] ⓜ 조심, 경계; **불침번** 서기; 불면증 ☜ vigil + ance<명접>
☐ **vig**ilant [vídʒələnt] ⓗ **자지 않고 지키는**, 경계하고 있는; 방심하지 않는, 주의 깊은 ☜ -ant<형접>
☐ **vig**or, **vig**our [vígər] ⓜ **활기, 정력**, 체력, 활력 ☜ 라틴어로 '활기를 띠다'란 뜻
♠ **regain one's vigor 기력을 회복하다**
☐ **vig**orous [vígərəs] ⓗ **정력적인, 원기 왕성한**, 활발한, 박력 있는, 강건한 ☜ vigor + ous<형접>
☐ **vig**orously [vígərəsli] ⓑ 원기 있게, 힘차게 ☜ vigorous + ly<부접>

바이킹 Viking (8-10 세기에 악명을 떨친 북유럽의 해적)

☐ **Viking** [váikiŋ] ⓜ (또는 v-) **바이킹, 북유럽 해적** 《8-11세기경 유럽 해안을 노략질한 북유럽 사람》; (v-) 해적 ☜ 고대 노르드어로 '약탈자, 해적'이란 뜻

바이러스 virus (전염성 병원체)

♣ **어원 : vir, vic, vil, vit 독, 유독, 독약; 악의, 적의; 해로운, 악한, 나쁜, 더러운**
■ **vir**us [váiərəs] ⓜ 『의학』 **바이러스**, 병독, (전염성) 병원체 ☜ 라틴어로 '독(毒)'
■ **vir**al [váiərəl] ⓗ 바이러스성(性)의, 바이러스가 원인인 ☜ 독(vir)이 있는(al<형접>)
■ **vic**e [vais] ⓜ **악덕**, 악, 사악, 부도덕; **결함**, 병; 약점 ☜ 라틴어로 '결함'
☐ **vil**e [vail] ⓗ **몹시 나쁜; 비열한**, 타락한; 비참한; 지독한 ☜ 라틴어로 '가치 없는'
♠ **A vile smell** assailed my nostrils. **지독한 냄새**가 코를 찔렀다.
■ **vit**iate [víʃièit] ⓢ ~의 가치를 떨어뜨리다, 손상하다, 해치다, 망치다 ☜ 나쁘게(vit) + i + 만들다(ate)

빌라 villa (콩글 ▶ 연립주택) ➔ <미> town house, <영> terraced house

♣ **어원 : wich, vic, vicin 가까운; (가까운 곳에 모여 사는) 마을**
☐ **vill**a [vílə] ⓜ **별장**; (교외·해안의) 별저; 《영》 교외 주택 ☜ 라틴어로 '시골<마을의 집'이란 뜻 ★ 우리는 빌라(villa)라고 하면 '연립주택'을 의미하고, 외국인들은 '별장'으로 생각한다. 연립주택을 의미하는 바른 표현은 town house, terraced house, apartment, condo 등이다.
☐ **vill**age [vílidʒ/**빌**리쥐] ⓜ **마을**, 촌락 《hamlet보다 크고 town보다 작음》; [집합적] 마을 사람; (새·동물의) 군락(群落) ☜ 라틴어로 '마을의 저택'이란 뜻
☐ **vill**ager [vílidʒər] ⓜ **마을 사람**; 시골 사람 ☜ village + er(사람)
☐ **vill**ain [vílən] ⓜ 악인, **악한**; 악역; 원흉; 《우스개》 놈, 이 자식; 《영》 범인, 범죄자 ☜ 라틴어로 '농장의 하인'이란 뜻
♠ The Actor always wants to **play the villain role**. 그는 항상 **악역을 맡기를** 원한다
☐ **vill**ainous [vílənəs] ⓗ 악한 같은, 악당의; 악랄한; 비열한 ☜ villain + ous<형접>
☐ **vill**ainy [víləni] ⓜ 나쁜 짓, 악행; 극악, 악랄, 무뢰 ☜ villain + y<명접>
■ **town house** (시골에 country house를 가진 귀족 등의) 도회지의 또 다른 저택; 연립(공동) 주택 《한 벽으로 연결된 2-3층의 주택》; 《영》 =town hall ☜ house(집, 가옥, 주택)

V

어벤저 avenger (복수자), 리벤저 revenger (복수자)

© Walt Disney Studios

♣ 어원 : veng(e), vind 복수하다, 제거하다

■ a**venge** [əvénd3] 동 **~의 복수를 하다** ☜ ~에게(a<ad=to) 복수하다(venge)
■ a**venge**r [əvénd3ər] 명 복수자 ☜ avenge + er(사람)
■ re**venge** [rivénd3] 명 **복수** 동 **복수하다** ☜ 도로(re) 복수하다(venge)
■ re**venge**r [rivénd3ər] 명 **복수자** ☜ revenge + er(사람)
■ **venge**ance [véndʒəns] 명 **복수** ☜ 복수하(venge) 기(ance<명접>)
□ **vind**icate [víndəkèit] 동 ~의 정당함(진실임)을 입증하다; 변호하다; 옹호하다 ☜ (비난・의심을) 제거하(vind)려 말하(dic) 다(ate<동접>)
♠ They **vindicated** themselves.
그들은 자기의 주장을 **옹호했다**.
□ **vind**ication [vìndəkéiʃən] 명 변호, 옹호; 입증, 정당화; 변명, 해명 ☜ vindicate + ion<명접>
□ **vind**icative [vindíkətiv, víndikèi-] 형 변호(옹호)하는; 변명하는 ☜ -ive<형접>
□ **vind**ictive [vindíktiv] 형 복수심이 있는, 원한을 품은, 앙심깊은; 징벌의 ☜ 복수(vind)를 말하(dic) 는(ive<형접>)

와인 wine (포도주), 빈티지 vintage (양질의 포도로 만든 고급 포도주)

■ **wine** [wain/와인] 명 **와인, 포도주** ☜ 고대영어로 '포도주'란 뜻
□ **vine** [vain] 명 덩굴; **포도나무**; (the ~) 《미.속어》 포도주 ☜ 라틴어로 '포도나무, 포도밭'이란 뜻
♠ grapes on **the vine 포도나무**에 매달린 포도
□ **vine**age [víntidʒ] 명 **포도 수확**(기); 포도 수확량 《일기(一期)의》, 포도주 생산량 ☜ vine + age<명접>
□ **vine**gar [vínigər] 명 **식초**; 『약학』 아세트산 약제 《묽은 아세트산으로 녹힌 약액》; 찡그린 얼굴, 지르퉁함, 비뚤어진 성질 동 초를 치다 ☜ 고대 프랑스어로 '새콤한 포도주'란 뜻
□ **vine**ry [váinəri] 명 포도원; 포도 온실; [집합적] 덩굴 식물 ☜ vine + ry(장소)
□ **vine**yard [vínjərd] 명 **포도원[밭]**; 일터 《특히 정신적인》, 활동 범위 ☜ vine + yard(마당; 길이의 단위 야드)
□ **vin**tage [víntidʒ] 명 포도 수확(기); 포도 수확량 《일기(一期)의》, 포도주 생산량; = vintage wine, 포도주; (어떤 해의) 생산품; 형; 제조 연도, 제작 연대《자동차 등의》 ☜ 고대 프랑스어로 '포도 수확'이란 뜻 ★ 오래 되고도 값진 것, 특정한 연대에 만든 것을 빈티지(vintage)로 많이 표현하는데, 고풍스런 차는 vintage car로, 색이 바랬거나 고풍스런 패션은 vintage fashion으로, 양질 포도가 풍작을 이룬 해에 양조한 극상(極上) 포도주를 vintage wine이라고 한다.

비닐하우스 vinyl house ➔ (vinyl) greenhouse (비닐온실)

□ **vinyl** [váinəl/**바**이널, vín-] 명 『화학』 **비닐** 《수지제의 플라스틱》 형 비닐제의 ☜ poly**vinyl**의 두음소실 주의 비닐봉지는 vinyl bag이 아닌 plastic bag이다.
♠ **plastic (vinyl) waste 폐비닐**
15 million tons of **plastic waste** ends up in oceans every year.
1,500만 톤의 **플라스틱 폐기물**이 매년 바다에 버려진다.
■ poly**vinyl** [pàlivάinəl] 명형 『화학』 비닐 중합체(重合體)(의), **폴리비닐**(의) ☜ poly(많은) + vinyl(라틴어로 '포도주')란 뜻. 제품의 원료인 에틸 알콜은 와인에 함유된 일반적인 알코올이기 때문.
■ **PVC** **p**oly**v**inyl **c**hloride 『화학』 염화 비닐 ☜ chloride(『화학』 염화물)
※ **house** [haus/하우스] 명 **집**, 가옥, 주택 ☜ 고트어로 '신의 집'이란 뜻

바이올린 violin ([악기] 유럽의 대표적인 현악기)

□ **viola** [vióulə] 명 **비올라** 《바이올린(violin)과 첼로(cello)의 중간 크기의 현악기》; 비올라 연주자 ☜ 중세 라틴어로 '현악기'란 뜻
□ **violin** [vàiəlín/**봐**이얼**린**] 명 **바이올린**, 바이올린 계통의 악기 《viola, cello 등》; 바이올린 연주자 ☜ 중세 이탈리아어로 '작은 비올라'란 뜻
□ **violin**ist [vàiəlínist] 명 바이올린 연주자, **바이올리니스트** ☜ violin + ist(사람)

V

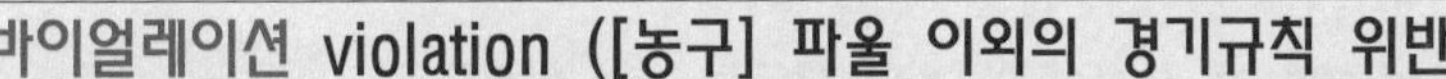

바이얼레이션 violation ([농구] 파울 이외의 경기규칙 위반)

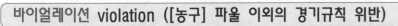

♣ 어원 : viol 힘, 폭력; 위반, 침해; 격렬

□ **viol**ate [váiəlèit] ⓢ **위배[위반]하다**; 《문어》 **~의 신성을 더럽히다**, 모독하다
☜ 라틴어로 '힘으로 다루다'란 뜻
♠ **violate a law 법률을 위반하다.**

□ **viol**ation [vàiəléiʃən] ⓜ **위반**, 위배; 방해; 침해 ☜ viol + ation<명접>

□ **viol**ence [váiələns] ⓜ **격렬(함)**, 맹렬함; **폭력**, 난폭 ☜ viol + ence<명접>

□ **viol**ent [váiələnt] ⓗ **격렬한, 난폭한** ☜ viol + ent<형접>

□ **viol**ently [váiələntli] ⓟ 세차게, **맹렬하게**, 격렬하게; 몹시 ☜ violent + ly<부접>

바이올렛 violet (제비꽃, 보라색)

□ **violet** [váiəlit] ⓜ 〖식물〗 **바이올렛, 제비꽃**; 보랏빛 ⓗ 보라색의
☜ 라틴어로 '제비꽃'이란 뜻
♠ They were **dressed in violet** with gold accessories.
그들은 금 액세서리와 **보라색 옷을 입고** 있었다.

□ **violin**(바이올린), **violinist**(바이올리니스트) ➔ **viola**(비올라) **참조**

브이아이피 VIP (매우 중요한 사람. 요인)

□ **VIP, V.I.P.** **V**ery **I**mportant **P**erson 매우 중요한 사람, 요인(要人), 귀빈(貴賓)

✚ **ver**y **대단히, 매우**; 《부정문에서》 **그다지[별로]; 바로 그** im**port**ant **중요한**; 거드름 피우는
person 사람, 인물; 신체

바이퍼 Viper (미 해병대의 AH-1Z 공격헬리콥터의 애칭. <살모사>)

□ **viper** [váipər] ⓜ 〖동물〗 북살무사, **살모사**(殺母蛇); 독사(毒蛇); 독사 같은 놈, 속 검은 사람 ☜ 라틴어로 '독사'란 뜻
♠ die from **a viper** bite **독사**에 물려 죽다

□ **viper**ous [váipərəs] ⓗ 독사 같은, 독이 있는; 심지가 나쁜, 속 검은 ☜ viper + ous<형접>

버지니아 Virginia (미국 동부 대서양 연안에 있는 주)

□ **Virgin**ia [vərdʒínjə] ⓜ **버지니아** 《미국 동부의 주(州); 별명 the old Dominion; 생략: Va., VA》 ☜ 영국의 처녀 여왕 엘리자베스 별명.

□ **Virgin**ia Woolf **버지니아 울프** 《Adeline ~, 영국의 여류소설가, 비평가; 1882-1941》 ★ 박인환의 시 <목마와 숙녀>에 나오는 "한 잔의 술을 마시고, 우리는 버지니아 울프의 생애와 목마를 타고 떠난 소녀의 옷자락을 생각한다"와 <누가 버지니아 울프를 두려워하랴?> (Who's Afraid of Virginia Woolf?)라는 제목의 에드워드 올비의 희곡으로 더 유명해졌다.

□ **virgin** [vəːrdʒin] ⓜ **처녀**, 동정녀 ⓗ **처녀의, 더럽혀지지 않은**
☜ 고대 프랑스어로 '처녀; 동정녀 마리아'란 뜻
♠ **the (Blessed) Virgin Mary 성모 마리아**

□ **Virgin** Islands [the ~] **버진 아일랜드**(제도) 《서인도 제도 중의 군도; 약어 V.I.》 ☜ island(섬) + s(들)

□ **virgin**ity [vərdʒínəti] ⓜ 처녀임, 처녀성, 동정(童貞); 순결 ☜ virgin + ity<명접>

브이알 VR (가상현실)

■ **VR** **V**irtual **R**eality 가상현실 《컴퓨터 기술이 연출해내는 3차원 그래픽을 포함한 가상의 환경으로 실존하지 않는 소리나 감각, 환경 등을 현실처럼 의사 체험할 수 있음》

□ **virtu**al [vəːrtʃuəl] ⓗ (명목상이 아니라) 실제상의, 실질적인, **사실상의; 가상의** ☜ 라틴어로 '우수(virtu) 한(al<형접>)'이란 뜻

© augray.com

♠ The country was sliding into a state of **virtual** civil war.
그 나라는 **사실상** 내전 상태로 빠져 들고 있었다.
♠ Players live a second life in **a virtual world**.
플레이어들은 **가상 세계**에서 제2의 삶을 산다.

V

□ **virtu** [vəːrtúː] ⓜ (골동·미술품류의) 가치, 골동적 가치; [복수취급·집합적] 훌륭한 미술품(골동품); 미술 취미, 골동 애호 ☜ 이탈리아어로 '우수'란 뜻

□ **virtu**ally [vəːrtʃuəli] ⓟ **사실상**, 실질적으로 ☜ virtual + ly<부접>

□ **virtu**e [vəːrtʃuː/붜-추-] ⓜ **미덕, 덕**, 덕행, 선행; **장점**; 효력
☜ 라틴어로 '우수(virtu) 함(e<명접>)'이란 뜻
♠ **by (in) virtue of ~ ~덕분에, ~의 힘으로, ~에 의하여**

□ **virtu**ous [və́ːrtʃuəs] 형 **덕이 높은**, 덕행이 있는, 고결한 ☜ virtu + ous<형접>
※ **reality** [riːǽləti] 명 **진실(성)**, 본성; 사실, **현실, 리얼리티**; 실재, 실체
☜ 라틴어로 '실재하는 사물의(real) + ity<명접>'란 뜻

바이러스 virus (전염성 병원체)

♣ 어원 : vir, vic, vil, vit **독(毒), 유독, 독약; 악의, 적의; 해로운, 악한, 나쁜, 더러운**
□ **vir**us [váiərəs] 명 『의학』 **바이러스**, 병독, (전염성) 병원체 ☜ 라틴어로 '독(毒)'이란 뜻
■ **vir**al [váiərəl] 형 바이러스성(性)의, 바이러스가 원인인 ☜ 독(vir)이 있는(al)
■ **vic**e [vais] 명 **악덕**, 악, 사악, 부도덕; **결함**, 병; 약점 ☜ 라틴어로 '결함'이란 뜻
■ **vil**e [vail] 형 **몹시 나쁜; 비열한**, 타락한; 비참한; 지독한 ☜ 라틴어로 '가치없는'이란 뜻

비자 visa (외국인에 대한 입국허가증명서), 비전 vision (통찰력), 비주얼 visual

♣ 어원 : vis, vid, vit **보다**
□ **vis**a [víːzə] 명 (여권 따위의) 사증(査證), **비자** ☜ 보이는(vis) 것(a)
□ **vis**age [vízidʒ] 명 **얼굴**, 얼굴 모습, 용모; 양상
☜ 라틴어로 '보이는(vis) 것(age)'이란 뜻
□ **vis**-à-vis [vìːzəvíː] 명 (pl. **-** [-z]) 《F.》 마주보고 있는 사람〔물건〕; 《특히》 (춤의) 상대역, (사교장에서의) 파트너; 마주앉아 타는 마차[좌석]
형 마주보고 있는 부 마주보고, 상대해서 전 ~와 마주보고
☜ 영어로 'face-to-face(얼굴을 맞대고, 대면하는)' 이란 뜻.
□ **vis**ible [vízəbəl] 형 **(눈에) 보이는; 명백한** 명 눈에 보이는 것 ☜ 볼(vis) 수 있는(ible)
■ in**vis**ible [invízəbəl] 형 **눈에 보이지 않는**; 감추어진 ☜ 보이지(vis) 않(in=not) 는(ible)
□ **vis**ibility [vìzəbíləti] 명 눈에 보임; 명백(한 상태); 『광학』 선명도(鮮明度), 가시도(可視度); (대기의) 투명도; 시야 ☜ (눈으로) 볼(vis) 수 있는 것(ibility)
□ **vis**ibly [vízəbli] 부 눈에 보이게, 뚜렷이 ☜ visible + ly<부접>
□ **vis**ion [víʒən] 명 **시력; 통찰력; 상상력; 환상** ☜ 보는(vis) 것(ion<명접>)
♠ He is a man of **broad vision**. 그는 **폭넓은 식견**을 가진 사람이다.
□ **vis**ional [víʒənəl] 형 환상의; 환상적인, 몽상적인, 비현실적인; 가공의; 시각의 ☜ -al<형접>
□ **vis**ionary [víʒənèri/-nəri] 형 **환영(幻影)의**; 환상의; 몽상적인 명 공상〔몽상〕가
☜ -ary<형접/명접>
□ **vis**it [vízit/**뷔**지트] 동 **방문하다** ☜ 보러(vis) 가다(it)
♠ I **visited** Korea last year. 나는 작년에 한국을 **방문했다**.
♠ **make 〔pay〕 a visit to ~ ~을 방문하다, ~을 구경하다**
□ **vis**itation [vìzətéiʃən] 명 **방문**, 문병; 공식 방문, 순찰, 순시 ☜ visit + ation<명접>
□ **vis**itor [vízitər/**뷔**지러/**뷔**지터] 명 **방문객**, 손님, 체류 손님; 관광객 ☜ visit + or(사람)
□ **vis**iting [vízitiŋ] 명 **방문**; 순시, 시찰 형 **방문하는**, 방문의, 문병하는; 순회의, 순시하는, 임검의 ☜ visit + ing<명접/형접>
□ **vis**or [váizər] 명동 『역사』 (투구의) 면갑(面甲)(으로 덮다); (모자의) 챙; 복면(을 쓰다), 마스크; **바이저**= sun visor; 변장 ☜ 고대 프랑스어로 '얼굴'이란 뜻
□ **vis**ta [vístə] 명 **멀리 내다보이는 경치**; (장래의) 전망, 예상; 추억 ☜ 이탈리아어로 '광경'
□ **vis**ual [víʒuəl] 형 **시각의**, 시각에 의한, 시각에 호소하는 ☜ (눈에) 보이(vis) 는(ual)
♠ **audio-visual aids** for the classroom 수업용 **시청각 교재**
□ **vis**ualize [víʒuəlàiz] 동 **눈에 보이게 하다**, **시각화하다**, 상상하다 ☜ visual + ize<동접>
□ **vis**ually [víʒuəli] 부 시각적으로; (눈에) 보이도록 ☜ visual + ly<부접>
■ **vid**eo [vídiòu] 명 《미》 텔레비전; **비디오**, 영상(부문); 비디오 리코더 ☜ 보이는(vid) 것(eo)
■ in**vit**e [inváit] 동 **초청하다, 초대하다** ☜ 안으로(in) 보러(vit) 오게 하다(e)

□ **viscount**(자작) ➔ **vice-president**(부통령) **참조**

비타민 vitamin (동물의 발육과 생리 작용에 필요한 영양소)

♣ 어원 : vit, vig, viv **힘있는; 생명의, 생명력있는, 살아있는**
□ **vit**amin(e) [váitəmin/vít-] 명 **비타민** 《생물의 정상적인 생리 활동에 필요한 유기 화합물》 ☜ 라틴어 vita(=vital.생명의) + amine(『화학』 아민: 질소를 함유한 유기화합물) ★ 현재까지 발견된 것으로는 비타민 A, B, C, D, E, F, H, K, L, M, P, U 등 종류가 많음.
□ **vit**al [váitl] 형 **생명의**, 생생한, 살아있는; **치명적인; 극히 중요한**
☜ 라틴어로 '생명의'란 뜻
♠ the vitamins that are **vital** for health
건강에 **필수적인** 비타민

© study.com

□ **vit**alize [váitəlàiz] 동 활력을 부여하다, 생명을 주다, 생기를 주다 ☜ vital + ize<동접>

V

☐ **vit**ally　[-təli] ⓟ **치명적으로**, 극히 중대하게; 진실로, 참으로 ☜ -ly<부접>
☐ **vit**ality　[vaitǽləti] ⓜ **생명력**, 활력, 체력, 생활력; **활기**, 생기, 원기 ☜ -ity<명접>
☐ **viv**id　[vívid] ⓗ **생생한**, 생기〔활기〕에 찬, 활발한, **발랄한**, 원기 왕성한; 선명한, **밝은**
☜ 라틴어로 '살아(viv) 있는(id)'이란 뜻
♠ **vivid memories 생생한 기억**
☐ **viv**idly　[vívidli] ⓟ **생생하게**, 선명하게, 발랄하게 ☜ vivid + ly<부접>
☐ **viv**idness　[vívidnis] ⓜ 생생함, 활기; 선명 ☜ vivid + ness<명접>
☐ **viv**isect　[vívəsèkt] ⓢ (동물을) 산 채로 해부하다; 생체 해부를 하다
☜ 살아있는(vivi) 채로 자르다(sect)
☐ **viv**isection　[vívəsèkʃən] ⓜ 생체 해부; 가혹한 비평 ☜ -ion<명접>
■ **vig**il　[vídʒil] ⓜ **철야**, 불침번; 밤샘; 경야(經夜); 『종교』 철야기도
☜ 초기인도유럽어로 '강하다, 활기를 띠다'란 뜻
■ **vig**or, vigour　[vígər] ⓜ **활기, 정력**, 체력, 활력 ☜ 라틴어로 '활기를 띠다'란 뜻
■ re**viv**e　[riváiv] ⓢ **소생(하게) 하다**; 회복시키다; 기운나게 하다 ☜ 라틴어로 '다시(re) 살다'

브이제이 VJ (❶ 음악 비디오 프로그램 진행 아나운서　❷ 비디오 저널리스트　❸ 텔레비전의 리포터. <비디오 자키>)

© KBS 2TV

☐ **VJ**　**V**ideo **J**ockey 비디오자키 《DJ에 영상을 추가한 것》; 비디오 저널리스트; (텔레비전의) 리포터

✚ **vid**eo 《미》 텔레비전; **비디오**, 영상(부문); 비디오 리코더　**jockey 경마의 기수**; 운전자; (남을 앞서기 위해) 다투다

블라디보스톡 Vladivostok (북한 바로 위에 있는 러시아의 극동항)

☐ **Vladivostok**　[vlæ̀divɑ́stɑk/-vɔ́stɔk] ⓜ **블라디보스톡** 《러시아 시베리아 동남의 항구》
☜ 러시아어로 '동방 정복'이란 뜻

브이오에이 VOA (미국의 이익을 대변하는 해외 방송. <미국의 소리>)

☐ **VOA**　**V**oice **o**f **A**merica 미국의 소리 (방송)　★ VOA는 미국 정부 산하 해외정보국에서 직접 운영하는 해외 홍보 방송이다
※ **voi**ce　[vɔis/보이스] ⓜ **목소리**, 음성 ☜ 부르는(voi) 것(ce)
※ **America**　[əmérikə/어**메**뤼커] ⓜ **미국, 아메리카대륙** ☜ 신대륙 발견자인 Amerigo Vespucci의 라틴명 Americus Vespucius의 이름에서

보컬 vocal (노래하는 가수, 성악가),　버캐뷰러리 < 보캐뷸레리 vocabulary (어휘)

♣ **어원 : voc, voke, voi 부르다, 목소리**
☐ **voc**abulary　[voukǽbjulèri/-ləri] ⓜ (pl. -lar**ies**) **어휘, 보캐뷸레리**; 용어수〔범위〕 ☜ 중세 라틴어로 '말〔낱말〕(vocabul)의 목록(ary)'
☐ **voc**al　[vóukəl] ⓜ **보컬** 《성악 · 노래를 부르는 가수나 성악가》
ⓗ **음성의** ☜ 목소리(voc) 의(al)
♠ **Vocal of a band** is very important.
밴드의 보컬은 아주 중요하다.

< Vocal >

☐ **voc**alist　[vóukəlist] ⓜ 성악가, 가수, **보컬리스트** 《팝 그룹과 함께 노래를 부르는 가수》 ☜ vocal + ist(사람)
☐ **voc**alization　[vòukəli-zéiʃən/-laiz-] ⓜ **발성**, 발성법; 『음악』 유성음화(有聲音化), 모음화
☜ vocal + ize<동접> + ation<명접>
☐ **voc**alize　[vóukəlàiz] ⓢ 목소리로 내다, 발음하다; 모음화하다; 읊조리다, 노래하다
☜ 목소리(vocal)를 만들다(ize<동접>)
☐ **voc**ally　[vóukəli] ⓟ 구두로, 목소리로 ☜ -ly<부접>
☐ **voc**ation　[voukéiʃən] ⓜ **직업**; 적성, 소질 ☜ (신의) 부름(voc)에 응한(a) 것(tion)
☐ **voc**ational　[voukéiʃənəl] ⓗ 직업의, **직업상의**; 직업에 이바지하는 ☜ -al<형접>
♠ a **vocational** test **직업** 적성 검사,　**vocational** training **직업** 훈련
☐ **voc**ationally　[voukéiʃənəli] ⓟ 직업상으로 ☜ -ly<부접>
☐ **voc**ative　[vɑ́kətiv/vɔ́k-] ⓗ 『문법』 호격(呼格)의, 부르는 ☜ 부르(voc) 는(ative)
☐ **voc**iferant　[vousífərənt] ⓗⓜ 큰소리를 내는 (사람), 소리치는 (사람)
☜ 목소리(voc)를 + i + 나르다(fer) + ant(<형접>/사람)
☐ **voc**iferate　[vousífərèit] ⓢ 큰소리를 내다, 고함치다, 소리지르다
☜ 목소리(voc)를 + i + 나르(fer) 다(ate<동접>)
♠ He **vociferated** "Get away." '나가'라고 그가 소리쳤다.

V

□ **voc**iferation [vousífərèit] ⓜ 고함침, 소리지름, 시끄러움 ☜ -ation<명접>
□ **voc**iferous [vousífərəs] ⓗ 큰소리로 외치는, 소란한, 시끄러운 ☜ -ous<형접>
□ **voi**ce [vɔis/보이스] ⓜ **목소리**, 음성 ☜ 부르는(voi) 것(ce)
□ **voi**ced [vɔist] ⓗ 목소리로 낸; ~소리의; 유성음의 ☜ voice + ed<형접>
□ **voi**celess [vɔ́islis] ⓗ **목소리가 없는**; 무언의; 벙어리의; 실성(失聲)(증)의; 『음성』 무성음의 ☜ voice + less(~이 없는)
■ ad**voc**ate [ǽdvəkit, -kèit] ⓜ **옹호자**, 대변자 ☜ ~쪽으로(ad=to) 소리(voc) 치다(ate)
[ǽdvəkèit] ⓢ 옹호〔변호〕하다; 주장하다
■ e**voke** [ivóuk] ⓢ (기억을) **불러일으키다** ☜ 밖으로(e<ex) 불러내다(voke)
■ pro**voke** [prəvóuk] ⓢ (감정을) **자극하다** ☜ 앞으로(pro) 부르다(voke)

보드카 vodka (러시아의 독한 증류주)

□ **vodka** [vάdkə/vɔ́d-] ⓜ 《러》 **보드카** 《러시아산 화주(火酒)》 ☜ 러시아어로 '물'이란 뜻

보그지(誌) Vogue (글로벌 여성 패션 잡지. <유행>이란 뜻)

□ **vogue** [voug] ⓜ **(대)유행**, 성행; 인기, 호평 ⓗ 유행하는
☜ 중세 프랑스어로 '배젓기; 진로'란 뜻
♠ **a vogue word 유행어**
♠ **come into vogue 유행하기 시작하다**
♠ **in 〔out of〕 vogue 유행하고 있는** 〔유행이 지난〕
□ **vogu**ish [vóugiʃ] ⓗ 유행하는, 스마트한; 갑자기 인기를 얻은, 일시적 유행의 ☜ vogue + ish<형접>

□ **voice**(목소리, 음성), **voiceless**(목소리가 없는) ➔ **vocation**(직업) **참조**

바캉스 vacance ([F.] 휴가) ➔ vacation (정기휴가)

♣ **어원 : vac, va(n), void 빈, 공허한**
■ **vac**ation [veikéiʃən/뷔이**케**이션, və-] ⓜ **정기휴가**
☜ 비우(vac) 기(ation<명접>)
■ **vac**ant [véikənt] ⓗ **빈, 공허한, 한가한** ☜ -ant<형접>
■ **va**in [vein/붸인] ⓗ **헛된**, 보람 없는, 무익한, 쓸데없는 ☜ 라틴어로 '텅 빈'이란 뜻
■ **van**ish [vǽniʃ] ⓢ **갑자기 사라지다, 없어지다** ☜ -ish<동접>
□ **void** [vɔid] ⓗ **빈**, 공허한, 공석인; **무효의**, 쓸모없는 ⓜ [the ~] (우주의) **공간**; 공백
☜ 라틴어로 '텅 빈'이란 뜻
♠ **a void space 공간; 『물리』 진공**
♠ **a void contract 무효가 된 계약**
□ **void**ance [vɔ́idəns] ⓜ 텅 비게 함; 비움; 배설, 방출, 추방; 공석; 무효, 취소 ☜ -ance<명접>

발리슛 volley shoot ([축구] 공이 땅에 닿기 전 공중에서 공을 차는 킥)

♣ **어원 : vol 날다, 비행하다**
□ **vol**ant [vóulənt] ⓗ 『동물』 나는, 날 수 있는; 《문어》 재빠른, 민첩한; 『紋章(문장)』 나는 모양의
☜ 프랑스어로 '날으(vol) 는(ant<형접>)'이란 뜻
♠ The word **'volant'** means to fly in a light, nimble manner.
'**볼런트**'란 단어는 가볍고 민첩한 방식으로 날 수 있다는 것을 의미한다.
□ **vol**atile [vάlətil/vɔ́lətàil] ⓗ **휘발성의**; 폭발하기 쉬운; 격하기 쉬운; 변덕스런 ⓜ 새, 날개 있는 동물; 휘발성 물질 ☜ 라틴어로 '날고(vol) 있는(atile)'이란 뜻
□ **vol**ley [vάli/vɔ́li] ⓜ **일제 사격**; 연발; 『구기』 **발리** 《공이 땅에 닿기 전에 치거나 또는 차보내는 것》; 『크리켓』 **발리** 《공을 바운드시키지 않고 삼주문(三柱門) 위에 닿도록 던지기》
☜ 고대 프랑스어로 '비행'이란 뜻
♠ **a volley** of small arms fire 소총의 **일제 사격**
♠ hit 〔kick〕 a ball **on the volley** 공을 **발리로** 치다〔차다〕
□ **vol**leyball [vάlibɔ̀ːl/vɔ́li-] ⓜ 『구기』 **배구**, 배구공 ☜ (공중을) 나는(volley) 공(ball)
※ **shoot** [ʃuːt/슡-] ⓢ (-/**shot/shot**) (총 · 화살을) **쏘다**, 발사하다; **힘차게 움직이다[달리다]**
ⓜ **사격; 새로 나온 가지** ☜ 고대영어로 '던지다, 때리다'란 뜻

V

발칸포(砲) Vulcan (6개의 총신이 세트로 회전하며 쏘는 기관총포)

♣ **어원 : vulcan, volcan 불, 화산**
■ **Vulcan** [vʌ́lkən] ⓜ 『로.신화』 **불카누스** 《불과 대장장이 신》; 『군사』 **발칸**포

☐ **volcan**o [vɑlkéinou/vɔl-] ⓜ (pl. **-(e)s**) **화산**; 곧 폭발할 것 같은 감정〔사태〕
☜ 라틴어로 '불과 대장장이 신(Vulcan)'이란 뜻
♠ an active 〔a dormant, an extinct〕 **volcano** 활〔휴, 사〕 **화산**

☐ **volcan**ic [vɑlkǽnik/vɔl-] ⓗ **화산의**; 화산 작용에 의한; 폭발성의, 격렬한
☜ 화산(volcan) 의(ic<형접>)

☐ **volition**(의지(력)) ➔ **voluntary**(자발적인 (행동)) **참조**

포크송 folk song (민요), 폭스바겐 Volkswagen (독일 폭스 자동차)

■ **folk** [fouk/뽀우크] ⓜ (pl. **-(s)**) (pl.) **사람들; 가족**, 친척; 《고어》 국민, 민족 ☜ 고대영어로 '일반 사람들, 국민, 종족'이란 뜻
★ folk의 l은 묵음

■ **folk** dance 민속〔향토〕 무용(곡), **포크댄스** ☜ 민속(folk) 춤・무용(dance)

■ **folk**lore [fóuklɔ̀:r] ⓜ **민간전승**, 민속; 민속학 ☜ 민속(folk) 학문(lore)

■ **folk** song 민요, **포크송** ☜ 민속(folk) 음악(song)

☐ **Volk**swagen [fɔ́:lksvɑ̀:gən] ⓜ 《독》 **폭스바겐** 《독일의 자동차 회사; 폭스바겐 사의 대중용 소형차; 약어: VW; 상표명》
☜ 독일어로 '민족/국민(volks<folks) 4륜차(wagen<wagon)'란 뜻

Volkswagen

☐ **volley**(일제사격; [구기] 발리), **volleyball**(배구) ➔ **volatile**(휘발성의) **참조**

볼트 volt ([전기] 전압의 단위)

☐ **volt** [voult] ⓜ 〖전기〗 **볼트** 《약어: V, v.》
☜ 이탈리아의 전지 발명자 A. Volta의 이름에서 유래.

☐ **volt**age [vóultidʒ] ⓜ 〖전기〗 전압, 전압량, 볼트 수 《약어: V》 ☜ volt + age<명접>

☐ **volt**meter [vóultmì:tər] ⓜ 〖전기〗 전압계 ☜ volt + meter(계량기, 측정기)

볼테르 Voltaire (프랑스의 억압에 맞선 투사, 대표적 계몽사상가)

☐ **Voltaire** [vɑltέər, voul-/vɔl-] ⓜ **볼테르** 《프랑스의 철학자・문학자; 본명은 Françrois Marie Arouet; 1694-1778》 ★ **주요 저서 : 『찰스 7세의 역사』, 『러시아사』, 『프랑스사』, 『캉디드』** 등

리볼버 revolver (탄창이 돌아가는 연발권총), 볼륨 volume (음량) 볼보 Volvo (스웨덴 볼보사(社)의 고성능 자동차)

♣ **어원 : vol, volv(e), volu(m), volt 돌다, 회전하다**

■ re**volve**r [rivɑ́lvər/-vɔ́l-] ⓜ (회전식) **연발 권총**
☜ 계속(re) 도는(volv) 기계(er)

■ re**volu**tion [rèvəlú:ʃən/**레**벌**루**-션] ⓜ **혁명**; 변혁 ☜ -tion<명접>

■ e**volve** [ivɑ́lv/ivɔ́lv] ⓢ **전개하다, 진화[발달]시키다**, 진화〔발달〕하다
☜ 회전하며(volve) 밖으로(e<ex) 나오다

■ in**volve** [invɑ́lv/-vɔ́lv] ⓢ **포함하다**, 수반하다, 말려들게 하다
☜ 안으로(in) 돌다(volve)

☐ **volume** [vɑ́lju:m/**발**륨/vɔ́lju:m/**볼**륨] ⓜ **책**, (책의) **권**(卷) 《약어: v., vol(s).》; (종종 pl.) **대량**, 양, 분량; **용적, 용량; 음량, 볼륨** ☜ 라틴어로 '두루마리', '(양피지・파피루스 등이) 둘둘 말린 것'이란 뜻.
♠ a novel **in three volumes** 〔3 vols.〕 **3권으로 된** 소설
♠ **the volume of traffic 교통량**
♠ **Increase** 〔Decrease〕 **the volume. 볼륨을 올려라**(낮추어라)

☐ **volum**inous [vəlú:mənəs] ⓗ **권수가 많은; 부피가 큰**; 음량이 풍부한 ☜ volume + in + ous<형접>

☐ **Volvo** [vɑ́lvou/vɔ́l-] ⓜ (pl. **-s**) **볼보** 《스웨덴 볼보 회사제 자동차》
☜ 라틴어로 '나는 구른다(I roll)'는 뜻

V

에듀윌 Eduwill (한국의 종합교육기업 중 하나) 윌리엄[빌헬름] 텔 William Tell (스위스의 전설적 영웅, 활의 달인)

에듀윌(Eduwill)은 Education(교육)과 will(의지)의 합성어로 최상의 교육을 제공한다는 의지와 성공적인 미래에 대해 도전할 수 있다는 자신감을 의미한다고 한다.

< William Tell >

♣ **어원 : will, vol 의지, 자유의사; 마음; 바라다**

※ **educ**ation [èdʒukéiʃən/에주케이션] 명 **교육**, 훈육, 훈도; 양성
☜ 밖으로(e<ex) (소질을) 이끌어내는(duc) 것(tion)
♠ **primary (elementary) education 초등 교육**

■ **will** [wil/윌, (약) wəl] 조 **~할[일] 것이다; ~할 작정이다**, ~하겠다 명 (the ~) **의지**
☜ 고대영어로 '원하다, 바라다'란 뜻

■ **Will**iam [wíljəm] 명 **윌리엄** 《남자 이름; 애칭 Bill(y), Will(y)》 ☜ 독일어로 Wilhelm이며, 이는 '강한 의지(will)로 투구(helm)를 쓴 사람'이란 뜻

□ **vol**ition [voulíʃən] 명 의지, 의지력; 결의, 결단력; 의지 작용, 의욕
☜ 의지(vol=will)가 있는 것(ition<명접>)
♠ **of (by) one's own volition 자진해서, 자기의 자유의사로**

□ **vol**itional [voulíʃənəl] 형 의지의; 의지에 의한; 의지를 가진 ☜ -al<형접>

□ **vol**untary [vɑ́ləntèri/vɔ́ləntəri] 형 **자발적인**, 지원의 명 자발적 행동
☜ 자유의사(vol) 성향(unt) 의(ary<형접>)
♠ **a voluntary worker 자원봉사자**

□ **vol**untarily [vɑ̀ləntérəli/vɔ́ləntər-] 부 자유의사로, 자발적으로, 임의로
☜ voluntary<y→i> + ly<부접>

□ **vol**unteer [vɑ̀ləntíər/vɔ̀l-] 명 자원자, **지원자**, 유지, 독지가 형 자발적인 동 **자진하여 하다**, 자원하다 ☜ 자유의사(vol) 성향(unt)의 사람(eer)

□ **vol**unteerism [vɑ̀ləntíərizəm] 명 자유 지원제, 볼런티어 활동 ☜ -ism(~제도, ~주의, ~행위)

■ bene**vol**ent [bənévələnt] 형 자비심 많은, **인자한**, 인정 많은 ☜ 좋은(bene) 마음(vol) 의(ent<형접>)

■ in**vol**untary [invɑ́ləntèri/-vɔ́ləntəri] 형 **무심결의, 무의식적인**, 모르는 사이의; 본의 아닌
☜ 의지(vol)가 없는(in=not) 성향(unt) 의(ary<형접>)

□ **Volvo**(스웨덴의 볼보 자동차) ➔ **volume**(볼륨, 음량; 용량) **참조**

미사일 missile (추진기를 달고 순항하는 유도탄)

♣ **어원 : miss, mise, mit 보내다, 전달하다**

■ **miss**ile [mísəl/-sail] 명 **미사일**, **유도탄**
☜ 라틴어로 '던질(miss) 수 있는 것(ile)'

□ vo**mit** [vɑ́mit/vɔ́m-] 동 **토하다**, 게우다; 뿜어 내다, 분출하다 명 토함, 게움; 토한 것
☜ 고대 프랑스어로 '앞으로<위로(vo) 보내다(mit)'란 뜻
♠ Black oil **vomited out** of the well. 까만 기름이 유정에서 **분출했다**.

□ vo**mit**ive [vɑ́mitiv/vɔ́m-] 형 구토의, 토하게 하는 명 토하는 약 ☜ vomit + ive<형접>

□ vo**mit**ous [vɑ́mitəs/vɔ́m-] 형 구역질나게 하는, 싫은 ☜ vomit + ous<형접>

✚ dis**miss** **떠나게 하다**, 해산시키다; **해고[면직]하다** pre**mise** 【논리】 **전제; ~을 전제로 하다**, 서두에 두다 trans**mit** (화물 등을) **보내다**, **발송[전송]하다**; 전파하다

캐스팅 보트 casting vote (가부(可否) 동수인 경우 의장이 가지는 결정권)

♣ **어원 : vot, vou(ch), vow (신에게) 맹세하다, (신을) 부르다**

□ **vot**e [vout/보우트] 명 **투표**, 표결, 투표수; **투표[선거]권** 동 **투표하다; 투표하여 가결[의결]하다** ☜ 라틴어로 '(신에게) 맹세하다'
♠ **an open (a secret) vote 기명 (무기명) 투표**

■ casting **vot**e **캐스팅 보트** 《찬성·반대가 동수인 경우에 의장이 던지는 결정 투표》 ☜ 던지(cast) 는(ing) 투표

□ **vot**er [vóutər] 명 **투표자**, 선거인; **유권자** ☜ vote + er(사람)

□ **vot**ing [vóutiŋ] 명 **투표**, 선거 ☜ vote + ing<명접>

□ **vou**ch [vautʃ] 동 **보증[보장]하다**, 증인이 되다; 단언하다 ☜ 고대 프랑스어로 '(신을) 부르다'
♠ **vouch for** a person's character 신원을 **보증하다**

□ **vou**cher [váutʃər] 명 증인, 보증인, 증명자; 증거물; 증서; 영수증(서) ☜ -er(주체)

□ **vou**chee [vautʃíː] 명 피보증인 ☜ vouch + ee(사람/객체)

□ **vou**chsafe [vautʃséif] 동 허용하다, 주다, 내리다; ~해주시다
♠ **Vouchsafe** me a visit. 왕림**해 주시기를 바랍니다**
☜ 안전하게(safe) 보장하다(vouch)

□ **vow** [vau] 명 **맹세**, 서약 동 **맹세하다**, 서약하다 ☜ 라틴어로 '신에게 맹세하다'란 뜻
♠ **keep (break) a vow 맹세를 지키다** (어기다)

V

보컬 vocal (가창; 노래하는 가수, 성악가)

♣ **어원 : voc, vow, vox, voi 부르다; 목소리, 음성**

■ **voc**al [vóukəl] 명 **보컬** 《성악·노래를 부르는 가수나 성악가》

㉻ **음성의** ☞ 목소리(voc) 의(al)

■ **voc**alist [vóukəlist] ㉹ 성악가, 가수, **보컬리스트**《팝 그룹과 함께 노래를 부르는 가수》 ☞ vocal + ist(사람)

■ **voc**alization [vòukəli-zéiʃən/-laiz-] ㉹ **발성**, 발성법; 『음악』 유성음화(有聲音化), 모음화 ☞ vocal + ize + ation<명접>

□ **vow**el [váuəl] ㉹㉻ **모음**(의); 모음 글자, 모음자(母音字) 반 consonant 자음
☞ 라틴어로 '음성(vow) 의(el)'란 뜻 비교 bowels 창자
♠ Hangul has 10 **vowels**. 한글에는 10개의 **모음**이 있다

□ **vow**el harmony 모음조화 ☞ harmony(조화, 화합, 일치)

컨베이어 conveyer (운반장치), 보이저 voyager (미국의 탐사위성)

< conveyer >

♣ 어원 : vey, voy, via 길

■ con**vey** [kənvéi] ㉧ **나르다, 운반[전달]하다** ☞ 함께(con<com) 길(vey)을 가다

■ con**vey**er, -or [kənvéiə] ㉹ 운반 장치; (유동 작업용) 컨베이어 ☞ convey + er(기계)

■ con**voy** [kάnvɔi/kɔ́n-] ㉹ **호송, 호위**; 호위자(대); 호위함(선)
[kάnvɔi, kənvɔ́i/kɔ́nvɔi] ㉧ **호위[경호, 호송]하다**(=escort)
☞ 함께(con<com) 길(voy)을 가기

■ **via** [váiə, víːə] ㉢ 《L.》 **~을 경유하여, ~을 거쳐**(=by way of) ☞ 길(via) 따라

□ **voy**age [vɔ́iidʒ] ㉹ **항해**, 항행 ☞ 길(voy)을 따라가기(age)
♠ an around-the-world **voyage** 세계일주 **항해**

□ **voy**ager [vɔ́iidʒər, vɔ́iədʒ-] ㉹ 항해자, 항행자; 모험적 항해자; 여행자; (V-) 『우주』 보이저《미국의 목성·토성 탐사 위성》 ☞ 항해(voyage)하는 자(er)

스톨 STOL (단거리 이착륙기), 비톨 VTOL (수직 이착륙기)

■ **STOL** [stoul, stɔ́ːl] ㉹ 『항공』 **스톨** 《단거리 이착륙(기)》
☞ **S**hort **T**ake-**O**ff and **L**anding의 약어
★ 5m 높이로 상승하기까지의 활주거리가 80m 안팎인 항공기를 STOL기(機)라고 한다.
♠ **a STOL plane 단거리 이착륙기**

< VTOL >

□ **VTOL** [víːtɔ̀(ː)l] ㉹ 『항공』 **비톨** 《수직 이착륙(기)》 ☞ **V**ertical **T**ake-**O**ff and **L**anding의 약어

□ **V-STOL** [víːstɔ̀(ː)l] ㉹ 『항공』 **비스톨** 《수직이착륙(VTOL)과 단거리이착륙(STOL)을 합친 약어》

브이티알 VTR (비디오 테이프 녹화기) ➔ VCR (비디오 카세트 녹화기)

□ **VTR** Video Tape Recorder 비디오 테이프 녹화기 《VCR 초기 버전》
★ VTR은 원래 네덜란드의 필립스사가 1960년대 말에 최초로 개발하였는데 개발 당시 릴(reel) 테이프를 사용하였기 때문에 VTR(Video Tape Recorder)로 불렸으나 기술수준이 낮아 TV 방송국에서만 제한적으로 사용되었다. 오늘날 우리가 일반적으로 사용하는 것은 모두 VCR이다.

■ **VCR** Video Cassette Recorder 비디오 카세트 녹화기

연상 벌거벗고 사는 사람들은 벌거(vulgar.비천한)한 사람들이다(?)

□ **vulgar** [vʌ́lgər] ㉻ **저속한**, (교양·취미 따위가) 야비한, **통속적인**, 비천한; 대중의, 서민의 ☞ 라틴어로 '일반 대중의'란 뜻
♠ **vulgar words 비어(卑語)**
♠ **a vulgar fellow 저속한 사내, 속물**

□ **vulgar**ian [vʌlgɛ́əriən] ㉹ 속물, 속인; 《특히》 상스러운 어정뱅이 ☞ 일반적인(vulgar) 사람(ian)

□ **vulgar**ity [vʌlgǽrəti] ㉹ 속악(俗惡: 속되고 고약함), 야비, 비속성(卑俗性); (종종 pl.) 무례한 언동 ☞ vulgar + ity<명접>

□ **vulgar**ize [vʌ́lgəràiz] ㉧ 보급시키다, 평이하게 하다; 속화하다, 속악하게 하다, 상스럽게 하다 ☞ vulgar + ize<동접>

V

연상 의사를 불러 마음에 생긴 불너(vulner.상처)를 치료케 해라.

♣ 어원 : vulner 상처; 상처를 받다[주다]

□ **vulner**able [vʌ́lnərəbəl] ㉻ **상처를 입기 쉬운**; 비난(공격)받기 쉬운, 약점이 있는; (유혹·설득 따위에) 약한, **~에 취약한**
☞ 상처받을(vulner) 수 있는(able)
♠ **be the most vulnerable to ~ ~에 가장 취약하다**

□ **vulner**ary [vʌ́lnərèri/-rəri] ㉻ 상처를 고치는 데 쓰는, 상처에 바르는 ㉹ 외상(外傷)약, 상처 치

료법 ☜ vulner + ary<형접/명접>

□ in**vulner**able [invʌ́lnərəbəl] ⓗ 상처 입지 않는, 불사신의; 공격할 수 없는; 반박할 수 없는
☜ in(=not/부정) + vulnerable(상처를 입기 쉬운)
♠ He is in an **invulnerable** position. 그는 **공격할 수 없는 (안전한)** 위치에 있다.

□ in**vulner**ability [invʌ̀lnərəbíləti] ⓜ 불사신; 난공불락; 반박할 수 없는 것
☜ in(=not/부정) + 상처를 입힐(vulner) 수 있음(ability)

벌쳐펀드 Vulture Fund (부실자산을 싼 가격으로 매입하는 투자기금. 위험은 높지만 잠재적으로 큰 이익을 제공함. <시체매 기금>이란 뜻)

□ **vul**ture [vʌ́ltʃər] ⓜ 〖조류〗 (대머리) **독수리**; 콘도르; 《비유》 탐욕스러운 사람, 욕심쟁이 ☜ 라틴어로 '뜯는〔찢는〕(vul) 것(ture)'이란 뜻
♠ **vultures** circling 〔wheeling〕 overhead
머리 위에서 맴도는 **독수리들**

© fromtone.com

□ <u>**vul**ture fund</u> **벌쳐펀드** 《부실자산이나 부실기업을 싼 값에 인수해 직접 정상화시키거나 상황이 호전되기를 기다려 고가에 되팔아 차익을 내는 기금. 상대적으로 위험이 높지만 잠재적으로 큰 이익을 제공함》
☜ (동물의 사체만을 먹는) 독수리(vulture) + 투자기금(fund)

※ hedge fund **헤지펀드** 《국제 증권 및 외환 시장에 투자하여 단기 이익을 올리는 민간투자 기금. 최초 취지와는 달리 오늘날에는 위험성은 높으나 많은 이익을 기대할 수 있는 금융상품으로 운영되고 있다.》 ☜ 울타리(hedge)를 쳐 (자산을) 안전하게 유지하면서 위험에도 수익을 내는 펀드(fund)'라는 의미 ★ **세계금융계의 큰 손인 워렌 버핏은 안정적 투자에, 조지 소로스는 고위험/고소득계의 투자의 귀재들이다.**

□ **vul**turous [vʌ́ltʃərəs] ⓗ 독수리 같은; 탐욕스런 ☜ vulture + ous<형접>

※ **fund** [fʌnd] ⓜ **자금**, 기금; 《영》 **공채**(公債) ☜ 라틴어로 '바닥, 기초'라는 뜻

V

와디 wadi (우기(雨期) 이외에는 말라있는 사막 지방의 개울)

♣ 어원 : wad 가다

☐ **wad**i, **wad**y [wάdi/wɔ́di] ⓜ 〖지리〗 **와디** 《아라비아·시리아 등의 우기(雨期) 이외에는 물이 없는 강, 내》 ☜ 아랍어로 '물의 흐름'이란 뜻

☐ **wad**e [weid] ⓢ (강 등을) **걸어서 건너다**; 고생하며 나아가다 ⓜ 걸어 건너기 ☜ 고대영어로 '앞으로 가다'란 뜻
♠ **wade across** a river 강을 **걸어서 건너다**.

☐ **wad**e in (싸움·토론·논쟁 등 속으로) 마구 뛰어들다 〔덤벼들다〕 ☜ 안으로(in) 가다(wade)

☐ **wad**er [wéidər] ⓜ (물 따위를) 걸어서 건너는 사람 ☜ wade + er(사람)

연상 와플(waffle.와플빵)에서 방귀냄새가 와프트(waft.풍기다)했다

☐ **waf**fle [wάfəl/wɔ́fəl] ⓜ **와플** 《밀가루·달걀·우유를 섞어 벌집 모양의 틀에 부어 말랑하게 구운 케이크》 ⓗ 격자 무늬의 ☜ 네덜란드어로 '꿀벌집'이란 뜻

☐ **waf**er [wéifər] ⓜ **웨이퍼** 《살짝 구운 얇은 과자의 일종》; 〖전자〗 **웨이퍼** 《반도체 기판인 실리콘 등의 박편》 ⓢ 풀로 봉하다, 봉합용 풀을 바르다 ☜ 중세영어로 '얇은 케이크'란 뜻
♠ (as) thin **as a wafer** (**웨이퍼 같이**) 아주 얇은

☐ **waft** [wɑːft, wæft] ⓢ (냄새를) **풍기다**, (공중에서 부드럽게) 퍼지다; 키스를 던지다; 표류하다 ⓜ 풍기는 냄새 ☜ 중세영어로 '(공기를 통해) 부드럽게 움직이다'란 뜻
♠ **waft a kiss 키스를 던지다**
He wafted a kiss across the water. 그는 물 건너편에서 키스를 했다.
♠ The aroma of coffee **was wafted in**. 커피 향기가 **풍겨 왔다.**

연상 꼬리를 단 왜건(wagon.왜건 승용차)이 꼬리를 왜그(wag.흔들다)했다.

♣ 어원 : wag 가다, 움직이다

■ **wag**on, 《영》 **wag**gon [wǽgən/**왜**건] ⓜ (각종) 4륜차, **왜건; 짐마차** ⓢ 짐마차로 운반하다 ☜ 고대영어로 '움직이는(wag) 것(on)'이란 뜻

☐ **wag** [wæg] ⓢ (꼬리 따위를) 흔들어 움직이다, **흔들다** ☜ 고대영어로 '흔들다'란 뜻
♠ The dog **wagged** his tail. 개가 꼬리를 **흔들었다**.

웨이지 인플레이션 wage inflation (임금인상으로 인한 물가상승현상)

☐ **wage** [weidʒ/웨이쥐] ⓜ (보통 pl.) **임금**(시급·일급 등), 급료; (보통 pl.) (죄)값, 응보 ☜ 고대 프랑스어로 '저당'이란 뜻 비교 salary **급료(월급·주급·연봉 등)**
♠ **living wages 생활에 필요한 최저 임금**
♠ **real** 〔nominal〕 **wages 실질**〔명목〕 **임금**

☐ **wage** claim 임금 인상 요구 ☜ claim(요구, 청구)

☐ **wage**(s) freeze 임금 동결 ☜ freeze(얼다, 결빙, 동결)

☐ **wage** hike 《미》 임금 인상 ☜ hike(도보여행; 인상)

☐ **wage**less [wéidʒlis] ⓗ 무급의, 무보수의 ☜ wage + less(~이 없는)

☐ **wage** level 임금 수준 ☜ level(수평, 수준)

☐ **wage**r [wéidʒər] ⓜ **내기**, 노름; 내기에 건 것〔돈〕 ⓢ (내기에) 걸다; 보증하다 ☜ 저당잡힌(wage) 것(er)
♠ **lay** 〔make〕 **a wager 내기를 하다**

※ in**flat**ion [infléiʃən] ⓜ **부풀림**; 부풂, 팽창; 〖경제〗 **통화팽창, 인플레(이션)** ☜ inflate + ion<명접>

왜건 wagon (❶ 짐마차 ❷ 세단의 지붕을 화물칸까지 늘린 승용차)

☐ **wag**on, 《영》 **wag**gon [wǽgən/**왜**건] ⓜ (각종) 4륜차, **왜건; 짐마차** ⓢ 짐마차로 운반하다 ☜ 고대영어로 '움직이는(wag) 것(on)'이란 뜻

☐ **wagon**er [wǽgənər] 명 짐마차꾼 ☜ wagon + er(사람)

바그너 Wagner (히틀러가 좋아했던 독일의 작곡가)

☐ **Wagner** [vɑ́:gnər] 명 **바그너** 《Richard ~, 독일의 작곡가; 1813-83》
★ 주요작품 : 《혼례》《파르지팔》《트리스탄과 이졸데》 등
주요저서 : 『독일음악론』, 『독일예술과 독일정치』 등

와이키키 Waikiki (하와이 Honolulu의 해변 요양지)

☐ **Waikiki** [wáikikìː] 명 **와이키키** 《하와이 Honolulu의 해변 요양지》
☜ 하와이어로 '솟구치는 물'이란 뜻
※ **Hawaii** [həwáiiː, -wɑ́ː-, -wɑ́ːjə, hɑːwɑ́ːiː] 명 **하와이(제도)** 《1959년 미국의 50번째 주로 승격; 주도는 Honolulu》; **하와이 섬** 《하와이제도 중 최대의 섬》
☜ 하와이어로 '신이 계신 곳'이란 뜻
※ **Honolulu** [hɑ̀nəlúːluː/hɔ̀n-] 명 **호놀룰루** 《하와이 주의 주도(州都)》
☜ 하와이어로 '숨겨진 항구'라는 뜻

웨일링 월 Wailing Wall (솔로몬왕이 예루살렘에 세운 성벽. <통곡의 벽>)

☐ **wail** [weil] 동 **울부짖다**, 통곡하다; 비탄하다
☜ 고대 노르드어로 '슬퍼하다'
♠ **wail loudly 대성통곡하다**
♠ **wail with pain 고통으로 울부짖다**
☐ **wail**ful [wéilfəl] 형 비탄하는, 애절한, 구슬픈 ☜ wail + ful(~이 가득한)
☐ **wail**ingly [wéiliŋli] 부 비탄에 젖어, 울부짖으며, 통곡하며
☜ wail + ing<형접> + ly<부접>
☐ **Wail**ing Wall [the ~] (예루살렘의) 통곡의 벽 ☜ wall(벽)
☐ **wail**some [wéilsəm] 형 울부짖는; 비탄하는 ☜ wail + some<형접>

© spiritualray.com

웨이스트 waist (인체의 허리), 웨이스트 백 waist bag (허리낭)

☐ **waist** [weist] 명 **허리**; 허리의 잘록한 곳, 잔허리; 허리의 둘레(치수)
☜ 고대영어로 '몸이 성장하는 곳'이란 뜻
비교 waste 낭비(하다)
※ B-W-H : bust(가슴)-waist(허리)-hip(골반부)의 약자
♠ She has no **waist**. 그녀는 **허리**가 없다. 그녀는 절구통이다.
☐ **waist** bag **웨이스트 백** 《허리에 찰 수 있게 만든 미니 가방》 ☜ bag(가방, 자루)
☐ **waist** belt 허리띠, 허리끈 ☜ belt(띠, 벨트, 혁대)
☐ **waist**coat [wéskət, wéistkòut] 명 《영》 (남자용의) 조끼(《미》 vest) ☜ waist + coat(상의, 외투)
☐ **waist**-high [wéskhái] 형부 허리 높이의〔로〕 ☜ 허리(waist) 높이(high)의

< Waist Bag >

웨이터 waiter (호텔·음식점 등의 종업원)

☐ **wait** [weit/웨이트] 동 **기다리다** ☜ 고대 독일어로 '망보다'란 뜻
비교 weight 무게, 중량; 체중
♠ **wait for ~ ~을 기다리다**(=await), **기대하다**(=expect)
♠ **wait on 〔upon〕 ~ ~을 시중들다, ~을 받들다**
☐ **wait**er [wéitər] 명 **웨이터**, 시중드는 사람 ☜ wait + er(사람)
☐ **wait**ing [wéitiŋ] 명 **기다림** 형 **기다리는** ☜ wait + ing<명접/형접>
☐ **wait**ing room 대합실 ☜ room(방)
☐ **wait**ing list 대기자〔후보자〕 명단 ☜ list(목록)
☐ **wait**ress [wéitris] 명 **웨이트리스**, (호텔/음식점 등의) 여급사 ☜ wait + ress(여성)
■ a**wait** [əwéit] 동 **기다리다, 대기하다** ☜ ~에서(a<ad=to) 기다리다(wait)

모닝콜 morning call (콩글 호텔 등에서 투숙객이 요청한 아침시간에 깨워 주는 서비스) ➔ 웨이컵 콜 wake-up call

♣ 어원 : wake 깨어있는
※ **morn**ing [mɔ́ːrniŋ/모-닝] 명 **아침**, 오전 ☜ 중세영어로 '일출 전(morn) + ing<명접>'이란 뜻
※ **call** [kɔːl/코올] 동 (큰소리로) **부르다, 불러내다; 깨우다**(awake); **~에게 전화하다; 방문하다** 명 **부르는 소리;** (상대방을) **불러내기, 통화; 초청; 짧은 방문**

W

☜ 중세영어로 '큰 외침'이란 뜻

□ **wake** [weik/웨이크] ⓢ (-/**waked**/**woke**〔**woken**〕) **잠이 깨다**, 일어나다 ⓜ **밤샘; 배가 지나간 자리, 웨이크** ☜ 고대 노르드어로 '밤샘; 축일 전야; 얼음에 난 구멍'이란 뜻.
♠ **wake up 깨다; 깨우다**
Wake up ! 일어나! 조심해 !
♠ **in the wake of ~ ~의 자국을 좇아서; ~의 뒤를 이어; ~뒤에**

□ **wake**-up [wéikʌp] ⓗ 잠을 깨우는 ⓜ《미.속어》 형기의 마지막 날;《호주.구어》 조심스런〔현명한〕 사람 ☜ 위로(up) 일어나다(wake)

□ **wake**n [wéikən] ⓢ **잠이 깨다, 깨우다, 각성시키다** ☜ -en<형접>

□ **wake**ful [wéikfəl] ⓗ 잠 못 이루는, 불면의, 잘 깨는, 자지 않는 ☜ -ful<형접>

□ **wak**ing [wéikiŋ] ⓗ 깨어나 있는, 일어나 있는 ☜ wake + ing
♠ **waking dream 백일몽**(=daydream)

■ a**wake** [əwéik] ⓢ (-/**awoke**〔awake**d**〕/**awoken**〔awake**d**〕) **깨우다, 깨어나다** ⓗ **자지 않고, 눈을 뜨고** ☜ 완전히(a/강조) 깨어있는(wake)

웨일스 Wales (영국을 구성하는 남서부의 작은 반도 주(州))

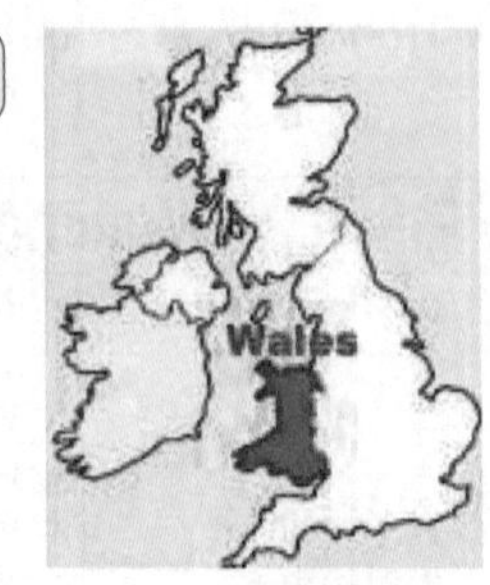

♣ **어원 : wal, wel 외국의, 외래의**

□ **Wal**es [weilz] ⓜ **웨일스** (지방)《Great Britain의 남서부 주; 수도 카디프(Cardiff)》 ☜ 고대영어로 '(앵글로색슨인이 보아) 외국인'이란 뜻

□ **wal**nut [wɔ́ːlnʌ̀t, -nət] ⓜ 〖식물〗 **호두나무; 호두**(열매); 호두나무 목재; 호두빛깔 ☜ 고대영어로 '외래의(wal) 호두(nut)'란 뜻
♠ **walnut shells 호두껍질**
♠ **crack a walnut 호두를 까다**

□ **Wel**sh, -ch [welʃ, -tʃ] ⓗ **웨일스의**; 웨일스 사람〔말〕의 ⓜ (the ~; 집합적) 웨일스 말〔사람〕 ☜ wel<wal + sh(~의/~사람/~말)

워커 walker (콩글 ▶ 군화) → military boots, combat boots, hiking boots. 워키토키 walkie-talkie (휴대용 무전기)

□ **walk** [wɔːk/워어크] ⓢ **걷다**; 걸어가다 ⓜ **보행; 걸음걸이; 보행거리; 산책** ☜ 고대영어로 '구르다'란 뜻
♠ **take** 〔go〕 **for a walk** in the park 공원으로 **산책을 나가다**

□ **walk**er [wɔ́ːkər] ⓗ 걷는 사람, **보행자; 산책을 좋아하는 사람** ☜ walk + er(사람)

□ **walk**ie-talkie, **walk**y-talky [wɔ́ːkitɔ́ːki] ⓜ **워키토키**, 휴대용 무전기 ☜ walk + ie(-y의 옛 철자)(~사람/것)

□ **walk**ing [wɔ́ːkiŋ] ⓜ **걷기**, 보행; 산책; 경보 ⓗ 걷는; 보행(자)용의 ☜ -ing<명접/형접>

□ **walk**ing dictionary 살아 있는 사전; 박식한 사람 ☜ walking + 사전(dictionary)

□ **walk**ing encyclopedia 살아 있는 사전; 박식한 사람 ☜ encyclopedia(백과사전)

□ **Walk**man [wɔ́ːkmən] ⓜ **워크맨**《Sony사제(社製)의 휴대용 스테레오 카세트 테이프 플레이어; 상표명》 ☜ 걸어 다니는(walk) 사람(man). 1979년 일본의 소니사(社)가 포켓용 카세트를 개발하여 걸어 다니며 음악 듣는 시대를 열었다.

■ side**walk** [sáidwɔ̀ːk] ⓜ (포장된) **보도, 인도** ☜ 측면(side) 보도/걷기(walk)

월스트리트 Wall Street (뉴욕에 있는 세계 금융시장의 중심지)

맨해튼 남쪽 끝인 로어 맨해튼에 있는 세계 금융의 중심지. 17세기 초, 네덜란드인들이 정착해 살기 시작했다. 이들은 자신들의 보금자리에 인디언이 침입하는 것을 막기 위해 나무로 벽(Wall)을 세웠는데, 여기서 지금의 월가(街)라는 명칭이 생겨났다. 이 나무 벽은 1699년 영국군이 철거해 지금은 흔적을 찾아볼 수 없다. <출처 : 저스트고(Just go) 관광지 / 일부인용>

□ **wall** [wɔːl/워얼] ⓜ **벽, 담**; 장벽 ⓢ 벽〔담〕으로 둘러싸다 ☜ 라틴어로 '누벽(壘壁)'이란 뜻
♠ **build up a wall 벽을 쌓다**

■ fire **wall** 〖건축〗 방화벽 ☜ 불(fire)을 막는 벽(wall)

■ fire**wall** [fáiərwɔ̀ːl] ⓜ 〖컴퓨터〗 방화벽, **파이어월**《컴퓨터 시스템에 대한 보안 처리 방법》 ☜ 불(fire)을 막는 벽(wall)

□ **wall**paper [wɔ́lpèipər] ⓜ **벽지** ⓢ 벽지를 바르다 ☜ 벽(wall) 종이(paper)

※ **street** [striːt/스뜨뤼-트/스트뤼-트] ⓜ **가(街), 거리**《생략: St.》 ☜ 고대영어로 '도로', 라틴어로 '포장도로'란 뜻

구글 월렛 Google Wallet (구글이 제공하는 모바일 전자 결제 서비스)

※ **Google** [gúːgl] 명 (기업명) **구글** 동 (g~) 구글로 검색하다
☜ 10의 100제곱, 즉 1 뒤에 0이 100개 달린 수를 뜻하는 구골(googol)에서 따온 말

☐ **wall**et [wɑ́lit/wɔ́l-] 명 **지갑**; (가죽으로 만든) 작은 주머니
☜ 고대 북프랑스어로 '작은 두루마리, 배낭'이란 뜻
♠ **My wallet** was stolen. **내 지갑**이 도난당했다.

☐ **walnut**(호두) ➔ **Wales**(영국의 웨일즈 지방) **참조**

연상 웨일스(Wales.영국의 남서부 주) 해안에 웨일(whale.고래)이 밀려왔다

© homeplanetearth.org

※ **Wal**es [weilz] 명 **웨일스** (지방) 《Great Britain의 남서부 주(州); 수도 카디프(Cardiff)》 ☜ 고대영어로 '(앵글로색슨인이 보아) 외국인'

■ **whale** [hweil] 명 〖동물〗 **고래** 동 고래잡이에 종사하다
☜ 고대영어로 '고래, 해마'란 뜻
♠ **bull 〔cow〕 whale 수〔암〕고래**

☐ **wal**rus [wɔ́(ː)lrəs, wɑ́l-] 명 (pl. **-es**, [집합적] **-**) 〖동물〗 **해마**(海馬), 바다코끼리
☜ 네델란드어로 '고래(whale) 말(horse)'이란 뜻

왈츠 waltz (두 사람이 추는 3 박자의 우아한 원무)

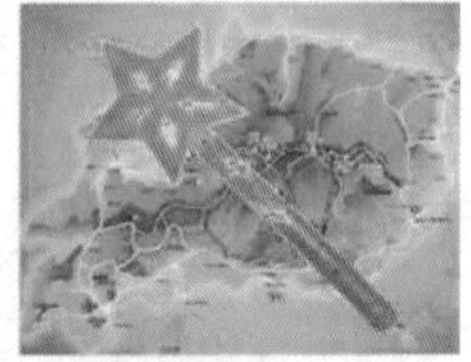

☐ **waltz** [wɔːlts] 명 **왈츠** 《춤, 그 곡》, 원무곡; 《미.속어》 1라운드의 복싱; 《미.속어》 쉬움, 식은 죽 먹기 동 왈츠를 추다
☜ 고대 고지(高地) 독일어로 '돌다, 회전하다'란 뜻

연상 평소 환했던 그의 얼굴이 오늘은 완(wan.창백한)한 얼굴이었다.

☐ **wan** [wɑn/wɔn] 형 (-<wan**ner**<wan**nest**) **창백한**; 지친; 병약한, 힘없는; 희미한
☜ 고대영어로 '어둑한'이란 뜻
♠ his grey, **wan face** 그의 창백한 **잿빛 얼굴**

연상 완도(Wando.전남 완도)에 완드(wand.요술 지팡이)가 있을까 ?

☐ **wand** [wɑnd/wɔnd] 명 막대기, 장대; (마술사의) **지팡이**
☜ 고대 노르드어로 '지팡이, 회초리'란 뜻
♠ wave one's 〔a〕 **(magic) wand**
마법의 지팡이를 한번 흔들다

완더링 wandering ([자동차] 직진 중 심하게 비틀거리거나 편향되는 현상)

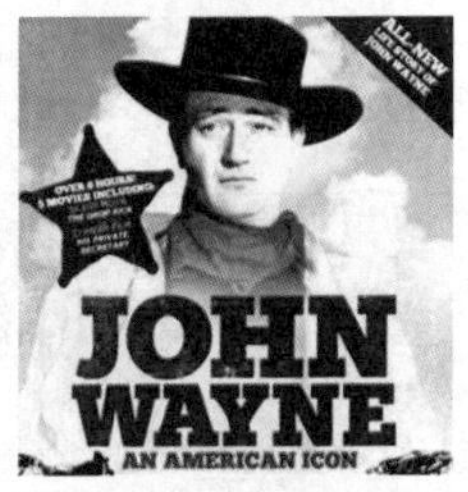
© iconfinder.com

☐ **wander** [wɑ́ndər/**완**더/wɔ́ndər/**원**다] 동 헤매다, (걸어서) **돌아다니다**, 어슬렁거리다, 방랑〔유랑〕하다
☜ 고대영어로 '정처없이 돌아다니다'란 뜻
♠ **wander about 어슬렁어슬렁 돌아다니다**
♠ **wander** (all) over the world 온 세계**를 방랑하다**

☐ **wander**er [wɑ́ndərər/wɔ́n-] 명 **돌아다니는 사람**, 방랑자 ☜ -er(사람)

☐ **wander**ing [wɑ́ndəriŋ/wɔ́n-] 형 **돌아다니는**; 방랑하는, 헤매는 명 (종종 pl.) 산책, 방랑 ☜ wander + ing<형접/명접>

연상 명배우 존 웨인의 인기도 점차 웨인(wane.쇠약해지다)해졌다

※ John **Wayne** **존 웨인** 《본명 Marion Michael Morrison. 미국 영화배우. 할리우드의 인기 스타로 많은 서부극·전쟁영화에 출연했다; 1907-1979》 ★ **주요 출연작 : 《역마차》, 《알라모》, 《진정한 용기》 등**

☐ **wane** [wein] 동 (달이) **이지러지다**; 작아지다; 약해지다, 쇠약해지다 명 감퇴, 감소 ☜ 고대영어로 '점차 감소하다, 작아지다'란 뜻
♠ His influence **has waned**. 그의 세력은 **약해졌다**

W

워너비 wannabe (동경하는 사람. want to be 의 축약어 <되고 싶은>이란 뜻)

♣ **어원 : wan, vac, van, vain 빈, 공허한**

□ **wan**nabe(e) [wánəbìː, wɔ́n-] 명 **워너비**, 열성팬《유명인을 동경하여 행동·복장 등을 그들처럼 하는 사람》 형 열망하는, 동경하는; 되고 싶어 하는 ☜ want to be의 연음화

□ **wan**t [wɔ(ː)nt/원트/wɔnt/원트] 동 **원하다; 필요로 하다; ~할 필요가 있다** 명 **결핍**, 부족; **필요; 곤궁** ☜ 고대 노르드어로 '결여되다'
비교 wont 버릇, 습관; ~하는 버릇이 있는
♠ **want to ~ ~하고 싶다**
I **want to go** there. 나는 거기에 **가고 싶다**
♠ **for want of ~ ~의 결핍 때문에**(=for lack of)
♠ **in want of ~ ~이 필요하여**

© IMDb

□ **wan**ted [wántid, wɔ́ːnt-] 형 **수배중인; 모집 중인** ☜ -ed<형접>

□ **wan**ting [wɔ́(ː)ntiŋ, wánt-] 형 **모자라는**, 결핍한, 미달인 전 ~이 부족하여 ☜ -ing<형접>
♠ She **is wanting in** judgment 〔politeness〕. 그녀는 판단력**이**〔예의가〕 **부족하다**.
♠ **wanting in ~ ~이 없는, ~이 결핍되어 있는**

□ **wan**ton [wɔ́(ː)ntən, wán-] 형 **방자한**, 제멋대로의 명 **바람둥이** 동 뛰어 돌아다니다
☜ 고대영어로 '교육(ton)이 부족한(wan)'이란 뜻

■ **va**cation [veikéiʃən/베이**케**이션, və-] 명 **정기휴가** ☜ 비우(vac) 기(ation<명접>)

■ **van**ish [væ̀niʃ] 동 **갑자기 사라지다, 없어지다** ☜ -ish<동접>

■ **va**in [vein/베인] 형 **헛된**, 보람 없는, 무익한, 쓸데없는 ☜ 라틴어로 '텅 빈'

스타워즈 Star Wars (미국 공상과학 영화. <별들의 전쟁>이란 뜻)

1977년부터 제작된 조지 루카스 감독의 미국 공상과학(SF)영화 시리즈. 1편의 경우, 고집 센 젊은이가 늙은 제다이(은하계의 평화를 지키는 조직) 기사와 삐걱거리는 두 로봇, 건방진 우주 비행사 그리고 털복숭이 친구 츄바카 등과 힘을 모아 악당에게서 공주를 구하러 우주 여행을 떠난다는 내용.

© Walt Disney Company

♣ 어원 : **war 전쟁; 싸우다**

※ **star** [stɑːr/스따/스타-] 명 **별**, 인기연예인 ☜ 고대영어로 '별'이란 뜻

□ **war** [wɔːr/워-] 명 **전쟁**, 싸움, 교전상태《주로 국가 사이의》
☜ 고대영어로 '대규모의 군사분쟁'이란 뜻
♠ the First 〔Second〕 **World War** 제1〔2〕차 **세계 대전**
♠ **be at war 교전중이다; 불화하다**
♠ **make 〔wage〕 war on** 〔against, with〕 ~ **~와 전쟁하다, 싸우다**

□ **war** game (컴퓨터 프로그램에 의한) 탁상 전쟁연습, **워게임**; 도상(圖上) 작전; (종종 pl.) 대항〔기동〕 연습 ☜ war + game(놀이, 경기, 게임)

□ **war**fare [wɔ́ːrfɛ̀ər] 명 전투(행위), 교전(상태); **전쟁**(=war); 싸움 ☜ war + fare(행위)

□ **war**like [wɔ́ːrlàik] 형 **전쟁의**, 군사의, 병사의, 무사의; **호전적인**, 용맹한 ☜ -like<형접>

□ **war**rior [wɔ́(ː)riər, wár-] 명 《문어》 **전사**(戰士), 무인 형 상무(尙武)의, 전사다운, 전투적인 ☜ 고대 프랑스어로 '싸우는(war) + r<자음반복> + 사람(ior)'라는 뜻

□ **war**ship [wɔ́ːrʃìp] 명 **군함**, 전함(=war vessel) ☜ war + ship(배)

□ **war** memorial 전쟁기념비〔탑, 관〕 ☜ memorial(기념물, 기념비, 기념관)

■ pre**war** [príːwɔ́ːr] 형 **전쟁 전의**(⇔ postwar 전후의) ☜ 전쟁(war) 전(pre)의

연상 워(war.전쟁)가 끝났다고 새들이 워블(warble.지저귀다)했다.

짹짹 ~
드디어 전쟁이 끝났대.^^

※ **war** [wɔːr/워-] 명 **전쟁**, 싸움, 교전상태《주로 국가 사이의》
☜ 고대영어로 '대규모의 군사분쟁'이란 뜻

□ **war**ble [wɔ́ːrbəl] 동 (새가) **지저귀다**; 목소리를 떨며 노래하다 명 지저귐; 떨리는 목소리
☜ 고대 북프랑스어로 '떨리는 목소리로 노래하다'란 뜻
♠ birds 〔larks〕 **warble**. 새〔종달새〕들이 **짹짹 지저귀다**.

□ **war**bler [wɔ́ːrblər] 명 지저귀는 새; 목청을 떨며 노래하는 사람; 가수 ☜ -er(주체)

보디가드 bodyguard (경호원), 워드로브 wardrobe (옷장; 의상실)

© Warner Bros.

♣ 어원 : **guar, warr 지키다, 망보다**

■ body**guar**d [bádigàːrd] 명 경호원 ☜ 몸(body)을 보호하는(guar) 사람(d)

■ **guar**d [gɑːrd/가-드] 명 **경계; 호위병[대]** 동 **지키다, 망보다, 경계하다** ☜ 고대 프랑스어로 '지켜보다, 지키다'란 뜻

■ **guar**antee [gæ̀rəntíː] 명 **보증서; 개런티**《최저 보증 출연료》
☜ 지키는<보증하(guar) 는(ant) 것(ee)

W

■ safe**guard** [séifgὰ:rd] 명 보호, 호위 동 **보호하다**
☜ 안전(safe)을 지키는(guar) 것(d)

□ **ward** [wɔ:rd] 명 **감시; 병동** ☜ 지키는(warr) 것[곳](d)
♠ a general (medical) **ward** 일반(내과) **병동**

□ **war**den [wɔ́:rdn] 명 **관리자**, 감독자, **감시인** ☜ 감시(ward) 자(en)

□ **war**der [wɔ́:rdər] 명 (fem. **wardress**) 지키는 사람, 감시인, 수위; 《영국》 (교도소의) 교도관(官); 〖항공〗 감시원 ☜ 감시(ward) 자(er)

□ **war**drobe [wɔ́:rdròub] 명 **옷[양복]장**; = wardrobe trunk; 옷 넣는 벽장; (특히 극장의) 의상실, [집합적] (갖고 있는) 의류, 무대 의상
☜ 고대 프랑스어로 '옷장'이란 뜻. 옷(robe)을 지키다(war) + d
♠ have a large **wardrobe 옷**을 많이 갖고 있다.

□ **warr**ant [wɔ́(:)rənt, wάr-] 동 **정당화하다, 보증하다** 명 근거; **정당한 이유, 보증**
☜ 지키다(warr) + ant<형접/명접>

□ **warr**anty [wɔ́(:)rənti, wάr-] 명 근거, 정당한 이유, 보증(서) ☜ warrant + y<명접>

□ **warr**anter, -tor [wɔ́(:)rəntər, wάr-] 명 보증인 ☜ warrant + -er/-or(사람)

소프트웨어 software (프로그램과 관련 문서들을 총칭하는 용어)

♣ 어원 : **ware 상품, 제품**

※ **soft** [sɔ(:)ft/쏘프트/sɔft/쏘프트] 형 **부드러운**, 유연한; 매끄러운, **온화한** ☜ 고대영어로 '온화한, 부드러운'이란 뜻

□ **ware** [wɛər] 명 (pl.) **상품, 제품**; [보통 집합적, 합성어] ~제품; **도자기류** ☜ 고대영어로 '상품'이란 뜻
♠ bathroom **ware** 욕실**용품**
♠ **ceramic ware 도자기류**

□ **ware**house [wέərhàus] 명 **창고**, 저장소; 《영》 도매 상점, 큰 가게 ☜ ware + house(집)

■ hard**ware** [hάrdwὲər] 명 **철물, 금속 제품**; 〖군사·전산〗 **하드웨어** 반 software
☜ 단단한(hard) 제품(ware)

■ soft**ware** [sɔ́(:)ftwὲər/sάft-] 명 **소프트웨어** 《컴퓨터의 프로그램 체계의 총칭》 (⇔ hardware); 상품의 부가가치를 높이기 위한 수단·방법
☜ 부드러운/윤곽이 또렷하지 않은(soft) 제품(ware)

■ firm**ware** [fə́:rmwὲə(r)] 명 〖컴퓨터〗 **펌웨어** 《hardware로 실행되는 software의 기능; 이를테면, ROM에 격납된 마이크로프로그램 등》 ☜ 딱딱한(firm) 제품(ware)

□ **warfare**(전쟁), **warlike**(전쟁의, 호전적인) ➔ **war**(전쟁) **참조**

워밍업 warm-up ([경기] 시합 전에 하는 가벼운 준비운동)

□ **warm** [wɔ:rm/워엄] 형 **따뜻한; 열렬한; 온정있는** 동 **따뜻해지다, 따뜻하게 하다; 흥분하다; 열중[흥분]시키다**
☜ 고대영어로 '따뜻한'이란 뜻
♠ **warm climate 따뜻한 기후**
♠ **warm up 준비운동을 하다, 따뜻하게 하다**

□ **warm**-blooded [wɔ́:rmblʌ́did] 형 〖동물〗 **온혈의**, 상온(常溫)의; 《비유적》 열혈의, 피끓는, 열렬한 (=ardent) ☜ 따뜻한(warm) 피(blood) 의(ed<형접>)

□ **warm**er [wɔ́:rmər] 명 따뜻하게 하는 사람(물건); 온열기, 온열(가열) 장치 ☜ -er(사람/물건)

□ **warm** front 〖기상〗 온난전선 ☜ warm + front(정면(의), 전선)

□ **warm**hearted [wɔ́:rmhά:rtid] 형 마음씨가 따뜻한, 온정적인, 친절한
☜ 따뜻한(warm) 마음(heart)을 가진(ed<형접>)

□ **warm**ing [wɔ́:rmiŋ] 명 따뜻하게 하기, 따뜻해지기, 가온(加溫); 《속어》 채찍질 ☜ -ing<명접>

□ **warm**ing-up [wɔ́:rmiŋʌ́p] 형 (운동 전의) 준비운동의, **워밍업**의, 워밍업용의
☜ 따뜻(warm) 함(ing)을 높이는(up)

□ **warm**-up [wɔ́:rmʌ̀p] 명 경기 개시 전의 준비 운동, **워밍업**; (엔진 따위의) 난기(暖機); 흥분
☜ (열기를) 따뜻하게(warm) 높이는(up)
♠ **go through a warm-up 워밍업하다**

□ **warm**ly [wɔ́:rmli] 부 **따뜻하게; 열심[열렬]히** ☜ -ly<부접>

□ **warm**th [wɔ:rmθ] 명 **따뜻함; 온정; 열심** ☜ -th<명접>

워닝 warning (경고)

□ **warn** [wɔ:rn/워언] 동 **경고하다**; 경계시키다
☜ 고대영어로 '임박한 위험을 알리다'란 뜻
비교 worn (wear<입고 있다>의 과거분사)

W

♠ **warn of danger 위험을 경고하다**
♠ **warn (A) of 〔against〕 (B) A에게 B를 경고하다**

☐ **warn**ing [wɔ́ːrniŋ] [명] **경고**, 경계; **예고** ☜ warn + ing<명접>

워프항법 warp navigation (시공간 왜곡을 통한 초광속 이동방법)

빛의 속도 이상으로 이동하는 것은 질량의 무한대 증가문제로 현실적으로 불가능하다. 그런데 워프항법은 로켓을 사용하지 않고 태양의 전자기장에너지를 사용하는 EM드라이브(ElectroMagnetic Drive) 기술을 사용하여, 시공간 왜곡을 통해 두 점 사이의 거리를 단축시켜 초광속으로 가는 이론상의 기술인데, 2015년 5월 NASA(미국 항공우주국)에서 EM드라이브 진공시험에 성공하였다고 한다.

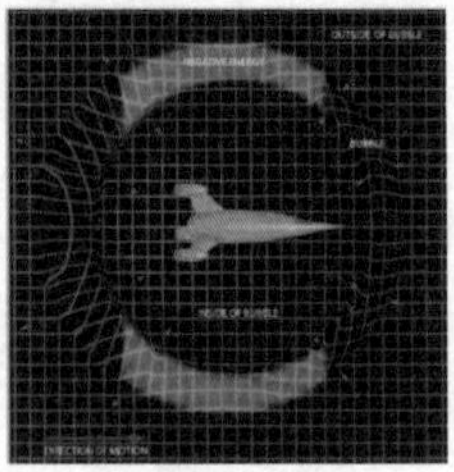
© pages.erau.edu

☐ **warp** [wɔːrp] [동] **휘다, 휘게 하다**, 뒤틀리다, 왜곡시키다 [명] 휨, 뒤틀림; (베틀의) 날실
☜ 고대영어로 '천에 세로로 길게 달려있는 실'이란 뜻
♠ be in **a time warp 시간 왜곡 현상에** 걸린 듯하다

■ time **warp** 시간왜곡《공상과학소설에 등장하는 가상현상으로 과거・미래의 일이 현재에 뒤섞여 나타나는 것》☜ time(시간, 시대; ~회)

■ space **warp** 공간왜곡《공상과학소설에 등장하는 가상현상으로 별 사이의 여행을 가능하게 함》☜ space(공간)

※ **nav**igation [næ̀vəgéiʃən] [명] **항해**(술); **항공**학(술); 항행, 항법; 주행지시 ☜ 라틴어로 '배를 움직여(nav) 가(ig<it) 기(ation)'란 뜻

☐ **warrant**(정당화하다, 보증하다), **warranty**(근거) ➔ **ward**(감시, 병동) **참조**

☐ **warrior**(전사), **warship**(군함) ➔ **war**(전쟁) **참조**

[연상] A-10 공격기의 애칭은 워트호그(warthog.아프리카산 혹멧돼지)이다.

공식적으로 A-10 지상공격기의 별명은 '벼락'이라는 의미의 썬더볼트 II(Thunderbolt II)이지만, 독특한 모양 때문에 A-10 조종사들로부터는 '아프리카산 혹멧돼지'인 워트호그(Warthog)으로 더 많이 불린다.

☐ **wart** [wɔːrt] [명] (사람 몸에 나는) **사마귀**; (나무 줄기의) **혹**, 옹두리 ☜ 고대영어로 '혹'
♠ I have **a wart** on my neck. 내 목에 **사마귀**가 생겼다.

☐ **wart**hog [wɔ́ːrthɔ̀ːg, -hɑ̀g] [명] 〖동물〗 혹멧돼지 《아프리카산》 ☜ 혹(wart)이 있는 돼지(hog)

☐ **wary**(조심하는, 신중한) ➔ **unaware**(알지 못하는) **참조**

☐ **was**(be동사의 1인칭, 3인칭 단수 과거) ➔ **be**(~이다, ~이 있다) **참조**

와셔 액(液) washer fluid ([자동차] 세척 및 빙결방지용 세정액)

Washer Fluid
ADDITIVE
rain-x

☐ **wash** [wɑʃ/와쉬/wɔ(ː)ʃ/워(-)쉬] [동] **씻다; 세수하다; 빨래하다, 세탁하다** ☜ 고대영어로 '씻는 행위'란 뜻
♠ **wash** one's face 얼굴**을 씻다**
♠ **wash the dishes 설거지하다**

☐ **wash**er [wɑ́ʃər, wɔ́ːʃ-] [명] **세탁기**; 세척기; 씻는〔빨래하는〕 사람 ☜ -er(사람/기계)

☐ **wash**hand [wɑ́ʃhæ̀nd/wɔ́ʃ-] [형] 《영》 손 씻는, 세면용의 ☜ 손(hand)을 씻는(wash)

☐ **wash**ing [wɑ́ʃiŋ, wɔ́ːʃiŋ] [명] 빨기, **씻음, 세탁**; [집합적] 세탁물 ☜ 씻(wash) 기(ing<명접>)

☐ **wash**ing machine 세탁기 ☜ machine(기계)

☐ **wash**tub [wɑ́ʃtʌb, wɔ́ːʃtʌb] [명] 세탁용 대야, 빨래통 ☜ 씻는(wash) 통(tub)

※ **flu**id [flúːid] [형] **유동성의**, 유동적인 [명] **유동체** ☜ 흐르는(flu) 물질(id)

워싱턴포스트 The Washington Post (미국 워싱턴에서 발행되는 조간신문)

♣ **어원 : post 우편, 신문**

The Washington Post
A call for bipartisanship

☐ **Washington** [wɑ́ʃiŋtən, wɔ́(ː)ʃ-] [명] **워싱턴(시)** 《미국의 수도. 보통 Washington, D.C.라 함》; 미국 정부; 워싱턴 주 《주도: Olympia; 생략: Wash., WA》; 조지워싱턴《George ~, 미국 초대 대통령; 1732-99》 ☜ 워싱턴시는 초대 대통령 '조지 워싱턴'에서 유래

※ **post** [poust/포우스트] [명] 《영》 **우편**(《미》 the mail); [집합적] 우편물; **우체국, 우체통**; [P~] ~신문 [동] 《영》 **우송하다, 우체통에 넣다** ☜ 이탈리아어로 '역(驛)'이란 뜻

□ **wasn't**(was not의 줄임말) ➔ **be**(~이다, ~이 있다) **참조**

와스프함(艦) Wasp (미 해군의 LHD-1 USS 상륙강습함. <말벌>)

□ **wasp** [wɑsp, wɔ(:)sp] 명 『곤충』 **말벌**, 나나니벌; 성 잘내는(까다로운) 사람 ☜ 고대영어로 '말벌'이란 뜻
♠ **a wasp sting 말벌의 침, 말벌이 쏨**
♠ a girl like **a wasp**, a **wasp**-waisted girl (**벌처럼**) 허리가 가는 여자

□ **wasp**ish [wάspiʃ, wɔ́(:)sp-] 형 (특히 행동이) 말벌 같은; (사소한 무례에) 곧 화내는, 성마른 ☜ wasp + ish<형접>

□ **wasp**y [wάspi/wɔ́spi] 형 (-<-p**ier**<-p**iest**) 말벌의(같은) ☜ -y<형접>

와스프 WASP (미국 사회의 주류를 이루는 백인 지배 계급)

□ **WASP** **W**hite **A**nglo-**S**axon **P**rotestant **워스프** 《앵글로색슨계 백인 신교도; 미국 사회의 주류를 이루는 지배 계급으로 여겨짐》

✚ **white 백**(白), **백색**: 흰 그림물감 **Anglo**-Saxon **앵글로색슨민족**; 영국계 사람; 영어권 사람 **Pro**testant 『기독교』 **프로테스탄트**의, **신교도의** 명 **신교도**

연상 잘록한 웨이스트(waist.허리)를 위해 성형수술한다고 돈을 물쓰듯 웨이스트(waste.낭비)하다.

※ **waist** [weist] 명 **허리**; 허리의 잘록한 곳, 잔허리; 허리의 둘레(치수) ☜ 고대영어로 '몸이 성장하는 곳'이란 뜻
※ B-W-H : bust 가슴, waist 허리, hip 엉덩이

□ **waste** [weist/웨이스트] 동 **낭비하다, 허비하다**; 황폐시키다; 쇠약해지다 명 **낭비; 폐물**; 황무지 형 황폐한; 폐물을 넣는[운반하는] ☜ 라틴어로 '텅빈'
♠ **waste (one's) money 돈을 허비하다**
♠ **Haste makes waste. 《속담》 서두르면 무리가 생긴다. 급할수록 천천히.**
♠ **Waste not, want not. 《속담》 낭비가 없는 곳엔 부족이 없다.**

□ **waste**basket [wéistbæskit/-bὰːs-] 명 《미》 **휴지통**(=wastepaper basket) ☜ waste + basket(바구니)

□ **waste**ful [wéistfəl] 형 **낭비하는**; 사치스런; 헛된, **허비의** ☜ waste + ful(~이 가득한)

□ **waste**fulness [wéistfəlnis] 명 **낭비** ☜ wasteful + ness<명접>

□ **waste**land [wéistlæ̀nd] 명 (미개간의) 황무지, 불모의 땅 ☜ waste + land(땅, 육지, 나라)

□ **waste**paper [wéistpèipər] 명 휴지 ☜ waste + paper(종이, 신문)

□ **waste**paper basket 휴지통(=wastebasket) ☜ basket(바구니)

워치콘 Watchcon (정보감시태세), 스톱워치 stop watch (초시계)

□ **Watch**con [wάtʃkὰn, wɔ́ːtʃ-/-kɔ̀n] 명 Watch Condition 워치콘, (대북) 정보감시태세 비교 DEFCON 데프콘, 방위준비태세

□ **watch** [wɑtʃ/와취/wɔːtʃ/워치] 동 **지켜보다, 망보다; 기다리다** 명 **경계; 손목시계** ☜ 고대영어로 '자지 않고 있다'란 뜻
♠ **watch TV 텔레비전을 보다**
♠ **watch out (for) ~ ~을 조심[주의]하다, ~을 경계하다**

□ **watch** box 초소, 보초 막사 ☜ box(상자)

□ **watch**dog [wάtʃdɔ̀g] 명 집 지키는 개; 감시인 ☜ 지키는(watch) 개(dog)

□ **watch**ful [wάtʃfəl, wɔ́ːtʃ-] 형 **주의 깊은**, 경계하는 ☜ -ful(~이 가득한)

< Stop Watch >

□ **watch**maker [wάtʃmèikər/wɔ́tʃ-] 명 **시계 제조인**(수리인) ☜ 시계(watch)를 만드는(make) 사람(er)

□ **watch**man [wάtʃmən] 명 (pl. **-men**) (건물 따위의) **경비원** ☜ 지켜보는(watch) 사람(man)

□ **watch**tower [wάtʃtàuər/wɔ́tʃ-] 명 **망루, 감시탑**; 《비유》 관점, 견지 ☜ 지켜보는(watch) 탑(tower)

□ **watch**word [wάtʃwə̀ːrd/wɔ́tʃ-] 명 표어, 슬로건; (보초병 등이 쓰는) 암호 ☜ 지키는(watch) 말(word)

※ **condition** [kəndíʃən/컨디션] 명 **상태**; **지위**; **조건** 동 **조건을 설정하다** ☜ 여러 조건을 함께(con<com) 말하는(dit) 것(ion<명접>)

워터파크 water park (각종 물놀이 시설을 갖추어 놓은 곳)

□ **water** [wɔ́ːtər/**워**-러/**워**-터] 명 **물**, 음료수; **수중**; (pl.) **바다** 동 **물을 끼얹다[뿌리다]; 물을 타다** ☜ 고대영어로 '물'이란 뜻
♠ **cold water 냉수(冷水), boiling water 끓는 물**

W

- □ **water** clock 물시계 ☜ clock(탁상·괘종 시계)
- □ **water** closet 변소 《약어 : W.C.》 ☜ closet(벽장, 찬장; 작은 방; 변소)
- □ **water**color [wɔ́:tərkʌ̀lər] 명 (pl.) **수채화 물감**; (pl. ~) 수채화(법) ☜ color(색, 물감)
- □ **water**fall [wɔ́:tərfɔ̀:l, wάt-] 명 **폭포(수)** ☜ fall(떨어지다; 낙하, 추락, 폭포, 가을)
- □ **Water**gate [wɔ́:tərgèit] 명 **워터게이트** 사건 《1972년 Washington D.C.에 있는 민주당 전국위원회 본부에 닉슨 대통령의 재선을 획책하는 비밀공작반이 침입·도청하려다 발각된 사건, 이 결과로 Nixon 대통령이 사임함》 ☜ 워터게이트란 당시 사건이 발생했던 <워터게이트 호텔> 이름에서 유래된 것으로 직역하면 <수문>. ★ 이 사건으로 '게이트'(gate)가 '권력형 비리 의혹'이란 의미로 쓰이게 된 계기가 되었다.
- □ **water**ing [wɔ́:təriŋ] 명 급수, 살수; 물결무늬 형 살수용[급수용]의; 온천[광천]의; 해수욕장의 ☜ 물(water) 의(ing)
- □ **water** lily 〖식물〗 수련 ☜ lily(백합; 백합 같은)
- □ **water**melon [wɔ́:tərmèlən] 명 〖식물〗 **수박** ☜ melon(멜론, 수박)
- □ **water** mill 물레방아 ☜ mill(맷돌, 제분기; 물방앗간)
- □ **water** power **수력**(水力) ☜ power(힘, 동력, 전력)
- □ **water**proof [wɔ́:tərprù:f, wát-] 형 **방수의**; 물이 새지 않는 명 《영》 방수복 동 방수처리하다 ☜ proof(증거, 시험; 막는, 견뎌내는)
- □ **water**shed [wɔ́:tərʃèd] 명 중대 분기점, 분수계(分水界: 한 근원의 물이 갈라지는 경계선) 형 분수계를 이루는, 획기적인 ☜ 물(water)을 뿌리다/흘리다(shed)
- □ **water** ski **워터 스키**, 수상 스키 ☜ ski(스키, 스키를 타다)
- □ **water** supply **급수**(법); 상수도 ☜ supply(공급, 보급; 공급하다)
- □ **water**way [wɔ́:tərwèi] 명 **수로**; 항로; 운하; (갑판의) 배수구 ☜ way(길)
- □ **water**y [wɔ́:təri, wάt-] 형 (-<-ter**ier**<-ter**iest**) **물의**; 물기 많은, 묽은; 물속의 ☜ -y<형접>
- ■ under**water** [ʌ̀ndərwɔ:tər] 형 **물속의, 수면하의**; 흘수선(吃水線) 밑의 부 물속에서 명 물속 ☜ 물(water) 아래(under)

※ **park** [pɑ:rk/파-크] 명 **공원**; 《미》 유원지; 《영》 (귀족·호족의) 대정원; **주차장** 동 **주차하다** ☜ 고대영어로 '울 막은 장소'란 뜻

워털루 Waterloo (나폴레옹이 영국의 웰링턴에게 패한 벨기에의 마을)

- □ **Waterloo** [wɔ́:tərlù:, wάtˊ-] 명 **워털루** 《벨기에 중부의 마을; 1815년 나폴레옹 1세가 영국·프러시아 연합군에 대패》; (때로 w-) 대패배, 참패; 파멸[패배]의 원인 ☜ 벨기에 플랑드르어로 '신성한 나무'란 뜻

와트 watt (전력의 단위(W); 1s(초)에 1J(줄)의 일을 하는 일률)

- □ **watt** [wɑt/wɔt] 명 〖전기〗 **와트** 《전력(일률)의 단위; 생략: W, w》 ☜ 증기기관 발명자 J. 와트의 이름에서 유래. 와트는 증기기관의 일률을 측정하기 위해 한 마리의 말이 주어진 시간에 할 수 있는 일의 양을 체계화했는데 이것이 바로 마력(HP: horse power)이며, 전기에서는 와트(W)인 것이다.
  ★ 전력(W) = 전압(P) × 전류(A), 예) 220V × 10A = 2,200W
- □ **Watt** [wɑt/wɔt] 명 **와트** 《James ~, 증기기관을 발명한 스코틀랜드의 발명가; 1736-1819》

연상 와플(waffle.틀에 구운 케이크) 속에서 와틀(wattle.잔가지)이 나왔다

※ **waf**fle [wάfəl/wɔ́fəl] 명 **와플** 《밀가루·달걀·우유를 섞어 벌집 모양의 틀에 부어 말랑하게 구운 케이크》 형 격자 무늬의 ☜ 네덜란드어로 '꿀벌집'이란 뜻

- □ **wattle** [wάtl/wɔ́tl] 명 (벽의 뼈대로 쓰는) 욋가지, (세공용) 잔가지; 욋가지로 엮은 울타리(벽, 지붕) ☜ 고대영어로 '잔가지: 지붕을 이다'란 뜻
  ♠ walls made of **wattle** and daub **욋가지**에 흙벽을 발라 만든 담[벽]

파마 pama (×) (콩글 오래 지속되는 곱슬형 헤어스타일) ➔ permanent wave 웨이브펌 waveperm (×) (콩글 통상 긴머리 끝부분만 하는 파마 스타일)

※ **perm** [pə:rm] 명 《구어》 파마(=permanent wave) 동 (머리를) 파마하다 ☜ **perm**anent의 줄임말

※ **perm**anent [pə́:rmənənt] 형 **(반)영구적인, 영속하는**; 불변의, 내구성의; 상설의 명 **파마**(~ wave, perm) ☜ 라틴어로 '완전히(per) 머무르(man) 는(ent)'이란 뜻

- □ **wave** [weiv/웨이브] 명 **파도**, 물결; 〖물리〗 파(波), 파동; (머리카락 등의) 물결 모양, **퍼머넌트 웨이브** 동 **물결치다, 흔들다, 흔들어 신호하다**

☜ 고대영어로 '앞뒤로 움직이다'란 뜻
♠ **The waves are high. 물결**이 높다

☐ **wave**length [wéivlèŋkθ] 명 『물리』 파장《기호 λ》; 《구어 · 비유》 사고방식
☜ 파도(wave) 길이(length)
♠ **on the same wavelength as ~ 《구어》 ~와 같은 파장으로; ~와 의기투합하여[같은 생각으로]**

☐ **wave**r [wéivər] 동 **흔들리다**, 동요하다; **주저하다** 명 동요, 주저
☜ wave + er<접미사>

☐ **wav**y [wéivi] 형 (-<-v**ier**<-v**iest**) 파도치는; 물결 이는(같은), 굽이치는; 물결 꼴의; 웨이브가 된; 불안정한 ☜ wave + y<형접>

< permanent wave >

왁스 wax (광택을 내거나, 머리모양을 고정하기 위해 쓰는 밀랍)

☐ **wax** [wæks] 명 **밀초; 밀랍**(蜜蠟); 윤내는 약, **왁스**
☜ 고대영어로 '벌들이 만든 물질'이란 뜻
♠ styling **wax** for the hair 머리 모양내는 데 쓰는 **왁스**

☐ **wax**ing [wǽksiŋ] 명 납(蠟)을 바르기; 왁스로 닦기 ☜ wax + ing<명접>

☐ **wax**y [wǽksi] 형 (-<-x**ier**<-x**iest**) 납(蠟)(밀) 같은; 납빛의, 창백한 ☜ -y<형접>

브로드웨이 Broadway (미국 뉴욕의 브로드웨이거리, 연극 · 뮤지컬계)

미국 New York의 Manhattan을 남북으로 가로지는 길. 부근에 극장이 많아 통상 미국의 연극, musical계를 지칭하는 말로 많이 쓰인다.

Broadway [brɔ́:dwèi] 명 뉴욕시를 남북으로 달리는 큰 거리 《부근에 극장이 많음》 ☜ 넓은(broad) 길(way)

☐ **way** [wei/웨이] 명 **길**, 도로; 방식 ☜ 고대영어로 '길'이란 뜻
비교 weigh 무게를 재다(달다)
♠ **lose one's way** in the woods 숲에서 **길을 잃다**
♠ **way off 먼, 멀리 떨어져서**(=a long way off)
♠ **a long way (off) 먼, 멀리 떨어져**
♠ **all the way (도중) 내내, 멀리**
♠ **by the way 그런데, 그건 그렇고**
♠ **by way of ~ ~로써(수단 · 방법), ~을 지나서[경유하여]**
♠ **come (A)'s way (일이) A에게 일어나다**
♠ **find (A)'s way 길을 찾아가다; 도착하다, 들어가다**
♠ **get in the** (a person's) **way 방해하다**
♠ **get under way 나아가기 시작하다, 출발하다; 실행에 옮기다**
♠ **give way 무너지다, 꺾이다; 패하다; 양보하다**
♠ **go out of (A)'s** (the) **way to ~ 고의로[일부러] ~하다**
♠ **go the way of ~ ~와 같은 길을 걷다, ~와 같은 결과가 되다; ~처럼 죽다[멸망하다]**(=perish like)
♠ **in a way 어떤 점에서는, 어느 정도**
♠ **in any way 어떤 방법으로든; 아무튼, 어쨌든; [부정사와 함께] 조금도 (~이 아니다)**(=in no way)
♠ **in every way 온갖 수단으로; 어느 모로 보든지**
♠ **in no way 결코 ~않다**
♠ **in (A)'s own way 제 나름대로, 그런대로**
♠ **in the** (a person's) **way ~ ~의 방해가 되어, 가는 길을 막아**
♠ **in the way of ~ ~의 방해가 되어; ~에 관하여, ~으로서, ~면[점]에서**
♠ **make (A)'s (own) way ~ 나아가다, 가다; 출세하다, 성공하다**
♠ **make way for ~ ~을 위하여 길을 비키다, ~을 위하여 길을 열다**
♠ **on (A)'s way home from ~ ~에서 돌아오는 도중**
♠ **on one's** (the) **way to ~ ~에 가는 도중에**
♠ **on the way back 돌아오는 길에, 귀로에**
♠ **pay** (earn) **(A)'s way 빚지지 않고 살아가다; (여행 따위를) 제대로 비용을 쓰며 가다**
♠ **under way 진행 중에, 항해 중에**

☐ **way**farer [wéifɛ̀ərər] 명 나그네, (특히 도보) 여행자; (여관 · 호텔의) 단기 숙박객
☜ 길(way)을 여행하는(fare) 사람(er)

☐ **way**lay [wèiléi] 동 (-/-**laid**/-**laid**) 매복하다, 요격하다; (길목에서) (사람을) 불러 세우다
☜ 길(way)에 배치하다/두다(lay)

☐ **way**side [wéisàid] 명형 **길가**(의), 노변(의) ☜ way + side(옆, 측면, 가장자리)

W

☐ **way**ward [wéiwərd] ⓗ **말을 안 듣는; 제 마음대로의**; 변덕스런; 흔들리는
☜ way + ward(~쪽의, ~쪽으로)

■ air**way** [ɛ́ərwèi] ⓜ **항공로** ☜ air(공중) + way(길)

■ gate**way** [géitwèi] ⓜ **대문**, 출입구, 통로 ☜ gate(문) + way(길)

■ high**way** [háiwèi] ⓜ 공공도로, **고속도로**, 큰 길 ☜ high(고속의) + way(길)

■ mid**way** [mídwéi] ⓗⓑ **중도의[에]**, 중간쯤의[에](=halfway) ☜ mid(중간) + way(길)

■ rail**way** [réilwèi/**뤠**일웨이] ⓜ 《영》 **철도**(《미》 railroad); 《미》 시가, 고가, 지하철 궤도
☜ rail(궤도, 철도) + way(길)

■ run **way** [rʌ́nwèi] ⓜ 주로(走路), 『항공』 **활주로** ☜ run(달리다) + way(길)

■ stair**way** [stérwèi] ⓜ (연결되어 통로 구실을 하는) **계단** ☜ stair(계단) + way(길)

■ sub**way** [sʌ́bwèi] ⓜ 《미》 **지하철**(《영》 tube, underground); 《영》 **지하도**(《미》 underpass)
☜ sub(아래) + way(길)

■ water**way** [wɔ́ːtərwèi] ⓜ **수로**; 항로; 운하; (갑판의) 배수구 ☜ water(물) + way(길)

위캔두잇 We Can Do It (2차 세계대전 당시 미국의 선전포스터. <우리는 할 수 있다>는 의미)

제2차 세계대전 당시 미국의 선전포스터 중 하나. 노동자/근로자의 사기진작을 위해 공장노동자 '제럴딘 도일'을 모델로 제작되었다. 1980년대 여성주의를 촉발시키는데 사용되었고, 1994년 잡지 스미소니언의 표지 및 1999년 미국 제1종 우편물 우표로도 사용되었다. <출처 : 위키백과 / 그림포함 일부인용>

☐ **We** [wiː/위- (강) wi] ⓓ 『인칭대명사 1인칭 복수·주격』 **우리가, 우리는** ☜ 고대영어로 '나와 또 다른 사람'이란 뜻
♠ **Yahoo, we did it! 야호, 우리가 해냈어!**

☐ **we'd** [wiːd,약 wid] we had (would, should)의 단축형

☐ **we'll** [wiːl] we shall (will)의 단축형

☐ **we're** [wiər] we are의 단축형

☐ **we've** [wiːv, wiv] we have의 단축형

※ **can** [kæn/캔, (약) kən] ⓩⓓ 『능력』 **~할 수 있다**; 『허가』 **~해도 좋다**
☜ 고대영어로 '알다, ~할 힘을 갖다'란 뜻
ⓩ 양철통, **깡통** ☜ 고대영어로 '찻종, 찻잔, 컵'이란 뜻

※ **do** [duː/두- (약) du, də] ⓩⓓ **행하다** 《현재 do, 직설법 현재 3인칭 단수 does; 과거 did》; 『부정·의문문』 일반동사를 돕는 조동사(助動詞) 역할
☜ 고대영어로 '만들다, 행하다'란 뜻

※ **it** [it/잍] ⓓ 『3인칭 단수 중성의 주격』 **그것은[이]** ☜ 초기 인도유럽어로 '이것'이란 뜻

위크 사이드 weak side ([스포츠] 상대편의 약한 곳; 약점)

☐ **weak** [wiːk/위-크] ⓗ **약한**, 무력한, 연약한, 박약한 ☜ 고대 노르드어로 '약한'이란 뜻
비교 week 주(週), 일주일
♠ **a weak and cowardly** man **나약하고 소심한** 남자

☐ **weak**en [wíːkən] ⓓ **약해지다, 약화시키다** ☜ weak + en<동접>

☐ **weak**ly [wíːkli] ⓗ (-<-kl**ier**<-kl**iest**) **약한**, 가냘픈; 병약한 ⓑ 약하게 ☜ -ly<형접/부접>

☐ **weak**ness [wíːknis] ⓜ **약함**; 허약; 우유부단; (근거의) 박약; **약점**, 결점 ☜ -ness<명접>

☐ **weak** point 약점(⇔ strong point) ☜ point(점, 점수)

※ **side** [said/싸이드] ⓜ **옆, 측면, 쪽** ☜ 고대영어로 '사람이나 물건의 측면'이란 뜻

영(英) 연방 국가를 통상 코먼웰스(commonwealth)라 부른다.

중세 '공동善'이란 의미의 코먼웰스가 '영(英)연방'이란 의미로 사용된 것은 제1차 세계대전 이후의 일이다. 1차대전 후 영국은 재정이 파탄 상태에 이르자 캐나다·호주·뉴질랜드 등 과거 6개 대영제국 일부국가들과 함께 '브리티시 코먼웰스(British Commonwealth)'를 결성하였고, 2차대전 후에는 아시아·아프리카의 유색 식민국들이 독립하자 이들을 포함한 '코먼웰스 오브 네이션스(Commonwealth of Nations)'를 출범시켰다.

※ **common** [kάmən/**카**먼/kɔ́mən/**코**먼] ⓗ (-<-**er**(**more** -)<-**est** (**most** -)) **공통의**, 공동의, **사회일반의; 보통의**
☜ 고대 프랑스어로 '공동의, 일반의'란 뜻

☐ **wealth** [welθ/웰쓰] ⓜ **부**(富), **재산**(=riches); 부유
☜ 중세영어로 '행복'이란 뜻
♠ **a man of wealth 재산가**

■ common**wealth** [kάmənwèlθ/kɔ́m-] ⓜ **국민**; **공화국**(=republic); **연방**(聯邦) ☜ 공공의(common) 복지(wealth)

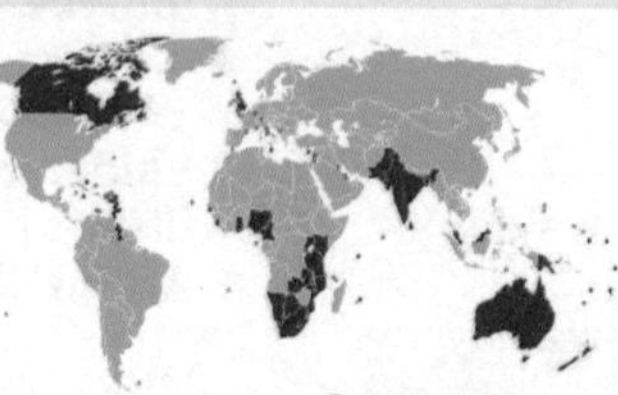
© Wikipedia

W

♠ a member of the **Commonwealth 영연방**의 일원

☐ **wealth**y [wélθi] ⓗ (-<-th**ier**<-th**iest**) **부유한**, 유복한; **풍부한** ☜ -y<형접>

연상 윈(wean.젖을 떼다)한다는 것은 엄마-아기 모두 윈윈(win-win.쌍방 승리)하는 것이다.

※ **win** [win/윈] ⓢ (-/**won/won**) (경쟁·경기 따위에서) **이기다**
☜ 고대영어로 '일하다, 싸우다'란 뜻

※ **win-win** [wínwín] ⓗ (교섭 등에서) 쌍방에게 다 만족이 가는, 어느 쪽에도 유리한 ☜ 1993년부터 미국의 『국방보고서』에서 공식화한 용어로, 두 지역에서 일어난 전쟁을 동시에 승리로 이끈다는 미국의 군사전략에서 유래

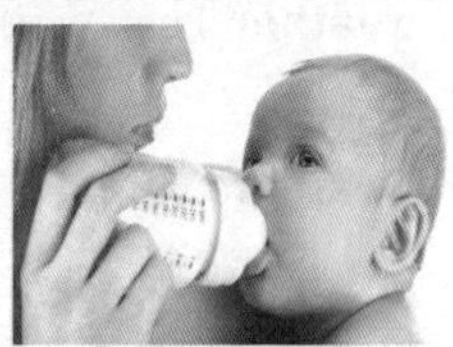
© kidspot.com.au

☐ **wean** [wiːn] ⓢ 젖을 떼다; ~을 단념시키다, ~에서 떼놓다
♠ **wean a baby from the mother** (breast) **아기를 젖 떼게 하다.**

리썰웨폰 Lethal Weapon (미국 액션 영화. <흉기>란 뜻)

1987년 개봉한 미국의 범죄 액션 스릴러 영화. 맬 깁슨, 대니 글로버 주연. 술집 여종업원이 호텔에서 뛰어내려 죽는 사건을 맡게 된 베테랑 형사와 좌충우돌 말썽쟁이 형사가 이 사건이 마약 범죄조직과 연루되어 있음을 알고, 범죄조직내에 잠입하여 일망타진한다는 이야기

© Warner Bros.

※ **leth**al [líːθəl] ⓗ 죽음을 가져오는, 치사의, 치명적인 ☜ 죽음(leth) 의(al)

☐ **weapon** [wépən/웨펀] ⓜ **무기**, 병기, 흉기
☜ 고대영어로 '전투 및 방어의 기구'란 뜻
♠ **nuclear weapons 핵무기**

☐ **weapon**ry [wépənri] ⓜ [집합적] 무기류; 무기 제조, 군비 개발; 조병학(造兵學) ☜ weapon + ry<명접>

스포츠웨어 sportswear (운동복)

※ **sport** [spɔːrt/스뽀-트] ⓜ (또는 pl.) **스포츠, 운동**, 경기 《hunting, fishing을 포함》; (pl.) 운동회, 경기회 ⓢ 장난하다, 까불다
☜ 고대 프랑스어로 '기쁨, 즐거움'이란 뜻

☐ **wear** [wɛər/웨어] ⓢ (-/**wore/worn**) **입고**(신고, 쓰고) **있다**, 휴대하고 있다 (-/**wore/wore**) **닳다, 닳게[해지게] 하다**; 지치게[쇠약하게] 하다; 사용에 견디다 ⓜ **착용; 의복; 닳아 떨어짐**
☜ 고대영어로 '옷을 입다'란 뜻과 '(옷을 오래 사용함에 따른) 닳아 해지다'

♠ She **was wearing** a new coat. 그녀는 새 외투를 **입고 있었다**.
♠ The carpets are starting **to wear.** 카펫이 **해어지기** 시작하고 있다.
♠ **wear away 닳아 없애다[없어지다]; 지치게 하다**
♠ **wear off 점차 줄어들다[없어지다]**
♠ **wear on (시간이) 경과하다, 점점 나아가다**
♠ **wear out 닳아 해어지다; 소모시키다**

☐ **wear**er [wέərər] ⓜ 착용자, 휴대자, 사용자; 닳아 없애는 것 ☜ wear + er(사람)

☐ **wear**ily [wíəri] ⓗ **지쳐서**; 싫증이 나서 ☜ weary<y→i> + ly<부접>

☐ **wear**iness [wíərinis] ⓜ **피로; 싫증**, 권태, 지루함 ☜ weary<y→i> + ness<명접>

☐ **wear**isome [wíərisəm] ⓗ 피곤하게 하는, 진저리나게 하는; 싫증(넌더리) 나는, 지루한
☜ weary<y→i> + some<형접>

☐ **wear**y [wíəri] ⓗ (-<-r**ier**<-r**iest**) **피곤한, 싫증이 난** ☜ wear + y<형접>
♠ **be weary of ~ ~에 싫증나는, ~이 지루해지는**

■ sports**wear** [spɔ́rtswὲr] ⓜ 운동복; 간이복 ☜ 스포츠용의(sports) 옷(wear)

■ under**wear** [ʌ́ndərwὲr] ⓜ 내의, **속옷** ☜ 속에<아래(under) 입다/입은 옷(wear)

위즐(weasel.족제비) 모피코트(fur coat)

☐ **weasel** [wíːzəl] ⓜ (pl. **-s, -**) **족제비**; 교활한 사람
☜ 고대영어로 '족제비'란 뜻.
♠ **The weasel** is biting the bird's neck.
그 족제비는 새의 목을 깨물고 있다.

☐ **weasel**-faced [wíːzəlfèist] ⓗ (족제비처럼) 가늘고 뾰족한 얼굴의, 교활한 얼굴의 ☜ 족제비(weasel) 얼굴(face) 의(ed<형접>)

W

웨더베인 weather-vane (화살표 모양의 날개가 달린 풍향계)

☐ **weather** [wéðər/**웨**더] 명 일기, 기후, **기상, 날씨**
☜ 고대영어로, 공기, 하늘, 산들바람, 폭풍우'란 뜻
♠ **How's today's weather? 오늘 날씨는 어때요?**
☐ **weather**-beaten [wéðərbìːtn] 형 비바람에 시달린〔바랜〕; 단련된; 햇볕에 탄《얼굴 따위》 ☜ 날씨(weather)에 두들겨 맞은(beaten: beat의 과거분사 ➔ 형용사)
☐ **weather**cock [wéðərkɑ̀ːk] 명 **바람개비**, 풍향계; 변덕쟁이 동 ~에 풍향계를 달다
☜ cock(수닭, 수탉모양의 바람개비)
☐ **weather** forecast 일기 예보 ☜ forecast(예상, 예보)
☐ **weather**glass [wéðərglæ̀s, -glɑ̀ːs] 명 청우계(計), 기상 관측용 기압계(=barometer)
☜ (기압을 측정하는) 기상(weather) + 유리 계측기(glass)
☐ **weather**man [wéðərmæ̀n] 명 (pl. **-men**) 《구어》 **일기 예보자**, 예보관 ☜ man(남자, 사람)
★ 여성의 지위와 대우가 남성과 동등해지면서 성차별적 단어도 점차 중성적 의미의 단어로 바뀌고 있다. weatherman도 weather reporter로 변화됨.
☐ **weather** map 일기도, 기상도 ☜ map(지도, 설명도)
☐ **weather**proof [wéðərprùːf] 형 (건물 따위가) 비바람에 견딜 수 있는
☜ 날씨(weather)를 견디어내는/막는(proof)
☐ **weather** station 측후소, 관상대 ☜ station(소(所), 서(署), 국(局), 부(部); 역(驛))
☐ **weather**-vane [wéðərvèin] 명 **웨더베인**, 풍향계(=weathercock) ☜ vane(바람개비)
☐ **weather**-vane effect **웨더베인** 효과 《항공기가 이·착륙시 측풍이 심할 경우 기수가 풍상쪽으로 회두하는 현상》 ☜ effect(결과, 효과)
☐ **wither** [wíðər] 동 시들다, 이울다, 말라〔시들어〕 죽다
☜ 중세영어로 '날씨에 노출되다', '시들다'란 뜻.
♠ The flowers **withered up** [away]. 꽃이 **시들었다**.

웹사이트 web site (정보를 저장해놓고 필요로 하는 사람에게 언제든지 제공하는 인터넷상의 자료 창고. 홈페이지 자료가 위치한 곳) 웹툰 webtoon (인터넷 만화) ➔ web comics, web cartoon

♣ **어원 : web, weav (천을) 짜다**
☐ **weave** [wiːv] 동 (-/**wove/woven**) (피륙을) **짜다, 뜨다**, 엮다
☜ 고대영어로 '천을 짜다'란 뜻
♠ **weave a rug 융단을 짜다**
☐ **weaver** [wíːvər] 명 (베)**짜는 사람**, 직공(織工) ☜ weave + er(사람)

< Webtoon >

☐ **web** [web] 명 **피륙**, 직물; **거미집** ☜ 고대영어로 '(천을) 짠 것'이란 뜻
♠ **spin a web 거미줄을 치다**
☐ **web site** 〖컴퓨터〗 **웹 사이트** 《웹 서버를 사용해 웹 서비스를 제공할 수 있도록 구축된 호스트》
■ **WWW** **W**orld-**W**ide **W**eb **월드와이드웹** 《세계적인 인터넷망으로, HTTP(연결문서의 전환 통신규약)을 사용하기 위한 물리적 매개체》 ☜ '세계(world) 규모의(wide) 거미집(web)'
☐ **web**toon [webtúːn] 명 〖컴퓨터〗 **웹툰**, 인터넷 만화 ☜ **web**(웹=www)과 car**toon**(만화)의 합성어
※ **site** [sait] 명 (건물의) **대지**, 집터, 부지; 유적; 〖컴퓨터〗 (웹)**사이트** ☜ 앉은(sit) 곳(e)

막스베버 Max Weber (독일의 경제학자, 사회학자, 역사가)

☐ **Weber** [véibər] 명 **베버** 《Max ~, 독일의 경제·사회학자: 1864-1920》
★ 주요 저서 : 『사회과학적 및 사회정책적 인식의 객관성』, 『프로테스탄티즘의 윤리와 자본주의의 정신』, 『사회과학 방법론』 등

웹스터 Webster (미국의 사전 편찬자·저술가)

☐ **Webster** [wébstər] 명 **웹스터** 《Noah ~, 미국의 사전 편집가·저술가: 1758-1843》
★ 『웹스터 사전(Webster's Dictionary)』은 N. 웹스터가 1828년 처음 출판하였고 이후 개정을 거쳐 오늘날 미국의 가장 대표적인 영어사전이 됨.

☐ **we'd**(we had 〔would, should〕의 간약형) ➔ **we**(우리) **참조**

웨딩마치 wedding march (결혼 행진곡), 웨딩케이크, 웨딩드레스...

☐ **wed** [wéd] 동 (-/wed**ded**/wed**ded**) **~와 결혼하다, 결혼시키다**
☜ 고대영어로 '저당잡히다, 약속하다'란 뜻

♠ The couple **plan to wed** next summer.
그 두 사람은 내년 여름에 **혼인할 계획이다**.

☐ **wed**ded [wedid] ⓗ **결혼한**, 결혼의; 맺어진, 결합한, 집착한
☜ wed + d<단모음+단자음+자음반복> + ed<형접>

☐ **wed**ding [wédiŋ] ⓜ **혼례, 결혼식** ⓗ 결혼(식용)의
☜ wed + d<자음반복> + ing<형접/명접>

☐ **wed**ding cake **웨딩케이크** 《결혼 피로연에서 신랑 신부가 잘라 하객에게 나누어 주는》 ☜ cake(케이크, 양과자)

☐ **wed**ding dress **웨딩드레스**, 신부 의상 ☜ dress(의복, 복장; 옷을 입다, 입히다)

☐ **wed**ding march **웨딩 마치**, 결혼 행진곡 ☜ march(행진, 행진곡)

☐ **wed**ding reception 결혼 피로연 ☜ reception(응접, 환영회, 리셉션)

☐ **wed**ding ring 결혼 반지 ☜ ring(고리, 반지)

☐ **wed**lock [wédlɑ̀k/-lɔ̀k] ⓜ 결혼 생활, 혼인 ☜ 고대영어로 '결혼 서약'이란 뜻.
⇦ wed(결혼) + lock(잠금)

웻지 wedge (머리부분이 쐐기 모양인 쳐올리기용 철재 골프채)

☐ **wedge** [wedʒ] ⓜ **쐐기**; 쐐기 모양의 것; V자형; 『골프』 **웨지** 《쳐올리기용의 아이언 클럽》 ⓓ 쐐기를 박아 죄다 ☜ 고대영어로 '쐐기'
♠ **drive a wedge** into a log 통나무에 **쐐기를 박다**.

☐ **wedge**-shaped [wédʒʃèipt] ⓗ 쐐기 모양의, V자 꼴의
☜ wedge + shape(모양) + ed<형접>

오딘 Odin (북유럽 신화의 주신(主神))

■ **Odin** [óudin] ⓜ 『북유럽신화』 **오딘** 《예술·문화·전쟁·사자(死者) 등의 신》

■ **Woden** [wóudn] ⓜ 앵글로색슨족의 주신(主神) 《북유럽 신화의 Odin 에 해당함》

☐ **Wedne**sday [wénzdei/**웬**즈데이, -di] ⓜ **수요일** 《생략: W., Wed.》
☜ 고대영어로 '오딘神(Woden) 의(s) 날(day)'이란 뜻
★ 요일은 신들의 이름을 따서 지었다. 일요일(Sunday)은 태양(sun)을 숭배하는 날, 월요일(Monday)은 달(moon)을 숭배하는 날, 화요일(Tuesday)은 전쟁의 신 티우(Tiu)의 날, 수요일(Wednesday)은 폭풍의 신 우딘(Woden)의 날, 목요일(Thursday)은 천둥의 신 토르(Thor)의 날, 금요일(Friday)은 사랑의 신 프라이야(Friya)의 날, 토요일(Saturday)은 농업의 신 새턴(Saturn)의 날이다.
♠ He came here **last Wednesday**.
그는 **지난 수요일에** 여기에 왔다

연상 우리(we)는 그 거인에 비하면 아주 작은(wee) 사람이다.

※ **We** [wiː/위- (강) wi] ⓓ 《인칭대명사 1인칭 복수·주격》 **우리가, 우리는** ☜ 고대영어로 '나와 또 다른 사람'이란 뜻

☐ **wee** [wiː] ⓗ (-<wee**r**<wee**st**) 《소아어》 아주 작은, 조그마한; (시각이) 매우 이른 ☜ 고대영어로 '무게(의 단위)', 중세영어로 '극히 작은'
♠ **a wee girl 아주 작은 소녀**
♠ **in the wee hours of the morning**
한밤중에 《새벽 1~3시경까지》

< 아시아 최장신 거인 >
© joysf.com

연상 우드(wood.목재 헤드 골프채)로 샷을 했더니 공이 위드(weed.잡초)밭에 떨어졌다.

※ **wood** [wud/우드] ⓜ **나무, 목재; 숲** ☜ 고대영어로 '나무, 숲'이란 뜻

☐ **weed** [wiːd] ⓜ **잡초** ⓓ **~의 잡초를 없애다** ☜ 고대영어로 '풀, 식물'
♠ **Ill weeds grow apace. 《속담》 잡초가 쉬이 자란다.**

☐ **weed**y [wíːdi] ⓗ (-<-d**ier**<-d**iest**) 잡초 투성이의; 잡초 같은, 쉬이 자라는 ☜ 잡초(weed) 같은(y<형접>)

■ sea**weed** [síwiːd] ⓜ 『식물』 **해초**, 바닷말; 《미.속어》 시금치
☜ sea(바다) + weed(잡초)

■ milk**weed** [mílkwiːd] ⓜ 『식물』 유액(乳液)을 분비하는 식물 ☜ milk(우유) + weed

■ stink**weed** [stíŋkwiːd] ⓜ 악취 나는 풀 ☜ stink(악취, 악취가 나다) + weed

■ hog**weed** [hɔ́ːgwiːd, hɑ́g-] ⓜ 각종 잡초 ☜ hog(거세한 수퇘지) + weed

위크엔드 weekend (주말)

☐ **week** [wiːk/위-크] ⓜ **주** 《Sunday에서 시작하여 Saturday에서 끝남》; (W-) **~주간**
☜ 고대영어로 '(한 바퀴) 도는 것'이란 뜻 **비교** weak 약한, 힘없는
♠ What is **the day of the week** ? 오늘은 무슨 **요일**이냐?
♠ **week in, week out 매주[주마다] (빠짐없이)**

☐ **week**day [wíːkdèi] ⓜ **주일**(週日), 평일 《일요일 또는 토요일 이외의 요일》 ⓗ 평일의
☜ week + day(일, 날)

☐ **week**end [wíːkènd] ⓜ **주말** ☜ week + end(끝)

☐ **week**ly [wíːkli] ⓗ **매주의**, 주간의 ⓑ **주마다** ⓜ (pl. -lies) 주간지 ☜ week + ly<형접/부접>

semi-**week**ly [sèmiwíːkli] ⓗ 주 2회의 ⓑ 주 2회 ⓜ 주 2회의 (정기) 간행물 ☜ semi-(반(半))

bi-**week**ly [baiwíːkli] ⓗⓑ 2주(週)에 한 번(의), 격주의〔로〕 ⓜ 격주 간행물 ☜ bi-(2, 둘)

연상 지프(jeep)를 타고가던 그녀가 갑자기 위프(weep.눈물을 흘리다)했다.

※ **jeep** [dʒiːp] ⓜ 《미》 **지프**; (J-) 그 상표명 ☜ G.P.(General-Purpose), 즉 '다목적용'이라는 뜻에서 유래

☐ **weep** [wiːp] ⓢ (-/**wept**/**wept**) **눈물을 흘리다, 울다**, 비탄〔슬퍼〕하다 ☜ 고대영어로 '눈물을 흘리다, 울다'란 뜻
♠ **weep buckets 펑펑 울다**

☐ **weep**er [wíːpər] ⓜ 우는 사람 ☜ weep + er(사람)

☐ **weep**ing [wíːpiŋ] ⓗ **눈물을 흘리는**, 우는 ☜ -ing<형접>

☐ **weep**y [wíːpi] ⓗ (-<-p**ier**<-p**iest**) 《구어》 눈물어린, 눈물 잘 흘리는; 스며 나오는 ☜ weep + y<형접>

웨이트 트레이닝 weight training (체중 관리 훈련, 근력 강화 훈련)

☐ **weigh** [wei/웨이] ⓢ **무게를 달다**; 체중을 달다; **심사숙고하다**
☜ 고대영어로 '차로 나르다'란 뜻 **비교** way 길, 도로; 방법, 방식
♠ **weigh on 〔upon〕 ~을 압박하다, ~에 부담이 되다, ~을 괴롭히다**

☐ **weight** [weit/웨이트] ⓜ **무게**, 체중, 체급; **부담; 중요성**; 가중치 ⓢ 무게를 더하다; 짐을 지우다 ☜ 고대영어로 '무게'란 뜻 **비교** wait 기다리다
♠ **over 〔under〕 weight 무게가 초과**〔부족〕**하여**

☐ **weight**less [wéitlis] ⓗ (거의) 중량이 없는; 무중력의
☜ weight + less(~이 없는)

☐ **weight**lessness [wéitlisnis] ⓜ 무중력 ☜ 무게(weight)가 없는(less) 것(ness)

☐ **weight**y [wéiti] ⓗ (-<-t**ier**<-t**iest**) (매우) **무거운**, 무게 있는
☜ -y<형접>

■ over**weight** [óuvərwèit] ⓜ 과체중, **초과중량** ⓗ 중량이 초과된
☜ over(~위에, ~을 넘어, 초과한) + weight

■ under**weight** [əndərwèit] ⓜ 중량 부족 ⓗ 중량 부족의
☜ under(~아래에, ~이 부족하여, 미달인) + weight

© teleskyshopping.com

※ **train**ing [tréiniŋ] ⓜ **훈련, 트레이닝**, 단련, 교련, 연습; 양성
☜ 라틴어로 '당기다(train) + ing<명접>

위어 weir (물길의 흐름을 막아 넘치게 하고 물을 낙하시켜 유량을 측정하는 장치)

☐ **weir** [wiər] ⓜ 둑 《물레방아용》; 어살, 어전(魚箭)
☜ 고대영어로 '댐, 둑; 담, 울타리'란 뜻.
♠ **raise the weir 둑을 높이다**
♠ fish caught in **a weir 어살**에 잡힌 고기

위어드 시스터즈 Weird Sisters ([그神] 운명의 3여신. <신비의 여자들>)

운명의 여신. 제우스와 테미스(Themis)의 딸 3형제. 클로트는 운명의 실을 뽑고 라케시스는 잡아당기고 아도로포스는 가위로 끊는다고 하며, 그들이 정한 것은 절대 불변의 것이어서 신이건 인간이건 이를 벗어날 수 없다고 한다. 운명의 3 여신을 그리스어로 모이라이(Moirai)라고 한다. <출처 : 인명사전 / 일부인용>

☐ **weird** [wiərd] ⓗ 불가사의한, 신비로운, 두려운; 《구어》 **기묘한**, **이상한**
☜ 고대영어로 '운명, 기회, 운'이란 뜻

W

♠ **a weird dream 기이한 꿈**

☐ **Weird** Sisters [the ~] 〖그·로.신화〗 운명의 3여신(the Fates)
☜ sister(여자형제) + s<복수>

웰빙 well-being (행복, 안녕. <만족스런 삶>이란 뜻), 웰컴

☐ **wel**come [wélkəm/**웰**껌/**웰**컴] ㉠ **어서 오십시오** ㉢ **환영하다** ㉧ **환영** ㉬ **환영받는** ☜ 잘(wel<well) 오셨습니다(come)
♠ **welcome to ~ ~에 온 것을 환영하다**
♠ **be welcome to ~ ~을 자유로이 써도[해도] 좋다**

■ un**wel**come [ənwélkəm] ㉬ **환영받지 못하는**, 달갑지 않은 ☜ un-(=not)

☐ **wel**fare [wélfὲər] ㉧ **복지, 복리**, 후생
☜ 잘(wel<well) 지내다(fare: 상태)

☐ **well** [wel/웰] ㉯ **잘, 만족스럽게**, 훌륭하게; 능숙하게; 충분히; 상당히; 족히 ㉬ (-<**better**<**best**) **건강한**, 만족스런 ㉠ 이런!, 저런!, **글쎄!; 그런데** ㉧ 좋음, 만족스럼, 바람직함
☜ 고대영어로 '풍부한, 매우 많은; 참으로'

♠ sleep **well 잘** 자다
♠ **Well**, I'm not sure about that. **글쎄**, 그건 확실히 모르겠어.
♠ **be well off 잘 살다** 주의 비교급은 better off
♠ **do well to ~ ~하는 것[편]이 좋다[현명하다]**

☐ **well**-being [wélbíːiŋ] ㉧ 복지, 안녕, **행복**(welfare)(⇔ ill-being 불행) ☜ 잘(well) 존재하는(be) 것(ing) ★ 우리는 웰빙(wellbeing)을 '건강'의 의미로 주로 사용하는데, 이는 콩글리시이며, 영어로는 wellness가 적절한 표현이다.

< Well-being >

☐ **well**born [wélbɔ́ːrn] ㉬ 태생이〔가문이〕 좋은 ☜ 만족스럽게(well) 태어난(born)
☐ **well**-bred [wélbréd] ㉬ 본데 있게 자란 ☜ 잘(well) 길러진(bred)
☐ **well**-done [wéldʌ́n] ㉬ 바르게〔능숙히, 잘〕 수행〔처리〕된; (고기가) 잘 익은, 충분히 조리된, **웰던** ☜ 잘(well) 행해진(done: do의 과거분사 ➔ 형용사)
☐ **well**-dressed [wéldrés] ㉬ 잘 차려 입은 ☜ 잘(well) 입(dress) 은(ed<형접>)
☐ **well**-educated [wélédʒukèitid] ㉬ 교육을 잘 받은 ☜ 잘(well) 교육(educate) 받은(ed)
☐ **well**-fed [wélfed] ㉬ 영양이 충분한, 살찐 ☜ 잘(well) 먹은(fed: feed의 과거분사)
☐ **well**-groomed [wélinfɔ́ːrmd] ㉬ **몸차림이 깔끔한**; 손질이 잘 된 ☜ 잘(well) 손질된(groomed)
☐ **well**-informed [wélinfɔ́ːrmd] ㉬ 박식한 ☜ 충분히(well) 정보/지식이 넓은(informed)
☐ **well**-known [wélnóun] ㉬ **유명한**, 잘 알려진; 친밀한
☜ 잘(well) 알려진(known: know의 과거분사 ➔ 형용사)
☐ **well**-made [wélméid] ㉬ (몸이) **균형 잡힌**; (세공품이) 잘 만들어진; 구성이 잘 된
☜ 잘(well) 만들어진(made: make의 과거분사 ➔ 형용사)
☐ **well**-mannered [wélméid] ㉬ **예절 바른** ☜ 좋은(well) 몸가짐(manner) 의(ed<형접>)
☐ **well**ness [wélnis] ㉧ 건강, 호조 ☜ 좋은(well) 것(ness<명접>)
☐ **well**-off [wélɔ́ːf, -ɑ́f/ɔ́f] ㉬ 유복한 ☜ 완전히(off/강조) 만족스런(well)
☐ **well**-suited [wélsúːtid] ㉬ 적절한, 알맞은, 편리한 ☜ 잘(well) 적합(suit) 한(ed)
☐ **well**-to-do [wéltədúː] ㉬ **유복한**, 편한〔넉넉한〕 살림의; (the ~) [집합적] 부유 계급
☜ well + to-do(=done. 행해진)

☐ **we'll**(we will 〔shall〕의 간약형) ➔ **we**(우리) **참조**

오일 웰 시멘트 oil well cement (석유의 굴삭 갱정에 삽입되는 강철 파이프를 보호·보강하기 위해 사용되는 특수 유정 시멘트)

※ **oil** [ɔil/오일] ㉧ **기름**; 석유; 올리브유; 유화물감 ㉬ 기름의; 석유의 ☜ 중세영어로 '올리브 오일'이란 뜻
☐ **well** [wel/웰] ㉧ **우물** ㉢ 솟아오르다 ☜ 고대영어로 '샘'이란 뜻
♠ **an oil well 유정(油井)**
☐ **weld** [weld] ㉢ **용접하다**〔되다〕, 결합하다 ㉧ 용접점
☜ well(샘, 솟아오르다)의 변형
♠ **weld** a broken axle 부러진 굴대를 **용접하다**
※ **cement** [simént] ㉧ **시멘트**, 양회; 접합제 ㉢ 접합시키다
☜ 고대 프랑스어로 '시멘트, 회반죽'이란 뜻

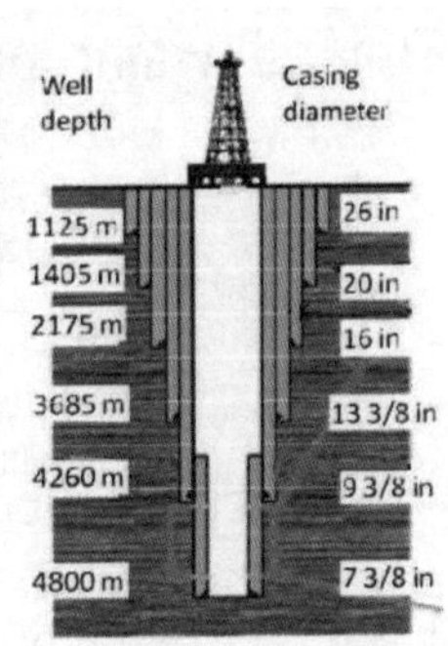

© indiacements.co.in

W

웰링턴 Wellington (워털루에서 나폴레옹군을 격파한 영국의 장군)

☐ **Wellington** [wéliŋtən] ㉧ **웰링턴** 《Arthur Wellesley ~, 영국의 장군·정치가; 1769-1852》;

New Zealand의 수도

※ **Waterloo** [wɔ́:tərlù:, wɑ́t-] 명 **워털루** 《벨기에 중부의 마을; 1815년 나폴레옹 1세가 영국·프러시아 연합군에 대패》; (때로 w-) 대패배, 참패; 파멸(패배)의 원인
☜ 벨기에 플랑드르어로 '신성한 나무'란 뜻

※ **Napoleon** [nəpóuliən, -ljən] 명 **나폴레옹** 1세 《~ Bonaparte; 프랑스의 장군·제1통령·황제; 1769-1821》; 또는 3세 《Louis ~. 나폴레옹의 조카, 통령·황제; 1808-73》; (n-) 옛 프랑스 금화《20프랑》 ★ 나폴레옹 1세는 군대를 이끌고 알프스산맥을 넘으며, "내 사전에 불가능은 없다"란 말을 했다고 한다.

☐ **Welsh, -ch**(웨일스의) ➔ **Wales**(웨일스) **참조**

☐ **went**(go의 과거) ➔ **go**(가다) **참조**

☐ **wept**(weep의 과거, 과거분사) ➔ **weep**(눈물을 흘리다, 울다) **참조**

☐ **were**(be의 과거, 서술법 복수), **weren't**(were not) ➔ **be**(~이다, ~이 있다) **참조**

☐ **we're**(we are의 줄임말) ➔ **we**(우리) **참조**

마카로니 웨스턴 macaroni western (이탈리아판 미국 서부영화)
웨스트뱅크 West Bank (요르단강 서안지구)

웨스트뱅크는 요르단강을 기준으로 서쪽에 위치한 팔레스타인 자치구역을 말한다. 국제법상 가자지구와 함께 공식적으로 어느 국가에도 속하지 않는 지역이다. 서남북쪽은 이스라엘과 국경을 접하고, 동쪽으로 요르단과 국경을 맞대고 있다. <출처 : 두산백과>

< 대표적인 마카로니 웨스턴, 장고(DJANGO) >

※ **mac(c)aroni** [mæ̀kəróuni] 명 **마카로니**, 이탈리아 국수; (pl. **-(e)s**) (18세기 영국의) 유럽 대륙풍에 젖은 멋쟁이
☜ 그리스어로 '보리로 만든 음식'이란 뜻

☐ **west** [west/웨스트] 명 (보통 the ~) **서**(西), 서쪽; (the W~) **서양**; (the ~) 《미》 **서부** 형 **서쪽의[에 있는]** ☜ 고대영어로 '서쪽의(으로)'란 뜻
♠ the history of **the American West 미국 서부**의 역사

☐ **west**bound [wéstbàund] 형 서쪽으로 가는 《생략: w.b.》 ☜ west + bound(영역; 경계)

☐ **west**ern [wéstərn/**웨**스턴] 형 **서쪽의**; (W-) **서양의** 명 서부 사람 ☜ -ern(~의/~사람)

☐ **west**erner [wéstərnər] 명 [또는 W-] **서양인**; 《미》 **서부 사람** ☜ 서쪽의(western) 사람(er)

☐ **West**minster [wéstmìnstər] 명 **웨스트민스터** 《런던의 한 구역》; 웨스트민스터 성당; 영국 국회의사당; 의회 정치 ☜ minister(성직자, 목사, 장관)

☐ **west**ward [wéstwərd] 형 **서쪽으로 향하는**; 서쪽의 부 **서쪽으로[에]** 명 (the ~) **서쪽, 서부 제국** ☜ west + ward(~쪽의, ~쪽으로)

☐ **west**wards [wéstwərdz] 부 = westward

■ spaghetti **west**ern [종종 s~ W~] **스파게티 웨스턴**, 이탈리아판 서부영화
☜ spaghetti(이탈리아 국수요리) + 서(west) 쪽의(ern)

※ **bank** [bæŋk/뱅크] 명 **둑, 제방**; ☜ '봉우리'란 뜻
은행 ☜ '(환전상(商)의) 책상'이란 뜻

워터파크 water park (각종 물놀이 시설을 갖추어 놓은 곳)

♣ **어원 : wat, wet 물기 있는, 습한**

■ **wat**er [wɔ́:tər/**워**-러, wɑ́tər/**워**-터] 명 **물**, 음료수; **수중**; (pl.) **바다** 동 **물을 끼얹다[뿌리다]; 물을 타다** ☜ 고대영어로 '물'이란 뜻

☐ **wet** [wet/웰] 형 (-<-**ter**<-**test**) **젖은**, 축축한; **비 내리는** 동 **적시다**, 축이다 명 습기 ☜ 고대영어로 '습한, 비 내리는, 물기 있는'
♠ **wet hands 젖은 손**

※ **park** [pɑ:rk/파-크] 명 **공원**; 《미》 유원지; 《영》 (귀족·호족의) 대정원; **주차장** 동 **주차하다** ☜ 고대영어로 '울막은 장소'란 뜻

☐ **we've**(we have의 줄임말) ➔ **we**(우리) **참조**

연상 ▸ 웨일스(Wales.영국의 남서부 주) 해안에 웨일(whale.고래)이 밀려왔다

© homeplanetearth.org

※ **Wal**es [weilz] 명 **웨일스** (지방) 《Great Britain의 남서부 주(州); 수도 카디프(Cardiff)》 ☜ 고대영어로 '(앵글로색슨인이 보아) 외국인'

☐ **whale** [hweil] 명 【동물】 **고래** 동 고래잡이에 종사하다
☜ 고대영어로 '고래, 해마'란 뜻

W

♠ **bull (cow) whale 수(암)고래**

☐ **whale**r [hwéilər] ⓜ 고래잡이《사람》; 포경선 ☜ whale + er(사람/주체)
☐ **whal**ing [hwéiliŋ] ⓜ 포경 ☜ whale + ing<명접>
☐ **whale**boat [hwéilər] ⓜ 구난 따위에 쓰이는 수조(手漕) 보트; 포경선 ☜ boat(보트, 작은 배)
■ **wal**rus [wɔ́(:)lrəs, wɑ́l-] ⓜ (pl. **-es**, [집합적] ~) 【동물】 **해마**(海馬), 바다코끼리
☜ 네덜란드어로 '고래(whale) 말(horse)'이란 뜻

영국 런던의 금융중심지는 카나리워프(Canary Wharf) 금융특구이다.

※ **canary** [kənɛ́əri] ⓜ **카나리아** (=canarý bírd)
☜ 스페인어로 '(카나리아 제도 원산의) 카나리아 새'라는 뜻
★ 카나리아 제도(諸島)는 북서아프리카 모로코 서방 115km 대서양상에 위치한 스페인령 화산 제도이다.

☐ **wharf** [hwɔːrf] ⓜ (pl. **-s**, whar**ves**) **부두**, 선창(pier) ⓢ (배를) 부두에 매다
☜ 고대영어로 '배를 댈 수 있는 해안 또는 제방'
♠ The ship is docking **at the wharf**. 배는 **부두에** 정박해 있다.

■ Canary **Wharf** **카나리워프**《영국 런던 템즈 강변의 새로운 금융중심지》 ☜ 원래 이곳은 강의 퇴적지로 '개들의 섬(Isle of dogs)'으로 불렸고, 큰 선박들이 닻을 내리던 곳이었다. Canary는 개를 의미하는 라틴어 canis와 닻을 내리는 곳이란 의미의 wharf가 결합되어 만들어진 지명이다. ★ 영국 런던의 금융중심지였던 더 시티(The City)에서 신 금융특구로 대체되고 있는 카나리워프는 미국 월스트리트와 함께 세계금융시장의 양대축으로 불린다.

■ Fisherman's **Wharf** **피셔맨즈 워프** 《미국 샌프란시스코 어항의 선창가; 관광지》 ☜ 어부(fisherman)의(s) 부두*wharf) ★ 피셔맨즈워프는 샌프란시스코에서 가장 유명한 관광지이며, 이곳에서 매년 미국 항공모함의 에어쇼도 개최된다.

5W1H 육하원칙(6何原則: 기사문 작성의 6요소)

■ **who** [huː/후-, (약) hu] ⓓ 〖소유격 whose; 목적격 whom, 《구어》 who(m)〗 〖의문사〗 **누구; 누구를[에게]**; 〖관계대명사〗 **~하는[한] 사람** ☜ 고대영어로 '누구'란 뜻

■ **when** [hwen/휀] ⓟⓙ 〖의문사〗 **언제**; 〖관계사〗 **~할 때, 그때**; 〖접속사〗 **~할 때에, ~때** ☜ 고대영어로 '언제'라는 뜻

■ **where** [hwɛər/훼어] ⓟⓙ 〖의문사〗 **어디에, 어디서[로]**; 〖관계사〗 **~하는 곳, 그리고 거기에서**; 〖접속사〗 **~하는 곳에[으로]**
☜ 고대영어로 '어느 곳에'란 뜻

☐ **what** [hwɑt/홧, (약) hwʌt, hwət] ⓓⓗ 〖의문사〗 **무엇, 어떤** (것, 일); **얼마**; 〖관계대명사〗 **~하는 것[바, 일]**; 〖감탄사〗 **얼마나**, 참으로 ☜ 고대영어로 '무엇 때문에, 왜'라는 뜻
♠ **What is this? 이것은 무엇이냐?**
♠ **from what I hear 내가 들은 바에 의하면**
♠ **What a pity! 가엾어라!**
♠ **what about ? ~하는 게[~은] 어떤가; ~은 어떻게 되어 있나; 《비난》 ~은 어찌 되었나**
♠ **what by (A), what by (B) A이라든가 B라든가로써, A하다가 B하다가 해서**
♠ **what (~) for ? 무슨 목적으로, 왜, 무엇 때문에; (물건이) 무슨 목적에 쓰이어**
♠ **What if ~ ? ~라면 어찌 될까; (설사) ~하더라도 어떻단 말인가**
♠ **what is called 소위, 이른바**
♠ **what is more 더욱이, 게다가**
♠ **what little 적지만 모조리**
♠ **what one calls** (is called) **소위**(=so-called)
♠ **what with (A) and what with (B) A라든가 B라든가, A하기도 하고 B하기도 하여**
♠ **(A) is to (B) what (C) is to (D) A와 B에 대한 관계는 마치 C가 D에 대한 관계와 같다**
♠ **and** (or) **what not 《열거한 뒤에》 그밖에 그런 따위의 것, 등등**

☐ **what's** [hwʌts/웟츠, hwɑts, (약) hwəts/hwɔts] what is, what has의 간약형
♠ **Hi! What's new? 안녕! 잘 지내?**

☐ **what**ever [hwɑtévər/홧에버, hwʌt-/hwɔt-] ⓓ 〖ever에 의한 what의 강조〗 [명사절을 인도] **~하는[~인] 것은 무엇이든** ⓗ 어떠한 ~이라도, 얼마간의 ~이라도
☜ what의 강조형. what + ever(~이든, ~이라도)
♠ Take **whatever action** is needed. 필요한 **모든 조치**를 취해라.
♠ **whatever ~ may be 어떠한 ~일지라도**

☐ **what**e'er [hwɑtɛ́ər, hwʌt-/hwɔt-] ⓓⓗ 《시어》 =Whatever
☐ **what**soever [wɑ̀tsouévər, wʌ̀t-/wɔ̀t-] ⓓⓗ 〖강조어〗 = whatever ☜ what-so-ever

W

■ **why** [hwai/화이/와이] 부 〔의문사〕 **왜, 어째서**; 〔관계부사〕 **~한**(이유) 명 (pl.) 이유, 까닭, 원인 ☜ 고대영어로 '무엇 때문에'라는 뜻

■ **how** [hau/하우] 부 〔의문사〕 **어떻게, 어떤 방법으로, 어떤 이유로;** 〔감탄사〕 **참으로** ☜ 고대영어로 '어떻게'란 뜻

화이트 칼라 white-collar (사무직 근로자. <흰색 와이셔츠>를 의미)

© spoilertv.com

♣ 어원 : whit, wheat 밝은, 흰

■ **white** [hwait/화이트/와이트] 명 **백**(白), **백색**; 흰 그림물감 ☜ 고대영어로 '밝은, 깨끗한'이란 뜻

■ **white-collar** [hwáitkάlər/-kɔ́lər] 형 (복장이 단정한) 사무직 계급의, 샐러리맨의

□ **wheat** [hwiːt/휘잍] 명 〖식물〗 **밀**, 소맥 ☜ 고대영어로 '밀, 하얀 것'
♠ **wheat flour 밀가루**

※ **collar** [kάlər/kɔ́lər] 명 **칼라, 깃**, 접어 젖힌 깃 동 깃을 달다 ☜ 라틴어로 '목걸이'

휠체어 wheelchair (장애인용 바퀴달린 의자)

□ **wheel** [hwiːl/휘일] 명 **수레바퀴**; 바퀴 달린(비슷한) 기구(기계); (자동차의) **핸들**, (배의) 타륜 동 수레로 움직이다 ☜ 고대영어로 '바퀴'란 뜻
♠ a toothed **wheel** 톱니**바퀴**
♠ **be at the wheel 키를[핸들을] 잡다; 지배권을 쥐다**

□ **wheelchair** [hwíːltʃέər] 명 (보행 부자유자용(用)의) 바퀴 달린 의자, **휠체어** ☜ wheel(바퀴) + chair(의자)

※ **chair** [tʃɛər/췌어] 명 (1인용의) **의자;** (the ~) **의장석[직]** ☜ 고대 프랑스어로 '의자'란 뜻

헬멧 helmet (머리보호용으로 만들어진 투구형의 모자)

♣ 어원 : helm 감추다, 덮다, 뒤집다; 감추는 것, 투구

■ **helmet** [hélmit] 명 헬멧, **철모**; 투구 동 ~에 헬멧을 씌우다 ☜ 감추는(helm) 것(et)

■ **helm** [helm] 명 《고·시어》 **투구**(=helmet); 키자루, 키조종장치, 타기 ☜ 고대영어로 '보호하기, 감추기; 왕관, 투구'란 뜻

□ **whelm** [hwelm] 동 압도하다; (파도가) 삼키다 ☜ 고대영어로 '덮다, 뒤집다'란 뜻
♠ **whelmed in sorrow 비탄에 잠겨서**

■ **William** [wíljəm] 명 **윌리엄** 《남자 이름; 애칭 Bill(y), Will(y)》 ☜ 독일어로 Wilhelm 이며, 이는 '강한 의지(will)로 투구(helm)를 쓴 사람'이란 뜻

5W1H 육하원칙(6何原則: 기사문 작성시 포함되어야 할 6요소) * 하(何): 어찌하

□ **when** [hwen/휀] 부접 〔의문사〕 **언제**; 〔관계사〕 **~할 때, 그때**; 〔접속사〕 **~할 때에, ~때** ☜ 고대영어로 '언제'라는 뜻
♠ When did she get married? 그녀는 언제 결혼했나요?

□ **whence** [hwens] 부접 〔의문사〕 **어디로부터; 어떻게, 왜** ☜ wh-<의문사> + hence(지금부터)
♠ Whence are you? 어디서 왔는가

□ **whenever** [hwenévər/훼네붜] 부접 〔관계사〕 **~할 때에는 언제든지**; 〔양보절〕 **언제 ~하든지 간에** ☜ when + ever(항상)

□ **whensoever** [wènsouévər] 부접 〔강조어〕 = whenever ☜ when + so + ever

□ **whence** [hwens] 부 《고어》 〔의문사〕 어디서(=from where), (~한) 곳에서
♠ **Whence are you? 어디서 왔는가?**

□ **where** [hwɛər/훼어] 부접 〔의문사〕 **어디에, 어디서[로]**; 〔관계사〕 **~하는 곳, 그리고 거기에서**; 〔접속사〕 **~하는 곳에[으로]** ☜ 고대영어로 '어느 곳에'란 뜻
♠ **Where do you live? 어디 사세요?**

□ **whereabouts** [wèrəbáuts] 부 〔의문사〕 **어디(쯤)에** ☜ where + about(~쯤, ~경) + s

□ **whereas** [hwɛəræ̀z] 접 ~이므로; **~임에 반하여** ☜ where + as<계속 용법>

□ **whereat** [hwɛ̀əræ̀t] 부 〔의문사〕 《문어》 **무엇에 대하여**(관하여); 〔관계사〕 그것에 대하여 (=in reference to which) ☜ where + at(~에)

□ **whereby** [werbái] 부 〔의문사〕 **무엇에 의하여**(by what); 〔관계사〕 (그것에 의해) ~하는 (=by which) ☜ where + by(~에 의하여)

□ **wherefore** [hwɛ́ərfɔːr] 부 〔의문사〕 무엇 때문에, **왜**(why); 〔관계사〕 그러므로 ☜ where + fore<계속 용법>

□ **wherein** [hwɛərín] 부 〔의문사〕 어디에, **어떤 점에서[으로]**; 〔관계사〕 그 중에 ☜ where + in(~곳에)

□ **where**of [weərʌ́v] 㕜 〔의문사〕《문어》 **무엇의**; 〔관계사〕《문어》 그것의 ☜ where + of(~의)
□ **where**on [wεərάn, -ɔ́:n] 㕜 〔의문사〕 **무엇의 위에**; 〔관계사〕 그 위에(=on which)
☜ where + on(~위에)
□ **where's** [hwεərz] where is 〔has〕의 단축형
□ **where**upon [wèrəpάn] 㕜 〔의문사〕《고어》 whereon; 〔관계사〕 **그래서**
☜ where + upon<계속 용법>
□ **where**ver [hwεərévər] 㕜 〔관계사〕 **어디든지**; 〔의문사〕 where의 강조형
☜ where + ever(항상)
□ **where**with [hwεərwíð] 㕜 〔의문사〕《고어》 무엇으로; 〔관계사〕 **그것을 가지고**, 그것으로
☜ where + with(~와 함께)

카페리 car ferry (여행객과 자동차를 함께 싣고 운항하는 여객선)

♣ **어원 : fer, wher 옮기다, 나르다, 운반하다**
※ **car** [kɑ:r/카-] 명 **자동차** ☜ 라틴어로 '2개의 바퀴가 달린 켈트족의 전차'란 뜻
■ **fer**ry [féri] 명 **나루터**, 도선장; **나룻배**, 연락선 ☜ 나르는(fer) 것/곳(ry)
□ **wher**ry [hwéri] 명 (pl. **-ries**) **나룻배**; 거룻배 ☜ 나르는(wher) 것/곳(ry)
♠ I stepped into **the wherry**. 나는 **나룻배**로 걸어 들어갔다.
■ con**fer** [kənfə́:r] 동 **수여하다**; **의논[협의]하다** ☜ 함께(con<com) (학위/의견 등을) 옮기다(fer)
■ **fer**tile [fə́:rtl/-tail] 형 (땅이) **비옥한**, (인간·동물이) **다산(多産)의** ☜ 옮기(fer) + t + 는(ile)
■ trans**fer** [trænsfə́:r] 동 **옮기다**, 나르다; **갈아타다, 이동하다** 명 **이전**, 이동
☜ 가로질러(trans) 나르다(fer)

횃대에 칼을 횃(whet.갈다)하다

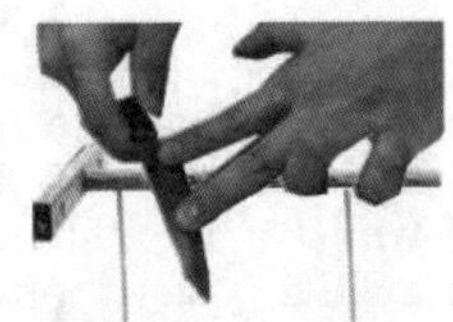

□ **whet** [hwet] 동 (칼 따위를) **갈다**; (식욕 따위를) 자극하다, **돋우다**
명 갊, 연마(硏磨) ☜ 고대영어로 '날카롭게 하다'란 뜻
♠ **whet the appetite 식욕을 돋우다**

이더오아 Either/Or (키에르케고르의 저서. <양자택일>이란 뜻)

덴마크의 실존주의 철학자, 렌 키에르케고르가 1843년 발간한 첫 저서. Either/Or는 탐미적인 인생관과 윤리적인 인생관 중 하나를 택하라고 강요하며, 윤리적인 인생관을 택하지 않을 수 없다는 결론을 내리고 있다. <출처 : 두산백과 / 일부인용>

♣ **어원 : ther 2, 둘(=two)**
■ ei**ther** [í:ðər/**이**-더/áiðər/**아**이더] 㕜 **~이든 또는 ~이든**, 〔부정문〕 ~도 또한 (~하지 않다) 형 **어느 한 쪽의** 대 (둘 중의) **어느 하나**; 어느 쪽이든 접 〔either ~ or …의 형태로〕 **~거나 또는 ~거나**
☜ 고대영어로 '둘(ther<two) 다 모두(ei)'란 뜻
■ nei**ther** [ní:ðər/**니**-더/náiðər/**나**이더] 형 **어느 ~도 …아니다** 대 **어느 쪽도 ~아니다[않다]** 㕜 〔neither ~ nor ~로 상관접속사적으로 써서〕 **~도 …도 아니다[않다]**; **~도 또한 …않다[아니다]**
☜ not + either의 줄임말
□ whe**ther** [hwéðər/훼더] 접 〔명사절을 인도〕 **~인지 어떤지**(를, 는); 〔양보를 나타내는 부사절을 인도〕 **~이든지 아니든지** ☜ wh<which(어떤 것) + either(2개 중의)
♠ I'm not sure **whether (or not)** I can do it. 할 수 **있을지 없을지** 자신이 없다
♠ **whether (A) or (B) A인지 B인지, ~해야 할지 어떨지**
♠ **whether (A) or not A인지 아닌지, A이거나 말거나**
※ **or** [ɔ:r/오-어, (약) ər] 접 **혹은, 또는**, ~이나 ☜ 고대영어로 '또는'이란 뜻

연상 위치(witch.마녀)가 위치(which.어느 쪽)에 있니 ?

※ **witch** [witʃ] 명 **마녀**, 여자 마법〔마술〕사; 무당 동 **마법을 쓰다**; 매혹하다 ☜ 고대영어로 '여자 마법사'란 뜻
□ **wh**ich [hwitʃ/휘치] 대 〔의문대명사〕 **어느 쪽**; 〔관계대명사〕 **~하는[한]**; **그리고 그것은[을]**; 〔의문형용사〕 **어느**, 어떤
☜ 고대영어로 '누구(wh<who)의 것(ich)'이란 뜻
♠ **Which** is your book? **어느 것**이 당신의 책입니까?
□ **wh**ichever, **wh**ichsoever [hwitʃévər], [hwitʃsouévər] 대형 〔관계사〕 **어느 것[쪽] 이든지**; **어느 것[쪽]을 ~하든지**(=no matter which ~); 〔의문대명사〕 **도대체 어느 것[쪽]을~**
☜ which + ever(항상, 모두)
♠ Take **whichever** you want. **어느 것이든** 네가 원하는 것을 가져라.

W

휘플볼 whiffleball (구멍을 뚫어 멀리 날지 못하게 만든 플라스틱 공)

☐ **whiff** [hwif] 명 (바람 등의) **한 번 내뿜기**; 훅 내뿜는 담배 연기 동 훅 불다 ☜ 중세영어로 '악취'라는 뜻
♠ **take a whiff or two 담배를 한두 모금 빨다**.

☐ **whiff**le [hwífəl] 동 (바람이) 살랑거리다; 가볍게 불다 명 한 번 붊, 흔들림; 바람소리 ☜ 근대영어로 '바람에 흔들림'이란 뜻

☐ **whiff**leball [hwíflbɔ̀:l] 명 **휘플볼** 《구멍을 뚫어 멀리 날지 못하게 만든 플라스틱 공; 원래 골프 연습용》 ☜ whiffle + ball(공, 볼)

콰이어트 Quiet (수전케인의 저서 <내성적인 사람들의 힘>)

<Quiet>는 미국 프린스턴대학과 하버드법대를 우등생으로 졸업한 미국의 사회심리학자 Susan Cain 이 2012년 펴낸 책이다. 사교적이고 외향적 성격의 소유자 보다 내향적 인간의 특별한 재능과 능력이 더 중요하다고 주장한다. 시사주간지 <Time>이 커버스토리로 다루었고 베스트셀러 반열에도 올랐다.

♣ **어원 : qui, whi 안식, 휴식** ※ **qui와 whi의 발음이 유사한데서 유래**

■ **qui**et [kwáiət/**콰**이어트] 형 (-<quiet**er**<quiet**est**) **조용한** ☜ 라틴어로 '조용한, 쉬는'이란 뜻

☐ **whi**le [hwail/화일] 접 **~하는 동안**, 하지만 ☜ 시간적 여유(rest)라는 뜻
♠ **rest a while 잠깐 휴식하다**
♠ **after a while 잠시 후에**
♠ **all the while 그 동안 내내[죽]**
♠ **for a while 잠시**
♠ **in a little while** (time) **얼마 안 되어, 곧**

☐ **whi**lst [hwailst] 접 《영》 = while

■ a**whi**le [əhwáil] 부 **잠시, 잠깐** ☜ for a while의 준말

■ mean**whi**le [míːnhwàil] 명 (the ~) **그 동안** 부 **그 사이[동안]에** ☜ 중간(mean)에 있는 동안(while)

■ some**whi**le [sʌ́mwàil(z)] 부 《고어》 때때로, 이따금; 이윽고; 잠시 (동안); 언젠가, 이전에 ☜ some(다소간의) + while

■ worth**whi**le [wə́ːrθhwáil] 형 **~할 보람이 있는**, 시간을 들일만한 ☜ worth(~할 가치가 있는)

연상 갈대가 잘 휘듯이 사람의 마음도 휨(whim.변덕)이 심하다

☐ **whim** [hwim] 명 잘 변하는 마음, 일시적인 생각, **변덕** ☜ **whim**-wham의 줄임말
♠ **full of whims (and fancies) 변덕스러운**

☐ **whim**-wham [hwímhwæ̀m] 명 (옷・장식 따위의) 기묘한 것; 변덕 ☜ 고대 노르드어로 '눈을 돌리다'란 뜻

☐ **whim**sy [hwímzi] 명 별난 생각; 종작없는 생각, 변덕; 기발한 언동 ☜ whim + sy<명접>

☐ **whim**sical [hwímzikəl] 형 마음이 잘 변하는, 변덕스러운; 별난, 묘한 ☜ whimsy + cal<형접>

☐ **whim**sicality [hwìmzəkǽləti] 명 변덕; 별스러움, 기상(奇想), 기행(奇行) ☜ whimsy + cal<형접> + ity<명접>

휘슬 whistle (휘파람, 호각)

♣ **어원 : whis, whim, whin, whip (삑, 윙, 핑, 씽, 힝 등의) 소리를 내다**

☐ **whim**per [hwímpər] 동 (어린아이 등이) 흐느껴 울다; **훌쩍훌쩍 울다** 명 흐느낌, 훌쩍이는 소리 ☜ 독일어로 '흐느껴 울다'란 뜻
♠ The child was lost and began **to whimper**.
그 아이는 길을 잃고 **훌쩍이기** 시작했다.

☐ **whin**e [hwain] 동 흐느껴 울다; 푸념하다 명 칭얼거림, **흐느끼는 소리**; 푸념 ☜ 고대영어로 '쉿 소리를 내다'란 뜻
♠ **Stop whining! 그만 징징거려!**

☐ **whip** [hwip] 명 **채찍**(의 소리), 채찍질 동 (-/whip**ped**/whip**ped**) 채찍질하다 ☜ 의성어
♠ **whip** a horse 말을 **채찍질하다**

☐ **whip**-blow [hwipblou] 명 채찍질 ☜ whip + blow(바람이 불다, 휘파람을 불다)

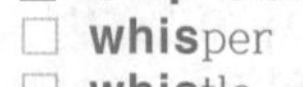

☐ **whis**per [hwíspər/**휘**스퍼] 동 **속삭이다** 명 **속삭임** ☜ 고대영어로 '중얼거리다'란 뜻

☐ **whis**tle [hwísl/**휘**슬] 명 **휘파람; 호각**, 경적, **기적**(汽笛) 동 **휘파람[호각]을 불다** ☜ 의성어
♠ blow **a whistle 호루라기**를 불다

W

■ **whiz(z)** [hwiz] 명 **윙, 핑, 씽** 《공중을 가르는 소리》; 윙(하고 날기, 달리기) ☜ 의성어

컬링 curling (빙판에서 둥근 돌을 과녁에 넣어 득점을 얻는 경기)

© hani.co.kr

♣ 어원 : curl, curv, swirl, whi(rl) 굽다, 구부리다; 빙빙 돌다

■ **curl** [kəːrl] ⓢ (머리털을) **곱슬곱슬하게 하다**; (수염 따위를) 꼬다, 비틀다 ☜ 중세 네덜란드어로 '소용돌이 모양'이란 뜻

■ **curl**ing [kə́ːrliŋ] ⓜ **컬링** 《얼음판에서 둥근 돌을 미끄러뜨려 과녁에 맞히는 놀이》; (머리카락의) **컬**; 지지기, 오그라짐 ☜ -ing<명접>

■ **curv**e [kəːrv] ⓜ **만곡(부)**, 굽음, 휨; **커브; 곡선** ☜ 라틴어로 '구부러진 선'이란 뜻

■ **swirl** [swəːrl] ⓢ **소용돌이치다** ⓜ 소용돌이; 컬머리(=curl) ☜ 중세 스코틀랜드어로 '소용돌이'란 뜻

☐ **whir(r)** [hwəːr] ⓜ **휙 하는 소리; 윙하고 도는 소리** ⓢ 휙 날다; 윙 돌다(돌리다) ☜ 고대 노르드어로 '빙빙 돌다'란 뜻

☐ **whirl** [hwəːrl] ⓢ **빙빙 돌다[돌리다]** ⓜ **회전**, 선회 ☜ 고대 노르드어로 '빙빙 돌다'란 뜻
♠ **whirl** a top **팽이를 돌리다**

☐ **whirl**pool [wə́ːrlpùːl] ⓜ **소용돌이**; 혼란, 소동; 감아들이는 힘 ☜ whirl + pool(웅덩이)

☐ **whirl**wind [wə́ːrlwìnd] ⓜ **회오리바람**, 선풍 ☜ whirl + wind(바람)

☐ **whirl**y [hwə́ːrli] ⓗ 뱅뱅 도는; 소용돌이치는 ☜ whirl + ly<형접>

☐ **whi**sk [hwisk] ⓜ **휘젓는 기구** 《달걀・크림 등의》; 털기; 작은 비 ⓢ (먼지 등을) **털다; 휘젓다** ☜ 초기인도유럽어로 '돌리다, 비틀다'란 뜻
♠ **whisk an egg 계란을 풀다**

☐ **whi**sker [hwískər] ⓜ (보통 pl.) **구레나룻**; (동물의) 주둥이 둘레의 털, 수염 ☜ (둥글게) 둘레에(whisk) 난 것(er<명접>)

위스키 whiskey (곡류, 특히 맥아를 원료로 한 증류주)

☐ **whiskey, -ky** [hwíski] ⓜ (pl. -key**s**, -k**ies**) **위스키**; 위스키 한 잔 ⓗ 위스키의(로 만든) ☜ 스코틀랜드 고지인 게일어로 '생명의 물'이란 뜻
★ 위스키는 귀리・밀・옥수수・보리 등을 증류하여 만든 술이다. 미국에서는 보통 whiskey는 국산품, whisky는 수입품을 지칭한다.

☐ **whisper**(속삭임), **whistle**(휘파람) ➔ **whip**(채찍 소리; 채찍질) **참조**

연상 휘트니 휴스턴(Whitney Houston)은 휘트(whit.약간)한 삶을 살고 갔다.

☐ **Whit**ney Houston **휘트니 휴스톤** 《미국의 흑인 여가수 겸 배우; 1963-2012》
★ 휘트니 휴스톤은 매체로부터 'First Lady Of R&B', 'Queen Of Pop Music' 등의 칭호를 들었으며, 미국 빌보드 싱글차트 7회 연속 1위 기록을 보유한 최초의 가수이기도 하다. 2010년까지 총 415회의 수상을 받아 세계에서 가장 많이 상을 받은 여성 아티스트로 기네스 세계 기록에 올랐다. 49세로 삶을 마감했다.

☐ **whit** [hwit] ⓜ (a ~) 약간, **조금**, 미소(微小) ☜ 고대영어로 '(작은) 양'이란 뜻
♠ **every whit 어떤 점에서도, 전혀**

화이트 크리스마스 white Christmas (눈이 내리는 크리스마스)

♣ 어원 : whit(e), wheat 밝은, 흰

☐ **white** [hwait/화이트/와이트] ⓜ **백**(白), **백색**; 흰 그림물감 ☜ 고대영어로 '밝은, 깨끗한'
★ 우리말 중에 '수정액'을 뜻하는 white란 용어는 콩글리시이며, 바른 표현은 white-out 또는 correction fluid이다. 와이셔츠(Y-shirt)의 바른 표현은 white shirt, dress shirt이다.

☐ **white**-collar [hwάitkάlər/-kɔ́lər] ⓗ (복장이 단정한) 사무직 계급의, 샐러리맨의 ☜ white + collar(칼라, 깃)

☐ **White** Australia (유색인종의 이민을 허용하지 않았던 과거 호주의) 백호주의(白濠主義) ☜ 백인(White)(우선정책의) + 호주・오스트레일리아(Australia)

☐ **white** elephant 흰코끼리 《인도・스리랑카 등에서 신성시됨》; 성가신 물건 ☜ white + elephant(코끼리). 옛날 샴(태국)의 국왕이 흰코끼리를 미운 신하에게 하사하여 사육비에 골치를 앓게 했다는 이야기에서

☐ **White** House [the ~] 백악관 《미국 대통령 관저》; 미국 정부 ☜ 흰(white) 집(house)
비교 the Blue House 청와대

☐ **White** lie 악의 없는(의례적인) 거짓말 ☜ 하얀(white) 거짓말(lie)

W

□ **white**n [hwáitn] ⓢ **희게 하다**(되다), 표백(마전)하다 ☜ 희게(white) 하다(en<동접>)
□ **white**ness [hwáitnis/wáitnis] ⓜ **흼**, 순백; 창백; 결백 ☜ 흰(white) 것(ness<명접>)
□ **white**wash [hwáitwàʃ/wáitwàʃ] ⓜ **흰 도료, 회반죽** 《벽 따위의 겉에 바르는》 ⓢ 흰 도료를 칠하다 ☜ 하얗게(white) 칠하다(wash)
■ **wheat** [hwiːt/휘잍] ⓜ 〖식물〗 **밀**, 소맥 ☜ 고대영어로 '밀, 하얀 것'이란 뜻
※ **Christmas** [krísməs/크**뤼**스머스] ⓜ **크리스마스, 성탄절**(~ Day) 《12월 25일; 생략: X mas》 ☜ 그리스도(Christ)의 미사(mass)

5W1H 육하원칙(6何原則: 기사문 작성시 포함되어야 할 6요소) * 하(何): 어찌하

□ **who** [huː/후-, (약) hu] ⓓ 〖의문사〗 **누구; 누구를[에게]**; 〖관계대명사〗 **~하는[한]** 사람 ☜ 고대영어로 '누구'란 뜻
♠ **Who are you ? 당신은 누구십니까 ?**
□ **who**'s [huːz] who is (has, does)의 단축어.
□ **who**ever [huːévər] ⓓ 〖관계사: 명사절을 인도〗 **누구나**; 〖양보부사절을 인도〗 **누가[누구를] ~하더라도**; 〖의문사 who의 강조형〗 **도대체 누가[누구를]** ☜ who + ever(항상)
□ **wh**ither [hwíðər] ⓑ 《시·문어》 〖의문사〗 **어디로**; 어느 방향으로; 〖관계사〗 (~하는(한)) 그 곳에
☜ 고대영어로 'wh<who + hither(이쪽으로)'란 뜻
★ 지금은 보통 where ?, where ~ to ?를 씀.
□ **whom** [huːm/후움 (약) hum] ⓓ who의 목적격
□ **who**se [huːz/후-즈] ⓓ 〖의문사〗 **누구의 ~** 《who의 소유격》; 누구의 것 《who의 소유 대명사》; 〖관계사〗 그 사람(물건)의 ☜ who + s<소유격> + e

헬스 클럽 health club (건강이나 미용을 증진하기 위한 회관)

♣ **어원 : heal, hole 완전하다, 건강하다**
■ **heal**th [helθ/헬쓰] ⓜ **건강**(상태), 건전 ☜ 완전한(heal) 것(th)
♠ World **Health** Organization (유엔) 세계 **보건** 기구(WHO)
■ **heal**th club **헬스클럽** 《신체단련·건강·미용 등을 위한 운동기구를 갖춘》 ☜ club(사교클럽·곤봉)
■ **heal** [hiːl] ⓢ **고치다**, 낫게 하다 ☜ 고대영어로 '건강하게 하다, 온전하게 하다'란 뜻
■ **heal**ing [híːliŋ] ⓗ 치료의; 회복시키는 ⓜ 치료(법), **힐링** ☜ 완전하게(heal) 하기(ing)
□ w**hole** [houl/호울] ⓗ (the ~, one's ~) **전체의**, 모든; **완전한**; 꼬박 ⓜ (the ~) **전부**
☜ 고대영어로 '건강한, 온전한'이란 뜻 **비교** hole 구멍, 구덩이
♠ **as a whole 전체로서는, 전체적으로**
sell the land **as a whole** 땅을 **죄다** 팔다
□ w**hole**hearted [hóulhάːrtid] ⓗ **전심전력의**, 성심성의의, 진심의 ☜ whole + heart(마음) + ed<형접>
□ w**hole**sale [hóulsèil] ⓗ **도매의** ⓜ **도매** ☜ whole + sale(판매)
□ w**hole**some [hóulsəm] ⓗ **건강에 좋은**, 위생적인; 건강해 보이는; **건전한**, 유익한; 신중한
☜ 고대영어로 '건강한(whole) 것 같은(some=same)'이란 뜻
♠ **a wholesome** girl **건강해 보이는** 소녀
■ unw**hole**some [ʌnhóulsəm] ⓗ **몸[건강]에 좋지 않은**, 몸에 해로운; 병자 같은; 불건전한
☜ un(=not/부정) + wholesome
□ w**hol**ly [hóulli] ⓑ 전혀, **완전히**, 전부, **전적으로** ☜ whole + ly<부접>

연상 훌라후프(hula hoop.허리춤에서 돌리는 운동기구) 기록을 달성 했더니 관중들이 후프(whoop.와아)하고 함성을 질렀다.

※ Hula-**Hoop** [húːləhùːp] ⓜ **훌라후프** 《플라스틱 등의 테로서 허리나 목으로 빙빙 돌림》 ☜ hula(하와이의 훌라댄스(곡))
※ **hoop** [huːp, hup] ⓜ **테**. (장난감의) 굴렁쇠 ⓢ **테를 두르다**
☜ 고대영어로 '띠'라는 뜻. 기원전 1000년경 이집트인들이 말린 포도 덩굴로 만든 후프를 사용했던 것으로 추정된다.

© m.volumeone.org

□ **whoop** [hu(ː)p, hwu(ː)p] ⓜ **와아**(하는 외침); **함성** ⓢ **고함지르다** ☜ 의성어
♠ **whoops** of delight **와 하는** 기쁨의 **함성**

□ **who's**(who is (has, does)의 줄임말), **whose**(누구의) ➔ **who**(누구) **참조**

5W1H 육하원칙(6何原則: 기사문 작성시 포함되어야 할 6요소) * 하(何): 어찌하

□ **why** [hwai/화이/와이] ⓑ 〖의문사〗 **왜, 어째서**; 〖관계부사〗 **~한**(이유) ⓜ (pl.) 이유, 까닭, 원인 ☜ 고대영어로 '무엇 때문에'라는 뜻

♠ **Why are you so angry ? 왜 그렇게 화가 났니 ?**
♠ **Why not ~ ? ~하지 않겠니?, ~하면 어떻겠니?, ~하지 그래.**
♠ **Why not let ~ ? 왜 ~를 …하도록 하지 않느냐**

우드윅 캔들 wood wick candle (나무 심지로 된 향기 양초)

※ **wood** [wud] 명 **나무, 목재**; (종종 **-s**) [단·복수취급] **숲**, 수풀《forest보다 작고 grove보다 큼》 ☜ 고대영어로 '나무, 숲'이란 뜻
□ **wick** [wik] 명 (양초·램프 따위의) 심지 ☜ 고대영어로 '초의 심지'
♠ The candle is **burning the wick** and giving off light. 초가 **심지를 태우며** 불을 밝히고 있다
※ **cand**le [kǽndl] 명 **(양)초**, 양초 비슷한 것; 촉광 ☜ 초기 인도유럽어로 '빛나는(cand) 것(le)'이란 뜻

위저드 wizard ([컴퓨터] 복잡한 조작을 용이하게 돕는 가이드 기능. <마법사>란 뜻)

■ **wizard** [wízərd] 명 (남자) **마법사**; 요술쟁이 형 **마법의** ☜ 중세영어로 '현명한(wiz<wise) 사람(ard)'이란 뜻
■ **witch** [witʃ] 명 **마녀**, 여자 마법(마술)사; 무당 동 **마법을 쓰다**; 매혹하다 ☜ 고대영어로 '여자 마법사'란 뜻
□ **wicked** [wíkid] 형 악한, **사악한**; 심술궂은 ☜ 고대영어로 '마법사'란 뜻
♠ **a wicked person 악인**
□ **wicked**ly [wíkidli] 부 사악하게, 부정으로 ☜ wicked + ly<부접>
□ **wicked**ness [wíkidnis] 명 사악, 심술궂음 ☜ wicked + ness<명접>

위켓 wicket ([크리켓] 삼주문: 3개의 나무기둥으로 구성된 틀)

□ **wicket** [wíkit] 명 **작은 문**, 쪽문, (크리켓) 삼주문(三柱門) ☜ 고대 프랑스어로 '작은(et) 문(wick)'이란 뜻
♠ **keep wicket (삼주)문을 지키다** (수비하다)

와이드 스크린 wide screen ([영화·TV] 폭이 넓은 화면)

♣ **어원 : wide 폭이 넓은, ~규모의**
□ **wide** [waid/와이드] 형 **폭넓은; 폭이 ~인**; **충분히[크게] 열린** 부 **넓게; 충분히 열어서** ☜ 고대영어로 '거대한, 넓은, 긴'이란 뜻
♠ **a wide river 넓은 강**
□ **wide**ly [wáidli] 부 **넓게**; 먼 곳에; **크게**, 대단히 ☜ wide + ly<부접>
□ **wide**n [wáidn] 동 **넓히다**, 넓게 되다 ☜ wide + en<동접>
□ **wide**-eyed [wáidàid] 형 눈을 크게 뜬; 깜짝 놀란; 소박한, 순진한 ☜ 크게 열린(wide) 눈(eye) 의(ed<형접>)
□ **wide**spread [wáidspréd] 형 **펼친**; 보급된; 만연된; **넓게 펼쳐진**, 대폭적인 ☜ 넓게(wide) 펼쳐진(spread)
□ **wid**th [widθ, witθ] 명 (pl. **-s**) **폭, 너비, 가로** ☜ wide + th<명접>
■ world**wide** [wə́ːrldwáid] 형 **세계적인**, 세계 속의 ☜ 세계(world) 규모(wide)의
■ nation**wide** [néiʃənwàid] 형 전국적인 부 전국적으로 ☜ 국가(nation) 규모(wide)의
■ **WWW** **W**orld-**W**ide **W**eb **월드와이드웹**《세계적인 인터넷망으로, HTTP(연결문서의 전환 통신 규약)을 사용하기 위한 물리적 매개체》 ☜ '세계(world) 규모(wide)의 거미줄/망(網)(web)'이란 뜻
※ **screen** [skriːn] 명 **칸막이**; 차폐물; **막; 스크린**; (영화의) 영사막 ☜ 고대 프랑스어로 '난로 앞에 치는 내화 철망'이란 뜻

연상 윈도우(window.창문) 너머로 위도우(widow.과부)가 내려다보고 있었다.

※ **window** [wíndou/윈도우] 명 **창문**; 창유리; 창틀; (가게 앞의) 진열창; (은행 따위의) 창구, 매표구 ☜ 고대 노르드어로 '바람(wind)의 눈(ow<eye)'이란 뜻.
□ **widow** [wídou] 명 **미망인**; 홀어미, 과부 ☜ 고대영어로 '헤어진 여자'
♠ **war widow 전쟁미망인**
□ **widow**ed [wídouər] 형 과부의, 미망인이(홀아비가) 된; 외톨로 남겨진 ☜ 미망인(widow)이 된(ed<형접>)
□ **widow**er [wídouər] 명 홀아비 ☜ widow에서 의미 확장된 단어

W

☐ **width**(폭, 너비, 가로) ➔ **wide**(폭넓은; 넓게, 충분히) **참조**

연상 와일드(wild.난폭한)한 깡패가 흉기를 윌드(wield.휘두르다)했다.

※ **wild** [waild/와일드] ⓗ **야생의, 거친** ⓜ 황무지, 황야
☜ 고대영어로 '자연상태의, 미개한'이란 뜻

☐ **wield** [wiːld] ⓓ (칼 따위를) **휘두르다**; (도구 따위를) 쓰다, 사용하다
☜ 고대영어로 '강제하다, 권력을 쥐다'란 뜻
♠ **wield arms 무력을 휘두르다**

☐ **wield**ly [wíːldi] ⓗ (-<-d**ier**<-d**iest**) 쓰기(다루기) 쉬운, 알맞은 ☜ wield + ly<부접>

■ un**wield**y [ənwíldi] ⓗ (-<-d**ier**<-d**iest**) 다루기 힘드는(버거운); 비실제적인; 《드물게》 모양이 없는; 거대한 ☜ un(=not/부정) + wield + y<형접>

와이프 wife (아내)

☐ **wife** [waif/와이프] ⓜ (pl. wi**ves**) **아내**, 부인, 처, 마누라 ☜ 고대영어로 '여자'란 뜻
비교 husband **남편**
♠ **Your wife** is so beautiful. **부인**이 참 미인이시네요.

■ ale**wife** [éilwàif] ⓜ (pl. -wi**ves**) 비어 홀(선술집)의 여주인 ☜ ale(에일 맥주) + wife

■ house**wife** [háuswàif] ⓜ (pl. -wi**ves**) **주부**(主婦) ☜ 집(house) 아내(wife)

■ mid**wife** [mídwàif] ⓜ (pl. -wi**ves**) 조산사, 산파; 《비유》 산파역
☜ 중간에서(mid) 도와주는 여자(wife)

■ **wive** [waiv] ⓓ 《고어》 아내를 얻다; 장가들게 하다; 아내로 삼다 ☜ 고대영어로 '여자'란 뜻

위그 wig ([미용] 가발)

☐ **wig** [wig] ⓜ **가발**; 머리 장식 ⓓ ~에 가발을 씌우다 ☜ 페리위그(periwig)의 약어로 프랑스어 페뤼크(Perruque/가발)가 변형된 말
♠ **put on a wig 가발을 쓰다**

■ **wig**ged [wigd] ⓗ 가발을 쓴 ☜ wig + g<자음반복> + ed<형접>

■ peri**wig** [périwìg] ⓜ 가발 ⓓ 가발을 쓰다 ☜ 중세 프랑스어로 '머리털'

※ peruke [pərúːk] ⓜ (17-18세기의) 남자 가발(wig)
☜ 이탈리아어로 '머리털, 가발'이란 뜻

© qvc.com

와일드(wild.거친)한 성격, 와일드 카드 wild card ([경기] 특별 기용 선수)

☐ **wild** [waild/와일드] ⓗ **야생[야만]의, 거친**; 난폭한; 황폐한, **황량한**; 광란의, 열광적인; 엉뚱한 ⓑ 난폭하게, 마구 ⓜ 황무지, **황야** ☜ 고대영어로 '자연상태의, 미개한'이란 뜻
♠ **wild animals** (flowers) **야생 동물** (야생화)

☐ **wild** card 〖카드〗 자유패, 만능패; 〖경기〗 **와일드 카드** 《일반적인 자격을 갖지 못한 사람에게 주어지는 경기 기회. 또는 그런 기회를 갖게 된 선수》 ☜ 마구 쓰는(wild) 카드(card)

☐ **wild**cat [wáildkæ̀t] ⓜ 〖동물〗 **살쾡이**; 《구어·비유》 성급(난폭)한 사람
☜ 야생의(wild) 고양이(cat)

☐ **wild**erness [wíldərnis] ⓜ **황야**, 황무지 ☜ wild + er<비교급> + ness<명접>

☐ **wild**ness [wáildnis] ⓜ 야생; 황폐; 난폭 ☜ wild + ness<명접>

☐ **wild**life [wáildlàif] ⓜⓗ 《집합적》 **야생 생물(의)** ☜ 야생(wild) 생명/삶(life)

☐ **wild**ly [wáildli] ⓑ 격렬하게, **난폭하게**; 야생 상태로 ☜ wild + ly<부접>

에듀윌 Eduwill (한국의 종합교육기업 중 하나)
윌리엄[빌헬름] 텔 William Tell (스위스의 전설적 영웅, 활의 달인)

에듀윌(Eduwill)은 Education(교육)과 will(의지)의 합성어로 최상의 교육을 제공한다는 의지와 성공적인 미래에 대해 도전할 수 있다는 자신감을 의미한다고 한다. <출처 : 에듀윌 홈페이지 / 일부인용>

♣ **어원 : will, vol 의지, 자유의사; 마음; 바라다**

※ e**duc**ation [èdʒukéiʃən/**에**주**케**이션] ⓜ **교육**, 훈육, 훈도; 양성
☜ 밖으로(e<ex) 소질을 이끌어내는(duc) 것(tion)
♠ primary (elementary) **education** 초등 **교육**

☐ **will** [wil/윌, (약) wəl] ⓩ **~할[일] 것이다; ~할 작정이다**, ~하겠다; **뜻하다** ⓜ (the ~) **의지** ☜ 고대영어로 '원하다, 바라다'란 뜻
♠ I **will go** there tomorrow. 내가 내일 그리로 **가겠다**.
♠ **will do ~이면 되다, ~로 좋다**(=be good enough)

☐ **wil(l)**ful [wílfəl] ⓗ 계획적인, 일부러의, **고의의; 고집 센** ☜ will + ful<형접>

☐ **wil(l)**fully [wílfəli] 부 일부러, 고집 부려 ☞ willful + ly<부접>
☐ **will**ing [wíliŋ] 형 **기꺼이 ~하는**, 꺼리지 않는; 자진해서 (행)하는, 자발적인 ☞ -ing<형접>
♠ **be willing to ~ 기꺼이 ~하다**
■ un**will**ing [ʌnwíliŋ] 형 **내키지 않는**, 마지못해 하는 ☞ un(=not/부정) + willing
☐ **will**ingly [wíliŋli] 부 기꺼이, **자진해서** ☞ willing + ly<부접>
☐ **will**ingness [wíliŋnis] 명 **쾌히[자진하여] 하기**, 기꺼이 하는 마음 ☞ willing + ness<명접>
☐ **Will**iam [wíljəm] 명 **윌리엄** 《남자 이름; 애칭 Bill(y), Will(y)》 ☞ 독일어로 Wilhelm(빌헬름)이며, 이는 '강한 의지(will)로 투구(helm)를 쓴 사람'이란 뜻
☐ **wil**t [wilt] 조 《고어》 **will의 2인칭 단수** 《주어 thou의 경우》
☐ **won't** [wount/원트, wʌnt] will not의 단축형
■ **vol**untary [vάləntèri/vɔ́ləntəri] 형 **자발적인**, 지원의 명 자발적 행동
☞ 자유의사(vol) 성향(unt) 의(ary)
♠ **a voluntary worker 자원봉사자**

윌로우(willow.버드나무)가 내게 헬로우(hellow.이봐)하며 날 불렀다.

☐ **willow** [wílou] 명 **버드나무** 《수목·재목》, 버들; 버드나무 제품
☞ 고대영어로 '버드나무'란 뜻
♠ sing **willow** = wear **the willow 애인의 죽음**을 슬퍼하다
☞ 옛날 버들잎 화환을 가슴에 달고 애인의 죽음에 대한 애도를 표시하였음
☐ **willow**y [wíloui] 형 (-<-low**ier**<-low**iest**) 버들이 무성한; 나긋나긋한, 가냘픈; 날씬한
☞ willow + y<형접>
※ **hello** [helóu/헬**로**우, hélou] 감 **여보게, 이봐**; 어이구; 〖전화〗 여보세요
☞ hallo(여보세요)의 변형

☐ **wilt**(《고어》 will의 2인칭 단수) ➔ **will**(~할 것이다, ~일 것이다; 의지) **참조**

윌리윌리 willy-willy (강한 열대 저기압)

☐ **willy-willy** [wìli-wìli] 명 《호》 **윌리윌리** 《강한 열대 저기압; 사막의 선풍(旋風)》, 회오리바람 ☞ 호주 원주민(애보리진)어로 '우울; 공포'라는 뜻
★ 열대성 저기압을 동아시아에서는 태풍(typhoon), 인도양에서는 사이클론(cyclone), 카리브해에서는 허리케인(hurricane), 오스트레일리아(호주)에서는 윌리윌리(willy-willy)라고 부른다. 윌리윌리라는 명칭은 현재 사용하지 않으며, 사이클론(cyclone)으로 통합하여 사용한다.

© gangnamgu.tistory.com

우드로 윌슨 Woodrow Wilson (1차대전시 연합국측에 가담하여 전쟁의 종지부를 찍고, 비밀외교의 폐지와 민족자결주의를 주창한 미국의 제28대 대통령)

☐ **Wilson** [wílsən] 명 **윌슨** 《Woodrow ~, 미국 제28대 대통령(1856-1924)》
☞ '윌(Wil)의 아들/자손(son)'이란 뜻 ★ [접두] Mc-, Mac-, O'-, Fitz- 등과 [접미] -son, -sen, -ov, -ovich' 등은 모두 '~의 자손'이란 뜻임.

윔블던 Wimbledon (영국 런던 근교에 있는 테니스장)

☐ **Wimbledon** [wímbəldən] 명 **윔블던** 《런던 교외의 도시》; (매년 6월 그 곳에서 개최되는) 전(全)영국 오픈 테니스 선수권 대회
☞ 윈만(Wynnman)이란 영주의 이름에서 지명이 유래했다는 설

윈윈 전략(戰略) win-win strategy (양쪽이 모두 승리하는 전략)

☐ **win** [win/윈] 동 (-/**won/won**) (경쟁·경기 따위에서) **이기다**
☞ 고대영어로 '일하다, 싸우다'란 뜻
♠ **win the election** (a contest) **선거**(콘테스트)**에 이기다**.
☐ **win-win** [wínwín] 형 (교섭 등에서) 쌍방에게 다 만족이 가는, 어느 쪽에도 유리한
☞ 1993년부터 미국의 『국방보고서』에서 공식화한 용어로, 두 지역에서 일어난 전쟁을 동시에 승리로 이끈다는 미국의 전략에서 유래
☐ **win**ner [wínər] 명 **승리자**, 우승자 ☞ win + n<자음반복> + er(사람)
☐ **win**ning [wíniŋ] 형 승리를 얻은, **이긴** 명 승리; 성공; 획득, 점령; (pl.) 상금, 상품
☞ win + n<단모음+단자음+자음반복> + ing<형접>
※ **stra**tegy [strǽtədʒi] 명 병법; **전략**; 작전; 책략

W

☜ 그리스어로 '(군대를) 당기는(stra) + t + 통솔자(egy)'란 뜻

윙크 wink (한 쪽 눈을 깜박이는 것)

☐ **wink** [wiŋk] ⓢ **눈을 깜박이다**; 눈짓하다 ⓜ **눈의 깜박거림; 눈짓, 윙크**
☜ 고대영어로 '눈을 깜박거리다'란 뜻

■ t**wink**le [twíŋkəl] ⓢ **반짝반짝 빛나다**, 반짝이다 ☜ 고대영어로 '(눈을) 깜박거리다'

☐ **winc**e [wins] ⓢ **주춤하다**, 질리다, 움츠리다 ⓜ 주춤함, 질림, 움츠림
☜ 중세영어로 '움찔하다'란 뜻
♠ I didn't **wince** under the blow. 맞고도 **굴하지** 않았다.

윈치 winch (밧줄을 감는 권양기)

☐ **winch** [wintʃ] ⓜ **윈치**, 권양기(捲揚機); 크랭크; (낚시용의) 릴 ⓢ 윈치로 감아올리다 ☜ 고대영어로 '도르래, 활차'란 뜻
♠ **operate a winch 윈치를 작동시키다.**

윈드서핑 windsurfing (돛 달린 서프보드로 하는 파도타기) 윈도우 window (창문), 리와인드 rewind (테이프의 되감기)

☐ **wind** [wind/윈드, 《시어》 waind] ⓜ **바람** ⓢ **감다, 돌리다; 굽이치다**
☜ 고대영어로 '움직이는 공기'란 뜻
♠ **gone with the wind 〖영화〗 바람과 함께 사라지다**
♠ **wind one's way 꼬불꼬불[굽이치며] 나아가다**

☐ **wind**blown [wíndblòun] ⓗ **바람에 날린**; (여성의 머리를) 짧게 잘라 앞이마에 매만져 붙인》
☜ 바람(wind)이 부는(blown: blow(바람이 불다)의 과거분사)

☐ **wind**ing [wáindiŋ] ⓜ **구부러짐**, 굴곡, 굽이 ⓗ 굽이치는, **꼬불꼬불한** ☜ -ing<명접/형접>

☐ **wind**mill [wíndmil] ⓜ **풍차** ☜ 바람(wind)으로 돌아가는 제분기(mill)

☐ **wind**ow [wíndou/**윈**도우] ⓜ **창문**; 창유리; 〖컴퓨터〗 마이크로소프트에서 개발한 컴퓨터 운영체제 ☜ 고대 노르드어로 '바람(wind)의 눈(ow<eye)'이란 뜻

☐ **wind**owpane [wíndoupèin] ⓜ (끼워놓은) **창유리** ☜ window + pane(한 장의 유리)

☐ **wind**ow sill 창턱, 창받침 ☜ window + sill(기둥의 토대, 문턱, 창턱)

☐ **wind**pipe [wíndpàip] ⓜ **기관**(氣管), 숨통 ☜ wind + pipe(관(管), 파이프)

☐ **wind**shield [wíndʃìːld] ⓜ 《미》 (자동차의) 바람막이〔전면〕 유리(《영》 windscreen)
☜ wind + shield(방패)

☐ **wind**-sock 〔sleeve〕 풍향계, 바람개비, **윈드삭** ☜ wind + sock(양말)

☐ **wind**storm [wíndstɔ̀ːrm] ⓜ (비를 수반하지 않는) **폭풍** ☜ wind + storm(폭풍(우))

☐ **wind**surfing [wíndsə̀ːrfiŋ] ⓜ **윈드서핑** 《돛을 단 파도타기 판으로 물 위를 달리는 스포츠》
☜ 바람(wind)을 이용하여 파도타다(surf) + ing<명접>

☐ **wind**-swept [wíndswèpt] ⓗ **바람에 휘몰린**, 바람에 노출된
☜ 바람(wind)에 휩쓸린(swept: sweep(휩쓸다)의 과거분사)

☐ **wind**y [wíndi] ⓗ (-<-d**ier**<-d**iest**) **바람이 센**, 바람 있는; 몹시 거친 ☜ -y<형접>

■ whirl**wind** [wə́rlwìnd] ⓜ **회오리바람**, 선풍 ☜ 빙빙 도는(whirl) 바람(wind)

■ re**wind** [riːwáind] ⓢ (-/rewound/rewound) (테이프・필름을) 되감다, 다시 감다.
[ríːwàind] ⓜ 되감긴 테이프〔필름〕; 되감는 장치; 되감기 ☜ 다시(re) 감다(wind)

※ **surf** [səːrf] ⓜ (해안에) **밀려드는 파도**, 밀려 와서 부서지는 파도 ⓢ 서핑을〔파도타기를〕 하다; 〖컴퓨터〗 검색하다 ☜ 중세인도어로 '몰아치는 소리'

와인 wine (포도주)

☐ **wine** [wain/와인] ⓜ **와인, 포도주** ☜ 고대영어로 '포도주'란 뜻
♠ **a glass** 〔bottle〕 **of wine 포도주 한 잔**〔병〕
♠ **Good wine needs no bush.**
《속담》 좋은 술은 간판이 필요 없다.
☜ bush(수풀, 덤불; 담쟁이 가지《옛날 술집의 간판》)

■ **vine** [vain] ⓜ 덩굴; **포도나무**; (the ~) 《미.속어》 포도주
☜ 라틴어로 '포도나무, 포도밭'이란 뜻

W

윙백 wingback ([축구] 공격 포메이션 가운데 가장자리의 사이드 라인 쪽에 위치하는 선수)

☐ **wing** [wiŋ/윙] ⓜ (새・곤충 등의) **날개**; 비행 ⓢ 날개를 달다; 날다

☜ 고대 노르드어로 '새의 날개'란 뜻
♠ The bird folded (spread) its **wings**.
새가 **날개**를 접었다 (폈다)

■ left **wing** (the ~) 좌익, 좌파; 〚스포츠〛 좌익(左翼)(수), **레프트 윙**
☜ 왼쪽(left) 날개(wing)

■ right **wing** (the ~) 우익, 우파; 〚스포츠〛 우익(右翼)(수), **라이트 윙**
☜ 오른쪽(right) 날개(wing)

□ **wing**back [wíŋbæk] 명 〚미국축구〛 **윙백**: 그 수비 위치《생략: WB》 ☜ wing + back(뒤, 등)

□ **wing**ed [wiŋd, 《시》 wíŋid] 형 **날개 있는**; 〔합성어〕 날개가 ~한 ☜ wing + ed<형접>
♠ **strong-winged 날개가 강한**

□ **wing**less [wíŋlis] 명 날개가 없는, 날지 못하는 ☜ 날개(wing)가 없는(less)

※ **back** [bæk/백] 명 **등, 뒤쪽** 형 **뒤(쪽)의** ☜ 고대영어로 '등, 뒤'라는 뜻

□ **wink**(윙크, 눈짓하다) ➔ **wince**(주춤하다) **참조**

□ **winner**(승리자), **winning**(이긴) ➔ **win**(이기다) **참조**

워터파크 water park (각종 물놀이 시설을 갖추어 놓은 곳)

♣ **어원 : wat, wet, wint 물기 있는, 습한**

■ **wat**er [wɔ́ːtər/**워**-러, wɑ́tər/**워**-터] 명 **물**, 음료수; **수중**; (pl.) **바다** 동 **물을 끼얹다[뿌리다]; 물을 타다** ☜ 고대영어로 '물'이란 뜻

■ **wet** [wet/웰] 형 (-<-**ter**<-**test**) **젖은**, 축축한; **비 내리는** 동 **적시다**, 축이다 명 습기 ☜ 고대영어로 '습기있는, 비가 많은'이란 뜻

□ **wint**er [wíntər/**윈**터] 명 **겨울**; 역경 형 겨울의, 동절기의 ☜ 고대 노르드어로 '습한 계절'
♠ the **Winter** Olympic Games **동계** 올림픽 대회

□ **wint**ertime [wíntri] 명 겨울 ☜ 겨울(window) 시간/시기/시대(time)

□ **wint**ry [wíntri] 형 (-<-tr**ier**<-tr**iest**) **겨울의**(같은); 겨울처럼 추운; 쓸쓸한; 냉담한
☜ -ry<형접>

※ **park** [pɑːrk/파-크] 명 **공원**; 《미》 유원지; 《영》 (귀족·호족의) 대정원; **주차장** 동 **주차하다** ☜ 고대영어로 '울막은 장소'란 뜻

와이퍼 wiper ([자동차] 앞유리창의 빗방울이나 눈을 닦아내는 기구)

□ **wipe** [waip] 동 **닦다**, 훔치다; (얼룩을) 빼다 명 **닦음**, 훔침
☜ 고대영어로 '깨끗하게 하다'란 뜻
♠ **wipe** one's feet on the mat **매트**에 발을 닦다.

□ **wipe**r [wáipər] 명 닦는(훔치는) 사람; 닦는 것; (보통 pl.) (자동차의) **와이퍼** 《앞유리를 닦는》
☜ 닦는(wipe) 것(er)

와이어 wire (철사, 전선)

□ **wire** [waiər/와이어] 명 **철사; 전선**, 케이블; **전신** 동 철사로 매다; **전송하다**, 《구어》 **전보를 치다** ☜ 고대영어로 '가는 실로 뽑아낸 금속'이란 뜻
♠ **telephone wire(s) 전화선**

□ **wire**d [waiərd] 형 유선(有線)의; 철사로 보강한(묶은) ☜ wire + ed<형접>

□ **wire**less [wáiərlis] 형 **무선의**, 무선 전신(전화)의 명 **무선 전신**; 《영》 [the ~] **라디오**
☜ wire + less(~이 없는)

□ **wire** rope 강철 밧줄, **와이어로프** ☜ rope(밧줄, 끈)

□ **wir**ing [wáiəriŋ] 명 배선(가선(架線))(공사); 배선 계통; 공사용 전선 ☜ wire + ing<명접>

□ **wir**y [wáiəri] 형 (-<-r**ier**<-r**iest**) **철사로 만든**; 철사 같은, 빳빳한 ☜ wire + y<형접>

위스콘신 Wisconsin (미국 제1의 낙동지역인 북부의 주)

□ **Wisconsin** [wiskánsin/-kɔ́n-] 명 **위스콘신** 《미국 북부의 주(州); 생략: Wis., Wisc.》 ☜ 북미 인디언어로 '붉은 돌 지역, 또는 물이 모이는 곳, 또는 위대한 바위'

비전 vision (미래상), 텔레비전 television

♣ **어원 : vis(e), wis 보다, 지켜보다**

■ **vis**ion [víʒən] 명 **시력**, 시각; 상상력; 환상; **미래상, 비전** ☜ 보는(vis) 것(ion)

■ tele**vis**ion [téləvìʒən/**텔**러뷔전] 명 **텔레비전** 《생략: TV》

☜ 멀리서<원격으로(tele) 보는(vis) 것(ion)

■ super**vise** [súːpərvàiz] ⓢ **관리[감독]하다** ☜ 위에서(super) 보다(vise)

■ **vis**it [vízit/**비**지트] ⓢ **방문하다** ☜ 보러(vis) 가다(it)

□ **wis**e [waiz/와이즈] ⓗ (-<-s**er**<-s**est**) **슬기로운**, 현명한, 총명한
☜ 초기인도유럽어로 '보는 눈이 있는'
♠ **a wise old man 지혜로운 노인**

■ un**wis**e [ənwάiz] ⓗ **지혜[지각] 없는**, 어리석은, 천박한 ☜ un(=not/부정) + wise

□ **wis**ely [wáizli] ⓟ 슬기롭게; **현명하게**(도); 빈틈없이 ☜ wise + ly<부접>

□ **wis**dom [wízdəm/**위**즈덤] ⓜ **현명함, 지혜**, 슬기로움; 분별
☜ 보는(wis) (눈〔식견〕이) 있음(dom<명접>)

비너스 Venus ([로神] 사랑과 미(美)의 여신)

♣ **어원 : ven(er), wen, win, wish, wist 사랑, 존경; 소망; 아름다움**

■ Venus [víːnəs] ⓜ 『로.신화』 **비너스** 《사랑과 미의 여신; 『그.신화』 Aphrodite에 상당》; 절세의 미인; 성애(性愛), 색정; 『천문』 금성
☜ 라틴어로 '사랑'이란 뜻

■ **vener**able [vénərəbəl] ⓗ **존경할 만한**, 훌륭한, 덕망 있는; 장엄한, 고색창연하여 숭엄한 ☜ 라틴어로 '존경할(vener) 만한(able)'이란 뜻

□ **wish** [wiʃ/위쉬] ⓢ **바라다**, 원하다, **희망하다** ⓜ **소원**, 희망; **바라는 바** ☜ 고대영어로 '소망하다'
♠ **Wish me luck! 내게 행운을 빌어 줘**!
♠ **wish to ~ ~하기를 바라다[소망하다]**

<비너스와 아도니스> 조각상
이탈리아 Antonio Canova 작

□ **wish**ful [wíʃfəl] ⓗ **갈망하는**, 바라고 있는; **탐내는** ☜ wish(소원) + ful(~이 가득한)

□ **wist**ful [wístfəl] ⓗ **갈망하는**, 바라고 있는; **탐내는**
☜ 고대영어로 '공급(wist)이 풍부한(ful)', 근대영어로 '탐나는'이란 뜻.
♠ **a wistful smile 아쉬워하는 미소**

□ **wist**fully [wístfəli] ⓟ 바라는 듯이; 생각에 잠겨서 ☜ wistful + ly<부접>

□ **wist**fulness [wístfəlnis] ⓜ 바라는 듯함 ☜ wistful + ness<명접>

연상 히스테리(Hysteria)가 심한 나무는 위스테리아(wisteria.등나무)이다

※ **hyster**ia [histíəriə] ⓜ 『의학』 **히스테리**; [일반적] 병적 흥분
☜ 그리스어로 '자궁'이란 뜻

□ **wisteria** [wistíəriə] ⓜ 『식물』 **등나무**(류)(= wistaria)
☜ 18c 미국 해부학자 Caspar Wistar의 이름에서 유래
★ 일이 까다롭게 뒤얽히어 풀기 어려운 상태를 '갈등(葛藤)'이라고 하는데 여기서 갈(葛)은 칡(Pueraria Thunber giana)을, 등(藤)은 등나무(Wistaria Japonica)를 가리킨다.
♠ girls under **a wisteria arbor 나무정자** 아래의 소녀들

□ **wit**(기지, 재치, 위트) ➔ **witling**(똑똑한 체하는 사람) **참조**

위저드 wizard ([컴퓨터] 복잡한 조작을 용이하게 돕는 가이드 기능. <마법사>란 뜻)

□ **witch** [witʃ] ⓜ **마녀**, 여자 마법〔마술〕사; 무당 ⓢ **마법을 쓰다**; 매혹하다 ☜ 고대영어로 '여자 마법사'란 뜻
비교 wizard 남자 마법사
♠ **A witch** cast a spell on him. **마녀**가 그에게 마법을 걸었다

□ **witch**craft [wítʃkræ̀ft] ⓜ **마법**, 요술, 주술; 마력; 매력
☜ witch + craft(기술)

□ **witch**ery [wítʃəri] ⓜ 마법, 요술; 마력, 매력 ☜ witch + ery<명접>

□ **wizard** [wízərd] ⓜ (남자) **마법사**; 요술쟁이 ⓗ **마법의**
☜ 중세영어로 '현명한(wiz<wise) 사람(ard)'이란 뜻

© macmagician.net

■ be**witch** [biwítʃ] ⓢ 《흔히 수동태로》 넋을 빼놓다, 홀리다; (~에게) **마법을 걸다**
☜ 완전히(be) 마법을 걸다(witch)

■ **wicked** [wíkid] ⓗ 악한, **사악한**; 심술궂은 ☜ 고대영어로 '마법사'란 뜻

W

위드유 With You (미투 운동(Me Too.나도 고발한다)으로 알려진 성범죄 피해자들을 지지하고 함께하겠다는 운동. <당신과 함께>란 뜻)

♣ **어원 : with 전체, 모두, 함께, 완전히**

□ with [wið/위드/wiθ/위뜨] ⓙ **~와 (함께); ~을 사용하여**

☜ 라틴어, 중세영어로 '~와 함께'란 뜻
♠ She lives **with her parents**. 그녀는 **부모님과 함께** 산다.
♠ **with a sigh 한숨을 쉬며**
♠ **with a smile 미소를 지으며**
♠ **with all ~ ~에도 불구하고, ~은 있지만**
♠ **(With) best wishes 행운[성공]을 빌며 《편지의 끝맺음 말》**
♠ **with joy** 〔excitement〕 **기뻐서[흥분해서]**
♠ **with surprise 놀라서**
♠ **with this** 〔that〕 **이렇게**〔그렇게〕 **말하고, 이렇게**〔그렇게〕 **하고, 이와**〔그와〕 **동시에**

☐ **with**al [wiðɔ́ːl, wiθ-] ㊙ **게다가**, 더욱이; 동시에; 한편 ☜ 고대영어로 '전적으로'란 뜻

☐ **with**draw [wiðdrɔ́ː, wiθ-] ⓢ (-/with**drew**/with**drawn**) (손 따위를) **빼다**, 움츠리다; **철회하다**; **물러나다** ☜ 완전히(with) 당기다(draw)

☐ **with**drawal [wiðdrɔ́ːəl, wiθ-] ⓜ 움츠러듬; **물러남**; 퇴학, 탈퇴; 철회 ☜ withdraw + al<명접>

☐ **with**drawn [wiðdrɔ́ːn, wiθ-] ⓗ 인가에서 떨어진, 인적이 드문; 집안에 틀어박힌
☜ withdraw의 과거분사. 완전히(with) 당겨진(drawn)

☐ **with**hold [wiðhóuld, wiθ-] ⓢ (-/with**held**/with**held**) (승낙 등을) **보류하다**
☜ 완전히(with) 붙들다(hold)

☐ **with**in [wiðín, wiθ-] ㉑ ~의 안쪽에〔으로〕, **~의 내부에[의]** ☜ 완전히(with) ~안에(in)
♠ **within a stone's throw (from, of) ~ ~의 바로 근처[가까이]에**
♠ **within one's reach 손에 닿는 곳에, 힘이 미치는 범위 내에**
♠ **within reach of ~ ~이 닿는 곳에, ~의 범위 안에**
♠ **within sight (of) (~이) 보이는 곳에, (~의) 근처에**

☐ **with**out [wiðáut/위**다**웉, wiθ-] ㉑ **~없이, ~이 없으면, ~하지 않고**; ~이 없어도
☜ 완전히(with) ~밖에(out)
♠ **without delay 지체 없이, 곧**
♠ **without ~ing ~함이 없이, ~하지 않고**
♠ **without exception 예외 없이, 빠짐없이**
♠ **without fail 반드시, 꼭**
♠ **not without 다소 ~이 없지 않은, 상당히 ~이 있는**

☐ **with**stand [wiðstǽnd, wiθ-] ⓢ (-/with**stood**/with**stood**) **저항하다; 견뎌내다**
☜ 완전히(with) 버티고 서있다(stand)

※ **you** [juː/유-, (약) ju/유, jə] ㉠ **너는**[네가], **당신은**[이/가], **여러분은**[이/가]
☜ 고대영어로 '너희, 그대들', 초기인도유럽어로 '두 번째 사람'이란 뜻

☐ **wither**(시들다) ➔ **weather**(기상) **참조**

위트(wit.재치)가 넘치는 말솜씨

♣ **어원 : wit 알다, 알고 있다; 아는 것**

☐ **wit** [wit/위트] ⓜ **기지**, 재치, **위트**; (종종 pl.) **지**(智), 지혜
☜ 고대영어로 '지식'이란 뜻

☐ **wit**ling [wítliŋ] ⓜ 《영》 **똑똑한 체하는 사람**, 윤똑똑이 ☜ 지식(wit)이 어린(ling)

☐ **wit**ness [wítnis/윝트니스] ⓜ 증언, **증인, 목격자; 증거** ⓢ **목격하다; 입증[증명]하다**
☜ 고대영어로 '아는(wit) 일(ness<명접>)'이란 뜻
♠ **give witness** in a law court 법정에서 **증언하다**.

☐ **wit**ting [wítiŋ] ⓗ 《드물게》 의식하고서〔알고서, 고의〕의 ⓜ 《방언》 지식
☜ 알다(wit) + t<자음반복> + ing<형접/명접>

☐ **wit**ty [wíti] ⓗ (-<-t**ier**<-t**iest**) **재치[기지] 있는**; 재담을 잘하는
☜ wit + t<단모음+단자음+자음반복> + y<형접>

☐ **wit**tily [wítili] ㊙ 재치 있게 ☜ wit + t<자음반복> + ily<부접>

☐ **wit**ticism [wítəsìzəm] ⓜ 경구(警句), 재담 ☜ wit + tic<형접> + ism(사상, 특성)

■ half-**wit** [ˈhǽfwit/hɑ́ːfwìt] ⓜ 반편, 얼뜨기; 정신박약자 ☜ 반(half)만 알다(wit)

■ dim**wit** [dímwìt] ⓜ 《구어》 멍청이, 바보, 얼간이 ☜ 어슴프레하게(dim) 알다(wit)

☐ **wizard**(마법사) ➔ **witch**(마녀) **참조**

오 마이 갓 Oh my god (맙소사)

■ **oh, O** [ou/오우] ㉢ [의성어] **오오 !**

■ **ah** [ɑː/아-] ㉢ [의성어] **아아 !** 《놀람, 괴로움, 기쁨, 슬픔, 분함 따위를 나타내는 발성》
☜ 의성어

■ **aw** [ɔː] ㉢ [의성어] 《미》 **저런!**, 아니 !, 에이 ! ☜ 의성어

☐ **woe** [wou/워우] ㉢ [의성어] **아아 !** 《비탄, 애석, 고뇌를 타나내는 발성》 ⓜ 비통; (pl.)

W

불행 ☜ 의성어
♠ **Woe (is) to me! 오, 슬프도다!** ☜ '불행이 내게 오고 있구나'란 뜻

☐ **woe**ful, **wo**ful [wóufəl] ⓗ 슬픈; **비참한** ☜ woe + ful(~로 가득한)

※ **my** [mai/마이, məi, mə] ⓓ 《I의 소유격》 **나의** ☜ mine(나의 것)의 변형

※ **god** [gɑd/가드/gɔd/고드] ⓜ (G-) (일신교, 특히 기독교의) **신, 하나님**, 하느님, 조물주 ☜ 고대영어로 '신, 조물주'란 뜻

연상 ▸ 버지니아 울프(Virginia Woolf)는 울프(wolf.늑대)와는 관계가 없다

※ **Virginia Woolf 버지니아 울프** 《Adeline ~, 영국의 여류소설가, 비평가; 1882-1941》 ★ 박인환의 시 <목마와 숙녀>에 나오는 "한 잔의 술을 마시고, 우리는 버지니아 울프의 생애와 목마를 타고 떠난 소녀의 옷자락을 생각한다"와 <누가 버지니아 울프를 두려워하랴?> (Who's Afraid of Virginia Woolf?)라는 제목의 에드워드 올비의 희곡으로 더 유명해졌다.

☐ **wolf** [wulf/울프] ⓜ (pl. wol**ves**) **늑대**, 이리
☜ 고대영어로 '늑대(같은 사람), 악마'란 뜻
♠ **a pack of wolves 늑대 떼**

연상 ▸ 그녀는 움막에 다녀온 후 움(womb.자궁)이 계속 아팠다.

☐ **womb** [wuːm] ⓜ (여자의) **자궁**(=uterus); (아이배는 곳으로서의) 배, 태내(胎內); 내부; 태동기 ☜ 고대영어로 '배, 자궁, 창자, 가슴'
♠ **from the womb to the tomb 요람에서 무덤까지, 태어나서 죽을 때까지**(=from the cradle to the grave)

원더우먼 Wonder Woman (미국 TV에서 방영된 여걸. <놀라운 여자>란 뜻)

미국의 저명한 심리학자 윌리엄 몰튼 마스턴 박사는 슈퍼맨, 배트맨 처럼 힘과 주먹으로 문제를 해결하는 방식이 아니라 사랑으로 풀어나가는 영웅을 구상했는데 그 결과물이 1941년 탄생한 원더우먼이다. 그녀는 빼어난 외모와 몸매에 투명 비행기와 황금 밧줄을 사용하고, 총알을 막아내는 세계 최강의 여인이다. 린다 카터 주연의 〈원더우먼〉 은 미국 ABC-TV에서 1976년부터 1979년까지, 총 60편으로 제작되어 방영되었다.

☐ **wonder** [wʌ́ndər/**원**더] ⓜ 불가사의, **경이**, 놀라움, 경탄 ⓗ **놀라운** ⓢ 놀라다, 이상하게 여기다 ☜ 고대영어로 '기적'이란 뜻

☐ **wonder**ful [wʌ́ndərfəl/**원**더펄] ⓗ **이상한**, 놀랄 만한; **훌륭한**, 굉장한 ☜ 놀라움(wonder)으로 가득한(ful)
♠ **a wonderful invention 놀랄 만한 발명**

☐ **wonder**fully [wʌ́ndərfəli] ⓑ 놀랄 만큼, 훌륭하게 ☜ wonderful + ly<부접>

☐ **wonder**land [wʌ́ndərlæ̀nd] ⓜ 이상한 나라, 동화의 나라; (경치 등이) 훌륭한 곳 ☜ 이상한(wonder) 나라(land)

☐ **wonder**ment [wʌ́ndərmənt] ⓜ 불가사의, 경이 ☜ wonder + ment<명접>

☐ **wondr**ous [wʌ́ndrəs] ⓗ 《시・문어》 **놀랄 만한**, 불가사의한 ⓑ 놀랄 만큼 ☜ wonder + ous<형접>

※ **man** [mæn/맨] ⓜ (pl. **men**) **남자**, 사내; **사람, 인간**, 인류; (pl.) **병사** ⓢ **인원[병력]을 배치하다** ☜ 고대영어로 '인간, 사람'

☐ wo**man** [wúmən/**우**먼] ⓜ (pl. **women**) **여자, (성인) 여성**
☜ 고대영어로 성인여자를 뜻하는 wife와 man의 합성어
♠ **men, women and children 남녀노소**

© Warner Bros.

☐ wo**man**hood [wúmənhùd] ⓜ **여자임**, 여자다움; [집합적] 여성 ☜ -hood(신분, 성질, 상태)

☐ wo**man**ish [wúməniʃ] ⓗ 여자다운, 여자 같은 ☜ -ish(~같은)

☐ wo**man**like [wúmənlàik] ⓗ 여자다운, 여자 같은 ☜ -like(~같은)

☐ wo**man**ly [wúmənli] ⓗ (-<-l**ier**<-l**iest**) **여자다운**; 여성(부인)에게 어울리는 ☜ -ly<부접>

워너비(wannabe.열성팬)는 우상의 버릇조차도 원트(wont.익숙한)하다.

※ **wan**nabe(e) [wɑ́nəbìː, wɔ́n-] ⓜ **워너비**, 열성팬 《유명인을 동경하여 행동・복장 등을 그들처럼 하는 사람》 ⓗ 열망하는, 동경하는; 되고 싶어 하는 ☜ want to be의 연음화

※ **want** [wɔ(ː)nt/원트, wɑnt] ⓢ **원하다; 필요로 하다; ~할 필요가 있다** ⓜ **결핍**, 부족; **필요; 곤궁** ☜ 고대 노르드어로 '결여되다'란 뜻.

☐ **wont** [wɔːnt, wount, wʌnt] ⓗ 《서술적》 **~하는 버릇이 있는; ~에 익숙한** ⓜ 버릇, 습관 ☜ 고대영어로 '~에 거주하다'란 뜻. '거주하면 생활이 익숙해진다'는 의미에서
♠ **as he was wont to say 그가 곧잘 말했듯이**

비교 won't ~하지 않을 것이다 ☜ will not의 줄임말

☐ **wont**ed [wóuntid, wɔ́:nt-, wʌ́nt-] 형 〖명사 앞에 사용하여〗 버릇처럼 된, 일상의 ☜ -ed<형접>

☐ **wont**edness [wóuntidnis, wɔ́:nt-, wʌ́nt-] 명 익숙함 ☜ wonted + ness<명접>

연상 친구들이 우- 하고 환호하자, 나는 그녀에게 우(woo.구혼하다)했다.

☐ **woo** [wu:] 동 《문어》 **구애하다**, 구혼하다, 사랑을 호소하다
☜ 고대영어로 '구애하다, 구혼하다, 결혼하다'란 뜻
♠ **woo the favor of** the Muses 뮤즈신**의 은총을 구하다**

골프황제 타이거 우즈(Tiger Woods)는 호랑이 숲이란 뜻이다.

※ **tiger** [táigər/**타**이거] 명 **범, 호랑이** ☜ 라틴어/그리스어로 '호랑이'

☐ **wood** [wud/우드] 명 **나무, 목재**; (종종 **-s**) [단·복수취급] **숲**, 수풀 《forest보다 작고 grove보다 큼》 ☜ 고대영어로 '나무, 숲'
♠ **a house made of wood 목조집**

☐ **wood** block 판목; 목판, 목판화(木版畫); 목편; (도로 포장용) 나무 벽돌
☜ wood + block(덩이, 판목(版木))

☐ **wood**chuck [wúdtʃʌ̀k] 명 〖동물〗 (북미산) 마멋(=marmot, groundhog)
☜ 북미 알곤킨 인디언어 오첵(otchek) 또는 오칙(otchig)이 영어의 영향을 받아 욷척(woodchuck)으로 변형되었다. 나무(wood)와는 관련이 없다.

☐ **wood**cutter [wúdkʌtə(r)] 명 **나무꾼**, 벌목꾼; 목판(화)가
☜ wood + cut(자르다) + t<단모음+단자음+자음반복> + er(사람)

☐ **wood**ed [wúdid] 형 숲이 많은 ☜ wood + ed<형접>

☐ **wood**en [wúdn] 형 **나무의**, 나무로 만든; 생기 없는; 무뚝뚝한; 아둔한 ☜ wood + en<동접>

☐ **wood**land [wúdlæ̀nd] 명 **삼림(지대)** 형 삼림(지대)의 ☜ wood + land(땅, 지역)

☐ **wood**man [wúdmən] 명 (pl. **-men**) **나무꾼**; 숲에 사는 사람; 《영》 산림보호관 ☜ man(남자, 사람)

☐ **wood**pecker [wúdpèkər] 명 〖조류〗 **딱따구리** ☜ wood + peck(부리로 쪼다) + er(주체)

☐ **wood**work [wúdwə̀:rk] 명 목조부 《집 내부의 문짝·계단 따위》; 목제〔목공〕품; 목재 공예, 목세공(木細工) ☜ wood + work(제품, 공예품)

☐ **wood**y [wúdi] 형 (-<-d**ier**<-d**iest**) **수목이 우거진**; 나무의 ☜ wood + y<형접>

■ under**wood** [ʌ́ndərwùd] 명 큰 나무 밑의 잔 나무, 총림(叢林); 덤불 ☜ 나무(wood) 아래(under)

울 wool (양털 섬유실로 짠 모직물)

☐ **wool** [wul/울] 명 **양털, 울** 《산양·알파카의 털도 포함》; **털실; 모직물**
☜ 고대영어로 '양털'이란 뜻
♠ a sheep **out of the wool 털을 깎인** 양

☐ **wool**(l)en [wúlən] 형 **양털의; 모직의** 명 모직물 ☜ wool + en<동접>

☐ **wool**(l)y [wúli] 형 (-<-l**ier**<-l**iest**) **양모의; 양털 같은** ☜ wool + (l) + y<형접>

워드프로세서 word processor ([컴퓨터] 문서작성 프로그램. <낱말 처리기>) 키워드 key word (핵심 낱말), 패스워드 password (암호)

☐ **word** [wəːrd/워-드] 명 **말, 낱말**; 이야기, 한 마디 말; 짧은 담화 ☜ 고대영어로 '말, 단어'
♠ **an English word 영어 단어**
♠ **word for word 한 마디 한 마디씩, 축어(逐語)적으로, 완전히 말 그대로**
♠ **in a word 요컨대, 한 마디로 말하면**
♠ **on 〔upon〕 one's word 맹세코, 꼭, 반드시**
♠ **put ~ into words 말[언어]로 나타내다**

☐ **word**ing [wə́:rdiŋ] 명 말씨, 어법, 용어; 말로 나타내기 ☜ word + ing<명접>

☐ **word**less [wə́:rdlis] 형 **말없는**, 무언의, 벙어리의; 입 밖에 내지 않는 ☜ word + less(~이 없는)

■ cross**word** (puzzle) **크로스워드 퍼즐**, 십자말풀이 ☜ cross(교차), puzzle(수수께끼)

■ key **word** **키워드**, (문장·암호문 뜻풀이의) 열쇠〔단서〕가 되는 낱말; 주요 단어
☜ 열쇠/핵심이 되는(key) 낱말(word)

■ pass**word** [pǽswə̀rd] 명 **패스워드**, 암호(말), 군호; 〖컴퓨터〗 암호 ☜ 통과하는(pass) 낱말(word)

※ **processor** [prάsesər/próu-] 명 (농산물의) 가공업자; 〖컴퓨터〗 처리기 《컴퓨터 내부의 명령실행 기구》 ☜ 앞으로(pro) 가는<진행하는(cess) 사람/기계(or)

W

워크샵 workshop ([기업·기관] 실습을 겸한 연구집회), 워킹홀리데이..

☐ **work** [wə:rk/워-크] 명 **일**, 작업, 노동; **직업; 제작품; 예술 작품; 공사**

Ⓢ (-/worked〔wrought〕/worked〔wrought〕) **노동하다, 일하다**; (기계·기관 등이) **움직이다; 일시키다**
☜ 고대영어로 '행한 일'이란 뜻

< Workshop >

♠ **work hard to get a living** 먹고 살기위해 **열심히 일하다.**
♠ **All work and no play makes Jack a dull boy.**
《속담》 공부만 시키고 놀리지 않으면 아이는 바보가 된다.
♠ **work at ~ ~에 착수하다, ~에 종사하다, ~을 공부하다**
♠ **work for ~ ~을 위해 일하다, ~에 근무하다**
♠ **work on** 〔upon〕 **계속 일하다; ~을 연구하다; ~에 효험이 있다**
♠ **work one's way 일[고생]하면서 나아가다**
♠ **work oneself into 점차[노력하여] ~상태가 되다**
♠ **work out 애써 완성하다; 성취하다; (계획을) 세우다; (문제를) 풀다; 잘되어가다, 운동하다**
♠ **at work 작업 중, 일을 하고**
♠ **set** 〔put〕 **to work 일에 착수시키다**

□ **work**aday [wə́ːrkədèi] Ⓗ 일하는 날의, 평일의; 보통의, 평범한; 실제적인, 무미건조한
☜ 일하는(work) + a + 날(day)

□ **work**aholic [wə̀ːrkəhɔ́ːlik] Ⓜ 지나치게 일하는 사람, 일벌레 Ⓗ 일벌레의
☜ 일(work) + a + 중독의(holic) ⇦ **work** + alco**holic**(알코올 중독의)

□ **work**er [wə́ːrkər/워-커] Ⓜ **일하는 사람, 노동자** ☜ work + er(사람)

□ **work**ing [wə́ːrkiŋ] Ⓜ **일**, 노동 Ⓗ **일하는** ☜ work + ing<명접/형접>

□ **work**ing holiday **워킹홀리데이**, 도보 여행을 하는 휴가, 하이킹을 하는 휴일
☜ 일을 하며(working) (도보여행을 하는) 휴가(holiday)
★ 워킹홀리데이(workingg holiday)란 나라간에 협정을 맺어 젊은이들로 하여금 여행중인 방문국에서 취업할 수 있도록 특별히 허가해주는 제도

□ **work**ingman [wə́ːrkiŋmæ̀n] Ⓜ (pl. **-men**) (임금) **노동자**; 직공 ☜ work + ing + man(남자, 사람)

□ **work** load (사람·기계의) 작업 부하(負荷); 표준 작업량(시간) ☜ load(짐, 부담, 하중)

□ **work**man [wə́ːrkmən] Ⓜ (pl. **-men**) **노동자**, 직공, 공원; 기술자; 숙련가 ☜ man(남자, 사람)

□ **work**manship [-mənʃìp] Ⓜ **솜씨, 기량**, 기술; 만듦새; 세공, 제작품 ☜ -ship(상태, 기술<명접>)

□ **work**out [wə́ːrkàut] Ⓜ (갑작스러운) 작업 중단〔파업〕; (회의장에서의) 항의 퇴장
☜ 작업장(work) 밖으로(out) ★ 경제전문용어로 워크아웃은 기업의 재무구조 개선작업, 즉 부도로 쓰러질 위기에 처해 있는 기업 중에서 회생시킬 가치가 있는 기업을 살려내는 작업을 말한다.

□ **work**room [wə́ːrkrùːm] Ⓜ 작업실, 일하는 방 ☜ 일(work) 방(room)

□ **work**shop [wə́ːrkʃɑ̀p/-ʃɔ̀p] Ⓜ 일터, **작업장**, 직장; (참가자가 실습을 행하는) 연수회, 공동 연구회
☜ work + shop(가게, 상점; 공장, 일터)

□ **work**station [wə́ːrksteiʃən] Ⓜ **워크스테이션**《근로자의 작업공간; 【컴퓨터】 특정 기능을 지닌 단말장치; 개인 업무용 컴퓨터》 ☜ work + station(정거장, 역; 소(所), 서(署), 국(局), 부(部))

■ over**work** [òuvərwə́ːrk] Ⓢ **과로하다, 과로시키다**, 너무 일을 시키다 Ⓜ **과로**
☜ 지나친(over) 일(load)

□ **wrought** [rɔːt] Ⓗ 가공한, 만든; 정교한 ☜《고어·문어》 work의 과거분사
♠ **It is wrought in** marble 그것은 대리석**으로 만들어져 있다**.

월드컵 World Cup ([축구] FIFA가 주관하는 국제 선수권대회)
월드메르디앙 World Meridian (월드건설산업의 아파트 브랜드)

< World Cup >

□ **world** [wəːrld/워얼드] Ⓜ **세계** Ⓗ **세계의**
☜ 고대영어로 '세계, 남자의 시대'란 뜻
♠ I'd like to travel **around the world**.
나는 **전 세계로** 여행을 하고 싶다.
♠ **all over the world 세계 도처에, 전 세계에**
♠ **for all the world 아무리 보아도, 참으로, 무슨 일이 있어도**
♠ **in the world 도대체; 결코, 절대로**

□ **world**-class [wə́ːrldklæ̀s, -klɑ̀ːs] Ⓗ 세계적〔국제적〕인《선수》, 세계 일류의
☜ 세계적인(world) 등급(class)의

□ **world**-famous [wə́ːrldféiməs] Ⓗ 세계적으로 유명한 ☜ 세계적으로(world) 유명한(famous)

□ **world**ly [wə́ːrldli] Ⓗ (-<-**lier**<-**liest**) **세상의, 세속적인**, 속세의 ☜ world + ly<형접>

□ **World** Series [the ~] 【야구】 **월드 시리즈**《미국 프로야구 메이저리그의 최종 우승팀을 가리는 경기》
☜ series(일련, 한 계열, 연속)

□ **World** Trade Center 세계 무역 센터**(WTC)** ☜ center(중심, 중심지, 종합시설)
★ 미국 뉴욕시 맨해튼에 있는 초고층 복합건물. 110층짜리 쌍둥이 건물이었던 원래의 건물들이 2001년 발생한 9·11테러사건으로 붕괴되었다가 재건립이 추진되어 주

건물인 One World Trade Center (1WTC/541m)가 2014년 11월에 개장하였다.

□ **world** war　세계 대전 ☜ war(전쟁)

■ **World** War **I**　[-wʌ́n] 제1차 세계 대전 (the First World War) 《1914-18》《약어 : **W.W.I**》
★ 유럽의 제국주의가 일으킨 세계적 규모의 전쟁으로 영국·프랑스·러시아 등의 연합국과 독일·오스트리아의 동맹국이 양 진영의 중심이 되어 싸운 전쟁. 연합국이 승리함.

■ **World** War **II**　[-túː] 제2차 세계 대전 (the Second World War) 《1939-45》《약어 : **W.W.II**》
★ 인류 역사상 가장 큰 전쟁. 유럽, 아시아, 북아프리카, 태평양 등지에서 독일·이탈리아·일본을 중심으로 한 추축국과 영국·프랑스·미국·소련 등을 중심으로 한 연합국 사이에 벌어진 세계 규모의 전쟁. 연합국이 승리함.

□ **world**wide　[wə́ːrldwáid] ⓗ (명성 등이) 세계에 미치는, **세계적인**, 세계 속의
☜ wide(폭넓은, 광범위한)

■ under**world**　[ə́ndərwə̀rld] ⓜ (the ~) 지하계(界), 저승, 황천; **하층 사회**; 암흑가
☜ 세상(world) 아래(under)

※ **cup**　[kʌp/컵] ⓜ **컵, 잔** ☜ 고대영어, 라틴어로 '잔'이란 뜻

※ **meridian**　[məridiən] ⓜ 〖천문학·지리〗 **자오선**, 경선(經線); 정점, **절정**, 전성기
☜ 라틴어로 '정오의, 남쪽의'라는 뜻

웜바이러스 worm virus (컴퓨터 시스템을 파괴하거나 작업을 지연 또는 방해하는 악성프로그램. <벌레 전염병균>이란 뜻)

□ **worm**　[wəːrm] ⓜ **벌레** 《지렁이·털벌레·땅벌레·구더기·거머리·회충류(類)》 ☜ 고대영어로 '뱀, 용' 비교 insect 곤충
♠ **Even a worm will turn. = Tread on a worm and it will turn. 《속담》 지렁이도 밟으면 꿈틀한다.**

□ **worm**hole　[wə́ːrmhòul] ⓜ (목재·의류·종이 등에 난) 벌레 먹은 자리, 벌레 구멍; 〖천문〗 **웜홀** 《black hole과 white hole의 연락로(路)》
☜ 벌레(worm) 구멍(hole)

□ **worm**y　[wə́ːrmi] ⓜ 벌레 먹은, 벌레 같은 ☜ worm + y<형접>

※ **vir**us　[váiərəs] ⓜ 〖의학〗 **바이러스**, 병독, (전염성) 병원체 ☜ 라틴어로 '독(毒)'이란 뜻

✚ book**worm** 독서광, 책벌레　earth**worm** 지렁이; 《고어》 비열한(벌레 같은) 인간　glow**worm** 개똥벌레의 유충; 아마추어 카메라맨　inch**worm** 자벌레; 느릿느릿 가는 트럭　lug**worm** 갯지렁이　maw**worm** 회충; 위선자　silk**worm** 누에; (S-) 〖군사〗 중국제 대(對)함선 미사일　tape**worm** 촌충

스포츠웨어 sportswear (운동복)

※ **sport**　[spɔːrt/스뽀-트] ⓜ (또는 pl.) **스포츠, 운동**, 경기 《hunting, fishing을 포함》; (pl.) 운동회, 경기회　ⓓ 장난하다, 까불다
☜ 고대 프랑스어로 '기쁨, 즐거움'이란 뜻

■ **wear**　[wɛər/웨어] ⓓ (-/**wore**/**worn**) **입고**(신고, 쓰고) **있다**, 휴대하고 있다; (-/**wore**/**wore**) **닳다**, 닳게[해지게] 하다; 지치게[쇠약하게] 하다; 사용에 견디다　ⓜ **착용; 의복**; 닳아 떨어짐
☜ 고대영어로 '옷을 입다'란 뜻과 '(옷을 오래 사용함에 따른) 닳아 해지다'란 뜻

□ **worn**　[wɔːrn] ⓗ **닳아 해진**; 야윈, 초췌한 ☜ wear의 과거분사 ➔ 형용사
♠ **a worn cushion 닳아 해진 방석**

□ **worn**-out　[wɔ́ːrnáut] ⓗ 닳아빠진, 써서 낡은; 기진맥진한 ☜ 닳아(worn) 없어진(out)

연상 워리어(warrior.전사)는 워리어(worrier.걱정많은 사람)가 되선 안된다.

※ **warrior**　[wɔ́(ː)riər, wɑ́r-] ⓜ 《문어》 **전사**(戰士), 무인　ⓗ 상무(尙武)의, 전사다운, 전투적인
☜ 고대 프랑스어로 '전사'란 뜻 ⇦ '싸우는(war) + r<자음반복> + 사람(ior)'

□ **worri**er　[wə́ːriər, wʌ́r-] ⓜ 괴롭히는 사람; 걱정 많은 사람
☜ 걱정하는(worry)<y→i> + 사람(er)

□ **worry**　[wə́ːri/워-뤼, wʌ́ri] ⓓ **걱정하다, 걱정시키다**, 고민하다; 안달하다　ⓜ (pl.) 걱정
☜ 고대영어로 '목을 조르다'란 뜻
♠ **Don't worry. 《구어》 걱정 마라**
♠ **worry** (be worried) **about ~ ~을 걱정하다**

□ **worri**ed　[wə́ːrid, wʌ́rid] ⓗ 난처한, 딱한, **걱정스러운**, 곤란한(귀찮은) 듯한
☜ worry<y→i> + ed<형접>

□ **worri**less　[wə́ːrilis, wʌ́r-] ⓗ 근심(걱정)거리가 없는; 태평스런
☜ worry<y→i> + less(~이 없는)

스타워즈 Star Wars (미국 공상과학 영화. <별들의 전쟁>이란 뜻)

1977년부터 제작된 조지 루카스 감독의 미국 공상과학(SF)영화 시리즈. 1편의 경우, 고집 센 젊은이가 늙은 제다이(은하계의 평화를 지키는 조직) 기사와 삐걱거리는 두 로봇, 건방진 우주 비행사 그리고 털복숭이 친구 츄바카 등과 힘을 모아 악당에게서 공주를 구하러 우주 여행을 떠난다는 내용.

© Walt Disney Company

♣ **어원 : wor, war 혼란스럽게 하다, (함께) 섞이다, 싸우다; 전쟁**

※ **star** [stɑːr/스따/스타-] ⓜ **별**, 인기연예인 ☜ 고대영어로 '별'이란 뜻

■ **war** [wɔːr/워-] ⓜ **전쟁**, 싸움, 교전상태《주로 국가 사이의》 ☜ 고대영어로 '대규모의 군사 분쟁'이란 뜻

□ **wor**se [wəːrs/워어스] ⓗ 《bad, ill의 비교급》 **보다 나쁜**; (병이) **악화된** ⓟ **더욱 나쁘게; 더욱 심하게** ⓜ **한층 더 나쁨** ☜ 초기인도유럽어로 '혼란스럽게 하다(wor) + -se'이란 뜻
♠ This is **worse** than that. 이것이 저것보다 더 **나쁘다**.
♠ **to make matters worse 설상가상으로**

□ **wor**st [wəːrst/워어스트] ⓗ 《bad, ill의 최상급》 최악의, **가장 나쁜**; (용태가) **최악의; 가장 심한** ⓟ **가장 나쁘게** ⓜ **최악** ☜ '혼란스럽게 하다(wor) + -st(최상급)'이란 뜻
♠ **at (the) worst 아무리 나빠도; 최악의 상태에**

네임 밸류 name value (콩글 이름값, 명성) ➔ social reputation

♣ **어원 : val, vail, wor 가치, 의미, 가격; 강한**

※ **name** [neim/네임] ⓜ **이름, 성명** ⓓ 이름을 붙이다 ☜ 고대영어로 '이름, 평판'

■ **val**ue [vǽljuː]/**밸**유-] ⓜ **가치, 유용성** ☜ 고대 프랑스어로 '가치, 값'이란 뜻

■ a**vail**able [əvéiləbəl] ⓗ **이용 가능한, 쓸모 있는** ☜ 쪽에(a<ad) 가치(vail)를 둘 수 있는(able)

□ **wor**th [wəːrθ/워어스] ⓗ **~의 가치가 있는** ⓜ **가치**, 진가 ☜ 고대영어로 '중요한, 가치있는'이란 뜻
♠ It **is not worth** a cent. 그것은 한 푼**의 값어치도 없다**
♠ **be worth ~ing ~할 만한 가치가 있다**
♠ **worth while 가치가 있는, ~할 만한**

□ **wor**thless [wə́ːrθlis] ⓗ **무가치한, 하찮은** ☜ 가치(worth) 없는(less)

□ **wor**thwhile [wə́ːrθhwáil] ⓗ **~할 보람이 있는**, 시간을 들일만한 ☜ 가치(worth)가 있는(while<형접>)

□ **wor**thy [wə́ːrði/**워**어디] ⓗ (-<-th**ier**<-th**iest**) **훌륭한**, 존경할 만한, **가치 있는**, 유덕한 ☜ worth + y<형접>
♠ **worthy of ~ ~의 가치가 있는, ~에 알맞은**

□ **wor**thily [wə́ːrðili] ⓟ 훌륭히, 상당히 ☜ worthy + ly<부접>

■ un**wor**thy [ʌnwə́ːrði] ⓗ (-<-th**ier**<-th**iest**) (도덕적으로) **가치 없는**, 하찮은, 비열한 ☜ un(=not/부정) + worthy

■ note**wor**thy [nóutwə̀rði] ⓗ **주목할 만한**, 현저한 ☜ 알(note) 가치(wor)가 있는(y<형접>)

■ trust**wor**thy [trʌ́stwə̀ːrði] ⓗ **신용[신뢰]할 수 있는**, 확실한, 믿을 수 있는 ☜ 믿을(trust) 가치(wor)가 있는(y<형접>)

□ **wor**ship [wə́ːrʃip/**워**-쉽] ⓜ **예배**(식), 참배; **숭배**, 존경; 숭배의 대상 ⓓ **예배하다, 숭배하다** ☜ 고대영어로 '가치 있는(wor) 상태(-ship<명접>)'란 뜻
♠ **the worship of idols 우상 숭배**

□ **wor**ship(p)er [wə́ːrʃipər] ⓜ **예배자**, 참배자, **숭배자** ☜ worship + er(사람)

에듀윌 Eduwill (한국의 종합교육기업 중 하나)
윌리엄[빌헬름] 텔 William Tell (스위스의 전설적 영웅, 활의 달인)

에듀윌(Eduwill)은 Education(교육)과 will(의지)의 합성어로 최상의 교육을 제공한다는 의지와 성공적인 미래에 대해 도전할 수 있다는 자신감을 의미한다고 한다. <출처 : 에듀윌 홈페이지 / 일부인용>

< William Tell >

♣ **어원 : will, vol 의지, 자유의사; 마음; 바라다**

※ e**duc**ation [èdʒukéiʃən/**에**주**케**이션] ⓜ **교육**, 훈육, 훈도; 양성 ☜ 밖으로(e<ex) 소질을 이끌어내는(duc) 것(tion<명접>)

■ **Will**iam [wíljəm] ⓜ **윌리엄**《남자 이름; 애칭 Bill(y), Will(y)》 ☜ 독일어로 Wilhelm(빌헬름)이며, 이는 '강한 의지(will)로 투구(helm)를 쓴 사람'이란 뜻

W

■ **will** [wil/윌, (약) wəl] ⓩ **~할[일] 것이다; ~할 작정이다**, ~하겠다; **뜻하다** ⓜ (the ~) **의지** ☜ 고대영어로 '원하다, 바라다'란 뜻

□ **would** [wud/우드, (약) wəd, əd] ⓩ **~할 것이다**; **~하겠다, ~하고 싶다**; **~하려고 하였다**; **~하곤 했다**; **~이었을[하였을] 것이다**; (만약 ~한다면) **~할 것이다; ~할 텐데**; **~해 주**

시겠습니까 ☜ will의 과거. ❶ 직설법에서 시제의 일치에 따라 종속절, 간접화법에서 쓰이고, ❷ 과거의 습관을 나타내기도 하며, ❸ 정중한 의뢰시에도 사용된다.
♠ She believed that her husband **would** soon **get well.**
그녀는 남편의 병이 곧 **나을 것이라**고 믿었다
♠ He **would** jog before breakfast. 그는 아침식사 전에 **습관적으로** 조깅을 하였다
♠ **Would you tell me** what to say?-Certainly(, I will).
어떻게 말해야 좋을지 **말씀해[가르쳐] 주시겠습니까?**-그러고 말고요.
♠ **Would** (should) **like** (love) **to ~ ~하고 싶다**
♠ **would rather (A) than (B) B하느니 차라리 A하고 싶다, B보다 A하는 게 낫다**

☐ **would**-be [wúdbìː, 약 -bì] ⓗ **~이 되려고 하는**, ~지망의; ~연(然)하는, ~이라고 자인하는 ☜ 중세영어로 '되고(be) 싶어 하는(would=wish)'이란 뜻.

☐ **would**n't [wúdnt] would not의 단축형

운디드 니 Wounded Knee (백인들에 의한 인디언 대학살이 일어난 곳)

미국 South Dakota주 남서부의 마을 이름. 1890년, 급진파 인디언들이 사우스 다코다주의 운디드 니(Wounded Knee/부상한 무릎) 언덕에서 농성을 벌이며 인디언정책의 전환을 요구했으나 백인 미군들이 여자, 어린이를 포함한 200명 이상의 비무장 인디언을 무참히 학살하였다.

© history.com

☐ **wound** [wuːnd, 《고·시어》 waund] ⓜ **부상, 상처** ⓓ **부상[상처]를 입히다**; (감정을) 해치다 ☜ 고대영어로 '부상, 상처'란 뜻.
♠ **a knife wound 칼로 베인 상처**

☐ **wound**ed [wúːndid] ⓗ 상처 입은, **부상당한**; (마음을) 상한 ⓜ [집합적] (the ~) 부상자 ☜ wound + ed<형접>

※ **knee** [niː/니-] ⓜ **무릎**, 무릎 관절; (의복의) 무릎 부분 ☜ 고대영어로 '무릎'이란 뜻

오 마이 갓 Oh my god (맙소사)

■ **O, oh** [ou/오우] ⓖ [의성어] **오오 !**
♠ **O yeah** ! 《미.속어》 **아니 뭐라구** ! 《불신·강한 반대·반항을 나타냄》

■ **ah** [ɑː/아-] ⓖ [의성어] **아아 !** 《놀람, 괴로움, 기쁨, 슬픔, 분함 따위를 나타내는 발성》

■ **aha, ah ha** [ɑːhɑ́ː, əhɑ́ː] ⓖ [의성어] **아하 !**

■ **alas** [əlǽs, əlɑ́ːs] ⓖ [의성어] **아아 !**, 슬프다, 가엾도다

■ **aw** [ɔː] ⓖ [의성어] 《미》 **저런!**, 아니 !, 에이 !

☐ **wow** [wau] ⓖ [의성어] 《구어》 **야아 !** 《놀라움·기쁨·고통 등을 나타냄》
ⓜ (흥행의) 대성공 ⓓ (청중을) 열광시키다; 대성공을 거두다

※ **my** [mai/마이, məi, mə] ⓓ 〖I의 소유격〗 **나의** ☜ mine(나의 것)의 변형

※ **god** [gɑd/가드/gɔd/고드] ⓜ (G-) (일신교, 특히 기독교의) **신, 하나님**, 하느님, 조물주 ☜ 고대영어로 '신, 조물주'란 뜻

레슬링 wrestling (레슬링)

♣ **어원 : wre, wra, wri 비틀다, 돌리다, 감다**

■ **wre**stle [résəl] ⓓ **맞붙어 싸우다**, 레슬링(씨름)하다 ⓜ 씨름, 맞붙어 싸움 ☜ 비틀다(wre) 공격하다(stle)

■ **wre**stling [résliŋ] ⓜ **레슬링**; 씨름 ☜ wrestle + ing<명접>

☐ **wra**ngle [rǽŋgəl] ⓓ **말다툼하다**, 논쟁하다, 다투다 ⓜ 말다툼, 논쟁, 입씨름 ☜ 저지(低地) 독일어로 '비틀다'란 뜻
♠ **wrangle constantly 끊임없이 논쟁하다.**

☐ **wra**ngler [rǽŋglər] ⓜ 토론자, 논쟁자 ☜ wrangle + er(사람)

배달할 자장면을 랩(wrap.싸개)으로 단단히 포장했다.

♣ **어원 : wre, wra, wri 비틀다, 돌리다, 감다**

☐ **wrap** [ræp] ⓓ (-/wrap**ped**/wrap**t**) **(감)싸다**, 싸다; 포장하다 ⓜ **싸개, 덮개**, 외피 ☜ 초기인도유럽어로 '돌다, 휘감다'란 뜻
★ 우리가 흔히 알고 있는 랩(wrap)은 영어로 plastic wrap이다.
♠ Cover surface with **plastic wrap. 랩**으로 싸라.
♠ **wrap up ~ ~을 싸다; (외투 따위로) 몸을 감싸다; 끝내다, 종결시키다; 《구어》 ~을 요약하다**

☐ **wrap**per [rǽpər] ⓜ **싸는 사람**; 포장지 ☜ wrap + p<자음반복> + er(사람/물건)

W

☐ **wra**th [ræθ, rɑːθ/rɔːθ] ⓜ **격노**, 분노; 복수, 천벌
☜ 고대영어로 '비틀어(wra) (유발한) 것(th)'이란 뜻
☐ **wra**thful [rǽθfəl, rɑ́ːθ-/rɔ́ːθ-] ⓗ 격분한, 분노한 ☜ wrath + ful(~이 가득한)
☐ **wro**th [rɔːθ, rɑθ/rouθ] ⓗ 《고어·시어》 격노하여; (바람·바다 따위가) 사나워져서
☜ 고대영어로 '비틀어(wro) (유발한) 것(th)'이란 뜻
☐ **wre**ath [riːθ] ⓜ (pl. **~s**) **화관**(花冠), **화환** ☜ 고대영어로 '비틀다'란 뜻
☐ **wre**athe [riːð] ⓢ **고리로 만들다**, (화환을) 만들다; 감다, (둘러) 싸다 ☜ wreath + e
■ un**wrap** [ənrǽp] ⓢ **포장을 풀다**; 명백히 하다; (포장이) 풀리다 ☜ un(=not/부정) + wrap
■ gift**wrap**ping [gíftræpiŋ] ⓜ 선물용 포장재료 《포장지·리본 등》
☜ 선물(gift)을 싸(wrap) + p<자음반복> + 는(ing<형접>)

래커차 wrecker (소형 기중기를 장착한 구난·견인차)

☐ **wreck** [rek] ⓜ (배의) **난파**; 파괴, 파멸 ⓢ 난파시키다
☜ 중세영어로 '파괴하다'
♠ The gale caused **many wrecks**. 그 폭풍은 **많은 (배의) 난파**를 초래했다.
☐ **wreck**age [rékidʒ] ⓜ **난파**, 난선; **난파 화물**; 파멸, 파괴 ☜ wreck + age<명접>
☐ **wreck**er [rékər] ⓜ 파괴자, 난파시키는 사람; 난파선 약탈자; 구조자(선); 구난 자동차, **레커차**
☜ '난파된 배(wreck)에서 (화물을 인양하는) 사람(er)' 이란 뜻
■ ship**wreck** [ʃíprèk] ⓜ **난선**(難船), **난파**; 배의 조난 사고; 난파(조난)선; 《비유》 파멸; 실패
ⓢ 조난(난선)시키다(하다) ☜ ship + wreck(난파)
■ **wrack** [ræk] ⓜ 바닷가에 밀려 올라온 해초; 표착물; 난파선; 파멸; 파괴
☜ 중세 네덜란드어로 '난파선'이란 뜻

레슬링 wrestling (레슬링)

♣ 어원 : **wre(st), wreath, wrath, wrist, wring, wry 비틀다, 돌리다, 감다**
☐ **wre**nch [rentʃ] ⓜ **비틀기**; 《미》 **렌치**(《영》 spanner) ⓢ (갑자기, 세게) **비틀다**(=twist)
☜ 고대영어로 '비틀다(wre) + nch'란 뜻
♠ He **wrenched** the boy's wrist. 그는 그 소년의 손목을 **비틀었다**
☐ **wrest** [rest] ⓢ **비틀다** ⓜ 비틀기; 왜곡; 부정행위 ☜ 고대영어로 '비틀다'란 뜻
☐ **wrest**le [résəl] ⓢ **맞붙어 싸우다**, 레슬링(씨름)하다 ⓜ 씨름, 맞붙어 싸움
☜ 비틀(wrest) 다(le<동접>)
♠ He began **to wrestle** with his opponent. 그는 상대와 **맞붙어 싸우기** 시작했다.
☐ **wrest**ler [reslə(r)] ⓜ **레슬링 선수**; 씨름꾼; 격투하는 사람 ☜ wrestle + er(사람)
☐ **wrest**ling [résliŋ] ⓜ **레슬링**; 씨름 ☜ wrestle + ing<명접>
☐ a**wry** [ərái] ⓟⓗ 굽어서, 휘어서, 일그러져, 뒤틀려; 잘못되어, 벗어나
☜ ~쪽으로(a<ad=to) 비틀어져(wry)

연상 렌치(wrench)로 위협하는 저 노인은 레치(wretch.가련한 사람)이다.

※ **wre**nch [rentʃ] ⓜ **비틀기**; 《미》 **렌치**(《영》 spanner) ⓢ (갑자기, 세게) **비틀다**(=twist) ☜ 고대영어로 '비틀다(wre) + nch'란 뜻
☐ **wretch** [retʃ] ⓜ **가련한 사람**, 비참한 사람; 비열한 사람
☜ 고대영어로 '쫓긴 사람'이란 뜻
♠ **a wretch of** a child **불쌍한** 아이
☐ **wretch**ed [rétʃid] ⓗ 가엾은, 불쌍한, **비참한; 야비한** ☜ -ed<형접>

연상 기름이 지글지글(sizzle) 끓자 장어가 리글(wriggle.몸부림치다)거렸다.

※ **sizzle** [sízəl] ⓢ (튀김·기름 등이) 지글거리다, 찌는 듯이 덥다
ⓜ 지글지글 ☜ 의성어
※ **giggle** [gígəl] ⓢ **킥킥[낄낄] 웃다** ⓜ 킥킥(낄낄) 웃음 ☜ 의성어
☐ **wriggle** [rígəl] ⓢ 몸부림치다, (지렁이 등이) **꿈틀거리다**
☜ 중세 저지(低地) 독일어로 '꿈틀거리다'란 뜻
♠ The eel **wriggled away out of** his hands.
장어는 그의 손**에서 꿈틀거리며 빠져 나갔다**.
■ **jiggle** [dʒígəl] ⓢⓜ 가볍게 흔들다(흔듦) ☜ 근대영어로 '앞뒤로, 위아래로 움직이다'란 뜻
■ **wiggle** [wígəl] ⓢ (몸 등을) 흔들다, 움직이다 ⓜ 뒤흔듦, 몸부림
☜ 중세 독일어로 '앞뒤로 움직이다'란 뜻

W

라이트형제 Wright brothers (인류 최초 비행에 성공한 미국인 형제)

□ **Wright** [rait] ⓜ **라이트** 《Orville ~ (1871-1948), Wilbur ~ (1867-1912), 비행기를 발명한 미국인 형제; 1903년 사상 최초의 비행에 성공》
★ 1903년 미국 노스캐롤라이나 주 키티호크에서 역사상 처음으로 동력비행기를 조종하여 비행에 성공하였다. 첫 비행은 12초 동안 36m를, 2번째 비행은 59초 동안 243.84m를 비행하였다.

※ **brother** [brʌ́ðər/브뤄더] ⓜ **남자 형제**, 형(오빠) 또는 (남)동생
☜ 고대영어로 '같은 아버지나 어머니의 아들'이란 뜻

레슬링 wrestling (레슬링)

♣ 어원 : **wre(st), wrath, wrist, wring, wrong 비틀다, 돌리다, 감다**

■ **wrest**le [résəl] ⓢ **맞붙어 싸우다**, 레슬링(씨름)하다 ⓜ 씨름, 맞붙어 싸움
☜ 비틀(wrest) 다(le<동접>)

□ **wring** [riŋ] ⓢ (-/**wrung/wrung**) **짜다**, 틀다, **비틀다** ☜ 고대영어로 '비틀다'란 뜻
♠ **wring (out)** wet clothes 젖은 옷**을 짜다**

□ **wring**er [ríŋər] ⓢ (비틀어) 짜는 사람 [물건]; 착취자 ☜ wring + er(사람)

□ **wrink**le [ríŋkəl] ⓜ (피부・천 따위의) **주름**(구김)(살) ⓢ **주름을 잡다**
☜ 중세영어로 '구부리다, 주름잡다'란 뜻
♠ **smooth (out) a wrinkle 주름[구김]을 펴다.**

□ **wrist** [rist] ⓜ **손목**; 『의학』 손목 관절 ☜ 고대 독일어로 '손등' ⇦ 돌리는(wri) 부위(st)
♠ **twist somebody's wrist 팔목을 꺾다**

□ **wrist** wrestling (엄지손가락을 맞걸어서 하는) 팔씨름 ☜ 손목(wrist)으로 하는 레슬링(wrestling)

□ **wri**the [raið] ⓢ (몸을) 비틀다, 굽히다; **몸부림치다** ☜ 고대영어로 '비틀다'란 뜻
♠ **writhe in agony 고민하다, 고통으로 몸부림치다.**

□ **wrong** [rɔːŋ/롱] ⓗ (-<**more** wrong(때때로 wrong**er**)<**most** wrong(때때로 wrong**est**)) **나쁜, 그릇된, 틀린** ⓑ 나쁘게; 잘못하여 ⓜ 악, 부정, 과실; 부당, 불법 ⓢ 나쁜 짓을 하다 ☜ 고대영어로 '비뚤어진'
♠ **You have the wrong number. 전화를 잘못 거셨어요.**
♠ **be wrong with 좋지 않다, ~에 고장이 있다**
♠ **go wrong 나빠지다, 고장이 생기다; (일이) 잘 안 되다; 길을 잘못 들다**
♠ **in the wrong (태도・행동이) 그릇된, 나쁜**
♠ **What's wrong with ~ ? ~의 어디가 나쁜가, 어디가 마음에 들지 않느냐**

□ **wrong**doing [rɔ́ːŋfəli] ⓜ **나쁜 짓을 함**; 비행, 악한 짓; 범죄, 가해
☜ 나쁘게(wrong) 행한(do) 것(ing<명접>)

□ **wrong**ly [rɔ́ːŋli] ⓑ **부정하게**, 불법으로; **잘못해서** ☜ wrong + ly<부접>

□ **wrong**ful [rɔ́ːŋfəl] ⓗ 부정한, 불법의; 나쁜, 사악한 ☜ wrong + ful(~이 가득한)

□ **wrong**fully [rɔ́ːŋfəli] ⓑ 부정으로, 불법으로, 나쁘게 ☜ wrongful + ly(부접>

□ **wry** [rai] ⓗ (-<wry**er**(wr**ier**)<wry**est**(wr**iest**)) **찡그린**, 뒤틀린, 비틀어진
☜ 중세 저지(低地) 독일어로 '비틀린'이란 뜻
♠ **a wry smile 쓴웃음**

시디 라이터 CD writer (CD에 정보를 기록하는 기기)

※ **CD** **c**ompact **d**isc 소형의 광학식 디지털 디스크

□ **writ**e [rait/롸이트] ⓢ (-/**wrote/written**) (글자・책・악보 등을) **쓰다**; ~에 써 넣다 ☜ 고대영어로 '기록하다'란 뜻
♠ **write a story** (a book) **이야기를**(책을) **쓰다**
♠ **write to ~ ~에게 편지를 쓰다**
♠ **write down 적어놓다**

□ **writ**er [ráitər/**롸**이더/**롸**이터] ⓜ **저자, 필기자, 작가** ☜ write + er(사람)

□ **writ**ing [ráitiŋ/**롸**이딩/**롸**이팅] ⓜ **글쓰기, 글씨 쓰기**, 집필, 저술; **필적** ☜ write + ing<형접>

□ **writ** [rit] ⓜ 『법률』 **영장**; 《영》 공식 서한, 칙서; 《고어》 서류, 문서
☜ 고대영어로 '쓰여진 것'이란 뜻.

□ **writ**ten [rítn/**륕**은/**뤼**튼] ⓢ write의 과거분사 ⓗ **글로 쓴**(된), 서류로 된; 필기의
☜ write의 과거분사 ➔ 형용사
♠ **a written examination 필기시험**

□ **writhe**(몸부림(치다)), **wrong**(나쁜, 틀린), **wry**(찡그린) ➔ **wrist**(손목) **참조**

□ **wrought**(만든, 가공한, 정교한) ➔ **work**(일; 일하다) **참조**

□ **W.W.I**(1차 세계대전), **W.W.II**(2차 세계대전) ➔ **world war**(세계 대전) **참조**

월드와이드웹 WWW (세계적인 인터넷망)

□ **WWW** World-Wide Web **월드와이드웹** 《세계적인 인터넷망으로, HTTP(연결문서의 전환 통신규약)을 사용하기 위한 물리적 매개체》
☜ '세계(world) 규모(wide)의 거미집(web)'이란 뜻

※ **world**wide [wə́ːrldwáid] ⓗ (명성 등이) 세계에 미치는, **세계적인**, 세계 속의
☜ wide(폭넓은, 광범위한)

※ **web** [web] ⓜ **피륙**, 직물; **거미집** ☜ 고대영어로 '(천을) 짠 것'이란 뜻

와이오밍 Wyoming (광업이 가장 발달한 미국 북서부의 주)

□ **Wyoming** [waióumiŋ] ⓜ **와이오밍** 《미국 북서부의 주; 생략: Wy., WY., Wyo.》
☜ 북미 인디언어로 '대평원'이란 뜻

에스케이 와이번즈 SK Wyverns (대한민국 인천광역시를 연고지로 하는 KBO 리그 소속 프로야구단. <SK 비룡(飛龍)들>이란 뜻)

□ **wyvern, wivern** [wáivərn] ⓜ 『紋章(문장)』 날개 있는 용, 비룡(飛龍)
☜ 고대 프랑스어로 '뱀'이란 뜻
♠ **Last season, the Samsung Lions lost to the SK Wyverns.** 작년 삼성 라이언즈는 **SK 와이번즈**에 패했다.

W

크세논, 제논 xenon (조명기구에 많이 사용되는 비활성 기체 원소)
제노포비아 xenophobia ([사회] 외국인에 대한 혐오현상)

< Xenophobia >
© cathnews.co.nz

♣ **어원 : xeno(n) 이상한, 외국의, 낯선**

□ **xenon** [zíːnɑn/**지**-난/zíːnɔn/**지**-논] ⓜ 〖화학〗 **크세논** 《비활성 기체 원소; 기호 Xe; 번호 54》 ☜ 그리스어로 '외국의, 이상한'이란 뜻

□ **xeno**phobia [zènəfóubiə, zìnə-] ⓜ 외국(인) 혐오 ☜ 낯선 것(xeno)에 대한 혐오(phobia)
♠ a campaign against **racism and xenophobia**
인종 차별주의와 외국인 혐오증을 반대하는 캠페인

제로더마 xeroderma ([의학] 피부 건조증)
제록스 Xerox (복사·인쇄기기를 생산하는 미국의 세계적인 기업)

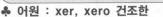

< Xerox Digital 인쇄기 >

♣ **어원 : xer, xero 건조한**

□ **xer**ic [zíərik] ⓗ (토양 따위가) 건조한; (식물 등이) 건성의 ☜ 건조(xer) 한(ic)

□ **xero**derma [zìərədə́ːrmə, -miə] ⓜ 피부 건조증, 건피증 ☜ 건조한(xero) 피부(derm) 증(症)(a)
♠ **xeroderma pigmentosum patient 색소성 건피증 환자**

□ **xero**graphic [zìəgrǽfik] ⓗ 건식 복사의 ☜ 건조식(xero)으로 기록하(graph) 는(ic)
♠ **xerographic paper 전자 복사용지**

□ **xero**graphy [zirɑ́grəfi/zirɔ́g-] ⓜ **제로그라피**, 전자 사진(술); 건식 복사〔인쇄술〕 ☜ 건조식(xero) 기록(graph) 법(y)

□ **xero**phthalmia [zìərafθǽlmiə/-rɔf-] ⓜ 안구 건조증 ☜ 건조한(xero) 눈/안구(phthalm) 증(症)(ia)

□ **Xerox** [zíərɑks/**지**어락스, -rɔks] ⓜ **제록스** 《서류복사기; 상표명》; 제록스에 의한 복사 ⓢ (x-) 제록스로 복사하다
☜ 그리스어로 '건식(xer<xerasia) 사진술(ox<ography<photography)'이란 뜻

크세르크세스 Xerxes (고대 페르시아의 왕)

□ **Xerxes** [zə́ːrksiːz/저**억**씨-스] ⓜ **크세르크세스** 《옛 페르시아의 왕; 519?-465? B.C.》
★ 페르시아 왕 크세르크세스 1세는 수십만 대군(함정 1천척 이상)을 이끌고 그리스 도시국가들을 침공하여 초기에는 몇몇 전투에서 승리했으나 이후 <살라미스 해전>, <플라타이아이 전투>, <미칼레 전투>에서 연패하면서 페르시아전쟁은 그리스 연합군의 승리로 돌아갔다.

□ **Xmas**(Christmas의 단축형) ➔ **Christmas**(크리스마스) **참조**

엑스레이 X-ray (뼈를 촬영할 때 사용되는 엑스선)

■ **ray** [rei] ⓜ **광선**, 빛; 방사선; 가오리 ⓢ 빛을 발하다
☜ 라틴어로 '수레바퀴의 살', 고대 프랑스어로 '태양 광선'이란 뜻
♠ **a death ray 살인 광선**

□ X **ray** **엑스선**, 뢴트겐선(=Röntgen rays); 엑스선 사진 ☜ X + 광선(ray). 1895년 독일의 뢴트겐이 발견할 당시에는 알 수 없는 선이라는 뜻에서 X선이라고 불렀다. ★ 엑스선 : 빠른 전자를 물체에 충돌시킬 때 투과력이 강한 복사선(전자기파)이 방출되는 것

□ X-**ray** [éksrèi] ⓗ **엑스선의** ⓢ ~의 엑스선 사진을 찍다; 엑스선으로 검사〔치료〕하다

■ sting**ray** [stíŋrèi] ⓜ 〖어류〗 가오리 《꼬리에 맹독 있는 가시가 있음》; **스팅레이** 《미국의 수출용 경(輕)전차(戰車) 이름, 영국의 경(輕)어뢰(魚雷) 이름》 ☜ 찌르는(sting) 가오리(ray)

실로폰 xylophone (조율된 나뭇 음판을 채로 때려 소리내는 타악기)

□ **xylo**phone [záiləfòun/**자**일러포운, zíl-] ⓜ **실로폰**, 목금(木琴)
☜ 그리스어로 '나무(xylo<wood)로 내는 소리(phone)'란 뜻
♠ **play the xylophone 실로폰을 켜다**

요트 yacht (항해 · 경주 등에 쓰이는 서양식의 소형 쾌속선)

□ **yacht** [jɑt/jɔt] ⓜ **요트** 《돛 · 엔진으로 달리는 항해 · 경주용 소형 쾌속선》 ⓢ 요트를 타다, 요트를 조종하다
☜ 네델란드어로 '추격하는 배'란 뜻

야후 Yahoo (❶ 걸리버 여행기 중 사람의 모양을 한 짐승 ❷ 미국의 인터넷 포털사이트 기업, 또는 그 기업의 인터넷 검색 엔진)

□ **Yahoo** [jɑ́ːhuː, jéi-, jɑːhúː] ⓜ **야후** 《Swift의 소설 Gulliver's Travels 속의 인간의 모습을 한 짐승》; (y-) 짐승 같은 인간; 〖컴퓨터〗 **야후** 《전세계의 www 서버를 장르별로 정리, 메뉴화한 검색 시스템을 가진 포털사이트의 하나》
☜ 소설 『걸리버 여행기』에 등장하는 '사람 모습을 한 짐승'이란 뜻

여호와 Jehovah (전능하신 하나님)

■ **Jehovah** [dʒehóva/제**호**봐] ⓜ 〖성서〗 **여호와** 《구약성서의 신》, **야훼**; 전능한 신(=the Almighty)
☜ 히브리어 성서에 기록된 YHWH에서 유래

□ **Yahveh/ Yahweh** [jɑ́ːve/ jɑ́ːwe, -ve] ⓜ 〖유대교 · 성서〗 **야훼**(Jehovah) 《히브리어로 '하느님'의 뜻인 YHWH의 음역; 구약성서에서 하느님에 대한 호칭의 하나》 ☜ 히브리어의 YHWH에서

■ **Jesus** [dʒíːzəs, -z] ⓜ **예수 그리스도**, 여호와의 아들, 구세주
☜ 히브리어로 '여호와의 도움'이란 뜻

블랙야크 Black Yak (한국의 아웃도어 브랜드. <검은 들소>란 뜻)

※ **black** [blæk/블랙] ⓗ **검은, 암흑의, 흑인의** ⓜ **검은색, 암흑**
☜ 고대영어로 '완전히 어두운'이란 뜻

□ **yak** [jæk] ⓜ (pl. **-s**, [집합적] **-**) 〖동물〗 **야크** 《티베트 · 중앙 아시아산의 털이 긴 소》 ☜ 티베트어로 '숫 들소'란 뜻

예일 Yale (미국 코네티컷 주(州) 뉴 헤이븐에 있는 명문대학)

□ **Yale** [jeil] ⓜ **예일**대학 《1701년에 창립된 미국 Connecticut주 New Haven에 있는 명문 사립종합대학교》 ☜ 원래 Collegiate School에서 1718년 대학에 많은 기부를 한 영국의 상인 겸 철학자 E. Yale을 기념하여 학교명을 예일대학으로 개칭함.
★ 미국의 4,627개 대학 가운데 2018년 대학순위에서 4위에 올랐다. (1위 프린스턴대, 2위 하버드대, 3위 시카고대 등)

얄타회담 Yalta Conference (미/영/소가 2차대전 사후책을 논의한 회담)

□ **Yalta** [jɔ́ːltə/jǽl-] ⓜ **얄타** 《우크라이나 남부의 흑해 연안 항구》 ☜ 그리스어로 '해안'이란 뜻.

※ **conference** [kɑ́nfərəns/kɔ́n-] ⓜ 회담, **협의**, 의논; **회의**, 협의회
☜ 함께(con<com) (학위 · 의견 등을) 옮기다(fer) + ence<명접>

양키 Yankee (미국인을 경멸적으로 부르는 말)

□ **Yankee** [jǽŋki] ⓜ 《속어》 **미국 사람, 양키** ☜ ❶ 허드슨강(江) 유역의 네덜란드인들이 영어의 'John'에 해당하는 네덜란드어 'Jan'을 'Janki'로 불렀다는 설. ❷ 북미 인디언 체로키어 'enakee(겁쟁이)'에서 유래했다는 설, ❸ 영국인이란 뜻의 '잉글리시', 또는 프랑스어 '앙글레'가 변화한 말이라는 설.

□ **Yankee**ism [jǽŋkiìzm] ⓜ 양키 기질, 미국풍 ☜ Yankee + ism(~주의, ~성향)

야드 yard (길이의 단위. 1yard = 0.914m)

□ **yard** [jɑːrd] ⓜ **야드** 《길이의 단위; 36인치, 3피트, 약 0.914미터》 ☜ 고대영어로 '막대'

♠ I need **two yards** of cloth. 나는 **20야드**의 천이 필요하다.

님비 NIMBY (자기중심적 공공성 결핍 증상)

■ **NIMBY**, **Nimby**, **nimby** [nímbi] 명형 **님비**(의)《지역 환경에 좋지 않은 원자력 발전소·군사 시설·쓰레기 처리장 등의 설치에 반대하는 사람 또는 주민〔지역〕의 이기적 태도에 관해 말함》.
☜ **N**ot **I**n **M**y **B**ack**y**ard(우리 뒷마당에는 안돼)의 약어

※ **not** [nɑt/낱, nɔt, nt, n] 부 **~않다, ~아니다**
☜ 중세영어로 '아무것도 없다'란 뜻

※ **in** [in/인, (약) ən/언] 전 〖장소·위치〗 **~의 속[안]에서, ~에서** ☜ 고대영어로 '~안에'

※ **my** [mai/마이, məi, mə] 대 《I의 소유격》 **나의** ☜ mine(나의 것)의 변형

※ **back** [bæk/백] 명 **등, 뒤쪽** 형 **뒤(쪽)의** ☜ 고대영어로 '등, 뒤'라는 뜻

□ **yard** [jɑːrd/야-드] 명 **마당; 구내**, 작업장, 제조소 ☜ 고대영어로 '울타리'란 뜻
♠ **a front** 〔back〕 **yard 앞**〔뒷〕**마당**

✚ brick**yard** 벽돌 공장 dock**yard** 조선소(造船所) ship**yard 조선소** vine**yard 포도원[밭]**; 일터 《특히 정신적인》, 활동 범위

야물커 yarmulke (유대인 남자들이 머리에 쓰는, 작고 둥근 모자)

□ **yarmulke** [jɑ́ːrməlkə] 명 〖유대교〗 **야물커**《정통파 남자 신자가 기도할 때나 Torah를 읽을 때 쓰는 작고 납작한 모자》
☜ 독일어·히브리어 등의 혼성 언어인 이디시(Yiddish)어로 '작은 모자'란 뜻

얀 포워드 yarn forward ([섬유] 원사의 생산지를 제품의 원산지로 규정하는 방식. <실의 전방(원산지)>이란 뜻)

의류와 직물 등 섬유완제품의 원산지를 규정하는 방식 중 하나로, 섬유완제품을 만드는 데 사용되는 기초원자재인 원사(原絲)의 생산지를 원산지로 판정하는 것. 예를 들어 한국이 중국에서 수입한 원사를 사용하여 직물과 의류를 생산할 경우 그 제품들은 한국산으로 인정되지 않으며, 한국에서 방적공정을 수행한 원사로 생산한 직물과 의류만이 한국산으로 인정되는 것이다. <출처 : 두산백과 / 일부인용>

□ **yarn** [jɑːrn] 명 **직물을 짜는 실**, 방적사, **뜨개실** ☜ 고대영어로 '털실'이란 뜻
♠ **spin yarn 실을 잣다**

※ **for**ward [fɔ́ːrwərd/**뽀**-워드] 부 **앞[전방]으로** 형 전방으로의 동 나아가게 하다
☜ 앞쪽(fore) 으로(ward)

용(龍)이 욘(yawn.하품)하다

□ **yawn** [jɔːn] 명 하품 동 **하품하다** ☜ 고대영어로 '입을 크게 벌리다'
♠ **yawn** over the newspapers 신문을 보면서 **하품을 하다**.

아이러브유 I love you (나는 당신을 사랑합니다)

※ **I** [ai/아이] 대 **나, 본인** ☜ 고대영어로 '나(1인칭 단수 대명사)'

※ **love** [lʌv/러브] 명 **사랑** 동 **사랑하다** ☜ 고대영어로 '사랑하는 감정, 로맨틱한 성적 매력'

you [juː/유-, (약) ju/유, jə] 대 **당신, 너, 여러분** ☜ 초기 인도유럽어로 '두번째 사람'

□ **ye** [jiː, 약 ji] 대 《문어·방언》 (pl.) **너희들**, 그대들 ☜ thou의 복수형
★ ye 는 본디 주격이지만 때로는 목적격으로도 쓰임. 또, you 는 본디 ye 의 목적격

□ **yea**(예, 그렇소; 긍정), **yeah**(yes의 고어) ➔ **yes**(네, 그렇습니다) **참조**

해피 뉴 이어 Happy New Year ! (새해 복 많이 받으세요!)

※ **happy** [hǽpi/**해**삐] 형 (-<-p**ier**<-p**iest**) **행복한** ☜ 고대영어로 '행복한'이란 뜻.

※ **new** [njuː/뉴-] 형 **새로운**; 신식의; 근세〔근대〕의 부 새로이, 다시
☜ 고대영어로 '새로운, 신선한, 최근의'라는 뜻

□ **year** [jiər/이어, jəːr] 명 **해, 년**(年); **1년간**; (pl.) **나이, ~살** ☜ 고대영어로 '해, 년'이란 뜻
♠ **last** 〔next, this, every〕 **year 작년** 〔내년, 금년, 매년〕《이들은 부사구로서 쓰여지며, 그 앞에 in은 불필요》
♠ **year after** 〔by〕 **year 해마다, 매년**
♠ **year in, year out** 〔year in and year out〕 **연중, 해마다; 언제나**

Y

♠ **all the year round 일 년 내내**
♠ **be in one's first** (second, etc) **year 만 한** [두, 따위] **살이다**

☐ **year**book [jírbùk] 명 연감, 연보 ☜ year + book(책)
☐ **year**-end [jíərénd] 명형 연말(의), 《특히》 회계연도 말(의) ☜ year + end(끝)
☐ **year**ly [jíərli/jə́ːr-] 형 **매년의, 연1회의** 부 매년, 해마다 명 연간지 ☜ year + ly<부접>
☐ **year**ling [jíərliŋ/jə́ːr-] 명 한 살 아이; (식물의) 1년 지난 것; (동물의) 1년생
☜ year(나이) + ling(작은<지소(指小) 접미사>)

연상 널 연(yearn.연모하다)한다는 말은 널 연모(戀慕)한다는 뜻이야.

☐ **yearn** [jəːrn] 동 **동경하다; 사모[연모]하다; 그리워하다**; 열망하다
☜ 고대영어로 '열망하다, 바라다'란 뜻
♠ **The people yearned for peace.** 사람들은 평화를 **갈망했다.**
☐ **yearn**ing [jə́ːrniŋ] 명 **동경**, 사모; 열망 형 **동경하는, 그리는**, 사모하는
☜ yearn + ing<명접/형접>
☐ **yearn**ingly [jə́ːrniŋli] 부 그리워서 ☜ yearning + ly<부접>

© books.com.tw

이스트 yeast (빵을 부풀리는데 쓰이는 빵 효모균)

☐ **yeast** [jiːst] 명 **이스트(균), 효모(酵母)**, 누룩; 거품(=foam)
☜ 고대영어로 '거품'이란 뜻
♠ **Yeast acts on dough and makes it rise.**
효모가 반죽에 작용하여 그것을 부풀게 한다.
☐ **yeast** plant (cell) 이스트균, 효모균 ☜ plant(식물; 공장), cell(작은 방; 세포)
☐ **yeast**-powder [jíːstpàudər] 명 **베이킹파우더**(=baking powder)
☜ yeast + powder(가루, 분말)

예이츠 Yeats (한국인이 꾸준히 좋아하는 아일랜드 시인)

☐ **Yeats** [jeits] 명 **예이츠** 《William Butler ~, 아일랜드의 시인·극작가, 노벨문학상 수상; 1865-1939》 ★ 그의 작품 중 <하늘의 천(He Wishes for the Cloths of Heaven)>은 김소월의 <진달래꽃>과 종종 비유된다.

연상 그의 제안에 나는 '콜(call)' 이라고 옐(yell.소리치다)했다.

도박에서 콜은 주로 상대가 어떤 금액을 베팅(betting)했을 때 이쪽도 그 내기를 받아들여 상대방이 내건 돈에 그 만큼의 금액을 똑같이 건다는 의미로 쓰인다. 그런데 이 말이 요즘 우리사회에서 상대의 제안에 O.K.라는 의미로 널리 통용되고 있다.

※ **call** [kɔːl/콜] 동 (큰소리로) **부르다, 불러내다; 깨우다**(=awake); **~에게 전화하다; 방문하다** 명 **부르는 소리;** (상대방을) **불러내기, 통화; 초청; 짧은 방문**
☜ 중세영어로 '큰 외침'이란 뜻
☐ **yell** [jel] 동 고함치다, **소리지르다**, 외치다 ☜ 고대영어로 '소리치다'란 뜻
♠ **give a yell (to) 고함을 지르다**
♠ **Don't yell! 소리 지르지 마!**
☐ **yelp** [jelp] 동 **큰소리를 지르다**; (개·여우·칠면조 따위가) **캥캥**(꽥꽥)**하고 울다**(짖다); 큰 소리로 말하다 명 (개 따위의) 캥캥 짖는(우는) 소리; 소리침, 비명
☜ 고대영어로 '큰소리치다'란 뜻
♠ **Just yelp if you need help.** 만약 도움이 필요하면 **그냥 소리를 질러.**

옐로카드 yellow card (심판이 선수에게 경고할 때 보이는 황색카드)

☐ **yellow** [jélou/**옐**로우] 명 **노랑**, 황색 형 **노란**, 황색의 ☜ 고대영어로 '노란색'이란 뜻
♠ **She was dressed in yellow.** 그녀는 **노란색** 옷을 입고 있었다.
☐ **Yellow** Book 황서(黃書) 《프랑스·중국 정부의 보고서》 ☜ book(책)
비교 **White Book** 백서
☐ **yellow** card 【축구】 **옐로카드** 《심판이 반칙을 행한 선수에게 경고할 때 보이는 황색카드》 ☜ card(카드)
☐ **yellow**-green [jélougríːn] 명형 황녹색(의) ☜ 황색(yellow) + 녹색(green)
☐ **yellow**ish [jélouiʃ] 형 누르스름한, 황색을 띤 ☜ yellow + ish<형접>
☐ **yellow** journalism 황색 저널리즘, 선정적 언론 ☜ journalism(언론계)
☐ **yellow** light 황색 신호등 ☜ light(등, 빛)
☐ **yellow** line (도로의) 황색선 ☜ line(줄, 선)

Y

☐ **yellow** paper 황색신문, 선정적인 기사를 다루는 신문 ☜ paper(종이, 신문)
☐ **yellow** race 황색 인종 ☜ race(인종, 민족, 종족)
☐ **Yellow** River [the ~] 황하(黃河) ☜ river(강)
☐ **Yellow** Sea [the ~] 황해(黃海) ☜ sea(바다)

☐ yelp(큰 소리를 지르다, 깽깽하고 울다) ➔ yell(고함치다, 소리지르다) 참조

예멘 Yemen (남북이 통일한 아라비아 반도 남서부에 위치한 국가)

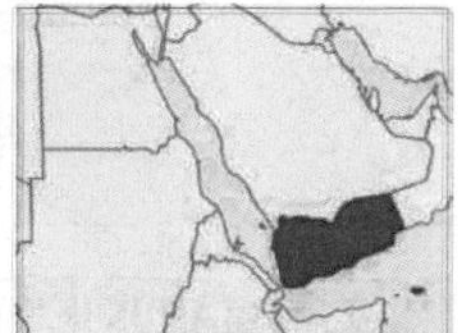

☐ **Yemen** [jémən] ⓝ **예멘** 《정식명 the Republic of Yemen; 1990년 남·북예멘이 통일했으나 1994년 내전(內戰)에 돌어가 북예멘이 제압함; 수도는 사나(San'a (Sanaa))》
☜ 아랍어로 '바른 쪽(남쪽)의 나라'란 뜻

엔 yen (일본의 화폐단위, 기호는 Y, ¥, <1엔 ≒ 100원>)

☐ **yen** [jen] ⓝ (pl. -) **엔**(円) 《일본의 화폐 단위; 기호 Y, ¥》; 열망, 동경 ☜ 한자로 '둥근 동전'을 의미. 원(圓)의 속자
♠ **Do you take Japanese yen? 일본 엔화**도 받습니까?

유스호스텔 youth hostel (청소년들의 국제우호를 지원하기 위한 비영리 숙박시설)

■ **youth** [juːθ/유-쓰] ⓝ **젊음, 청년시대; 청춘남녀;** 원기, 혈기
☜ 고대영어로 '젊음, 청년; 어린 소'란 뜻
■ **young** [jʌŋ/영] ⓐ (-<-ger<-gest) **젊은**
☜ 고대영어로 '젊은, 새로운, 신선한'이란 뜻
☐ **yeo**man [jóumən] ⓝ (pl. **-men**) 【영.역사】 **자유민**, 향사(鄕士); 자작농, 소작민; 《미.해군》 하사관 ☜ 중세영어로 '젊은(young) 남자(man)'란 뜻
♠ **His father was a yeoman.** 그의 아버지는 **자작농**이었다.
☐ **yippie** [jípi] ⓝ (때로 Y-) **이피**(족) 《hippie보다도 정치색이 짙은 반체제의 젊은이》
☜ **Y**outh **I**nternational **P**arty(청년 국제당) + hip**pie**(히피)
☐ **yuppie** [jʌ́pi] ⓝ **Y**oung **U**rban **P**rofessional **여피** 《젊은 도시형 전문직에 종사, 연수입 3만달러 이상을 버는 젊은이들을 지칭》 ☜ YUP + P + ie(사람)
※ **host**el [hástəl/hɔ́s-] ⓝ **호스텔**, 숙박소 ☜ 손님을 접대하는(host) 곳(el<명접>)

예스맨 yes-man (윗사람의 명령·의견에 무조건 '예' 라고만 하는 사람)

☐ **yes** [jes/예스] ⓐ 【의문사 없는 긍정의 질문에 답하여】 **네, 그렇(습니)다**
☜ 고대영어로 '그러려면 그렇게 하라'는 뜻
☐ **yea** [jei] ⓐ 《고어》 **예, 그렇소**, 그렇고말고; 그렇지 ⓝ **긍정, 찬성** ☜ 고대영어로 '그래'
☐ **yeah** [jɛə, jɑː] ⓐ 《구어》 = yes ☜ yes의 길게 늘인 발음에서
※ **man** [mæn/맨] ⓝ (pl. **men**) **남자**, 사내; **사람, 인간**, 인류; (pl.) **병사** ⓥ **인원[병력]을 배치하다** ☜ 고대영어로 '인간, 사람'이란 뜻

예스터데이 yesterday (한국인이 좋아하는 팝송 1위, 영국 4인조 록밴드 비틀즈의 노래, <어제>란 뜻)

☐ **yesterday** [jéstərdèi/예스터데이, -di] ⓝ **어제** ⓐ **어제의** ⓐ **어제**
☜ 고대영어로 '지난(yester) 날(day)'이란 뜻
♠ **I saw him (only) yesterday.** 나는 (바로) **어제** 그를 만났다.
♠ **the day before yesterday 그제, 그저께**
비교 **the day after tomorrow 모레**

연상 어릴적 옛 집이 옛(yet. 아직도) 그대로 남아 있었다.

YET(아직도) 그대로네...

☐ **yet** [jet/옛] ⓐ 【부정문】 **아직** (~않다); 【의문문】 **이미**, 벌써; 【긍정문】 **지금도** ☜ 고대영어로 '지금까지'란 뜻
♠ **He has not arrived yet.** 그는 **아직** 도착하지 **않았다**
♠ **Has she come home yet?** 그녀는 **이미** 집에 돌아왔나요?
♠ **His father is yet alive.** 그의 아버지는 **아직** 건재하시다

연상 유(You.당신)가 좋아하는 질긴 나무 유(yew.주목(朱木))는 발음도 같다.

※ **you** [juː/유-, (약) ju/유, jə] ⓓ **당신, 너, 여러분**
☜ 초기 인도유럽어로 '두번째 사람'이란 뜻

□ **yew** [juː] ⓜ 〖식물〗 **주목**(朱木)(속(屬)의 나무) 《흔히 묘지에 심는 상록수》 ☜ 초기 인도유럽어로 '붉은, 노란'이란 뜻. ⇦ 가지/줄기가 붉은 빛을 띠고 있기 때문 ★ 주목(朱木)은 나무의 껍질 및 목재가 붉은색이어서 붙여진 이름이며, 목재가 단단하고 잘 썩지 않아 <살아서 천년 죽어서 천년> 이라는 말이 있을 만큼 오래가는 나무로 알려져 있다.
♠ plant a churchyard with **yew trees** 묘지에 **주목(朱木)**을 심다.

매달 자본차익이나 배당이익을 현금으로 받는 일드(yield.이익배당) 상품

□ **yield** [jiːld/이일드] ⓢ (작물·제품 등을) **산출[생산]하다**(=produce); **양보하다; 굴복[항복]하다** ⓜ **산출**; 생산량; 이윤율, 이익배당
☜ 고대영어로 '돌려주다, 갚다'란 뜻
♠ a high crop **yield** 높은 작물 **수확량**
♠ **yield to ~ ~에 굴복하다, ~을 따르다, ~으로 대체되다**
He **yielded to** their demands.
그는 그들의 요구**에 굴복했다**.
♠ **yield up ~ ~을 넘겨주다, 양도하다; 포기하다**

□ **yield**ing [jíːldiŋ] ⓗ **다산의, 수확이 많은** ☜ yield + ing<형접>

와이엠시에이 YMCA (기독교 청년회의 약칭)

□ **Y.M.C.A., YMCA** **Y**oung **M**en's **C**hristian **A**ssociation 기독교 청년회
□ **Y.W.C.A., YWCA** **Y**oung **W**omen's **C**hristian **A**ssociation 기독교 여성청년회

✚ **young 젊은 man 남자**, 사내; **사람, 인간; 인원[병력]을 배치하다** wo**man** **여자, (성인) 여성 Christ**ian **기독교도; 그리스도의; 기독교의** as**soci**ation **연합, 협회, 교제**; 연상

요들-송 yodel (song) (알프스산맥 티롤지방 사람들이 부르는 민요)

□ **yodel** [jóudl] ⓜ **요들** 《스위스나 티롤(the Tyrol)의 산간 주민 사이에서 불려지는 노래》
☜ 의성어 ★ 요들송은 머리의 울림을 이용하여 노래를 하는 두성 발성 창법인데, 산에서 목동들이 멀리서 서로의 생각을 주고받는 신호에서 생겨났다.

요가 yoga (명상·호흡·스트레칭 등이 결합된 인도 고유의 심신 수련법)

□ **yoga, Yoga** [jóugə] ⓜ 유가(瑜伽), **요가** 《주관과 객관과의 일치를 이상으로 삼는 인도의 신비 철학 및 그 수행법》; 요가의 도(道)
☜ 범어(梵語)<산스크리트어로 '결합하다'란 뜻

요구르트 yoghurt (우유에 유산균(g당 1-10억 마리)을 넣어 발효시킨 것)

□ **yog(ho)urt** [jóugəːrt/**요**우거트/**요**거트] ⓜ **요구르트** 《유산 발효로 응고시킨 우유》
☜ 터키어로 '농축하다'란 뜻 ★ '요구르트의 나라'로 알려져 있는 불가리아 사람들의 식탁에서 빼놓을 수 없는 것이 요구르트다.

■ **Yoplait** [jópleit/jóple] ⓜ 오상발효유, **요플레** 《미국의 제너럴 밀스와 프랑스의 소디알에서 공동으로 생산하는 세계적으로 알려진 떠먹는 요구르트의 상표명》 ☜ 최초의 설립자인 6개의 협동조합 중 **Yo**la와 Co**plair**라는 2개의 설립 조합에서 따온 말

요우크 yoke (작은 배의 키 손잡이; 민항기의 조종간. <멍에>란 뜻)

□ **yoke** [jouk] ⓜ **멍에**; (pl. **-, -s**) (멍에에 맨) 한 쌍(의 소); 《비유》 (보통 the ~) 속박(束縛), 지배, 멍에
☜ 고대영어로 '짐수레를 끄는 동물에게 씌우는 장치'란 뜻
♠ **put to the yoke 멍에를 씌우다.**

욤 키푸르 전쟁 Yom Kippur War (유대교의 <속죄의 날> 벌어진 이집트 · 시리아 대 이스라엘간의 제4차 중동전쟁. <속죄의 날 전쟁>이란 뜻)

□ **Yom Kippur** 속죄의 날《유대력의 Tishri의 10일; 단식을 함》
☜ 히브리어로 '속죄(Kippur)의 날(Yom)'이란 뜻

□ **Yom Kippur** War 제4차 중동전쟁《1973년 10월 6일 유대교의 속죄의 날에 이집트 · 시리아가 이스라엘을 공격하여 일어난 전쟁. 실지회복 및 아랍권 단결 등 이집트의 전략적 승리, 이스라엘의 전술적 승리》 ☜ war(전쟁) ★ 중동 산유국들의 경고에도 불구하고 미국이 이스라엘에 무기를 공급하자 산유국들은 원유 수출가 70% 인상, 생산 감축, 석유 수출금지 조치를 단행함으로써 전 세계에 심각한 에너지 위기(석유파동) 사태가 벌어지게 되었다.

© Columbia Pictures

비욘드 랭군 Beyond Rangoon (미얀마 민주화운동을 다룬 영화)

■ be**yond** [bijánd/비**얀**드/bijɔ́nd/비**욘**드] (전) 〖장소〗 **~의 저쪽에, ~을 넘어서[건너서];** 〖시각 · 시기〗 ~을 지나서; 〖정도 · 범위 · 한계〗 ~을 넘어서, ~이 미치지 않는 곳에
☜ be(강조) + yond(~의 저쪽에)

□ **yond** [jand/jɔnd] (형)(부)(대) 《고어 · 방언》 = yonder (전)《고어》 ~의 저쪽에, ~을 지나서 ☜ 고대영어로 '저쪽에'란 뜻

□ **yond**er [jándər/jɔ́n-] (형) **저쪽의**, 저기의 (부) **저쪽에**, 저기에 (대) 저쪽에 있는 것(사람) ☜ 고대영어로 '더(er<비교급>) 끝까지(yond)'
♠ **Yonder** stands an oak. **저쪽에** 오크나무가 있다.

※ **Rangoon** [ræŋgúːn] (명) **랭군** 《미얀마의 수도. 옛이름 다곤(Dangon)을 1755년 아라움 파야왕이 개명하였다》 ☜ 버마어로 '다툼/갈등의 끝'이란 뜻

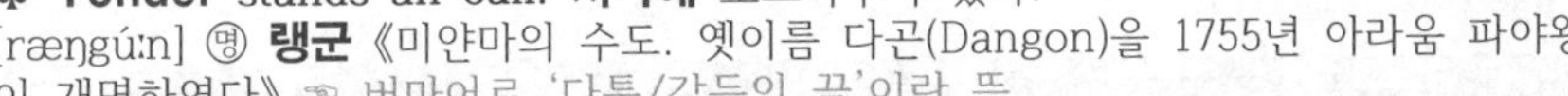

아이러브유 I love you (나는 당신을 사랑합니다)

I♥U

※ **I** [ai/아이] (대) **나, 본인** ☜ 고대영어로 '나(1인칭 단수 대명사)'

※ **love** [lʌv/러브] (명) **사랑** (동) **사랑하다** ☜ 고대영어로 '사랑하는 감정, 로맨틱한 성적 매력'

□ **you** [juː/유-, (약) ju/유, ja] (대) **당신, 너, 여러분** ☜ 초기 인도유럽어로 '두번째 사람'

□ **you**'d [juːd/유-드, (약) jəd] you had (would)의 단축어
☜ had(have의 과거), would(will의 과거)

□ **you**'ll [juːl/유울, (약) jul, jəl] you will (shall)의 단축어. 너는 ~할 것이다
☜ shall(~일 것이다, ~할 것이다)

□ **your** [juər/유어, (약) jər] (대) 〖you의 소유격〗 **당신(들)의**; 너(희들)의 ☜ you의 소유격

□ **you**'re [juər/유어, (약) jər] you are의 단축어 ☜ are(2인칭 be동사, ~이다, ~이 있다)

□ **your**s [juərs/유어스/jɔːrs/요어스] (대) 〖you의 소유대명사〗 **당신(들)의 것** ☜ your + s<명접>

□ **your**self [juərsélf/유어**쎌**프/jɔːrsélf/요어**쎌**프] (대) (pl. -sel**ves**) 〖강조 · 재귀용법〗 **당신 자신**; 당신 스스로 ☜ your + self(자신)
♠ **Know yourself** (thyself). **너 자신을 알라** - 소크라테스 -

□ **your**selves [jɔːrsélvz/요어**쎌**브즈] yourself의 복수형 ☜ your + selves(self의 복수)

□ **you**'ve [juːv/유-브, (약) jəv] you have의 단축어 ☜ 현재완료: have + 과거분사

■ **ye** [jiː, 약 ji] (대) 《문어 · 방언》 (pl.) **너희들**, 그대들 ☜ thou의 복수형
★ **ye 는 본디 주격이지만 때로는 목적격으로도 쓰임. 또, you 는 본디 ye 의 목적격**

■ **thou** [ðau] (대) (pl. **you** [juː], **ye** [jiː]) 《고어 · 시어》 **너(는)**, 그대(는), **당신(은)**
☜ 초기 인도유럽어로 '두 번째 사람'이란 뜻

■ **thy** [ðai] (대) 〖모음/h앞에서는 thine〗 《고어 · 시어》 너의, **그대의** ☜ thou의 소유격

■ **thy**self [ðaisélf] (대) 〖thou, thee의 재귀 · 강조형〗 《고어 · 시어》 너 자신, 그대 자신
☜ thy + self(자신)

■ **thee** [ðiː, (약) ði] (대) 《고어 · 시어》 **너를, 너에게**, 그대에게, 그대를 ☜ thou의 목적격

구분	인칭	주격	소유격	목적격	소유대명사	재귀대명사	be동사	do동사	have동사
단수	1	I	my	me	mine	myself	am	do	have
	2	You	your	you	yours	yourself	are		
	3	He	his	him	his	himself	is	does	has
		She	her	her	hers	herself			
		It	its	it	-	itself			

Y

복수	1	We	our	us	ours	ourselves	are	do	have
	2	You	your	you	yours	yourselves			
	3	They	their	them	theirs	themselves			

유스호스텔 youth hostel (청소년들의 국제우호를 지원하기 위한 비영리 숙박시설)

☐ **young** [jʌŋ/영] 형 (-<-**ger**<-**gest**) **젊은**
☜ 고대영어로 '젊은, 새로운, 신선한'이란 뜻
♠ **be young for one's age 나이에 비해 젊다**
♠ **young and old 노소를 불문하고, 늙은이나 젊은이나**

☐ **young**er [jʌ́ŋgər] 형 (형제자매의) 연하(年下)쪽의(⇔ elder) 명 (보통 a person's ~) 연하인 사람 《생략: yr.》; (보통 pl.) 젊은이, 자녀 ☜ young + er<비교급>

☐ **young**ish [jʌ́ŋiʃ] 형 다소[좀] 젊은; 아직 젊은 ☜ young + ish<형접>

☐ **young**ster [jʌ́ŋstər] 명 **젊은이**, 청(소)년, 아이 (⇔ oldster 노인, 고참) ☜ -ster(~하는 사람)

☐ **youth** [juːθ/유-쓰] 명 **젊음, 청년시대; 청춘남녀**; 원기, 혈기
☜ 고대영어로 '젊음, 청년; 어린 소'란 뜻
♠ **be full of youth 젊음에 넘쳐 있다**
♠ **in one's youth 젊었을 때에**

☐ **youth**ful [júːθfəl] 형 **젊은, 팔팔한**, 발랄한; 청년의; 젊은이 특유의 ☜ youth + ful(~이 가득한)

☐ **Y.W.C.A., YWCA Young Women's Christian Association 기독교 여성청년회**

※ **host**el [hάstəl/hɔ́s-] 명 **호스텔**, 숙박소 ☜ 손님을 접대하는(host) 곳(el<명접>)

위안화 yuan (중국의 화폐. 인민폐. 기호: ¥, <1위안≒170원>)

☐ **yuan** [juάːn] 명 《중》 **위안**, 원(元) 《중국의 화폐 단위; =10角(jiao)=100分(fen); 기호 RMB, Y; 대만의 화폐 단위; =100 cents; 기호 NT$》 ☜ 圓에서 변형된 元. 북방어인 만다린어로 '둥근 동전'을 의미

유고슬라비아 Yugoslavia (유럽 동남부 발칸반도에 있는 공화국)

☐ **Yugoslavia** [jùːgousláːviə] 명 **유고슬라비아** 《유럽 남동부의 공화국; 수도는 베오그라드(Beograd)》
☜ 세르비아-크로아티아어로 '남(jugo<yugo) 슬라브(slav)의 나라(ia)'란 뜻

한국어로 냠냠은 영어로 염염(yum yum)이라고 한다.

☐ **yum yum** [jʌ́mjʌ́m] 감 아 맛있다! 명 《소아어》 맛있는 것, 냠냠, 즐거운 것 ☜ 의성어

☐ **yum**my [jʌ́mi] 형 (-<**yumier**<**yumiest**) 《구어》 맛있는(=delicious, tasty, scrumptious), 즐거운, 아주 멋진; 아름다운, 매력 있는; 사치스러운 명 《구어》 맛있는 것, 《소아어》 냠냠 ☜ yum + m<자음반복> + y<형접/명접>

※ **om nom nom** yum yum의 슬랭, 소아어 ☜ 의성어

※ **nom nom** om nom nom의 변형 ☜ 의성어

잠비아 Zambia (세계에서 가장 긴 빅토리아 폭포가 있는 아프리카 남부의 나라)

□ **Zambia** [zǽmbiə] ⓜ **잠비아** 《아프리카 중부의 공화국; 수도 루사카(Lusaka)》
☜ 잠베지강(江)에서 유래. 잠베지는 '커다란 수로(水路), 위대한 강'이란 뜻.

뉴질랜드 New Zealand (남서태평양에 있는 섬나라. <새로운 열정의 땅>), 젤로스 Zelos ([그神] 질투의 신)

♣ 어원 : zeal, zelo, jeal 열심, 열의, 열성; 질투

■ New **Zeal**and [njùː zíːlənd] ⓜ **뉴질랜드** 《남태평양에 있는 영연방의 하나; 수도 웰링턴(Wellington)》 ⓗ 뉴질랜드의; 【생물지리】 뉴질랜드 구(아구(亞區))의
☜ '새로운(new) 열정(zeal)의 땅(land)'이란 뜻

■ **Zelo**s [zílos] ⓜ **젤로스**: 고대 그리스에서 경쟁심의 화신(化身) 《Titan 신족(神族)인 Pallas와 Styx의 아들로, Bia, Cratus, Nike의 형제》

□ **zeal** [ziːl] ⓜ 열중, 열의, **열심**; 열성; 열정 ☜ 라틴어로 '열정'이란 뜻
♠ **show zeal for ~ ~에 열의를 나타내다.**

□ **zeal**ous [zéləs] ⓗ **열심인, 열광적인**; 열망하는 ☜ -ous<형접>
비교 **jealous [dʒéləs] 질투심이 많은, 투기가 심한**

□ **zeal**ously [zéləsli] ⓟ 열심히 ☜ zealous + ly<부접>

제브러 스트라이프 zebra stripe ([패션] 얼룩말 줄무늬)

□ **zebra** [zíːbrə] ⓜ (pl. **-, -s**) 【동물】 **얼룩말**; 얼룩무늬 있는 것; 《미. 축구.속어》 심판원 《얼룩무늬 셔츠를 입은 데서》
☜ 갈리시아-포르투갈어로 '야생 나귀'란 뜻
♠ **a herd of zebra(s)** 얼룩말 **무리**

※ **stripe** [straip] ⓜ **줄무늬**, 줄, **스트라이프**; 채찍질; (보통 pl.) 【군사】 수장(袖章) ☜ 중세 독일어로 '줄무늬'라는 뜻

더 제니스 The Zenith (두산건설의 최고급 아파트 브랜드)

두산 We've THE ZENITH 위브더제니스

□ **zenith** [zíːniθ/zén-] ⓜ **천정**(天頂); 《비유》 (성공 · 힘 등의) **정점**, 절정; 전성기 ☜ 아랍어로 '머리 위의 길'이란 뜻.
♠ **He is at his zenith.** 그는 **성공의 절정에** 있다.

■ a**zimuth** [ǽzəməθ] ⓜ 【천문】 방위; 방위각; **애지머스** 《테이프리코더에서 쓰이는 오디오헤드 · 비디오헤드의 갭의 방향》; 【우주】 발사 방위 《생략: azm》 ☜ 아랍어로 '길'이란 뜻

제논 Zeno (그리스의 철학자, 스토아 학파의 시조)

□ **Zeno** [zíːnou] ⓜ **제논** 《~ of Citium 그리스의 철학자; 스토아 학파의 시조(335?-263? B.C.)》

제로 zero (아라비아 숫자의 0)

□ **zero** [zíərou] ⓜⓗ (pl. **-(e)s**) 【수학】 **제로**(의), **0**(의), **영**(naught)(의); 영점(의); 0도(의)
★ 전화번호 따위에서는 0을 [ou]라고 발음하는 일이 많음 ☜ 아랍어로 '빈, 공허한'

□ **zero**-base(d) [zíəroubèis(t)] ⓗ (지출 등의) 각 항목을 비용과 필요성을 고려하여 백지 상태로부터 검토한, **제로베이스**의 ☜ base(기초, 근거) + ed<형접>

□ **zero**-sum [zíərousʌ̀m] ⓗ **제로섬**, 영합(零合)의 《게임의 이론 등에서 한 쪽의 득점(이익)이 다른 쪽에 실점(손실)이 되어 플러스 마이너스 제로가 되는》 ☜ sum(총액; 개요)

제우스(Zeus)는 항상 제스트(zest.열정)로 충만해 있었다.

□ **Zeus** [zjuːs] ⓜ 【그.신화】 **제우스**신 《Olympus 산의 주신(主神); 로마의 Jupiter에 해당함》

□ **zest** [zest] ⓜ **풍미**, 맛; (종종 a ~) 풍취, 묘미; 열의, **열정**

☜ 프랑스어로 '(풍미용의) 오렌지 껍질'이란 뜻
♠ **with zest 열심히; 흥미 깊게; 맛있게**

지그재그 zigzag (Z자형)

☐ **zigzag** [zígzæ̀g] ⓗ **Z자형[지그재그]의** ⓜ 지그재그, Z자형 ⓟ 지그재그(Z자꼴)로 ⓢ 지그재그(Z자 꼴)로 하다 ☜ 독일어로 '이빨, 갈퀴'라는 뜻.

짐바브웨 Zimbabwe (독재자 무가베가 장기집권했던 아프리카 남동부의 공화국)

☐ **Zimbabwe** [zimbɑ́:bwei] ⓜ **짐바브웨** 《남아프리카의 공화국; 수도 하라레(Harare)》 ☜ 아프리카 쇼나족어로 '돌집'이란 뜻 ★ 2009년 워싱턴포스트가 '세계 최악의 독재자' 1위에 선정하기도 했던 로버트 무가베 전(前) 짐바브웨 대통령은 37년간 집권하다 2017년 11월 실각했다. 권력유지를 위해 잔혹한 탄압을 일삼았고, 통치 기간 중 최소 2만명이 실종되거나 살해되었다.

건축 마감재로 많이 쓰이는 징크(Zinc.아연)

< Zinc 건축물 >

☐ **zinc** [ziŋk] ⓜ 〖화학〗 **아연** 《금속 원소; 기호 Zn; 번호 30》; 함석 ⓢ (-c(k)-) 아연으로 도금하다(을 입히다) ☜ 고대 노르드어로 '뾰족한 끝, 정상'이란 뜻

시오니즘 Zionism (고대 유대인들이 고국 팔레스타인에 유대 민족국가 건설을 목표로 한 유대 민족주의 운동)

☐ **Zion** [záiən] ⓜ **시온** 산 《Jerusalem에 있는 유대인이 신성시하는 산》; (유대인의 고국·유대교의 상징으로서의) 이스라엘(Israel); [집합적] 신의 선민(選民), 이스라엘 백성 ☜ 성경에서 '다윗의 도시'란 뜻

☐ **Zion**ism [záiənìzm] ⓜ **시오니즘**, 시온주의 《팔레스타인(Palestine)에 유대인 국가를 건설하려는 민족 운동》 ☜ Zion + ism(~주의)

☐ **Zion**ist [záiənìst] ⓜ **시오니스트**, 유대 민족주의자 ☜ Zion + ist(사람)

집코드 zip code (우편번호)

☐ **zip [ZIP, Zip] code** 《미》 **우편번호** (《영》 postcode) ☜ **Z**one **I**mprovement **P**rogram (구역 개선 프로그램)의 약어

※ **code** [koud/코우드] ⓜ **법전; 신호법; 암호**, 약호 ☜ 고대 프랑스어로 '법전, 법 체계'란 뜻

지퍼 zipper (두 줄의 이가 서로 맞물리도록 이루어진 잠그개)

☐ **zip** [zip] ⓜ 《영》 **지퍼**(=zipper); 핑, 찍 《총알 따위가 날아가는 소리 또는 천을 찢는 소리》 ⓢ 지퍼로(척으로) 잠그다(열다) ☜ 19c 의성어. 빠르게 움직이는 것의 소리
♠ **zip** one's bag **open** (closed) 가방을 **지퍼로 열다**(잠그다)

☐ **zip**per [zípər] ⓜ zip하는 사람(것); 《미》 **지퍼**(=slide (《영》 zip) fastener) ⓢ 지퍼로 채우다(열다) ☜ zip + p<자음반복> + er(사람/물건)

조디악 zodiac (천구에서 태양의 이동경로상에 있는 12개의 별자리)

☐ **zodiac** [zóudiæ̀k] ⓜ (the ~) 〖천문〗 **황도대**(黃道帶), 수대(獸帶); 〖천문〗 12궁(宮); 12궁도(圖); (시간·세월 등의) 일주(一周) ☜ 그리스어로 '동물을 포함한 (원)'이란 뜻
♠ **the signs of the zodiac 황도의 12궁(宮)**
《Aries「백양」, Taurus「황소」, Gemini「쌍둥이」, Cancer「큰게」, Leo「사자」, Virgo「처녀」, Libra「천칭(天秤)」, Scorpio「전갈」, Sagittarius「궁수」, Capricorn「염소」, Aquarius「물병」및 Pisces「물고기」를 말함》

좀비 zombie (서인도 제도의 부두교 주술사가 영(靈)적인 방법으로 소생시킨 무의지(無意志)의 시체)

☐ **zombie** [zɑ́mbi/zɔ́m-] ⓜ (pl. **-s**) 죽은 사람을 살리는 초자연적인 힘 《서인도 제도 원주민의 미신》; 마법으로 되살아난 사람

☜ 부두(voodoo) 종교어로 '소생한 시체'란 뜻. 또는 서아프리카 원주민어로 '뱀 신'이란 뜻

스쿨존 school zone (초등학교 근처에 지정하는 어린이보호구역)

어린이보호구역
SCHOOL ZONE
30 여기부터 속도를줄이시오

※ **school** [skuːl/스꾸울] ⓜ **학교**; [종종 the ~; 집합적] **전교 학생**; [집합적] **유파; 학부** ⓗ 학교의 ⓢ 교육(훈육)하다
☜ 고대영어로 '교육하는 곳'이란 뜻

☐ **zone** [zoun] ⓜ 『지리』 (한대·열대 따위의) 대(帶); (특정한 성격을 띤) **지대**, 지역; 지구 ☜ 그리스어로 '띠'라는 뜻

■ buffer **zone** 『군사』 **버퍼존**, 완충지대 ☜ buffer(완충)

■ strike **zone** 『야구』 **스트라이크 존** ☜ strike(치다; 타격; 파업)

■ **DMZ** 『군사』 **de**militarized **z**one(비무장지대)의 약어
☜ 비(非)(de<away) 무장화하다(militarize) + ed<형접>

주토피아 Zootopia (디즈니 애니메이션 영화. <동물들의 유토피아>)

© Walt Disney Studios

2016년 개봉한 미국의 디즈니 애니메이션/액션/코미디/모험/가족영화. 교양 있고 세련된 라이프 스타일을 주도하는 도시 주토피아. 이 곳을 단숨에 혼란에 빠트린 연쇄 실종사건이 발생한다. 주토피아 최초의 토끼 경찰관 주디 홉스는 48시간 안에 사건 해결을 지시 받자 뻔뻔한 사기꾼 여우 닉 와일드에게 협동 수사를 제안하는데… 스릴 넘치는 추격전의 신세계가 열린다. <출처 : 네이버영화 / 일부인용>

♣ 어원 : zoo 동물 (생활)

☐ **zoo** [zuː] ⓜ **동물원**(=zoological garden)
☜ **zoo**logical (garden)의 줄임말

☐ **zoo**logy [zouάlədʒi/-ɔ́l-] ⓜ **동물학** ☜ 동물(zoo) 학문(logy)

☐ **zoo**logical [zòuəlάdʒikəl/-lɔ́dʒ-] ⓗ **동물학(상)의**; 동물에 관한
☜ 동물(zoo) 학문(logy) 의(cal)
♠ **a zoological garden** (park) **동물원**

☐ **zoo**logist [zouάlədʒist/-ɔ́l-] ⓜ **동물학자** ☜ 동물(zoo) 학문(logy)을 하는 사람(ist)
♠ I want to be **a zoologist**. 난 **동물학자**가 되고 싶다.

☐ **zoo**tomic(al) [zouάtəmik(əl)] ⓗ 동물 해부(학)의 ☜ 동물(zoo)을 자르(tom) 는(ic(al))

※ **Utopia** [juːtóupiə] ⓜ **유토피아**; (보통 u-) 이상향(理想鄕)
☜ 토마스 모어(Sir Thomas More) 작(作)의 <Utopia> 중에 묘사된 이상국

줌렌즈 zoom lens (초점 거리를 자유롭게 바꿀 수 있는 카메라 렌즈)

☐ **zoom** [zuːm] ⓢ (비행기가) **급상승하다**; (물가가) 급등하다; (아주 빨리) 붕(쌩/휭)하고 가다; 『사진 · 영상』 줌 렌즈로 피사체(被寫體)가 급격히 확대(축소)되다 ⓜ 『항공』 **급각도 상승**; 영상의 급격한 확대(축소); 『사진』 **줌렌즈**
☜ 현대영어로 '재빨리 가깝게 움직이다'란 뜻
♠ Traffic **zoomed past** us. 차들이 **쌩 하고** 우리를 **지나갔다.**

※ **lens** [lenz] ⓜ (pl. **-es**) **렌즈**; 렌즈꼴의 물건; 『해부』 (눈알의) 수정체
☜ 라틴어로 '렌즈콩(lentil)이란 뜻. 렌즈란 이 콩의 모양에서 유래되었다.

조로아스터교 Zoroastrianism (고대 페르시아 종교)

예언자 조로아스터(Zoroaster)의 가르침에 종교적/철학적 기반을 두고 있으며, 유일신 아후라 마즈다(Ahura Mazda)를 믿는 고대 페르시아 종교이다. 아후라 마즈다란 '지혜의 주(主)'를 의미한다.

☐ **Zoroastr**ianism [zɔ̀(ː)rouǽstriənìzm] ⓜ **조로아스터**교, 배화교(拜火敎)
☜ 조로아스터(Zoroaster) 의(ian) 주의(ism)

☐ **Zoroaster** [zɔ́ːrouæ̀stər] ⓜ **조로아스터, 자라투스트라** 《조로아스터교의 개조(開祖); 기원전 7-6세기경 포교》 ★ 영어 '조로아스터(Zoroaster)'는 페르시아어 '자라투스트라(Zarathustra)'의 그리스식 발음이다. 짜라투스트라의 언행을 기술하는 형식으로 니체의 사상을 서술한 『짜라투스트라는 이렇게 말했다』라는 산문집이 있다.

조로 Zorro (악질 지주를 징벌하는 검은 복면의 쾌걸)

☐ **Zorro** [zɔ́ːrou] ⓜ **조로** 《J. McCulley(맥컬리)의 만화(1919) 주인공; 스페인령 캘리포니아(California)에서 활약했던 검은 복면의 쾌걸》 ★ 《쾌걸 조로 快傑ゾロ》는 일본의 미노구 카즈미 감독이 1993년 제작한 텔레비전 애니메이션 영화 시리즈이며, 당시 한국에서

도 SBS TV에서 방영했다.

한국에서는 쿨쿨 자고, 영 · 미권에서는 지지지(ZZZ) 하고 잔다

□ **ZZZ, zzz, z-z-z** [zː, zízíːzíː] 쿨쿨, 드르릉드르릉 《코고는 소리》; 부르릉부르릉 《동력 톱 등의 소리》; 윙윙 《파리 · 벌 따위가 나는 소리》